SÜDOSTEUROPA-HANDBUCH
Band VIII

V&R

HANDBOOK ON SOUTH EASTERN EUROPE
Volume VIII

CYPRUS

Edited by
Klaus-Detlev Grothusen †,
Winfried Steffani and Peter Zervakis

With 159 Tables, Diagrams and Maps
and two Coloured Maps

VANDENHOECK & RUPRECHT IN GÖTTINGEN

SÜDOSTEUROPA-HANDBUCH
Band VIII

ZYPERN

Herausgegeben von
Klaus-Detlev Grothusen †,
Winfried Steffani und Peter Zervakis

Mit 159 Tabellen, Schaubildern und Karten
und zwei farbigen Übersichtskarten

VANDENHOECK & RUPRECHT IN GÖTTINGEN

Gedruckt mit Unterstützung
des Förderungs- und Beihilfefonds Wissenschaft der VG Wort

Die Deutsche Bibliothek – CIP-Einheitsaufnahme

Südosteuropa-Handbuch / hrsg. von Klaus-Detlev Grothusen †. –
Göttingen : Vandenhoeck und Ruprecht
Parallelt.: Handbook on South Eastern Europe
Bd. 8. Zypern : mit zahlreichen Tabellen /
hrsg. von Klaus-Detlev Grothusen †,
Winfried Steffani und Peter Zervakis. – 1998
ISBN 3-525-36208-0

Dieses Buch wurde auf einem Papier entsprechend DIN/ISO 9706 gedruckt.

© Vandenhoeck & Ruprecht, Göttingen 1998
Printed in Germany. – Das Werk einschließlich aller seiner Teile
ist urheberrechtlich geschützt. Jede Verwertung außerhalb
der engen Grenzen des Urheberrechtsgesetzes ist ohne
Zustimmung des Verlages unzulässig und strafbar.
Das gilt insbesondere für Vervielfältigungen, Übersetzungen,
Mikroverfilmungen und die Einspeicherung und Verarbeitung
in elektronischen Systemen.
Herstellung: Hubert & Co., Göttingen

Inhaltsverzeichnis

Einführung 9
Winfried Steffani und *Peter Zervakis*, Hamburg

VORAUSSETZUNGEN

Geographische Grundlagen 19
Günter Heinritz, München

Historische Grundlagen 38
Peter Zervakis, Hamburg

DIE POLITISCHE ENTWICKLUNG SEIT DEM ZWEITEN WELTKRIEG

Domestic Political Developments 91
Tozun Bahcheli, London/Ontario

Außen- und Sicherheitspolitik 126
Matthias Z. Karádi und *Dieter S. Lutz*, Hamburg

POLITIK UND RECHTSSYSTEM

Verfassung und Recht 155
Christian Rumpf, Heidelberg

Politisches System 196
Heinz-Jürgen Axt, Duisburg, und *Jeanette Choisi*, Athen

WIRTSCHAFT

Wirtschaftssystem 240
Werner Gumpel, München

Landwirtschaft 259
Ronald Wellenreuther, Mannheim

Forestry and Water 309
Jack V. Thirgood, Rothbury

Industrie, Handwerk und Bergbau 333
Hansjörg Brey, München

Infrastruktur und Binnenhandel 370
Ronald Wellenreuther, Mannheim

Tourismus 408
Bruno Sackmann, Bad Pyrmont

Außenhandel 437
Alexander Orthgieß, München

Raumplanung und Umweltschutz 468
Barbara Hahn, Lüneburg, und *Ronald Wellenreuther*, Mannheim

GESELLSCHAFT

Bevölkerungsstruktur 488
Hansjörg Brey, München

Sozialstruktur 516
Niyazi Kızılyürek, Nikosia

Das Schulsystem der Republik Zypern 559
Panos Xochellis, Thessaloniki

The English School 586
Christakis Georgiou, Nikosia

Hochschulen, Wissenschaft und Erwachsenenbildung in der Republik Zypern 591
Jan Asmussen, Hamburg

Education in the "Turkish Republic of Northern Cyprus" 610
Hüseyin S. Yaratan, Lefkoşa

Zyperngriechische Massenmedien 629
Ronald Meinardus, Köln

The Turkish Cypriot Mass Media 641
Bekir Azgın, Famagusta

KULTUR

Kirchen und Religionsgemeinschaften 660
Friedrich Heyer und *Andreas Müller*, Heidelberg

Inhaltsverzeichnis 7

Islamische Familientraditionen der Zyperntürken...................... 693
Carolina Petry, Famagusta

Folklore.. 703
Bekir Azgın, Famagusta, und *Ioannis Papadakis*, Nikosia

Literature.. 721
Georgios Kechagioglou, Thessaloniki

Theatre 744
Nikos Shiafkalis, Nikosia

Bildende Kunst.. 755
Chrysanthos Christou, Athen

Musik... 775
Rudolf M. Brandl, Göttingen

Cinema in the Republic of Cyprus 792
Maria Papapetrou Miller, Nikosia

Turkish Cypriot Cultural Activities: Art, Music, Theatre................. 806
Bekir Azgın, Famagusta

DOKUMENTARISCHER ANHANG

Zeittafel... 820
Ioannis Zelepos, Hamburg

Oberste Staatsorgane 843
Martin Colberg, Hamburg, unter Mitarbeit von
Bekir Azgın, Ahmet Cavit und *Andreas Demetriou*, Nikosia

Wahlergebnisse... 855
Heinz-Jürgen Axt, Duisburg, unter Mitarbeit von
Ahmet Cavit und *Andreas Demetriou*, Nikosia

Gewerkschaften und Verbände....................................... 862
Heinz-Jürgen Axt, Duisburg, unter Mitarbeit von
Ahmet Cavit und *Andreas Demetriou*, Nikosia

Verträge.. 875
Christian Rumpf, Heidelberg

Biographien führender Persönlichkeiten des politischen Lebens 889
Jan Asmussen, Hamburg, *Niyazi Kızılyürek*, Nikosia,
und *Peter Zervakis*, Hamburg

Bibliographie 909
Jan Asmussen und *Peter Zervakis*, Hamburg

VERZEICHNISSE

Nordzypern: Karte zur Ortsnamenkonkordanz 936
Ronald Wellenreuther, Mannheim

Transliterationstabelle 937

Abkürzungsverzeichnis. 938

Verzeichnis der Tabellen, Schaubilder, Abbildungen und Karten. 941

Autorenverzeichnis 945

Register 948

Einführung

Mit dem achten Band des Südosteuropa-Handbuchs wird ein großes Forschungsvorhaben abgeschlossen, das 1972 begonnen wurde und im Jahre 1975 zur Vorlage des ersten Bandes „Jugoslawien" führte. Seitdem sind in einem lockeren Abstand von einigen Jahren sieben weitere Bände erschienen Band II, Rumänien (1977); III, Griechenland (1980); IV, Türkei (1985); V, Ungarn (1986); VI, Bulgarien (1990); VII, Albanien (1993) und nun endlich VIII, Zypern. In allen acht Bänden des Handbuchs spiegelt sich – als ein wesentlicher Teil seines Lebenswerks – das weitgespannte Forschungsinteresse seines am 16. Juli 1994 im 66. Lebensjahr verstorbenen Herausgebers wider: Prof. Dr. Dr. h. c. Klaus-Detlev Grothusen.

Als Initiator, hervorragender Kenner und maßgeblicher Organisator der Handbuch-Reihe sah sich Grothusen von Anbeginn durch den Entschluß des Südosteuropa-Arbeitskreises der Deutschen Forschungsgemeinschaft, dieses Projekt eines Südosteuropa-Handbuches zu unterstützen, in seiner Forschungstätigkeit gefördert und getragen. Allen Bänden liegt seitdem die vom Arbeitskreis mitbestimmte Idee zugrunde, „ein zuverlässiges, aus dem Streben nach unvoreingenommener Objektivität erwachsenes Informationsinstrument der Entwicklung Südosteuropas von 1945 bis heute für alle an diesem wichtigen Raum Europas interessierten Kreise zu schaffen"; ein Handbuch, in dem „alle Gebiete des öffentlichen Lebens (Politik, Staat und Recht, Wirtschafts- und Sozialstruktur, Kultur und Wissenschaft) behandelt werden sollen" (so Grothusen im Vorwort zu Band I, S. 5).

Dieses Ziel galt auch für den zunächst als Abschluß der Reihe gedachten siebten Band „Albanien" ebenso wie für den vierten Band zur Türkei – letzterer „trotz (der) geographisch überwiegend nicht mehr zu Südosteuropa gehörenden Lage" des Landes (ebenda, S. 6). Grothusen selbst, der zu jedem Handbuch-Band das Vorwort schrieb, übernahm in allen Bänden – bis auf den zweiten (Rumänien) – die Autorenschaft des jeweiligen Artikels zur Außenpolitik des betreffenden Landes. Dabei wurde ihm insbesondere während der Bearbeitung des Griechenland- und des Türkei-Bandes bald überdeutlich, daß der erst seit 1960 bestehende republikanische Inselstaat Zypern als unverzichtbares Desiderat den Inhalt des Abschlußbandes bilden müßte. Nach längerwährenden Bemühungen und eingehender Überzeugungsarbeit ist es Grothusen schließlich gelungen, für diese abschließende Erweiterung des Forschungsprojekts allseitige Zustimmung und eine gediegene Förderungsbereitschaft zu finden.

Grothusen war sich nicht erst beim Entwurf der Buchkonzeption und der Suche nach kenntnisreichen und wissenschaftlich seriösen Autoren der Tatsache bewußt, daß der Zypern-Band ein zwar territorial und bevölkerungsmäßig recht kleines Land, angesichts seiner jüngeren Geschichte jedoch ein in besonderer Weise durch politische Dramatik ausgezeichnetes Staatsgebilde zum Gegenstand hat. Ungeachtet dessen ein Werk zu schaffen, das als „Informationsinstrument" ein Höchstmaß an „zuverlässiger, ... unvoreingenommener Objektivität" zu bieten vermag, war ihm beides zugleich: eine professionelle Verpflichtung und eine persönliche Herzenssache. Das verlangte nicht nur nach Sensibilität und Ausgewogenheit, sondern ebenso nach darstellerischer Nüchternheit und weitreichender Fairneß. In dieser Verantwortung standen und stehen auch diejenigen, die seine Herausgebertätigkeit zum Abschluß gebracht haben.

Der ursprüngliche Herausgeber dieses letzten Bandes der Handbuch-Reihe hinterließ mit dem Zypern-Band ein Werk, das – so schien es damals – „nur noch" zum Abschluß gebracht werden mußte. Die zwei für die Ausführung dieses „Erbteils" hinzugekommenen und seither verantwortlich zeichnenden Mitherausgeber wissen sich Grothusen aufs engste verbunden: Peter Zervakis, dessen Doktorvater Grothusen war und der für den Schwerkranken mit dessen voller Zustimmung zunehmend selbständig tätig wurde, war noch von ihm persönlich zu seinem wissenschaftlichen und redaktionellen Mitarbeiter speziell für diesen Zypern-Band ausgewählt worden. Und der emeritierte Ordinarius für Politologie Winfried Steffani fühlt sich als langjähriger Hamburger Kollege und Freund Grothusens ihm im vorliegenden Fall gleichsam als „Hüter dieses Erbes" in besonderer Weise verpflichtet.

***

Für die konzeptionelle Gestaltung des vorliegenden Länderbandes waren insbesondere die folgenden Sachverhalte bedeutsam: Ungeachtet der geringen geographischen Größe Zyperns (9 248 km^2) und seiner insgesamt auch heute noch relativ kleinen Bevölkerungszahl (ca. 750 000 Einwohner) wirft bereits seine geostrategisch wie ökonomisch bedeutsame Lage zwischen dem europäischen Festland und dem Nahen Osten einige gewichtige Streitfragen auf. Vor allem machen jedoch eine Reihe hochbrisanter Antagonismen zwischen seinen beiden größten Volksgruppen – griechisch-orthodoxe *Community* (Art. 1 der Verfassung von 1960): ca. 80%; türkisch-sunnitische *Community*: ca. 18%; hinzu kommen Angehörige ethno-religiöser Minderheiten (Maroniten, Armenier, Lateiner): ca. 2% – die eigentliche Problematik dieser landschaftlich schönen Insel aus. Beide Volksgruppen fühlen sich seit der erfolgreichen Durchsetzung des Nationalstaats in Südosteuropa ihren jeweiligen „Mutterländern", Griechenland und Türkei, besonders eng verbunden.

Zudem befindet sich die Insel seit ihrer Unabhängigkeit im Jahre 1960 im Spannungsfeld des übergeordneten griechisch-türkischen Konflikts in der östlichen Ägäis. London, dessen Kolonie Zypern über achtzig Jahre lang gewesen war, hatte zusammen mit Athen und Ankara 1959/60 und gegen den Willen der die numerische Mehrheit stellenden Zyperngriechen – die unter der Führung ihres religiösen Oberhauptes, Erzbischof Makarios, seit 1955 mit einer überwiegend antibritischen Terrorwelle die Dekolonisierung allein vorangetrieben hatten – die relativ starre Verfassung der Republik Zypern von 1960 entworfen, von allen Beteiligten unterzeichnen und in Kraft setzen lassen. Die junge, ungeliebte Republik mußte sich demnach von Anbeginn mit diesen, sie fundamental bestimmenden Balancebemühungen zwischen den dominierenden zyprischen Griechen, die seit dem letzten Jahrhundert den Anschluß (*Enosis*) an das griechische „Mutterland" verwirklichen wollten, und der zahlenmäßig zwar weit kleineren, jedoch rechtlich nahezu gleichberechtigt ausgestatteten zyperntürkischen Volksgruppe zurechtfinden und auseinandersetzen. Zugleich hatten sich Griechenland, das Vereinigte Königreich und die Türkei dazu verpflichtet, die von ihnen 1960 verfassungsgemäß geschaffene und verordnete staatliche bi-ethnische Einheit der Republik Zypern zu garantieren (einschließlich des Verbots eines Anschlusses Zyperns an andere Länder bzw. internationale Organisationen; der Stationierung griechischer und türkischer Militärkontingente; der Präsenz zweier souveräner britischer Militärbasen im Süden der Insel) – notfalls auch mit dem Recht zur militärischen Intervention.

Als Folge davon ist die staatliche Selbständigkeit der Republik Zypern von Beginn an unvollständig geblieben. Bald darauf kam es unter Duldung und später sogar mit Hilfe der Vereinten Nationen in Zypern zu den ersten ethnisch motivierten Vertreibungen. Während 1963/64 bzw. 1967 im wesentlichen Zyperntürken Opfer des Bürgerkrieges waren und daher die Teilung (*Taksim*) der Insel nach ethnisch-nationalen Kriterien betrieben, wurden 1974 vorwiegend Zyperngriechen Opfer des Einmarsches der türkischen Armee in den nördlichen Teilen Zyperns. In diesem Zusammenhang werden unterschiedliche „Opferzahlen" (ca. 6 000 Tote) genannt, wobei insbesondere die relativ große Zahl vermißter Personen (um die 2 000) auch heute noch ein bedeutsames Konfliktpotential zwischen beiden Volksgruppen darstellt.

Darüber hinaus hat das Zypern-Problem die zwei NATO-Mitglieder Griechenland und Türkei wiederholt um Haaresbreite an den „unthinkable war" herangebracht. Die schließlich von türkischer Seite militärisch erzwungene staatliche und ethnische Teilung der Insel 1974 hat außerdem die Problematik von staatlicher und nationaler Einheit im Fall Zyperns deutlich werden lassen. Ein Zustand, dessen gegenwärtige Erscheinungsformen vornehmlich seitens der von den Zyperngriechen regierten Republik Zypern mit ihrem international durchgesetzten Alleinvertretungsanspruch und ihrem Willen zur Wiedervereinigung als unerträglich empfunden werden. Dagegen setzt sich die zyperntürkische Führung in Nordzypern dafür ein, daß die ethnisch-staatliche Teilung der Insel und damit auch die Existenz der am 15. November 1983 ausgerufenen „Türkischen Republik Nordzypern (TRNZ)" endlich auch international anerkannt werde.

Diese die Vergangenheit und Gegenwart belastenden Sachverhalte signalisieren so manchem Beobachter auch für die kommenden Tage nicht allzuviel Hoffnungsvolles. Die nahezu provokante Hervorhebung nationalistisch gefärbter Aussagen und Verhaltensweisen sowie die vielfältige Präsentation „staatstragender" Symbole verführen zugleich dazu, weitere zukunftshemmende Verhandlungshürden zu errichten. Was muß beispielsweise in den Gemütern zyperngriechischer Studenten der Universität von Zypern im Südteil Nikosias – die bisher als einzige höhere Bildungsanstalt auf der Insel sowohl ein griechisches als auch ein voll ausgebautes türkisches Seminar aufweist – vor sich gehen, wenn sie täglich vom Campus aus an den breiten Südhängen des an der Nordküste gelegenen *Pentadaktylos/Beşparmak*-Gebirges eine riesengroße Wiedergabe der türkischen und der zyperntürkischen Nationalfahne wahrnehmen müssen? Eine gewollte Provokation?

Solche Provokationen erhöhen zweifellos die Schwierigkeiten mit der – von Zyprern beider Volksgruppen durchaus erwünschten – Wiedervereinigung des zerfallenen Einheitsstaates. Dies insbesondere dann, wenn nicht, wie seinerzeit in Deutschland, ein Volk in zwei Staatsgebilde aufgespalten wurde, sondern zwei sowohl in sprachlicher wie religiöser und nationaler Hinsicht höchst unterschiedliche Volksgruppen einer militärisch erzwungenen Neugliederung ihres Landes nach ethnisch-geographischen Kriterien unterworfen wurden. Letzteres zudem in einem Land, in dem nahezu 17 Jahre lang das religiöse Oberhaupt der einen maßgeblichen Religionsgemeinschaft, Erzbischof Makarios, als Staatsoberhaupt der Republik Zypern zugleich unter dem Anspruch stand, alle Zyprer zu repräsentieren.

Ungeachtet dessen gibt es aufgrund der geographischen Lage Zyperns und seiner vielfältigen traditionell engen historischen, sprachlichen und soziokulturellen sowie ökonomischen und rechtsstaatlichen Beziehungen zum marktwirtschaftlich organisierten „Westeuropa" wenig Zweifel daran, daß die Inselrepublik insgesamt ein relativ fester Bestandteil (Südost-)Europas ist. Dies hat nicht zuletzt auch die offizielle Stellungnahme der Kommission der Europäischen Gemeinschaften zum Beitrittsantrag der Republik Zypern am 30.06.1993 hervorgehoben.

***

Nach dem Tode des ursprünglichen Herausgebers führten gewisse Unstimmigkeiten mit einigen Autoren dazu, die von ihm vorgegebenen und geforderten Maßstäbe deutlicher zu benennen und zur Geltung zu bringen. Zudem sahen sich die Mitherausgeber einigen direkten, unverhohlen politisch betonten Einwirkungsversuchen seitens der Botschaft der Republik Zypern in Bonn ausgesetzt. Derartige Einflußnahmen führten sogar dazu, daß sich Auffassungen zu verhärten schienen und offenkundige Sympathisanten bestimmter Sichtweisen unter den Autoren veranlaßt sahen, mit Ausschließlichkeitsansprüchen aufzutreten oder aus ansonsten nur mit Bedauern nachvollziehbaren Erwägungen ihre weitere Mitarbeit zu verweigern. Dies, obwohl sie sich Grothusen gegenüber zur Mitarbeit schriftlich verpflichtet hatten. Das Bemühen um neue Autoren, die sich als Kenner der jeweiligen Thematik und des aktuellen Forschungsstandes zur Mitwirkung an einem „zuverlässigen Informationsinstrument" bereit fanden, führte zu zeitlichen Verzögerungen in der Endredaktion. Daß derartige Verzögerungen insbesondere zu Lasten jener Autoren gingen, die sich termin- und vorgabengerecht verhielten, ist äußerst bedauerlich. Die hinzugetretenen Herausgeber bitten insoweit um Verständnis und Entschuldigung. Daß diese Verzögerungen nicht über Gebühr ausgedehnt werden mußten, ist dagegen das Verdienst der neuen Autoren. Auch ihnen gehört daher unser besonderer Dank.

Eines ist dabei allerdings stets mit zu bedenken: Gerade bei Kennern bestimmter Gegenstände und Wissenschaftlern, die sich um eine so weit wie möglich unparteiische Sachdarstellung bemühen, ist es keine Seltenheit, daß sie sich bei ihren Wertungen mehr oder weniger deutlich voneinander unterscheiden und eben nicht stets die gleichen inhaltlichen Akzente setzen. Daß gerade die Mitarbeit am Zypern-Handbuch in dieser Hinsicht viel Fingerspitzengefühl und ein gewisses Einfühlungsvermögen sowie ein gehöriges Maß an Kooperation abverlangt, dürfte unstreitig sein. Die Bereitschaft hierzu zeichnet die Verfasser nahezu aller Beiträge aus.

***

Was den Versuch dieses Zypern-Handbuches betrifft, erstmals die gesamte Nachkriegsentwicklung der Insel Zypern zu erfassen, ist zunächst auf die Gliederung des Stoffs hinzuweisen. Der ursprüngliche Herausgeber und die Mitherausgeber haben sich bemüht, den Besonderheiten des jeweiligen Landes mit weiterführenden konzeptionellen Überlegungen Rechnung zu tragen, ohne jedoch die Kontinuität der gesamten Handbuch-Reihe gefährden zu wollen. Ein Vergleich aller nunmehr vorliegenden Gliederungen zeigt, daß dies im Prinzip gelungen ist. Die immer noch ungelösten Problemen zwischen den griechischen und türkischen Volksgruppen auf Zypern einerseits und ihren „Mutterländern" andererseits sowie das Fehlen einer gemeinsamen nationalen Identität und der daraus bedingten militärisch erzwungenen Teilung des Landes und den Zweifeln an dessen voller nationalstaatlicher Souveränität gehören zweifellos zu den wesentlichen Besonderheiten der Inselrepublik. Dem wird Rechnung getragen, wenn im ersten Hauptteil auf die ansonsten übliche Trennung der Kapitel „Außenpolitik" und „Landesverteidigung" zugunsten des Beitrages „Außen- und Sicherheitspolitik" (Mathias Z. Karádi, Dieter S. Lutz) verzichtet wurde.

Die Mehrheit der Autoren hat in ihren jeweiligen Beiträgen zu den politischen und wirtschaftlichen sowie den gesellschaftlichen und kulturellen Hauptteilen des Buches große Mühe darauf verwandt, die Situation in beiden Volksgruppen und in deren Einflußgebieten auf Zypern möglichst gleichberechtigt zu erfassen. Auch der Dokumentarische Anhang zeugt von dieser Beharrlichkeit zur gleichgewichtigen Erfassung der Daten beider Teile Zyperns. Von einem Abdruck der Verfassungen der Republik Zypern und der „Türkischen Republik Nordzypern" haben die Mitherausgeber jedoch abgesehen, da erstere in vielen Teilen faktisch außer Kraft ist und letztere international nicht anerkannt wird. Zudem hätte es den Umfang des Buches bei weitem gesprengt. Beide Verfassungstexte sind aber für den interessierten Leser relativ leicht zugänglich (vgl. dazu den Beitrag „Bibliographie" im Dokumentarischen Anhang).

Den gegebenen Besonderheiten Zyperns entspricht es, daß die staatliche Trennung der beiden ethnischen Gemeinschaften auf den Gebieten der Erziehung, der Massenmedien und (teilweise) der modernen Alltagskultur (Kunst, Musik, Theater, Kino) besonders deutlich wird. Kompetente Analysen konnten nur getrennt nach den heute bestehenden staatlichen Einheiten – Republik Zypern und „Türkische Republik Nordzypern" – bzw. nach den Volksgruppen zustande gekommen. Daher sind die Mitherausgeber auch Christakis Georgiou für seinen Exkurs „The English School" sehr dankbar. An diesem privaten Gymnasium, dessen Lehrkörper er selbst bis vor kurzem angehörte, konnten bis 1974 Schüler beider Volksgruppen und der ethno-religiösen Minderheiten gleichberechtigt Aufnahme finden. Als einzige Schule auf der Insel bot sie bis dahin den Unterricht in beiden Landessprachen und in Englisch an.

Angesichts der vom türkischen Festland beeinflußten, teilweise gesonderten kulturellen Traditionen der zyperntürkischen Familien erschien den Mitherausgebern auch die Aufnahme des Beitrags „Islamische Familientraditionen der Zyperntürken" (Carolina Petry) geboten. Ebenso haben die hinzugetretenen Herausgeber Anlaß zur berechtigten Hoffnung auf eine friedliche Annäherung zwischen den hoffentlich immer zahlreicher werdenden Angehörigen beider Volksgruppen, die dazu bereit sind: So arbeiteten zumindest an einem Artikel, „Popular Culture", sowohl ein Zyperngrieche (Ioannis Papadakis) als auch ein Zyperntürke (Bekir Azgın) in bestem Einvernehmen zusammen. Könnte diese *citizen diplomacy* nicht Pate für weitergehende wissenschaftliche Kooperationen und persönliche Kontakte über die *Green Line* und die Pufferzone hinweg stehen?

***

Einige Anmerkungen zu unserem Bemühen, einheitliche Sprachformen zu benutzen, erscheinen notwendig, weil es im Fall Zyperns im Deutschen offenbar noch keine allgemeingültigen Bezeichnungen gibt. Anstelle der früher gängigen Schreibweisen „Cypern", „Cyprioten" bzw. „Zyprioten" finden in diesem Handbuch – in Anlehnung an die entsprechenden Regelungen des Auswärtigen Amtes („Viersprachenverzeichnis") für den interministeriellen Sprachgebrauch im Öffentlichen Dienst der Bundesrepublik Deutschland – bei deutschsprachigen Texten durchgehend die Schreibweisen „Zypern" und „Zyprer" Verwendung.

Schwieriger wird es bei der terminologischen Unterscheidung der zyprischen Bevölkerung nach ihrer Zugehörigkeit zur griechischen bzw. türkischen Volksgruppe (*Community*), also zu einer der beiden zahlenmäßig relevanten und sprachlich-kulturell ebenso wie politisch-national selbständigen Gemeinschaften der Insel. Die Entscheidung für die Bezeichnungen „Zyperngrieche" bzw. „Zyperntürke" oder auch „griechischer Zyprer" bzw. „türkischer Zyprer" erscheinen hier plausibel, da mit „Zypern-/Zyprer" die geographische bzw. inselspezifische und mit „-grieche/-türke" bzw. „griechisch/türkisch" gleichberechtigt die jeweilige nationale Gruppenzugehörigkeit zum betreffenden „Mutterland" hinreichend erfaßt wird. Die in der Literatur übliche Verwendung der adjektivischen Verbindung von geographischen Bezeichnungen mit Bindestrich – also griechisch-zyprisch bzw. türkisch-zyprisch – schafft hingegen ein bislang relativ wenig beachtetes sprachliches Problem (vgl. den einführenden Abschnitt: „Sprachliche Fragen", in: U. Berner: Das vergessene Volk. Der Weg der Zyperntürken von der Kolonialzeit zur Unabhängigkeit. Pfaffenweiler 1992): Der Gebrauch der Formeln „griechisch-zyprisch" bzw. „türkisch-zyprisch" beschränkt sich orthographisch (Duden Regel Nr. 155) vornehmlich auf die Beschreibung eines Verhältnisses oder einer Beziehung, hier die der Regierungen Griechenlands oder der Türkei zur Führung ihrer jeweiligen Volksgruppe in Zypern. Will man dagegen jede der beiden großen Volksgruppen auf Zypern begrifflich als Einheit kennzeichnen (und dies geschieht weitaus häufiger), so sollte die adjektivische Verbindung von Völkernamen folgerichtig zusammengeschrieben werden („zyperngriechisch" bzw. „zyperntürkisch").

Eine weitere sprachliche Unklarheit, auf die hier hingewiesen sei, ergibt sich aus der wörtlichen Übersetzung des englischen Wortgebildes *intercommunal talks*. In der einschlägigen deutschsprachigen Literatur hat sich irrtümlicherweise dafür der Begriff „interkommunale Gespräche" etabliert, obwohl sich die Termini *communal* und *community* im Falle Zyperns eben nicht auf die Gemeinde im Sinne einer verfassungsrechtlich institutionalisierten Kommune beziehen, sondern auf eine Volksgruppe: die politisch-ethnisch und sprachlich-kulturell getrennten Gemeinschaften von Griechen und Türken auf Zypern. Da beide Bedeutungen dem englischen Wortgebilde zwar innewohnen, im Deutschen aber zu Fehlinterpretationen führen können, werden im Handbuch vornehmlich umschreibende Hilfskonstruktionen, wie beispielsweise „Verhandlungen (Gespräche) zwischen den beiden großen Volksgruppen Zyperns", verwandt.

Vor allem in vier Bereichen gibt es jedoch gelegentliche, zumeist geringfügig erscheinende Abweichungen in der mitunter bevorzugten formellen Wort- und Begriffswahl. Selbst dezidiert vorgetragene Empfehlungen der Herausgeber zur förmlichen Vereinheitlichung der Terminologie konnten nicht in allen Fällen zu einer Berücksichtigung durch die Autoren führen. Schließlich lassen die mit Namen gekennzeichneten Beiträge die letztlich entscheidende Verantwortung der Autoren für ihre Beiträge deutlich erkennen.

Es beginnt in relativ harmloser Weise mit der jeweils bevorzugten Verwendung von geographischen Namen, vor allem im heutigen Nordzypern (englische, griechische und türkische Sprachunterschiede, wie z.B. Kyrenia=Keryneia=Girne). Daher empfehlen die Mitherausgeber den Benutzern dieses Handbuches die im Anhang unter der Rubrik „Verzeichnisse" wiedergegebene aktuelle „Karte zur Ortsnamenkonkordanz" (Ronald Wellenreuther).

Weiterreichend dürfte der jeweilige Umgang mit dem staatlichen Charakter der „Türkischen Republik Nordzypern (TRNZ)" und der Einschätzung ihrer internationalen Anerkennung – beziehungsweise, abgesehen von der Türkei, ihrer Nichtanerkennung – als eigenständig bestehendes Staatsgebilde sein (so bezeichnet beispielsweise die Staatsführung der Republik Zypern die „TRNZ" als „illegales Gebilde" bzw. als „türkisch-besetztes Gebiet" mit einer „Pseudoregierung"). Das hat in recht unterschiedlichem Ausmaße Auswirkungen auf die Verwendung bzw. Nichtverwendung von „Gänsefüßchen" generell und im Einzelfall gehabt. Welche wissenschaftliche Qualität den Problemen von Staatlichkeit einerseits und deren internationaler, völkerrechtlich relevanter Anerkennung eines Staates andererseits beizumessen ist, wird im Beitrag „Verfassung und Recht" (Christian Rumpf) ausführlich zur Sprache gebracht.

In enger Verbindung damit steht die Verwendung der Bezeichnungen „Invasion" und/oder „Intervention" im Blick auf die Landung und den Einmarsch türkischer Truppen sowie die blutigen Kampfhandlungen anläßlich der türkischen Besetzung des Nordens der Insel Zypern während der hochdramatischen Juli- und Augusttage des Jahres 1974. In den Augen einiger zyprischer Griechen und Türken legt die „richtige" Begriffswahl offenbar auch ein Zeugnis von der jeweiligen Gesinnung des Betrachters ab. So konterte die Botschaft der Republik Zypern alle Bemühungen um eine differenzierte Sichtweise mit dem Argument, daß dann die Opfer der „türkischen Aggression" mit dem „Aggressor" gleichgesetzt würden, was einer „Irreführung" gleichkäme (Brief des Botschafters der Republik Zypern an Winfried Steffani vom 3. April 1995).

Diese Terminologie hat sogar Anlaß zu einer Kontroverse um die „Objektivität" bzw. „Voreingenommenheit" des Handbuches geboten. Daher haben sich die Mitherausgeber und der Verleger dazu entschlossen, dem Band eine Karte beizufügen, die die Daten der vom Presse- und Informationsamt der Republik Zypern in Nikosia herausgegebenen chronologischen Ereigniskarte („Cyprus. Distribution of Population by Ethnic Group 1960 & Positions of the Invading Turkish Forces". Zweite Auflage. Nikosia 1976) mitverarbeitet. Wie lassen sich diese Vorgänge einschätzen? Waren alle „Linienverschiebungen" Folgen einer „Invasion" bzw. einer „Intervention", oder könnte anfangs (Juli 1974) noch von einer „Intervention" gesprochen werden, die dann (August 1974) zu einer „Invasion" und „Besetzung" ausartete? Heute werden – wie den abgedruckten Karten zu entnehmen ist – der nördliche und der südliche Teil Zyperns ebenso wie die beiden zyprischen Volksgruppen durch eine von der UN-Friedenstruppe bewachte Pufferzone (zwischen den Waffenstillstandslinien beider verfeindeten Armeen) getrennt, deren Verlauf zudem stellenweise von der türkischen Seite in Frage gestellt wird. Sie variiert in ihrer Breite zwischen sieben Kilometern und zwanzig Metern. Nach UN-Angaben wurden hier allein im Jahre 1996 nahezu 900 Zwischenfälle registriert (FAZ vom 7.1.1997). Einem Bericht des Generalsekretärs der UNO an den Weltsicherheitsrat vom 10. Dezember 1996 zufolge wurden in den Monaten August bis Oktober drei zyperngriechische Zivilisten sowie ein zyperntürkischer Soldat von Mitgliedern der jeweils anderen Volksgruppe erschossen und 19 Blauhelme verletzt (UN-S/1996/1016). Erstmals seit 1974 überschritt damit die Gewaltbereitschaft sogar das Maß des leider sonst Üblichen.

Welche Bedeutung ist weiterhin der seit der Besetzung von den nordzyprischen Machthabern betriebenen Bevölkerungspolitik mit der illegalen Enteignung zyperngriechischen Eigentums und der Übersiedlung kleinasiatischer Türken auf den Nordteil der Insel Zypern beizumessen? Und schließlich: wie lassen sich die jeweiligen, vor allem unter griechischen und türkischen Einflüssen stehenden Traditionselemente auf der Mittelmeerinsel in der heutigen Landeswirklichkeit beurteilen?

***

Gerade für den Band VIII: Zypern, ist noch ein Wort zu den manigfachen Orthographie- und Transkriptionsfragen zu sagen: Auf der Insel wird außer der ehemaligen Kolonialsprache Englisch, die immer noch als inoffizielles gemeinsames Kommunikationsmittel zur Anwendung kommt, im Südteil vorwiegend Neugriechisch und im Norden vor allem Türkisch verstanden und gesprochen, obwohl nach der in der Republik Zypern formell weiterhin geltenden Verfassung von 1960 beide Muttersprachen gleichberechtigte Landessprachen sind (Art.3).

Das Problem des Fehlens einer allen philologischen Anforderungen gerecht werdenden, international anerkannten Transliteration des Neugriechischen mit lateinischen Buchstaben ist bereits in Band III: Griechenland, erkannt und damals vorbildlich gelöst worden (vgl. dort, S.9ff.). In der Zwischenzeit hat sich schließlich auch die Griechische Gesellschaft zur Normsetzung (ELOT) auf eine Tabelle zur Wiedergabe des Neugriechischen mit lateinischen Buchstaben geeinigt, die vom griechischen Parlament im Mai 1987 mit dem Gesetz Nr. 743/1987 offiziell anerkannt wurde (vgl. die Transliterationstabelle in den Verzeichnissen).

Auch dieses neue Transliterationssystem ist immer noch in manchen Punkten – wie z. B. der Wiedergabe von Diphtongen – ungenau und kann ohne diakritische Zeichen nicht ganz auskommen. Dennoch haben sich die Mitherausgeber dazu entschlossen, dieses heute allgemein benutze Transliterationssystem vor allem für die vereinheitlichte Schreibweise der Personen- und Ortsnamen sowie einschlägiger Fachbegriffe und bibliographischer Angaben anzuwenden. Denn dadurch wird dem Benutzer schon optisch die Rücktransliteration ins neugriechische Alphabet erleichtert, weil sie in der Regel die Wiedergabe eines griechischen Buchstaben mit einem lateinischen ermöglicht und auf Sonderzeichen weitgehend verzichtet.

Mit der Sprachreform vom 3. November 1928 wurde in der damals neuen Republik Türkei das arabische Alphabet durch das lateinische ersetzt. Allerdings kennt das Türkische vier Sonderzeichen (Ş/ş, Ç/ç, İ/ı, Ğ/ğ), die im Handbuch jedoch nur bei zyperntürkischen Eigennamen Berücksichtigung finden (z. B. Denktaş, Lefkoşa). Im Deutschen geläufige türkische Ortsnamen sind hingegen in der Regel entsprechend der deutschen Schreibweise wiedergegeben worden (z. B. Istanbul, Izmir). Begriffe aus osmanischer Zeit werden demgegenüber im Einklang mit der einschlägigen Literatur durchweg vereinfachend mit Hilfe des (modernen) Türkischen wiedergegeben, um unnötige und wenig zweckdienliche zusätzliche Verwirrungen mit der deutschen Transliteration des Arabischen zu vermeiden.

Da es aufgrund der dreisprachigen Tradition Zyperns (Griechisch, Türkisch, Englisch) bei zyprischen Personennamen in einigen Fällen verschiedene, teilweise doch recht unterschiedliche Schreibweisen gibt, werden sie im Register gesondert aufgeführt (z. B. Klerides/Clerides/Klirides). Namen und Personen aus der antiken griechischen bzw. byzantinischen Geschichte werden ebenso wie solche aus der osmanischen Zeit in der im Deutschen oder Englischen geläufigen Form gebracht. Dasselbe gilt für bei uns eingeführte, besonders bekannte Schreibweisen geographischer Bezeichnungen. In allen Zweifelsfällen, vornehmlich in den nicht seltenen Fällen von Doppel- und Dreifachbezeichnungen, sei hier auf das Register verwiesen.

***

Daß das Gesamtergebnis dieses achten und letzten Bandes des Südosteuropa-Handbuchs – dessen Konzept, grundlegende Autorenauswahl und redaktionelle Vorgaben bis ins Detail hinein von Klaus-Detlev Grothusen stammen – selbst im Urteil betont kritischer Benutzer den Rang eines zuverlässigen Informationsinstruments haben möge, sollte nicht nur eine Wunschvorstellung der Mitherausgeber sein. Denn daß dieses Ziel auch tatsächlich erreicht wurde, beruht hauptsächlich auf der wissenschaftlichen Leistung der im vorliegenden Band vereinten 36 Autoren aus den beiden Teilen Zyperns, Griechenland, England, Kanada sowie der Bundesrepublik Deutschland. Ihnen sei dafür und für Ihre große Geduld im

Umgang mit den Mitherausgebern und deren vielen, mitunter als recht lästig empfundenen Änderungswünschen herzlich gedankt.

Was die redaktionelle Arbeit in der Abteilung für Osteuropäische Geschichte des Historischen Seminars der Universität Hamburg betrifft, sind die Mitherausgeber vor allem den Doktoranden: Herrn Jan Asmussen, M. A., Herrn Mathias Eberenz, M. A., und Frau Anna Mastrogianni, M. A., sowie Frau Gwendolyn Sasse, M. A., für ihre unentbehrliche Mitarbeit an der sorgfältigen Durchsicht der Manuskripte zu großem Dank verpflichtet. Dank für ihre unschätzbare Hilfe verdienen auch Herr Michael Colberg, Frau Sieglinde Eiffler und Frau Melanie Schürbrock. Frau Dr. Ingeborg Otto und ihren Mitarbeitern vom Referat Vorderer Orient (ORDOK) der Übersee-Dokumentation des Deutschen Übersee-Instituts in Hamburg ist für die Erstellung und Überlassung der wertvollen bibliographischen Informationen auf EDV sehr zu danken. Weiterhin möchten beide Mitherausgeber den Herren Oberamtsrat Dieter Friese und Juan-Antonio Mercado der Hamburger Universitätsverwaltung für ihre tatkräftige Mithilfe danken. Schließlich gilt unser Dank allen Mitgliedern des Historischen Seminars dafür, daß sie über einen so langen Zeitraum nicht nur ständig einen der knappen und daher umso dringender benötigten Räume den Mitherausgebern und ihren Mitarbeitern zur vollen Verfügung gestellt haben, sondern auch längere Zeit mit einem Etat für „studentische Hilfskraftstunden" aushalfen.

Bei den Institutionen verdienen als erste die Deutsche Forschungsgemeinschaft und der Verlag Vandenhoek & Ruprecht Worte des aufrichtigen Danks, weil sie als die wichtigsten Helfer und als großzügige Förderer des Projekts nach dem Ableben Grothusens auch den hinzugekommenen Herausgebern ihr volles Vertrauen für das Zustandekommen des Bandes geschenkt haben. Von der vielfältigen Unterstützung, die das Handbuch daneben erfahren hat, sei zunächst der Stifterverband für die Deutsche Wissenschaft genannt, der die Zahlung der Autorenhonorare ermöglicht hat. Der Förderungs- und Beihilfefonds Wissenschaft der VG Wort hat durch einen Druckkostenzuschuß wesentlich dazu beigetragen, daß der Band erscheinen konnte. Schließlich haben eine Reihe von privaten Stiftungen mit finanziellen Zuwendungen die Bezahlung der Redaktionsstellen und aller anfallenden Unkosten im Rahmen des Projekts erst ermöglicht: Daimler Benz Stiftung, Fazit-Stiftung, Gerda Henkel Stiftung, Hamburgische Wissenschaftliche Stiftung und Rudolf Siedersleben'sche Otto Wolff-Stiftung. Ihnen allen sei dafür sehr gedankt.

Eines scheint gewiß zu sein: Ohne eine derartige Förderung und Unterstützung wären wissenschaftliche Projekte dieser Größenordnung an Universitäten heute nicht mehr möglich.

Hamburg, im März 1998   Winfried Steffani und
Peter Zervakis

Geographische Grundlagen

Günter Heinritz, München

I. Lage und Fläche – II. Naturgeographische Grundlagen: 1. Geologischer Bau – 2. Klima – 3. Vegetation – III. Einzellandschaften: 1. Troodos – 2. Troodos-Vorland – 3. Südwestzyprisches Schollenbergland und Südküste – 4. Nordkette mit südlichem Vorland und Nordküste – 5. Mittelebene – IV. Siedlungsstruktur – V. Statistischer Anhang

I. Lage und Fläche

Die Frage nach der Lage einer Insel kann man auf verschiedene Weise beantworten und damit recht unterschiedliche Assoziationen beim Leser hervorrufen. So läßt sich für Zypern etwa sagen, daß es zwischen 34° 34' und 35° 40' nördlicher Breite und zwischen 32° 20' und 34° 35' in östlicher Länge gelegen ist. Für den, der mit solchen geodätischen Angaben vertraut ist, erschließt sich daraus, daß der größte Abstand von der Nord- zur Südküste Zyperns 96 km beträgt, seine West-Ost-Erstreckung vom Kap Akamas im Westen bis zum Kloster Apostolos Andreas im Osten der Halbinsel Karpasia dagegen 225 km. Weitaus mehr Vorstellungen werden sich für die meisten Leser aber wohl mit einer anderen möglichen Antwort verbinden: Zypern liegt im östlichen Mittelmeer, knapp 70 km südlich von der türkischen Küste, knapp 100 km westlich von Syrien, 386 km nördlich von Ägypten, und zur nächstgelegenen griechischen Insel Kastellorizon beträgt seine Entfernung 300 km. 420 km weit ist es nach Rhodos, immerhin 850 km nach Athen. Eine solche Beschreibung verweist auf die verbindende Lage der Insel zwischen Europa und dem Nahen Osten bzw. Afrika und auf den strategischen Wert, den die Insel als Sprungbrett und als Rückzugsbastion der im Mittelmeerraum wirksamen abendländischen und morgenländischen Mächte haben mußte. Trittstein für verschiedene Völker, strategischer Vorposten, Zankapfel zwischen Großmächten, Pulverfaß im östlichen Mittelmeer: das sind daher die Metaphern, die Zeitgenossen und Historiker immer wieder für die Insel gebraucht haben, die auf eine lange Geschichte der Fremdherrschaft wechselnder Eroberer zurückblickt. Ihre geringe Größe – mit 9 248 km^2 ist Zypern nach Sardinien und Sizilien die drittgrößte Insel des Mittelmeers, aber nur wenig größer als Luxemburg und gerade halb so groß wie Rheinland-Pfalz – ließ sie stets leicht verwundbar sein.

II. Naturgeographische Grundlagen

1. Geologischer Bau

Der Raum, den heute Zypern einnimmt, blieb als Teil der Tethys nach dem Einsetzen der alpidischen Orogenese, d. h. von der oberen Trias (vor ca. 180 Millionen Jahren) bis zur oberen Kreide (vor ca. 75 Millionen Jahren) vom Meer bedeckt, in dem jene triasischen Kalksteinschichten sedimentiert wurden, die wir heute im Südwesten und im Norden der Insel antreffen. Zugleich begannen vulkanische Aktivitäten im Südwesten der Insel, die sich dann über die gesamte Troodosregion ausgebreitet haben. Ihr Ergebnis waren ausgedehnte Lavakissen (*pillow lavas*), die Diabase und mächtige plutonische Massengesteine (Gabbro und Peridotite) überzogen. Die Geburtsstunde Zyperns schlug in der oberen Kreide, als dieses Teilstück des geosyklinalen Beckens tektonisch gehoben wurde und damit aus dem Meer aufgetaucht ist. Die dadurch entstandene kleine Insel kam bis in die Zeit des unteren Miozäns durch tektonische Bewegungen immer wieder unter Meeresspiegelniveau, so daß Kalk-, Ton- und Mergelschichten um den Kern des Troodosmassives abgelagert werden konnten. So sind die ältesten Gesteine Zyperns kristalline Schiefer im Westen der Insel. Dem Alter nach folgen ihnen die Hilarionkalke der Nordkette aus dem Oberkarbon bis zur Kreide und die Mamoniaformationen der Trias. Alle älteren Einheiten sind stark verstellt und weitgehend abgetragen.

Während des mittleren Miozäns kamen infolge neu einsetzender tektonischer Bewegungen große Teile des Troodos wieder unter den Meeresspiegel und wurden mit marinen Sedimenten bedeckt (Mergel und Tone der Paknaschichten). Das Ende dieser Sedimentationsphase wird durch die Riffkalke (Koroniaformation) und Gipsablagerungen (Kalavassosformationen) markiert. Erst am Ende des Miozäns (vor ca. elf Millionen Jahren) bildete das Troodosmassiv dann definitiv eine kleine Insel, und zugleich wurden im Zuge der alpinen Orogenese die Gesteinsschichten des nördlichen Zyperns gefaltet und herausgehoben. Damit entstand die heutige Nordkette in Form einer schmalen, langgestreckten Insel bzw. Inselkette, die von der durch das Troodosmassiv gebildeten Insel aber noch durch einen Meeresarm getrennt lag. Dieser gegen Süden aufgeschobene schmale Faltenbogen ist als Teil der Iraniden aufzufassen. Als Gebirgszug ist die Nordkette 53 km lang, geologisch setzt sie sich aber beiderseits in der Tiefe fort.

Beide Inseln tauchten während des Pliozäns (vor ca. zehn Millionen Jahren) kurzfristig erneut unter den Meeresspiegel. Die Sedimente aus dem Pliozän werden von den Geologen als Mesaoriagruppe ausgeschieden. Über Gipsmergeln folgen fossilreiche Kalksandsteine. Die entscheidende Hebungsphase, die bis zur Gegenwart anhält, setzte erst im Pleistozän (vor ca. zwei Millionen Jahren) ein und brachte nun das Gebiet zwischen den beiden Gebirgen über den Meeresspiegel. Da dieser während des Pleistozäns durch den Wechsel von Glazial- und Interglazialzeiten mehrfach anstieg und fiel, war die Küstenlinie Zyperns in diesen zwei Millionen Jahren steten Veränderungen unterworfen. So haben sich dort eine Reihe mariner Terrassen entwickelt, von denen die ins Tyrrhenium II zu stellende 12 m-Terrasse am markantesten in Erscheinung tritt. Die heutige Küste ist nur wenig gegliedert. Ihre gesamte Länge beträgt nur rund 620 km. Die Nordküste ist eine hafenarme

Kliffküste, die West-, Süd- und Ostküste sind durch flache Buchten zwischen Gebirgsvorsprüngen gegliedert. Die an der Südküste an die Buchten anschließenden Niederungen gehören seit dem Altertum zu den Hauptsiedlungsgebieten der Insel.

Die starke Hebung während des Pleistozäns hatte natürlich auch eine entsprechende Verstärkung der Abtragung zur Folge. Während die Mesaoria sich als Ebene in einer Höhe von unter 100 m über NN erstreckt und nur im Inneren der Insel stellenweise ca. 170 m erreicht, erheben sich die höchsten Gipfel des Troodos bzw. der Nordkette bis knapp 2000 bzw. 1000 m über NN und entsprechend stark haben sich die das Gebirge entwässernden Flüsse mit V-förmigen Tälern eingeschnitten und das von ihnen erodierte Material im Unterlauf wieder abgelagert. Insgesamt lassen sich drei bis fünf Erosionsniveaus bzw. Terrassen unterscheiden, die mit dem Wechsel von Pluvial- und Interpluvialphasen im Pleistozän korrespondieren. Die geomorphologisch sowohl in der Mesaoria wie auch in den beiden Gebirgen nachweisbaren Hebungsvorgänge sind noch keineswegs abgeschlossen, was häufige Erdbeben auf Zypern beweisen. So wurden etwa die antiken Städte wie Pafos, Curium und Salamis durch Erdbeben zerstört, und zuletzt waren 1953 etwa 100 Dörfer im Westen der Insel von schweren Erdbebenschäden betroffen.

2. Klima

Zypern hat ein typisches mediterranes Klima mit heißen, trockenen Sommern (mittlere Julitemperaturen in Nikosia (*Lefkosia/Lefkoşa*) 29°C, im Troodosgebirge auf Prodromos 22°C) und milden, feuchten Wintern (mittlere Januartemperaturen in Nikosia um 10°C und im Gebirge um 3°C). Nur im Küstenbereich reduziert sich die für das Innere der Insel gemessene Temperaturdifferenz zwischen der mittleren Sommer- und der mittleren Wintertemperatur von 18°C auf ca. 14°C. Regional differenziert sind auch die Temperaturunterschiede im Tagesverlauf, die im Winter im Flachland zwischen 8°C und 10°C bzw. zwischen 5°C und 6°C im Troodos liegen und dort im Sommer auf 9°C bis 12°C ansteigen, während sie in der Mittelebene bis 16°C betragen können (vgl. Tabelle 2).

Wenn die Fremdenverkehrswerbung Zypern als „Sonneninsel" herausstellt, so ist dies angesichts der erreichten Sonnenscheindauer durchaus gerechtfertigt. Die Sonne scheint durchschnittlich während 75% der Zeit, in der sie über dem Horizont steht. Die Temperatur des Meerwassers liegt im Januar bis März bei 16°C und erreicht im August mit 27°C ihren höchsten Wert. Der durchschnittliche jährliche Niederschlag mißt 480 mm bei großen jährlichen Schwankungen. Da zyklonale Westwinde diese Niederschläge bringen, ist die Nordwestseite der Insel regenreicher als der Südosten. Während dort und in der Mittelebene nur zwischen 300 mm und 400 mm im durchschnittlichen Jahresniederschlag gemessen werden, erreichen im Troodos die Jahresniederschläge bis 1100 mm und fallen oberhalb von 1000 m z.T. auch als Schnee (vgl. Tabelle 1). Alljährlich zeigen sich so die Gipfel des Troodos schneebedeckt, in manchen Jahren erreicht die Schneedecke zwei bis drei Meter Mächtigkeit und verschwindet dann erst im April oder Mai. Deshalb ist im Troodos bis ins Frühjahr Wintersport möglich. Die Flüsse führen nur im Winter Wasser. Selbst Pediaios und Gialias, die beiden größten Flüsse der

Insel, die im Troodos entspringen und die Mittelebene nach Osten durchziehen, erreichen nur zeitweise das Meer und liegen im Sommer trocken. Wenn aber nach einem der seltenen Sturzregen im Gebirge die Wasserfluten talwärts strömen, kann es in der Ebene zu katastrophalen Überschwemmungen kommen. Gewöhnlich versickern die Wassermassen dort rasch in den durchlässigen Schottern. Nur in zwei Senkungsgebieten an der Bucht von Morphou und nördlich von Famagusta führte mangelnder Abfluß zur Versumpfung und ließ dort einst berüchtigte Malariaherde entstehen, die erst durch die englische Kolonialverwaltung beseitigt werden konnten.

3. Vegetation

Das Bild der Vegetation Zyperns ist anthropogen geprägt und gekennzeichnet durch den Gegensatz von weiten, baumlosen und vegetionsarmen Flächen des zyprischen Mittellandes und den bewaldeten Gebirgen. Zypern war zwar im Altertum für seine Wälder berühmt, doch fielen sie schon in antiker Zeit dem Holzbedarf der Phönizier und Römer zum Opfer. Erst die englische Kolonialverwaltung hat energische Anstrengungen zur Aufforstung der Gebirge unternommen und vor allem sich erfolgreich gegen die Interessen der Schaf- und Ziegenhalter durchgesetzt, so daß heute rund 1 730 km^2, d.h. ein knappes Fünftel der Insel bewaldet ist, ein für mediterrane Verhältnisse erfreulich hoher Wert. So ist etwa das gesamte mittlere und westliche Troodosgebirge zusammenhängend bewaldet. In den höchsten Teilen des Troodos, d.h. oberhalb von 1 600 m, haben sich Bestände der Schwarzkiefer (*Pinus nigra ARN Var. Caramanica*) erhalten. In der Gipfelregion des Chionistra ist auch der Stinkwacholder (*Juniperus foetichissima L.*) verbreitet. Im übrigen ist vor allem die Aleppokiefer (*Pinus halippensis*) bestandsbildend. Um die Aufforstung an den steilen Berghängen zu fördern, hat sich die Ansammlung von Cistrosen (*Cistus villosus L. Var. tauricus Pres.L.* und *Cistus salvifolius L.*) sowie des immergrünen Erdbeerbaumes (*Arbutus andrachne L.*) bis 1 300 m Höhe und der Goldeichen (*Quercus alnifolia POECH*) sehr bewährt. An einigen Stellen finden sich Bestände von Zedern (*Cedrus libanotica subsp. brevifolia HOOKER*), die sowohl frostbeständig sind als auch große Trockenheit ertragen, der Sommerhitze der Ebene aber nicht gewachsen sind. An Wasserstellen, Bergbächen und Straßen kommen oft Platanen und Pappeln vor.

III. Einzellandschaften

1. Troodos

Der Troodos ist ein gegen sein Vorland recht scharf abgesetztes Mittelgebirge. Im Westen grenzt er auf der Ostseite der Chrysochou-Bucht unmittelbar ans Meer; gegen Osten reicht er mit dem Massiv der Kionia (1 423 m) bis in die Gegend von Lefkara. Er ist ein im Mitteltertiär aufgewölbtes und tektonisch stark zertrümmertes Massiv aus Massengesteinen. Sein zentraler und höchster Kern mit dem Olympus (*Chionistra*, 1 951 m) besteht aus sehr basischen Gesteinen, am wichtigsten Serpentin und Gabbro, und ist von ausgedehnten Rumpfflächen überzogen. Aus flachen Hochtälern entwässern radial die Flüsse, die sich vom Außenrand des Kernes rasch einschneiden. In dem im Winter relativ niederschlagsreichen Gebirgsland führen sie besonders im Frühjahr reichlich Wasser. An den Gebirgskern schließen sich besonders im Westen und Osten etwas niedrigere Teile an, die hauptsächlich aus Diabasen bestehen. Die Höhen übersteigen aber sehr häufig 1 400 m und 1 600 m. Auch sie tragen Rumpfflächen, die aber durch die scharf eingeschnittenen Täler stärker aufgelöst sind. Während der Westen des Gebirges in steile, lange Rücken zergliedert ist, löst sich der Osten in Gruppen pyramidenförmiger Gipfel auf. Dies ist gesteinsbedingt, wird aber auch von querenden Störungen mitbestimmt.

Das ganze Gebirge trägt viel Wald, der nach früheren starken Verwüstungen seit der britischen Zeit durch intensive forstliche Pflege und starke Einschränkung der Ziegenhaltung wieder gesundet ist. Im zentralen Teil herrschen zwischen 1 300 m und 1 900 m meist lockere Bestände von Schwarzkiefern (*Pinus nigra ssp. caramanica*), die einen fast parkartigen Eindruck machen. In höheren Lagen tritt als Unterholz häufig der Stinkwacholder (*Juniperus foetichissima*) auf. Unterhalb von etwa 1 300 m folgen Wälder der Aleppokiefer (*Pinus halippensis*), denen besonders auf der Nordseite des Gebirges neben wechselgrünen Eichen (*Quercus lustanica ssp. infectoria*) auch immergrüne Eichen (*Quercus alnifolia* = „Goldeiche" und *Quercus coccifera ssp. callibrinos*) beigemischt sind. Im Westteil, in der Gegend des Klosters Kykko sind Zedernwälder (*Cedrus libanotica ssp. brevifolia*) erhalten. Sie werden forstlich so gut gepflegt, daß sich in ihnen das 1937 fast ausgestorbene Mufflonwild wieder erholt hat und heute dort mit über 400 Stück vertreten ist.

2. Troodos-Vorland

Hauptsächlich im Norden und Osten ist dem höheren Gebirgsland, deutlich gegen dieses abgesetzt, ein Vorland als Gebirgsfuß vorgelagert. Dessen plateauartige, gegen außen sanft abgedachte Flächen sind durch die unteren Talabschnitte der Flüsse in Einzelstücke zerlegt, die in etwa 400 m bis 800 m Höhe liegen und die gegen die Mesaoria im Norden und Nordosten mit deutlichem Gehänge abfallen. Im Gegensatz zu den alten magmatischen Gesteinen des Troodos selbst setzt sich dieses Vorland aus jüngeren Ergußgesteinen zusammen, die wegen ihrer besonderen Absonderungsformen als Kissenlaven (*pillow-lavas*) bezeichnet werden. In diesen Laven liegen die hauptsächlichen Erzlagerstätten, sowohl die Kupfererze, die in der Antike den großen Reichtum der Insel begründeten, als auch die mit ihnen genetisch und meist auch örtlich verbundenen, im zwanzigsten Jahrhundert viel wichtigeren Pyriterze (z.B. *Skouriotissa*). Die Laven sind stellenweise überdeckt mit Trümmergesteinen des Troodos, die stellenweise zu Konglomeraten (Fanglomerate) verfestigt sind und mit tertiären Meeresablagerungen, zum Teil harten Kalkdecken, deren Abtragungsreste gelegentlich tafelbergartige Höhen bilden. Über all diese Gesteinsteile zieht die Bergfußebene hinweg, die aber gegen das Gebirge hin auch auf die Diabase übergreift. Die Einzelformen des Troodos-Vorlandes sind stark durch Gesteinsverschiedenheit (Petrovarianz) gegeben. Die Bergfußfläche als Ganzes ist aber auf klimabedingte flächenhafte Abtragungsvorgänge der Vorzeit zurückzuführen. Junge harte Karbonatkrusten überziehen sie streckenweise. Auch hier werden die Wälder, die hauptsächlich aus Aleppokiefern mit eingestreuten immergrünen Eichen bestehen, heute durch sehr weitgehende Beschränkung der Ziegenweide geschützt. Dank der Zielstrebigkeit der Forstwirtschaft der Republik ist hier die im übrigen Mittelmeergebiet so häufige Degradierung der Wälder zu Macchien nicht nennenswert.

3. Südwestzyprisches Schollenbergland und Südküste

Im äußersten Westen der Insel bildet die Halbinsel Akamas einen Horst aus den gleichen kristallinen Gesteinen, die den Troodos aufbauen. Ihre Oberfläche übersteigt aber nicht 150 m. Ähnlich springt östlich von Limassol (*Lemesos*) ein Horst aus den gleichen Gesteinen von den Ostausläufern des zentralen Troodos gegen Südosten vor und bildet den Küstenvorsprung des Kap Dolos. Beide ältere Gesteinsmassen fügen sich mit ihren geringeren Höhen in ein Schollenland aus Meeresablagerungen ein, die von der jüngeren Trias bis zum jüngsten Tertiär reichen. Dabei handelt es sich größtenteils um Kalke, oft im Wechsel mit Mergeln. Sie sind mit den gleichen Trümmergesteinen (Fanglomerate) überschüttet worden, wie sie vom Troodos-Vorland bekannt sind. Hier sind sie aber nur streckenweise in einem etwa acht Kilometer breiten Küstenstreifen von späterer Abtragung verschont geblieben. Das wechselvolle Schollenland ist durch die aus den Gebirgen kommenden Flüsse mit meist flachsohligen Tälern durchfurcht. Je näher dem Gebirge, um so mehr herrscht in diesem Schollenland Bergcharakter vor. Gegen die Küste flacht es sich zu einem Hügelland ab. An der Küste selbst werden häufig gehobene Meeresterrassen gefunden, während im Mündungsgebiet der zyprischen Flüsse Küstenebenen entstanden sind, insbesondere bei Limassol und bei Pafos. Überall sind die weniger gebirgigen Teile dieser Landschaft altes Siedlungsland seit den Zeiten, aus denen überhaupt auf dieser Insel menschliche Spuren gefunden wurden. Zwischen Limassol und Larnaka bei Chirokitia ist in großartiger Weise eine frühneolithische Siedlung ausgegraben worden, die auf die Zeit von 5800 v. Chr. datiert wurde. 2300 Jahre jünger ist das nur wenig westlich gelegene Kalavassos, das aber immer noch dem Neolithikum angehört, ebenso wie Sotira nördlich von Curium. In die Stein-Kupfer-Zeit weisen die aufschlußreichen Grabungsergebnisse von Erimi westlich von Limassol. Alle diese frühesten Siedlungen liegen mehrere Kilometer landeinwärts der Küste, denn es waren reine Feldbaudörfer. Seeschiffahrt und Handel spielten in dieser Zeit noch keine Rolle. Darin trat in der Bronzezeit ein Wandel ein; gestützt auf die inzwischen ausgebildete Schiffahrt wuchs nunmehr der Handel zwischen den Ländern am östlichen Mittelmeer heran. Auch Zypern trat aus seiner bisherigen Isolierung heraus, denn mit seinem Kupferreichtum hatte es einen besonderen Trumpf dieses Zeitalters in der Hand[1]). Nun wuch-

---

[1]) In populärer Literatur, z.B. in Reiseführern, wird Zypern deshalb häufig als „Kupferinsel" bezeichnet. Tatsächlich ist die Etymologie des Namens Zypern ungeklärt; Versuche, den Namen mit dem sumerischen Wort „zubar" (= Kupfer) in Verbindung zu bringen, sind pure Spekulation. Vgl. Goodwin, J.C.: An Historical Toponymy of Cyprus. Dritte Auflage. Nicosia 1978, S. 255.

sen an der Küste selbst Handelsstädte von orientalischem Typus heran. Sie erblühten zu beachtlichem Reichtum. Dabei muß bereits die Niederlassung mykenischer Kaufleute und Handwerker im 14. und 13. Jahrhundert eine wesentliche Rolle gespielt haben. Doch wichtiger wurde um die Wende vom 12. zum 11. Jahrhundert die viel umfangreichere Einwanderung von Achaiern. Es entstand eine für Zypern charakteristische eteokyprisch-orientalisch-mykenische Mischkultur, und es wurde als besonders wichtiger historischer Vorgang der Grund für die Hellenisierung Zyperns gelegt. Wenn auch der Schwerpunkt dieser Entwicklung am Ausgang der Bronze- und am Beginn der Eisenzeit in Enkomi nordwestlich von Famagusta (*Gazimağusa*) gelegen zu haben scheint, einer Stadt, deren Nachfolgerin das glänzende Salamis wurde, so standen doch hinter diesen die damals an der Südküste entstandenen Städte an Bedeutung kaum zurück. Kition, das vom heutigen Larnaka überbaut ist, Curium westlich von Limassol, sowie Paleo-Pafos sind hier zu nennen.

Das südwestliche Schollenland mit seinem Küstengebiet ist agrarisch gegenüber den Nachbarlandschaften ausgesprochen begünstigt. Seine an den Troodos angrenzenden bergigen Teile haben noch teil an den reichlichen Niederschlägen dieses Gebirges im Winter, und auch die Sommer bleiben normalerweise nicht regenlos. So liegt hier in dem Höhengürtel zwischen 900 m und 1500 m das Hauptgebiet des nur unmittelbar auf den Regenfall eingestellten zyprischen Obst- und insbesondere Weinanbaus. Nur die nördlichen Troodos-Täler können damit in Vergleich gestellt werden. Nahezu der gesamte Weinexport des Landes wird von den beiden südwestlichen Distrikten Pafos und Limassol bestritten. Im küstenwärts anschließenden, wesentlich trockeneren Hügelland steht bis an die Küste heran der Johannisbrotbaum (Karube) als Fruchtbaum im Vordergrund. Die dunklen immergrünen Bäume beherrschen geradezu das Landschaftsbild. Aber auch die Küstenebenen sind günstig gestellt, da die aus dem Gebirge kommenden Flüsse bis in den Sommer hinein Wasser führen, das zur Bewässerung der Alluvialböden genutzt werden kann. Wenn sie versiegen, stehen vom Gebirge her immer noch Grundwasservorräte zur Verfügung, die durch Pumpen gehoben werden.

4. Nordkette mit südlichem Vorland und Nordküste

Im vollen Gegensatz zu dem massigen, aus Ergußgesteinen bestehenden und von Rumpfflächen überzogenen Troodos steht die schmale Nordkette mit ihrem Kamm aus Kalkgesteinen. Streichrichtung und tektonischer Bau weisen sie als Teil des kleinasiatischen Taurusgebirgsbogens aus, durch die Einbrüche des Mittelmeerbeckens von diesem getrennt, ein Erdkrustenstück, das im frühen und mittleren Tertiär intensiv gefaltet und im jüngeren Tertiär unter starken Bruchbildungen um ca. 3000 m emporgehoben, dabei aber auch durch die abtragenden Kräfte zu einer Ruine zerfressen wurde. Die sehr schmale und schroffe Kette, die den Hauptkamm bildet, ist Teil einer über jüngere Gesteine überschobenen Decke aus älteren Sedimentgesteinen, meist Kalken, denen auch vulkanische Gesteine eingeschaltet sind. Das auffälligste Gestein ist der der Juraformation zugehörige Hilarionkalk, der die steilfelsigen Teile des Hauptkammes bildet, mit oft bizarren

Bergformen, wie etwa dem *Pentadaktylos* (Fünffingerberg) nördlich von Kythrea. Diese Hauptkette, die von den Ruinen der drei Lusignan-Burgen St. Hilarion, Buffavento und Kantara gekrönt wird, beginnt im Westen bei Lapithos mit dem Kornos (946 m). Ein wenig östlich davon entfernt liegt der Kyparisso mit 1 024 m als höchste Erhebung. Bei St. Hilarion ist der Kamm auf 380 m eingesattelt. Hier quert die Hauptstraße von Nikosia nach Kyrenia (*Keryneia/Girne*) das Gebirge. Östlich von Kantara, das 700 m erreicht, verflacht sich das ganze Gebirge in die Halbinsel Karpasia. Hier werden nur noch an wenigen Stellen 300 m überschritten. Ein besonderer Schmuck der Kette sind Zypressenwälder, die wie die anderen Bergwälder von der Forststation Alevga bei Kythrea aus sorgsam überwacht und gepflegt wurden, im Krieg von 1974 und seither aber mehrfach durch größere Brände stark in Mitleidenschaft gezogen worden sind.

Beiderseits des Hauptkammes werden die Gebirgshänge und die Vorlandsgebiete von gefalteten miozänen Schichten gebildet, denen besonders auf der Nordseite ungefaltete pliozäne Ablagerungen aufliegen. An der meist durch Bruchlinien bestimmten Grenze zwischen den kalkigen, verkarsteten Gesteinen des Hauptkammes und den jüngeren mergeligen Gesteinen treten zum Teil recht ergiebige Quellen aus, von denen die bekanntesten die von Kythrea und Lapithos sind. Das südliche Vorland ist im allgemeinen recht trocken. Die miozänen Mergeln der Dali-Gruppe, deren in Gebirgsnähe starke Faltung nach dem Mittelland hin ausklingt, liegen zumeist kahl und sind der Bodenerosion ausgesetzt. Dürftiges Weideland überwiegt. Eine oasenhafte Ausnahme macht die Gegend von Kythrea mit ihren von der starken Karstquelle gespeisten Bewässerungskulturen. Die Nordhänge des Gebirges sind für ein Mittelmeerland gut bewaldet, hauptsächlich mit Aleppokiefern und immergrünen Eichen. Auch hier liegen über den gefalteten miozänen Schichten flachliegende Schichten der pliozänen Mesaoria-Gruppe. Sie bilden fast der ganzen Nordküste entlang Plateaus mit oft steilen Kliffs zum Meer hin. Flachstrände sind selten. Die Kulturen ordnen sich, von Bewässerungskulturen abgesehen, in drei Höhenstufen an. An den unteren Teilen herrscht Trockenfeldbau. Auf den Feldern stehen schon häufig Karuben (Johannisbrot). Sie bilden, gelegentlich mit Ölbäumen vergesellschaftet, die zweite Stufe. Darüber ist bis zum Wald der Ölbaum fast allein vorherrschend. Schafweide spielt eine große Rolle.

5. Mittelebene

Zwischen den beiden Hebungsgebieten, der Nordkette einerseits und dem Troodos andererseits, bildet das Mittelland ein relatives Senkungsgebiet. Noch im Pliozän lag es unter dem Meeresspiegel, dabei wurden über den Miozänmergeln pliozäne Mergelschichten der Mesaoria-Gruppe abgesetzt. Im Jungpliozän wurde auch das Mittelland soweit in die Hebung einbezogen, daß es landfest wurde. Eine stellenweise bis 100 m mächtige Schicht junger Schotter verhüllt die marinen Sedimente. Am Ende der Pliozänzeit überzog dieses Mittelland eine einheitliche Fläche, in die sich dann die heutigen, nur jahreszeitlich fließenden Flüsse mit scharfen Kanten und meist breiten Talböden eingetieft haben. Auf den zwischen ihnen liegenden weiten Plateauflächen wurden durch die Abspülung sowohl die in die Mergel eingeschalteten Kalkbänke als auch die verkitteten Fanglomerate sowie darüber abgesonderte Karbonatkrusten zur Bildung von Steilstufen und tafelförmigen Restbergen veranlaßt.

Zwei besonders niedrig gelegene Teile des Mittellandes bilden mit jüngstem Schwemmaterial gefüllte Flachlandstrecken: Es ist im Osten von Nikosia das als Mesaoria bezeichnete Niederungsgebiet, im Westen der Morphou-Bucht die Schwemmlandebene von Morphou. Die Mesaoria geht aus den Talböden der Flüsse hervor, die von Süden aus den Plateauflächen, aus den Kalkplatten Südostzyperns sowie von der Nordkette herkommen. Von Nikosia reicht sie ostwärts bis an die Küste zwischen Famagusta und dem ehemaligen Salamis. Der Name Mesaoria ist allerdings in der neueren Literatur auf das ganze Gebiet ausgeweitet worden, das als Mittelland bezeichnet wird[2]. Ursprünglich war der Name nur auf das bewässerungsfähige Tiefland beschränkt, das in der Kulturlandschaftsentwicklung eine ausgeprägte Sonderstellung einnimmt. Die Schwemmlandebene von Morphou ist ein Schotterbecken, gefüllt mit jungem Material (Schottern und Sanden) aus dem Troodos und mit feinerem Material von den Mergelplateaus. In Küstennähe hat eine Umlagerung durch das Meer stattgefunden. Die Flüsse, die das Material herantransportiert haben, sind vor allem Serrachis und Elaia.

IV. Siedlungsstruktur

Noch zu Beginn seiner staatlichen Unabhängigkeit hat die Siedlungsstruktur Zyperns ausgeprägt agrargesellschaftliche Züge getragen. Nahezu zwei Drittel der gesamten Bevölkerung lebten auf dem Lande. Nikosia als Hauptstadt und die anderen, sämtlich an der Küste gelegenen Städte Famagusta, Larnaka, Limassol, Paphos und Kyrenia (*Keryneia/Girne*) wiesen nur ein mäßiges Wachstum auf: Hatte 1946 erst ein Fünftel aller Einwohner in den sechs Städten der Insel gewohnt, so belief sich der Anteil städtischer Bevölkerung 1960 auf 38%. Es gab weder einen Distrikt noch eine Stadt ohne nennenswerte türkische Minorität, aber auch keine mit einer türkischen Majorität. Die disperse Verteilung der Türken, ehemals bedingt durch die Ansiedlungspolitik der Hohen Pforte, hatte sich über Jahrhunderte erhalten. Karouzis gibt an, daß 1960 von insgesamt 635 Gemeinden 126 (knapp 20%) von Griechen und Türken gemeinsam bewohnt waren, aber 392 nur von Griechen und 117 nur von Türken[3]. Obwohl es also eher der Normalfall war, ein weitgehend einsprachiges und monoreligiöses Dorf zu bewohnen, konnte von einer ethnischen Separation oder gar Ansätzen eines geschlossenen türkischen Territoriums 1960 noch keine Rede sein. Ein Segregationsprozeß war dennoch schon längere Zeit gegeben. So hatte es 1881, zu Beginn der britischen Kolonialherrschaft, 346 gemischte Orte gegeben und 50 Jahre später waren es immer noch 252 gewesen.

---

[2] Vgl. Christodoulou, D.: The Evolution of the Rural Land Use Pattern in Cyprus. Hrsg. D. Stamp. London 1959 (=The World Land Use Survey. Regional Monograph, 2).
[3] Karouzis, G.: Proposals for a Solution to the Cyprus Problem. Nicosia 1976, S. 46.

Im Gefolge der interethnischen Auseinandersetzungen von 1963/64 kam es zum Rückzug der zyperntürkischen Seite aus der gemeinsamen Regierung. Die neugebildete zyperntürkische Administration verfolgte eine Politik der räumlichen Separation, konnte aber damals keineswegs an die Möglichkeit des Rückzuges in ein geschlossenes türkisches Siedlungsgebiet denken[4]. Die einzig realistische Möglichkeit einer räumlichen Separation bestand in der Bildung kleinerer Enklaven, in die im Verlauf und in Folge der Auseinandersetzungen rund 20 000 Zyperntürken, die als Flüchtlinge ihre Heimatorte verlassen mußten, umgesiedelt wurden. Diese Enklaven konnten fortan militärisch geschützt werden und waren dem Zugriff der nunmehr nur von den Zyperngriechen gestellten Regierung der Republik Zypern entzogen. Einschneidende Veränderungen der Siedlungsstruktur aber brachte erst die Teilung der Insel im Gefolge des militärischen Eingreifens der Türkei nach dem griechischen Putsch gegen Präsident Makarios, die im folgenden kurz dargestellt werden sollen:

a) Die Bevölkerung im Süden hat insgesamt stark zugenommen. Statt 362 500 Griechen und Türken (1960) leben heute 601 200 Griechen im Süden Zyperns (die Bevölkerung in den souveränen englischen Militärstützpunkten ist in beiden Erhebungen nicht mit erfaßt). Das ist ein Anstieg um 66%, zu dem das geringe natürliche Bevölkerungswachstum (mit jährlich durchschnittlich 1,2%) nur in bescheidenem Maß beigetragen hat. Vielmehr spiegeln sich darin vor allem die Folgen der erzwungenen Mobilität, d.h. der Flucht und Vertreibung der zyperngriechischen Bevölkerung aus dem Nordteil der Insel. Demzufolge verwundert es nicht, wenn die Bevölkerung im Norden der Insel trotz massiver Zuwanderung dennoch unter dem Stand von 1960 liegt. Statt 207 179 Einwohner weist die amtliche Statistik der „TRNZ" 1992 eine Bevölkerung von nur 168 417 aus, in die die auf der Insel stationierten türkischen Soldaten und die illegalen Zuwanderer nicht miteingerechnet sind[5].

b) Das Wachstum war freilich nicht überall gleichmäßig ausgefallen, wie man schon mit einem Blick auf die Bevölkerungszahlen der statistischen Regionen erkennt (vgl. Tabelle 3). Einer Region wie Limassol, deren Bevölkerungszahl 1992 das Zweieinhalbfache jener von 1960 beträgt, steht eine Region wie Kallokedara gegenüber, die gerade noch ein Viertel ihrer Bevölkerung von 1960 aufweist. Betrachtet man die Bevölkerungsveränderungen gemeindeweise, so wird die räumliche Konzentration des Bevölkerungswachstums noch deutlicher. Nahezu zwei Drittel aller Siedlungen im Süden und gar drei Viertel aller Siedlungen im Norden zählten 1992 weniger Einwohner als 1960. Ihnen standen nur 48 Gemeinden im Süden und zehn im Norden gegenüber, auf die sich das Wachstum konzentriert hat, so daß sich ihre Bevölkerung im Vergleich zu 1960 mehr als verdoppeln konnte. Damit hat sich auch die Verteilung der Gemeinden auf die Bevölkerungs-

---

[4]) Drury, M.: Western Cyprus. Two Decades of Population Upheaval 1956–76. Durham 1977, S. 1.
[5]) Vgl. Brey, H./Heinritz, G.: Bevölkerungsbewegungen in Zypern im Nebel der Statistik, in: Geographische Zeitschrift. 3 (1993), S. 157–175.

größenklassen deutlich verschoben: Der Anteil der Orte mit weniger als 100 Einwohnern ist von 9,6% auf 27,6% angestiegen; fast verdoppelt hat sich auch der Anteil der Siedlungen mit mehr als 2 000 Einwohnern von 4,9% auf 8,8%; gleich geblieben dagegen ist der Anteil der Orte zwischen 100 und 300 Einwohnern, alle anderen Größenklassen haben dagegen deutlich abgenommen.

c) Der entscheidende Vorgang ist damit in der Verstädterung der Insel zu sehen. Er betrifft insbesondere den griechischen Süden, wo 1992 in den vier Städten und ihrem suburbanen Umland mehr als doppelt so viele Menschen als zu Beginn der Unabhängigkeit Zyperns gelebt haben (407176 statt 172552). Der Anteil der städtischen Bevölkerung ist damit von 48% auf 68% gestiegen. Aber auch im Norden ist ein Verstädterungsprozeß zu beobachten, in dessen Folge vor allem der türkische Teil von Nikosia erheblich angewachsen ist. Ebenso hat Famagusta an türkischer Bevölkerung gewonnen, wenngleich dieser Gewinn nicht den Verlust an städtischer Bevölkerung dort aufwiegen kann, der durch Abzug bzw. Vertreibung der zyperngriechischen Bevölkerung entstanden ist, deren Stadtteil Varosha seit 1974 vom Militär abgesperrt und unbewohnt steht. Schließlich ist auch Morphou (*Güzelyurt*) nicht nur zur drittgrößten Siedlung auf türkischer Seite herangewachsen, sondern hat auch funktional wie morphologisch durchaus städtischen Charakter angenommen.

Eine Urbanisierung hatte in Zypern schon Ende der 1960er Jahre eingesetzt, ohne daß sich das in einem Wachstum der Städte selbst niedergeschlagen hätte, denn die Verstädterung war in vielen Fällen nicht von Migrationen begleitet[6]. Vielmehr war es angesichts der relativ geringen absoluten Distanzen, der sich fortlaufend verbessernden Verkehrserschließung und der steigenden Motorisierung für viele Haushalte möglich, ihre bis dahin bestimmenden agrarisch ländlichen Bindungen zugunsten „städtischer" Normen und Lebensweisen zu lösen, ohne ihre Wohngemeinden zu verlassen. Ein Zuzug in die Städte scheiterte meist an der Wohnungsfrage. Solange das Einfamilienhaus die einzige sozial akzeptierte Wohnform war und Geschoßwohnungen keine Marktchancen hatten, führte der Mechanismus des zyprischen Bodenmarktes dazu, daß Bauland in den Städten selbst unerschwinglich teuer wurde. Deshalb haben damals die Städte kaum ein Bevölkerungswachstum verzeichnet, dagegen haben vor allem die periurbanen Gemeinden starkes Wachstum erfahren.

Der Krieg von 1974 und die damit verbundene Vertreibung der Griechen aus Nordzypern und der Türken aus dem Süden bewirkten diesbezüglich zwei wesentliche Veränderungen: Zum einen führten die erlittenen Verluste von Hab und Gut dazu, daß mit den Flüchtlingen ein großer Teil der zyperngriechischen Bevölkerung aus wirtschaftlichen Gründen die Tradition, ihren Töchtern bei der Heirat ein Einfamilienhaus zu bauen, nicht mehr aufrechterhalten konnte. Je unerreichbarer aber das Einfamilienhaus wurde, desto eher wurden in der Gesellschaft nun Eigentumswohnungen akzeptiert und der Geschoßwohnungsbau begann sich

---

[6] Heinritz, G.: Grundbesitzstruktur und Bodenmarkt in Zypern. Erlangen 1975 (= Erlanger Geographische Arbeiten, 2), S.96.

durchzusetzen. Das führte nun in den Städten, in denen etwa von Mitte der 1960er Jahre an die Fertigstellung von Wohnungen, d. h. der Einfamilienhausbau, auf niedrigem Niveau stagniert war, zu einem deutlichen Anstieg des Wohnungsbaus und damit auch der Bevölkerung. Zum anderen konnten die zyperngriechischen Flüchtlinge von vorneherein nicht damit rechnen, im agrarischen Sektor bzw. im ländlichen Raum ausreichend neue Erwerbsmöglichkeiten zu finden. Weil sie sich nur im tertiären Sektor oder in der sich nach dem Krieg stark entwickelnden Industrie Arbeitsplätze erhoffen konnten, zogen sie entweder in die Fremdenverkehrszonen an der Küste oder in die Nähe von neuen *industrial estates*, die im Randbereich von Nikosia, Larnaka und Limassol angelegt wurden. Es ist deshalb kein Zufall, daß sich sieben von acht Siedlungen, die nach 1960 neu entstanden und im Zensus von 1992 erstmals ausgewiesen sind, im Küstenbereich befinden. Die Siedlungstätigkeit an der Küste außerhalb der Städte ist dabei weit umfangreicher, als es in der Bevölkerungsstatistik zum Ausdruck kommt, weil der größte Teil der Bautätigkeit dort der Errichtung von touristischen Komplexen aus Ferienwohnungen und Hotels, aber auch Ferienhäusern und Restaurants gewidmet ist.

Sehr viel später erst hat eine Neubautätigkeit im türkischen Teil der Insel eingesetzt und bei weitem nicht die Ausmaße wie südlich der Demarkationslinie erreicht. Das nimmt nicht wunder angesichts der schlechten wirtschaftlichen Situation des Nordens und der Tatsache, daß durch den Abzug bzw. die Vertreibung der zyperngriechischen Bevölkerung dort weitaus mehr Bausubstanz zur Verfügung gestanden hat als für die Unterbringung der aus dem Süden umgesiedelten Zyperntürken benötigt wurde, so daß man bei der Wiederbelegung der ehemals zyperngriechischen Häuser durchaus wählerisch sein konnte.

d) Differenziert man die zyprischen Gemeinden im Süden nach ihrer Nähe zu den vier verbliebenen Distriktstädten (Nikosia, Larnaka, Limassol und Paphos), dann zeigt sich, daß sich das Wachstum hauptsächlich auf die suburbanen Gemeinden konzentriert hat (vgl. Tabelle 4). Doch weisen auch die Städte selbst ein durchaus beachtliches Wachstum auf, das für Nikosia (1992: 138000 Einwohner) nicht genau zu bestimmen ist, weil sich der Gebietsstand von 1960 durch die Teilung der Hauptstadt verändert hat. Reduziert man die Einwohnerzahl von 1960 um den damaligen türkischen Bevölkerungsanteil (d. h. um rund 22000 auf 73500), dann hat sich, wie in den anderen Städten auch, im zyperngriechischen Teil Nikosias die Bevölkerung etwa verdoppelt. Jedenfalls bleibt Nikosia weiterhin mit deutlichem Vorsprung größte Stadt Zyperns. Die Wachstumsgewinne der von der Statistik jeweils zur *Greater Urban Area* gerechneten Gemeinden sind jedoch weitaus höher, mit Ausnahme von Pafos, wo die Nachbargemeinden der Stadt zwar immer noch ein überdurchschnittliches Wachstum aufweisen, das aber deutlich hinter dem der Stadt selbst zurückbleibt. Ganz anders ist dies im Fall der drei größeren Städte, wo das suburbane Wachstum mit steigender Stadtgröße dramatisch ansteigt. So errechnet sich für die Gemeinden um Larnaka ein Bevölkerungswachstum um das Dreifache, im Falle von Limassol um das Fünffache und im Falle von Nikosia gar um das Zwölffache.

e) Der Zustrom von Flüchtlingen hatte im Süden Zyperns also die dort bestehenden regionalen Ungleichgewichte in der Bevölkerungsverteilung verstärkt

Geographische Grundlagen 31

und in den traditionellen Weinanbaugebieten, d. h. in den Distrikten Limassol und
Paphos sowie im Troodos-Gebirge, nicht dazu beigetragen, die durch die Abwanderung entstandenen Bevölkerungsverluste abzumildern oder gar auszugleichen.
Die dort gegebenen Lebens- und insbesondere Erwerbsbedingungen fallen in den
1980er Jahren gegenüber jenen der städtischen Räume immer weiter zurück, so
daß die Abwanderung aus den ländlichen Gebieten von Limassol und Pafos immer
noch nicht zum Stillstand gekommen ist.

f) Unter den 50 Orten im Süden Zyperns, deren Einwohnerzahl 1992 nur noch
15 Personen oder weniger betrug, finden sich nicht weniger als 29 Wüstungen, die
fast sämtlich im gebirgigen Westen der Insel liegen. Zwei von ihnen wiesen schon
1960 keine Einwohner mehr auf, alle anderen aber sind erst nach 1960 wüstgefallen (vgl. Tabelle 5). Zwei dieser neuen Wüstungen waren 1960 nur von zyperngriechischer Bevölkerung bewohnt und sieben weitere, damals ausschließlich von Zyperngriechen bewohnte Orte im Süden, stehen kurz davor, Wüstungen zu werden,
weil sie 1992 nurmehr zwischen zwei und 15 Einwohner zählten. Beim größten Teil
der Wüstungen handelt es sich jedoch um Orte, die nach dem Abzug ihrer zyperntürkischen Bevölkerung leerstehen, weil niemand – auch nicht die zyperngriechischen Flüchtlinge – diese Dörfer wieder besiedeln wollte (vgl. Tabelle 6). Damit
sind im Südteil der Insel nahezu 40% der ehemals nur von Zypterntürken bewohnten Siedlungen aufgegeben worden. Acht weitere, früher zyperntürkische Siedlungen, deren Bevölkerung 1992 weniger als 15 Einwohner betrug, könnten bald die
Zahl der Wüstungen vergrößern. Bezieht man darüber hinaus jene vier Orte, in
denen die Zyperntürken 1960 mit über 90% dominiert haben, mit ein, so sieht die
Bilanz der Bevölkerungsentwicklung für die ehemals zyperntürkischen Orte im
Süden Zyperns 1992 sehr viel negativer aus: Neben den erwähnten 25 Wüstungen
werden weitere 33 Orte, die teilweise dramatische Bevölkerungsrückgänge zu verzeichnen haben, hinzugezählt. Nur sechs der ehemals zyperntürkischen Orte im
Süden haben ein Wachstum erfahren, dabei handelt es sich – mit Ausnahme von
Kofinou, das in verkehrsgeographisch hervorragender Lage am Autobahn-Abzweig Limassol-Nikosia und Limassol-Larnaka gelegen ist – ausnahmslos um suburbane Gemeinden: Lemba (+16%) und Koloni (+92%) im Raum Paphos, Kalo
Chorio bei Larnaka (+141%) und Mouttagiaka (+505%) sowie Pano Polimidia
(+1 600%) im Raum Limassol.

Wüstungen lassen sich auch in Nordzypern finden. Von den 1960 dort bestehenden 203 Siedlungen sind mittlerweile 23 ganz wüstgefallen und weitere 22 nur von
15 Einwohnern oder weniger bewohnt (vgl. die Karten zur Ortsnamenkonkordanz
und Bevölkerungsansiedlung in Nordzypern nach 1974 im Anhang). Dabei handelt
es sich keineswegs nur um ehemals rein zyperngriechische Orte, vielmehr hatten
nur neun der 23 Wüstungen in Nordzypern 1960 eine rein zyperngriechische Bevölkerung bzw. eine zyperngriechische Bevölkerungsmajorität.

Der Wandel in der Siedlungsstruktur, der sich seit dem Ende der Kolonialzeit
auf Zypern vollzogen hat, ist sicherlich beeindruckend, ja außerordentlich in dem
Sinne, daß er sich, was Tempo und Umfang betrifft, zweifellos militärischer Gewalt
„verdankt", die viel Leid über die Menschen gebracht hat. Dennoch reicht der
Hinweis auf die bewaffneten Konflikte zwischen Zyperngriechen und Zyperntür-

ken in den 1960er Jahren und die Invasion der Türkei von 1974 nicht aus, um den beschriebenen Wandel verständlich zu machen. Siedlungsstrukturen spiegeln stets auch Gesellschaftsstrukturen wider. Das wird besonders augenfällig, wenn die Veränderungen im Süden mit der Siedlungsentwicklung in Nordzypern verglichen werden. Weil dort die im Vergleich zum zyperngriechischen Teil der Insel sehr viel schwächere ökonomische Basis vor allem in der Agrarwirtschaft gelegen war, zielte die zyperntürkische Politik zunächst darauf ab, die gesamte Landesfläche besiedelt zu halten. Dazu hat sie eine – lange Zeit strikt geleugnete – massive Einwanderung von Festlandtürken gefördert. Diese hat in Verbindung mit einer verstärkten Auswanderung von Zyperntürken zu einer Anatolisierung des Nordens geführt, dessen Siedlungsstruktur heute in einer für periphere Staaten charakteristischen Weise geprägt ist: Durch die Stagnation von rückständigen dörflichen Siedlungen einerseits und durch ein starkes Bevölkerungswachstum in der Hauptstadt andererseits, das freilich in keiner Weise mit einem entsprechenden Zuwachs an Arbeitsplätzen korrespondiert.

Demgegenüber zeigt der Süden Zyperns mit seinen Wachstumsregionen entlang der Küste und um die Städte – denen weite Gebiete im Gebirge und im schlecht erschlossenen Westen der Insel mit Bevölkerungsrückgang und Siedlungsverfall gegenüberstehen – ein für postmoderne Gesellschaften typisches Siedlungsmuster: Dessen Gestaltung ist von globalen bzw. circummediterranen Elementen geprägt. Daran ändern auch nichts die von der zweiten Hälfte der 1980er Jahre an einsetzenden Bemühungen um Denkmalpflege und Gestaltung, die auf eine postmoderne Inszenierung zyprischer Identität abzielen. Solche Restaurationsarbeiten mögen auf die zahlreichen ausländischen Touristen ihre Wirkung nicht verfehlen, aber sie können nicht darüber hinwegtäuschen, wie weit die Entwicklung der letzten 30 Jahre die Zyperngriechen über die agrargesellschaftlichen Zustände am Ende der Kolonialzeit hinausgeführt hat.

Geographische Grundlagen

V. Statistischer Anhang

Tabelle 1: Mittlere monatliche Niederschläge (mm), 1961–1990

Höhe (m)	Nikosia	Paphos/Achelia	Limassol	Larnaka	Prodromos
	160	10	10	3	1380
Januar	51	96	96	64	193
Februar	51	70	76	54	145
März	38	49	49	38	120
April	24	25	23	19	54
Mai	24	11	7	13	37
Juni	6	1	3	2	20
Juli	2	0	3	0	14
August	6	0	1	1	13
September	9	2	1	3	10
Oktober	21	36	26	20	47
November	33	52	48	42	84
Dezember	59	101	102	84	182
GESAMT	324	443	435	340	919

Quelle: Republic of Cyprus. Ministry of Finance. Dept. of Statistics and Research: Statistical Abstract 1992, S. 17.

Tabelle 2: Mittlere Temperaturmaxima und -minima (in C), 1961–1990

Station	Höhe (m)	Max./Min.	Jan.	Feb.	März	Apr.	Mai	Juni	Juli	Aug.	Sep.	Okt.	Nov.	Dez.
Nikosia	160	Maximum	15,3	16,2	19,2	24,2	29,3	33,8	36,6	36,5	33,4	28,1	22,1	17,1
		Minimum	5,4	5,7	7,2	10,6	14,6	18,9	21,6	21,5	18,6	14,7	10,1	7,1
Paphos/Achelia	10	Maximum	16,8	16,9	18,6	21,8	24,9	28,3	30,4	31,0	29,5	26,4	22,4	18,6
		Minimum	9,1	8,9	10,0	12,5	15,5	19,1	21,4	21,8	20,1	17,1	13,6	10,8
Limassol	10	Maximum	16,8	17,1	19,2	22,6	26,4	30,2	32,3	32,5	30,7	27,7	22,9	18,7
		Minimum	7,7	7,8	9,0	11,9	15,2	18,9	20,9	21,1	19,2	16,3	12,4	9,4
Larnaka	3	Maximum	16,4	16,8	18,9	22,6	26,1	30,3	32,7	32,9	30,8	27,2	22,5	18,2
		Minimum	7,6	7,6	9,1	12,0	15,5	19,5	22,2	22,2	20,1	16,9	12,8	9,3
Prodromos	1380	Maximum	5,9	6,7	10,1	15,0	19,6	24,1	27,0	27,0	23,8	18,3	12,8	7,8
		Minimum	0,5	0,6	2,7	6,6	10,7	14,8	17,7	17,7	14,7	10,5	6,3	2,3

Quelle: Republic of Cyprus. Ministry of Finance. Dept. of Statistics and Research: Statistical Abstract 1992, S. 18.

Tabelle 3: Bevölkerungsentwicklung nach Zensusregionen

Zensusregion	Im 1992 unter der Kontrolle der zyprischen Regierung stehenden Gebiet			Im 1992 zur „Türkischen Republik Nordzypern" gehörenden Gebiet		
	Bevölkerung 1960	Bevölkerung 1992	Veränderung (%)	Bevölkerung 1960	Bevölkerung 1992	Veränderung (%)
Nikosia Stadtregion	76 744	177 410	131	23 790	36 909	55
Kythrea Region	9 628	15 660	63	14 494	11 530	–20
Orini Region	15 044	28 405	89	5 228	6 957	33
Morphou Region	14 253	13 674	– 4	17 995	20 129	12
Lefke Region	15 838	8 524	–46	13 720	7 785	–43
Kyrenia Stadtregion				3 498	6 015	72
Südl. Kyrenia Region				10 694	6 223	–42
Nördl. Kyrenia Region				16 206	13 173	–19
Famagusta Stadtregion				34 774	18 969	–45
Famagusta Region	15 149	30 819	103	11 416	8 777	–23
Mesaoria Region				27 627	15 648	–43
Karpasia Region				25 414	15 359	–40
Larnaka Stadtregion	25 458	60 593	138			
Aradippou Region	13 857	24 202	75	826	99	–88
Athienou Region	6 420	9 129	42	1 497	844	–44
Lefkara Region	10 509	6 814	–35			
Limassol Stadtregion	53 546	136 579	155			
Kellaki Region	11 397	10 298	–10			
Avdimou Region	9 648	13 538	40			
Koilani Region	26 788	12 904	–52			
Paphos Stadtregion	16 804	32 594	94			
Paphos Region	14 317	8 907	–38			
Kallokedara Region	11 288	3 202	–72			
Chrysochou Region	15 811	7 971	–50			
GESAMT	362 499	601 223	66	207 179	168 417	–19

Quelle: Republic of Cyprus. Dept. of Statistics and Research: Population Census 1960 und 1992 (eigene Berechnung).

Tabelle 4: Bevölkerungsentwicklung in den Stadtregionen differenziert nach Kernstädten und suburbanen Zonen

Stadtregion	Im 1992 unter der Kontrolle der zyprischen Regierung stehenden Gebiet			Im 1992 zur „Türkischen Republik Nordzypern" gehörenden Gebiet		
	Bevölkerung 1960	Bevölkerung 1992	Veränderung (%)	Bevölkerung 1960	Bevölkerung 1992	Veränderung (%)
Nikosia	76744	177410	131	23790	36909	55
davon Kernstadt	73557	138055	88	21964	29305	33
Vorstadt	3193	39355	1133	1826	7604	316
Kyrenia				3498	6015	72
Famagusta				34774	18969	–45
Larnaka	25458	60593	138			
davon Kernstadt	19724	43622	121			
Vorstadt	5734	16871	196			
Limassol	53546	136579	155			
davon Kernstadt	43593	87091	100			
Vorstadt	9953	16971	397			
Paphos	16804	32594	94			
davon Kernstadt	9085	19449	114			
Vorstadt	7719	13145	70			
GESAMT	172552	407176	136	62062	61893	–0,3

Quelle: Republic of Cyprus. Dept. of Statistics and Research: Population Census 1960 und 1992 (eigene Berechnung).

Tabelle 5: Bevölkerung der seit 1960 wüstgefallenen Orte im Jahr 1960

Wüstgefallener Ort	Im 1992 unter der Kontrolle der zyprischen Regierung stehenden Gebiet	Im 1992 zur „Türkischen Republik Nordzypern" gehörenden Gebiet
	Bevölkerung 1960	Bevölkerung 1960
Vikla	22	
Loukrounou	35	
Kourdaka	38	
Pano Koutrafas	50	
Aplanta	55	
Agios Epifanios Soleas	66	
Selladi tou Appi	66	
Mousere	69	
Fasli	76	
Tremithousa	81	
Prastio	83	
Zacharia	89	
Agioi Iliofotoi	91	
Sarama	92	
Maronas	108	
Softades	117	
Kato Kividis	117	
Petrofani	120	
Alevga	123	
Evretou	125	
Lapithiou	156	
Kochi	167	
Finikas	181	
Faleia	190	
Pitargou	192	
Anadiou	203	
Melandra	204	
Vroisa	235	
Souskiou	344	
Dyo Potamia		40
Agios Nikolaos Lefkas		67
Maratha		113
Amadies		141
Selemani		142
Artemi		163
Karpasia		193
Agios Sozomenos		197
Varisia		223
Xerovounos		256
Kokinna		299
Agia Marina Skylouras		440
Pyrga		449
Agios Georgios Lefkas		460
Pyrooi und Mergo		466
Voni		479
Asomatos		506
Agios Vasilios		609

Geographische Grundlagen

(Fortsetzung Tabelle 5)

Wüstgefallener Ort	Im 1992 unter der Kontrolle der zyprischen Regierung stehenden Gebiet	Im 1992 zur „Türkischen Republik Nordzypern" gehörenden Gebiet
	Bevölkerung 1960	Bevölkerung 1960
Kondemenos		831
Petra		1 034
Kormakiti		1 115
Tymvou		1 133
Galani		1 295
GESAMT	3 495	10 651

Quelle: Population Census 1960 (eigener Entwurf).

Tabelle 6: Wüstungen nach ethnischer Zusammensetzung der ehemals ansässigen Bevölkerung

Ethnische Zusammensetzung der Bevölkerung	Im 1992 unter der Kontrolle der zyprischen Regierung stehenden Gebiet		Im 1992 zur „Türkischen Republik Nordzypern" gehörenden Gebiet	
	Wüstungen (absolut))	Wüstungen (%)	Wüstungen (absolut))	Wüstungen (%)
Rein griechisch	2	7	7	30
Überwiegend griechisch (= max. 15% andere Ethnien)	0	0	2	9
Rein türkisch	27	93	6	26
Überwiegend türkisch (= max. 15% andere Ethnien)	0	0	2	9
sonstige (heterogene) Zusammensetzungen	0	0	6	26
GESAMT	29	100	23	100

Quelle: Population Census 1960 (eigene Erhebung).

Historische Grundlagen

Peter Zervakis, Hamburg

I. Zwischen Nahem Osten und Europa – II. Von den zyprischen Stadtkönigtümern zur römischen Provinz – III. Zwischen Byzanz und Islam (330/395–1191) – IV. Das Königreich der Kreuzfahrer (1191–1570) – V. Die osmanische Provinz (1570–1878) – VI. Die britische Kolonie (1878–1960): 1. Besetzung – 2. Die Zypernfrage: a) Entstehung (1878–1931) – b) Inkubationszeit (1931–1950) – c) Internationalisierung (1950–1960)

I. Zwischen Nahem Osten und Europa

Die Insel Zypern ist aufgrund ihrer geographischen Lage, ihrer Größe und ihrer begrenzten Ressourcen immer schon von den wechselnden hochentwickelten Herrschaftskulturen sowohl des Nahen Ostens wie des europäischen Festlandes über Handel, Besetzung und Kolonisation mehr oder weniger direkt abhängig gewesen. Eine selbständige Existenz war unter diesen Umständen dauerhaft nicht zu sichern. Im Schatten des dominierenden demographischen, politisch-ökonomischen und kulturellen Einflusses dieser Großmächte schafften es die vielen benachbarten Völkern entstammenden Bewohner Zyperns dennoch, über längere Zeiträume ein von außen weitgehend freies Eigenleben zu entwickeln und zu bewahren. Indem sie die fremden Gegensätze aufnahmen und in eigentümlicher Weise miteinander verbanden, spielten die polyglotten Zyprer bis in die Neuzeit hinein eine nicht unbedeutende Mittlerrolle zwischen Orient und Okzident[1].

---

[1] Maier, F. G.: Cypern. Insel am Kreuzweg der Geschichte. Zweite Auflage. München 1982, S. 17–22. Die regionale Zugehörigkeit Zyperns zu Südosteuropa (vor allem im Rahmen der Zeitgeschichte) fordert insbesondere Grothusen, K.-D.: Zwischen Selbstbestimmung und Patronage: Ein Beitrag zur Analyse außenpolitischer Strukturen in Südosteuropa seit dem Zweiten Weltkrieg unter besonderer Berücksichtigung Albaniens, in: derselbe (Hrsg.): Albanien in Vergangenheit und Gegenwart. München 1991 (= Südosteuropa-Studien, 48), S. 79–91, bes. 84. Zur allgemeinen Quellenlage vgl. vor allem Hill, G.: A History of Cyprus. Vier Bände. Cambridge 1940–1952 (Reprint 1972). Aufschlußreich aus griechischer Perspektive Tzermias, P.: Geschichte der Republik Zypern. Mit Berücksichtigung der historischen Entwicklung der Insel während der Jahrtausende. Zweite Auflage. Tübingen 1995. Zur Einordnung der jüngeren, vorwiegend englischsprachigen Forschungsliteratur unentbehrlich Kitromilides, P.M./Evriviades, M.L.: Cyprus. Revised Edition. Oxford 1995 (= World Bibliographical Series, 28). Die Neuausgabe ersetzt nur bedingt die erste Auflage von 1982. Für die umfangreichen griechischsprachigen Veröffentlichungen vgl. die Zusammenstellung der Bibliographischen Gesellschaft Zyperns bei Panagiotou, N. (Hrsg.): Kypriaki Vivliografia (Zyprische Bibliographie) 1991. Lefkosia 1992.

II. Von den zyprischen Stadtkönigtümern zur römischen Provinz

Zeugnisse der frühesten Besiedlung der Insel liegen relativ spät – erst für das siebte Jahrtausend – vor. Die Kenntnisse über diese bereits entwickelte, jedoch von außen weitgehend unberührte steinzeitliche Dorfkultur (Fundort: *Chirokitia* ca. 7000–6000 v. Chr. bzw. *Sotira* 4500–3800 v. Chr.) können indessen nicht darüber hinwegtäuschen, daß die Vorläufer der Dorfbewohner Zyperns der Archäologie bis heute unbekannt geblieben sind. Während der Kupfersteinzeit (*Erimi* ca. 3800–2500 v. Chr.) veränderten sich die Bestattungsrituale (z. B. Bau von Nekropolen), und die Verarbeitung von (importiertem) Kupfer zu Schmuck und Werkzeugen begann. In der frühen Bronzezeit (*Filia* ca. 2500–1900 v. Chr.) gelangten dann Kolonisten wahrscheinlich aus Anatolien und Syrien nach Zypern. Die Einführung des Pfluges und die Entdeckung der Kupfergewinnung lassen Zypern (Alašia/Alashiya) in der mittleren (ca. 1900–1650 v. Chr.) und späten (ca. 1650–1050 v. Chr.) Bronzezeit zum wichtigsten Kupferexporteur (griech. *Kypros* = Kupfer) des Altertums werden[2].

Bedingt durch den raschen Ausbau des Handelsnetzes begann auf Zypern um 1600–1200 v. Chr. eine erste Epoche der Hochblüte. Neben den sie prägenden orientalischen Einflüssen in Kunst und Religion öffneten sich die Zyprer erstmals auch dem griechischen Kulturraum, d. h. dem minoischen Kreta. Um 1500 v. Chr. entstanden die frühesten Zeugnisse einer einheimischen kypro-minoischen Silbenschrift, die viele Ähnlichkeiten zur Linear-A-Schrift Kretas aufweist. Nach dem Niedergang der minoischen Kultur (1450 v. Chr.) eroberten die Mykener (Achaier) Kreta und gründeten Handelsstützpunkte auch auf Zypern und in Kleinasien. Ihnen folgten im Zuge der dorischen Wanderung mehrere Wellen achaiischer Siedler, die aus ihrer ursprünglichen Heimat (Peloponnes) wahrscheinlich von den dorischen Stämmen verdrängt wurden. Diese kulturell weiterentwickelten Kolonisten sollen – nach einer nicht unumstrittenen Theorie des schwedischen Pioniers der zyprischen Archäologie, Einar Gjerstad, – die indogene, ursprünglich aus Kleinasien stammende Bevölkerungsmehrheit (Eteozyprer) zwar gräzisiert, die dort vorgefundenen orientalischen Traditionen jedoch weitgehend übernommen haben[3]. Als Folge dieser weitreichenden Akkulturationsprozesse im 12. und 11. Jahrhundert v. Chr. entstanden erstmals in der insularen Kunst wie in der Mythologie eigenständige Neuschöpfungen, die in charakteristischer Verarbeitung die Spannung zwischen griechischen und orientalischen Stilelementen verkörpern (Aphrodite/Astarte/Ischtar). Um 1050 v. Chr. wurde das Zypern der Spätbronzezeit wahrscheinlich durch eine Naturkatastrophe weitgehend zerstört.

---

[2] Vgl. Peltenburg, E.J.: Palaeolithic To Late Bronze Ages, und Karageorghis, V.: The Late Bronze Age (Late Cypriote), in: Footprints in Cyprus. Hrsg. David Hunt. Zweite Auflage. London 1990, S. 1–46.

[3] Vgl. Gjerstad, E./Lindros, J./ Sjoqvist, E./Westholm, A. (Hrsg.): The Swedish Cyprus Expedition. Finds and Results of the Excavations in Cyprus 1927–1931. Drei Bände. Stockholm 1934–1937. Insbesondere auf die Annahme einer mehr als 3000 jährigen griechischen Kulturtradition der Insel stützt sich der Führungsanspruch der heutigen Zyperngriechen, die hierfür besonders die heroischen Gründersagen hinzuziehen. Vgl. Alastos, D.: Cyprus in History. A Survey of 5000 Years. London 1955, S. 28–40 und Stylianou, P.: From Neolithic to Roman Times, in: Focus on Cyprus. Hrsg. J. Charalambous/G. Georghallides. University of North London 1993, S. 3–12.

Im Zusammenhang mit dem Übergang zur Eisenzeit (ca. 1050–600 v. Chr.) erfolgte in der Ägäis wie auch auf Zypern ein auffälliger Bevölkerungsrückgang mit einer einhergehenden Massenverarmung; ein Zeitabschnitt, der in der Forschung als *Dark Age* bezeichnet wird[4]. Obwohl sich in der politisch-kulturellen Tradition der mykenische Einfluß hielt und sich in der Kunst zum „kypro-geometrischen" Stil weiterentwickelte, wurde Zypern zwischen 1000 und 700 v. Chr. auch von der phönizischen Expansion in den Mittelmeerraum erfaßt. Die syrisch-semitischen Phönizier, die die praktische Alphabetschrift nach Zypern brachten, errichteten dort zunächst reine Handelssiedlungen. Um die Mitte des neunten Jahrhunderts dehnten sie ihren kolonisatorischen Einfluß über die ganze Insel aus (Kition, Amathous), wobei sie an der intensiven Ausbeutung der Kupferbergwerke großen Anteil hatten (Tamassos). Wie die Mykener so haben auch die Phönizier ihre deutlichen Spuren in der zyprischen Kunst hinterlassen (Keramik, Elfenbein, Bronze, Silberschalen). Sie trugen damit wesentlich zur Stärkung des orientalischen Einflusses bei[5].

Fast während der gesamten archaischen Periode (750–475 v. Chr.) befand sich das kleine Zypern rechtlich in einem tributpflichtigen Vasallenstatus. Die Zyprer unterstellten sich dabei zunächst der assyrischen Oberherrschaft, die etwa vierzig Jahre andauerte. Eine neuerliche, etwa hundert Jahre währende Phase der Unabhängigkeit der Insel wurde schließlich von Ägypten (560–546 v. Chr.) gewaltsam beendet. Später schlossen sich die Könige Zyperns dem Persischen Reich an (ca. 546–332 v. Chr.), das auf dem Weg zur neuen Weltmacht war. Durch diese Schaukelpolitik der „freiwilligen" Unterwerfung unter die jeweilige regionale Großmacht sicherten sich die Zyprer eine relativ hohe Eigenständigkeit. So gelangte Zypern aufgrund seiner zentralen Insellage im Ost-West-Handel und seines Rohstoffreichtums (Kupferminen, Holzreichtum, Werftbau) zu wirtschaftlicher und kultureller Blüte, wobei das griechische Element am stärksten prägend wirkte.

Im Unterschied zu dem nahezu zeitgleichen Herrschaftsphänomen der *Tyrannis* in Griechenland war das zyprische Inselterritorium in ethnisch streng segregierte und jeweils autokratisch-autoritär regierte Stadtkönigtümer (*Basileiai*) unterteilt, die für die nächsten Jahrhunderte zur zentralen sozialen und politischen Organisationsform der Zyprer wurden[6]. Von diesen sieben bis elf (wahrscheinlich) lokal autonomen, teilweise sakralen Erbmonarchien (mit z. T. eigener Münzprägung) waren die bedeutendsten: die mykenisch-griechisch dominierten Städte Salamis (mit eigenem Hafen) und Paphos (Aphroditeheiligtum), die phönizischen Religions- und Wirtschaftszentren Kition (Astartetempel) und Amathous sowie Idalion, Soloi und Tamassos (Kupferbergwerke).

---

[4]) Coldstream, J.N.: Early Iron Age (Cypro-Geometric). The Rise of the Ancient Kingdoms c. 1100–700 BC, in: Hunt, Footprints (Anm. 2), S. 47–64, bes. 50.

[5]) Einige Zyperntürken versuchen, ihre Herkunft aus dieser frühen phönizisch-orientalischen Besiedelung abzuleiten. So etwa Volkan, V.D./Itzkowitz, N.: Turks and Greeks. Neighbours in Conflict. Huntingdon 1994, S. 130.

[6]) Zur Typologie der Herrschaftsformen im antiken Griechenland vgl. Barceló, P.: Basileia, Monarchia, Tyrannis. Untersuchungen zu Entwicklung und Beurteilung von Alleinherrschaft im vorhellenistischen Griechenland. Stuttgart 1993 (= Historia-Einzelschriften, 79) und de Libero, L.: Die archaische Tyrannis. Stuttgart 1996.

Historische Grundlagen 41

Karte 1: Die antiken Stadtkönigtümer Zyperns

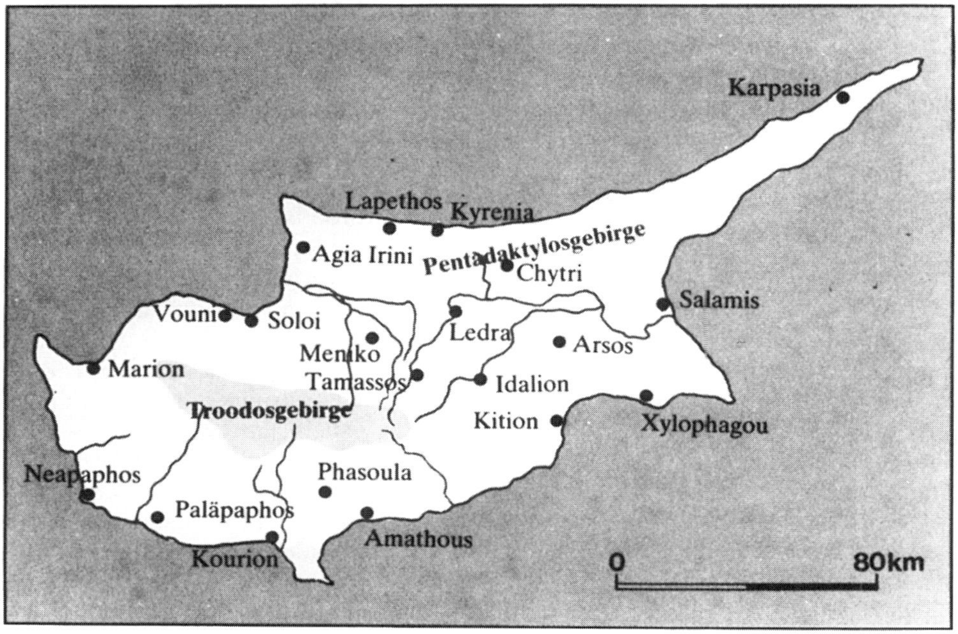

Quelle: Schneider, A.: Zypern. 8000 Jahre Geschichte: Archäologische Schätze, Byzantinische Kirchen, Gotische Kathedralen. Zweite Auflage. Köln 1989, S. 32.

Die sprachlich wie ethnisch stark heterogene zyprische Bevölkerung (Achaier und die allmählich stärker werdenden phönizischen Einwanderer bildeten miteinander rivalisierende Führungsschichten, während die Eteozyprer wohl die Masse der alteingesessenen Bevölkerung stellten; hinzu kamen die Gouverneure der jeweils herrschenden Regionalmächte mit ihrem Verwaltungspersonal) behinderte ebenso wie die Binnenlage der Insel im Einflußbereich der Nachbarreiche deren weitere Kolonisation aus Griechenland. Das hatte Auswirkungen auf das politische Leben in Zypern: Die Entwicklung institutioneller Herrschaftskontrollen (wie in Athen) fand trotz der formalen Ähnlichkeit der zyprischen Stadtkönigtümer mit der frühen griechischen „Polis"-Welt nicht statt. Zudem verharrten insbesondere die griechischen Zyprer in früharchaischen Lebensformen (Beibehaltung der umständlichen Silbenschrift, Keramik-Stil)[7].

---

[7]) Als Folge der Sichtweise Gjerstads werden seither die Stadtkönigtümer Zyperns in der Forschung gewöhnlich nicht der griechischen „Polis" zugeordnet. Vgl. z.B. Coldstream (Anm. 2), S. 59, Barceló (Anm. 6), S. 230 und de Libero (Anm. 6). Stattdessen findet besonders seit der Interpretation der Gräberfunde von Salamis durch die Archäologie das diffuse Modell der phönizisch geprägten „Orientalischen Despotie" Anwendung. Vgl. Karageorghis, V.: Cyprus. From the Stone Age to the Romans. London 1982, S. 128–136 und Maier, F.G.: Priest Kings in Cyprus, in: Early Society in Cyprus. Hrsg. E. Peltenburg. Edinburg 1989, S. 376–386. Dagegen wenden sich heftig Antoniadis, L.: L'Institution de la Royauté en Chypre Antique, in: Kypriakai Spoudai. 45

Das wachsende Selbstbewußtsein der zyprischen Stadtstaaten ließ sie unter Führung des ebenso gräkophilen wie machtbesessenen Königs Onesilos von Salamis am Ionischen Aufstand der kleinasiatischen Städte gegen die persische Oberhoheit (499/498 v. Chr.) teilnehmen. Im Frühjahr 498 v. Chr. erklärten die zyprischen Inselkönige dann ihre Unabhängigkeit. Wenn auch die tatsächlichen Gründe für deren Beteiligung an diesem Aufstand bisher weitgehend ungeklärt geblieben sind[8], so hatte diese Unabhängigkeitserklärung für Zypern dennoch weitreichende Folgen: Die Insel geriet in die griechisch-persischen Auseinandersetzungen der klassischen Zeit (ca. 490–325 v. Chr.). Insbesondere Salamis wurde in den nächsten zweihundert Jahren zum Kampfplatz und Zankapfel der beiden neuen Großmächte Athen und Persien. Die Perser landeten mit phönizischer Hilfe auf Zypern und besiegten nach Übertritten mancher Stadtkönige (z. B. Stasanor von Kourion) und dem Tod des Onesilos die Aufständischen. Anschließend verstärkten sie ihre Herrschaft auf Zypern, offensichtlich ohne Vergeltung auszuüben[9]. Perserfreundliche Könige (z. B. Doxandros von Marion) und persische Besatzungstruppen wurden fest auf der Insel installiert. Als es wegen der Teilnahme Athens am Ionischen Aufstand zum Rachefeldzug des persischen Herrschers Dareios gegen die griechischen Stadtstaaten kam (490–479 v. Chr.), stellte Zypern ein reguläres Kontingent von 150 Schiffen der persischen Flotte zur Verfügung. In der Entscheidungsschlacht von Salamis (480 v. Chr.) nutzte das zyprische Geschwader den Persern allerdings wenig.

478 v. Chr. beendete dann eine spartanisch-athenische Flotte die persische Besatzung. Zypern wurde nun neben den Meerengen zur wichtigsten strategischen Operationsbasis gegen Persien. Doch nach dem Abzug der Griechen nahmen die Perser zwischen 477–470 v. Chr. Zypern erneut ein und nutzten die Insel als einen wichtigen Flottenstützpunkt gegen Athen und seine Bündnispartner. Nach griechischen Quellen waren damals die Widerstandskraft und der Unabhängigkeitswille der Zyprer allerdings relativ gering ausgeprägt. Die innenpolitischen Auseinandersetzungen zwischen den zyprischen Dynastien griechischer und phönizisch-orientalischer Herkunft, die sich auch aufgrund sprachlich-kultureller Gegensätze unterschieden, bestimmten weitgehend den Willen zur Zusammenarbeit mit den jeweiligen „Befreiern": Während die Phönizier zu den Persern hielten, kollaborierten

---

(1981), S. 29–53 und (stark suggestiv) Stylianou, P. J.: The Age of the Kingdoms. A Political History of Cyprus in the Archaic and Classical Periods, in: Meletai kai Ypomnimata. II (1989–1992), S. 1–156. Auch einige anglo-amerikanische Historiker zählen heute die Stadtkönigtümer Zyperns zu den (frühen) griechischen Stadtstaaten. Vgl. Reyes, A. T.: Archaic Cyprus. A Study of the Textual and Archaeological Evidence. Oxford 1994 und Demand, N.: „Poleis" on Cyprus and Oriental Despotism, in: More Studies in the Ancient Greek Polis. Hrsg. M. H. Hansen/K. Raaflaub. Stuttgart 1996 (= Historia-Einzelschriften, 108), S. 7–15.

[8] Maier, Cypern (Anm. 1), S. 50–52, verweist den von der heutigen griechischen Historiographie (z. B. Istoria tou Ellinikou Ethnous [Geschichte des Griechischen Volkes], Bd. 2, Archaikos Ellinismos [Archaisches Griechentum], Athen 1971, S. 363/364 und Kyrris, C. P.: History of Cyprus. With an Introduction to the Geography of Cyprus. Nikosia 1985, S. 110) angenommenen Freiheitskampf des „griechischen Volks" gegen die „Sklaverei des Ostens" in das Reich der nationalistischen Geschichtsmythen.

[9] Wiesehöfer, J.: Zypern unter persischer Herrschaft, in: Achaemenid History. 4 (1990), S. 239–252.

die griechischen Führungsschichten aufgrund ihrer kulturellen Bindung mit den Griechen.

411 v. Chr. brachte ein anderer zyperngriechischer König von Salamis, Euagoras I. (ca. 435–374/373 v. Chr.), Salamis gegen den Widerstand der phönizischen Dynastien erneut unter seine Herrschaft. Indem er zwischen Athen, Sparta und Persien sowie Ägypten diplomatisch geschickt taktierte, erhielt Zypern für beinahe zwanzig Jahre außenpolitische Mitentscheidungsbefugnisse unter den Großmächten seiner Zeit. 379 v. Chr. mußte Euagoras jedoch vor den Persern kapitulieren; er sank wieder in den Rang eines einfachen tributpflichtigen Inselkönigs ab. Aufgrund seiner entschieden philhellenischen Ausrichtung verlor die Insel allerdings auch ihre bisherige kulturelle Eigenartigkeit[10]: Zypern integrierte sich durch Imitation des attischen Klassizismus zunehmend in die griechische Alltagskultur des vierten Jahrhunderts v. Chr. Die Nachfolger des zyperngriechischen Königs Euagoras kämpften – unter persischer Oberhoheit – um die Vormachtstellung auf der Insel, zwar ohne Auswirkungen nach außen, aber gestützt auf einen kräftigen Wirtschaftsaufschwung. Schließlich schloß sich der Regent von Salamis, Pnytagoras, 331 v. Chr. dem mazedonischen Herausforderer Persiens, Alexander dem Großen, mit Schiffen, Soldaten und Technikern an. Die zyprischen Stadtkönige erhielten als Anerkennung für ihre erfolgreiche Hilfe bei der Belagerung von Tyros und Sidon für kurze Zeit formell ihre volle Souveränität und Unabhängigkeit zurück.

In den Diadochenkämpfen (seit 323 v. Chr.) um das Erbe des Mazedonenreichs gewannen die Ptolemäer aus Ägypten und ihre Bundesgenossen unter den zyprischen Stadtkönigen die politische Kontrolle über Zypern (294 v. Chr.). Der Abschaffung des zyprischen „Duodezdespotismus"[11] folgte für über zweieinhalb Jahrhunderte eine straffe, zentralistisch geführte Verwaltung mit ägyptischen Beamten, griechischen bzw. phönizischen Söldnern und einem Generalgouverneur (*Strategos*) an der Spitze, der als Oberbefehlshaber der ägyptischen Mittelmeerflotte die Interessen seines Monarchen vertrat. Erstmals in der Geschichte Zyperns wurde die Insel dabei auf den Status einer einfachen Provinz heruntergestuft. Mit Ausnahme der kleinen Kolonie jüdischer Flüchtlinge setzte sich nun Griechisch endgültig als Umgangssprache durch. Religion, Kunst und Architektur richteten sich im Zeitalter des Hellenismus (325–30 v. Chr.) nahezu völlig an Alexandria aus (offizielle Herrscherverehrung, Sarapis-Kult, „Königsgräber" bei Ktimia), wenngleich auch der orientalische Aphrodite-Kult regional weiter gepflegt wurde. Intellektuell stach besonders der wahrscheinlich einer phönizischen Familie von Kition entstammende Philosoph Zenon (geb. 336 v. Chr.) hervor. Er gilt als Begründer der Stoa, einer Denkschule in Athen mit außerordentlicher Breitenwirkung in der damaligen Antike.

Seit 168 v. Chr. trat Rom im östlichen Mittelmeer auf den Plan. Das führte zu politischen Auseinandersetzungen mit dem Ägyptischen Reich. Nach der Annexion Syriens übernahmen die Römer aus geostrategischem Interesse und aufgrund eines zweifelhaften Testaments des letzten Ptolemäers auch Zypern (58 v. Chr.).

---

[10] Die Athener ehrten ihn dafür mit einer Statue in ihrer Agora.
[11] Maier, Cypern (Anm. 1), S. 60.

Bekannte Persönlichkeiten wie M. Porcius Cato und M. Iunius Brutus erhielten daraufhin als Gouverneure die Gelegenheit, die Insel sowohl für die römische Staatskasse wie zum eigenen Wohle in aller Form auszuplündern. Im römischen Bürgerkrieg wurde die Insel vorübergehend von C. Iulius Caesar (47 v. Chr.) und von M. L. Antonius (36 v. Chr.) an Ägypten zurückgegeben, bevor Kleopatras Tod und Oktavians Sieg bei Actium (31 v. Chr.) die Insel für die nächsten Jahrhunderte endgültig unter römische Herrschaft brachte. Unter der *Pax Romana* verlor Zypern seine strategische Bedeutung. Bereits 22 v. Chr. wandelte sich der Status der Insel von der einer Kaiser Augustus direkt unterstellten Provinz zu einer senatorischen Provinz mit einem Prokonsul als Statthalter, einem Finanzbeamten (*Quaestor Provinciae*) und einem Adjutanten des Prokonsuls (*Legatus pro Praetore*). Um möglichst keine Korruption aufkommen zu lassen, wurden diese drei Magistrate mit einem festen Gehalt versehen und mußten jährlich wechseln. Die zyprischen Inselstädte als wirtschaftliche, religiöse und politische Lebenszentren erhielten die ihnen seitens der Ptolemäer vorenthaltenen Rechte einer kommunalen Selbstverwaltung mit gewählten Organen und weitgehender Religions- bzw. Kulturautonomie (*Koinon Kyprion* = Konföderation der Zyprer). Darüber hinaus legten die Römer ein neues Verkehrsnetz an, erweiterten die Häfen und sorgten sich um die öffentlichen Bauten. Die auf diese Weise in der frühen Kaiserzeit neu geordnete Provinzverwaltung und die Garantie sicherer Handelswege ermöglichten Zypern trotz hoher Steuern eine lang anhaltende Wirtschaftsblüte. Die Insel profitierte fortan vom römischen Handel mit Indien und China. Allerdings verlor Zypern nun unter dem Druck des uniformen römischen Reichsstils weitgehend seine eigene, bereits zuvor stark eingeschränkte kulturelle Eigenart.

Zwei für Zypern wesentliche Ereignisse fallen in die Zeit der Römerherrschaft: die Christianisierung während der Amtszeit des Kaisers Claudius und der in seinen Ursachen noch weitgehend ungeklärte Judenaufstand (115/116 n. Chr.). Die mittlerweile durch Belehnung der zyprischen Kupferminen an den jüdischen Klientelfürsten Herodes zahlenmäßig erstarkte jüdische Diaspora auf der Insel, die seit Ptolemaios I. dort siedelte, bildete den Nährboden für das Christentum. Zypern entwickelte sich zu einem der ersten christlichen Missionsgebiete, die von den Aposteln Paulus und Barnabas (einem jüdischen Konvertiten aus Salamis) um 45/46 n. Chr. bereist wurden[12]. Der Frieden der Insel wurde nur einmal ernsthaft gestört, und zwar als die jüdische Gemeinschaft 115/116 in Judäa, Kyrene und Zypern revoltierte. Während des Aufstandes fanden dabei zahlreiche Inselbewohner den Tod. Rom reagierte rücksichtslos: Alle Juden wurden von der Insel gewaltsam vertrieben, und ihnen wurde per Dekret das Ansiedeln auf Zypern untersagt[13].

---

[12] Nach der Apostelgeschichte (11, S. 19 ff. bzw. 13, S. 4 ff.) gelang es dem dort ansonsten wenig erfolgreichen Paulus, den römischen Prokonsul zu bekehren. Zypern wurde somit zur ersten, von einem Christen verwalteten Provinz Roms.

[13] Allerdings bezeugen Inschriften in Synagogen, daß dieses römische Dekret nicht unbedingt befolgt wurde. Vgl. Kyrris, C. P.: Presence and Activities of Jews and Moslems in Cyprus from the Beginning of the Christian Era Down to the End of the Ottoman Occupation, in: Byzantinos Domos. 5–6 (1991/1992), S. 137–143 und allgemein Schäfer, P.: „Judeophobia". Attitudes toward the Jews in the Ancient World. Cambridge, Mass. 1997.

Der Exodus der Juden begünstigte dagegen die Ausbreitung des Christentums. Die Christianisierung Zyperns vollzog sich dabei vorwiegend über die Verschmelzung mit den alten heidnischen Kultstätten und Gottheiten (*Panagia Aphroditissa*). Allerdings sind die Anfänge der zyprischen Kirche bis hinein ins vierte Jahrhundert legendenbehaftet und historisch schwer faßbar. Von grundlegender Bedeutung für die weitere Entwicklung der Insel waren hingegen die Gründung der Reichshauptstadt Konstantinopel (11. Mai 330) und die Reichsteilung von 395: Zypern fiel aufgrund seiner Geographie an Ostrom, dem späteren Byzanz, das Griechisch zur Herrschaftssprache und das Christentum zur Staatsreligion erhob.

III. Zwischen Byzanz und Islam (330/395–1191)

Die Nähe Zyperns zu Konstantinopel zeigte sich in frühbyzantinischer Zeit (330/395–647/648) in der Teilnahme zyprischer Bischöfe an allen großen Synoden und Staatskonzilen. Dies hatte die Schließung der letzten heidnischen Tempel in Soloi und Paphos zur unmittelbaren Folge. Eine lange Dürreperiode und heftige Erdbeben zu Beginn des vierten Jahrhunderts zerstörten einen Großteil des römischen kulturellen Erbes und lösten einen dramatischen Bevölkerungsrückgang aus. Schließlich wurde das alte Salamis unter dem Namen Constantia als neue Regierungsstadt wiederaufgebaut. Dabei fand eine Neuorientierung nach Osten statt, die sich vor allem in der Architektur zeigte. Auch in der Wirtschaft wurde diese Hinwendung deutlich, als Kaiser Justinian (527–565) die gewinnbringende Seidenraupenzucht aus China in Zypern einführte und den Bau von Aquädukten sowie von Befestigungen gegen die Piraterie und den sich rasch ausbreitenden arabischen Islam vorantrieb. Freilich bestand das vorrangige Ziel weiterhin darin, Zypern als reiche Einnahmequelle des byzantinischen Fiskus auszubeuten. Politisch wurde Zypern als strategisch wichtiger Flottenstützpunkt zunächst in einen größeren Verwaltungsbezirk eingegliedert, mit einem in Constantia residierenden *Consularis*. Seit dem sechsten Jahrhundert bildete die Insel dann eine eigenständige Verwaltungseinheit.

In der byzantinisch geprägten Gesellschaftsstruktur Zyperns, die bis ins 20. Jahrhundert hinein nachwirken sollte, dominierte die scharfe Trennung zwischen der Masse der an das Land gebundenen Bauernpächter (*Kolonoi*) bzw. städtischen Handwerker (Zwangskorporationen) und einer kleinen, gebildeten Herrschaftsschicht von Großgrundbesitzern, höheren Beamten und (orthodoxem) Klerus mit eigenen Privilegien. Kirche wie Mönchtum, die die Inselbevölkerung vollständig christianisierten und sich eine eigene Verwaltungsstruktur gaben (bis zu 15 Diözesen), legitimierten diese Wirtschafts- und Sozialordnung.

Im fünften Jahrhundert brach ein Kampf um die Selbständigkeit der Kirche Zyperns vom Patriarchat von Antiochien aus. Die heftigen Auseinandersetzungen wurden schließlich aufgrund der angeblichen Auffindung der Gebeine des Heiligen Barnabas durch ein Dekret der Synode von Konstantinopel (480) beendet. Es stellte erstmals die administrative Unabhängigkeit einer Landeskirche außerhalb der etablierten Patriarchate fest (Autokephalie), da die Kirche Zyperns sich überzeugend auf eine apostolische Gründung berufen konnte[14]). Kaiser Zenon (474–491) verlieh darüber hinaus dem von der lokalen Bischofssynode gewählten Erzbischof von Zypern ungewöhnliche Vorrechte, von denen vor allem das Privileg zur Einsetzung eigener Bischöfe seine kirchenhistorische Sonderstellung begründete. Indem die zyprische Kirchenführung ihre institutionelle Selbständigkeit in Fortsetzung antiker Traditionen verteidigte und ihre Autorität über Zypern mit der über die Inselbevölkerung verband, legte sie die Grundlagen sowohl für ihre staatspolitisch tragende Rolle in Zeiten der Fremdherrschaft als auch für das bis heute bedeutsame Gefühl der griechischen Zyprer, dem hellenistisch-byzantinisch-orthodoxen Kulturraum anzugehören[15]).

Im achten und neunten Jahrhundert beendeten regelmäßige Einfälle bzw. längere Besatzungen der schnell expandierenden muslimischen Araber den dreihundertjährigen Frieden im östlichen Mittelmeer. Zypern rückte im Grenzkrieg zwischen Byzantinern und Arabern unversehens in den geographischen Mittelpunkt. Zwar konnte die Insel nie dauerhaft von den arabischen Invasoren besiedelt bzw. islamisiert werden, doch waren die zur Neutralität genötigten Zyprer beinahe zweieinhalb Jahrhunderte sowohl dem Kalifen von Damaskus als auch dem byzantinischen Kaiser zu gleichen Teilen tributpflichtig[16]). Andauernde Plünderungen, Verwüstungen und übermäßige Steuerlasten ebenso wie das Fehlen einer zuverlässigen Verwaltung führten schließlich dazu, daß es zu einer schweren Wirtschaftskrise und zu einem dramatischen Bevölkerungsrückgang kam. Eine weitgehende Entvölkerung der Inselstädte war die unmittelbare Folge[17]).

---

[14]) Das siebte ökumenische Konzil bestätigte 692 noch einmal diesen Beschluß und erkannte auch die Selbständigkeit der Kirche Georgiens an; die Kirche Griechenlands erwarb sich dieses Privileg erst 1850. Grundlegend bis heute Hackett, J.: A History of the Orthodox Church of Cyprus. London 1901 (Reprint New York 1972). Die Zugehörigkeit der zyprischen Kirche zum orientalischen Christentum betont Kyrris, C.P.: Cypriot Ascetics and the Christian Orient, in: Byzantinos Domos. 1 (1987), S. 95–108.

[15]) Wenngleich Zweifel angebracht sind, ob Kaiser Zenon seine Privilegien auf diese Weise verstanden wissen wollte, denn er schickte weiterhin Gouverneure auf die Insel. Vgl. Runciman, S.: The Byzantine Period, in: Hunt, Footprints (Anm. 2), S. 136–222, bes. 142.

[16]) Es wird heute angenommen, daß Kaiser und Kalif in einer Art Kondominium gemeinsam die Neutralität der Insel sicherten und die Zyprer dafür durch ihre Steuerbeamten ausbeuten ließen. Vgl. Browning, R.: Byzantium and Islam in Cyprus in the Middle Ages, in: Epetiris tou Kentrou Epistimonikon Erevnon. 9 (1977–1979), S. 101–116. Darüber hinaus bemühte sich der Gouverneur von Syrien zwischen 653 und 683 vergeblich, dauerhafte islamische Städte auf Zypern mit Hilfe eines Expeditionskorps und Siedlern aus dem benachbarten Festland (Baalbek/Heliopolis) zu gründen. (Die angebliche Grabstätte der Umm Haram, eine enge Verwandte des Propheten, erhoben später die osmanisch-türkischen Muslime Zyperns zu ihrer heiligsten Gedenkstätte – die Hala Sultan Tekke.) Kaiser Justinian II. versuchte dagegen 685, die zyprische Oberschicht ans Marmarameer (Justinianopolis) umzusiedeln (692–698). Diese Gemeinde kehrte jedoch bald fast vollständig nach Zypern zurück. Als Relikt davon hat sich bis heute der Titel „Erzbischof von Nea Justiniana und ganz Zypern" erhalten. Vgl. de Groot, A.H.: Kubrus, in: The Encyclopaedia of Islam. Hrsg. C.E. Bosworth/E. van Donzel/B. Lewis/Ch. Pellat. Bd. V. Leiden 1986, S. 301–309, bes. 302/303.

[17]) In der zweiten Hälfte des sechsten Jahrhunderts wurden über 3000 Armenier (und Maroniten) aus dem benachbarten Festland zur Bewachung der Inselneutralität angesiedelt, deren Loyalität zumindest Anfang des zehnten Jahrhunderts eher den Arabern galt. Vgl. Kyrris, C.P.: Mili-

911/912 versklavte der Pirat Damianos von Tarsos auf seinen Raubzügen Teile der verbliebenen Zyprer, die vom Klerus dann freigekauft werden mußten. Erst 965 gelang es den Byzantinern unter Nikiphoros II. Phokas (963–969) nach einer Offensive in Kilikien und Nordsyrien, Zypern ein letztes Mal – diesmal für beinahe zwei Jahrhunderte (bis 1192) – wieder in ihr Imperium einzugliedern. Ein kaiserlicher Statthalter (*Katapanos*) mit weitgehenden Vollmachten und dessen Beamte regierten nun die rasch wiederaufblühende Insel (eigene Textilherstellung, Pilgerreisen). Deren Städte und Klöster wurden zum besseren Schutz landeinwärts neu gegründet (z.B. Kykko, Machairas, Lefkosia) und durch mächtige byzantinische Bergfestungen vor den Arabern geschützt (Didymoi, Ag. Ilarion, Buffavento, Kantara). Zahlreiche Kirchenneubauten und Freskenmalereien zeugen vom damals alles beherrschenden Einfluß Konstantinopels. Allerdings profitierten vom neuen Reichtum im wesentlichen die Geistlichkeit, der Verwaltungsapparat sowie die kleine Schicht der Händler und Gewerbetreibenden; dies alles hauptsächlich auf Kosten der durch die Steuerlast verarmten Landbevölkerung.

Im ausgehenden 11. Jahrhundert wurde Zypern vom erneut einsetzenden Niedergang der byzantinischen Zentralgewalt erfaßt, was der Bildung eines einheitlichen Reichsbewußtseins entgegenstand. Die Aufstände der Jahre 1042/43 und 1092 machten zwar einen Partikularismus historisch faßbar, der jedoch keine insulare Eigenidentität aufkommen ließ. Er dokumentierte lediglich die Unabhängigkeitsbestrebungen einzelner lokaler Feudalfürsten (Theophilos Erotikos, Rapsomatis), die in ihrem Kampf gegen die byzantinischen Dynastien der Mazedonen und Komnenen (Komninoi) (867–1056 bzw. 1081–1185) die Unzufriedenheit der Zyprer mit Byzanz (hohe Steuerlasten, Verwaltungsmängel) und Hilfe von außen nutzten. Den Byzantinern gelang es ein letztes Mal, die Revolten niederzuschlagen und die Insel sowohl zur Drehscheibe byzantinischer Diplomatie als auch für militärische Operationen in Syrien bzw. Südanatolien auszubauen.

In einer längeren Friedensperiode zu Beginn des 12. Jahrhunderts wuchs Zypern als Folge des Aufstiegs der italienischen Seestädte und der sich verdichtenden Beziehungen zu den neu entstandenen lateinischen Kreuzfahrerstaaten zum zentralen Handelsknotenpunkt im westeuropäischen Orienthandel heran. 1126 und 1147/1148 erhielten die Venezianer von Byzanz als Dank für ihre Waffenhilfe gegen die Normannen weitreichende Handelsprivilegien auf Kreta und Zypern, wo sie mehrere Handelskolonien zur Versorgung der Pilgerfahrer und Kreuzritter im Heiligen Land errichteten. Die Insel stellte zudem einen Fluchtort für von den Muslimen vertriebene Christen dar (z.B. Symeon II., Patriarch von Jerusalem); auch Maroniten aus dem Libanon und Armenier vom nahe gelegenen kleinasiatischen Festland siedelten sich verstärkt hier an. Zwischen 1155 und 1161 litten die Bewohner Zyperns unter zahlreichen Invasionen und Raubzügen, an denen hauptsächlich die unmittelbaren Nachbarn von Byzanz – der lateinische Fürst von Antiochien, Rainald von Châtillon, und der König von Armenien, Thoros II., – beteiligt waren[18].

---

tary Colonies in Cyprus in the Byzantine Period: Their Character, Purpose and Extend, in: Byzantinoslavica. 31 (1979) 2, S. 157–181.

[18] Galatariotou, C.: The Byzantine Period, in: Charalambous/Georghallides (Anm. 3), S. 13–

Als Beispiel für das politische Machtvakuum in Zypern sei hier die eigenmächtige Krönung des einzigen „Kaisers von Zypern" erwähnt: 1148 landete ein ehemaliger Gouverneur und entfernter Verwandter des byzantinischen Herrschergeschlechts, Isaak Doukas Komninos, mit einer kleinen Gefolgschaft auf Zypern. Der Usurpator übernahm mit gefälschten Ansprüchen die Regierung der Insel, errichtete eine Willkürherrschaft und ernannte seinen eigenen Patriarchen, der ihn zum Kaiser (1185–1191) krönte. Nach über 800 Jahren gehörte Zypern damit nicht mehr dem byzantinischen Reichsverband an. Mit Unterstützung seines Schwagers, des Normannenkönigs Wilhelm II., behauptete sich Isaak einige Jahre erfolgreich gegen die Rückeroberung Zyperns durch den rechtmäßigen Kaiser Isaak II. Angelos (1185–1195). Es fiel dann dem englischen König Richard Löwenherz am Rande des Dritten Kreuzzuges relativ leicht, den vom Sultan von Ägypten zu freundlicher Neutralität verpflichteten zyprischen Despoten zu entmachten und die strategisch wichtige Insel in seinen Besitz zu nehmen (1191)[19]. Als Ausgangspunkt für militärische Operationen im Nahen Osten und einzige Nachschubbasis für die Versorgung der Kreuzritter in Syrien wurde die Insel zum letzten Vorposten des lateinischen Europa im östlichen Mittelmeer – besonders nach der folgenreichen Niederlage von Hattin (1187) und dem Verlust Jerusalems. Schließlich übernahmen französische Feudalherren sowie Venedig und Genua nach der Plünderung Konstantinopels im Zuge des Vierten Kreuzzuges (1204) Teile des ehemaligen byzantinischen Staatsgebietes und damit auch die Oberhoheit über die Insel Zypern.

IV. Das Königreich der Kreuzfahrer (1191–1570)

Obwohl die zyprische Oberschicht (Griechen, Armenier und Venezianer sowie andere „Lateiner") die Hälfte ihres Besitzes dem König von England hatte aushändigen müssen (der sich zudem den gesamten Kronschatz der Insel angeeignet hatte) und zwei englische Herzöge mit ihren Truppen bald darauf die Inselverwaltung übernahmen, ist dieser Machtwechsel von den Zyprern damals zunächst durchaus wohlwollend begrüßt worden. Denn Richard bestätigte ihnen zum Ausgleich dafür alle Gesetze, Privilegien und Einrichtungen aus byzantinischer Zeit und sah von einer Plünderung ab. Dennoch verkaufte der Engländer die Insel bereits im Juli 1191 an den Templerorden, anscheinend auch wegen der mittlerweile aufrührerischen Bevölkerung (erster Aufstand unter Führung eines orthodoxen Mönchs, der als vermeintlicher Thronanwärter und Verwandter Isaaks von den Engländern gehängt wurde). Die Templer wiederum versuchten vergeblich, das Land gewinnbringend auszubeuten, um ihren Kampf gegen den kurdischen Sultan

---

22, bes. 14. Zur maronitischen Besiedlung Zyperns vgl. Jacovou, Ch.: The Evolution of the Maronites of Cyprus as a Religious Entity, in: The Cyprus Review. 6 (1994) 2, S. 43–51.

[19]) Die Überlieferung stellt die Eroberung Zyperns als historischen Zufall dar. Vgl. Hill (Anm. 1), Bd. 1, S. 317–321 und Jeffery, G.: Cyprus Under an English King in the Twelfth Century. The Adventures of Richard I. and the Crowning of his Queen in the Island. London 1973, S. 54–85. Dagegen Koureas, N.: To What Extent was the Crusader's Capture of Cyprus Impelled by Strategic Considerations, in: Epetiris tou Kentrou Epistimonikon Erevnon. 19 (1992), S. 197–202.

Historische Grundlagen

Schaubild 1: Der Stammbaum der Lusignan, Könige von Zypern

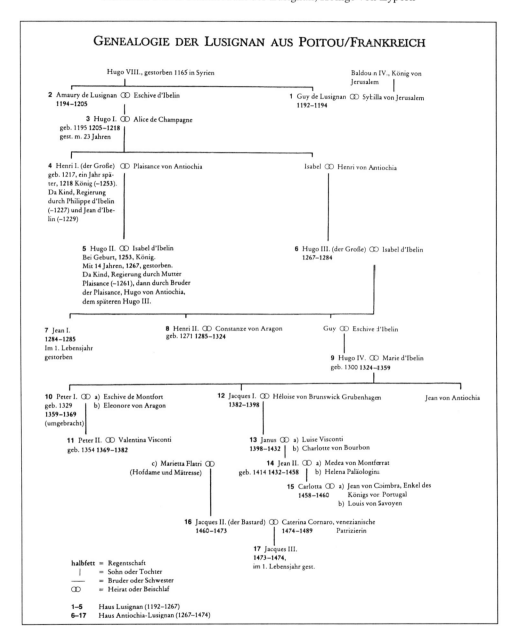

Quelle: Schneider, A.: Zypern. 8000 Jahre Geschichte: Archäologische Schätze, Byzantinische Kirchen, Gotische Kathedralen. Zweite Auflage. Köln 1989, S. 78/79.

von Syrien und Ägypten, Saladin, zu finanzieren. Die Unterdrückung des von Griechen und Armeniern gemeinsam organisierten zweiten Aufstandes (Ostern 1192) überforderte schließlich ihre wirtschaftliche Leistungskraft. In einem einvernehmlichen Arrangement traten die Templer Zypern im Mai 1192 wieder ab.

Ritter Guy von Lusignan, der sich im Streit um die Nachfolge des seit 1187 nur aus einem kleinen syrischen Küstenstreifen bestehenden Königreichs von Jerusalem befand und engster Verbündeter Richards war, hatte daraufhin von diesem Zypern zum Lehen gegen Begleichung aller angefallenen Schulden erhalten. Damit begann auf der Insel die fast dreihundertjährige Herrschaft der Lusignans aus Poitou (Frankreich) bzw. Syrien, die sich seit 1197 zu Königen von Zypern krönen ließen. Die Lusignan-Dynastie, in der auch Frauen eine dominante Rolle in der Regentschaft spielten, machte ihr kleines Insel-Königreich zeitweise zu einem der reichsten Länder der westlichen Welt.

Die äußere Zugehörigkeit der Insel Zypern zu den neu entstandenen, westeuropäisch geprägten Kreuzfahrerstaaten im Nahen Osten bestimmte ihre weitere innere Entwicklung als unabhängiges, franko-katholisches Königreich. Vier Phasen lassen sich klar voneinander unterscheiden: Konsolidierung der Macht bis zum Fall von Akkon (1192–1291); Blütezeit als Regionalmacht (1291–1372); Krise und Zerfall (1372–1489); Venezianische Besetzung (1489–1571)[20].

Ritter Guy von Lusignan festigte die Stellung seiner jungen Herrschaft nach innen, indem er mit Hilfe einer vorsichtigen Politik des religiösen Ausgleichs die einheimische Bevölkerung zunächst beruhigte: Die orthodoxe Kirchenhierarchie und die 50 Klöster auf der Insel blieben unangetastet. Zugleich betrieb er eine forcierte Ansiedlungspolitik (Verteilung von Lehnsgüter an von den Sarazenen vertriebene ca. 300 katholische Erbadelige und 200 französische Bürger aus Syrien) zum Aufbau einer feudalen Herrschaftsschicht. Sein Bruder und Nachfolger Amaury (1194–1205) sicherte seiner Dynastie eine starke Stellung gegenüber dem neuen Landadel (Schaffung von Königsdomänen, Münz- und Steuervorrechte in der Hand der Krone, Aufbau einer Staatsverwaltung, Ausbau königlicher Befestigungen). 1196 erhob er schließlich den römisch-katholischen Glauben zur Staatsreligion, löste die Mehrzahl der 13 orthodoxen Bistümer auf und übergab Teile des orthodoxen Kirchenbesitzes dem neuen katholischen Erzbischof (mit vier ihm direkt unterstehenden Bischöfen). Eng damit verbunden war die Förderung der Ansiedlung militärisch starker Kreuzfahrerorden (Templer, Johanniter, Prämonstratenser), die die königliche Macht weiter stützen sollten (Bau von Klöstern und Kirchen). Schließlich regelte er in Europa die rechtliche Anerkennung seiner Stellung

---

[20]) Maier, Cypern (Anm.1), S.100 und Hunt, D.: The Frankish Period 1191–1571, in: Hunt, Footprints (Anm.2), S.175–225. Zur neueren Forschung vgl. Edbury, P.W.: The Kingdom of Cyprus and the Crusades, 1191–1374. Cambridge 1991 und Papadopoulos, Th. (Hrsg.): Istoria tis Kyprou. Bd.4: Mesaionikon Vasileion. Enetokratia (Geschichte Zyperns. Das mittelalterliche Königreich. Die Herrschaft Venedigs). Teilband 1: Exoteriki Istoria – Politikoi kai Koinonikoi Thesmoi – Dikaion – Oikonomia – Ekklisia (Außenpolitische Geschichte – Politische und gesellschaftliche Institutionen – Recht – Wirtschaft – Kirche). Lefkosia 1995 (= Idryma Archiepiskopou Makariou III). Dies ist der erste Teilband (von sieben geplanten Doppelbänden) einer Handbuch-Reihe der kirchlichen Makarios-Stiftung zur zyprischen Geschichte.

als monarchischer Souverän: Mit Zustimmung des Papstes belehnte ihn der Kaiser des Heiligen Römischen Reiches Deutscher Nation, Heinrich VI., nachträglich mit der Insel Zypern, die damit politisch und kirchlich fest in das Abendland integriert wurde. Die Krönung wurde vom Reichskanzler Konrad von Hildesheim in Nikosia vorgenommen (Herbst 1197). Anschließend wählten die katholischen Barone Syriens den zyprischen König Amaury in Akkon zu ihrem „König von Jerusalem" (seit 1291 nur noch ein Ehrentitel ohne Land und mit Famagusta als Krönungsstadt). 1193 fiel den Lusignans außerdem noch die freigewordene Königswürde von Armenien zu.

Die Reichslehnschaft über Zypern sorgte für die ersten schweren Auseinandersetzungen des frankophonen Adels der Insel mit dem deutschen Kaiser (1228–1233)[21]). Während Friedrich II. von Hohenstaufen im sogenannten „Sechsten Kreuzzug" in Limassol landete und als Vertreter des entstehenden absoluten monarchischen Prinzips die Vormundschaft über den minderjährigen Thronfolger Heinrich I. (1218–1253) beanspruchte, verweigerten sich ihm die mächtigen Barone der Ibelins, in deren Obhut der Thronanwärter stand. Ebenso wie in Italien führte der Streit zwischen Guelfen und Ghibellinen um die Lehnsoberhoheit des Reichs auch auf Zypern zur unterschiedlichen Parteinahme der lokalen Adelsfamilien. Die Kaiserlichen und ihre Verbündeten wurden schließlich in Zypern 1232/33 von den zyprischen Baronen geschlagen. 1246 löste Papst Innozenz IV. den Lehnseid des zyprischen Königs. Zypern wurde damit vom westlichen Kaisertum unabhängig; Genua allerdings erhielt als Belohnung für die Unterstützung der Barone durch seine Flotte exterritoriale Privilegien auf Zypern. Damit wurden die Grundlagen für den späteren lokalen Streit zwischen Genuesen und Venezianern gelegt, der zum Niedergang der Herrschaft der Lusignans auf Zypern führte.

Nach dem Fall des lateinischen Syriens (Akkon/Tyros) und dem Untergang Armeniens verblieb im 14. Jahrhundert nur noch Zypern (Königreich Jerusalem) als letztes bedeutendes Zentrum der Kreuzritter im Nahen Osten. Für die kleine Führungsschicht der Insel begann ein „goldenes Zeitalter", schwelgend in Reichtum, kultureller Blüte und politischer Machtfülle. Besonders Famagusta und die dortigen Kaufmannschaften profitierten von der einmaligen Lage Zyperns im west-östlichen Zwischenhandel, von der Produktionskraft der Insel (Rohrzucker- bzw. Baumwollerzeugung u. a. Luxusgüter) und davon, daß das Steueraufkommen und die Gewinne erstmals im Lande selbst blieben und reinvestiert bzw. konsumiert wurden (es entstanden zahlreiche Kathedralen- und Kirchenbauten in französischer Hochgotik).

Zypern war aufgeteilt in Königsland im Besitz der Familie der Lusignans und in Lehensland, das die französichen Barone und die katholische Kirche in Besitz nahmen. Die zahlenmäßig kleinen französischen Adels- und Bürgerschichten hatten die ehemalige griechisch-byzantinische Oberschicht und den orthodoxen Klerus weitgehend enteignet, so daß diese sozial abstiegen oder auswanderten. Das kodifizierte Recht (Verordnungen), die *Assises de Jérusalem*, sicherte zwar dem ober-

---

[21]) Vgl. Hubatsch, W.: Der Deutsche Orden und die Reichslehnschaft über Cypern. Göttingen 1955 (= Nachrichten der Akademie der Wissenschaften in Göttingen, 8).

sten Entscheidungsgremium der Barone, der *Haute Cour* (*Cour des Liges*), die Kontrolle über das Wahlkönigtum zu; Zivil- und Strafprozesse wurden dagegen im *Cour des Bourgeois* behandelt.

Die in byzantinischer Tradition stehende starke Regierungsgewalt der Krone setzte jedoch in der Verfassungsrealität – nach Auseinandersetzungen mit den Baronen und angesichts der zunehmenden Gefahr einer osmanisch-muslimischen Eroberung – ihre Amtsautorität aufgrund kaiserlicher und päpstlicher Anerkennung durch. Der König sicherte sich zudem über sein alleiniges Einberufungsrecht die Kontrolle über das aristokratische Legislativ- bzw. Rechtsetzungsorgan, führte den direkten Treueid ein und machte sich militärisch vom Lehnsaufgebot seiner Barone unabhängig[22]).

Neben König und Adel bildeten die aus Genua, Venedig, Katalonien und der Provence stammenden Kaufmannsfamilien einen weiteren Bestandteil der ethnisch getrennten zyprischen Gesellschaft. Sie lebten in eigenen, abgesonderten und mit Handelsprivilegien versehenen Gemeinschaften (*Fondachi*), vorwiegend in den Hafenstädten der Insel, und konkurrierten hauptsächlich untereinander sowie später auch mit dem fränkischen Feudaladel. Die alteingesessene, griechisch-orthodoxe Bevölkerungsmehrheit bestand dagegen aus drei Gruppen: den Leibeigenen, den vom Frondienst Freigekauften und dem Bürgertum. Die Masse der Leibeigenen (*Parici* bzw. *Paroikoi*) war zu regelmäßigem Frondienst (zwei Tage pro Woche) und zur Ablieferung eines Drittels ihrer landwirtschaftlichen Produkte verpflichtet; sie unterstanden der Jurisdiktion ihrer Grundherren. Die ebenfalls abhängigen *Perperiar(o)i* (abgeleitet von *Yperperon* = byzantinische Münzeinheit) hatten sich durch eine jährliche Steuerabgabe teilweise vom Frondienst freikaufen können. In den Städten lebten wiederum die zum Bürgertum zählenden, persönlich freien *Lefteri/Elevtheroi* (durch Freikauf) bzw. *Francomati* (frei durch Geburt) und die sogenannten „weißen Venezianer bzw. Genuesen" – Griechen mit fremder Staatsangehörigkeit. Der soziale Aufstieg in die Klasse der *Lefteri* wurde später aus finanziellen Erwägungen von der Krone durch Loskauf gefördert; einzelnen griechischen Familien (z. B. Thomas Belpharadge, Grand Turcoplier unter Peter II.) gelang es sogar, als Funktionsträger des Staats in die lateinische Aristokratie aufgenommen zu werden.

Obwohl die griechischen Bauern materiell nicht schlechter gestellt waren als zu byzantinischer Zeit, hatten sie sich zusammen mit ihrem orthodoxen Klerus in mehreren Aufständen (1192, 1231, 1427, 1562) immer wieder gegen die Herrschaft der „Lateiner" aufgelehnt. Denn die Lusignans hatten – ebenso wie später die Genuesen und Venezianer aber anders als die Normannen in Sizilien – kein Interesse daran gezeigt, die tiefen rechtlichen und sozio-kulturellen Unterschiede zwischen den herrschenden katholischen „Franken" (*Fragkokratia*)[23]) und den beherrschten griechischen Orthodoxen aufzuheben.

---

[22]) Maier, Cypern (Anm. 1), S. 197; Edbury, Kingdom (Anm. 20), S. 180–196. Vgl. auch Kyrris, C. P.: Bicameralism in Medieval Cyprus, 1192–1489, in: Bicameralism in Past and Present. Hrsg. H. W. Blom. Den Haag 1992, S. 159–174.

[23]) Mit „Fragkokratia" wird im Griechischen die katholische Fremdherrschaft der frankophonen Kreuzritterdynastien im östlichen Mittelmeer bezeichnet. Vgl. Hill (Anm. 1), Bd. 2 und 3

Daher war in Zypern vor dem Hintergrund des schismatischen Bruchs zwischen weströmischer (römisch-katholischer) und oströmischer (byzantinisch-orthodoxer) Christenheit (seit 1054) gegen Ende des 11. Jahrhunderts (1196) ein Kirchenkampf ausgebrochen, als sich König Amaury de Lusignan mit päpstlicher Unterstützung darum bemühte, die römisch-lateinische Kirchenhierarchie einzuführen. Da es weder zu Zwangsbekehrungen noch zu Missionierungen in größerem Ausmaß kam, lag die Ursache des Streits hauptsächlich im Versuch der katholischen Amtskirche, sowohl die zyprisch-orthodoxe Kirche unter ihre Verwaltung und Jurisdiktion zu bringen als auch den Rest des orthodoxen Kirchenbesitzes zu übernehmen. Vierzig Jahre päpstlicher Unterwerfungspolitik trafen auf den zähen Widerstand der zyprischen Orthodoxen, der aus politischen Erwägungen auch die Billigung der fränkischen Monarchie fand. Erst die *Constitutio Cypria* (*Bulla Cypria*) von 1260 beendete offiziell den Kirchenstreit, indem sie die Zahl der orthodoxen Bischöfe auf vier reduzierte und ihre institutionelle Unterordnung bestimmte (Verlegung der Amtssitze aufs Land, Ableistung des Treueids, katholisches Visitationsrecht und Übernahme aller öffentlichen religiösen Abgaben). Die formale Auslegung dieser Bestimmungen sicherte der zyprisch-orthodoxen Kirche ihr Überleben, denn Institutionen und Besitz blieben ihr weitgehend erhalten. Ihr fortwährender Antagonismus zur katholischen Herrschaftskirche förderte zudem noch ihren allerdings erst unter der osmanischen Herrschaft voll herausgebildeten Anspruch, als einzige Bewahrerin der kulturellen Identität des unterworfenen zyprisch-orthodoxen-byzantinischen Griechentums auftreten zu können[24].

Während der andauernden Auseinandersetzungen zwischen Genua und Venedig um die Handelsherrschaft im östlichen Mittelmeer begann die fränkische Herrschaft auf Zypern in der Mitte des 14. Jahrhunderts zu bröckeln. Da beide italienischen Städte den Lusignans über 200 Jahre lang weitgehende Handelskonzessionen für ihre Niederlassungen, vor allem in Famagusta (aber auch in Nikosia, Paphos und Limassol), abgerungen hatten, entwickelten sich die venezianischen (mit dem *Bailo* als Konsul) und genuesischen (mit der *Podestà* als konsularisches Oberhaupt) Gemeinschaften in Famagusta in der Mitte des 14. Jahrhunderts zu eigenständigen Herrschaftsgebieten (mit selbständiger Verwaltung, Justiz und eigenen Kirchen)[25]. Ein plötzlich ausgebrochener Streit zwischen den beiden im Jahre 1372 um das Privileg des Zügelhaltens während der Krönungsfeierlichkeiten Peters II. (1369–1382), bei dem der König und die Inselgriechen mit den Venezianern sympathisierten, bot den Genuesen dann den willkommenen Anlaß, einen privatfinanzierten Krieg gegen Zypern zu führen. Die *Maona Cipri*, eine Handelsgesellschaft genuesischer Bankiers, übernahm nach einjährigen Kämpfen, in denen es zu schweren Plünderungen kam, die Kontrolle über den damals wichtigsten Inselhafen: Famagusta und sein Umland. Es folgte ein neunzigjähriges Zwangsprotektorat

---

(The Frankish Period), und Grivaud, G.: Excerpta Cypria Nova: Voyageurs Occidenteux à Chypre au XVème Siècle. Bd. 1. Nikosia 1990 (= Sources et Ètudes de l'Histoire de Chypre, 15).

[24] Vgl. Efthimiou, M. B.: Greeks and Latins on Cyprus in the Thirteenth Century. Brookline 1987.

[25] Jacoby, D.: The Rise of a New Emporium in the Eastern Mediterranean: Famagusta in the Late Thirteenth Century, in: Meletai Kai Ypomnimata. 1 (1984), S. 145–179.

(1374–1464), währenddessen Zypern Genua für die Rückgabe der übrigen besetzten Gebiete tributpflichtig wurde.

Ein weiterer schwerer Schlag gegen die Unabhängigkeit Zyperns stellte die Landung der in Ägypten herrschenden Mamelucken dar, die die wichtigsten Handelsrivalen der Insel waren. Der Feudaladel Zyperns wurde am 7. Juli 1426 bei Chirokitia militärisch vernichtend geschlagen und Nikosia geplündert. Der König mußte in Kairo den Vasalleneid ablegen und sich auch zur Zahlung von Lösegeld und jährlichem Tribut verpflichten. Dafür wurde den Lusignan-Königen ein hohes Maß an innerer Autonomie belassen[26]).

Dem politischen Niedergang folgte eine anhaltende Wirtschaftsdepression, verursacht durch hohe Steuern (doppelte Tributpflicht), niedrige landwirtschaftliche Erträge und einen spürbaren venezianischen Wirtschaftsboykott (1474–1478). Der Rückgang im Zwischenhandel wurde durch lange Trockenperioden, Heuschreckenplagen und die Pest (1438/39) weiter verschärft. Sozial motivierte Bauernaufstände (1427) und die offensichtliche Schwäche der fränkischen Monarchie sowie die Zuwanderung von griechischen Flüchtlingen aus dem von den Osmanen eingenommenen Konstantinopel (29. Mai 1453) führten dann zu einem vorübergehenden Wiedererstarken des Griechentums als neuem politischen Stabilitätsfaktor des Hauses Lusignan[27]). Letztlich setzte sich jedoch die Oberherrschaft Venedigs auf Zypern durch: Die Tochter einer auf Zypern reich gewordenen venezianischen Patrizier-Familie, Caterina Cornaro, wurde nach dem überraschenden Tod ihres Ehemannes, König Jakob II. (1460–1473), zur letzten Regentin von Zypern (1474–1489)[28]). Die junge Königin stand dabei als adoptierte „Tochter des Heiligen Markus" bereits völlig unter dem Einfluß ihrer Heimatstadt Venedig, die Zypern als wichtigen Flotten- und Militärstützpunkt gegen das Osmanische Reich wie ein Protektorat behandelte. Unter dem Druck Venedigs verzichtete Caterina dann auch auf eine erneute Heirat und dankte schließlich am 26. Februar 1489 zugunsten der Lagunenstadt ab. Der Rat der Zehn von Venedig übernahm fortan mit der Herrschaft über die Insel Zypern auch alle Tributverpflichtungen an die Mamelucken und sicherte sich auf diese Weise sein Monopol im Orienthandel.

Für den Stadtstaat Venedig war Zypern 82 Jahre lang die profitabelste Insel innerhalb einer Kette von Handels- und Militärstützpunkten in der islamischen Welt des östlichen Mittelmeeres. Regiert wurde sie jedoch wie eine einfache Provinz: Ein aus Angst vor Korruption alle zwei Jahre wechselnder Gouverneur (*Luogotenente*) und zwei Senatoren (*Governadori*) in Nikosia sowie ein eigener Militärbe-

---

[26]) Vgl. Edbury, P.: The Lusignan Kingdom of Cyprus and its Muslim Neighbours. Nikosia 1993 (= Bank of Cyprus Cultural Foundation) und Rudt de Collenberg, W. H.: Le Déclin de la Société Franque de Chypre entre 1350–1450, in: Kypriakai Spoudai. 46 (1982), S. 71–83.

[27]) Die „Rehellenisierung" der Insel personifizierte Königin Helena Palaiologa – eine der großen „Heldinnen" der Zyperngriechen. Mit Billigung von König Johann II. (1432–1458) förderte sie die orthodoxe Kirche, besetzte die Staatsämter mit Griechen und gräzisierte auch Teile des fränkischen Feudaladels. Besonders in Malerei und Architektur kam es seitdem zu einer für die Insel charakteristischen Verschmelzung byzantinischer und gotisch-westlicher Elemente. Vgl. Kyrris, C. P.: Greek Cypriot Identity, Byzantium, and the Latins, 1192–1489, in: Epetiris tou Kentrou Epistimonikon Erevnon. 12 (1992), S. 169–185.

[28]) Vgl. Hunt, D. und I. (Hrsg.): Caterina Cornaro. Queen of Cyprus. London 1989.

fehlshaber (*Capitano del Regno di Cipro*) in Famagusta beherrschten mit einer kleinen Zahl von Soldaten Zypern. Nur in Kriegszeiten wurde zusätzlich ein Oberbefehlshaber (*Proveditore*) ernannt. Der teilweise verarmte Adel behielt seine alten Besitzrechte. Da ihm jedoch die politischen Mitspracherechte entzogen wurden, stellte er sich gegen die Venezianer, worauf die Kolonialverwaltung mit strenger Überwachung und Schleifung der alten Adelsburgen reagierte. Die orthodoxe Kirche wurde demgegenüber in der Religionsausübung praktisch nicht mehr behindert. Im Unterschied zu den spürbaren ökonomischen und kulturellen Verbesserungen veränderte sich der rechtliche Status der von den Maroniten (30–33 Dörfer), Armeniern (drei Dörfer) und Zigeunern (ein Dorf) strikt getrennt lebenden, schollenabhängigen zyperngriechischen Landbevölkerung (800–900 Dörfer) hingegen nicht wesentlich. Vielmehr verschärften sich deren Steuerlasten, weil Venedig für den Unterhalt und Ausbau seiner vielen Stützpunkte und Befestigungen immer höhere Einnahmen benötigte[29].

Gegen Ende der venezianischen Fremdherrschaft fanden als Reaktion auf die hohe Besteuerung sogenannte „Hungerkrawalle" statt, wobei der Aufstand von 1562 wohl der bedeutendste war. Obwohl sie jedesmal unterdrückt werden konnten, demonstrierten sie die eigentliche Schwäche der Venezianer: Ihre Administration beseitigte weder die Unzufriedenheit des fränkischen Adels noch die der griechisch-orthodoxen Untertanen und erleichterte auf diese Weise den zyprischen Aufständischen die Aufnahme von Beziehungen zum Osmanischen Reich. Dessen Armeen hatten bereits 1516/1517 Syrien und Ägypten besetzt und die dortige Herrschaft der Mamelucken beendet, so daß Venedig ihnen seither den jährlich vereinbarten Tribut für Zypern entrichten mußte. Die stetig wachsende antivenezianische Stimmung der Inselbevölkerung begünstigte dann auch die Eroberung Zyperns (1. Juli 1570–1. August 1571) durch die türkisch-muslimischen Osmanen (*Osmanlı*)[30].

V. Die osmanische Provinz (1570–1878)

Mit dem Vertrag vom 7. März 1573 sah sich Venedig genötigt, dem Sultan in Istanbul die Insel Zypern auch formell abzutreten und sich zur Zahlung einer beträchtlichen Kriegsentschädigung zu verpflichten. Entgegen den wenig differenzierenden Darstellungen der traditionellen griechischen Geschichtsschreibung zur

---

[29] Entgegen der verbreiteten Meinung in der Literatur, wonach Zypern unter den Venezianern verarmte, scheinen große Teile der stark anwachsenden Bevölkerung Zyperns (90000–200000) vom beständigen Wirtschaftsaufschwung aufgrund der hohen landwirtschaftlichen Überschüsse in der Plantagenwirtschaft profitiert zu haben. Vgl. Arbel, B.: Cypriot Population under Venetian Rule (1473–1571). A Demographic Study, in: Meletai kai Ypomnimata. 1 (1984), S. 183–215, bes. 213.

[30] Vgl. Hill (Anm. 1), Bd. 3, S. 878–1040 und Mariti, G.: Travels in the Island of Cyprus. With Contemporary Accounts of the Sieges of Nicosia and Famagusta. London 1909 (Reprint. London 1971). Aus Sicht der osmanisch-türkischen Geschichtsschreibung dagegen vgl. Strauss, J.: How Cyprus Came Under Turkish Rule: a Conquest and the Historians, in: Wiener Zeitschrift für die Kunde des Morgenlandes. 82 (1992), S. 325–334.

Turkokratia (türkische Fremdherrschaft) leiteten die Osmanen kurz nach der Eroberung Zyperns (*Kıbrıs Fetih*) eine bedeutsame „soziale Revolution" (Fernand Braudel) ein, indem sie die lateinische Feudalherrschaft umgehend beendeten[31]. Mit Hilfe zahlreicher Dekrete (*Ferman*) wurden in der neuen Provinz Leibeigenschaft und Frondienst der griechisch-orthodoxen Untertanen (*Reaya/Raja*) abgeschafft sowie die Steuerlasten beträchtlich gesenkt. Gegen eine einmalige, geringe Abgabe erhielten die zyprischen Bauern den freien Besitz ihrer bisher bearbeiteten Felder. Zusammen mit der Bauernbefreiung beseitigten die Osmanen auch den mit der zyprischen Orthodoxie konkurrierenden Katholizismus und vertrieben den lateinischen Klerus von der Insel[32]. Die zyprische Kirche (Erzbistum und drei Bischöfe) sah sich dagegen in alle ihre noch aus byzantinischer Zeit stammenden Rechte wieder eingesetzt. Den enteigneten katholischen Großgrundbesitz verteilten die osmanischen Herrscher zunächst an ihre auf Zypern zurückgelassene kleine Festungstruppe (ca. 4000 Mann) und die muslimischen Stiftungen (*Vakıf/Evkâf*)[33]. Den großen Rest des ehemaligen Eigentums der katholischen Kirche boten sie dem orthodoxen Klerus und den Klöstern zum Kauf an. Auf diese Weise und durch weitere Schenkungen im Laufe der Zeit entwickelten sich vor allem die griechisch-orthodoxen Mönchsgemeinschaften zu den größten Grundbesitzern Zyperns mit Ländereien auch außerhalb der Insel (Rußland, Istanbul, Anatolien)[34]. Die landwirtschaftliche Produktion auf den Latifundien der Muslime (*Çiftlik*) und vor allem auf den monastischen bzw. kirchlichen Gütern (*Tsiflikia*) für den europäischen Exportmarkt begünstigte in enger Zusammenarbeit mit den europäischen Konsuln/Kaufleuten in Larnaka die Herausbildung des griechischen Merkantilismus. Dieser stand seinerseits zusammen mit der zyprischen Orthodoxie bei der Entwicklung des griechischen Schulsystems und Nationalbewußtseins Pate. Zugleich legten derartige Eigentumsformen die wirtschaftliche Grundlage für die muslimische Dominanz in Militär und Staatsverwaltung. Die damit einhergehende

---

[31]) Braudel, F.: Das Mittelmeer und die mediterrane Welt in der Epoche Philipps II. Erster Band. Zweite Auflage. Frankfurt am Main 1990, S. 224. Neben westeuropäischen Reise- und Konsularberichten (vgl. z. B. Cobham, C. D.: Excerpta Cypria. Materials for a History of Cyprus. With an Appendix on the Bibliography of Cyprus. Cambridge 1908 [Reprint. Nikosia 1969]) hat besonders die Inselchronik des orthodoxen Zyperngriechen, Archimandritis Kyprianos: Istoria Chronologiki tis Nisou Kyprou (Geschichtschronik der Insel Zypern). Venedig 1788 (Reprint. Nikosia 1971), wesentlich zur einseitigen Beurteilung der osmanischen Herrschaft auf Zypern beigetragen, obwohl das Werk erst im späten 18. Jahrhundert und mit ausdrücklicher Genehmigung des ehemaligen „Erzfeindes" Venedig gedruckt wurde. Vgl. Hill (Anm. 1), Bd. 4, S. 99, Maier, Cypern (Anm. 1), S. 145 und Strauss, J.: Ottoman Rule in Cyprus, in: Cyprus in Textbooks – Textbooks in Cyprus. Hrsg. H. Brey/W. Höpken. München (im Druck) (= Südosteuropa Aktuell).

[32]) Einzig den Franziskanern wurde bereits 1593 erlaubt, sich wieder in Nikosia (später auch in Larnaka) niederzulassen.

[33]) Diese religiösen Stiftungen („Evkâf" in Ableitung aus dem arabischen „Waqf/Awqaf") übernahmen die Finanzierung der Unterhaltung von Moscheen, Friedhöfen, Hospitälern und Schulen für die muslimische Religionsgemeinschaft Zyperns. Vgl. dazu Beckingham, C. F.: A Cypriot Wakfiyya, in: Journal of Semitic Studies. 1 (1956), S. 387–397 und Altan, M. H.: Belgelerle Kıbrıs Türk Vakıflar Tarihi (Die Geschichte der zyperntürkischen religiösen Stiftungen in Dokumenten) 1571–1974. 2 Bde. (Girne) 1986.

[34]) Vgl. z. B. Kyrris, C. P. (Hrsg.): The Kanakaria Documents 1666–1850: Sale and Donation Deeds. Nikosia 1987 (= Texts and Studies of the History of Cyprus, 15).

ökonomische Arbeitsteilung wirkte sich auch prägend auf die interethnischen Beziehungen aus[35]).

Ebenso wie die Venezianer (und vorher schon die Lusignans und Byzantiner) aus Verteidigungs- und Steuergründen die stark dezimierte zyprische Bevölkerung durch Siedlerfamilien aus Europa (1516: 300 *Estradiote* meist albanischer Herkunft) und durch die Deportation von Strafgefangenen zu vergrößern suchten, planten auch die Osmanen die Ansiedlung von 12000 muslimischen Familien aus Anatolien (hauptsächlich aus Karaman). Ihre in anderen Reichsteilen (Balkan, Istanbul, Trabzon/Trapezunt) durchaus erfolgreich betriebene Methode eines staatlich organisierten Bevölkerungstransfers scheiterte allerdings in Zypern am entschiedenen Widerwillen der Auszusiedelnden. Aufgrund der versprochenen Steuerbefreiungen oder angedrohter Zwangsaussiedlung (*Sürgün*) ließen sich bis 1573 lediglich 800 männliche Muslime meist zweifelhaften Rufs (*Zorbades*) in Zypern registrieren[36]). Trotz dieses Fiaskos fanden seit dem späten 17. Jahrhundert weitere, begrenzt erfolgreiche Umsiedlungen statt. Die muslimisch-anatolischen Neuankömmlinge stießen regelmäßig auf wenig Gegenliebe bei den bereits länger ansässigen Insulanern.

Aufgrund des Fehlens detaillierter osmanischer Bevölkerungserhebungen nach der türkischen Besiedlung Zyperns kann die Zahl der Muslime auf der Insel allenfalls geschätzt werden: Um 1606 dürften es jedoch bei einer Gesamtbevölkerung von nicht viel mehr als 120000 Einwohner immerhin bis zu 30000 gewesen sein[37]). Anders als in Bosnien oder Albanien fanden in Zypern keine Massenkonversionen oder Zwangsrekrutierungen (*Devşirme/Paidomazoma* = „Knabenlese") in nennenswertem Umfang statt. Ein beträchtlicher Teil der muslimischen Landbevölkerung setzte sich daher aus freiwillig islamisierten, ehemals christlichen Dorfgemeinden zusammen, die vermutlich aus fiskalischen Erwägungen ihre Religion wechselten (Nicht-Muslime mußten doppelte Steuersätze und die sogenannte Kopfsteuer [*Haraç*] entrichten). Anders als in Epirus, auf Kreta oder Chios, aber ebenso wie im kleinasiatischen Hinterland (Kappadokien) hielten zudem die Nachkommen dieser bäuerlichen Konvertiten nicht an ihrer ursprünglichen (griechischen und zu einem geringeren Teil französischen) Sprache fest (1881 gaben fünf Prozent der Zyperntürken Griechisch als Muttersprache an, 1931 nur noch drei Prozent). Die (wenigen) türkisch-muslimischen Einwanderer vom Festland ließen sich wiederum nicht gräzisieren. Daher blieben die zyprischen Muslime vorwiegend türkischsprachig, obwohl viele unter ihnen auch die griechische Sprache anzuwenden wußten, wie den Beschreibungen westeuropäischer Reisender und

---

[35]) Sant Cassia, P.: Religion, Politics and Ethnicity in Cyprus during the Turkokratia (1571–1878), in: Archives Européenes de Sociologie. 27 (1986) 1, S. 3–28, bes. 5/6, 20–24.

[36]) Strauß, Ottoman Rule (Anm. 31), S. 10. Nach Kyrris, History (Anm. 8), S. 260, könnten in dieser Zeit zwischen 2262 und 3532 türkische Neusiedler nach Zypern gekommen sein.

[37]) Jennings, R. C.: Christians and Muslims in Ottoman Cyprus and the Mediterranean World, 1571–1640. New York 1993 (= University Studies in Near Eastern Civilizations, 18), S. 132–172; 212–239 und aus heutiger zyperntürkischer Sicht Gazioğlu, A. C.: The Turks in Cyprus. A Province of the Ottoman Empire (1571–1878). London 1990, S. 74–93. Zur Bevölkerungsentwicklung vgl. Papadopoulos, Th.: Social and Historical Data on Population (1570–1881). Nikosia 1965 (= Texts and Studies of the History of Cyprus, 1).

der Korrespondenz der französischen Konsuln in Larnaka zu entnehmen ist[38]). Folglich lernte die griechisch-orthodoxe Bevölkerung Zyperns im Laufe der osmanischen Herrschaft zwischen „Christen" (*Christianoi* bzw. *Rajades*) und „Türken" (*Tourkoi*) zu unterscheiden, während die Zyperntürken lieber von „(orthodoxen) Byzantinern/Griechen" (*Rum*) sprachen und sich selbst dagegen bis in das zwanzigste Jahrhundert hinein als *Müslim/Müslüman* bezeichneten.

„Griechen" und „Türken" stellten damals eindeutig die große Mehrheit der Bevölkerung Zyperns dar. Sie siedelten über die ganze Insel zerstreut (bei weitgehender Aufrechterhaltung getrennter Wohn-, Arbeits- und Lebensverhältnisse). Dennoch lebten beide Religionsgruppen in vielen der nur von Griechen bzw. Türken bewohnten Stadtteilen und Dörfern (seltener auch in gemeinsamen Dorfgemeinschaften) weitgehend friedlich nebeneinander. Eine Vermischung oder Assimilierung der beiden sprachlich, religiös wie kulturell höchst unterschiedlichen Gruppen fand allerdings trotz mancher *symbiotic elements* (K. P. Kyrris) kaum statt: Mischehen waren unüblich, und es gab keine gemeinsame Schulausbildung[39]).

Daneben lebten in kleineren Gruppen auch christliche Maroniten (*Sürjani* mit griechisch assimilierten Familiennamen), Armenier (*Ermeni*) – hauptsächlich in den Städten – und besonders in Lefkoşa (Nikosia) eine geringe Zahl von Juden (*Yahudi*) sowie in Larnaka eine bedeutende europäische Händlerkolonie. Außerdem hatten aufgrund der osmanischen Eroberung Zyperns weitaus weniger der alteingesessenen französischen Katholiken ihr Leben verloren (oder waren emigriert) als dies früher in der Literatur angenommen wurde. Vielmehr rettete eine größere Anzahl dieser ehemaligen Adeligen durch Konversion entweder zum Islam oder zur Orthodoxie ihren Besitz; sie stiegen daraufhin häufig auch bis in die Spitzen der osmanischen Militär- und Verwaltungshierarchie auf[40]). Schließlich läßt sich an der sakralen Architektur Zyperns (mit der Umwandlung ehemals ka-

---

[38]) Willis, M. D.: A New Document of Cypriot History: The Journal of Ambrosio Bembo (1671), in: Kypriakai Spoudai. 42 (1978), S. 35–46, bes. 38. Vgl. Pouradier Duteil-Loizidou, A.: Consulat de France à Larnaca (1660–1696). Documents Inédits pour Servir á l'Histoire de Chypre. Bd. 1. Nikosia 1991 (= Sources et Études de l'Histoire de Chypre, 17). Wie weit dieser Religionsübertritt tatsächlich auch innerlich vollzogen wurde, bleibt in der Literatur heftig umstritten. Die Existenz einer kleinen Gruppe von „Mesokörte/Linovamvakoi (die Leinbaumwollenen)", die in der Öffentlichkeit zwar den Islam praktizierten, aber im Schutz des eigenen Hauses auch den Riten der Orthodoxie folgten und einen muslimischen wie einen christlichen Namen trugen, fiel den osmanischen Behörden – soweit es den steuerlichen Aspekt betraf – nicht weiter auf.

[39]) Kyrris, C. P.: Symbiotic Elements in the History of the Two Communities of Cyprus, in: Proceedings of the International Symposium on Political Geography. Nikosia 1976, S. 127–166 und Kitromilides, P. M./Couloumbis, Th. A.: Ethnic Conflict in a Strategic Area: The Case of Cyprus, in: Ethnicity in an International Context. Hrsg. A. Said/L. Simmons. New Brunswick 1976, S. 167–202, bes. 168. Auch zyperntürkische Historiker bringen gegen die besonders nach 1974 von zyperngriechischer Seite vertretenen Annahme einer „peaceful coexistence" zwischen beiden Religionsgemeinschaften keine Einwände vor. Vielmehr erklären sie diese auch in Anatolien (Kappadokien, Pontus) gepflegten interethnischen Beziehungen mit der aufgeklärten Herrschaftspraxis der Osmanen gegenüber den schutzbefohlenen christlichen Untertanen. Vgl. Jennings (Anm. 37), S. 398 und Strauss, Ottoman Rule (Anm. 31), S. 23/24.

[40]) Kyrris, C. P.: Modes de Survivance, de Transformation et d'Adaption du Régime Colonial Latin de Chypre Après la Conquête Ottomane, in: Etat et Colonisation au Moyen Age et à la Renaissance. Hrsg. M. Balard. Paris 1989, S. 153–165. Aufgrund der hohen Zahl von Konvertiten

tholischer Kirchen in Moscheen) besonders anschaulich ablesen, daß die Osmanisierung der Insel eher als Prozeß der Transformation ablief und nicht als gezielte Zerstörung der vorgefundenen Strukturen[41]).

Eine Grundlage des osmanischen Verwaltungssystems bildeten die muslimischen Militärbefehlshaber (darunter auch einige ehemalige Lateiner). Diese erhielten vom Sultan nach jeder erfolgreichen Eroberung ein nicht vererbbares Lehen (*Timar*) mit seinen gesamten Steuererträgen für eine bestimmte Zeit zur Pacht (*Iltizam*). Ganz Zypern wurde dabei mit noch weiteren vier Regionen (*Sancak*) in Anatolien und Syrien zusammengefügt und zunächst als eine von über 30 Provinzen des Osmanischen Reiches organisiert. Die weitgehend frei handelnde Regionalregierung (*Divan*) mit dem Gouverneur (*Beylerbey*) in Lefkoşa (Nikosia) und drei Statthaltern (*Paşas*) in Girniye (Kyrenia), Baf (Paphos) und Mağusa (Famagusta) an der Spitze teilte die Insel in sechs, heute noch vorzufindende Verwaltungsdistrikte (*Kazas/Nahies/Kadılıks*) auf. Weitere Mitglieder der Regierung waren der Schatzmeister (*Hazine Defterdarı*), das religiöse Oberhaupt der Muslime Zyperns (*Müftü*), die obersten Richter der Provinz (*Molla*) sowie der Militärbefehlshaber (*Ağa*). In den Dörfern wurden die obersten Vertreter der Einwohner (*Dimogeron* bzw. *Kocabaşıs/Kotzampasis*) z.T. frei gewählt.

Während der Gouverneur anfangs nach dem *Timar*-System entlohnt wurde (*Sipahi*), konnte später der Meistbietende auf einer Auktion in Istanbul die Provinz Zypern erwerben und unabhängig von seinen Verwaltungsleistungen ein Jahr lang als Steuerpächter (*Mültezim*) ausbeuten. Dagegen mußten die Statthalter jedes Jahr eine vorher festgelegte Geldsumme dem Sultan zukommen lassen (*Salyane*). Der Status als weitgehend autonome Provinz war jedoch aufgrund vieler Proteste wegen überhöhter Steuerlasten und einer zunehmenden Verarmung nicht von Dauer. Seit dem späten 17. Jahrhundert durchlief Zypern bis zur Ankunft der Engländer 1878 eine Reihe von administrativen Veränderungen: Die Insel fiel zunächst 1670–1703 bzw. 1785–1849 unter die Jurisdiktion des Flottenbefehlshabers und Gouverneurs des Archipelagos (*Kapudan Paşa*), der einen eigenen Bevollmächtigten (*Müsselim*) ernannte. Ein weiteres Mal übernahm es der Großwesir des Reiches (1703–1745), der die Insel wieder jährlich an einen Steuereintreiber (*Muhassıl*) meistbietend versteigerte. Schließlich wurde Zypern erneut als unabhängige Provinz (*Mutasarrıflık*) regiert (1745, 1861, 1870).

Zu den bedeutenden Neuerungen der Osmanen auf Zypern zählte auch die Einführung und Institutionalisierung des islamischen Rechts (*Şerîât*), das alle Bereiche des gesellschaftlich-religiösen und politisch-administrativen Lebens für die

---

und der Existenz vieler christlicher (griechischer) Funktionsträger ist der synonyme Gebrauch der Begriffe „Osmane" und „Türke" unzulässig.

[41]) So wurden – bis auf wenige Ausnahmen – weder die alten griechischen Ortsbezeichnungen noch die Namen der zu Moscheen umgewandelten katholischen Kirchen und Klöster der Insel verändert. Die türkischen Muslime fühlten sich offenbar nicht vom christlichen Ursprung der Namensgebung bedroht und achteten diese nicht-islamischen Monumente. Dies steht in scharfem Kontrast zu den systematisch betriebenen Umbenennungen nach 1974. Vgl. Theocharides, I.P.: Concerning Village Designations in Cyprus During the Ottoman Rule, in: Prilozi za Orijentalni Filoloju. 30 (1980), S. 457–466 und Kornrumpf, H.-J. und J.: An Historical Gazetteer of Cyprus (1850–1987) with Notes on Population. Frankfurt am Main 1990.

Muslime regelte. Die osmanischen Richter (*Kadı*) als Streitschlichtungsinstanz wurden in Zypern bald in gleicher Weise sowohl von muslimischen Türken als auch von orthodoxen Griechen (einschließlich Frauen, Priester und Mönche) aufgesucht, obwohl die unterworfenen, jedoch unter Protektion stehenden Nicht-Muslime (*Zimmıs*) dort keine volle Rechtsgleichheit genossen (Unglaubwürdigkeit bei Aussagen gegen Muslime). Den Christen verblieb stets die legale Möglichkeit, klerikale Gerichte in Fragen der eigenen orthodoxen Religionsgemeinschaft einzuschalten. Schließlich wurde ebenso häufig von Individuen beider Religionsgemeinschaften vom (heute wenig bekannten) Recht auf direkte Eingaben an den Sultan Gebrauch gemacht[42]).

Die wohl herausragendste politisch-administrative Veränderung im Osmanischen Reich lag jedoch in der Etablierung der kommunalen Selbstverwaltung der Gemeinschaften gleichen religiösen Bekenntnisses (*Millet*)[43]). Die griechisch-orthodoxe Kirche Zyperns war von der Hohen Pforte (*Babıâli*) in Istanbul seit 1660 aufgrund ihrer langen institutionellen Tradition zum einzigen Repräsentanten und Sprecher der offiziell zugelassenen christlichen Kirchen (Orthodoxe, Maroniten, Armenier) auf der Insel anerkannt worden. Alle Erzbischöfe Zyperns nahmen sich seitdem nicht nur das auf der Autokephalie beruhende traditionelle Vorrecht heraus, besonderen Einfluß beim Ökumenischen Patriarchen in Istanbul auszuüben. Sie suchten vielmehr jederzeit und ohne vorherige Genehmigung durch den Patriarchen den direkten Zugang zum politischen Machtzentrum und erschienen häufig persönlich vor dem Großwesir der Hohen Pforte, um Vergünstigungen für sich und ihre Kirche auf Zypern zu sichern. Auf diese Weise gelang ihnen sogar die Ausweisung mißliebiger Gouverneure. Der Sultan bestätigte 1754 zudem auch offiziell den Erzbischof von Zypern als alleinigen politischen Führer der zyprischen Christen (*Kocabaşıs/Ethnarchis*). Er stattete ihn und seine Bischöfe im Tausch gegen eine Abgabe (*Peşkeş*) mit zahlreichen, insgesamt außerordentlichen Privilegien und weitreichenden Freiheiten in der Führung seiner Religionsgemeinde aus (weitgehendes Selbstbestimmungsrecht in religiösen, kulturellen und bildungspolitischen sowie zivilrechtlichen Fragen). Zugleich wurden die osmanischen Richter angewiesen, jede Form von interkonfessioneller Einmischung zu ahnden und die Metropoliten in ihrer Amtsführung zu unterstützen[44]).

Eine weitere Besonderheit Zyperns bestand darin, daß sich der griechisch-orthodoxe Erzbischof von der Mitte des 18. Jahrhunderts bis zur Reformbewegung (seit

---

[42]) Jennings (Anm. 37), S. 69–106. Vgl. Merkelbach, J.: Die Protokolle des Kadiamtes Nikosia aus den Jahren 1105/06 (1693–1695). Übersetzung und Kommentierung. Frankfurt am Main 1991 und Çiçek, K.: Living Together: Muslim-Christian Relations in Eighteenth-Century Cyprus as Reflected by the Sharia Court Records, in: Islam and Christian Muslim Relations. 4 (1993) 1, S. 36–64.

[43]) Zum „Millet"-System vgl. Ursinus, M.: Millet, in: Encyclopaedia of Islam (Anm. 15), Bd. 7, S. 61–64 und derselbe, Zur Diskussion „millet" im Osmanischen Reich, in: Südostforschungen. 48 (1989), S. 195- 207.

[44]) In der eigentümlichen Gleichsetzung der kirchlichen Führung der christlichen Religionsgemeinschaft mit der säkularen griechischen „Sprach- und Kulturnation" Zyperns liegen die Wurzeln für die spätere Personalunion von Erzbischof, Sprecher der zyperngriechischen „Community" und Staatspräsident der Republik, wie sie zuletzt Makarios III. eindrucksvoll repräsentierte.

1839) mit dem Gouverneur das Recht zur Erhebung öffentlicher Steuern teilte. Mit Hilfe des osmanischen Militärs (*Yasakçı*) und eines einflußreichen christlichen Zivilverwalters (griechisch-phanariotischer Abstammung) der Hohen Pforte (*Dragoman*)[45]) wurde die Steuereintreibung effizient zum wirtschaftlichen Vorteil beider Seiten durchgeführt: Die Vertreter der zyprischen Kirche setzten aufgrund ihrer Register in den einzelnen Pfarrgemeinden die Höhe der Steuern für die Orthodoxen fest. Der *Dragoman*, der vom Gouverneur den Steuereinzug auch für die muslimische Gemeinde Zyperns übernommen hatte, trieb die Steuern in beiden Religionsgemeinschaften ein und mußte sie pünktlich an die Hohe Pforte weiterleiten. Die hohe Fluktuation der Gouverneure, deren Namen die osmanischen Untertanen Zyperns oft gar nicht kannten, und deren weitreichende Abhängigkeit von den beiden wichtigsten Repräsentanten der griechisch-orthodoxen Bevölkerungsgruppe der Insel, die alleine über eine intime Kenntnis der insularen Traditionen verfügten, verstärkten weiter ihre Macht. Fast 50 Jahre lang regierten Erzbischof und *Dragoman* faktisch alleine die halbautonome Provinz, die allerdings zu dieser Zeit bereits einen Tiefpunkt in ihrer wirtschaftlichen Entwicklung erreicht hatte. Dabei wurden Muslime ebenso wie Christen zeitweise derart hoch besteuert, daß sie trotz mancher Spannungen teilweise gemeinsam – vor allem in den Städten – gegen das insulare Unrechtregime rebellierten (1764, 1783, 1804). Als unmittelbare Folge solcher kurzen und heftigen Gewaltausbrüche innerhalb der ansonsten ruhigen osmanischen Gesellschaft Zyperns wurden die Verursacher (Chil Osman Ağa, Hadji Baki und Hadji Georgiakis/Chatzigeorgakis Kornesios) mit militärischer Unterstützung aus Istanbul beseitigt, ohne dabei das Konzept der imperialen Souveränität zu beschädigen[46]). Auch erlitt die politische und fiskalische Autorität der zyprischen Kirche unter den „unvollendeten Revolutionen" (F. Braudel) der zyprischen Steuerzahler zunächst keinen Schaden und erreichte ihren Höhepunkt am Vorabend der Revolution in Griechenland (1821). Europäische Diplomaten und Kaufleute erblickten in der Person des griechisch-orthodoxen Erzbischofs sogar den eigentlichen Potentaten der Insel[47]).

---

[45]) Ursprünglich war der „Dragoman" ein (meist griechisch-orthodoxer) Dolmetscher/Übersetzer („Tercüman/Divan Tercümanı"), der für die Beziehungen mit den europäischen Staaten zuständig war. Später erhielt dieses Amt auch wichtige Verwaltungsfunktionen. Vgl. Zevros, S. C.: A la Recherche des Origines du Phanariotisme: Panayote Nikoussios, le Premier Grand Drogman Grec de la Sublime-Porte, in: Epetiris tou Kentrou Epistimonikon Erevnon. 19 (1992), S. 307–325. Nach Jennings (Anm. 37), S. 156, wird diese Institution frühestens seit 1594/95 in Zypern erwähnt. Zu den fiskalischen Funktionen der zyprischen Kirche vgl. Dionyssiou, G. A.: Some Privileges of the Church of Cyprus under Ottoman Rule, in: Epetiris tou Kentrou Epistimonikon Erevnon. 19 (1992), S. 327–334.

[46]) Kitromilides, P.: Repression and Protest in a Traditional Society: Cyprus 1764, in: Kypriakai Spoudai. 46 (1982), S. 91–101 und derselbe: Koinonikes Scheseis kai Nootropies stin Kypro tov Dekatou Ogdoou Aiona (Gesellschaftliche Beziehungen und Mentalitäten im Zypern des 18. Jahrhunderts). Lefkosia 1992.

[47]) Cobham (Anm. 31), S. 280, 368, 416. Vgl. Kyrris, C. P.: The Role of Greeks in the Ottoman Administration of Cyprus (Plates I–V), in: Praktika tou Protou Diethnous Kyprologikou Synedriou (Protokolle des ersten internationalen Kongresses für Zypernstudien). Bd. 3/1. Nikosia 1972/73, S. 155–179 und Pouradier-Duteil, P. und A.: Chypre au Temps de la Révolution Française d'après les Dépêches du Consul de France à Larnaca. Nikosia 1989.

Tabelle 1: Die Erzbischöfe der Orthodoxen Kirche Zyperns, 1571–1998

1571	(ein unbekannter serbischer Mönch)
1572	Timotheos
1575–1587 (?)	Lavrentios
1587–1592	Neophytos (Nikolas Orsini Doukataris)
1592–1600	Athanasios I.
1601–1604	Veniamin
1606–1638 (?)	Christodoulos I.
1660–1674	Nikiphoros
1674–1679	Ilarion Kigalas
1679 (?)	Christodoulos II.
1679–1689 (?)	Iakovos I.
1690–1705 (?)	Germanos II.
1705/1706 (?)	Athanasios II. (*Proedros*)
1707–1711 (?)	Iakovos II.
1718–1733	Silvestros
1734–1744	Philotheos
1745	Neophytos
1745–1759	Philotheos (restauriert)
1759–1761	Païsios
1761	Kyprianos (Diakonos)
1762–1768	Païsios (restauriert)
1768–1784	Chrysanthos
1784	Ioannikios I.
1784–1810	Chrysanthos (restauriert)
1810–1821	Kyprianos
1821–1824	Eioakim
1824–1827	Damaskinos
1827–1840	Panaretos
1840–1849	Ioannikios II.
1849–1854	Kyrillos I.
1854–1865	Makarios I.
1865–1900	Sophronios II.
1900–1909	unbesetzt (Kirchenkampf)
1909–1916	Kyrillos I. (Papadopoulos)
1916–1933	Kyrillos II. (Vasileiou)
1933–1947	unbesetzt (aufgrund der Deportation von Kyrillos II.) Leontios Leontiou von Paphos (*Topotiritis*/*Locum Tenens*/Stellvertreter)
1947	(Juni-Juli) Leontios Leontiou
1947–1950	Makarios II. (Myrianthevs)
1950–03.08.1977	Makarios III. (Mouskos)
seit 12.11.1977	Chrysostomos I. (Bischof von Paphos)

Quelle: Hill, G.: A History of Cyprus. Hrsg. H. Luke. Bd. 4. Cambridge 1952, S. 619/620; Panteli, S.: Historical Dictionary of Cyprus. Lanham 1995 (= European Historical Dictionaries, 6), S. 217.

Die Angst vor der Ausbreitung der griechischen Unabhängigkeitsbewegung, die erstmals den Verlust einer Provinz an die Aufständischen zur Folge hatte (1829), lieferte dem muslimischen Gouverneur Küçük Mehmet einen willkommenen Anlaß, mit drakonischen Maßnahmen (die allerdings nur zögerlich von der Hohen Pforte gebilligt wurden) die Herrschaft der Bischöfe auf der Insel zu beenden. Da die muslimischen Notabeln spätestens seit der Niederschlagung ihres Aufstandes von 1804 durch vom *Dragoman* und dem Erzbischof herbeigerufene türkische Festlandstruppen antigriechische Ressentiments hegten, waren auch sie mit der öffentlichen Hinrichtung der gesamten orthodoxen Kirchenführung (9. Juli 1821) und der Konfiszierung ihres Privatbesitzes einverstanden. Die Exekution von Erzbischof Kyprianos erfolgte daher weniger aufgrund seines Glaubens (er starb nicht als griechischer *Ethnomartys* wie dies die spätere Geschichtslegende in der griechischen Literatur suggerieren will)[48], sondern wegen seiner angenommenen konspirativen Beziehungen zu den festlandsgriechischen Aufständischen (*Filiki Etaireia*), die er seit 1818 ideell und finanziell unterstützt hatte. In ebenfalls vom Gouverneur angeordneten und durch türkische Truppen aus Syrien ausgeführten Pogromen verloren anschließend weitere 500 führende zyperngriechische Honoratioren Leben und Eigentum[49].

Das bis dahin entspannte nachbarschaftliche Verhältnis zwischen Türken und Griechen auf Zypern – unter weitgehender Beachtung ihrer jeweiligen sprachlichen, religiösen und ethnischen Eigenarten – erlitt einen ersten – bis heute nicht wieder geheilten – Riß[50]. Denn diese blutigen Ereignisse offenbarten deutlich die engen Grenzen in der Fähigkeit des osmanischen Herrschaftssystems im Umgang mit den politischen Unabhängigkeitsbestrebungen Andersgläubiger. Während Gewalt und Unterdrückung gegen Vertreter der christlichen Religionsgemeinschaft normalerweise selten vorkamen, war die Ungleichbehandlung der nicht-muslimischen Untertanen (*Zimmıs*) ein konstituierendes Element des islamischen Rechts und seiner praktischen Anwendung. Solange die Orthodoxen ihren religiösen und politisch untergeordneten Status gegenüber den Muslimen akzeptierten und sich in die zahlreichen rechtlichen und täglichen Restriktionen einfügten, genossen sie Duldung, Protektion und Wohlwollen der osmanischen Obrigkeit, niemals jedoch gleichberechtigte Akzeptanz[51].

---

[48] Tzermias (Anm. 1), S. 19 und Koumoulides, J. A.: Early Forms of Ethnic Conflict in Cyprus: Archbishop Kyprianos of Cyprus and the War of Greek Independence 1821, in: The Cyprus Review. 8 (1996) 2, S. 24–37, bes. 35.

[49] Obwohl die orthodoxe Kirchenführung und die zyperngriechischen Notabeln bereits im 17./18. Jahrhundert an zahlreichen halbherzigen Konspirationen und Interventionsplänen der Venezianer und des Hauses Savoyen beteiligt waren, vermieden sie meist die direkte Konfrontation mit den Osmanen. Daher nahm auch die griechische Elite Zyperns – mit Ausnahme einiger weniger Freiwilliger – nicht aktiv an der Erhebung in Griechenland teil. Vgl. Kitromilides, P.: The Dialectic of Intolerance: Ideological Dimensions of Ethnic Conflict, in: Journal of the Hellenic Diaspora. 6 (1979) 4, S. 5–30, bes. 18. Vgl. dagegen die stark gräkophilen Aussagen bei Tzermias (Anm. 1), S. 20/21 und Koumoulides, J. T. A.: Cyprus and the War of Greek Independence 1821–1829. London 1974.

[50] Die „Massaker von 1821" fanden als historisch konstruierte Legenden – zum Aufbau eines gemeinsamen griechischen Nationalbewußtseins mit Hilfe der Erschaffung eines türkischen Feindbildes – zunächst Eingang in die Schulbücher des neugriechischen Kleinstaates und prägten später nachhaltig auch die Schulkinder der zyperngriechischen Religionsgemeinschaft. Sie belasten bis heute die Beziehungen zwischen Griechen und Türken auf Zypern nachhaltig. Vgl. Koulapis, L.-G.: Die Darstellung der Osmanischen Geschichte in den Schulbüchern Griechenlands und der Türkei. Gemeinsamkeiten und Unterschiede zweier gegenseitiger Nationalismen. Unveröffentlichte Magister-Hausarbeit. Universität München 1993.

[51] Es zählt dennnoch zu den Leistungen der türkischen Osmanen, die sich wie die Griechen

Die letzte Phase der osmanischen Herrschaft Zyperns vor der Ankunft der Engländer (1830–1878) zeugte vom vergeblichen Versuch der Sultane, das Verwaltungssystem und die Gesellschaft des gesamten Osmanischen Reiches nach westeuropäischem Vorbild zu säkularisieren. Die Reformbewegungen (*Tanzımāt*) von 1839, 1856 und 1864 – die auf Druck der europäischen Großmächte auch die Gleichstellung der christlichen Untertanen zum erklärten Ziel hatten – stießen im traditionellen Zypern jedoch auf den zähen Widerstand der Notabeln beider Konfessionsgruppen. Diese fürchteten um den Verlust ihrer angestammten Privilegien und hintertrieben die Anwendung der zahlreichen Modernisierungsdekrete. Das Beharrungsvermögen der insularen Eliten verhinderte somit auch aus diesem Grunde auf lange Zeit die Ausbreitung der griechischen Nationalbewegung.

Zwar schlossen einige wenige aus der jüngeren Generation der griechischen Zyprer ihre Universitätsausbildung in der 1837 gegründeten, vom griechischen Irredentismus getragenen Universität von Athen ab und kehrten, zur Veränderung entschlossen, auf ihre Heimatinsel zurück. Hier verweigerten sie zunächst aus Protest gegen ihre traditionelle Unterordnung die Zahlung der diskriminierenden Kopfsteuer. Außerdem wurde 1846 in Larnaka ein Konsulat des unabhängigen Königreichs Griechenland eröffnet, das der politischen Idee der *Enosis*, der Vereinigung Zyperns mit dem neugriechischen Kleinstaat, neue Impulse verlieh. Die griechisch-orthodoxe Kirchenführung als Teil des osmanischen Herrschaftssystems ebenso wie die unter ihrer Führung stehende zyperngriechische Bevölkerung waren jedoch so sehr daran gewöhnt, Kompromisse im Rahmen der ihnen zugestandenen Vorrechte zu suchen, daß sie – anders als auf dem Balkan – der direkten und gewaltsamen Konfrontation mit den Osmanen weitgehend aus dem Weg gingen[52]).

Bereits zwischen 1830 und 1838 hatte es in der zyperngriechischen Gemeinde in enger Zusammenarbeit mit der Regierung in Istanbul die ersten Versuche gegeben, die Verwaltung der Insel zu verbessern, die Korruption der Amtsträger einzuschränken und das von Kirche, Religionsgemeinschaft und Eltern finanzierte Bildungsangebot zu verbessern (Einführung von Kontrollausschüssen, Verbeamtung des Gouverneurs, Verpachtung der Inseleinkünfte). Schließlich gelang es zumindest, das korrupte und viel Unzufriedenheit hervorrufende osmanische Steuerpachtsystem teilweise abzuschaffen. Die Verantwortung für die Steuererhebung wurde dafür von der Kirche auf den Großen Rat in Lefkoşa (*Meclis-i Kebir*) übertragen, der nur noch eine übergeordnete Steuerart (*Vergi*) auf Grundlage von persönlichem Eigentum und Handelsüberschüssen für jeden Verwaltungsdistrikt (*Sancaks*) zu ermitteln hatte. Lokale Räte rechneten diese Einkommens- und Be-

---

als die legitimen Erben des Byzantinischen Reiches fühlten, daß sie die Partikularismen der „région intermédiaire du continent eurasiatique" achteten und allen Religionsminderheiten bis ins 19. Jahrhundert hinein ein weitgehend friedliches Zusammenleben in Ungleichheit ermöglichten. Vgl. Kitsikis, D.: L'Empire Ottoman. Paris 1985.

[52]) Dionyssiou, G. A.: The Ottoman Period, in: Charalambous/Georghallides (Anm. 3), S. 43–52, bes. 49–51 und derselbe: The Ottoman Administration of Cyprus and the Tanzimat Reforms. Unveröffentlichter Konferenzbeitrag. London (September) 1993 (Institute of Commonwealth Studies).

sitzsteuer für jedes Dorf aus, das wiederum vom dortigen Ältestenrat (bestehend aus *Muhtar/Mukhtar, Papas, Imam*) nach der individuellen Leistungsfähigkeit verteilt wurde. Die Dorfführung trieb die Steuern ein und sandte sie über den Ortsrat an den Palast des Gouverneurs, der diese öffentlichen Einnahmen weiter nach Istanbul zu schicken hatte.

Erstmals in der Geschichte des Osmanischen Reiches wurde mit der Einführung solcher Verwaltungsräte (*Idare Meclisleri*) – deren institutionellen Bestand auch die Briten sicherten – die Teilnahme der Untertanen beider Religionsgemeinschaften am Entscheidungsprozeß der Region ermöglicht und Zypern aus dem „langen Schlaf" (F. G. Maier) erweckt. Neben der Steuererhebung umfaßte die Jurisdiktion des den *Divan* ersetzenden Provinzrates (*Meclis-i Umumiye*) die Verantwortung für Polizei-Angelegenheiten, Appelationsfälle und erstinstanzliche Beschwerden gegen Amtsträger. Außerdem mußten Berichte zum Zustand von Infrastruktur, öffentlicher Sicherheit und darauf bezogener Verbesserungsbemühungen der lokalen Behörden für die osmanische Zentrale erstellt werden. Ihre nur zum kleinen Teil auf freien Wahlen beruhende Zusammensetzung (Gouverneur mit neun Zyperntürken und Erzbischof mit drei Zyperngriechen) sorgte dennoch für große Unzufriedenheit – hauptsächlich bei den orthodoxen Griechen. Deren Ratsmitglieder wurden stets von den Muslimen majorisiert, selbst in solchen Fällen, wo sie wie in Zypern die eindeutige Bevölkerungsmehrheit repräsentierten. Der zyperngriechische Einfluß auf die Ratsentscheidungen war daher stark beschränkt. Letztlich scheiterte die exemplarische Reformbewegung des *Tanzimat* an seiner lückenhaften Umsetzung durch den osmanischen Verwaltungsapparat.

Zypern blieb trotz mancher administrativer und wirtschaftlicher Erfolge[53] eine typisch rückständige Provinz des Osmanenreiches mit mangelhaften Straßen und sehr geringen Bildungs- wie Weiterbildungsmöglichkeiten. Die Inselbevölkerung litt – nach einem Bericht des trotz Studiums in Athen eher moderaten Erzbischofs Sophronios an die Hohe Pforte vom September 1872 – an Korruption, schweren Gesundheitsproblemen (die Malaria wurde erst in den 1950er Jahren ausgerottet), Dürreperioden, Verletzungen der Familienehre, Kriminalität aufgrund hoher Lebensmittelpreise und Armut sowie am Bildungsnotstand[54]. Anders als beispielsweise die Insel Kreta oder die Vorzeigeprovinzen auf dem Balkan wurde Zypern daher von Vertretern der osmanischen Zentralregierung niemals besucht, obwohl die Einwohner ständig Vorbereitungen zu deren Empfang zu treffen hatten.

---

[53] Bereits 1864 kam es in Folge hoher Gewinne aus dem Export von Baumwolle zur Einrichtung der ersten Zweigstelle der Osmanischen Bank in Larnaka, die auch unter den Briten konkurrenzlos blieb und sich später zur Grundlage des gesamten zyprischen Bankenwesens entwickelte. Vgl. Phylaktis, K.: The Banking System of Cyprus. Past, Present and Future. London 1995.

[54] Dionyssiou, G. A.: Mia Ekthesi tou Archiepiskopou Sofroniou pros tin Ypsili Pyli (1872) (Ein Bericht des Erzbischofs Sophronios an die Hohe Pforte), in: Epetiris tou Kentrou Epistimonikon Erevnon. 19 (1992), S. 335–360. Zypern wies zu der Zeit bei ca. 180000 Einwohnern lediglich 2850 Volks- und 113 Sekundarschüler (nur bis zur dritten Klasse) auf.

VI. Die britische Kolonie (1878–1960)

1. Besetzung

Nicht die inneren Verhältnisse Zyperns, sondern die veränderte weltpolitische Gesamtlage beendete die dreihundertjährige osmanische Herrschaft auf der Insel. Die Niederlagen des Osmanischen Reiches in den Kriegen sowohl gegen die ausgreifenden Dynastien der Habsburger und der Romanovs als auch gegen die besonders von Rußland unterstützten nationalen Unabhängigkeitsbewegungen auf dem Balkan kennzeichneten die neue Situation. Die offenkundigen Schwächen des Osmanischen Reiches zwangen die um die Erhaltung des bestehenden sensiblen Gleichgewichts bemühten europäischen Großmächte zu multilateralen diplomatischen Verhandlungen um Bestand oder Teilung des „kranken Mannes am Bosporus". In dieser Orientalischen Frage, einem der „kompliziertesten Probleme der neueren Geschichte" (I. Geiss)[55]), kam es schließlich zur gegen die russische Expansion betriebenen Eindämmungspolitik des britischen Empire. Großbritannien setzte sich dabei seit dem Krim-Krieg (1854–1856) und auf dem Höhepunkt der Großen Orientkrise (1875–1878) energisch für den Erhalt der Integrität und Selbständigkeit des Osmanenreiches ein.

Auf Initiative von Benjamin Disraeli (dem späteren Lord Beaconsfield), seit 1874 Premierminister aus der Konservativen Partei, erzwang die englische Regierung von der Hohen Pforte in einem geheimen telegraphischen Ultimatum vom 23.05.1878 den Abschluß eines Beistandspakts zum Schutz gegen weitere russische Übergriffe auf die osmanischen Territorien außerhalb Europas. Der Sultan kam dieser Forderung umgehend nach. Wenige Tage vor Eröffnung des Berliner Kongresses fand am 4. Juni 1878 die Unterzeichnung der *Convention of Defensive Alliance between Great Britain and Turkey with respect to the Asiatic Provinces of Turkey* (*Cyprus Convention*) statt[56]). Als Gegenleistung dafür erhielt London von der osmanischen Regierung die Zusage, Verwaltungsreformen im gesamten Reich zum Schutze besonders der christlichen Untertanen einzuleiten. Schließlich wurde die Insel Zypern (die London bereits 1833, 1841 und 1845 von den Osmanen erfolglos angeboten worden war) England zur Besetzung und Verwaltung übergeben (Art.1). Damit konnte das Königreich jetzt seine Vertragsverpflichtung notfalls auch mit Waffengewalt (*par force d'armes*) erzwingen.

Formalrechtlich blieb – und dies ist ein einzigartiger Vorgang in der britischen Kolonialgeschichte – die Oberherrschaft (Suzeränität) über Zypern allerdings bis 1914 beim Sultan, so daß er auch weiterhin den höchsten Würdenträger (*Müftü*) (zuletzt 1909) und die Richter der Muslime Zyperns ernennen durfte. Der beson-

---

[55]) Vgl. Anderson, M.S.: The Eastern Question 1774–1923. Siebte Auflage. New York, London 1983 und Baumgart, W.: Vom Europäischen Konzert zum Völkerbund. Friedensschlüsse und Friedenssicherung von Wien bis Versailles. Zweite Auflage. Darmstadt 1987 (= Erträge der Forschung, 25).

[56]) Zum Zustandekommen der Verträge vgl. Hill (Anm.1), Bd.4, S.269–304, 403–415, 607, 614–618, – manchmal ungenau – Hunt, Footprints (Anm.2), The British Period, S.255–261 und besonders Dischler, L.: Die Zypernfrage. Frankfurt am Main 1960 (= Dokumente, 33), S.61–63.

dere Minderheitenstatus der muslimischen Gemeinschaft der Insel wurde von den Engländern rechtlich gesichert und in der Praxis genauestens respektiert. Zudem verpflichtete sich London in einem Nachtrag vom ersten Juli 1878, Zypern dann zu räumen und dem Osmanischen Reich wieder direkt zu unterstellen, wenn auch Rußland die eroberten Grenzgebiete (Kars, Ardahan, Batum) den Osmanen zurückgäbe (die beiden Festungen, nicht jedoch das ölreiche Batum, erhielt die Türkei erst 1921 von der Sowjetunion zurück). Faktisch aber behandelten die Briten Zypern seit der Etablierung ihrer Herrschaft dort als „une colonie en Europe" (J.-F. Drevet)[57]).

Für die Dauer der Besetzung Zyperns erwarb die englische Regierung in weiteren Zusatzabkommen ferner das Recht zur eigenen Gesetzgebung und zum Abschluß von Konsular- und Handelsabkommen ohne Zustimmung Istanbuls. Dafür zeigte sich England bereit, dem Sultan einen jährlichen Tribut bzw. Pachtzins zu zahlen, der den bisherigen Steuereinnahmen entsprechen sollte. Erst durch den Kriegseintritt des Osmanischen Reiches im Jahre 1914 auf Seiten Deutschlands und gegen Großbritannien wurden die Verträge von 1878 hinfällig. Am 5. November 1914 annektierte England die Insel und inkorporierte sie in sein Herrschaftsgebiet. Im Friedensvertrag von Lausanne vom 24. Juli 1923 (Art. 29) erkannte dann die Republik Türkei die Annexion Zyperns und die volle britische Souveränität über die Insel als völkerrechtlich bindend an. Am 10. März 1925 wurde Zypern schließlich auch formell zur britischen Kronkolonie erklärt – ein Völkerrechtsstatus, den die Insel bis 1960 behalten sollte.

Obwohl gerade imperiale Gründe für die Inbesitznahme Zyperns durch England sprachen (Sicherung der See- und Kommunikationswege nach Indien, besonders des 1869 eröffneten Suez-Kanals), war der geostrategische Wert der Insel von Beginn an besonders in der britischen Admiralität heftig umstritten. Zwar schien Zypern in zentraler Lage zu liegen, doch im Gegensatz zu Istanbul und den Meerengen (Bosporus, Dardanellen) bzw. Ägypten (Besetzung Alexandriens und Port Saids 1882) konnte die Insel nie eine Schlüsselstellung im britisch beherrschten Mittelmeer einnehmen. Der ungünstige und technisch völlig veraltete Zustand ihrer Häfen taugte zudem ohne kostspielige Investitionen weder als kommerzieller Umschlagplatz noch zur Errichtung von Marinebasen. Vielmehr eignete sich Zypern (mehr noch als Malta oder Alexandrette/Iskenderun) allenfalls als günstiger Sammelplatz operativer Truppenaufmärsche (*Place d'Armes*) zum Zwecke zeitlich begrenzter Expeditionen ins nahegelegene Festland, um gegebenenfalls die osmanischen Truppen gegen russische Angriffe im Kaukasus zu verstärken.

Als Folge davon blieb Zypern militärisch wie wirtschaftlich bis zum Beginn des Zweiten Weltkrieges von den Briten völlig vernachlässigt. Die reguläre Garnison bestand nach 1878 lediglich aus einer 123 Mann umfassenden Infanterie-Kompanie; der Ausbau des Hafens von Famagusta blieb ebenso wie der Straßen- und Eisenbahnbau[58]) lange Zeit in den Anfängen stecken. Auch die neue, stärker von

---

[57]) Drevet, J.-F.: Chypre. Île Extrême. Chronique d'une Europe Oubliée. Paris 1991, S. 55.
[58]) Zum Bau der Kleinbahnstrecke von Famagusta über Nikosia und Morphou bis nach Evrychou vgl. Turner, B. S.: The Story of the Cyprus Government Railway. London 1979.

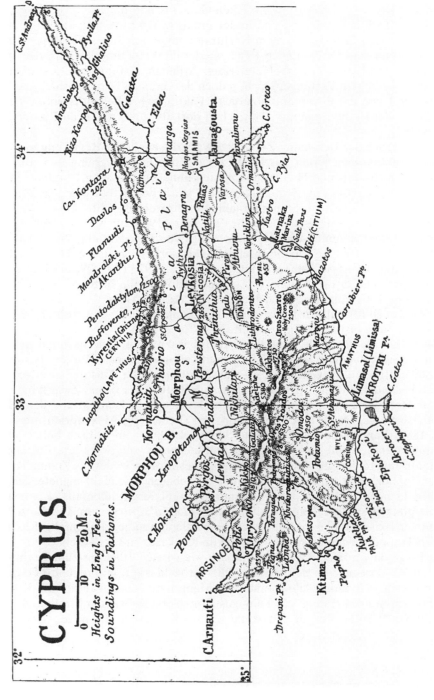

Karte 2: Die Insel Zypern, 1878

Quelle: The Illustrated London News, 20. Juli 1878

moralischen Zweifeln geplagte Regierung der Liberalen Partei unter William E. Gladstone (1880–1885), der seinerzeit zu den schärfsten Kritikern des Erwerbs Zyperns durch Disraeli gehört hatte (*insane covenant*), führte zu keinen wesentlichen Veränderungen in der britischen Zypern-Politik. Die Insel wechselte vielmehr im Dezember 1880 aus dem Zuständigkeitsbereich des Außenamtes (*Foreign Office*) in den des Kolonialministeriums (*Colonial Office*). Sie wurde seither wie eine unbedeutende Kronkolonie verwaltet. Alle nachfolgenden englischen Regierungen, gleich welcher parteipolitischer Couleur, sollten jedoch nach dem Grundsatz handeln: den eigentlich wertlosen insularen Stützpunkt nicht mehr aufzugeben – schon, um die Möglichkeit einer Inbesitznahme durch andere interessierte Staaten von vorneherein auszuschließen[59]).

Die eigentliche britische Besetzung Zyperns vollzog sich in malerisch friedlicher Art und Weise, wovon zahlreiche Bilddokumente zeugen[60]): Am 4. Juli 1878 erreichte die Kanalflotte (mit 400 Mann Besatzung) unter dem Befehl des Vizeadmirals John Hay Larnaka von Kreta aus. Nachdem sichergestellt worden war, daß kein Widerstand geleistet werde, landete Hay am 12. Juli mit einem kleinen Expeditionskorps und begab sich zunächst ohne Eskorte zur offiziellen Machtübernahme nach Nikosia. Die Übernahme selbst wurde dann mit einem Flaggen-Hissen und einer kurzen Ansprache (Versprechen fortan geltender Rechtsgleichheit) vollzogen. Vom 22. Juli an nahm sodann der von Königin Victoria ernannte Oberbefehlshaber, Generalleutnant Garnet Wolseley, die bisher vom osmanischen Gouverneur ausgeübten Befugnisse wahr. Die Insel stand anschließend bis Ende 1880 ausschließlich unter der Kontrolle häufig wechselnder Militärs. Danach wurden nur noch zivile Karrierebeamte aus der Kolonialbehörde (wo der Dienstposten in Zypern nicht gerade begehrt war) als reguläre Gouverneure der Insel mit dem Titel *High Commissioner* eingesetzt. Bis 1914 konnte dadurch wenigstens die Fiktion einer obersten osmanischen Souveränität aufrechterhalten werden. Danach durften sich die britischen *High Commissioners* auch formell *Governor* nennen (zu den Regierungszeiten der Gouverneure vgl. den Beitrag von M. Colberg im Dokumentarischen Anhang).

2. Die Zypernfrage

Die Entstehung der Zypernfrage und die britische Kolonialherrschaft in Zypern stehen in einem engen inneren Kausalzusammenhang. Die Entwicklung beider Phänomene vollzog sich im wesentlichen in drei Phasen:

– Im ersten Zeitraum von der Etablierung britischer Macht seit 1878 bis zum gescheiterten Aufstand der Zyperngriechen im Herbst 1931 formierte sich unter

---

[59]) Vgl. Medlicot, W. N.: The Gladstone Government and the Cyprus Convention, 1880–1885, in: Journal of Modern History. 12 (1940) 2, S. 186–208.

[60]) Vgl. Thomson, J.: Through Cyprus with the Camera in the Autumn of 1878. Zwei Bände. London 1878 (Neuauflage 1985), Cavendish, A.: Cyprus 1878. The Journal of Sir Garnet Wolseley. Nikosia 1991 (= Cyprus Popular Bank Cultural Centre) und Lazarides, S. G.: Cyprus 1878–1900. A Historical Recollection of a Bygone Age through Engravings. Athen 1984.

Führung des griechisch-orthodoxen Erzbischofs und seiner zyprischen Kirche das griechisch-nationalistische Bündnis zum Anschluß Zyperns an das expandierende neugriechische Königreich. Diese Bewegung kann als Folge der Entscheidung der britischen Kolonialverwaltung verstanden werden, die aus osmanischer Zeit stammenden sprachlich-religiösen Unterteilungskriterien in ihr parlamentarisches Staatsmodell zu übernehmen. Damit sollte in Zypern allerdings keine neue, die Inselbevölkerung einigende Staatsidee propagiert werden. So fand das Credo vom *Empire* bzw. *Commonwealth* dort keine Verbreitung. Das für die Region ungewöhnlich milde politische Herrschaftsklima des *Colonial Liberalism* (R.W. Barham) förderte jedoch die griechische Majorisierung der Kolonialinstitutionen und deren nationalistische Militanz gegen die britische Fremdherrschaft. Demgegenüber weigerte sich die ehemalige muslimisch-türkische administrative Elite der Insel, nach dem Verlust ihrer Herrschaftsprivilegien die Rolle einer einfachen Minderheit anzunehmen. Sie forderte den britischen Schutz vor parlamentarischen Mehrheitsentscheidungen (denn dies bedeutete für sie immer die Vorherrschaft der ihnen zahlenmäßig und wirtschaftlich weit überlegenen Zyperngriechen) und vor der griechischen *Enosis* (von der die türkischen Zyprer befürchten mußten, daß sie wie auf Kreta ihre Vertreibung von der Insel zur Folge gehabt hätte).

— Im zweiten Abschnitt britischer Kolonialherrschaft trat zwischen 1931 bis 1950 für die Zypernfrage eine Art Inkubationszeit ein. In diesem den Beginn und das Ende des Zweiten Weltkrieges einschließenden Übergangsstadium gelang es der zyperngriechischen *Enosis*-Bewegung, trotz des vorwiegend autoritären Herrschaftsstils der britischen Gouverneure die Institutionalisierung und gesellschaftliche Massenmobilisierung der Zyperngriechen voranzutreiben.

— In der dritten Phase von 1950 bis zur staatlichen Unabhängigkeit im Jahre 1959/60 nutzte der griechische Nationalismus die veränderte weltpolitische und regionale Ausgangslage dazu aus, die Zypernfrage zu internationalisieren. Nach einem von der Kirche organisierten Referendum, das den Beweis der Legitimität des zyprischen Rechts auf Selbstbestimmung erbringen sollte, führte die *Enosis*-Bewegung unter Erzbischof Makarios mit diplomatischem Vorgehen einerseits und Terrormethoden gegen die britische Kolonialmacht andererseits die schwelende Zypernfrage zur (seit 1955) offenen Zypernkrise. In diesen Auseinandersetzungen zunächst zwischen Zyperngriechen und der englischen Kolonialmacht wurde auch die zyperntürkische Bevölkerung zunehmend mit hineingezogen. Diese strebte seither mit Hilfe des türkischen Nationalismus und ihres neuen „Mutterlandes" (der Republik Türkei) die Teilung der Insel (*Taksim*) an. Da *Enosis* und *Taksim* sich gegenseitig ausschließen, bot sich zum nationalen Einheitsstaat offenbar nur noch das „Experiment der (neutralen) Republik Cypern" (F.G. Maier) unter dem Schutz Griechenlands, der Türkei und Großbritanniens an.

a) Entstehung (1878–1931)

Die in zwei unterschiedliche religiöse und sprachliche Gemeinschaften geteilte Inselbevölkerung erhielt am 14. September 1878 mit der von der Krone verordneten „Verfassung" ein nach dem englischen Kolonialmodell konzipiertes liberales Regierungssystem, das sowohl die institutionelle Kontinuität sicherstellen als auch die Zyprer längerfristig zu einer parlamentarischen Selbstverwaltung befähigen sollte[61]). An der Spitze der neuen zyprischen Regierung stand der Hohe Kommissar (bzw. Gouverneur). Ihm unterstanden jene *Commissioners*, die den von den Osmanen übernommenen Verwaltungsdistrikten (mit ihren sechs „Großstädten", die 1881 20 Prozent der Inselbevölkerung aufnahmen) vorstanden. Alle höheren Stellen in der Verwaltung wurden zunächst von Briten besetzt. Der gesamte administrative Aufbau folgte dem englischen Vorbild (weshalb Zypern nach der Unabhängigkeit auch leichter in der Lage war, sich selbst weitaus effizienter zu verwalten, als dies in Griechenland oder der Türkei der Fall war). Für die unteren Verwaltungsposten und die Gendarmerie wurde dagegen das osmanisch-türkische Personal nach einer kurzen Umschulung übernommen. Erst ab den 1920er Jahren erhielten auch Zyprer in zunächst begrenztem Umfang Zugang zu allen Stellen. Dennoch waren bereits die türkischen Muslime in Verwaltung und Polizei ebenso wie im abhängigen Kleinhandwerk stärker vertreten als die griechischen Orthodoxen, die traditionell die gesamte Privatwirtschaft der Insel dominierten. Städte und Dörfer wurden weiter wie in osmanischer Zeit von Bürgermeistern und Gemeinderäten regiert, die – streng getrennt nach beiden Religionsgruppen – frei wählbar waren. Allerdings unterlag die zyprische Kommunalverwaltung der britischen Kontrolle. Diese schränkte jedoch ihre Befugnisse immer weiter ein, so daß sich die Gemeindeorgane politisch bis zur Entstehung „eigener" zyperngriechischer bzw. -türkischer politischer Parteien auf der Insel vorübergehend als immer bedeutungsloser erwiesen.

Am 17. Januar 1879 wurde erstmals ein aus drei Personen bestehender Oberster Gerichtshof eingerichtet, zunächst unter dem Vorsitz des Gouverneurs (später eines englischen *Chief Justice*) und zwei Beisitzern. Aufgabe dieses Gerichts war die Reorganisation der gesamten Gerichtsbarkeit der Insel nach britischem Recht (und damit auf Kosten der Privilegien der zyprisch-orthodoxen Kirche). Seine Zuständigkeit erstreckte sich auf nahezu alle Bereiche der Zivil- und Strafgerichtsbarkeit. Aufgrund der bereits am 1. Juli 1878 zugestandenen Sonderrechte für die zyprischen Muslime (Beibehaltung der *Şerîâ*-Gerichte und der *Evkâf*-Verwaltung) wurde diesen allerdings weiterhin die religiöse Gerichtsbarkeit besonders in Familienangelegenheiten überlassen. Erst nach dem Zweiten Weltkrieg, zwischen 1951 und 1955, und damit viel später als in der Türkei, setzte auch hier die Säkularisierung ein. Für die türkischsprachigen Schulen und religiösen Stiftungen wurden zyperntürkische Verwaltungsräte eingerichtet und besondere bürgerliche Familiengerichte eingeführt (Abschaffung der Polygamie, standesamtliche Eheschließungen und Scheidungen, Erbschaftsangelegenheiten nach türkischem Zivilrecht)[62]).

---

[61]) Die „Verfassung" von 1878 und alle folgenden Änderungen finden sich bei Dischler (Anm. 56), S. 63–70. Ihre Kommentierung außerdem bei Hill (Anm. 1), S. 416–442, Hunt (Anm. 2), S. 267/268 und ausführlich aus zyperngriechischer Sicht Georghallides, G. S.: A Political and Administrative History of Cyprus, 1918–1926. With a Survey of the Foundations of British Rule. Nikosia 1979 (= Texts and Studies of the History of Cyprus, 6), S. 37–87.

[62]) Beckingham, C.F.: Islam and Turkish Nationalism in Cyprus, in: Die Welt des Islams. 5 (1958), S. 65–83, bes. 68–77.

Nach der Verfassung von 1878 kontrollierte der Hohe Kommissar grundsätzlich die gesamte Gesetzgebung. Er erließ generell alle Gesetze und Rechtsvorschriften, die allerdings erst durch königlichen Erlaß (*Order in Council*) ihre Rechtskraft erhielten. Ihm zur Seite standen dabei zwei beratende Organe: Der Exekutivrat (*Executive Council*), dessen vier Mitglieder von der Krone bestimmt wurden, und der Gesetzgebende Rat (*Legislative Council*), der zwischen vier bis acht vom Gouverneur zu ernennende Mitglieder umfaßte, von denen je die Hälfte führende Kolonialbeamte (*Official Members* mit Vorrangstellung) sowie Honoratioren der Insel (*Unofficial Members*) waren. Vor dem Erlaß durch den Gouverneur mußten fortan alle Gesetze bzw. Verwaltungsdekrete und selbst der Haushaltsentwurf erst vom Legislativrat beraten und verabschiedet werden. Englisch, Türkisch und Griechisch waren als gleichberechtigte Sprachen in den Debatten zugelassen.

Auf Druck des noch von den Osmanen bestätigten Erzbischofs Sofronios III.[63] und der zyperngriechischen Notabeln kam es bereits am 30. November 1882 zu einer ersten Verfassungsänderung, die die personelle Zusammensetzung und die repräsentativen Grundlagen des Gesetzgebenden Rates radikal veränderte. Seine Mitgliederzahl wurde künftig auf 18 (zweite Reform von 1925: 24) erhöht (mit sechs bzw. neun *Non Elective Members*), wovon jetzt 12 bzw. später 15 Mitglieder von der zyprischen Bevölkerung auf fünf Jahre frei gewählt werden durften. Das Wahlrecht übten dabei nur die über 21 Jahre alten, männlichen britischen und osmanischen Untertanen aus (erst am 27. November 1917 wurden alle Bewohner Zyperns zu *British Subjects* erklärt). Zudem mußten die Wahlberechtigten zuvor ihre Grundsteuer (*Vergi*) ordnungsgemäß an die Briten (und nicht mehr an die zyprische Kirche, der zu ihrem großen Ärger auch der traditionelle Polizeischutz bei der Eintreibung der Kirchensteuer entzogen wurde) abgeführt haben.

Die Insel wurde in drei Wahlbezirke eingeteilt, in denen die beiden großen Religionsgemeinschaften nach getrennten Wahllisten ihre jeweiligen männlichen Vertreter für den Rat bestimmten. Nach der Volkszählung von 1881, die das zahlenmäßige Verhältnis zwischen Griechen und Türken festlegte, entfielen dabei neun (1925:15) Sitze auf die *Non-Mohammedan Voters* (8 bzw. 13 Zyperngriechen und ein bzw. zwei Maroniten) und drei auf die zyprischen Muslime (Art. 10). Die Zyperntürken sahen zwar in diesem für sie ungleichen Zahlenverhältnis (drei bzw. vier zu eins Majorität der Zyperngriechen) ihren von der englischen Krone zugestandenen privilegierten Rechtsstatus gefährdet, ihr Protest dagegen fand aber in London vorerst keine Berücksichtigung. Die Beschlüsse des Legislativrates ergingen vielmehr nach dem Mehrheitsgrundsatz, doch entschied bei Stimmengleichheit stets der Gouverneur.

Bis zur Jahrhundertwende verlief die so geregelte interethnische Zusammenarbeit hauptsächlich aufgrund der schweren Wirtschaftsprobleme der Insel recht erfolgreich. Als jedoch die relativ jungen zyperngriechischen Mitglieder des Legislativrates (Durchschnittsalter 40,6 Jahre) dieses Forum unter Einfluß der orthodoxen Kirche zunehmend als öffentlichkeitsträchtige Plattform für ihre nationalisti-

---

[63] Zu den Petitionen vgl. z. B. Tillyrides, A.: Archbishop Sophronios III. (1865–1900) and the British, in: Kypriakai Spoudai. 42 (1978), S. 129–152.

schen Anschlußwünsche an das griechische Mutterland entdeckten (seit Juni 1895 reichten sie jedes Jahr schriftliche Eingaben zugunsten der *Enosis* ein) und gegen die Briten obstruierten, stimmten die dagegen heftig opponierenden zyperntürkischen Repräsentanten fast nur noch mit den Briten[64]). Dadurch ermöglichten sie es der Kolonialregierung, beinahe alle ihre Vorhaben durchzusetzen. Dies wiederum verärgerte die zyprischen Griechen und förderte die Ausbreitung des griechischen Nationalismus in ihrer Gemeinschaft, der sie dann zu ihrer Rebellion von 1931 veranlaßte. Infolge der Politisierung der orthodoxen und sunnitischen Religionsgemeinschaften Zyperns verstanden sich diese zunehmend als griechische und türkische politische Gruppierungen. Die kommunale Segregation begann schließlich, alle Ebenen der zyprischen Gesellschaft zu erfassen[65]).

Auch mit ihrer nach heftiger Debatte 1882 getroffenen Entscheidung, ein nach beiden unterschiedlichen Sprach- und Religionsgruppen gegliedertes öffentliches Schulwesen in Zypern einzurichten, verfestigten die britischen Kolonialbehörden ungewollt die traditionelle Unterscheidung. Während die Verantwortlichen im britischen Kolonialministerium noch 1881 – in Anknüpfung an Erfahrungen in Indien, aber auch aus Kostengründen – für die Einführung eines integrierenden Schulsystems mit Englisch als gemeinsame Unterrichtssprache plädiert hatten, bestand die britische Regierung nunmehr aus „humanistischer Wertschätzung gegenüber dem Griechischen" auf der Einrichtung griechischer Schulen für die Bevölkerungsmehrheit. Deren Kontrolle und weitgehende Selbstfinanzierung wurde der griechischen Religionsgemeinschaft überlassen. Die türkisch sprechende muslimische Minderheit erhielt ebenfalls eigene Schulen unter Lenkung ihrer religiösen Institutionen. Was zunächst als kulturelle Leistung des aufgeklärten britischen Kolonialismus gefeiert wurde, entwickelte sich bald zum politischen Bumerang. Denn die in Griechenland ausgebildeten Lehrkräfte der griechischsprachigen Schulen Zyperns folgten seither mit Hilfe von aus Athen eingeführten Unterrichtsmaterialien streng den staatlichen Lehrplänen ihres „Mutterlandes". Bereits die Schulkinder wurden vor allem auf ihre Zugehörigkeit zum griechisch-orthodoxen Nationalstaat und seiner Kirche (Vaterland, Glauben, Fahne, Königsfamilie, Feiertage) eingeschworen. Folgerichtig wurden sie zugleich gegen die als unrechtmäßig angesehene britische Kolonialherrschaft motiviert. Es war daher kein Zufall, daß zu

---

[64]) Zu den soziologisch relevanten Charakteristika der zyperngriechischen Vertreter vgl. Lyssiotis, M.: An Analysis of the Cyprus Legislative Council, in: The Cyprus Review. 2 (1990) 2, S. 55–69. Während Lyssiotis die muslimisch-türkischen Repräsentanten im Gesetzgebungsrat nicht berücksichtigt, untersucht Choisi, J.: Wurzeln und Strukturen des Zypernkonfliktes 1878–1990. Ideologischer Nationalismus und Machtbehauptung im Kalkül konkurrierender Eliten. Stuttgart 1993 (= Studien zur modernen Geschichte, 43), S. 73–125, mit Hilfe britischer Akten – ansatzweise und methodisch nicht immer zuverlässig – die Konflikte innerhalb der beiden großen Gemeinschaften Zyperns.

[65]) Zwischen 1891 und 1931 sank die Zahl der von Griechen und Türken gemeinsam bewohnten Dörfern von 346 auf 252, d. h. um 27 Prozent; bis 1960 nahm die Zahl dieser Dörfer um weitere 50 Prozent ab (114). Somit gingen von 1891–1960 ca. zwei Drittel dieses eigentümlichen Dorftyps hauptsächlich zu Gunsten homogener zyperngriechischer Dörfer verloren. Vgl. Patrick, R. A.: Political Geography and the Cyprus Conflict: 1963–1971. University of Waterloo 1976 (= Department of Geography Publication Series, 4), S. 12.

den gewaltbereiten Demonstranten seit 1955 hauptsächlich die zyperngriechischen Gymnasialschüler und die sie anführenden Priester zählten. Der griechisch-orthodoxe Erzbischof in Nikosia und seine Hierarchie konnten ihre Kontrolle über das gesamte griechischsprachige Erziehungssystem weiter ausbauen. Sie verstärkten auf diese Weise gegen den britischen Willen ihren Führungsanspruch in religiösen wie öffentlichen Angelegenheiten beim angestrebten Anschluß der Insel an Griechenland[66]).

Besonders der jüngere Teil der zyperngriechischen Elite – Lehrer, Rechtsanwälte, Kaufleute, Geldverleiher, Grundbesitzer hatten vor allem in ihrer Ausbildung meist in Athen die emotionale Bindungskraft der *Megali Idea* (Großgriechenland) erfahren – sowie der orthodoxe Klerus der Insel standen der kolonialen Herrschaft zunehmend feindselig gegenüber. Sie hatten mit dem reibungslosen Regierungswechsel auf der Insel zunächst die Hoffnung verbunden, daß das philhellenische London wie im Fall der Ionischen Inseln (1864) auch die Insel Zypern in naher Zukunft dem griechischen Mutterland einverleiben würde. Ihr Beharren auf Verfassungsänderungen und weitergehenden politischen Mitspracherechten zielte daher weniger auf die autonome Selbstverwaltung der Insel als vielmehr auf den territorialen Anschluß. Darüber hinaus weigerte sich die britische Kolonialadministration, den vor allem nach 1878 wiedererstarkten Herrschaftsanspruch des zyprischen Erzbischofs im politischen Leben der Insel anzuerkennen (Ethnarchie), da sie ihn als Anachronismus betrachtete. Die autokephale orthodoxe Kirchenführung empfand diese Zurückweisung durch die Kolonialregierung jedoch als demütigend und verstärkte ihre Agitation für das Ende der britischen Herrschaft. Nach Abschaffung des Legislativrates im Jahre 1931 mußte sie zudem auch die mögliche Herausforderung durch die politische Vertretung des merkantilen und intellektuellen Teils der zyperngriechischen Elite nicht mehr befürchten[67]).

Die mit der Kirchenführung paktierende *Enosis*-Bewegung – der allerdings noch bis zum Ende des Zweiten Weltkrieges weitgehend die Massenbasis fehlte – verstand es in der ersten, formativen Phase bis 1931 (auch aufgrund der Ambivalenz Londons gegenüber Zypern), die von den Briten vorgegebenen liberalen Verfassungsinstitutionen erfolgreich mit ihrem Personal zu durchdringen. Es gelang ihr schließlich, die politische Landschaft Zyperns entlang sprachlich-kultureller Gren-

---

[66]) Barham, R. W.: Enosis: From Ethnic Communalism to Greek Nationalism in Cyprus, 1878–1955. Unveröffentlichte Dissertation. Ann Arbor 1982, S. 89–98. Zyperngriechische „Enosis"-Petitionen finden sich z. B. bei Koumoulides, J. T. A.: Cyprus and Greece: Two Appeals for Enosis, in: Journal of Modern Hellenism. 3 (1986), S. 115–125. Aus griechischer Sicht Psomiades, H. J.: Greek Nationalism in the Nineteenth Century: A Focus on Cyprus, in: Journal of Modern Hellenism. 2 (1985), S. 75–89 und – mit vielen methodischen Vorbehalten – Pantelis, S.: A New History of Cyprus. From the Earliest Times to the Present Day. London 1984. Auf die zyprischen Regionen geht stärker ein die Aufsatzsammlung der Volkshochschule Nikosias (Dimou Lefkosias) (Hrsg.): Kypriaka (Das Zypernproblem) 1878–1955. Lefkosia 1986 (= Dialexeis Laïkou Panepistimiou, 2). Zu den zyperntürkischen Ängsten vgl. Gazioğlu, A. C.: Enosis Çemberinde Türkler. Inglizi Yönetiminde Kıbrıs (Enosis umschließt die Türken. Die englische Verwaltung Zyperns.) 1878–1952. Lefkoşa 1996.

[67]) Georghallides, G. S.: Church and State in Cyprus, October 1931 to November 1932: „A Systematic Humiliation of the Autocephalous Church of Cyprus?", in: Epetiris tou Kentrou Epistimonikon Erevnon. 19 (1992), S. 361–448, bes. 401.

zen zu polarisieren. Die muslimisch-türkische Elite, die von Beginn an eine enge Beziehung zur englischen Verwaltung einging (weswegen die Engländer sie für loyaler hielten), weil sie sich immer noch als Teil der islamischen Welt empfand und daher bis 1943 weder politisch noch national organisiert war, fühlte sich dagegen von der *Enosis*-Bewegung existentiell bedroht. Ihre Angehörigen wollten nach dem Verlust ihrer aus osmanischer Zeit stammenden Prärogativen (in Militär, Rechtswesen und Verwaltung) zumindest die ihnen verbliebenen Sonderrechte nicht verlieren. Außerdem befürchteten sie im Falle einer Union der Insel mit Griechenland ihre politische und wirtschaftliche Unterdrückung seitens der Griechen. Daher protestierten sie frühzeitig und energisch gegen die Forderung nach *Enosis* mit Hilfe vieler Petitionen, die sie sowohl nach London als auch nach Istanbul schickten. Und sie unterstellten 1928 ihre Bildungs- und Religionsinstitutionen der direkten britischen Kontrolle, weil sie die Protektion der Kolonialadministration gegen die Unionsbestrebungen der Zyperngriechen suchten. Das Osmanische Reich (und seit 1923 die Republik Türkei) hatte bis auf wenige Ausnahmen nur ein relativ geringes Interesse an seinen vergleichsweise weltoffenen Glaubensbrüdern in Zypern gezeigt. Daher hatten einige der führenden zyperntürkischen Funktionsträger auch den osmanischen Kriegseintritt auf Seiten des Deutschen Reiches mißbilligt und die britische Annexion im Jahre 1914 empfohlen, um sich des Beistands der Briten gegen die Intrigen der Hohen Pforte zu sichern[68].

Auch ein allerdings zunehmend kleiner werdender Teil der alten griechischen Notabeln und einige weniger lautstarke Vertreter der zyprischen Kirche, die immer noch mit dem Patriarchat von Konstantinopel paktierten, pflegten nach 1878 gute Beziehungen zur britischen Kolonialadministration. Im bürgerkriegsähnlichen Kirchenkampf um die Nachfolge des 1900 verstorbenen Erzbischofs Sofronios III. – der der letzte Repräsentant des traditionell anpassungsbereiten Kurses war – konnten sich dann jedoch die großgriechischen zyprischen Nationalisten um Kyrillos von Kition (dem späteren Kyrillos II.) durchsetzen. 1910 gelang es ihnen, die Gruppe um Kyrillos von Kyrenia (dem späteren Kyrillos III.) zu unterwerfen und die gesamte Kirche unter ihre Führung zu bringen. Von da an identifizierte sich die gesamte Kirche Zyperns mit dem griechischen Nationalismus.

Die Mehrheit der Zyprer, einschließlich der ungebildeten Kleinbauern auf dem Lande (immerhin vier Fünftel der Bevölkerung), stand den politischen Fragen bis weit in den Zweiten Weltkrieg hinein großenteils uninteressiert gegenüber. Darüber hinaus war vor allem die zyperngriechische Landbevölkerung zu großen Teilen derart verschuldet und so stark religiös gebunden, daß sie aufgrund der Patronage- und Klientelverhältnisse dem wirkungsvollen Einfluß von Kirche und Besitzbürgertum, die an einer wirklichen Verbesserung der sozialen Lage des Bauerntums wenig Interesse zeigten, schutzlos preisgegeben waren. Die nun ausufernde Agitation für die Vereinigung der Insel mit Griechenland entwickelte sich daher zum beliebtesten Wahlkampfthema der zyperngriechischen Politiker[69].

---

[68] Beckingham, Islam (Anm. 62), S. 70.
[69] Vgl. Loizos, P.: Politics and Patronage in a Cypriot Village, in: Patrons and Clients in Mediterranean Societies. Hrsg. E. Gellner/J. Waterbury. London 1977, S. 115–135.

Ungeachtet all dieser Probleme, erkannte die britische Kolonialverwaltung die ihrem eigenen Verständnis nach schlechte Wirtschafts- und Soziallage Zyperns an und begann umgehend mit einem tiefgreifenden Reformprogramm. Mit ihm sollte der „Eintritt (Zyperns) in die moderne Welt" (F.G.Maier) sichergestellt werden: Einführung persönlicher Freiheitsrechte, Abschaffung der Steuerpacht, Erleichterung der Steuerlast durch Vereinfachung der Besteuerung, Bekämpfung der Korruption, Straßenbau, Aufbau der medizinischen Versorgung, Bekämpfung der Malaria, Wiederaufforstungs- und Bewässerungsmaßnahmen sowie Alphabetisierungskampagnen und Einführung agrarischer Kooperativen. Allerdings blieb die volle Umsetzung dieser Modernisierungsmaßnahmen bis gegen Ende der dreißiger Jahre weitgehend im Ansatz stecken, weil das Kolonialministerium vor den finanziellen Belastungen zurückschreckte. Die Maßnahmen standen ihrer Meinung nach für das britische Empire in keinem Verhältnis zum strategischen Nutzen der bis 1914 nominell unter osmanischer Oberhoheit stehenden Insel.

Zudem wurde entsprechend der Konvention von 1878 allen Zypern bis 1931 die Hauptlast der in ihren Augen ungerechtfertigt hohen englischen Tributzahlungen an Istanbul aufgebürdet (92799 Pfund Sterling pro Jahr). Nicht nur die dabei verwandte Berechnungsweise wurde angezweifelt, sondern auch der eigentliche Verwendungszweck, der am 8.Juli 1931 erstmals veröffentlicht wurde. Er stieß sofort auf bitteren zyprischen Widerstand, wenngleich er durchaus legal war: Das Geld gelangte zwar nie an seinen ursprünglichen Adressaten. Es wurde jedoch mit den osmanischen Schulden aus dem Krim-Krieg verrechnet und blieb daher in der Bank von England. Die unmittelbare Folge davon war, daß das Budget der Insel, das zusätzlich auch die viel höheren Verwaltungskosten der englischen Kolonialadministration zu tragen hatte, nur durch radikale Kürzungen und einen 1907 festgelegten Zuschuß aus London (*Grant-in-Aid*) in Höhe von 50000 Pfund Sterling notdürftig ausgeglichen werden konnte. Für Investitionen in die wirtschaftliche Entwicklung der Insel blieben nur geringe Mittel übrig. Gegen diese Ungerechtigkeit seitens der Kolonialherren ging die öffentliche Meinung Zyperns heftig an. Der *Cyprus Tribute* wurde ebenso wie die Verfassungsfrage zum Symbol britisch-kolonialer Unterdrückung Zyperns stilisiert. Da jedoch in diesem Fall auch die Kolonialverwaltung in Nikosia und wichtige Regierungsmitglieder in London (wie z.B. Winston S.Churchill) auf Seiten der einheitlich agierenden Zyprer standen, gelang schließlich – nach der Ablehnung des Haushalts durch den zyprischen Gesetzgebungsrat (mit einer muslimischen Stimme) am 28. April 1931 – die Befreiung von den Tributzahlungen. Dafür wurde die Kolonie von London aus verpflichtet, zum Verteidigungshaushalt des Empire einen jährlichen Beitrag in Höhe von nunmehr 10000 Pfund Sterling zu entrichten. Die von London unberücksichtigt gebliebenen zyperngriechischen Forderungen nach Rückgabe der zwischen 1927–1931 ihrer Meinung nach unrechtmäßig angesammelten 600000 Pfund Sterling aus der englischen Staatskasse (bzw. der sogar insgesamt 2600000 Pfund Sterling seit 1878) entwickelten sich schnell zu einem der wichtigsten Anlässe für den Aufstand von 1931[70]).

---

[70]) Vgl. Georghallides, G.S.: Churchill's 1907 Visit to Cyprus: A Political Analysis, in: Epetiris

Selbst die ersten sichtbaren materiellen Fortschritte einer seit vierzig Jahren
währenden britischen Kolonialherrschaft vermochten die *Enosis*-Bewegung nicht
zum Verstummen zu bringen. Die außenpolitischen Erfolge Griechenlands[71]), die
formelle britische Annexion Zyperns im Jahre 1914 und das überraschende Angebot Londons an Athen vom Oktober 1915 – Zypern als Gegenleistung für den
griechischen Kriegseintritt auf Seiten der Alliierten abzutreten – hatten die Zyperngriechen im Glauben an die britische Anerkennung der Legitimität ihrer Ansprüche nur bestärkt[72]). Dazu trugen bis 1920 auch die engen persönlichen Beziehungen zwischen den Premierministern David Lloyd George und Eleftherios Venizelos mit bei, da beide Griechenlands Ausdehnung vorwiegend auf Kosten des Osmanischen Reiches anstrebten[73]). Die Niederlagen der osmanischen Armee im
Krieg gegen Italien hatten die zyperngriechischen Nationalisten sogar in eine in
Zypern ausufernde Hochstimmung versetzt, daß sie Ende Mai 1912 in Limassol
einen der ersten blutigen Krawalle gegen die türkischen Muslime Zyperns provozierten (fünf Tote und 134 Verletzte)[74]). Jedoch konnte auch die im Jahre 1922 mit
sowjetischer Finanz- und Wirtschaftshilfe beigebrachte schwere militärische Niederlage Griechenlands gegen die jungtürkischen Nationalisten um Mustafa Kemal
Paşa (mit dem späteren Ehrentitel: Atatürk), die die Vertreibung der Griechen
aus Kleinasien und das Ende der Großgriechenland-Ambitionen im griechischen
„Mutterland" zur Folge hatten, die Propaganda für Selbstbestimmung und *Enosis*
in Zypern nicht wesentlich schwächen. Vielmehr fühlten sich ihre zyperngriechischen Verfechter durch den Verzicht der neuen türkischen Republik auf sämtliche
Gebietsansprüche in Zypern (Art. 20) im Lausanner Vertrag von 1923 zum Weitermachen ermuntert[75]).

---

tou Kentrou Epistimonikon Erevnon. 3 (1969–1970), S. 167–220 (teilweise abgedruckt in: Thetis.
2/3 (1995/96), S. 149–158 bzw. 177–194).

[71]) 1899 wurde ein griechischer „High Commissioner" für Kreta ernannt, der die Autonomie
der Insel unter türkischer Oberhoheit sicherte; nach den Balkan-Kriegen 1912/13 wurden große
Teile Mazedoniens, Thraziens und der ägäischen Inseln, einschließlich Kretas, Kleingriechenland
angeschlossen. Vgl. Grothusen, K.-D.: Außenpolitik, in: derselbe (Hrsg.): Südosteuropa-Handbuch. Bd. 3, Griechenland. Göttingen 1980, 147–190, bes. Karte 1.

[72]) Zur Dokumentation dieses vom germanophilen König von Griechenland abgelehnten Angebots vgl. Koumoulides, J. T. A.(Hrsg.): Cyprus, the Enosis Struggle, and Greece: Sir John Stavridi and the British Offer of 1915. Teil 1/2, in: Journal of Modern Hellenism. 4/5 (1987/88), S. 93–
119 bzw. 85–121 und Theodoulou, Ch. A.: The 1915 British Offer of Cyprus to Greece in the
Light of the War in the Balkans, in: Epetiris tou Kentrou Epistimonikon Erevnon. 4 (1970–1971),
S. 417–430. Zur Analyse aus griechischer Sicht vgl. Theodoulou, Ch. A.: Greek-Cypriot Manifestations of Allegiance to Greece and British Reactions (1915–1916), in: Kypriakai Spoudai. 35
(1971), S. 165–189.

[73]) Gerolymatos, A.: Lloyd George and Eleftherios Venizelos, 1912–1917, in: Journal of the
Hellenic Diaspora. 15 (1988) 1/2, S. 37–49.

[74]) 18 Insulaner, meist Zyperngriechen, wurden dafür zu Gefängnisstrafen zwischen neun Monaten und 15 Jahren verurteilt. Vgl. Purcell, H. D.: Cyprus. London 1969, S. 239.

[75]) Auf Wunsch der Türkei sah Art. 21 des Lausanner Vertrages die Umsiedlung derjenigen
muslimischen Zyprer vor, die innerhalb von spätestens drei Jahren die türkische Staatsbürgerschaft annehmen wollten. Ankara eröffnete dafür 1925 ein Konsulat in Nikosia, das die Briten
ständig verdächtigte, die Ausreisewilligen zurückzuhalten. Als größtes Kontingent wanderten
zwischen 1924–1926 höchstens 5 000 junge Zyperntürken in die Türkei aus; die Mehrheit blieb

Bereits im Oktober 1921 hatten sich zyperngriechische Politiker unter ihrem Vorsitzenden Erzbischof Kyrillos III. in Nikosia versammelt, um auf noch breiterer Grundlage als 1912 die Nationale Organisation Zyperns (*Ethniki Organosis Kyprou*) zu gründen. Sie verstand sich als Nukleus für eine zukünftige zyperngriechische Nationalversammlung. Ziel dieser Vereinigung war es, die Verweigerungshaltung in Fragen einer Zusammenarbeit mit der britischen Kolonialadministration fortzusetzen und sich mit der *Enosis*-Idee auch in den entferntesten zyprischen Dörfern zu verwurzeln. Der Wandel der *Enosis*-Bewegung von einer reinen Honoratiorenversammlung zu einer nationalistischen Massenbewegung begann. Die zunehmende Militanz in der Ablehnung einer britischen Fremdherrschaft, der in der griechischsprachigen Presse übertrieben dargestellte Wunsch der Zyperngriechen nach Vereinigung mit ihrem „Mutterland" und die starre Haltung Londons in der Verfassungsfrage verhärteten weiterhin die Fronten auf beiden Seiten. Hinzu kam, daß die britische Kolonialverwaltung seit 1929 erstmals versuchte, die griechischen Volksschullehrer auf gesetzlichem Wege zu kontrollieren.

Die wachsenden Spannungen zwischen der zyprischen *Enosis*-Bewegung und den Briten entluden sich schließlich Ende Oktober 1931: Während eines von der zyprischen Kirchenführung und dem Konsul Griechenlands (dem aus Zypern stammenden Alexis Kyrou) initiierten, weitgehend jedoch unorganisiert verlaufenden öffentlichen Aufruhrs (*Oktovriana*) in Nikosia wurde von dem Popen Dionysos Kykkotis aus Protest gegen neue Steuerforderungen Londons mitten in der Weltwirtschaftskrise die griechische Flagge gehißt, zum Aufstand aufgerufen und der Sitz des Gouverneurs Ronald Storrs (1926–1932) in Brand gesteckt. Diese Revolte (die Kirche sprach von einer Revolution), an der die Zyperntürken keinen Anteil nahmen, beschränkte sich dabei nicht mehr nur auf das politische Gravitationszentrum der *Enosis*-Bewegung in Nikosia, wo auch die Mehrheit ihrer Führer und die traditionellen Intellektuellen (Lehrer, Anwälte) ihren Wohnort hatten[76]. Der Funke sprang vielmehr auf alle Städte und zugleich auf etwa 200 der ca. 600 Dörfer Zyperns über[77]. Die Briten konnten diese ersten gewalttätigen antibritischen Unruhen nur mit Hilfe von Truppen aus Ägypten (400 Mann) und der De-

---

dagegen unter britischer Herrschaft. Die Frage des Anschlusses Zyperns an Griechenland wurde auf Druck der Regierung in London hin nicht erörtert. Vgl. Svolopoulos, C.: The Lausanne Peace Treaty and the Cyprus Problem, in: Greece and Great Britain During World War I. Hrsg. Institute for Balkan Studies und King's College London. Thessaloniki 1985, S. 233–245, bes. 244/245, und McHenry, J.: The Uneasy Partnership on Cyprus, 1919–1939. The Political and Diplomatic Interaction between Great Britain, Turkey, and the Turkish Cypriot Community. New York 1987, S. 161–163.

[76]) Vgl. dazu Hillenbrand, K.: Ethnische Konflikte im Urbanen Raum. Das Beispiel Nikosia. Berlin 1994 (= Ethnizität und Gesellschaft, Occasional Papers, 27).

[77]) Zu den Ereignissen aus der Sicht des enttäuschten philhellenischen Gouverneurs vgl. Storrs, R.: Orientations. Definitive Edition. London 1945, S. 456–517, bes. 503–516. Zu den Ursachen des Aufstands vgl. die zeitgenössische (gräkophile) Darstellung von Toynbee, A.: Cyprus, the British Empire and Greece, in: Survey of International Affairs 1931. Oxford 1932, S. 354–357. Vgl. ferner aus entschieden griechischer Perspektive Tzermias (Anm. 1), S. 38–45 und – sehr detailliert – Georghallides, G. S.: Cyprus and the Governorship of Sir Ronald Storrs: The Causes of the 1931 Crisis. Nikosia 1985 (= Texts and Studies of the History of Cyprus, 13).

portation zweier orthodoxer Bischöfe sowie acht weiterer zyperngriechischer Anführer innerhalb von drei Wochen unterdrücken.

b) Inkubationszeit (1931–1950)

Nach einem halben Jahrhundert relativer Toleranz hielten es die britischen Kolonialbehörden bis zum Ende des Zweiten Weltkrieges für angebracht, weitgehend repressiv gegenüber den Zyprern zu reagieren: Die „Verfassung" von 1878 wurde außer Kraft gesetzt, der Gesetzgebende Rat aufgelöst und eine Reihe von Notverordnungen erlassen (Verbot des Hissens der griechischen oder türkischen Flagge und des Läutens der Kirchenglocken außerhalb der Gottesdienste, Abschaffung der Kommunalwahlen, Ernennung der Dorfräte durch den Gouverneur, Pressezensur, Verbot aller politischen Betätigungen). Darüber hinaus wurde von allen Zyperngriechen – und nur von ihnen – eine Sondersteuer zur Begleichung des öffentlich angerichteten Schadens verlangt. Gleichzeitig wurden in den Schulen strikte Unterrichtskontrollen eingeführt (Englisch wurde Pflichtsprache in den Grundschulen; Verbot des griechischen Geschichtsunterrichts). Außerdem wurde die orthodoxe Kirche Zyperns zur politischen Enthaltsamkeit aufgefordert.

Voller Empörung beschuldigten daraufhin die Funktionäre der griechischen Gemeinschaft die britischen Gouverneure Storrs und Herbert R. Palmer (1933–1939) der „Dehellenisierung"[78]. Nach dem Verbot der Wahl eines Nachfolgers für den 1933 verstorbenen Erzbischof Kyrillos III. verlegten die zyperngriechischen Aktivisten ihre politische „Aufklärungsarbeit" in den Untergrund und ins Ausland (London, Athen, New York)[79]. Vor allem in London, das mittlerweile für viele zyprischen Auswanderer zur zweiten Heimat geworden war, waren sie einflußreich und gründeten dort im Jahre 1937 das *London Cypriot Committee*, das zunächst noch für die zyprische Autonomie warb. Doch die Regierung in London rückte nicht vom Status quo ab. Seit 1939 durften die Polizeikräfte auf Zypern bereits bei jedem Hinweis auf Störungen der öffentlichen Ordnung mit dem Instrument der Vorbeugehaft reagieren. Außerdem verstärkten die Briten die Rekrutierung von Polizei- und Verwaltungskräften aus der zu ihnen loyal haltenden zyperntürkischen Minderheit. Weder die *Benevolent Autocracy* (wie die Briten ihr Regime auf Zypern selbst beschrieben) noch die damit verbundene aktive britische Entwicklungspolitik (*Colonial Development Act* von 1940 mit seinen niedrigen Steuern) konnten allerdings die *Enosis*-Bewegung zum Stillstand bringen. Vielmehr drangen die zyperngriechischen „Enosisten" nach der Legalisierung der Gewerkschaften und der Förderung landwirtschaftlicher Genossenschaften (seit 1932) in die immer zahlreicher vorhandenen gesellschaftlichen, kulturellen und religiösen

---

[78]) Einen interessanten Einblick in die rigide „Palmerokratia" gewährt die 1960 verfaßte, bisher nur in Auszügen veröffentlichte Autobiographie des Herausgebers der (zeitweise) einzigen englischsprachigen Zeitung auf der Insel („Embros"), G.B.Pusey: Servitude Preferred. Hrsg. G.S. Georghallides, in: Epetiris tou Kentrou Epistimonikon Erevnon. 12 (1981/82), S.275–334.

[79]) Vgl. Zervakis, P.A.: Justice for Greece. Der Einfluß einer gräkoamerikanischen Interessengruppe auf die Außenpolitik der USA gegenüber Griechenland, 1945–1947. Stuttgart 1994 (= Studien zur modernen Geschichte, 47).

Organisationen ein. Sie instrumentalisierten diese schließlich als wirkungsvolle Transmissionsriemen zur Verbreitung der offiziell verbotenen politischen Anschlußidee[80]).

Aufgrund der wachsenden Bedrohung der Insel im Zweiten Weltkrieg durch die Achsenmächte – insbesondere nach der Besetzung Griechenlands und Kretas 1940/41 (mehrfache Flugzeugangriffe auf Zypern) – unterstützte die zyperngriechische Gemeinde zusammen mit der orthodoxen Kirche in voller Übereinstimmung die Westalliierten. Obwohl auf der Insel keine Wehrpflicht bestand, meldeten sich ca. 30 000 Zyprer aus beiden Religionsgemeinschaften (ca. 22 500 griechische und ca. 7500 türkische Zyprer) als Rekruten für das *Cyprus Regiment*, das der britischen Armee unterstand. In Anerkennung dieses zyprischen Beitrags setzte unter Gouverneur William Battershill daraufhin die erste Liberalisierung seit zehn Jahren ein: Kommunalwahlen und politische Parteigruppierungen wurden wieder zugelassen. Mit diesen Demokratisierungsmaßnahmen erhofften sich die Briten, nach dem Krieg die zuvor geltende Repräsentativ-Verfassung schrittweise wieder einführen zu können.

Als erste Partei konstituierte sich im April 1941 die aus der Arbeiterbewegung hervorgegangene kommunistische AKEL (*Anorthotikon Komma tou Ergazomenou Laou*). Zwar hatte sie bereits als *Kommounistiko Komma Kyprou* (Kommunistische Partei Zyperns) seit 1923 bestanden, war aber 1931 wegen ihrer konspirativen Zusammenarbeit mit den kirchlichen Rebellenführern verboten worden. In der Zeit ihres Exils wählten die zyprischen Kommunisten (ebenso wie die verbannte orthodoxe Kirchenführung Zyperns) London zum Zentrum ihrer propagandistischen Tätigkeiten[81]). Kurze Zeit später etablierte sich auch die Zyprische Nationalpartei (*Kypriakon Ethnikon Komma*), die unter der Leitung der Kirche und bekannter Persönlichkeiten der *Enosis*-Bewegung stand. Beide Parteien setzten sich gegen die Fortsetzung der britischen Herrschaft ein. Anders als die KEK strebte aber die AKEL zunächst die Eingliederung Zyperns in die Kommunistische Internationale an. Sie wurde daher auch für einige zyperntürkische Kommunisten attraktiv. In den Kommunalwahlen vom März 1943, deren Abhaltung auf die sechs Distriktstädte beschränkt wurde, trat dann die Konkurrenz zwischen der kommunistisch geführten Arbeiterbewegung und den Kräften der *Enosis* erstmals für jedermann offensichtlich zu Tage: die nationalistische KEK gewann in drei der sechs Distriktstädte, die kommunistische AKEL in zwei Städten und die Panzypri-

---

[80]) Gab es 1932 nur eine Gewerkschaft mit 84 Mitgliedern, so zählte man 1944 auf Zypern bereits 62 Gewerkschaften mit insgesamt 10 000 Mitgliedern. 1954 bestanden dann 104 Gewerkschaften mit über 20 000 Personen. Ebenso rasant stieg die Mitgliederzahl der ländlichen Kooperativen an: Von einigen hundert Personen im Jahre 1932 wuchs sie auf 37 000 (1940). 1954 gab es dann 120 000 Mitglieder, die in 759 Genossenschaften organisiert waren. Vgl. Barham (Anm. 66), S. 136/137.

[81]) Vgl. dazu (wenn auch teilweise fehlerhaft) Adams, T.W.: AKEL: The Communist Party of Cyprus. Stanford 1971 und Papageorgiou, S.: AKEL. To allo KKE (AKEL. Die andere KKE). Athen 1984. Vor allem in der kommunistisch beherrschten Gewerkschaftsbewegung scheinen sich die engen Beziehungen zwischen griechischen und türkischen Zyprern bis weit in die 1950er Jahre hinein gehalten zu haben. Vgl. Kyrris, C.P.: Peaceful Co-Existence in Cyprus under British Rule (1878–1959) and after Independence: An Outline. Nikosia 1977, S. 80–91.

sche Griechische Sozialistische Vorhut (*Pankypria Elleniki Sosialistiki Protoporeia*) sicherte sich die Mehrheit in einer Stadt. 1948 hatten die 361 199 Zyperngriechen (nach dem letzten britischen Zensus von 1946 80,2 Prozent der 450 114 Zyprer) 34 politische Parteien: 20 Konservative, 12 Linke und zwei politisch „gemischte Gruppierungen"[82]).

Doch diese Vielfalt täuschte. 1949 waren alle zyperngriechischen politischen Institutionen unter dem 1947 wieder zugelassenen orthodoxen Ethnarchie-Rat (*Ethnarchiko Symvoulio*) vereinigt. Zum Erfolg der Kommunisten als neuer politischer Kraft in Zypern trug dabei ihr Kurs der Anpassung an die alten Kräfte der *Enosis* entscheidend bei. Zwar wünschten sie sich prinzipiell ein von den Briten unabhängiges Zypern. Solange es ihnen aber politisch vorteilhafter erschien, stellten sie sich hinter die nationalistische Führung der zyprischen Kirche. Als die Kommunisten Griechenlands dort 1944/45 kurz vor der Machtübernahme standen, erneuerte die Führung der zyprischen AKEL ihr Bekenntnis zur Union Zyperns mit Griechenland und forderte die Aufhebung aller britischen Notverordnungen, die sie mit Hilfe eines Generalstreiks zusammen mit den Gewerkschaften und den griechischen Nationalisten durchzusetzen hoffte. Dadurch gewannen die Kommunisten zunächst die zyprischen Kommunalwahlen von 1946 und stellten in vier von sechs Distriktstädten die Mehrheit, während die konservativen „Enosisten" lediglich in zwei Städten siegten. Nach der Niederlage der Kommunisten in Griechenland im Jahre 1947 favorisierten die „Akelisten" vorübergehend die autonome Selbstverwaltung für Zypern und zeigten sich zusammen mit den Zyperntürken bereit, mit dem britischen Gouverneur Lord Winster, einem bekannten Politiker der englischen Arbeiterpartei, über seine Verfassungsreformvorschläge zu diskutieren. Das nationale Bündnis unter Führung der griechisch-orthodoxen Kirche, deren 1931 deportierte Aktivisten Ende 1946 wieder nach Zypern zurückkehren durften, sah daher seine traditionelle Machtposition durch die zyprischen Kommunisten bedroht. Denn die Führung der Ethnarchie bestand weiterhin unter der Parole: *Enosis kai monon Enosis* (Vereinigung und nur Vereinigung) auf ihre einmal eingenommene Haltung, jegliche Zusammenarbeit mit der britischen Kolonialadministration zu verweigern. Dies galt vor allem für die als sinnlos angesehene Kooperation bei der Ausarbeitung einer neuen liberalen Verfassung und der Koordination der Wirtschaftsentwicklung. Die britische Regierung in London benötigte dagegen weitere zehn Jahre, um zu erkennen, daß die Lösung der Zypernfrage nicht durch einen Kompromiß in der Verfassungsfrage zu erreichen war.

1948 reorganisierte sich der Ethnarchie-Rat, der säkulare und klerikale *Enosis*-Aktivisten vereinigte. Er gab sich mit dem Ethnarchie-Büro unter dem jungen Sekretär Makarios, Bischof von Kition, eine effiziente Propaganda-Abteilung, deren Aktivitäten die Briten im März 1956 schließlich verboten. Zudem kam es seit 1947 zur Gründung terroristischer Organisationen durch zyperngriechische Rechtsextremisten (PEON, EOKA). Sie strebten zunächst entschieden die Beseitigung der

---

[82]) Barham (Anm. 66), S. 142/143. Daneben lebten 80 548 Zyperntürken (17,9 Prozent der Gesamtbevölkerung) und 8 367 Armenier, Maroniten sowie Lateiner (1,9 Prozent aller Zyprer). Vgl. Colonial Annual Reports. Cyprus 1948. London 1949, S. 7.

Führer von Kommunisten und Gewerkschaften an. Die extreme Linke antwortete ihrerseits mit Dynamit-Attacken gegen ihre rechten Opponenten. Im Sommer 1948 erreichte die Gewaltspirale einen ersten Höhepunkt. Ein Generalstreik lieferte den Vorwand für blutige Kämpfe mit der Polizei, die zur Verlegung britischer Soldaten aus Palästina nach Zypern zwangen. Als in den Gemeinderatswahlen von 1949 die Nationalisten mit ca. 13 000 Stimmen (meist außerhalb der Hafenstädte) deutlich vor den Kommunisten (ca. 11 000 Stimmen) lagen, setzte die innenpolitische Wende ein. Die AKEL-Führer traten endgültig der klerikalen *Enosis*-Bewegung bei. Eine geschlossene zyperngriechische Front gegen die Herrschaft der britischen Kolonialherren entstand. Bald erhielt sie die Unterstützung der überwältigenden Mehrheit aller griechischen Zyprer[83]. Die Kirchenführung erkannte schneller noch als die Kommunisten, daß in der traditionellen zyprischen Agrargesellschaft die wirtschaftlichen Voraussetzungen für eine sozial inspirierte Massenrevolution nicht gegeben waren. Die Aktivierung der breiten Masse konservativer Bauern ließ sich hingegen hauptsächlich über die Beherrschung der *Enosis*-Bewegung sichern.

Der türkische Nationalismus der Kemalisten sprang im Verlauf der 1930er Jahre zunächst auf die kleine Gruppe der zypertürkischen Intellektuellen über. Weitgehend als Reaktion auf die Verankerung der Vereinigungsideen in breiteren zyperngriechischen Kreisen und aufgrund verbesserter diplomatischer Beziehungen zwischen London und Ankara wuchs dann der Einfluß der Kemalisten in der traditionellen islamisch-türkischen Gemeinschaft Zyperns unaufhaltsam. Die Briten befürchteten bereits 1935 zu Recht, daß der türkische Konsul dabei eine Schlüsselrolle spielen könnte, da eine zypertürkische Mittelschicht noch weitgehend fehlte. So bildete sich in diesen Jahren eine weitgehende Abhängigkeit des zypertürkischen Nationalismus von der jungen festlandstürkischen Republik Kemal Atatürks heraus, die sie bis heute prägt. Solange man in Ankara offenbar wenig Neigung verspürte, sich in die zyprische Innenpolitik einzumischen und darauf vertraute, daß London die Situation auf der Insel schon kontrollieren würde, kooperierten allerdings vor allem die traditionellen Führer der ca. 80 548 Inseltürken lieber mit der britischen Kolonialverwaltung[84]. Sie unterstützten z. B. ebenso wie die Kommunisten den britischen Gouverneur Lord Winster bei seinen letztlich vergeblichen Versuchen, 1947/48 in Zypern eine neue Verfassung[85] einzuführen. Auf einer Demonstration vom 11. Dezember 1949 in Nikosia warnten jedoch erstmals die zypertürkischen Aktivisten die zyperngriechische Bevölkerung und die britische Kolonialverwaltung vor der zunehmend aggresiver handelnden *Enosis*-Bewegung und bekundeten ihre Bereitschaft zu energischem Widerstand dagegen. Der

---

[83] Tzermias (Anm. 1), S. 47–50.

[84] Vgl. Grothusen, K.-D.: Außenpolitik, in: derselbe (Hrsg.): Südosteuropa-Handbuch. Bd. 4. Türkei. Göttingen 1985, S. 89–168, bes. 98–107. Allerdings gab es zwischen der zypertürkischen Führung und den Briten besonders in der Frage der Ausübung einer stärkeren Kontrolle über ihre kulturellen Institutionen (Schulen, „Evkâf") ernsthafte Meinungsunterschiede. Vgl. Mc Henry (Anm. 75), S. 115–155 und Choisi (Anm. 64), S. 161–191.

[85] Dischler (Anm. 56), S. 23–26, 91–95 und Servas, P.: Kypriako. Evthynes (Die Zypernfrage. Verantwortung). Bd. 1. Athen 1980.

Kemalist Fazıl Küçük, Generalsekretär der von ihm 1944 gegründeten Zyperntürkischen Nationalen Partei des Volks (oder der Einheit) (*Kıbrıs Türk Milli Halk/ Birlik Partisi*) – die die Nachfolge der im April 1943 ins Leben gerufenen *Kıbrıs (Adası) Türk Azınlığı Kurumu* (Organisation der türkischen Minderheit auf [der Insel] Zypern) antrat –, formulierte auf dieser Kundgebung eine folgenreiche Resolution. Er sah darin einen Bürgerkrieg voraus, falls die Vereinigung mit Griechenland je verwirklicht werde. Die organisatorische Formierung und Verbreitung des zyperntürkischen Nationalismus auf Zypern sollte sich dann allerdings bis 1955 verzögern[86]).

c) Internationalisierung (1950–1959)

In einer Zeit des fortschreitenden Zerfalls des *British Empire* aufgrund der zunehmenden Anerkennung des Selbstbestimmungsrechts der Kolonialvölker durch die Vereinten Nationen versuchte auch die Führung der *Enosis*-Bewegung in Zypern, die internationale Staatengemeinschaft von ihrem Recht zum Anschluß an Griechenland zu überzeugen. Die Bestrebungen der Zyperngriechen, die allerdings wie die Zyperntürken keine eigenständige, alle Bevölkerungsgruppen miteinschließende insulare Nationalidentität entwickeln konnten – und dies wohl auch nicht wollten –, ähnelten daher eher den irredentistischen Bewegungen Südosteuropas Ende des 19. und zu Beginn des 20. Jahrhunderts als den antikolonialen Unabhängigkeitsbewegungen in der Dritten Welt[87]).

Im Dezember 1949 wurde zunächst die britische Kolonialregierung vom Ethnarchie-Rat aufgefordert, ein Referendum zur Ermittlung der Meinung der Bevölkerungsmehrheit zu veranlassen. Als diese das ablehnte, führte die zyprisch-orthodoxe Kirche am 15. Januar 1950 eine Volksbefragung in Eigenregie durch und erfuhr dabei die volle Unterstützung der zyperngriechischen Kommunisten, die ihre eigenen Pläne zur Organisation einer „Volksabstimmung" daraufhin kurzerhand vertagten. Obwohl das Referendum in staatsrechtlicher Hinsicht eine Privatangelegenheit der orthodoxen Kirche Zyperns war und eine freie wie geheime Abstimmung in den Kirchenräumen nicht gegeben war (mancherorts wurde sogar bei Nichtunterzeichnung der offen ausliegenden Listen mit der Exkommunikation gedroht), gaben fast 96 Prozent der ca. 224747 stimmberechtigten griechisch-orthodoxen Zyprer (215108 Männer und Frauen über 18 Jahre) ihre Unterschrift für die Vereinigung Zyperns mit Griechenland ab (lediglich vier Prozent stimmten dagegen; die restlichen 263253 Zyprer nahmen gar nicht erst teil). Diese massive zyperngriechische Unterstützung einer Vereinigung mit Griechenland stellte ein

---

[86]) Barham (Anm. 66), S. 186 und Oberling, P.: The Road to Bellapais. The Turkish Cypriot Exodus to Northern Cyprus. New York 1982 (= East European Monographies, 25), S. 54/55.
[87]) Crouzet, F.: Le Conflit de Chypre, 1946–1959. Zwei Bände. Brüssel 1973, Bd. 1, S. 22, Kitromilides, P.: Greek Irredentism in Asia Minor and Cyprus, in: Middle Eastern Studies. 26 (1990) 1, S. 3–17 und Tzermias (Anm. 1), S. 58. Dagegen Pollis, A.: Colonialism and Neo-Colonialism: Determinants of Ethnic Conflict in Cyprus, in: Small States in the Modern World: The Conditions of Survival. Hrsg. P. Worsley/P. Kitromilides, Revised Edition. Nikosia 1979, S. 45–80 und Attalides, M. A.: Cyprus. Nationalism and International Politics. New York 1979, S. 22–35.

wichtiges Propaganda-Instrument dar. Im September 1950 übermittelte die orthodoxe Kirchenführung die Ergebnisse des Referendums sowohl an das Generalsekretariat der UNO als auch an die Parlamente in Athen und London mit der Aufforderung, die klaren Ergebnisse der Petition politisch umzusetzen. Darüber hinaus schickten der Erzbischof und die Kommunisten jeweils eigene, nicht miteinander zusammenarbeitende Delegationen (*Ethniki Presveia* bzw. *Laïki Ethniki Presveia*) ins befreundete Ausland, um die Weltöffentlichkeit vergeblich von der „Legitimität (*Dikaiosini*) des zyprischen Volkswillens" zu überzeugen[88]).

Erst die Wahl von Bischof Makarios am 20. Oktober 1950 zum griechisch-orthodoxen Erzbischof von Zypern (Makarios III.) gab der *Enosis*- Bewegung neue Impulse[89]). Der geschickte politische Taktiker Makarios entschloß sich trotz seiner vehementen antikommunistischen Einstellung zur Zusammenarbeit mit der am besten organisierten Gruppe Zyperns, der AKEL. Sie sicherte ihm zudem die Sympathien des Ostblocks. Auf seinen häufigen Auslandsreisen in den Jahren 1952/53, die ihn vor allem in die USA, nach Großbritannien und nach Frankreich führten, erschien er mehrmals vor der UN-Vollversammlung in New York und bestritt heftig die Auffassung der Londoner Regierung, wonach das Zypern-Problem eine interne Angelegenheit sei, die nicht in den Zuständigkeitsbereich der UNO falle. Dem widersprachen die Vereinigten Staaten allerdings ebenso energisch. Obwohl eigentlich gegen das britische Kolonialreich eingestellt, hatten sie angesichts der kommunistischen Bedrohung im Kalten Krieg Großbritannien die volle sicherheitspolitische Unterstützung auf allen internationalen Foren (NATO, UNO) zugesichert und Makarios III. mit seinem *Enosis*-Anliegen brüsk abgewiesen[90]).

Der zyprische Erzbischof und Ethnarch versuchte dennoch, mit Hilfe der Athener Kirchenführung eine radikale Kursänderung der offiziellen Zypern-Politik Griechenlands herbeizuführen. Seine Rhetorik putschte die griechische Öffentlichkeit derart stark auf, daß unter dem Druck der Straße die bisherige, aus Rücksicht auf den englischen Bündnispartner geübte Neutralität der griechischen Regierung aufgegeben werden mußte. Jetzt unterstützte sie auch offen die Politik des zyperngriechischen Erzbischofs. Zugleich versäumte es die griechische Regierung nicht, die Briten mehrmals von den Vorteilen einer Vereinigung Zyperns mit Griechenland zu überzeugen: Für den Fall einer Vereinigung könne der strategische

---

[88]) Diese „Mission impossible" scheiterte letztlich auch am ideologischen Gegensatz zwischen Kommunisten und konservativer Kirchenführung. Vgl. dazu kritisch Michalopoulos, D.: Presveies tis Kyprou (1950). To Odoiporiko tis Enosis (Die Abordnungen Zyperns [1950]. Das Reisebuch der Enosis). Athen 1990, S. 13–27, 77/78.

[89]) Vgl. die kritische Biographie von Mayes, S.: Makarios. A Biography. London 1981.

[90]) London und Athen wetteiferten gleichermaßen um die Gunst Washingtons. Zu den Sichtweisen der betreffenden Regierungen vgl. Stefanidis, I. D.: The Cyprus Question, 1949- 1952: British Attitude, American Reactions and Greek Dilemmas, in: Byzantine and Modern Greek Studies. 15 (1991), S. 212–267 und grundlegend Grothusen, Außenpolitik Griechenland (Anm. 71), S. 164–172. Erste Einblicke in die amerikanische Interessen gibt die Auswahl von Kitroeff, A. (Hrsg.): Documents: Cyprus, 1950–1954; The Prelude to the Crisis. Part 1: 1950/Part 2: The View of the United States, in: Journal of the Hellenic Diaspora. 15/16 (1988/89), S. 19–36/71–102. Weitergehend Foreign Relations of the United States (FRUS): 1952–1954. Bd. 8. Washington 1988, S. 674–953, FRUS: 1955–1957. Bd. 24. Washington 1989, S. 269–526 und FRUS: 1958–1960. Bd. 10. Washington 1993, Teil 1, S. 564–844; Teil 2, S. 601–902.

Wert Zyperns für Großbritannien dadurch erhalten bleiben, indem man den Briten mehrere Basen auf der Insel überlassen würde. Im August 1954 brachte schließlich die – wenn auch offenbar nur widerwillig agierende – griechische Regierung von A. Papagos nach dem Scheitern direkter Verhandlungen mit London ihren formellen Antrag zur Behandlung der Zypernfrage in das Programm der kommenden Tagung der UN-Vollversammlung ein. Erst Makarios gelang demnach die Internationalisierung der Zypernfrage. Die Reaktion der daran beteiligten Regierungen in Griechenland, England und der Türkei stellte anschließend die zweite entscheidende Voraussetzung für deren spätere „friedliche" Lösung dar.

Die englische Regierung zeigte sich zunächst weiterhin unnachgiebig und betrachtete die Zypernfrage als ein rein koloniales Problem, dessen Konfliktpotential sie bis 1953/54 stark unterschätzte. *Enosis* bedeutete für London allenfalls eine ärgerliche Verzögerung auf dem Weg zur Selbstverwaltung von Griechen und Türken. Die eigentlichen Gründe Englands am krampfhaften Festhalten an der Insel waren jedoch vorwiegend strategisch-politischer Natur. Im Zweiten Weltkrieg hatte Zypern zeitweise als alliierter Luftwaffenstützpunkt eine begrenzte Bedeutung erhalten. Erst in der Nahost-Krise rückte die Insel als Nachschubbasis einer mobilen Eingreiftruppe in den Blickpunkt des britischen Militärs, das darin von der Regierung in Washington bestärkt wurde. Mit der Evakuierung des Suez-Kanals vom 19.9.1954 erlangten die letzten Militärbasen Englands im östlichen Mittelmeer eine Schlüsselstellung. 1956 diente Zypern als logistischer Ausgangspunkt für den am US-Widerstand gescheiterten anglo-französischen Militärschlag gegen Ägypten. Bereits am 2. August 1954 drohte die zyprische Kolonialregierung, jedes öffentliche Eintreten für die *Enosis* als Anstiftung zum Aufruhr mit einer Haftstrafe von bis zu fünf Jahren zu ahnden. Als Reaktion auf diesen Erlaß folgte ein kurzer Generalstreik, die Zeitungen erschienen eine Woche lang nicht und Makarios III. verkündete im Trooditissa-Kloster am Mariä-Himmelfahrts-Fest vor den Gläubigen weiterhin die *Enosis*, ohne daß er dafür rechtliche Konsequenzen in Kauf nehmen mußte[91]).

Mitte der 1950er Jahre mischte sich erstmals ein Vertreter der türkischen Regierung in die englisch-griechische Debatte ein und plädierte dafür, die britische Herrschaft auf Zypern fortzusetzen. Nur sie könne die militärische Verteidigung der Türkei wie die der NATO vor dem Kommunismus sicherstellen. Die *Enosis* bezeichnete er als eine vom griechischen Klerus und seitens der Kommunisten aufgebauschte Angelegenheit[92]). Seit Dezember 1953 hatte Ankara damit erstmals ein ernsthaftes Interesse an den Entwicklungen in Zypern bekundet. Dies hing zum einen mit ihrer Einflußnahme auf die Wahl des neuen Religionsoberhaupts der zyperntürkischen Gemeinde (*Müftü*) und zum anderen mit der Agitation türkischer Politiker, Zeitungen und Studentengruppen zusammen, die das bisherige Desinteresse Ankaras an Zypern heftig kritisierten. Darüber hinaus befürchtete

---

[91]) Zur Meinungsbildung in der Kolonialverwaltung vgl. Reddaway, J.: Burdened with Cyprus. The British Connection. London 1978 und – kritischer – Kelling, G.H.: Countdown to Rebellion. British Policy in Cyprus, 1939–1955. Westport 1990. Zur literarischen Aufarbeitung des zyprischen Alltags vor 1955 vgl. Durrell, L.: Bitter Lemons of Cyprus. London 1957.

[92]) Dischler (Anm. 56), S. 31.

die türkische Regierung, daß die Briten in der *Enosis*-Frage doch noch nachgeben und das Schicksal der Zyperntürken außer acht lassen könnten. Je mehr sich die Krise verschärfte, desto unnachgiebiger zeigte sich dabei die türkische Haltung sowohl in der Türkei selbst wie auch in Zypern. Zu diesem Zweck benannte Küçük im Mai 1955 seine KTMH/BP um. Daraufhin forderte die Parteiführung der neuen *Kıbrıs Türktür Partisi* („Zypern ist türkisch-Partei") erstmals öffentlich, daß im Falle einer Änderung des Status quo im Sinne der *Enosis*-Bewegung entweder die Teilung der Insel (*Taksim*) oder deren vollständige Rückgabe an die Türkei als dem legitimen Rechtsnachfolger des Osmanischen Reichs realisiert werde[93].

Die konträren Standpunkte der Türkei und Griechenlands über Zypern erregten die jeweilige Öffentlichkeit in beiden Ländern. Im September 1955 kam es nach einem Bombenattentat auf das türkische Konsulat in Thessaloniki – also noch vor Abschluß der Londoner Dreiparteien Konferenz zur Diskussion des Zypernkonflikts – in Istanbul zu offenen Gewaltausbrüchen gegen die dortige griechische Minderheit[94]. Das hatte den Abbruch der griechisch-türkischen Beziehungen zur Folge. Seit 1957 drohte der türkische Premierminister Adnan Menderes mit einer Revision des Lausanner Vertrages, wenn Zypern nicht zu gleichen Hälften zwischen Griechenland und der Türkei aufgeteilt werde (doppelte *Enosis*). Die Griechen hielten dem entgegen, daß die Türkei weder das Recht noch die Möglichkeiten zu einer Intervention in Zypern hätten. Sie unterschätzten freilich die geostrategischen Sicherheitsinteressen Ankaras in der Region. Die Türkische Republik hielt es bereits zum Schutz ihrer kleinasiatischen Häfen Mersin und Iskenderun für geboten, alle Lösungen im griechischen Sinne zu blockieren. Zudem dürfe sich ein zweites Kreta (d.h. die Vertreibung der dortigen türkischen Minderheit) nicht mehr wiederholen, hieß es in Ankara[95].

Die diplomatisch verhüllte Ablehnung des ersten griechischen Antrags durch die UN-Vollversammlung am 17. Dezember 1954 hatte auf Zypern den Ausbruch von Gewalttätigkeiten zur unmittelbaren Folge. Abermals fand ein Generalstreik statt, und auf den Straßen demonstrierten zyperngriechische Schüler. Besonders in Limassol war es dabei erstmals seit 1931 zu Schießereien zwischen den kolonialen Polizeikräften und den Demonstranten gekommen. Makarios war deshalb am 10. Januar 1955 umgehend von New York nach Nikosia zurückgekehrt. Auf der Insel hatten sich mittlerweile eine Vielzahl zyperngriechischer Geheimorganisationen gebildet, die nur darauf warteten, endlich losschlagen zu können.

Die mit Makarios und der Kirche eng verbündete EOKA (*Epanastatiki [Ethniki] Organosis Kypriakou Agonos [Kyprion Agoniston]* = Revolutionäre [Natio-

---

[93] Oberling (Anm. 86), S. 57, Choisi (Anm. 64), S. 189 und Berner, U.: Das vergessene Volk. Der Weg der Zyperntürken von der Kolonialzeit zur Unabhängigkeit. Pfaffenweiler 1992, S. 57–70.

[94] Alexandris, A.: The Greek Minority of Istanbul and Greek-Turkish Relations 1918–1974. Athen 1983 (= Center for Asia Minor Studies, 1), S. 252–279.

[95] Grundlegend Bahcheli, T.: Greek-Turkish Relations since 1955. Boulder 1990, S. 31–50. Zur Aktenlage vgl. Holland, R.: Greek-Turkish Relations, Istanbul and British Rule in Cyprus, 1954–59: Some Excerpts from the British Public Archive. Athen 1993/94 (= Bulletin of the Centre for Asia Minor Studies, 10). Zur Zypern-Politik der Türkei vgl. Grothusen, Außenpolitik Türkei (Anm. 84), S. 126–128.

nale] Organisation für den Kampf auf Zypern [Zyprischer Kämpfer]) – die unter Führung des aus Zypern stammenden, ehemaligen Obersten der griechischen Armee, Georgios Grivas[96]), stand – leitete schließlich mit Bombenattentaten auf öffentliche (koloniale) Einrichtungen (wie den *Cyprus Broadcasting Service*) seit April 1955 in den vier größten Inselstädten die zweite Phase der Zypernfrage, die Zypernkrise, ein[97]). Bereits in den ersten drei Monaten kam es zu über 80 Anschlägen. Der radikale Nationalist Grivas wurde dabei von Griechenland aus mit Waffen und Propaganda materiell versorgt[98]).

Die Beziehungen zwischen Grivas und Makarios erwiesen sich bald als höchst ambivalent: Der Ethnarch verhielt sich – seit ihn Grivas 1950 persönlich in Zypern aufgesucht hatte, um ihn vom Nutzen des Guerillakampfes zu überzeugen – betont zurückhaltend und zeigte sich wegen dessen Radikalität besorgt. Grivas hingegen weigerte sich lange, die Führung mit dem zyprischen Erzbischof zu teilen. Obwohl beide später zu erbitterten Feinden wurden, unterstützte Makarios – wohl mit Rücksicht auf seine Popularität unter den Griechen – dennoch von Anfang an den Terrorismus und weigerte sich, ihn zu verwerfen. Nach EOKA-Dokumenten zu schließen, war die Mitgliedschaft und Teilnahme an Attentaten gegen das britische Personal (und zunehmend auch gegen Kollaborateure in den eigenen Reihen) sowohl für Kommunisten wie für Zyperntürken ausgeschlossen. Beiden Gruppen wurde empfohlen, sofern sie sich am Sieg der *Enosis* interessiert zeigten, beiseite zu stehen und nicht mit den Briten zu kooperieren[99]).

Die Situation auf Zypern verschärfte sich zunehmend, als der britische Generalstabschef, Feldmarschall Harding, am 30. Oktober 1955 nach Zypern entsandt wurde. Als Gouverneur rief er bereits im November nach ergebnislosen Gesprächen mit Makarios den Ausnahmezustand aus. Nach der Entlassung aller EOKA-Parteigänger fehlten den Behörden bald ausreichende Polizeikräfte vor Ort. Dies ließ nicht nur die Rekrutierung von Zyperntürken als geboten erscheinen. Es führte auch zum massiven Einsatz britischer Truppen (20 000 Mann), deren Ankunft in Zypern die heiße Phase des Bürgerkriegs einleitete. Da die im Januar 1956 wieder anberaumten Gespräche zwischen Harding und Makarios bis zum März nicht vorankamen und die Aktionen der EOKA Wirtschaft und Verkehr der Insel lahmlegten, wurde Makarios zusammen mit weiteren Kirchenführern auf die Seychellen

---

[96]) Entgegen der Intention seines zyperngriechischen Hagiographen Leonidou, L. F.: Georgios Grivas Digenis. Viografia (Biographie). Teil 1 (1897–1950). Lefkosia 1995, zeugt ein britisches „Dokument" (S. 373) von der breiten Ablehnung, die der fanatische Antikommunist Grivas nach 1944 in Griechenland erfuhr.

[97]) Zur Ereignisgeschichte vgl. Crawshaw, N.: The Cyprus Revolt: An Account of the Struggle for Union with Greece. London 1978. Aus heutiger griechischer Sicht vgl. Tzermias (Anm. 1), S. 103–121.

[98]) Zu den Reibungen zwischen Athen und Makarios vgl. die Perspektive des damaligen griechischen Außenministers (1956–1963) Averoff-Tossizza, E.: Lost Opportunities. The Cyprus Question, 1950–1963. New Rochelle 1986. Kritisch gegenüber Makarios sind die Erinnerungen von Clerides, G.: Cyprus: My Deposition. Vier Bände. Nikosia 1989. Dagegen voreingenommen Christodoulou, M.: I Poreia ton Ellinotourkikon Scheseon kai i Kypros (Die Entwicklung der griechisch-türkischen Beziehungen und Zypern). Zwei Bde. Lefkosia 1995.

[99]) Foley, Ch./Scobie, W. I.: The Struggle for Cyprus. Stanford 1975 (= Hoover Institution Publication, 137), S. 53.

verbannt. London versuchte sodann im Dezember 1956, mit Vorschlägen des Verfassungsjuristen Lord Radcliffe abermals die Initiative zu übernehmen[100]. Diese Vorschläge – die Gewährung voller demokratischer Selbstverwaltungsrechte, Schutzbestimmungen für die Zyperntürken und eine vage Option für eine zukünftige Selbstbestimmung (*Enosis*) – überzeugten allerdings nur die Türkei. Griechenland verweigerte sich. Makarios wiederum weigerte sich, überhaupt darüber im Exil zu diskutieren. Daher wurde ihm erlaubt, am 17. April 1957 nach Athen (nicht jedoch nach Zypern) zu reisen, wo er von einer frenetisch jubelnden Menge empfangen wurde.

Im Jahre 1957 wurde offenkundig, daß der Kampf gegen die britische Armee zu nichts führte. Auch die parallel dazu geführten Verhandlungen brachten keine Fortschritte. Dafür provozierte die EOKA im Februar erste Übergriffe auf Angehörige der zyperntürkischen Bevölkerung. Der in alleiniger Verantwortung handelnde Grivas versuchte mit Hilfe von Sabotageakten (die sich vornehmlich, aber keineswegs nur, gegen die zyperntürkischen Polizisten im Dienste der Kolonie richteten), bei allen Zyprern einen landesweiten Boykott gegen britische Konsumprodukte durchzusetzen. Zur Selbstverteidigung schufen die türkischen Zyprer daraufhin noch im selben Jahr – zunächst noch in kleinerem Umfang – eine eigene Untergrundorganisation mit dem Namen *Volkan* (Vulkan), aus der dann die TMT (*Türk Mukavemet Teşilati* = Türkische Verteidigungsorganisation) erwuchs. Beide extremistische Gruppierungen bekämpften sich seitdem gegenseitig mit den Instrumenten des Terrors und gingen gleichermaßen brutal gegen vermeintliche „Verräter" in den eigenen Reihen vor (200 Tote in zwei Monaten). In den immer noch von Griechen und Türken gemeinsam bewohnten Dörfern und Städten Zyperns setzten jetzt erste Vertreibungen ein, die bald zur räumlichen Trennung und Absonderung beider Volksgruppen (vor allem der Zyperntürken) führten. Die Anfänge des späteren Bürgerkrieges von 1963/64, der zyperntürkischen Enklavenbildung und der faktischen Teilung Zyperns von 1974 zeichneten sich bereits hier ab[101].

Der neue britische Premierminister Harold Macmillan sah sich schließlich nach der Niederlage in der Suez-Krise genötigt, im Juni 1958 die britische Zypernpolitik grundlegend zu revidieren (im Dezember 1957 hatte bereits die Neuernennung des progressiven Gouverneurs Hugh Foot diese Wende angekündigt). Zur Wahrung britischer Sicherheitsinteressen im Nahen und Mittleren Osten schien der koloniale Besitz Zyperns nicht mehr erforderlich zu sein, falls London dafür Militärbasen auf der dann unabhängigen Insel behalten konnte. Darüber hinaus schlug Macmillan zusammen mit Foot eine gleichberechtigte Selbstverwaltung der Insel durch beide dort wohnenden großen Bevölkerungsgruppen vor. Beide Gemeinschaften sollten zunächst eine sieben Jahre dauernde Partnerschaft eingehen, mit getrennten kommunalen Legislativorganen und eigenen Gemeinden. Die Griechen und Makarios lehnten den Macmillan-Plan[102] zwar umgehend ab, weil er für

---

[100] Dischler (Anm. 56), S. 109–137.
[101] Salih, H. I.: Cyprus. The Impact of Diverse Nationalism on a State. University of Alabama 1978, 7–17. Dagegen Tzermias (Anm. 1), S. 67–73.
[102] Dischler (Anm. 56), S. 138–145.

Historische Grundlagen 89

sie die endgültige Teilung der Insel bedeutet hätte. Dennoch erfolgten auf seiner Grundlage bedeutende Zugeständnisse der griechischen Regierung von Konstantinos Karamanlis, die sich mit der Unabhängigkeit der Insel abzufinden begann.

Auch Erzbischof Makarios akzeptierte am 22. September 1958 das neue Konzept, versprach es doch zunächst, die formelle Teilung der Insel zu vermeiden und die Sicherung seiner politischen Vormachtstellung als Staatspräsident zu gewährleisten. Er schlug zusätzlich den Schutz der Unabhängigkeit Zyperns durch die Vereinten Nationen vor, obwohl diese weder 1954 noch 1957/58 über die Verabschiedung allgemein gehaltener Empfehlungen hinausgingen.

Im Dezember fanden erste Gespräche auf der Ebene der Außenminister Griechenlands und der Türkei statt, die im Februar 1959 in Zürich zwischen den jeweiligen Regierungschefs der beiden „Mutterländer" Zyperns fortgeführt wurden. Dort wurde schließlich von den späteren Garantiemächten eine Kompromißlösung im Sinne der staatlichen Selbständigkeit der Insel ausgearbeitet. Dies geschah allerdings ohne jede Mitwirkung zyprischer Vertreter. Auf der abschließenden Konferenz in London erhob deswegen Makarios tagelang Bedenken gegen diese Übereinkunft. Er wurde aber von seiten Griechenlands so stark unter Druck gesetzt, daß er letztlich doch einwilligte. Am 19. Februar 1959 unterzeichneten neben den Premierministern Griechenlands, der Türkei und Großbritanniens auch die Führer der beiden Volksgruppen (*Communities*) Zyperns die vorgefertigten Verträge von Zürich und London[103]. Die Ausarbeitung einer detailliert abgefaßten Verfassung und die Regelung wichtiger Einzelheiten wurden im Anschluß daran vorgenommen.

Die englische Krone behielt nach mehrmonatigen, diffizilen Verhandlungen als Kompensation für den Verlust ihrer Kolonie zwei Militärbasen mit einer Gesamtfläche von 256,4 Quadratkilometern (99 Quadratmeilen) bzw. fast drei Prozent der Inselfläche[104]. Diese Basen standen und stehen bis heute unter uneingeschränkter britischer Souveränität – eine völkerrechtliche Anomalie. Griechenland erreichte die Unabhängigkeit der gesamten Insel. Die Türkei sicherte wiederum den Zyperntürken ein international garantiertes, wenngleich staatsrechtlich kompliziertes Minderheitenstatut zu. Dies machte jedoch eine einvernehmliche Zusammenarbeit zwischen beiden Bevölkerungsgruppen, ihren jeweiligen „Mutterländern" und Großbritannien als Garantiemacht zur unbedingten Voraussetzung. Nur dann konnte das *Cypriot Experiment* erfolgreich verlaufen[105].

Am 13. Dezember 1959 wurde Erzbischof Makarios III. von den Zyperngriechen zum Staatspräsidenten und Fazıl Küçük von den Zyperntürken zum Vizepräsiden-

---

[103] Zur diplomatischen Beilegung der ersten Zypernkrise vgl. Xydis, St. G.: Cyprus: Reluctant Republic. Den Haag 1973.

[104] Die Karten zur exakten territorialen Abgrenzung der britischen Militärbasen finden sich in: Cyprus. Presented to Parliament by the Secretary of State for the Colonies, the Secretary for Foreign Affairs and the Minister of Defence by Command of Her Majesty. July 1960. (Cmnd. 1093). (Reprint der Republik Zypern).

[105] Department of State. Bureau of Intelligence and Research: Analysis of the Cyprus Agreements. 14. Juli 1959 (Intelligence Report Nr. 8047), in: The 1959 Cyprus Agreement: Oracle of Disaster. Hrsg. E. Vlanton/A. Diane, in: Journal of the Hellenic Diaspora. 12 (1984) 4, S. 5–31, bes. 31.

ten der Übergangsregierung gewählt. Der 16. August 1960 markierte dann das Ende der britischen Fremdherrschaft: In einem feierlichen Akt entließ Hugh Foot als letzter Kolonialgouverneur die Insel Zypern in eine (begrenzte) staatliche Unabhängigkeit.

Der unbewältigte Konflikt im Zusammenleben der beiden großen Kultur- und Sprachgemeinschaften der Insel setzte sich jedoch mit unverminderter Schärfe auch in der neugegründeten Republik fort und führte schließlich zur faktischen Teilung der Insel Zypern seit Juli/August 1974. Die ungezählten Versuche zur friedlichen Überwindung der Teilung mit Hilfe eines tragfähigen Kompromisses zwischen den Griechen und den Türken auf Zypern bilden seither den Kern der trotz zahlreicher internationaler Vermittlungsbemühungen bis heute ungelösten Zypernfrage[106].

---

[106] Vgl. z. B. Varvaroussis, P.: Deutschland und die Zypernfrage. Die UN- und EU-Vermittlung. Eine Dokumentation 1954–1994. München 1995 (= Tuduv-Studien, 71).

Domestic Political Developments

Tozun Bahcheli, London/Ontario

I. Introduction: Communal Estrangement and Partition – II. The Gathering Storm, 1945–1955 – III. The Legacy of Violence, 1955–1959 – IV. The Zürich and London Agreements: The Founding of the Republic of Cyprus – V. Constitutional Disputes and the Breakdown of Bi-Communal Government – VI. Civil Strife and its Impact on the Communities of the Island, 1963–1967 – VII. Intercommunal Negotiations, 1968–1974 – VIII. Post-1974 "Realities" and Negotiating a Federal Settlement – IX. A Widening Chasm?

I. Introduction: Communal Estrangement and Partition

As with other ethnically mixed societies, Cyprus has encountered serious problems in dealing with such fundamental issues as national identity, sovereignty, and statehood. In spite of its modern reputation as a place of arms and discord, political violence was rare in Cypriot history, and its two communities lived peacefully until about the mid-1950s. Exogenous factors (particularly the involvement of the two metropolitan powers, Greece and Turkey) have sometimes had a large, even decisive, impact on developments on the island, as witnessed by Greece and Turkey's negotiated agreement (without Cypriot participation) that led to the founding of an independent Republic of Cyprus. Even considering these factors, during some of the crucial phases of the Cyprus issue (such as the bi-communal government that lasted between 1960 to 1963) it was the Cypriot actors who were key players although the significance of this has been underrated in the relevant literature. This chapter will focus primarily on the domestic political developments on the island.

II. The Gathering Storm, 1945–1955

There is considerable evidence to show that few Cypriots anticipated the magnitude of the political struggles on the island in the aftermath of the Second World War, still less their consequences. Although they expected greater political activism with the end of the Second World War, British colonial administrators also doubted that nationalist agitation could seriously challenge Britain's hold on the island. In their view, most Cypriots preferred the continuation of British rule. *Enosis*, in their view, was advocated by political leaders who enjoyed scant political support within the Greek community.[1]

---

[1] Barham, R.: *Enosis* – From Ethnic Communalism to Greek Nationalism in Cyprus, 1878–1955. Ph.D. Dissertation. Columbia University 1982, p.165. To be fair, colonial officials were

Whereas it may have taken exceptional acumen to anticipate that the struggle for *enosis* would receive growing and substantial support within the Greek community and effectively challenge Britain's rule, the communal divide on the *enosis* issue was very predictable. Throughout British rule, each time Greek Cypriots petitioned or agitated for *enosis*, the Turkish Cypriots affirmed their opposition to such an outcome. The British rulers of the island appreciated Turkish Cypriot opposition to union with Greece, and to some extent encouraged such opposition, in order to counter *enosist* agitation. The Greek Cypriot leaders underestimated or minimized Turkish Cypriot determination.

Greek Cypriot nationalist leaders gave little thought to the minority community's reaction when they began their campaign for *enosis* in the early 1950s; they assumed that the latter would have no choice but to acquiesce. From the Greek Cypriot point of view, this was fair given as they represented the huge (roughly 80 percent) majority of the population. Furthermore, the approach of Greek Cypriots was underpinned by their view of Cyprus as an Hellenic island. Several British politicians acknowledged this, and some had spoken in favour of the island's cession to Greece. In addition, in Greek eyes, Britain had acknowledged the legitimacy of their claims when it had offered the island to Greece in 1915, in return for Greek entry into the war on the side of the Allies; the neutralist government of the day turned down the offer.

In the succeeding years and decades, the British government rejected every demand for *enosis* whether by Greek Cypriot or Greek officials. Nonetheless, in the aftermath of the Second World War, Britain made a concerted effort to introduce limited representative government on the island. Thus, the constitutional proposals of 1948 presented by Lord Winster to a Consultative Assembly on the island provided for a substantial Greek Cypriot majority in the legislature. However, it precluded discussion of the island's status (i.e. it could not consider *enosis*), and thus, even though it was supported by Turkish Cypriot and some independent Greek Cypriot representatives (of the Consultative Assembly), it was rejected by the nationalist Greek Cypriot leadership led by the Greek-Orthodox Church.

The Church had spearheaded the *enosis* movement in Cyprus. But its leadership of the Greek Cypriot community could not always be taken for granted. A well-organized left-wing movement (led by AKEL, the Communist Party of Cyprus), as well as other non-clerical politicians, vied for support in the Greek community. But the Church leadership successfully exploited the *enosis* issue to assume commanding political power. In referring to the post-war *enosis* struggle, Stanley Kyriakides stated that "the Church ... was able to consolidate the Greek

---

aware of economic and political grievances, and the need to address them. Thus some officials advocated measures to promote greater participation by Cypriots in the governance of the island. During his 1943 visit to London Governor Charles Woolley observed as follows: "His Majesty's Government were engaged in a war against autocratic forms of government, but at the same time were maintaining a completely undemocratic form of government in Cyprus. Moreover, there was no constitutional channel whereby public opinion could find expression." See Kelling, G.H.: Countdown to Rebellion: British Policy in Cyprus, 1939–1955. New York, London 1990, p. 51.

Cypriot community under the banner of *enosis* and to neutralize all possible opposition."²)

It was the Church that organized an island-wide plebiscite in 1950 in which a remarkable 96 percent of the eligible Greek Cypriots voted for *enosis*. In the same year the Church elected Makarios, the Bishop of Kition, as Archbishop; it was Makarios who led in the organizing of the plebiscite. Energetic and charismatic, Makarios dominated and led the Greek Cypriot community until his death in 1977.

One of the first tasks of Makarios was to enlist the support of Greece for *enosis* after 1950. While Greece's support for *enosis* could be expected, Greek leaders were initially reticent to confront the British by supporting an armed insurgency. Britain, after all, had come to Greece's aid during the Greek War of Independence, and several times of national emergency since then, and most recently had helped the anti-Communist factions prevail in the bitter civil war that had ended only in 1949. Most Greek leaders expected or hoped that Britain would eventually give up the island and allow *enosis* to be realized. Accordingly, in the early 1950s, they did not wish to risk Greece's alliance with Britain by confronting her in international forums or by supporting the armed insurgency against British rule on the island. But Makarios was determined to lead a struggle for *enosis*, and he pressured Greece both to internationalize the case of Greek Cypriots as a colonial struggle and to support an armed insurgency on the island. As Kelling has aptly stated: "After 1950, Greece was reacting to Cypriot initiatives, and the archbishop forced a reluctant Greece to take the Cyprus question to the United Nations."³)

Because the Church pursued a policy of *"enosis* and only *enosis"* it effectively closed the doors on the possibility of representative government in Cyprus. Thus by precluding any prospect of self-government by Turkish and Greek Cypriots, the Church contributed to the ethnic polarization of the two Cypriot communities. In fact, although Turkish Cypriots generally were more supportive of constitutional proposals providing for limited self-government, they had strong misgivings about representative government for fear that the Greek majority would assume control and eventually bring about *enosis*.

As the *enosis* campaign gathered momentum in the years immediately following the Second World War, the political agenda on the island appeared to be set by the intent of the Greek Cypriot leaders on forcing the hand of a resistant British government to accede to *enosis*. Although they appeared satisfied with colonial rule and were less active until the mid-1950s, the Turkish Cypriot position was no less determined. Thus, in response to the 1950 plebiscite, Turkish Cypriots staged "an anti-*enosis* demonstration exhibiting placards with 'Long live the union of Cyprus with Turkey' and 'Cyprus belongs to us.' The idea of Turkish *enosis* had taken shape. The Cyprus Turks sent an antiplebiscite delegation to Ankara, and began to draw Turkey into the issue."⁴)

---

²) Kyriakides, S.: Cyprus: Constitutionalism and Crisis Government. Philadelphia 1968, p. 28.
³) Kelling (note 1), p. 166.
⁴) Ibid., p. 110.

Many writers on the recent history of Cyprus have emphasized the political alliance of the Turkish Cypriots with the British colonial administration in frustrating Greek Cypriot political ambitions, namely to achieve representative government and *enosis*. That undoubtedly contributed to the polarization of Greek and Turkish Cypriot communities during British rule. However, Turkish Cypriots had substantial grievances against the colonial administration, even as they accepted the colonial status quo as a lesser evil than *enosis*. They were unhappy about their share of the economic growth in the island.[5] They wanted the colonial administration to let them administer *Evcaf*, the Muslim religious endowment, and to let the community choose its Mufti, the Turkish Cypriot's religious head. They also pressed the Colonial Government to modernize Muslim law and Shariah courts, along the same lines as had been done in Kemalist Turkey.

These grievances, overlooked by many writers, were bothersome. But as *enosis* became the dominant issue on the island in the post-war era, it was mostly the threat of union with Greece rather than other complaints that exercised members of the Turkish community. Even under British rule, Turkish Cypriots felt that the Colonial Administration addressed Greek Cypriot concerns more readily than their own,[6] and "feared the adroitness and energy of their Greek compatriots in political, commercial and financial affairs and resented the prosperity and influence they had acquired since the ending of Ottoman rule ..."[7] They were convinced that under Greek rule they would be unable to survive as a culturally distinct community. It was this fear of cultural survival that animated Turkish Cypriot opposition to *enosis*.

On the other hand, in their conviction about the justice of their cause, and that nothing less than *enosis* would be acceptable, Makarios and other *enosist* Greek Cypriot leaders unwittingly added to Turkish Cypriot anxieties. But the Greek Cypriot leadership's unyielding position on *enosis* also meant that promising new British constitutional offers would be rejected, much to the later regret of some Greek Cypriots. Thus the proposals put forth to Makarios by Governor Harding in February 1956 offered Cypriots a wide measure of self-government while keeping the door open to self-determination at some unspecified date in the future; the offer was good enough for the Greek government who unsuccessfully urged Makarios to accept. The Archbishop and other *enosist* leaders feared that with self-government Greek Cypriots would become less interested in pursuing *enosis*.[8]

Undaunted, Britain made another submission before the end of the year; the new proposals offered to give more power to the Greek Cypriot majority than earlier offers, and recognized the principle of self-determination after an unspecified period of self-rule. According to Stanley Mayes, a biographer of Makarios: "the proposed Radcliffe Constitution was the best ever offered to Cyprus – and many Greeks and Greek Cypriots have since acknowledged this."[9]

---

[5] Kelling (note 1), p. 142.
[6] Reddaway, J.: Burdened With Cyprus: The British Connection. London 1986, p. 27.
[7] Ibid., p. 28.
[8] Ibid., p. 30.
[9] Mayes, S.: Makarios: A Biography. London 1981, p. 94.

But all this was futile at this time because Greek Cypriot leaders would settle for nothing less than *enosis*, although they would agree to a period of self-rule before union with Greece was allowed. In any case, the British government found that they could find no Greek Cypriot leader with whom to negotiate the Radcliffe proposals. In March 1956, in a move that caused universal resentment in the Greek community, the Governor deported Makarios to the distant Seychelles in the Indian Ocean. By then, the government had obtained evidence of the Archbishop's complicity with EOKA, the Greek Cypriot underground organization which started its campaign of violence on 1 April 1955.[10])

III. The Legacy of Violence, 1955–1959

Led by George Grivas, with whom Makarios entered into an uneasy alliance, EOKA's chief aim was to harass British personnel and undermine Britain's hold on the island. Grivas and his young fighters were successful in causing havoc for the Colonial Administration and popularizing *enosis* among the masses of the Greek Cypriot population. They were so effective that Britain was forced to commit tens of thousands of troops to the island, thus increasing the cost of continued British rule. It was, in fact, the growing burden of maintaining British rule that prompted Westminster to revise its policy on Cyprus, by deciding that bases on the island (rather than the entire island as a base) would satisfy its strategic interests.

But EOKA was more than an effective instrument against British rule. By agitating Turkish Cypriots and Turkey, it ultimately forestalled the very objective (*enosis*) for which it struggled. Turkish Cypriots were bound to appeal for Turkey's involvement in the Cyprus issue as a counterweight to *enosis*. As long as Britain's policy was to retain sovereign control of Cyprus, British governments (particularly, the pro-Turkish Eden) encouraged Ankara's opposition in order to neutralize the Greek case for *enosis*. But the resurgence of the *enosis* campaign and EOKA's success (together with the suspicion that the Macmillan government was contemplating revising Britain's Cyprus policy) led Turkish Cypriots and Ankara to fear that Britain's resolve against *enosis* was weakening, thus prompting Turkey's direct involvement in Cyprus. It was with Ankara's aid that the Turkish Cypriot underground group TMT (that replaced an earlier organization called VOLKAN) was established to protect Turkish Cypriots and to retaliate against EOKA's violence.[11])

In any case, in what some writers have described as a case of divide and rule,[12]) the British administration contributed to the armed confrontation of Greek and Turkish Cypriots by making extensive use of Turkish Cypriot recruits against EOKA. Thus, a new auxiliary police force created by the colonial authorities was almost entirely Turkish. It was inevitable that such extensive use of Turkish Cypriot police to control Greek Cypriot and EOKA disturbances would exacerbate tensions between the two communities.

---

[10]) Mayes (note 9), pp. 57–60. See also Reddaway (note 6), pp. 64–67.
[11]) Bahcheli, T.: Greek Turkish Relations Since 1955. Boulder 1990, p. 40.
[12]) Attalides, M.: Cyprus: Nationalism and International Politics. New York 1979, p. 29.

The political goal of the Turkish Cypriots was to gain recognition from Britain as a party on the same level as the Greek Cypriots, and in this they registered considerable success. Turkish Cypriots appreciated that it was Turkey's influence that enabled them to exercise political weight. But the Turkish Cypriots revised their earlier position of supporting colonial rule. Turkish leaders could see that the Greek international campaign to present the issue as a colonial struggle for liberation registered some success, and that Turkey's support for colonial rule was unpopular in most international forums. In a move co-ordinated with Turkey, they began to advocate *taksim* (partition) by the end of 1956.

Turkish Cypriots seized on the idea of *taksim* at a time when intercommunal killings had begun on the island and their security concerns had increased. Dubbed as double *enosis* by some observers, this was strongly rejected by Greek Cypriots. Obviously, the practical difficulties in dividing a mixed population would have been enormous, and this was emphasized by Greek Cypriot spokesmen as well as the right of the huge Greek Cypriot majority to exercise self-determination. Given the Greek Cypriot view of Cyprus as an indivisible Hellenic island, partition was as much anathema to Greek Cypriots as *enosis* was to Turkish Cypriots.

Nationalist passions were inflamed in both of the Cypriot communities, resulting in further polarization between them. The nationalists in both communities sought to exploit such an environment to secure political control and to set policy. In the Greek community, with its greater political diversity, the right-wing nationalists viewed the competition from AKEL quite seriously. According to Attalides, Greek Cypriot nationalist leaders resorted to arms partly out of concern for AKEL's growing support. As he explained it:

> The decision to resort to arms was taken by the conservative Greek Cypriot nationalist leadership after the Second World War, during a period of intense class conflict and considerable gains by the Left in support among the swelling urban population.[13]

AKEL or not, Greek Cypriot nationalist leaders also knew that there were those within the Greek community who would have favoured considering the merits of the various British proposals that had been offered for Cyprus. In referring to the Radcliffe proposals, for example, Mayes stated: "Grivas had denounced the constitutional proposals, even before they were announced, as an Anglo-Turkish conspiracy. Many Greek Cypriots would have liked to study them, but EOKA gave them no chance."[14]

Grivas, a right-wing nationalist, viewed as treasonous any compromise that stood in the way of *enosis*. Indeed, throughout its existence, EOKA devoted a significant portion of its resources and energies to deal with "enemies" within the Greek community: the chief targets were Greek Cypriots who collaborated with the British administration, as well as members of the Communist Party AKEL.[15]

---

[13] Attalides (note 12), p. 9.
[14] Mayes (note 9), p. 95.
[15] According to K. Markides: The Rise and Fall of the Cyprus Republic. New Haven 1977, p. 19, "about 23 percent of all those killed during the four years of the 'Emergency' came from the ranks of Greek Cypriot traitors."

The latter supported the end of colonial rule but did not share the Greek nationalist vision of uniting the island with right-winged NATO-allied Greece. Makarios, whose stature as the pre-eminent leader of his community increased during the latter half of the fifties, had misgivings about Grivas' methods in dealing with those Greek Cypriots who did not share EOKA's vision for Cyprus (mostly, but not exclusively AKEL supporters) but he did not reproach EOKA. In any case, once Makarios was deported in March 1956, Grivas was pleased to assume the political leadership on the island.

Within the Turkish community, there appeared a greater unity of purpose than among Greek Cypriots. There was no question that the vast majority of Turkish Cypriots opposed *enosis*. Beyond that, the political unity of the Turkish community could not be taken for granted. In methods that were similar to those of EOKA, the TMT took no chances: it intimidated and, sometimes, assassinated those Turkish Cypriots who collaborated with Greek Cypriots as fellow-members of AKEL[16] or of trade unions which enjoyed membership in both communities.

As a matter of policy, the Turkish Cypriot leadership discouraged contact with the Greek community and it pursued this approach more seriously as the communal relationship deteriorated. This was consistent with their policy that Greek and Turkish Cypriots could not live together and had to be separated in a partitioned island. Toward the end of the 1950s, in a further attempt to strengthen its partitionist approach, the Turkish Cypriot leadership also pursued a "buy Turkish" campaign. Although it failed to attain the success hoped for by the leadership, this policy had the twin aim of diminishing the Turkish Cypriots' reliance on the economically dominant Greek community; a similar policy was put into effect, also with mixed results, after the outbreak of civil strife in 1963.[17]

Had the Greek Cypriot leadership sought self-government rather than *enosis*, might Cyprus have experienced a different, happier, fate than it endured from the mid to late 1950s onwards? Whether or not a common pursuit for Cypriot independence would have averted the bitterness and the communal violence of the 1950s is a matter of conjecture. On the other hand, not all Cypriots were strongly wedded to *enosis* or partition. John Reddaway, a former British official in Cyprus, wrote in reference to the 1950s:

There were undoubtedly some Cypriots on both sides who perceived the danger of a failure to resolve the dispute over the Island's future and who would have been prepared to compromise if left to themselves. But very few were willing to speak out in favour of moderation, in the circumstances which prevailed on the Island.[18]

---

[16] There were only a few Turkish-Cypriot members of AKEL.

[17] Attalides (note 12), p. 50, wrote: "What is remarkable is that they were helped in this by the Greek Cypriot underground organization. In 1956, through a pamphlet, EOKA ordered Greek workers in one of the British bases not to travel there in a Turkish owned bus. In 1958 the political wing of EOKA tried to 'solve the problem of the cooperative Bank. The problem was that in this bank there was more than one million sterling of Greek deposits, and through this the bank was continually reinforcing the Turks.' This could only have reinforced the TMT campaign, which initially aimed at Cypriot Turks 'buying Turkish,' and after 1963 became a plan to establish a separate Turkish Cypriot economy."

[18] Reddaway (note 6), p. 83.

Indeed, with EOKA and the TMT jockeying for position on the island (while Greece and Turkey solicited support internationally) relations between the two communities became worse before they got better. In the late 1950s violence between Greek and Turkish Cypriots increased and reached its climax during 1958 "with large-scale rioting, terror killings and the evacuation of ethnic minorities from several villages."[19]) During the worst eight-week span of violence, 120 people were killed and over 300 injured.[20])

IV. The Zürich and London Agreements:
The Founding of the Republic of Cyprus

Enosis and *taksim* could not be reconciled. By the second half of 1958, a stand-off had been reached. Turkey's support for the Turkish Cypriots made *enosis* impossible. But the Turks were not in a position to dictate partition without risking a war with Greece, so that goal too was unrealizable. Toward the end of 1958 the British government decided that its strategic interests would be adequately served by sovereign bases in Cyprus rather than by governing the entire island. By then, Makarios and Athens were willing to consider giving up *enosis* in favour of independence for Cyprus. These new developments helped pave the way for the compromise settlement of 1959 (negotiated between Greece and Turkey) and the creation of the Republic of Cyprus in 1960.[21])

The accords that created an independent bi-communal state in 1960 have usually been described as a compromise settlement. The agreements also represented the triumph of the principle of power-sharing over majority rule. The basic structure of the republic provided for a Greek Cypriot President but also a Turkish Cypriot Vice-President either of whom could veto any decision of the Council of Ministers (which consisted of seven Greek Cypriot and three Turkish Cypriot ministers) or any law or decision of the legislature concerning foreign affairs, defense, and security. The 1960 Constitution required separate majorities among the Greek and Turkish Cypriot legislators for laws imposing duties and taxes.

From the very beginning, the notion that a majority of 80 percent should share power with a minority of 20 percent was unpalatable to most Greek Cypriots. In addition, Greek Cypriots were bitter that they had struggled and made sacrifices to bring British rule to an end, while the Turkish Cypriots had sided with the colonial regime. Equally, being forced to forsake the aspiration for *enosis*, which as far as they were concerned was another way of subverting the majority principle, caused further aggravation among members of the Greek community. Last, but not least, the fact that these agreements were reached between Turkey and Greece without Greek Cypriot participation also damned them in Greek Cypriot minds.

It was clear to them that Turkish power had dictated these terms, including the Treaties of Alliance and Guarantee, which became a part of the new Constitution

---

[19]) Patrick, R.: A Political Geography of the Cyprus Conflict, 1963–1971. Waterloo 1976, p. 7.
[20]) Markides (note 15), p. 25.
[21]) Mayes (note 9), pp. 118–125.

of Cyprus (6 April 1960). The Treaty of Guarantee declared any activity aimed at *enosis* or partition as prohibited. It also designated Britain, Turkey, and Greece as 'guarantors' of the independence of Cyprus. Upon Turkey's insistence during the Zürich negotiations, the Treaty contained the controversial clause that allowed each of the guarantor powers to intervene unilaterally under the following terms:

In so far as common or concerted action may prove impossible, each of the three guaranteeing Powers reserves the right to take action with the sole aim of re-establishing the state of affairs established by the present Treaty.[22])

Following the Greek coup on the island in July 1974, Turkey cited this authority to justify its military intervention. Also, in accordance with the Treaty of Alliance, Turkey was authorized to station 650 troops on the island (as was Greece with 950 troops) providing both an additional recognition of Turkey's rights and further support for the state of affairs established by the Constitution.

From the perspective of the Turkish Cypriots, the bi-communal nature of the Cypriot constitution affirmed the principle of communal parity, and provided considerable safeguards for the protection of the Turkish community. In that sense, the deal struck by Turkey and Greece went a long way towards satisfying the traditionally collectivist approach adopted by the Turkish community for the protection of its rights. Nevertheless, many Turkish Cypriots were pessimistic about the prospects of intercommunal cooperation so soon after the violence and mistrust of the preceding years.

Makarios accepted the Zürich Agreements under pressure from the Athens government because he feared that the island would become partitioned if the Cyprus impasse continued. Although he was consulted by Greek leaders, he was unhappy about various provisions which conferred what he considered to be excessive rights to the Turkish community.[23]) In London, following the conclusion of the Zürich agreements by the Greek and Turkish prime ministers, he tried and failed to renegotiate ‚unpalatable' provisions. He also singled out the Treaties of Alliance and Guarantee as objectionable: in particular, the right of unilateral intervention contained in the Treaty of Guarantee. Finally, and in spite of serious reservations, he signed the agreements.

By comparison, it was easier for the Turkish Cypriots to give up the policy of dividing the island, partly because the partition option was pursued to avert *enosis*, and also because the Zürich Agreements were substantially favourable. In addition, though, once Turkey decided to give up partition in favour of independence so as to facilitate a settlement, the Turkish community had no choice but to follow suit. After all, Turkish Cypriots were far more reliant on Ankara than were the Greek Cypriots on Athens.

The Cypriot leaders had an awesome responsibility to overcome communal mistrust and bitterness, as the two communities became masters of the island for the

---

[22]) Conference on Cyprus: Documents Signed and Initialled at Lancaster House on 19 February 1959. London 1964, p. 11.

[23]) On the extent of the consultation of Greek leaders with Makarios, see Mayes (note 9), pp. 126–136.

first time in their history. Luckily for them, Ankara and Athens had improved their relations since the Zürich Agreements, and were supportive of Cypriot collaboration. The two communities thus had a unique opportunity to embark on a partnership government.

In the presidential elections of December 1959, Archbishop Makarios was challenged over his abandonement of *enosis*. Among his critics of the settlement was the EOKA leader Georgios Grivas, who had returned to Greece to a hero's welcome. Nevertheless, Makarios defeated John Clerides, the rival candidate for the presidency, by winning two-thirds of the votes. He proceeded to win every subsequent Greek Cypriot election with large majorities.

On the other side, "the Turkish Cypriots were solidly united in defence of their new rights."[24] Fazıl Küçük was acclaimed as Vice-President. Another Turkish Cypriot leader of considerable stature was Rauf Denktaş, a successful lawyer and rousing speaker, who became President of the Turkish Communal Chamber and who exercised an influential role in the minority community's politics.

V. Constitutional Disputes and the Breakdown of Bi-Communal Government

Even though a new Cypriot state was created which claimed the loyalty of all its citizens, whether Turkish or Greek, Cypriot leaders saw themselves as guardians of the interests of their respective communities. This approach, as well as the absence of a consensus on how to cope with the major aspects of government, led to constitutional disputes within less than a year.

One of the contested provisions (article 123) stated that civil service jobs were to be allocated between Greek and Turkish Cypriots in the ratio of 70:30. Since the Turkish share of the population was 20 percent, Greek Cypriots understandably argued that this was discriminatory to them. Turkish Cypriots, on the other hand, whose job prospects in the private sector were less favourable than Greek Cypriots, were eager to have their allocation of public service jobs without delay. The 70:30 ratio proved difficult to apply. Greek Cypriots argued that there were not enough qualified Turkish Cypriots available to fill these positions. Turkish Cypriots complained that qualified Turkish Cypriots were being overlooked by Greek Cypriot officials. The issue provoked considerable discord and ultimately weakened the prospects for a successful partnership government.

Yet another disagreement arose over the organization of the Cyprus army. The Constitution provided for an army of 2000 men (60 percent Greek Cypriots and 40 percent Turkish Cypriots), to be recruited after independence. Although Makarios preferred to have no army, he argued in favour of unified contingents. Turkish Cypriot leaders argued for separate units at the company level by arguing that differences in language and religion made separate units necessary.[25] Consequently, the

---

[24] Mayes (note 9), p. 143.
[25] Ehrlich, T.: International Crises and the Rule of Law: Cyprus 1958–67. Oxford 1974, p. 42.

Greek Cypriot majority in the Council of Ministers backed the President. This was vetoed by Vice-President Küçük, and deadlock ensued.[26])

Another controversial issue that seriously damaged intercommunal relations concerned the division of municipalities in the five major towns. Greek Cypriot leaders wanted to defer separation, claiming that it could be used as a basis for partition in the future. On the other hand, Turkish Cypriots pressed for implementation because they feared that Turkish neighbourhoods would be poorly served by unified municipal authorities controlled by the Greek majority. To circumvent separate municipalities, Greek Cypriots used their majority in the Council of Ministers to establish "improvement areas" in the five towns to be administered by special boards established by the Council. The Turkish Communal Chamber responded by adopting a "Turkish Municipal Law" and asked the Supreme Court to declare as void the act that established the "improvement areas." On 25 April 1963, the Court ruled as invalid both the Council's act and that of the Turkish Communal Chamber. For the first time, the Greek Cypriot judge dissented in the case against the Council of Ministers and the Turkish Cypriot judge acted likewise in the ruling that invalidated the Turkish Communal Chamber's position. Soon after, the neutral president of the Supreme Court, Professor Ernst Forsthoff, tendered his resignation. Heretofore, he had succeeded in maintaining the Court's independent role and its issuing of unanimous decisions, "and for a time the Court acted as an important moderating influence."[27]) In a subsequent interview Forsthoff stated that "if there is goodwill a constitution can be implemented and this Constitution is capable of being implemented."[28])

These issues caused an impasse and immobilized the partnership government. To make matters worse, Greek Cypriot leaders began to advocate *enosis* in speeches and statements. In a speech marking the anniversary of the start of EOKA's struggle, Makarios declared that the state of Cyprus created by the Zürich and London Agreements of 1959 were not the object of EOKA's struggle "in any shape or form." The Agreements, he stated, were a "landmark and a start for the march forward and the conquest of the future."[29])

These, and other statements by Greek Cypriot leaders infuriated Turkish Cypriots, who regularly protested them. Such declarations strained communal relations and also strengthened the hand of those Turkish Cypriots who argued that it was futile to expect Greek Cypriot goodwill, and that it was better to have partition. Since Turkish Cypriots felt that they were not getting the rights granted to them by the constitution, they sought the use of their separate majority and veto rights. In March 1961, for example, at the height of the 70:30 controversy, the Turkish Cypriot members used their separate majority right and refused to support two new tax laws in the House of Representatives. This move was intended to put pres-

---

[26]) Reddaway (note 6), p. 130.
[27]) Kyriakides (note 2), pp. 93/94.
[28]) Crawshaw, N.: The Cyprus Revolt: An Account of the Struggle for Union with Greece. London 1978, p. 366, wrote: "...the Greeks...welcomed the deadlock over the army plan, which they disliked on account of the cost and the high percentage of Turks."
[29]) The Times. 2.4.1963.

sure on the Greek Cypriot leadership to allocate the Turkish Cypriot share of positions in the civil service. But the Greek Cypriots accused the Turkish Cypriots of obstruction.[30])

Ironically, while cracks on the unity of the Cypriot state were becoming wider on account of the constitutional deadlock, the island enjoyed significant economic growth. However, the bright economic prospects did not appear to have any favourable effect on political developments. In any case, Greek Cypriots benefitted more than Turkish Cypriots. In the absence of any scholarly study it is not possible to determine whether and to what extent Turkish inability to share in Greek prosperity influenced their political relationship. Nevertheless, in analysing the communal relations of the period, Robert Stephens argued that "perhaps the biggest mistake the Greeks made was in their indifference to Turkish poverty."[31])

It is conceivable that Greek Cypriot sensitivity to the economic needs of the Turkish community could have made it easier for the latter to accept constitutional revisions, particularly if they were addressed gradually, without challenging the power-sharing basis of the constitution (as subsequently happened). As Mayes argued:

> It is possible that, if he [Makarios] had suggested modifications gradually and offered the Turkish Cypriot community more economic aid, there would have been a dialogue. The Turkish Cypriots might not have objected to some reduction of their onerous share in the public service if this had released men for more productive work for their community. As it was, the proposed changes were too sweeping.[32])

Throughout the months of deadlock over the application of the Constitution, it was Turkish and Greek Cypriot leaders who determined the fate of the new independence order. Both the Greek and the Turkish governments reiterated their support for the Zürich Agreements. Konstantin Karamanlis, the Greek Prime Minister, cautioned Makarios against provoking the Turks. Similarly, in a letter he wrote to Makarios on 19 April 1963, Greek Foreign Minister Evangelos Averoff warned him that "... we are determined to dissociate ourselves publicly from your policy if any move should be made towards unilateral denunciation of the Agreements or any part thereof."[33])

Similarly Ankara cautioned the Turkish Cypriot leaders not to seek a separatist solution as a way out of the constitutional impasse. In his book dealing with the disputes of the 1960–1963 era in Cyprus, Turkish Cypriot leader Denktaş complained bitterly that Turkish Ambassador Emin Dırvana kept on counselling moderation in the face of what most Turkish Cypriots viewed as Greek Cypriot attempts to usurp Turkish rights.[34]) According to Mayes, "Dirvana was instructed to encourage the moderation of Dr. Kuchuk rather than the more militant attitude of

---

[30]) See Kyriakides (note 2), pp. 87–92.
[31]) Stephens, R.: Cyprus: A Place of Arms. London 1966, p. 173.
[32]) Mayes (note 9), p. 166.
[33]) Averoff-Tossizza, E.: Lost Opportunities: The Cyprus Question, 1950–1963. New York 1986, p. 429.
[34]) Denktaş, R.: 12'Ye Bes Kala Kıbrıs [Moment of Decision in Cyprus]. Ankara 1966, pp. 37/38.

Mr. Denktash."[35]) At the same time, though, Ankara warned Makarios to heed the Constitution.

The impasse over the Constitution was such as to threaten a collapse of the bi-communal government. But the leadership of both communities merely blamed each other and, more ominously, prepared for an outbreak of fighting. Even before the declaration of independence a Turkish motor-boat, the *Deniz*, was intercepted by a British naval patrol and discovered to be carrying arms. According to Mayes, in 1959,

> Makarios revealed that there had been a previous attempt to smuggle Turkish arms into the island and for a time broke off the constitutional talks. But the moral indignation of the Greeks was less convincing than it might have been; it was barely a month since Makarios had found it necessary to denounce Grivas' supporters for trying to send more arms to Cyprus with which to fight the agreements.[36])

But Makarios himself approved the clandestine organizing of a secret Greek Cypriot army as early as 1961. Later, in 1963, he authorized the drawing up of a blueprint for action, entitled the Akritas Plan. This confidential scheme, the contents of which were later published by an anti-Makarios paper,[37]) outlined the Greek Cypriot leaders' strategy: to emphasize the "negative elements" of the constitution while vigorously stressing the principles of "self-determination" and "minority rights" in order to elicit maximum international support. Once self-determination was realized, the Treaty of Guarantee would then be declared redundant and *enosis* achieved through a plebiscite.

Turkish Cypriots also prepared for an anticipated showdown. According to Richard Patrick:

> TMT planning was based on the assumption that a constitutional deadlock would probably lead to inter-communal fighting in 1964. It was thought that the fighting would take the form of the inter- communal riots, kidnappings, and terror killings of 1958. Turk-Cypriot military planning therefore concentrated on preparations for sealing off Turk-Cypriot quarters in the larger towns from Greek-Cypriot mobs and snipers, fortifying Turk-Cypriot villages against Greek Cypriot police patrols, and by being prepared to counter abductions and assassinations by reprisals in kind.[38])

Even though the leadership of each community may not have fully realized the extent of the other side's preparations, they anticipated a show of force as the constitutional deadlock deepened in 1963. It was in the midst of these inauspicious circumstances that Makarios decided to take the initiative to secure far-reaching revisions to the Constitution. On 30 November 1963, in a memorandum to Küçük, the Turkish Cypriot Vice-President, he proposed thirteen changes in the Constitution.[39]) Copies of the memorandum were sent to the governments of Greece, Tur-

---

[35]) Mayes (note 9), p. 152.
[36]) Ibid., p. 142.
[37]) The text of the Akritas plan is found in Clerides, G.: My Deposition. Vol. 1. Nicosia 1979, pp. 212–219.
[38]) Patrick (note 19), p. 37.
[39]) The thirteen proposals are cited in Necatıgil, Z.: The Cyprus Question and the Turkish Position in International Law. Oxford 1989, pp. 21/22.

key, and Britain "as a matter of courtesy."[40]) The "thirteen points" amounted to a wholesale revision. If accepted, they would have created an integrated unitary state, where Turkish Cypriots would have no veto rights. They would reduce Turkish Cypriot representation in the civil service and the police from 30 to 20 percent. Furthermore, they would do away with separate municipalities and unify the administration of justice.

The Turkish government rejected the proposals outright before Küçük gave his reply. In any case, it is difficult to conceive that the Turkish Cypriot leadership would have accepted such a fundamental revision of the constitution. By then tensions had become so high that full-fledged communal warfare began on 23 December 1963. Within days, the partnership government of Greek and Turkish Cypriots collapsed.

During the three years of intercommunal government, Greek Cypriots argued that the Constitution was unfair and unworkable. Moreover, they viewed the accords that created the constitution as lacking legitimacy since they had been negotiated without Cypriot involvement. With the benefit of hindsight, it is obvious that Greece and Turkey had erred by negotiating the terms of the Cypriot constitution without the full participation of the Cypriot leadership.

In their turn, Turkish Cypriots blamed Greek Cypriot leaders and militants of *enosis* for showing bad faith and refusing to apply the Constitutional provisions the latter disliked. Basically, notwithstanding its complexity and its limited amending power, the Constitution was as workable as Greek and Turkish Cypriots wanted it to be. This has been retrospectively appreciated by many Greek Cypriots, but only because the Turkish armed intervention of 1974 brought about the island's division and cost them dearly; some Greek Cypriot leaders too have publicly acknowledged that the Constitution could have been made to work.[41])

In looking back at the period 1945–1963, one could argue that, given the conflicting claims of the two communities in Cyprus, the prospects of reconciling them were not particularly good. The renewed *enosis* campaign by Greek Cypriot nationalist leaders in the post-war era, and their resort to armed struggle, provoked a strong reaction and stimulated Turkish Cypriot nationalism. The *enosis* struggle contributed to the transforming of the ethnic communities into national ones. It was to be expected that *enosis* would divide the two communities, although it was Turkey's power rather than Turkish Cypriot clout that effectively foreclosed union with Greece.

In spite of the bitterness and mistrust generated by the communal clashes of the 1950s, the failure of the two communities to make a success of the bi-communal

---

[40]) Mayes (note 9), p. 165.
[41]) In his frank memoirs (note 37, p. 328), Clerides wrote: "... Makarios, who was sensitive to accusations of betrayal and who was also encouraged by a young and patriotic but inexperienced government to move prematurely to demand constitutional amendments. This resulted in exaggerating the unworkability of certain provisions of the constitution. Unfortunately, all the provisions singled out as unworkable were those which the Turkish community rightly or wrongly considered necessary for the protection of the rights bestowed on it and which raised its political status beyond that of a mere minority."

government in an independent Cyprus was not a foregone conclusion. To be sure, it was the mainland governments that seized the initiative in the Cyprus dispute by reaching an agreement for the island's independence during 1958/59. After independence, however, it was the Cypriot communities who determined the course of events. This was a period of relative mainland disengagement which the two communities could have exploited for successful partnership government. Their failure did not necessarily rule out future reconciliation and an agreed settlement within a common state. But there is no doubt that a historic opportunity for power-sharing within the framework of a single state was squandered, to the detriment of both communities.

VI. Civil Strife and its Impact on the Communities of the Island, 1963–1967

The Greek Cypriot decision to substantially revise the Zürich Agreements was a calculated risk given the anticipated reaction of the Turkish Cypriots and Turkey. Makarios and his associates had to take into consideration the ability of Turkey to respond militarily. During the most intense period of fighting, which began on 23 December 1963, hundreds of people were killed, wounded, or taken as hostages. Ankara warned the Greek Cypriot leaders that it would intervene if the hostilities against the Turkish community were not halted; it sent warning flights over Nicosia two days after the outbreak of strife. This prompted Greece to warn that it would follow suit if Turkish troops intervened. To help dampen the danger of escalation, the British government decided to act, and sent 2000 peace-keepers to patrol the streets of major towns. Subsequently, this force had to be supplanted by the much larger contingent of United Nations peace-keepers that became operational on 27 March 1964.

The violent communal clashes that began in December 1963 dealt a serious blow to intercommunal relations by creating enormous fear and distrust. It also effectively ended the partnership government as provided by the Zürich Agreements. Citing security concerns, Turkish Cypriot cabinet ministers, members of the House of Representatives, and civil servants vacated their positions in the government. Most Turkish Cypriots hoped that in the event of the outbreak of widespread violence, Turkey would intervene and protect them from Greek Cypriot forces. However, the risk of provoking war with Greece and damaging its international position deterred Ankara from taking such action, at least until the next decade when the Ioannidis coup of July 1974 offered an exceptionally favourable opportunity to intervene with reduced risks. Instead, Turkey repeatedly threatened to send troops in order to deter Greek Cypriots; when it appeared ready to do so in June 1964, it was pressed by US-President Lyndon B. Johnson not to do so.[42] In August 1964, on the other hand, Ankara did intervene in a limited way by sending its Air Force

---

[42] For the text of the Johnson letter see Document: Correspondence Between President Johnson and Prime Minister Inönü, June 1964 as released by the White House, 15 January 1966, in: The Middle East Journal. 20 (Summer 1966) 3, p. 387.

to bomb Greek Cypriot positions. The bombing was in response to a major offensive which Greek Cypriot forces launched against the only outlet to the sea (at the Kokkina [Erenkoy] and Mansoura beachhead) controlled by Turkish Cypriot fighters. By inflicting heavy losses on the Greek Cypriot forces and causing considerable damage in surrounding Greek Cypriot villages, Turkey's air raids stopped the Greek Cypriot advance.

Still, even after the intervention of the Turkish Air Force in the Kokkina (Erenkoy) fighting, the threat of being overrun by Greek Cypriot forces remained a paramount concern. The arrival of a United Nations Peace Force in early 1964 eased, but did not eliminate such fears. The leadership set up a Turkish Cypriot militia, trained and led by officers from Turkey, but they were hardly a match for the better-armed and more numerous Greek Cypriot fighters.

In spite of their precarious condition, the Turkish Cypriot leadership tried to turn their adversity into advantage. Turkish Cypriot casualties, and the plight of thousands of refugees in the community were cited to support the case for separation of the communities. This position was first formally presented by Denktaş, the Turkish Cypriot representative, at the London conference that was convened by the British government in mid-January 1964; he argued that the Turkish community had to live physically apart from their Greek counterparts to feel safe. However, the Greek Cypriot leaders rejected such a partitionist proposal. Instead they proposed minority rights but no special community rights for Turkish Cypriots in a unitary state. In the aftermath of the Christmas fighting, the relationship between the communities became so strained and mistrustful that it took four years before their representatives agreed to meet for talks for a settlement.

The fear generated by civil strife caused large numbers of Cypriots (mostly Turkish Cypriots) to become refugees. An estimated 25000 Turkish Cypriots (representing roughly a quarter of the community) abandoned their homes in dozens of villages and settlements.[43] Most of these refugees ultimately moved to the Turkish enclave of Nicosia, by far the largest of such settlements scattered throughout the island, looking for greater security and job prospects.[44] This offered both an opportunity and a challenge to the Turkish Cypriot leadership. By creating a parallel administration in the enclaves the leadership virtually created a state within a state. This was seen as advancing the political goal of the geographical separation of the two communities. The leadership encouraged such separation where it could.[45]

In effect, then, a limited form of partition began to emerge on the island with over half of the Turkish Cypriot population residing in areas of Turkish Cypriot

---

[43] Patrick (note 19, p. 75) wrote: "Turkish Cypriots completely evacuated their quarters in 72 mixed villages and abandoned 24 Turkish Cypriot villages. In addition, they partially evacuated 8 mixed villages."

[44] Ibid., p. 345.

[45] Greek Cypriot spokesmen argued that the refugee movement of Turkish Cypriots was part of their leaders' plan to realize partition. However, Patrick (note 19, p. 345), who investigated the issue, concluded that "... it would not empirically seem that the pattern of refugee movement was one that was intentionally designed to facilitate partition of Cyprus."

administration. On 28 December 1967, in a move protested by the Greek Cypriot government, the leadership formalized its de facto rule by setting up a "transitional administration" over all Turkish Cypriot areas. Admittedly, the enclaves constituted a mere three percent of the island's territory, but the prospect of the consolidation of a separate Turkish Cypriot administration (propped by Turkey) was unpalatable to the Greek Cypriot leadership. Nonetheless, overrunning the enclaves would almost certainly provoke Turkey's military intervention, and that was not a risk that Makarios was prepared to take.

Security aside, the greatest challenge for Turkish Cypriot leaders was to cater to the social and economic needs of their community. In this they were seriously hampered by lack of funds. For example, since the Greek Cypricts controlled the Republic of Cyprus, and Turkish Cypriots had withdrawn from the government, no state revenues were provided to the Turkish Cypriot leadership. Moreover, for a period of about four years (1964–1968), the Greek Cypriot leadership imposed an economic embargo on the Turkish Cypriot areas in order to weaken the community's political resolve. This restricted the movement of commercial products and food between areas controlled by Turkish Cypriots, and prevented them from obtaining a host of commodities categorized as prohibited materials.[46] The strategy was unsuccessful, because it merely increased Turkish Cypriot bitterness and determination. As well, Ankara stepped in with financial assistance and this in turn increased the reliance of Turkish Cypriots on Turkey.[47] These outcomes could not have served long-term Greek Cypriot interests, but at the time there appeared no public critics of government policy in the Greek community.

Ironically, while most Turkish Cypriots experienced economic hardships, Greek Cypriots prospered as the island's economy experienced remarkable growth after 1963. Using figures provided by Greek Cypriot authorities, Kyriacos Markides reported that between 1960 and 1970 the per capita income in Cyprus grew by an average 7 percent a year; unemployment reached a low of 0.9 percent.[48] Indeed, Greek Cypriot enterprises experienced labour shortages; in these circumstances, taking advantage of improved safety conditions after 1968, thousands of Turkish Cypriots travelled from their enclaves to work at low-paying menial jobs for Greek Cypriot employers;[49] in spite of these employment opportunities, the economic gap between Greek and Turkish Cypriots widened. Markides reported that "whereas in 1961 the economic condition of the Turks was 20 percent below that of the Greeks, by 1973 it was 50 percent below."[50]

In as much as Greek Cypriots enjoyed the advantages of economic prosperity and local military superiority, their security too was threatened: by the threat of

---

[46] Some of these goods had a direct military application, but withholding others such as fuel, woolen clothing, building materials, and tents, caused serious deprivations for Turkish Cypriots.

[47] During the decade of 1964–1974, Turkish Cypriots were sustained by subsidies from Turkey (estimated at 25 million US-Dollar [USD] annually).

[48] Markides (note 15), p. 78.

[49] See Stavrinides, Z.: The Cyprus Conflict: National Identity and Statehood. Nicosia 1976, p. 81.

[50] Markides (note 15), p. 31.

Turkey's intervention. However, rather than initiate major military operations against Turkish Cypriot enclaves, which risked provoking Turkey, Makarios preferred to wait until such time as Turkish Cypriots would accept Greek Cypriot terms for a new settlement: namely to substitute the community rights provided by the 1960 Constitution for individual rights that would apply to all Cypriots, Greek and Turkish alike. Indeed, in the aftermath of the collapse of the partnership government in 1963, the Greek Cypriot leaders assumed total control of the government. Acting as the government of all Cyprus, the Greek Cypriot leadership proceeded to legislate without the participation of Turkish Cypriots. On 1 April 1964, the Greek Cypriot controlled House of Representatives passed a Conscription Law creating a National Guard of over 10 000 Greek Cypriot conscripts. The training for the force was provided by officers from Greece, and the command was assumed by General Grivas who returned to the island from Greece. In November 1964, a new law was enacted providing for unified municipalities. Yet another law, passed in July 1965, abolished the separate communal electoral lists and discricts. For all intents and purposes, then, the Makarios government unilaterally established a unitary government in Cyprus exercising full authority everywhere but in the Turkish enclaves. This placed the Greek Cypriots in a superior bargaining position when serious negotiations took place subsequently.

At the same time that the Greek Cypriots leaders controlled the Cypriot state, they regularly declared their commitment to uniting the island with Greece. Thus, in a resolution passed in the House of Representatives during the summer of 1967 (three months after the Greek junta came to power in Athens), Greek Cypriot legislators vowed to persevere "until this struggle succeeds in uniting the whole and undivided Cyprus with the Motherland, without any intermediate stages." (26 June 1967)[51])

However, it was one thing to pay lip-service to *enosis*, and another to realize it. As Ethnarch, Makarios considered that it was his mission to keep the dream of *enosis* alive, but he also recognized Turkey's determination to prevent union. In November 1967, Turkey threatened again to intervene following Grivas' attack on two Turkish Cypriot villages. In the ensuing crisis, the Greek junta was forced to accept most of Turkey's terms, especially the withdrawal of General Grivas and of about 12 000 Greek troops that had been covertly sent to the island. As in 1964, United States diplomacy helped avert a Turkish intervention in November 1967. Turkish Cypriots were sorely disappointed, but Ankara had managed to shake the confidence of the Greek Cypriot leadership.

VII. Intercommunal Negotiations, 1968–1974

According to Nancy Crawshaw, "the Kophinou [Geçitkale] crisis was a turning point in the island's post-colonial history."[52]) The Kophinou events ushered a re-

---

[51]) Reddaway (note 6), p. 196.
[52]) Crawshaw (note 28), p. 378.

spite (that lasted seven years) of reduced intercommunal tensions, during which virtually no fighting occurred. The sobering effect created by the crisis brought about a period of calm and reassessment in Cyprus, and a conducive atmosphere for the two communities to search for a new settlement. Makarios helped ease tensions considerably by removing the economic embargo and the restrictions on the movement of Turkish Cypriots; however, citing security reasons, the Turks did not allow Greek Cypriots access to their enclaves. Much fear still remained, and most of the refugees did not return to their homes. By the following year, in June 1968, Greek and Turkish Cypriot representatives (Clerides and Denktaş respectively) began serious negotiations for a settlement within the framework of an independent unitary state.

Turkey's threat of invasion and ability to exact concessions from Greece demonstrated to most Greek Cypriots, yet again, that *enosis* could not be effected in the face of determined Turkish opposition. Moreover, the Greek junta's unpopularity among Greek Cypriots, and the removal of Grivas, strengthened the position of those in the Greek community who preferred to give negotiations a chance rather than continue with the strife indefinitely. In the aftermath of the 1967 crisis, Makarios seemed ready to prepare the Greek community to accept a settlement that foreclosed union with Greece: he made numerous speeches in which he distinguished between the "desirable solution" (*enosis*) and the "feasible solution" (independence). In the presidential election held in February 1968, Makarios received an exceptionally strong mandate by winning 95 percent of the votes against the rival candidate, Takis Evdokas, who had campaigned on a platform based on *enosis*.

Impressive as Makarios' victory was, it glossed over important divisions within the Greek community. Hitherto he was able to impose considerable discipline and to keep diverse political forces together in support of the struggle he led. However, as an effective cease-fire took effect, and fears of Turkey's intervention abated, critics of the Archbishop began to speak up. Mayes explained the emerging discontent in the following terms:

In the early months of 1969 a certain political restlessness began to assert itself on the Greek side in Cyprus. There were several reasons for this. The removal of Turkey's threat to invade, the fading of the *enosis* dream, the secrecy of the long-drawn-out intercommunal talks and their apparent lack of progress ... all tended to make many Greek Cypriots, of very different political convictions, question Makarios's right to conduct the affairs of the state virtually by himself, with docile ministers and a rubber-stamp parliament that had not been renewed for nearly a decade.[53])

That the growing discontent became manifest at a time of increasing economic growth and prosperity is noteworthy. But there were several other ironies in the emerging political landscape in the Greek community. Those political groups that traditionally supported Makarios – the coalition of centrist and right-wing parties – fragmented, and disenchanted groups from their ranks began to undermine the Archbishop's hold on his community. In the Greek Cypriot legislative elections of July 1970, the right-wing/centrist coalition led by Clerides, lost ground to other

---

[53]) Mayes (note 9), p. 202.

right-wing groups by winning only fifteen of the thirty- five seats.[54]) In spite of Makarios' stature as a nationalist leader, his most determined opponents were rightwing nationalists who accused him of betraying the national goal (i. e. *enosis*). The extent of the threat posed by such antagonists was underscored in an unsuccessful attempt on Makarios' life in January 1970.

Another irony was evident in Makarios' increasing reliance on the electoral support of the left-wing parties, the strongest of which was AKEL, the (pro-Moscow) Communist Party. At one level, AKEL chastized the Orthodox Church, as the largest single owner of land and commercial enterprises on the island. At the same time, the party aided the Archbishop so he would protect them by keeping nationalist groups in check. (In those years, it was estimated that AKEL could receive 40 percent of Greek-Cypriot votes).[55]) Makarios was grateful for the support which AKEL (and the much smaller socialist EDEK) gave him, even though his dependence caused some discomfiture among his right-wing supporters as well as in junta-controlled Athens.

Not the least of the ironies during this period (1968–1974) was that it was not the Turkish community but rather Makarios' political opponents in the Greek community that posed a more immediate challenge to him. It was equally remarkable that the methods of the "National Front," and later Grivas' EOKA-B, were very reminiscent of the random attacks on police and government buildings that had been the hallmark of the original EOKA sponsored by Makarios during the 1950s.[56])

To be sure, Makarios still enjoyed the support of the majority of Greek Cypriots. But, however narrowly based the "disloyal opposition" was in the Greek community, it gradually weakened his position. Maintaining security became a problem on account of the penetration of the National Guard and the police by members of the underground opposition. Makarios had to create an entirely different force of loyal men, the Tactical Police Reserve, both for his own safety and to bolster the security of his government. In the meantime, though, the Archbishop's opposition received a boost when Grivas secretly returned to the island in September 1971, set up EOKA-B, and began a campaign of violence. Grivas' stature as a hero of EOKA's anti-colonial struggle enabled him to assume the leadership of the anti-Makarios camp and to promote the campaign for *enosis*. There was even a rebellion from an unexpected quarter when three senior bishops unsuccessfully attempted to depose Makarios as Archbishop; the latter managed to depose the rebellious priests instead.[57])

Of the accusations that his opponents levelled against him the Archbishop was particularly sensitive to that of national betrayal. As one who had personified the

---

[54]) The right-wing Progressive Coalition surprised most Greek-Cypriots by winning seven seats; Nicos Sampson was the dominant voice in this group. See Mayes (note 9), p. 210.

[55]) Ibid., p. 203.

[56]) The principal difference between EOKA-B and EOKA was that the former turned against Greek Cypriot nationalists.

[57]) This peculiar rebellion raised the question of whether the bishops acted on their own or as agents of the Greek junta.

struggle for *enosis* he had misgivings in giving up the ideal. On the other hand, he was convinced that an active pursuit of *enosis* would provoke Turkey's military intervention. But after refraining from making pro-union speeches during the first three years of the intercommunal talks, he continued to express his commitment to *enosis*, thus re-kindling Turkish Cypriot fears of ultimate Greek Cypriot intentions. In April 1971, for example, in a speech which he made during a ceremony to unveil the statue of an EOKA hero, Makarios declared: "Cyprus is a Greek island ... we shall preserve it as an undivided Greek island, until we hand it back to mother Greece."[58])

This did not help prospects for a settlement. Far more importantly, Makarios refused to support new settlement proposals that contained substantial concessions by the now weakened Turkish community; most of these were the concessions that the Turkish Cypriots had rejected in late 1963. In return, however, the Turkish Cypriots demanded local autonomy in areas of Turkish Cypriot concentration. Even though the Greek Cypriot leadership criticized the "local autonomy" proposals as sanctioning the creation of "a state within a state," and a prelude to future partition,[59]) according to Clerides, later refinements of the Turkish Cypriot submissions appeared less unpalatable. Apparently, the first major opportunity to reach a settlement emerged in 1970.[60])

A second, even more promising breakthrough occurred in September 1972. Clerides and Denktaş reached agreement on the broad outlines of a new settlement. Clerides presented the proposals to Makarios and urged his approval. Equally, perhaps more importantly, Makarios was advised by the Greek junta to endorse the outline settlement.[61]) The United Nations Secretariat also urged approval. But Makarios failed to seize the opportunity. In subsequent years, Clerides lamented what he called a grave political error of judgement on Makarios' part. As he argued:

The uncompromising attitude of Makarios persisted despite the fact that the Turkish Cypriot side had accepted all the 13 points proposed by him for constitutional amendments in 1963, and even went beyond them.[62])

---

[58]) Patrick (note 19), p. 175/176.
[59]) The most succinct description of the Turkish Cypriot plan for local autonomy has been provided by Patrick (note 19, p. 174) as follows:
"(1) local government districts which would be autonomous, with such autonomy so written into a constitution that it could not be altered by the central government where Greek Cypriots would be in a majority;
(2) the boundaries of the autonomous districts would be drawn primarily according to communal considerations;
(3) these districts, depending on their ethnic character, would be directly responsible either to a Greek Cypriot or to a Turk Cypriot coordinating authority;
(4) these co-ordinating authorities would, in partnership, form the basis of the central government ."
[60]) Clerides (note 37), vol. 3, pp. 46/47.
[61]) Ibid.,, p. 205.
[62]) Ibid., p. 204.

There is no question about the fact that in the course of the intercommunal negotiations during 1968 to 1974, Clerides proved to be more amenable to compromise than the Archbishop. Makarios was content to tolerate the instability of the situation based on his belief that the bargaining position of the Turkish Cypriots was weak. On the other hand, in a subsequent interview given after the traumatic events of 1974, Makarios argued that he did not have a free hand in pursuing a settlement. He emphasized the obstacles to a settlement in the following terms:

> I know that some people maintain that with a little more flexibility on our part a solution would have been possible before the Turkish invasion. This is true. But it should be borne in mind that Greece was governed then by a junta, which supported the illegal organization EOKA-B in Cyprus. Therefore it was impossible for me to reach an accommodation with the Turkish Cypriots, without running the risk of being accused of national betrayal and without violent reactions as a result of the renouncement of Enosis. It must also be noted that the Greek junta and its agents in Cyprus constantly accused me that I was a barricade against the realization of Enosis.[63])

Notwithstanding Clerides' advice to settle for the terms he had agreed to with Denktaş, Makarios enjoyed ample support among Greek Cypriots over his negotiating position with the Turkish community. There is no evidence that most Greek Cypriot politicians (including Makarios) were prepared to offer concessions on local autonomy to Turkish Cypriots before 1974, which (along with affirming the exclusion of *enosis*) would have secured an agreed settlement. Indeed, Makarios was criticized by some nationalist Greek Cypriot groups of conceding too much to the Turkish community.[64]) After all, the Greek Cypriot leaders bargained from a position of considerable strength. They controlled all state institutions, and were internationally recognized as leaders of the legitimate government of Cyprus.

By contrast, low morale pervaded the economically strapped Turkish community. The enclaves posed no threat to the Greek Cypriot government, even though as no-go areas they were viewed as a nuisance by the latter. Indeed, one could expect that the status of the Turkish Cypriots would further weaken with the passage of time.

But within the Greek community, the threat from the "disloyal opposition" merely intensified in spite of the Archbishop's repeated efforts to win their allegiance. The prevailing belief in the Makarios camp was that the opposition in Greek Cyprus received encouragement and support from the Athens junta. This caused a rift between the Greek Cypriot and the Greek governments, and ultimately it was the clash between Makarios and the Ioannidis junta that led to the coup against the Greek Cypriot leader. However, whereas the responsibility of the Ioannidis junta in the coup of 15 July 1974 is not disputed, evidence of the extent and specificity of the junta's covert support to the anti-Makarios camp is often insufficient for reaching definitive conclusions. For example, although Colonel Papadopoulos (who was in office from 1967 to 1973) provided clandestine support to Makarios' adversaries in Cyprus, there is no clear evidence that he did so during the first three years of his regime in Athens. Also, no conclusive evidence has ap-

---

[63]) Quoted in Markides (note 15), pp. 149/150.
[64]) Mayes (note 9), pp. 205–210.

peared linking the Greek leader to the two unsuccessful attempts on Makarios' life in 1970 and 1973.

The need for the careful analysis of evidence is imperative since the Papadopoulos regime appeared to pursue a paradoxical line: on the one hand, supporting Makarios' Greek Cypriot adversaries who accused him of national betrayal, but on the other hand counselling him to settle with the Turkish Cypriots by providing the latter with limited autonomy in an independent Cyprus on the basis of the Clerides-Denktaş understanding of 1972.[65])

Most Greek Cypriots have blamed the Athens junta excessively for promoting *enosis* and for blocking a settlement, out of a desire to absolve themselves of responsibility for the events leading to 1974 and the island's subsequent division. However, one could plausibly argue that the junta's involvement and pressures on Cyprus were not constant. For example, after the withdrawal of Greek troops in 1967 and the start of the intercommunal talks the following year, the Papadopoulos junta supported Cypriot efforts for a settlement. The Athens regime maintained a policy of disengagement for about three years after 1967 during which the Greek Cypriot leadership could have reached a modus vivendi with the Turkish Cypriots. Ankara also adopted a reasonably supportive stance by supporting Turkish Cypriot concessions that reduced their ratio of representation in the unitary Cypriot government and diluted the Turkish Vice-President's powers. Indeed all the other external powers with a stake in Cyprus (namely, the United Nations, the United States, Britain, and the Soviet Union) encouraged the intercommunal negotiating process and a settlement based on Cypriot independence.

Thus, in spite of the favourable attitude or active encouragement of all the external actors in the Cyprus issue for a considerable period of time, Makarios saw no substantial incentive to settle with the Turkish Cypriots on the basis of independence and to allow them to exercise local autonomy. The Archbishop probably calculated that time was on his side, and as long as Turkey could be kept at bay, the political position of Turkish Cypriots would weaken further. In any case, Makarios found it difficult to renounce *enosis*. Thus, as during the 1960 to 1963 phase, more than one opportunity to settle the Cyprus dispute with a unitary government was squandered during the 1967–74 period.

VIII. Post-1974 "Realities" and Negotiating a Federal Settlement

Although Greek Cyprus had become accustomed to coup rumours for some time, the great majority of Cypriots were shocked when Brigadier-General Dimitrios Ioannidis, the Athens junta leader, ordered the National Guard and armed Greek Cypriots to engineer a coup against Makarios on 15 July 1974. Many Greek Cypriots perished in the fighting between pro-junta and pro-Makarios factions. The Archbishop was deposed, although he managed to flee the island and plan his

---

[65]) Clerides (note 60), p. 205.

return. When Ioannidis could not find a respectable replacement for Makarios (such as Clerides), he arranged for Nicos Sampson to take over the presidency.

By engineering the coup, and realizing de facto *enosis*, Ioannidis had posed a major threat to Ankara and the Turkish Cypriots. By appointing Sampson, with his record of violence against Turkish Cypriots,[66] Greece's junta leader committed an added provocation. Within five days of the coup, Turkish forces intervened and secured a beachhead in the Kyrenia area on Cyprus' northern coast after three days of fighting. Later, when Turkish demands for a federation on Cyprus were not accepted by Greek Cypriots at the hastily-convened Geneva talks, Turkish troops marched in a second operation in mid-August 1974. They established the "Attila Line," after seizing 37 percent of the island.[67]

Turkey's initial intervention in July 1974 was favourably received by most states; Ankara's right to intervene under the Treaty of Guarantee was not challenged. Even some Greek Cypriots might have been consoled to some extent that the July operation caused the downfall of the hated Greek junta and its hand-picked regime in Cyprus. However, the second operation was viewed differently and was condemned by Greek Cypriots and Greeks in general; the action was also heavily criticized internationally. It was clear to Greeks that the military advance in August was not intended to restore the "state of affairs" established by the 1960 Constitution.[68]

Along with Greek and Turkish military personnel, thousands of Cypriots, Greek and Turkish, also lost their lives in the course of the two operations. Furthermore, tens of thousands of Greek and Turkish Cypriots became refugees (amounting to a third of the island's population), since they were forced to leave their homes and properties. An estimated 160 000 Greek Cypriots were forced to abandon their homes in the areas occupied by Turkish troops and sought refuge in the south, and about 44 000 Turkish Cypriots decided to move to the greater safety of the north.[69]

Turkey's intervention (which Ankara called a "peace operation" whereas Greek Cypriots regarded it as an "invasion") profoundly altered the status quo on the island. By demonstrating the helplessness of Greece in stopping Turkey's troops on the island, it laid to rest the dream of *enosis*. In addition, by taking control of considerable territory, some of which could be used in trade-offs in negotiations, Ankara secured a powerful bargaining position for Turkish Cypriots.

Turkey's military action was very popular among Turkish Cypriots who saw it as a legitimate act to redress the injustices and humiliations that they had experi-

---

[66] Sampson and his followers committed atrocities against Turkish Cypriots in Omorphita (a Nicosia suburb) in the early days of the civil strife that began in December 1963.

[67] The "Attila Line" was presumably named after Attila the Hun, the conqueror.

[68] For the text of the Treaty of Guarantee on which Turkey justified its intervention see reference in note 22.

[69] Brey, H./Heinritz, G.: Ethnicity and Demographic Changes in Cyprus: In the 'Statistical Fog', in: Geographica Slavonica. 24 (1993), pp. 201–222, esp. 203, 216/217. Both Greek and Turkish Cypriot officials have tremendously exaggerated the number of refugees in their respective communities.

enced in the past. Although there were many acts of compassion and humanity displayed by Greek and Turkish Cypriots toward each other in the course of the short war in 1974, there were also intercommunal killings and other acts of inhumanity. Thus, the fear and antipathy generated by the war facilitated the separation of the communities. The vast majority of the Turkish Cypriots who could have stayed in the south decided to move north to the area administered by their leaders.

For Denktaş and his associates who have long wanted to have a separate Turkish Cypriot territory and government, this state of affairs offered the ideal opportunity to attain what had hitherto been unrealizable. In order to bolster the Turkish Cypriot claim to the territory to the north, the Denktaş government also sought to change the demographic character of the island by bringing thousands of settlers from Turkey who were assigned Greek Cypriot houses and land. Although the exact number of Turkish settlers has not been revealed, one non-partisan study has concluded that "it [is] reasonable to assume for 1990 that up to 70000 mainland Turks ... were permanently resident in the TRNC."[70] Condemned by Greek Cypriots, the settlers issue has emerged as one of the impediments in reaching a political settlement. Moreover, thousands of Greek Cypriots who had remained in the north after the cessation of hostilities in August 1974 were pressured to move south.

In 1975, the Denktaş government declared the "Turkish Federated State of Cyprus," arguing that it was thus formalizing the Turkish part of the yet unformed Cyprus federation. Other separatist measures were also adopted. The virtual lack of movement of people and goods between the cease-fire lines helped create a separate Turkish Cypriot economy. The Cypriot currency was forsaken for the Turkish lira. In addition, all mail and telephone communications were routed via Turkey rather than through the Greek Cypriot administered area.

In the Greek community the shock of the coup and Turkey's military action was compounded by the pain of tens of thousands of uprooted refugees. It is to the credit of Greek Cypriot authorities that rather than pursue a "Palestinian" option and maintain refugee camps, they succeeded in providing new housing and jobs for the displaced Greek Cypriots in a relatively short period of time.[71] Still, fear of further advances by the Turkish army generated much unease. Moreover, the possibility that the division of the island might become permanent has profoundly disturbed Greek Cypriots.

As they adjusted to the pain of new realities on the ground, there were signs of soul-searching among many Greek Cypriots. A consensus emerged that the quest for *enosis* had been unwise given the tragedy it brought to the island. There was almost universal hatred directed at the Greek junta for undertaking the coup that had provoked Turkey in sending its troops to partition the island. In addition, some Greek Cypriots expressed regret Makarios had not been more forthcoming in order to settle with the Turkish Cypriots. But the more dominant theme in Greek

---

[70] Brey/Heinritz (note 69), p. 218.

[71] See Zetter, R.: Rehousing the Greek Cypriot Refugees from 1974: Dependency, Assimilation, Politicization, in: Cyprus in Transition. Ed. J. T. A. Koumoulides. London 1986, pp. 106–125.

Cypriot political discourse has been that outside powers caused the tragedy of 1974, with the United States (through the Central Intelligence Agency) orchestrating the other chief "conspirators": the Greek junta and the Turkish government. The British government was also held to blame but to a lesser extent: not for initiating the "conspiracy" of 1974, but for failing to perform its duty as a guarantor of the island's independence by intervening to prevent Turkey's military advances. A corollary of this has been that, left to themselves, Greek and Turkish Cypriots would manage to live together in a unified Cyprus.

Most Turkish Cypriots have not been receptive to these views which they see as cynical attempts by the majority community to absolve themselves of the responsibility for the pursuit of *enosis* and the troubles that it brought to the island. In Turkish Cypriot political discourse the "injustices" of the past are frequently recalled: the attacks by EOKA, the economic blockade, the searches at Greek Cypriot check-points, the refusal of the Greek Cypriot leadership to abandon *enosis* and grant a modest degree of local autonomy to Turkish Cypriots etc. As an unnamed Western diplomat reportedly stated: "The problem of Cyprus is that the Turkish Cypriots can't forget what happened between 1960 and 1974 and the Greek Cypriots can't remember."[72]

As for a new settlement, the Turkish Cypriot leadership was determined to use its newly acquired bargaining clout. In an ironic reversal of roles of the previous decade, the Turkish Cypriot leadership sought to define the terms of a settlement by insisting on a bizonal federal system for the island to be negotiated by the two communities on the basis of equality. Taking advantage of the movement of refugees, and protected by a substantial Turkish military presence on the island, they proceeded to create an ethnically homogeneous Turkish Cypriot entity in the north.

For the Greek Cypriots, all this smacked of partition and was thus thoroughly unpalatable. Greek Cypriot leaders have tried to isolate the north by imposing an economic embargo: they persuaded British and European governments not to allow direct flights to northern Cyprus, thus hampering Turkish Cypriot tourism. In addition, the Greek Cypriot government employed punitive measures to restrict Turkish Cypriot trade with other countries. Under Greek Cypriot law, it has been illegal for foreign ships to call upon the port of Famagusta in the north, and shipsmasters have been threatened with imprisonment for loading and unloading cargo there.[73]

The economic embargo has been fairly successful in isolating the north, albeit at the expense of increasing Turkish Cypriot reliance on Turkey. But the facts on the ground (namely the partition) remained threatening to the Greek Cypriots. In the circumstances, an acceptance of the federal principle gradually appeared as a necessary price to pay for the sake of securing the removal of Turkish troops and recovering some Turkish-controlled territory in the north. In February 1977, Maka-

---

[72] The Guardian. 25.1.1985, as quoted in Reddaway (note 6), p. 177.
[73] Bahcheli (note 11), p. 111.

rios formally accepted the federal concept when he and Denktaş met and agreed on the following set of guidelines:

(1) We are seeking an independent, non-aligned, bi-communal federal Republic;
(2) The territory under the administration of each community should be discussed in the light of economic viability or productivity and land-ownership;
(3) Questions of principles such as freedom of movement, freedom of settlement, the right of property and other specific matters are open for discussion taking into consideration the fundamental basis of a bi-communal federal system and certain practical difficulties which may arise for the Turkish Cypriot community;
(4) The powers and functions of the central federal government will be such as to safeguard the unity of the country, having regard to the bi-communal character of the State.[74])

As a statement of principles, the Makarios-Denktaş guidelines were a step forward in the process of the Cyprus negotiations, but each community's understanding of federalism differed fundamentally and no significant bridging of the gap occurred for several years. Another high-level meeting in May 1979, this time between Denktaş and S. Kyprianou (who succeeded Makarios), yielded a ten-point agreement[75]) on procedures for pursuing intercommunal talks on the basis of the 1977 guidelines, but substantive exchanges did not follow until the early 1980s.

On 15 November 1983, the Turkish Cypriot administration declared the territory under its control an independent state called the "Turkish Republic of Northern Cyprus." This was condemned by the Greek Cypriot government and Greece; the Security Council too censured the move and urged members of the world body not to recognize the newly proclaimed state.

Not everyone within the Turkish Cypriot community was keen on the declaration of statehood, but a consensus had developed that the status quo was unsatisfactory and untenable. The Greek Cypriot leadership has consistently maintained a policy of seeking (and receiving) international support for its sovereignty over all of Cyprus, including the northern territory controlled by Turkish Cypriots. By contrast, the Turkish Cypriots have seen the problem as an intercommunal issue and have been angered by its internationalization, since they have had no international standing of their own.

The Turkish Cypriot leadership believed that the acquisition of Turkish Cypriot statehood would redress the balance between the two communities by giving them an international status on a par with the Greek Cypriot administration. Put in these terms, even left-wing politicians opposed to the idea of creating a separate state felt pressured to vote in the Turkish Cypriot legislature in support of an unanimous motion for self-determination. This came on the heels of a General Assembly resolution of May 1983 which supported the Greek Cypriot position on the Cyprus issue, and which angered the Turkish community.

---

[74]) See United Nations Secretariat: Report of the Secretary-General Pursuant to Paragraph 6 of Security Council. Resolution 401 (1976), (S/12323), 30 April 1977, para. 5.

[75]) For the text of the ten-point agreement see United Nations Secretariat: Report by the Secretary General on the United Nations Operation in Cyprus (for the period 1 December 1978 to 31 May 1979), (S/13369), 31 May 1979, para. 51.

Still, to blunt the international criticism against the declaration of statehood, Denktaş insisted that Turkish Cypriots were not closing the doors to a federal settlement. But the external parties most actively engaged in the effort to find a Cypriot settlement (namely the United Nations, the United States, and Britain) wanted him to show more flexibility. Active international diplomacy appears to have had a positive effect on the proximity talks that took place between the two communities during the following year (in 1984) under United Nations auspices. In a timely move, the Reagan administration persuaded General Evren, Turkey's Head of State, to secure significant Turkish Cypriot concessions in December 1984;[76]) namely, to abandon demands for a rotating presidency and to agree to limit the size of the Turkish Cypriot federated state or province to less than 30 percent.[77]) These concessions paved the way for the United Nations' January 1985 summit between the Greek and Turkish Cypriot leaders.

What the United Nations Secretary-General managed to secure by the end of the third round of the proximity talks was an agreement by both sides to a document spelling out the basic elements for a federal, bizonal Republic. The federal government would have a Greek Cypriot president and a Turkish Cypriot vice-president. At the same time, the two communities would have equal standing in the federal government. The federal government positions would be divided on a seven-to-three basis, with the proviso that the Foreign Ministry or other major portfolio would be assigned to a Turkish Cypriot. The agreement provided for a federal legislature with two chambers: the Lower House would have a seven to three ratio in favour of Greek Cypriots, but there would be equal representation in the Upper House. Legislation on major matters would require separate majorities in both chambers.

The draft agreement did not resolve all outstanding issues between Greek and Turkish Cypriots. Such important issues as the precise boundaries of the two provinces or states, the withdrawal of non-Cypriot (read Turkish) troops, the question of guarantees, and the "three freedoms" considered vital by Greek Cypriots – the freedom of movement, of settlement, and property ownership anywhere on the island – were left, together with lesser details, to be settled by working committees after the draft agreement was signed by the two Cypriot parties. Incomplete though the agreement was, as John Groom observed, "nothing like this had been seen before and it justified the Secretary-General's jubilant tone to the Security Council."[78])

However, contrary to virtually universal expectations, the January 1985 summit meeting failed, leaving behind a trail of controversy and accusations. Denktaş and United Nations Secretary-General Javier Pérez de Cuéllar believed that the purpose of the summit was to sign the Secretary-General's draft agreement and then

---

[76]) Groom, A.J.R.: Cyprus: Back in the Doldrums, in: The Round Table. 300 (1986), pp. 362/363.

[77]) Laipson, E.B.: Cyprus: A Quarter Century of U.S. Policy, in: Koumoulides (note 71), pp. 54–81, esp. 78.

[78]) Groom, Cyprus (note 76), p. 363.

move on to set up working committees to finish the task. Kyprianou, however, wanted to use the draft agreement as a basis for further discussion.

What made the 1985 summit a near-success was the convergence of focused diplomatic efforts by most if not all[79] of the parties to achieve a breakthrough in Cyprus. There was considerable disappointment in the Greek community over the failure of the summit. Indeed, Kyprianou was censured by a vote of the Greek Cypriot House of Representatives for missing a major opportunity for a settlement. By comparison, the summit strengthened Denktaş' hand in the Turkish community; he was seen as having offered major concessions, and of being more amenable to settle than Kyprianou.

Whether or not an important opportunity for a settlement was squandered in the failed United Nations summit of 1985 is a debatable point. In February 1988 hopes for advancing the negotiating process were raised when George Vassiliou, a millionaire businessman with strong links to AKEL, became the Greek Cypriot president as an independent candidate. Unburdened by the failures of the past, Vassiliou campaigned successfully by promising to break the logjam in the intercommunal talks by taking new initiatives. In practice, however, his position scarcely differed from that of his predecessor. Like Kyprianou, he unsuccessfully sought to negotiate directly with Turkey on the grounds that Ankara and not the Turkish Cypriot leaders determined policy regarding Cyprus. Both Ankara and Denktaş have rejected this approach.[80] Subsequently, Vassiliou and Denktaş had numerous meetings in Nicosia under the good offices of the United Nations Secretary-General Javier Pérez de Cuéllar. These talks were encouraging enough for the Secretary-General to arrange a summit meeting between the two Cypriot leaders in New York between 26 February and 2 March 1990. But the summit reached an impasse when Denktaş insisted that Vassiliou acknowledge the right of Turkish Cypriot self-determination. Consequently, in an uncharacteristic move, Pérez de Cuéllar blamed Denktaş for the talks' impasse. At home, however, his hard line was well-received. In the Turkish Cypriot presidential elections of 22 April 1990, he was re-elected by polling 66.7 percent of the votes cast; his main opponent, Ismail Bozkurt, won 32 percent of the vote.[81]

---

[79] Prime Minister Papandreou of Greece endorsed the proximity talks leading up to the summit. However, he stopped short of encouraging Kyprianou to sign the deal, and that may have been the crucial factor in the negative outcome of the whole process. (This is based on interviews the writer conducted in Cyprus during 1986).

[80] As A. J. R. Groom: The Process of Negotiation, 1974–1993, in: The Political, Social and Economic Development of Northern Cyprus. Ed. C. H. Dodd. Huntingdon 1993, p. 299, states: "It is, of course, evident that the influence of Turkey on the conflict in general and over Mr. Denktash and the Turkish community in particular, is great. But even if Mr. Denktash were for nothing, it is well that diplomatic proprieties be observed. By ignoring Mr. Denktash and seeking to go to Ankara direct, Mr. Vassiliou insulted not only Mr. Denktash but the Turkish community as well, and made it virtually inevitable that Ankara would be obliged thereby to refuse to treat him on a direct basis. Moreover, there is ample evidence to suggest that Mr. Denktash is no puppet of, nor the Turkish Cypriot people a push-over for, Turkey."

[81] Dodd, C. H.: The Ascendancy of the Right, 1985–1993, in: Dodd (note 80), p. 136–166, esp. 150.

Denktaş has led the Turkish community for almost thirty years. He has been the intercommunal negotiator since 1968, and has won five consecutive presidential elections (as president of the "Turkish Federated State of Cyprus" in 1976 and 1981, and as president of the "TRNC" in 1985, 1990, and 1995); since 1983, he has declared himself to be above party politics. His political longevity, strong nationalist credentials, and charisma invite comparisons with Makarios, the late Greek Cypriot leader. Whereas deep factionalism within the Greek community and conflict with Athens often immobilized Makarios, Denktaş has had greater success in forging a consensus in the Turkish community, and in retaining Turkey's support for his policies. Ankara has backed him in virtually every election in Cyprus, partly out of a desire to undercut the appeal of the parties of the left in the Turkish community.

In the presidential elections of 1995, Denktaş won with 62.5 percent of the vote.[82] Hitherto, his main challengers have been the parties of the centre-left, namely the centrist Republican Turkish Party (TKP) and the socialist Communal Liberation Party (CTP), that have accused him of impeding the reaching of a fair settlement with the Greek Cypriot leadership. In the 1995 elections, however, Denktaş' main rival was Derviş Eroğlu, leader of the right-wing National Unity Party,[83] who campaigned on a platform of rejecting any concessions to Greek Cypriots and consolidating the "TRNC." Still, although Denktaş' stature among right-wing voters has diminished, he has retained broad support among Turkish Cypriots for his stance on the national issue. The Republican Turkish and the Communal Liberation parties, on the other hand, have consistently taken a more flexible stance on intercommunal issues than Denktaş. However, since the early 1990s these parties have soft-pedalled their differences with Denktaş on key national issues (such as the demand for Turkish Cypriot sovereignty) lest they appear soft in the eyes of the Turkish Cypriot electorate.

The same type of electoral pressures have also narrowed the differences between the Greek Cypriot political parties on the national issue. Also, as in the Turkish community, the main party of the left, AKEL, has been the most supportive of a settlement based on the various ideas put forth by the United Nations Secretary-General. The smaller socialist party EDEK, however, whose ideological orientation is comparable to that of PASOK in Greece, has opposed the creation of a federation that confers autonomy to an envisaged Turkish Cypriot state; it has also opposed the continuation of Turkey's status as a guarantor. The same position is held by the centrist Democratic Party (DIKO), led by the former Greek Cypriot president Spyros Kyprianou. According to a recent analysis, "DIKO represents the political core of what has come to be known as the rejectionist front (together with EDEK and the Orthodox Church) over the issue of a federal settlement."[84]

---

[82] The Economist Intelligence Unit: Country Report. Cyprus/Malta 1995/96, London 1996, p. 10.
[83] Ibid., pp. 9/10.
[84] Ibid., p. 9.

For over a decade, the Greek Cypriot party which has outpolled all others is the Democratic Rally (DISY), led by Glafcos Clerides, the veteran Greek Cypriot politician. DISY has been described as "a conservative party [that] represents the interests of the business community and the middle classes."[85]) Although Clerides has occupied a prominent position in Greek Cypriot politics since the advent of independence, his role was overshadowed by Makarios. Since the Archbishop's death, Clerides' aspiration to become president was unfulfilled until the 1993 elections when he won over Vassiliou (with support from DIKO) by less than one percent of the popular vote. On account of his pragmatic approach in intercommunal negotiations of the past, Clerides has been seen by many Greek Cypriots as a man of compromise. (This perception, however, is not shared by the bulk of Turkish Cypriots).

Clerides and the former Greek Cypriot leaders who succeeded Makarios (i.e. Kyprianou and Vassiliou) have not enjoyed a level of support within their community comparable to that of Denktaş within the Turkish community. Unlike Denktaş, they have had to struggle to maintain a national consensus. To help facilitate this, they have regularly consulted with the National Council, consisting of the leaders of the parliamentary parties. Since the Council has included politicians who have been resistant to the concept of a bizonal federation, the reliance of the Greek Cypriot leaders on this body may inhibit the type of painful compromises that they might ultimately have to make for the sake of an agreed settlement.[86]) On the other hand, as many Greek Cypriots would readily agree, a stronger mandate has not made Denktaş any more amenable to reaching a settlement within the framework of the proposals put forth by the United Nations Secretary-General and his advisers.

Clearly, those diplomats who have been prodding the parties to move closer to reaching a settlement have been disheartened by the lack of a breakthrough. But they have persisted in their efforts. Soon after becoming the new United Nations Secretary-General in 1992, Boutros Boutros-Ghali worked energetically to create a new momentum for a Cyprus settlement. In this he was encouraged by diplomatic support he obtained from Ankara, Athens and the United States, making 1992 a year of intense diplomatic activity to find a breakthrough to the Cyprus issue. The Secretary-General decided to take a more active part (than his predecessors) in bargaining with Vassiliou and Denktaş whom he had invited to New York, prompting one observer to say that he "had moved from a position of good offices to one of a mediator."[87]) Ghali concentrated much of his effort on winning territorial concessions from Denktaş in the belief that substantial progress in that area would help reconcile differences on constitutional issues. In particular, he tried but failed to get Denktaş' agreement to the proposed territorial division as indicated on a map the Secretariat had prepared.[88])

---

[85]) The Economist Intelligence Unit, Cyprus (note 82), p. 8.
[86]) Groom, Process (note 80), p. 28.
[87]) Ibid., p. 31.
[88]) The Economist. 22.8.1992.

Karte: The "Ghali Map" (in: The Economist. 22.8.1992).

CYPRUS

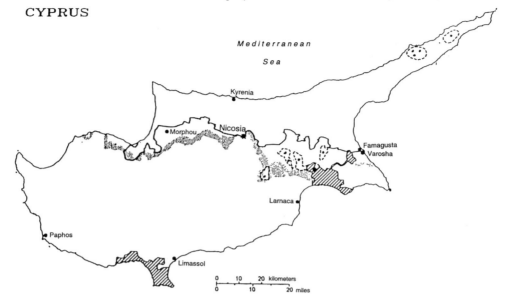

The map envisaged the return of two economically important towns, Varosha and Morphou, as well as numereous other small towns and villages to the Greek Cypriot administration, leaving the Turkish Cypriots with 28.2 percent of the island's territory. Since the Turkish Cypriot leadership had earlier accepted to reduce the land under its control to about 29 percent of the island's total, the roughly one percent difference between the two positions is obviously minor. But Denktaş adamantly rejected the return of Morphou (with its citrus groves) on the grounds of its importance to the Turkish Cypriot economy. He also argued that the territorial adjustments required by the "Ghali map" were unacceptable because (as he claimed) they would necessitate the re-settling of thousands of Turkish Cypriots.

Discussions on other major issues, such as the nature of the federation, the return of refugees to their homes (a major Greek Cypriot demand) also failed to narrow differences of the two communities. On the question of external guarantees too, there was no bridging of the gap. On the positive side, both leaders affirmed the validity of the Treaties of Alliance and Guarantee, but Vassiliou repeated the familiar Greek Cypriot position that the Treaty of Guarantee does not confer the right of unilateral intervention on the guarantor powers (read Turkey).

With the failure of these talks, the Secretary-General appears to have lowered his sights by focusing on a series of confidence-building measures.[89] The most im-

---

[89] See Security General: Report of the Secretary-General on His Mission of Good Offices in Cyprus, (S/1994/629), 30 May 1994.

portant part of these measures would involve the re-opening, under United Nations administration, of both Nicosia airport and the town of Varosha. The reopening of Varosha would pave the way for the return of thousands of Greek Cypriot refugees and revive the tourist facilities there. On the other hand, the opening of Nicosia airport would primarily benefit the Turkish community by substantially denting the Greek Cypriot economic embargo and allowing foreign tourists direct access to northern Cyprus. These practical measures would have yielded some contact between the communities. They could facilitate the building of trust and mutually-beneficial cooperation between them. But no agreement even on these modest steps was possible, raising into question the future prospects for a comprehensive settlement.

IX. A Widening Chasm?

Other major developments in the early and mid-1990s have highlighted the continuing mistrust and entrenchment between the two communities. In March 1994 the Clerides government reached a defence agreement with Greece, which provides for Greek air and naval cover for Greek Cypriots. In addition, the Greek Cypriot government has embarked on a programme of modern arms purchases, and of expanding the officer corps of the National Guard to operate the new weaponry. The objective, according to Greek Cypriots, is to deter Turkey from undertaking any aggressive move on the island.

There is no doubt that the continuing presence of large numbers of Turkish troops in the north poses a major security problem for Greek Cypriots, and the defence measures the latter have taken have been aimed at alleviating their insecurity. But they have, in turn, made the Turkish Cypriots insecure by raising suspicions of offensive motives on the part of Greek Cypriots. The Turks have responded by increasing the size of their forces in northern Cyprus to over 30 000, and by updating their tanks and other equipment.[90] It is doubtful whether these measures and countermeasures have enhanced the security of either side in Cyprus. This issue illustrates the imperative of finding formulas to satisfy the security needs of both communities.

The other major issue that has caused a rift in Cyprus pertains to the application of the Greek Cypriot government for full membership of the European Union (EU) with strong backing from Athens. At the Corfu summit of June 1994, the EU agreed that accession negotiations for Cyprus (i.e. the Greek Cypriot part) should begin within six months after the end of the Intergovernmental Conference in 1996. In the European parliament, Greek members have helped generate considerable support to expedite Cyprus' membership without necessarily awaiting a political settlement on the island.

The Clerides government has vigorously promoted EU accession for its political and security benefits as much as economic ones. As a member of the EU, the

---

[90] The Economist Intelligence Unit, Cyprus: (note 82), p. 13.

Greek Cypriot controlled Republic of Cyprus would clearly enjoy greater security vis-à-vis Turkey. But Greek Cypriot leaders also hope that international diplomacy (particularly the EU) will facilitate the north's incorporation in due course; in this connection, analogies with the German experience (the West absorbing the East after many years of separation) have been drawn.[91] Furthermore, Greek Cypriots expect that EU membership will strengthen their political hand in dealing with some key issues: it is anticipated in the south that the restrictions on settlement and ownership that Turkish Cypriots want to exercise in the envisaged federated state in the north could not be sustained under EU rules.

The Turkish Cypriot leadership has strenuously objected to the EU application because it has been submitted by the Greek Cypriot controlled Republic of Cyprus without the consent of the Turkish Cypriots. Denktaş has rejected EU membership for Cyprus without reaching a political settlement first. He and other nationalists in the community have even charged that Greek Cyprus is seeking to bring about *enosis* by other means since Cyprus would integrate with Greece as well as other European countries. Furthermore, Denktaş has threatened to "integrate" the "TRNC" with Turkey should the EU accept the Republic as a member.[92]

In the meantime, the growing assymmetry in the level of well-being of Greek and Turkish Cypriots might also pose a difficult challenge: with the German analogy in mind, what level of costs would Greek Cypriots be willing to incur for the re-integration of the two communities? The Greek Cypriot per capita income has gone up from 1 489 USD in 1973 to an impressive 15 400 USD in 1996.[93] The south has enjoyed sustained economic growth and low levels of unemployment. By contrast, the Turkish Cypriot per capita income is about a quarter of what it is in the south.[94] Compared with pre-1974 levels, the economy in the north has registered significant growth.[95] However, such increases in economic activity have not been sustained. In spite of the considerable assistance received from Turkey (estimated at 300 million USD annually),[96] the north's economy has experienced major difficulties. Since the early 1990s, high unemployment, economic slowdown, along with the perennial high inflation rates, have posed a major challenge to the Turkish Cypriot leadership. These economic difficulties have been blamed for the emigration of thousands of Turkish Cypriots.[97]

While the prospects of EU membership have bolstered the confidence of the Greek Cypriot leadership, the issue may well become so divisive between the two communities as to further consolidate the existing partition on the island. In spite of sustained third-party diplomatic activity, the two communities are far apart in their expectations of what a settlement would do for them, and in their vision of

---

[91] The Economist. 6.8.1994.
[92] Reuters. 2.3.1995.
[93] The Economist. 6.8.1994. For the per capita income estimate for 1996 in the Republic of Cyprus, see The European. 11.4.1996.
[94] The European. 11.4.1996.
[95] Olgun, M.E.: Economic Overview, in: Dodd (note 80), pp. 270–298, esp. 274.
[96] Cited by Reuters. 22.5.1995.
[97] The Economist Intelligence Unit, Cyprus: (note 82), p. 13.

the future of the island. This constitutes a fundamental impediment to realizing a final settlement.

The Greek Cypriot definition of a federal Cyprus is one in which the writ of the central government would extend to the entire island. Greek Cypriots are anxious that a new federal arrangement will not create an exclusive Turkish Cypriot federated state in the north, and they have emphatically rejected the notion of Turkish Cypriot sovereignty. Thus although the Greek Cypriot leadership has agreed that the envisaged federated state would maintain a majority of Turkish Cypriots, they insist that Greek Cypriots be free to own property and settle anywhere on the island.

By contrast, most Turkish Cypriots would prefer to have a state of their own, but will settle for a plan that creates two federated states that are loosely connected to each other. After years of negotiations, the gap between the two sides has not narrowed substantially.

One could take some comfort from the fact that there have been few loss of Greek and Turkish Cypriot lives through political violence since the war of 1974 (except for the tragic events of August/September 1996), and that none of the parties look to the use of force as a credible policy option. Moreover, international diplomacy is still seized of the Cyprus issue. As the 21st century approaches, will Cypriots themselves manage to rise above the legacy of strife and mistrust of the past and chart a common future? This survey of the past half century of domestic Cypriot politics serves to remind us that communal divisions still challenge statesmanship. This challenge remains formidable.

Außen- und Sicherheitspolitik

Matthias Z. Karádi und Dieter S. Lutz, Hamburg

I. Strategische Lage und Sicherheitsdilemma – II. Die Genese des Zypern-Konflikts – III. Streitkräfte: 1. Republik Zypern – 2. „Türkische Republik Nordzypern" – 3. Britische Streitkräfte – 4. *United Nations Force in Cyprus* (UNFICYP) – IV. Militärdoktrinen und Bedrohungsperzeptionen – V. Internationale Aktivitäten zur Lösung des Zypern-Konflikts: 1. Die Vermittlungsbemühungen der UNO – 2. Die Sicherheitsinteressen der NATO – 3. Die Rolle Griechenlands und der Türkei – 4. Die Stellung der EU – VI. Zusammenfassung und Ausblick

I. Strategische Lage und Sicherheitsdilemma

Zypern ist die drittgrößte Insel im Mittelmeer und einer Reihe von Krisengebieten vorgelagert. Dazu gehören vor allem die Konfliktregion Naher Osten, aber auch der Kaukasus und jüngst die Krisen- und Kriegsgebiete des vormaligen Jugoslawien. Der Insel wird deshalb eine hohe strategische Bedeutung zugeschrieben. Von zyprischen Startbahnen aus ist beispielsweise ein breiter Fächer von lufttaktischen und strategischen Operationen möglich. Diese Lage hat der Inselrepublik auch den Beinamen „unversenkbarer Flugzeugträger" gegeben[1]. Daher ist es kein Zufall, daß die NATO (bzw. die USA) bereits seit den fünfziger Jahren Interesse an einer Nutzung der Insel als militärischem Stützpunkt gezeigt hat. Ebenso hat auch die ehemalige Kolonialmacht Großbritannien, nachdem sie Zypern am 16. August 1960 in die Unabhängigkeit entlassen hatte, im Süden der Insel zwei leistungsfähige Luft- und Marinebasen (Dhekelia und Akrotiri) unter ihrer Souveränität beibehalten. Hier liegt eine der Ursachen für das beharrliche Streben der Republik Zypern nach Unabhängigkeit, die sie nach ihrer Loslösung von Großbritannien zeitweise in der „Bewegung der Blockfreien Staaten"[2] zu finden suchte.

Das strategische Interesse ausländischer Mächte an der Insel ist für Zypern keineswegs eine neue Erfahrung. Im Laufe ihrer Geschichte wurde die Insel vielmehr immer wieder von verschiedenen Groß- und Regionalmächten erobert, besetzt und bevölkert. Dies hatte zur Folge, daß die Inselrepublik sich – anders als die übrigen Länder Südosteuropas – nicht zu einem klassischen Nationalstaat mit einer selbständigen Außenpolitik und einer eigenständigen nationalen Identität entwickeln konnte. Als Konsequenz einer tiefgreifenden, zeitweise auch blutigen Auseinandersetzung zunächst gegen die ehemaligen Kolonialherren und danach zwischen zyprischen Griechen und Türken bildete sich ein ethnisch und politisch

---

[1] Rühl, L., Die Zypernkrise 1974, in: Wehrforschung. 1 (1975), S. 8–12, bes. 8.
[2] Solsten, E. (Hrsg.): Cyprus: A Country Study. 4. Auflage. Washington 1993, S. 226.

geteilter Staat heraus, in dem die beiden miteinander verfeindeten Volksgruppen-(*communities*)-Regierungen bis heute besonders enge Bindungen zu ihren beiden „Mutterländern" – Griechenland und der Türkei – unterhalten, denen sie ihre Außenbeziehungen fast völlig unterordnen[3]. Der bisher ungelöste Zypern-Konflikt macht die Organisation einer traditionellen Landesverteidigung[4]) für die Zyprer in besonderer Weise problematisch. Im folgenden wird es daher notwendig sein, zunächst die außen- und sicherheitspolitisch relevanten Aspekte des Zypern-Konflikts herauszuarbeiten, um anschließend das Interesse der daran beteiligten Staaten und internationalen Organisationen an einer Lösung der Teilung Zyperns bewerten zu können.

II. Die Genese des Zypern-Konflikts

Der Zypern-Konflikt hat seine historischen Wurzeln in der Auseinandersetzung der mehrheitlichen Zyperngriechen mit der englischen Kolonialmacht, die seit der Inbesitznahme Zyperns durch London (1878) vergeblich die *Enosis*, den Anschluß der Insel an das griechische „Mutterland", forderten und 1931 sogar antibritische Unruhen provozierten. Bis 1958 gab es dagegen keine bewaffneten Auseinandersetzungen zwischen griechischen und den zahlenmäßig unterlegenen türkischen Zyprern. Erst das Übergreifen der griechischen und als Reaktion darauf der türkischen Nationalbewegung auf Zypern förderte zusammen mit der britischen *divide et impera*-Politik eine Polarisierung der beiden Volksgruppen. 1955 nahm die Untergrundorganisation EOKA (*Ethniki Organosis Kyprion Agoniston*)[5]), geführt von General Grivas und unterstützt vom griechisch-orthodoxen Erzbischof Makarios, den Kampf gegen Großbritannien auf. Dank Vermittlung der NATO fanden daraufhin 1959 in Zürich und London Verhandlungen zwischen Großbritannien, Griechenland und der Türkei statt, mit dem Ergebnis, daß ebenso die Teilung (*Taksim*) der neu gegründeten Inselrepublik wie der Anschluß an ein anderes Land fürderhin ausgeschlossen wurden (Artikel 2 des Garantievertrages)[6]).

---

[3]) Zur Außenpolitik Griechenlands und der Türkei gegenüber Zypern vgl. Grothusen, K.-D.: Außenpolitik, in: Südosteuropa Handbuch. Bd. III. Griechenland. Hrsg. K.-D. Grothusen, Göttingen 1980, S. 147–190, bes. 180 ff. und derselbe, Außenpolitik, in: Südosteuropa Handbuch. Bd. IV. Türkei. Hrsg. K.-D. Grothusen, Göttingen 1985, S. 89–168, bes. 131 ff.

[4]) Verteidigung wird normalerweise als Durchführung einer Strategie verstanden, die alle militärischen und zivilen Anstrengungen umfaßt, um die Integrität des Territoriums eines Landes und der darin herrschenden Ordnung gegen bewaffnete gegnerische Streitkräfte abzusichern. Zur militärisch erfolgreichen Durchführung dieses Zieles werden in der Regel bereits im Frieden Streitkräfte unterhalten, die im Falle eines Angriffs die Verteidigung des eigenen Territoriums durch hohe Verluste beim angreifenden Gegner und über die Schwächung seiner Feuerkraft erreichen sollen. Krohn, A.: Angriff/Verteidigung/Aggression, in: Lexikon Rüstung, Frieden, Sicherheit. Hrsg. D. S. Lutz, München 1987, S. 33–40, bes. 36.

[5]) Mitglieder der EOKA spielten sowohl als Minister als auch als hohe Regierungsbeamte in der Politik der Republik Zypern bis 1974 eine wichtige Rolle und sind auch heute noch im zyperngriechischen Regierungsestablishment vertreten.

[6]) Miscellaneous Nr. 4 (1959): Conference on Cyprus. Documents signed and initialled at Lancaster House on February 19, London (679) 1959, S. 10. Die Abkommen von Zürich und London umfassen: 1. den griechisch-türkischen Vertrag vom 11.2.1959 über die Grundstrukturen der Re-

Der Bündnisvertrag von 1959 (Art. 4) erlaubte Griechenland die Stationierung von 950 Soldaten und der Türkei die Entsendung von 650 Soldaten. Zudem behielten sich die drei Garantiemächte (Griechenland, Türkei und Großbritannien) das Recht zur Intervention auf Zypern vor, um die Ausführung der Abkommen von Zürich und London zu garantieren (Artikel 3 des Garantievertrages). Ob dieses Interventionsrecht auch von einer der drei Mächte allein wahrgenommen werden kann, um den Rechtszustand zu wahren und die Sicherheit im Lande wieder herzustellen, wie dies die Türkei für sich im Juli 1974 beanspruchte, ist umstritten. Der fragliche Artikel 3 des Garantievertrages von 1959 bestimmt im ersten Absatz, daß die drei Parteien sich im Falle einer Verletzung des Vertrages gegenseitig konsultieren sollen, um geeignete Maßnahmen zur Einhaltung der Regelung zu beschließen. Der zweite Absatz gewährt "each of the three guaranteeing powers (...) the right to take action with the sole aim of re-establishing the state of affairs created by the present Treaty", sofern sich eine gemeinsame, abgestimmte Aktion als nicht möglich erweisen sollte[7]. Während die Türkei nach dem griechisch-zyprischen Putsch am 15. Juli 1974 und einem vergeblichen Versuch, die britische Regierung zum Eingreifen zu bewegen, die vertraglichen Voraussetzungen für ihr militärisches Eingreifen als gegeben ansah, vertreten die griechische und die Regierung der Republik Zypern die Ansicht, daß der Garantievertrag von London auf gar keinen Fall eine gewaltsame Intervention einer der Garantiemächte erlaube, da er immer unter dem Vorbehalt des generellen Gewaltverbotes der UN-Charta stünde[8].

Auf der Grundlage des Vertrages über die Grundstrukturen der Republik Zypern wurde die zyprische Verfassung von 1960 erarbeitet[9]. Die Verfassung der Republik Zypern räumte den Zyperntürken (*Turkish community*) – etwa 18 Prozent der Bevölkerung Zyperns – eine starke Sperrminorität (Vetorecht) in allen wesentlichen politischen Entscheidungen und über alle Gesetze ein. Die wichtigsten Ämter und Regierungsposten sollten gemäß jenem nationalen Proporz besetzt werden, der den politischen Einfluß der griechischen Zyprer auf 70 Prozent und den der türkischen auf 30 Prozent festlegte. Demzufolge waren auch Polizei und Gendarmerie zu 30 Prozent aus türkischen und zu 70 Prozent aus griechischen Zyprern zu besetzen. Laut Artikel 14 der Verfassung sollte die Republik Zypern über eine Armee von 2 000 Mann verfügen. Im Gegensatz zu der sonstigen 70:30-

---

publik Zypern; 2. den Garantievertrag zwischen der Republik Zypern und Griechenland, der Türkei und dem Vereinigten Königreich; 3. den Bündnisvertrag zwischen Zypern, Griechenland und der Türkei zur Erhaltung der Unabhängigkeit Zyperns; 4. eine einseitige britische Erklärung über das Statut der britischen Stützpunkte auf Zypern; 5. verschiedene Protokolle über die Annahme des gesamten Vertragswerkes durch alle Beteiligten, einschließlich der Volksgruppenvertreter der griechischen und türkischen Zyprer, Makarios und Küçük, die ansonsten jedoch von den eigentlichen Verhandlungen ausgeschlossen waren.

[7]) Ebenda.

[8]) Vgl. UN-Charta Artikel 2, Absatz 4: „Alle Mitglieder unterlassen in ihren internationalen Beziehungen jede gegen die territoriale Unversehrtheit oder die politische Unabhängigkeit eines Staates gerichtete oder sonst mit den Zielen der Vereinten Nationen unvereinbare Androhung oder Anwendung von Gewalt." In: Unser, G.: Die UNO. Aufgaben und Strukturen der Vereinten Nationen, 5. Auflage. München 1992, S. 298.

[9]) Conference on Cyprus (Anm. 6), S. 7.

Prozent-Aufteilung sollte die Armee zu 40 Prozent aus zyperntürkischen und zu 60 Prozent aus zyperngriechischen Soldaten bestehen. Das Projekt einer gemischten zyprischen Armee scheiterte schließlich – u. a. mit dem Argument erheblicher sprachlicher und religiöser Unterschiede – am Veto der türkischen Zyprer, die auf ethnisch geteilten Einheiten bestanden. Statt dessen bildeten sich zyperngriechische und zyperntürkische irreguläre Verbände, bei deren Aufbau und Ausrüstung Militärexperten aus Griechenland und der Türkei behilflich waren. Diese militärischen „Geburtshelfer" rekrutierten sich zum einen aus den bereits auf Zypern stationierten griechischen und türkischen Verbänden, zum andern entsandten die beiden Garantiemächte regelwidrig jeweils eigene Truppen, um den Einfluß „ihrer" Volksgruppen abzusichern.

Wegen der ausgeklügelten und bis ins letzte vorgegebenen Machtverteilung zwischen griechischen und türkischen Zyprern wurde das in der Verfassung vorgesehene zyprische Regierungssystem hauptsächlich von den Zyperngriechen eher als Zwangsjacke denn als flexibler Rahmen für eine stabile Regierung empfunden[10]. Die Folge war ein Verfassungskonflikt, in dem die griechischen Zyprer unter der Führung von Präsident Makarios eine Verfassungsänderung zu ihren Gunsten forderten, bei dem die türkischen Zyprer unter ihrem Vizepräsidenten Fazıl Küçük jedoch jedes Zugeständnis zu ihren Lasten ablehnten.

1963, nur drei Jahre nach der Unabhängigkeit, eskalierten die politischen Auseinandersetzungen zwischen den beiden Volksgruppen zu blutigen Unruhen. Um ein Ausbreiten der Kämpfe zu verhindern, griffen die auf Zypern stationierten britischen Soldaten ein. Auf einem NATO-Sondergipfel bot die Allianz die Entsendung einer NATO-Friedenstruppe auf die Insel an. Präsident Makarios lehnte dies jedoch ab und wandte sich an den Sicherheitsrat der Vereinten Nationen. Den Truppen der UNO gelang es schließlich, angesichts türkischer Interventionsdrohungen und durch zusätzliche Hilfe der englischen Regierung, die auf Makarios Druck ausübte, die äußerliche Ruhe wiederherzustellen. Ergebnisse waren die Bildung einer Reihe zyperntürkischer Enklaven (geographisch getrennte Siedlungen), die unter den Schutz der UNO gestellt wurden, und die Teilung der Hauptstadt Nikosia durch die Ziehung einer Demarkationslinie, der sogenannten *Green Line*, welche die von den zwei Volksgruppen besetzten Sektoren Nikosias bis heute trennt. Die angestrebte Entwaffnung der Bürgerkriegsparteien konnte dagegen nicht durchgesetzt werden.

Zwischen 1964 und 1967 kam es mehrmals zu schweren Zwischenfällen und Greueltaten. Nach der Rückkehr von General Grivas und der Entsendung von bis zu 15 000 griechischer Soldaten unter seinem Befehl auf die Insel eskalierte die Lage weiter. Am 7./8. August 1964 bombardierten daraufhin türkische Flugzeuge griechische Verbände, die sich im Kampf mit den türkischen Zyprern befanden. Bereits 1964 und 1967 zeigte sich die Türkei willens, sogar mit Bodentruppen zu intervenieren. Beide Male drohten die USA, die auf jeden Fall militärische Aus-

---

[10] Bruce, L.H.: Cyprus: A Last Chance, in: Foreign Policy. 58 (Frühjahr 1985), S. 115–133, bes. 122 und Tzermias, P.: Geschichte der Republik Zypern. 2. Auflage. Tübingen 1995, S. 206, 232–265.

einandersetzungen zwischen zwei NATO-Mitgliedern verhindern wollten, mit Sanktionen und hielten so Ankara von einer militärischen Intervention ab[11]). Im Verlauf der Kampfhandlungen auf Zypern flüchteten ca. 25000 türkische Zyprer in die neugebildeten Enklaven und stellten sich unter den Schutz der 650 Mann starken türkischen Truppe sowie der UN-Soldaten. Der zyperngriechische Präsident der Republik Makarios versuchte die explosive Lage auf der Insel dadurch unter Kontrolle zu bekommen, daß er Polizei und Gendarmerie einem einheitlichen Kommando unterstellte und die diversen griechischen Privatmilizen 1964 in eine Nationalgarde (*Ethniki Froura*) integrierte. Ferner führte er die allgemeine Wehrpflicht ein, die allerdings nur für Zyperngriechen galt (die Zyperntürken hatten bereits Anfang 1964 die ihnen zustehenden Ämter in der Republik verlassen). Der Oberbefehl über die Nationalgarde, die mittlerweile illegal auf über 12000 Mann angewachsen war, wurde griechischen Offizieren übertragen.

Nach dem Militärputsch vom 21. April 1967 in Griechenland setzte auf Zypern zunächst eine Phase relativer Beruhigung ein. Die griechischen Obristen waren an äußerer Ruhe und an konfliktfreien Beziehungen zu Ankara interessiert, um ihre Macht nach innen zu stabilisieren. Zudem war die griechische Militärjunta, die freundliche Beziehungen zu den USA pflegte, auf wirtschaftliche und militärische Unterstützung der Vereinigten Staaten angewiesen. Sie konnte es sich daher nicht leisten, vom diplomatischen Zypernkonzept Washingtons abzuweichen. Abgesehen davon war Griechenland schon wegen seiner militärischen Unterlegenheit nicht in der Lage, einen Krieg mit der Türkei zu riskieren. Die Athener Obristen hatten seit November 1967 einen großen Teil ihrer regulären griechischen Truppen (etwa 6000 Mann) aus Zypern abgezogen und nur etwa 650 Offiziere dort belassen, um die zyprische Nationalgarde zu befehligen. Mit der Rückkehr von General Grivas nach Zypern[12]) verschlechterte sich allerdings das Verhältnis zwischen dem zyperngriechischen Präsidenten und Regierungschef Makarios und dem griechischen Diktator Georgios Papadopoulos.

Nach dem Sturz von Papadopoulos im November 1973 durch die Armeeführung unter General Faidon Gizikis entstanden neue Spannungen zwischen Makarios und der Junta[13]). Anfang 1974 war es soweit, daß Makarios General Gizikis aufforderte, die 650 noch auf Zypern verbliebenen Offiziere zurückzurufen, da diese ein

---

[11]) Präsident Johnson entsandte nicht nur Teile der Sechsten US-Flotte in die Ägäis, sondern schrieb auch einen berühmt gewordenen Brief an den türkischen Premierminister Inönü, der das amerikanisch-türkische Verhältnis nachhaltig erschütterte. In diesem „brutalen Brief" warnte Johnson die Türkei, daß die USA eine türkische Invasion der Insel auf keinen Fall tolerieren würden und sie im Falle einer Bedrohung durch die Sowjetunion nicht auf die Hilfe der USA mehr zählen könne. Bruce (Anm. 10), S. 123 f. Vgl. auch Hart, P.T.: Two NATO Allies at the Threshold of War. Cyprus: A Firsthand Account of Crisis Management, 1965–1968. Durham, London 1990.

[12]) Grivas kehrte im September 1971 heimlich nach Zypern zurück und bildete aus mehreren Terrorgruppen die neue Untergrundorganisation EOKA-B (als „legitime" Erbin der alten EOKA).

[13]) Der griechische militärische Geheimdienst unterstützte griechische Extremisten auf Zypern, während Präsident Makarios sich auf ein breites Bündnis von bürgerlichen Parteien, Sozialisten und Kommunisten stützte und seine Mißbilligung der griechischen Militärdiktatur öffentlich zum Ausdruck brachte. McDonald, R.: The Problem of Cyprus. (IISS) Adelphi Papers. 234 (Winter 1988/89), S. 13 f.

Komplott gegen ihn planten. Bereits 1971 hatte Makarios mit Hilfe von tschechoslowakischen Waffenlieferungen seine Präsidialgarde ausgerüstet und damit das militärische „Gewaltmonopol" des griechischen „Mutterlandes" unterlaufen. 1973 wurde Zypern zunehmend von einer rechtsextremistischen Terrorwelle heimgesucht, bei der die EOKA-B und die zyperngriechische Nationalgarde Hand in Hand arbeiteten, um den Sturz der Regierung Makarios und den Anschluß an Griechenland vorzubereiten. Den Putschvorbereitungen versuchte Makarios entgegenzuwirken, indem er mit Hilfe seiner Präsidialgarde gegen die EOKA-B vorging. Durch die Ernennung ihm loyaler Offiziere beabsichtigte er zudem, die zyperngriechische Nationalgarde unter seine Kontrolle zu bringen[14].

Am 15. Juli 1974 putschte schließlich die zyperngriechische Nationalgarde gegen ihren eigenen Präsidenten Makarios, der nur knapp einem Attentat entging und mit Hilfe der Briten nach London flüchtete. Die türkische Regierung forderte daraufhin Großbritannien auf, gemeinsam zu intervenieren, um die Verfassung von 1960 wieder in Kraft zu setzen[15]. London weigerte sich jedoch, gegen die Putschisten einzuschreiten und verhinderte sogar zusammen mit den USA eine Verurteilung des Putsches im Weltsicherheitsrat. Die griechische Junta hatte mittlerweile in Zypern eine Marionettenregierung eingesetzt, die sogenannte „kleine Junta". Als „Präsidenten" ernannte sie Nikos Sampson, der umgehend seine Absicht eines Anschlusses Zyperns an Griechenland verkünden ließ[16]. Makarios versuchte, im Rahmen der Vereinten Nationen Druck auf die griechische Junta auszuüben, die jedoch jede Verantwortung für den Staatsstreich bestritt. Beruhigend versprach sie, alle am Putsch beteiligten griechischen Offiziere der zyperngriechischen Nationalgarde absetzen zu lassen.

Aufgrund dieser Vorkommnisse sah sich die türkische Regierung als „Garantiemacht" ihrerseits dazu veranlaßt, auf Zypern militärisch einzugreifen. Am 20. Juli 1974 landeten türkische Truppen (etwa 35000 Mann) im Norden der Insel bei Kyrenia. Ihre Fallschirmjäger drangen bis Nikosia vor, um zunächst die dortige zyperntürkische Hauptenklave zu sichern. Die Athener Junta ordnete daraufhin die Generalmobilmachung an und nahm sämtliche NATO-Anlagen in Griechenland unter ihre Verfügungsgewalt[17]. Der militärische Konflikt geriet in Athen außer Kontrolle, führte bald darauf zur Entmachtung der griechischen Obristen und zur Übernahme der Regierungsgeschäfte durch den konservativen Regierungschef Konstantin Karamanlis. Umgehend stimmte dieser der Einberaumung einer Friedenskonferenz zu, die vom 25. bis 30. Juli 1974 in Genf stattfand.

Mit Karamanlis war die politische Ausgangslage der Genfer Verhandlungen radikal verändert. Anstelle eines des Sturzes von Präsident Makarios beschuldigten

---

[14]) Meinardus, R.: Die Türkeipolitik Griechenlands. Der Zypern-, Ägäis- und Minderheitenkonflikt aus der Sicht Athens (1967–1982), Frankfurt a. M./Bern 1985, S. 146 ff.

[15]) Neue Züricher Zeitung. 18.7.1974.

[16]) Sampson trat bereits am 1. August 1974 vom Präsidentenposten zurück. Glafkos Kliridis, der Präsident der griechischen Abgeordnetenkammer und verfassungsmäßige Stellvertreter von Makarios, wurde als amtierender Präsident der Republik Zypern vereidigt.

[17]) Rühl, L.: Die Zypernkrise von 1974 und der griechisch-türkische Interessenkonflikt, in: Europa-Archiv. 22 (1975), S. 699–710.

und dafür auch politisch mitverantwortlichen griechischen Staatsstreich-Regimes vertrat nun eine neue, an den Ereignissen nicht beteiligte Regierung aus Gegnern der Militärdiktatur die griechische Sache. Griechenland fand sich damit unverhofft in der Lage des „moralisch Stärkeren" wieder[18]). Der Türkei drohte dagegen die diplomatische Isolierung. Angesichts dieser Entwicklung brachte der türkische Außenminister Turan Güneş die zweite Runde der Genfer Konferenz am 14. August 1974 zu einem abrupten Ende. Am 15. August begannen die türkischen Streitkräfte das „Unternehmen Attila", die zweite türkische Militäroperation auf Zypern, in deren Verlauf die Türken im Rahmen dieser Invasion fast 40 Prozent des Inselterritoriums besetzten. Ungefähr 160 000 Zyperngriechen flüchteten oder wurden vertrieben. Die Voraussetzungen für den Aufbau eines türkischen Teilstaates waren so in wenigen Tagen geschaffen worden.

Damit hatte sich die Situation wiederum grundlegend geändert: Von nun an konnten die türkischen Zypern und die Türkei eine Faustpfand-Politik in Form einer hinhaltenden Diplomatie betreiben. Die Zeit arbeitete für sie, und die Chance zu einer Konsolidierung der Teilung Zyperns wuchs von Jahr zu Jahr. Warum sich die Militärdiktatur in Griechenland auf das zyprische Wagnis eingelassen und damit ihr eigenes Grab geschaufelt hatte, ist bis heute nicht geklärt. Die Erklärungsmuster reichen von diplomatischer Unfähigkeit über den angestrebten außenpolitischen Erfolg zur Ablenkung interner wirtschaftlicher Schwierigkeiten bis hin zur imperialistischen Verschwörungstheorie seitens der USA und der NATO[19]).

Während der Führer der zyperntürkischen *community*, Rauf Denktaş, am 13. Februar 1975 den „Türkischen Bundesstaat von Zypern" ausrufen ließ, verweigerte der am 7. Dezember 1974 zurückgekehrte Makarios jede territoriale Konzession. Er betonte, daß eine Lösung der Zypernfrage nur im Rahmen eines zyprischen Einheitsstaates stattfinden könne[20]). Zwischen 1974 und der formellen Unabhängigkeitserklärung der „Türkischen Republik Nordzypern" am 15. November 1983 kam es – abgesehen von unzähligen Verhandlungsrunden und Gipfeltreffen zwischen den Verhandlungsführern der beiden Volksgruppen unter UN-Ägide, die jedoch alle ergebnislos endeten[21]) – in dieser Frage kaum zu Fortschritten. Es schien, als würde der Status quo auf Dauer eingefroren werden, bot er doch den internen und externen Konfliktparteien als Lösungsersatz eine „Erholungspause".

---

[18]) Rühl (Anm. 17), S. 702.

[19]) So soll Henry Kissinger die griechische Junta gegen Zypern mobilisiert und damit bewußt eine türkische Invasion der Insel in Kauf genommen haben, um auf diesem Wege über Ankara zu Stützpunktrechten auf Zypern zu kommen. Solche Konspirationstheorien haben jedoch weder die politische Logik noch den Verlauf der Ereignisse für sich. So konnte es nicht im amerikanischen Interesse liegen, den mühsam eingefrorenen Konflikt zwischen Zyperntürken und -griechen aufzubrechen und damit die gesamte prekäre westliche Position im östlichen Mittelmeer in die Luft zu sprengen. Vgl. hierzu auch Kadritzke, N./Wagner, W.: Im Fadenkreuz der NATO. Ermittlungen am Beispiel Zypern. Berlin 1976.

[20]) Neue Züricher Zeitung. 15. 2. 1975.

[21]) Vgl. z. B. Michael, M. S.: The Road to Vienna: Intercommunal Talks between 1974–1977, in: The Cyprus Review. 4 (Herbst 1992) 2, S. 93–121 und Richmond, O.: Peacekeeping and Peacemaking in Cyprus 1974–1994, in: The Cyprus Review. 6 (Herbst 1994) 2, S. 7–42. Außerdem Groom, A. J. R.: The Process of Negotiation 1974–1993, in: The Political, Social and Economic Development of Northern Cyprus. Hrsg. C. H. Dodd. Huntingdon 1993, S. 15–45.

Auch wenn die „Türkische Republik Nordzypern" bis heute von keinem Staat außer der Türkei völkerrechtlich anerkannt wird, hatte „Präsident" Rauf Denktaş damit doch „Fakten" geschaffen. Seit der formellen Staatsgründung von 1983 existieren demgemäß auf Zypern faktisch zwei Staaten. Eine Lösung ist trotz weiterer Verhandlungsrunden im Rahmen der UNO bislang nicht in Sicht. Inwieweit der in Aussicht gestellte EU-Beitritt neue Bewegung in die seit über zwei Jahrzehnten festgefahrenen Verhandlungen bringen kann, bleibt abzuwarten[22].

III. Streitkräfte

1. Republik Zypern

Die zyperngriechischen Streitkräfte (Nationalgarde) der Republik Zypern bestehen aus 10000 Mann (einschließlich 445 Frauen) und werden seit Beginn von Offizieren des griechischen Truppenkontingents, das seit 1960 zur Verteidigung der Zyperngriechen im südlichen Teil Nikosias stationiert ist, ausgebildet und trainiert (vgl. Tab. 1 und 2). Darüber hinaus hat sich die griechische Regierung im Rahmen der „Gemeinsamen Verteidigungsstrategie" mehrfach freiwillig dazu verpflichtet, im Falle eines türkischen Angriffs auf den unbesetzten Teil der Republik Zypern den Kriegszustand mit der Türkei auszurufen. Die Republik Zypern verfügt z. Z. weder über eine eigene Luftwaffe noch über eine Verteidigungsindustrie. Sie ist deshalb völlig von ausländischen Waffenkäufen abhängig.

Tabelle 1: Die Streitkräfte der Republik Zypern

Umfang der gesamten Nationalgarde (1995/96)[23]:	10000 Mann (einschließlich 445 Frauen), die traditionell unter (festlands)griechischem Oberbefehl stehen.
Wehrpflicht[24]:	26 Monate
Reserve:	88000, davon 45000 erste Reserve (Alter 20–34 Jahre) und 43000 zweite Reserve (Alter 35–50). Das „wehrfähige Alter" beträgt 50 Jahre, bei Offizieren 65 Jahre.
Paramilitärische Kräfte:	3700 Polizeikräfte mit Panzerwagen (Shorland), 1 Kinon Patrouillenboot, 1 BN-2A Flugzeug zur Marineverteidigung,

---

[22] Vgl. Axt, H.-J./Brey, H. (Hrsg.): Cyprus and the European Union. New Chances for Solving an Old Conflict? München 1997 (Südosteuropa-Aktuell, 23).

[23] Vgl. auch die davon abweichenden Angaben bei Boyne, S.: Moves to Settle the Cypriot Problem, in: Jane's Intelligence Review. 7 (1995) 9, S.403–406 und Dokos, Th.: Cyprus, in: The Southeast European Yearbook 1994–95. Hrsg. Hellenic Foundation for European and Foreign Policy (ELIAMEP). Athen 1995, S.331–337.

[24] Kriegsdienstverweigerern wird in der Republik Zypern die Möglichkeit eines „waffenlosen Militärdienstes" angeboten. Dieser Ersatzdienst dauert 36 bis 42 Monate. Es besteht jedoch ein gesetzlicher Vorbehalt, nach dem in Notstandssituationen oder in Zeiten allgemeiner Mobilmachung das Recht auf Ableistung eines alternativen Dienstes außer Kraft gesetzt werden kann. Amnesty International: Jahresbericht 1995, Frankfurt a. M. 1995, S.594.

Gliederungen, Strukturen, Dislozierung:	320 Mann Marinepolizei mit 3 PFI (1 Salamis; 2 Poseidon) und 5 GDR SAB 12 Type Nationalgarde (10 000 Mann) (alle Einheiten sind nach dem Wiener Dokument als „inaktiv"[25]) klassifiziert) 2 leichte Infanteriedivisionen 2 leichte Infanteriebrigaden 2 Hauptquartiere 1 bewaffnete Brigade 2 leichte Infanterieregimenter 1 Bataillon 1 Panzerbrigade 7 Artilleriebataillone
Bewaffnung/Herkunftsland	
Kampfpanzer:	52 (AMX-30B-2)/Frankreich
Gefechtspanzer:	124 EE-9 Cascavelle/Brasilien, 15 EE-3 Jararaca/Brasilien
gepanzerte Fahrzeuge:	27 VAB-VCI/Frankreich, 92 Leonidas/Griechenland, 100 VAB/Frankreich, 12 AMX-VCI
Artillerie-Systeme > 100 mm:	10 M-1944/Rußland, 18 M-101/USA, 54 M-56/Rußland, 12 TR-F1/ohne Angabe, 12 F3/ohne Angabe, 13 Yug M-63/„Jugoslawien", 26 M-2/USA, 116 RT61/ohne Angabe
Boden-Boden-Raketen:	3 MM-40 Exocet/Frankreich
Panzerabwehrwaffen:	45 Milan/Frankreich, 72 Hot/Frankreich
Boden-Luft-Raketen:	24 SA-7/Syrien, Rußland, 30 Mistral/Frankreich
Flugzeuge:	1 BN-2A/USA, 2 PC-9/Schweiz, 1 PA-22/ohne Angabe
Hubschrauber:	3 Bell 206/USA, 4 SA-342/Frankreich, 1 Bell 412/USA, 2 Mi-2/Rußland
Aufrüstungsprogramm[26]):	AMX-30 MBT (aus Griechenland) T-72/80 MBT (aus Rußland) Leonidas APC (aus Griechenland) BMP-3 APC (aus Rußland)

Quelle: International Institute for Strategic Studies: The Military Balance 1995/96. London 1995, S. 83.

Tabelle 2: Das griechische Truppenkontingent

Truppen aus Griechenland:	950 Mann (ELDYK) 2 Infanteriebataillone und zusätzlich ca. 1 300 Offiziere in der zyperngriechischen Nationalgarde

Quelle: International Institute for Strategic Studies: The Military Balance 1995/96. London 1995, S. 83.

---

[25]) Inaktive Einheiten haben in Friedenszeiten weniger als 70 Prozent Sollstärke. Wiener Dokument 1992 der Verhandlungen über Vertrauens- und Sicherheitsbildende Maßnahmen, in: Presse- und Informationsamt der Bundesregierung. Bulletin. 31 (1992), S. 293–308.

[26]) Dokos (Anm. 23), S. 334.

Außen- und Sicherheitspolitik 135

2. „Türkische Republik Nordzypern"

Die Verteidigung der „TRNZ" wird hauptsächlich durch die türkische Armee gewährleistet (vgl. Tabelle 3). Die Verteidigungsausgaben für 1995 werden auf 510–540 Millionen US-Dollar geschätzt[27]). Darüber hinaus hängt die „TRNZ" auch wirtschaftlich völlig am Tropf der Türkei.

Tabelle 3: Die Streitkräfte der „Türkischen Republik Nordzypern"

Umfang der gesamten Streitkräfte (1995/96)[28]):	ca. 4 000 Mann
Wehrpflicht:	24 Monate
Reserve:	2 000, davon 11 000 erste Reserve, 10 000 zweite Reserve, 5 000 dritte Reserve
Gliederungen, Strukturen, Dislozierung:	7 Infanteriebataillone
	3 Patrouillenboote
Türkische Truppen:	30 000 Mann
	Hinzu kommen 4 000 zyperntürkische Soldaten, die unter türkischem Oberbefehl stehen. Damit kommt auf vier Zivilisten ein Soldat. Seit 1974 schwankt die Zahl der in Nordzypern stationierten türkischen Soldaten zwischen 25 000 und 35 000 Mann (Invasionsstärke).
Bewaffnung/Herkunftsland	
Kampfpanzer:	235 M-48A5/USA
gepanzerte Fahrzeuge:	57 M-113/Türkei, 50 M-59/ohne Angabe
Artillerie-Systeme > 100 mm:	105 mm:126, 155 mm: 36, 203 mm: 8

Quelle: International Institute for Strategic Studies: The Military Balance 1995/96. London 1995, S. 83.

3. Britische Streitkräfte

Im griechischen Teil der Insel Zypern unterhält die ehemalige Kolonialmacht, das heutige NATO-Mitglied Großbritannien, zwei souveräne Militärbasen mit insgesamt 3 900 Soldaten (vgl. Tabelle 4). Die britischen Interessen an Zypern sind vor allem geostrategischer Natur. Zypern bildete einst im britischen Kolonialreich ein wichtiges Glied in der Stützpunktkette Gibraltar, Malta und Suez. Mit der Besetzung Zyperns im Jahre 1878 konnte das Vereinigte Königreich seine Stellung im Mittelmeer festigen. Während des Ersten Weltkrieges bot London den Anschluß Zyperns an Griechenland an, falls letzteres auf der Seite der Entente-Mächte gegen das Osmanische Reich in den Krieg einträte, was die griechische Regierung damals jedoch ablehnte. Die ersten Ölfunde im Nahen Osten ließen die strategische Bedeutung Zyperns stärker werden. Die Briten nutzten Zypern als Stationierungsbasis in beiden Weltkriegen und als Aufmarschgebiet für die Intervention im Suez 1956. Nach Artikel 1 des Gründungsvertrages besitzt das Vereinigte Königreich die Souveränität über das Gebiet seiner beiden Militärbasen, welches 2,8 Prozent der Inseloberfläche umfaßt.

---

[27]) International Institute for Strategic Studies: The Military Balance 1995/96. London 1995, S. 83.
[28]) Davon abweichend Boyne (Anm. 23), S. 405.

Tabelle 4: Die britischen Streitkräfte

Umfang (1995/96):	3 900 Mann
Gliederungen, Strukturen, Dislozierung:	2 Infanteriebrigaden, 1 bewaffnete Erkundungsbrigade, 1 Hubschrauberstaffel und 1 Flugzeugabteilung stationiert in zwei souveränen britischen Basen (Dhekelia und Akrotiri).

Quelle: International Institute for Strategic Studies: The Military Balance 1995/96. London 1995, S. 83.

4. United Nations Force in Cyprus (UNFICYP)

Die Geschichte der Aktivitäten der Vereinten Nationen in Zypern kann als außergewöhnlich bezeichnet werden. Kein anderer Regionalkonflikt beschäftigte die UNO so lange wie der Zypern-Konflikt. Es waren vor allem Griechenland und die griechischen Zyprer, die das Thema über 40 Jahre lang auf der Tagesordnung der Vereinten Nationen gehalten haben. Griechenland legte den Streitfall Zypern den Vereinten Nationen zum ersten Mal im Jahre 1954 vor. In einem Brief an den Generalsekretär wurde gefordert, das Recht auf Selbstbestimmung und das Gleichheitsprinzip müßten auf Zypern angewandt und den Inselbewohnern das Recht gegeben werden, sich mit Griechenland vereinigen zu dürfen[29]. Die britische Kolonialmacht bestand demgegenüber auf dem Prinzip der Nichteinmischung. 1957 verabschiedete die Generalversammlung der Vereinten Nationen die erste Zypern-Resolution, welche eine friedliche Lösung des Konfliktes forderte[30].

Am 21. Dezember 1963 brachen in Nikosia Gewalttätigkeiten zwischen zyprischen Griechen und Türken aus. Bereits am 23. Dezember 1963 einigten sich die Führer beider Volksgruppen auf einen Waffenstillstand. Die Kampfhandlungen weiteten sich dennoch aus. Obwohl die NATO ihre „Guten Dienste" (*Good Offices*) anbot, wandte sich Zypern an den Sicherheitsrat der Vereinten Nationen. Großbritannien stellte in den folgenden zwei Wochen eine Friedenstruppe aus Soldaten der drei Garantiemächte zusammen und bildete eine Pufferzone, die sogenannte *Green Line* in Nikosia[31]. Auf einer Konferenz in London am 13. Januar 1964 wurde die Entsendung einer NATO-Friedenstruppe vorgeschlagen. Von Griechenland und der Türkei unterstützt, scheiterte der Vorschlag damals jedoch noch an der Ablehnung durch Präsident Makarios.

Daraufhin beschloß der Sicherheitsrat der Vereinten Nationen mit der Resolution 186 am 4. März 1964 die Entsendung einer *UN Peace-Keeping Force* nach Zypern. Sie wurde mit dem Mandat ausgestattet, ein Wiederaufflammen der Kämpfe zwischen den beiden Volksgruppen zu verhindern und, falls notwendig, zur Wiederherstellung von Recht und Ordnung sowie zur Rückkehr zu normalen Verhält-

---

[29] Doc. A/2703, 2.
[30] GA Res. 1013 (XI) vom 26.2.1957.
[31] Die Demarkationslinie zwischen den von griechischen und türkischen Zyprern bewohnten Teilen Nikosias heißt seit 1964 „Green Line", weil die Trennunglinie damals von den Briten mit grüner Tinte auf dem Stadtplan eingezeichnet wurde. James, A.: Peacekeeping in International Politics. London 1990, S. 227.

nissen beizutragen³²). Diesmal erfolgte kein Widerspruch seitens der Republik Zypern. Die Resolution empfahl die Aufstellung einer UN-Friedenstruppe für den Zeitraum von drei Monaten. Mehr als 30 Jahre später sind nach wie vor UN-Truppen auf Zypern stationiert (vgl. Tabelle 5). Seit dem Sommer 1964 hat der Sicherheitsrat das Mandat in Halbjahres-Abständen verlängert. So lautet beispielsweise die Sicherheitsratsresolution 1000 vom 23. Juni 1995: „Der Sicherheitsrat beschließt das Mandat der UNFICYP in Zypern um einen weiteren, am 31. Dezember 1995 endenden Zeitraum zu verlängern"³³).

Tabelle 5: Die *United Nations Force in Cyprus* (UNFICYP)

Umfang (1994):	1 171 Blauhelme und 35 Zivilpolizisten (UNCIVPOL)
Hauptquartier:	Nikosia
Gliederungen/Strukturen:	3 Infanteriebrigaden
Stationierungsdauer:	seit März 1964
Gesandter des Generalsekretärs und Leiter der Mission:	Joe Clark (Kanada)
Oberkommandierender:	Brigadegeneral Ahti Toimi Paavali Vartiainen (Finnland)

Quelle: United Nations Peace-Keeping Force in Cyprus, in: United Nations Department of Public Information (Hrsg.): United Nations Peace-Keeping, Update December 1994, New York DPI/1306/ Rev. 4, März 1995, S. 8–12.

Am 27. März 1964 wurde erstmals die *United Nations Force in Cyprus* (UNFICYP) auf Zypern stationiert. Australien, Kanada und Großbritannien stellten den Hauptteil der Truppen, die durch Einheiten aus Dänemark, Finnland, Schweden und Irland ergänzt wurden. Obwohl die Truppenstärke zunächst auf weniger als 1500 Mann angelegt war, wuchs UNFICYP innerhalb der ersten drei Monate auf über 6000 Mann an. Die Streitmacht schloß eine kleine multinationale Polizeieinheit von 174 (heute 35) Mann ein – eine Zivilpolizei der Vereinten Nationen (*United Nations Civil Police* = UNCIVPOL), die zum ersten Mal in Zypern eingesetzt wurde. Diese Einheit ist bis heute getrennt von dem Kontingent der UNFICYP-Militärpolizei, deren Aufgabe überwiegend in der Überwachung von UN-Installationen liegt. Demgegenüber ist es die Aufgabe von UNCIVPOL, in zivilen Konflikten zwischen den beiden Volksgruppen zu vermitteln und notfalls einzugreifen.

Ein Briefwechsel zwischen den Vereinten Nationen und der Regierung der Republik Zypern vom 31. März 1964 bildet das Übereinkommen zum Status der Friedensstreitkräfte in Zypern. Die Funktionen und Leitprinzipien von UNFICYP sind in einem *Aide-mémoire* des Generalsekretärs vom 10. April 1964 enthalten³⁴). Sie umfassen die Verhinderung von Kampfhandlungen, die Wiederherstellung gesetzlicher Zustände und die Förderung der Rückkehr in die Normalität. Die UN-Truppen haben sich unparteiisch zu verhalten, dürfen zu politischen Problemen in Zy-

---
[32] S/Res. 186 vom 4. März 1964, in: Vereinte Nationen. 2 (1964), S. 77. Vgl. auch die Erinnerungen des englischen UN-Vertreters Parsons, A.: From Cold War to Hot Peace. UN Interventions 1947–1995. London 1995, S. 167–179.
[33] S/Res. 1000 vom 23. Juni 1995, in: Vereinte Nationen. 5–6 (1995), S. 229.
[34] Doc. S/5653.

pern keine Stellung beziehen und müssen sich aus der Innenpolitik heraushalten. Sie sind bewaffnet, dürfen diese Waffen jedoch nur zur Selbstverteidigung einsetzen. Im Laufe der Jahre verringerte sich das UN-Kontingent kontinuierlich: Von 1965 bis 1968 betrug die Zahl der Blauhelme in Zypern 4 500; von 1969 bis 1972 sank sie dann auf 3500. Nach einer vorübergehenden Aufstockung im Rahmen der Zypernkrise von 1974 auf 4 440 Mann wurde die UN-Truppe bis zum Jahre 1990 auf 2 126 Mann reduziert, wobei Kanada über Jahrzehnte hin den Hauptanteil stellte[35]).

An verschiedenen Orten über die ganze Insel verstreut, war dieses Blauhelmkontingent dennoch nicht in der Lage, die türkische Intervention und Besetzung des Nordteils der Insel zu verhindern. Die türkischen Streitkräfte besetzten im Juli und August 1974 nahezu 37 Prozent der Insel. Mit der Resolution 353 vom 20. Juli 1974 forderte der Sicherheitsrat kraftlos die Einstellung aller Kampfhandlungen, die Beendigung der ausländischen militärischen Intervention, den Abzug des gesamten ausländischen Militärpersonals und die Respektierung der Souveränität Zyperns[36]). Nach einem Waffenstillstandsabkommen am 16. August 1974 wurden die UN-Kontingente in der entmilitarisierten Zone zwischen den beiden Konfliktparteien stationiert und umstrukturiert. Bis Ende 1989 waren die schwedischen, die finnischen und die irischen Kontingente weitgehend abgezogen. 1990 zählte die UN-Truppe nur noch 2 126 Mann; alle Kontingente mit Ausnahme des österreichischen, des australischen und des argentinischen stammten aus NATO-Staaten. Im Dezember 1992 wurde die Truppenstärke von UNFICYP weiter reduziert. Der Abzug eines dänischen Bataillons und die Verringerung der britischen, österreichischen und kanadischen Kontingente (um 198, 63 bzw. 61 Personen) reduzierte die Blauhelmtruppe im November 1994 um weitere 28 Prozent bis auf 1 171 Mann (vgl. Tabelle 6).

Tabelle 6: Die Zusammensetzung der UNFICYP (Stand: November 1994)

Land	Polizei	Soldaten
Argentinien	–	392
Australien	20	–
Finnland	–	2
Großbritannien	396	–
Irland	15	25
Kanada	–	10
Österreich	–	346
Gesamt	35	1 171

Quelle: United Nations Peace-Keeping Force in Cyprus, in: United Nations Department of Public Information (Hrsg.): United Nations Peace-Keeping, Update December 1994, New York DPI/1306/ Rev. 4. März 1995, S. 11.

Ein Grund für die drastische personelle Reduzierung besteht darin, daß UNFICYP seit ihrer Stationierung mit finanziellen Schwierigkeiten zu kämpfen hat. Denn UNFICYP ist die einzige UN-Friedenstruppe, die ausschließlich durch frei-

---

[35]) Tartter, J. R.: National Security, in: Solsten (Anm. 2), S. 211–243, bes. 234.
[36]) S/Res. 353 vom 20. Juli 1974, in: Europa-Archiv. 19 (1974), S. D443 f.

willige Beträge[37]) finanziert wird (vgl. Tabelle 7). Griechenland und die Türkei zahlen dabei die Hälfte der Kosten[38]); die restlichen Mittel werden überwiegend von den Truppenentsendestaaten aufgebracht, d.h. in erster Linie von Großbritannien, Kanada, Österreich und Dänemark. Diese Länder zahlen etwa siebzig Prozent der Beiträge; der Rest sollte ursprünglich aus freiwilligen Beiträgen anderer UN-Mitglieder bestritten werden. Doch aufgrund ausbleibender Spenden haben sich mittlerweile Fehlbeträge von mehr als 200 Millionen US-Dollar angehäuft[39]).

Tabelle 7: Freiwillige Beitragszahlungen (bereits geleistet bzw. zugesichert) ausgewählter UN-Mitglieder für die UNFICYP vom 27. März 1964 bis zum 15. Juni 1993 (Stand: Juni 1993)

Land	Beiträge über eine Million US-Dollar
Australien	3 619 879
Belgien	6 518 517
Dänemark	6 589 328
Deutschland	35 342 346
Finnland	1 050 000
Griechenland	27 620 311
Großbritannien	89 191 363
Italien	11 297 030
Japan	8 000 000
Kuwait	1 000 000
Niederlande	2 518 425
Norwegen	13 798 275
Österreich	6 190 000
Schweden	8 645 000
Schweiz	18 882 373
Türkei	1 839 253
Vereinigte Staaten	234 306 092
Republik Zypern	11 256 359

Quelle: UN Security Council, S/26777, November 22, 1993. Report of the Secretary-General in Connection with the Security Council's Comprehensive Reassessment of the United Nations Operation in Cyprus, S. 28/29.

Seit dem Waffenstillstand von 1974 haben die UN-Truppen regelmäßig den Aufbau und die Dislozierung der zyperngriechischen Nationalgarde und der türkischen bzw. zyperntürkischen Streitkräfte inspiziert. Die Waffenstillstandslinie erstreckt sich 180 Kilometer quer über die Insel. Die Pufferzone zwischen den Linien variiert in der Breite zwischen 20 Metern und sieben Kilometern. Sie bean-

---

[37]) Die anderen UNO-Friedenstruppen werden durch Pflichtbeiträge finanziert: Beobachtermissionen in der Regel aus dem ordentlichen UN-Haushalt, Friedenstruppen aus Sondertiteln. Die Kosten für „Peace-Keeping"-Operationen werden nach einem bestimmten Schlüssel verteilt, wobei ein Vierklassenschema zugrunde gelegt wird, das den fünf Ständigen Sicherheitsratsmitgliedern zusammen einen Anteil von 65 Prozent auferlegt (davon fallen allein auf die USA 30 Prozent). Unser (Anm. 8), S. 85 f.
[38]) Evans, G.: Cooperating for Peace. The Global Agenda for the 1990s and Beyond. St. Leonards 1993, S. 117.
[39]) United Nations Peace-Keeping Force in Cyprus, in: United Nations Department of Public Information (Hrsg.): United Nations Peace-Keeping, Update December 1994, New York DPI/1306/Rev. 4, März 1995, S. 10.

sprucht drei Prozent der Inselfläche, auf der sich fruchtbarstes Weide- und Ackerland sowie einige ethnisch gemischte Dörfer befinden.

Die Hauptaufgabe von UNFICYP besteht in der Überwachung des militärischen Status quo entlang der Waffenstillstandslinie. Zu diesem Zwecke haben die UN-Truppen ein Überwachungssystem, bestehend aus 151 Beobachtungsposten geschaffen, welches ergänzt wird durch regelmäßige Überwachungsflüge und Kontrollgänge. Erschwert wird die Arbeit von UNFICYP durch das Fehlen eines formellen Waffenstillstandabkommens zwischen griechischen und türkischen Zyprern. Als Resultat daraus sehen sich die UN-Truppen jedes Jahr vor Ort mit Hunderten meist leichter Waffenstillstandsverletzungen konfrontiert, die allerdings auch zum Tod von Soldaten aller Seiten und von Zivilpersonen führen können[40]).

IV. Militärdoktrinen und Bedrohungsperzeptionen

Seit der Besetzung des Nordteils der Insel durch die türkische Armee rüstet die Republik Zypern auf, um im Falle eines Krieges den türkischen Streitkräften zumindest solange Gegenwehr bieten zu können, bis die internationale Staatengemeinschaft bzw. Griechenland eingreifen können. Der systematische materielle Aufbau der Streitkräfte und die Beschaffung von modernem Kriegsmaterial fanden jedoch vor allem in den letzten fünf Jahren unter den Präsidenten Vasileiou und Kliridis statt (vgl. Tabelle 8).

Tabelle 8: Die Verteidigungsausgaben der Republik Zypern

Jahr	Ausgaben
1979*	0,36 Millionen US-Dollar
1980	keine Angaben
1981	27,20 Millionen US-Dollar
1982	45,30 Millionen US-Dollar
1983	57,70 Millionen US-Dollar
1984	59,60 Millionen US Dollar
1985	62,20 Millionen US Dollar
1986	116,92 Millionen US-Dollar
1987	121,03 Millionen US-Dollar
1988	124,83 Millionen US-Dollar
1989	155,29 Millionen US-Dollar
1990	304,10 Millionen US-Dollar
1991	284,50 Millionen US-Dollar
1992	477,10 Millionen US-Dollar
1993	492,00 Millionen US-Dollar
1994	368,00 Millionen US-Dollar
1995	411,00 Millionen US-Dollar

* Für die Jahre vor 1979 gibt es in dieser Quelle keine Angaben über die Streitkräfte und Verteidigungsausgaben der Republik Zypern. Die Republik Zypern verfügte zwar über Streitkräfte, eine Armee mit entsprechender Ausrüstung wurde jedoch erst in den Jahren seit 1979 aufgebaut.
Quelle: International Institute for Strategic Studies (Hrsg.): The Military Balance 1979/80 ff., London 1979 ff.

---

[40]) Die Zeit. 9.10.1992.

Die hohen Verteidigungsausgaben der Republik Zypern werden von den Vertretern der türkischen Zyprer verurteilt, weil sie sich im Falle eines Abzuges des türkischen Militärs einer hochgerüsteten (zyperngriechischen) Armee gegenüberständen. Daher bekräftigt „Präsident" Rauf Denktaş ständig, daß Nordzypern keinerlei aggressive Absichten gegenüber der Republik Zypern hege. Dies zeige sich schon daran, daß sich die türkische Armee in den letzten 22 Jahren nicht einen Meter bewegt habe[41]).

Im November 1993 beschlossen Griechenland und die Republik Zypern die Entwicklung einer gemeinsamen Militärdoktrin, welche auch die Nutzung zyprischer Basen durch die griechische Armee vorsehen soll, wie Präsident Klíridis im Juni 1995 deutlich machte[42]). Er betonte auch, daß die jährlichen Verteidigungsausgaben aufgrund der nach wie vor ungelösten Lage auf keinen Fall beschnitten würden. Seit 1994 erheben die Zyperngriechen zudem eine Sondersteuer für den Verteidigungshaushalt, mit der zugleich das Gros der Stationierungskosten für die UNFICYP bezahlt wird. Aufgrund des relativ hohen Wirtschaftswachstums der Republik Zypern mit ihrer boomenden Tourismusindustrie wird sich das Land die hohen Verteidigungsausgaben auch weiterhin leisten können.

Trotz der Modernisierung und Aufrüstung der zyperngriechischen Armee steht es außer Frage, daß die türkische Seite über eine massive militärische Überlegenheit auf der Insel verfügt. Die 30 000 türkischen Soldaten, die im Norden des Landes stationiert sind, verfügen allein über 235 schwere Kampfpanzer vor Ort[43]). Hinzu kommt, daß die Nähe des türkischen Festlandes im Bedarfsfall die schnelle Verlegung von weiteren türkischen Einheiten und Geräten erlauben würde. Die türkischen Streitkräfte wiederum gehören zu den größten und am besten bewaffneten der Welt und haben ihrerseits eine Stärke von über 500 000 Soldaten.

Der Süden und der Norden Zyperns dürften zu einer der am stärksten militarisierten Zonen der Welt gehören. Aufrüstung und zunehmende Konzentration von Waffen und schwerem Gerät werden auch vom Sicherheitsrat der Vereinten Nationen mit zunehmender Besorgnis gesehen. Der entsprechende Passus in der Resolution 1000 (1995) lautet in der deutschen Übersetzung: „Der Sicherheitsrat (...) verleiht seiner Besorgnis Ausdruck über die Modernisierung und Verstärkung der Streitkräfte in der Republik Zypern und das Ausbleiben von Fortschritten auf dem Weg zu einer maßgeblichen Verminderung der Zahl der ausländischen Truppen in der Republik Zypern. Er fordert alle Beteiligten erneut nachdrücklich auf, sich auf eine solche Verminderung und auf die Reduzierung der Verteidigungsausgaben in der Republik Zypern zu verpflichten, um zur Wiederherstellung des Vertrauens zwischen den Parteien beizutragen und einen ersten Schritt im Hinblick auf den Abzug der nichtzyprischen Truppen zu tun. (Der Sicherheitsrat) fordert den Generalsekretär dazu auf, die dahingehenden Bemühungen zu fördern"[44]).

---

[41]) Zitiert nach Boyne (Anm. 23), S. 405.
[42]) Ebenda.
[43]) Military Balance 1995/96 (Anm. 28), S. 83.
[44]) S/Res. 1000 (1995) vom 23. Juni 1995, in: Vereinte Nationen. 5–6 (1995), S. 229f.

Die Einbeziehung Zyperns in die griechische Militärdoktrin[45]) zeigt ebenso wie die unverminderte Aufrüstung Zyperns, Griechenlands und der Türkei, daß die Bedrohungsperzeptionen der beiden NATO-Partner sich weniger gegen „vielgestaltige, schwer vorherseh- und einschätzbare Sicherheitsrisiken der Allianz, die ihrer Natur nach vielgestaltig sind und aus vielen Richtungen kommen"[46]), richten, sondern daß der unmittelbare Nachbar der Adressat der militärischen Anstrengungen beider Staaten ist.

V. Internationale Aktivitäten zur Lösung des Zypern-Konflikts

1. Die Vermittlungsbemühungen der UNO

Im März 1965 wies die Türkei den Bericht des Vermittlers der Vereinten Nationen, Galo Plaza Lasso, an den UN-Generalsekretär zurück, der unter Verwerfung der *Enosis* (Union)- und *Taksim* (Teilung)-Konzepte zu dem Schluß gelangt war, daß die Insel demilitarisiert und die Frage der Gebiete für souveräne Basen später entschieden werden sollte[47]). Im März 1968 legte Makarios dem UN-Generalsekretär Sithu U Thant neue Vorschläge zur Lösung des Konfliktes vor. Zypern sollte als Einheitsstaat bestehen bleiben, in dem die türkischen Zyprer ihre kommunale Autonomie hätten ausüben dürfen. Nach vielen Bemühungen gelang es den Vereinten Nationen, Rauf Denktaş und Glafkos Kliridis zu einer Teilnahme an Volksgruppengesprächen unter der Schirmherrschaft des Sonderbeauftragten des Generalsekretärs, Bibiano F. Osorio-Tafall, zu bewegen. Gesprächsgrundlage war die Übereinstimmung zwischen beiden Verhandlungsführern, daß sowohl die Union mit Griechenland als auch eine Teilung der Insel keine Lösungen bildeten. Die beiden Seiten konnten sich jedoch trotz einiger Annäherungen nicht auf eine Föderation zwischen beiden Volksgruppen einigen, und die Gespräche gerieten bald ins Stocken – ein Schema, nach dem im großen und ganzen auch alle weiteren Zypern-Verhandlungsrunden abliefen.

1972 reaktivierte UN-Generalsekretär Kurt Waldheim die Volksgruppengespräche. Im Laufe dieser Bemühungen kam es – zweieinhalb Jahre nach dem militärischen Einmarsch türkischer Truppen in Nordzypern – im Februar 1977 zu einem ersten Gipfeltreffen zwischen Makarios und Denktaş. Das Ergebnis dieses Treffens war ein Rahmenabkommen, welches Zypern als kommunalen Bundesstaat vorsah, in dem die drei Freiheiten (Bewegungsfreiheit, Siedlungsfreiheit und das Recht, überall Eigentum zu erwerben) gelten sollten. Nach dem Tode von Makarios wurden die Gespräche im Mai 1979 mit seinem Nachfolger Spiros Kyprianou fortgesetzt. Obwohl sich beide Verhandlungsführer auf ein Zehn-Punkte-Memo-

---

[45]) Während des Besuches von Kliridis in Athen (15.–17. November 1993) wurde mit der griechischen Regierung die Einbeziehung des griechischen Teils Zyperns in die griechische Verteidigungsdoktrin vereinbart. Frankfurter Allgemeine Zeitung. 18.11.1993.
[46]) So die Formulierung im neuen strategischen Konzept des Bündnisses, verabschiedet auf der NATO-Gipfelkonferenz in Rom vom 8.11.1991, in: Presse- und Informationsamt der Bundesregierung. Bulletin 128, 13. November 1991, S. 1040.
[47]) Doc. S/6253 vom 26.3.1965.

randum einigen konnten, stockten die Verhandlungen, weil Kyprianou die *Guidelines* nicht in vollem Umfang anerkennen wollte[48]). Es dauerte länger als ein Jahr, bevor die Gespräche unter der Schirmherrschaft des Sonderbeauftragten des Generalsekretärs, Hugo Gobbi, am 8. August 1980 wieder aufgenommen werden konnten und eine neue Runde des Verhandlungsmarathons eingeläutet wurde. Allein zwischen 1980 und 1983 fanden mehr als 250 Sitzungen statt. In dieser Zeit verzichtete die Republik Zypern auf ihre bisherige Praxis, eine jährliche Resolution der Generalversammlung anzustreben, in der die „türkische Invasion" vom Sommer 1974 verurteilt wurde. Bis zum Jahre 1980 hatten Griechenland und die Republik Zypern erfolgreich eine Strategie der Internationalisierung des Zypern-Konflikts angewandt, um durch die ständige Präsentation vor internationalen Gremien Druck auf die Türkei auch wegen ihrer Besetzung Nordzyperns auszuüben und sie zu Zugeständnissen zu bewegen. Diese Politik war der Türkei, die stattdessen für bilaterale Konsultationen plädierte, ein ständiger Dorn im Auge. Als im Mai 1983 sogar die „Bewegung der Blockfreien" eine diesbezügliche Resolution der Generalversammlung anstrebte, brach Rauf Denktaş die Gespräche mit den Zyperngriechen ab und drohte damit, in Nordzypern einen unabhängigen Staat auszurufen. Trotz dagegen gerichteter Bemühungen des neuen Generalsekretärs, Javier Pérez de Cuéllar, wurde dennoch die „Türkische Republik Nordzypern" am 15. November 1983 proklamiert.

Nach der Unabhängigkeitserklärung Nordzyperns verabschiedete der UN-Sicherheitsrat am 18. November 1983 eine von Großbritannien eingebrachte Zypern-Resolution (Nr. 541), in der die einseitige Ausrufung als illegal und völkerrechtswidrig verurteilt und die Zurücknahme der Sezession gefordert wurde. Zudem wurde betont, daß die einseitige Proklamation nicht mit den Verträgen von 1960 vereinbar sei[49]). In einer weiteren Resolution (Nr. 550) verurteilte der Weltsicherheitsrat die völkerrechtliche Anerkennung der „Türkischen Republik Nordzypern" durch die Türkei, den Austausch von Botschaftern zwischen ihnen sowie alle Maßnahmen, die auf eine weitere staatliche Konsolidierung Nordzyperns abzielten. Des weiteren bezeichnete die Resolution eine Ansiedlung von in Varosha (es handelt sich dabei um einen ehemaligen, griechisch besiedelten Vorort von Famagusta) bisher nicht beheimateten Menschen als unzulässig und forderte die Unterstellung dieses Gebietes unter die Verwaltung der Vereinten Nationen[50]).

Im April 1984 unterbreitete der UN-Sonderbeauftragte Hugo Gobbi in Nikosia einen Fünf-Punkte-Vorschlag von Pérez de Cuéllar zur Wiederaufnahme der Volksgruppengespräche über die Bildung einer Föderation. Im einzelnen sahen die Vorschläge folgendes vor:

1. Verzicht der Zyperngriechen auf die Internationalisierung des Konfliktes;
2. keine weiteren Schritte, welche die Unabhängigkeit von Nordzypern vorantreiben könnten;

---

[48]) In dem Zehn-Punkte-Memorandum wurde u. a. die Demilitarisierung der Republik ins Auge gefaßt.
[49]) S/Res. 541 vom 18. November 1983, in: Vereinte Nationen. 2 (1984), S. 69 f.
[50]) S/Res. 550 vom 11. Mai 1984, in: Vereinte Nationen. 3 (1984), S. 59 f.

3. keine Verstärkung der militärischen Präsenz, weder quantitativ noch qualitativ, auf beiden Seiten;
4. Unterstellung des Ortes Varosha unter UN-Kontrolle, um die Rückkehr der ehemaligen Einwohner wieder zu ermöglichen;
5. ein Gipfeltreffen zwischen Kyprianou und Denktaş zur Wiederaufnahme der Gespräche.

Von nun an bemühte sich UN-Generalsekretär Javier Pérez de Cuéllar um die Erarbeitung eines konkreten Vertragsentwurfs. Im Januar 1985 fand ein weiteres vom UN-Generalsekretär vermitteltes Gipfeltreffen statt, auf dem dieser Entwurf vorgelegt wurde. Er fand jedoch auf Seiten der türkischen Zyprer u. a. deshalb keine Zustimmung, weil er zahlreiche Elemente der gescheiterten Verfassung von 1960 enthielt. Im März 1986 legte Pérez de Cuéllar einen weiteren Vertragsentwurf vor, der sich jedoch nach einer „Überarbeitung" durch Denktaş diesmal für die griechischen Zyprer als inakzeptabel erweisen sollte.

Im Februar 1988 gewann überraschend Georgios Vasileiou die Präsidentschaftswahlen der Republik Zypern und willigte drei Monate später in direkte Verhandlungen mit Denktaş ein. Ausgangspunkt sollte das seinerzeit von Makarios und Denktaş gemeinsam erarbeitete Rahmenabkommen von 1977 sein[51]. Nach über dreieinhalb Jahren intensiver diplomatischer Vorarbeiten trafen sich am 24. August 1988 die Führer der beiden zyprischen Volksgruppen, Rauf Denktaş und Georgios Vasileiou, am Verhandlungstisch in Genf. Dieses Treffen wurde im wesentlichen durch die Bemühungen von UN-Generalsekretär Pérez de Cuéllar und seines neuen Sonderbotschafters für Zypern, Oscar Camilion, ermöglicht. Aber auch die Wahl Vasileious, der nicht zur etablierten politischen Machtelite des Landes zählte, war dazu angetan, zu einer Neubelebung des Dialogs zu führen. Im Kommuniqué des UN-Generalsekretärs, das als Geschäftsgrundlage für die Verhandlungen dienen sollte, hieß es dazu: „Die beiden Führer erklärten sich bereit, ohne Vorbedingungen zusammenzukommen, um zu versuchen, bis zum 1. Juni 1989 eine Verhandlungslösung für alle Aspekte des Zypern-Problems zu erreichen"[52]. Den UN-Vermittlern ging es vor allem darum, die beiden Kontrahenten einander näher zu bringen. Die Verhandlungen erbrachten jedoch keine nennenswerten Fortschritte.

Um Bewegung in die festgefahrenen Verhandlungen zu bringen, präsentierte der UN-Generalsekretär Javier Pérez de Cuéllar im Juli 1989 ein eigenes Konzept (*set of ideas*), in dem er seine Vorstellungen für eine umfassende Lösung des Zypern-Konflikts zusammenfaßte (Wiedereröffnung des Flughafens von Nikosia unter UN-Kontrolle, Abzug aller schweren Waffen von der Demarkationslinie, Rückgabe von Varosha an die Republik Zypern). Gerade diese detaillierten Vorschläge waren es jedoch, die die Verhandlungen wieder einmal in eine Krise führten, weil keine der beiden Seiten die UN-Vorschläge vollständig übernehmen

---

[51]) In diesem Rahmenabkommen wurde eine unabhängige, nicht-paktgebundene, bi-kommunale und föderative Republik angestrebt. UN-Doc. S/12323.
[52]) Zitiert nach Meinardus, R.: Wenig Bewegung in der Zypern-Frage, in: Europa-Archiv. 1 (1990), S. 29–36, bes. 34.

wollte. Als Denktaş dann auch noch das Mandat des UN-Generalsekretärs in Frage stellte, beendete Pérez de Cuéllar die Verhandlungen vorzeitig.

In der vom Sicherheitsrat einstimmig angenommenen Resolution 750 vom 10. April 1992[53]) wurden die griechischen und die türkischen Zyprer dann erneut aufgefordert, eine baldige Verhandlungslösung auf Grundlage der *set of ideas* für die Zukunft der Insel zu finden. Die daraufhin im Juni 1992 unter Leitung des neuen UN-Generalsekretärs Boutros Boutros-Ghali aufgenommenen Gespräche zwischen Staatspräsident Vasileiou und dem türkischen Volksgruppenführer Denktaş endeten bereits im November, obwohl es in der Frage der Gestaltung eines zukünftigen Bundesstaates auf Zypern zu einer Annäherung der Positionen kam. Der UN-Sicherheitsrat machte daraufhin am 25.11.1992 in einer einstimmig angenommenen Resolution (Nr. 789) vorwiegend die kompromißlose Haltung der zyperntürkischen Seite für den Mißerfolg verantwortlich[54]). Zugleich wurden jedoch auch beide Volksgruppen aufgefordert, die von Boutros-Ghali vorgeschlagenen „vertrauensbildenden Maßnahmen" (*Confidence Building Measures* = CBM) umgehend einzuleiten (u. a. Abzug aller ausländischen Truppenkontingente, Räumung der Pufferzone, Förderung persönlicher Kontakte und bi-kommunaler Projekte zwischen zyprischen Griechen und Türken).

Am 24. Mai 1993 war es dann so weit, daß die bisher immer wieder gescheiterten Gespräche diesmal zwischen dem neu gewählten Präsidenten der Republik Zypern Kliridis und Rauf Denktaş in New York erneut aufgenommen werden konnten. Aber bereits am 7. Juni mußten sie unterbrochen werden, um dem Führer der türkischen Volksgruppe Gelegenheit zu geben, über die von Boutros-Ghali vorgeschlagenen vertrauensbildenden Maßnahmen (CBM) zu beraten. Während Kliridis diese Vorschläge sofort annahm, legte der immer skeptischer werdende und sein Teilungskonzept der Insel energisch verfechtende zyperntürkische Volksgruppenführer und „Präsident der TRNZ", Rauf Denktaş, am 5. Juli 1993 sein Verhandlungsmandat nieder. Er ließ verkünden, daß er nicht länger gewillt sei, sich vom türkischen Mutterland, von der UNO, oder sonst irgend jemandem unter Druck setzen zu lassen[55]). Am 17. Februar 1994 wurden die von der UNO vorgeschlagenen Gespräche über die CBM zwischen Denktaş und Kliridis in Nikosia wieder aufgenommen. Bald mußten sie jedoch erneut am Widerstand von Denktaş scheitern. In seinem Bericht an den UN-Sicherheitsrat stellte Boutros-Ghali verbittert fest, daß für eine Verhandlungslösung des Zypernproblems ganz offenkundig der dafür erforderliche politische Wille auf zyperntürkischer Seite nicht vorhanden wäre. Weiter regte der Generalsekretär an, die auf Zypern stationierten Friedenstruppen der Vereinten Nationen abzuziehen. Er begründete dies u. a. damit, daß die dafür von der Weltorganisation aufgewendeten Mittel der Lösung an-

---

[53]) S/Res. 750 vom 10. April 1992, in: Vereinte Nationen. 3 (1992), S. 114f.

[54]) „Der Sicherheitsrat stellt fest, daß bei den letzten gemeinsamen Treffen das angestrebte Ziel nicht erreicht worden ist, insbesondere da bestimmte von der zyperntürkischen Seite vertretene Standpunkte in grundlegendem Widerspruch zu dem Ideenkatalog standen." S/Res. 789 vom 25. November 1992, in: Vereinte Nationen. 3 (1993), S. 123.

[55]) Süddeutsche Zeitung. 7.7.1993.

derer Konflikte zugute kommen könnten[56]). Die unverhüllte Abzugsdrohung Boutros-Ghalis zeigte auch den zunehmenden Frust, der die Vereinten Nationen angesichts des jahrzehntelangen Verhandlungsmarathons zu überkommen schien. Dennoch wurden die Vermittlungsbemühungen seitens der UNO fortgesetzt.

Zwischen dem 18. und dem 31. Oktober 1994 trafen sich Denktaş und Kliridis wiederum auf Vermittlung von UN-Generalsekretär Boutros-Ghali, um die Umsetzung der von ihm angeregten vertrauensbildenden Maßnahmen zu erörtern. Schließlich reiste auch der neue UN-Sondergesandte für Zypern, Joe Clark, im März und Mai 1995 zu Gesprächen in die Region. Trotz aller Vermittlungsbemühungen seitens der UNO gerieten die Gespräche ein weiteres Mal ins Stocken. Boutros-Ghali stellte diesmal in seinem jährlichen Bericht an die Generalversammlung fest:

The continuing support of the members of the Security Council for the efforts of my mission of good offices has been particulary encouraging. But I regret that, in spite of the presence on the negotiation table of almost all elements required for a just and lasting settlement, the negotiation process again appears to be blocked.[57])

Der ehemalige UN-Generalsekretär Kurt Waldheim bezeichnete den Zypern-Konflikt einmal zu Recht als „eines der kompliziertesten und am meisten emotionsgeladenen Probleme unserer Zeit"[58]). Dementsprechend entwickelten sich die UN-Vermittlungsbemühungen zur Lösung der Zypernfrage im Laufe der Jahrzehnte gleichsam zur „diplomatischen Tragödie", die bereits so viele „Vorstellungen" erlebt hat, daß sich zunehmend auch die zyprische Bevölkerung von ihnen abwendet. Dennoch bleibt ein Abzug der UNFICYP unwahrscheinlich. Zu groß ist nach wie vor die Gefahr, daß die Feindseligkeiten zwischen Griechen und Türken erneut ausbrechen könnten.

Manchmal wird der UNO allerdings der Vorwurf gemacht, sie trage durch ihre Truppen vor Ort zur Einfrierung des Status quo bei. Andererseits heißt es, daß die Konfliktparteien mittlerweile mit der Teilung ganz gut leben könnten, da sie sie vom Zwang einer politischen Lösung entbinde[59]). Vor dem historischen Hintergrund des Zypern-Konfliktes sind derartige Argumente jedoch wenig schlüssig, denn ein Abzug der UNFICYP würde mit großer Sicherheit konfliktverschärfend wirken. Dies gilt auch für den Vorschlag, die Aufgabe der UN-Blauhelme an die Konfliktparteien vor Ort zu delegieren, d. h. die Waffenstillstandslinie müßte dann gemeinsam von Einheiten der griechischen und türkischen Zyprer überwacht werden[60]). Eine solche Vereinbarung würde voraussetzen, daß beide Seiten mit dem Status quo zufrieden sind. Dies trifft jedoch auf die Zyperngriechen ganz offensichtlich nicht zu. Auch bei diesem Vorschlag wäre also die Gefahr einer Eskala-

---

[56]) Frankfurter Allgemeine Zeitung. 8.6.1994.
[57]) Report of the Secretary-General on the Work of the Organization, 22 August 1995, A/50/1, S. 89.
[58]) Zitiert nach Meinardus, R.: Eine neue Phase im Zypernkonflikt, in: Europa-Archiv. 10 (1984), S. 297–306, bes. 299.
[59]) James (Anm. 31), S. 235 und Brey, H.: Auf der Suche nach einer Lösung des Zypernproblems: Optionen und Hindernisse, in: Südosteuropa Mitteilungen. 34 (1994) 2, S. 9–21, bes. 12 ff.
[60]) James (Anm. 31), S. 236.

tion des Konfliktes zu erwarten. Es bleibt festzuhalten, daß es keine Alternative zum UN-Mandat auf Zypern gibt, solange keine politische Lösung des Konfliktes erreicht ist.

2. Die Sicherheitsinteressen der NATO

Konnten schon von den Vereinten Nationen hinsichtlich des Zypern-Konflikts wenig mehr als unverbindliche Empfehlungen, Ratschläge und die Aufstellung einer neutralen Wachtruppe mit begrenztem Auftrag erreicht werden, so tat sich die NATO mit dem internen Krisenmanagement noch schwerer. Hier zeigt sich der Unterschied zwischen einem System kollektiver Sicherheit und einem kollektiven Verteidigungssystem. Das erstere ist nach innen gerichtet, d.h. es soll alle Mitglieder gegen jeden von ihnen, der zum Angreifer werden sollte, schützen. Demgegenüber setzt ein System der kollektiven Verteidigung, d.h. eine Allianz oder ein Militärbündnis, eine zwar nur hypothetische, aber im Grunde doch konkrete Freund-Feind-Konstellation voraus. Es schließt die Verbündeten gegen außenstehende Mächte zusammen.

Im Streit zweier Verbündeter kann es (das Bündnis) keine Entscheidung, weder politisch noch gar militärisch, für oder wider einen der streitenden Verbündeten treffen, ohne zumindest den verurteilten Verbündeten damit auszuschließen.[61]

Der NATO war und ist daher eine Entscheidung für oder gegen eines ihrer Mitglieder – Griechenland oder die Türkei – qua Definition unmöglich. Seit dem Beitritt der Türkei und Griechenlands zur NATO im Jahre 1952 hatte sich die Allianz zwar bemüht, die historischen Streitigkeiten zwischen beiden Bündnispartnern beizulegen. Dies schien zunächst auch möglich, da die historischen Feindseligkeiten und Animositäten angesichts der gemeinsamen „Bedrohung aus dem Norden" in Gestalt der Sowjetunion zurücktreten mußten. Im Zuge der Entspannungspolitik Anfang der 1970er Jahre verlor jedoch die kommunistische Gefahr ihren Schrecken. Seit der Zypern-Krise von 1974 veränderte sich entsprechend die Hierarchie der nationalen Sicherheitsbedürfnisse beider Länder.

Das gemeinsame Bedrohungsbild der verbündeten Länder ist am Horizont der Levante überblendet von den grellen traditionellen Feindbildern der Vergangenheit, die 1974 wieder Gestalt annahmen und seither die aufgereizte Phantasie der beiden Völker beschäftigen.[62]

Der türkische Einmarsch in Zypern 1974 hatte sofortige Rückwirkungen auf den inneren Zusammenhalt der Atlantischen Allianz. Sowohl Griechenland als auch die Türkei äußerten sich dahingehend, daß eine Zusammenarbeit mit dem jeweils anderen Staat für sie unzumutbar geworden sei[63]. Während die Türkei jedoch weiterhin die guten Beziehungen zu den übrigen Alliierten unterstrich, ging

---

[61] Rumpf, H.: Zypern als internationaler Modell-Konflikt, in: Außenpolitik. 32 (1981) 2, S. 174–185, bes. 181.
[62] Rühl, L.: Der Zypern-Konflikt, die Weltmächte und die europäische Sicherheit, in: Europa-Archiv. 1 (1976), S. 19–30, bes. 30.
[63] Chipman, J.: NATO's Southern Allies: Internal and External Challenges. London/New York 1988, S. 134.

die griechische Regierung auf Distanz zur NATO. Die Allianz war in Griechenland nicht zuletzt wegen ihrer nahezu reibungslosen Zusammenarbeit mit dem Militärregime, dem sie überdies zur Legitimation nach außen gedient hatte, in Verruf geraten[64]). Im August 1974 kündigte die Regierung Karamanlis ihren Rückzug aus dem militärischen Teil der NATO-Integration an[65]), und die griechischen Streitkräfte wurden aus dem NATO-Verband zurückgezogen. Die Lähmung der NATO-Frühwarn- und Luftabwehrführungssysteme war die Folge. Damit waren auch die direkten Flugverbindungen zwischen Westeuropa und der Türkei unterbrochen. Ebenso konnten die militärischen Anlagen in Griechenland nicht mehr für NATO-Zwecke, sondern nur noch für einzelne Verbündete nach besonderer Absprache genutzt werden[66]). Zudem verlagerten sich die griechisch-türkischen Divergenzen nach 1979 zunehmend weg von Zypern in Richtung auf den Ägäis-Streit.

Mit dem Ende des Ost-West-Konfliktes und der Auflösung der Sowjetunion verlor die NATO ihre ursprüngliche Aufgabe: die Abschreckung der scheinbar übermächtigen UdSSR. Übrig blieben Unwägbarkeiten und diffuse Risiken vom Krisengürtel Nordafrikas und des Nahen Ostens bis hin zu den zentralasiatischen Nachfolgerepubliken der Sowjetunion. Aus diesem Grunde kommt der Türkei im NATO-Kalkül nach wie vor eine enorme strategische Bedeutung zu[67]). Trotz Menschenrechtsverletzungen und Kurdenfrage ist die Türkei nicht nur für die NATO, sondern auch für die EU ein bequemerer Partner als Griechenland. Sie hat sich nicht nur während des Zweiten Golfkrieges als loyaler Partner erwiesen; auch danach hat Ankara gegenüber der Allianz eine konstruktive Politik betrieben. Demgegenüber hat Griechenland bei den Entscheidungen im Hinblick auf Bosnien und Mazedonien eine Obstruktionspolitik betrieben und zunehmend den Unmut seiner westlichen Verbündeten und Partner auf sich gezogen[68]).

Auch wenn die NATO versuchte, im Rahmen ihrer Ratstagungen die Gespräche zwischen Griechenland und der Türkei in Gang zu bringen, so kann man doch sagen, daß die westliche Allianz bei den internationalen Bemühungen zur Beilegung des Zypern-Konfliktes eine eher untergeordnete Rolle spielte. Demgegenüber waren es neben den Vereinten Nationen und der ehemaligen Kolonial- und Zypern-Garantiemacht Großbritannien vor allem die Vereinigten Staaten, die vermittelnd tätig wurden. Die Supermacht USA ließ als Führungsmacht der NATO und auf-

---

[64]) Andererseits hatte die Zusammenarbeit in der NATO auch zur Mäßigung der Innenpolitik der Militärdiktatur beigetragen und sie zu zahllosen Zugeständnissen in Einzelfällen veranlaßt. Des weiteren hatten die NATO und die alliierten Regierungen versucht, die Obristen durch anhaltenden Druck zur Rückkehr zur Demokratie zu bewegen.

[65]) Im Gegensatz zu Frankreich, welches 1967 aus der militärischen Struktur der NATO ausgetreten war, nahm der Vertreter Griechenlands jedoch nach wie vor an den Sitzungen des NATO-Militärausschusses teil. Griechenland kehrte 1979 wieder in die militärische Integration des Bündnisses zurück.

[66]) Vgl. Couloumbis, T. A.: The United States, Greece, and Turkey. The Troubled Triangle. New York 1983.

[67]) Steinbach, U.: Die Türkei im 20. Jahrhundert. Schwieriger Partner Europas. Bergisch Gladbach 1996, S. 292–301.

[68]) Becher, K.: Kriegsverhütung in Mazedonien, in: Loyal. 1 (1996), S. 8–10.

grund ihrer strategischen Interessen in der Region mehrfach ihren Einfluß spielen, um die Türkei von einer Invasion auf Zypern zurückzuhalten[59]). Mit dieser Drohpolitik waren die USA sowohl 1964 als auch 1967 erfolgreich gewesen. Sowohl in Nikosia als auch in Athen ging man irrtümlicherweise davon aus, daß Washington dieser Strategie treu bleiben würde, und die Türkei dadurch zum Einlenken gezwungen wäre, da sie keine andere Alternative zu ihrer Bindung an den Westen habe. Die Zypernkrise von 1974 ereignete sich jedoch im Rahmen einer besonderen internationalen Konstellation. So war die US-Regierung und damit deren gesamte Außen- und Sicherheitspolitik durch die Watergate-Affäre weitgehend paralysiert. Zudem befanden sich die USA als Führungsmacht der NATO in dem Dilemma, weder den einen noch den anderen Bündnispartner vor den Kopf stoßen zu wollen. Auf Druck der Abgeordneten im Kongreß und gegen den Willen der Regierung wurde jedoch im August 1974 ein Waffenembargo gegenüber der Türkei verhängt[70]).

Die US-Initiativen zeigten sich in der Folgezeit eng mit den UN-Vermittlungsbemühungen abgestimmt[71]). Sowohl Amerikaner als auch Briten unterstützen die Bemühungen der UN-Generalsekretäre. Inwieweit sich Präsident Clinton nach seinen Bemühungen im Nahen Osten, in Bosnien und Nordirland auch der Zypernfrage annehmen wird, bleibt abzuwarten. Zumindest wurde im November 1997 wieder ein Sonderemissär der Regierung Clinton, Richard Holbrooke, für weitere Sondierungen nach Nikosia geschickt. Ebenso waren bereits seit dem Sommer 1996 verstärkte Reisetätigkeiten hochrangiger Vertreter der US-Regierung in Athen, Nikosia und Ankara zu verzeichnen, ohne daß bisher ein wirklicher Durchbruch gelungen wäre.

3. Die Rolle Griechenlands und der Türkei

Der Konflikt um die Mittelmeerinsel Zypern ist ohne die Rolle der regionalen Mächte nicht zu verstehen. Eine Lösung ist zwar in erster Linie von einer Übereinstimmung zwischen beiden zyprischen Volksgruppen, der türkischen und der griechischen, abhängig. Zugleich erfordert ein solcher Schritt aber auch ein gewandeltes Verhältnis zwischen den beiden ungleichen NATO-Partnern Griechenland und Türkei. Trotz einer Reihe vertrauensbildender Maßnahmen zwischen den beiden Staaten sind die bilateralen Beziehungen nach wie vor weit davon entfernt, als konfliktfrei zu erscheinen. Daran konnte auch die vorübergehende Entspannung („Geist von Davos") im Jahre 1988/89 nichts ändern.

---

[69]) Zur Zypernpolitik der USA vgl. Laipson, E.: The United States and Cyprus: Past Policies, Current Concerns, in: Cyprus: A Regional Conflict and its Resolution. Hrsg. N. Salem. New York 1992, S. 90–99 und Stearns, M.: Entangled Allies. U.S. Policy Toward Greece, Turkey, and Cyprus. New York 1992.
[70]) Hicks, S./Couloumbis, T.: The „Greek Lobby": Illusion or Reality?, in: Ethnicity and U.S. Foreign Policy. Hrsg. E. Said. 2. Auflage. New York 1981, S. 63–95.
[71]) So auch der amerikanische 12-Punkte-Plan von 1978, der von der zyperngriechischen Seite jedoch abgelehnt wurde.

Für die Türkei ist Zypern vor allem von sicherheitspolitischer Bedeutung. Sollte Ankara seinen Einfluß auf der Insel verlieren, Zypern gar griechisch werden, wäre die Türkei in ihrer eigenen Wahrnehmung an der gesamten Küste im östlichen Mittelmeer von griechischem, also traditionell feindlichem Gebiet umgeben. Schon allein aus diesem Grunde konnte sich Rauf Denktaş über Jahrzehnte hinweg der nahezu uneingeschränkten Unterstützung der Türkei sicher sein[72]). Im Gegensatz zur Türkei kommen im Verhältnis Athens zu Nikosia eher historische, politische und psychologische Motive zum Tragen. Für Griechen gehört es seit dem 19. Jahrhundert zu ihrer nationalstaatlichen Ideologie, daß Zypern selbstverständlich ein Teil Griechenlands sei: 80 Prozent der Einwohner, also die eindeutige Bevölkerungsmehrheit auf der Insel, ist griechischsprachig und verfügt über historisch gewachsene kulturelle Bindungen zum Griechentum auf dem Festland. Trotz einer nach 1974 erheblich zunehmenden Selbständigkeit aller Regierungen der Republik Zypern gegenüber Athen, haben beide Staaten in außen- wie sicherheitspolitischer Hinsicht ein gemeinsames Bedrohungsgefühl: die stete Furcht vor potentiellen aggressiven Intentionen des türkischen Militärs. In der griechischen Lesart tragen daher die Regierungen in Ankara die volle Verantwortung für die anhaltende Teilung der Insel[73]).

Der türkisch-griechische Konflikt hat jedoch auch andere Facetten. Eine davon bildet der Konflikt in der Ägäis. Dabei geht es nicht nur um die Ausdehnung der Hoheitsgewässer, sondern auch um Fragen des Luftraumes und um vermutete submaritime Ölvorkommen[74]). Bislang beanspruchen beide Länder sechs Seemeilen Hoheitsgewässer vom Festlandssockel aus. Die Türkei wirft Griechenland vor, diese Zone auf die (heute üblichen) zwölf Seemeilen ausdehnen zu wollen[75]). Im kleinräumigen Inselreich der Ägäis hätte die Ausdehnung der griechischen Hoheitsgewässer von sechs auf zwölf Seemeilen für die Türkei erhebliche Folgen: Die internationalen Gewässer würden drastisch reduziert und die westtürkischen Häfen davon so abgeschnitten, daß die Türkei gezwungen wäre, ihren Schiffsverkehr über Griechenland abzuwickeln. Außerdem könnte die Türkei in der Ägäis keine militärischen Manöver mehr durchführen, ohne griechisches Gebiet zu tangieren. Im Juni 1994 drohte daher die Türkei, daß sie, falls Griechenland eine Ausdehnung der Seemeilenzone in Erwägung ziehen sollte, dieses als *casus belli* ansehen würde[76]). Auch im bosnischen Bürgerkrieg sind die Interessen der beiden Staaten klar verteilt. Während es ein offenes Geheimnis ist, daß Griechenland Sympathien

---

[72]) Die Türkei steuert jedes Jahr etwa die Hälfte zum Bruttosozialprodukt von Nordzypern bei.

[73]) Aristotelous, A.: Disarmament and Confidence Building Measures in Cyprus, in: The Southeast European Yearbook 1994–95. Hrsg. Hellenic Foundation for European and Foreign Policy (ELIAMEP). Athen 1995, S. 319–329.

[74]) Schoch, B.: Wie friedensfähig ist Westeuropa? Nationalismen, Revisionismen und Minderheitenkonflikte in der EU, in: Friedensgutachten 1995. Hrsg. R. Mutz/B. Schoch/F. Solms. Münster 1995, S. 74–88.

[75]) Vgl. Art. 24 II des Genfer Übereinkommens über das Küstenmeer und die Anschlußzone, in: Völkerrechtliche Verträge. Hrsg. A. Randelzhofer. 6. Auflage. München 1994, S. 309.

[76]) Frankfurter Allgemeine Zeitung. 23.6.1994.

für die serbische Seite hegt, unterstützt die Türkei die bosnischen Muslime[77]). Zypern stellt damit nur ein Glied – wenn auch eines mit hohem Symbolwert – in einer ganzen Reihe von bilateralen Konflikten dar.

Die Befürchtungen der türkischen Elite, daß die Türkei nach dem Ende des Ost-West-Systemgegensatzes und dem Zerfall der Sowjetunion ihre herausgehobene strategische Bedeutung als Bollwerk des Westens an der Südostflanke der NATO verlieren könnte, haben sich als unbegründet erwiesen. Das Gegenteil ist vielmehr richtig: Immer mehr Beobachter und Strategen sehen in der Türkei das Verbindungsglied des Westens zwischen Europa, Asien und dem Nahen Osten[78]). Sowohl die EU als auch die USA haben nach dem Ende des Kalten Krieges ein gesteigertes Interesse an der Türkei gezeigt: als einem Land, dem bei der politisch-strategischen Neuordnung der eurasischen Welt eine Schlüsselrolle zufallen werde. Während die strategische Lage der Türkei als kommende politische, militärische und für die zentralasiatischen Nachfolgerepubliken der Sowjetunion auch kulturelle Regionalmacht[79]) an Bedeutung gewonnen hat, ist die strategische Bedeutung Griechenlands dagegen im Schwinden begriffen. Athen besitzt aber aufgrund seiner Mitgliedschaft in der EU nach wie vor ein nicht zu unterschätzendes Vetorecht, mit dem es die von der Türkei angestrebte Zusammenarbeit und Annäherung an die EU blockieren oder zumindest zeitweise behindern kann[80]).

4. Die Stellung der EU

Mit der Europäischen Union hat sich ein weiterer Krisenmanager in das Feld der internationalen Vermittler eingereiht. Man kann seit 1988 geradezu von einer „Europäisierung" der Zypernfrage sprechen[81]). Vor allem die Republik Zypern und Griechenland erhoffen sich von einer EU-Mitgliedschaft die Unterstützung der anderen „Europäer" bei der Lösung des Zypernproblems. Auf ihrem Ratstreffen auf Korfu im Juni 1994 und auf dem Gipfeltreffen in Essen am 10./11. Dezember 1994 benannte die EU die Kandidaten der nächsten Erweiterungsrunde:

Der Europäische Rat ersucht den Rat und die Kommission, alles zu tun, damit die Verhandlungen mit Malta und Zypern über die vierten Finanzprotokolle, mit denen insbesondere die Bemü-

---

[77]) Lock, P.: Wer rüstet den Balkan auf? Waffen und Kriege im ehemaligen Jugoslawien, in: Sozialismus. 1 (1996), S. 30–37.
[78]) Kramer, H.: Die Türkei: Eine Regionalmacht mit Zukunft?, in: Weltordnung oder Chaos? Beiträge zur internationalen Politik. Hrsg. A. Zunker. Baden-Baden 1993, S. 109–125.
[79]) Das Projekt der Schwarzmeer-Wirtschaftskooperation, die auf Initiative der Türkei 1992 ins Leben gerufen wurde, und das Gipfeltreffen der türkischsprachigen Staaten 1994 in Ankara zeigen, daß sich die Türkei ihrer gewachsenen Bedeutung durchaus bewußt ist.
[80]) Zervakis, P.: The Accession of Cyprus to the EU: The Greek Viewpoint, in: Axt/Brey (Anm. 22), S. 137–150.
[81]) Meinardus, Bewegung (Anm. 52), S. 35/36. Zur Geschichte der Beziehungen Zyperns mit der EU vgl. Axt, H.-J.: Zypern – ein Beitrittskandidat der Europäischen Union. Implikationen für die Insel, die Region und die Union, in: Südosteuropa. 44 (1995) 5, 259–279 und Redmond, J.: The Next Mediterranean Enlargement of the European Community: Turkey, Cyprus and Malta? Aldershot 1993.

hungen Maltas und Zyperns um bessere Voraussetzungen für die Integration in die Europäische Union unterstützt werden sollen, zu einem raschen Abschluß gebracht werden können. Der Europäische Rat stellt fest, daß die nächste Erweiterungsphase der Union unter diesen Bedingungen Zypern und Malta umfassen wird. Der Europäische Rat (...) bekräftigt erneut, daß jedwede Lösung der Zypern-Frage die Souveränität, Unabhängigkeit, territoriale Unversehrtheit und Einheit des Landes in Übereinstimmung mit den einschlägigen Resolutionen der Vereinten Nationen und den Vereinbarungen auf hoher Ebene respektieren muß.[82])

Ein Beitritt Zyperns in die Europäische Union würde zweifellos Folgen für den Zypern-Konflikt haben. Der „Präsident der TRNZ" Denktaş drohte bereits damit, daß ein einseitiger Beitritt des „Südens" zur Europäischen Union, zum Anschluß des Nordens an die Türkei führen werde. Obwohl Zypern die Kriterien für eine Mitgliedschaft in der Europäischen Union erfüllt, sehen deshalb viele EU-Mitglieder dem Beitritt Zyperns mit Sorge entgegen[83]). Die Regierung der Republik Zypern scheint jedoch die Hoffnung zu hegen, von einem Beitritt Zyperns zur Europäischen Union sei auch die Überwindung der politischen Teilung der Insel zu erwarten, da die Türkei es sich nicht erlauben könne, weiterhin das Hoheitsgebiet eines EU-Mitgliedes besetzt zu halten. Angesichts der Gewißheit eines zyprischen EU-Beitritts könne sich die Türkei einer Lösung nicht länger widersetzen. Bei einem EU-Beitritt, der dem Nordteil der Insel nicht zugute käme, würde sich das ohnedies schon steile Wohlstandsgefälle weiter verschärfen. Zudem, so die Regierung Kliridis, könne Ankara nicht an einem EU-Mitglied Zypern gelegen sein, das gemeinsam mit Griechenland jede Annäherung zwischen der EU und der Türkei blockiere[84]).

Die seit 1973 angestrebte Zollunion zwischen der EU und der Türkei[85]) hat Griechenland bis in das Frühjahr 1995 hinein blockiert und sein Einlenken von Fortschritten in der Zypernfrage abhängig gemacht. Daß die griechische Regierung letztendlich ihren Widerstand gegen die Zollunion mit Ankara aufgab, hängt nicht zuletzt damit zusammen, daß die EU zugesagt hat, sechs Monate nach der Regierungskonferenz von 1996 (Maastricht II) neben den osteuropäischen Staaten auch mit Zypern (und Malta) Aufnahmeverhandlungen zu beginnen. Damit ist die EU von ihrer bisherigen Position abgerückt, wonach ein Beitritt Zyperns erst nach einer umfassenden Regelung und Versöhnung zwischen den beiden Volksgruppen möglich sei[86]). Dennoch ist ein Beitritt Zyperns unter den heutigen Bedingungen nur schwer vorstellbar. Denn käme es wirklich zum Beitritt ohne eine vorherige Lösung der Zypernfrage, würden die EU-Gremien auf absehbare Zukunft zu Foren des griechisch-türkischen Konflikts werden. Tatsächlich dürfte also das Inter-

---

[82]) Schlußfolgerungen des Vorsitzes des Europäischen Rates zur Ratstagung am 24. und 25. Juni 1994 auf Korfu, in: Jahrbuch der Europäischen Intergration 1994/95. Hrsg. W. Weidenfeld/B. Wessels. Bonn 1995, S. 430.

[83]) Vgl. dazu die Stellungnahme der Kommission zu dem Beitrittsantrag der Republik Zypern, KOM (93) 312 endg. Brüssel, 30. Juni 1993, S. 12.

[84]) Frankfurter Allgemeine Zeitung. 18.11.1995.

[85]) Der Vertrag über die Zollunion mit der Türkei wurde am 6. März 1995 unterzeichnet. Die Zollunion zwischen der EU und der Türkei ist nach Zustimmung des Europäischen Parlamentes am 1.1.1996 in Kraft getreten.

[86]) Carlsnaes, W. (Hrsg.): European Foreign Policy. London 1994, S. 212f.

esse der EU, sich mit Zypern ein politisches Problem mehr aufzuladen, eher schwach ausgeprägt sein. Aus diesen Gründen wird jedoch auch die Rolle der Europäischen Union bei der Suche nach einer Lösung der Zypernfrage in Zukunft eher größer als kleiner werden.

VI. Zusammenfassung und Ausblick

Entstehung und Verlauf zeigen, daß der Zypern-Konflikt nie ausschließlich eine lokale innerstaatliche Auseinandersetzung zwischen zwei rivalisierenden Volksgruppen war und ist, sondern immer auch vor dem Hintergrund des regionalen türkisch-griechischen Gegensatzes gesehen werden muß. Neben ihrer insularen Identität verstehen sich die Bewohner Zyperns eben zugleich – wenn nicht sogar vorrangig – als Griechen oder als Türken. So betonte Rauf R. Denktaş als Sprecher der zyperntürkischen *community* einmal:

There is not and never was such a thing as a Cyprian nation. This might be the misfortune of Cyprus, and is in fact the core of his problems; it is a reality, though, that has to be seen and understood as such by everybody concerned.[87]

Ungeachtet dieser Aussage weist die Republik Zypern seit 1989 in ihrer regierungsamtlichen Propaganda verstärkt auf einige anscheinend bestehende Parallelen in der militärischen und strategischen Lage Zyperns zu den beiden deutschen Staaten während der Höhepunkte des Kalten Krieges hin. Und in der Tat könnten einige verblüffende Parallelen gezogen werden: Zwei geteilte, wirtschaftlich ungleiche Staaten stehen sich hochgerüstet gegenüber. Der wirtschaftlich schwächere Staat wird von seinem Gegenüber nicht anerkannt (Alleinvertretungsanspruch der Republik Zypern). Die Teilungslinie zwischen ihnen verläuft quer durch das Land und ist militärisch gesichert. Ausländische Truppen sind in beiden Ländern stationiert, um den prekären Frieden (bzw. Nicht-Krieg) zu garantieren. Eine Trennungslinie, wenngleich keine Mauer, durchschneidet auch die „gemeinsame Hauptstadt". Hinter beiden Kontrahenten steht eine „Schutzmacht". Der Konflikt zwischen beiden Staaten kann als Teil eines übergeordneten Konfliktes zwischen den beiden regionalen Führungsmächten interpretiert werden. Führt man diese formale Analogie des deutsch-deutschen Beispiels weiter, so befindet sich Zypern derzeit noch nicht einmal in der Frühphase der Entspannungspolitik.

Tatsächlich handelt es sich bei dem Zypern-Konflikt jedoch nicht um eine ideologische Auseinandersetzung zwischen „zwei Staaten einer Nation". Bei der Teilung Zyperns geht es vielmehr um einen Konflikt zwischen zwei sprachlich, religiös und in ihrem historisch entwickelten Nationalbewußtsein völlig unterschiedlichen Volksgruppen. Die Zyperngriechen, die die Bevölkerungsmehrheit auf der Insel stellen, sehen sich in der Ausübung ihres Selbstbestimmungsrechts durch die zyperntürkische Minderheit behindert. Die türkischen Zyprer, die sich heute als zweites Staatsvolk und als gleichberechtigte Nationalität in einem Zwei-Völker-Staat begreifen, fühlen sich wiederum von seiten der zyperngriechischen Mehrheit

---

[87] Denktash, R. R.: The Cyprus Triangle. London/Boston 1982, S. 13.

existentiell bedroht. Konfliktverschärfend kommen seit der faktischen Teilung der Insel im Jahre 1974 eine Reihe weiterer Probleme hinzu: zum einen die Einwirkungsmöglichkeiten der beiden Schutz- und Führungsmächte sowie zum anderen der erhebliche Bevölkerungstransfer sowohl innerhalb Zyperns als auch durch die zyperntürkische Ansiedlungspolitik, d.h. durch eine zeitweilig ungehinderte Einwanderung kleinasiatischer Türken auf die Insel.

Zudem befindet sich Zypern eben nicht wie seinerzeit Deutschland an der Nahtstelle zweier sich ideologisch und politisch ausschließender und mit Massenvernichtungsmitteln einander bedrohender globaler Systeme. Im Gegenteil: Sowohl Griechenland als auch die Türkei sind Mitglieder ein und derselben politischen „Wertegemeinschaft", der NATO. Darüber hinaus ist Griechenland Mitglied, sind die Türkei und Zypern bereits Beitrittskandidaten einer wirtschaftlichen und politischen Gemeinschaft, der Europäischen Union. Beides sollte, insbesondere nach dem Ende des Ost-West-Konfliktes, eine friedliche und gerechte Beilegung des Zypern-Konfliktes eigentlich erleichtern.

Aufgabe der Politik ist es, Kriege zu verhüten, nicht sie zu führen. Die gegenwärtige Sicherheitsarchitektur Europas kommt dieser Aufgabe nicht oder nicht ausreichend nach. Das mörderische Geschehen im ehemaligen Jugoslawien ist der Beleg für diese Feststellung. Von der europäischen Politik muß deshalb die Schaffung eines Systems kollektiver Sicherheit in und für Gesamteuropa auf der Basis einer Rechtsordnung mit völkerrechtlich überprüfbaren und sanktionierbaren Grundlagen verlangt werden. In dem Maße, in dem es gelingt, ein solches System kollektiver Sicherheit in Europa – eine Europäische Sicherheitsgemeinschaft – zu bauen, in dem Maße werden Landesverteidigung, Außen- und Sicherheitspolitik – nicht nur die Zyperns oder der Türkei oder Griechenlands – eben auch zu einem europäischen Problem und damit gemeinsam lösbar[88]).

---

[88]) Vgl. Institut für Friedensforschung und Sicherheitspolitik an der Universität Hamburg (IFSH): Die Europäische Sicherheitsgemeinschaft. Das Sicherheitsmodell für das 21. Jahrhundert. Bonn 1995.

Verfassung und Recht

Christian Rumpf, Stuttgart/Heidelberg

I. Einleitung – II. Die Verfassung Zyperns: 1. Der völkerrechtliche Rahmen: Die Verträge von 1959 und 1960: a) Allgemeines – b) Vertrag von Zürich und London (1959) – c) Gründungsvertrag (1960) – d) Garantievertrag (1960) – e) Allianzvertrag (1960) – 2. Inhalt der Verfassung von 1960: a) Geltungsumfang – b) Volksgruppenverfassung – c) Staatsangehörigkeit – d) Grundrechte – e) Duale Staatsorganisation: α) Exekutive – β) Legislative – γ) Behördenorganisation – δ) Verfassungsgericht – ε) Judikative – ζ) Finanzverfassung – η) Sonstiges – 3. Die heutige Verfassungslage der Republik Zypern und ihr völkerrechtlicher Status: a) Entwicklung der Verfassung von 1960 – b) Fortgeltung der Verträge – c) Sezession – d) „TRNZ" – ein Staat? – 4. Die Verfassung der „TRNZ": a) Grundlagen der Verfassung von 1985 – b) Grundrechte – c) Staatsorganisation: α) Parlament – β) Exekutive – γ) Verwaltung – δ) Finanz- und Wirtschaftsverfassung – d) Judikative – e) Sonstiges – III. Verwaltungsrecht: 1. Einleitung – 2. Rechtsquellen – 3. Grundstrukturen der Verwaltung – 4. Verwaltungshandeln – 5. Die Kontrolle des Verwaltungshandelns – 6. Abgrenzung gegenüber dem Privatrecht – 7. Allgemeine Grundsätze des Verwaltungsrechts – IV. Zivilrecht: 1. Allgemeines – 2. Personenrecht – 3. Schuld- und Handelsrecht – 4. Arbeitsrecht – 5. Familienrecht – 6. Zivilprozeß – 7. Internationales Privatrecht – V. Strafrecht: 1. Allgemeines – 2. Besonderes Strafrecht – 3. Strafprozeß – VI. Zusammenfassung

I. Einleitung

Wohl für keinen europäischen Staat ist es so schwierig, Verfassung und Recht zu beschreiben wie für Zypern. Das Inselland hat eine lange wechselvolle Geschichte, in der es 1960 erstmals zu eigenständiger Staatlichkeit fand. Es stand unter den Einflüssen verschiedener Herrschaften, die auch in der Rechtsordnung ihre Spuren hinterließen. Die Osmanen sorgten mit ihrem *millet*-System, in dem der autokephalen griechisch-orthodoxen Kirche Zyperns ein eigener Rechtsstatus zuerkannt worden war, für das Überleben byzantinischer bzw. griechisch-orthodoxer Rechtsstrukturen. Bis auf einige herrschaftssichernde Grundelemente überließen die Osmanen den Zyperngriechen umfassend die Regelung ihrer rechtlichen Angelegenheiten. Der Erzbischof war als Ethnarch (Führer des zyperngriechischen Volksteils) zugleich weltliches Oberhaupt. Nach den Osmanen prägten seit 1878 vor allem die Briten nachhaltig die Rechts- und Gesellschaftsordnung der Insel. Ihr Werk war die Einführung eines modernen Gerichtssystems, das neben die religiöse Gerichtsbarkeit trat und für eine Rezeption britischen Rechts Sorge trug. Obwohl nach wie vor das *common law* die zyprische Rechtsordnung bestimmt[1]),

---

[1]) In der zyprischen Rechtsprechung lassen sich immer wieder Hinweise nicht nur auf die englische Jurisdiktion, sondern auch auf diejenige anderer Länder des Commonwealth, wie etwa Neuseeland oder Indien, feststellen. Grundlage ist das Court of Justice Law aus dem Jahre 1960, das in Art. 29 die Anwendung des Common Law anordnet.

machten sich vor allem nach der Gründung der Republik Zypern auch zunehmend Einflüsse der „Mutterländer" (Griechenland, Türkei), insbesondere Griechenlands, bemerkbar, die ihrerseits Bezüge zu anderen Staaten Europas aufweisen. So sind im Verwaltungsrecht Elemente aus Frankreich zu erkennen, die von Griechenland her rezipiert wurden. Im Nordteil lassen sich nach der Spaltung von 1974 naturgemäß Einflüsse vom türkischen Festland erkennen.

Die Dominanz der britischen Tradition vor allem im Zivil- und Strafrecht und das Fehlen einer eigenständigen zyprischen Juristenausbildung haben den Zustand des zyprischen Rechts stark beeinflußt. Nicht die Kodifizierung komplexer Rechtsmaterien, sondern Rechtsprechung und zahlreiche einzelne Gesetzgebungsakte bestimmen das Bild. Vor allem die Rechtsprechung greift noch heute britische Judikatur auf. Aus der Sicht eines deutschsprachigen Juristen und Autors wirft dies besondere Probleme auf. Während die Verfassungs- und völkerrechtliche Lage Zyperns in der internationalen Literatur umfangreich dargestellt und diskutiert worden ist, fehlt es bezüglich der übrigen Rechtsgebiete an umfassendem Quellenmaterial; die wichtigsten Quellen finden sich in der Rechtsprechung der zyprischen Obergerichte, die zum Teil auch auf Englisch referiert wird. Rechtswissenschaftliche Literatur ist überwiegend in griechischer, nur zum Teil in englischer Sprache zugänglich. Die Rechtsprechung in der „TRNZ" ist über einschlägige, der wissenschaftlichen Öffentlichkeit zugängliche Quellen überhaupt nicht zu erschließen, auch nicht in türkischer Sprache. Erschöpfende Sekundärquellen, etwa in Form von Lehrbüchern oder Monographien, die ganze Rechtsgebiete abdecken, gibt es bis auf wenige Ausnahmen in keiner der auf Zypern gesprochenen Sprachen. Diese Umstände mögen daher letztlich diesen Beitrag unvollständig erscheinen lassen.

Der Übergang von der osmanischen Herrschaft über die britische Kronkolonie zur Unabhängigkeit der Republik Zypern im Jahre 1960 und schließlich die Spaltung infolge der Intervention der Türkei im Jahre 1974 haben zahlreiche Fragen aufgeworfen, die weder durch das Völkerrecht noch durch das zyprische Verfassungsrecht befriedigend beantwortet werden können. Zunächst ist es der ursprüngliche Verfassungstext der Republik Zypern selbst, der sich sowohl durch seine Länge (199 Artikel) als auch durch den umständlichen und praktisch unzureichend umgesetzten Versuch auszeichnet, den beiden unterschiedlich großen Volksgruppen der griechischen und türkischen Zyprer verfassungspolitisch gerecht zu werden. Hinzu kommt, daß dem verfassungsrechtlichen Text ein völkerrechtlicher Rahmen in Form der Verträge von Zürich/London und Nikosia geschneidert worden ist, weshalb die Verfassung der Republik Zypern gelegentlich auch als *Constitution of Zurich* bezeichnet[2]) und die Republik selbst als Quasi-Protektorat disqualifiziert wurde[3]). Seit 1964 (im Obersten Gerichtshof seit 1966) sind die Türken entgegen den Bestimmungen der Verfassung nicht mehr an der Ausübung von Herrschaftsgewalt beteiligt, seit dem 20.7.1974 ist die Insel geteilt. Seitdem wird

---

[2]) Polyviou, P.G.: Cyprus. In Search of a Constitution. Nikosia 1976, S.13. Vgl. auch die Kritik des Obersten Gerichtshofs (Attorney General of the Republic vs. Mustafa Ibrahim and others, in: Cyprus Law Reports [= CLR]. 1964, S.195, 221).

[3]) Grandi, B.: Profili Internazionali della Questione di Cipro. Milano 1983, S.65.

der Nordteil der Insel, auf dem bis heute Truppen der Republik Türkei stationiert sind (eigene Militärgerichtsbarkeit), von der türkischen Volksgruppe vollständig kontrolliert.

Der Nordteil nannte sich nach der Spaltung „Türkischer Bundesstaat Zypern" [*Kıbrıs Türk Federe Devleti*] und hatte seit dem 8.6.1975 eine dieser Konzeption entsprechende Verfassung[4]). Am 15.11.1983 kam es schließlich zur förmlichen und von der Türkei, jedoch nicht von der übrigen Völkergemeinschaft, anerkannten Sezession. Die Verfassung der Republik Zypern ist im Nordteil der Insel de facto außer Kraft, stattdessen verfügt die „Türkische Republik Nordzypern (TRNZ)" über eine eigene Verfassung mit effektiver Geltungskraft nach innen, auch wenn im Hinblick auf die Souveränität bei der Ausübung eigener Staatsgewalt durch die Verfassungsorgane Einschränkungen gemacht werden müssen. Denn der Schutz der inneren und äußeren Sicherheit sowie bestimmte Verwaltungsfunktionen wie etwa das Post- und Fernmeldewesen können ohne Unterstützung vom türkischen Festland nicht ausgeübt werden.

Vor diesem wechselvollen Hintergrund stellt sich das zyprische Recht also nunmehr als ein Mosaik dar, das wie folgt zusammengesetzt ist: In der Normenhierarchie an der Spitze steht die Verfassung der Republik Zypern zusammen mit den Gründungsverträgen. Auf Gesetzesebene sind die durch das Parlament und die Volksgruppenkammern erlassenen Gesetze zu nennen; ferner gelten noch zahlreiche Gesetze aus der Zeit vor der Unabhängigkeit[5]) und das englische *common law* auf dem jeweils gegenwärtigen Stand. Hierzu gehören auch britische Gesetze, soweit sie als für die Kolonien bzw. das *Commonwealth* geltend angesehen wurden. Schließlich gilt noch das Recht der autokephalen griechisch-orthodoxen Kirche Zyperns, das jedoch zunehmend durch die weltliche Gesetzgebung verdrängt wird sowie das Gewohnheitsrecht der türkischen Volksgruppe. Nach der Teilung traten neben diesen normenhierarchischen Aufbau Verfassung, Gesetze und nachrangige Normen der „TRNZ" hinzu.

II. Die Verfassung Zyperns

1. Der völkerrechtliche Rahmen: Die Verträge von 1959 und 1960

a) Allgemeines

Die Verfassung von Zypern beruht zunächst auf vier Vertragswerken, an deren Entstehung Zypern selbst bzw. das zyprische Volk nur zum Teil beteiligt war. Sie bildeten die Grundlage für die Staatswerdung der ehemaligen britischen Kronko-

---

[4]) Blaustein, A.P./Flanz, G.H.: Constitutions of the Countries of the World. Supplement Cyprus (Özdemir A. Özgür). New York 1978 (mit UN-Dokumenten sowie der Verfassung des Türkischen Bundesstaates Zypern [Document 6]).

[5]) Diese Gesetze sind in der zuletzt 1959 erschienenen Sammlung der „Statute Laws of Cyprus, Revised Edition 1959" enthalten. Diese Sammlung ist in „Chapters" aufgeteilt, wonach auch die Gesetze zitiert werden (= CAP).

lonie und schufen eine Ordnung, die die Interessen der türkischen Minderheit nicht nur im Sinne innerstaatlichen Schutzes ethnischer oder religiöser Minderheiten zu berücksichtigen suchte, sondern der zyperngriechischen Mehrheit und der zyperntürkischen Minderheit jeweils den Status einer „Volksgruppe" zuerkannte. Maroniten und Armenier mit zusammen deutlich weniger als zehntausend Bürgern fanden in der neuen Ordnung mit begrenzten Rechten als Minderheiten Platz[6]). Ob in der überwiegend fremdbestimmten Schaffung eines Volksgruppenstaates auch die Wurzel des bis heute andauernden Zypernkonflikts zu sehen ist, erscheint zweifelhaft, da nicht zu erkennen ist, ob unter den historischen Bedingungen eine Verfassung, die den Zyperntürken lediglich einen abgesicherten Minderheitsstatus gewährt hätte[7]), zur Lösung des ethnischen und politischen Grundkonflikts hätte beitragen, ja hätte überhaupt geschaffen werden können. Allein die Volksgruppenverfassung war unter den konkreten historischen Bedingungen – theoretisch – geeignet, die ursprünglich konfliktbestimmenden, zentripetalen Kräfte der griechischen Vereinigungsbewegung (*enosis*) und der türkischen Bewegung des Auseinanderdividierens (*taksim*) zu neutralisieren[8]). Es dürfte jedoch kaum zu bestreiten sein, daß – ungeachtet des Fehlens einer besseren Alternative – ihre Funktionstüchtigkeit von vornherein fragwürdig war: Das Ziel, die Einheit der Republik zu wahren und den Zusammenhalt der beiden Volksgruppen in einer Nation sicherzustellen, wurde von Beginn an durch fehlende oder kontraproduktive Mechanismen gefährdet. Zu diesen Mängeln gehören etwa die ausdrücklich eingeräumten Einflußmöglichkeiten der „Mutterländer" im Bildungsbereich oder die Aufspaltung der Stadtverwaltungen in je eine griechische und eine türkische in den fünf größten Städten Zyperns.

b) Vertrag von Zürich und London (1959)

Der Vertrag über die Grundstruktur der Republik Zypern vom 11.2.1959 (Zürich) und 19.2.1959 (London)[9]) schreibt die Grundlinien sowie bereits verschiedene Einzelheiten für die Verfassung der Republik Zypern vor, denen dann auch gefolgt

---

[6]) Amelunxen, C.: Rechtsleben in Zypern – Juristischer Reisebericht, in: Deutsche Richterzeitung. (1982), S. 215–220, bes. 217.

[7]) Hin und wieder wird von griechischer Seite allein aus der unterschiedlichen Größe der Volksgruppen hergeleitet, die türkische Volksgruppe dürfe lediglich den Status einer Minderheit erhalten (z. B. Yiallourides, C.: Minderheitenschutz und Volksgruppenrecht im 20. Jahrhundert unter besonderer Berücksichtigung der Verhältnisse auf Zypern. Diss. Bochum 1981, S. 226). Solche Feststellungen finden jedoch im Völkerrecht keine Grundlage, das Minderheitenrechte gegen die normative Kraft der Mehrheit zu verteidigen sucht, im übrigen aber offenläßt, welchen Status über ein Minimum an Minderheitenrechten eine Volksgruppe welcher Größe auch immer innerstaatlich erhalten kann.

[8]) Unzutreffend ist daher die Wertung von Yiallourides (Anm. 7), S. 247, der als Ursache des Zypernkonflikts die Entstehung der Volksgruppenverfassung als Folge des politischen Opportunismus aller Beteiligten, insbesondere der Briten, ansieht.

[9]) Agreement on the Basic Structure of the Republic of Cyprus. London (19. Februar) 1959 (Zürich [11. Februar] 1959). (Bd. 164). State Papers 1959/60, S. 219. Näheres bei Besler, A. F.: Die völkerrechtliche Lage Zyperns unter besonderer Berücksichtigung des Selbstbestimmungsrechts. Diss. München 1973, S. 17.

worden ist und deren Grundzüge sogar in der Verfassung der „TRNZ" wiederzufinden sind.

c) Gründungsvertrag (1960)

Der sogenannte Gründungsvertrag[10]), an dessen Abschluß bereits die neue Republik Zypern selbst beteiligt war (Großbritannien, Griechenland und die Türkei auf der einen, Zypern auf der anderen Seite) regelt insbesondere Souveränitätsfragen. Schon die Konstellation in ihrer Ähnlichkeit mit bestimmten Friedensverträgen wie denjenigen von Versailles und Lausanne weist auf die Lage Zyperns hin: Es handelt sich um ein *octroi*[11]), das vor allem dazu diente, die Souveränitätsrechte Zyperns zugunsten von Großbritannien, in geringerem Maße auch zugunsten Griechenlands und der Türkei, zu begrenzen. So werden in bestimmten Gebieten (Akrotiri und Dhekelia) die Hoheitsrechte Großbritanniens aufrechterhalten[12]). Die Verteidigung bleibt im wesentlichen Sache der Vertragspartner Zyperns; zu einer wirksamen Verteidigung nach außen wäre die von der Verfassung vorgesehene Armee überhaupt nicht in der Lage gewesen.

d) Garantievertrag (1960)

Der Garantievertrag[13]) wurde zwischen den gleichen Vertragspartnern und am selben Tag wie der Gründungsvertrag abgeschlossen. Durch ihn wurden in erster Linie weitere Souveränitätsrechte Zyperns eingeschränkt, wie etwa durch das Verbot, mit anderen Staaten eine politische oder wirtschaftliche Union einzugehen; letzteres ist vor allem im Hinblick auf die von der Republik Zypern beantragte Aufnahme in die Europäische Union (EU) von Bedeutung. Zur Durchsetzung dieses Verbots, das bei genauerem Hinsehen den Vereinigungsbestrebungen vieler Zyperngriechen und Griechen der Republik Griechenland einerseits und den Spaltungsbestrebungen vieler Zyperntürken und Türken der Republik Türkei andererseits entgegenwirken sollte, traten die Vertragspartner Zyperns als Garanten ein. Griechenland, Zypern und die Türkei wiederum sollten die Garanten der für Akrotiri und Dhekelia fortdauernden Hoheitsrechte Großbritanniens sein. Und schließlich erhielten Großbritannien, Griechenland und die Türkei ein Interventionsrecht für den Fall der Mißachtung der Vertragsbestimmungen und nach einem Scheitern von Konsultationsversuchen, wobei eine solche Intervention das Ziel zu verfolgen hatte, die Einheit und die geltende Verfassung der Republik zu

---

[10]) Treaty Concerning the Establishment of the Republic of Cyprus. Nikosia (16. August) 1960, in: United Nations Treaty Series (UNTS). 382 (1960), S. 5476.

[11]) Tornaritis, C.G.: Cyprus and its Constitutional and Other Legal Problems. Nikosia 1977, S. 54.

[12]) Amelunxen (Anm. 6), S. 219.

[13]) Treaty of Guarantee. Nikosia (16. August) 1960, in: United Nations Treaty Series (UNTS). 382 (1960), S. 5475; Blaustein, A.P./Flanz, G.H.: Constitutions of the Countries of the World. Cyprus (Stanley Kyriakides). New York 1972 (mit der Verfassung der Republik Zypern, Garantievertrag und Allianzvertrag). Annex I; (Bd. 164) State Papers 1959/60, S. 388. Näheres zu Inhalt und Auslegung bei Besler (Anm. 9), S. 24.

sichern; letzteres war in Art. 4 des Garantievertrages bestimmt worden, der die umstrittene Rechtsgrundlage für die Intervention der Republik Türkei im Jahre 1974 bildete. Dieser Vertrag erhält seinen besonderen Rang als Bestandteil der Verfassung der Republik Zypern (Art. 181 der Verfassung; § 21 des Züricher Abkommens); dies ist deshalb von größter Wichtigkeit, weil hiernach die Problematik der Rechtfertigung der türkischen Intervention von 1974 nicht allein im Hinblick auf das völkerrechtliche Gewaltverbot zu erörtern, sondern hier auch eine verfassungsrechtliche Dimension zu beachten wäre.

e) Allianzvertrag (1960)

Der Allianzvertrag[14]) wurde schließlich nur zwischen Griechenland, Zypern und der Türkei abgeschlossen und betraf die Errichtung eines gemeinsamen militärischen Hauptquartiers auf der Insel zu Zwecken der Friedenssicherung. Dieser Vertrag war ebenfalls Bestandteil der Verfassung der Republik Zypern (Art. 181; § 21 des Züricher Abkommens). Der Allianzvertrag wurde schon 1964 von Zypern gekündigt, wodurch letztlich vermutlich die auf die Intervention von 1974 zulaufenden Entwicklungen begünstigt wurden.

2. Inhalt der Verfassung von 1960

a) Der Geltungsumfang

Die Verfassung der Republik Zypern war trotz der Beteiligung von Zyprern an den Verhandlungen kein Produkt freier Willensentscheidung des zyprischen Volkes oder seiner legitimen Regierung, sondern das *octroi* der ehemaligen Kolonialmacht Großbritannien und der beiden interessierten Staaten Griechenland und Türkei, die von den beiden Volksgruppen als „Mutterländer" angesehen werden. Diese drei Staaten waren der Verfassungsgeber und für die wesentlichen Bestimmungen der Verfassung (*Basic Articles of the Constitution*) auch der alleinige verfassungsändernde Gesetzgeber (Art. 182 I in Verbindung mit Annex III). Nur bedingt ist die Verfassung also eine Konsequenz der Ausübung des Selbstbestimmungsrechts der zyprischen Bevölkerung. Dies um so weniger, als die Verfassungskonstruktion die Möglichkeiten des zyprischen Wahlvolkes und seiner Vertreter, mit welcher Mehrheit auch immer Verfassungsänderungen herbeizuführen, erheblich eingeschränkt hatte. Wie sich die Verfassung der Republik Zypern hier darstellt, hat sie nur knapp drei Jahre funktioniert. Das, was heute als Republik Zypern völkerrechtlich anerkannt ist und handelt, ist staatsrechtlich – im Hinblick auf die Gesamtverfassung der Insel – nur die griechische Volksgruppe, die sich sowohl der volksgruppenspezifischen Selbstverwaltungs- als auch der Zentralverwaltungselemente bedient, die zum Teil miteinander verschmolzen worden sind. Die

---

[14]) Treaty of Military Alliance. Nikosia (16. August) 1960, in: United Nations Treaty Series (UNTS). 397 (1961), S. 5712; Blaustein/Flanz (Anm. 13), Annex II; (Bd. 164). State Papers 1959/60, S. 557. Näheres zu Inhalt und Auslegung bei Besler (Anm. 9), S. 67.

Verfassung der Republik Zypern hat also eine Zwitterstellung: In ihr lebt mit Billigung der großen Mehrheit der internationalen Staatengemeinschaft die Republik Zypern fort, ohne jedoch normative Kraft für Gesamtzypern entfalten zu können. Die normative Kraft der Verfassung der Republik Zypern ist seit 1964 in wesentlichen Zügen auf die griechische Volksgruppe und seit der Teilung auf den Südteil der Insel begrenzt. Die Folge hiervon ist, daß für den heutigen Geltungsumfang in der nachfolgenden Darstellung all dasjenige hinweggedacht werden muß, das eine Volksgruppenverfassung ausmacht. Dies gilt für die den Volksgruppen eigenen Institutionen wie für die Quoten und Anteile der Zyperntürken an den entscheidenden Organen.

b) Volksgruppenverfassung

Bereits aus Art. 2 ergibt sich der Charakter als Volksgruppenverfassung, die im übrigen nicht von einer zyprischen „Nation" ausgeht. Er enthält die Definition der beiden Volksgruppen und das Erfordernis und Verfahren der Zuordnung solcher Zyprer zu einer der beiden Volksgruppen, die weder griechischer noch türkischer Abstammung sind (Armenier, Maroniten, Lateiner, Araber u.a.). Art. 3 enthält ausführliche Bestimmungen über die beiden Amtssprachen (Griechisch und Türkisch) und ihre Verwendungsweise, Art. 4 über die Flagge (bzw. Flaggen) und Art. 5 über die jeweiligen Feiertage.

c) Staatsangehörigkeit

Das zyprische Staatsangehörigkeitsrecht ist überwiegend (nicht vollständig) im Staatsangehörigkeitsgesetz vom 28. 7. 1967 geregelt und beruht auf dem Grundsatz des *ius sanguinis*. Erstrangiger Erwerbsgrund für die zyprische Staatsangehörigkeit ist also die Geburt, in zweiter Linie der nachträgliche Erwerb. Ausnahmsweise ist auch ein Erwerb gemäß dem Grundsatz des *ius soli* möglich, wenn das auf dem Boden Zyperns geborene Kind staatenlos bliebe. Heirat führt nicht automatisch zum Erwerb der zyprischen Staatsangehörigkeit, vermittelt jedoch den Anspruch auf ein vereinfachtes Verfahren.

d) Grundrechte

Mit Art. 6 über das Verbot der Diskriminierung aufgrund der Zugehörigkeit zu einer Volksgruppe beginnt der Teil über die Grundrechte und -freiheiten. Ein umfassendes Gleichbehandlungsgebot steht erst in Art. 28[15]). Die Grundrechte und -freiheiten stimmen zum Teil wörtlich mit denjenigen der Europäischen Menschenrechtskonvention überein. Obwohl die zyprische Verfassung ausführlicher ist als die EMRK, wird doch die Rechtsprechung der Organe der EMRK, der Kommission und des Gerichtshofs für Menschenrechte in Straßburg, auch für die Aus-

---

[15]) Vgl. dazu Loucaides, L. G.: Guarantees against Racial Discrimination under the Legal System of Cyprus, in: Cyprus Law Review. 5 (1987), S. 2659–2668.

legung der zyprischen Grundrechtsvorschriften als maßgeblich angesehen[16]). Zu diesen Grundrechten gehören das Recht auf Leben und körperliche Unversehrtheit (Art. 7) sowie das Folterverbot (Art. 8). Danach folgt eine Bestimmung, welche die Grundlagen der sozialen Absicherung des Bürgers normiert, anschließend das Sklaverei- und Zwangsarbeitsverbot (Art. 10), Freiheit und Sicherheit der Person (Art. 11), eine ausführliche Liste der Prozeßgrundrechte (Art. 12), Reise- und Siedlungsfreiheit (Art. 13), Verbannungs- und Ausbürgerungsverbot (Art. 14), Schutz des Privat- und Familienlebens (Art. 15), Unantastbarkeit der Wohnung (Art. 16). Ab Art. 17 beginnt eine Abfolge der klassischen demokratischen Freiheiten der Kommunikation, Meinung und Presse sowie Religion, Versammlung und Vereinigung[17]), dazwischen in Art. 20 Recht und Freiheit der Erziehung und Ausbildung und die Eheschließungsfreiheit (Art. 22). Das Recht auf Eigentum ist mit ausführlichen Enteignungsbestimmungen konkretisiert worden (Art. 23)[18]). Die Art. 25ff. regeln die Freiheiten des Arbeitslebens. Das Petitionsrecht ist richterlicher Kontrolle unterworfen (Art. 29)[19]), wodurch die Rechtsweggarantie und die Garantie des rechtlichen Gehörs (Art. 30) eine ungewöhnliche Verstärkung erhalten. Die Grundrechte können bei Ausländern weiter beschränkt werden als bei Inländern. Art. 33 sieht weitere Schrankenregelungen für den Notstand vor, gebietet jedoch zugleich Zurückhaltung bei der Anwendung von Begrenzungsmöglichkeiten. Mit Art. 35 schließlich wird der Staat ausdrücklich in die Pflicht genommen, die Gewährleistung der Grundrechte auch praktisch sicherzustellen.

e) Duale Staatsorganisation

Die nachfolgende Darstellung spiegelt eine Staatsorganisation wider, wie sie seit Mitte der sechziger Jahre faktisch nicht mehr existiert, weil die Beteiligung der türkischen Volksgruppe entfallen ist; sie ist jedoch charakteristisch für den Versuch, das Zypernproblem zu lösen und zugleich Ursache für das Scheitern.

---

[16]) Vgl. Loucaides, L.: Legal Protection of the Freedom of Trade Unionism in Cyprus, in: Cyprus Law Review. 4 (1986), S. 2346–2359.

[17]) Dazu gehört auch die Gewerkschaftsgründung (ebenda).

[18]) Enteignungen sind nur im öffentlichen Interesse und gegen gerechte und billige Entschädigung möglich (vgl. Kythreotis, L.: Compulsory Acquisition – Section 9 of Law 15/62, Part I, in: Cyprus Law Review. 5 (1987), S. 2809–2830; Compulsory Acquisition – Law 25/83 – An Improvement?, in: Cyprus Law Review. 5 (1987), S. 2955–2970; ders., Compulsory Acquisition – Section 10 of Law 15/62. Is it Constitutional?, in: Cyprus Law Review. 6 (1988), S. 3464–3670); Charalambos Vayianos u.a. vs. The Municipality of Larnaca, 12.7.1988, in: Cyprus Law Review. 6 (1988), S. 3659–3667. Von der Enteignung zu unterscheiden ist die Requisition (Beschlagnahme), die unter Notstandsbedingungen möglich ist. So sind etwa die Grundstücke von Zyperntürken in Südzypern nicht enteignet, sondern jeweils für ein Jahr und mit jährlicher Verlängerung „requiriert" und der Nutzung durch Zyperngriechen überlassen worden; begründet wurde dies mit dem Notstandsrecht (vgl. Loukis Kritiotis vs. The Municipality of Paphos, 8.2.1986, in: Cyprus Law Review. 4 (1986), S. 2138–2151). Vergleichbare Regelungen wurden auch in Nordzypern getroffen; mit Art. 159 der Verfassung der „TRNZ" kam es dann zur Enteignung.

[19]) Loucaides (Anm. 15), S. 2662.

α) Exekutive

Entsprechend der Konzeption der Republik Zypern als Präsidialrepublik (Art. 1) beginnen die Vorschriften über die Staatsorganisation mit dem Präsidenten der Republik und dem Ministerrat. Dem zyperngriechischen Präsidenten der Republik ist dem Verfassungstext zufolge ein zyperntürkischer Vizepräsident zugeordnet, der die Funktionen des Präsidenten weitgehend teilt und durch seine umfassenden Mitbestimmungsrechte einen praktisch fast gleichwertigen Machtanteil besitzt; für ihn gelten daher auch die nachfolgend vorgestellten Regeln gleichermaßen. Seine Wahl erfolgt durch das Volk (Art. 39) auf fünf Jahre (Art. 43), der Kandidat muß bei einem Mindestalter von 35 die üblichen Wählbarkeitsvoraussetzungen erfüllen (Art. 40). Das Amt schließt berufliche oder ähnliche vertragliche Beziehungen im öffentlichen Dienst und im privaten Sektor aus (Art. 41). In Art. 44 sind die Fälle der außerordentlichen Amtsbeendigung geregelt, darunter wegen Amtsunfähigkeit oder Begehung von Hochverrat oder bestimmter ehrenrühriger Delikte, die beide durch das Verfassungsgericht festzustellen sind. Für letztere kann der Präsident (bzw. Vizepräsident) in einem bestimmten Verfahren vor dem Verfassungsgericht als Staatsgerichtshof strafrechtlich belangt werden; im übrigen kann er für sein Handeln nicht verantwortlich gemacht werden (Art. 45). Art. 46 ordnet dem Präsidenten, der auch die Aufgaben eines Regierungschefs ausübt, den Ministerrat zu, für den – wie in anderen Zusammenhängen – die volksgruppenorientierte Quotenregelung gilt.

Die umfangreichen Kompetenzen des Präsidenten (bzw. Vizepräsidenten), die zum Teil auch in typischerweise der Gesetzgebung unterliegende Bereiche hineinragen, sind in Art. 47 niedergelegt. In den Artikeln 48 und 49 erhalten der Präsident und der Vizepräsident jeweils noch einmal eigene Befugnisse, wobei die des letzteren sich zum Teil wieder auf solche des Präsidenten beziehen (Vorschlagsrechte). Jeder der beiden oder beide gemeinsam haben gemäß Art. 50 ein absolutes Vetorecht gegen Gesetze und andere Entscheidungen des Repräsentantenhauses oder eines seiner Unterorgane in verschiedenen, ausdrücklich aufgezählten Materien im Zusammenhang mit außen-, verteidigungs- und sicherheitspolitischen Fragen. Für alle anderen Materien steht ihnen das suspensive Vetorecht des Art. 51 zur Verfügung. Über diese Befugnisse hinaus werden die vollziehende Gewalt und andere Rechte wie etwa das Initiativrecht im Gesetzgebungsverfahren (Art. 80) vom Ministerrat ausgeübt (Art. 54).

Die Artikel 55–57 betreffen das Zusammentreten und Verfahren des Ministerrats. Im Ministerrat kommt dem Präsidenten (bzw. Vizepräsidenten) eine herausragende Rolle zu. So sind sie nicht nur dessen Vorsitzende, sondern haben zum Beispiel gemäß Art. 57 ein suspensives und ein absolutes Vetorecht. Die Funktionen der Minister sind eigens in den Artikeln 58 und 59 geregelt; laut Art. 60 ist ein Gemeinsames Sekretariat des Ministerrats einzurichten, das aus zwei den Volksgruppen entsprechenden Untersekretariaten besteht.

β) Legislative

Das Repräsentantenhaus ist das zentrale Gesetzgebungsorgan der Republik (Art. 61) und besteht aus fünfzig Mitgliedern, deren Mandate nach den Volksgruppen im Verhältnis sieben zu drei verteilt sind (Art. 62). Wahlen finden alle fünf Jahre statt (Art. 65, 66). Scheidet ein Abgeordneter vorzeitig aus (Art. 71), erfolgt eine Nachwahl (Art. 66). Das Repräsentantenhaus kann sich selbst auflösen (Art. 67). Das Mandat ist mit jeglichem öffentlichen Amt, auch dem eines Ministers, unvereinbar (Art. 70). Art. 72 enthält Vorschriften über das Präsidium des Repräsentantenhauses, Art. 73 über das Verfahren der Einsetzung von Ausschüssen und andere Regelungen zu Fragen der Geschäftsordnung, wie etwa auch zur Fraktionsstärke, die bei mindestens sechs Abgeordneten liegen muß. Die Artikel 74–78 enthalten weitere Bestimmungen über den Zusammentritt und das Verfahren des Hauses. Das Initiativrecht steht den Abgeordneten und den Ministern zu (Art. 80). Weitere Formalien des Gesetzgebungsverfahrens regeln Art. 81 (Haushaltsgesetz) und Art. 82 (Bekanntmachung). Die Abgeordneten genießen Immunität und Indemnität (Art. 83).

Der Fünfte Teil enthält die für die zyprische Verfassung so typischen Regelungen über die beiden Volksgruppenkammern (*communal chambers*) als Selbstverwaltungsorgane mit bestimmten Gesetzgebungskompetenzen in folgenden Bereichen (Art. 87): Religion, Bildung und Kultur, Personenstand, Gerichtsbarkeit in Fragen der Religion und des Personenstandes, Genossenschaften u. ä. (vorbehaltlich von durch die Zentralgesetzgebung erlassenen Regelungen). Hinzu kommen sonstige, zum Teil nicht näher bestimmte und spezifisch die jeweilige Volksgruppe betreffende Fragen, Steuern und Abgaben, soweit sie für die Erfüllung der Selbstverwaltungsaufgaben notwendig sind. Letztere werden durch einen durch Art. 88 einschließlich des Verteilungsverfahrens vorgeschriebenen Posten im Haushalt des Repräsentantenhauses ergänzt.

Weitere, allgemeinere Richtlinienkompetenzen und Befugnisse der Verwaltungskontrolle der Kammern regelt Art. 89. Die übrigen Vorschriften bis zum Art. 107 enthalten Regelungen, die weithin parallel zu denen des Repräsentantenhauses gestaltet sind und die Volksgruppenkammern als echte Gesetzgebungsorgane ausweisen. Was ihnen entzogen ist, sind Regelungen über Zwangsbefugnisse bzw. die Vollstreckung von Entscheidungen der Kammern durch Anwendung von Zwangsmaßnahmen (Art. 90), denn das Gewaltmonopol steht nur der Republik als Ganzer zu. Art. 108 erlaubt den Volksgruppen, ihre kulturellen und schulischen Bedürfnisse mit Hilfe der Regierung des jeweiligen „Mutterlandes" zu befriedigen, Art. 109 sieht die Möglichkeit vor, Religionsvertretern als solchen Sitz und Stimme in der jeweiligen Volksgruppenkammer als Kontingent zu garantieren. Art. 110 bestimmt die Autonomie der griechisch-orthodoxen Kirche Zyperns bzw. der islamischen Organisation der religiösen Stiftungen (*Evkafs*). Art. 111 bestimmt schließlich die Anwendbarkeit religiösen Rechts auf dem Gebiet der familienrechtlichen Beziehungen; diese Vorschrift spielte bis zu ihrer Reform im Jahre 1990 für das interethnische Konfliktrecht eine entscheidende Rolle in der Rechtsprechung zyprischer Gerichte in familienrechtlichen Angelegenheiten.

γ) Behördenorganisation

Im Sechsten Teil geht es um bestimmte zentrale Behörden. Diesen Regelungen zufolge stellen der Generalstaatsanwalt und sein Vertreter (Art. 112–114) nicht nur die Spitze der Strafverfolgungsbehörde dar, sondern sie nehmen auch die Funktionen der Rechtsberatung der Exekutive und sonstige Aufgaben wahr, die sie letztlich als objektive Vertreter des Rechts ausweisen. Der *Auditor-General* und sein Vertreter (Art. 115, 116) haben die Funktionen eines obersten Rechnungsprüfers, wie man sie etwa einem Rechnungshof zuschreibt. Ungewöhnlich ausführlich sind die Bestimmungen zum Notenbankpräsidenten und seinem Vertreter, die zugleich auch an der Spitze der Zentralbank stehen (Art. 118–121).

In den Vorschriften des Siebten Teils über den öffentlichen Dienst geht es um die Volksgruppenquoten (sieben zu drei, Art. 123) und die Einrichtung einer Kommission für den öffentlichen Dienst, die in erster Linie für die Personalangelegenheiten zuständig ist (Art. 124, 125). Die Artikel 126–128 betreffen den Schatzmeister und seinen Vertreter, über den die laufenden Einnahmen und Ausgaben der Verwaltung zu regulieren sind.

Der Achte Teil hat die Sicherheitskräfte zum Gegenstand. Die Armee soll aus 2 000 Mann mit einer Quotierung von sechs für die griechische Volksgruppe zu vier für die türkische Volksgruppe bestehen (Art. 129), die Polizei und Gendarmerie aus ebenfalls 2 000 Mann, jedoch mit einer Quotierung von sieben zu drei (Art. 130). Diese Zahlen stehen zur Disposition des Präsidenten der Republik und seines Stellvertreters. Art. 131 regelt die Ernennung der Kommandeure der jeweiligen Sicherheitskräfte. Gemäß Art. 132 sollen in Gebieten mit annähernd hundert Prozent Bevölkerungsanteil einer Volksgruppe nur Angehörige dieser Volksgruppe stationiert werden.

δ) Verfassungsgericht

Der Neunte Teil handelt vom Hohen Verfassungsgericht (*Supreme Constitutional Court*)[20]. Art. 133 regelt ausführlich den Status der Richter und die Besetzung des Gerichts, das aus einem Zyperntürken und einem Zyperngriechen sowie einem Ausländer bestehen sollte, der keinem der Garantiestaaten angehörte. Nach einigen Verfahrensfragen (Art. 134–136) enthält Art. 137 Vorschriften über die abstrakte Normenkontrolle, die von dem Präsidenten (bzw. Vizepräsidenten) der Republik gegen solche Gesetze in Gang gesetzt werden können, die eine der Volksgruppen „diskriminieren"; ein ähnliches Verfahren im Hinblick auf das Haushaltsgesetz ist Gegenstand des Art. 138. Weitere Verfahren: Organstreitverfahren bei Zuständigkeitskonflikten zwischen Verfassungsorganen, auch zwischen Repräsentantenhaus und Volksgruppenkammer, einstweilige Anordnung (Art. 139); präventive abstrakte Normenkontrolle in einer Art Gutachtenverfahren auf Antrag des

---

[20] Hierzu und zu den Kompetenzen der übrigen Gerichte vgl. Blümel, W.: Die Verfassungsgerichtsbarkeit in der Republik Zypern, in: Verfassungsgerichtsbarkeit in der Gegenwart (Internationales Kolloquium des Max-Planck-Instituts für ausländisches öffentliches Recht und Völkerrecht). Köln/Berlin 1962, S. 643–726. Das Hohe Verfassungsgericht war mit dem Rücktritt seines Vorsitzenden Ernst Forsthoff am 21.05.1963 faktisch arbeitsunfähig geworden und wurde am 09.07.1964 mit dem Hohen Gerichtshof („High Court of Justice") zu einem neuen Obersten Gerichtshof („Supreme Court") zusammengefaßt, welches das Ende der gesamtzyprischen Verfassungsgerichtsbarkeit bedeutete.

Präsidenten oder seines Stellvertreters (Art. 140); Normenkontrollmöglichkeit auf Antrag des Präsidenten (bzw. Vizepräsidenten) der Republik hinsichtlich der Beschränkung der Berufsfreiheit (Art. 141); präventives abstraktes Normenkontrollverfahren (Gutachtensverfahren) wegen Verfassungswidrigkeit von Gesetzen auf Antrag des Präsidenten (bzw. Vizepräsidenten) jeweils bezüglich von Gesetzen ihrer jeweiligen Volksgruppenkammer (Art. 142); konkrete Normenkontrolle auf Vorlage durch ein Gericht auf Antrag einer Prozeßpartei (Art. 144); Streitigkeiten bei Abgeordnetenwahlen (Art. 145); Verfassungsbeschwerde gegen Akte der Exekutive (Art. 146); Feststellung der Amtsunfähigkeit des Präsidenten oder seines Stellvertreters (Art. 147); Strafgewalt bei Mißachtung seiner selbst (*contempt of court*) (Art. 150); Streitigkeiten, die sich aus sprachlichen Verschiedenheiten der beiden amtlichen Verfassungstexte ergeben unter Berücksichtigung der verschiedenen Vertragswerke und des Vorentwurfs (Art. 149, 180); Entscheidungen auf Antrag der Kommission für den öffentlichen Dienst (Art. 151). Alle Entscheidungen gelten erga omnes (Art. 148), mit Ausnahme der Entscheidung nach Art. 151, die ausdrücklich nicht die Erhebung einer Verfassungsbeschwerde gemäß Art. 151 II ausschließt.

ε) Judikative

Die rechtsprechende Gewalt im engeren Sinne ist Gegenstand des Zehnten Teils. Sie wird vom Obersten Gerichtshof (zunächst *High Court of Justice*, ab Juni 1964 *Supreme Court*) sowie von ordentlichen Gerichten ausgeübt, deren Organisation Sache der Republik ist, abgesehen von den durch die Volksgruppen einzurichtenden Gerichten für Angelegenheiten, die in Art. 87 beschrieben worden sind (Art. 152). Die Regelungen zur Besetzung des Obersten Gerichtshofs entsprechen weitgehend denjenigen des Art. 133, nur daß hier neben einem Zyperntürken zwei Richter der griechischen Volksgruppe anzugehören haben (Art. 153).

Der Oberste Gerichtshof ist Berufungsgericht im Hinblick auf die Anwendung des Rechts der Republik sowohl für die unteren Gerichte als auch für solche Sachen, die ein Einzelrichter des Obersten Gerichtshofs erstinstanzlich entscheidet (Art. 155). Ein besonderes Gericht ist zuständig für Delikte gegen die Staatssicherheit (Art. 156). Der Oberste Gerichtshof hat auch die Funktionen eines Hohen Justizrats, der für die Personal- und Disziplinarangelegenheiten der Richter und Staatsanwälte zuständig ist (Art. 157). Die Artikel 158–161 enthalten Bestimmungen zur Gerichtsverfassung unter besonderer Berücksichtigung der Volksgruppen und ihres Rechts. Im Hinblick auf letzteres gibt es jeweils ein eigenes Berufungsgericht (Art. 160 II). Der Oberste Gerichtshof hat eigene Strafgewalt und Zwangsgewalt bei Mißachtung des Gerichts und bei Ungehorsam gegenüber seinen Entscheidungen (Art. 162).

ζ) Finanzverfassung

Der Elfte Teil handelt von den Finanzfragen. Dazu gehören die Einrichtung Konsolidierter Fonds auf Republiksebene und auf Volksgruppenebene (Art. 165) für die wesentlichen finanziellen Bewegungen (Art. 166), Haushalt und Verfahren seiner Herstellung (Art. 167) sowie das Verfahren für die Ausgaben, wobei eigens die Rolle des Finanzministers festgelegt wurde (Art. 168).

η) Sonstiges

Zu den „verschiedenen Bestimmungen" des Zwölften Teils gehören Art. 169, der vorbehaltlich der Bestimmungen der Artikel 50 und 57 den Abschluß völkerrechtlicher Verträge regelt, sowie Art. 170, der in diesem Zusammenhang den Garantiemächten Meistbegünstigung garantiert. Art. 171 enthält nähere Regelungen zum Umfang von Radio- und Fernsehsendungen in der einen oder anderen Volksgruppensprache. Eine knappe Staatshaftungsregelung trifft Art. 172. Die Errichtung von fünf Stadtgemeinden durch die türkische Volksgruppe in den fünf größten Städten der Republik sieht Art. 173 vor; die Folgen hiervon für die öffentlichen Beziehungen zwischen Bürger und Gemeinde sowie eine wirksame Gemeindeverwaltung versuchen die Artikel 174–178 in den Griff zu bekommen.

Die Schlußbestimmungen des Dreizehnten Teils regeln Rang, Geltungskraft und Bezüge der Verfassung zu den mit den Garantiemächten abgeschlossenen Verträgen. Als problematisch erwiesen sich später die Vorschriften des Art. 182, mit denen zum einen die Grundregelungen der Verträge und damit der Verfassung (d. h. die *Basic Articles of the Constitution*) als unveränderlich festgeschrieben werden sollten (Art. 182 I); und zum anderen jede sonstige Verfassungsänderung von einer Zweidrittel-Zustimmung auch der Abgeordneten der zyperntürkischen Volksgruppe abhängig machte (Art. 182 III). Diese Bestimmung führte zugleich eine Normenhierarchie innerhalb der Verfassung ein und führt dazu, daß Verfassungsänderungen nicht nur formell (Verstoß gegen Verfahrensvorschriften) sondern auch materiell verfassungswidrig sein können[21]. Die Artikel 183 und 184 befassen sich mit den Voraussetzungen und Verfahren der Erklärung des Ausnahmezustandes, die durch den Ministerrat mit Zustimmung des Repräsentantenhauses erfolgt, wobei sowohl die Erklärung des Ministerrats als auch die Zustimmung des Repräsentantenhauses dem Vetorecht des Präsidenten (bzw. Vizepräsidenten) ausgesetzt sind. Die Dauer beträgt zwei Monate mit Verlängerungsmöglichkeit, es kann die Ausübung bestimmter Grundrechte ausgesetzt werden. Der Ministerrat kann Rechtsverordnungen mit Gesetzeskraft erlassen, die ausschließlich mit Erfordernissen des Ausnahmezustands begründet sein müssen.

Die Artikel 187–197 schließlich enthalten Übergangsbestimmungen, die nicht nur die Tatsache eines einfachen Regime- und/oder Verfassungswechsels zu berücksichtigen hatten, sondern den Antritt des Erbes eines anderen Staates mit all den Problemen von öffentlichen und privaten Eigentumsübergängen, der Geltung alten Rechts, der Übernahme von Rechten und Pflichten im Völkerrechtsverkehr.

---

[21] Soulioti, S.: Address of the Attorney-General of the Republic in Ref.No.1/86 before the Supreme Court of the Republic on 17.2.1986 (Summary), in: Cyprus Law Review. 4 (1986), S. 2077/2078.

3. Die heutige Verfassungslage der Republik Zypern und ihr völkerrechtlicher Status

a) Entwicklung der Verfassung von 1960

Die Verfassung der Republik Zypern ist formell bis heute in Kraft[22]). Sie wurde jedoch von Anfang an von der griechischen Volksgruppe für zu kompliziert und zu rigide und insbesondere für die türkische Volksgruppe zu vorteilhaft gehalten[23]). Die dreizehn Punkte des damaligen Präsidenten der Republik, Erzbischof Makarios, die im Jahre 1963 die Diskussion um die „Verbesserung" der Verfassung einleiten sollten, führten zu einem Konflikt zwischen den Volksgruppen, der auch von Gewalttätigkeiten begleitet war. Bereits jetzt zeigte sich, daß die Verfassung von 1960 im Scheitern begriffen war. Interventionsdrohungen der Türkei veranlaßten die Vereinten Nationen auf Bitten von Makarios und Küçük, im März 1964 eine Friedenstruppe nach Zypern zu entsenden, die bis heute dort stationiert ist[24]). Die türkische Volksgruppe, die sich für den Versuch einer durchgängigen Implementierung der gegebenen Verfassung einsetzte, kündigte schließlich 1964 die Zusammenarbeit im Sinne der einschlägigen Bestimmungen der Verfassung auf und zog sich schrittweise aus den Positionen der Zentralgewalt zurück. Damit entfiel die wichtigste Grundlage der Verfassung, nämlich ihr Charakter als Verfassung des Volksgruppenstaates Republik Zypern. Zwar versuchte der Oberste Gerichtshof in der berühmten Entscheidung in der Sache *Attorney General vs. Mustafa Ibrahim*[25]), die Fiktion der Fortgeltung aufrechtzuerhalten, indem er die infolge des Konflikts notwendig gewordenen Anpassungsmaßnahmen als durch die „außerordentlichen Umstände" bedingt und damit ausnahmsweise als gerechtfertigt ansah. Doch bildete die Verfassung nunmehr nur noch die Grundlage für das hoheitliche Handeln der griechischen Volksgruppe. Diese zog hieraus schon frühzeitig die rechtspolitischen Konsequenzen[26]). Bereits am 09.07.1964 wurde das nach dem Rücktritt seines deutschen Präsidenten Ernst Forsthoff[27]) (21.05.1963) praktisch arbeitsunfähig gewordene Verfassungsgericht mit dem Obersten Gerichtshof verschmolzen[28]).

---

[22]) Zu den Entwicklungen und Diskussionen um die Verfassung vgl. Polyviou (Anm. 2).

[23]) In diese Richtung auch Yiallourides (Anm. 7), S. 228; Tornaritis, C. G.: Constitutional and Legal Problems in the Republic of Cyprus. Zweite Auflage. Nikosia 1972, S. 9.

[24]) Theodorides, J.: The United Nations Peace Keeping Force in Cyprus (UNFICYP), in: International and Comparative Law Quarterly. 31/4 (1982), S. 765–783.

[25]) Urteil vom 10.11.1964, Attorney General of the Republic vs. Mustafa Ibrahim and others, Cyprus Law Reports. (1964), S. 195. Das Urteil zeichnet sich durch eine sehr ausführliche Beschreibung der konkreten verfassungsrechtlichen Situation Ende 1964 aus.

[26]) Salih, H. I.: Cyprus. The Impact of Diverse Nationalism on a State. Alabama 1978, S. 75.

[27]) Der Heidelberger Staatsrechtler, der wegen seiner Lehrtätigkeit im Dritten Reich nicht ganz unumstritten ist, gehörte zu den führenden deutschen Rechtswissenschaftlern der Nachkriegszeit. Sein Rücktritt erfolgte am 21.05.1963, nachdem Makarios über die internationale Presse hatte verlauten lassen, daß er gegen seine Pläne gerichtete Entscheidungen des Verfassungsgerichts nicht länger respektieren werde (Purcell, H. D.: Cyprus. London 1969, S. 317/318).

[28]) Im betreffenden Gesetz Nr. 33/1964 über die Justiz war von einer „Verschmelzung" der beiden Gerichte die Rede (Serghides, G. A.: Studies in Cyprus Law. An Introduction to the Series

Ermutigt durch die oben genannte Entscheidung des Obersten Gerichtshofs, nahm die zyprische Regierung weitere Maßnahmen der Anpassung der Staatsorganisationsverfassung in Angriff. Die zyperngriechische Volksgruppenkammer wurde im Jahre 1965 aufgelöst und ihre Kompetenzen auf das Repräsentantenhaus übertragen, ferner wurde die Rechtsprechungszuständigkeit der griechischen Volksgruppengerichte auf die Distriktgerichte übergeleitet[29]. Im Juli 1965 wurden die vakant gewordenen drei türkischen Ministerposten im Ministerrat mit Zyperngriechen besetzt; ein Gesetz verlängerte die Amtszeit von Makarios und beendete diejenige des türkischen Vizepräsidenten. Damit verfestigte die zyperngriechische Volksgruppe ihren Anspruch auf Identität mit dem Souverän der Republik Zypern[30]; daran ändert auch der Umstand nichts, daß nicht alle durch die Verfassung den Zyperntürken vorbehaltenen Stellen auch tatsächlich mit Zyperngriechen besetzt wurden, um den gewohnheitsrechtlichen Prozeß der Verfassungsänderung in Grenzen zu halten.

b) Fortgeltung der Verträge

Ob die im Zusammenhang mit der Gründung der Republik Zypern abgeschlossenen Verträge noch als in Kraft befindlich angesehen werden können, erscheint zweifelhaft[31]. Obwohl die Republik Türkei sich zur Rechtfertigung ihrer Intervention 1974 gerade auf dieses Vertragswerk gestützt hatte, hat sich keine gemeinsame Auffassung der Staaten der Völkerrechtsgemeinschaft für die türkische Sichtweise herausgebildet. Im Gegenteil hat der Widerstand der zyprischen Griechen im Verein mit den Großmächten und der UN-Organe mit der Verurteilung der türkischen Intervention auch die Legitimität des Vertragswerks insgesamt in Frage gestellt, weil damit zugleich das Erfordernis der Sanktionierung der seit 1963 andauernden Bemühungen der griechischen Volksgruppe um eine grundlegende Änderung der zyprischen Verfassung zu Lasten der türkischen Volksgruppe verneint und der vertrags- und verfassungswidrige Status quo vor der türkischen Intervention und dem Sampson-Putsch vom 15.7.1974 stillschweigend anerkannt wurden; tatsächlich waren auch die oben vorgestellten Änderungen der Verfassung auf Gesetzesebene ohne spürbare internationale Kritik erfolgt[32].

---

and to Study No.1. Nikosia 1985, S.100); diese Terminologie ist mit dem Versuch zu erklären, die Fiktion der Verfassungsmäßigkeit des offensichtlich verfassungswidrigen Gesetzes zu erhalten. Vgl. auch Oberster Gerichtshof (Anm.25). Die Verschmelzung führte nicht nur zu strukturellen Veränderungen des Gerichts, sondern u. a. auch zum Wegfall der Möglichkeit der konkreten Normenkontrolle.

[29]) Serghides (Anm.28), S.100, bezeichnet diese Schritte als Erfüllung der Forderungen von Präsident Makarios („13 Punkte").

[30]) Diese wichtigen Entwicklungen fehlen etwa bei Polyviou (Anm.2), S.50. M.Leigh (Opinion Dated 20 July 1990 on the Legal Status in International Law of the Turkish Cypriot and the Greek Cypriot Communities in Cyprus. UN Doc. A/44/967 – S/21421) weist auf S.5 darauf hin, daß diese ohne die Mitwirkung der zyperntürkischen Volksgruppe erfolgten Änderungen der Verfassung den Zyperntürken die Rückkehr zum früheren Modell unmöglich machten und damit den Verfassungsbruch besiegelten.

[31]) So aber Lauterpacht, E.: Turkish Republic of Northern Cyprus. The Status of the Two Communities in Cyprus. UN Doc. A/44/968 – S/21463, S.12.

Die gute Absicht der Erhaltung der Einheit des Inselstaates allein genügt nicht, den rechtlichen Fortbestand der Verträge zu begründen, weil die wesentliche Bedingung dieser Verträge entfallen war: Erzbischof Makarios hatte die Republik Zypern vom Volksgruppenstaat in einen Staat umgewandelt, der der türkischen Volksgruppe allenfalls einen Minderheitsstatus zuerkannte; dabei spielt der häufige Hinweis auf den „freiwilligen" Verzicht der türkischen Volksgruppe keine Rolle, zumal die durch die griechische Volksgruppe durchgeführten Verfassungs- und Gesetzesänderungen die Rückkehr der türkischen Volksgruppe zur verfassungsmäßigen Beteiligung an der Macht erschwerten, ja unmöglich machten. Vor der Intervention der Republik Türkei hatte die vom Obristenregime der Republik Griechenland ausgelöste und gesteuerte Putschbewegung vom 15.7.1974 den weiteren Schritt der vollständigen Verdrängung der türkischen Volksgruppe aus ihrer verfassungsrechtlichen Position unternommen, als durch den EOKA-Führer Nikos Sampson die „Hellenistische Republik Zypern" ausgerufen wurde. Dieser Putsch, seinerzeit von Makarios als vertragswidrige „Invasion" bezeichnet[33]), war Anlaß für die militärische Intervention der Türkei am 20.7.1974, die letztlich zur Teilung der Insel führte, weil die internationale Staatengemeinschaft sich zwar weitgehend einig war in der Verurteilung der türkischen Intervention, es jedoch an überzeugenden und inbesondere neutralen Konzepten für eine interessengerechte Lösung fehlte. Der in erster Linie gegen die türkische Seite gerichtete internationale Druck führte zu weiteren Veränderungen. Die Bildung eines neuen Staates im Nordteil der Insel entfernte die Situation weiter von ihrer rechtlichen Basis in der Fassung der Verträge. Wesentliche Bestimmungen der Verträge laufen seitdem leer.

Die Wirksamkeit der Verträge ist auch aus anderen, bereits bei Abschluß der Verträge geltenden Gründen in Zweifel gezogen worden. Die Argumente beziehen sich zum Teil auf die als völkerrechtswidrig angesehene Begrenzung der Souveränität der Republik Zypern (Züricher Abkommen, Garantievertrag) oder auf andere Verstöße gegen *ius cogens*, wie etwa das in Art. 2 IV der Charta der Vereinten Nationen niedergelegte Gewaltverbot (Art. IV/2 Garantievertrag). Diese Argumente dürften jedoch nicht durchgreifen, weil die Beschränkung der Souveränität überhaupt Bedingung der Entstehung der Republik Zypern war. Was Art. IV/2 des Garantievertrages angeht, so könnte vielleicht eine Auslegung, die ein militärisches Eingreifen erlaubt, als mit zwingendem Völkerrecht unvereinbar angesehen werden. Diese Frage gewinnt in der heutigen Zeit, in der die breite Front der Ablehnung gegen die Zulässigkeit humanitärer Intervention durch militärischen Eingriff zunehmend bröckelt, neue Aktualität. Andererseits ist festzuhalten, daß der Garantievertrag gerade der Erhaltung des Volksgruppenstaates Zypern dienen sollte und daß die Möglichkeit der militärischen Intervention als Bedingung der Entstehung der Republik und ihres Fortbestandes gedacht war, zumal der Republik Zypern selbst eigene Zwangsmittel zur Erhaltung des inneren Frie-

---

[32]) Lediglich Großbritannien und die Türkei haben dagegen formell protestiert (Leigh [Anm. 30], S. 6).

[33]) Cyprus: International Law and the Prospects for Settlement, in: Proceedings of the 78th Annual Meeting (American Society of International Law). 1984, S. 107–132, bes. 109.

dens zwischen den Volksgruppen mit voller Absicht nicht in zureichendem Maße in die Hände gegeben worden waren. Diese wurden vielmehr den Garantiestaaten überlassen mit der Folge, daß zwischen Zypern und den Garantiemächten ein besonderes Gewaltverhältnis entstand. Der Geltungsumfang des völkerrechtlichen Gewaltverbots erscheint hier in einem anderen Licht als zwischen souveränen Staaten ohne derartige rechtliche Verknüpfungen. Ohne Verstoß gegen das Gewaltverbot kann unter diesen Bedingungen Art. IV/2 des Garantievertrages auch dahin ausgelegt werden, daß er die Aufrechterhaltung der verfassungsmäßigen Ordnung auch mit Mitteln des Zwangs ermögliche[34]. International wird aber überwiegend die Auffassung vertreten, daß eine Interpretation des Art. IV/2 des Garantievertrages im Sinne der Möglichkeit einer militärischen Intervention jedenfalls gegen das Gewaltverbot verstoße. Eine abschließende Wertung vorzunehmen, ist hier allerdings nicht der Ort. Grundsätzlich kann das Ende der Wirksamkeit der Gründungsverträge durch die normative Kraft des Faktischen angenommen werden; es handelt sich um rechtlich wirkungslose Texte, die in dieser oder anderer Form durch erneutes Verhandeln wieder belebt werden könnten. Infolge der Kündigung Zyperns im April 1964 ist jedenfalls der Allianzvertrag bereits seit dieser Zeit nicht mehr in Kraft.

c) Sezession

Eine weitere schwierige Frage stellt diejenige nach der Wirksamkeit der Sezession des Nordteils dar[35]. Aus staatsrechtlicher Sicht sehen weder die Verträge noch die Verfassung von 1960 die Möglichkeit der Sezession eines Teils der Insel vor. Insoweit war die Sezession des Nordteils im Jahre 1983 (bzw. schon im Jahre 1974 die faktische Teilung) verfassungswidrig; die Hervorhebung der „Einseitigkeit" der Proklamation von 1976 durch viele Autoren und internationale Organe dient allenfalls der Unterstreichung der Illegalität, bedeutet jedoch nicht, im Hinblick auf die verfassungsrechtliche Lage eine Sezession dann möglich gewesen wäre, wenn die andere Volksgruppe zugestimmt hätte. Dem steht Art. 182 der Verfassung entgegen. Die Einseitigkeit der Proklamation für sich begründet also noch nicht die „Illegalität" der Sezession. Die Legalität dieser Sezession könnte allerdings staatsrechtlich mit Verfassungsgewohnheitsrecht bzw. der Entstehung einer neuen Verfassungslage bereits im Zeitpunkt dieser Sezession begründet werden. Zwar hat die zyperngriechische Volksgruppe der Legalität der Sezession bis heute permanent widersprochen und wird darin von der Völkerrechtsgemeinschaft unterstützt. Zunächst ist aber jedenfalls die Unterstützung der Völkerrechtsgemeinschaft aus verfassungsrechtlicher Sicht unerheblich; sie kann allenfalls auf völkerrechtlicher Ebene bedeutsam sein. Außerdem ist zweifelhaft, ob der permanente Widerspruch der zyperngriechischen Volksgruppe rechtlich relevant ist. Denn dieser Widerspruch wäre lediglich aus der Sicht einer geltenden Verfassung von 1960

---

[34] Zur Problematik eines völkerrechtlichen Interventionsverbots Doehring, K.: Intervention im Bürgerkrieg, in: Im Dienste Deutschlands und des Rechts (Festschrift für Wilhelm G. Grewe). Baden-Baden 1981, S. 445–458, bes. 456.
[35] Lauterpacht (Anm. 31), S. 15.

und im Falle der Fortgeltung der Verträge begründet. Tatsächlich ist jedoch die Verfassung von 1960 gerade durch die zyperngriechische Volksgruppe in ihrem Wesenskern aufgehoben worden, obwohl dies nicht einmal mit Zustimmung der zyperntürkischen Volksgruppe möglich gewesen wäre[36]). Die Verfassung von 1960 wurde im Zeitpunkt der Sezession praktisch nicht mehr angewendet. Schon vor der Sezession war diese Verfassung objektiv ausschließlich ein Instrument der Herrschaftsausübung durch die zyperngriechische Volksgruppe. Es entstand also für die zyperngriechische Volksgruppe ein eigenes Verfassungsrecht, das sich nicht im Text der Verfassung von 1960 niederschlug und die zyperntürkische Volksgruppe praktisch an der Ausübung von Herrschaftsgewalt im Sinne der Volksgruppenverfassung hinderte. Die zyperntürkische Volksgruppe als solche war demgemäß nur noch rechtliche Fiktion, im übrigen nur noch „Minderheit" ohne den Status einer Minderheit. Zu vertreten wäre sogar die Annahme, daß die Verfassung für die türkische Volksgruppe überhaupt nicht mehr galt, diese also in keiner Weise mehr daran und an einen Verbleib im Staatsverband gebunden war. Mit der Intervention der Republik Türkei wurde das durch die Derogation der Volksgruppenverfassung entstandene staatsrechtliche Vakuum mit ausdrücklicher Billigung der türkischen Volksgruppe durch eine neue Verfassungspraxis aufgefüllt, die schon in der Genfer Erklärung vom 30.7.1974 durch die Garantiemächte in Form der Feststellung sanktioniert wurde, daß es nunmehr zwei Administrationen auf der Insel gebe[37]). Vor diesem Hintergrund ist es also nicht zwingend, staatsrechtlich von der „Illegalität" der Sezession auszugehen.

Eine andere Frage ist dagegen, ob völkerrechtlich der Sezession etwas entgegensteht. Es gibt kein völkerrechtliches Sezessionsverbot. Vielmehr gehört die Sezession zu den verbreiteten Gründen der Staatswerdung im völkerrechtlichen Sinne, denkbar ist sogar ein Sezessionsrecht[38]). Der völkerrechtlich zwingende Schutz der Integrität souveräner Staaten richtet sich gegen Eingriffe von außen, nicht jedoch gegen eine Sezessionsbewegung von innen[39]). Die Resolutionen des UN-Sicherheitsrates[40]), die von der Illegalität der Sezession ausgehen, erzeugen kein zwingendes Recht, sondern können ein solches allenfalls aufgreifen. Sie sind zunächst einmal Ausdruck des Bemühens, die typische Folge einer Sezession, die Erlangung völkerrechtlicher Subjektivität, aus politischen Gründen zugunsten des Erhalts der bestehenden Republik Zypern ohne Rücksicht auf die inzwischen entstandene Verfassungslage zu unterbinden, indem dem neuen Gebilde und seiner Regierung jeweils die Anerkennung verweigert und der Abschluß völkerrechtlicher Verträge bzw. der Beitritt hierzu durch diese Regierung faktisch unmöglich gemacht wird.

---

[36]) Der Schluß Lauterpachts auf S. 14, daß dies auch das Ende der Republik Zypern bedeutet habe, geht wohl zu weit. K. C. Markides leitet sein Buch (The Rise and Fall of the Cyprus Republic. New Haven/London 1977) mit dem bemerkenswerten Satz ein, daß die Republik am 15.7.1974, also mit dem von Griechenland geförderten Putsch, zusammengebrochen sei.
[37]) Vgl. auch die spätere Praxis, von „Turkish Cypriot Authorities" zu sprechen (Proceedings [Anm. 33], S. 111).
[38]) Verdross, A./Simma, B.: Universelles Völkerrecht. Dritte Auflage. Berlin 1984, §§ 509–511.
[39]) Für andere Erwägungen mit gleichem Ergebnis vgl. Lauterpacht (Anm. 31), S. 15.
[40]) Die wichtigste Resolution ist Nr. 541, UN-Doc. S/16149 (18.11.1983).

Sie richten sich ferner gegen die Intervention 1974 durch die Republik Türkei, die als völkerrechtswidrig qualifiziert wird, weil eine Rechtfertigung durch den Garantievertrag als nicht möglich angesehen wird und eine Präzedenzwirkung verhindert werden sollte. Im Hinblick auf die Sezession selbst jedoch ist eine Übereinstimmung der Resolution mit Völkerrecht nur dann anzunehmen, wenn man den Sezessionsakt der Republik Türkei zurechnet. Denn ohne die Intervention und die nachfolgende Stationierung türkischer Truppen auf Zypern wäre die Sezession kaum denkbar gewesen, zumal sie die Umsiedlung der Bevölkerung voraussetzte und es an einem abspaltbaren einheitlichen Siedlungsgebiet der türkischen Volksgruppe fehlte. Wenn man also unter diesen Bedingungen von der völkerrechtlichen Illegalität der Intervention oder zumindest des weiteren Verbleibs der türkischen Truppen auf Zypern ausgeht, so kann es der Schutz der Souveränität der Staaten erfordern, daß eine Sezession infolge eines völkerrechtswidrigen Eingriffs zu einem völkerrechtlichen Verbot führt, die neue Situation durch Anerkennung zu zementieren. Dennoch sollte eine solche Argumentation nicht dazu verleiten, von der Völkerrechtswidrigkeit der Intervention von 1974 auch zwingend auf die Völkerrechtswidrigkeit der Sezession von 1983 zu schließen. Denn die türkische Intervention von 1974 ist nicht das einzige Kriterium für eine Antwort auf die Frage nach der Völkerrechtsgemäßheit der Sezession.

Damit ist ein weiteres Problem anzusprechen. Mehr als „kein Sezessionsverbot", nämlich ein „Recht auf Sezession" könnte dann gegeben sein, wenn die Sezession in Ausübung eines völkerrechtlichen Selbstbestimmungsrechts erfolgt. Die Praxis der Vereinten Nationen geht indessen nach wie vor davon aus, daß die Ausübung des Selbstbestimmungsrechts eng mit der Dekolonisierung verknüpft ist[41]). Ein Selbstbestimmungsrecht steht hiernach nicht den ethnischen Minderheiten oder Volksgruppen eines Staates, der Mitglied der Vereinten Nationen ist, zu. Noch weniger ist dies der Fall bei einem im Zuge des Dekolonisierungsprozesses entstandenen Staat[42]). Aber auch in diesem Zusammenhang stellt Zypern wieder einen besonders schwierigen Sonderfall dar. Zwar ist richtig, daß Zypern im Zuge der Dekolonisierung entstanden ist und damit ein gegen andere Staaten gerichtetes Selbstbestimmungsrecht der Zyprer insgesamt nicht mehr in Rede steht. Es stellt sich jedoch die Frage, ob der andere Teil der Aussage gilt, daß Minderheiten in Staaten, die im Zuge der Dekolonisierung unabhängig und Mitglied der Vereinten Nationen geworden sind, in keinem Fall ein Selbstbestimmungsrecht soll zustehen können. Auch hier darf nicht die besondere Entstehungsweise der Republik Zy-

---

[41]) Palmer, S.: The Turkish Republic of Northern Cyprus: Should the United States Recognize it as an Independent State?, in: Boston University International Law Journal. 4/2 (1986), S. 423–450, bes. 444. Ausführlich zum Selbstbestimmungsrecht Thürer, D.: Das Selbstbestimmungsrecht der Völker. Bern 1976; ders., Self- Determination, in: Encyclopedia of Public International Law. Amsterdam 1985, S. 440; Murswiek, D.: Offensives und Defensives Selbstbestimmungsrecht, in: Der Staat. 4 (1984), S. 523–548. Vgl. auch Henkin, L.: General Course on Public International Law, in: Recueil des Cours (Collected Courses of The Hague Academy of International Law). 216 (1989) 4, S. 9–416, bes. 150; Demetriadou, L.: To What Extent is the Principle of Self-Determination a Right under International Law? How Strictly its Framework has been or should be Defined?, in: Cyprus Law Review. 6 (1988), S. 3324–3332.

[42]) Palmer (Anm. 41), S. 445.

pern außer acht gelassen werden, die sich als Volksgruppenstaat etablierte. Bei den Zyperntürken handelte es sich eben nicht um eine Minderheit in einem neuen Staat, sondern um eine von zwei Volksgruppen mit eigenen staatsrechtlichen Pflichten und Rechten[43]), die weit über dasjenige hinausgingen, was den Rechtsstatus einer Minderheit nach heutigem Völkerrecht begründet. Wenn eine solche Volksgruppe von der anderen Volksgruppe unter Bruch der Verfassung von der politischen Teilhabe verdrängt wird, so entsteht ein Sachverhalt, der an Kolonisierungsprozesse erinnern könnte. Zwar nicht aus gesamtzyprischer Sicht, aber doch aus türkischer Sicht ersetzt die zyperngriechische Volksgruppe die Kolonisatoren. Allerdings ist als wesentlicher Unterschied hervorzuheben, daß die Zyperntürken in jedem Falle vollwertige Staatsbürger der Republik Zypern geblieben und damit mit einem kolonisierten Volk kaum zu vergleichen sind; im übrigen wäre, legt man Voraussetzungen und Bedingungen für ein völkerrechtliches Selbstbestimmungsrecht zugrunde, wohl kein isoliertes zyperntürkisches Selbstbestimmungsrecht denkbar, das über die Restitution des Status als Volksgruppe gemäß der Verfassung von 1960 hinaus das Verlangen nach einem eigenen Staat rechtfertigen und damit jegliches darauf gerichtete Verhalten legitimieren bzw. legalisieren könnte. Es bleibt also problematisch, den Sezessionsakt völkerrechtlich mit der Ausübung des Selbstbestimmungsrechts der zyperntürkischen Volksgruppe zu rechtfertigen. Die letzte Frage nach der Qualität der heutigen „TRNZ" ist damit jedoch noch nicht beantwortet worden.

d) „TRNZ" – ein Staat?

Das wichtigste durch die Teilung der Insel aufgeworfene Problem ist, welche Staaten dort heute existieren. Dieses Problem kann an dieser Stelle nicht gelöst werden. Es ist jedoch klarzustellen, daß die häufig vertretene Auffassung, wonach die „TRNZ" kein Staat sei, nicht ohne weiteres einer sorgfältigen Prüfung anhand geltenden Völkerrechts standhält.

Sowohl staats- als auch völkerrechtlich hängt die Qualifizierung als „Staat" nicht davon ab, wer das betreffende Gebilde als Staat bezeichnet. Die noch heute in der Theorie und Praxis des Völkerrechts sowie in den meisten Staatsrechten angewandte „Drei-Elemente-Lehre" läßt drei objektive Kriterien gelten, die den Staat ausmachen: ein gegenüber anderen Staaten abgrenzbares Staatsgebiet, eine effektive Regierung und ein eigenes Staatsvolk. „Effektiv" heißt in diesem Zusammenhang, daß die betreffende Regierung (dies schließt in der Gewaltenteilungsdemokratie alle drei Gewalten ein) in der Lage ist, die von ihr gesetzten Normen auch durchzusetzen, ohne dem politischen Diktat einer außenstehenden Macht unterworfen zu sein. Ferner muß der Staat rechtlich unabhängig sein. Bei der Anlegung dieser Kriterien handelt es sich bei beiden Teilen der Insel um „Staaten"; darauf, daß sich ein Staat durch Sezession gebildet hat, kommt es staatsrechtlich nicht an.

---

[43]) Zum Unterschied zwischen „Minderheit" und „Volksgruppe" vgl. Pernthaler, P.: Volksgruppe und Minderheit als Rechtsbegriffe, in: Volksgruppenrecht – Ein Beitrag zur Friedenssicherung. Hrsg. F. Wittmann/S. Graf Bethlen. München 1980 (= Berichte und Studien der Hanns-Seidel-Stiftung, 15), S. 9.

Die „TRNZ" ist zwar wirtschaftlich von der Türkei abhängig, nicht jedoch rechtlich. Sie ist auch nicht den Anweisungen der Republik Türkei unterworfen, auch wenn die Türkei – keineswegs immer mit Erfolg – auf innenpolitische Prozesse in Nordzypern Einfluß zu nehmen sucht. Es handelt sich jeweils im Rechtssinne weder um eine Provinz noch um ein Protektorat noch um eine Marionettenrepublik. Auch der Umstand, daß die „TRNZ" nicht „anerkannt" worden ist, spielt nicht ohne weiteres eine Rolle für die Staatseigenschaft. Denn es ist umstritten, ob eine Anerkennung deklaratorische oder konstitutive Wirkung für einen Staat im völkerrechtlichen Sinne hat[44]. Die Anerkennung ist nach wohl überwiegender Völkerrechtslehre deklaratorisch (Deklarationstheorie) und hat lediglich Auswirkungen auf die völkerrechtliche Handlungsfähigkeit, da ein nicht anerkannter Staat in der Regel mit anderen Staaten der Völkerrechtsgemeinschaft keine Rechtsbeziehungen pflegen kann.

Wieder eine andere Frage ist, ob die Anerkennung Nordzyperns – und damit die Herstellung der völkerrechtlichen Handlungsfähigkeit – deshalb rechtswidrig und damit den Staaten der Völkergemeinschaft verboten sein kann, weil sie als Intervention gegen den Staat, von dem sich der neue Staat abgespalten hat, angesehen werden könnte. Grundsätzlich kann also durchaus vertreten werden, daß wir es mit zwei Staaten auf der Insel zu tun haben, von denen – infolge der völkerrechtlichen Praxis – nur der eine, nämlich der Südteil, völkerrechtlich als Republik Zypern handlungsfähig und mit der 1960 gegründeten Republik Zypern identisch oder teilidentisch ist oder deren Rechtsnachfolge angetreten hat. Die Regierung der zyperngriechischen Volksgruppe ist zugleich als Regierung der Republik Zypern völkerrechtlich anerkannt[45]. Hieraus folgt im übrigen auch, daß diplomatischer Schutz für Mitglieder beider Volksgruppen nur durch die Regierung der Republik Zypern, also die Regierung der zyperngriechischen Volksgruppe gewährt werden kann. Dagegen ist es vertretbar, die „TRNZ" als Staat anzusehen[46]. Staatsangehörigkeitsrechtliche Akte der Regierung der „TRNZ" etwa lösen aber lediglich staatsrechtlich, nicht jedoch völkerrechtlich Folgen aus. Ungeachtet dessen, ob die „TRNZ" als Staat zu bezeichnen ist oder nicht, steht jedenfalls fest, daß sie zumindest eine eigene „Administration" hat, die aufgrund einer eigenen Verfassung Normen umsetzt, die von einem eigenen, demokratisch legitimierten

---

[44] Ausführlich von Laffert, G.: Die völkerrechtliche Lage des geteilten Zypern und Fragen seiner staatlichen Reorganisation. Frankfurt 1995, S. 128, der im Ergebnis der Anerkennung die Schlüsselfunktion für die Frage nach der Staatsqualität zuschreibt.

[45] Leigh (Anm. 30), S. 7, vertritt die Auffassung, daß die zyperngriechische Volksgruppe die Staatsgewalt der Republik Zypern usurpiert habe; sie sei also nicht die Regierung des im Jahre 1960 von der Völkergemeinschaft anerkannten Staates „Republik Zypern". Bei richtiger Unterscheidung zwischen „staatsrechtlich" und „völkerrechtlich" wird man jedoch sagen müssen, daß die zyperngriechische Regierung die Republik Zypern anerkanntermaßen nach außen vertritt. Sie wird dadurch völkerrechtlich legitim. Staatsrechtlich ist sie unter den Bedingungen der Derogation der Volksgruppenverfassung legal. Da es völkerrechtlich jedem Staat freisteht, sich eine Verfassung zu geben und diese – im Rahmen weniger rudimentärer Grundsätze des Völkerrechts – beliebig zu ändern, ist es unerheblich, ob die gegenwärtige Regierung des Südteils staatsrechtlich als Regierung der „Republik Zypern" nach der Verfassungslage von 1960 anzusehen ist oder nicht.

[46] So die konsequente und richtige Schlußfolgerung von Leigh (Anm. 30), S. 8.

Parlament erlassen werden[47]). Dies rechtfertigt es, die heute gültige Verfassung der „TRNZ" von 1985 näher zu betrachten.

4. Die Verfassung der „TRNZ"

a) Grundlagen der Verfassung von 1985

Das Selbstverständnis der Verfassung der „TRNZ"[48]) beruht zum einen auf einer historischen Wertung des staatsrechtlichen Werdens Zyperns, die naturgemäß eine völlig andere ist als die griechische: Zypern ist ein Staat, der seine Existenz einer Abtrennung der Insel vom „Mutterland", dem Osmanischen Reich, im Jahre 1878 verdankt. Zum anderen gilt der Verfassungsgeber, die Zyperntürken, als „untrennbarer Bestandteil der großen türkischen Nation". Der Verfassungsgeber ist daher nicht selbst Nation, sondern nur „Volk" [halk]. Dies sind die beiden wesentlichen Anknüpfungspunkte, die sich aus der Präambel der Verfassung der „TRNZ" ergeben. Weitere ideelle Verbindungen zum „Mutterland" werden in verschiedenen Vorschriften durch die Rezeption der Prinzipien Atatürks hergestellt. Trotz dieser Bezugnahme auf das Mutterland und seine Nation sind Verfassungsgeber und Staatsvolk weder das „zyprische" Volk noch die türkische Nation, sondern das Volk der „TRNZ", also die Angehörigen der türkischen Volksgruppe auf Zypern bzw. – nach nordzyprisch-türkischem Recht – die „Staatsangehörigen" der „TRNZ" (Art. 3 I). Die Verfassung der „Türkischen Republik Nordzypern" weist folgerichtig zahlreiche strukturelle Ähnlichkeiten mit der Verfassung der Republik Türkei von 1982 auf, hat jedoch auch Elemente aus der zyprischen Verfassung von 1960 übernommen. Insgesamt beschreibt die Verfassung der „TRNZ" – anders als die zyprische Verfassung von 1960 – das System einer parlamentarischen Demokratie und rückt vom Präsidialsystem der Republik Zypern ab. Sie entspricht in Rechtsstaatlichkeit und Grundrechtsfreundlichkeit westeuropäischem Standard.

Die Grundlage (*The Form and Characteristics of the State*) bildet Art. 1: „The Turkish Republic of Northern Cyprus is a secular republic based on the principles of supremacy of democracy, social justice and law." In den übrigen Vorschriften des Ersten Teils finden sich weitere Grundnormen, insbesondere über die Volkssouveränität (Art. 3) und deren den Prinzipien der Gewaltenteilung verpflichtete Befolgung in Gesetzgebung, Gesetzesvollzug und Rechtskontrolle durch unabhängige Gerichte (Art. 4–6). Auch der allgemeine Gleichheitssatz wird den grundlegenden Verfassungsnormen zugerechnet (Art. 8).

---

[47]) Proceedings (Anm. 33), S. 112.
[48]) KKTC Resmi Gazete (Amtsblatt der „TRNZ"). 43. 7.5.1985. Auf eine Darstellung der Verfassung des „Türkischen Bundesstaates von 1976" kann hier verzichtet werden (Fundstelle siehe Anm. 4). Zur Entstehung dieser Verfassung siehe Nejatigil, Z.M.: The Turkish Republic of Northern Cyprus in Perspective. Nikosia (Nord) 1985, S. 121.

b) Grundrechte

Im Zweiten Teil ist die Gewährung und Beschränkung der Grundrechte geregelt. Der positiven Gewährleistung und dem Auftrag an den Staat, die Bedingungen für eine effektive Gewährleistung der Grundrechte zu schaffen (Art. 10 im ersten Abschnitt), folgt eine Vorschrift über die durch eine Wesensgehaltsgarantie begrenzten allgemeinen Grundrechtsschranken (Art. 11). In den Grenzen des Völkerrechts beliebig einschränkbar sind die Grundrechte zu Lasten von Ausländern (Art. 13). Schließlich enthalten die meisten Grundrechtsvorschriften eigene besondere Schrankenregelungen. Am Anfang des Kataloges stehen die die materielle und ideelle Integrität der Person schützenden Bestimmungen (Art. 14ff.), gefolgt von einer breiten Palette demokratischer Freiheitsrechte (Art. 22ff.)[49] mit einem Recht auf Wahrheitsbeweis bei Beleidigungsklagen im Zusammenhang mit der Beleidigung von Amtsträgern am Ende (Art. 34).

Im dritten Abschnitt sind die sozialen und wirtschaftlichen Grundrechte und Freiheiten geregelt. Neben den in den einzelnen Bestimmungen enthaltenen Schranken gelten auch für sie die allgemeinen Schrankenvorschriften des ersten Abschnitts sowie Art. 66, der die natürliche Grenze der finanziellen Möglichkeiten des Staates zur normativen Grenze der sozialen und wirtschaftlichen Grundrechte erhebt, ein Indiz dafür, daß es sich hier um anspruchsähnliche Leistungsrechte und nicht in erster Linie – wie die Grundrechte des zweiten Abschnitts – um subjektive Abwehrrechte handelt. Neben dem Schutz der Familie (Art. 35) gibt es vor allem mehrere Vorschriften mit ausführlichen Regelungen zum Eigentum und dessen Begrenzung durch bestimmte öffentliche Interessen (Art. 36ff.), unter anderem auch im Bereich des Kulturgüterschutzes (Art. 39). Dem Recht auf Wohnung (Art. 44) und dem Recht auf Gesundheit (Art. 45) folgen mehrere Vorschriften über Rechte und Freiheiten im Arbeits- und Wirtschaftsleben (Art. 46ff.) sowie sozialrechtliche Vorschriften, in denen auch besonderer Wert auf den Schutz sozial und wirtschaftlich Schwacher gelegt wird (Art. 55ff.). In den Art. 59ff. sind Bestimmungen zur Förderung verschiedener Bereiche im Zusammenhang mit Bildung, Sport und Kultur enthalten. Es folgen die Förderung des Genossenschaftswesens (Art. 63), der Schutz des Bauern und der Landwirtschaft (Art. 64) sowie der Verbraucher (Art. 65). Der dritte Abschnitt enthält die politischen Rechte und andere die politische Partizipation betreffende Vorschriften, unter denen etwa die gerichtliche Kontrolle der Wahlen hervorzuheben ist (Art. 69). Die Besonderheit eines richterlich kontrollierten Petitionsrechts ist aus der zyprischen Verfassung von 1960 übernommen worden (Art. 76).

Zu erwähnen ist auch die wegen der besonderen historischen und politischen Umstände etwas komplizierte Regelung der Staatsangehörigkeit (Art. 67). Hiernach zählen zu den Staatsangehörigen der „TRNZ" zunächst die mit der Gründung zu Zyprern gewordenen und am 15.11.1983 im türkischen Norden mit dauerndem Aufenthalt befindlichen Personen. Gleiches gilt auch für die in den „Türkischen Bundesstaat Zypern" Eingebürgerten. Türkischstämmige Zyprer, welche

---

[49] Bemerkenswert ist die Ächtung der Gesinnungsdelikte (Art. 24 I, S. 2).

die oben genannten Voraussetzungen nicht erfüllen, sollen erleichtert eingebürgert werden können. Für Staatsangehörige von Geburt gilt ein Ausbürgerungsverbot.

c) Staatsorganisation

α) Parlament

Im Dritten Teil beginnen mit den Regelungen zur Gesetzgebung die Vorschriften zur Staatsorganisation. Das Parlament [*Cumhuriyet Meclisi* = „Versammlung der Republik"] besteht aus einer Kammer mit fünfzig Mitgliedern (Art. 77) und hat die üblichen Gesetzgebungsaufgaben. Außerdem hat die „Versammlung der Republik" das Amnestierecht und das letzte Wort vor der Vollstreckung von rechtskräftig verhängten Todesstrafen (Art. 78). Parlamentswahlen gibt es alle fünf Jahre (Art. 79). Ausführliche Vorschriften über die Arbeitsweise der „Versammlung der Republik" (Art. 81, 83) bilden die Grundlage für ihre Geschäftsordnung. Die Abgeordneten genießen Immunität und Indemnität (Art. 84) und dürfen – Minister ausgenommen – nicht gleichzeitig im Staatsdienst tätig sein (Art. 86; Inkompatibilität). Die „Versammlung der Republik" kann sich mit absoluter Mehrheit jederzeit selbst auflösen; die Auflösung kann auch durch den „Präsidenten der Republik" erfolgen, wenn etwa nach mehrfachen Versuchen die Wahl eines vom „Präsidenten der Republik" vorgeschlagenen „Premierministers" scheitert oder dreimal innerhalb eines Jahres ein „Ministerrat" (Regierung) stürzt. Der „Präsident der Republik" hat dabei den Parlamentspräsidenten zu konsultieren. Nach der Auflösung findet die Neuwahl statt (Art. 88).

Der zweite Abschnitt handelt vom Gesetzgebungsverfahren sowie von bestimmten Kompetenzen im Zusammenhang mit dem Abschluß völkerrechtlicher Verträge (Art. 90), der Entscheidung über Krieg und Frieden (Art. 91), dem Haushaltsrecht und der Haushaltsendabrechnung (Art. 92, 93). Das Initiativrecht steht „dem Ministerrat und den Abgeordneten" zu (Art. 89). Die Gesetze werden vom „Präsidenten der Republik" verkündet. Falls er sein suspensives Veto einlegt, – wobei er deren materielle Verfassungsmäßigkeit und Zweckmäßigkeit überprüfen kann (Art. 94) – muß das Parlament erneut und mit der absoluten Mehrheit seiner Mitglieder entscheiden. Unberührt davon ist die Möglichkeit des „Präsidenten der Republik", gemäß Art. 146 eine präventive Normenkontrolle durch das Verfassungsgericht herbeizuführen. Als Kontrollverfahren der „Versammlung der Republik" stehen zur Verfügung: Anfrage und Plenarverhandlung (Art. 97), parlamentarische Untersuchung zu einem bestimmten Gegenstand und parlamentarisches Ermittlungsverfahren gegen Minister oder den Premierminister (Art. 98) sowie Vertrauensabstimmung (Art. 109 III [Mißtrauensvotum] und IV [Vertrauensfrage des Premierministers]).

β) Exekutive

Zum „Präsidenten der Republik" auf fünf Jahre direkt wählbar ist jeder, der die Wählbarkeitsvoraussetzungen eines Abgeordneten erfüllt und ein Mindestalter von 35 Jahren erreicht hat, Staatsangehöriger der „TRNZ" ist und mindestens seit fünf Jahren seinen ständigen Aufenthalt in Zypern hat (Art. 99). Er braucht nicht parteilos zu sein, darf aber nicht zugleich Vorsitzender einer Partei sein und hat unparteiisch zu handeln (Art. 101). Er ist Staatsoberhaupt, im Namen der „Versammlung der Republik" Chef der Streitkräfte und übt die in der Verfassung verteilten Aufgaben und Kompetenzen aus (Art. 102). Er ist im strafrechtlichen Sinn für sein politisches Handeln nicht verantwortlich, was jedoch eine Anklage vor dem Staatsgerichtshof wegen Hochverrats nicht ausschließt (Art. 103). Das Amt endet vorzeitig durch Tod oder durch Rücktritt, der gegenüber dem Präsidenten des Obersten Gerichtshofs zu erklären ist, sowie bei andauernder Amtsunfähigkeit aus gesundheitlichen Gründen; die Amtsunfähigkeit wird in diesem Falle auf Anzeige des Ministerrats durch das Verfassungsgericht festgestellt (Art. 104).

Der „Ministerrat" (Art. 106 ff.) wird von einem vom „Präsidenten der Republik" dazu beauftragten Abgeordneten gebildet (Art. 106). Gelingt es diesem Abgeordneten, innerhalb von fünfzehn Tagen eine Ministerliste zu erstellen, für die eine Mehrheit in der „Versammlung der Republik" zu erwarten ist, ernennt ihn der „Präsident der Republik" zum „Premierminister" und auf dessen Vorschlag die Minister. Steht die Ministerliste fest, wird sie der „Versammlung der Republik" vorgelegt und das Regierungsprogramm verlesen. Anschließend muß innerhalb einer Woche eine Vertrauensabstimmung stattfinden (Art. 109). Eine Vertrauensabstimmung ist auch erforderlich, wenn innerhalb von dreißig Tagen mehr als die Hälfte der Minister ausgewechselt wird. Abgesehen vom Premierminister brauchen die Minister nicht Abgeordnete zu sein, müssen jedoch deren Wählbarkeitsvoraussetzungen erfüllen. Die Zahl der Ministerien darf zehn nicht überschreiten (Art. 108). Die Minister sind dem Premierminister gegenüber verantwortlich (Art. 110). Den Vorsitz im Ministerrat übt der Premierminister aus; er kann „nötigenfalls" – ohne Stimmrecht – auch vom „Präsidenten der Republik" übernommen werden (Art. 107).

Ein „Sicherheitsrat der Republik" – mit dem „Präsidenten der Republik" als Vorsitzendem, dem Parlamentspräsidenten, dem Premierminister, den Ministern für Inneres, Verteidigung und äußeres, dem Kommandeur der Streitkräfte und dem Polizeipräsidenten als weiteren Mitgliedern – berät die Regierung und nimmt zu Fragen der inneren und äußeren Sicherheit Stellung (Art. 111). Hervorzuheben ist Art. 112, der dem Ministerrat die Möglichkeit einräumt, in dringenden Fällen – ohne vorherige Ermächtigung durch die „Versammlung der Republik", aber beschränkt auf wirtschaftspolitische Fragen –, Rechtsverordnungen mit Gesetzeskraft zu erlassen, die mit ihrer Bekanntmachung im Amtsblatt der „Versammlung der Republik" zur Zustimmung zu unterbreiten sind. Wenn die Versammlung sie auch vorrangig zu behandeln hat, so hat sie doch bis zu neunzig Tage Zeit, ihre Entscheidung zu treffen. Diese Rechtsverordnungen mit Gesetzeskraft dürfen allerdings nicht neue finanzielle Verpflichtungen zu Lasten der Staatskasse zur Folge haben und nicht zu Beschränkungen der Grundrechte führen.

γ) Verwaltung

Der dritte Abschnitt behandelt Grundsätze und Organisation der Staatsverwaltung. Die Staatsverwaltung enthält sowohl zentralistische als auch lokale Selbstverwaltungselemente (Art. 113, 116, 119). Zu den ersten Vorschriften gehört diejenige über die Einführung eines „Ombudsmannes", dem durch Gesetz eine richterähnliche Unabhängigkeit und Absicherung einzuräumen ist und der mit Zustimmung der „Versammlung der Republik" vom „Präsidenten der Republik" eingesetzt wird. Er kontrolliert die Verwaltung, soweit es nicht um Belange der Außenpolitik, Verteidigung oder die Justizverwaltung geht (Art. 114). In Art. 117 sind ausdrücklich die Streitkräfte aufgenommen worden, in Art. 118 die Polizei, die in Absatz zwei noch einmal eigens zur Beachtung der Grundsätze des demokratischen Rechtsstaates, der Grundrechte und der Gesetze aufgefordert wird. Ausführlich sind auch die Vorschriften über den öffentlichen Dienst (Art. 120, 121, 123 [rechtswidrige Anordnungen]). Rechtsverordnungen[50]) [*tüzük*] können nur auf ausdrückliche Anordnung eines Gesetzes oder der Verfassung erlassen werden; im übrigen wird die Durchführung der Gesetze durch Verwaltungsverordnungen sichergestellt (Art. 122).

Im vierten Abschnitt sind die Fälle des Notstandes infolge einer Naturkatastrophe (Art. 124), der Ausbreitung von Gewalthandlungen und ernsthaften Störungen (Art. 125) sowie das Verfahren der Ausrufung und des Fortgangs der vollziehenden und gesetzgebenden Tätigkeit geregelt (Art. 126, hier mit einer abschließenden Aufführung der im Notstand aussetzbaren Grundrechtsbestimmungen). Die höchste Stufe außerordentlicher Verwaltung wird durch den Ausnahmezustand infolge besonders schwerwiegender Gefährdung der Verfassungsordnung oder im Kriegsfall ausgelöst (Art. 127); im ersteren wird für die Möglichkeit der außerordentlichen Einschränkung der Grundrechte auf Art. 126 verwiesen. Die Ausrufung des Not- oder Ausnahmezustandes ist nur für drei Monate und die Verlängerung jeweils um zwei Monate möglich. Art. 128 ermächtigt schließlich den Ministerrat zum Erlaß von Rechtsverordnungen mit Gesetzeskraft auch im Not- und Ausnahmezustand; das Verfahren entspricht hier weitgehend dem des Art. 112.

Der fünfte Abschnitt enthält Bestimmungen über besondere Organe wie berufsständische Vereinigungen (Art. 129), Radio, Fernsehen und Nachrichtenagenturen (Art. 130), die religiösen Stiftungen und die Abteilung für Religionsangelegenheiten (Art. 131)[51]).

δ) Finanz- und Wirtschaftsverfassung

Im sechsten Abschnitt geht es um die Finanz- und Wirtschaftsorganisation: Rechnungshof (Art. 132), Kontrolle der Staatsunternehmen (Art. 133), Entwicklung und Planung (Art. 134) und der Vorbehalt des Gesetzes für die Schaffung von finanziellen Verpflichtungen des Staates und die Gründung von Fonds (Art. 135).

d) Judikative

Der Rechtsprechung ist der Fünfte Teil gewidmet. Art. 136 als erste Vorschrift des ersten Abschnitts garantiert die klassische Unabhängigkeit des Richters, Art. 137 regelt die Absicherung seines Status und Art. 138 einige praktische Grundsätze

---

[50]) Nicht zu verwechseln mit „Rechtsverordnungen mit Gesetzeskraft".
[51]) Diese Vorschrift betrifft nur die islamische Religion.

des Richterberufs (Altersgrenze, Eintrittsbedingungen). Die Öffentlichkeit der Gerichtsverfahren ist Gegenstand von Art. 139. Als oberstes Kontrollorgan und Spitze der Justizverwaltung sowie Garant der Unabhängigkeit, einer effektiven Arbeitsweise und Funktion der Rechtsprechung ist der „Hohe Justizrat" eingeführt worden. Er besteht aus dem Präsidenten und den Richtern des „Obersten Gerichtshofs", dem „Generalstaatsanwalt der Republik" sowie weiteren drei Mitgliedern, die von der Rechtsanwaltskammer, vom „Präsidenten der Republik" und von der „Versammlung der Republik" bestimmt werden (Art. 141). Art. 142 ermächtigt die Gerichte ausdrücklich, bei Nichtbefolgung ihrer Entscheidungen eine Erzwingungshaft von bis zu zwölf Monaten zu verhängen.

Der zweite Abschnitt beginnt mit Art. 143 über den „Obersten Gerichtshof"[52]), der aus einem Präsidenten und sieben Richtern besteht. Er nimmt die Funktion des Kassationshofs (mit drei Richtern), obersten und einzigen Verwaltungsgerichts (mit drei Richtern) sowie Verfassungsgerichts (mit dem Präsidenten und vier Richtern) wahr. Als Verfassungsgericht hat er die Aufgaben eines Staatsgerichtshofs (Art. 144 II, Strafverfahren gegen den „Präsidenten der Republik und die Mitglieder des Ministerrats"). Er nimmt sonst folgende Funktionen wahr: Streitigkeiten zwischen Staatsorganen beizulegen (Art. 145), die präventive Normenkontrolle auf Antrag des „Präsidenten der Republik" durchzuführen (Art. 146)[53]), die abstrakte Normenkontrolle auf Antrag des „Präsidenten der Republik", einer in der „Versammlung der Republik" vertretenen Partei von mindestens neun Abgeordneten, einer Fraktion oder von betroffenen Verbänden bzw. Organen gegen jede Rechtsnorm (Art. 147) in Gang zu setzen und die konkrete Normenkontrolle auf Vorlage eines Gerichts vorzunehmen, das insoweit dem Antrag einer Prozeßpartei zu folgen hat (Art. 148). Als Kassationshof ist der „Oberste Gerichtshof" Berufungsinstanz (also auch Tatsachengericht), in manchen Fällen auch erste Instanz (Art. 151). Als oberstes (und einziges) Verwaltungsgericht hat es umfassende Aufhebungs- und bei Geltendmachung von Schadensersatz- oder Erstattungsansprüchen auch Restitutionsbefugnisse gegenüber allen Verwaltungsentscheidungen; seine Entscheidungen wirken *erga omnes* (Art. 152). Nach knappen allgemeinen Vorschriften zur Gerichtsbarkeit (Art. 154, 155) sind die beiden Vorschriften des achten Abschnitts der Militärgerichtsbarkeit gewidmet (Art. 156, 157 [Militärkassationshof]).

Einen eigenen Regelungskomplex hat auch die „Generalstaatsanwaltschaft" (Generalstaatsanwalt und Staatsanwälte) erhalten (Art. 158)[54]). Sie hat nicht nur die Funktion der Strafverfolgungsbehörde, sondern auch die des Vertreters des öffentlichen Interesses im Verwaltungsprozeß und des offiziellen Rechtsberaters der obersten Staatsorgane außerhalb der Judikative. Der Generalstaatsanwalt vertritt den Staat auch in Zivilprozessen; als *amicus curiae* erstattet er Gutachten zu Fragen der Verfassungsmäßigkeit von Gesetzen, die in den Verfahren der ordentli-

---

[52]) Ilkay, S. S.: Kuzey Kıbrıs Türk Cumhuriyeti Yüksek Mahkemesi (Der Oberste Gerichtshof der Türkischen Republik Nordzypern). Anayasa Yargısı. 4. Ankara 1987, S. 77–81.

[53]) Anders als bei der einfachen Ausübung des Vetorechts des „Präsidenten der Republik" ist das „Parlament" an diese Verfassungsgerichtsentscheidung gebunden (Abs. 4).

[54]) Weitere Einzelheiten in North Cyprus Almanack. London 1987, S. 61.

chen oder Verwaltungsgerichte zur Anwendung kommen. Zu seinen Aufgaben gehört unter anderem auch die Überprüfung von Gesetzesentwürfen auf ihre Verfassungsmäßigkeit. Diese besondere Rolle wird dadurch unterstrichen, daß der Generalstaatsanwalt die Unabhängigkeit eines Richters des Obersten Gerichtshofs genießt.

e) Sonstiges

Der Sechste Teil enthält schließlich verschiedene Einzelvorschriften: die Definition bestimmter öffentlicher Sachen als öffentliches Eigentum und ausführliche Bestimmungen hierzu (Art. 159), eine Übergangsbestimmung für Angehörige des öffentlichen Dienstes vor Inkrafttreten der Verfassung (Art. 160) und die Regie des Amtsblattes (Art. 161).

Der Siebte Teil besteht aus dreizehn Übergangsartikeln, unter anderem zur Regelung der Folgen für bestimmte Rechte durch die nach der Sezession eingetretenen Veränderungen sowie zur Fortgeltung alten Rechts.

Im Achten Teil schließlich regelt Art. 162 das Verfahren der Verfassungsänderung (Vorschlag von mindestens zehn Abgeordneten, Zweidrittelmehrheit, Volksabstimmung) und erklärt Art. 163 ausdrücklich die Präambel zum Bestandteil des Verfassungstextes.

III. Verwaltungsrecht

1. Einleitung

Die nachfolgende Darstellung des zyprischen Verwaltungsrechts beruht in erster Linie auf der einzigen Monographie, die für eines der klassischen Rechtsgebiete zum zyprischen Recht verfaßt worden ist[55]). Sie gibt zwar grundsätzlich die Rechtslage vor der Teilung wieder, gilt jedoch noch heute als Standardwerk. Die schwierige Quellenlage hat leider im Rahmen dieses Beitrages eine Berücksichtigung von Besonderheiten, die für das Verwaltungsrecht der „TRNZ" gelten, bis auf wenige Ausnahmen unmöglich gemacht.

2. Rechtsquellen

Als Rechtsquelle des Verwaltungsrechts der Republik Zypern gilt in erster Linie Art. 146 der Verfassung, der nicht nur die Normenkontrolle, sondern auch die gerichtliche Kontrolle der Verwaltung schlechthin gewährleistet[56]) und dem die grundlegenden Prinzipien des zyprischen Verwaltungsrechts entnommen werden; für die gegenwärtige Verfassung der „TRNZ" hat diese Funktion Art. 152. Im übri-

---

[55]) Vgl. Nedjati, Z. M.: Cyprus Administrative Law. Nikosia 1970.
[56]) Nedjati (Anm. 55), S. 5; zur Auslegung des Art. 146 siehe S. 131 mit Rechtsprechungsnachweisen.

gen sind die Rechtsquellen jedoch in den Gesetzen und im Richterrecht des *common law* zu suchen; dies wird durch Art. 29 des *Court of Justice Law* (Gesetz Nr. 14/1960) ausdrücklich angeordnet. Dabei ist das allgemeine Verwaltungsrecht vor allem ein Produkt der Rechtsprechung des Obersten Gerichtshofs, in der auch rechtsvergleichende Bezugnahmen auf das griechische (das wiederum Parallelen mit dem französischen Verwaltungsrecht aufweist)[57] und das deutsche Verwaltungsrecht zu beobachten sind. Zirkulare und Memoranden (innerdienstliche Anweisungen) prägen zwar die Verwaltungspraxis, haben aber als normative Quellen geringe Bedeutung. Sie können jedoch der Auslegung normativen Rechts dienen.

3. Grundstrukturen der Verwaltung

Nach der Verfassung von 1960 ist die Grundstruktur des Verwaltungsaufbaus in gewisser Hinsicht mit derjenigen eines Bundesstaates zu vergleichen, nur daß die Kompetenzaufteilung nicht geographisch, sondern demographisch bestimmt wird. Diese Struktur wurde nach dem Rückzug der zyperntürkischen Volksgruppe aus ihren verfassungsmäßigen Funktionen zunächst aufgegeben; im Jahre 1967 versuchte die zyperntürkische Volksgruppe, eine „provisorische türkische Verwaltung von Zypern" in Nachfolge der ursprünglichen Volksgruppenverwaltung zu institutionalisieren[58].

Art. 173 der Verfassung sah ursprünglich in den größten Städten (Nikosia, Limassol, Famagusta, Larnaka und Pafos) die Einrichtung getrennter Stadtverwaltungen für jede der beiden Volksgruppen vor, die lediglich durch einen Koordinationsausschuß kooperativ verbunden waren. Dies entsprach der rechtlichen Regelung, wie sie vor 1960 bestanden hatte. Schon vor Ablauf der in Art. 173 vorgesehenen Frist verfügte Makarios Ende 1962 ohne vorherige Konsultation seines türkischen Kollegen die Aufhebung dieser Trennung mit der Folge, daß der Einfluß der türkischen Volksgruppe auf die Stadtverwaltung gravierend zurückging.

In der „TRNZ" wird die Lokalverwaltung in drei Bezirken (Lefkoşa, Gazimağusa und Girne), denen als Repräsentant der Zentralverwaltung je ein Präfekt [*kaymakam*] vorsteht, durch demokratisch legitimierte Bürgermeister sowie Stadtversammlungen und Dorfräte ausgeübt bzw. kontrolliert. Neben den allgemeinen typischen Selbstverwaltungsangelegenheiten sind 1980 die Gemeindekompetenzen auf den Gesundheits-, Tourismus- und Gewerbebereich ausgedehnt worden[59].

Neben den klassischen Verwaltungskörpern wie die Erziehungsverwaltung, Personalverwaltung für die Beamtenschaft und die Ordnungsverwaltung im weitesten Sinne zählen auch autonome Körperschaften zur Verwaltung, obwohl sie zum Teil (etwa die Anwaltskammer) nicht der allgemeinen Verwaltungsgerichtsbarkeit unterworfen sind[60]. Behörden mit besonderen Genehmigungs- und Lizensierungsbe-

---

[57] Ausdrücklich bei Nedjati (Anm. 55), S. 182.
[58] Ebenda, S. 43; Salih (Anm. 26), S. 75, 153.
[59] North Cyprus Almanack (Anm. 54), S. 69.
[60] Nedjati (Anm. 55), S. 87.

fugnissen, etwa im Bereich der Personenbeförderung, haben eine eigene Stellung im Verwaltungsaufbau[61]).

4. Verwaltungshandeln

Wichtigstes Instrument für das Verwaltungshandeln ist der Verwaltungsakt. Als Maßstab für den Begriff des Verwaltungsakts gilt Art. 146 der Verfassung[62]). Der Verwaltungsakt ist solches Verwaltungshandeln, das den Bürger in einem rechtlichen Interesse berührt und in Ausübung von Hoheitsgewalt erfolgt; dies gilt sowohl für die ordnende Verwaltung als auch für die Steuerverwaltung. Der Verwaltungsakt ist einseitig. Die zweiseitige Vereinbarung zwischen Behörde und Privatperson fällt bereits nach der Rechtsprechung des zyprischen Obersten Gerichtshofs nicht mehr ohne weiteres in den Bereich „öffentlich-rechtlichen" Verwaltungshandelns. Verwaltungsakte können zusammengesetzt sein; dabei wird die Nichtigkeit eines Elements in der Regel zur Nichtigkeit des gesamten Verwaltungsaktes führen. Auch die Kategorie des mitwirkungsbedürftigen Verwaltungsakts wird in Zypern zumindest diskutiert.

Das Erfordernis der Begründung von Verwaltungsentscheidungen zählt zu den allgemeinen Grundsätzen des Verwaltungsrechts[63]); die Begründung muß klar und bestimmt sein. Die Anforderungen an die Begründung steigen mit dem Grad der Belastung des bzw. der Betroffenen. Verwaltungsentscheidungen dürfen keine Rückwirkung entfalten. Ausnahmen hiervon sind vom Obersten Gerichtshof in restriktiver Form zugelassen worden. Verwaltungsakte sind, sofern sie rechtmäßig erlassen sind, unwiderruflich. Anderes gilt etwa, wenn später das Fehlen einer tatsächlichen Voraussetzung festgestellt wird oder eine solche Voraussetzung anschließend wegfällt.

5. Die Kontrolle des Verwaltungshandelns

Für die gerichtliche Kontrolle des Verwaltungshandelns ist gemäß Art. 146 der Verfassung der Republik (Art. 143, 152 der Verfassung der „TRNZ") ausschließlich der Oberste Gerichtshof zuständig[64]). Daneben bleibt jedoch die verwaltungsinterne Kontrolle möglich, die in zahlreichen einzelnen Gesetzen, etwa in Form der Einrichtung von Kontrollkommissionen, vorgesehen ist. Als Verfahrensarten stehen Anfechtungsklagen und Schadensersatzklagen[65]) zur Verfügung, ein Sy-

---

[61]) Nedjati (Anm. 55), S. 89, 90.
[62]) Ebenda, S. 95.
[63]) Beispielsweise zur Entlassung eines Kommunalbediensteten durch Gemeinderatsbeschluß in geheimer Abstimmung. Antonis Nicolaides vs. The Municipality of Latsia, 30.10.1987, in: Cyprus Law Review. 5 (1987), S. 3175–3183.
[64]) Vgl. zu den Grenzen des Art. 146 Institute of Certified Public Accountants u. a. vs. The Central Bank of Cyprus, 31.12.1988, in: Cyprus Law Review. 6 (1988), S. 3792–3797.
[65]) Nedjati (Anm. 55), S. 259.

stem, das sich mit dem französischen System des *recours pour excès de pouvoir* und *recours en pleine juridiction* vergleichen läßt. Anders als im deutschen Verwaltungsprozeßrecht gilt hier also der Grundsatz der umfassenden „objektiven Rechtskontrolle". Klagebefugt ist daher jeder, aber auch nur derjenige, der geltend machen kann, in seinen „direkten, gegenwärtigen, konkreten und legitimen Interessen" zu seinem Nachteil beeinträchtigt worden zu sein[66]), ohne notwendig die Verletzung eines subjektiven Rechts geltend machen zu müssen. Die Besonderheit des zyprischen Verwaltungsrechts, daß die Berufung auf die Zugehörigkeit zu einer der beiden Volksgruppen für sich ein solches Interesse indizieren kann, ist nach der Teilung der Insel kaum noch von Bedeutung. Angegriffen wird die Verwaltungsentscheidung oder das Unterlassen der Ausübung pflichtgemäßen Ermessens (*discretion within the limits of good administration*), obwohl der Erlaß einer Entscheidung beantragt worden war oder von Gesetzes wegen hätte erfolgen müssen[67]). Als nicht reversibel gilt der lediglich perpetuierende bzw. bestätigende Verwaltungsakt, weil er keine eigenständige, die Interessen des Betroffenen beeinträchtigende Regelung enthält[68]). Neben den ursprünglichen Parteien – Kläger und beklagte Behörde – kann auch ein Dritter auf seiten der beklagten Behörde beitreten, wenn er geltend macht, ein rechtliches Interesse an der Abwehr der Klage zu haben; er muß „betroffen" sein. Als klassisches Beispiel hierfür nennt Nedjati den Beamten, dessen Ernennung von einem Konkurrenten angefochten wird, der Anspruch auf den betreffenden Posten zu haben glaubt[69]).

Für die Frage der Rechtmäßigkeit einer Verwaltungsentscheidung ist der Zeitpunkt des Erlasses der Verwaltungsentscheidung maßgeblich, während im Falle des Unterlassens der Zeitpunkt der gerichtlichen Entscheidung hierüber gilt. Prüfungsmaßstäbe sind die Verfassung, das Gesetz, das Richterrecht und die allgemeinen Grundsätze des Verwaltungsrechts. Im Zuge der Überprüfung der Gesetzmäßigkeit eines Verwaltungsakts kann auch die Verfassungsmäßigkeit der anzuwendenden gesetzlichen Bestimmung geprüft werden (inzidente Normenkontrolle). Ferner ist zu prüfen, ob sich die Behörde im Rahmen der ihr zugewiesenen Befugnisse gehalten und das ihr gegebenenfalls zustehende Ermessen nicht überschritten hat. Der Verstoß gegen wesentliche Verfahrensregeln, zu denen auch die Einhaltung rechtsstaatlicher Grundsätze (*natural justice*) gehört, wird bereits als Ermessensfehlgebrauch qualifiziert. Auch die zweckwidrige Ermessensausübung ist Ermessensfehlgebrauch und daher rechtswidrig. Der Oberste Gerichtshof muß sich allerdings auch darauf beschränken, den Fehlgebrauch eines Ermessens im Sinne der genannten Verstöße zu prüfen. Der durch das Gesetz der Behörde eingeräumte Ermessensspielraum selbst bleibt die Domäne der Behörde, solange sie

---

[66]) Loukis Kritiotis vs. The Municipality of Paphos (Anm. 18), S. 2144. Diese Entscheidung macht auch klar, daß ebenso nachbarrechtliche Klagen – etwa gegen Baugenehmigungen für ein Nachbargrundstück – diese Kriterien erfüllen müssen, die Position als Nachbar als solche hierfür jedoch noch nicht ausreicht, solange nicht eine konkrete Beeinträchtigung seines Eigentums vorliegt (S. 2146).
[67]) Vgl. im deutschen Verwaltungsprozeß die „Verpflichtungsklage".
[68]) Loukis Kritiotis vs. The Municipality of Paphos (Anm. 18), S. 2143.
[69]) Nedjati (Anm. 55), S. 139.

ihn nicht überschreitet. Der Oberste Gerichtshof darf also nicht eigene Ermessenserwägungen an die Stelle der Erwägungen der Behörde setzen. Daß es hier Abgrenzungsschwierigkeiten gibt, ist allen Verwaltungsrechtsordnungen gemeinsam, die die richterliche Kontrolle des Verwaltungshandelns kennen.

Während vorstehender Kontrollmechanismus eher auf den über Griechenland vermittelten[70]) französischen Einfluß hinweist, ist im Zusammenhang bestimmter weiterer Rechtsbehelfe zum Schutz individueller Rechtspositionen der zurückgehende Einfluß des *common law* zu verzeichnen. Das *habeas-corpus*-Verfahren gehört grundsätzlich in den Bereich des Strafprozesses, auch wenn es um polizeiliche Festnahmen geht, da diese zumeist im Vorfeld strafrechtlicher Ermittlungen erfolgen; auch gegen die Unterbringung in einer psychiatrischen Anstalt – sei sie auf private oder auf behördliche Initiative hin erfolgt – kann im *habeas-corpus*-Verfahren vorgegangen werden. Ein solches Verfahren ist auch im Bereich des Verwaltungsrechts denkbar, etwa wenn eine Person zu Zwecken der Verwaltung – etwa der Ordnungs- oder Sicherheitsverwaltung – festgehalten wird. Das Verfahren dient der Einleitung einer richterlichen Überprüfung des Eingreifens einer Behörde in die persönliche Freiheitssphäre des Betroffenen.

Im Verfahren des *mandamus* wird der Beklagte zu einem Tun verpflichtet; es ist in erster Linie noch im Zivilprozeß anzutreffen. Im Verwaltungsprozeß ist unter der zyprischen Verfassung diese Klageart weitgehend in der Verpflichtungsklage aufgegangen. Bei *prohibition* und *certiorari* handelt es sich um Rechtsbehelfe, die eine Überprüfung von bestimmten Zwischenentscheidungen unterer Gerichte herbeiführen bzw. in deren Verfahren eingreifen, und zwar insbesondere im Zusammenhang mit der Zuständigkeit. Mit diesen Rechtsbehelfen, denen ein Zulassungsverfahren bei dem betreffenden Gericht der Hauptsache vorgeschaltet ist (*leave*), können auch Verstöße gegen Verfahrensrecht und in den Protokollen erkennbare Rechtsfehler gerügt werden. Sie gelten nicht im Verhältnis zwischen Verwaltung und Justiz, es sei denn, es geht um Verwaltungsverfahren mit justiziellem Charakter (*having the duty to act judicially*), wie etwa bei Schiedsstellen in der Verwaltung. Als Rechtsbehelfe sind ferner *specific performance* und *injunction* zu nennen. Es handelt sich hierbei um Formen des einstweiligen Rechtsschutzes, der im Verwaltungsprozeß gegen die Vollziehung von Verwaltungsakten erlangt werden kann. Schließlich ist noch *declaration* zu erwähnen, das in etwa einer Feststellungsklage entspricht. In diesem Verfahren kann der Betroffene die Feststellung seiner Rechtspositionen erwirken, ohne hieraus irgendwelche unmittelbar vollstreckbaren Ansprüche zu erlangen. Das in manchen Ländern heute noch geltende Konzept des justizfreien Hoheitsaktes ist dem zyprischen öffentlichen Recht fremd[71]).

---

[70]) Ähnlich dem griechischen Verwaltungsrecht beruht auch das türkische Verwaltungsrecht bis heute weitgehend auf dem Einfluß des französischen öffentlichen Rechts. Zum türkischen Verwaltungsrecht vgl. Rumpf, Ch.: Verfassung und Verwaltung, in: Südosteuropa-Handbuch. Bd. IV. Türkei. Hrsg. K.-D. Grothusen. Göttingen 1985, S. 169–200.

[71]) Pantelides, A.: International Law and the Act of State Doctrine in Angloamerican Law and the Doctrine of Act of Government (Acte de Gouvernement – Regierungsakt) in the Municipal Law of some European Countries, in: Cyprus Law Review. 4 (1986), S. 2229–2235, bes. 2235.

6. Abgrenzung gegenüber dem Privatrecht

Eine deutliche Abgrenzung des Verwaltungsrechts gegenüber dem Privatrecht ist eine Errungenschaft der Rechtsprechung des Verfassungsgerichts bzw. des Obersten Gerichtshofs in den ersten Jahren der Republik. Sie erfolgte vor allem im Zusammenhang mit behördlichen Eingriffen in das Grundstückseigentum[72]) oder mit Akten der Grundbuchverwaltung[73]). Maßstab ist das „öffentliche Interesse". Wo etwa die Grenze eines Privatgrundstücks korrigiert wird, um die Verbreiterung einer Straße zu ermöglichen, ist der Flurbereinigungsakt selbst privatrechtlich zu qualifizieren, weil sein Gegenstand ein privates Eigentumsrecht ist, während die anschließende Erweiterung der Straße öffentlich-rechtlicher Natur ist. Dem Privatrecht unterliegt auch die Staatshaftung, die daher gemäß Art. 172 der Verfassung in die Zuständigkeit der Zivilgerichtsbarkeit fällt, es sei denn, der betreffende Schaden ist Folge eines rechtswidrigen Verwaltungsakts[74]). Dann ist gemäß Art. 146 die Zuständigkeit des Obersten Gerichtshofs als Verwaltungsgericht gegeben[75]).

7. Allgemeine Grundsätze des Verwaltungsrechts

Auch die allgemeinen Grundsätze des Verwaltungsrechts werden aus Art. 146 der Verfassung hergeleitet[76]). Der wichtigste Grundsatz des allgemeinen Verwaltungsrechts hat verfassungsrechtliche Qualität und gehört zu den wichtigsten Elementen des Rechtsstaatsprinzips: der Grundsatz der Gesetzmäßigkeit der Verwaltung[77]). Zu den zentralen Grundsätzen zählt das dem *common law* entnommene Prinzip des *natural justice*, das als Sammelbegriff für die verfahrensrechtliche Komponente des Rechtsstaatsprinzips angesehen werden kann. Es drängt sich hier der Vergleich mit Art. 6 EMRK und der *due process*-Formel des amerikanischen Verfassungsrechts auf[78]). Zu dem Prinzip gehören das rechtliche Gehör, *audiatur et altera pars*, das Verbot in eigener Sache zu urteilen und das Gebot der Unparteilichkeit. Auf die Verwaltungstätigkeit ist der Grundsatz allerdings nur soweit zu übertragen, als die Verwaltungstätigkeit bestimmten Verfahren zu folgen hat. Der Oberste Gerichtshof hat darüber hinaus das Prinzip der Unübertragbarkeit einer Ermächtigung, sofern die Übertragbarkeit nicht ausdrücklich gesetzlich vorgesehen ist, als allgemeinen Grundsatz anerkannt[79]). Weiter sind bestimmte Regeln zu

---

[72]) Nedjati (Anm. 55), S. 101.
[73]) Beispielsweise District Court of Limassol, Kyriacos vs. Director of Lands and Surveys Department of Limassol, in: Cyprus Law Review. 4 (1986), S. 2168–2172.
[74]) Loucaides (Anm. 16), S. 2664, meint, daß Art. 172 auch für Gesetzgebungsakte gelte.
[75]) Attorney-General of the Republic vs. A. Markoullides u. a., in: Cyprus Law Reports (CLR). 1 (1966), S. 242.
[76]) Nedjati (Anm. 55), S. 181.
[77]) Peo vs. Board of Cinematograph Films Censors, in: Cyprus Law Reports (CLR). 3 (1965), S. 37.
[78]) Nedjati (Anm. 55), S. 184.
[79]) Ebenda, S. 194.

nennen wie die (widerlegbare) Vermutung der Richtigkeit von Tatsachenfeststellungen durch die den Verwaltungsakt erlassende Behörde und – als Gegenstück – die Folge der Rechtswidrigkeit bei unzureichender Tatsachenerhebung vor Erlaß einer Verwaltungsentscheidung. Auch eine Verpflichtung zur Aktenführung (Protokollpflicht) durch die Behörde zur Erhaltung der Nachvollziehbarkeit von Verwaltungsentscheidungen wird zu den allgemeinen Grundsätzen gezählt.

IV. Zivilrecht

1. Allgemeines

Im Rahmen dieses Beitrages kann nur eine kleine Auswahl zu einigen Gesichtspunkten des zyprischen Zivilrechts dargeboten werden[80]. Bis heute gelten die 1960 erlassenen Gesetze der Republik Zypern, soweit sie nicht zwischenzeitlich geändert oder aufgehoben wurden. Englisches Gesetzesrecht gilt nur, soweit bis 1960 erlassen (Art. 19 *Courts of Justice Law* 14/60). Die Rechtsprechung englischer Gerichte bindet zwar zyprische Gerichte nicht, doch gilt sie als Hilfsrechtsquelle. Eine Besonderheit des zyprischen Zivilrechts besteht darin, daß die Zivilrechtsordnung in familien- und erbrechtlichen Zusammenhängen keine Einheit darstellt, sondern verschiedene Rechtsordnungen miteinander konkurrieren, für die auch verschiedene Gerichtszuständigkeiten bestehen. Das Familienrecht unterstand bis zur Reform im Jahre 1990 als religiöses Recht den entsprechenden kirchlichen Gerichten bzw. Scheriatsgerichten. Für die türkische Volksgruppe ist die Funktion der Scheriatsgerichte schon nach der Unabhängigkeit der Republik Zypern von den Volksgruppengerichten übernommen worden. Die 1962 eingerichteten griechischen Volksgruppengerichte gingen 1965 in den staatlichen Distriktsgerichten auf, für die als Rechtsmittelinstanz der Oberste Gerichtshof zuständig ist. Im Jahre 1979 wurde erstmals ein kirchliches Gericht für die maronitische Gemeinde eingerichtet. Diese Vielfalt der Rechtsordnungen und Zuständigkeiten führte zu zahlreichen konfliktsrechtlichen Problemen[81]; seit 1990 sind im Süden gegen den Widerstand der griechisch-orthodoxen Kirche Zyperns die familienrechtlichen Zuständigkeiten bei eigens dafür eingerichteten Familiengerichten konzentriert worden. Das Zivilrecht der türkischen Volksgruppe ist an das Zivilrecht des Festlandes angelehnt, das auf einer Rezeption des schweizerischen Zivilgesetzbuches beruht[82].

2. Personenrecht

Im Bereich des Personenrechts ist vor allem der Status der minderjährigen natürlichen Personen zu erwähnen, für den das zyprische Zivilrecht verschiedene Al-

---

[80] Ch. Mitsidis, Nikosia, danke ich für einige Hinweise zum Vertrags- und Handelsrecht.
[81] Serghides (Anm. 28) widmet seine Studie zum zyprischen Recht diesem Problemkreis.
[82] Krüger, H.: Privatrecht, in: Südosteuropa-Handbuch Bd. IV. Türkei (Anm. 70), S. 218–236.

tersgrenzen für die zivilrechtliche Haftung kennt[83]). Für unerlaubte Handlungen haften Kinder unter zwölf Jahren überhaupt nicht. Zwischen zwölf und achtzehn Jahren haften Jugendliche, wobei sie Prozesse nur über ihre gesetzlichen Vertreter führen können. Minderjährige unter achtzehn Jahren können zwar Verträge schließen, haben aber jederzeit die Möglichkeit, sie zu widerrufen. Haben sie das achtzehnte Lebensjahr vollendet, ist ein solcher Widerruf noch in „angemessener" Frist möglich. Ausgeschlossen ist ein solcher Widerruf bei Verträgen des alltäglichen Lebens, die der Sicherung von Grundbedürfnissen dienen. Über ihr Eigentum können Minderjährige nur mit Zustimmung des gesetzlichen Vertreters verfügen. Mit dem Eintritt in den Stand der Ehe entfallen diese Beschränkungen bzw. Privilegien Minderjähriger (zur Heiratsfähigkeit siehe unten). Kinder unter dreizehn Jahren können grundsätzlich keine Arbeitsverträge abschließen (Kinderarbeitsverbot); Anstellungen innerhalb der Familie, die leichte Tätigkeiten zum Gegenstand haben, fallen nicht unter dieses Verbot. Für Jugendliche über dreizehn Jahren bestehen Restriktionen in einzelnen Bereichen wie etwa im Straßenhandel (ab Vollendung des sechzehnten Lebensjahrs).

3. Schuld- und Handelsrecht

Eine umfassende Kodifikation des Schuld- und Handelsrechts (einschließlich des Seehandelsrechts) ist dem zyprischen Recht unbekannt[84]); es folgt bis heute dem englischen *common law*. Es besteht überwiegend aus von der Rechtsprechung entwickelten Grundsätzen, nur zum Teil gibt es gesetzliche Regelungen, wie etwa das aus England stammende Gesetz über die Handelsgesellschaften, in dem die Rechtsformen der Handelsgesellschaften geregelt sind.

Das Vertragsrecht folgt im Rahmen des *common law* und eines Vertragsrechtsgesetzes (*Contract Law*)[85]) der indischen Variante (*Indian Contract Act* 1872). Gegenüber dem kontinentalen Recht ist hervorzuheben, daß eine klare Trennung zwischen materiellem und dinglichem Vertragsrecht nicht besteht und somit also das dem deutschen Recht eigene Abstraktionsprinzip dem zyprischen Recht unbekannt ist. Das Kaufvertragsrecht ist zum Teil im *Sale of Goods Law* geregelt.

Für das Grundstücksrecht[86]) gilt unter anderem, daß die Übertragung von Grundstücken insoweit erleichtert erscheint, als hierfür ein privatschriftlicher Vertrag mit zwei Zeugen genügt. Bei Hinterlegung des Kaufvertrages beim Grundbuchamt innerhalb von 60 Tagen entsteht die dingliche Belastung, so daß der Verkäufer das Grundstück weder anderweitig verkaufen noch belasten kann; es entsteht ein gerichtlich durchsetzbarer Anspruch auf Eintragung.

---

[83]) Loucaides, L. G.: Outline of the Legal Status of Young Persons in Cyprus – Basic Rights and Obligations, in: Cyprus Law Review. 5 (1987), S. 2808–2901.

[84]) Vgl. den knappen Überblick bei Tornaritis, C.: Cyprus, in: International Encyclopedia of Comparative Law. Bd. 1. Hamburg 1976, S. C 103–109, bes. C 106.

[85]) Vgl. Ioannu, C.: Bying and Selling Immovable Property, in: Cyprus Law Review. 8 (1990), S. 4827–4839, bes. 4838.

[86]) Ebenda.

Schiffahrtsrecht beruht auf der Haager Konvention von 1924 (England: 1970) und ist im *Carriage of Goods by Sea Law* geregelt. Das Recht der unerlaubten Handlungen ist im *Law of Torts* von 1959 geregelt.

Das Gesellschaftsrecht findet sich weitgehend im *Companies Law*. Hiernach lassen sich folgende Typen von Handelsgesellschaften unterscheiden: Einfache Handelsgesellschaft (Kaufmann), die mit Eintragung Rechtspersönlichkeit erlangt; *Partnership*, die sich mit der deutschen Offenen Handelsgesellschaft vergleichen läßt (jeder Partner haftet voll mit seinem Vermögen); *Partnership with limited liability*, die mit der deutschen Kommanditgesellschaft zu vergleichen ist (ein Partner haftet mit seinem gesamten Vermögen, die anderen mit ihren Anteilen); *Limited Company* (Ltd.), die gewisse Ähnlichkeiten mit der deutschen GmbH aufweist (bis 50 Gesellschafter, Haftung auf Anteile beschränkt); *Public Company*, die börsenfähig ist und ungefähr der deutschen Aktiengesellschaft entspricht. Das *Law of Associations* gilt als Teil des Gesellschaftsrechts; hiernach werden *Associations* (gemeinnützige Zwecke), *Clubs* (nur Vergnügen) und *Foundations* (nichtwirtschaftliche Zwecke) unterschieden.

Das zyprische Handelsvertreterrecht ist an das Recht der Europäischen Union angepaßt worden, seit 1990 gibt es ein Verbraucherschutzgesetz. Mit dem *Carriage of Goods by Air Law* wurde 1970 das Warschauer Luftverkehrsabkommen übernommen. Das Urheberrecht hat zwar seine Wurzeln im englischen Recht, weist aber, so wird kritisiert[87]), erhebliche Mängel auf und ist in der Praxis nur schwer durchzusetzen.

Eine Besonderheit des zyprischen Rechts der Gegenwart besteht darin, daß Verjährungsfristen durch Gesetz nach dem 20.7.1974 unterbrochen wurden, um der Unmöglichkeit der Vollstreckung im türkisch besetzten Teil zu begegnen. Die Folge hiervon ist, daß es heute – abgesehen vom Recht der unerlaubten Handlungen (zwei Jahre Verjährungsfrist) zur Zeit praktisch keine Verjährungsfristen gibt.

4. Arbeitsrecht

Das individuelle Arbeitsrecht ist zum Teil im *Employment Law* (1967) geregelt[88]). Dagegen stützt sich die Rechtsprechung für das kollektive Arbeitsrecht (Koalitionsrecht) vor allem auf Verfassung und EMRK[89]). Die Bildung und Rechte von Gewerkschaften sind zum Teil in den Gewerkschaftsgesetzen Nr. 71/65 und 22/70 geregelt[90]). Auch die einschlägigen ILO-Konventionen sind Bestandteil des zyprischen Arbeitsrechts.

---

[87]) Lysioti, V.: Copyright System in Cyprus and England, in: Cyprus Law Review. 8 (1990), S. 4995–5028.

[88]) Zum Kündigungsschutz vgl. Savvas Patikkis u.a. vs. The Municipal Committee of Nicosia, 19.2.1988, in: Cyprus Law Review. 6 (1988), S. 3354–3359; zur Zuständigkeit des Industrial Disputes Court bei rechtswidriger Kündigung nach Gesetz Nr. 24/67 vgl. Elli C. Kapsou vs. Middle East Airlines AirLiban, in: Cyprus Law Review. 6 (1988), S. 3543/3544.

[89]) Loucaides, L.: Legal Protection of the Freedom of Trade Unionism in Cyprus, in: Cyprus Law Review. 4 (1986), S. 2346–2359.

[90]) Loucaides (Anm. 16), S. 2355; Eftychiou, A. Chr.: The Law of Trade Unionism (Summary), in: Cyprus Law Review. 6 (1988), S. 3462.

5. Familienrecht

Das Familienrecht[91]) war bis 1990 grundsätzlich Sache der Religionsgemeinschaften bzw. Volksgruppen; ein Ehegesetz regelte das Ehe- und Scheidungsrecht religiös neutraler Ehen[92]). Das Familienrecht der zyperngriechischen Volksgruppe richtete sich daher nach dem Recht der griechisch-orthodoxen Kirche Zyperns; familienrechtliche Streitigkeiten fielen in die Zuständigkeit von Kirchengerichten. Durch eine Familienrechtsreform im Jahre 1990 wurde das Familienrecht gegen den heftigen Widerstand der griechisch-orthodoxen Kirche Zyperns säkularisiert und die Zivilehe und -scheidung eingeführt. Für familienrechtliche Streitigkeiten sind nunmehr Familiengerichte zuständig. Schon 1951 hatte die zyperntürkische Volksgruppe ein Familiengesetz erlassen[93]), das allerdings nicht die „Imam-Ehe", sondern die Zivilehe eingeführt hat und auch sonst dem Familienrecht des Festlandes angenähert worden ist; bei den zyperntürkischen Familiengerichten handelt es sich seit ihrer Einführung 1951 nicht um religiöse, sondern um weltliche Gerichte. Mit der Reform sind die zahlreichen konfliktsrechtlichen Probleme, die zu einer umfangreichen Rechtsprechung geführt hatten[94]), entschärft worden. Gehört ein junger Zyprer der griechisch-orthodoxen Kirche Zyperns an, so beginnt die Ehefähigkeit mit Vollendung des achtzehnten Lebensjahres, mit Zustimmung der Eltern darf der bzw. die Betreffende auch mit Vollendung des sechzehnten Lebensjahres heiraten. Für junge Zyperntürken beginnt das heiratsfähige Alter ebenfalls mit Vollendung des achtzehnten Lebensjahres, für Mädchen – mit Zustimmung des Vaters oder, falls der Vater nicht mehr lebt, der Mutter oder des gesetzlichen Vertreters – ausnahmsweise ab Vollendung des sechzehnten Lebensjahres[95]).

Das Adoptionsrecht ist in einer Gesetzgebung aus dem Jahre 1954 geregelt, die auf englischem Recht beruht[96]). Die Stellung des nichtehelichen Kindes wurde in den siebziger Jahren den Erfordernissen der Verfassung (Art. 15, 28) und der

---

[91]) Vgl. für die Grundsätze das in bezug auf Zypern leider nur auf dem Stand von 1981 befindliche Loseblattwerk von Bergmann-Ferid: Internationales Ehe- und Kindschaftsrecht. Zypern. Außerdem Tornaritis, C.G.: The Right to Marry and Found a Family especially under the Law of Cyprus, in: Cyprus Law Review. 1 (1983), S.665–673; Savvides, L.G.: Sex Discrimination in Family Law in Cyprus, in: Cyprus Law Review. 1 (1983), S.708–714.

[92]) Neuere Entwicklungen der eherechtlichen Gesetzgebung bei Serghides (Anm.28), S.483. Zum Scheidungsgrund Grausamkeit vgl. Maxwell S.C. Pinto vs. Eleni I. Charalambous, 30.6.1988, in: Cyprus Law Review. 6 (1988), S.3517/3518; siehe auch Eftychiou, A.Chr.: The Law of Marriage in Cyprus (Summary), in: Cyprus Law Review. 4 (1986), S.2397/2398.

[93]) Cyprus Gazette. 3541 vom 31.1.1951, Supplement 2.

[94]) Als Beispiel seien nur die Eheschließung zwischen Angehörigen verschiedener Religionsgemeinschaften vor dem zivilen Standesbeamten mit anschließender religiöser Zeremonie genannt oder reine Zivilehen zwischen Angehörigen der griechisch (zyprisch)-orthodoxen Kirche, die – weil nach vorrangigem kirchlichen Recht inexistent – nur „hilfsweise" geschieden, ansonsten als nichtig angesehen wurden (Serghides [Anm.28], S.190).

[95]) Loucaides (Anm.83), S.2801–2808, bes. 2803.

[96]) Clerides, C.P.: Adoption Law in Cyprus: Time for Changes, in: Cyprus Law Review. 2 (1984), S.1211–1230.

EMRK (Art. 8) bzw. der Europäischen Konvention über die Stellung des nichtehelichen Kindes derjenigen des ehelichen Kindes angepaßt[97]).

6. Zivilprozeß

Das Zivilprozeßrecht ist teilweise in den aus England stammenden *Civil Procedure Rules* und im *Evidence Law* geregelt. Es gibt ein verkürztes Verfahren ohne mündliche Verhandlung, sofern der Kläger einschlägig Beweis anbietet, die Wahrheit seines Vorbringens mit eidesstattlicher Erklärung versichert und der Beklagte, der gehört werden muß, kein substantiiertes Bestreiten vorbringt[98]). Bei den Prozeßfristen haben die Gerichte ein in der Praxis eher zurückhaltend ausgeübtes Ermessen für die Gewährung von Ausnahmen[99]). Der *best evidence rule* zufolge gelten nur Originalbeweise (z.B. keine Kopien), Autoren von Dokumenten sind als Zeugen zu hören, die Zeugenschaft vom Hörensagen ist unzulässig. Fotos können nur mit Negativ und Fotograf als Zeugen in das Verfahren eingeführt werden, allerdings haben neue Technologien eine Aufweichung dieses Grundsatzes zur Folge gehabt. Prozeßökonomische Gesichtspunkte haben zur Möglichkeit der Verbindung von Verfahren, Klage und Widerklage geführt. Die Anerkennung ausländischer Urteile ist möglich, sofern Gegenseitigkeit gegeben ist. Zyprische Gerichte nehmen in großzügiger Weise die eigene Zuständigkeit an. Das *natural forum* wird schon dann angenommen, wenn überhaupt Geschäfte der Parteien in Zypern anzunehmen sind[100]). Dabei rechtfertigt das *forum conveniens* bei einem ausländischen Gericht nicht die Verneinung der Zuständigkeit des zyprischen Gerichts, es sei denn, der Beklagte weist nach, daß das Prozeßziel am ausländischen Gericht mit erheblich geringerem Aufwand zu erreichen ist und der Kläger nicht eines Vorteils beraubt wird, den er durch die Anrufung des zyprischen Gerichts erlangen kann. Dabei gilt bereits die leichtere Vollstreckbarkeit als Vorteil in diesem Sinne.

Neben dem Zivilprozeß kennt Zypern auch die nationale und internationale Schiedsgerichtsbarkeit; es hat frühzeitig das Modellgesetz der UNCITRAL (*United Nations Commission of International Trade Law*) übernommen. Die zyprischen Gerichte erkennen Schiedssprüche an, sofern sie nicht in einem Verfahren zustandegekommen sind, das zwingende Grundsätze des rechtsstaatlichen Verfahrens verletzt hat, etwa durch fehlerhafte Besetzung der Schiedsrichterbank oder unter Verletzung des Anspruchs einer der Parteien auf rechtliches Gehör[101]).

---

[97]) Eftychiou, A.Chr.: The Legal Status of Illegitimate Children (Summary), in: Cyprus Law Review. 5 (1987), S. 2860/2861.

[98]) Ionian Bank of Greece vs. Costakis Georghiades, 7.9.1988, in: Cyprus Law Review. 6 (1988), S. 3511–3516.

[99]) Vgl. z.B. District Court of Limassol, Rodia vs. Nasif, in: Cyprus Law Review. 4 (1986), S. 2328, mit zahlreichen weiteren Rechtsprechungsnachweisen.

[100]) Middle East Trade Link vs. Beiersdorf AG, in: Judgments of the Supreme Court of Cyprus (J.S.C.). 1 (1988), S. 131.

[101]) Cacoyannis, G.: International Commercial Arbitration in Cyprus, in: Cyprus Law Review. 8 (1990), S. 4799–4808.

7. Internationales Privatrecht

Das zyprische internationale Privatrecht ist ebenso ausgestaltet wie das englische internationale Privatrecht[102]).

V. Strafrecht

1. Allgemeines

Das zyprische Strafrecht ist in den wesentlichen Zügen im *Criminal Code* (CC) (Cap. 154) geregelt, der mehrfach geändert worden ist. Straftatbestände finden sich auch im *Military Code*, im ebenfalls mehrfach geänderten *Firearms Law* (Cap. 57) und verschiedenen anderen Gesetzen, die hier nicht im einzelnen aufgeführt werden können. In den allgemeinen Fragen strafrechtlicher Dogmatik – etwa zu Verschulden, Zurechenbarkeit, Rechtswidrigkeit – dürfte weitgehende Übereinstimmung mit den Grundsätzen des *common law* herrschen[103]). Dies gilt noch mehr für den Prozeß, wie zahlreiche Verweise der zyprischen Gerichte nicht nur auf britische, sondern auch auf amerikanische Praxis zeigen, denen allerdings nicht nur das Gesetzesrecht, sondern auch die Verfassung Grenzen ziehen[104]).

Strafmündig ist, wer das siebte Lebensjahr vollendet hat. Allerdings ist – bis zum Ende des zwölften Lebensjahres – eine Bestrafung nur möglich, wenn die Urteilsfähigkeit des Kindes nachgewiesen werden kann[105]). Als Strafarten[106]) gelten gemäß Art. 27 CC die Geldstrafe, Prügelstrafe (bis 1972), Freiheitsstrafe und Todesstrafe (letztere für Mord, Hochverrat und Piraterie, vgl. Art. 7 der Verfassung der Republik Zypern). Die Todesstrafe wird in der Praxis der Republik Zypern nicht mehr verhängt[107]). In der „TRNZ" ist die Todesstrafe dagegen abgeschafft worden[108]). Die Möglichkeit, eine Freiheitsstrafe zur Bewährung auszusetzen, wurde 1972 eingeführt. Neben der Geldstrafe kann das Gericht den Angeklagten auch zur Zahlung einer Entschädigung an das Opfer verurteilen. Das Gericht hat auch die Möglichkeit, von Bestrafung abzusehen, wenn der Beschuldigte eine Sicherheit stellt. Schließlich können anstelle einer Bestrafung Besserungsmaßnahmen ange-

---

[102]) Charles Guendjian v. Société Tunisienne de Banque S. A., in: Cyprus Law Reports (CLR). 1 (1983), S. 588–592.

[103]) Vgl. z. B. Artemis, P. H.: The Mental Element in Crime, in: Cyprus Law Review. 3 (1985), S. 1761–1766; Clerides, C. P.: Criminal Attempts, in: Cyprus Law Review. 1 (1983), S. 259–282, bes. 264.

[104]) Beispielsweise Assize Court of Nicosia, in: Cyprus Law Review. 3 (1985), S. 1833 (während rechtswidriger Haft erlangte Blutprobe als Beweismittel, „poisoned tree doctrine"; fehlende Aufklärung über Recht auf anwaltlichen Beistand).

[105]) Loucaides (Anm. 83), S. 2801.

[106]) Pikis, G. M.: Sentencing in Cyprus. Nikosia 1978, S. 10.

[107]) Pikis (Anm. 106) S. 11.

[108]) North Cyprus Almanack (Anm. 54), S. 47. Allerdings kann das Gesetz aufgrund von Art. 15 der Verfassung der „TRNZ" die Todesstrafe in den auch in Art. 7 der Verfassung der Republik Zypern genannten Fällen vorsehen.

ordnet werden. Bei Jugendlichen können dies auch Erziehungsmaßnahmen sein. Der Präsident der Republik Zypern hat ein Gnadenrecht. In der Verfassung der „TRNZ" ist eine auch der türkischen Verfassung von 1982 bekannte Regelung übernommen worden: Für Amnestien ist das Parlament zuständig, das bis zur Abschaffung der Todesstrafe auch über die Vollstreckung von Todesstrafen entschied.

2. Besonderes Strafrecht

Straftaten gegen Personen werden grundlegend unterschieden in „Tötung" (Art. 205 CC), schwere (Art. 228 CC; einschließlich des räuberischen Überfalls, 282f. CC) und leichte Angriffe auf die körperliche Integrität (Art. 242ff. CC). Den Schwerpunkt der Eigentumsdelikte bilden verschiedene Typen des Diebstahls, Einbruchdiebstahls und Hehlerei sowie des Betrugs, der Unterschlagung und Erpressung. Zu den Sittlichkeitsdelikten zählen Homosexualität und Notzuchtsverbrechen. Straftaten gegen die öffentliche Ordnung und den öffentlichen Frieden sind die Staatsschutzdelikte wie Beleidigung des Staatsoberhaupts, Anstachelung zu einem Aufstand oder auch nur Volksverhetzung. Einen eigenen Stellenwert haben Delikte gegen die Justiz, insbesondere der für das *common law* typische Tatbestand der Mißachtung des Gerichts (*contempt of court*).

3. Strafprozeß

Die Strafgerichtsbarkeit[109]) besteht aus Distriktsgerichten (*district courts*), die für einfachere Delikte zuständig sind und mit einem Einzelrichter ständig tagen, sowie aus Schwurgerichten (*assize courts*), die für die Strafverfolgung von Verbrechen sorgen. Die Bezeichnung ist allerdings insoweit irreführend, als diese Gerichte mit drei Richtern dreimal im Jahr in jedem Sprengel ohne Geschworene oder Schöffen[110]) zusammentreten; die zyprische Gerichtspraxis kennt den Laienrichter oder Geschworenen nicht. Revisionsinstanz ist der Oberste Gerichtshof, der lediglich Verstöße gegen das materielle Recht und Verfahrensrecht überprüft[111]). Eine Staatssicherheitsgerichtsbarkeit oder sonstige Strafgerichtsbarkeit mit besonderen Zuständigkeiten ist – abgesehen von den Militärgerichten – nicht bekannt. Die Strafprozeßordnung beruht in erster Linie auf dem englischen *common law* und ist darüber hinaus im *Criminal Procedure Law* geregelt. Eine wesentliche Säule des Prozeßrechts ist der Anspruch des Angeklagten auf rechtliches Gehör und professionelle Verteidigung. Das Rechtsstaatsprinzip schlägt sich im übrigen im Grundsatz des *fair trial* nieder.

---

[109]) Solsten, E. (Hrsg.): Cyprus: A Country Study. Vierte Auflage. Washington 1993, S. 241/242.
[110]) Amelunxen (Anm. 6), S. 218.
[111]) Pikis (Anm. 106), S. 40.

VI. Zusammenfassung

Verfassung und Recht Zyperns sind im wesentlichen geprägt von Einflüssen verschiedener Rechtsordnungen und durch die Teilung der Insel in zwei eigenständige Einheiten. Der völkerrechtlich als Republik Zypern anerkannte Südteil der Insel verfügt über eine Rechtsordnung, in der die britische Tradition trotz zunehmender Einwirkungen vom griechischen „Mutterland" her noch besonders deutlich zu spüren ist. Von der ursprünglichen Verfassungsordnung der im Jahre 1960 gegründeten Republik, die schon während der sechziger Jahre wichtige Modifikationen zu Lasten der Idee des Volksgruppenstaates erlitten hat, hat sich der südliche Teil entfernt. Noch weiter von den Grundlagen der ursprünglichen Verfassungsordnung hat sich jedoch die „TRNZ" entfernt. Einflüsse des türkischen „Mutterlandes" sind hier noch stärker zu spüren, obwohl auch in der Rechtsordnung der „TRNZ" die britischen Traditionen nicht zu leugnen sind. Festzuhalten ist zum Abschluß, daß das Heranrücken sowohl der Republik Zypern als auch der Türkei an die EU für erheblichen Druck sorgt. Dies könnte schon in naher Zukunft zu einschneidenden Änderungen der gesamten Rechtslage Zyperns führen.

Politisches System

Heinz-Jürgen Axt, Duisburg und Jeanette Choisi, Athen

I. Politische Kultur: 1. Grundlagen der politischen Kultur bis zur Teilung 1974: a) Gesellschaftliche Machtverteilung – b) Ideologische Nationalismen – c) Entfremdung von der Staatsnation – 2. Besonderheiten der politischen Kultur nach 1974 – II. Politische Institutionen: 1. Exekutive: a) Staatspräsident – b) Regierung („Ministerrat") – c) Verwaltung – 2. Legislative – III. Wahlen und Wahlverhalten – IV. Parteien: 1. Besonderheiten des Parteiensystems – 2. Zyperngriechische Parteien: a) Aufbaupartei des Werktätigen Volkes (AKEL) – b) Demokratische Sammlung (DISY) – c) Vereinigte Demokratische Zentrumsunion/Sozialistische Partei (EDEK) – d) Demokratische Partei (DIKO) – e) Liberale Partei – f) Demokratisch-Sozialistische Erneuerungsbewegung (ADISOK) – 3. Zyperntürkische Parteien: a) Nationale Einheitspartei (UBP) b) Republikanische Türkische Partei (CTP) – c) Kommunale Befreiungspartei (TKP) – d) Neue Zypern-Partei (YKP) – e) Splitterparteien: α) Demokratische Partei (DP) – β) Demokratische Volkspartei (DHP) – V. Gewerkschaften und Verbände: 1. Allgemeine Merkmale der industriellen Beziehungen: a) Historische Entwicklung – b) Politische Orientierung – c) Staat und Verbände – d) Tarifverhandlungen und Streiks – e) Verbände und Volksgruppenkonflikt – 2. Gewerkschaften – 3. Unternehmervereinigungen und Agrarverbände – VI. Zusammenfassung

I. Politische Kultur

1. Grundlagen der politischen Kultur bis zur Teilung 1974

Politische Kultur ist ein Sammelbegriff für bestimmte subjektive Einstellungen und Einschätzungen gegenüber politischen Interaktionsmustern und staatlichen Institutionen. Der Begriff der kulturellen Identität stellt dabei eine zentrale Analysekategorie dar. Er erst erfaßt die Rolle der Individuen einzeln wie im Rahmen der Gesellschaft und setzt beides in Beziehung zu geographischen und ideologischen Loyalitätsgefühlen. Auf diese Weise legitimiert die kulturelle Identität Führungsansprüche und mobilisiert die Staatsbürger besonders in politischen Krisen.

Bis 1974 wurde die zyprische politische Kultur von den politischen und gewaltsamen Konflikten zwischen den zyperngriechischen und zyperntürkischen Inselbewohnern geprägt[1]. In Zypern, das oft unter fremder Herrschaft gewesen war, hatte sich zu keiner Zeit ein unabhängiger Staat bilden können. Mit Beginn der Osmanischen Herrschaft 1571 entwickelten sich zwei Bevölkerungsgruppen, die bis heute ihre jeweils eigene ethnische Identität beibehalten haben. Während sprachliche, kulturelle und religiöse Unterschiede in anderen Staaten der Welt – zumindest teilweise – im langen Prozeß des *nation building* abgebaut wurden,

---

[1]) Zum folgenden ausführlich Choisi, J.: Wurzeln und Strukturen des Zypernkonfliktes. Stuttgart 1993 (= Studien zur modernen Geschichte, 43), S. 204–226 und 233–264.

blockierten in Zypern die britische Kolonialpolitik und der Einfluß der beiden sogenannten „Mutterländer", Griechenland und Türkei, die Entstehung eines gesamtzyprischen Nationalbewußtseins[2]). Die nationale Identität der griechischen Zyprer entwickelte sich in Anlehnung an den zwischen 1821–1830 gegründeten griechischen Nationalstaat und bestand in erster Linie aus dem politischen Bestreben, die *Enosis* [Vereinigung] mit diesem durchzusetzen. Die türkischen Zyprer, deren Mutterland sich erst 1923 konsolidierte, entwickelten dementsprechend erst rund 100 Jahre später eine zyperntürkische Identität und zwar in Reaktion auf die zyperngriechische *Enosis*-Forderung. Beide Formen des Nationalbewußtseins wurden in den 1950er Jahren durch die blutigen Kämpfe zwischen EOKA (*Ethniki Organosis Kyprion Agoniston* = Nationale Organisation zyprischer Kämpfer) und TMT (*Türk Mukavemet Teşkilâti* = Türkische Widerstandsorganisation) vor dem Hintergrund des britischen Kolonialismus entscheidend dynamisiert. Die staatlichen Institutionen der Kolonialmacht wurden dabei von den griechischen Zyprern abgelehnt, von den türkischen Inselbewohnern jedoch unterstützt.

Auch nach der relativen Unabhängigkeit von 1960 wurde die zyprische politische Kultur maßgeblich von den historischen Konfliktdeterminanten geprägt. Auf der Grundlage des veränderten rechtlichen Status der Insel manifestierten sich diese in dem Machtkampf der zyperngriechischen und der zyperntürkischen politischen Eliten um die Vormachtstellung innerhalb der neuen staatlichen Institutionen. Das von außen verfassungsmäßig festgelegte ethnische Proporzsystem sowie das gesetzlich verankerte Recht Großbritanniens, Griechenlands und der Türkei, sich in die inneren Angelegenheiten der Inselrepublik einmischen zu können, legten die Entscheidungskompetenzen der staatlichen Institutionen lahm und dynamisierten den nationalen Konflikt. Eruptiv ausbrechende blutige Kämpfe zwischen ehemaligen EOKA- und TMT-Mitgliedern bestimmten bis zur Teilung 1974 den Inselalltag. Die nationalistische Propaganda und die Unterdrückung der politischen Opposition, die sich für einen Kompromiß zwischen den beiden großen Volksgruppen einsetzte, verhinderten auf Grundlage der inneren Entwicklungen und der externen Einflüsse auch weiterhin die Bildung einer gesamtzyprischen nationalen Identität, was die Kluft zwischen beiden Seiten vertiefte.

a) Gesellschaftliche Machtverteilung

Die Machtstrukturen des zyprischen politischen Systems lassen sich bis 1974 am besten anhand von Patronage-Klientel-Beziehungen erfassen. Dies sind spezifische Formen gesellschaftlicher Abhängigkeit, die nach einem bestimmten, historisch gewachsenen ideologischen und moralischen Muster funktionieren[3]). Im Rahmen der britischen Kolonialherrschaft übten der orthodoxe Klerus und die islamischen Würdenträger sowie zyperngriechische und zyperntürkische Rechtsanwälte, Geldverleiher, Zwischenhändler, Kaufleute, Ärzte und reiche Grundbesit-

---

[2]) Gellner, E.: Nations and Nationalism. Oxford 1983.
[3]) Vgl. Loizos, P.: The Greek Gift: Politics in a Cypriot Village. Oxford 1975, und Gellner, E./ Waterbury, J.(Hrsg.): Patrons and Clients. London 1977.

zer eine gewisse politische Macht innerhalb der zyprischen Gesellschaft aus. Sie behaupteten ihre Vormachtstellung mit Hilfe eines engmaschigen Netzes ökonomischer und politischer Abhängigkeitsverhältnisse. Dadurch konnten sie nicht nur den Großteil der Bevölkerung wirtschaftlich ausbeuten, sondern auch deren Wahlverhalten direkt beeinflussen. Denn die Bauern waren zumeist gezwungen, wollten sie finanziell nicht in den Ruin getrieben werden, demjenigen Kandidaten in ihrem Wahlkreis die Stimme zu geben, von dem sie als Kreditnehmer abhängig waren, oder denjenigen zu wählen, den ihr Geldverleiher unterstützte. Auch wer ein öffentliches Amt bekleidete, sei es als Bürgermeister oder Präsident einer Lehrervereinigung, war oft gezwungen, sich seinem jeweiligen Förderer zu unterwerfen. Da die politische Oberschicht eng durch verwandtschaftliche und freundschaftliche Beziehungen miteinander verbunden war, und Zypern zudem eine kleine Insel ist, auf der bis heute fast jeder jeden und seine politische Haltung kennt, wurden die wenigen, die sich den bestehenden Machtverhältnissen nicht unterordnen wollten, problemlos ausgeschaltet und in die soziale Isolation getrieben.

War diese Art der Herrschaftsvermittlung bis zur Unabhängigkeit für das zyprische politische System charakteristisch, so wurden seit 1960 durch den Modernisierungsprozeß umfangreiche Veränderungen ausgelöst. Durch Erweiterung der sozialen und räumlichen Mobilität, zunehmende wirtschaftliche Arbeitsteilung, Ausbau der Kommunikationsstrukturen und wachsende politische Partizipationsmöglichkeiten verloren die Patronage-Klientel-Beziehungen sowohl als exklusive Formen der Herrschaftssicherung für den Patron als auch als Mittel zum sozialen Aufstieg für den Klienten an Bedeutung. Sie sollten jedoch in modifizierter Weise als Partei-Patronage weiterbestehen[4]).

Prominente Persönlichkeiten, Richter, Rechtsanwälte, Zeitungsverleger, Ärzte und Politiker gründeten lose organisierte politische Vereinigungen, um ihre Interessen in der immer komplexer werdenden politischen Umwelt durchzusetzen. Wählerstimmen konnten in der Regel nun zwar nicht mehr direkt gekauft oder erpreßt werden, doch blieb für das politische System kennzeichnend, daß die Stimmabgabe für eine bestimmte Partei noch immer aufgrund wirtschaftlicher Gefälligkeiten, politischer Abhängigkeiten, freundschaftlicher oder verwandtschaftlicher Beziehungen vergeben wurde. Die herrschenden Eliten nutzten die neu geschaffenen staatlichen Institutionen vor allem zur Durchsetzung der eigenen Interessen. Beamte, Abgeordnete, Direktoren oder Parteivorsitzende bereicherten sich an ihren öffentlichen Ämtern. Sie fungierten in der neuen Republik als Bindeglieder zwischen dem Bürger und dem „ungewohnten" Staatswesen, da die Institutionen der neugegründeten Republik noch nicht fähig waren, der sozialen und politischen Mobilität der Gesellschaft zu entsprechen. Der Staat, der von einer politischen Minderheit dominiert wurde, deren vorrangiges Interesse in der eigenen Machterhaltung lag, mußte dem Individuum deshalb solange fremd oder gar feindlich gegenüberstehen, solange es nicht über die „richtigen Beziehungen" zu einem politischen Förderer verfügte, der für Artikulation und Durchsetzung seiner politischen wie sozialen Interessen gegenüber den staatlichen Institutionen sorgen konnte.

---

[4]) Choisi (Anm. 1), S. 286–288.

Dies erklärt, warum die politischen Parteien mit Ausnahme der kommunistischen AKEL zunächst nur wenig mehr als lose organisierte Gruppen waren, die sich um eine führende Persönlichkeit versammelt hatten. Sie fungierten als neue politische Organisationsformen, die den Eliten aufgrund der zunehmenden gesellschaftlichen Differenzierung zur Artikulation ihrer eigenen und Kanalisation der allgemeinen politischen Interessen dienten. Erst in den siebziger Jahren sollte sich die fortschreitende Institutionalisierung des politischen Systems auch in einer zunehmenden gesellschaftlichen Bedeutung politischer Parteien manifestieren, wobei bis heute trotz des gesellschaftlichen Entwicklungsprozesses in Zypern „Beziehungen" zu einflußreichen Persönlichkeiten zur Durchsetzung individueller, politischer, ökonomischer und sozialer Interessen eine wichtige Rolle spielen.

b) Ideologische Nationalismen

Diese Formen der politischen Machtverteilung wurden gesellschaftlich mit Hilfe einer Ideologie gefestigt, deren Inhalte sich einerseits auf den griechischen und andererseits auf den türkischen Nationalismus beziehen. Deshalb sind in Zypern kulturelle Identität und nationales Selbstverständnis bis heute entweder nur griechisch oder nur türkisch, niemals aber alleine zyprisch. Beide Arten des Nationalismus auf Zypern, der griechische wie der türkische, können als *ideologische Nationalismen* bezeichnet werden, denn sie haben nicht die Bildung eines zyprischen Nationalstaates zum Ziel, sondern dienen den politischen Funktionsträgern vor allem als Legitimationsbasis ihrer Macht und als Vehikel zur Mobilisierung der Massen. Durch die künstliche Anbindung an die beiden sogenannten „Mutterländer" Griechenland und Türkei wurde gesellschaftlich ein politisches und emotionales Konfliktpotential verankert, das bis heute für die Aufrechterhaltung bestimmter Machtstrukturen genauso verantwortlich ist wie die scheinbare Unlösbarkeit der Zypernfrage. Wer Zypern besucht, wird feststellen, daß bis heute der Kampf der beiden Widerstandsbewegungen EOKA und TMT sowie der türkische Einmarsch von 1974 im jeweiligen Teil der Insel entweder heroisiert oder diffamiert werden. Politiker und Medien verwenden bei der Thematisierung der Zypernfrage oftmals eine extrem nationalistische Rhetorik. Zudem verdeutlichen die zahlreichen Straßen und Gebäude mit den Namen *Grivas Digenis* bzw. *Makarios III.* im zyperngriechischen und Poster, Bilder und Büsten von Kemal Atatürk sowie Rauf Denktaş im zyperntürkischen Teil die omnipräsente Bedeutung der nationalen Helden. Der Nationalismus diente in beiden Inselteilen der Etablierung eines moralischen Wertesystems, das gerade in Zeiten externer Fremdbestimmung als innerer Stabilisator und als äußere Abgrenzungsmöglichkeit sowohl das nationale Selbstwertgefühl als auch die nationale Identität der einzelnen Gesellschaftsmitglieder betonte und stärkte[5]).

Die zyperngriechische Identität beruht auf der Vorstellung, daß ihre Kultur an eine antike hellenistische Welt anknüpft, die auch nach der Beendigung der byzan-

---

[5]) Kedourie, E. (Hrsg.): Nationalism in Asia and Africa. London 1971, S. 84. Vgl. dazu auch den Beitrag „Folklore" von Bekir Azgın und Ioannis Papadakis in diesem Band.

tinischen Periode als kulturelle Kontinuität weitergetragen wurde[6]). In der zyperngriechischen Lesart behauptete sich das hellenistisch-byzantinische Kulturgut auch gegen den rund vier Jahrhunderte andauernden lateinischen Feudalismus (1192 bis 1571 n.Chr.), obwohl die fränkische und später die venezianische Oberschicht versuchte, den griechisch-orthodoxen Glauben durch gewaltsame Installation des römischen Katholizismus zu unterdrücken. Als dann die Insel von 1571 bis 1878 in das Osmanische Reich integriert wurde (*Turkokratia*), wuchs die griechisch-orthodoxe Kirche zur zentralen Institution in Zypern heran und prägte das intellektuelle und kulturelle Leben der griechischen Zyprer nachhaltig. Für das vermeintlich „unterdrückte Griechentum" wurde die Orthodoxie zur „Trägerin und Beschützerin" der hellenistisch-byzantinischen Kultur. Sie verkörperte die ethnische, nationale und religiöse sowie kulturell-persönliche Identität der Griechen auf dem Festland wie in Zypern[7]).

Im 19. und zu Beginn des 20. Jahrhunderts wurde in Griechenland die Durchsetzung einer „modernen griechischen Zivilisation" nicht nur auf theoretischer Ebene identisch mit dem Sturz „der zivilisationsfeindlichen *Turkokratia*"[8]). 1821 begann der griechische Unabhängigkeitskampf, dessen ideologisches Konzept auf der Annahme einer Kontinuität der griechischen Kulturnation von der Antike über das byzantinische Reich bis hin zum neugriechischen Nationalstaat beruhte. Diese „lineare" Vergangenheit, die nach Meinung neohellenischer Vordenker nur durch die als „finstere und rückständige Tyrannei" bezeichnete osmanische Herrschaftsperiode eine geistig- kulturelle „Verarmung" erfahren hatte, wurde glorifiziert und heroisiert[9]). Der griechische Nationalismus in Zypern hob in seiner kollektiven Rückbesinnung auf die hellenistische Vergangenheit die kulturelle Einheit von Griechenland und Zypern als gemeinsame Erben einer „glorreichen Geschichte" hervor, die es auch politisch zu vollziehen galt (*Enosis*). Die griechische Nationalbewegung auf dem Festland war deshalb auch Ausdruck einer zyperngriechischen Identität. Denn mit der Ablehnung der *Enosis* hätte jeder Zyprer gleichzeitig sowohl die gesamte kulturelle Vergangenheit seiner Gesellschaft als auch seine eigene ethnisch-kulturelle Identität in Frage gestellt. Er wäre in Gefahr geraten als „schlechter Grieche" oder „nationaler Verräter" abgestempelt zu werden.

Die türkische Nationalbewegung strebte dagegen nach einer radikalen Loslösung von den alten islamischen Traditionen und verfolgte die territoriale Konsolidierung eines unabhängigen türkischen Nationalstaates im anatolischen Kernland sowie einen sozioökonomischen Fortschritt und Kulturwandel nach westeuropäischem Muster[10]). Ihren Durchbruch erreichte sie nach dem Zerfall des Osmanischen Reiches[11]). Der türkische Nationalismus drang nach der Revolution von

---

[6]) Vgl. Anderson, B.: Imagined Communities. Reflections on the Origin and Spread of Nationalism. London 1983.
[7]) Markides, K. C.: The Rise and Fall of the Cyprus Republic. New Haven/London 1977, S. 5.
[8]) Attalides, M. A.: Cyprus. Nationalism and International Politics. New York 1979, S. 32/33.
[9]) Vgl. Kitromilides, P.M.: Greek Irridentism in Asia Minor, in: Middle Eastern Studies. 26 (1990) 1, S. 3–17.
[10]) Vgl. Kushner, D.: The Rise and Fall of the Turkish Nationalism 1876–1908. London 1977.
[11]) Vgl. Shaw, S. J.: Das Osmanische Reich und die moderne Türkei, in: Der Islam II. Die isla-

1908 auch in türkisch besiedelte Gebiete außerhalb des anatolischen Kernlandes ein, wo er die Herausbildung einer nationalen türkischen Identität forcierte. Auch auf Zypern fanden seine Inhalte Verbreitung, weil er ein nationales Selbstbewußtsein in Anlehnung an den türkischen Nationalstaat vermittelte. Denn mit dem Zerfall des Osmanischen Reiches und der Übernahme der Herrschaft über Zypern durch die Briten vollzog sich auch der Niedergang der sozialen und politischen Institutionen der türkischen Zyprer. Da der griechische Nationalismus auf Zypern die Vereinigung mit dem griechischen Nationalstaat erstrebte, befürchtete die zyperntürkische Oberschicht, daß nach Abzug der Briten ihre Gemeinschaft zu einer bedeutungslosen Minderheit ohne Chance auf politische Partizipation und ökonomischen Wohlstand in einer antitürkisch geprägten Umwelt werden könnte.

Auf Grundlage dieser historischen Entwicklungen halten die beiden gegensätzlichen Nationalismen bis heute interne Konfliktdeterminanten und tradierte Feindbilder auf emotional-irrationaler Ebene aufrecht und verringern so die Chance auf eine nationale Kompromißfindung. Diese Situation wird durch externe Faktoren zusätzlich verstärkt. Besonders in Zeiten politischer Fremdbestimmung, in denen auch die kulturellen Normen und Werte einer Gesellschaft mehr oder weniger gezielt unterdrückt werden, stellt das Festhalten an den kulturellen Eigenarten für die unterdrückte Gesellschaft bzw. jedes ihrer Mitglieder die einzige Möglichkeit dar, das kulturelle Selbstverständnis zu erhalten, um daraus gegebenenfalls Widerstandsformen gegen die Fremdbestimmung zu entwickeln, oder ohne Verlust der kulturellen Identität in ihr zu überleben. Da die Persönlichkeitsstruktur jedes Mitglieds der Gesellschaft auch durch die Verinnerlichung der spezifischen Wertvorstellungen „seiner" Gesellschaft geprägt wird, entspricht bis zu einem gewissen Ausmaß die eigene Identität der gesellschaftlichen Identität. Die Skala der Identifizierung von Ich und Gesellschaft kann dabei jedoch von vollkommener Übereinstimmung bis zu vollkommener Ablehnung reichen. Fest steht allerdings, daß in Perioden der äußeren Bedrohung generell der Konflikt zwischen dem Ich und der Gesellschaft im Inneren zurücktritt und dadurch eine Stärkung der Gesellschaft bzw. ihrer Mitglieder gegenüber der fremden Herrschaft erreicht wird[12]. Die einseitige Betonung der ethnisch unterschiedlichen „kulturellen Wir-Identitäten" wurde durch die beiden Nationalismen gewährleistet, deren „ideologische Überreste" bis heute in der kulturellen und politischen Sphäre Zyperns nachzuweisen sind.

c) Entfremdung von der Staatsnation

Nach der Unabhängigkeit verlief die wirtschaftliche, soziale und politische Entwicklung beider Gemeinschaften ungleichmäßig. Innerhalb der zyperntürkischen Gemeinschaft stagnierte das Wirtschaftswachstum, und die Modernisierung entfaltete sich nur zögernd. Für das zyperntürkische politische System blieben deshalb

---

mischen Reiche nach dem Fall von Konstantinopel. Hrsg. G. E. v. Grunebaum. Frankfurt/Main 1971 (= Fischer Weltgeschichte, 15), S. 24–159.
[12]) Vgl. Gerth, H./Mills, W. C.: Person und Gesellschaft. Frankfurt/Main, Bonn 1970.

eher traditionelle Formen der Herrschaftsvermittlung, wie z. B. Patronage-Klientel-Beziehungen, charakteristisch. Da die zyperntürkische Bevölkerungsgruppe nur rund 120 000 Menschen umfaßte, war sie politisch leicht zu überschauen und zu lenken. Die herrschende Elite festigte ihre Macht mit Hilfe eines weitgespannten Systems klienteler Verpflichtungen, wirtschaftlicher Abhängigkeiten, verwandtschaftlicher und freundschaftlicher Gefälligkeiten oder einfach durch Gewalt. Dieses System konnte auf Dauer nur bestehen, wenn es seinen Eliten gelang, sich von dem dominanten zyperngriechischen politischen System zu trennen. Die zyperntürkische Führung mußte deshalb die Integration ihrer Bevölkerung in die zyperngriechische Gesellschaft um jeden Preis verhindern. Dazu unterdrückte sie die Opposition, die sich für einen Kompromiß mit der zyperngriechischen Gemeinschaft einsetzte und propagierte einen antigriechischen türkischen Nationalismus.

Innerhalb der zyperngriechischen Gesellschaft verlor mit der Modernisierung die *Enosis* an Bedeutung, und der Wunsch nach Unabhängigkeit erstarkte. Das wird an Makarios in seiner dreifachen Funktion als Erzbischof, Führer der griechischen Bevölkerungsgruppe (*Ethnarchis*) und Staatspräsident anschaulich. Er allein konnte in dem Augenblick, als die zyperngriechische Elite die *Enosis* mit Griechenland abzulehnen begann, noch glaubhaft eine griechische nationale Identität symbolisieren. Da der griechische Nationalismus auch als Ausweis der kulturellen, persönlichen und politischen Identität der Mehrheit der griechischen Zyprer fungierte, konnte Makarios als einziger Politiker, der weltliches und kirchliches Oberhaupt zugleich war, die systemfeindliche *Enosis*, wie sie die nationalistische Nachfolgeorganisation der EOKA, EOKA-B, vertrat, kritisieren, ohne als Vaterlandsverräter zu gelten[13]. Während die zyperngriechische Elite den griechischen Nationalismus benötigte, um ihre Konzeption des griechisch dominierten Einheitsstaates zu legitimieren, rechtfertigte die zyperntürkische Elite mit dem türkischen Nationalismus ihre Separationspolitik.

2. Besonderheiten der politischen Kultur nach 1974

Mit der türkischen Invasion im Sommer 1974 wurde zwar ein neues Kapitel in der Geschichte der Insel aufgeschlagen, doch blieben die politischen Spannungen zwischen beiden Gemeinschaften weiterhin charakteristisch für das zyprische politische System. An ihnen wird die Kontinuität der „identitätsbildenden", subjektiv-emotionalen politischen Einstellungen und Überzeugungen deutlich, die sich auf die ideologischen Inhalte des griechischen wie des türkischen Nationalismus beziehen, welche politisch für die spannungsreiche Interaktion zwischen zyperngriechischer und zyperntürkischer Gesellschaft verantwortlich sind.

Seit 1974 erzeugt die ungelöste Zypernfrage innerhalb der zyperngriechischen Gesellschaft einen politischen Druck, der es den wenigen Entscheidungsträgern erlaubt, den gesellschaftlichen Machtapparat kontinuierlich zu dominieren. Der

---

[13] Vgl. Vanezis, P. N.: Makarios: Life and Leadership. London 1979.

Herrschaftsanspruch wird dabei – ebenso wie bei den Zyperntürken – mit dem Hinweis auf die externe Bedrohung legitimiert. Es wird versucht, ein politisches Solidaritätsgefühl mit den Funktionsträgern zu erzeugen und zu vermitteln, daß allein sie trotz aller Mißerfolge in der Lage seien, die Bevölkerung vor der externen Bedrohung zu schützen und die Zypernfrage letztendlich im Sinne der eigenen Gemeinschaft zu lösen. Politische Niederlagen werden deshalb vor allem auf äußere Faktoren zurückgeführt und nicht auf inneres Fehlverhalten. Charakteristisch für die politische Kultur und das politische System ist deshalb auch ihre Überlagerung durch parteipolitische Interessen: Mitgliedschaft und ideologische Zugehörigkeit zu einer bestimmten Partei prägen nicht nur die Beziehungen sämtlicher politischer Institutionen und Akteure untereinander, sondern reichen bis in die persönliche Alltagssphäre fast aller Zyprer hinein. So gibt es in den meisten Dörfern mehrere Kaffeehäuser, in denen sich die Anhänger der verschiedenen Parteien, natürlich strikt voneinander getrennt, treffen. Es existieren „kommunistische, sozialistische und konservative" Fußballvereine, Tavernen und Supermärkte. Auch die Printmedien sind stark parteipolitisch gefärbt. Diese politische Besonderheit drückt sich ebenso in der relativen Unveränderbarkeit der politischen Haltungen aus. Während sich z.B. auf zyperngriechischer Seite der Stimmenanteil der Kommunisten wie der des konservativen Lagers seit Jahrzehnten zwischen 30 und 40 Prozent bewegt, schafft auf zyperntürkischer Seite die Ablehnung oder Unterstützung der Denktaş-Linie Kontinuität.

Die scheinbare Unlösbarkeit der nationalen Frage begünstigt die Kontinuität subjektiver politischer Werte, die auf gegenseitigen nationalen Ressentiments beruhen, welche wiederum für die Aufrechterhaltung des Konfliktes verantwortlich sind. Daß die beiden politischen Systeme auf Zypern bis heute relativ stabil sind, hat auch seine Kehrseite: Der (abgesehen von den externen Konstellationen) zur Lösung der Zypernfrage notwendige innenpolitische Kompromiß wird durch die Stabilität der politischen Systeme erschwert, gegenseitige Feindbilder werden verfestigt. Durch eine politische Verständigung würden die beiden ideologischen Nationalismen und mit ihnen die gegensätzlichen nationalen Identitäten ihre Daseinsberechtigung verlieren, was wiederum aufgrund der Unlösbarkeit der nationalen Frage – zumindest zur Zeit – beinahe unmöglich erscheint.

II. Politische Institutionen

1. Exekutive

Die Republik Zypern hat ein Präsidialsystem. Der Staatspräsident ernennt den ihm zugeordneten elfköpfigen Ministerrat (*Council of Ministers*), der gemeinsam mit ihm die Regierung bildet[14]). In der „Türkischen Republik Nordzypern"

---

[14]) Art. 1 und 46 der Verfassung der Republik Zypern von 1960 (in: Xydis, D.P.: Constitutions of Nations. Bd. 3. New York 1968, S. 138–221, bes. 156) sieht eigentlich einen zehnköpfigen Ministerrat, sieben Zyperngriechen und drei Zyperntürken, vor. Religion, Bildung und Kultur gehörten nach Art. 87 der Verfassung in den Zuständigkeitsbereich der griechischen bzw. türkischen

(„TRNZ") besteht ein parlamentarisches Regierungssystem. Dort ist dem „Staatspräsidenten" im Unterschied zur Republik Zypern ein „Premierminister" beigeordnet, der zu seiner Amtsführung des parlamentarischen Vertrauens bedarf[15]).

a) Staatspräsident

Der Staatspräsident (Art. 36–60) der Republik Zypern (*President of the Republic*) wird alle fünf Jahre direkt von der Bevölkerung gewählt (Art. 39; 43). Er hat die exekutive Funktion inne. Zu diesem Zweck wird er vom Ministerrat unterstützt. Dem Präsidenten der Republik ist verfassungsgemäß ein Vizepräsident (*Vice-President*) zugeordnet, dem verfassungsrechtlich ähnlich weitgehende Kompetenzen wie dem Präsidenten zugesprochen sind (Art. 47). Entsprechend dem Verfassungstext von 1960 muß das Amt des Präsidenten demnach faktisch einheitlich vom Präsidenten und seinem Vizepräsidenten wahrgenommen werden, wobei die griechische Volksgruppe den (zyperngriechischen) Präsidenten und die türkische Volksgruppe den (zyperntürkischen) Vizepräsidenten zu stellen hat (*Greek and Turkish Communities of Cyprus* nach Art. 1 der Verfassung von 1960 und den Verträgen von Zürich und London). Seit dem Ausbruch der Volksgruppenstreitigkeiten im Jahre 1963 ist das Amt des Vizepräsidenten allerdings nicht mehr besetzt, so daß dessen Rechte heute vom Staatspräsidenten der Republik mit ausgeübt werden.

Die Kompetenzen des Präsidenten sind umfassend und reichen auch in die Gesetzgebung hinein. Dem Präsidenten steht nach Art. 50 der Verfassung ein endgültiges Vetorecht (*final veto*) im Bereich der Außen-, Verteidigungs- und Sicherheitspolitik zu. Alle sonstigen Gesetze und Beschlüsse des Repräsentantenhauses (*House of Representatives*) können vom Präsidenten zur erneuten Beratung durch die Legislative zurückgewiesen werden (Art. 51; suspensives Veto).

Parlamentswahlen verändern nicht notwendigerweise die Zusammensetzung der Regierung. Der Staatspräsident kann nämlich den Ministerrat unabhängig von der politischen Zusammensetzung der Legislative auswählen (Art. 46; 58 II, III). Faktisch jedoch orientiert sich der Präsident am dortigen Kräfteverhältnis, um der Unterstützung der Mehrheitsfraktion(en) sicher zu sein. Die relative Unabhängigkeit des Präsidenten äußert sich auch darin, daß er ohne das Vertrauen eines Parlaments bis zum Ende seiner Amtsperiode regieren kann. Allein durch ein Klageverfahren (*Impeachment*), das von den Abgeordneten in geheimer Abstimmung mit einer dreiviertel Mehrheit beantragt werden muß (Art. 45 II), kann er aufgrund ei-

---

Volksgruppenkammern („Communal Chambers"), die bereits 1964 nicht mehr funktionierten. 1965 verabschiedete dann das zyperngriechisch dominierte Parlament ein Gesetz zur Schaffung eines Erziehungsministeriums, das diese Aufgaben übernahm.

[15]) Art. 106 und 107 der zyperntürkischen Verfassung von 1985. Die vollständige offiziöse englische Übersetzung findet sich in: Public Information Office of the Turkish Republic of Northern Cyprus: The Constitution of the Turkish Republic of Northern Cyprus (o. O. o. J), S. 39. Eine stark verkürzte Zusammenfassung ist abgedruckt in: North Cyprus Almanack. Hrsg. Rüstem & Brother. London 1987, S. 49. Zur Verfassungsanalyse vgl. Dodd, C. H.: Political and Administrative Structures, in: The Political, Social, and Economic Development of Northern Cyprus. Hrsg. C. H. Dodd. Huntingdon 1993, S. 167–192.

ner Initiative der Legislative durch Beschluß des Höchsten Gerichts vorzeitig zum Rücktritt gezwungen werden. Derartige Fälle sind allerdings bisher nicht bekannt. Ungeachtet seiner umfangreichen politischen Kompetenzen hat der Präsident jedoch auf die politischen Parteien und Fraktionen, die ihn bei seiner Wahl unterstützen, Rücksicht zu nehmen. Schließlich erfordert die legislative Kompetenz des Repräsentantenhauses (Art. 61), daß der Präsident als Regierungschef dieses zu beachten hat.

Art. 5 der Verträge von Zürich und London[16]) sah vor, daß der Präsident sieben Minister aus der griechischen Volksgruppe und der Vizepräsident drei Minister aus der türkischen Volksgruppe ernennt (siehe auch Art. 46 der Verfassung von 1960). Da das Züricher Abkommen Unklarheiten gelassen hatte, in welchem Ausmaße der Vizepäsident „tatsächlich" dieselben Kompetenzen wie der Staatspräsident beanspruchen konnte, wurde die Frage von einer „Gemeinsamen Verfassungskommission" (*Joint Committee*) 1959/60 in London entschieden. Danach obliegt es u. a. dem Präsidenten, die Beglaubigungsschreiben der diplomatischen Vertretungen in Empfang zu nehmen, den Staat in allen offiziellen Angelegenheiten zu vertreten und die Tagesordnung für den Ministerrat aufzustellen sowie allein den Vorsitz im Ministerrat zu übernehmen. Außerdem entscheidet er über die Ernennung und die Beendigung der Amtsdauer der zyperngriechischen Minister (Art. 37 und 48 der Verfassung der Republik Zypern). Dem Vizepräsidenten wurde demgegenüber u. a. das Recht zuerkannt, bei allen offiziellen Anlässen anwesend zu sein und die Tagesordnung des Ministerrates nach seinen Vorstellungen zu ergänzen sowie die zyperntürkischen Minister zu ernennen bzw. abzuberufen (Art. 38 und 49 der Verfassung der Republik Zypern). Während der Präsident durch den (zyperngriechischen) Präsidenten des Repräsentantenhauses vertreten wird, erfolgt gleiches für den Vizepräsidenten durch den (zyperntürkischen) Vizepräsidenten der Legislative.

Diese Besonderheiten des Präsidialsystems der Republik Zypern treten bei einem Vergleich mit dem Regierungssystem der Vereinigten Staaten besonders hervor[17]). Was die Stellung des Präsidenten angeht, so ähnelt die des (zyperngriechischen) Staatspräsidenten den Verhältnissen in den USA. Ebenso wie in den Vereinigten Staaten ist der Präsident der zyprischen Republik zugleich Staatsoberhaupt und Regierungschef in einer Person. Beide Länder kennzeichnet also das Modell der „geschlossenen Exekutive". Das ist beispielsweise in Frankreich (wie auch in der „Türkischen Republik Nordzypern") deutlich anders, wo der Präsident dem Text der Verfassung nach vergleichsweise beschränkte Befugnisse aufweist[18]).

---

[16]) Vgl. Miscellaneous No. 4 (1959): Conference on Cyprus. Documents signed and initialled at Lancaster House on February 19, 1959. London 1959, S. 2.

[17]) Zum Präsidialsystem der USA vgl. Shell, K. L.: Kongreß und Präsident, in: Länderbericht USA. Hrsg. W. P. Adams u. a. Bd. 1. Bonn 1992, S. 356–396, und Falke, A.: Das Präsidentenamt und die Struktur der Exekutive, in: ebenda, S. 397–412.

[18]) Zum französischen „parlamentarischen System mit Präsidialdominanz" (Steffani) und zu den methodologischen Problemen des Parlamentarismus-Vergleichs siehe Steffani, W. (Hrsg.): Regierungsmehrheit und Opposition in den Staaten der EG. Opladen 1991, S. 11–35 und 53–60, sowie Oertel, B.: Republik Frankreich, in: ebenda, S. 157–193.

Während sich der Präsident Frankreichs seine Macht mit dem Premierminister teilen muß, und dort präsidentielle Anordnungen in den von der Verfassung vorgesehenen Fällen der Gegenzeichnung durch den Premierminister bedürfen, wird dies weder vom amerikanischen noch vom Präsidenten der Republik Zypern verlangt. Weder in den USA noch in der Republik Zypern existiert überhaupt das separate Amt eines Premierministers. Dafür kennt die Republik Zypern allerdings im Gegensatz zu den USA einen mit dem Präsidenten nahezu gleichberechtigten Vizepräsidenten – eine Folge des auf den Kompromiß hin angelegten Volksgruppen-Charakters der Verfassungsstruktur der Republik Zypern.

Dennoch ist es zutreffend, ebenso wie für die USA auch für Zypern von einem das politische System weitgehend dominierenden Präsidenten zu sprechen. Daß der Grad der Dominanz vom Amtsinhaber abhängig ist, gilt für beide Staaten. Im Falle der Republik Zypern war Erzbischof Makarios sicher ein besonders stark die gesamte Politik des Landes prägender Präsident.

Während der Präsident in den USA ein politisch durchaus nicht zu unterschätzendes Symbol der nationalen Einheit darstellt, ist dies dem Präsidenten der Republik Zypern – wie gesagt – aufgrund der besonderen Umstände auf der Insel verwehrt geblieben. Allenfalls zusammen mit dem Vizepräsidenten wäre dies dem Staatspräsidenten der Republik Zypern möglich gewesen. Die Volksgruppen-Spannungen haben indessen in der Praxis verhindert, was in der Verfassung als Idee angelegt war.

Anders als seinem amerikanischen Kollegen stehen dem Vizepräsidenten der Republik Zypern verfassungsgemäß bedeutsame Kompetenzen zu. Er ist keineswegs – wie in den USA – lediglich ein „Präsident in Wartestellung". In der Republik Zypern sollen Präsident und Vizepräsident nach dem Geist der Verfassung von 1960 einerseits gemeinsam das überparteiliche Staatsoberhaupt darstellen, andererseits jedoch – wie in den USA – zugleich die Spitze der Regierung bilden, wobei sie sich als Politiker und oberste Repräsentanten ihrer beiden Volksgruppen zu bewähren hätten, die u. a. dafür Sorge tragen müßten, daß die von ihnen initiierten Gesetze auch von der ethnisch gemischten Legislative verabschiedet werden.

Bei der Besetzung der Regierung sind die Kompetenzen des Präsidenten der Republik Zypern weitergehender als im Bundesstaat USA. In den USA hat der Kongreß bei der Besetzung der Ministerien eine relativ starke Stellung, weshalb die Berater des Präsidenten – deren Ernennung ihm seitens des Kongresses (Senat) traditionsgemäß weitgehend freigestellt wird – eine bedeutsame Rolle einnehmen. Das ist in der Republik Zypern deutlich anders: Hier obliegt es dem Präsidenten, nach eigenem Ermessen die Mitglieder der Regierung (Ministerrat) zu ernennen. Einschränkungen ergeben sich – läßt man den Volksgruppenproporz einmal außer acht – nicht aus der Verfassung, sondern allenfalls aus politischem Kalkül.

Bei Gesetzesinitiativen steht dem Präsidenten der Republik Zypern wie dem amerikanischen ein Vetorecht zu. Anders als der amerikanische Präsident konzentrieren sich die faktischen Machtbefugnisse des Präsidenten der Republik Zypern nicht vor allem auf die Außen- und Sicherheitspolitik, sondern erstrecken sich gleichermaßen auf die verschiedenen Bereiche der Innen-, Wirtschafts- und Finanzpolitik.

Politisches System

In der „Türkischen Republik Nordzypern" („TRNZ") hat der dortige „Staatspräsident" (Art. 99–105) vornehmlich als zyperntürkischer Volksgruppenführer eine durchaus einflußreiche politische Stellung inne[19]). Gemäß Art. 99 der heute dort geltenden „TRNZ- Verfassung" von 1985 wird der „Staatspräsident" alle fünf Jahre direkt von der Bevölkerung gewählt. Er hat unparteiisch, jedoch nicht unbedingt parteilos zu sein (Art. 101). Im Unterschied zur Republik Zypern gibt es in der „TRNZ" jedoch das Amt eines „Premierministers". Mithin weist dieses Regierungssystem eher Ähnlichkeiten mit dem französischen Modell eines „parlamentarischen Systems mit Präsidialdominanz" auf. Indessen dürfte hier weniger das französische als das türkische Modell Pate gestanden haben[20]). Das wird schon aus der Präambel der „TRNZ- Verfassung" erkennbar, wo davon die Rede ist, daß die in Zypern lebenden Türken ein untrennbarer Bestandteil der türkischen Nation seien und die Wiedervereinigung mit dem zyperngriechischen Teil der Insel nicht angesprochen wird. Was dort als Selbstverständnis formuliert wird, findet sich in der Konstitution des politischen Systems wieder.

Der „Staatspräsident" ernennt den „Premierminister", der damit automatisch Mitglied des zehnköpfigen „Ministerrats" ist. Dessen übrige Mitglieder werden zwar auf Vorschlag des „Premierministers" ernannt, die so ernannte Regierung bedarf jedoch der Bestätigung durch das „Parlament" (Art. 106 II). Im Unterschied zum „Premierminister" müssen die übrigen Minister keine Abgeordneten sein (Art. 106 IV). In der „TRNZ" steht dem „Parlament" jederzeit das Mißtrauensvotum zu.

b) Regierung („Ministerrat")

In der Republik Zypern setzt sich der Ministerrat heute aus elf vom Staatspräsidenten ernannten Ministern zusammen (Art. 54–60). Nach Art. 59 der Verfassung von 1960 können der Staatspräsident (bzw. der Vizepräsident) die von ihnen ernannten Minister auch wieder abberufen. Die Minister müssen nicht dem Parlament angehören, sondern können vom Staatspräsidenten (bzw. Vizepräsidenten) auch aus nicht im Repräsentantenhaus vertretenen Politikern ausgewählt werden. Wie erwähnt, bedürfen die Minister auch nicht der Bestätigung durch die Legislative.

Als Regierungschef übt der Staatspräsident seine vollziehende Gewalt über den Ministerrat aus. Nach der Verfassung (Art. 46) sind drei der Minister vom Vizepräsidenten durch Mitglieder der türkischen Volksgruppe zu besetzen, darunter entweder das Außen-, das Verteidigungs- oder das Finanzministerium (Art. 46 II und III), was jedoch seit 1964 nicht mehr erfolgt. Jeder Minister übt im Zuständigkeitsbereich seines Ministeriums die exekutive Gewalt aus (Art. 58). Entscheidungen

---

[19]) Diese Position mit einer zweiten Kammer zu vergleichen (wie dies Wellenreuther, R.: Türkische Republik Nordzypern, in: Munzinger Archiv/IH-Länder Aktuell, 17/96, S. 3, tut), dürfte allerdings sowohl rechtlich als auch faktisch äußerst problematisch sein.

[20]) Vgl. zur Stellung des Präsidenten und des Premierministers („The Prime Minister") in der Türkei Landau, J.M.: Political Institutions, in: Südosteuropa-Handbuch, Bd. IV, Türkei. Hrsg. K.-D. Grothusen. Göttingen 1985, S. 248–261, bes. 258.

des „Ministerrats" werden mit absoluter Mehrheit gefaßt (Art. 46). Der Präsident (sowie der Vizepräsident) können zwar ihre Vetorechte ausüben (Art. 50 und 51), dürfen aber bei Abstimmungen des Ministerrats nicht ihre Stimme mit abgeben (Art. 48 Punkt b und 49 Punkt b der Verfassung von 1960).

Bei den Ministerien sind folgende Ressorts zu unterscheiden: Auswärtige Beziehungen, Verteidigung, Inneres, Finanzen, Kommunikation und Öffentliche Arbeiten, Handel und Industrie, Landwirtschaft und Natürliche Ressourcen, Arbeit und Soziale Sicherung, Justiz, Gesundheit sowie (seit 1965) Erziehung/Kultur.

In der „TRNZ" besteht der „Ministerrat" aus dem „Premierminister" und weiteren, höchstens zehn Ministern, die zwar im Gegensatz zum „Premierminister" nicht Abgeordnete sein müssen, die jedoch deren Wählbarkeits-Qualifikationen aufweisen müssen (Art. 106 I und IV bzw. 108 II der „TRNZ-Verfassung" von 1985). Die Minister werden vom „Premierminister" vorgeschlagen und vom „Präsidenten der Republik" ernannt. Spätestens eine Woche nach dieser Ernennung muß der „Ministerrat" dem „Parlament" sein Regierungsprogramm vortragen und um ein Vertrauensvotum nachsuchen (Art. 109 I und II). Dem „Ministerrat" ist als beratendes Organ ein „Sicherheitsrat" beigefügt (Art. 111), dem unter Vorsitz des „Staatspräsidenten" der „Parlamentspräsident", der „Premierminister", drei weitere Minister sowie der Kommandeur der Streitkräfte und der Polizeipräsident angehören.

c) Verwaltung

Nach den 1960 getroffenen Bestimmungen ist der öffentliche Dienst zu 70 Prozent aus griechischen und zu 30 Prozent aus türkischen Zyprern zu besetzen (Art. 62 II). Seit dem Rückzug der Zyperntürken aus der Regierung und der Verwaltung im Jahre 1963 wird die Verwaltung der Republik allerdings nur von Zyperngriechen ausgeübt. Die Zuständigkeitsbereiche der Verwaltung ergeben sich aus der Zuordnung zum jeweiligen Ministerium.

Bei der Verwaltung der „TRNZ" ist die Einführung eines Ombudsmannes zu deren Kontrolle besonders hervorzuheben. Er wird vom „Präsidenten" mit Zustimmung des „Parlaments" eingesetzt und genießt eine den Richtern ähnliche Unabhängigkeit (Art. 114 der „TRNZ-Verfassung" von 1985).

Die Republik Zypern ist in sechs administrative Distrikte aufgeteilt, von denen jeder einem Distrikt-Vorsteher als örtlichem Vertreter der Zentralregierung untersteht. Der Distrikt-Vorsteher ähnelt dem Präfekten in Frankreich bzw. dem Vorsteher im *Nomos* [Bezirk] Griechenlands. Die dreistufige Lokalverwaltung – mit den Gemeinderäten an der Spitze, den „Verbesserungs"-Organen in der Mitte und den Dorf-Kommissionen, bestehend aus dem Dorfältesten (*Muhtar*) und dem Ältestenrat (*Aza*), an der Basis – kann innerhalb der in ihre jeweilige Autorität fallenden Sachbereiche selbständig arbeiten und entscheiden. Die Mitglieder dieser Verwaltungsgremien werden in allgemeiner Wahl von den wahlberechtigten Bürgern ab dem 18. Lebensjahr bestellt.

In der „TRNZ" liegt die örtliche Verwaltung in der Zuständigkeit der 26 Gemeinden und der 186 Dörfer. Nordzypern ist in drei Verwaltungsdistrikte eingeteilt: Lefkoşa/Nikosia (Nord), Girne/Kyrenia und Gazimağusa/Famagusta. Die

Stadtgemeinden werden von Räten und Bürgermeistern verwaltet, die alle vier Jahre gewählt werden müssen und parteipolitisch eine ähnlich hohe Bedeutung haben wie die Wahlen zur zyperntürkischen „Versammlung der Republik". Jedes Dorf hat darüber hinaus einen wählbaren Vorsitzenden (*Muhtar*) mit vier ebenfalls wählbaren Beisitzern, die zusammen den Dorfrat bilden. Ein Distriktbeamter (*Kaymakam*), der dem Innenministerium untersteht, und der Abgeordnete des Wahlkreises sorgen für die Verbindungen zur Zentralregierung, die den größten Teil der Finanzen besorgt.

2. Legislative

Die Legislative[21]), das Repräsentantenhaus (Art. 61–85) der Republik Zypern, setzt sich heute aus 80 Mitgliedern zusammen. Die Verfassung von 1960 sah noch 50 Abgeordnete vor, von denen (im Verhältnis sieben zu drei) 35 von der griechischen und 15 von der türkischen Volksgruppe zu wählen waren (Art. 62 II). Der Parlamentspräsident mußte ein Zyperngrieche und der Vizepräsident ein Zyperntürke sein (Art. 72). Das Proporz-System galt ebenso für die Bildung der Ausschüsse. 1985 wurde die Erhöhung auf 80 Abgeordnete beschlossen, von denen 56 für die zyperngriechische Volksgruppe vorgesehen sind und 24 für die zyperntürkische Seite reserviert bleiben. Seit 1964 werden allerdings die für die türkischen Zyprer vorgesehenen Parlamentsmandate nicht mehr wahrgenommen[22]).

Die Mitglieder des Repräsentantenhauses werden in allgemeiner Wahl auf fünf Jahre gewählt. Die Wählbarkeit verlangt ein Mindestalter von 21 Jahren. Die Verfassung von 1960 sieht vor, daß beide Volksgruppen am selben Tag ihre Vertreter für die Legislative zu bestimmen haben. Die Legislaturperiode beträgt fünf Jahre (Art. 65), wobei allerdings im Gegensatz zu der US-amerikanischen Verfassung ein Selbstauflösungsrecht der Legislative vorgesehen ist. Dazu ist eine absolute Mehrheit erforderlich, der ein Drittel der von den Zyperntürken gewählten Repräsentanten angehören müssen. Der Auflösungsbeschluß muß ein Datum für die Neuwahlen enthalten, die nicht früher als 30 und nicht später als 40 Tage nach der Selbstauflösung zu erfolgen haben (Art. 67)[23]). Vor Aufnahme ihrer Amtspflichten müssen die Abgeordneten ein Gelöbnis auf die Verfassung ablegen (Art. 69).

Die legislative Gewalt liegt beim Repräsentantenhaus. Nach der Verfassung (Art. 61) sind allerdings bestimmte Rechte (wie Religion, Bildung, Kultur und Erziehung, Personenstand, Gerichtsbarkeit in Fragen der Religion und des Personen-

---

[21]) Zur Unterscheidung von „Legislative" und „Parlament" vgl. Steffani, W.: Semi-Präsidentialismus: ein eigenständiger Systemtyp?, in: Zeitschrift für Parlamentsfragen. 4 (1995), S. 621–641, bes. 632 ff.

[22]) Den Minderheiten der Maroniten, Armenier und Lateiner ist in der Verfassung der Republik Zypern das Recht zur Wahl eigener Repräsentanten zuerkannt worden: Sie nehmen an Parlamentssitzungen allerdings ohne Stimmrecht teil und können in Minderheitenfragen lediglich beratend mitwirken.

[23]) Die neugewählte Legislative muß spätestens 15 Tage nach der Neuwahl zusammentreten (Art. 67 II).

standes sowie der Genossenschaften und der Kreditanstalten) den zyperngriechischen bzw. zyperntürkischen Volksgruppenkammern vorbehalten. Dies ist – wie erwähnt – im Jahre 1965 insofern modifiziert worden, als damals ein Erziehungsministerium geschaffen wurde, nachdem die Volksgruppenkammern 1964 vom zyperngriechisch beherrschten Parlament aufgelöst wurden. Gesetze werden mit einfacher Mehrheit beschlossen (Art. 78 I). Bei Wahlrechtsänderungen, Steueränderungen und bei Bestimmungen bezüglich der Volksgruppen sind jedoch einfache Mehrheiten der abstimmenden Abgeordneten beider Volksgruppen erforderlich (doppelte Mehrheiten nach Art. 78 II). Diese Bestimmung hat bereits vor 1963 zwischen beiden Volksgruppen zu ernsthaften Konflikten geführt, so daß die Zyperngriechen unter Makarios schließlich die Verfassungsänderungen einleiteten, welche den Auszug der Zyperntürken aus dem Repräsentantenhaus zur Folge hatten[24].

Die Kontrollbefugnisse der Legislative erscheinen als eingeschränkt: Bei der Bildung der Regierung spielt die Legislative keine unmittelbare Rolle. Die Maßnahmen des Regierungschefs bedürfen keiner Gegenzeichnung durch einen (parlamentsabhängigen) Minister. Theoretisch könnte der Staatspräsident demnach seine Minister ohne Berücksichtigung der politischen Zusammensetzung des Repräsentantenhauses ernennen und sie so lange wie er will im Amt halten. Unter diesen Umständen würde er allerdings riskieren, daß die vom Ministerrat eingebrachten Gesetzesvorlagen keine Chance hätten, auch verabschiedet zu werden. Die legislativen Kompetenzen, insbesondere das Haushaltsrecht, sichern dem Repräsentantenhaus also dessen faktisches Kontrollrecht über die Exekutive zu. Dies wird noch dadurch verstärkt, daß das Repräsentantenhaus gegenüber dem Präsidenten bzw. dem Vizepräsidenten ein Klageverfahren wegen Hochverrats einleiten kann.

Sitzungen des Repräsentantenhauses finden während der Sitzungsperiode (September bis Juli) einmal pro Woche statt, meistens am Donnerstag. Die Legislative ist beschlußfähig, wenn mindestens ein Drittel der Repräsentanten anwesend ist (Art. 77 I). Die Standard-Tagesordnung sieht üblicherweise folgende Punkte vor: Gesetzgebung, Einbringung von Gesetzesvorlagen, Anfragen und deren Beantwortung sowie von Abgeordneten eingebrachte Themen. Die Tagesordnung muß den Abgeordneten spätestens 24 Stunden vor der Sitzung zugehen.

Ständige Ausschüsse werden vom Repräsentantenhaus entsprechend dem jeweiligen Zuständigkeitsbereich der Ministerien gebildet. Die Einsetzung der Ausschüsse obliegt einem Auswahlausschuß (*Committee of Selection*), dem der Parlamentspräsident vorsitzt und in dem der Vizepräsident der Legislative sowie weitere acht Abgeordnete anwesend sein sollen (Art. 73 II). Die politische Zusammensetzung der Ausschüsse folgt der des Plenums.

Während die Verfassung der Republik Zypern bei der Aufführung der Staatsorgane den Präsidenten und dessen Regierung dem Repräsentantenhaus voranstellt

---

[24] Die zyperngriechische Seite hat u.a. kritisiert, daß die zyperntürkischen Abgeordneten am 18. Dezember 1961 gegen ein Gesetz zur Einführung der direkten Besteuerung votiert hatten, wodurch die Republik bis zum Jahr 1966 ohne einheitliche Steuergesetzgebung geblieben ist.

(Teil III der Verfassung von 1960: „The President of the Republic, the Vice-President of the Republic and the Council of Ministers"; Teil IV: „The House of Representatives"), geht die „TRNZ-Verfassung" von 1985 umgekehrt vor (Teil III der „Verfassung": „The Legislature"; Teil IV: „The Executive", unterteilt in Kapitel I: „President of the Republic" und Kapitel II: „Council of Ministers").

Der „Versammlung der Republik" (*Assembly of the Republic*) (Art. 77) gehören 50 Abgeordnete an. Mit der absoluten Mehrheit seiner Mitglieder kann sich das Parlament selbst auflösen. Im Falle des Nichtzustandekommens einer Regierung oder eines Regierungssturzes steht das Auflösungsrecht auch dem „Staatspräsidenten" zu. Die Versammlung verfügt über die üblichen parlamentarischen Gesetzgebungs- und Kontrollbefugnisse (Art. 89–95).

Die Abgeordneten der „TRNZ" müssen vor Aufnahme ihrer Parlamentstätigkeit einen Eid ablegen (Art. 82). Ihnen steht das Recht der freien Rede und Abstimmung zu. Die Abgeordneten erhalten ein monatliches Entgelt, das dem des höchstbezahlten öffentlichen Bediensteten (*the highest ranking public officer*) gleich zu sein hat (Art. 87).

III. Wahlen und Wahlverhalten

Nach der Verfassung von 1960 sollen der zyperngriechische Präsident und der zyperntürkische Vizepräsident in getrennten Wahlgängen am selben Tag in direkter und geheimer Wahl bestimmt werden. Gibt es mehrere Kandidaten und hat keiner von ihnen die absolute Mehrheit der abgegebenen gültigen Stimmen erreicht, findet eine Woche später eine Stichwahl statt. Seit 1963 steht nur noch das Amt des Präsidenten zur Wahl.

Bei den Wahlen zum Repräsentantenhaus kommt in der Republik Zypern gegenwärtig ein sogenanntes „verstärktes" Verhältniswahlrecht zur Anwendung. Dieses unterscheidet sich vom einfachen Verhältniswahlrecht dadurch, daß es die stärkeren Parteien zusätzlich bei der Verteilung von Parlamentssitzen begünstigt. Ziel dieses Wahlverfahrens ist es, zur Bildung stabiler Mehrheiten beizutragen, um so die Handlungsfähigkeit der Regierung zu stärken. Im Falle der Republik Zypern ist jedoch daran zu erinnern, daß der Ministerrat als Regierung nicht der Bestätigung durch das Repräsentantenhaus bedarf, sondern allein vom Staatspräsidenten ernannt wird und nur von ihm abhängt. Das Wahlverfahren in der Republik Zypern ähnelt generell stark den wahlgesetzlichen Regelungen, die in Griechenland zur Anwendung kommen[25]. Allerdings haben die jüngst vorgenommenen Änderungen im Wahlgesetz – die bisher geltende Sperrklausel für den Einzug einer Partei in das Repräsentantenhaus wurde von fünf auf 1,8 Prozent herabgesetzt – die erfolgreiche Gründung neuer Kleinparteien begünstigt.

Die Anzahl der Mandate, die in einem Wahlkreis errungen werden können, ist

---

[25] Zum „verstärkten" Verhältniswahlrecht und dessen Folgen in Griechenland vgl. Axt, H.-J.: Die PASOK. Aufstieg und Wandel des verspäteten Sozialismus in Griechenland. Bonn 1985, S. 105–108.

durch Gesetz festgelegt. Danach ergibt sich für die zyperngriechische Volksgruppe in den einzelnen Distrikten folgende Verteilung: Nikosia 21, Limassol 12, Famagusta 11, Larnaka 5, Pafos 4 und Kyrenia 3 Sitze. Jeder Wähler kann entweder eine Partei oder einen unabhängigen Kandidaten wählen. Er hat allerdings nicht wie in Griechenland die Möglichkeit, Kandidaten verschiedener Parteien zu wählen[26]. Die Verteilung der gewonnenen Parlamentssitze erfolgt nach der Stärke der Parteien. Die Wahlforschung in der Republik Zypern ist bislang wenig ausgebaut[27].

Auch in der „TRNZ" werden sowohl das „Staatsoberhaupt" wie die „Parlamentsabgeordneten" direkt gewählt. Im Gegensatz zur Republik Zypern ist hier jedoch die Regierung an das Vertrauen des „Parlaments" gebunden. Im Falle einer Vakanz im „Parlament" finden Nachwahlen statt. Diese sollen alljährlich an einem bestimmten Tag durchgeführt werden, es sei denn, die Zeit bis zur nächsten allgemeinen Wahl beträgt nur noch ein Jahr (Art. 79 IV der „TRNZ-Verfassung" von 1985). Es existiert eine 8% Sperrklausel für den Einzug von politischen Parteien in das „Parlament".

Wie das „Parlament", so wird auch der „Präsident" grundsätzlich für eine fünfjährige Amtszeit gewählt. Erhält im ersten Wahlgang kein Präsidentschafts-Kandidat die absolute Mehrheit der gültigen Stimmen, findet eine Stichwahl zwischen den zwei Bewerbern mit der höchsten Stimmzahl des ersten Wahlgangs statt. Hierbei entscheidet dann die relative Mehrheit. „Parlamentswahlen" werden dagegen grundsätzlich nach dem Verhältniswahlrecht über Parteilisten abgehalten, wie dies in Belgien und Luxemburg zur Anwendung kommt[28]. Allerdings kann das Wahlgesetz jederzeit vom Gesetzgeber verändert werden (vgl. dazu auch das Kapitel „Wahlergebnisse" im Dokumentarischen Anhang dieses Handbuchs).

IV. Parteien

1. Besonderheiten des Parteiensystems

Charakteristisch für die zyperngriechische Parteienlandschaft ist deren relative Stabilität. Die Spaltung der Wähler in ein (fast) gleich starkes konservativ und kommunistisch orientiertes Lager hat eine lange Tradition und besteht bis heute. Daneben existieren kleinere Parteien, die meist am Vorabend von Wahlen von prominenten Persönlichkeiten gegründet werden und ebenso schnell nach den Wahlen wieder verschwinden. Typisch ist auch die Konzentration parteipolitischer Entscheidungen auf die Parteivorsitzenden und einige prominente Mitglieder. Zy-

---

[26] In Griechenland kann der Wähler mit den sogenannten Präferenzkreuzen („Stavrodotisi") einzelnen Politikern, u. U. auch abweichend von der Reihenfolge auf der Parteiliste, seine Zustimmung geben.

[27] Jedoch liegt mittlerweile eine Untersuchung zur Bürgermeisterwahl in Nikosia vor. Vgl. Christoforou, Ch.: I Machi Tis Levkosias. Kritiki-Epistimoniki Analysi Tis Eklogis Dimarchou Sti Levkosia To 1991 [Der Kampf um Nikosia. Kritisch-wissenschaftliche Analyse der Bürgermeisterwahlen in Nikosia 1991]. Nikosia 1992.

[28] Zu den Einzelheiten vgl. Warner, J.: Political Choice: Parliamentary and Presidential Elections, in: Dodd, Northern Cyprus (Anm. 15), S. 193–217.

perngriechische Wähler geben ihre Stimme am liebsten einer bekannten politischen Persönlichkeit und nicht einem Parteiprogramm. Die Haltung einer Partei bzw. ihres Vorsitzenden zur Zypernfrage stellt dabei das vorrangige Wahlkriterium dar.

Auch bei den zyperntürkischen Parteien ist die nationale Existenzfrage ständiges Wahlkampfthema, wobei die Teilung der Insel von allen Parteien heute mehr oder weniger akzeptiert wird. Charakteristisch ist auch, daß die verschiedenen Oppositionsparteien im Vorfeld von Parlaments- und Präsidentschaftswahlen ungeachtet ideologisch-politischer Schranken häufig wechselnde Bündnisse eingehen. Sie haben vor allem das Ziel, die politische Vormachtstellung der langjährigen Regierungspartei UBP zu beenden. Daran wird nicht nur der Mangel an einer eindeutigen ideologisch-politischen Orientierung deutlich, sondern die ständig wechselnden Koalitionen vereiteln auch jede verläßliche Aussage im Hinblick auf die den Parteien nahestehenden Interessenverbände, die genauso oft, jedoch unabhängig von den Parteien, ihre politischen Sympathien ändern. Trotz wechselnder Parteiformationen und wenig ausgeprägter Profilierung der einzelnen politischen Kräfte hat sich das politische System in der „TRNZ" als relativ stabil erwiesen.

2. Zyperngriechische Parteien

Von 1960 bis 1991 haben in der Republik Zypern insgesamt sechs Wahlen zur Legislative stattgefunden. Siebenmal wurde bisher ein Staatspräsident gewählt. Von 1959 bis 1977 war dieses Erzbischof Makarios, danach ging dieses Amt an Spyros Kyprianou (DIKO-Partei) über, bevor 1988 der parteilose Georgios Vasileiou und anschließend im Jahr 1993 Glafkos Kliridis, der Vorsitzende der DISY, Staatspräsident wurde. Die Ergebnisse zu den Legislativ- und Präsidentschaftswahlen können im einzelnen dem „Dokumentarischen Anhang" entnommen werden[29]).

a) Aufbaupartei des Werktätigen Volkes (AKEL)
– Programmatik
Die kommunistische AKEL (*Anorthotiko Komma Ergazomenou Laou*) wurde am 14. April 1941 in Limassol gegründet. Ihre Vorläuferin war die 1926 entstandene KKK (*Kommounistiko Komma Kyprou*=Kommunistische Partei Zyperns). Die Programmatik der AKEL war ebenso antibritisch wie antikolonialistisch. Sie setzte sich seit 1952 für eine Union Zyperns mit Griechenland unter demokratischen Bedingungen ein. Die zyperngriechischen Kommunisten traten für eine Zu-

---

[29]) Ergebnisse der Kommunalwahlen sind in landesweiter Aufbereitung nicht verfügbar. Lediglich Daten zu den einzelnen Wahlkreisen liegen vor. Diese können wegen des Umfangs hier nicht wiedergegeben werden. Zu den Kommunalwahlen werden vom zentralen Wahldienst der Republik Zypern umfangreiche Ergebnisbände herausgegeben. Zum zyperngriechischer Parteiensystem nach 1974 vgl. auch die M.A.-Arbeit von Papaioannou, J.A.: Politics in Cyprus Between 1960 and 1981. Nikosia 1984 (= University of Florida 1983).

sammenarbeit mit den linksorientierten Kräften der zyperntürkischen Gemeinschaft ein und unterhielten gute Kontakte zur Kommunistischen Partei Griechenlands (*Kommounistiko Komma Ellados* = KKE). Seit 1960 unterstützte die AKEL Staatspräsident Makarios, lehnte jedoch die Abkommen von Zürich und London ab, weil sie einer Realisierung der *Enosis* entgegenstanden. Die zyperngriechischen Kommunisten waren für die Auflösung der britischen Militärbasen und gegen jede Einmischung von seiten der USA und der NATO in die inneren Angelegenheiten Zyperns. Die AKEL bemühte sich um die volle Souveränität, Unabhängigkeit und Blockfreiheit der Insel und war eine entschiedene Gegnerin der griechischen Militärdiktatur. Außenpolitisch folgte sie strikt den Richtlinien der ehemaligen Sowjetunion. Innenpolitisch versuchte sie sich dagegen ein patriotisches Image zu geben[30]). Die politische und institutionelle Konsolidierung der Kommunisten in der post-kolonialen Ära fand vor allem vor dem Hintergrund der andauernden politischen Zypernkrisen statt. Bis heute ist die AKEL auch die Partei, die sich am wenigsten einer nationalistischen Rhetorik bedient. Da sie sich an der Regierung beteiligen möchte, muß sie sich deren zypernpolitischen Richtlinien bis zu einem gewissen Maß unterordnen, so daß sie heute nur wenige Anhänger in der zyperntürkischen Gemeinschaft findet. Innenpolitisch gibt sie das Bild einer fest etablierten, staatstragenden Partei ab. Nach der *Perestroika* von Michail Gorbatschow hatten Zyperns Kommunisten zwar erhebliche ideologische Schwierigkeiten mit der Anpassung an den neuen sowjetischen Kurs, doch diese scheinen sie mittlerweile genauso überwunden zu haben wie die fehlende innerparteiliche Demokratie. Obwohl sich die AKEL ideologisch noch immer am Sozialismus/Kommunismus orientiert und enge Beziehungen zu den kommunistischen Parteien Europas wie des Nahen und Mittleren Ostens unterhält, entspricht ihr politisches Handeln eher dem einer sozialdemokratischen Partei. Mittlerweile tendiert die AKEL zur Europäische Union (EU), weil sie sich von der Mitgliedschaft Zyperns eine Lösung des Zypernproblems verspricht.

– Organisation

Die AKEL gehört hinsichtlich Parteiaufbau, lokaler Vertretung, Apparat und Mitgliederstruktur zu den am besten organisierten und einflußreichsten politischen Kräften der Insel. Generalsekretär ist seit dem Tod von Ezekias Papaioannou (1988), der rund 45 Jahre die Partei angeführt hatte, Dimitrios Christofias, der in zunehmendem Maße eine charismatische Ausstrahlung entwickelt hat. Der alle vier Jahre zusammentretende Parteitag setzt sich aus 800–1 500 Delegierten zusammen und wählt den Generalsekretär (*Genikos Grammateas*), seinen Stellvertreter sowie die 100 Mitglieder des Zentralkomitees (*Kentriki Epitropi*). Vom ZK wird das 15-köpfige Politbüro (*Politiko Grafeio*) – das höchste politische Führungsgremium – und das zahlenmäßig genauso starke Generalsekretariat (*Grammateia tis Kentrikis Epitropis*) ernannt. Auf kommunaler Ebene bestehen außerdem zahlreiche themenorientierte Ausschüsse und Berufsverbände.

---

[30]) Vgl. AKEL: I Diki Mas Antilipsi Gia To Sosialismo [Unsere Auffassung zum Sozialismus]. Nikosia (o.J.) und Adams, T.W.: AKEL: The Communist Party of Cyprus. Stanford 1971.

– Sozialstruktur und Wählerpotential

Ihr Wählerpotential bezieht die AKEL aus allen Schichten der zyperngriechischen Gesellschaft. Genaue Statistiken fehlen jedoch ebenso wie zuverlässige Angaben über die Zahl der Parteimitglieder, die bei rund 15 000 liegen dürfte[31]).

– Nahestehende Interessenverbände

Ihren gesellschaftlichen Einfluß bezieht die AKEL vor allem über den linksgerichteten Gewerkschaftsbund PEO (*Pankypria Ergatiki Omospondia* = Panzyprische Föderation der Arbeit). Daneben sind der AKEL folgende wichtige Organisationen angegliedert: EKA (*Enosis Kyprion Agroton* = Verband der Zyprischen Bauern), EDON (*Eniaia Dimokratiki Organosis Neolaias* = Vereinigte Demokratische Jugendorganisation), PEOM (*Pankypriaki Eniaia Organosis Mathiton* = Panzyprische Vereinigte Schülerorganisation) und POGO (*Pankyprios Omospondia Gynaikeion Organoseon* = Panzyprische Vereinigung der Frauenorganisationen)[32]- AKEL: Katastatiko [Satzung], Nikosia (o. J.).).

– Wahlergebnisse

Am 13. Dezember 1959 wurde Erzbischof Makarios von über 66% der stimmberechtigten griechischen Zyprer zum Präsidenten der zukünftigen Republik gewählt. Die AKEL hatte den Gegenkandidaten, John Klerides, unterstützt. Bei den Parlamentswahlen von 1960 zog es die AKEL jedoch vor, sich in die Patriotische Front (*Patriotiko Metopo*), einen lose organisierten Zusammenschluß aller Makarios-treuen Kräfte, einzugliedern. Die AKEL errang bei einem Stimmenanteil von 35% lediglich sieben Sitze in der Legislative. Bis 1974 war die AKEL die einzige Partei, die keine paramilitärische Einheit aufgestellt oder gewaltsame Mittel eingesetzt hatte. Obwohl sie Makarios bis zuletzt unterstützt hatte, bot der Erzbischof ihr zu keiner Zeit einen einflußreichen Ministerposten an. Gleichwohl verfolgte die Partei ihren moderaten Kurs weiter. Sie wollte unter keinen Umständen wieder im Untergrund arbeiten müssen. Obwohl die Kommunisten über die effizienteste Parteiorganisation in Zypern verfügten, blieben sie wohl deshalb eher am Rande des politischen Geschehens. Mit den Stimmen der AKEL wurde Erzbischof Makarios 1968 mit 95,5% der abgegebenen Stimmen wiedergewählt. 1970 wurden die zweiten, wegen der innenpolitischen Krisen immer wieder verzögerten Legislativwahlen abgehalten. Der Stimmenanteil der AKEL von 34% (neun Sitze) zeigte, daß die Wähler in politisch unruhigen Zeiten die pazifistische Haltung der Kommunisten und deren politische Treue zu Makarios durchaus schätzten. Bei den ersten Parlamentswahlen nach der türkischen Invasion 1976 führten AKEL, EDEK und Demokratische Front unter Leitung des ehemaligen Außenministers Spyros Kyprianou ihren Wahlkampf gemeinsam. Die Wahl bestätigte die Politik des Makarios-treuen Lagers. Die AKEL errang neun Sitze und bildete zusammen mit EDEK und Demokratischer Front die sogenannte Volksfront-Regierung (*Dimokratiki Parataxi*). Aus den Parlamentswahlen vom Mai

---

[31]) Interview mit Demetrios Christofias vom 08.08.1993.
[32]) AKEL: Katastatiko [Satzung], Nikosia (o. J.).

1981 gingen die Kommunisten mit 32,8% (12 Sitze) als eindeutige Sieger hervor. Präsident Spyros Kyprianou sollte ihnen eine Regierungsbeteiligung jedoch erst 1982 im Vorfeld zu den Präsidentschaftswahlen in Aussicht stellen, denn Kyprianou war auf die Stimmen der AKEL angewiesen, wollte er wiedergewählt werden. Im Mai 1982 verabschiedeten AKEL und DIKO ein Minimalprogramm für ihre politische Zusammenarbeit, und 1983 rief die Partei ihre Mitglieder zur Wahl Kyprianous auf. Im Dezember 1984 kündigte Kyprianou nach seiner Wiederwahl das politische Bündnis mit der AKEL allerdings wieder auf und verwarf das ohnehin nur auf dem Papier bestehende Minimalprogramm. Ein Jahr später forderten AKEL und DISY den Rücktritt Kyprianous. Am 02. November 1985 lösten daraufhin nach monatelangen innenpolitischen Auseinandersetzungen die Abgeordneten einstimmig die Legislative auf. Bei den Neuwahlen von 1985 erlitten die Kommunisten eine empfindliche Niederlage. Mit nur 27,4% der Stimmen (15 Sitze) fielen sie auf den dritten Platz im zyperngriechischen Parteienspektrum zurück. Die Koalition mit der von der AKEL sonst als „faschistisch" bezeichneten DISY hatten ihr zahlreiche Wähler nicht verziehen. Im Mai 1986 kam es auf Zypern zu den ersten Kommunalwahlen seit 1953. Dabei gelang es den Kommunisten, in neun von 18 Städten ihre Kandidaten für das Bürgermeisteramt durchzubringen. Die AKEL sollte damit den Teil ihres „politischen Terrains" wieder zurückgewinnen, den sie in den Wahlen von 1985 verloren hatte. Erst mit der Wahl von Georgios Vasileiou zum Staatspräsidenten, eines unabhängigen Politikers mit „kommunistischer Vergangenheit" – seine Eltern hatten führende Positionen in der AKEL inne –, sollte den Kommunisten eine dauernde Regierungsbeteiligung eingeräumt werden. Bei den Parlamentswahlen von 1991 errang die AKEL 30,6% und zog mit 18 Sitzen als zweitstärkste Partei in die Legislative ein. Bei den Präsidentschaftswahlen vom Februar 1993 unterstützte sie zum zweiten Mal Georgios Vassiliou. Da jedoch Glafkos Kliridis, der „traditionelle Erzfeind" der AKEL, die Wahl gewann, haben die Kommunisten auf Regierungsebene ihren Einfluß wieder einmal verloren.

b) Demokratische Sammlung (DISY)

– Programmatik

Die 1974 gegründete rechts-konservative DISY (*Dimokratikos Synagermos*) ist die Nachfolgerin der 1969 vom derzeitigen Staatspräsidenten Glafkos Kliridis ins Leben gerufenen Vereinigten Partei (*Eniaio Komma tis Ethnikofronou Sympolitevseos* = Vereinigte Partei des Nationalgesinnten Regierungslagers). Die DISY favorisiert in der Innenpolitik die freie Marktwirtschaft und ist eine entschlossene Gegnerin von AKEL und EDEK, zeigt aber sonst nur wenig politisches Profil. Sie ist eher ein Synonym für Glafkos Kliridis. Außenpolitisch vertritt sie einen Europa-, USA- und NATO-freundlichen Kurs. Im Hinblick auf die EU ist sie einerseits zwar für eine Vollmitgliedschaft Zyperns, betont aber andererseits, daß die Verhandlungsbereitschaft der zyperntürkischen Seite dadurch nicht gefährdet werden darf. In der Zypernfrage tritt sie für eine föderative Lösung auf Grundlage des Status quo ein und zeigt sich gegenüber der zyperntürkischen Seite kompromißbereit.

– Organisation

Glafkos Kliridis hat nach Übernahme des Präsidentenamtes den Vorsitz der DISY an seinen Vertrauten Jannakis Matsis abgegeben. Davor waren parteipolitische Macht und Entscheidungsgewalt einseitig auf die Person von Kliridis konzentriert. Da die DISY nur über wenige politisch herausragende Persönlichkeiten verfügt, die der Partei unabhängig von Kliridis ein eigenes politisches Profil geben könnten, wird sie sich vermutlich auch unter Matsis eher im Fahrwasser von Kliridis weiterbewegen. Der alle drei Jahre tagende Panzyprische Parteikongreß (*Pankypriako Synedrio*) ist das höchste Parteiorgan und besteht aus 700 Delegierten. Er legt die politischen Richtlinien der Partei fest, bestätigt den Haushalt und wählt neben dem Parteivorsitzenden seine Stellvertreter, den Generalsekretär, den Sekretär für die allgemeine Organisation (*Genikos Organotikos Grammateas*), die Vorsitzenden der Jugend- und der Berufsorganisationen sowie den Höchsten Rat (*Anotato Symvoulio*). Der Höchste Rat der DISY bestimmt die politischen Initiativen der Partei und kontrolliert deren Ausführung in den einzelnen Unterorganisationen. Ihm gehören insgesamt 400 Personen an: die Mitglieder des Politischen Ausschusses und der kommunalen Exekutiv-Sekretariate, 130 Delegierte verschiedener kommunaler Organisationen, zehn Vetreter von Zweigorganisationen im Ausland, DISY-Bürgermeister oder deren Stellvertreter, sechs Repräsentanten konfessioneller Gruppierungen (3 Maroniten, 2 Armenier, 1 Römisch-Katholischer) und die Vorsitzenden der Berufsverbände[33]).

– Sozialstruktur und Wählerpotential

Nach eigenen Angaben hat die DISY 15 655 Mitglieder. Die Partei vertritt die Interessen der urbanen Mittel- und Oberschichten, die seit Gründung der Republik vom zyperngriechischen „Wirtschaftswunder" profitierten. In diesem Sinne vereinigte sie die Mehrheit der Makarios-treuen, nationalen Kräfte des konservativen Spektrums. Außerdem wurde sie, mittlerweile in DISY umbenannt, 1974/75 zur neuen politischen Heimat der sich auflösenden rechtsextremistischen Gruppierungen.

– Nahestehende Interessenverbände

Die DISY unterhält vor allem gute Kontakte zu dem konservativen Gewerkschaftsverband SEK, zum Arbeitgeberverband OEB und der *Nea Dimokratia* in Griechenland. Darüber hinaus stehen der DISY nach eigenen Angaben verschiedene konservative Bauern-, Frauen-, Jugend- und Studentenorganisationen nahe[34]).

– Wahlergebnisse

Bei den Parlamentswahlen von 1970 errang die Vereinigte Partei von Glafkos Kliridis 15 Sitze und bildete die stärkste Partei im Repräsentantenhaus. Bis 1973 hatte sie den politischen Kurs von Erzbischof Makarios unterstützt. Nach dem Putsch von 1974 übernahm Kliridis die Regierungsgeschäfte, denn ihm fiel als Prä-

---

[33]) DISY: Katastatiko [Satzung]. Nikosia 1993.
[34]) Interview mit Glafkos Kliridis vom 02.04.1990.

sidenten der Legislative in Abwesenheit des Präsidenten dessen Amt verfassungsmäßig zu (Art. 36 II). Er ernannte einen neuen Ministerrat, der sich ausschließlich aus seinen Parteimitgliedern zusammensetzte. Er selbst übernahm die Innen- und Außenministerien und versuchte auf diese Weise, seinen politischen Einfluß in Abwesenheit von Makarios auszubauen. Am 8. Dezember 1974 nahm Makarios seine Amtsgeschäfte in Zypern wieder auf. Ein Jahr später kam es zum endgültigen Bruch mit dem Präsidenten, nachdem Einzelheiten über ein Geheimabkommen zwischen Kliridis und Denktaş, das angeblich zyperngriechische Bedingungen für eine föderative Lösung enthielt, an die Öffentlichkeit gekommen waren. Bei den Wahlen 1976 konnte die DISY wegen des Mehrheitswahlrechtes trotz eines Stimmenanteils von 27,6% keinen Sitz in der Legislative erringen. Bei den Parlamentswahlen vom Mai 1981 erhielt sie 31,9% und bildete neben der AKEL mit 11 Sitzen die stärkste Fraktion. Bei den Parlamentswahlen von 1985 versuchte die DISY, gemeinsam mit der AKEL Druck auf Kyprianou auszuüben, sich in der Zypernfrage kompromißbereiter zu zeigen oder zurückzutreten. Die DISY zog mit 33,6% und 19 Sitzen als stärkste Partei in die Legislative ein. Bei den Parlamentswahlen von 1991 errang die DISY 35,8% und 20 Sitze. Mit der Wahl ihres Vorsitzenden zum Präsidenten der Republik hat sich ihr Einfluß auch auf Regierungsebene gefestigt, wobei es bis heute weder innenpolitisch noch in der Zypernfrage zu spektakulären politischen Veränderungen gekommen ist.

c) Vereinigte Demokratische Zentrumsunion/Sozialistische Partei (EDEK)

– Programmatik

Die antikommunistische, extrem nationalistische und zugleich sozialistische EDEK (*Eniaia Dimokratiki Enosis Kentrou* = Vereinigte Demokratische Zentrumsunion), die sich seit 1974 *Sosialistiko Komma* nennt, wurde 1969 vom Komitee zur Wiederherstellung der Demokratie in Griechenland unter Vorsitz von Vassos Lyssaridis (Lyssarides), dem Leibarzt und engen Vertrauten von Makarios gegründet, der sie bis heute auch anführt. Die EDEK setzt sich für eine Nationalisierung der Banken und der großen in- wie ausländischen Wirtschaftsunternehmen sowie für Reformen im sozialen und medizinischen Bereich ein. Sie ist uneingeschränkt für eine EU-Mitgliedschaft Zyperns, wobei jedoch ihre traditionell engen Beziehungen zu den blockfreien Staaten außenpolitische Priorität genießen. Die EDEK gehörte zu den schärfsten Kritikern der Athener Obristen – die von der Partei aufgestellte Kampftruppe leistete während des Putsches den Makarios-Gegnern erbitterten Widerstand. Gegenüber der zyperntürkischen Seite vertritt sie eine harte Linie: Sie lehnt Verhandlungen mit der Türkei strikt ab und ist gegen jede Lösung, die nicht die Rückkehr sämtlicher zyperngriechischer Flüchtlinge, die Rücksendung aller anatolischen Siedler sowie den Abzug der türkischen Truppen vor Beginn von Verhandlungen umfaßt. Ideologisch sieht sie sich zwar mit dem Sozialismus verbunden; in der politischen Praxis ist sie jedoch die Partei, die sich der extremsten nationalistischen Rhetorik gegenüber der Türkei und den türkischen Zyprern bedient. Die EDEK wird von Intellektuellen aus den urbanen Zentren unterstützt, die eine linksliberale, antikommunistische und nationalistische Haltung vertreten.

– Organisation

Der alle vier Jahre stattfindende Parteitag, der sich aus 800–1000 Delegierten zusammensetzt, wählt alle wichtigen Funktionsträger der Partei und das 50-köpfige Zentralkomitee (*Kentriki Epitropi*). Dieses wählt das zehnköpfige Politbüro (*Politiko Grafeio*), dem die höchsten Funktionäre sowie sechs Repräsentanten der Bezirksorganisationen angehören. Die Entscheidungsgewalt konzentriert sich jedoch auf den *Doktor*, wie Lyssaridis genannt wird.

– Sozialstruktur und Wählerpotential

Nach eigenen Angaben hat die Partei 4000 Mitglieder[35].

Wie bei anderen Parteien auch, können nähere Angaben, insbesondere über die Zusammensetzung der Mitgliedschaft (Männer, Frauen, Berufsqualifikationen, sozialer Status) aufgrund der Materiallage und den von den Parteien zu erhaltenden Informationen nicht gemacht werden.

– Nahestehende Interessenverbände

Die EDEK steht in enger Verbindung mit der griechischen PASOK (*Panellinio Sosialistiko Kinima* = Panhellenische Sozialistische Bewegung), der Jugend- und Studentenorganisation EDEN (*Eniaia Dimokratiki Enosis Neolaias* = Vereinigte Demokratische Jugendunion), die auch in Athen, Patras und Thessaloniki Zweigorganisationen aufgebaut hat, der Sozialistischen Frauenbewegung (*Sosialistiki Gynaikia Kinisi*) und der sozialistischen Gewerkschaft DEOK (*Dimokratiki Ergatiki Omospondia Kyprou* = Demokratische Arbeitervereinigung)[36].

– Wahlergebnisse

In der Regierung Makarios fungierte die EDEK als innenpolitische Stütze zur Festigung der Beziehungen zwischen Zypern und den blockfreien Staaten. Seit 1970 gelingt es ihr, ständig zwischen einem und vier Sitzen bei Parlamentswahlen zu erringen. Eine Ausnahme bildeten die Wahlen von 1991, wo sie 10,9% der Stimmen und sieben Sitze gewann. In einer zwischen Konservativen und Kommunisten politisch gespaltenen Parteienlandschaft bleibt sie jedoch eine kleine Partei. Bei den Präsidentschaftswahlen 1988 kandidierte Lyssaridis selbst, schied mit 9,2% der Stimmen jedoch schon im ersten Wahlgang aus. Schlagzeilen machte die EDEK dann im Verlauf der Präsidentschaftswahlen 1993. Nachdem ihr im letzten Moment zusammen mit der DIKO nominierter Kandidat, Paschalis Paschalidis, mit nur 18,6% in der ersten Runde ausschied, wurde der „verhaßte" Kliridis im zweiten Wahlgang auch mit den Stimmen der EDEK-Wähler zum Präsidenten gewählt. Vasileiou hatte sich nach Meinung der EDEK in der Zypernfrage zu kompromißbereit gezeigt.

---

[35] EDEK: Katastatiko [Satzung]. Nikosia o.J.
[36] Interview mit Vassos Lyssaridis vom 11.08.1993.

d) Demokratische Partei (DIKO)

– Programmatik

Die konservative DIKO (*Dimokratiko Komma*) wurde im Mai 1976 mit Unterstützung von Makarios gegründet, der seinen ehemaligen Außenminister Spyros Kyprianou zum Vorsitzenden machte. Dieses Parteiamt hat er bis heute inne. Kyprianou war auch von 1977 bis 1988 Präsident der Republik Zypern. Die DIKO vertrat die Politik von Makarios, und Kyprianou blieb mit Unterstützung der AKEL auch nach dem Tod des Erzbischofs im Präsidentenamt. Nach eigenen Angaben ist sie eine „Partei der Mitte", ein ideologisches Konzept fehlt ihr vollkommen. Außenpolitisch steht die DIKO einer EU-Mitgliedschaft Zyperns positiv gegenüber, denn im Rahmen ihrer langjährigen Internationalisierungsstrategie zur Lösung der Zypernfrage sollen die zyperntürkische Seite und die Türkei vor allem durch externen Druck zu Konzessionen bewegt werden. Zusammen mit der EDEK bildet sie die Front der sogenannten „Verweigerungsparteien", die jegliche Verhandlungen mit der Türkei vor Abzug der Besatzungstruppen ablehnen. Da sie innenpolitisch so gut wie kein Profil hat, lebt sie allein vom schwindenden Ansehen ihres Parteivorsitzenden Kyprianou.

– Organisation

Auch die DIKO ist eine „Ein-Mann-Partei", denn praktisch alle wichtigen politischen Entscheidungen werden von Kyprianou getroffen. Der Panzyprische Kongress (*Pankypriako Synedrio*), der alle drei Jahre zusammentritt und aus 1650 Delegierten besteht, ist das höchste Parteiorgan. Er wählt alle Parteifunktionäre. Das formal zweithöchste Parteiorgan ist das Zentralkomitee (*Kentriki Epitropi*), dem 47 Delegierte kommunaler Organisationen, je sieben Repräsentanten der Jugend- und Frauenorganisationen, ein Vertreter der Zweigorganisation in Großbritannien, zwei Delegierte der Studentenorganisation, die Mitglieder des Politischen Ausschusses (*Politiki Epitropi*) und verschiedene ex-officio-Mitglieder angehören. Das Zentralkomitee bestimmt das 14-köpfige Exekutivkomitee, dem die vom Panzyprischen Kongress direkt gewählten Personen automatisch angehören, und den politischen Ausschuß, dessen 18 Mitglieder die verschiedenen Parteiorganisationen auf allen Ebenen repräsentieren. Einer seiner wichtigsten Aufgabenbereiche ist die Information der Parteimitglieder im Hinblick auf Entwicklungen in der Zypernfrage[37].

– Sozialstruktur und Wählerpotential

Nach eigenen Angaben hat die Partei 12000 Mitglieder, doch erscheint diese Zahlenangabe stark übertrieben zu sein. Ihr Wählerpotential vertritt eine extrem nationalistische und antisozialistische Haltung[38].

– Nahestehende Interessenverbände

Die DIKO ist mit den Jugend- und Frauenorganisationen NEDIK (*Neolaia tou Dimokratikou Kommatos* = Jugend der Demokratischen Partei) und GODIK (*Gy-

---

[37] DIKO: Katastatiko [Satzung]. Nikosia 1990.
[38] Vgl. DIKO: The Cyprus Question. Nikosia o. J.

Politisches System

naikeia Organosis tou Dimokratikou Kommatos = Frauenorganisation der Demokratischen Partei) und dem konservativen Bauernverband PEK (*Panagrotiki Enosis Kyprou* = Gesamtagrarische Union Zyperns) organisatorisch und ideologisch verbunden.

– Wahlergebnisse

Bei den Legislativwahlen von 1981 errang die DIKO 19,5% (9 Sitze), zog dagegen nach den Wahlen von 1985 mit 27,7% und 16 Sitzen als zweitstärkste Partei ins Repräsentantenhaus ein. Bei den Präsidentschaftswahlen 1988 schied Kyprianou mit 27,3% jedoch bereits in der ersten Runde aus. Die Wahlen von 1991 brachten der DIKO mit 19,6% der Stimmen 11 Sitze. Bei den Präsidentschaftswahlen 1993 unterstützte sie zusammen mit der EDEK Paschalis Paschalidis, beim zweiten Urnengang empfahl Kyprianou seinen Parteianhängern, ihre Stimme Glafkos Kliridis zu geben. Auch bei der DIKO kann das Bündnis mit der DISY in erster Linie als ein Votum gegen Vasileiou gewertet werden, dessen politische Linie gegenüber den türkischen Zyprern und der Türkei ihrer Meinung nach zu kompromißbereit gewesen war.

e) Liberale Partei

– Programmatik

Die Liberale Partei (*Komma ton Phileleftheron*) wurde 1986 von Nikos Rolandis gegründet, nachdem dieser wegen Meinungsverschiedenheiten mit Staatsoberhaupt Kyprianou in der Zypernfrage von seinem Amt als Außenminister zurückgetreten war. Die Partei versteht sich als Vertreterin liberalen Gedankenguts. Aussenpolitisch tritt sie für die EU-Mitgliedschaft ein, in der Zypernfrage fordert sie die Durchsetzung der sogenannten „drei Freiheiten" (Niederlassungs- und Bewegungsfreiheit sowie Recht auf Eigentum), die Zusammenarbeit mit Griechenland und die Fortsetzung des Dialogs zwischen den beiden großen Volksgruppen[39]). Die Partei lebt vor allem von der Persönlichkeit ihres Vorsitzenden, der als einer der wenigen integren und „unverbrauchten" zyprischen Politiker gilt.

– Organisation

Die Partei wird von Rolandis eindeutig dominiert. Er allein entscheidet in der Praxis über den politischen Kurs der Liberalen. Höchstes Organ ist formell auch hier der Panzyprische Kongress (*Pankypriako Synedrio*), der sich aus den Delegierten aller Parteiorganisationen zusammensetzt und alle drei Jahre einberufen wird. Alle wichtigen Parteiämter sowie der höchste Zentralrat (*Anotato Kentriko Symvoulio*) werden dort durch Wahl besetzt. Der Zentralrat wählt das Politbüro (*Politiko Grafeio*), das die Mitglieder des Exekutivbüros (*Ekteiestiko Grafeio*) bestellt.

– Sozialstruktur und Wählerpotential

Nach eigenen Angaben hat die Partei 2793 Mitglieder.

---

[39]) Interview mit Nikos Rolandis vom 22.08.1993.

– Nahestehende Interessenverbände

Der Liberalen Partei angeschlossen sind die Jugend- und Frauenorganisationen NEFIL (*Neolaia ton Phileleftheron*) und *Phileleftheria Poreia* (Der Liberale Weg). Außerdem unterhält die Partei enge Kontakte zu den Freien Demokraten in der Bundesrepublik Deutschland.

– Wahlergebnisse

Die Liberalen stehen eher am Rande des politischen Geschehens in Zypern und gingen bei den Parlamentswahlen von 1991 ein Bündnis mit der DISY ein. Während sie bei den Präsidentschaftswahlen 1988 Vasileiou unterstützt hatten, stimmten sie 1993 auf Empfehlung ihres Vorsitzenden für Kliridis.

f) Demokratisch-Sozialistische Erneuerungsbewegung (ADISOK)

– Programmatik

Die sozialdemokratische ADISOK (*Ananeotiko Dimokratiko Sosialistiko Kinima*) wurde im Juli 1990 von fünf ehemaligen AKEL-Abgeordneten nach deren Parteiaustritt gegründet. Sie hatten den Kommunisten mangelnde innerparteiliche Demokratie und Festhalten an stalinistischer Orthodoxie vorgeworfen. Ihr derzeitiger Vorsitzender ist der Rechtsanwalt Andreas Papapetrou. Die ADISOK versteht sich als eine links-orientierte, nicht-kommunistische Bewegung. Innenpolitisch ist sie gegen die Privatisierung staatlicher Wirtschaftsunternehmen und gegen die ihrer Meinung nach zu hohen Rüstungsausgaben. Außenpolitisch tritt sie für eine EU-Mitgliedschaft der Insel und in der Zypernfrage für eine föderative Lösung im Sinne der zyperngriechischen Gemeinschaft ein.

– Organisation

Der alle drei Jahre tagende Parteikongreß (*Synedrio*) ist formal das höchste Organ. Er wählt den Parteivorsitzenden, den Höchsten Rat (*Anotato Symboulio*) und den Kontrollausschuß (*Epitropi Elenchou*). Daneben bestehen auf kommunaler Ebene verschiedene Unterorganisationen sowie besondere Ausschüsse, die sich mit aktuellen Themen der Innen- und Außenpolitik beschäftigen.

– Sozialstruktur und Wählerpotential

Nach eigenen Angaben hat die Partei 1000 Mitglieder, was jedoch stark überhöht erscheint[40]). Es kann davon ausgegangen werden, daß zur Partei viele von der AKEL enttäuschte links-orientierte Intellektuelle gekommen sind. Es handelt sich ebenfalls um eine kleine „Ein-Mann-Partei", deren Zukunft fraglich erscheint.

– Nahestehende Interessenverbände

Die ADISOK unterhält unregelmäßige Kontakte zu den zyperntürkischen Parteien CTP und YKP. Festere Beziehungen zu Interessenverbänden sind nicht auszumachen.

---

[40]) Interview mit Andreas Papapetrou vom 16.08.1993.

Politisches System 223

– Wahlergebnisse

Bei den Legislativwahlen von 1991 hat die ADISOK mit knapp 2,4% der Stimmen kein Mandat erringen können. Bei den Präsidentschaftswahlen von 1993 hat die Partei – schließlich erfolglos – Vasileiou unterstützt.

3. Die zyperntürkischen Parteien

In der „TRNZ" haben seit 1976 fünf Parlamentswahlen stattgefunden. Die Ergebnisse können dem „Dokumentarischen Anhang" entnommen werden. Dort finden sich auch Angaben zu den Präsidentschaftswahlen seit 1976 und zu den Kommunalwahlen von 1992. Bei den Ergebnissen ist zu berücksichtigen, daß ein Wähler mehrere Stimmen (bis zur Gesamtzahl der Abgeordneten im Distrikt) vergeben kann. So kommt es, daß die Zahl der für eine Partei abgegebenen Stimmen weit über der Zahl der Wahlberechtigten liegen kann.

a) Nationale Einheitspartei (UBP)

– Programmatik

Die nationalkonservative UBP (*Ulusal Birlik Partisi*) wurde 1975 von Rauf Denktaş ins Leben gerufen und ist seit Gründung der „TRNZ" Regierungspartei; Vorsitzender ist seit 1983 Derviş Eroğlu. Die UBP setzt sich für die wirtschaftliche, politische und kulturelle Anbindung Nordzyperns an das türkische „Mutterland" ein und forciert deshalb die Einwanderung anatolischer Siedler. Offiziell schließt sie eine föderative Regelung zur Lösung der Zypernfrage zwar nicht aus, ihre Politik ist de facto jedoch auf den Erhalt des Status quo gerichtet. Die UBP ist entschieden gegen eine EU-Mitgliedschaft Zyperns und kann sich eine solche nur im Falle eines EU-Beitritts der Türkei vorstellen. Die Partei vertritt vor allem die Interessen der konservativen zyperntürkischen Ober- und reicheren Mittelschichten sowie der türkischen Einwanderer, die nach einer Wiedervereinigung der Insel um ihren Wohlstand fürchten müßten. Im Sommer 1993 kam es zum politischen Bruch zwischen Eroğlu und Denktaş. Die Gefolgsleute des letzteren traten aus der UBP aus, und der „Präsident" betonte, daß er im Falle eines Wahlsiegs der Nationalen Einheitspartei von seinem Amt zurücktreten werde[41].

– Nahestehende Interessenverbände

Die UBP unterhält enge Kontakte zu den regierenden Parteien in der Türkei, zu verschiedenen rechtskonservativen, nationalistischen Frauen- und Jugendorganisationen, Veteranenverbänden sowie zu Gewerkschaften und Unternehmerverbänden Nordzyperns.

---

[41] Press- and Information Office (Republic of Cyprus): The Turkish Cypriot Political Parties. Nikosia 1989, S. 66–80, bes. 76. Grafeio Typou kai Pliroforion/Ypourgeio Esoterikon [Presse- und Informationsbüro des Innenministeriums der Republik Zypern] (Hrsg.): Tourkika kai Tourkokypriaka Kommata [Türkische und zyperntürkische Parteien]. Nikosia 1992, S. 4.

– Wahlergebnisse

Am 23. Juni 1976 ging die UBP mit 53,7% als Siegerin aus den „Parlamentswahlen" hervor und bildete mit 30 von 40 Abgeordneten die stärkste Fraktion. Auch bei den „Präsidentschaftswahlen" von 1976 wurde Rauf Denktaş in seinem Amt, diesmal von 76,7% der Zyperntürken, bestätigt. Im Juni 1981 kam es zu den zweiten „Präsidentschaftswahlen" seit Gründung des zyperntürkischen „Föderativstaates". Wiederum wurde Rauf Denktaş in seinem Amt bestätigt. Diesmal fiel allerdings seine Wiederwahl mit 51,7% der abgegebenen Stimmen deutlich knapper aus als 1976, denn er war in Konkurrenz zu vier Gegenkandidaten angetreten. Und einen Monat später bei den „Parlamentswahlen" sollte die UBP erstmals nicht mehr die absolute Mehrheit erzielen. Ihr fielen mit 42,5% nur 18 der insgesamt 40 „Parlamentssitze" zu. Das knappe Ergebnis der „Präsidentschaftswahlen" und der Verlust der absoluten Mehrheit der UBP zeigen, daß ihr selbstherrlicher Regierungsstil zunehmend auf Ablehnung in der Bevölkerung traf. Im November 1983 zementierte die zyperntürkische Führung mit der einseitigen Proklamation der „Türkischen Republik Nordzypern" die Teilung der Insel. Zwei Jahre später wurden am 9. Juni 1985 die ersten „Präsidentschaftswahlen" abgehalten. Von 78 545 gültigen Stimmen konnte Rauf Denktaş 55 349 Stimmen (70,2%) auf sich vereinigen und wurde damit erster „Präsident" der „TRNZ". Für die Mehrheit der türkischen Zyprer ist er bis heute Garant für einen „sicheren" zyperntürkischen Weg. Am 23. Juni 1985 fanden „Parlamentswahlen" und damit der dritte entscheidende Schritt zur Konsolidierung der „TRNZ" statt. Nach Auszählung der Stimmen stand fest, daß die konservative UBP mit 36,7% und 24 von insgesamt 50 Mandaten stärkste Fraktion sein würde. Der jedoch knappe Wahlsieg – die Wahlbeteiligung hatte bei 87,4% gelegen – verdeutlicht, daß die Einheitspartei Eroğlus mit einer wachsenden innenpolitischen Opposition konfrontiert wurde. Die Kommunale Befreiungspartei schloß sich allerdings der UBP an. Am 22. April 1990 wurde Rauf Denktaş mit 66,7% in seinem „Präsidentenamt" bestätigt. Anfang Mai folgten die „Parlamentswahlen", bei denen die UBP 55% (34 Sitze) der Wählerstimmen erzielte. Da sie ihren Gewinn jedoch einem kurz vor den Wahlen von ihr verabschiedeten neuen Wahlgesetz verdankte, boykottierten die Abgeordneten der Opposition das Parlament und ließen sich nicht vereidigen. Im November 1991 kam es deshalb zu Nachwahlen, bei denen die UBP elf der zwölf vakanten Sitze errang. Bei den „Parlamentswahlen" vom 12. Dezember 1993 wurde ihre Vormachtstellung endgültig gebrochen. Sie erzielte mit 29,9% nur 17 Sitze und mußte die Regierungsgewalt an die Koalition von CTP und DP abgeben. Mit der UBP wollte keine Partei eine Koalition eingehen.

b) Republikanische Türkische Partei (CTP)

– Programmatik

Die sozialistische CTP (*Cumhüriyetci Türk Partisi*) formierte sich im Dezember 1970 unter Führung von Ahmet Berberoğlu, einem entschlossenen Gegner der Denktaş-Linie. Ihr heutiger Vorsitzender, Özker Özgür, ist seit 1976 im Amt, und alle Entscheidungen gehen in der politischen Praxis von ihm aus. In der Zypernfrage tritt die CTP für eine föderative Lösung auf Grundlage einer starken Zentralregierung ein, betont zugleich aber, daß die Zyperntürken die gleichen Rechte haben müßten wie die Zyperngriechen. Die Partei lehnt also einen Minderheitenstatus für die Zyperntürken ab. Sie ist gegen die weitere Ansiedlung türkischer Einwanderer, fordert aber nicht deren Rückkehr. Innenpolitisch kritisiert sie Korruption und Vetternwirtschaft der UBP, vor allem aber die mangelnde Demokratie in der „TRNZ". Özgür verurteilt auch die Verbreitung religiös-konservativer Ideen in der säkularen zyperntürkischen Gesellschaft, mit denen seiner Meinung nach das Denktaş-Regime sich bei den rund 65 000 türkischen Einwanderern Sympathien verschaffen will. Die CTP lehnt die absolute Vorherrschaft der Türkei in Nordzypern ab und wirft der UBP vor, nicht wirklich auf eine Föderation hinzuarbeiten, sondern stattdessen den Status quo aufrechterhalten zu wollen. Außenpolitisch hatte sie einen gemäßigt pro-sowjetischen Kurs verfolgt, tendiert jedoch seit dem Zerfall der UdSSR und der sozialistischen Staaten nach Europa. Einerseits befürwortet sie den EU-Beitritt Zyperns, andererseits ist sie gegen die Militärpräsenz der USA und NATO in der Region sowie für die Schließung der britischen Stützpunkte auf Zypern.

– Sozialstruktur und Wählerpotential

Ihr politisches Profil erhält die CTP vor allem in ihrer Funktion als Alternative zur UBP. In ihr versammeln sich all die nationalgemäßigten Kräfte, die gegen die herrschenden Verhältnisse und für eine Lösung der Zypernfrage sind[42]). Die CTP hat schätzungsweise 3 000 Mitglieder.

– Nahestehende Interessenverbände

Die CTP unterhält enge Beziehungen zum links-gerichteten Gewerkschaftsbund DEV-IŞ und der Lehrergewerkschaft KTÖS (*Kıbrıs Türk Öretmenler Sendikasi*). Ihr angeschlossen sind verschiedene sozialistisch-orientierte Jugend-, Schüler- und Frauenvereinigungen. Inoffiziell bestehen Kontakte zur AKEL.

– Wahlergebnisse

Bei den ersten „Parlamentswahlen" im Jahre 1976, rund zwei Jahre nach der türkischen Invasion, konnte die Partei nur 12,9% der Stimmen und damit zwei Sitze erzielen. Die zweiten „Parlamentswahlen" 1981 erbrachten sechs Sitze. Die CTP erzwang, um an die Macht zu gelangen, mit den anderen Oppositionsparteien den Rücktritt der „Minderheitsregierung" unter Catagay. Bei den „Präsidentschaftswahlen" von 1985 erzielte CTP-Vorsitzender Özker Özgür 14412 Stimmen. Die „Parlamentswahlen" von 1985 ließen die CTP mit 21,4% der Stimmen als zweitstärkste Partei ins „Parlament" einziehen. Das Ergebnis bestätigte damit die von Özgür vorgebrachten Kritikpunkte am Denktaş-Regime. Für die „Parlamentswahlen" im Mai 1990 schlossen sich die drei Oppositionsparteien CTP, TKP und die rechtsradikale YDP zu einer neuen „Einheitspartei für den Kampf um Demokratie" (*Demokrat Mücadele Partisi*=DMP) zusammen, um die Vorherrschaft der UBP zu beenden. Während die UBP 54,7% der Wählerstimmen erzielte, konnte

---

[42]) Interview mit Özker Özgür vom 14.08.1993.

die DMP 44,5% auf sich vereinigen, erhielt aufgrund des Wahlgesetzes jedoch nur 16 der insgesamt 50 Mandate. Die Wahlen vom 12. Dezember 1993 brachten der CTP mit 24,6% und 13 Sitzen den langersehnten politischen Durchbruch. Zusammen mit der DP bildete sie eine Regierungskoalition und besetzt seitdem die Ministerien für Erziehung und Kultur, Landwirtschaft und Energie, Arbeit und Soziales sowie Gesundheit. Özker Özgür wurde Stellvertreter des „Premierministers" und betonte bei seinem Amtsantritt, daß die Lösung der Zypernfrage auf der Grundlage zweier gleichberechtigter Gemeinschaften vorangiges Ziel der neuen Regierung sei.

c) Kommunale Befreiungspartei (TKP)

– Programmatik

Die TKP (*Toplumcu Kurtuluş Partisi*) wurde 1976 gegründet, erster Vorsitzender war Alpay Durduran, derzeitiger Vorsitzender ist Mustafa Akinci, der de facto die alleinige politische Entscheidungskompetenz hat. Die TKP verstand sich lange Zeit ideologisch als linke, kommunistisch-orientierte Partei. Sie setzte sich für den Ausbau des Genossenschaftswesens, für größere soziale Gerechtigkeit und für eine Verbesserung der Lebensverhältnisse der Arbeitnehmer ein. Im Laufe ihres Bestehens wandten sich Teile der Partei aus ideologischen, aber auch personellen Gründen dem konservativen Lager zu. Bis 1989 bestanden deshalb innerhalb der Partei zwei verschiedene Gruppierungen nebeneinander: Der eine Flügel repräsentierte die offizielle nun konservativ ausgerichtete Parteilinie, der andere umfaßte die traditionellen Linken unter Führung von Durduran. Er und seine Anhänger wurden dann 1989 aus der Partei ausgeschlossen. Die TKP ist heute gegen die weitere Ansiedlung von türkischen Einwanderern. Sie setzt sich für eine Demokratisierung der Gesellschaft ein, wobei sie die Existenz der „TRNZ" auch im Hinblick auf eine föderative Lösung in der Zypernfrage mittlerweile nicht mehr als politisches Hindernis ansieht. Ein Rückzug der türkischen Truppen von Nordzypern wäre ihrer Meinung nach jedoch nur auf Basis vorheriger, vertraglich festgelegter Sicherheitsgarantien möglich.

– Sozialstruktur und Wählerpotential

Die TKP hat schätzungsweise 3 500 Mitglieder[43]).

– Nahestehende Interessenverbände

Sie unterhält gute Kontakte zum bedeutendsten zyperntürkischen Gewerkschaftsbund TÜRK-SEN, der TKP angegliedert sind eine Frauen-, Jugend- und Studentenorganisation.

– Wahlergebnisse

Bei den „Präsidentschaftswahlen" von 1981 erhielt der damalige Vorsitzende der TKP, Ziya Rizki, 30,5% der Stimmen, was damals auf das Anwachsen einer

---

[43]) Grafeio Typou (Anm. 41), S. 5/6.

Politisches System 227

ernstzunehmenden Opposition gegen Denktaş hinwies. Die ersten „Präsidentschaftswahlen" nach Gründung der „TRNZ" brachten 1985 dem ehemaligen TKP-Vorsitzenden Alpay Durduran nur 9,5% aller Stimmen. Bei den „Parlamentswahlen" von 1985 errang die TKP 10 Sitze (15,8%) und bildete die zweitstärkste Oppositionspartei. Mit 13,3% der Stimmen konnte die TKP bei der letzten „Parlamentswahl" von 1993 lediglich fünf Sitze erlangen und gehörte damit zu den Verlierern der Wahl.

d) Neue Zypern-Partei (YKP)

– Programmatik

Die Neue Zypern-Partei (*Yeni Kıbrıs Partisi*) wurde im November 1989 von Alpay Durduran gegründet, nachdem er und seine Anhänger aus der TKP ausgeschlossen worden waren. Ideologisch tendiert sie zum linken, kommunistisch orientierten Parteienspektrum. Alle politischen Entscheidungen konzentrieren sich auf Durduran. Auch die YKP wirft der UBP Korruption und Vetternwirtschaft vor, setzt sich für eine Demokratisierung der „TRNZ" ein und wendet sich entschieden gegen die „türkische Kolonisierung" Nordzyperns. Durduran gehört zu den schärfsten Kritikern des Denktaş-Regimes. Er ist der Meinung, daß die türkischen Einwanderer die Insel zu verlassen hätten, und betont, daß die türkischen Zyprer keine Türken seien, sondern eine spezifische Geschichte und Kultur, eine eigene Identität und Gesellschaftsstruktur besäßen. Die Partei vertritt die Ansicht, daß die Gründung der „TRNZ" ein Fehler gewesen sei. Sie setzt sich für eine Wiederannäherung an die zyperngriechische Seite und für eine föderative Lösung ein. Als einer der ersten zyperntürkischen Oppositionspolitiker sprach sich Durduran für die EU-Mitgliedschaft aus.

– Sozialstruktur und Wählerpotential

Die Partei hat schätzungsweise 150 Mitglieder[44]).

– Wahlergebnisse

Bei den „Parlamentswahlen" 1993 konnte die YKP mit 2,1% der Stimmen die 8%-Hürde für den Einzug in das „Parlament" nicht überspringen.

e) Splitterparteien

α) Demokratische Partei (DP)

Die DP (*Demokrat Parti*) wurde im Juli 1993 von 13 Denktaş-treuen UBP-Abgeordneten gegründet, die aus der Partei austraten, als es zum Bruch zwischen Eroğlu und Denktaş kam. Ihr derzeitiger Vorsitzender ist der ehemalige „Parlamentssprecher" Hakkı Atun. Innen- wie außenpolitisch vertritt sie die gleichen Positionen wie die UBP, will jedoch deren Vetternwirtschaft und Korruption beenden. Sie ist die „Denktaş-Partei", und ihr Wahlsieg vom 12. Dezember 1993, als sie

---

[44]) Interview mit Alpay Durduran vom 23.05.1990.

mit 29,2% der Wählerstimmen 15 „Parlamentssitze" erhielt, bestätigte in erster Linie seine Politik. Die DP führte ihren Wahlkampf gegen die UBP. In der neuen Regierungskoalition mit der CTP stellt sie den Außen- und Verteidigungsminister, den Innenminister, den Wirtschafts- und Finanzminister, die Minister für Arbeit und Kommunikation sowie für Jugend, Sport und Soziales. Neuer „Premierminister" wurde ihr Vorsitzender Hakkı Atun.

β) Demokratische Volkspartei (DHP)

Die rechtskonservative DHP (*Demokratik Halk Partisi*) wurde 1991 von dem ehemaligen UBP-Abgeordneten Ismet Kotak gegründet und erhielt bei den Nachwahlen im Oktober 1991 zwei Sitze. Sie ist de facto eine „Ein-Mann-Partei", die innenpolitisch wie in der Zypernfrage die gleichen Positionen wie die UBP vertritt[45]).

V. Gewerkschaften und Verbände

1. Allgemeine Merkmale der industriellen Beziehungen

Obwohl die industriellen Beziehungen in Zypern im internationalen Vergleich Eigenheiten aufweisen[46]), ist der Einfluß der ehemaligen Kolonialmacht noch immer spürbar, z. B. bei der Übernahme des *Shop-Steward*- und des *Closed-Shop*-Systems[47]). Die auf Zypern bestehenden Richtungsgewerkschaften entsprechen indessen gar nicht dem englischen Muster, sondern kommen den Verhältnissen in Griechenland, aber auch der Türkei nahe. Das insgesamt „milde" politische Klima ähnelt wiederum in keiner Weise den Verhältnissen in den beiden „Mutterländern", sondern erinnert an ein sozialpartnerschaftliches Modell, so wie es sich in der Bundesrepublik Deutschland entwickelt hat. Zumindest heute wird zwischen den politisch unterschiedlich ausgerichteten Gewerkschaften, aber auch zwischen diesen und den Unternehmerverbänden ein moderater Umgang gepflegt. Die Insel ist wahrscheinlich zu klein, und die sozialen Kontakte sind zu dicht, als daß anonyme und auf unüberbrückbare Konfrontation ausgerichtete soziale und politische Beziehungen eine Chance hätten. Die Verbände akzeptieren, daß der Staat in den

---

[45]) Grafeio Typou (Anm. 41), S. 3, 7.

[46]) Die bisher einzige umfassende, aber wenig überzeugende Arbeit (Katzikides, S. A.: Arbeiterbewegung und Arbeitsbeziehungen auf Zypern 1910–1982. Frankfurt/Main u. a. 1988) macht die bestehenden Defizite mehr als deutlich. Die Arbeit von Katzikides erscheint wenig systematisch, enthält weitgehend veraltete Daten, weist erhebliche Redundanzen auf und widmet den Zyperntürken lediglich zwei Seiten, wobei einzuräumen ist, daß die Beschaffung der Daten in Nordzypern auf viele Schwierigkeiten stößt.

[47]) „Shop-Stewards" sind gewerkschaftliche Repräsentanten im Betrieb, ohne daß – in Zypern wie auch in Großbritannien – eine Interessenvertretung der Beschäftigten etwa in Form von Betriebsräten vorhanden ist. Das „Closed-Shop-System" bewirkt, daß nur Mitglieder der im Unternehmen vertretenen Gewerkschaft eingestellt werden. Es ist im angelsächsischen Raum verbreitet.

industriellen Beziehungen eine wichtige und durchaus einflußreiche Rolle als Vermittler und Schlichter einnimmt, was umgekehrt den Verbänden einen erheblichen Einfluß auf die politische Sphäre gesichert hat.

a) Historische Entwicklung

Von einer Industrialisierung Zyperns kann man erst ab 1960 und dann vor allem ab 1974 reden. Die Anfänge der zyprischen Gewerkschaftsbewegung waren dadurch gekennzeichnet, daß sich Handwerker und Minenarbeiter zusammenschlossen[48]). 1924 gründeten Schneider in Limassol den ersten Verband, nach Streiks in den Minen im Jahr 1929 wurde 1931 die erste Gewerkschaft gegründet. In der Teppich-Branche kam es 1939 zur ersten kollektiven Vereinbarung zwischen Unternehmern und Gewerkschaften. Im August 1939 wurde die erste Panzyprische Gewerkschafts-Konferenz abgehalten. 1941 folgte der Zusammenschluß von 60 örtlichen Verbänden zum „Panzyprischen Gewerkschafts-Komitee" (*Pankypria Syntechniaki Epitropi* – PSE). Bereits in der Frühzeit der Organisationen machte sich die Spaltung der Gesellschaft mit der Kirche auf der einen und den Kommunisten als deren Antagonisten auf der anderen Seite bemerkbar. „Linke" (*Aristeroi*) und „Nationale" (*Ethnikofrones*) standen sich gegenüber. Was damals als sozialistische Ideologie in Zypern kursierte, war von jungen Intellektuellen aus Griechenland importiert worden.

1932 erließ die Kolonialverwaltung das erste Gewerkschafts-Gesetz, das dem englischem Vorbild angepaßt war. Das *Closed-Shop*-System hielt seinen Einzug. Von den Gewerkschaften wurden keineswegs alle anerkannt. In den Streiks der folgenden Jahre ging es immer auch um die Anerkennung, sie konnte 1939 von den gemeinsam streikenden zyperngriechischen, zyperntürkischen und armenischen Schuharbeitern durchgesetzt werden. Das in der Anfangsphase dominante Prinzip der Berufsgewerkschaften[49]) wich allmählich dem Industrieprinzip[50]), das heute bestimmend ist. Das Monopol der „Linken" in Form der PSE wurde in den vierziger Jahren gebrochen: 1943 wurde die erste zyperntürkische Gewerkschaft gegründet, und 1944 erfolgte der Zusammenschluß von 19 Gewerkschaften zur SEK (*Synomospondia Ergaton Kyprou* = Zyprische Arbeitervereinigung). Auf der Insel etablierten sich damit Gewerkschaften unterschiedlicher politischer Richtung, denn die SEK stand den „Nationalen" nahe. Die PSE wurde 1946 von der

---

[48]) Zur Geschichte vgl. vor allem Katzikides, Arbeiterbewegung (Anm. 46); Barnabas, P. (Hrsg.): PEO 50 Chronia/PEO 50 Yıl/PEO 50 Years. o.O. (Nikosia) 1991; O.V. (Pankypria Ergatiki Omospondia): Istoria PSE-PEO 1941- 1991 [Geschichte PSE-PEO 1941–1991]. Nikosia 1991; SEK-Pancyprian Workers' Confederation: 23rd Pancyprian Congress, 14, 15 and 16 October 1993. Congress Issues. Labour and Economic Data and a Profile of SEK. (o.O., o.J.) (1993); Theophanous, A.: The Role of the Cooperative Movement and the Trade Unions in Addressing the Current Socioeconomic Challenges: The Case of Cyprus, in: The Cyprus Review. 6 (1994) 1, S. 35–62.

[49]) Gleichartige Berufe werden in einer Gewerkschaft mit der Folge organisiert, daß in einem Betrieb mehrere Gewerkschaften vertreten sind.

[50]) Im Unternehmen und in der Industrie werden verschiedene Berufe vor einer Gewerkschaft organisiert.

britischen Kolonialherrschaft verboten, die führenden Gewerkschafts-Funktionäre mußten bis zu 18 Monaten ins Gefängnis. Ersatz fand sich alsbald: Am 30. März 1946 wurde die PEO (*Pankypria Ergatiki Omospondia* = Panzyprische Föderation der Arbeit) gegründet.

b) Politische Orientierung

Die Gewerkschaften und deren Bündnisse sind bis heute politisch ausgerichtet und orientieren sich an bestimmten Parteien. In der Vergangenheit waren auch blutige Auseinandersetzungen zu verzeichnen, die SEK verbot ihren Mitgliedern gar den geschäftlichen Umgang mit den Kommunisten. Führende Gewerkschafter sind auch heute noch Parteipolitiker und Abgeordnete. Der Autonomie der Gewerkschaften war das kaum förderlich, man gewinnt den Eindruck, daß im Verhältnis Gewerkschaft-Partei eher die letzteren die tonangebenden waren und sind, (was dann wiederum auch nicht dem englischen Muster entspricht). In der SEK hat allerdings die Auseinandersetzung über die Frage begonnen, ob führende Gewerkschafter zugleich in entsprechenden Parteifunktionen oder als Abgeordnete tätig sein sollen. Der 23. Kongreß von 1993 hat dies verneint.

Bis zur Unabhängigkeit Zyperns gab es keine Zusammenarbeit zwischen PSE/ PEO und SEK, dazu kam es erst, als 1963 ein *Basic Agreement* vereinbart wurde. Die Kooperation richtete sich gleichwohl durchaus auch immer gegen Dritte: Bis heute verstehen es die beiden Gewerkschafts-Dachverbände, andere Syndikate aus relevanten Kommissionen und von Vereinbarungen mit der Regierung fernzuhalten. Wenn auch heute noch die Gewerkschaften politischen Richtungen zugeordnet werden, darf dennoch nicht übersehen werden, daß Ideologien für die Verbände keine zentrale Rolle spielen, auch nicht für die „kommunistische" PEO. „Linke" oder „rechte" Tendenzen ergeben sich auf Zypern oftmals mehr aus Familien- als aus politischen Traditionen. Ein insgesamt hoher Organisationsgrad, starke korporatistische Elemente und die damit gegebenen Möglichkeiten, Interessen auch ohne Einsatz von Kampfmitteln durchzusetzen, unterscheiden Zypern mit seinem relativ entspannten Klima zwischen den verschiedenen Gewerkschaften von anderen Ländern mit Richtungsgewerkschaften. In Frankreich führen z.B. eine niedrige Organisationsquote und die fehlende Einbindung in die politische Willensbildung dazu, daß sich die (Richtungs-)Gewerkschaften oft nicht nur konfrontativ gegenüberstehen, sondern auch häufig vom Mittel des Streiks Gebrauch machen, um in der Konkurrenz der Verbände zu bestehen. Das gilt so nicht für Zypern.

Die Existenz eines *Closed-Shop*-Systems auf Zypern wird von führenden Gewerkschaften bestritten. Das ist richtig, sofern verbindliche Vereinbarungen darunter verstanden werden. Unübersehbar ist gleichwohl, daß PEO und SEK für sich eine dominante und andere Gewerkschaften oft ausschließende Position errungen haben. Dies wurde traditionell auch von den Regierungen unterschiedlicher Richtungen bekräftigt, indem lediglich die beiden großen Dachverbände als Gesprächspartner anerkannt wurden. Aus dem „Zentralrat für Sicherheit und Gesundheit bei den Minen" war z.B. die DEOK (*Dimokratiki Ergatiki Omo-*

spondia Kyprou = Demokratische Arbeitervereinigung Zyperns) bis 1983 ausgeschlossen.

c) Staat und Verbände

Der Staat spielt in den industriellen Beziehungen eine wichtige Rolle. So wie er der Industrie beträchtliche Beihilfen und noch immer einen hohen Außenschutz gewährt, was sich als Problem für die angestrebte Mitgliedschaft in der EU erweist[51]), so bindet der Staat auch die Verbände ein, fördert die Kompromißbereitschaft und schränkt damit die Autonomie der Verbände ein, gewährt aber zugleich auch eine Mitbeteiligung an politischen Entscheidungen. Das wird an Vereinbarungen und dem *tripartism* als Verflechtung zwischen Staat und Vertretern von Arbeitgebern und Arbeitnehmern deutlich. 1977 wurde ein *Industrial Relations Code* zwischen dem Ministerium für Arbeit und Soziale Sicherung, den Gewerkschaften PEO und SEK sowie dem Arbeitgeberverband vereinbart[52]). Darin wird einerseits die Assoziationsfreiheit, andererseits in Wirtschaftsfragen die Prärogative des Managements festgeschrieben. Verhandlungsprozeduren, Vermittlung und Schlichtung durch das Ministerium werden verbindlich geregelt. Streiks dürfen erst nach versuchter Vermittlung und Schlichtung durch das Ministerium (mit einer Warnzeit von zehn Tagen) ausgerufen werden – einer der wesentlichen Gründe für die relativ geringe Streikhäufigkeit in Zypern. Der Code entsprach keiner gesetzlichen Regelung, sondern einer freien Übereinkunft zwischen den Beteiligten. Arbeitgeber und Arbeitnehmer, die keiner der vertragsschließenden Parteien angehören, können sich der Vereinbarung nicht bedienen. Der Code hat ein sozialpartnerschaftliches Klima mit einer aktiven staatlichen Rolle begründet, dabei aber zugleich auch die Vorherrschaft von PEO und SEK zementiert.

Der *tripartism* kommt im Vorhandensein von 30 Kommissionen und Räten zum Ausdruck, in denen die verschiedenen Ministerien, der Arbeitgeberverband und (meist) auch die Gewerkschaften vertreten sind. Es gibt kaum einen Aspekt des Wirtschaftslebens, der von solchen Kommissionen nicht erfaßt wird: Arbeitsgesetzgebung, Sozialversicherung, Urlaub, Ausbildung und Lehre, Produktivität, Arbeitssicherheit, Rehabilitierung, Preisbildung und -festsetzung, Außenwirtschaft und Europäische Union, Technologie sowie Standards und Frauen[53]). Bei Arbeits-

---

[51]) Wie sich ökonomische und politische „Logik" miteinander verbinden, kommt im „Avis" der EG-Kommission zum Beitrittsantrag nur wenig zum Ausdruck. Vgl. EG-Kommission: Stellungnahme der Kommission zu dem Beitrittsantrag der Republik Zypern. Kom (93) 313 endg. Brüssel (30.06.1993), S. A 5/6.

[52]) Abdruck in: SEK (Anm. 48), S. 33–40.

[53]) Bei den einzelnen Ministerien wurden folgende Organe eingerichtet: Ministerium für Arbeit und Soziale Sicherung: „Labour Advisory Board", „Social Insurance Council", „Annual Holiday Central Fund Council", „Holiday Scheme Committee", „Redundancy Fund Council", „Industrial Training Authority Board", „Productivity Centre Board of Directors", „Higher Technical Institute Board of Governors", „Employment Review Committee", „Apprenticeship Council" – „Regional Apprenticeship Committee", „Nicosia Employment Exchange Advisory Committee", „Pancyprian Safety Council" – „Nicosia Regional Safety Council", „Advisory Board for the Rehabilitation of the Disabled"; Finanzministerium: „Advisory Economic Committee", „Committee

gerichten sind ebenfalls Vertreter von Arbeitnehmern und Arbeitgebern zugelassen. In den Betrieben werden die Gewerkschaften durch *Shop-Stewards* repräsentiert. Sie haben – anders als z.B. der deutsche Betriebsrat – keine gesetzlich verbrieften Rechte, ihre Macht hängt von der faktischen Unterstützung durch die Beschäftigten ab, die sich dann auch gegen die Gewerkschaft und deren Führung selbst richten kann. Folgende Aufgaben fallen den *Shop-Stewards* zu: Vertretung der Gewerkschaft vor Ort, Beratung und Unterstützung der Organisierten, Kontrolle von Vereinbarungen, Verkauf von Gewerkschaftszeitungen.

d) Tarifverhandlungen und Streiks

Die Gewerkschaften finanzieren sich zumeist über das *Check-Off*-System, indem die Beiträge vom Arbeitgeber einbehalten und direkt an die Gewerkschaften abgeführt werden. Der Organisationsgrad im zyperngriechischen Teil ist mit rund 85% vergleichsweise sehr hoch. Banken und der öffentliche Dienst sind zumeist zu 100% organisiert, bei Großbetrieben – in Zypern zählen dazu bereits die Hotels – liegt die Quote knapp darunter, in Klein- und Mittelbetrieben oft nur bei 25%. Rechnet man die Landwirtschaft mit ein, dann waren 1991 von einer ökonomisch aktiven Bevölkerung von 279 900 Personen 174 268 in Gewerkschaften organisiert (= 68%)[54].

Tarifverhandlungen werden von den Einzelgewerkschaften und den Arbeitgebervereinigungen, nicht von den Dachverbänden durchgeführt, wobei es sowohl nationale als auch unternehmensbezogene Tarifverträge gibt. Anders als in Deutschland, wo die Allgemeinverbindlichkeit besonders erklärt werden muß, gelten Tarifverträge in Zypern auch für nicht-organisierte Arbeitnehmer. Die Ausrufung von Streiks hat 1972 und 1980 (mit über 100 000 verlorenen Arbeitstagen) einen Höhepunkt erreicht (vgl. Tabelle). Im Öffentlichen Dienst, der keine Beamte im deutschen Sinn kennt (*Civil Servants*), wird relativ häufig gestreikt. Es kommt auch zu spontanen Streiks, wie z.B. bei nicht-organisierten Arbeitern im Hafen. Auffallend ist, daß nach der Teilung der Insel 1974 die Zahl der Streiks deutlich zurückgegangen ist und erst gegen Ende der siebziger Jahre, als die allgemeine wirtschaftliche Lage sich verbessert hatte, wieder anstieg. Auch hierin drückt sich ein „nationaler Konsens" aus, in den sich die Gewerkschaften einbinden lassen.

---

for the Retail Price Index", „Committee for the Study of Issues Relating to Industry"; Ministerium für Handel und Industrie: „Advisory Committee on Commerce and Industry", „Advisory Committee on Prices", „Advisory Committee on EEC", „Advisory Council on Export Credit Guarantee", „Cyprus Organisation for Standards and Control of Quality", „Energy Advisory Board", „Cyprus Export Promotion Organisation", „Council of Industrial and Technological Development"; Justizministerium: „Industrial Disputes Tribunal", „Rehabilitation of Ex-Convicts Committee", „Permanent Central Forum on Issues Related to Women"; Erziehungsministerium: „Advisory Board on Technical Education", „Council for Vocational Training", „Advisory Committee on Tertiary Education".

[54] Ministry of Finance/Department of Statistics and Research: Labour Statistics 1991. Nicosia 1992, S. 29.

Tabelle: Streiks in der Republik Zypern

Jahr	Anzahl	Beteiligte	verlorene Arbeitstage
1975	9	1 132	7 808
1976	9	1 007	2 683
1977	7	681	2 469
1978	14	7 735	9 169
1979	27	7 185	22 243
1980	38	49 833	101 509
1985	30	8 082	16 834
1990	20	8 045	32 174
1991	31	4 782	10 347

Quelle: Ministry of Finance/Department of Statistics and Research: Labour Statistics 1991. Nicosia 1992, S. 99 und Katzikides, S. A.: Arbeiterbewegung und Arbeitsbeziehungen auf Zypern 1910–1982. Frankfurt/Main u. a. 1988, S. 93.

Der wirtschaftliche Aufschwung im Süden der Insel seit der zweiten Hälfte der siebziger Jahre hat den Gewerkschaften bis heute eine relativ starke Verhandlungsmacht gegeben. 1993 wurde eine bis 1998 einzuführende wöchentliche Arbeitszeit von 38 Stunden ohne Lohnkürzung vereinbart. Aktuell setzen sich die Gewerkschaften für eine Verlängerung des Urlaubs auf vier Wochen ein. Die Forderung nach vermehrter Schaffung von Teilzeitarbeitsplätzen wird – anders als im übrigen Europa – nicht vertreten, weil die „Arbeit knapp geworden" ist, sondern um angesichts des akuten Arbeitskräftemangels vor allem Frauen besser in den Arbeitsprozeß eingliedern zu können. Erste Ansätze zur Einführung von Mitbestimmungsregelungen wurden sichtbar, seitdem vom 1. Mai 1993 an Vertreter der Beschäftigten als Beobachter in die Aufsichtsorgane von drei halbstaatlichen Unternehmen (Elektrizität, Telekommunikation und Radio/Fernsehen) aufgenommen wurden. Verhandlungen über eine volle Beteiligung der Belegschaftsvertreter standen Ende 1994 an.

Hatte die Teilung der Insel zunächst die Arbeitslosigkeit rapide anschwellen lassen – im zweiten Halbjahr 1974 erreichte sie 29,6%, 1975 16,2% und 1976 8,6%[55] – so sicherte der wirtschaftliche Aufschwung alsbald die Vollbeschäftigung, was zu einer Stärkung der Gewerkschaften in den industriellen Beziehungen beitrug[56]. Die Gewerkschaften haben ihrerseits zugunsten der wirtschaftlichen Erholung erhebliche Zugeständnisse gemacht: Sie akzeptierten nach 1974 eine Einkommenskürzung von 20%. Die aufkommenden Finanzmittel wurden über einen Fonds an

---

[55] Labour Statistics 1991 (Anm. 54), S. 65. Address by the Minister of Finance Before the House of Representatives on the Occasion of the Debate on the Budgets for 1993. Nicosia 1992.

[56] Mit dem wirtschaftlichen Aufschwung wurden auch vermehrt Frauen berufstätig. Inwieweit sie seit 1974 eine veränderte Rolle übernommen haben, dürfte ein lohnendes Forschungsthema sein.

die von der Teilung betroffenen Unternehmer gezahlt. Dieser Regelung hat sich auch die PEO nicht widersetzt. Aktuell setzen sich die Gewerkschaften für eine Begrenzung der per Lizenz auf die Insel geholten ausländischen Arbeitskräfte ein.

Mindestlöhne werden nur für wenige Berufsgruppen vereinbart. Von der C.O.L.A. (*Automatic Cost of Living Allowance*) profitieren dagegen alle Beschäftigtengruppen: Zweimal im Jahr (Januar und Juli) werden die Einkommen der Inflationsentwicklung angepaßt. Die Rentner gehen allerdings leer aus. Unternehmer und die jetzige konservative Regierung lehnen die Einkommensanpassung als inflationstreibend ab. Die relativ hohen Inflationsraten (1993: 5,5%, 1994: 4,7%) resultieren allerdings aus der Einführung der Mehrwertsteuer. Eine Besonderheit der zyprischen Gewerkschaften muß darin gesehen werden, daß sie in der Gesundheitsfürsorge eine aktive Rolle spielen[57]. Seit 1980 besteht zwar eine landesweite Sozialversicherung für alle Beschäftigten und Selbständigen. Darüber hinaus werden die gewerkschaftlichen Vorsorgekassen (*Tameio Pronoias*) als Zusatzsicherung auch durch Arbeitgeberbeiträge gespeist. Es fehlt allerdings noch immer ein staatlich organisiertes, kostenfreies Gesundheitswesen für alle Beschäftigtengruppen. Lediglich niedrige Einkommensgruppen erhalten (bei Vorlage eines Armutszeugnisses) eine kostenlose Versorgung.

Angesichts dieses Mißstands haben die Gewerkschaften die Gesundheitsversorgung in die eigenen Hände genommen: Betritt man z.B. das sechsstöckige Hauptquartier der PEO in Nikosia, fühlt man sich wie in einem Krankenhaus, denn das gesamte Erdgeschoß dient der Ersten Hilfe und dem Gesundheitsdienst. Im Krankheitsfall macht es sich nachteilig bemerkbar, nicht Gewerkschaftsmitglied zu sein: Nicht-Organisierte zahlen oft das Zehnfache von dem, was ein organisierter Kollege für Medikamente oder entsprechende medizinische Leistungen ausgeben muß. Mit dem gegenwärtigen Zustand, bei dem zwei Drittel aller Arbeitnehmer durch die gewerkschaftlichen Einrichtungen versorgt werden, sind die Gewerkschaften keineswegs zufrieden. Seit langem ergeht der Ruf nach einer nationalen Versorgung.

e) Verbände und Volksgruppenkonflikt

Die Spannungen zwischen griechischen und türkischen Zyprern sind an den Verbänden nicht spurlos vorübergegangen, auch wenn in der Vergangenheit Arbeitnehmer beider Volksgruppen oft gemeinsam für ihre Anliegen eingetreten sind. Nach der Spaltung Zyperns 1974 kamen die gewerkschaftlichen Kontakte vorerst zum Erliegen, bevor am 18. und 19. März 1977 im Ledra Palace Hotel in Nikosia SEK-Gewerkschafter mit Kollegen der zyperntürkischen TÜRK-SEN (*Kıbrıs Türk Isci Sendikalari Federasyonu* = Zyperntürkische Gewerkschafts-Föderation) zusammengetroffen sind. Dieser wie auch die übrigen Kontakte wurden durch internationale Vermittlung zustandegebracht. 1977 half dabei Generalsekretär Otto

---

[57]) Die rechtlichen Bestimmungen zum Gesundheitsschutz und zur Sicherheit am Arbeitsplatz orientieren sich am englischen Vorbild.

Kersten vom IBFG (Internationaler Bund Freier Gewerkschaften). Weitere Treffen zwischen SEK und TÜRK-SEN folgten, ebenso Kontakte zwischen der PEO und der ihr politisch nahestehenden DEV-IŞ (*Devrimci Işçi Sendikalari Federasyonu* = Revolutionäre Gewerkschafts-Föderation) aus Nordzypern. Im September 1988 gab es eine gemeinsame Zusammenkunft aller relevanten Gewerkschaften aus beiden Inselteilen. Im Oktober 1992 sprachen sich PEO, SEK, TÜRK-SEN und DEV-IŞ für ein föderales System Zyperns mit einem einheitlichen System industrieller Beziehungen und sozialen Sicherungssystemen bei gleichem Lohnniveau aus. Die für November 1992 geplante „All-Gewerkschaftskonferenz" fiel allerdings der Verschlechterung des allgemeinen politischen Klimas zum Opfer. Als Besonderheit muß gesehen werden, daß es auf der britischen Basis Dekelia noch heute zu gemeinsamen Tarifverhandlungen mit zyperngriechischen- und zyperntürkischen Gewerkschaften für die dort arbeitenden Arbeitnehmer beider Volksgruppen kommt.

Die Situation der Gewerkschaften in der „TRNZ" unterscheidet sich erheblich von der in der Republik Zypern. Gewerkschaften und Unternehmerverbände spielen eine vergleichsweise weniger bedeutsame Rolle, weil in der Industrie und im Dienstleistungsbereich Klein- und Familienbetriebe vorherrschen. Wenn auch die offizielle Arbeitslosenrate (1990: ein Prozent) gering ist, so darf die erhebliche Unterbeschäftigung, vor allem in der Landwirtschaft, nicht übersehen werden. Die allgemeine wirtschaftliche Lage und vor allem die Inflationsrate von mehr als 60% erschweren eine ähnlich erfolgreiche Gewerkschaftspolitik wie bei den zyperngriechischen Organisationen in den letzten Jahren.

Der Organisationsgrad im Norden der Insel bleibt mit knapp 37% (1990) von insgesamt 52 431 Beschäftigten (außerhalb des Agrarsektors) deutlich zurück[58]. Eine Einkommensanpassung gibt es zwar auch in der „TRNZ", sie kommt allerdings vornehmlich den Arbeitnehmern im Öffentlichen Dienst zugute, während die im Privatsektor Beschäftigten oft leer ausgehen. Eine „drittelparitätische" Kommission legt ebenfalls Mindestlöhne fest. Die Gewerkschaften beklagen indessen, daß der Staat in seiner Eigenschaft als Arbeitgeber die Unternehmerseite ungerechtfertigterweise stärke. Die hohe Inflation zwingt zu erheblichen Steigerungen bei den Mindestlöhnen: Betrugen diese seit dem 1. Januar 1992 noch 806 000 TL, so steigerten sie sich ab 1993 bereits auf 1 373 000 TL monatlich[59]. Der dem türkischen Vorbild angenäherten ökonomischen Liberalisierungspolitik haben sich die Gewerkschaften in der „TRNZ" widersetzt.

---

[58] 1990 betrug die ökonomisch aktive Bevölkerung in der „TRNZ" 71 525 Personen, davon 19 094 in der Landwirtschaft (Central Bank of the Turkish Republic of Northern Cyprus. Bulletin No. 20. November 1992, S. 41). Im selben Jahr sollen 19 315 Arbeitnehmer in den Gewerkschaften organisiert gewesen sein (Turkish Republic of Northern Cyprus: Statistical Yearbook 1990. Nicosia 1991, Tabelle 117).

[59] Central Bank of the Turkish Republic of Northern Cyprus. Bulletin 20. November 1992, S. 42.

2. Gewerkschaften

Auf der zyperngriechischen Seite sind PEO und SEK, mit deutlichem Abstand gefolgt von der DEOK, die bedeutendsten Gewerkschaften. Die wichtigsten Informationen zu diesen Gewerkschaften können dem „Dokumentarischen Anhang" entnommen werden. Die in dieser Übersicht aufgeführten Eigenangaben der Gewerkschaften zu ihren Mitgliederzahlen sind allerdings oft überhöht[60]. Eine weitere Gewerkschaftsvereinigung existiert in Form der 1953 gegründeten POAS (*Pankypria Omospondia Anexartiton Syntechnion* = Panzyprische Vereinigung Unabhängiger Gewerkschaften), der heute lediglich noch 515 Mitglieder angehören. Weitere, nicht in Dachverbänden zusammengeschlossene Gewerkschaften organisieren vor allem die Beschäftigten des Öffentlichen Dienstes, der Banken und der Schulen. Darunter hat die PASYDY (*Pankypria Synomospondia Dimosion Ypallilon* = Panzyprische Vereinigung der Angestellten im öffentlichen Dienst) eine besondere Bedeutung. Nach eigenen Angaben hatte sie 1992 28 875 eingeschriebene Mitglieder. Die günstige Finanzsituation aufgrund höherer Mitgliedsbeiträge mag auch das häufige Streikverhalten im öffentlichen Dienst erklären, erhalten die Streikenden doch Streikgelder.

Auf zyperntürkischer Seite spielt TÜRK-SEN die maßgebliche Rolle. DEV-IŞ als „linke" Gewerkschaft stagniert derzeit auf niedrigem Niveau, nimmt man die Mitgliederzahlen als Indikator. Den Gewerkschaften in Nordzypern macht die schwierige wirtschaftliche Lage zu schaffen. Die unabhängigen Gewerkschaften in der „TRNZ" kommen auf relativ beträchtliche Mitgliederzahlen: 19 derartige Gewerkschaften wurden 1990 mit insgesamt 12 316 Mitgliedern gezählt[61]. Die größten sind die Vereinigung der Beschäftigten im Öffentlichen Dienst (2 709 Mitglieder), die Lehrer-Gewerkschaft (681 Mitglieder) und der Verband der Arbeitnehmer in den landwirtschaftlichen Kooperativen (604 Mitglieder). Als unabhängige Gewerkschaft taucht auch die „Zyperntürkische Union der Unternehmer" mit 59 Mitgliedern auf.

3. Unternehmervereinigungen und Agrarverbände

In der Republik Zypern spielt die Vereinigung Zyprischer Arbeitgeber und Industrieller (OEBK) die entscheidende Rolle als Verhandlungspartner der Gewerk-

---

[60] Auch die Tatsache, daß die Gewerkschaften ihre Mitgliederzahlen öffentlich registrieren lassen müssen, führt keineswegs zu realistischen Zahlen. Die Angaben zur Gewerkschaftsmitgliedschaft stammen aus der einschlägigen Literatur: Barnabas, PEO (Anm. 48); Katzikides, Arbeiterbewegung (Anm. 46); Dodd, Northern Cyprus (Anm. 15); Turkish Republic of Northern Cyprus: Statistical Yearbook 1990 (Anm. 57); North Cyprus Almanack (Anm. 15); Press and Information Office. Republic of Cyprus: The Almanac of Cyprus 1992. Nicosia 1991. Die wichtigsten Informationsquellen waren allerdings die Interviews mit führenden Vertretern aller bedeutenden Gewerkschaften.

[61] So die Angabe in: Turkish Republic of Northern Cyprus (Anm. 58), Tabelle 117. 1988 wurden lediglich 6 586 Mitglieder angegeben. Der North Cyprus Almanack (Anm. 15), S. 97/98, kommt auch bloß auf 6 412 Mitglieder.

schaften. Es wurde bereits darauf verwiesen, daß dieser Verband auch im System des „Tripartismus" von großer Bedeutung ist. Die Zyperntürkische Arbeitgeber-Organisation und der Verband der Jungunternehmer in der „TRNZ" wurden relativ spät, erst 1989, gegründet. Bei den Landwirten macht sich in der Republik die parteipolitische Spaltung auch bei den Agrarverbänden bemerkbar, konkurrieren doch ein „linker" und ein „rechter" Verband miteinander. In der „TRNZ" sind die Bauern in der Zyperntürkischen Bauern-Union zusammengeschlossen. Weitere Angaben sind dem „Dokumentarischen Anhang" zu entnehmen.

VI. Zusammenfassung

Politische Systeme sind ohne Kenntnis ihrer politischen Kultur nicht zu verstehen. Das gilt generell – doch für derart komplexe Gesellschaften wie Zypern erst recht. Den institutionellen Strukturen sind informelle überlagert, die sich bei Zypern wie folgt kennzeichnen lassen: Mit der Unabhängigkeit 1960 war zwar die Institution eines einheitlichen Staates geschaffen worden; dieses Gebilde hat jedoch die Unterschiedlichkeit und Gegensätzlichkeit der ihn konstituierenden Bevölkerungsgruppen, ihrer religiösen und kulturellen Identitäten nicht in einem gemeinsamen Ganzen – in des Wortes doppelter Bedeutung – „aufheben" können. Obwohl sich so viele politische Kräfte in Zypern als „national" begreifen, bezieht sich die nationale Identität nie auf die der Insel, sondern bildet sich in bezug auf die „Mutterländer". Dabei scheint das jeweilige geschichtliche Bewußtsein willkürlich zu sein, indem jene historischen Phasen ausgeblendet werden, die der behaupteten „nationalen" Kontinuität widersprechen. Die Zyperngriechen verdrängen jene Zeitabschnitte, in denen die Insel unter fränkischer, venezianischer und osmanischer Herrschaft gestanden hat, während die Zyperntürken vorwiegend an die letztere anknüpfen.

Was sich in Griechenland beobachten läßt, spielt auch für die griechische Bevölkerungsmehrheit auf Zypern eine erhebliche Rolle: eine rückwärtsgewandte Identitätssuche und ein Zeitgefühl ganz eigener Art. Knüpft man in Griechenland etwa in der Auseinandersetzung mit der Republik Mazedonien beinah unvermittelt an die Zeit Alexanders des Großen an, so als habe danach Geschichte kaum mehr stattgefunden, so ist die vor unserer Zeitrechnung liegende Hellenistische Periode bei den griechischen Zyprern für die heutige Identitätsstiftung überraschend präsent. Und was die heutigen Türken prägt, das findet sich auch bei der zyperntürkischen Bevölkerungsgruppe wieder: die Vorstellung, daß sich die moderne, nach-osmanische Türkei von Anbeginn an einer griechischen Expansion (Kleinasien-Feldzug) zu erwehren gehabt habe.

Es waren und sind politische Außenseiter, die für ein eigenständiges nationales Leitbild auf Zypern eingetreten sind. Da, wo Nationalismen Identität stiften, haben vermittelnde Positionen – das zeigt auch die jüngste Erfahrung des Jugoslawien-Kriegs – keine Chance. Die Perspektiven des Zusammenlebens auf Zypern verdunkeln sich, solange die Bevölkerung den Nationalismus internalisiert hat. Was in den Köpfen vieler Zyprer als „ethnische Säuberung" verankert war, wurde, mit den Vorläufern von 1963, ab 1974 Realität: die Trennung beider Bevölkerungsgruppen, der alsbald auch die Umsiedlung folgte. Wenn in der Verfassung der „TRNZ" von 1985 zu lesen ist, daß *the Turkish Cypriot People is an inseparable part of the great Turkish Nation*[62]), dann ist dies – nicht anders als in der früheren Forderung nach *Enosis* – ein Ausdruck der beschriebenen mentalen Haltung.

Obwohl die Religion bei der Identitätsfindung beider Volksgruppen auf Zypern eine bedeutende Rolle spielt und auch den Bezug zu den „Mutterländern" zum Ausdruck bringt, bleibt festzuhalten, daß in der „TRNZ" zwar religiöse Kräfte eine zunehmende Bedeutung erlangen, jedoch weit weniger als in der Türkei von einer Islamisierung, geschweige denn von einer „fundamentalistischen Gefahr" die Rede sein kann. Für alle Parteien stand und steht dagegen die ungelöste Zypernfrage immer obenan auf der programmatischen und politischen Agenda. Gerade hier sucht man – in den von der jeweiligen Bevölkerungsgruppe zugestandenen Grenzen – nach Originalität. Das hat nicht nur die „nationale Frage" wachgehalten, es hat auch dazu beigetragen, daß Kompromißlösungen erschwert wurden. Wer seine Identität in einer bestimmten und oftmals propagierten Haltung zur Zypernfrage gewinnt, kann kaum, und sei es auch nur in Nuancen, von der einmal eingenommenen Haltung abweichen. Die so besetzten „Positionen" haben eine eigene Dynamik gewonnen, weil Politiker immer dann die „politischen Kosten" fürchten müssen, wenn sie sich auf den Weg zu Verhandlungslösungen begeben.

Zypern gehört zu jenen Ländern des mediterranen Kulturkreises, in denen sich die traditionellen Elemente des Klientelismus auch in die Neuzeit mit modernen politischen Institutionen herübergerettet haben. Für diese neue Mischform sind die Begriffe des Partei-Klientelismus[63]) bzw. der Partei-Patronage[64]) geprägt worden. Damit wird etwas Spezifisches zum Ausdruck gebracht: „Beziehungen" spielen zwar in jeder modernen Demokratie eine Rolle, und auch die politischen Systeme Westeuropas, die jetzt für die Transformationsländer Ost- und Südosteuropas als Vorbild dienen, sind nicht so unpersönlich und rein zweckrational organisiert, wie oftmals angenommen. Und dennoch macht sich in Ländern mit klientelistischen Traditionen die Besonderheit bemerkbar, daß weniger „Interessen", sondern politische „Gefälligkeiten", Charisma und Personalismus die Parteien bestimmen, die oft von einem Mann gegründet und beherrscht werden und nicht selten mit seinem politischen Abgang auch ihr Ende finden.

Kennzeichnend für Zypern, aber auch für Griechenland und (mit Abstrichen) die Türkei, ist die Tatsache, daß es die kommunistischen Parteien waren, die die Oppositionsrolle dominiert haben – und das in Ländern, deren wirtschaftliche Entwicklung und Industrialisierung im internationalen Vergleich zurückgeblieben sind. Wo sich in Westeuropa sozialdemokratische Parteien – oft dominant – behaupten konnten, nahmen in Zypern Kommunisten diese Rolle ein. Sie stellten sich gegen die Kirche, nicht gegen das „Kapital", sie fanden ihren politischen Rückhalt bei Kleinbauern und Landarbeitern, nicht aber beim kaum vorhandenen

---

[62]) So die Präambel der Verfassung, in: The Constitution of the Turkish Republic of Northern Cyprus. (Anm.15), S.1. Nach dem zyperntürkischen Parteiengesetz ist es Parteien in Nordzypern verboten, die Zugehörigkeit zur türkischen Nation in Frage zu stellen.

[63]) Axt, PASOK (Anm. 25), S.30–32.

[64]) Choisi, Wurzeln (Anm.1), S.286–288.

Industrieproletariat. Kommunisten haben auf Zypern das eine „Lager" belegt, die Konservativ-Nationalen – oft mit wechselnden Parteiformationen – das andere.

Die Modernisierung hat sich auf Zypern ungleichmäßig vollzogen. Heute ist die Republik in der ökonomischen Entwicklung der „TRNZ" deutlich überlegen. Die Spaltung hat die wirtschaftliche Entwicklung der Republik eher beschleunigt, weil die politisch und wirtschaftlich relevanten Gruppen sich ihrer „nationalen" Verantwortung bewußt waren. Daraus erwachsen Spannungen, denn die Zyperntürken müssen bei jeglicher politischen Lösung des Inselproblems eine wirtschaftliche Penetration und Überlegenheit seitens der Zyperngriechen befürchten, so wie diese den erreichten Wohlstand und das System ihrer Sozialbeziehungen bedroht sehen können, wenn es zu einer Lösung des Zypernproblems gerade auch in ihrem, dem föderalen Sinne kommt. Mithin hat die Modernisierung keineswegs eine Konvergenz der politischen Kulturen beider Bevölkerungsgruppen vorangetrieben.

In einem Land, in dem wie in Zypern die Politik von der Polarisierung gekennzeichnet ist, wo sich Sportvereine und Tavernen parteipolitisch ausrichten, muß es überraschen, daß trotz aller Trennungen und sogar blutigen Auseinandersetzungen in der Vergangenheit heute ein moderates politisches Klima herrscht. Eigentlich konträre Parteien wie die Kommunisten und die Konservativen bilden Koalitionen; Verbände gegensätzlicher Richtungen kooperieren; die Gewerkschaften bekennen sich nach der politischen Spaltung der Insel zur nationalen Verantwortung, reduzieren ihre Streiktätigkeit und nehmen Einkommenskürzungen hin; die vermeintlich antagonistischen Interessen-Vertretungen von „Kapital und Arbeit" finden sich in sozialpartnerschaftlicher Zusammenarbeit wieder; und der Staat wird als Vermittler und Schlichter anerkannt, ohne daß er sich über die Zivilgesellschaft erhebt und die privaten Interessen erstickt.

Eine solche, scheinbar widersprüchliche Konstellation ist nur möglich, weil einerseits Ideologien und Weltanschauungen offensichtlich so ernst nicht gemeint sind, wie es programmatische Texte verheißen. Andererseits rücken Gesellschaften, die eine externe Bedrohung (Türkei) empfinden, quasi „natürlich" zusammen. Sollte diese Wahrnehmung in ihrer Wirkung nachlassen, kann dies Folgen für die politische Austragung innergesellschaftlicher Interessengegensätze haben. Und schließlich sollte nicht übersehen werden, daß die korporatistische Einbindung von Parteien und Verbänden ihren Preis haben kann: dann nämlich, wenn sich in dem relativ geschlossenen politischen System neue Bedürfnisse und Strömungen (wie z.B. die Ökologie) entweder nicht selbst etablieren können oder von den bestehenden Verbänden nicht aufgenommen werden. Bei allem gilt es sich dessen bewußt zu sein, daß Zypern eine Insel mit einer relativ kleinen, weitgehend überschaubaren und nicht zur Anonymität neigenden, also auch nicht unbedingt intermediärer Institutionen bedürfenden Gesellschaft ist. So manche Fragen können geklärt werden, noch ehe sie zu politischen werden.

Wirtschaftssystem

Werner Gumpel, München

I. Einleitung – II. Die wirtschaftliche Entwicklung in der Republik Zypern: 1. Wirtschaftsplanung – 2. Die Beschaffung von Auslandskapital – 3. Öffentliche Finanzen und Währung – III. Die wirtschaftliche Entwicklung in der „Türkischen Republik Nordzypern": 1. Wirtschaftsplanung – 2. Öffentliche Finanzen und Währung – 3. Das Außenhandelssystem – IV. Statistischer Anhang

I. Einleitung

Als Folge der kriegerischen Ereignisse des Jahres 1974 sind auf Zypern de facto zwei unabhängige Staaten entstanden, die Republik Zypern (Südzypern) und die „Türkische Republik Nordzypern" (Nordzypern). Auch wenn der letzteren bisher die internationale Anerkennung versagt geblieben ist, hat sie eine eigenständige, vom Südteil der Insel unterschiedliche politische und wirtschaftliche Entwicklung genommen. Die Wirtschaftssysteme der beiden Inselstaaten unterscheiden sich dementsprechend. Die Umsiedlung des türkischen Bevölkerungsteils aus dem Süden und umgekehrt des griechischen aus dem Norden, und die damit verbundene Umschichtung der Bevölkerung mit der einhergehenden Zerstörung gewachsener Strukturen hat beiden Teilen der Insel den Neubeginn erschwert, zumal das von Südzypern gegen den Norden verhängte Embargo den Wirtschaftsverkehr zwischen den beiden Teilstaaten faktisch völlig lahmgelegt hat. Die wirtschaftlichen Beziehungen beschränken sich auf die Lieferung von Elektrizität aus dem Süden in den Norden und auf die Beschäftigung einer geringen Zahl von zyperntürkischen Arbeitskräften (Pendler) im griechischen Teil der Insel. Die bestehenden Kontakte zwischen dem griechischen und türkischen Teil von Nikosia/Lefkoşa stellen nicht mehr als das Mindestmaß an Kooperation dar, das in einer früher zusammengehörenden Stadt erforderlich ist.

Der Neubeginn vollzog sich auf beiden Seiten unter starkem staatlichem Einfluß. Die Bevölkerungsverschiebungen, die mit der ethnischen Trennung der Inselbevölkerung verbunden waren, hatten nicht nur zu einer auf beiden Seiten hohen Arbeitslosigkeit und zum Zwang zu einer Integration der zwangsumgesiedelten Bevölkerung geführt, sondern hatten auch völlig neue wirtschaftliche Tatbestände geschaffen, da aus dem Einheitsstaat „Republik Zypern" zwei selbständige Wirtschaftsräume entstanden waren. Sowohl türkische als auch griechische Unternehmer mußten ihr Eigentum aufgeben und sich im anderen Teil der Insel eine neue Existenz schaffen. Produktionskapazitäten wurden vernichtet oder konnten nicht länger genutzt werden und verfielen allmählich. Im Norden der Insel fehlte es an erfahrenen Unternehmern, die die vorhandenen Fabriken und Betriebe hätten übernehmen können, wie es überhaupt an Menschen zur Füllung der entleerten

Städte und Dörfer mangelte. Als Folge des Krieges verließen 160000 (nach anderen Quellen ca. 180000) zyprische Griechen den Norden der Insel, in der entgegengesetzten Richtung belief sich die Bevölkerungstranslokation auf 12000 (nach anderen Quellen 40000) Menschen[1]. Unter diesen Bedingungen konnte der Aufbau nicht ohne eine gezielte staatliche Entwicklungspolitik und den Einsatz eines staatlichen Instrumentariums vor sich gehen. Staatliche Interventionen sind trotz der besonders auf Südzypern vollzogenen weitgehenden Liberalisierung nach wie vor von Bedeutung.

Besonders gravierend war in beiden Teilen der Insel die mit der Bevölkerungstranslokation verbundene Arbeitslosigkeit, die mit dem Zusammenbruch des tertiären Sektors verbunden war. Dieser aber war bis zum Jahr 1974 der führende Wirtschaftszweig der Insel gewesen. Gleiches galt für die Landwirtschaft, die besonders im stark entleerten Norden, in dem sich jedoch die fruchtbarste Region der Insel befindet, völlig neu organisiert werden mußte. So bestand für beide Teile der Insel die Aufgabe nicht nur in einer Beseitigung der Kriegsschäden, sondern in der Schaffung einer neuen Wirtschaftsstruktur, die den Folgen der Teilung Rechnung zu tragen hatte. Durch die Abschottung des Südens vom Norden entstand in den zwei neuen Wirtschaftsräumen eine eigenständige Wirtschaftsstruktur.

Der griechische Teil der Insel hatte dabei den Vorteil, als „Republik Zypern" (RZ) von der Welt anerkannt zu werden. Er konnte sich dementsprechend beim Wirtschaftsaufbau an der Weltwirtschaft orientieren und sich in die weltwirtschaftliche Arbeitsteilung eingliedern. Der Nordteil der Insel, in dem als Folge des über ihn verhängten wirtschaftlichen Boykotts im Jahre 1983 die „Türkische Republik Nordzypern" ausgerufen wurde, konnte sich zwangsläufig nur durch eine enge Bindung an die Türkei, die dem Staat als einziges Land der Erde die völkerrechtliche Anerkennung gewährte, entwickeln, und blieb dementsprechend im wirtschaftlichen Aufbau weit hinter der Republik Zypern zurück. Die Vorteile der internationalen Arbeitsteilung blieben ihr verwehrt. Der Zustrom internationalen Kapitals, der für Südzypern von großer Bedeutung war und ist, blieb ebenso aus wie eine fühlbare Unterstützung durch die Europäische Gemeinschaft, deren Mittel fast ausschließlich dem griechischen Teil der Insel zugute kamen.

II. Die wirtschaftliche Entwicklung in der Republik Zypern

Die Trennung des einheitlichen zyprischen Wirtschaftsraums brachte auch der griechischen Volksgruppe Nachteile, da die vorhandenen Ressourcen nicht mehr gemeinschaftlich genutzt werden konnten. Da Zypern jedoch zum Zeitpunkt der Teilung der Insel industriell nur schwach entwickelt war, war der gewerbliche Sektor der Wirtschaft, der sich zum großen Teil auf dem Territorium der heutigen „Türkischen Republik Nordzypern" befunden hat, entgegen der von südzyprischer Seite erhobenen Klagen, nur schwach entwickelt. Die von Südzypern genannten Kapazitätsverluste (31 Prozent der Arbeitsplätze, 26 Prozent der Industrieproduk-

---

[1]) Statistisches Bundesamt (Hrsg.): Länderbericht Zypern 1991. Wiesbaden 1991, S. 25.

tion, 50 Prozent der landwirtschaftlichen Anbaufläche usw.)[2] geben kein wirkliches Bild der eingetretenen Schäden, da diese Kapazitäten ja nicht allein von den Inselgriechen, sondern auch von den Inseltürken im Rahmen des gemeinsamen Wirtschaftens genutzt wurden, also beiden verlustig gegangen sind. Von größerer Bedeutung war dagegen die Stillegung des internationalen Flughafens von Nikosia, der sich in der von den Vereinten Nationen eingerichteten Pufferzone befindet und für beide Seiten nicht zugänglich ist, und die Übernahme des Hafens Famagusta (Gazimağusa) durch die Zyperntürken. Über diesen Hafen wurden vor der Teilung der Insel 85 Prozent des seewärtigen Güterverkehrs abgewickelt.

Schwer getroffen wurden die Zyperngriechen vom Verlust der vorwiegend in griechischem Eigentum stehenden Hotelkapazitäten im Gebiet von Famagusta und Kyrenia (Girne). Auch finden sich bedeutende touristische Attraktionen (die Ruinenstadt von Salamis, die Abtei von Belapais, Mount Hilarion u. a.) heute im türkischen Teil der Insel. Die Hotelstadt von Varosha mit ihren riesigen Hotelkapazitäten kann, da internationales Sperrgebiet, weder von Griechen noch von Türken genutzt werden. Die Arbeitslosigkeit im Südteil der Insel wurde im September 1974 auf 30 Prozent geschätzt, vor der Teilung soll sie sich auf nur 1,5 Prozent belaufen haben[3].

Die Regierung der Republik Zypern stand daher vor der Aufgabe, möglichst schnell auf die neue Situation zu reagieren und mit Hilfe einer gezielten staatlichen Wirtschaftspolitik die Voraussetzungen für eine schnelle wirtschaftliche Entwicklung zu schaffen. Sie benutzte hierzu das bereits vor der Teilung bestehende wirtschaftspolitische Instrumentarium, das als ein wesentlicher Bestandteil des Wirtschaftssystems der Republik Zypern bezeichnet werden kann: die staatliche Wirtschaftsplanung.

1. Wirtschaftsplanung

Mit der Unabhängigkeit der Insel im Jahre 1960 wurde eine Wirtschaftsplanung eingeführt, die indikativer Natur ist und als indikative Entwicklungsplanung bezeichnet werden kann. Es handelt sich um die Erstellung von Fünfjahresplänen, also mittelfristigen Plänen, die der Wirtschaft die makroökonomischen Zieldaten vorgeben und den Rahmen der staatlichen ökonomischen und sozialen Aktivitäten abstecken. Die Planvorgaben sind für den Staatssektor verbindlich, für den Privatsektor haben sie den Charakter unverbindlicher Empfehlungen, die jedoch, verbunden mit einer gezielten Informationspolitik und steuerlichen Anreizen, nicht ohne Wirkung bleiben. Für die Planerstellung wurde ein Staatliches Planungsamt

---

[2] Brey, H.: Industrialisierung auf Zypern. Internationale, nationale und regional/lokale Aspekte der Industrieentwicklung. Münchener Geographische Hefte. 61. Regensburg 1989, S. 116.

[3] Hahn, B.: Die Insel Zypern. Der wirtschafts- und politisch-geographische Entwicklungsprozeß eines geteilten Kleinstaates. Hannover 1982, S. 182 sowie Wilson, R.: The Restructuring of the Cypriot Economy, in: Contemporary Review. (1987), S. 294.

(*Planning Bureau of the Republic of Cyprus*) geschaffen, das seinen Sitz in Nikosia hat.

Zum Zeitpunkt der Teilung der Insel war bereits der 3. Fünfjahresplan in Kraft, der für die Jahre 1972–1976 vorgesehen war. Er wurde durch einen „Ersten Notstandsplan" mit Gültigkeit für die Jahre 1975 und 1976 ersetzt. Dieser war gekennzeichnet durch eine Vielzahl von staatlichen Initiativen und Eingriffen, wobei der Staat besonders im Bereich der Investitionen aktiv wurde, um den Ausfall des privaten Sektors aufzufangen. An erster Stelle der Bemühungen der Regierung stand dabei die Schaffung neuer Arbeitsplätze im Rahmen eines Arbeitsbeschaffungsprogramms. Dies geschah durch Förderung arbeitsintensiver Techniken – bis zur Teilung der Insel war das Gegenteil, nämlich die Förderung kapitalintensiver Industrien, der Fall gewesen. Gefördert wurden auch exportorientierte Produktionen. Dies geschah vor allem durch staatliche Export- und Kreditgarantien. Der Außenhandel sollte den verkleinerten internen Markt ergänzen, eine ausgeglichene Leistungsbilanz sollte garantiert werden. Zur Wiederbelebung des privaten Sektors der Wirtschaft wurde eine Anzahl von Stimuli geschaffen, die vorwiegend eine Reihe von direkten und indirekten Subventionen sowie staatliche Garantien umfaßten. Der Staat wurde aber auch selbst als Investor aktiv. Hierzu war es notwendig, von dem bisher gepflegten Grundsatz eines ausgeglichenen Staatshaushalts abzuweichen und eine Politik des *deficit spending* zu praktizieren. Eine Lohn- und Preiskontrolle wurde eingeführt, um die Inflation in Grenzen zu halten[4]).

Trotz der umfangreichen staatlichen Aktivitäten und Interventionen in das wirtschaftliche Geschehen galt für die Regierung der RZ das marktwirtschaftliche Prinzip, dem, nach Wiederherstellung der Wirtschaft, erneut freier Lauf gegeben werden sollte. Sinn der staatlichen Maßnahmen sollte die Stimulierung der Privatinitiative sein, die als tragender Pfeiler der südzyprischen Wirtschaft betrachtet wurde. Wo diese staatlichen Einschränkungen und Kontrollen unterworfen war, geschah dies aus sozialen Erwägungen und um die Lasten des Aufbaus gerechter zu verteilen[5]). Zur sozialen Absicherung des Aufbauprogramms verkündete die Regierung eine Reihe sozialer Maßnahmen, die die wichtigsten Lebensbedürfnisse der Bevölkerung abdecken sollten. Welch starke Belastung die soziale Absicherung für den Staat bedeutete, zeigt die Tatsache, daß 1975 ca. 30 Prozent der Bevölkerung finanziell vom Staat abhängig war, gegenüber nur 1 Prozent im Jahr 1973[6]). Die genannten staatlichen Maßnahmen wurden ergänzt durch ein umfangreiches Infrastruktur-Programm, das den Ausbau der Häfen Larnaka und Limassol sowie die Errichtung eines neuen Flughafens vorsah. Es wurde ergänzt durch ein Wohnungsbau-Programm zur Unterbringung der umgesiedelten Personen. Das Hauptaugenmerk wurde dabei der Landwirtschaft und dem Bausektor geschenkt, in die jeweils mehr als ein Drittel der staatlichen Fördermittel flossen[7]).

---

[4]) Stylianou, O.: Cyprus' Road to Recovery after 1975, in: International Productivity Journal. (1991), S. 38.
[5]) Ebenda.
[6]) Ebenda, S. 40.
[7]) Wilson (Anm. 3), S. 294/295.

Der *erste Notstandsplan* der südzyprischen Regierung zeitigte schnelle Erfolge, was nicht zuletzt auf die umfangreiche Hilfe zurückzuführen ist, die die RZ von einigen internationalen Institutionen und von verschiedenen Staaten erhalten hat. Der Aufbau erfolgte daher nur zum Teil aus eigener Kraft. In der Zeit von 1975 bis 1978 wurden aber immerhin 25 000 neue Arbeitsplätze geschaffen, davon nur 2 000 in der staatlichen Verwaltung. Der *zweite Notstandsplan* (1977/78) schloß inhaltlich und in seinen Zielsetzungen an den ersten an, konzentrierte sich aber vor allem auf den Privatsektor. Die Bedingungen für ausländische Investoren, um deren Beteiligung am südzyprischen Wirtschaftsaufbau sich die Regierung vermehrt bemühte, wurden verbessert, die Entwicklung allmählich auf kapitalintensives Wirtschaften umgestellt, was u. a. eine Vergrößerung der Betriebsgrößen zur Folge hatte. Die eigene Wirtschaft wurde zu einer Intensivierung ihrer Investitionstätigkeit angehalten. Schwerpunkt der Aktivitäten war diesmal der Dienstleistungssektor und mit ihm der Tourismus. Auch der zweite Notstandsplan kann als erfolgreich bezeichnet werden, denn bereits 1978 erreichte die Wirtschaft der RZ das Leistungsniveau von vor der Teilung, bei beginnenden Überhitzungserscheinungen[8]. Die Vollbeschäftigung war weitgehend wiederhergestellt. Die weitere Wirtschaftsentwicklung mußte, sollte es nicht zu einer Konjunkturüberhitzung kommen, durch vermehrten Kapitaleinsatz zur Substitution des Arbeitsfaktors getragen werden.

Dies zeigte sich bereits im *dritten Notstandsplan* für die Jahre 1979 – 1981, dessen Ziele, leicht verändert und ergänzt, auch in die nachfolgenden Mehrjahrespläne übernommen wurden. Schwerpunkte waren nun der sekundäre und der tertiäre Sektor der Wirtschaft, deren Wachstum forciert wurde. Ziel war die Schaffung einer differenzierten, von Klein- und Mittelbetrieben beherrschten Wirtschaftsstruktur, die gegenüber konjunkturellen Schwankungen relativ unanfällig sein sollte. Die Politik der Importsubstitution wurde nicht weiter verfolgt, jedoch wurden die Exportförderungsmaßnahmen fortgesetzt und sogar noch verstärkt. Zur Bekämpfung des Arbeitskräftemangels wurde die Arbeitszeit verlängert und vermehrt auf Frauenarbeit zurückgegriffen. Auch sollten Exilzyprer dazu bewogen werden, in ihre Heimat zurückzukehren. Im Tourismussektor (vgl. den Beitrag „Tourismus" von B. Sackmann in diesem Band) wurde von der Quantitäts- auf Qualitätsorientierung umgestellt, da die Zukunft des Tourismus auf der Insel vor allem bei den zahlungskräftigen Touristen gesehen wurde. Der Tourismus sollte zu einem wesentlichen Entwicklungsfaktor der RZ werden, ein Ziel, das dank der günstigen Bedingungen der Insel auch schnell erreicht wurde. Als Folge der fortschreitenden Wirtschaftsentwicklung trat die relative und absolute Bedeutung der Landwirtschaft für die Wirtschaft des Landes immer mehr zurück. Dennoch wurde auch in diesem Sektor weiter investiert, wobei vor allem Bewässerungsvorhaben zur Steigerung der Hektarerträge im Vordergrund standen. Die Regierung strebte

---

[8] Stang, F.: Zypern – wirtschaftliche Entwicklungen und Strukturveränderungen seit der Teilung der Insel, in: Aachener Geographische Arbeiten. 14 (1981), S. 349/350 sowie Witt, S. F.: Tourism in Cyprus: Balancing the Benefits and Costs, in: Tourism Management. 12 (1991), S. 37 ff.

eine Produktionsdiversifizierung zur Hebung des Selbstversorgungsgrades an (vgl. den Beitrag „Landwirtschaft" von R. Wellenreuther in diesem Band).

Der *vierte Notstandsplan* wurde für den Zeitraum von 1982 bis 1986 verabschiedet. Seine Schwerpunkte waren die Modernisierung der Wirtschaft und die Anwerbung ausländischer Investoren, die Verbesserung der Produktionsmethoden und eine Intensivierung der Exportproduktion unter besonderer Berücksichtigung des qualitativen Aspekts. Die jährliche Wachstumsrate des Bruttosozialprodukts (BSP) wurde mit 4 Prozent, die der Arbeitsproduktivität mit 2,4 Prozent und die der Beschäftigung mit 1,6 Prozent angesetzt. Der Anteil der Industrieerzeugnisse an den Exporten sollte auf 74 Prozent steigen[9]). Diese Ziele konnten im wesentlichen erreicht werden.

Der *fünfte Notstandsplan* orientierte sich an den Zielen des vierten. Ihm folgte ein Entwicklungsplan für die Jahre 1989 bis 1993. Sein Ziel war die Verbindung langfristiger Planung mit jährlichen Anpassungen und Plankorrekturen. Hier waren die Ziele noch höher gesteckt als bei den vorhergehenden Plänen (5 Prozent jährliches Wachstum des BSP und damit Erhöhung des Lebensstandards der Bevölkerung, gerechtere Einkommensverteilung, Modernisierung der Industrie usw.)[10]).

Die auf indikativen Plänen beruhende wirtschaftliche Entwicklungspolitik der RZ kann als erfolgreich betrachtet werden. Das Bruttoinlandsprodukt (BIP) zu Marktpreisen verzeichnete real bis 1990 hohe Wachstumsraten, die bis auf 8,4% (1988) stiegen und erst im Jahr 1991 einen Rückschlag (1,5 Prozent) erlitten, um 1992 schon wieder bei 8,2 Prozent zu liegen, bei allerdings ebenfalls zunehmender Inflationsrate (1991: 5 Prozent; 1992: 6,5 Prozent). Die Arbeitslosenquote lag Anfang der neunziger Jahre unter 2 Prozent, so daß sich in den arbeitsintensiven Sektoren zunehmender Arbeitskräftemangel bemerkbar machte. Er fand seinen Ausdruck u. a. in der Lockerung der südzyprischen Immigrationsregeln und der Beschäftigung von mehr als 12 000 osteuropäischen und asiatischen Gastarbeitern[11]). Der zunehmende Wohlstand der Bevölkerung fand seinen Ausdruck in einer starken Zunahme des privaten Verbrauchs und in einem hohen Wachstum der Bruttoanlageinvestitionen[12]).

2. Die Beschaffung von Auslandskapital

Die Planerfüllung und mit ihr die Intensivierung der wirtschaftlichen Entwicklung war in großem Maße vom Zufluß ausländischen Kapitals abhängig, da die Kapitalbildungsfähigkeit der Inselbevölkerung aufgrund der gegebenen Größenverhältnisse beschränkt war. Aus diesem Grund betrieb die südzyprische Regierung

---

[9]) Statistisches Bundesamt (Anm. 1), S. 113.
[10]) Ebenda, S. 113.
[11]) Financial Times. 10. 2. 1993.
[12]) Vgl. Republic of Cyprus, Department of Statistics and Research, Ministry of Finance (Hrsg.): Economic Report. General Economic Statistics. Series I, Report No. 25–37; Bank of Cyprus (Hrsg.): Bulletin. (Verschiedene Jahrgänge); Statistisches Bundesamt (Anm. 1), S. 105 ff.

eine liberale Wirtschaftspolitik und erließ eine Anzahl von Gesetzen, die den Zufluß ausländischen Kapitals erleichterten, was gleichzeitig zu einer Steigerung der Exporte führen sollte. Das ausländische Kapital erkannte die Vorteile, die die Insel-Republik zu bieten hat, zumal die dortige Regierung mit einer Vielzahl von Ländern Doppelbesteuerungsabkommen abgeschlossen hat, u. a. auch mit der Bundesrepublik Deutschland. Das zyprische Recht basiert im wesentlichen auf dem angelsächsischen, wodurch „Grauzonen" ausgeschlossen sind und der Investor ein hohes Maß an Sicherheit hat. Die politischen Verhältnisse können als stabil bezeichnet werden. Zudem verfügt die RZ über ein Reservoir an qualifizierten Arbeitskräften, auf die potentielle Investoren zurückgreifen können. Verbunden mit einer guten Infrastruktur sind damit alle wichtigen Standortfaktoren gegeben. Nicht zuletzt wirkt auch das angenehme Klima auf der Insel attraktiv.

Zypern hat seinen Kapitalbedarf allerdings auch in großem Maße durch Auslandsverschuldung gedeckt, die seit dem Ende der achtziger Jahre stark gestiegen ist und sich im Jahr 1991 brutto auf 4,5 Mrd. US-Dollar (USD) belaufen hat. Die Schuldendienstquote erreichte eine Höhe von 10 Prozent[13]. Nachdem die Außenverschuldung etwa 40 Prozent des BIP erreicht hat, ist ihr Stand mit dem Brasiliens vergleichbar. Die Außenverschuldung pro Kopf der Bevölkerung beläuft sich auf 7 980 Dollar. Hinzu tritt die umfangreiche unentgeltliche bzw. mit Vorzugsbedingungen verbundene Hilfe internationaler Organisationen und Institutionen, wie der Europäischen Gemeinschaft bzw. Europäischen Union oder der ODA-Programme (*Official Development Assistance*) und des DAC (*Development Assistance Committee* der OECD). Von Bedeutung sind aber auch die Kapitaltransfers der im Ausland lebenden Zyperngriechen. Auch wurden die Folgen des Zypernkonflikts von 1974 nicht ohne die Unterstützung ausländischer Hilfsorganisationen bewältigt. Verschiedene Hilfsorganisationen der Vereinten Nationen, wie UNHCR und UNDP sowie die Welternährungsorganisation (FAO), die Weltgesundheitsorganisation (WHO), das Internationale Rote Kreuz, die Weltbank und der Europarat halfen mit speziellen Programmen für die Errichtung von Flüchtlingslagern, für die Ernährung der Flüchtlinge und später für den Hausbau und die Industrie- und Agrarentwicklung. Griechenland transferierte in der Zeit von 1974 bis 1978 mehr als 50 Mill. zyprische Pfund (CyP) für Importe aus Griechenland. Die Bundesrepublik Deutschland beteiligte sich in den Jahren 1974–1980 mit rund 70 Mill. DM am Ausbau der Wasser- und Elektrizitätsversorgung sowie an technischen Hilfsprogrammen. Von anderen Ländern wurden zwischen 1974 und 1978 zusätzlich 40 Mill. USD gezahlt. Zudem wurde Zypern mit umfangreichen Mitteln aus dem Kuweit-Fonds versorgt (3 Mill. USD jährlich). Im Gegensatz dazu ist Nordzypern seit der Teilung fast ausschließlich auf türkische Finanz- und Wirtschaftshilfe angewiesen[14]. Das viel beschworene „kleine Wirtschaftswunder" im Südteil Zyperns[15] ist daher nicht zuletzt das Ergebnis großzügiger ausländischer Hilfe.

---

[13] Vgl. Deutsche Bank (Hrsg.): Deutsche Bank Research. Aktueller Länderbericht Zypern. Frankfurt 1992.

[14] Vgl. hierzu Hahn (Anm. 3), S. 185 ff. sowie Berner, U.: Das vergessene Volk. Der Weg der Zyperntürken von der Kolonialzeit zur Unabhängigkeit. Dissertation. Freiburg 1992.

[15] Brey, H.: Das „kleine Wirtschaftswunder" im Südteil der Republik Zypern nach 1974. Ele-

Neben Direktinvestitionen (meistens in Form von *joint ventures*) gewannen *Offshore*-Unternehmen eine große Bedeutung[16]). Die gesetzlichen Grundlagen hierfür wurden bereits Mitte der siebziger Jahre geschaffen, die gesetzlichen Grundlagen für *Offshore*-Banken folgten zu Beginn der achtziger Jahre. Bei den *Offshore*-Unternehmen handelt es sich um ausländische Unternehmen, die auf Zypern geschaffen wurden, um von dort aus im Ausland Geschäftsaktivitäten zu entwickeln, wobei sie die ihnen gewährten Steuervorteile nutzen. Sie werden praktisch in allen wichtigen Wirtschaftsbereichen tätig. Besonders häufig nutzen Reedereien aufgrund der günstigen Kostenlage (Registrierungsgebühren und Tonnagesteuer) die hier gebotenen Möglichkeiten. Nur etwa 25 Prozent der südzyprischen Handelsflotte ist in heimischem Besitz, der Rest ist auf *Offshore*-Basis registriert. Dreißig Prozent der Staatseinnahmen aus *Offshore*-Aktivitäten kommen aus der Schiffahrt. Als Insel zwischen drei Kontinenten ist Zypern ein besonders günstiger Standort für *Offshore*-Aktivitäten, zumal die Insel über eine gute Verkehrs- und Telekommunikationsinfrastruktur verfügt. Hinzu kommt, daß das Bankgeheimnis garantiert ist und Nummernkonten möglich sind. Zwar findet auch ein Mißbrauch der liberalen Gesetze für Waffen- und Rauschgifthandel sowie für Geldwäsche statt, was den Ruf der RZ nicht unbedingt verbessert, doch dürfte dies nur eine Minderheit der Unternehmen betreffen. Die Zahl der *Offshore*-Unternehmen hat sich jedenfalls trotz überbordender staatlicher Bürokratie schnell entwickelt. Sie stellen für die Insel einen wichtigen Wirtschaftsfaktor dar[17]). Auch die Zahl der *Offshore*-Banken, von denen es im Jahr 1992 achtzehn gab, hat schnell zugenommen, obwohl Zypern erst relativ spät in diesen Geschäftszweig und den Sektor der Finanzdienstleistungen eingetreten ist. Die in diesem Bereich aktiven Banken kommen aus einer Vielzahl von Ländern, u.a. aus Großbritannien, Frankreich, der Schweiz, Luxemburg, Jordanien, Libanon, Hongkong und neuerdings auch aus Rußland, wie generell eine Steigerung der ökonomischen Aktivitäten russischer Unternehmen in der RZ feststellbar ist[18]). Die Aktivitäten der *Offshore*-Banken sind allerdings auf Transaktionen mit *Nonresidents* und mit nichtzyprischen Währungen limitiert. Die Kreditgewährung an Bürger der RZ ist jedoch im Rahmen des *Exchange Control Law* gestattet. Die *Offshore*-Banken werden von der Zentralbank überwacht, bei der jedoch eine Refinanzierung nicht möglich ist. Ansonsten bestehen kaum Auflagen. Es gibt keine Vorschriften für eine Mindestliquidität oder für die Zinsgestaltung, auch unterliegen die *Offshore*-Banken keinen Devisenbestimmungen.

---

mente eines ungewöhnlichen Entwicklungsweges, in: Südosteuropa Mitteilungen. 30 (1990) 2, S. 116 ff.

[16]) Zu den Offshore-Aktivitäten in der RZ vgl. Wilson, R.: Cyprus and the International Economy. 1992, S. 78 ff.; Euromoney. Mai 1992, S. 36 ff.; Bundesstelle für Außenhandelsinformation (Hrsg.): Zypern. Wirtschaftsentwicklung 1992. Köln 1993, S. 8.

[17]) Vgl. hierzu Die Bank. 6 (1989) sowie Nachrichten für den Außenhandel. 26.11.1992 und Euromoney. Dezember 1988 und Mai 1992.

[18]) Finansovye Izvestija. 22.10.1993.

3. Öffentliche Finanzen und Währung

Die aktive staatliche Wirtschaftspolitik und die mit ihr verbundenen Staatsausgaben haben zu einem Budget-Defizit geführt. Besonders seit Ende der achtziger Jahre hält sich jedoch die innere Verschuldung des Staates in Grenzen. Sie lag lediglich im Jahr 1991 bei 4,6 Prozent des BIP und war in den Vorjahren erheblich darunter geblieben. 1993 belief sich das Budget-Defizit auf 3,1 Prozent des BIP und hatte damit fast „Maastricht-Niveau" erreicht. Die Gesamtverschuldung, die 1986 37 Prozent des BIP erreicht hatte, sank bis 1990 auf 27 Prozent, stieg danach jedoch als Folge des Golf-Kriegs erneut an[19]. Die Einführung der Mehrwertsteuer am 1. Juli 1992 (erstmals voll wirksam im Jahr 1993) führte zu zusätzlichen Einnahmen des Staatshaushalts und wird auch in Zukunft für dessen gesunde Struktur von wesentlicher Bedeutung sein. Das Steuersystem wird mit dem der Europäischen Union harmonisiert, deren Vollmitgliedschaft die RZ anstrebt. Ein entsprechender Antrag wurde im Jahr 1990 gestellt. Seit 1. 1. 1988 besteht zwischen der EU und Zypern eine Zollunion, nachdem der Staat bereits seit dem 1. 1. 1973 mit der EG assoziiert war. Die Zollunion wird allerdings erst im Jahr 2002 bzw. 2003 voll hergestellt sein. Die Mehrwertsteuer soll u. a. den mit ihr verbundenen Ausfall von Einnahmen aus Importzöllen kompensieren.

Auch in ihrer Währungspolitik strebt die südzyprische Regierung im Hinblick auf eine Mitgliedschaft in der Europäischen Union eine Harmonisierung an. So wurde das zyprische Pfund am 19. Juni 1992 an die Europäische Währungseinheit E.C.U. (*European Currency Unit*, ECU) angebunden. Dadurch wird die Fluktuation der Wechselkurse des zyprischen Pfunds gegenüber den europäischen Währungen minimiert werden können. Dies wird das Vertrauen in die südzyprische Währung stärken. Durch die schnelle Entwicklung der Wirtschaft des Inselstaates und die sich immer mehr westeuropäischen Mustern annähernde Wirtschaftsstruktur sowie die zunehmende wirtschaftliche Verflechtung mit den Ländern der Europäischen Union (EU) brachte dieser Schritt nicht nur keine größeren Probleme, er wird sich sogar positiv auf die weitere Wirtschaftsentwicklung der RZ auswirken. Vor der Anbindung an die ECU wurde der Wechselkurs des zyprischen Pfundes von der Zentralbank auf der Grundlage eines fixierten Korbes internationaler Währungen festgesetzt. In dem „Korb" waren die Währungen der wichtigsten Handelspartner des Landes vertreten. Mit der Anbindung an die ECU wurde dieser Korb mit dem der ECU getauscht. Während dadurch der Handel mit den EU-Ländern zweifellos gestärkt wird, kann der Handel mit Japan und den Ländern des Mittleren Ostens dadurch zurückgehen. Auch halten südzyprische Experten Auswirkungen der ECU-Anbindung auf die Kapitalströme und damit auf die Zahlungsbilanz für möglich[20]. Diese Wirkungen dürften jedoch, wenn überhaupt, nur von kurzfristiger Dauer sein. Der Zwang zu einer Anpassung der eigenen Wäh-

---

[19] Vgl. Bundesstelle für Außenhandelsinformation (Hrsg.): Zypern. Wirtschaftsentwicklung für die Jahre 1987 bis 1992.
[20] Bank of Cyprus (Hrsg.): Bulletin. 2 (1992), S. 18/19.

rung an die strengen Regeln des Vertrags von Maastricht, deren wichtigste die Begrenzung der Inflationsrate, des Budget-Defizits und der öffentlichen Schuld sind, wird die Währung und damit die Wirtschaft der RZ eher stärken als schwächen. Die angestrebte Mitgliedschaft in der EU, über die ab 1998 verhandelt werden soll, wird damit erleichtert.

III. Die wirtschaftliche Entwicklung in der „Türkischen Republik Nordzypern"

Die eigenständige wirtschaftliche Entwicklung in Nordzypern setzte mit der Eroberung von 37 Prozent der Insel durch die türkische Garantiemacht im Jahre 1974 ein. Im Februar 1975 wurde eine „Türkischzyprische Förderative Republik", im November 1983 die „Türkische Republik Nordzypern" (TRNZ) ausgerufen. Durch die Isolierung Nordzyperns als Folge des von Südzypern verhängten Boykotts und die Nichtanerkennung der TRNZ durch die internationale Staatengemeinschaft (ausgenommen die Türkei) hat sich der wirtschaftliche Aufbau in starker Anlehnung an die Türkei vollzogen, von der die TRNZ weitgehend abhängig ist. Die wirtschaftliche Entwicklung wurde dadurch wie folgt beeinflußt:

– Das Wirtschaftssystem mußte in starkem Maße an das der Türkei angepaßt werden, das durch einen erheblichen staatlichen Interventionismus gekennzeichnet war und trotz vieler Reformen noch immer ist.
– Die Schwächen der türkischen Wirtschaft wurden auf Nordzypern übertragen. Das geschah durch die Übernahme der türkischen Währung als Landeswährung der TRNZ und mit ihr der hohen Inflationsrate, die Jahresraten von 60 bis 70 Prozent erreicht hat. Hohe Inflationsraten jedoch behindern die unternehmerischen Aktivitäten.
– Staatliche Investitionen in die verkehrs- und energiewirtschaftliche sowie die soziale Infrastruktur sind weitgehend von türkischen Finanztransfers abhängig, da die Wirtschaft des Landes zu klein ist, um die für den Staatsbedarf erforderlichen Mittel zu erarbeiten und ausländische Hilfe ausbleibt.
– Die TRNZ stellt mit ihren 172 000 Einwohnern einen nur kleinen Markt dar. Die Industrie des Landes ist zur Realisierung von Größenvorteilen („*economies of scale*") auf ausländische Märkte angewiesen, die aber aufgrund der internationalen Isolierung nur schwer zugänglich sind. Die nordzyprische Wirtschaft ist dementsprechend gezwungen, sich vorwiegend auf den türkischen Markt zu spezialisieren. Die Exporte in die Türkei bringen jedoch nicht die dringend benötigten harten Devisen.
– Durch die fehlende völkerrechtliche Anerkennung der TRNZ ist der Tourismus, der eine der wichtigsten Einnahmequellen der RZ darstellt (1992 besuchten 1,9 Mill. Touristen Südzypern und tätigten dort Ausgaben in Höhe von 600 Mill. zyprischen Pfund)[21], gehemmt. Die TRNZ ist nur auf dem Umweg über die Türkei erreichbar, wobei die Luftverbindungen als für den Tourismus unzureichend

---

[21] FVW. 5. 3. 1993.

bezeichnet werden müssen. Aus diesem Grund stellen die Bürger der Türkei den größten Anteil an den Besuchern des Landes. Devisen werden dadurch nur in relativ geringem Maße erwirtschaftet. Das Land ist von türkischen Touristen, die zum großen Teil nur Einkaufstouristen sind, abhängig.
- Die TRNZ ist zu klein, um das für die wirtschaftliche Entwicklung erforderliche Humankapital zu bilden. Sie ist auf einen Transfer vom Festland angewiesen. Die autochthone Bevölkerung war vor der Teilung vorwiegend im Agrarsektor sowie im kleinen Handwerk beschäftigt gewesen. Die Stadtbevölkerung dagegen hatte eine Präferenz für den öffentlichen Sektor, viele Türken waren aber auch in zyperngriechischen Unternehmen angestellt. Von dem Mangel an Fachkräften waren ziemlich alle Sektoren der Wirtschaft betroffen, in besonderem Maße die Universitäten. Diese Situation hatte sich nach 1974 verschärft, weil nach den gewaltsamen Auseinandersetzungen zwischen griechischen und türkischen Zyprern zehntausende von zum großen Teil beruflich qualifizierten und akademisch gebildeten Türken die Insel verlassen haben[22].

Vor der Trennung der beiden Volksgruppen wurde die zyprische Wirtschaft von dem griechischen Bevölkerungsanteil dominiert. Zentralbank, Ministerien, Post und öffentlicher Dienst befanden sich ebenso vorwiegend in griechischen Händen wie die wichtigsten Industrieunternehmen. Den türkischen Zyprern fehlte damit auch weitgehend die für den Aufbau einer eigenen Wirtschaft notwendige Erfahrung. So nützte es wenig, daß sich vor der Trennung rund ein Drittel der Unternehmen des verarbeitenden Gewerbes, die ca. 25 Prozent des industriellen Outputs erstellten, im Norden der Insel befunden hat[23]. Zudem waren viele Betriebe während der kriegerischen Handlungen geplündert worden. Andere Betriebe fielen wegen unsachgemäßer Behandlung aus, viele wurden nicht mehr weitergeführt und verrotteten[24]. Später gab man den Versuch, die zyperngriechischen Betriebe weiterzuführen, auf und spezialisierte sich vor allem auf die Lebensmittel-, Textil- und Lederindustrie. Der Tourismus war fast völlig zusammengebrochen und gewann erst langsam wieder an Bedeutung.

Dennoch nahm auch Nordzypern eine beachtliche Entwicklung, wenngleich das Bruttosozialprodukt pro Kopf der Bevölkerung weit hinter dem des griechischen Teils der Insel zurückgeblieben ist. Besonders seit Beginn der neunziger Jahre dokumentiert sich dies in einem explosionsartig zunehmenden städtischen Häuser- und Wohnungsbau sowie im Straßen- und Autobahnbau, wobei letzterer zum Teil mit saudiarabischen Geldern finanziert wird. Im Zeitraum von 1977 bis 1990 hat das Bruttoinlandsprodukt (BIP) zu konstanten Preisen von 1977 um 83,7 Prozent zugenommen. Die durchschnittliche jährliche Wachstumsrate belief sich dementsprechend auf 4,8 Prozent. Im selben Zeitraum wuchs die wirtschaftlich aktive Bevölkerung im Verhältnis zur Gesamtbevölkerung von 37,1 auf 41,7 Prozent. Das

---

[22] Olgun, M. E.: Economic Overview, in: The Political, Social and Economic Development of Northern Cyprus. Hrsg. von D. H. Dodd. Hemingford Grey (England) 1993, S. 271.
[23] Brey (Anm. 2) S. 34/35, 45 ff.
[24] Berner (Anm. 14) S. 452.

schnellste Wachstum verzeichnete die Bauwirtschaft und die Verkehrswirtschaft, gefolgt von den Institutionen der Finanzwirtschaft und der Industrie. Der Anteil der Landwirtschaft am BIP nahm von 16,4 Prozent im Jahre 1977 auf 9,2 Prozent im Jahr 1990 ab, während der Anteil der Industrie im gleichen Zeitraum von 9,7 auf 13,7 Prozent wuchs[25]). Die Arbeitslosenrate konnte kontinuierlich gesenkt werden und fiel von 2,9 Prozent im Jahre 1977 auf nur noch 1 Prozent im Jahr 1992[26]).

Die schnelle Entwicklung von Bau- und Verkehrswirtschaft ergab sich aus der Notwendigkeit, den für die Unterbringung der Flüchtlinge und der Übersiedler vom Festland erforderlichen Wohnraum und eine den neuen Bedingungen entsprechende verkehrswirtschaftliche Infrastruktur zu schaffen. Dazu gehörte nicht nur der Straßenbau, sondern auch die Schaffung eines eigenen Flughafens. Heute verfügt die TRNZ über zwei Flughäfen, von denen Ercan (Tymvov) dem zivilen Verkehr, Geçitkale (Lefkoniko), nach vorübergehender ziviler Nutzung, militärischen Zwecken dient. Der nahe Famagusta gelegene Flughafen Ercan kann auch von größeren Flugzeugen angeflogen werden, so daß über ihn auch ein Teil des künftigen Touristenverkehrs abgewickelt werden kann. Nach der Trennung der beiden Volksgruppen ist das zyperngriechische Eigentum zunächst verstaatlicht worden, so daß sich zeitweise ca. 80 Prozent der Wirtschaft unter staatlicher Kontrolle befunden haben. Die Privatisierung dieses Vermögens zog sich über Jahre hin und diente vor allem der Entschädigung der aus dem Südteil der Insel umgesiedelten Personen. Ähnlich wie in einigen postsozialistischen Staaten in den neunziger Jahren wurden Privatisierungspunkte vergeben, die zum Immobilienerwerb benutzt werden konnten. Diese Punkte waren handelbar und entwickelten einen eigenen Preis. Der nordzyprische Staat handelte als Eigentümer der von den Zyperngriechen hinterlassenen Grundstücke, Häuser und Betriebe, die er den türkischen Flüchtlingen und Immigranten zur Verfügung stellte. Unverteiltes Realvermögen blieb in staatlichem Eigentum[27]). Die nordzyprische Wirtschaft war gezwungen, teilweise völlig neue Wirtschaftsverbindungen ins Ausland herzustellen. Darüber hinaus mußte aber auch eine funktionierende Verwaltung geschaffen werden, wobei es den Zyperntürken an entsprechender Erfahrung mangelte, da sie mehr als zehn Jahre lang nicht in der Administration tätig und auch zuvor dort alle wesentlichen Positionen von Griechen besetzt gewesen waren. Auch an Kenntnissen über die Gestaltung des Wirtschaftssystems und die Wirtschaftssteuerung mangelte es[28]). Ohne die Hilfe der Türkei wäre der Aufbau eines zyperntürkischen Staates nicht möglich gewesen.

---

[25]) Olgun (Anm. 22), S. 274/275, nach Angaben der Staatlichen Planungsorganisation.
[26]) TRNC, Prime Ministry, State Planning Organisation (Hrsg.): Economic Developments in the Turkish Republic of Northern Cyprus. Nikosia 1993, S. 6.
[27]) Wellenreuther, R.: Siedlungsentwicklung und Siedlungsstrukturen im ländlichen Raum der Türkischen Republik Nordzypern. Materialien zur Geographie 21. Diplom-Arbeit. Universität Mannheim 1993, S. 75 und Berner (Anm. 14), S. 451/452.
[28]) King, R.: North from the Attila Line, in: Geographical Magazine. 52 (Nov. 1979), S. 122 ff.

1. Wirtschaftsplanung

Wie die RZ plant auch die TRNZ ihre wirtschaftliche Entwicklung mittels indikativer Pläne. „Die wirtschaftliche, soziale und kulturelle Entwicklung soll auf einen Plan gegründet sein und soll nach einem solchen Plan ausgeführt werden" (Art. 134, Abs. 1 der Verfassung der TRNZ). Der *erste Fünfjahresplan* wurde im Jahr 1977 erstellt und galt für den Zeitraum 1978 bis 1982. Erst mit dem Beginn der Planung wurde auch eine Wirtschaftsstatistik aufgebaut, so daß es für die Zeit vor 1977 an Wirtschaftsdaten mangelt bzw. diese ganz fehlen. Dementsprechend konnte der erste Fünfjahresplan nicht auf konkreten Daten, sondern nur auf Schätzungen basieren. Gleich der Wirtschaftsplanung in der Türkei und im Südteil der Insel war der Plan für den öffentlichen Sektor, nicht jedoch für den Privatsektor verbindlich. Ziele der Planung waren die Herstellung wirtschaftlicher Stabilität, eine gerechte Einkommensverteilung und eine ausgeglichene Handelsbilanz. Das jahresdurchschnittliche Wachstum des Bruttosozialprodukts sollte sich auf 6,5 Prozent belaufen[29]. Die Einführung der Wirtschaftsplanung erfolgte zu einer Zeit, da von einer geregelten Produktion im Nordteil der Insel kaum gesprochen werden konnte. Die Agrarerträge reichten kaum zur Tätigung von Exporten, Kapital für Investitionen war bei den Zyperntürken kaum vorhanden. Unter diesen Umständen war der Staat geradezu aufgerufen, die mangelnde private Initiative zu ersetzen bzw. Anreize für private Investitionen zu schaffen. Dabei konnten Investitionen praktisch nur aus der Türkei bzw. von Auslandszyperntürken kommen. Aus diesem Grunde verfolgte auch die nordzyprische Regierung eine liberale Wirtschaftspolitik. Im Rahmen der staatlichen Wirtschaftspolitik genossen Handel, Tourismus, Bankwesen, Verkehr und Industrie Priorität[30].

Da die Türkische Lira (TL) die Landeswährung darstellt, fehlen Möglichkeiten zu einer eigenständigen aktiven Geldpolitik. Die TRNZ ist daher der türkischen Inflationspolitik auf Gedeih und Verderb ausgeliefert, was wohl den größten Nachteil bei der nach 1974 eingetretenen Wirtschaftslage darstellt. Den Bewohnern der Republik ist es jedoch freigestellt, auch andere Währungen zu verwenden. So spielt bei Immobilienverkäufen das britische Pfund Sterling eine wichtige Rolle und auch das zyprische Pfund findet bei gewissen Transaktionen Verwendung. Löhne und Gehälter sind, ebenso wie in der Türkei, indexiert und werden, der Preisentwicklung entsprechend, alle zwei Monate an die inflationäre Entwicklung angepaßt.

Ausländischen Investoren werden eine Reihe von Privilegien, wie zehnjährige Mietfixierung, Pacht staatlicher Grundstücke u.a. gewährt. Gewinne und Verkaufserlöse bei Liquidierung der Unternehmen können ins Ausland transferiert werden. Der Import von Rohstoffen und Vorprodukten genießt Zollbefreiung, wenn die Produktion Exportzwecken dient. Exporte genießen eine zwanzigprozentige Steuervergünstigung. Allerdings darf die ausländische Beteiligung im all-

---

[29] Hahn (Anm. 3), S. 214/215.
[30] TRNC, Prime Ministry, State Planning Organisation (Hrsg.): Economic and Social Developments in the Turkish Republic of Northern Cyprus (1986–1990). Nikosia 1991, S. 1.

gemeinen den Anteil von 49 Prozent des Unternehmenskapitals nicht überschreiten. Höhere Beteiligungen sind möglich (bis zu 100 Prozent), bedürfen jedoch der Genehmigung des Ministerrats, ebenso wie für jede Unternehmensgründung durch ausländische Gesellschaften der Ministerrat aktiv werden muß. Er prüft den Nutzen, den die ausländische Investition Nordzypern bringen kann. Investitionen in verschiedene nicht näher bezeichnete Bereiche der Wirtschaft, bedürfen der Genehmigung des zuständigen Ministeriums. Die Regierung gewährt ausländischen Investoren den vollen Schutz der Eigentumsrechte, wie das in der Verfassung der TRNZ vorgesehen ist: Jegliche Form der Nationalisierung ausländischen Eigentums komme nicht in Betracht[31]).

Ähnlich wie in der RZ sind auch in der TRNZ *Offshore*-Unternehmen und *Offshore*-Banken seit Beginn der neunziger Jahre zugelassen. Sie genießen einen ermäßigten Einkommensteuersatz von 2 Prozent. Angeblich haben sich bis 1993 bereits fünfzehn Offshore-Banken in der TRNZ angesiedelt. Die Einnahmen aus den Offshore-Aktivitäten sollen in den kommenden Jahren eine ähnliche Bedeutung wie die Einnahmen aus dem Tourismus erlangen[32]).

Heimische Unternehmer werden durch staatliche Investitionszuschüsse oder zinsbegünstigte staatliche Kredite gefördert[33]). Der Hafen Gazimağusa wurde zum Freihafen erklärt, was vor allem den Transithandel mit dem Mittleren und Nahen Osten fördern soll. Es besteht aber auch die Hoffnung auf Ansiedlung von Industrien im Freihafengelände. Demnach hat er im Vergleich zu früheren Zeiten an Attraktivität und Bedeutung verloren, weil seine Fazilitäten veraltet sind.

Gesteigerte Aktivität entwickelt der Staat auf dem Sektor des Tourismus, der besonders seit 1987 ständig an Bedeutung gewonnen hat, jedoch auf Grund der bereits erläuterten Situation bei weitem nicht jenes Ausmaß erlangen kann, wie er sie in der RZ hat. Allerdings gab es bis zum Jahr 1986 nur gelegentliche Programme zur Tourismus-Entwicklung. Erst im Jahr 1987 wurde vom Parlament ein Tourismusförderungsgesetz verabschiedet[34]). Seither sind die Investitionen in diesen Sektor ständig gestiegen, was in einer Anzahl neuer Hotels und Ferien-Anlagen seinen Ausdruck findet. Die Bettenkapazität wuchs von 2964 im Jahre 1975 auf 7087 im Jahre 1992[35]). Investitionen in das Hotelwesen sind auf zehn Jahre von der Steuer befreit und genießen Sonderabschreibungsmöglichkeiten. Zur Steigerung der Touristenzahlen übernimmt die Regierung das Risiko für Charterfluggesellschaften bei der Bedienung des Flughafens Ercan. So trägt sie die Hälfte des

---

[31]) Turkish Republic of Northern Cyprus, Prime Ministry, State Planning Organisation (Hrsg.): Guide for Foreign Investors in the Turkish Republic of Northern Cyprus. Nikosia 1994, S. 1/2.

[32]) Nach Erhebungen von Orthgieß, A.: Die wirtschaftliche Entwicklung in beiden Teilen Zyperns – Ein Vergleich. Diplom-Arbeit am Institut für Wirtschaft und Gesellschaft Ost- und Südosteuropas, Südosteuropa-Seminar der Universität München 1993, S. 64.

[33]) Vgl. TRNC, Ministry of Economy, Trade and Industry (Hrsg.): Guide to Foreign Investors and Businessmen. Lefkoşa 1987 und 1991.

[34]) Lockhart, D./Ashton, S.: Tourism to Northern Cyprus, in: Geography. 75 (1990) 2, S. 166/167.

[35]) TRNC, Prime Ministry (Anm. 30), S. 22.

Verlustes, wenn die Flugzeuge zu weniger als 80 Prozent ausgelastet sind. Je nach Anzahl der realisierten Übernachtungen übernimmt der Staat die Ausgaben für das Marketing bis zu 75 Prozent[36]). Auch im Fünfjahresplan für die Zeit von 1993 bis 1997 stellt der Tourismus einen Schwerpunkt dar.

Der Devisenbeschaffung dient auch zumindest teilweise die Gründung von privaten Universitäten in der TRNZ. Von ihnen gibt es bisher fünf, bei einer Bevölkerung des Staates von nur 171 000 Einwohnern. Die Zahl der Studenten beläuft sich auf 7 500 (1993). Ihre Zahl soll bis zum Jahr 2000 auf 20 000 anwachsen[37]). Sie werden dann einen wichtigen Wirtschaftsfaktor darstellen.

Im Rahmen seiner Wirtschaftsplanung subventioniert der Staat nicht nur die Industrie und das Verkehrswesen, sondern auch die Landwirtschaft. Sein Ziel ist eine Optimierung der ländlichen Infrastruktur. Gleichzeitig hilft er beim Aufbau einer effizienten Absatzorganisation. Dies geschieht auch durch die Gewährung von Krediten zu Vorzugsbedingungen. Er hebt die landwirtschaftliche Produktivität durch die Errichtung von Staudämmen für Zwecke der Bewässerung.

Der Fünfjahresplan für die Jahre 1993 bis 1997 sieht ein jährliches Wachstum des BSP um 7 Prozent vor, bei relativer Senkung des privaten Konsums und Zunahme der binnenländischen Spartätigkeit. Die Anlageinvestitionen sollen um jährlich 9,9 Prozent, die staatlichen Investitionen um 9 Prozent zunehmen. Bei den Privatinvestitionen wird eine Steigerung um 10 Prozent erwartet, davon sollen 32 Prozent in der Industrie und nur 13 Prozent in der Landwirtschaft realisiert werden. 55 Prozent sollen in den Dienstleistungsbereich fließen. Um diese Ziele erreichen zu können, hofft man auf umfangreiche ausländische Hilfe, die jedoch, falls nicht eine einvernehmliche politische Zypernregelung gefunden wird, vorwiegend aus der Türkei kommen müßte. Diese ist jedoch bekanntlich mit eigenen Wirtschaftsproblemen belastet. Der Plan muß daher als sehr optimistisch bezeichnet werden, zumal er auch eine jährliche Steigerung der Pro-Kopf-Einkommen um 6 Prozent vorsieht[38]).

In einer Gesamtbetrachtung kann die nordzyprische Wirtschaftspolitik, trotz des Zurückbleibens der Wirtschaft des Landes hinter Südzypern, als außerordentlich erfolgreich gewertet werden, standen doch der TRNZ zur Wirtschaftsentwicklung nur ein Bruchteil jener Ressourcen zur Verfügung, über die die RZ verfügen konnte. Zudem hatte sich der Neuaufbau eines Staates, den es vorher nicht gegeben hat, unter den Bedingungen des griechischen Boykotts und Embargos zu vollziehen. Jedes Unternehmen, das mit der TRNZ Handel betreibt oder Verträge eingeht, unterliegt den wirtschaftskriegähnlichen Maßnahmen der RZ und Griechenlands. Hierzu gehören auch Fluggesellschaften, die den Flughafen Ercan anfliegen oder Tourismus-Unternehmen, die die TRNZ in ihr Programm aufnehmen. Ihnen wird die Möglichkeit genommen, in Griechenland oder Südzypern wirtschaftlich aktiv zu werden. Schiffen, die die Häfen von Famagusta oder Girne (Ky-

---

[36]) TRNC, Prime Ministry (Anm. 31), S. 11/12.
[37]) Berner (Anm. 14), S. 429/430 sowie Erhebungen von Orthgieß (Anm. 32), S. 64.
[38]) Turkish Republic of Northern Cyprus, Prime Ministry, State Planning Organisation (Hrsg.): Economic Developments in the Turkish Republic of Northern Cyprus (1987–1992). Nikosia 1993, S. 1 sowie Orthgieß (Anm. 32), S. 65.

renia) anlaufen, bleiben südzyprische Häfen fortan untersagt. Eine Einreise nach Zypern über den Flughafen Ercan oder über die Häfen des Landes wird von Südzypern als illegaler Akt geahndet. Dieser Wirtschaftskrieg, der bis zu einer internationalen Zypernlösung anhalten wird, erhöht die den Wirtschaftsunternehmen und dem Land als solchem entstehenden Kosten und verschlingt Ressourcen, die an anderer Stelle sinnvoll eingesetzt werden könnten. Zwar gibt es verschiedene Möglichkeiten einer Umgehung des Embargos, wie die Deklarierung nordzyprischer Früchte als türkische Ware oder den Bezug von Waren über die Türkei, doch ist auch dieses mit Kosten verbunden.

2. Öffentliche Finanzen und Währung

Unter den gegebenen Verhältnissen einer vergleichsweise schwachen wirtschaftlichen Aktivität mit niedrigem Steuereinkommen bei durch zwangsläufig umfangreiche staatliche Aktivitäten hohen staatlichen Ausgaben erhebt sich die Frage nach der Sicherung der öffentlichen Finanzen und des Budget-Ausgleichs. Da die TRNZ über keine eigene Währung verfügt und zu klein ist, um einen eigenen Kapitalmarkt zu entwickeln, entfällt für die Regierung der Budget-Ausgleich über Geldschöpfung und auch weitgehend die Deckung des Haushaltsdefizits über Anleihen am Kapitalmarkt. Unter den gegebenen Umständen bedeutet dies den Zwang zur Anbindung des Landes an die Währung und den Staatshaushalt der Türkei, die die TRNZ in erheblichem Maße subventioniert.

Das bedeutet jedoch nicht, daß in Nordzypern nicht über Alternativen nachgedacht würde. Olgun weist darauf hin[39]), daß es dort in dieser Hinsicht zwei Denkschulen gibt. Die eine empfiehlt die Abkoppelung von der türkischen und die Schaffung einer eigenen Währung, um die Geldschöpfung unter Kontrolle zu haben und den Staatshaushalt sanieren zu können. Die andere Schule vertritt die Meinung, daß die gegenwärtigen Ineffizienzen und die erzwungene Isolierung von Nordzypern es unmöglich machen, das Einkommen derart zu steigern, daß die öffentlichen Ausgaben voll durch aus dem eigenen Staate kommende Einnahmen gedeckt werden können. Unter diesen Umständen stünde die Regierung unter dem dauernden Druck, Kredite aufzunehmen oder Geld drucken zu müssen. Erst nach einer grundlegenden Restrukturierung der Wirtschaft und des öffentlichen Sektors könne man daran gehen, eigenes Geld zu emittieren.

In der Tat wäre Nordzypern mit der Einführung einer weichen Währung, die lediglich eine andere weiche Währung substituieren würde, nicht gedient. Die Deckung der Staatsausgaben durch heimische Einnahmen lag 1975 bei nur 19,6 Prozent. Dieser Anteil stieg bis 1992 auf 64,0 Prozent.[40]) Von der Türkei wurden dementsprechend im Jahr 1992 „nur" noch 36 Prozent des Staatshaushalts gedeckt, nach 44,4 Prozent im Jahr 1987[41]). Diese Entwicklung ist eine Folge des zuneh-

---

[39]) Olgun (Anm. 22), S. 282.
[40]) TRNC, Prime Ministry (Anm. 38), S. 8.
[41]) Ebenda.

menden Tourismus sowie der steigenden Einnahmen aus dem *Offshore-Banking*. Zudem stiegen mit wachsenden Einkommen die Steuereinnahmen. Aufgrund der weltweiten Rezession ist der von der Türkei finanzierte Teil des Staatshaushalts seit 1990, wo er nur 25,6 Prozent betragen hatte, wieder gestiegen. Die Türkei trug mit ihren Finanzhilfen vor allem die Ausgaben für die Entwicklung der Infrastruktur. Die von ihr finanzierten Entwicklungsausgaben nahmen von 2,3 Prozent des BSP im Jahr 1986 auf 4,8 Prozent im Jahr 1990 zu. Sie flossen in den Ausbau der beiden Flughäfen, einen Touristen-Hafen in Girne (Kyrenia), den Ausbau der wichtigsten Straßen, den Bau von zehn Regenwasser-Reservoirs, in ein großes Wiederaufforstungsprojekt, ein Frischwasserversorgungsprojekt, den Bau eines Elektrizitätswerkes und in einige andere Projekte[42]). Diese Projekte zeigen deutlich die Bedeutung, die die türkische Hilfe für die TRNZ hat.

Die Türkei transferierte zwischen 1974 und 1988 umgerechnet 494 Mill. USD nach Nordzypern, das sind 90,5 Prozent der gesamten Hilfe, die dem Land zuteil wurde[43]). Bis 1992 soll die kumulierte Hilfeleistung der Türkei auf 619 Mill. USD gestiegen sein. Eine andere Quelle berichtet von einer Hilfeleistung in Höhe von 300 Mill. USD jährlich[44]). Die letztere Ziffer dürfte allerdings übertrieben sein. Es besteht jedoch kein Zweifel, daß die türkische Hilfe erheblich ist. Ein Teil der türkischen Hilfen erfolgt in Form von Krediten, die jedoch meist nicht zurückgezahlt werden müssen. Daneben engagiert sich die Türkei auch direkt bei speziellen Projekten, wie z.B. dem Straßenbau, dem Ausbau des Telefonnetzes, im sozialen Wohnungsbau usw. Nicht zu vergessen ist auch die türkische Militärhilfe für Nordzypern. Mit Ausnahme des militärischen Bereiches soll die türkische Hilfe nur investiven Zwecken dienen. Ob und in welchem Maße die Türkei eine Verwendungskontrolle durchführt, ist nicht bekannt.

Wenn die Hilfe anderer Staaten bzw. internationaler Organisationen auch gering war, so hat sie doch die wirtschaftliche Lage im Land verbessert. So gab es Finanztransfers aus verschiedenen Fonds der UN, wie dem Flüchtlingsfonds (UNHCR). Auch aus dem Vereinigten Königreich, der ehemaligen Kolonialmacht, kam Unterstützung, ebenfalls aus Deutschland, Frankreich und Italien, wobei diese Zahlungen teilweise auf Umwegen zugeleitet werden mußten. Auf die Unterstützung Saudi-Arabiens beim Bau der Straße von Lefkoşa (Nikosia) nach Girne (Kyrenia) wurde bereits hingewiesen. Dieses Land finanzierte auch teilweise die Universitäten in Gazimağusa (Famagusta) und Lefke sowie den sozialen Wohnungsbau. Von der EG/EU erhält die TRNZ keine Hilfe, obwohl ihr eigentlich 18 Prozent der Gesamtzypernhilfe (entsprechend dem Bevölkerungsanteil) zustünden. Diese müßte jedoch über die RZ an die TRNZ weitergeleitet werden, was diese ablehnt, da sie auf einer direkten Hilfe besteht[45]). Die umfangreichen türkischen Finanzhilfen konnten den Staatshaushalt der TRNZ jedoch nicht zum Ausgleich bringen. Die

---

[42]) Olgun (Anm. 22), S. 279.
[43]) Cyprus Today (CT). 15. 12. 1989.
[44]) Nachrichten für den Außenhandel. 6. 2. 1992.
[45]) So Ahmet Aker, Wirtschaftsberater von Präsident Denktaş, im Gespräch mit A. Orthgieß. Orthgieß (Anm. 32), S. 70.

jährliche Neuverschuldung des Staates lag nie unter 5 Prozent des BSP, häufig sogar über 11 Prozent[46]). Ursächlich hierfür sind u. a. der ungewöhnlich hohe Personalaufwand der zyperntürkischen Regierung, die hohen Pensionszahlungen und andere Sozialtransfers.

3. Das Außenhandelssystem

Als kleiner Staat mit nur beschränkten Ressourcen ist die TRNZ in sehr hohem Maße vom Außenhandel abhängig (vgl. den Beitrag „Außenhandel" von A. Orthgieß in diesem Band). Trotz der bestehenden Beschränkungen hat sie ihr Außenhandelsvolumen ständig erhöhen können, wobei die Handelsbilanz jedoch in starkem Maße defizitär ist. Der Handel ist wenig diversifiziert. 76,5 Prozent der TRNZ-Exporte gehen in die Länder der EU, an erster Stelle in das Vereinigte Königreich als ehemaliger Kolonialmacht, 16,7 Prozent in die Türkei. 48,1 Prozent der Importe kommen aus der Türkei, 24,6 Prozent aus den Ländern der EU (Zahlen für 1992)[47]).

Unter diesen Bedingungen ist es für die TRNZ eine Überlebensfrage, ein liberales Außenhandelssystem zu installieren. Der eigene Markt ist zu klein, um ohne Anlehnung an eine größere Volkswirtschaft bestehen zu können. Da die EG in der Vergangenheit gegenüber den beiden Teilen der Insel einen Doppelstandard angelegt und die RZ bevorzugt behandelt hat, blieb der TRNZ nur der Weg einer engen Anlehnung an die Türkei. Mit ihr wurden Kooperationsprotokolle unterzeichnet (das 12. Protokoll trägt das Datum vom 16. März 1992), die die wirtschaftliche Zusammenarbeit und die Integration in die türkische Wirtschaft regeln. Dadurch werden die nordzyprischen Exporte in die Türkei erheblich erleichtert. So können nordzyprische Erzeugnisse mit einem Anteil an lokaler Wertschöpfung von mindestens 40 Prozent zollfrei in die Türkei ausgeführt werden. Sollten sich keine anderen Entwicklungen ergeben, so wird die Schaffung einer Zollunion zwischen der Türkei und der TRNZ angestrebt. Auch können nach den bestehenden Abkommen nordzyprische Exporteure zu Vorzugsbedingungen Kredite von der türkischen Export-Kredit-Bank erhalten. Weiterhin übernimmt die Türkei die Garantie für die politische Sicherheit bei türkischen Investitionen auf dem Territorium der TRNZ. Die industrielle Entwicklung Nordzyperns soll mit der der Türkei synchronisiert werden[48]).

Es zeigt sich, daß Nordzypern immer stärker in die türkische Wirtschaft integriert wird, was der einzige Ausweg aus der internationalen politischen und wirtschaftlichen Isolierung des Landes ist, wobei die TRNZ jedoch die politische Unabhängigkeit bewahren und sich voll in die Weltwirtschaft integrieren möchte. Dieses zu realisieren wird auf Dauer immer schwieriger werden.

---

[46]) Central Bank of the TRNC (Hrsg.): Bulletin. 20 (1992), S. 48.
[47]) TRNC, Prime Ministry (Anm. 30), S. 15.
[48]) Olgun (Anm. 22), S. 283/284.

IV. Statistischer Anhang

Tabelle 1: Erwerbstätige nach Wirtschaftsbereichen (in 1 000)

Wirtschaftsbereich	zyperngriechischer Landesteil			zyperntürkischer Landesteil		
	1980	1985	1990	1985	1990	1992
Land- u. Forstwirtschaft, Fischerei	36,9	36,3	35,4	20,6	19,1	18,5
Produzierendes Gewerbe, Bau	65,1	68,7	73,0	10,7	15,5	17,2
Handel und Gastgewerbe	33,7	47,3	61,1	5,4	12,1	12,6
Banken, Versicherungen, Immobilien	8,2	11,2	16,2	1,5	2,0	2,1
Verkehr und Nachrichtenwesen	9,5	12,6	15,3	4,0	5,7	5,8
sonstige Dienstleistungen	39,1	45,7	53,0	19,1	17,1	17,8
Insgesamt	192,5	221,8	254,0	61,3	71,5	74,0

Quelle: Statistisches Bundesamt (Hrsg.): Länderbericht Zypern 1991. Wiesbaden 1991, S. 45/46; Department of Statistics and Research, Ministry of Finance (Hrsg.): Economic Report 1990. Nikosia 1991, S. 121 und Prime Ministry (Hrsg.): Turkish Republic of Northern Cyprus. Economic Developments in the TRNC (1987-1992). Nikosia 1993, S. 7.

Tabelle 2: Entwicklung des Bruttoinlandsproduktes, inflationsbereinigt

		1986	1988	1989	1990	1991
zyperngriechischer Landesteil	absolut (in Mio. CyP, in Preisen von 1985)	1 537,4	1 784,0	1 902,3	2 058,3	2 079,2
	pro Kopf (in CyP)	2 809,1	3 189,7	3 372,9	3 604,7	3 603,5
zyperntürkischer Landesteil	absolut (in Mio. TL, in Preisen von 1977)	5 324,1	6 034,0	6 603,0	6 977,4	6 606,4
	pro Kopf in (TL)	32 728, 2	36 076, 4	39 008,2	40 691,9	38 077,2

Quelle: Statistisches Bundesamt (Hrsg.): Länderbericht Zypern 1991. Wiesbaden 1991, S. 106, 24; Prime Ministry (Hrsg.): Turkish Republic of Northern Cyprus. Economic Developments in the Turkish Republic of Northern Cyprus (1986–1990). Nikosia 1991, S. 4; Prime Ministry (Hrsg.): Turkish Republic of Northern Cyprus. Statistical Yearbook 1990. Nikosia 1991, S. 11; Prime Ministry (Hrsg.): Turkish Republic of Northern Cyprus. Economic Developments in the Turkish Republic of Northern Cyprus (1987–1992). Nikosia 1993, S. 2; Central Bank of Cyprus (Hrsg.): Bulletin. 118, Nikosia (März) 1993.

Landwirtschaft

Ronald Wellenreuther, Mannheim

I. Naturräumliche Prämissen: 1. Mediterrane Geofaktoren – 2. Die physisch-geographische Ausstattung Zyperns – II. Überlieferte Agrarstrukturen: 1. Tradierte Anbauformen: a) Trockenfeldbau – b) Bewässerungsfeldbau – c) Viehwirtschaft – 2. Tradierte Bodenbesitzstrukturen und Betriebsformen – III. Agrarstrukturelle Veränderungen zwischen dem Zweiten Weltkrieg und der Teilung Zyperns 1974: 1. Das zyprische Genossenschaftswesen – 2. Der Ausbau der Bewässerungswirtschaft – IV. Die Folgen der Teilung – V. Die zyprische Landwirtschaft heute: 1. Volkswirtschaftlicher Stellenwert und beschäftigungspolitische Effekte – 2. Anbau- und Produktionsstrukturen – 3. Agrarpolitik – 4. Die Anatolieransiedlungen in der „TRNZ" – 5. Perspektiven des geplanten EU-Beitritts – VI. Zusammenfassung

I. Naturräumliche Prämissen

Die Landwirtschaft ist stärker als alle anderen Wirtschaftssektoren vom Zusammenspiel der Geofaktoren geprägt[1]), weshalb es sinnvoll erscheint, eine Einführung in den Naturraum auf der Makroebene (Mittelmeerraum) und auf der Mesoebene (Zypern) voranzustellen.

1. Mediterrane Geofaktoren

Der Mittelmeerraum hat sich im alltäglichen Sprachgebrauch im Zeitalter des Massentourismus und der Süderweiterung der Europäischen Union zu einem geläufigen Begriff entwickelt, der erst bei näherem Hinsehen mit einseitigen Inhalten und mannigfachen Klischeevorstellungen verknüpft ist und vor allem in politischer und anthropologischer Hinsicht über die Heterogenität des Raumes hinwegtäuscht.

Der Mittelmeerraum gehört in zonaler Hinsicht zu den warmgemäßigten sowie wechselfeuchten Subtropen mit Winterregenfällen und Sommertrockenheit und erhält seine Einheit vor allem durch das Klima[2]). Aufgrund klimatischer Prämissen (Niederschlagsvariabilität, Temperaturgang), einheitlicher Oberflächenformen, Böden und Gewässer stellt der mediterrane Raum einen eigenständigen Typus der Mittelmeerklimate bzw. mediterranen Subtropen dar, der nicht nur in Eurasien, sondern auch in Teilen Kaliforniens, der südamerikanischen Pazifikküste und in der südafrikanischen Kapregion sowie in Südaustralien anzutreffen ist[3]).

---

[1]) Der Begriff Geofaktoren umfaßt alle von der Natur vorgegebenen Landschaftsfaktoren, also Tektonik, Relief, Klima, Böden etc.
[2]) Rother, K.: Der Mittelmeerraum. Ein geographischer Überblick. Stuttgart 1993, S. 27.
[3]) Ebenda, S. 403.

Klimatisch ist der Mittelmeerraum durch eine drei- bis sechsmonatige sommerliche Trockenperiode mit sehr geringer oder gar keiner Niederschlagshäufigkeit gekennzeichnet. Die Jahresniederschläge, die teilweise an mitteleuropäische Volumina heranreichen, konzentrieren sich auf das Winterhalbjahr und hier besonders auf die Monate Dezember bis Februar in den südlichen und südöstlichen Mittelmeerräumen. Das thermische Winterklima weist wesentlich größere regionale Unterschiede als das Sommerklima auf, weshalb die Wintermonatsmittel zwischen 0° (italienische Potiefebene) und über 12° (Kairo) schwanken. Im Unterschied zu mittel- und westeuropäischen Breiten liegen die mediterranen Wintermonatsmittel im Plusbereich. Zu den Anomalien des thermischen Klimas, die für die mediterrane Landwirtschaft von außerordentlicher Wichtigkeit sind, gehören kurzzeitige Frostperioden infolge episodischer Kaltlufteinbrüche, die in makroklimatischer Hinsicht von kontinentalen Kaltluftmassen sowie winterlichen Zyklonen (z. B. Ethesienwinde im östlichen Mittelmeerraum)[4] oder mesoklimatisch durch kalte Fallwinde (z. B. Bora, Mistral) bzw. reliefbedingte Kaltluftseenbildung mit Nachtfrostspitzen verursacht werden. Das hygrische Klima des Mittelmeerraums wird durch die Periodizität und Variabilität der Niederschläge bestimmt. Das heißt, daß die winterlichen Regenfälle nicht regelmäßig auftreten und starken Schwankungen ausgesetzt sind. Zu den Niederschlagsanomalien gehören torrentartige Starkregenfälle, die in bezug auf Erosionen und Denudationen meistens großen Schaden verursachen und das Niederschlagswasser ungenutzt abfließen lassen[5]. Die Wasserprobleme sind im Mittelmeerraum weniger ein Mengen-, sondern ein Verteilungsproblem.

Tabelle 1: Temperaturen in Grad Celsius ausgewählter Meßstationen des östlichen Mittelmeerraumes

Meßstation	Mittleres Maximum		Mittleres Minimum		Absolutes Maximum		Absolutes Minimum	
	Jan.	Aug.	Jan.	Aug.	Jan.	Aug.	Jan.	Aug.
Nikosia*	14,7	36,3	5,4	20,7	21,5	44,5	–4,0	14,0
Kyrenia**	16,0	32,6	8,5	22,9	19,6	36,4	4,7	20,3
Famagusta*	16,4	34,4	6,4	21,9	22,0	42,0	–6,0	15,0
Istanbul*	8,5	28,8	2,7	19,8	18,5	39,5	–9,5	10,0
Izmir*	12,2	33,1	5,3	21,0	21,5	42,5	–8,0	11,5
Alexandria***	18,3	30,4	9,3	22,9	26,0	39,5	2,5	17,5
Kairo***	19,1	34,8	8,6	21,6	30,0	41,5	3,0	15,5

Quellen: * Länder und Klima. Asien und Australien 1982, S. 168/169, 176/177.
 ** Statistical Yearbook 1989. Nicosia (North), S. 2, 4.
 *** Länder und Klima. Afrika 1983, S. 55, 58.

---

[4] Hütteroth, W.-D.: Türkei. Wissenschaftliche Länderkunden. Bd. 21. Darmstadt 1982, S. 96–107.
[5] Erosionen sind linienhafte (z.B. Sediment- und Geröllabtrag in einem Flußbett) und Denudationen flächenhafte (z.B. Hangrutschungen) reliefgestaltende Prozesse.

Landwirtschaft

Tabelle 2: Niederschläge in Millimeter ausgewählter Meßstationen
des östlichen Mittelmeerraumes

Meßstation	Mittlere Monatsmenge		Mittlere Anzahl der Tage mit Niederschlag		Höchste Monatsmenge	
	Jan.	Aug.	Jan.	Aug.	Jan.	Aug.
Nikosia*	76	2	14	< 1	188	50
Kyrenia**	–	–	–	–	–	–
Famagusta*	90	1	11	< 1	–	–
Istanbul*	88	22	18	3	172	91
Izmir*	141	3	14	< 1	397	20
Alexandria***	48	< 1	10	< 1	101	9
Kairo***	4	Sp	2,5	0	22	Sp

Sp.= Spuren. Niederschlagsvolumen > 0.5 mm.
Quellen: * Länder und Klima. Asien und Australien 1982, S.168/169, 176/177.
         ** Für Kyrenia (Girne) liegen keine vergleichbaren Angaben vor.
        *** Länder und Klima. Afrika 1983, S. 55, 58.

In engem Zusammenhang zur klimatischen Ausstattung steht die Vegetation des Mittelmeerraumes. Die mediterranen Vegetationsperioden verhalten sich entgegengesetzt zu denen in Mittel- und Westeuropa. Die Wachstumsphase liegt im Winter und die Ruhephase in Anpassung an das aride Klima im Sommer[6]. Das mediterrane Vegetationsbild wird von der immergrünen Hartlaubvegetation geprägt, und die Verbreitung des Ölbaums als wichtigste Kulturpflanze zeigt in bezug auf die Höhenstufen die mediterrane Klimagrenze an. Er ist ein so typisch mediterranes Gewächs, daß man seine Verbreitungsgrenzen mit denen des Mittelmeergebiets gleichsetzen kann[7].

Neben dem Klima spielen die Böden für die Landwirtschaft eine wichtige Rolle. Die Beschaffenheit der Pedosphäre – also Bodenart und Bodentyp[8] – hängt primär vom Ausgangsgestein, dem Klima sowie anthropogenen Eingriffen ab. Im Mittelmeerraum beherrscht das Karstphänomen das Bild[9]. Infolge menschlicher Eingriffe (Entwaldung und Überweidung) ist die Bodendecke sehr flachgründig

---

[6] Aride Klimabedingungen sind gegeben, wenn die potentielle Verdunstung höher ist als die potentielle Niederschlagsmenge. Im umgekehrten Fall spricht man von humiden Bedingungen.

[7] Schmieder, O.: Die Alte Welt. Anatolien und die Mittelmeerländer Europas. Kiel 1969, S.13.

[8] Der Begriff Bodenart bezieht sich auf die Körnung oder Bodentextur. Die Klassifizierung erfolgt in Abhängigkeit der Korngröße des Ausgangsmaterials und dem Verwitterungsgrad nach Korn-Fraktionen. Die Einteilung der Bodentypen erfolgt nach den Kriterien ihrer Entstehung (Klima und Ausgangsgestein).

[9] Der Name „Karst" bezieht sich ursprünglich auf die kahle, vegetationsarme und von weißen Kalksteinblöcken übersäte alpin-dinarische Übergangslandschaft nordöstlich von Triest. Die Bezeichnung wurde von dort als morphologischer Begriff auf alle Kalklandschaften übertragen, deren Formenbild auf gleichen oder ähnlichen Prozessen der Verkarstung beruht. Wilhelmy, H.: Exogene Morphodynamik. Vierte Auflage. Coburg 1981, S.9.

bzw. nicht mehr vorhanden und anstehendes Kalkgestein prägt die Landschaft. Die beiden klassischen Bodentypen aller Mediterrangebiete sind die Roten Mediterranen Böden (*Terra Rossa*) und die Braunen Mediterranen Böden (*Terra Fusca*), die allerdings selten großflächig, sondern eher insular anzutreffen sind. In der Praxis sind diese Bodentypen wegen der reliefbedingten Flachgründigkeit sowie der Nährstoffarmut infolge der klimabedingten eingeschränkten Humusbildungsprozesse nur bedingt für die landwirtschaftliche Bearbeitung geeignet. Die potentielle Ertragsfähigkeit ist im Vergleich zu anderen zonalen Bodentypen geringer und die agrare Nutzung ist in der Regel nur bei konsequenter künstlicher Düngung und Bewässerung wirtschaftlich sinnvoll. Einen dritten wichtigen mediterranen Bodentyp bilden auf kleinräumiger Ebene Alluvialböden in Schwemmlandfächern und Gebirgsmulden als Ergebnis von Sedimentabtragungen.

2. Die physisch-geographische Ausstattung Zyperns

Die Möglichkeiten der landwirtschaftlichen Nutzung Zyperns stehen in unmittelbarem Zusammenhang mit der tektonisch/geologisch bedingten Dreigliederung der Insel in den Troodos-, Mesaoria- sowie Pentadaktylos- und Karpasbereich[10]). Die Morphogenese der naturräumlichen Teileinheiten Zyperns ist für die Entstehung unterschiedlicher Bodenarten und -typen verantwortlich. Im Troodos-Bereich dominieren flachgründige und steinige Alluvialböden mit schwach ausgeprägter Profildifferenzierung, weil die Bodenbildung im Anfangsstadium gehalten wird[11]). Im zentralen Troodos ist das Ausgangsgestein vulkanischen Ursprungs und markiert einen scharfen Kontrast zum Kalkgestein in der westlichen Troodos-Vorbergzone. Wegen des wasserdurchlässigeren Kalkgesteins weisen die mediterranen Braunerden in der Troodos-Vorbergzone eine sandigere Textur auf und sind infolge der Nährstoffauswaschung für Regenfeldbau weniger geeignet als die dunkelbraunen Troodosböden auf vulkanischem Untergrund. Die Mesaoriaböden weisen eine sandige, schluffige bis tonige Textur auf und sind von ihrer natürlichen Ausstattung her relativ fruchtbar, da es sich um nährstoffangereicherte Alluvialböden handelt. Außerdem ist das Ausgangsgestein kalkhaltig (Sedimentgestein) und relativ wasserundurchlässig, was den Niederschlagswasserabfluß in vertikaler Richtung bremst. Durch die langen Trockenperioden entsteht an der Erdoberfläche eine Art Schutzschild, der große Niederschlagsmengen zunächst nutzlos in horizontaler Richtung abfließen läßt. Der Höhenzug des Pentadaktylos weist im Be-

---

[10]) Geological Map of Cyprus. Nicosia (Süd) 1979; Mineral Resources Map of Cyprus. Nicosia (Süd) 1982; Christodoulou, D.: The Evolution of the Rural Land Use Pattern in Cyprus. London 1959, S. 6–19, 36–41; Sauerwein, F.: Spannungsfeld Ägäis. Informationen, Hintergründe, Ursachen des griechisch-türkischen Konflikts um Zypern und in der Ägäis. Frankfurt/M. 1980, S. 12–22; Schmidt, W.-F.: Der morphogenetische Werdegang der Insel Zypern, in: Erdkunde. 13 (1959) 3, S. 170–201; Ders.: Zur Struktur und Tektonik der Insel Zypern, in: Geologische Rundschau. 50 (1960), S. 375–395; Thirgood, J.-V.: Man and the Mediterranean Forest. A History of Resource Depletion. London u. a. 1981, S. 17–19, 334.

[11]) Boje-Klein, G.: Entstehung, Klassifikation und Bewertung von Böden einer Toposequenz vom Troodos-Massiv nach Nicosia (Zypern). Bonn-Bad Godesberg 1982, S. 29.

reich der Hilarion Kalke lithomorphe Böden auf. Diese Böden sind – sofern von einem Boden im definitorischen Sinne überhaupt gesprochen werden kann – äußerst flachgründig und in der Regel fehlt eine Ausprägung von Bodenhorizonten. Im Bereich der Kammlagen herrscht anstehendes Kalkgestein vor, das die morphologischen Kleinformen einer Karstregion vorweisen kann. Bodenbildungsprozesse sind allenfalls in dolinenartigen Mulden oder in Verebnungsflächen möglich. Auf der Karpas-Halbinsel dominieren Flysche, die überwiegend als Tonschiefer oder Sandstein ausgebildet sind. Die tektonischen Strukturen führten dort zu schwächer ausgeprägten Reliefunterschieden, was Bodenbildungsprozessen zugute kommt und die Erosionsgefahr vermindert. Lokal prägt Kalkgestein (abgesunkene Hilarion-Kalke) die Bodenbeschaffenheit. Der für den Mittelmeerraum charakteristische Bodentyp der *Terra-Rossa* ist weithin an der rot-braunen Färbung erkennbar. Eine Sonderform stellen die Kafkalla-Flächen dar, die in genetischer Hinsicht als „Endprodukt" von Lateritisierungsvorgängen anzusehen sind, die bereits der *Terra-Rossa* ihre typische Bodenfarbe verleihen. Die chemischen Verwitterungsprozesse der Lateritisierung sorgen für eine Ausfällung von Eisen- und Aluminiumoxydmaterial an der Erdoberfläche, was zur Bildung der charakteristischen Salzkrusten führt (Lateritkrusten), die den Boden landwirtschaftlich unbrauchbar machen.

Die naturräumliche Homogenität des Mittelmeerraumes darf nicht darüber hinwegtäuschen, daß sich je nach planetarischer Lage, Kontinentalität und Maritimität vor allem thermische und hygrische Kennwerte sehr stark voneinander unterscheiden können. Das bedeutet in der Praxis einen Anstieg der Jahresmitteltemperaturen bei gleichzeitigem Rückgang der Jahresniederschlagssummen von Nord nach Süd. Hinzu kommen Veränderungen in bezug auf die Niederschlagsverteilungen sowie -amplituden[12]). Nach der planetarischen Lage läßt sich das Mittelmeerklima in zwei Subtypen untergliedern, nämlich in winterfeuchte-sommertrockene Klimate mit mehr als fünf humiden Monaten sowie in winterfeuchte-sommerdürre Steppenklimate mit meist weniger als fünf humiden Monaten[13]).

Zypern liegt genau im Grenzbereich beider Klimasubtypen und weist mesoklimatisch die Charakteristiken beider Klimazonen auf. Zypern besitzt ein ausgesprochen mediterranes Klima mit kurzen und regenreichen Wintern und trockenen wie heißen Sommern. Die Lage Zyperns im östlichen Mittelmeerraum bedingt aufgrund der benachbarten Festlandsmassen im Osten und der Entfernung zum Atlantik im Westen bereits einen kontinentalen Klimacharakter, der weniger in den Küstenregionen, sondern eher in den Binnenlagen der Mesaoriasenke zum Tragen kommt. Wie aus Tabelle 1 zu sehen ist, weist Zypern einen eigenständigen Temperaturgang auf, der sich hinsichtlich seiner Durchschnittswerte, aber auch in bezug auf die Amplituden von den Werten anderer Stationen im nördlichen und südlichen Mittelmeerbereich abhebt. Der Vergleich der Tabellen 1 und 2 zeigt, daß Zypern sich hinsichtlich seiner Durchschnittstemperaturen eher auf dem Klimaniveau der nordafrikanischen Küstenbereiche bewegt, während im Hinblick auf das

---

[12]) Müller-Hohenstein, K.: Die Landschaftsgürtel der Erde. Stuttgart 1981, S. 128/129.
[13]) Jahreszeitenklimate der Erde nach der Karte von K. Troll und C. Paffen (1968).

Niederschlagsregime stärker Parallelen zum Ethesienklima des weiter nördlich gelegenen Ägäisbereiches existieren. Die Durchschnittswerte dürfen natürlich nicht darüber hinwegtäuschen, daß auf mesoklimatischer Ebene ausgeprägte Unterschiede in zweierlei Hinsicht bestehen. Der Temperaturgang zeigt hinsichtlich der Binnen- und der Höhenlage markante Unterschiede. Die Küstenbereiche (z. B. die Nordküste) sind durch einen ausgeglicheneren Temperaturgang gekennzeichnet (vgl. Meßstation Kyrenia), wohingegen die Binnenlagen der Mesaoria stärkere Amplituden verzeichnen (vgl. Meßstation Nikosia). Die Höhenklimate betreffen in erster Linie das Troodosgebirge, denn der Höhenzug des Pentadaktylos im Norden Zyperns ist zu kleinräumig, um eine höhenklimatische Ausprägung erkennen zu lassen. Frost kann in Nordzypern als Ausnahmephänomen angesehen werden, das in den Küstenbereichen sehr selten und in den Binnenlagen der Mesaoria im Regelfall als kurzfristiger Nachtfrost im Januar auftritt (keine Dauerfröste). Interessant ist der Vergleich der absoluten Minima und Maxima der Meßwerte von Kyrenia und Famagusta, die beide am Meer liegen, aber doch gravierende Abweichungen im Temperaturverhalten zu verzeichnen haben (vgl. Tabelle 1).

Tabelle 3: Durchschnittliche Jahresniederschläge in Millimeter ausgewählter Meßstationen Nordzyperns 1985–1989

	Kyrenia	Nikosia	Famagusta	Morphou
1985				
Januar	333	51	50	84
August	–	–	–	–
1986				
Januar	62	16	19	28
August	–	–	–	–
1987				
Januar	63	28	21	58
August	–	–	–	–
1988				
Januar	60	45	78	49
August	–	–	–	–
1989				
Januar	344	223	248	141
August	–	–	–	–

Quelle: Statistical Yearbook 1989. Nicosia (North) 1990, S. 5.

Der in Ost-West-Richtung verlaufende Höhenzug des Pentadaktylos wirkt als Schutzschild, der im Winter die Kaltluftseen, die sich in der Mesaoria bilden, abschottet und im Sommer die kühlenden Nordwinde abhält. Markante Unterschiede treten ebenfalls im Niederschlagsregime auf, das den Regen extrem ungleich verteilt. Die Temperatur- und Niederschlagsamplituden sind im Winter wesentlich ausgeprägter als im Sommer. Die regionalen Unterschiede, die sich aufgrund des Temperaturganges erkennen lassen, werden durch eine ungleichmäßige Niederschlagsverteilung noch verstärkt. Die höchsten Niederschlagssummen weist naturgemäß die Nordküste auf, wo sich vor allem im Winter, aber auch in der Übergangsjahreszeit Konvektionsregen bildet. Die Mesaoria verzeichnet deutlich niedrigere Niederschlagssummen. Der hydrologische Kreislauf der Insel wird von der Niederschlagsverteilung, der Niederschlagsintensität sowie der Evapotranspiration geprägt. Die potientielle Verdunstung spielt vor allem im Mesaoriabereich eine Rolle, wo der Grundwasserspiegel nicht weit unter Flur liegt. Für Zypern ist die Verfügbarkeit von Grundwasser lebenswichtig, da das Niederschlagswasser in keinem Fall ausreicht. Charakteristisch sind relativ kurze, aber regenreiche Winter sowie lange und trockene Sommer mit kurzen Übergangszeiten. Die Hauptniederschlagsmenge fällt im Gegensatz zu Mitteleuropa im Winter (vgl. Tabelle 3). Besonders der Herbst ist als Jahreszeit kaum abgrenzbar[14]). Für Zypern lassen sich in phänologischer Hinsicht lediglich drei Jahreszeiten unterscheiden: 1. eine Blüte- und Reifezeit von Februar/März bis Mai, 2. die Trockenzeit von Juni bis Oktober/November und 3. die Regenzeit von November/Dezember bis Februar. Der Übergang von der Regenzeit über die Blüte- und Reifezeit zur Trockenzeit ist in der Regel abgestufter als der Übergang von der Trockenzeit zur winterlichen Regenperiode, der meist sehr abrupt vonstatten geht.

II. Überlieferte Agrarstrukturen

Zypern ist Altsiedelland mit einer Siedlungskontinuität, die sich bis zu den frühgeschichtlichen Anfängen zurückverfolgen läßt. Zypern hatte bereits im 7. Jahrhundert v. Chr. als Bestandteil des Alten Orients[15]) ein entwickeltes Wirtschafts- und Sozialsystem, das Ackerbau und Viehzucht betrieb. Damit gehört die Insel mit der Levante und Mesopotamien zu den ältesten Kulturräumen der Welt, die im Laufe der vergangenen 3000 Jahre mehrfach anthropogen überformt wurden. Im Rahmen dieses Beitrages kann keine umfassende agrarhistorische Darstellung erfolgen, weshalb sich der Begriff „traditionell" in diesem Kontext auf die jüngere Geschichte Zyperns bezieht und lediglich die Strukturen miteinbezieht, die im heutigen Kulturlandschaftsbild noch nachvollzogen werden können. Die folgenden Ausführungen zur historischen Landwirtschaft Zyperns umfassen demzufolge den Zeitabschnitt zwischen dem Ende der osmanischen Ära und dem Zweiten Weltkrieg.

1. Tradierte Anbauformen

Die drei Grundsäulen der mediterranen Landwirtschaft sind Trockenfeldbau (*dry farming*), Bewässerungsanbau und Viehwirtschaft. Die agraren Wirtschaftsformen prägen nicht nur das Landschaftsbild der unter Kultur stehenden Flächen oder die naturräumliche Kammerung, sondern unterliegen hinsichtlich des Stellenwertes der einzelnen Landwirtschaftszweige auch einem zeitlichen Wandel.

---

[14]) Sauerwein (Anm. 10), S. 28.
[15]) Maier, F.-G.: Cypern. Insel am Kreuzweg der Geschichte. München 1982, S. 27.

a) Trockenfeldbau

Die mediterrane Landwirtschaft ist stärker von klimatischen Einflüssen geprägt als die Agrarwirtschaft in anderen Klimazonen. Dies trifft in erster Linie auf die sommerliche Niederschlagsarmut zu, weshalb dem Trockenfeldbau traditionell eine überragende Stellung zukommt. Die heutige Vielfalt mediterraner Anbauprodukte täuscht darüber hinweg, daß die zyprische Landwirtschaft vom Getreideanbau sowie von Ölbaum- und Weinstockkulturen geprägt gewesen ist. Für den Akkerbau ergibt sich das Problem der Anpassung an den hygrischen Klimagang, weshalb auf Zypern der jahreszeitliche Trockenfeldbau mit einjährigen und frühreifenden Getreidesorten zur Anwendung kommt (Wintergetreide)[16]. Der früher praktizierte Nutzungswechsel von Brache- und Anbaujahren[17], der der Regeneration des Bodens diente, ist mittlerweile infolge chemischer Düngung nicht mehr üblich.

Die wichtigsten Getreidesorten, die auf Zypern traditionell im Trockenfeldbau hauptsächlich in der Mesaoria-Ebene angebaut werden, sind Weizen und Gerste. Hinzu kommen in geringem Umfang Hafer sowie Futterpflanzen (Blatterbsen), die kleinräumig in der Mesaoria sowie auf der Karpas-Halbinsel angepflanzt werden. Der Anbau von Leguminosen im Regenfeldbau[18] in den westlichen und östlichen Troodosvorbergzonen (Saubohnen und weiße Bohnen), wie ihn Christodoulou (1959) für die 1940er und 1950er Jahre schilderte, gehört inzwischen aus Rentabilitätsgründen der Vergangenheit an[19].

Zu den traditionellen Industriepflanzen, die auf Zypern größtenteils im Trockenfeldbau angepflanzt wurden, zählen Zuckerrohr[20], Indigo, Baumwolle[21], Tabak[22], Sesam[23], Flachs[24], Leinsamen[25], Hanf[26], Kreuzkümmel und Anis. Berühmt war im Osmanischen Reich die zyprische Seidenraupenzucht von Kythrea (Degirmenlik). Mit Ausnahme des Tabaks spielen Industriepflanzen heute keine Bedeutung mehr. Seit dem Zweiten Weltkrieg, als die amerikanischen Virginiatabake ihren Siegeszug antraten und die Orienttabake in den Hintergrund drängten, wird der zyprische Tabak verstärkt für den Eigenbedarf angebaut.

Zu den wichtigsten Baumsorten Zyperns, die auf der gesamten Insel anzutreffen sind, zählen Oliven- und Johannisbrotbäume (Karuben). Der Olivenbaum ist besonders anspruchslos in bezug auf Relief und Bodenbeschaffenheit, weshalb er vor allem in Grenzertrags- und Ungunsträumen zur dominanten Kulturpflanze wird. Auf Zypern ist er allerdings nur in tiefen und küstennahen Lagen anzutreffen, weil

---

[16] Rother (Anm. 2), S. 130.
[17] Beispielsweise ein dreijähriger Zyklus in Form eines Getreidejahres und zwei Bracheperioden.
[18] Die Begriffe Trocken- und Regenfeldbau werden synonym benutzt.
[19] Christodoulou (Anm. 10), S. 132–134.
[20] In den versumpften Küstenhöfen von Larnaka und Limassol.
[21] Karpas-Halbinsel, östliche Mesaoria, Bucht von Chrysochou.
[22] Karpas-Halbinsel.
[23] Mesaoria, Karpas-Halbinsel, Distrikt Paphos.
[24] Bucht von Morphou (Güzelyurt).
[25] Östliche Mesaoria.
[26] Westliche Troodosvorbergzone, Distrikt Paphos.

im Landesinnern und erst recht in den Höhenlagen des Troodos zu große Temperaturschwankungen auftreten (Frost). Oliven und Karuben werden im Spätherbst durch Schütteln und Auflesen geerntet, nachdem man den Boden vorher planiert und Tücher (heute Plastiknetze) zum Auffangen ausgelegt hat[27]. Die zyprischen Oliven sind aus qualitativen Gründen nicht für den Export geeignet und dienen hauptsächlich zur Ölherstellung. Das Johannisbrot wird traditionell zur industriellen Weiterverarbeitung sowie als Viehfutter verwendet. Das Troodosgebirge nimmt in bezug auf die Baumkulturen eine Sonderstellung ein, denn dort gedeihen aufgrund niederschlagsreicherer und kühlerer Bedingungen fast alle Obst- und Nußbaumsorten[28].

Ein hoher Stellenwert kommt dem zyprischen Weinrebenanbau zu, der traditionell in der westlichen und südlichen Troodos-Vorbergzone im Paphos- und Limassol-Distrikt beheimatet ist. Der Rebbau reicht auf Zypern in höhere Regionen als der Ölbaum, weil er geringere Wärmemengen benötigt und mehr Frost verträgt[29]. Zwei Drittel der Traubenproduktion werden zu Wein[30] verarbeitet und das übrige Drittel als Tafeltrauben[31] vermarktet, zu Rosinen weiterverarbeitet sowie zum Schnapsbrennen benutzt[32]. Der bekannteste, schon legendäre Wein Zyperns ist der portweinähnliche, aber weiße *Commandaria*, der auf den Kalk-Plateaus von Limassol und Paphos wächst und der bereits unter osmanischer Herrschaft zu den wenigen Exportprodukten Zyperns gehörte.

b) Bewässerungsfeldbau

Der Bewässerungsfeldbau[33] ermöglicht Ertragssteigerungen, macht den Anbau hochwertiger Kulturpflanzen praktikabel, vermindert das Risiko von Ertragsschwankungen infolge von Klimaanomalien und erlaubt einen kontinuierlicheren Rhythmus im bäuerlichen Arbeitskalender (Dauerfeldbau) als der Regen- oder Trockenfeldbau. Der Bewässerungsfeldbau ist somit auch mit gesellschaftspolitischen und sozialen Effekten verbunden, weil er Kleinbauern mit geringem Landbesitz, die normalerweise zu landwirtschaftlicher Lohnarbeit gezwungen wären, eine Existenzgrundlage bietet. Die Bewässerung stellt allerdings keine Universallösung zur beliebigen Steigerung der agraren Ertragsfähigkeit dar, weil die unsachgemäße Handhabung im Extremfall irreparable Schäden nach sich zieht. Dies be-

---

[27] Rother (Anm. 2), S. 134/135.
[28] Äpfel, Birnen, Granatäpfel, Pflaumen, Quitten, Aprikosen, Pfirsiche, Feigen und Maulbeeren bzw. Mandeln, Haselnüsse und Walnüsse.
[29] Rother (Anm. 2), S. 135.
[30] 95% aller Weinreben sind zyprische Rebsorten, hauptsächlich „Mavro" und „Ksinisteri".
[31] Sultaninen kretischen Ursprunges. Christodoulou (Anm. 10), S. 156–158.
[32] Der „dsivania" (zyprischer Tresterschnaps) ähnelt geschmacklich dem griechischen Ouzo bzw. dem türkischen Raki.
[33] Vgl. Barth, H.-K. u. a.: Geographie der Bewässerung. Annotierte Bibliographie zur Bewässerungslandwirtschaft der Erde in 6 Teilbänden. Paderborner Geographische Studien. Bd. 2. Paderborn 1990. Barth, H.-K. u. a.: Geographie der Bewässerung. Mittelmeerraum. Annotierte Bibliographie zur Bewässerungslandwirtschaft. Ergänzungsband zu Paderborner Geographische Studien. Bd. 2. Paderborn 1992.

trifft zum einen die Drainage, um der Verschlämmung und Versalzung des Bodens vorzubeugen, denn viele Bauern sind der falschen Überzeugung, daß man möglichst viel Wasser zuführen muß, und andererseits wird der Boden bei Dauerfeldbau mit zwei bis drei Ernten im Jahr außerordentlich beansprucht.

Prinzipiell stehen drei Wasserspender zur Verfügung: Niederschläge, Grundwasservorkommen sowie das Gewässernetz. Das Gewässernetz scheidet in den meisten ariden und semiariden Regionen für eine Dauerbewässerung aus, weil die Flüsse nur periodisch entwässern. Auf Zypern gibt es keinen einzigen Fluß, der ganzjährig Wasser führt, und in vielen Fällen kann das Abflußwasser lediglich Siedlungen versorgen, die am Oberlauf eines Gewässers liegen[34]. Niederschlags- und Grundwasservorkommen lassen sich mit den traditionellen Methoden nur bedingt ausnutzen. Die winterlichen Niederschlagsvolumina flossen früher infolge fehlender Staudämme ungenutzt ab, und die Grundwasservorkommen konnten nur mit einfachen Fördermechanismen[35] und bei oberflächennahem Grundwasserpegel in geringem Umfang ausgebeutet werden. Aufwendige Bewässerungstechniken in Form von Fernleitungssystemen oder Quanaten[36] gab es auf Zypern in der Antike, nicht jedoch in der Neuzeit[37].

Aufgrund der eingeschränkten technischen Bewässerungsmöglichkeiten war der Bewässerungsfeldbau traditionell nur punktuell und sehr kleinräumig möglich. In der Regel konnten lediglich die Hausgärten zur Deckung des Eigenbedarfs künstlich bewässert werden[38]. Diese Struktur änderte sich erst im Zeitalter der Motorpumpen nach dem Zweiten Weltkrieg. In den zyprischen Hausgärten wurden traditionell[39] Kohl, Kürbis, Gurken, Melonen, Kolokas[40], Artischocken, Zwiebeln, Tomaten und Kartoffeln angepflanzt[41]. Je nach Wasservorkommen und Vermarktungschancen wurden diese Gemüsesorten durch Sonderkulturen ergänzt, hauptsächlich Agrumen (Orangen, Zitronen und Grapefruit) sowie vereinzelt Ba-

---

[34]) Vor allem im Bereich der nördlichen Troodosvorbergzone wirkt sich die orographische Lage auf Wirtschaftsformen und Siedlungsbild aus. Vgl. Wellenreuther, R.: Siedlungsentwicklung und Siedlungsstrukturen im ländlichen Raum der Türkischen Republik Nordzypern. Mannheim 1993 (= Materialien zur Geographie, 21).

[35]) So z. B. das Göpel-Werk, ein mit Tierkraft betriebenes Schöpfrad oder mit Windkraft betriebene Pumpen, die noch in den 1950er Jahren das Bild in der östlichen Mesaoria zwischen Famagusta und Agia Napa prägten, wo der Grundwasserspiegel nicht weit unter Flur liegt.

[36]) Quanate sind unterirdische künstliche Wasserstollen, die unter Ausnutzung des natürlichen Gefälles das Wasser von einem Quellhorizont über eine größere Distanz (bis zu 90 km) ableiten. Dieses System ist persischen Ursprungs.

[37]) In römischer Zeit wurde die Hafenstadt Salamis in der Bucht von Famagusta über eine Leitung mit Wasser aus Kythrea (Degirmenlik) im Höhenzug des Pentadaktylos (Beşparmak) über eine Distanz von ca. 40 km versorgt. Reste dieses antiken Wasserleitungsnetzes sind heute noch westlich von Tymvou (Ercan) bei der Siedlungswüstung Çömlekçi zu sehen.

[38]) Die traditionellen Agrarstrukturen Zyperns sind noch in einigen ehemals griechischen Dörfern in den Grenzertrags- und Ungunsträumen Nordzyperns, die seit 1974 von festlandtürkischer Bevölkerung besiedelt sind, sichtbar.

[39]) Der Begriff „traditionell" bezieht sich in diesem Zusammenhang ausschließlich auf die Neuzeit und beinhaltet demgemäß allochthone Kulturpflanzen.

[40]) Zyprische Rübensorte.

[41]) Christodoulou (Anm. 10), S. 145–152.

nanen und Datteln, die weniger für den Eigenbedarf als zum Verkauf angebaut wurden.

Mit dem Übergang zu großflächigem Bewässerungsanbau nach dem Zweiten Weltkrieg wurde im Mittelmeerraum eine ganze Reihe fremder Kulturpflanzen aus anderen Erd- und Klimazonen heimisch gemacht, die bis dahin wegen ihres Feuchtigkeitsbedarfs dort nicht wachsen konnten. Zu diesen allochthonen Pflanzen, die das heutige mediterrane Kulturlandschaftsbild prägen, gehören Agrumen, Pfirsiche, Aprikosen, Maulbeeren, Agaven, Kakteen, Eukalyptus, Bananen, Zuckerrohr, Wassermelonen, Tomaten, Kartoffeln, Tabak, Mais, Auberginen, Bohnen, Paprika, Baumwolle und Erdnüsse[42]).

c) Viehwirtschaft

Ähnlich wie der Ackerbau ist im gesamten Mittelmeerraum auch die Viehwirtschaft den klimatischen Rahmenbedingungen unterworfen. Eine ortsfeste Viehhaltung in Form einer Stall- oder Weidewirtschaft wie in Mitteleuropa ist wegen des schwierigeren Futtermittelanbaus nur bedingt möglich. Aus diesem Grund haben sich spezifische Wirtschafts- und Lebensformen herausgebildet wie Fernweidewirtschaft (Transhumanz), Almwirtschaft oder Nomadismus, die teilweise regional begrenzt in Erscheinung treten bzw. inzwischen der Vergangenheit angehören[43]). Auf Zypern spielten die genannten Großviehhaltungsformen wegen der Kleinräumigkeit und insularen Lage keine Rolle. Traditionsgemäß wird auf Zypern überwiegend Kleinvieh für die Fleisch- und Milchproduktion in Form einer Wanderwirtschaft gehalten (Schafe und Ziegen), die einem Tagesrhythmus unterliegt. Großvieh (Ochsen, Maultiere und Esel) diente auf Zypern primär zu Last- und Arbeitszwecken und wurde bis heute mit Ausnahme einiger Anatoliersiedlungen in der „TRNZ" weitgehend durch Traktoren ersetzt[44]).

Zusammenfassend läßt sich festhalten, daß die landwirtschaftlichen Anbauformen und -kulturen Zyperns in hohem Maße von den mediterranen Geofaktoren geprägt sind, und zwar in erster Linie von klimatischen Prämissen und von den Wasservorkommen. Die Landwirtschaft hat auf Zypern stärker als alle anderen Wirtschaftssektoren die naturräumlichen Strukturen geprägt bzw. überformt. Charakteristisch war traditionell ein zentral-peripherer Nutzungswandel von Bewässe-

---

[42]) Diese Pflanzen stammen im wesentlichen aus den immerfeuchten Subtropen Ostasiens und Amerikas. Pletsch, A.: Geographie des Mittelmeers, in: Das Mittelmeer. Frankfurt/M., Luzern 1980, S. 24–26; Rother (Anm. 2), S. 137. Sie wurden erst nach der Entdeckung Amerikas bzw. mit dem Entstehen von Handelsverbindungen nach Ostasien (China) im Mittelmeerraum heimisch gemacht.

[43]) Die „Transhumanz" ist traditionell im westlichen Mittelmeerraum und auf der Iberischen Halbinsel verbreitet, wohingegen sich der Nomadismus auf den östlichen Mittelmeerraum, Nordafrika und die Türkei beschränkte, aber inzwischen nicht mehr existent ist.

[44]) Vgl. Baker, S.-W.: Cyprus as I Saw it in 1879. London 1879; Dixon, W.-H.: British Cyprus. London 1879; Oberhummer, E.: Die Insel Cypern. München 1903; Trietsch, D.: Cypern. Eine Darstellung seiner Landesverhältnisse, besonders in politischer und wirtschaftlicher Beziehung. Frankfurt/M. 1911.

rungsfeldbau, Trockenfeldbau und extensiver Weidewirtschaft, wobei der Bewässerungsfeldbau auf den unmittelbaren Siedlungsbereich beschränkt blieb und die Trockenfeldbauzonen den weitaus größten Anteil einnahmen. Die Weidewirtschaftsgebiete repräsentierten Grenzertrags- und Ungunstlagen in den häufig versumpften Küstenhöfen sowie im Übergangsbereich zwischen Vorbergzonen und Gebirgsregionen. Das räumliche Nutzungsmuster der traditionellen mediterranen Landwirtschaft erinnert teilweise an das Thünen-Modell[45]), allerdings mit dem Unterschied, daß die agraren Nutzungsmuster im Mittelmeerraum von klimatischen und nicht wie im Thünen-Modell von absatztechnischen Prämissen gestaltet waren. Ein zweites wichtiges Merkmal der agraren Nutzungsfolge ist der Anbau von Mischkulturen in Form zwei- und dreistöckiger Pflanzweisen. In den intensiv genutzten bewässerten Hausgärten dominierte die dreistöckige Pflanzweise wie man sie auch in den Oasen der subtropischen Wüsten- und Steppengebiete vorfindet, beispielsweise in Form von Hackfruchtanbau als Unter-, Sträuchern als Zwischen- und Bäumen als Oberkultur. In den Trockenfeldbauarealen, die auf Zypern vielerorts terrassiert wurden, herrschte eine zweistöckige Planzweise vor, hauptsächlich in Form von Getreideanbau als Unter- und Oliven oder Karuben als Oberkultur. Im Troodos-Gebirge, wo auf mesoklimatischer Ebene andere Bedingungen herrschen, existieren traditionell Hackfrüchte als Unter- und Obst- bzw. Nußbäume als Oberkultur.

2. Tradierte Bodenbesitzstrukturen und Betriebsformen

Die mediterrane Landwirtschaftsstruktur ist in hohem Maße von den sozioökonomischen Rahmenbedingungen der agraren Erwerbsbevölkerung in bezug auf Eigentumsgrößen und dem Verhältnis von Bodeneigentümern zu Bodenbewirtschaftern geprägt. Im Mittelmeerraum ist die Dichotomie zwischen Klein- und Großbauerntum für die agrarsozialen Verhältnisse charakteristisch, wobei signifikante Unterschiede zwischen östlichen und westlichen Teilräumen bestehen. So spielt das Großbauerntum traditionell in den romanischen Mittelmeerländern in Form der Latifundienwirtschaft eine bedeutendere Rolle als in den Ländern des einstigen Osmanischen Reichs, in denen der landwirtschaftliche Großbetrieb (Çiftlik) vielfach eine domänenartige Ausprägung annahm[46]). Ein weiteres Charakteristikum ist das Verhältnis von Eigentum und Betrieb, denn die Zahl der Betriebe ist immer größer als die Zahl der Eigentümer, was bedeutet, daß Grundpacht im Mittelmeerraum eine regelmäßige Erscheinung ist. Die Agrarbetriebsform ist deshalb so wichtig, weil ein Pächter in der Regel eine geringere Investionsbereitschaft zeigt als ein Eigentümer, und je kürzer die Pachtzeit, desto größer

---

[45]) Kreismodell konzentrischer Ringe, das den Zusammenhang von Grundrente und landwirtschaftlicher Produktion zum Ausdruck bringt. Wichtigstes Merkmal des Thünen-Modells ist die abnehmende Intensität vom Marktzentrum aus.

[46]) Domänen sind landwirtschaftliche Musterbetriebe, die sich früher in Staatsbesitz befanden und heute überwiegend privat bewirtschaftet werden.

ist das Risiko des Raubbaus, was im Extremfall zu stagnierenden oder gar rückläufigen Ertragsentwicklungen in einem Agrargebiet führen kann[47]).

Die zyprische Landwirtschaft ist in bezug auf Bodenbesitzstrukturen und Betriebsformen historisch mit drei Hypotheken belastet, die die Agrarstrukturen bis zur Unabhängigkeit prägten: das osmanische Steuerpachtsystem, die rechtliche Teilbarkeit des Immobilienbesitzes sowie die Erbsitten. Die osmanische Steuerpacht basierte auf dem *Timar*, einem Pfründesystem, das sich von den mittelalterlichen Feudalsystemen in der Hinsicht unterscheidet, daß die Pfründe kein Eigentumsrecht beinhalteten, sondern lediglich ein Nutzungsrecht (*tasaruf*). Die Pfründner durften ihre Pfründe weder verkaufen noch vererben, was die Möglichkeiten der wirtschaftlichen Verwertung bereits von vornherein stark einschränkte. Der negative Effekt des osmanischen Besitzstandsrechts wurde durch das Steuerpachtsystem zusätzlich verstärkt, denn das osmanische Steuersystem erhob fixe, also ertragsunabhängige Steuern, und die Hohe Pforte finanzierte ihr chronisches Haushaltsdefizit durch die Beleihung von Rechtstiteln. In der Praxis bedeutete dies, daß Gouverneurs-, Statthalter- oder hohe Beamtenpositionen meistbietend für einen bestimmten Zeitraum versteigert wurden, wobei die Hohe Pforte in Istanbul das Recht, Steuern einzutreiben, abtrat. Die Folge war, daß der Pfründner sich kaum um die Landwirtschaft kümmerte und bei den Bauern nur erschien, um seine Rente sowie seine Steuerforderung geltend zu machen[48]). Die Bauern ihrerseits konnten auch kein Interesse an einer Ertragssteigerung haben, weil das repressive Steuersystem jeglichen Leistungsanreiz verhinderte. Englische Forschungsreisende schilderten Ende des 19. Jahrhunderts das Bild einer völlig unproduktiven und verkümmerten Landwirtschaft mit riesigen Brachflächen kultivierfähigen Landes[49]).

Die Ursachen für die zyprische Flurzersplitterung sind in erster Linie in der für die orientalische Gesellschaft typischen Praxis der Realerbteilung zu sehen. Auf Zypern wurde diese Entwicklung noch durch die Gewohnheit der Erblasser verstärkt, das Erbteil bereits zu Lebzeiten den Nachkommen zu übergeben und sich für den Eigenbedarf eine kleine Parzelle Land zurückzubehalten. Zusätzlich wurde die Zersplitterung noch durch Scheinteilungen von Parzellen gefördert, denn für die Hypothekenbelastung war nicht der Wert der Grundstücke ausschlaggebend, sondern deren Anzahl, da jedes Grundstück nur mit einer einzigen Hypothek belastet werden durfte[50]).

Das Prinzip des *dual-ownership*[51]), die rechtliche Teilbarkeit des Privatbesitzes, erwies sich sowohl für die landwirtschaftliche Nutzung einer Parzelle als auch für Agrarinnovationen als ausgesprochen lähmend. Geteilt werden konnten die Rech-

---

[47]) Rother (Anm. 2), S. 141.
[48]) Matuz, J.: Das Osmanische Reich. Grundlinien seiner Geschichte. Darmstadt 1990, S. 104/105.
[49]) Vgl. Baker (Anm. 44).
[50]) Heinritz, G.: Grundbesitzstruktur und Bodenmarkt in Zypern. Erlangen 1975 (= Erlanger Geographische Arbeiten, 2), S. 32.
[51]) Ebenda, S. 27.

te an Grund und Boden, an der Bebauung bzw. Bepflanzung (Bäume) und an den Wasserrechten. Diese Rechte konnte man prinzipiell gesondert erwerben und veräußern; hinzu kam die Teilbarkeit dieser Rechte, d.h. ein Einzelrecht (z.B. ein Nutznießungsrecht) konnte de-facto ein Paket aus mehreren Rechtsanteilen sein. Thirgood schildert ein Beispiel aus dem ländlichen Raum, wo auf einer 3 *dönüm* großen Parzelle (= 4047 qm) sechs Einzelrechte am Grund eingetragen waren. Die Eigentumsrechte an den 20 Bäumen verteilten sich auf acht Teileigentümer mit Anteilen zwischen 78/1728 und 364/1728[52]). Es ist einsichtig, daß aufgrund der Rechtslage und der Flurzersplitterung die Verwertbarkeit ländlichen Grundbesitzes starken Einschränkungen unterworfen war. Hinzu kommt, daß der zersplitterte Besitz schon frühzeitig nicht mehr rentabel zu bearbeiten war. Einerseits waren die Parzellen zu klein und andererseits lag der Grundbesitz vieler Bauern in verschiedenen Gemarkungen, was lange Wegezeiten zur Folge hatte.

Die Wasserrechte besaßen früher eine Schlüsselstellung, weil im ländlichen Raum erst in den 1950er Jahren mit der Installation einer kommunalen Wasserversorgung begonnen wurde. Allein das Wasserverteilungsproblem barg genügend sozialen Konfliktstoff, und im Osmanischen Reich hatten die ethno-religiösen Volksgruppen Zyperns auf kommunaler Ebene ihre Wasserschiedsgerichte, die Auseinandersetzungen innerhalb der eigenen Volksgruppe zu regeln vermochten. Die Rechte waren fast nie schriftlich fixiert, sondern seit Generationen mündlich überliefert. Oft handelte es sich lediglich um Gewohnheitsrechte, die im Laufe der Zeit einen kodifizierten Charakter annahmen. Kompliziert wurde die Rechtslage, wenn die Wasserstreitigkeiten unterschiedliche Volksgruppen betrafen. In diesem Fall stießen oft konträre Rechts- und Wertenormen aufeinander, die auf dörflicher Ebene nicht leicht in Einklang zu bringen waren und meistens eines überregionalen Schiedsspruches bedurften. Christodoulou schildert einen Wasserrechtsstreit zwischen der zyperngriechischen Gemeinde Kakopetria im Troodosgebirge und dem zyperntürkischen Dorf Petra (Tasköy) östlich von Lefke, der aufgrund der politischen Brisanz an das Distriktgericht nach Nikosia überwiesen wurde und von 1941–1953 dauerte[53]).

Die Bodenbesitzstrukturen Zyperns weichen von den eingangs skizzierten Verhältnissen in anderen mediterranen (Festlands-)Regionen insofern ab, als über 90% der landwirtschaftlich nutzbaren Fläche Kleinbesitz ist und sich 92% der gesamten landwirtschaftlich genutzten Fläche in Privatbesitz befindet[54]). Der Begriff „Kleinbesitz" bezieht sich in diesem Kontext primär auf die Ertragsmöglichkeiten, die unter einem am regionalen Querschnitt gemessenen Lebensstandard liegen und erst in zweiter Linie auf die landwirtschaftliche Organisationsform (Bewirtschaftung durch die Kleinfamilie)[55]). Die extreme Besitzzersplitterung sorgte be-

---

[52]) Thirgood, J.-V.: Cyprus. A Chronicle of it's Forests, Land and People. Vancouver 1987, S. 55.
[53]) Christodoulou (Anm. 10), S. 90.
[54]) Heinritz (Anm. 50), S. 26, 34.
[55]) Wenzel, H.-J.: Die ländliche Bevölkerung. Materialien zur Terminologie der Agrarlandschaft. Gießen 1974, S. 29.

reits frühzeitig für Parzellengrößen, die nicht mehr rentabel bewirtschaftet werden konnten, und aus diesen Gründen waren schon 1960 40% der zyperngriechischen Eigentümer nicht mehr in der Landwirtschaft tätig[56]). Die traditionelle agrarsoziale Erwerbsstruktur Zyperns ist infolge der spezifischen Bodenbesitzstruktur von landwirtschaftlicher Lohnarbeit geprägt, wobei auf Zypern Elemente der westmediterranen Latifundienwirtschaft mit dem orientalischen Rentenkapitalismus zu eigenständigen landwirtschaftlichen Erwerbsformen verschmelzen. Im wesentlichen handelt es sich um verschiedene Pachtformen (früher Teilpacht, heute Geldpacht) und landwirtschaftliche Vertragsarbeit[57]).

III. Agrarstrukturelle Veränderungen zwischen dem Zweiten Weltkrieg und der Teilung Zyperns 1974

Das letzte Drittel der britischen Kolonialherrschaft auf Zypern war von tiefgreifenden agrarwirtschaftlichen und gesellschaftlichen Reformen gekennzeichnet. Mit der Einverleibung Zyperns in das Empire nach dem Ersten Weltkrieg und der sich abzeichnenden Entwicklung des Nahen Ostens als Erdöllieferant für die westlichen Industriestaaten wuchs das Interesse der Engländer an Zypern, die dort seit Beginn der 1930er Jahre umfangreiche Maßnahmen zum Ausbau der Infrastruktur initiierten, um die Wirtschaft zu stärken. Damals lebte der größte Teil der Bevölkerung von der Landwirtschaft, deren Leistungsfähigkeit infolge struktureller Mißstände immer mehr in Frage gestellt werden mußte. Ungünstige naturräumliche Prämissen, Flurzersplitterung, ein antiquiertes Rechtssystem sowie erstarrte Gesellschaftsstrukturen hatten lähmende Auswirkungen auf die Landwirtschaftserträge. Auf Zypern gab es keine ausgeprägte ländliche Aristokratie oder Feudalklasse, und die Landbevölkerung war in erster Linie von privaten Geldverleihern und von Zwischenhändlern abhängig. In den Jahren zwischen 1920 und 1935 wurden Tausende von Anwesen versteigert, und viele Landwirte verloren ihren Besitz[58]). Neben den agrarsozialen Motiven spielten für die Kolonialherren aber auch innen- und außenpolitische Beweggründe eine wichtige Rolle, denn es galt, nicht nur die ökonomischen Abhängigkeitsverhältnisse zwischen zyprischer Oberschicht und lokaler Dorfbevölkerung abzubauen, sondern auch die politischen Klientelstrukturen zu beseitigen. Finanzielle Abhängigkeit war gleichbedeutend mit politischer Abhängigkeit, und der aufkeimende Nationalismus vor dem Hintergrund der zyperngriechischen *Enosis*-Forderungen führte den Briten den Einfluß griechischer und türkischer Gesellschaftseliten auf die Landbevölkerung vor Augen. Vor diesem Hintergrund muß der Aufbau des zyprischen Genossenschaftswesens gese-

---

[56]) Heinritz (Anm. 50), S. 34.
[57]) Ebenda, S. 63–69.
[58]) Clerides, R.-N.: Die Genossenschaftliche Zentralbank in Zypern, in: Internationale Genossenschaftliche Rundschau. 11 (1961), S. 298; Choisi, J.: Wurzeln und Strukturen des Zypernkonflikts 1878–1990. Ideologischer Nationalismus und Machtbehauptung im Kalkül konkurrierender Eliten. Stuttgart 1993, S. 73.

hen werden, das zusammen mit der Bodenrechtsreform von 1946, die das Prinzip der Unteilbarkeit des Immobilienbesitzes (*multiple ownership*) verankerte, und der Wassergesetzgebung von 1954 zu einem Maßnahmenpaket zählt, das nicht nur mit wirtschaftlichen, sondern auch mit gesellschaftspolitischen Intentionen behaftet war.

1. Das zyprische Genossenschaftswesen

Die Ursprünge der zyprischen Genossenschaftsbewegung gehen auf das Jahr 1914 zurück und hatten das Ziel, die Bauern mit billigen Landwirtschaftskrediten zu versorgen. Die Bereitstellung langfristigen Kapitals war jedoch bei weitem nicht ausreichend, weil viel dringender kurzfristiges Geld benötigt wurde, und sich außerdem eine tiefgreifende Reform nur unter der Bedingung einer konsequenten Anwendung genossenschaftlicher Grundsätze bewerkstelligen ließ, weshalb die Briten eine Genossenschaftsabteilung (1935), ein flächendeckendes Genossenschaftsnetz und eine genossenschaftliche Zentralbank (1937) ins Leben riefen.

Der Aufbau des zyprischen Genossenschaftswesens erfolgte in den 1940er und 1950er Jahren. Dieses hatte im wesentlichen drei Aufgaben zu erfüllen: Die Bankfunktion bestand in der Einlagenverwaltung genossenschaftlicher Kleinanteile sowie in der Bereitstellung kurz- und langfristiger Landwirtschaftskredite. Die zweite Aufgabe war der zentrale Einkauf landwirtschaftlicher Bedarfsgüter (Düngemittel, Insektizide, Saatgut) und als dritter Teilbereich oblag den Absatzgenossenschaften und -vereinigungen der Verkauf landwirtschaftlicher Produkte. Diese letztgenannte Funktion gewann seit den 1950er Jahren vor dem Hintergrund landwirtschaftlicher Intensivierung (Bewässerungsanbau) für Exportzwecke einen erheblichen Bedeutungszuwachs. Neben Johannisbrot, Wein und Tabak rückte vor allem der genossenschaftliche Export von Zitrusfrüchten in den Vordergrund. Alle vier Genossenschaftsorganisationen für den Absatz von Zitrusfrüchten verfügten über Entgrünungs-, Verpackungs- und Sortieranlagen und hatten sich mit anderen Import- und Exportorganisationen zu der *Cyprus General Services Cooperative Organisation Ltd.* mit Auslandsvertretungen in Deutschland, England und Frankreich zusammengeschlossen. Neben dem Agrarsektor entstanden auf Zypern auch Genossenschaften für die industrielle Flaschengasherstellung (Butangas) sowie im Versicherungswesen und auf dem Transportsektor (Schiffahrts- und Reiseorganisationen)[59].

Im folgenden soll am Beispiel der Karuben auf das zyprische Genossenschaftswesen etwas detaillierter eingegangen werden. Johannisbrot war eines der wichtigsten landwirtschaftlichen Exportprodukte Zyperns. 1946 hatten die Johannisbrotbauern begonnen, ihre Erzeugnisse genossenschaftlich abzusetzen. Bis dahin beherrschten private Kaufleute das Geschäft, die den Bauern Ankaufspreise und

---

[59] Azinas, A.-A.: Genossenschaftlicher Fortschritt in Zypern, in: Internationale Genossenschaftliche Rundschau. 3 (1974), S. 108/109.

Konditionen diktieren konnten. Im Limassol-Distrikt wurde die erste Zentralabsatzgenossenschaft gegründet, deren System wie folgt funktionierte[60]):

- Der Johannisbrotbauer übergab seiner Genossenschaft die Ernte und erhielt von ihr einen Vorschuß, der jedes Jahr entsprechend den herrschenden Marktbedingungen festgesetzt wurde. Dieser Vorschuß schwankte zwischen 70% und 75% des jeweiligen Preises.
- Jede Genossenschaft brachte das gesammelte Johannisbrot der Mitglieder mit eigenen Transportmitteln in die Lagerhäuser ihrer Zentralabsatzgenossenschaft.
- Diese übernahm Lagerung, Bearbeitung (Mahlen, Sortieren nach Qualitäten), Sacken und Verschiffung.
- Die Zentralabsatzgenossenschaften führten die Schlußabrechnung durch und verteilten nach Abzug aller Kosten den Rohgewinn auf die ihr angehörenden Kreditgenossenschaften, die der Reihe nach den Bauern die Abschlußzahlungen auszahlten.
- Auf diese Weise konnte den Landwirten für ihre Johannisbroternte ca. 30–33% mehr ausgezahlt werden als bei dem früheren Absatz über private Kaufleute.

Das Genossenschaftswesen kann als Beispiel für das konfliktfreie Zusammenleben beider Volksgruppen auf der dörflichen Ebene angesehen werden, das nicht nur von zyperngriechischen *Enosis*-Propagandisten, sondern auch von zyperntürkischen Separatisten Ende der 1950er Jahre angegriffen wurde. Die Spaltung des zyprischen Genossenschaftswesens in eine griechische und in eine türkische Organisation im Jahr 1959 war weniger den Vereinbarungen von London und Zürich zuzuschreiben, wie türkische Autoren behaupten[61]), sondern ist als Antwort der zyperntürkischen Bevölkerungseliten auf den Terror zyperngriechischer EOKA-Kämpfer zu betrachten, um damit die Spaltung Zyperns voranzutreiben[62]). Für die Zyperntürken war diese Spaltung des zyprischen Genossenschaftswesens kaum von Vorteil, denn mit der Bildung der Siedlungsenklaven 1963/64 mußte wegen der bürgerkriegsähnlichen Zustände sowie der folgenden Isolation und Unterdrückung der zyperntürkischen Volksgruppe ein Großteil der zyperntürkischen Genossenschaften ihre Tätigkeit einstellen. Auch nach der Teilung Zyperns konnten die zyprischen Genossenschaften nicht mehr ihre einstige Bedeutung zurückerlangen.

---

[60]) Kartalas, P.: Genossenschaftlicher Absatz von Johannisbrot auf Zypern, in: Mitteilungen der Deutschen Genossenschaftskasse. 6 (1962), S.12/13.

[61]) Eshref, M.: Die türkischen Genossenschaften in Zypern, in: Internationale Genossenschaftliche Rundschau. 3 (1974), S.113.

[62]) Die Teilung des zyprischen Genossenschaftssystems wurde genauso wie die Spaltung der Handelskammer (1958) noch von den britischen Kolonialherren anerkannt und war damit auch international legitimiert. Diese Formalie ist heute insofern von Bedeutung, als beispielsweise die zyperntürkische Handelskammer („Türk Ticaret Odasi") ungeachtet der internationalen Nichtanerkennung Nordzyperns Ursprungszertifikate („certificate of origin"), die weltweit anerkannt sind, für den Export ausstellen kann, wohingegen alle Beurkundungen von zyperntürkischen Organen, die erst nach 1960 infolge der interethnischen Auseinandersetzungen entstanden sind, formalrechtlich ungültig sind.

2. Der Ausbau der Bewässerungswirtschaft

Aufgrund der besonderen hygrischen Voraussetzungen war eine landwirtschaftliche Intensivierung nur im Rahmen einer Erweiterung der ganzjährig bewässerten Fläche möglich. Für die Dauerbewässerung wurden auf Zypern traditionell die Grundwasservorräte genutzt, da Tiefbrunnenbohrungen aus technischen und finanziellen Gründen nicht vorgenommen werden konnten. In erster Linie standen für die Dauerbewässerung die östlichen und westlichen Mesaoriagebiete in der Bucht von Famagusta bzw. in Morphou zur Verfügung, wo der Grundwasserspiegel nicht weit unter der Flur lag. Bereits 1960 waren im Nikosia-Distrikt, zu dem Morphou gehört, 30,4% und im Famagusta-Distrikt 22,3% der gesamten landwirtschaftlichen Nutzfläche bewässert, wohingegen dieser Anteil in den übrigen Distrikten im Durchschnitt lediglich 9,7% betrug[63]. Zwischen 1960 und 1970 haben die bewässerten Areale um 14 000 ha auf 41 600 ha zugenommen, was einer Steigerung von 60% entspricht. Damit konnte auf 12% der gesamten landwirtschaftlichen Nutzfläche Zyperns Bewässerungsfeldbau betrieben werden[64]. Diese Ausweitung vollzog sich hauptsächlich in Famagusta und Morphou und wurde von staatlicher Seite anfangs auch durch zinsvergünstigte Kredite für Motorpumpen und Brunnenbohrungen noch unterstützt. Durch die Überstrapazierung der Grundwasservorräte sank der Spiegel unter Meeresniveau, was ein Eindringen von Meerwasser und damit die Versalzung des Grundwassers zur Folge hatte[65]. Die Umweltschäden traten bereits vor der Teilung Zyperns vor allem in dem Küstenhof von Famagusta zutage, was jedoch wirtschaftlich infolge des Aufbaues der Fremdenverkehrsindustrie in Varosha als landwirtschaftliche Folgenutzung keine Einbußen nach sich zog. Von diesem Standpunkt aus betrachtet, muß die vermeintlich günstige Ausgangsposition der Zyperntürken, die nach dem türkischen Einmarsch auf Zypern alle Bewässerungsanbaugebiete in der östlichen und westlichen Mesaoria in Händen hielten, revidiert werden. Abgesehen davon, daß die Türken aus diesem umweltpolitischen Fehlverhalten keine Konsequenzen zogen und mit der rücksichtslosen Ausbeutung der Grundwasservorräte bis heute fortfahren, haben sie mittlerweile die Lasten der einstigen verfehlten griechischen Agrarpolitik zu tragen, weil infolge zunehmender Grundwasserversalzung immer mehr kostspielige Neubohrungen erforderlich werden und überdies die Zitruserträge in qualitativer wie quantitativer Hinsicht rückläufig sind. Auf der anderen Seite bot sich für die Zyperngriechen nach 1974 im Zuge des Neuanfangs dank internationaler finanzieller Hilfe die Möglichkeit an, neue und ressourcenschonendere Agrartechniken zu implementieren (z. B. Staudammprojekte, Berieselungsverfahren).

---

[63] Karouzis, G.: Land Tenure in Cyprus. A Powerful Typological Criterion, in: Geographical Chronicles. 1 (1971) 2, S. 88–95.
[64] Heinritz (Anm. 50), S. 19.
[65] Vgl. dazu den Beitrag „Raumplanung und Umweltschutz" von B. Hahn und R. Wellenreuther in diesem Band.

Landwirtschaft

Tabelle 4: Entwicklung und Struktur des Bewässerungsanbaus in Zypern

	1960	1965	1967	1969
Bewässerte Dauerkulturen (Bäume und Tafeltrauben) in ha	7 986	16 146	18 027	19 599
in Prozent des gesamten Bewässerungslandes	34,4	51,1	46,9	52,7
davon Zitrus in ha	4 320	11 600	13 067	14 332
in Prozent des gesamten Bewässerungslandes	18,6	36,7	34,0	38,5
Bewässerte einjährige Kulturen in ha	15 240	15 454	20 373	17 567
in Prozent des gesamten Bewässerungslandes	65,6	48,9	53,1	47,3
davon Kartoffeln in ha	5 333	–	–	8 667
in Prozent des gesamten Bewässerungslandes	23,0	–	–	23,3
Bewässerungsland insgesamt in ha	23 200	31 600	38 400	37 200
Gesamtackerland in ha	277 900	301 300	311 800	316 900

Quelle: Heinritz, G.: Grundbesitzstruktur und Bodenmarkt in Zypern. Erlangen 1975, S. 22 (= Erlanger Geographische Arbeiten, Sonderband 2).

Tabelle 4 zeigt Entwicklung und Struktur des Bewässerungsanbaus auf Zypern. Augenfällig ist die rapide Zunahme des Zitrusanbaus zwischen 1960 und 1969. Die Zitrusanbaufläche hatte sich in diesem Jahrzehnt verdoppelt und das Erntevolumen gar mehr als verdreifacht. An zweiter Stelle rangierte der großflächige Ausbau der Kartoffelanpflanzungen im Hinterland von Agia Napa. „Zitrusfrüchte und Kartoffeln sind denn auch die Erzeugnisse, die die Steigerung des Wertes der gesamten landwirtschaftlichen Produktion der Insel hauptsächlich bewirkt haben. Da 90% der geernteten Agrumen und 78% der Kartoffeln exportiert werden, schlagen die Erweiterungen ihrer Anbauflächen und die Steigerung der Flächenproduktivität auch in der Exportstatistik durch: Beide Produkte zusammen haben einen Anteil von annähernd 60% am Export landwirtschaftlicher Produkte. Agrarerzeugnisse aber stehen noch immer mit ca. 60% an erster Stelle der Gesamt-Exportstatistik Zyperns"[66]).

Tabelle 5: Produktionsergebnisse im Bewässerungsanbau 1969

Anbaufrucht	Anbaufläche in ha	Wasserverbrauch pro ha in cbm	Ertrag pro ha in		Anteil am Wert Gesamterzeugung in Prozent
			Tonnen	CyP	
Zitrus	14 332	8 850	11,6	415	32,3
Obst	3 867	7 650	3,2	258	5,4
Tafeltrauben	1 400	3 075	26,8	956	7,3
Kartoffeln	8 667	3 430	18,5	629	29,5
Karotten	773	2 760	29,8	1 025	4,3
Tomaten	1 333	5 300	16,5	594	4,3
Gurken	667		16,5	726	2,6
Melonen	1 933	4 550	14,0	298	3,1
sonstige Gemüse	3 514		–	–	8,3
Erdbeeren	40		10,0	1 400	0,3
Bananen	87	13 500	20,7	2 070	1,0
sonstiges	553		–	–	1,2

Quelle: Heinritz, G.: Grundbesitzstruktur und Bodenmarkt in Zypern. Erlangen 1975, S. 24 (= Erlanger Geographische Arbeiten, Sonderband 2).

Die in Tabelle 5 ausgewiesenen Obst- und Gemüsesorten wurden vor der Teilung Zyperns aus zwei Gründen noch primär für den Eigenbedarf der Insel angebaut. Zum einen handelte es sich noch überwiegend um die Produktion kleiner Landwirtschaftsbetriebe im Familienverband, die in bezug auf den Obstanbau im entlegenen Troodos ansässig waren und deren Produkte aus qualitativen wie absatzwirtschaftlichen Beweggründen im Inland vermarktet wurden[67]). Außerdem waren vor 1974 aus Gründen der unzureichenden Verkehrsinfrastruktur (auf dem Luftweg) die Möglichkeiten für einen schnellen Transport empfindlicher und leicht verderblicher Obst- und Gemüsesorten nach Europa noch nicht wie im heutigen Maß gegeben. Der Ausbau der zyprischen Bewässerungswirtschaft steht in engem Zusammenhang mit politischen und sozioökonomischen Veränderungen. Der forcierte Bewässerungsfeldbau und der Ausbau der Fremdenverkehrswirtschaft setzten auf Zypern eine bis dahin unbekannte Bodenpreisspirale in Gang, die einen rein spekulativen Charakter trug. Zunächst schuf die Aussicht, mit der Umwandlung von Trocken- in Bewässerungsland Profite zu erzielen, die den Kauf-

---

[66]) Heinritz (Anm. 50), S. 22/23.

[67]) In den 1960er Jahren wurden hauptsächlich in den Troodos-Regionen mit vulkanischem Ausgangsgestein (günstigere edaphische Voraussetzungen als in den westlichen Troodos-Zonen mit Kalkuntergrund) umfangreiche Dauerbewässerungsanlagen auf den Kulturterrassen geschaffen (z.B. die Region um Agros).

preis einer Immobilie deutlich überstieg, Anreize für potentielle Investoren, die ein Grundstück oft von vornherein in der Absicht erwarben, es weiter zu verkaufen und nicht selbst landwirtschaftlich zu nutzen. Der Anteil veräußerter Grundstücke war demzufolge größer als der Anteil des für Bewässerungszwecke umgewandelten Landes. Wichtig in erwerbsstruktureller Hinsicht war die Tatsache, daß der Umschichtungsprozeß der Vermögenswerte nicht von der kleinbäuerlichen Bevölkerung getragen wurde, sondern von städtischen Bevölkerungsschichten, die im Falle einer landwirtschaftlichen Nutzung nach dem Kauf einer Parzelle und der Umwandlung in Bewässerungsland, die Agrartätigkeit allenfalls im Nebenerwerb betrieben bzw. Kontraktoren überließen. Der Verkäufer, der bislang als Kleinlandwirt Trockenfeldbau betrieb, investierte den Verkaufserlös in der Regel, um Schulden zu begleichen, oder investierte das Geld für einen Wechsel der Erwerbsgrundlage, was häufig mit einem Umzug in die Stadt verbunden war. Die landwirtschaftlichen Innovationen sind demnach nicht das Verdienst bäuerlicher Gesellschaftsgruppen, sondern als Träger fungierten urbane Bevölkerungsgruppen, die ihr Haupteinkommen aus nichtlandwirtschaftlicher Tätigkeit bezogen[68]). Der Bewässerungsfeldbau entpuppte sich damit faktisch zu einem vermögensbildenden Instrument für ein kleines Segment der zyprischen Bevölkerung, deren Haupterwerb nicht die Landwirtschaft war. Auf der anderen Seite beschleunigte der Ausbau des Bewässerungsfeldbaus erwerbsstrukturelle Verschiebungen zu Lasten des primären und zugunsten des tertiären Sektors (Tourismus).

Ein wichtiges Element in der Bodenspekulationskette waren aufgelassene Parzellen von Zyperntürken, die infolge der Pogrome von 1963/64 in die türkischen Siedlungsenklaven geflohen waren und nicht mehr in ihr Heimatdorf zurückkehren konnten oder wollten. Im Paphos-Distrikt, wo die zyperntürkische Bevölkerung im ländlichen Raum fast ein Drittel ausmachte, betrug der Anteil der Brachflächen zeitweise fast 70%. Für die verbliebenen Griechen war die türkische Enklavenbildung ein lukratives Geschäft, da türkischer Besitz sehr günstig gepachtet werden konnte[69]). Es ist aus heutiger Sicht unmöglich, sich von den wirklichen Nutznießern der interethnischen Auseinandersetzungen ein realistisches Bild zu machen, weil dieser Konflikt von beiden Lagern zu propagandistischen Zwecken mißbraucht wird. Es läßt sich jedoch nicht der Verdacht von der Hand weisen, daß viele Griechen im Hinblick auf die spätere Nutzung des zurückgelassenen zyperntürkischen Besitzes vor allem in umwandelbaren Trockenfeldbaugebieten die Augen vor den Massakern der EOKA-Terroristen verschlossen und später jede Mitschuld von sich wiesen. Auf der anderen Seite sind illegale Immobilienverkäufe türkischen Besitzes an griechische Interessenten offenkundig, wenn es den Profitinteressen zyperntürkischer Bevölkerungseliten zustatten kam. Die zyperntürkische Gesetzgebung in den Enklaven verbot Landverkäufe an Zyperngriechen, weil

---

[68]) Heinritz (Anm. 50), S. 80–115.
[69]) Drury, M.-P.: Western Cyprus. Two Decades of Population Upheaval 1956–76. University of Durham, Dep. of Geography 1977 (= maschinengeschriebenes Manuskript, vervielfältigt), S. 6; Patrick, R.-A.: A Political Geography and the Cyprus Conflict. Waterloo 1976 (Reproduktion 1979), S. 110.

man verhindern wollte, daß das 1963/64 gewaltsam geschaffene Siedlungsmuster durch legale Immobilientransaktionen legitimiert werden würde[70]).

IV. Die Folgen der Teilung

Der türkische Einmarsch auf Zypern im Jahre 1974 stellte auch für die Landwirtschaft der Insel eine Zäsur dar. Bis zur Teilung war der Agrarsektor der wichtigste wirtschaftliche Erwerbszweig gewesen, und nach der türkischen Landung gerieten 44,4% der bewässerten sowie 40,9% der Trockenfeldbaufläche in den Besitz der Okkupanten. Damit befanden sich die wichtigsten Zitrus-, Getreide- und Tabakanbauflächen, die überwiegend von Zyperngriechen bewirtschaftet wurden, in türkischen Händen, wohingegen jetzt ein überproportional hoher Anteil an Wein- und Olivenanbauflächen, die traditionell von Zyperntürken bestellt wurden, in griechischem Besitz war. Die türkische Intervention hatte damit zu einer völlig unsinnigen Aufteilung der landwirtschaftlichen Nutzfläche zwischen Griechen und Türken auf Zypern geführt[71]).

Vor diesem Hintergrund wird verständlich, daß sich nach der Teilung der Insel die Agrarstrukturen in beiden Hälften Zyperns gegensätzlich entwickelten. Im Süden herrschten in bezug auf den Nahrungsmittelspielraum die ungünstigeren Verhältnisse, so daß Bewässerungsflächen erst neu geschaffen werden mußten. Hinzu kamen Meliorationsmaßnahmen[72]) zur Ertragssteigerung von Trockenfeldbauflächen, denn durch die Vertreibung der Zyperngriechen reduzierte sich der Anteil der landwirtschaftlichen Nutzfläche je Einwohner. Mit der Flucht wurden auch weite Teile der zyperngriechischen Erwerbsbevölkerung ihrer Lebensgrundlage beraubt, weil nur ein Bruchteil der Menschen im Agrarsektor reintegriert werden konnte. Im wesentlichen handelte es sich um Kleinbauern, die den Besitz der 1975 umgesiedelten Zyperntürken übernahmen[73]), und nur ein geringer Bevölkerungsanteil fand ein Auskommen in landwirtschaftlicher Lohnarbeit. Solche Arbeitsplätze entstanden nach 1974 in exportorientierten agroindustriellen Großbetrieben[74]). Das Gros der einst in der Landwirtschaft beschäftigten Flüchtlinge mußte

---

[70]) In diese Geschäfte war auch der zyperntürkische Volksgruppenführer Denktaş verstrickt, dessen Familie vor 1974 den gesamten Handel mit den zyperntürkischen Enklaven kontrollierte, was ihm den Spitznahmen „Mr. 10%" einbrachte. Vgl. Kadritzke, N./Wagner, W.: Im Fadenkreuz der Nato. Ermittlungen am Beispiel Zypern. Berlin 1976.

[71]) Hahn, B.: Die Insel Zypern. Der wirtschafts- und politischgeographische Entwicklungsprozeß eines geteilten Landes. Hannover 1982 (= Jahrbuch der Geographischen Gesellschaft), S. 178.

[72]) Maßnahmen zur Steigerung der Bodengüte zum Zweck einer landwirtschaftlichen Nutzung bzw. Ertragssteigerung (z. B. Drainage, Kunstdüngung, Erosionsschutz etc.).

[73]) Vgl. dazu die Beiträge „Bevölkerungsstruktur" von H.-J. Brey und „Geographische Grundlagen" von G. Heinritz in diesem Band.

[74]) Hauptsächlich im Zitrus- und Kartoffelanbau bzw. in der nahrungsmittelverarbeitenden Industrie, die aber bereits zum sekundären Sektor und nicht mehr zur Landwirtschaft zu rechnen ist.

Landwirtschaft

in anderen Wirtschaftszweigen untergebracht werden (in der verarbeitenden Industrie und im touristischen Dienstleistungsbereich)[75]).

Den agraren Intensivierungen im Süden standen Extensivierungserscheinungen im Norden gegenüber, weil der zyperntürkische Inselteil zunächst unter einem Bevölkerungsdefizit zu leiden hatte, da von der türkischen Armee wesentlich mehr Fläche besetzt wurde, als es dem traditionellen türkischen Bevölkerungsanteil auf Zypern entsprach. Hinzu kam, daß infolge der Kriegs- und Umsiedlungswirren viele Zyperntürken auswanderten. Die Behörden im Norden hatten demnach nicht nur politische, sondern auch praktische Gründe, sofort nach der Teilung Zyperns mit der systematischen Ansiedlung von Festlandstürken zu beginnen, weil im ländlichen Raum nach der Vertreibung der Zyperngriechen vor allem auf der Karpas-Halbinsel ganze Landstriche entvölkert waren. Hinzu kommt, daß von seiten der *Cyprus Turkish Administration* schon lange konkrete Pläne für den Fall einer Landung der türkischen Armee existierten[76]), um dann umgehend ein eigenes Staatengebilde aufzubauen und alle qualifizierten Positionen in der Staatsverwaltung bzw. in der Wirtschaft mit Angehörigen der eigenen Volksgruppe zu besetzen. Somit bestand im Norden nach 1974 die paradoxe Situation, daß auf der einen Seite weite Teile der Landwirtschaft wegen Arbeitskräftemangels brachlagen, wohingegen im öffentlichen Dienst in großem Umfang künstlich Stellen geschaffen wurden[77]). Obwohl zwischen 1974 und 1979 ca. 45 000 „Anatolier" in Nordzypern eingebürgert und ca. 50 000 Zyperntürken aus dem Süden umgesiedelt wurden[78]), konnte die landwirtschaftliche Nutzfläche, die vor der Teilung Zyperns unter Kultur stand, nur teilweise weiterbewirtschaftet werden. Das Agrar- und Siedlungsgefüge im Norden ist deshalb von einer selektiven Wiederbesiedlung gekennzeichnet, die heute noch sichtbar ist. Für den Agrarraum hatte dies zur Folge, daß in Ungunstgebieten die Landwirtschaft meistens ganz aufgegeben wurde, so beispielsweise im Bereich der Südabdachung des Höhenzuges des Pentadaktylos oder in der nördlichen Troodosvorbergzone, wo viele Dörfer endgültig wüstfielen[79]). In

---

[75]) Infolge der unzureichenden Quellengrundlage sind keine quantitativen Aussagen über die agraren Beschäftigungsstrukturen unmittelbar vor der Teilung Zyperns möglich, weil der letzte gemeinsame Zensus im Jahre 1960 stattfand. Diese Zahlen können nicht mit den Statistiken von 1977 verglichen werden, weil die gesamten demographischen und erwerbsstrukturellen Veränderungen zwischen 1960 und 1973 außer acht bleiben. Christodoulou D.: Inside the Cyprus Miracle. The Labours of an Embattled Mini-Economy. Minneapolis (USA) 1992, S. 57. Zyperngriechische Statistiken mit Zahlenangaben für die Jahre zwischen 1963/64 und 1973 berücksichtigen i. d. R. nur die eigene Volksgruppe, ohne darauf jedoch aus politischen Gründen hinzuweisen, weil die zyperntürkische Administration infolge der Pogrome von 1963/64 jede Zusammenarbeit in der gemeinsamen Staatsverwaltung aufgekündigt hatte.

[76]) Vgl. Berner, U.: Das vergessene Volk. Der Weg der Zyperntürken von der Kolonialzeit zur Unabhängigkeit. Pfaffenweiler 1992.

[77]) Wellenreuther, R.: Lefkoşa (Nikosia-Nord). Stadtentwicklung und Sozialraumanalyse einer Stadt zwischen Orient und Okzident. Mannheim 1995 (= unveröffentlichte Dissertation), S. 57. Vgl. auch die veröffentlichte Fassung der Arbeit: Wellenreuther, R.: Nikosia-Nord (Zypern). Stadtentwicklung und Sozialraumanalyse einer geteilten Stadt zwischen Orient und Okzident. München 1996 (= Wirtschaft und Gesellschaft in Südosteuropa, 12), S. 17–43, 178–206.

[78]) Ebenda, S. 32–42.

[79]) Wellenreuther (Anm. 34), S. 78–81.

Grenzertrags- und Trockenfeldbauzonen wurden lediglich Parzellen mit einer günstigen agraren Bonität weiterbewirtschaftet, wohingegen in anderen Gemarkungsteilen Bracheerscheinungen sowie Nutzungsextensivierungen (z.B. Kleinviehzucht) Einzug hielten. Lediglich in den bewässerten Regionen der westlichen und östlichen Mesaoria sowie im Bereich des nordwestlichen Küstenabschnittes zwischen Kyrenia (Girne) und Lapithos (Lapta) kann auch nach 1974 von einer Weiterbewirtschaftung in gleichem Umfang gesprochen werden.

Tabelle 6: Anteilige Wertschöpfung der zyprischen Landwirtschaft (einschließlich Forstwirtschaft und Fischerei) am Bruttosozialprodukt (BSP), 1978–1992

	Süden		Norden	
	absolut*	Prozent	absolut**	Prozent
1978	55,3	10,9	908	17,4
1982	95,0	9,3	5 593	16,6
1985	111,0	7,5	26 143	20,9
1988	143,2	7,2	54 531	11,4
1992	177,6	5,8	410 237	10,2

* in Millionen Cyprus Pounds (CyP)
** in Millionen Türkischer Lira (TL)
Quelle: Eigene Berechnungen auf Grundlage offizieller Statistiken.

Tab 7: Beschäftigungsanteil in der zyprischen Landwirtschaft, 1977–1992

	Süden		Norden	
	absolut	Anteil an der Gesamtbeschäftigtenzahl in Prozent	absolut	Anteil an der Gesamtbeschäftigtenzahl in Prozent
1977	38 000	18,9	23 694*	45,0
1982	36 300	15,8	–	–
1987	35 700	13,9	19 800	29,9
1992	35 000	12,2	18 500	24,9

* einschließlich Bergbau und Steinbruch
Quellen: Hahn, B.: Die Insel Zypern. Der wirtschafts- und politischgeographische Entwicklungsprozeß eines geteilten Landes. Hannover 1982, S. 217 (= Jahrbuch der Geographischen Gesellschaft zu Hannover). Economic Development in the TRNC 1987–1992. Nicosia (North) 1993, S. 7. und Statistical Abstract 1992. Nicosia (South) 1994, S. 382/383.

Die gegensätzliche Entwicklungsstruktur der zyprischen Landwirtschaft nach 1974 dokumentiert der Vergleich von Tabelle 6 und 7. Während im Süden der landwirtschaftliche Anteil am BSP nach 1978 kontinuierlich sank, setzte dieser Rückgang im Norden erst nach 1985 ein und lag 1992 noch fast doppelt so hoch wie im Süden. Ein ähnliches Bild vermittelt die Beschäftigtenstruktur. Seit der Teilung Zyperns sind in der türkischen Landwirtschaft im Verhältnis doppelt so viele Menschen beschäftigt wie in der griechischen.

Landwirtschaft

Tabelle 8: Die zyprischen Agrarexporte (Lebensmittel, Getränke, Tabak, Schlachtvieh), 1975–1992

	Süden		Norden	
	absolut*	Anteil an den Gesamtausfuhren in Prozent	absolut**	Anteil an den Gesamtausfuhren in Prozent
1975	24,3	49,8	123,4 (8,8 Millionen US-Dollar)	81,5
1976	44,7	52,5	161,2	63,9
1980	60,8	37,6	2 859,6 (37,6 Millionen US-Dollar)	85,5
1984	59,6	25,3	10 974,1 (29,9 Millionen US-Dollar)	77,5
1988	42,3	18,0	46 979,8 (33,0 Millionen US-Dollar)	63,0
1992	37,1	17,4	257 300,0 (31,0 Millionen US-Dollar)	56,8

* in Millionen CyP
** in Millionen TL
Quelle: Nachrichten für Außenhandel (NfA), Nr. 154 vom 11.08.1977; Nr. 200 vom 19.10.1981. Eigene Berechnungen auf Grundlage offizieller Statistiken.

Noch deutlicher als Sozialprodukt und Beschäftigungszahlen lassen die Exportstrukturen den unterschiedlichen volkswirtschaftlichen Stellenwert der Landwirtschaft in beiden Inselteilen erkennen. Der Vergleich der Zahlen in Tabelle 8 zwischen 1975 und 1976 belegt die agraren Intensivierungserscheinungen im Süden bzw. die Extensivierungstendenzen im Norden. Im Falle des zyperntürkischen Inselteils muß berücksichtigt werden, daß die landwirtschaftlichen Exporte für 1975 noch größtenteils aus der letzten griechischen Ernte stammen bzw. aus der erbeuteten Lagerhaltung resultieren.

Tabelle 9: Die wichtigsten Agrarexportprodukte aus dem zyperngriechischen Inselteil (in Tausend CyP)

	1975	1976
Kartoffeln	7 800	17 707
Agrumen	5 700	5 662
Spirituosen	4 200	7 650
Tafeltrauben	2 300	2 600
Frischgemüse	500	1 400
Konserven	900	1 350
Molkereiprodukte	250	550
Forstwirtschaftl. Erzeugnisse	400	1 300

Quelle: Nachrichten für Außenhandel (NfA), Nr. 171 vom 05.09.1977.

Differenzierte Angaben zu der Agrarexportstruktur in den ersten Jahren nach der Teilung Zyperns sind nur für den griechischen Süden zu machen, weil im zyperntürkischen Inselteil erst ab 1977 Statistiken veröffentlicht wurden, die zudem so sehr mit Fehlern behaftet sind, daß sie nicht für wissenschaftliche Zwecke herangezogen werden können. Die Zyperngriechen forcierten nach 1974 den Anbau von Spezialkulturen, bei denen im Gegensatz zu Baumkulturen kurzfristige Erträge erzielt werden können. Des weiteren setzten die landwirtschaftlichen Entwicklungspläne auf europäische Absatzmärkte, auf denen zyprische Produkte aufgrund der klimatischen Begünstigungen mit einem jahreszeitlichen Vorsprung von ca. drei Wochen angeboten werden können, weshalb vor allem die Produktion von Frühkartoffeln und Frühgemüse gefördert wurde. Absatzpolitisch schwierig war der Beitritt Großbritanniens zur Europäischen Gemeinschaft, weil England bislang der wichtigste Außenhandelspartner Zyperns gewesen war[80]). Mit dem EG-Beitritt der Briten sah sich Zypern gegenüber französischen und italienischen Agrarprodukten schlechter gestellt, was wiederum den Zwang verstärkte, jahreszeitlich früher den europäischen Markt beliefern zu können. Für die zyperngriechische Agrarwirtschaft bedeutete die wachsende Exportorientierung ein rasches Vordringen innovativer Agrartechniken (z.B. Folienanbau und Sprinklerbewässerung) bei gleichzeitiger Mechanisierung und Rationalisierung der Landwirtschaft. Auf der anderen Seite wuchs der volkswirtschaftliche Stellenwert der verarbeitenden Industrie, wie die gestiegenen Exportzahlen von Spirituosen, Konserven und Molkereiprodukten in Tabelle 9 belegen[81]). Deutlich erkennbar ist auch die gesunkene Bedeutung von Zitrusfrüchten und Trauben, vor allem in bezug auf die Zuwachsraten zwischen 1975 und 1976.

V. Die zyprische Landwirtschaft heute

1. Volkswirtschaftlicher Stellenwert und beschäftigungspolitische Effekte

Aus den vorangegangenen Abschnitten wurde deutlich, daß die Bedeutung des Agrarsektors sowohl volkswirtschaftlich als auch beschäftigungspolitisch in beiden Inselteilen abnimmt (vgl. Tabellen 6 und 7). Im zyperngriechischen Süden setzte dieser Trend bereits unmittelbar nach der Teilung ein und im türkischen Norden mit einem Zeitverzug von ca. zehn Jahren, nachdem in den zyperntürkischen Entwicklungsplänen dem Agrarsektor zunächst noch Priorität eingeräumt wurde.

Auf den ersten Blick scheint die agrarstrukturelle Entwicklung beider Inselteile signifikante Gemeinsamkeiten aufzuweisen, denn in beiden Volkswirtschaften ist bis 1992 sowohl die anteilige Wertschöpfung des Agrarsektors als auch der Be-

---

[80]) Stang, F.: Zypern. Wirtschaftliche Entwicklung und Strukturveränderungen seit der Teilung der Insel, in: Aachener Geographische Arbeiten. 14 (1981) 2, S. 345–358.

[81]) Zwischen 1973 und 1980 hatten sich die Exporte von 51,4 Millionen CyP auf 148,5 Millionen CyP fast verdreifacht. Dieser Zuwachs resultierte zu 80% aus der Zunahme von Halb- und Fertigwaren. Hahn (Anm. 71), S. 204.

Landwirtschaft   285

schäftigtenanteil rapide gesunken, wobei die unterschiedlichen Relationen zwischen Norden und Süden fast identisch geblieben sind (vgl. Tabellen 6 und 7). Bemerkenswert erscheint auch die Tatsache, daß in beiden Hälften Zyperns der Beschäftigtenanteil in der Landwirtschaft fast doppelt so hoch liegt wie die anteilige Wertschöpfung. Dieses Verhältnis ist mit dem hohen Anteil der Nebenerwerbs- und Kleinbetriebe zu begründen, denn das historische Erbe in Form eines zerstückelten Grundbesitzes[82]) sowie traditionelle Familienstrukturen im ländlichen Raum sind nach wie vor sichtbar. Im Falle von Nordzypern dürfte die Differenz zwischen anteiliger Wertschöpfung der Landwirtschaft und Beschäftigtenanteil noch größer sein, denn Zahlenangaben der zyperntürkischen Tageszeitung *Kıbrıs* zufolge betrug der Anteil der Agrarbeschäftigten in der „TRNZ" 1991 33,8%[83]).

Tabelle 10: Struktur des Primären Sektors und anteilige Wertschöpfung am zyprischen Bruttoinlandprodukt (BIP), 1992

	Süden (in Millionen CyP)		Norden (in Millionen TL)	
Bruttoinlandprodukt	1 469,4		3 937 632,3	
Primärer Sektor gesamt	314,9	21,4%	444 580,2	11,3%
Landwirtschaft	284,5	90,4%	3 903 317,1	87,3%
Forstwirtschaft	2,7	0,9%	1 514,9	0,3%
Fischerei	10,0	3,2%	18 405,0	4,1%
Bergbau	17,7	5,6%	34 343,2	7,7%

Quelle: Eigene Berechnungen auf Grundlage offizieller Statistiken.

Die Vergleichbarkeit des griechischen und türkischen Inselteils auf der Basis des Bruttosozialprodukts (BSP) leidet infolge des rentenstaatlichen Charakters[84]) der

---

[82]) Das Flurbereinigungsgesetz von 1969 hat im zyperngriechischen Teil lediglich in den Bewässerungsfeldbauzonen für eine Revision der Parzellenstruktur geführt, da es auf der Grundlage der Freiwilligkeit funktioniert und die Entscheidung dem Mehrheitsbeschluß der Bauern auf dörflicher Ebene überläßt. In den Trockenfeldbauregionen und vor allem in den Grenzertragsgebieten herrschen die überkommenen Bodenbesitzstrukturen. 1977 betrug die Durchschnittsgröße des Landbesitzes nur 4,6 ha, verteilt auf 6,4 Felder, und in der Pitsilia betrug der durchschnittliche bäuerliche Kleinbesitz 1977 lediglich 0,3 ha, verteilt auf 22 winzige Parzellen. In vielen Fällen besitzen einzelne Flurstücke auch keine eigenen Zufahrtswege. Bötig, K.: Zypern. 4. Auflage. Köln 1989, S. 196/197.
[83]) Kıbrıs. 7.10.1991.
[84]) Der Begriff „Rente" bezieht sich in diesem Kontext nicht auf die traditionell rentenkapitalistisch strukturierten Gesellschaften orientalischer Länder (Bobek, H.: Soziale Raumbildungen am Beispiel des Vorderen Orients, in: Verhandlungen des 27. Deutschen Geographentages in München 1948. Landshut 1950, S.193–206; Wirth, E.: Die Beziehungen der orientalisch-islamischen Stadt zum umgebenden Lande. Ein Beitrag zur Theorie des Rentenkapitalismus, in: Geographische Zeitschrift. 33 [1973], S.323–333), sondern auf externe Staatseinnahmen im Sinne der politikwissenschaftlichen Rentenstaatentheorie. In diesem, noch recht jungen Erklärungsansatz werden ökonomische und politische Charakteristika moderner orientalischer Staaten zu einer Theorie ausgebaut, wonach der Begriff Rente externe Staatseinnahmen impliziert, die ohne Einsatz von Produktionsfaktoren oder direkte Gegenleistungen zur Verfügung gestellt werden. Bie-

„TRNZ", weil im Norden mindestens ein Drittel des Etats in Form externer Zuflüsse aus der Türkei hinzufließen, was jede sektorale Wirtschaftsanalyse auf der Basis des BSP verfälscht[85]). Aus diesem Grund wurde in Tabelle 10 das Bruttoinlandprodukt (BIP) herangezogen, um realistischere Werte für den Norden zu bekommen. In beiden Volkswirtschaften nimmt die Landwirtschaft mit 90,4% im Süden und 87,3% im Norden innerhalb des primären Sektors eine dominante Position ein. Auffallend niedrig ist in beiden Inselhälften die ökonomische Bedeutung der Forstwirtschaft, was dokumentiert, daß das Forstwesen auf Zypern heute zum größten Teil eine umweltpolitische Rolle in bezug auf die Nutzung der Wälder als Naherholungsräume spielt bzw. der Vorbeugung der Bodenerosion dient[86]). Überraschend ist mit 21,4% der fast doppelt so hohe Anteil der Landwirtschaft am BIP im Süden im Vergleich zum Norden, was damit zu begründen ist, daß die zyperngriechische Landwirtschaft in bezug auf die Importsubstitution von Agrarprodukten einen wesentlich höheren Stellenwert besitzt als die Landwirtschaft im Norden, wo im Verhältnis viel mehr Agrarprodukte vorzugsweise aus der Türkei importiert werden. Der Vergleich der anteiligen Wertschöpfung der zyperngriechischen Landwirtschaft auf Grundlage des BSP in Höhe von 5,8% (vgl. Tabelle 6) und auf der Basis des BIP in Höhe von 21,4% (vgl. Tabelle 10) dokumentiert, daß von der Schlüsselfunktion der zyperngriechischen Agrarwirtschaft im Hinblick auf die Außenhandelsbilanz von einst heute keine Rede mehr sein kann, weil der binnenwirtschaftliche Stellenwert der zyperngriechischen Landwirtschaft heute überwiegt.

Diesen Bedeutungswandel untermauern auch die Exportangaben in Tabelle 8. Der Anteil der zyperngriechischen Agrarausfuhren an den Gesamtexporten ist seit 1976 kontinuierlich rückläufig und betrug 1992 nur noch 17,4%, wohingegen im Norden ein Rückgang erst nach 1980 einsetzte, und der Anteil 1992 immer noch 56,8% betrug (vgl. Tabelle 8). Allerdings müssen diese Angaben für die „TRNZ" aus zwei Gründen relativiert werden. Zum einen handelt es sich bei vielen Exporten aus dem Sektor des verarbeitenden Gewerbes um Handelswaren, die zuvor eingeführt wurden. Es fand demnach keine Wertschöpfung in Form einer Weiterverarbeitung statt, weshalb der tatsächliche Exportanteil des Agrarsektors in Wirklichkeit höher anzusetzen ist. Zum zweiten werden Exporte in Nordzypern – ähnlich wie in der Türkei, nur in geringerem Umfang – aus einem speziellen Fonds subventioniert (*tesvik fund*), was viele Unternehmer zum Subventionsbetrug ani-

---

gel, R.: Amman/Jordanien. Politische und wirtschaftliche Steuerungsfaktoren der Stadtentwicklung, in: Mitteilungen der Fränkischen Geographischen Gesellschaft. 38 (1992), S. 91–190; Schmid, C.: Das Konzept des Rentierstaates. Ein sozialwissenschaftliches Paradigma zur Analyse von Entwicklungsgesellschaften und seine Bedeutung für den Vorderen Orient. Münster/Hamburg 1991, S. 78–80.

[85]) Im Haushaltsjahr 1993 war das zyperntürkische Budget lediglich zu 39% durch eigene Einnahmen gedeckt. Die Neuverschuldung betrug 21% des Haushaltsvolumens, die übrigen 40% bildeten externe Einkünfte, denen keine Wertschöpfung entsprach.

[86]) Vgl. dazu die Beiträge „Forestry" von J.-V. Thirgood und „Raumplanung und Umweltschutz" von B. Hahn und R. Wellenreuther in diesem Band.

Landwirtschaft 287

miert (manipulierte Exportangaben), zumal die staatliche Förderung exportorientierter Wirtschaftszweige sich weniger auf Steuervergünstigungen erstreckt, sondern im Regelfall in Form direkter Geld- oder Kreditleistungen stattfindet[87]).

Tabelle 11: Zunahme der agraren und der gesamten Wertschöpfung, 1985–1992

	Süden		Norden	
	absolut (in Millionen CyP)	Prozent	absolut (in Millionen TL)	Prozent
nominal: Landwirtschaft*	66,6	160	384 094	1 569
BSP	1 599,1	208	3 912 878	3 235
real: Landwirtschaft*	24,9	122	26	3
BSP	8 226,6	156	2 127	11 433

* einschließlich Forstwirtschaft und Fischerei
Quelle: Eigene Berechnungen auf Grundlage offizieller Statistiken.

Das diffuse Bild der zyperntürkischen Wirtschaftsentwicklung ist auch der hyperinflationären Währung, der Türkischen Lira (TL), zuzuschreiben[88]). Die Statistiker dort nutzen die hohen Geldentwertungsraten in manchen Fällen, um geschönte Wirtschaftsdaten zu publizieren, die nicht oder nicht korrekt inflationsbereinigt sind[89]). Aus diesem Grund wurden in Tabelle 11 den nominalen Angaben inflationsbereinigte Werte gegenübergestellt. Demzufolge ist im Zeitraum zwischen 1985 und 1992 die zyperngriechische Landwirtschaft mit 122% im Verhältnis langsamer gewachsen als das BSP, das um 156% zunahm, wohingegen die zyperntürkische Landwirtschaft faktisch stagnierte[90]). Diese Aussage belegt auch die wertmäßige Exportentwicklung zyperntürkischer Agrarprodukte, die umgerechnet in USD seit 1980 fast konstant geblieben ist und zwischen 1988–1992 sogar eine fallende Tendenz aufweist (vgl. Tabelle 8). Dieses Ergebnis ist damit zu begründen, daß die zyperntürkischen Agrarexporte zu ca. 80% aus Agrumen bestehen, die in den Zitrusplantagen wachsen, die vor 1974 in zyperngriechischem Besitz waren. Die rückläufige Ertragslage zwischen 1988–1992 setzte sich bis 1994 fort, weil zum einen versäumt wurde, die erforderlichen Pflegemaßnahmen durchzuführen

---

[87]) Im „TRNZ"-Etat von 1993 nimmt die Körperschaftssteuer (dazu ist im vorliegenden Fall auch die Einkommenssteuer selbständiger Einzelunternehmer zu rechnen) mit 10% den geringsten Anteil aller Steuerarten ein. Eine Reform der Steuerpolitik ist in der „TRNZ" ähnlich wie in der Türkei bislang von der innenpolitisch einflußreichen Unternehmerlobby verhindert worden.
[88]) 1994 betrug die durchschnittliche Inflationsrate in der „TRNZ" 216%.
[89]) Wellenreuther (Anm. 77), S. 64–68.
[90]) Die Angabe des zyperntürkischen BSP in Tab. 11 besitzt allerdings infolge der Rentenstaatlichkeit der „TRNZ" nur bedingt Aussagekraft.

und sich zum anderen in den letzten Jahren die Umweltsünden infolge überbeanspruchter Grundwasservorräte rächten (Grundwasserversalzung)[91]. Im Sommer 1995 waren in der Region Morphou (Güzelyurt) auf einer Fläche von 72 000 ha 2,2 Millionen Bäume von Parasiten bedroht[92]. Die betroffenen Zitrusbauern beklagten die Passivität des „TRNZ"-Agrarministeriums, das sich als unfähig erwiesen hatte, rechtzeitig Maßnahmen zu ergreifen, um wirtschaftliche Schäden abzuwenden[93].

In bezug auf den volkswirtschaftlichen Stellenwert der zyprischen Landwirtschaft bleibt abschließend zu resümieren, daß beide Inselteile zwar einige strukturelle Ähnlichkeiten aufweisen, aber bei näherer Betrachtung wandelt sich das Bild, wenn anteilige Wertschöpfung, beschäftigungspolitische Effekte sowie die Agrarexportstruktur gegenübergestellt werden. Im Süden fanden tiefgreifende Strukturwandlungen statt, die den Stellenwert der Landwirtschaft volkswirtschaftlich zwar schmälerten, aber auf betriebswirtschaftlicher Ebene mit Ausnahme der randständigen Trockenfeldbaugebiete zu einem Ertragsüberschuß führten. Im Norden ist dieser Strukturwandel, von dem zyperntürkische Wirtschaftspolitiker behaupten, er sei im Prinzip mit der Entwicklung im griechischen Teil vergleichbar und nur aufgrund des griechischen Embargos von geringerem Umfang, in Wirklichkeit eine Farce, denn der Rückgang der anteiligen Wertschöpfung des Agrarsektors wird überwiegend von exogenen Einnahmen bzw. vom öffentlichen Dienst kompensiert. Der agrare Output ist in der „TRNZ" infolge von staatlicher Mißwirtschaft tendenziell rückläufig, was in Anbetracht der Tatsache umso schwerer wiegt, als den Türken 1974 eine florierende Agroindustrie in die Hände fiel, wohingegen die Griechen einen Neuaufbau leisten mußten. Noch unverständlicher wird die agrare Wirtschaftsentwicklung im Norden angesichts der Exportstruktur, denn Landwirtschaftsprodukte nahmen 1992 noch einen Anteil von über 50% der Gesamtexporte ein. Dieser Strukturdefekt kann nur mit der Rentenstaatlichkeit sowie der völligen politischen und wirtschaftlichen Abhängigkeit von der Türkei erklärt werden, denn die zyperntürkischen Landwirte beklagen nicht nur die Allmacht parasitärer Staatsbetriebe, sondern auch die politische Bevormundung durch Ankara im Hinblick auf die nach wie vor ungelöste Zypernfrage[94]. Man kann davon ausgehen, daß die zyperntürkischen Agrarexporte zum größten Teil keine eigene Wirtschaftsleistung repräsentieren, sondern der Nutzung des zurückgelassenen zyperngriechischen Vermögens zuzuschreiben sind, was das annähernde Nullwachstum der „TRNZ"-Agrarexporte zwischen 1988 und 1992 (vgl. Tabelle 8) untermauert. Die rückläufige Tendenz der zyperntürkischen Agrarexporte in den letzten Jahren, die hauptsächlich dem Mißmanagement der zyperntürkischen Staatsbetriebe und erst in zweiter Linie politischen Rahmenbedingungen zuzuschreiben ist, wird von der „TRNZ"-Propaganda als Resultat des zyperngriechischen und europäischen

---

[91] Vgl. dazu den Beitrag „Raumplanung und Umweltschutz" von B. Hahn und R. Wellenreuther in diesem Band.

[92] Cyprus Today. 5.–11. 8. 1995.

[93] Kıbrıs. 27. 7. 1995.

[94] Eigene Recherchen des Verfassers in den Jahren 1993/94.

Landwirtschaft

Embargos[95]) interpretiert. Der zyperntürkische „Präsident" Rauf Denktaş macht sich die desolate Wirtschaftslage für eigene Interessen zu Nutze, indem er regelmäßig die Mißstände in den Medien anprangert und die Verantwortung der Regierung bzw. den betroffenen Fachressorts zuschreibt, um seine eigene Position zu festigen[96]).

2. Anbau- und Produktionsstrukturen

Mit dem Einmarsch der türkischen Armee 1974 fielen den Zyperntürken ca. 37% des gesamten Inselterritoriums in die Hände, wobei für die Zyperngriechen ein überproportional hoher Anteil landwirtschaftlicher Nutzfläche verloren ging. 1992 entsprach die landwirtschaftlich genutzte Fläche in der Republik sowie in der „TRNZ" in etwa den territorialen Anteilen. Aus diesen Relationen kann man schlußfolgern, daß nach der Spaltung Zyperns die teilungsbedingten Verluste von Kulturland kompensiert werden konnten.

Tabelle 12: Landnutzung in der Republik Zypern, 1992

	Fläche in tausend ha	Anteil an der Gesamtfläche in Prozent
Kultiviertes Land	1599,3	77,1
Brache*	11,6	7,3
Weideland*	4,0	2,5
Ackerbauland*	143,7	90,2
– Einjährige Kulturen**		
Getreide	65,1	45,3
Gemüse/ Leguminosen	13,8	9,6
Industriepflanzen	0,5	0,4
Futterpflanzen	16,6	11,6
– Dauerkulturen**		
Wein	22,2	15,4
Zitrus	7,5	5,2
Obst	3,5	2,4
Nüsse	4,6	3,2
Oliven/ Karuben	9,9	6,9

* Die Angaben für die einzelnen Nutzungsarten beziehen sich auf den Anteil am kultivierten Land.
** Die Angaben für die einzelnen Kulturpflanzen beziehen sich auf den Anteil am Ackerland.
Quelle: Statistical Abstract 1992. Nicosia (South) 1994, S. 385.

---

[95]) Das Urteil des EU-Gerichtsbeschlusses vom 5.7.1994, künftig nur noch zyprische Agrarprodukte für die Einfuhr in EU-Länder zuzulassen, die eine gesundheitliche Unbedenklichkeitsbescheinigung vorweisen können, die von den Behörden der Republik Zypern ausgestellt wurde, wird in Nordzypern offiziell als „Embargo durch die Hintertür" interpretiert (vgl. dazu den Beitrag „Infrastruktur und Binnenhandel" von R. Wellenreuther in diesem Band).
[96]) Die Rücktrittsabsichten, die Denktaş regelmäßig vor den Präsidentschaftswahlen bekundet, erfolgen aus taktischen Gründen und sind nie ernst gemeint. In Wirklichkeit verfolgt er das Ziel, in Nordzypern ein präsidiales Regierungssystem zu installieren, was allerdings bei der Revision der „TRNZ"-Verfassung 1985 verhindert wurde (Cyprus Today. 5.–11.8.1995).

Tabelle 13: Landnutzung in der „TRNZ", 1992

	Fläche in tausend ha	Anteil an der Gesamtfläche in Prozent
Kultiviertes Land	119,9	64,5
Getreide*	81,3	67,8
Brache*	14,2	11,8
Industriepflanzen*	4,5	3,8
Leguminosen*	2,7	2,3
Obst/ Sonderkulturen*	16,0	13,4
– Melonen**	0,6	0,5
– Weintrauben**	0,5	0,5
– Agrumen**	7,2	6,0
– sonstige Früchte**	7,7	6,4

* Die Angaben für die einzelnen Nutzungsarten beziehen sich auf den Anteil am kultivierten Land.
** Die Angaben für die einzelnen Kulturpflanzen beziehen sich auf den Anteil an den Obst- und Sonderkulturen.
Quelle: Agricultural Statistical Yearbook 1992. Nicosia (North) 1993, S. 6.

In bezug auf das Verhältnis von Weide- und Ackerbauland kann in beiden Inselteilen von einer Persistenz traditioneller Nutzungsmuster gesprochen werden, denn aufgrund der klimatischen Rahmenbedingungen spielt die Viehwirtschaft auf Zypern agrarwirtschaftlich keine nennenswerte Rolle. In der Republik nimmt der Anteil von Weideland gerade 2,5% ein, und im Norden weisen die Statistiken gar keines aus (vgl. Tabellen 12 und 13). Die Flächenanteile einzelner Kulturpflanzen in der griechischen und türkischen Inselhälfte sind weniger aus agrartechnischen Gesichtspunkten zu begründen, sondern eher eine Folge des Demarkationslinienverlaufes seit 1974. Aus diesem Grund nimmt beispielsweise im Norden der Getreideanbau immerhin 68% des gesamten Kulturlandes ein, wohingegen dieser Wert im Süden lediglich 41% beträgt. Flächenmäßig überwiegt in der Republik die unbewässerte Landwirtschaft (Getreide, Viehfutter, Oliven, Mandeln, Trauben für die Weinherstellung), aber wertmäßig entfallen auf sie jedoch nur noch 30% bis 40% der Produktion. Der übrige, größere Teil (Agrumen, Bananen, Gemüse, Tafeltrauben) wird im Bewässerungsanbau erzeugt[97].

Der Vergleich der Agrarproduktion in Tabelle 14 und 15 zeigt, daß in beiden Inselteilen im wesentlichen Weizen und Gerste angepflanzt werden, wobei besonders im Süden der Gerstenanbau eine dominante Stellung einnimmt[98]. Den binnenwirtschaftlichen Stellenwert der zyperngriechischen Landwirtschaft dokumentieren die Exportanteile in Tabelle 14, aus denen ersichtlich wird, daß die Republik Zypern 1992 hauptsächlich Kartoffeln, Trauben, Zitrusfrüchte sowie bestimmte

---

[97] Kommission der Europäischen Gemeinschaften. Stellungnahme der Kommission zu dem Beitrittsantrag der Republik Zypern. Brüssel 1993, S. A 2.
[98] Weizen und Gerste sind Getreidesorten, die weniger Feuchtigkeit brauchen als beispielsweise Hafer oder Roggen. Auf Zypern – wie im gesamten Mittelmeerraum üblich – wird im Herbst ausgesät (Wintergetreide), so daß die winterlichen Regenfälle in der Wachstumsphase zur Verfügung stehen. Die Ernte findet je nach Lage zwischen Ende April und Ende Mai statt.

Obstsorten exportierte, wohingegen der Getreideanbau, die Tierhaltung und die Molkereiwirtschaft primär für den Inlandsbedarf produzieren. Ähnliche Strukturen zeigen sich auf den ersten Blick auch in der „TRNZ" (vgl. Tabelle 15), die 1992 hauptsächlich Gerste, Kartoffeln, Zitrusfrüchte und Lammfleisch exportiert hat. Allerdings ist im Falle Nordzyperns zu berücksichtigen, daß es sich nur teilweise um die Ausfuhr von Produktionsüberschüssen handelte, weil in den letzten Jahren regelmäßig Getreide, Gemüse (inkl. Kartoffeln) und Fleisch zur Deckung des Inlandbedarfs eingeführt werden mußten. Im Gegensatz zur Republik Zypern vermag der „TRNZ"-Agrarsektor in weitaus geringerem Umfang den Import von landwirtschaftlichen Produkten zu substituieren.

Tabelle 14: Die Agrarproduktion in der Republik Zypern, 1992 (in Tonnen)

	Agrarproduktion	Exportanteil
Getreide		
– Weizen	10 500	
– Gerste	171 000	
Gemüse	280 500	149 106
(davon Kartoffeln	195 400	148 668)
Obst-/ Baumkulturen	336 000	1 076*
(davon Trauben	122 000	6 942)
(davon Zitrus	166 500	91 359)
Tierhaltung		
– Rindfleisch	2 032	
– Schafsfleisch	2 642	
– Ziegenfleisch	1 118	
– Schweinefleisch	1 422	
– Geflügel	2 032	
Molkereiprodukte		
– Kuhmilch	10 058	
– Schafsmilch	12 700	
– Ziegenmilch	9 652	
Eier (Stückzahl)	55,2 Mio. Stück	
Fischfang	2 850	

* Melonen
Quelle: Statistical Abstract 1992. Nicosia (South) 1994, S. 387, 394.

Die im Vergleich zum Süden ungünstigere Agrarleistungsbilanz des Nordens verdeutlicht auch der Unterschied zwischen anteiliger landwirtschaftlicher Nutzfläche und Agrarproduktion in bezug auf den Obst- und Gemüseanbau in beiden Inselteilen. Die Republik Zypern erntete 1992 bei einem Plus von 33% landwirtschaftlicher Nutzfläche gegenüber dem Norden 60% mehr Obst und 677% mehr Gemüse als die „TRNZ". Die Erzeugung tierischer Produkte war 1992 in beiden Inselteilen fast gleich, und Nordzypern konnte nur auf dem Molkereisektor eine höhere Produktion erzielen als der Süden (vgl. Tabellen 14 und 15). Dieser Agrarsektor gehört in der „TRNZ" zu den wenigen Landwirtschaftsbereichen, denen eine importsubstituierende Funktion zukommt. Von der „TRNZ"-Molkereiproduktion, die 1992 37 049 Tonnen betrug (vgl. Tabelle 15), wurden lediglich 404 Tonnen (= 1,1%) exportiert[99].

Tabelle 15: Die Agrarproduktion in der „TRNZ" 1992 (in Tonnen)

	Agrarproduktion	Exportanteil
Getreide		
– Weizen	41 692	35 000
– Gerste	111 335	
– sonstige	18	
Futterpflanzen	123 871	
Leguminosen	2 077	4
Gemüse	36 106	15 293
(davon Kartoffeln	25 624	15 264)
Industriepflanzen*	248	
Obst	21 762	36
Trauben	3 686	187
Zitrus	185 757	111 674
Tierhaltung		
– Rindfleisch	1 059	
– Lammfleisch	3 012	6 581
– Ziegenfleisch	1 080	100
– Geflügel	4 068	
– Eier (Stückzahl)	26,1 Millionen Stück	
– Wolle	236	298
– Honig	50	
Molkereiprodukte		
– Kuhmilch	19 119	
– Schafs-/ Ziegenmilch	11 020	
– H-Milch	4 506	
– Halloumi-Käse	2 404	404
Fischfang	350	

* Tabak; Baumwolle; Sesam; Nüsse
Quelle: Statistical Yearbook 1992. Nicosia (North) 1993, S. 17–43.

3. Agrarpolitik

Die zyprische Agrarpolitik wird heute in beiden Inselteilen von staatlichen und privaten Unternehmerlobbies geprägt. Mit der Teilung Zyperns wurde auch die Effizienz des Genossenschaftswesens empfindlich beeinträchtigt, und heute spielen die Aufkauf- und Absatzkooperativen keine besondere Rolle mehr, was faktisch einen gewaltigen Rückschritt bedeutet, denn inzwischen konnten sich in beiden Inselteilen wieder Zwischenhändler etablieren, die Preise und Konditionen diktieren. Nur landwirtschaftliche Großproduzenten verfügen über eine eigene Absatzorganisation. Bislang konnte in der Republik der Neuaufbau eines Absatzgenossenschaftswesens für Obst- und Gemüseprodukte trotz finanzieller Unter-

---

[99] Kıbrıs. 21. 7. 1995.

Landwirtschaft 293

stützung durch die Weltbank erfolgreich verhindert werden, was auf den politischen Einfluß wirtschaftlicher Klientele schließen läßt. Faktisch befindet sich der Absatz von Agrarprodukten in staatlicher Hand, und in vielen Fällen existieren Monopole, wie beispielsweise das *Potato Marketing Board* in der Republik.

Auch in absatzpolitischer Hinsicht wirkt sich die Persistenz kleinbäuerlicher bzw. nebenerwerbswirtschaftlicher Erzeugerbetriebe auf Zypern, die gewerkschaftlich nicht organisiert sind, sehr negativ aus. Christodoulou[100]) spricht in bezug auf den binnenorientierten Absatz in der Republik von chaotischen und primitiven Verhältnissen. Die Marktsituation sei aus Erzeugersicht unberechenbar, unlohnend und monopolisiert. Die Vermarktung von Agrarprodukten auf dem zyperngriechischen Binnenmarkt sei gekennzeichnet von unsachgemäßem Umgang mit leicht verderblichen Produkten, einer nicht funktionierenden Handelsklasseneinteilung sowie einer willkürlichen Preispolitik[101]). Dieses negative Bild, das Christodoulou[102]) über den zyperngriechischen Inselteil skizziert, gilt in noch stärkerem Maße auch für den zyperntürkischen Norden.

Die zyperngriechische Landwirtschaft ist seit der Teilung Zyperns immer stärker auf Subventionen angewiesen, die 1978 3 Millionen CyP betrugen, 1981 auf 27,1 Millionen CyP emporschnellten und 1989 38 Millionen CyP ausmachten[103]). Bemerkenswert ist die hohe Differenz zwischen 1978 und 1981, die mit dem rapiden Wirtschaftswachstum nach 1977 und den damit verbundenen wirtschaftsstrukturellen Verlagerungen sowie der immer größer gewordenen Differenz des Kosten- bzw. Ertragsniveaus im Vergleich zu nichtagraren Erwerbszweigen zu erklären ist.

Der Subventionsmitteleinsatz muß in der Praxis als fragwürdig angesehen werden, weil Subventionen pro Flächeneinheit gezahlt werden, was landwirtschaftliche Großbetriebe einseitig begünstigt, wohingegen die eigentliche Zielgruppe, nämlich Kleinlandwirte mit geringem Grundbesitz, benachteiligt ist. Aus umweltpolitischer Sicht muß die Subventionierung bestimmter landwirtschaftlicher Inputfaktoren – hauptsächlich Wasser – kritisch beurteilt werden. Die Subventionierung der Landwirtschaft wird in der Republik wesentlich stärker als in der „TRNZ" durch eine marktregulierende Reglementierung ergänzt. Die Einfuhr von Milch ist beispielsweise generell verboten und der Import von Rindfleisch kontingentiert. Für die Einfuhr der wichtigsten landwirtschaftlichen Erzeugnisse und Nahrungsmittel sind Genehmigungen erforderlich. Die enge Abstimmung zwischen Regierung und Berufsorganisationen soll für die notwendige Flexibilität sorgen, um sowohl die Bevölkerung als auch die zwei Millionen Touristen zu versorgen, die 1992 in der Republik ihren Urlaub verbrachten[104]). Allerdings dürfen die Kehrseiten des staatlichen Interventionismus nicht übersehen werden, die darin bestehen, daß die staatlichen und halbstaatlichen Agrarorganisationen sowie die wenigen privaten Großbetriebe in der Republik faktisch ein Monopol besitzen, das wie im Falle des *Potato Marketing Board* ausgenutzt wird, um aufgrund nichtexistenter Wettbe-

---

[100]) Christodoulou (Anm. 75), S. 64.
[101]) Ebenda, S. 64/65.
[102]) Ebenda.
[103]) Ebenda, S. 66.
[104]) Kommission der Europäischen Gemeinschaften (Anm. 97).

werbsstrukturen auf dem Markt überhöhte Preise bei Grundnahrungsmitteln verlangen zu können.

Der Vergleich der Agrarpolitik im griechischen und türkischen Inselteil dokumentiert die Unzulänglichkeit der zyperntürkischen Wirtschaftspolitik, weil ein hochsubventionierter Wirtschaftszweig nur unter der Voraussetzung sinnvoll ist, daß gleichzeitig die nötigen regulativen Eingriffe in die Marktstrukturen konsequent erfolgen, um ein Gegengewicht zu schaffen. Damit ist eines der elementarsten Probleme nicht nur der zyperntürkischen, sondern auch der türkischen Wirtschaftspolitik berührt. Der volkswirtschaftliche Anachronismus dieser Politik besteht darin, daß auf der einen Seite an etatistischen sowie subventionistischen Grundsätzen festgehalten wird, aber auf der anderen Seite liberalistische Strategien angewandt werden. In der Praxis begünstigt diese Fehlpolitik sowohl in der Türkei als auch in der „TRNZ" die Durchsetzung individueller Wirtschaftsinteressen zu Lasten der makroökonomischen Entwicklung, was durch die klientelistischen und korrupten Strukturen beider Länder zusätzlich begünstigt wird. Eine der negativsten Auswirkungen dieser Politik sind hohe Inflationsraten, worunter besonders lohnabhängig Beschäftigte sowie kleine und mittelständische Unternehmer zu leiden haben. Den zyperntürkischen Wirtschaftsexperten muß deshalb ganz entschieden widersprochen werden, „daß man die Türkische Lira weiter aus Bequemlichkeit benutzt (...) und daß der große Nachteil als Zahlungsmittel in der hohen Inflation bestünde, gegen die man sich nicht wehren könne"[105]. Die zyperntürkische Opposition und die Gewerkschaften haben sich 1986 aus gutem Grund versucht zu wehren, als anläßlich des Staatsbesuches des damaligen türkischen Premierministers Turgut Özal der neue liberalistische Kurs der türkischen Wirtschaftspolitik den Zyperntürken oktroyiert wurde[106].

Vor dem Hintergrund der sprunghaft gestiegenen Agrarsubventionen seit 1978 wird auch verständlich, warum in der Republik Zypern die Agrarproduktion inzwischen eher binnenabsatz- als exportorientiert ist, denn volkswirtschaftlich wäre es völlig unsinnig, hochsubventionierte Agrarprodukte zu exportieren, um auf der anderen Seite teure Devisen für Agrarimporte auszugeben. In diesem Punkt unterscheiden sich die Wirtschaftsphilosophien in beiden Inselteilen grundlegend. Der zyperngriechischen Wirtschaftspolitik können innenpolitisch oder mikroökonomisch sicherlich erhebliche Fehlentscheidungen angelastet werden, die nicht zuletzt privatwirtschaftlichen Profitinteressen politischer Klientele bzw. der Unternehmerlobby zuzuschreiben sind, aber auf der volkswirtschaftlichen Makro-Ebene haben es die Wirtschaftspolitiker der Republik Zypern im Gegensatz zu ihren zyperntürkischen Kollegen bislang geschafft, Entscheidungen zu treffen, die zumindest von fachlicher Kompetenz zeugen.

---

[105] So Ahmet Aker, Wirtschaftsberater von Rauf Denktaş und Dozent an der wirtschaftswissenschaftlichen Fakultät der „Eastern Mediterranean University" in Famagusta. Zit. nach Orthgiess, A.: Die wirtschaftliche Entwicklung in beiden Teilen Zyperns. Ein Vergleich. München 1993 (= unveröffentlichte Diplomarbeit), S. 67.

[106] Eine innenpolitische Folge des Özal-Besuchs war der Zusammenbruch der Regierungskoalition in der „TRNZ". Berner (Anm. 76), S. 491.

Auch in der „TRNZ" gehört die Landwirtschaft zu den hochsubventionierten Wirtschaftssektoren. 1991 betrugen die staatlichen Subsidien 63 Milliarden TL (= 12,4 Millionen USD), was 30,4% der agraren Wertschöpfung entsprach[107]. Absolut sind die Agrarsubventionen in der „TRNZ" zwar auf einem wesentlich niedrigeren Niveau anzusiedeln als in der Republik mit 38 Millionen CyP im Jahre 1989 (= 72 Millionen USD), aber im zyperngriechischen Inselteil nahmen die Subventionen aufgrund einer bedeutend höheren Produktivität lediglich einen Anteil von 12,8% an der agraren Wertschöpfung von 1989 an.

Die zyperntürkische Landwirtschaft ist im Vergleich zu derjenigen im Süden von einer geringeren Produktivität, einem erheblich größeren Personalüberhang sowie höheren Produktionskosten gekennzeichnet. Die Ursache für diese Struktur ist weniger mit den Personalkosten zu begründen, denn die „TRNZ"-Landwirtschaft stützt sich zum Großteil auf unterbezahlte illegale Arbeitsmigranten aus der Türkei, sondern mit der Dominanz staatlicher Großbetriebe, mit einer aufgeblähten Verwaltung, denen fachliches, kaufmännisches sowie organisatorisches Mißmanagement vorgehalten werden muß, was in Nordzypern selbst von halboffizieller Seite eingestanden wird:

...after the Turkish intervention the North Cypriot Government had to play a leading role in revitalizing the economy (in the absence of enough entrepreneurs) through the establishment of state economic enterprises in industry, tourism and agricultural marketing. This was followed by the installation of a generous gratuity and retirement scheme covering the public sector, one which provided much better benefits than those provided by the social security system for the private sector. This helped maintain the attraction of the public sector, thus killing any hope of natural employment mobility.[108]

Die landwirtschaftlichen Staatsbetriebe haben in der „TRNZ" heute eine monopolartige Stellung und werden von einer Vielzahl landwirtschaftlicher Kleinbetriebe ergänzt, wobei sie von den Staatsbetrieben, die ihre Erzeugnisse aufkaufen, defacto wirtschaftlich abhängig sind. Das Agrarmarketing liegt in den Händen der Staatsbetriebe und der wenigen privaten Großunternehmen (oligarchische Marktstrukturen). Insofern bestehen die gleichen Voraussetzungen wie im Süden. Als typisches Beispiel kann die Zitrusvermarktung gelten, die zum größten Teil von der 1975 gegründeten staatlichen *Cypruvex* abgewickelt wird. Das 1982 gegründete Konkurrenzunternehmen *Sunzest* bot vordergründig den Zitrusbauern zwar bessere Ankaufkonditionen, war aber faktisch nur ein Instrument der Nadır-Familie und ihrer wirtschaftspolitischen Intrigen. Nach dem Konkurs von *Polly Peck International* (PPI) 1991, zu der auch *Sunzest* gehörte, übernahm der zyperntürkische Staat die Mehrheitsanteile der ehemaligen Nadır-Firma. Im Prinzip herrscht eine ähnliche Situation auch bei den anderen Staatsunternehmen und den wenigen großen Agrarvermarktern vor. Individuelle Profitinteressen werden auf der Grundlage eines korrupten und paternalistischen Wirtschafts- und Gesellschaftssystems rücksichtslos auf Kosten der Kleinbauern und zu Lasten der Umwelt durchgesetzt, wobei ganz bewußt in Kauf genommen wird, daß die landwirtschaftlichen Staats-

---
[107] Olgun, M.-E.: Economic Overview und Sectoral Analysis, in: The Political Social and Economic Development of Northern Cyprus. Ed. C.H.Dodd. Huntingdon 1993, S.270–298 und 299–334, bes. 304.
[108] So Ahmet Aker zit. nach Olgun (Anm.107), S.275/276.

betriebe weder in kaufmännischer noch in agrarwissenschaftlicher Hinsicht ihrer Funktion gerecht werden können. Die Unsinnigkeit zyperntürkischer Wirtschaftspolitik soll an einem konkreten Beispiel aus der Praxis dokumentiert werden: Die „TRNZ" hat im Sommer 1994 Weizen, der von der staatlichen Kooperative den Bauern für 4500 TL/Okka (1 Okka = 1,27 Kg) abgekauft wurde, an den israelischen Geschäftsmann Ely Levy für 2000 TL/Okka trotz höherer Angebote türkischer Interessenten verkauft. Im Gegenzug dafür organisierte Levy die in der „TRNZ" heftig umstrittenen israelischen FKK-Pauschalreisen sowie Aufenthalte in staatlichen Luxushotels zu Dumpingpreisen. Die zyperntürkische Propaganda feierte das Geschäft als Sieg über die Zyperngriechen, die ein israelisches Engagement in Nordzypern verhindern wollten. Bei dem Weizenverkauf handelte es sich nicht um eine Überschußproduktion, denn auch 1994 mußte Weizen für 4 300 TL/Okka importiert werden[109]).

Während solche Vertragsabschlüsse noch erklärbar sind, nämlich mit den besonderen politischen Rahmenbedingungen und den Auswirkungen des zyperngriechischen Handelsembargos, sind andere Direktiven der landwirtschaftlichen Staatsunternehmen vom agrarwissenschaftlichen Standpunkt aus absurd. Es wurde von der staatlichen Entwicklungsplanung beispielsweise immer wieder versucht, Sonderkulturen anzubauen, die auf den Auslandsmärkten hohe Erträge bringen. Dabei wurden alle ökologischen Probleme in bezug auf den Wasserhaushalt, die verkehrsbedingten Engpässe sowie die potentiellen Absatzchancen außer acht gelassen. Zu diesen Fehlinvestitionen gehört beispielsweise der gescheiterte Versuch, in der „TRNZ" Haselnüsse anzubauen, die bekanntlich ein feuchtwarmes Klima benötigen. Der zyperntürkische Etatismus[110]) funktioniert in der Praxis ähnlich schlecht wie die Planwirtschaften in den ehemaligen Ostblockstaaten. Die „TRNZ"-Wirtschaftsplaner sind nicht in der Lage, den Bauern Direktiven zu geben, welche Früchte in welcher Menge angebaut werden müssen, um mittelfristig den „TRNZ"-Inlandbedarf zu decken und dabei mit rentablen Betriebsgrößen zu wirtschaften. In Nordzypern ist regelmäßig zu beobachten, daß bei bestimmten Agrarprodukten ein Nachfrageüberhang besteht, woraufhin das „TRNZ"-Agrarministerium den Landwirten empfiehlt, die betreffende Frucht anzubauen, was regelmäßig ein Überangebot und somit Preisverfälle nach sich zieht, zumal die staatlichen Aufkaufbetriebe diese Situation ausnutzen, um die Ankaufpreise zu drücken. Es existiert in Nordzypern keine koordinierte Agrarproduktions- und Marketingplanung. Ein typisches Beispiel sind die Erfahrungen eines Sellerieanbauers

---

[109]) Cyprus Weekly. 5.–11. 8. 1994, 17.–23. 12. 1994; Kıbrıs. 5. 9. 1994; Yeni Demokrat 5. 8. 1994.

[110]) Der Staat sieht sich als Hauptträger der wirtschaftlichen Entwicklung auf der Grundlage lang- und mittelfristiger Wirtschaftspläne und ergreift protektionistische Maßnahmen zum Schutz der einheimischen Wirtschaft (binnenorientierte Wirtschaftsentwicklung). Um die Nachfrage des Binnenmarktes zu befriedigen, werden hauptsächlich in Bereichen, in denen privatwirtschaftliche Betriebe unterrepräsentiert sind, staatliche Unternehmen geschaffen. Im Unterschied zu den sozialistischen Planwirtschaften geht der Etatismus von einem Dualismus privater und staatlicher Betriebe aus („mixed economy"), und die Wirtschaftspläne haben keine rechtsverbindliche, sondern nur empfehlende Funktionen (vgl. Gumpel, W.: Der Etatismus in der Türkei, seine Alternativen und seine Zukunft, in: Orient. 25 (1984) 2, S. 239–256; Tekinay, O.: Staatliche Entwicklungsplanung in der Türkei. Möglichkeiten und Probleme einer „Mixed Economy". München 1984).

aus Famagusta, der seine Produkte mit dem Argument verschenkte, daß eine Vermarktung sich aufgrund der niedrigen Preise nicht rentiere: *"I have spent 50 million TL and collected only 33 million TL. He said the highest price he had received for a bunch of celery was 2400 TL and he had to sell some for just 560 TL. Celery sells for between 3000 and 6000 TL in the shops."*[111]) Die Stellungnahme des „TRNZ"-Agrarministeriums läßt erkennen, daß sich die Behörden der landwirtschaftlichen Probleme zwar bewußt sind, bislang jedoch noch kein Konzept zur Besserung der Verhältnisse entwickelt haben: "Director of the Agricultural Department Oktay Erilmez said supply and demand problems were to blame for the low prices. Last year, there was big demand and growers made money, so they planted more this season but prices fell. In future, we will advise growers of the supply and demand situation. We are working on a master plan."[112])

Das Beispiel des Sellerieproduzenten aus Famagusta kann auch als Indiz für die hohen Gewinnspannen des „TRNZ"-Einzelhandels im „Food-Sektor" angesehen werden, die im Durchschnitt zwischen 30–100% liegen[113]). Im „TRNZ"-Agrarsektor haben die ungünstigen Vermarktungschancen inzwischen dazu geführt, daß privatwirtschaftliche Initiativen weitgehend ausbleiben und die Mehrheit der arbeitslosen Erwerbsbevölkerung vor der Entscheidung steht, zu versuchen eine Anstellung im öffentlichen Dienst zu bekommen oder zu emigrieren[114]). Der Anbau landwirtschaftlicher Sonderkulturen auf privatwirtschaftlicher Grundlage stellt in Nordzypern eine Ausnahme dar und ist volkswirtschaftlich auch nicht von Bedeutung, denn diese Betriebe, die keine staatliche Protektion genießen, arbeiten – wie im Falle der Champignonzucht[115]) – im Familienverband und beliefern fast ausschließlich die gehobene Gastronomie im Raum Kyrenia.

Eine andere Groteske war der Bau einer Weinfabrik auf der Karpas-Halbinsel für 1,8 Millionen USD[116]), die 1989 fertiggestellt wurde, aber die Produktion nicht aufnehmen konnte, weil in der gesamten Region ausschließlich Tafeltrauben angebaut wurden. Offensichtlich erfolgte weder vom „TRNZ"-Agrarministerium noch von den türkischen Landwirtschaftsberatern eine Koordination, die die Landwirte der Umgebung in die Planungen miteinbezog.

We had always planted table grapes. Until now no one has told us to plant grapes used in wine production. Wy should we not plant these if we were told to do so and given the vines to plant? (…) We appealed to the government on numerous occasions to give us stems of grapes used in wine production but they (das „TRNZ"-Agrarministerium, der Verfasser) have never done anything.[117])

Faktisch ist die zyperntürkische Weinproduktion volkswirtschaftlich bedeutungslos, weil in der „TRNZ" Wein heute ausschließlich auf subsistenzwirtschaft-

---

[111]) Cyprus Today. 12.–18.2.1994 (17750 TL = 1 USD, Stand: 12.2.1994).
[112]) Ebenda.
[113]) Eigene Erhebungen des Verfassers 1994.
[114]) Ebenda und Kıbrıs. 19.9.1994.
[115]) Cyprus Today. 9.–15.4., 17.–23.9.1994.
[116]) Kıbrıs. 28.12.1993.
[117]) Aussagen zweier Landwirte aus Galatia (Mehmetçik) auf der Karpas-Halbinsel (Cyprus Today. 1.–7.1.1994).

licher Grundlage hergestellt und nur in ganz geringen Mengen in Nordzypern vermarktet wird. "Vine varieties suitable for wine production are expanding in the country and wine is produced in the villages by producers in small family units but for the utilisation of Vines produced in the country a cooperative owned wine factory has been constructed ..."[118] Der „TRNZ"-Weinbedarf wird durch Importe gedeckt. 1994 kamen 83% aller eingeführten Weine aus der Türkei[119].

Die hohen Inflationsraten bilden volkswirtschaftlich ein schweres Handicap. Alle bisherigen Bemühungen, die Geldentwertungsrate auf ein akzeptables Niveau zu reduzieren, sind bislang gescheitert, weil die Maßnahmen der türkischen Geldmarktpolitik nicht adäquat waren oder nur halbherzig durchgeführt wurden. Mit ein Grund für das Versagen der türkischen Geldmarktpolitik dürfte der Umstand sein, daß Staatsunternehmen die Inflationsraten ausnutzen, um erstens ihre Schulden buchmäßig zu reduzieren[120] und um zweitens aus Terminoptionsgeschäften Profite zu schlagen, was im folgenden am Beispiel der zyperntürkischen staatlichen Aufkauf- und Vermarktungsbetriebe für landwirtschaftliche Produkte aufgezeigt werden soll. Die Staatsbetriebe kaufen den Kleinbauern ihre Ernte für einen Vorschuß ab, der ungefähr ein Drittel des Wertes ausmacht. Die Begleichung der Restschuld erfolgt nach dem Verkauf der Ware, in der Regel frühestens nach einem Jahr. Die Ankaufpreise werden dabei sechs Monate vor der Ernte festgelegt, aber erst drei Monate nach der Ernte ausgezahlt (diese Aussage bezieht sich auf das erste Drittel). Das bedeutet, daß die Bauern erst nach ca. neun Monaten zu ihrem Geld kommen. Bedenkt man noch den Zeitpunkt der Preisfestsetzung, so entsprechen die Zahlungen zum Zeitpunkt ihrer Begleichung einem Stand, der bereits 15 Monate zurückliegt[121]. Den Kleinbauern, die ohnehin am Rande des Existenzminimums leben, wird somit infolge der hohen Inflationsraten jede Möglichkeit genommen, rentabel zu wirtschaften[122]. In der „TRNZ" ereignen sich jedes Jahr Protestkundgebungen von Landwirten, die auf ihre wirtschaftliche Situation aufmerksam machen, weil von den staatlichen Kooperativen die Bezahlung der Ernte verschleppt wird[123].

Tabelle 16: Staatliche Aufkaufpreise für Weizen in der „TRNZ" (in Okka = 1,27 kg)

	1989	1990	1991	1992	1993	1994
TL	400	700	1 000	1 600	3 175	9 000
USD	0,19	0,28	0,2	0,19	0,19	0,13

Quelle: Kıbrıs. 22.09.1994 (Protestanzeige des „TRNZ"-Bauernverbandes).

---

[118] Volkan, V.: Agricultural Sector in the Turkish Republic of Northern Cyprus. Ministry of Agriculture and Forestry. Lefkoşa 1993, S. 23.
[119] Ithalât ve Ihracat Istatistikleri (Im- und Exportstatistik) 1993. Ekonomi ve Maliye Bakanligi (Wirtschafts- und Handelsministerium). Lefkoşa 1994.
[120] Wellenreuther (Anm. 89), S. 64–69.
[121] Morvaridi, B.: Agriculture and Environment, in: Dodd (Anm. 107), S. 243–245.
[122] In der „TRNZ" betrug die durchschnittliche Inflationsrate zwischen 1979 und 1991 jährlich 57%. Olgun (Anm. 107), S. 298.
[123] Cyprus Today. 15.–21.7.1995; Kıbrıs. 5.7.1994.

Landwirtschaft

Tabelle 17: Staatliche Abgabepreise für Weizensaatgut in der „TRNZ" (in Okka = 1,27 kg)

	1989	1990	1991	1992	1993	1994
TL	441	760	1050	1700	3175	9000
USD	0,21	0,3	0,21	0,21	0,22	0,24

Quelle: Kıbrıs. 22.09.1994 (Protestanzeige des „TRNZ"-Bauernverbandes).

Die Entwicklung der staatlichen Ankaufpreise für Getreide in Tabelle 16 und der Abgabepreise für Saatgut in Tabelle 17 belegt die differenzierte Preispolitik zyperntürkischer Staatsunternehmen. Die Abgabepreise für Weizensaatgut lagen 1994 je Gewichtseinheit fast doppelt so hoch wie die Ankaufpreise für Weizen, die im Zeitraum von 1989 bis 1994 real um 31,6% gefallen sind, wohingegen die Abgabepreise für Weizensaatgut im gleichen Zeitraum real um 14,3% gestiegen sind. Besonders schmerzlich sind die Einbußen für die Kleinbauern in Jahren mit hohen Inflationsschüben wie 1994 mit einer Geldentwertungsrate in Höhe von 216% im Jahr. Im Vergleich zum Vorjahr stiegen die Produktionskosten der Landwirte um 30%, aber die staatlichen Aufkaufpreise fielen real um 50% trotz einer nominalen Erhöhung um 100%[124].

Die Abhängigkeit der „TRNZ" von der Türkei trägt indirekt zur desolaten Situation der Staatsunternehmen in Nordzypern bei. Nach der Teilung Zyperns mußte Ankara beim Aufbau der Betriebe mit massiven finanziellen Unterstützungen zur Seite stehen, weshalb die zyperntürkischen Staatsunternehmen meistens türkische Anteilseigner haben, die in vielen Fällen auch die Mehrheit besitzen. Türkische Kapitalbeteiligungen und damit auch Stimmrechte von genau 51% kommen auffallend oft vor. Derartige Anteilsverhältnisse liegen beispielsweise auch bei dem tabakverarbeitenden Staatsbetrieb (*Kıbrıs Türk Tütün Endüstri Sirketi LTD*) in Gialousa (Yeni Erenköy) auf der Karpas-Halbinsel vor. 51% des Stammkapitals hält das türkische Staatsunternehmen *Tekel*[125]), 46,5% das zyperntürkische Finanzministerium und 2,5% das private Handelsunternehmen ETI. Die wirtschaftliche Situation von *Kıbrıs Türk Tütün Endüstri Sirketi LTD* verschlechterte sich kontinuierlich im Laufe der letzten fünf Jahre. Zur Zeit sind Überlegungen im Gange, diesen unrentablen Staatsbetrieb ganz zu schließen, nachdem der größte Teil der Arbeiter bereits entlassen worden ist und die Tabakproduktion sich von 400–600 Tonnen jährlich (vor der Teilung Zyperns) auf 5 bis 10 Tonnen im Jahr reduziert hat[126]). Hauptverantwortlich für diesen Einbruch war neben dem Konsumrückgang zyperntürkischer Tabakerzeugnisse zugunsten türkischer, englischer und amerikanischer Sorten der gescheiterte Versuch der zyperntürkischen Agrarexperten, auf der Karpas-Halbinsel Virginiasorten heimisch zu machen, was sich jedoch aus Gründen mangelnder Bodengüte sowie unzureichender Wasservor-

---

[124]) Kıbrıs. 16.6.1994.
[125]) „Tekel" besitzt das Monopol für die Herstellung und Vermarktung von Spirituosen und Tabakerzeugnissen („tek el" = einzelne Hand).
[126]) Kıbrıs. 1.8.1994.

kommen nicht bewerkstelligen ließ. Vor diesem Hintergrund erscheint der Beschluß des Verwaltungsrates von *Kıbrıs Türk Tütün Endüstri Sirketi LTD* grotesk, die Gehälter der leitenden Beamten regelmäßig jedes Jahr zu erhöhen und auf der Grundlage des britischen Pfundes zu indexieren. Diese Praxis ist beispielhaft auch für alle anderen Staatsbetriebe. Die Gehälter leitender Angestellter werden auf der Grundlage einer stabilen Währungseinheit berechnet und sind damit inflationsneutral, weil die Umrechnung zum jeweiligen Tageskurs erfolgt, wohingegen die übrige Belegschaft in Türkischen Lira entlohnt wird, und die Lohnerhöhungen nie mit der Geldentwertungsrate Schritt halten. Interessant ist in diesem Zusammenhang, daß die türkischen Anteilseigner bei den unverhältnismäßig häufigen und hohen Gehaltserhöhungen mit „ja" gestimmt haben, wohingegen sich die zyperntürkische Seite gegen diese Maßnahme ausgesprochen hatte, um die ohnehin schon schlechte Liquidität des Unternehmens nicht noch mehr zu vergrößern. Die Mehrheitsverhältnisse bei *Kıbrıs Türk Tütün Endüstri Sirketi LTD* ermöglichten auch die Erhöhung der Tagespauschale für Spesen von 32 Pfund auf 160 Pfund[127]), die Angestellte des Staatsunternehmens bei Auslandsreisen, die überwiegend in die Türkei führen, in Anspruch nehmen können. Man muß sich vergegenwärtigen, daß damit der Tagesspesensatz ungefähr 75% eines durchschnittlichen zyperntürkischen Monatslohns beträgt.

Das Beispiel macht deutlich, wie destruktiv die türkischen Joint-venture-Geschäfte in der „TRNZ" sein können. Der Abbau von Importrestriktionen, die der „TRNZ" 1986 anläßlich des Staatsbesuches des damaligen türkischen Premierministers Turgut Özal vor dem Hintergrund der Implementierung liberalistischer Wirtschaftsgrundsätze aufgedrängt wurden, markierte für die Wirtschaft Nordzyperns einen wichtigen Meilenstein in bezug auf die Demontage des Agrarsektors, weil vor 1986 nur Agrarprodukte importiert werden durften, die in der „TRNZ" nicht oder in nicht genügender Menge produziert werden konnten. Heute steht die zyperntürkische Landwirtschaft vor dem Dilemma, nur einen Bruchteil des eigenen Bedarfs selbst erzeugen zu können, weil die Staatsbetriebe infolge der Korruption, des eigenen Mißmanagements sowie der türkischen Bevormundung ineffizient arbeiten und der größte Teil der agraren Importprodukte vollkommen überteuert aus der Türkei eingeführt werden muß. Einer Untersuchung von *Kıbrıs* zufolge waren im April 1992 Äpfel in der „TRNZ" 450% teurer als in der Türkei und 250% teurer als in Deutschland. Tomaten kosteten 500% bzw. 438% und Auberginen 400% bzw. 287% mehr[128]). Im Herbst 1994 kosteten in der „TRNZ" Gurken 250%, Bohnen 227%, Kartoffeln 660% mehr als in der Türkei, und Fleisch war doppelt so teuer[129]). Im selben Jahr mußten für den Lebensmittelgrundbedarf Melonen, Gurken, Tomaten, Zwiebeln und Kartoffeln importiert werden. Hinzu kommen fast alle Obstsorten[130]). Das überhöhte Preisniveau für türkische Importwaren wird durch oligarchische Marktstrukturen, der Isolierung Nordzyperns sowie der einseitigen Anbindung an die Türkei und der selektiven Vergabe von Im-

---

[127]) Eigene Befragungen im Jahr 1994.
[128]) Kıbrıs. 4.4.1992.
[129]) Cyprus Today. 26.11.–2.12.1994, 17.–23.12.1994
[130]) Kıbrıs. 25.7.1994.

portlizenzen durch korrupte zyperntürkische Beamte ermöglicht. Die insulare Lage der „TRNZ" und die hermetische Abschottung gegenüber dem griechischen Inselteil schaffen auf den Verkehrswegen von und nach Nordzypern ein Nadelöhr, das von der türkischen und der zyperntürkischen „Mafia" permanent zur Regulierung des Warenzuflusses ausgenutzt wird, um mit künstlichen Verknappungen von Gebrauchsgütern des täglichen Bedarfs, die nicht oder schwer substituierbar sind, das Preisniveau hochzuhalten[131]). Insofern besteht von türkischer Seite an der niedrigen Produktivität des zyperntürkischen Agrarsektors ein begründbares Interesse, denn zum einen profitiert die türkische Agrarwirtschaft von den Ausfuhren in die „TRNZ"[132]) und zum anderen haben türkische Unternehmer, die in das „TRNZ"-Geschäft involviert sind, ein verständliches Interesse daran, die Nordzypernpolitik Ankaras in ihrem Sinne zu beeinflussen. Unter der verantwortungslosen Wirtschaftspolitik haben natürlich alle Bevölkerungsteile in der „TRNZ" zu leiden. Ganz besonders hart sind die landwirtschaftlichen Kleinproduzenten betroffen, die infolge der außerordentlich schlechten Leistungen staatlicher Agrar- und Vermarktungsbetriebe einen Teil ihrer Produktion selbst verkaufen müssen. Ein zyperntürkischer Zitrusbauer aus Morphou (Güzelyurt) urteilte: „Vor den Griechen sind wir jetzt sicher, und eigentlich könnte es uns jetzt gut gehen, wir sollten zufrieden sein, aber jetzt behandeln uns unsere eigenen Leute wie der letzte Dreck"[133]).

Die Strukturdefekte des „TRNZ"-Agrarsektors stellen keine Ausnahme dar, sondern sind symptomatisch für die gesamte zyperntürkische Wirtschaft, die infolge exogener Einflüsse (Teilung Zyperns, internationale Nichtanerkennung, einseitige Abhängigkeit von der Türkei), staatlichen Mißmanagements sowie eines künstlich aufgeblähten öffentlichen Sektors weitaus leistungsfähiger sein könnte.

4. Die Anatolieransiedlungen in der „TRNZ"

Die Einbürgerung von Festlandstürken im ländlichen Raum Nordzyperns nach 1974 hat nicht nur das Bevölkerungsmuster in vielen ehemals zyperngriechisch bewohnten Dörfern verändert[134]), sondern trug infolge divergenter Wirtschafts- und Lebensformen zur Veränderung der agrarräumlichen Strukturen bei. Die räumliche Verteilung der anatolischen Bevölkerung, denen kleinbäuerlicher Besitz vertriebener Zyperngriechen zugewiesen wurde, hat sich in den letzten 10 bis 15 Jahren sehr stark gewandelt. Während in den ersten Jahren nach der Teilung Zyperns noch von einer dispersen Verteilung im türkischen Inselteil die Rede sein konnte,

---

[131]) Vgl. dazu den Beitrag „Infrastruktur und Binnenhandel" von R. Wellenreuther in diesem Band.
[132]) Für die türkische Landwirtschaft stellt die „TRNZ" einen potentiellen Absatzmarkt für Agrarprodukte von schlechter Qualität dar, die im übrigen Ausland bzw. auf dem städtischen Binnenmarkt nicht mehr zu verkaufen sind.
[133]) Klawe, W.: Zypern. Ein politisches Reisebuch. Hamburg 1988, S. 49.
[134]) Vgl. dazu den Beitrag „Bevölkerungsstrukturen" von H.-J. Brey in diesem Band und Wellenreuther (Anm. 34).

konzentrieren sich die Festlandstürken heute in den peripheren Trockenfeldbauregionen Nordzyperns[135]).

Es ist fast unmöglich, wissenschaftlich exakte Aussagen zu den Anatolieransiedlungen in der „TRNZ" zu machen, weil die Behörden aus politischen Gründen keinerlei Statistiken veröffentlichen, die die de-facto-Bevölkerung Nordzyperns nach ihrer Herkunft differenzieren, also zwischen Zyperntürken und Festlandstürken unterscheiden. Außerdem soll eine öffentliche oder gar internationale Diskussion der sozialen und gesellschaftspolitischen Dimensionen vermieden werden, weil die Präsenz von Festlandstürken gesellschaftlichen Zündstoff in sich birgt, der die innere Stabilität in der „TRNZ" gefährden könnte. Mittlerweile hat sich nämlich die Struktur der De-facto-Bevölkerung dahingehend gewandelt, daß die Zyperntürken zur Minderheit im eigenen Land geworden sind[136]). Die folgenden Ausführungen stützen sich deshalb im wesentlichen auf eigene Primärerhebungen, die der Verfasser in Nordzypern zwischen 1991 und 1994 durchgeführt hat sowie auf den Comar-Report von 1994[137]).

Die Umsiedlung der kleinbäuerlichen Bevölkerung aus Anatolien nach Nordzypern erfolgte in einer ähnlich ungeregelten Form wie der ganze Staatsaufbau der „TRNZ". Die Anwerbebüros in der Türkei und die verantwortlichen zyperntürkischen Behörden ließen alle agrartechnischen, ethno-kulturellen und naturräumlichen Prämissen außer acht, die bei einem derartigen Bevölkerungsaustausch hätten berücksichtigt werden müssen. Grundsätzlich wurden ganze Familien aus unterschiedlichen türkischen Regionen oder geschlossene Dorfverbände in die „TRNZ" umgesiedelt[138]). Landwirtschaftlich war der Bevölkerungsaustausch in zweierlei Hinsicht von weitreichender Bedeutung. Zum einen verlagerte sich nach 1974 in den einst griechisch bewohnten Dörfern Nordzyperns, die in den Trockenfeldbaugebieten liegen, das Hauptgewicht der bäuerlichen Wirtschaft auf die Viehhaltung, und zwar überwiegend Kleinvieh (Ziegen, Schafe und Hühner) sowie in begrenztem Umfang Großvieh (Kühe). Dieser Wandel war originär ethnisch bedingt, weil die turkstämmigen Bevölkerungsteile Anatoliens traditionell eher Viehwirtschaft betreiben, wohingegen christliche Bauern tendenziell vom Hackfruchtanbau, von Baum- bzw. Strauchkulturen (Wein) und in den Küstenlagen vom Fischfang lebten. In den früher griechisch bewohnten Dörfern in den Trockenfeldbaugebieten der „TRNZ" sind überall verbrachte Kulturterrassen anzu-

---

[135]) Wellenreuther (Anm. 34), Abb. 17, 18, S. 112/113.
[136]) Wellenreuther (Anm. 77), S. 42.
[137]) Studie über die sozioökonomischen Strukturen von 34 Dörfern auf der Karpas-Halbinsel. Untersucht wurden die Bevölkerungs-, Erwerbs- und Wirtschaftsstrukturen sowie Migrationen. Durchgeführt wurden die Erhebungen im Auftrag Asil Nadırs von dem türkischen Soziologen und Chefredakteur der Tageszeitung Kıbrıs Artun Caga im Frühjahr 1994. Die Resultate wurden in Kıbrıs für jedes Dorf in den Ausgaben vom 11.7.–5.8.1994 publiziert. Hintergrund dieser Studie waren geplante Investitionen Asil Nadırs in der Landwirtschaft und im Tourismus auf der Karpas-Halbinsel.
[138]) In dem 1992 vom Verfasser kartierten Dorf Gerani (Turnalar) wurden Familien aus den west- und zentraltürkischen Provinzen Konya, Manisa, Denizli, Afyon und Sarkarya angesiedelt. Die Bevölkerung von Orga (Kayalar) wurde im geschlossenen Dorfverband aus der türkischen Provinz Samsun umgesiedelt.

Landwirtschaft

treffen sowie Viehherden, die in Ermangelung geeigneter Stallungen in leerstehenden Wohnhäusern vertriebener Zyperngriechen untergebracht sind, weil die Viehwirtschaft vor 1974 in diesen Dörfern nur eine marginale Rolle gespielt hat. Ein weiteres Handicap, das die Integration der Umsiedler enorm erschwerte und die Ankurbelung der landwirtschaftlichen Produktion nach 1974 verzögerte, war die regionale Herkunft vieler Siedler aus Gebieten mit völlig konträren Klimabedingungen. Die Befragungen in Orga (Kayalar) ergaben, daß die Umsiedler aus dem Bereich der türkischen Schwarzmeerküste Jahre brauchten, um sich auf das mediterrane Klima Zyperns einzustellen und während dieser Zeit hauptsächlich von den zurückgelassenen Vorräten der Griechen lebten. Die landwirtschaftliche Produktion in Orga lag nach Aussagen der jetzigen Einwohner nach der Teilung Zyperns drei Jahre brach.

Ein gravierender entwicklungshemmender Faktor sind das ungelöste Zypernproblem und die damit verbundenen offenen eigentumsrechtlichen Fragen. Die Anatolier sind nämlich lediglich Besitzer ihrer Bauernstellen und keineswegs Eigentümer, was zur Folge hat, daß die Immobilien weder verkauft bzw. vererbt noch beliehen werden können. Selbst für eine Verpachtung bedarf es der Genehmigung des *Muhtars* (Ortsvorsteher). Der Schwebezustand in bezug auf die Eigentumsrechte hat natürlich primär politische Ursachen, weil die „TRNZ"-Regierung zumindest formal ihre Bereitwilligkeit zur Lösung der Zypernfrage bekunden muß, dient aber faktisch auch dazu, Rückwanderungswellen größeren Ausmaßes zu verhindern, wie Stellungnahmen betroffener türkischer Bauern vermuten lassen:

When we came here and the government distributed land to us, my children were young. Now they are grown up and two of them married. But they do not have land or a house. I can not give them land that I cultivate, because I do not have the deeds to the land. I can not sell my land. Nor can I even rent out my land without the muhtar's permission. Is this land ours? In Turkey we inherited land from our father, but here we don't know where we stand. This is our major problem. To be honest, if they gave land deeds to Turkish farmers they would sell their land immediately and return to Turkey. I think that the government should give us the deeds to our land for a long term period with the provision that the land could not be sold for two generations. The young generation is different from their parents. They would stay here because they are Cypriot.[139]

Die Aussage des türkischen Bauern wirft ein bezeichnendes Schlaglicht auf die wirtschaftlichen und sozioökonomischen Hintergründe der eingebürgerten „Anatolier" im ländlichen Raum der „TRNZ". Mit ihrer Ansiedlung sind weniger siedlungsstrukturelle bzw. agrarwirtschaftliche Zielsetzungen verbunden, sondern sie dient primär politischen Motiven und der Stabilisierung der Herrschaft von „Präsident" Denktaş, der nach wie vor einen maßgeblichen Einfluß auf die Geschicke seiner Volksgemeinschaft ausübt, wie die Ergebnisse von Parlaments- und Präsidentschaftswahlen zeigen[140]. Die „Anatolier" sehen sich ihrem ökonomischen Schicksal selbst überlassen, und von staatlicher Seite werden keinerlei strukturstär-

---

[139] Morvaridi, B.: Demographic Change, Resettlement and Resource Use, in: Dodd (Anm. 107), S. 229.
[140] Wellenreuther Lefkoşa (Anm. 77), S. 17–19. Vgl. auch den Beitrag „Wahlergebnisse" von H.-J. Axt im Dokumentarischen Anhang dieses Bandes.

kende Förderungsmaßnahmen durchgeführt. Dieser schon als lähmend zu bezeichnende Zustand hat in den vergangenen 20 Jahren zu einer verstärkten wirtschaftlichen und gesellschaftlichen Isolierung der „Anatolier" vor allem in den peripheren Trockenfeldbaugebieten geführt. Die volkswirtschaftliche Leistung der festlandstürkischen Kleinbauern ist verschwindend gering, weil eine Vermarktung aus den bereits skizzierten wirtschaftsstrukturellen Gründen nicht lohnend ist und sich die gesamte Infrastruktur vor allem im Hinblick auf den Transport der Waren auf einem Stand von vor 1974 befindet. Selbst elementare Einrichtungen wie die Strom- und Wasserversorgung sind häufig funktionsuntüchtig, weil staatlicherseits keine Instandhaltungsmaßnahmen durchgeführt werden. Hinzu kommt die Demotivierung der betroffenen Bewohner, die – selbst wenn sie es wirtschaftlich und rechtlich könnten – wenig geneigt sind, sich in der „TRNZ" auf Dauer zu etablieren und in ihre landwirtschaftlichen Betriebe zu investieren. In den peripheren Trockenfeldbaugebieten ist bei den „Anatoliern" in den letzten Jahren die Subsistenzquote kontinuierlich gestiegen. Die durchschnittliche Haushaltsgröße betrug bei den Festlandstürken auf der Karpas-Halbinsel im Jahre 1994 zwischen fünf und sieben Familienmitglieder, und im Durchschnitt erwirtschaften zwei bis drei Familienangehörige das Haushaltseinkommen, die Kinder im Grundschulalter und Rentner nicht mitgerechnet[141]). In den beiden „Anatolierdörfern", die der Verfasser 1992 untersuchte[142]), arbeiteten die Haushaltsvorstände nur noch teilweise hauptberuflich in der Landwirtschaft, und die zweite Generation, die bereits auf Zypern aufgewachsen ist, verdingte sich in städtischen Dienstleistungsberufen (Müllentsorgung sowie Hilfstätigkeiten im Tourismus). Die Landwirtschaft wurde in diesen beiden Dörfern überwiegend von den weiblichen Familienmitgliedern erledigt. Eine Ausnahme stellen lediglich die wenigen von „Anatoliern" bewohnten kleinräumigen Areale auf der Karpas-Halbinsel dar, die wie die Region um Rizokarpaso (Dipkarpaz) künstlich bewässert werden können[143]). Dort ließen sich im Zeitraum zwischen 1991 und 1994 sogar Intensivierungserscheinungen in Form von Ausweitungen des Hackfruchtanbaus infolge forcierter künstlicher Bewässerung feststellen. Die Subsistenzquote ist in dieser Region, die immer mehr die Gestalt eines agraren Subzentrums Nordzyperns annimmt, in der die Bevölkerungsmehrheit hauptberuflich noch von der Landwirtschaft lebt, auch geringer anzusetzen, da die Vermarktung der Agrarprodukte einen höheren Stellenwert einnimmt. Teilweise werden die Landwirtschaftserzeugnisse bereits in Gialousa (Yeni Erenköy) weiterverarbeitet (z. B. Tabak oder Milch).

Zusammenfassend bleibt festzustellen, daß den Ansiedlungen der Festlandstürken, die theoretisch für den zyperntürkischen Binnenmarkt zur Selbstversorgung mit Grundnahrungsmitteln einen wertvollen Beitrag hätten leisten können – zumal an intakte zyperngriechische Strukturen angeknüpft werden konnte – agrarwirtschaftlich nur eine untergeordnete Bedeutung zukommt.

---

[141]) Eigene Berechnungen auf Grundlage des Comar-Report 1994.
[142]) Vgl. Wellenreuther (Anm. 34).
[143]) Die traditionellen Bewässerungsareale auf der Karpas-Halbinsel in Galatia (Mehmetçik) und Gialousa (Yeni-Erenköy) sind zyperntürkisch besiedelt.

Agriculture in the TRNC has been declining steadily over the past years, especially through problems over citrus fruit exports (...) Experts claim this is due to changes in the structure of the TRNC economy and unplanned production (...) However, farmers union chairman Hüseyin Gültekin, blames the government for giving generous incentives for tourism development while neglecting the agricultural sector which provides work for half of the TRNC population (...) Agricultural Engineers' Chamber chairman Erbil Enginol blamed the decline on a lack of firm planning. He claimed subsidies provided by the state were not serving their purpose.[144])

5. Perspektiven des geplanten EU-Beitritts

Der Aufnahmeantrag der Republik Zypern für einen Beitritt zur Europäischen Union hat auch für die Zypernfrage zusätzlichen Zündstoff gebracht, weil die Zyperntürken befürchten müssen, im Vergleich zu ihren Landsleuten im Süden ökonomisch noch weiter ins Hintertreffen zu geraten, als sie es ohnehin bereits sind. Die Skizzierung der Auswirkungen eines EU-Beitritts auf die Agrarwirtschaft Zyperns muß für beide Inselteile getrennt vorgenommen werden, weil die landwirtschaftlichen Strukturen zu verschieden sind.

Für die Republik werden sich nach einem EU-Beitritt die Absatzchancen erheblich verbessern, denn die EU-Staaten bilden den wichtigsten Handelspartner Zyperns für Agrarprodukte. EU-Experten prognostizierten für den zyperngriechischen Inselteil verbesserte Absatzchancen für Obst, Gemüse, Frühkartoffeln und Tafeltrauben. Allerdings sei mittelfristig eine weitere Diversifizierung der agraren Produktpalette erforderlich, um sich auf dem differenzierten EU-Markt behaupten zu können. Auf der anderen Seite müssen die Zyperngriechen nach einem Beitritt ihre protektionistische Agrarpolitik aufgeben, vor allem im Hinblick auf Einfuhrverbote, Importkontingentierungen sowie den bisherigen starren Preisfestsetzungen. Inwieweit ein EU-Beitritt und die damit verbundene Öffnung des zyperngriechischen Agrarmarktes für Importprodukte eine Erhöhung der Verbraucherpreise nach sich ziehen wird, wie von den EU-Experten prognostiziert, kann an dieser Stelle nicht beurteilt werden. Prinzipiell ist davon auszugehen, daß sich aufgrund der insularen Lage und des begrenzten Binnenmarktes keine Anbietersituation einstellen wird, wie man sie von den nachfragestarken EU-Märkten des Lebensmittelhandels in Kontinentaleuropa kennt. Wirtschaftlich völlig unproblematisch dürfte die Integration der nahezu unbedeutenden Fischereiwirtschaft werden. Schwieriger könnte die Übernahme aller formalen und rechtlichen Bestandteile der EU-Marktorganisation werden, die derzeit noch neben Einfuhrbeschränkungen bzw. -verboten existieren und im Gegensatz zum *Acquis Communautaire*[145]) stehen. Das Hauptproblem für die zyperngriechische Fangflotte sind beispielsweise die Eintragungsbedingungen für Fischereifahrzeuge, die von ausländischen Un-

---

[144]) Cyprus Today. 14.–20.8.1993.
[145]) Der „Acquis Communautaire" ist die nicht kodifizierte, stillschweigende Übereinkunft, dem sich alle Mitgliedsstaaten der EU anschließen („consensus omnium"), um eine Harmonisierung ihrer unterschiedlichen Wettbewerbsordnungen (Wettbewerbsregeln und Steuerbestimmungen) und der handelsrechtlichen Regelungen zur Wahrung des europäischen Besitzstandes zu erreichen.

ternehmern bereedert werden, so daß die Voraussetzungen für das Recht zum Führen der Flagge an die in der Gemeinschaft geltenden Bestimmungen angepaßt werden müßten[146]).

Weniger günstig sieht die Lage für die „TRNZ"-Landwirtschaft aus, wo mehrere Faktoren einen Beitritt komplizieren. Zunächst muß festgehalten werden, daß die zyperntürkischen Agrarprodukte weder in qualitativer noch in quantitativer Hinsicht für eine EU-Vermarktung geeignet sind. Unter den momentanen Bedingungen einer massiven staatlichen Subventionierung können beispielsweise Zitrusfrüchte auf dem EU-Markt lediglich zu Dumpingpreisen angeboten werden, weil die Qualität im Vergleich zu Konkurrenzprodukten zu schlecht ist. Es wäre derzeit wirtschaftspolitisch viel sinnvoller, den „TRNZ"-Agrarmarkt in einer Weise umzustrukturieren, daß zumindest der Inlandbedarf an den wichtigsten Grundnahrungsmitteln gedeckt werden kann. Die gegenwärtige zyperntürkische Agrarpolitik kann mittelfristig kaum erfolgreich sein. Die wichtigsten Exportprodukte sind hochsubventioniert und müssen in Europa zu unterbewerteten Preisen abgesetzt werden. Der Anbau basiert auf der Grundlage einer Ausbeutung nicht erneuerbarer Ressourcen, und beschäftigungspolitische Effekte werden auch nicht erzielt, weil fast alle Tätigkeiten in den Händen illegaler Saisonarbeiter aus der Türkei liegen. Auf der anderen Seite müssen regelmäßig überteuerte Grundnahrungsmittel wie Tomaten, Gurken, Kartoffeln und Zwiebeln aus der Türkei zur Sicherung des Inlandbedarfs eingeführt werden.

Die zyperntürkischen Wirtschaftsexperten stellen sich selbst ein Armutszeugnis aus, indem beispielsweise der Zitrusanbau subventioniert und zu unterbewerteten Preisen in Europa abgesetzt wird, wobei die natürlichen sowie nicht erneuerbaren Wasserressourcen überstrapaziert und keinerlei beschäftigungspolitische Effekte erzielt werden.

Der Schlüssel des Für und Wider eines zyprischen EU-Beitritts im Hinblick auf die Chancen und Risiken des zyperntürkischen Inselteils ist jedoch in der Politik zu suchen. Für die Verbraucher im türkischen Inselteil wären mit einem EU-Beitritt in bezug auf die Angebots- und Preisstruktur von landwirtschaftlichen Erzeugnissen eher Vorteile als Nachteile verbunden, weil im Gegensatz zur Republik keine importsubstituierenden Restriktionen bestehen. Das bedeutet, daß ein EU-Beitritt Zyperns automatisch an eine grundlegende Revision zugunsten einer wirklichen Wettbewerbsfreiheit der bestehenden Anbieterstruktur im Norden gekoppelt wäre. Denn momentan herrschen in der „TRNZ" infolge der Abschottung gegenüber den Zyperngriechen und wegen der einseitigen Abhängigkeit von Ankara noch völlig verzerrte Wettbewerbsstrukturen, die jedoch von den wirtschaftlichen und politischen Eliten zugunsten eigener Interessen gezielt in Kauf genommen werden[147]).

Ein EU-Beitritt wäre für die „TRNZ"-Landwirtschaft im Prinzip unproblematischer als für den Agrarsektor der Republik, weil die zyperntürkische Landwirt-

---

[146]) Kommission der Europäischen Gemeinschaften (Anm. 97).
[147]) Vgl. dazu das Kapitel „Infrastruktur und Binnenhandel" von R. Wellenreuther in diesem Band.

schaft bereits heute faktisch ruiniert und volkswirtschaftlich relativ bedeutungslos geworden ist, so daß der Nahrungsmittelinlandbedarf zum überwiegenden Teil ohnehin eingeführt werden muß. Diese These mag zunächst schockierend erscheinen, aber man muß sich vor Augen halten, daß in der Vergangenheit vermeintliche ökonomische Katastrophen – wie der Zusammenbruch des Firmenimperiums von Asil Nadır 1991, der in der „TRNZ" der größte private Arbeitgeber gewesen ist, oder der EU-Gerichtsbeschluß vom 5. Juli 1994, nur noch Agrarprodukte mit Zertifikaten der Republik Zypern bei Einfuhren in EU-Mitgliedsstaaten zuzulassen – die zyperntürkische Wirtschaftsbilanz nicht nachhaltig beeinflußt haben. Der „TRNZ"-Haushalt basiert seit langem im wesentlichen auf exogenen Hilfen und weniger auf der eigenen volkswirtschaftlichen Wertschöpfung[148]).

Es bleibt zu resümieren, daß die Frage des geplanten EU-Beitritts in bezug auf die Republik stärker von den ökonomischen Aspekten und im Hinblick auf die „TRNZ" mehr von politischen Überlegungen geprägt ist. Agrarwirtschaftlich wäre der Beitritt für beide Volksgruppen sinnvoll, denn für die Griechen bestehen die Möglichkeiten, ihren Absatz auf den europäischen Märkten weiter auszubauen, auch wenn als Vorbedingung Korrekturen in der Wirtschaftspolitik erforderlich wären. Für die Zyperntürken bestünde zudem die historisch vielleicht einmalige Chance, nicht nur den heruntergewirtschafteten Agrarsektor, sondern die gesamte Volkswirtschaft einer dringend erforderlichen Sanierung zu unterziehen und sich endlich der türkischen Bevormundung zu entledigen.

The TRNC is a problem but, in comparative economic terms at least, it is a small one. A combination of EC funds and Greek Cypriot knowhow could probably turn the Turkish Cypriot economy round in a reasonable short period.[149])

Dem Denktaş-Regime müssen die Beitrittsverhandlungen Kopfzerbrechen bereiten, weil ein EU-Beitritt Zyperns in jedem Fall die etablierten Machtpositionen in der „TRNZ" in Frage stellt. Die Einbeziehung Nordzyperns in die Verhandlungen würde unweigerlich auf wirtschaftlichem Wege zu einer Aushöhlung der Autorität des „Präsidenten" führen, weshalb Denktaş 1997 auch die letzte Gesprächsrunde zur Lösung der Zypernfrage (*confidence building measures*) platzen ließ. Eine separate Aufnahme des zyperngriechischen Inselteils in die EU würde nicht nur die Zementierung der Teilung, sondern auch die ökonomischen Disparitäten weiter vergrößern, was den gesellschaftspolitischen Konsens im zyperntürkischen Inselteil gefährden könnte. Die meisten Zyperntürken signalisieren bereits unter den momentanen Bedingungen immer stärker ihre Bereitschaft, sich zugunsten einer Lösung in der Zypernfrage und der damit verbundenen wirtschaftlichen Konsolidierung von Ankara loszusagen. Auch in diesem Fall wäre die nahezu unumschränkte Herrschaft von Rauf Denktaş beendet.

---

[148]) Vgl. Hahn, B./Wellenreuther, R,: Die Türkische Republik Nordzypern. Selbständiger Staat, Teil der Republik Zypern oder Anhängsel der Türkei?, in: Geographische Rundschau. 10 (1996), S. 595–600 und dieselben: Die wirtschaftliche Entwicklung der Türkischen Republik Nordzypern, in: Orient. 37 (1996), S. 673–689.

[149]) Redmond, J.: The Next Mediterranean Enlargement of the European Community. Turkey, Cyprus and Malta? Dartmouth 1993, S. 92.

VI. Zusammenfassung

Die Landwirtschaft Zyperns ist auch heute noch sowohl in geographisch-naturräumlicher als auch in sozio-kultureller Hinsicht von traditionellen Strukturen belastet. Das mediterrane Klima ist im wesentlichen für den Dualismus von Bewässerungs- und Trockenfeldbau verantwortlich, wenngleich sich die Relationen im Vergleich zu früher nachhaltig verschoben haben. Überkommene Bodenrechtsverhältnisse und Erbsitten prägen heute in den peripheren Trockenfeldbaugebieten immer noch die Agrarlandschaft sowie die Erwerbsstrukturen in Form kleinparzellierter und dispers liegender Flurstücke sowie einem sehr hohen Anteil von Nebenerwerbslandwirten.

Eine Zäsur nicht nur in politisch-territorialer, sondern auch in agrarwirtschaftlicher Hinsicht markierte die Teilung Zyperns im Jahre 1974, die im Süden den wirtschaftlichen und gesellschaftlichen Transformationsprozeß von der Agrar- zur Dienstleistungsgesellschaft enorm beschleunigte und gleichzeitig die Grundlage dafür schuf, den landwirtschaftlichen Wirtschaftszweig mit ausländischer Finanzhilfe neu aufzubauen, was mit der Einführung agrartechnischer Innovationen gekoppelt werden konnte. Im Norden verfolgte man zunächst den umgekehrten Weg, indem die Behörden eher aus politischen als aus ökonomischen Beweggründen Kleinbauern aus Anatolien auf dem Besitz der vertriebenen Griechen ansiedelten und sich darüber hinaus auf die Nutznießung der erbeuteten Zitrusplantagen beschränkten.

Die Landwirtschaft spielt in beiden Inselteilen heute makroökonomisch bei weitem nicht mehr die Rolle, die sie früher inne hatte. Mikroökonomisch betrachtet führt der Vergleich beider Landwirtschaften zu bemerkenswerten Resultaten: Während in der Republik Zypern trotz des Neuaufbaus nach 1974 insgesamt eine beachtliche Leistungssteigerung in der Agrarproduktion stattgefunden hat, wurde die Landwirtschaft in der „TRNZ" trotz ungleich günstigerer Startchancen infolge des Mißmanagements faktisch ruiniert. Im Gegensatz zur Republik Zypern ist der rückläufige Anteil der „TRNZ"-Landwirtschaft seit 1985 weniger einer Produktivitätssteigerung der übrigen Sektoren zuzuschreiben, als vielmehr der Kompensation exogener Hilfen aus der Türkei. Der einzige Wirtschaftssektor Nordzyperns, der seit der Ausrufung der sogenannten Eigenstaatlichkeit im Jahre 1983 nennenswerte Zuwächse zu verzeichnen hatte, ist dagegen der öffentliche Dienst.

Forestry and Water

Jack Vincent Thirgood, Rothbury/Northumberland

I. Introduction – II. Forestry During the British Period – III. Forestry Under the Republic: The Period After Independence – IV. Water – V. The Impact of Communal Unrest – VI. In Retrospect

I. Introduction

Smaller and more "manageable" than some other Mediterranean countries, Cyprus, the third largest island in the Mediterranean, has been likened to a sand table for Mediterranean resource management and well demonstrates "what has been and what can be." From the outset Cyprus's foresters have recognised the complex nature of land use in the Mediterranean environment and have led in the broad area of resource development, recognising that the welfare of the island, its people, and the forest are one. To this awareness their close links with the people of the mountain villages, even during the most difficult periods, have contributed significantly. The forests, though greatly reduced in extent and still recovering from major abuse, are by far the most productive in the eastern Mediterranean. In contrast with the neighbouring countries, where it is often difficult to visualize the vegetational patterns of even the recent past, the forest history of Cyprus has been closely documented during more than one hundred years, while the earlier forest condition can be established with reasonable accuracy. These forests provide a striking contract with the neighbouring lands of the eastern Mediterranean, yet less than one hundred years ago they were under similar pressures. Their story forms a classic case study in Mediterranean forestry.

Today the forests cover about 31 percent of the land above the 1000 foot contour, 18.7 percent of the total land area or 669 square miles. Conifers comprise 54 per cent of the forest area and 87 per cent of the growing stock. Of these, more than 95 percent by volume are Brutia pine, *Pinus brutia* Tenore *(Pinus halepensis* subsp. *brutia* Elwes and Henry). The Troodos pine, *Pinus nigra* var. *caramanica* Arnold, occupies elevations above 4500 feet, while the Cyprus cedar, *Cedrus brevifolia* Henry, an endemic species, now occurs naturally only in one locality, the Cedar grove, and is strictly protected. The Mediterranean cypress, *Cupressus sempervirens* L., grows on limestone formations, in the Northern Range, in pure stands or, more usually, in mixture with *Pinus brutia,* but rarely larger than sapling or pole size because of past uncontrolled cutting. It has been frequently planted in the lowlands for ornament and shelter. The Stone pine, *Pinus pinea* L., is said to be have been introduced by the Romans, but it is doubtful if any were surviving on its reintroduction at the time of the British occupation. It has never established itself naturally and is found mainly as an ornamental tree.

Broad-leaved trees are a much smaller component of the mountain forests. *Plantanus orientalis* L., the oriental plane, and *Alnus orientalis* Decaisne, the oriental alder, occur in the moist valley bottoms. *Quercus alnifolia* Poech, the golden oak, a bush species endemic to Cyprus, occurs abundantly, but only in the southern massif, above 1500 feet, typically on steep, loose scree slopes as dense coppice thickets, or, more rarely, as an understory to the pine. *Arbutus andrachne* L. is more generally distributed along stream sides. Other bush species are *Quercus coccifera* L. and *Acer obtusifolium* S. and S. At lower elevations species characteristic of the lowland scrub forest occur, e. g. lentisk, wild olive, carob, bay laurel, myrtle, oleander, and buckthorn. Of low aromatic shrubs, the rock rose, *Cistus* ssp., is an important constituent of all forests and, with release from grazing, forms an important ground cover, while sage, thyme, and marjoram are common.

A variety of *Populus nigra* L. is commonly cultivated by villagers in the western hill valleys, where it is a prominent feature, together with fruit and nut tree orchards. There are no records of this tree in ancient times and it is not mentioned by Etienne de Lusignan,[1]) who listed the trees growing in Cyprus in his time, suggesting it may have been introduced by the Turks. It was first mentioned by the English traveller and botanist, John Sibthorpe, as late as 1786. In 1954, a survey showed approximately 80000 poplars, growing mainly along water courses and irrigation ditches.

The broad-leaved trees of the foothills and middle slopes – *Juglans regia* L., walnut, found near streams on agricultural land, and particularly *Quercus lusitanica* Lam. (*Q. infectoria* Oliv.), Cyprus oak, which occasionally reaches majestic proportions and is found singly or in groups on fairly deep soils in the western parts of the island, frequently in cultivated fields – are significant in drawing attention to the erstwhile forests of the lower elevations, that together with the true lowland Mediterranean scrub forest have been lost.

In the lowlands, the clearing of which probably dates back to ancient times, and which has fallen in and out of bush fallow with fluctuations of population, introduced species have been used in plantation and for amenity, with the eucalyptus, especially *Eucalyptus rostrata* syn. E. *camaldulensis* and E. *gomphocephala,* and the wattle, *Acacia cyanophylla,* predominating. Citrus groves have been planted in coastal situations, while carobs and olives cover extensive areas and also occur as scattered individual trees in the agricultural and grazing lands of the plains and lower foothills.

Consequent on grazing, fires and past illicit cutting, the forests of the Northern Range are much sparser than those of the South-West massif, Paphos and Troodos. Of the Northern Range forests, the north-facing slopes carry pine intermixed with Mediterranean cypress, while the south facing slopes, overlooking the Mesaoria, are to all intents, bare. The scrub forest of the Karpas peninsula is a *maqui* of wild

---

[1]) See Lusignan, E. de: Chorografia e Breve Historia Universale dell' Isola di Cipro. Bologna 1573.

olive and tamarisk. In spring the forest floor and the lowland grazings and wastes are carpeted with wild flowers, including cyclamen, anemones, grape hyacinth and wild tulip.

The island was originally densely forested. Cyprus was the "Green Island of the Ancients", a shipbuilding centre and a timber exporting country. Its geographical position has given it strategic importance as the first stepping stone to both east and west. Throughout history, it has attracted the dominant powers of the eastern Mediterranean, each of which, in its own way, influenced the forest. The island has seen great fluctuations in population, culture and prosperity and, after the expulsion of the Franks from Palestine, until the arrival of the Turks, it was the major Christian trading centre in the Levant. With the Turkish Occupation in 1573 it became outside the mainstream of Mediterranean commerce and, for three hundred years, it languished, an Ottoman backwater.

As part of the nineteenth century Turkish reform movement, French foresters inspected the forests of the Empire. They estimated that, during the previous twenty years, forests in Cyprus had decreased in area by one-third and in amount of material by one-half. Except for the collection of revenue, there were no restrictions on the common use of the forests and, for all the land clearances and shipbuilding of the Greeks and Phoenicians, the demands of Ptolemaic naval squadrons, the depletion of Roman mining, the upheavals of the Byzantine-Arab struggles, the requirements of the magnificent buildings of the medieval period, castles, churches and majestic cathedrals, and the large-scale Venetian export of ship timbers, all this long history of use and abuse, all late nineteenth century commentators agree in attributing the degraded condition of the Cypriot forests at that time to Turkish neglect, and the survival of the forest that remained, solely a consequence of its relative inaccessibility.

While Cyprus at one time had a population of at least one million, some accounts suggesting as many as two million, this declined to 80 000 in 19th century, observers report shipments of timber from Cypriot ports, but Cyprus was perhaps most famous for its goats and malaria. The national goat herd, relative to population and area, was greater than on any other island in the Mediterranean. The reports of the consuls of the British Levant Company estimate the breeding herd of sheep and goats as 800 000, with an annual lamb and kid crop of 400 000. At the most conservative estimate of a quarter of a million goats, there were one hundred and fifty goats to the square mile, almost two for each human inhabitant.

II. Forestry During the British Period

The Sultan placed Cyprus under British administration in 1878 and the modern era of Cypriot forestry began. The British found a devastated forest resource. The lowland forests had long gone. Nicosia, the capital, stood, a walled and isolated city, in the middle of an empty plain. Three large oriental plane trees outside the Paphos Gate were subject for universal comment. Within the towns, there was only an occasional date palm. The greater part of the cleared land remained uncultivated. In the words of an early writer: "Not cultivation, but sterility, a desert in fact has replaced the ancient forest vegetation of Cyprus."[2]) As to the mountain forests, there were no maps and no records of their extent, their area or value. Their composition was unknown, their boundaries non-existent. Contemporary writers testify to their ruined appearance as one of the most noticeable features of the island. It was remarked that the only similarity between the Greeks and Turks of Cyprus was their common hatred of trees.

> The sight of a mountain pine forest in Cyprus would convey the impression that an enemy who conquered the country had determined to utterly destroy it, even to the primeval forests; he had therefore felled and left to rot the greater portion of the trees, but finding the labour beyond his means, he had contented himself with barking, ringing and hacking the base of the remainder, to ensure their ultimate destruction ... If a hurricane had passed over the country and torn up by the roots nine trees out of ten, the destruction would be nothing compared to that wrought by the native Cypriote. He mutilates those trees which he had not felled ... Magnificent trees lie rotting upon the ground in thousands upon thousands, untouched since the hour they were felled ... throughout the entire mountain range there are not five per cent of pines free from mutilation.[3])

The arrival of the British came just as the assault on the mountain forests was gaining momentum. Clearing for cultivation and for vineyards, soon exhausted by erosion, was going on unabated, even on the steepest mountain slopes. Free-range grazing followed up on the cultivations. There was a destructive form of resin tapping and pitch burning. Flocks of goats, numbered in their hundreds, roamed in the charge of lawless shepherds who dominated the life of forest and countryside. The setting of forest fires was regarded as the normal method of producing fresh grazing and dry fuel simultaneously. In summer, Mount Troodos was often obscured for weeks on end by smoke.

One of the first acts of the new Administration was to report on the forests. These reports[4]) stressed the contemporary nature of the forest destruction and, to a remarkable degree, charted the future course of Cypriot forestry. It is from them that we obtain our detailed knowledge of the forest conditions at this time. Today, it is difficult to visualise the state of the forest in the last quarter of the nineteenth century. For the full flavour of the scene, one must turn to the contemporary descriptions. The following are extracts from reports on the forests of the south west:

> The sight presented by these Troodos villages is truly depressing ... decayed, decaying, and half burnt logs literally strew the ground among standing dead, dying and dilapidated trees ... About here hundreds of trees are lying felled on the ground. Pines are being squared, and in the valley also *Platanes*. Vineyards occupy sometimes the top of the hills, sometimes the middle ... There is considerable extension of clearances with tops of trees cut off at 30 feet above the ground ... the half of the forest of pure old *Laricia* [sic] was felled many years ago, and the logs are now lying near the stumps unused. It is difficult to imagine why the felling ever took place, but perhaps the villagers had an idea to extend cultivation ... an expanse of somewhat younger trees, 100–200 years old, mostly all severely cut and burnt for the manufacture of pitch, and in which, even lately, some of the better, larger, and untapped trees have been felled ... for the base of the trunk, the rest left to rot and decay ... If a native cuts a tree down and it does not suit him, he at once fells

---

[2]) Baker, S.: Cyprus as I Saw it in 1869. London 1870.

[3]) Madon, P.D.: The Replanting of the Island of Cyprus. Vol. I. Nicosia 1880; see also Madon, P.D.: Forest Conservancy in the Island of Cyprus. Presented to Both Houses of Parliament. Vol. II. London 1881 (reprinted 1936).

[4]) See notes 3 and 5.

another and leaves the former to rot on the ground. To obtain the branches ... inhabitants fell fine trees and leave the trunk ... To procure kneading troughs for making bread, and yokes for oxen they will fell large trees and only use eight feet ... large trees only are used, cut in two and hollowed out ... To obtain large rafters ... they fell middle aged and young trees, hack off the sapwood and only retain the heartwood. Trees are seldom split to form two or more ... Bark is stripped off one side of trees to a height of one foot to one foot six inches and left for resin to exude ... the more resinous sapwood is chipped off to a depth of 2-3 inches and another length ... laid bare. In the second year the sapwood is taken from the whole length of 2-3 feet and a further length laid bare. In the third year, chippings are made from the whole length and continued in subsequent years till the cut is 4 feet 6 inches. The cut is then gradually deepened till the trees fall down (usually after eight years treatment). Chippings are collected and burned in a closed kiln and pitch runs and is collected. This is as described by pitch burners, actually deeper and larer cuts are used and fire employed to promote resin flow. The forests comprised very large, overmature trees; there was almost a complete absence of young trees. Hacked trunks, cut in the previous fifteen to twenty years, 20 to 35 per acre, were generally greater in number than the standing trees. This destruction of the mountain forests, and even of much of the lowland forests, had occurred in living memory. Clearances could be identified by stumps, limekilns and local tradition. For lack of regeneration, it was concluded the remaining forest would soon be destroyed: "... we thus have the certainty that the remaining forests of the island will not see the end of this century if radical measures are not adopted to put an end to this devastation." It was emphasised that the ruinous condition of the forest was not the consequence of "exaggerated yet intelligent fellings over-excited by personal interest," but of "an aimless and inexcusable waste," which was accelerating because, year by year, it was being concentrated on a smaller area.[5])

At this time, the land use principle was enunciated that has been followed by subsequent generations of Cypriot foresters:

The clearing of the forest is not to be regretted on the good soils of the plain, where the forests have been replaced by productive cultivation, or on the mountain slopes, where vineyards have been established. The real harm has been done by the ruin, without resulting profit, of those parts of the country which were fit only to grow forest.

The first forest law was enacted in 1879, followed by others in 1881 and 1898. That these were brought into effect within the first years of the new administration was a singular achievement. They provided for the establishment, demarcation and control of the forest estate, and its administration. Thus was the beginnings of the Cypriot Forest Department, preceded only by the Indian Forest Service in the forest services of the British Commonwealth. By 1884, half of the state forests had been gazetted after demarcation and boundary surveys and, by 1896, the task was complete. These demarcations, with minor adjustments, comprise the present-day state forest. Clearances within the forests were prohibited, the destructive pitch industry terminated, strict controls prescribed on the use of the forests and provision made to conserve and rehabilitate the forest. A topographic survey was initiated and the forest mapped, by chain survey on a scale of 1:2500, and plane table on a scale of 1:5000, for an area of 55857 acres. A strict ban on timber exports was enforced from 1880 and the basic policy of strict protection and selection cutting that has characterised Cypriot forestry, was laid down. Introductions of Australian tree species, mainly Eucalyptus, were made from the first year of the occupation. These today provide the major portion of lowland plantation and are characteristic of the

---

[5]) Report of Mr. A. E. Wild on the Forests in the South and West of the Island of Cyprus. Presented to both Houses of Parliament of Her Majesty (Cyprus 10). London 1879.

urban scene. It is salutary that the recommendations of the early reports, on species, their site requirements, characteristics, and the considerations governing their selection, differ little from present-day Mediterranean advice, while establishment techniques, other than modifications resulting from the availability of mechanical equipment, are also little changed.

Forestry was based on growing timber, but it was further justified by the indirect gains-improvement of catchments, augmentation of springs, increased water-holding capacity, levelling of torrent peaks and lows, control of flash floods and of erosion, sand drift stabilisation, alleviation of aridity, provision of recreational facilities, the return to productivity of wastelands, and, importantly, the sanitation of malarious districts. Modern concepts of multi-purpose forest management were thus foreshadowed by some 80 years in Cyprus. The conservation of the remaining natural forest was seen as of even greater significance than the establishment of plantations, and strict protection was recognised as both the cheapest and surest way to restore the ruined forests.

These basic forestry policies of Cyprus have been reiterated over the years. The basic assumption has been that production of timber, if carried out with true regard for the sustention and continuing well-being of the forest, facilitates the satisfaction of other values and the intangible benefits that accrue from the existence of forests in the Mediterranean environment. That the future recreational and tourist values of forested mountains in a deforested and impoverished region was seen long before the days of mass tourism shows considerable prescience. Today the forests are intensively managed with the aim of protecting the main catchments, providing recreational facilities, and restoring the forests to full production. Timber production is steadily increasing and the forests, directly or indirectly, provide a living for a large proportion of the inhabitants of the mountain villages, erstwhile forest destroyers.

The forests cover 174 275 ha., or 670 square miles, 19 percent of the island. Of this, 160 000 ha. are state forests, divided into main and minor forests. The Main State Forests, comprising 144 737 ha., are situated mostly on the two mountain ranges and include forest reserves, forest parks and nature reserves. The Minor State Forests, extending to a total of 16 061 ha., many of them originally planted as village fuel areas, are now multiple use forests, communal forests, nurseries, and grazing grounds. Private forests, comprising about 14 000 ha., are owned by private individuals, Evkaf, or monasteries.

It is noteworthy, but appropriate, that the Cypriot Forest Law is one of the few that includes water in the definition of forest produce, for water, in Cyprus, is life itself. The average, mostly winter, rainfall of 500 mm leaves the island dry for much of the year. While sixteenth century cartographers portray a number of rivers, and four of the island's six towns are situated on their alluvial fans, today there are no year-round rivers worthy of the name. Scarcely a dozen streams run for two or three months a year carrying spate flows and snow water. The few perennial flows arise in the mountain forests but do not reach the sea. There are 126 forest sources with year-round flow that are piped for domestic consumption outside the forest, only one of which has any appreciable volume, and 156 small forest springs used for irrigating private lands. More than ninety percent of the water from permanent water sources is derived from forest areas, or from the immediate vicinity of forests. The ground-water aquifers of the plains are charged by the forested mountains. The history of the island abounds with stories of recurring droughts, which at times crippled the economy of the island and even caused famine and migration.

The early years of the British occupation, marked in the neighbouring countries by accelerated forest destruction, were the period when the major destructive forces were confronted, and the integrity of the forest established. Nevertheless, conditions were difficult. After initial enthusiasm, appropriations were stinted. From 1885 till 1921, there was only one, untrained, forest officer. Communications were slow; there were no forest telephones, no roads into the forests and no motor vehicles. Travel was on foot, or by horse, mule or donkey. The day to day administration of the forests fell very largely upon a handful of sometimes illiterate field staff. Government support for the long-term forestry objectives was uncertain. Often the magistrates and district administration were unsympathetic to the Forest Department, uncooperative and even antagonistic. Forest offences were apt to be regarded with a tolerant eye, by courts and public alike. The government itself had to be led to accept the implications of its own policies before it would support their active prosecution; another half century was to pass before foresters obtained active support from the Administration. But the greatest handicap was the outlook of the native Cypriot, whose attitude for long remained as described by a contemporary writer:

Be he Christian or Musselman, the Cypriot peasant is convinced that wood, like air or water, has no other master than the God who made it. It sees as natural for him to go where he will and cut wood as to drink at the brook hard by when he is thirsty. Yet, if he would but be content with taking only what he really needs.[6])

Thus the Cypriot Forest Service was faced with the task of overcoming the feelings of a population who, traditionally, had viewed the forest as free for all to exploit or despoil for personal profit without hindrance, while without the full support of government and sometimes in the face of official opposition. The widespread, unauthorised fellings were stopped in the earliest stages of the forest administration and, thirty years after the beginning of control, Sir David Hutchins could write:

It is greatly to the credit of the Cypriot Forestry Department, that the lurid picture of ruin and desolation drawn by Sir Samuel Baker (in 1869) is now entirely a picture of the past. I spent nearly two months travelling through the forest and during that time scarcely came across a (newly, ed.) mutilated tree, and I do not recollect seeing a single tree felled that could not be accounted for satisfactorily.[7])

A start was made on lowland plantations and a total area of well over 20000 acres was planted by 1912. A railway plantation extending thirty miles across the central plain was of considerable significance. It made a great impression on the plains villagers, proving, against their fixed belief, that trees could be grown in the

---

[6]) Baker (note 2).
[7]) Hutchins, D.E.: Report on Cyprus Forestry. London 1909. Hutchins was, successively, Chief Conservator of Forests in the Cape Colony (South Africa) and in British East Africa.

arid conditions, and did much to stimulate tree planting in the lowlands. Trees were distributed free of charge. Not the least beneficial aspect was the contribution this planting activity made to the fundamental change in the attitude of the Cypriot, both townsman and villager, to trees for shade and as a feature of the landscape. The contribution of this widespread planting, particularly in the transition of the desert-like urban landscape of Turkish times, to the verdant towns of the present day, cannot be underestimated. This environmental improvement, in itself, played a significant part in the transformation of Cypriot society.

Nonetheless, all early attempts to check the destruction of the forests were met by waves of incendiarism from the villages. In 1912, practically the whole of one mountain forest, an area of about 25 square miles, was thus destroyed. Again, the basic problem was goat grazing. From the outset it was recognised that free-range goats were the chief causes not only of the destruction of the forests but also of the miserable state to which the whole island had been reduced. Madon, the first and most uncompromising enemy of the goat, stated that the repression of uncontrolled grazing was a question of life and death for the agriculture of the island. The Law of 1879 provided the necessary legal basis for its regulation. It only remained for the Forest Department to turn the letter of the law into fact, but the department was neither strong enough, nor with the necessary support from the Administration to free the forest from grazing. It had to content itself with the exercise of a gradually increasing control of the shepherds, their flock numbers and the ranges over which they grazed. There was serious trouble whenever the forest authority tried to advance too quickly or to enforce closure. This was part of an island-wide problem, and a series of Goat Laws[8] were enacted from as early as 1888 onwards, forbidding imports, seeking to reduce numbers, attempting to improve the breed, and introducing constraints on the free-ranging shepherds.

There was a steady advance in agriculture, but as villages of the plains and foothills abandoned grazing for arable farming, maintaining flocks only for the utilisation of crop residues and the scanty forage of the village wasteland, the goats were forced back into the forests. Short-term considerations often prevailed, despite the continuing policy of discouraging goat herding. In 1905, the Forest Department was directed to admit 22 236 sheep and 25 045 goats into the coastal scrub forests, which had been protected since shortly after the occupation. It would seem the government was not prepared to accept the final implications of its own forest policy, or perhaps did not, despite everything, fully appreciate the significance of the grazing problem. All the advantages were with the shepherds. They realised the value that the Forest Department attached to the forest, and hence the effectiveness of their use of fire to prevent the imposition of the controls provided in the forest laws. Indeed, arson came to be a means of retaliation against unpopular government measures in general. In addition to the protest fires, there was the "cus-

---

[8] A detailed treatment of the Cyprus goat legislation is given in Mouskos, J. C.: Socio-Economic Aspects of Goat Grazing and Legislation in Cyprus. Forest Department. Ministry of Agriculture and Natural Resources. Nicosia 1961.

tomary" firing to produce better browse or, to produce dry fuel for the markets. Efforts to prevent this practice led to further firing.

Yet despite everything, the period prior to the First World War saw the passage of the single most significant measure for the eventual control of the goat in Cyprus. The Goat Exclusion Law of 1913 provided for the exclusion of goats from village lands by majority vote at a secret ballot. This measure broke the farmers' fear of the village shepherds and was later to be an invaluable tool in providing a *cordon sanitaire* of goat-free villages around the forest margins. The popularity of the measure, and evidence of the changing times, is shown by the fact that, during 1913–1920, 140 villages balloted against the keeping of goats. Over the years of the British administration, 283 villages, or 45 percent, applied the Goat Exclusion Law and freed 44 percent of the total land area from free-range goat-grazing.

The years of the First World War, 1914–1918, were cataclysmal. Prior to 1914, little had been accomplished in opening up the timber forests on a considerable scale. War-time demand found the Forest Department unprepared. The normal sources of Mediterranean supply were cut off and there was no alternative to meeting the Allied demands, but from the Cypriot forests. There were few roads, and of necessity, localised heavy fellings were made on the comparatively few accessible areas, and in the vicinity of the few tracks leading into the main forests, while the more inaccessible and better stocked areas remained unworked. Of necessity nearly one sixth of the forest was felled. Whole blocks were cleared to supply the armies in Egypt and Palestine with their timber and fuel needs. 400 000 cubic feet of timber were cut during this period. Although small by comparison with later yields, these fellings were concentrated and not subject to silvicultural controls.

The implementation of Forest Policy received a setback, but the sacrifice of the forest was not to be without its benefits, for at last government realised the importance of the forest to the island, and the significance of the Cypriot forest in its ancient role as a strategic timber source. During the war years, forest control had slackened. Matters remained quiescent until the end of the war, when there was a vigorous reaction. With free rein the shepherds had become accustomed to large grazing ranges. Attempts at reimposing controls led to violent reaction and extensive tracts of productive forest were destroyed by arson.

The 1920s saw the strengthening of forestry; by 1930 the Forest Department had eight university trained professional foresters and, in contrast to the subordinate staff of doubtful quality of earlier years, the technical staff, rangers and forest guards, were now recruited from the families of notables in the mountain villages. These men were later to play a leading role in transforming village attitudes. Cypriots were sent to Britain for training and plans were formulated for the establishment of a forestry college in Cyprus. It became evident that systematic exploitation on the basis of sustained yield, coupled with an extensive afforestation programme, would create an alternative livelihood for the grazers and others who preyed on the forests in order to gain a minimum subsistence.

To extend public interest and understanding of the national forest policy, an annual forestry exhibition and a Tree Planting Festival were instituted. Henceforth, no opportunity was lost to publicise forestry and establish for it a major place on all public occasions. Visiting dignitaries and public figures from all communities – religious leaders, political figures, government administrators – participated in forestry activities. In 1930, the Cypriot Forestry Association was established to bring about closer public involvement. A forestry journal was founded. To a remarkable degree, the Association, through village branches and schools, operated at grass roots level.[9] But friction between the Forest Department and the people also reached its climax during these years and public education could backfire. There was one case where villagers set fire to the forested catchment of a rival village to dry up its water supply.

The national herd of both goats and sheep had increased significantly from the levels of the end of the nineteenth century. By 1936, the number of shepherds had risen from 4705 to 7344. But even these figures do not give a true impression of grazing pressures, for, with the intensification of arable farming and decline of lowland free-range grazing, there was increased dependence on the forests. In 1906, 9.76 percent of grazing was in the forests; by 1925 this percentage had increased to 21 percent. In a representative year, 1921, there were 42571 goats, 25125 sheep and 3737 other animals grazing on 220000 out of 415000 acres of forest.

Rising expectations, with the change from a subsistence shepherding economy to market production, the transformation of the mountain villages with prosperity, the development of mining industries and hill resorts needing meat, milk and cheese – all contributed to increased grazing pressures. Security was a factor. Lawlessness had been rife in the wilder parts of the island. With the British came greater tranquillity. Paradoxically, the patrolling forest guards gave greater security to the forest grazers. There was also a greatly increased demand for fuel wood, and a large-scale illicit trade developed. Wood-burning limekilns sprang up as mud-walled houses gave way to stone-built villas. As a consequence, large tracts of the easily accessible Northern Range, and especially the scrub forests of the foothills, were denuded. The Forest Department was powerless to stamp out the traffic because of lack of support from the judiciary. Thus, not only did the Forest Department receive, perhaps inevitably, criticism from the public, but also did it want for sympathy in high places.

In 1924 there was again widespread arson and a further eighteen square miles of the most productive southern range forest was destroyed. These fires were a national disaster of the first magnitude from which Cyprus still suffers, for they robbed the villages that set them of the livelihood they would have today from wood-cutting. Once again, grazing controls were relaxed and concessions made, and a larger proportion of the national herd was grazed in the forests than ever before. Unrest continued. In 1926, the unofficial members of the Legislative Council rejected the 1927 Forestry Estimates in protest at departmental policies and then proceeded to reject the whole of the Cyprus Annual Estimates, thus bringing the government to a standstill and causing a constitutional crisis.

---

[9] By 1954, the Cyprus Forest Association had a membership of 1400 ordinary members, 6 life members, 65 donation members, and 60 member schools.

The year 1931 heralded in the great financial depression. In Cyprus, 1931 was also the driest year on record. Crops failed and animals died by the thousands. To alleviate, the government imported large quantities of grain. This necessitated drastic budget reductions. The Forest Department was seriously affected by the general financial stringency. The Forest Service was withdrawn to the mountain forests, staff was reduced, and responsibility for the lowland minor state forests and plantations was given to the district administration. With no effective control, these lowland tracts were heavily cut for fuel wood and charcoal, encroached upon for cultivation and crammed with flocks of goats and sheep. This resulted in the complete annihilation of many of the small plantations and serious destruction of the larger ones. It was not until 1965 that what was by then the Republic of Cyprus returned the control of the lowland minor state forests to the Forest Department. In the mountain forests, the pattern of action and reaction continued; increased restriction was followed by incendiarism, leading to some relaxation and then a gradual reasserting of control in an attempt to enforce the provisions of the law of 1879. In the early 1930s, further arson took place.

Grazing policy swung off in a new direction. The policy of harrying the shepherds out of the forest by prosecution was eased down and greater attention was given to persuading them to adopt some other means of livelihood. Then there evolved a policy of licensing all regular shepherds as a first step to control their number. This new administrative measure also controlled and defined grazing grounds. Numbered brassards came to be the distinguishing badge of the licensed shepherd. By legalising the *de facto* situation, this was stabilised and grazing was brought under control until such time as it could be eradicated. Subsequently, the aim was the gradual whittling down of the size of forest flocks and the number of licensed shepherds and grazing grounds with compensation for grazing rights surrendered. It came to be realised that there must be realistic compensation with provision for the resettlement of the pure shepherding communities outside the forest and of alternative forms of livelihood. Villages whose lands bounded the forest were encouraged to ballot for the implementation of the 1913 Goat Exclusion Law.

The resettlement of communities, moving of villages and substantial financial compensation to individual shepherds for rights surrendered, or even the large-scale provision of employment, could not be tackled during the financial stringencies of the depression. Instead, the lesser aims were concentrated upon, and an intensive campaign was carried out to reduce the incidence of grazing and change the general climate of opinion. The changing policy was accompanied by floods of propaganda. Efforts were directed at all levels from villager to governor, and during the 1930s the Cypriot goat had won almost world-wide fame. It certainly became the most publicised forest animal in the world.

Tangible results were, for the most part, disappointing, for the simple reason that compensation was stinted. Most of the shepherds, whose friendship was cultivated by the senior staff, though not definitely unsympathetic, refused to give up a known means of subsistence for a doubtful and meagre alternative. A few, driven by creditors to sell up their flocks, or to provide the dowries that were a major factor in Cypriot village life, or for some other reason, gave up their rights to a free grazing permit in exchange for grants of forest land or timber. Over the course of years, some shepherds surrendered their permit rights to free grazing, but, to compensate, there was an influx of new shepherds of a younger generation, grazing their flocks illegally without permit. In Paphos Forest alone, over the 141 square miles of permitted grazing range, there were 7500 free-range goats in 1938. Thus, the 1920's and 1930's was a time of application of scientific forestry through the media of trained staff, but it was also a period when forest destruction, especially through arson, but also through illicit cutting, reached catastrophic proportions.

Nevertheless, the mental climate was changing. Despite the setbacks, the interwar administration can be seen as a period of advance in the solution of the grazing question. There were increasingly close contacts with the mountain villages. Most of the forest staff were recruited from these communities and had considerable influence. The senior staff paid much attention to friendly contact with the forest villagers, shepherds, priests and monks. Indeed perhaps as much benefit has been brought to Cypriot forestry by way of the coffee shop, as through the legislative framework.

By 1939, while the aims of forest policy remained unchanged, the means of encompassing these had altered. Activities were directed at diagnosing and removing the basic causes of forest destruction, within the framework of amicable relations with all concerned. The problem of forest protection and soil conservation was considered as part of the economic and social life of the country. It was clearly realised that repressive measures alone would not afford a cure. Not least significant was the strong backing that was now provided by the Administration. The government had, by now, accepted the definite policy of freeing the mountain forests from grazing. Generally, there was no longer any feeling of hostility between the Forest Department and the shepherds, who increasingly, by firm but tactful handling, learned to accept controls on ranges and numbers.

Overall, the long campaign was beginning to show a response in a more favourable climate of public opinion. Agreement with Kykko, the most important of the monasteries, an ancient foundation in the heart of the forest, and the largest flock owner, which for hundreds of years had been the major influence on the development of the forest, for the voluntary extinguishing of its free-grazing permits in return for a cash payment, was a major step. This agreement alone resulted in the elimination of 2500 goats and their followers. Other monasteries followed suit. The example of the monasteries, the expectation of adequate compensation and the shadow of a new forest law (introduced in 1939), all combined to produce a widespread feeling that the days of forest grazing were coming to an end and of the inevitability of forest policy. A large number of shepherds also profited by the increase in forest exploitation and employment consequent on more intensive management. They needed only small further incentive to induce then to give up their flocks altogether. A policy of compensation and resettlement was introduced and, in certain instances, entire villages completely dependant upon forest grazing, and for which alternative means of livelihood could not be arranged within the forest, were voluntarily resettled on agricultural lands outside the forest, in model villages based on irrigated farming, or by taking compensation and resettling in existing villages.

Although the goat received considerable publicity, damage by man continued. Wood fuel and charcoal were the only source of power and heating for both domestic and industrial use. With increasing population, the availability of fuel supplies became steadily more acute. In the lowland grazing areas, serious erosion was caused by unrestricted cutting of low bushes, which were now the principle source of fuel for kindling and bread ovens, both domestic and commercial, and for charcoal production and lime-burning. When the stems and branches were exhausted, the roots were grubbed. The villages were surrounded by eroded lands, grazing areas were reduced and flocks concentrated.

The Second World War again threatened to upset the policy of conservation. Particularly from 1940 to 1942, Cyprus was the sole source of supply for the large quantities of timber required for the Allied armies in North Africa and the Near East. There were urgent demands for fellings in excess of the sustainable yield. But this time the Forest Service maintained control and the necessarily heavier fellings were made, not by clearance, as in 1914–1918, but on a selective basis, with strict regard to silvicultural principles. Fellings were so spread that there was no silvicultural damage, while the forest benefited from the large programme of road construction necessary for exploitation, and the forest villages from the employment provided. An extensive forest development plan was also initiated which provoked intense activity and employment. The ten-year period 1939–1949 saw more development works than had taken place in the previous sixty years of forest administration. Funds were now available to buy out the forest graziers and, of equal or greater importance, to provide employment on forest works. The provision of alternative employment was an obligation recognised by the Forest Department.

The increased demand for labour for the war effort and to support the large number of troops stationed in Cyprus also resulted in a reduction in the number of active shepherds. The opportunity was taken to buy out the grazing rights of men who were so employed. The presence of large numbers of Indian troops led to increased demand for goat meat. During these years, there was a gradual removal of twenty to thirty thousand goats, without affecting the island's economy or influencing its food supplies.

The problem of theft of timber and fuel remained. This had become professionalized. Because of greatly increased demands, the price of wood rose steeply and, though illegal, fuelwood-carrying donkey trains became commonplace on the roads. Many villages that, previously, had one or two fuel transporters, came to have over thirty. In 1944, forest crime reached the astronomical figure of 10 000 cases, with 250 persons accounting for more than half of the total. In 1943, an oil conversion scheme was introduced for the compulsory conversion of industry to oil fuel. Cyprus was isolated at the eastern extremity of the Mediterranean, in the midst of a war, and many difficulties had to be overcome in order to maintain sufficient supplies – at one stage the situation was only saved by the hazardous dispatch of an oil tanker to the island from besieged Malta – and in obtaining sufficient oil-firing burners and appliances for industrial and domestic use. The Forest Department designed a cheap kerosene burner for domestic use and had it placed on the market. Henceforth kerosene sellers were to be part of the Cypriot street scene. Oil burners were developed for the primitive limekilns. An appreciation of the savings obtained may be seen from one wood consumption statistic. Prior to oil conversion, the island's 3 622 coffee-shops had an estimated annual consumption of over 2 000 tons of charcoal, equivalent to over 12 000 tons of wood. Conversion to oil eliminated this demand. Charcoal consumption in the first three years of the oil conversion scheme fell from 600 to 350 tons monthly. In the same period, oil sales soared, fuel oil by 14, gas and diesel oil by 97 and kerosene by 108 percent.

With oil conversion, the profits from the illicit fuel wood trade ceased. There was an immediate reduction of lawlessness and the elimination of the gangs of wood thieves, who had been systematically firing and raiding the forest for dry fuel. In the Northern Range, the area of greatest pressure, the number of fuel cutting cases prosecuted or compounded decreased from 350 in 1945 to 106 in 1946. Non-detected theft was similarly reduced. If this measure had not been introduced, the demand and profits from wood fuel would have ensured that these important limestone catchments would have been stripped of all their remaining forest and bush cover in only a few years, no matter how many protective staff might have been detached to save it. Cyprus had a higher rate of detected forest crime in relation to its forest area, than any other country in the British Commonwealth, and possibly in the world. In 1928, the detected forest crime rate was rather more than 6 000 cases a year and this did not vary greatly over the years that followed. But, whereas in 1927 probably only one case in fifty was detected, the ratio during the 1940s was 1:3 or 1:4.

A Village Fuel Areas Programme was initiated to reduce pressures on the forests. These plantations were managed by the villagers themselves, with technical support from the Forest Department. During the next five years, to the end of 1947, seventy-four Village Fuel Areas were created and nearly 3 000 acres of plantation established. As with earlier plantings, the success of these wood lots lay not only in their intrinsic value, but in the education of the plains villagers in the values and methods of forestry, and in providing an alternative to the firewood and small wood formerly stolen from the state forests. The scheme demonstrated what could be achieved by enthusiastic forest officers who gained the wholehearted support and confidence of the communities. The demonstration of the use of derelict land too poor for cultivation encouraged private planting. The years saw increasing publicity through Arbor Days, tree planting ceremonies, publicity campaigns, and almost every public relations technique known to forestry, with the aim of encouraging awareness of trees. The emphasis was on the forests as belonging to the people of Cyprus. Also during this period, reflecting increasing international cooperation, the island began increasingly to serve as a venue for meetings and study tours on forestry and soil conservation, while Cypriot foresters were seconded to other countries. Overall, perhaps the single factor that contributed most to the success of the forest policy during these years was the close and sympathetic rapport that existed between foresters of all ranks and the forest villagers. Gilbert Sale, a Palestine forester, well summed up this relationship:

Emphasis is laid ... on the community of interest which joins the Forest Department, not merely with the rest of the Government, but with the community as a whole. The village forests are the property of the people of the village, and are managed by the Forest Department for and on behalf of the village; in precisely the same way, the State Forests are the property of the people of the colony and are managed by the Department for the people and in the people's interest. The realisation lends colour and humanity to the vigorous efforts to protect the forest. Patrolling and prosecutions are pursued, as is still necessary, with utmost spirit, and the fires which have to be extinguished are frequently malicious. But "an ever-growing proportion of the population does realise the need for forest protection, and for re-afforestation, and take an active part in advising the people to protect their forests and plant trees in their own lands." Compared with the old ignorance and indifference ... this new interest in the forest and in tree planting is a revolution of immense significance. It is to be hoped that nothing will be allowed to divert the steady effort of the Cyprus Government from continuing along these lines.[10])

From the outset, foresters in Cyprus had taken a broad view of their responsibilities. This is clear from the reading of the early reports which emphasised the significance of the forests to the life of the island and the well-being of its people. Over the years, this philosophical approach became increasingly more evident with foresters playing a major role in, and initiating activities in all areas of conservation, land use and rural well-being. Increasingly, forest policy came to be concerned with a long-term view of the national economy, and forestry planning with the constructive management of the island's renewable resources, as well as with the proper classification and utilisation of land, the conservation of water supply, the alleviation of climate, recreational and aesthetic values, the prevention of soil erosion, and the maintenance of the site and measures to prevent forest destruction. In a very real sense, the Forest Department became a spur for the other land use departments, undertaking soil conservation, terracing of mountain vineyards, the preservation of the Cypriot moufflon, and the establishment of nature reserves.

It became clearly established that the well-being of the rural population was a matter of concern to forestry, not merely in the negative sense of the rigorous enforcement of the forest laws to prevent illicit cutting and grazing, but in the arrangements for the supply of fuel to the people and the substitution of other livelihoods for that of the grazier. Thus, the significance of the forests to the national life became one of the major forestry concerns, with attention directed to the well-being of the very people who had long been considered and treated as enemies of the forest. Conversely, there was a realisation that, within the ecological and institutional environment, basic forestry objectives could only be obtained through emphasis on the social and environmental externalities; that these were the key to the achievement of Forest Conservation and Management. For only through emphasis on the indirect forest values an acceptable case could be made for continuing government appropriations for forest rehabilitation.

That this view came to be accepted by the people of Cyprus, the colonial administration and the treasury, is perhaps as great an achievement as the control of goat grazing. But, for all the emphasis on the integration of forestry and forest resources with the life of the people, there was not the slightest wavering in the foresters' implacable hostility to the goat. In this, the foresters of the 1950s were at one with the line of foresters in Cyprus going back to 1879. Indeed, their views

---

[10]) Sale, G. M. (Director of Forestry, Palestine) reviewing the annual reports of the Cyprus Forest Department of 1947 and 1948, in: Empire Forestry Review. 29 (1950), pp. 75/76.

were even more vehement for, encouraged by the success at last achieved in the struggle to free the mountain forests from grazing, and elated by the immediate and spectacular response of the forest vegetation, they could now argue for the complete elimination of the free-range goat from the island.

In 1950, a declaration of long-term forest policy was formally made by the government. This, the official Forest Policy of Cyprus, recognised the need to preserve in perpetuity sufficient land, particularly in the high level catchments and marginal agricultural lands, to ensure a prudent balance between agriculture and forestry. Stress was laid on soil and water conservation, and on amenity and recreation values. The Forest Department was charged with the duty of applying the principle of sustained yield to the management of all forests, with the primary object of providing wood and other forest products to meet as many of the country's requirements as possible, and at the same time securing the maximum revenue obtainable within the framework of the declared policy. This statement reflected the government's approval regarding the established forestry practices, and committed the Administration to full support. The position of the Forest Department itself, within the Administration, was strengthened by the govenment's acceptance of this formal statement, and forestry development accelerated.

In the 1950s, emphasis swung away from the "protection phase," considered to be complete, and forestry in Cyprus entered upon its "economic" or "production" phase. The aim was to provide sufficient cheap wood to enable consumption per capita to be raised to 0.5 cubic metres per annum. This contrasted with the actual consumption of 0.242 cubic metres, and the Food and Agriculture Organization (FAO) recommended a figure of one cubic metre annual consumption as a rate adequate to maintain satisfactory living standards in a moderately industrialised country. It was seen that the forests of Cyprus would require considerable expenditure to restore the ravages of the past, and it was believed that the government would only provide these appropriations if it could see a steadily rising level of departmental productivity and revenue. This necessitated radical changes in a forest service committed to protection forestry.

During these years, advances in technical forest management were significant. The Cyprus Group Shelterwood System, derived from the original emphasis on single tree selection, had reached its highest point of development. Operational techniques were refined, while the reforestation of denuded slopes continued. In a typical year, 1954, 2012 acres were terraced and seeded. Access continued to improve and by 1959, there were 570 miles of forest road in 533 square miles of forest, i.e. one mile of road to every square mile of forest. The Cyprus Forestry College, first proposed in the 1930s, was established. From the outset a regional centre was envisaged. The college provided the training for the department's assistant forest officers, rangers, foresters and forest guards, that made subsequent technical advances possible. From the first year, when half of the student body was from the Arab countries, there was a strong complement of overseas students. Many of these men returned to their countries as the leaders of the newly established national forest services that came into being with post-war emphasis on forestry in the Middle East. A Research and Education Division was established in 1954 and, during the next years, significant work was done by departmental staff and visiting forest scientists. Also, a chain of forest meteorological stations was established. The principal station, that at the Prodromos Forestry College, was the only Meteorological Station in the Middle East region to be recognised by the Meteorological Office in London. A research plan put into perspective the problems with which the Forest Service was faced and placed them in order of priority.

The encouragement of poplar growing is an example of one of several campaigns of this period. Until 1954, poplar culture was left to the initiative of the mountain villages. In that year, an annual "Plant more Poplars" campaign was initiated, with accompanying publicity. The Cyprus Forestry Association offered prizes to individual farmers. Over 20 000 poplars were planted during the first two-week campaign. Forest interest was stimulated in other ways. No opportunity was lost to advance the case for increased tree planting, to defend the forest lands against encroachment, to stress the significance of trees for the amelioration of rural conditions, both biological and social, or to emphasise that the forest estate was truly the people's forest. The Foresters' Race, a mountain race among the students of the Cyprus Forestry College, was publicised as an annual major sporting event and attracted island-wide interest. The overall philosophy was summed up by Sir Harry Glover, Director General of Forestry, India, one of the many foresters who visited Cyprus during these years:

It is realised that Forestry is part only of the rural economy and every attempt has been made to secure the interest and the support of the community. Forestry, agriculture, stock rearing, etc. are all parts of a balanced economy in which each plays its part.[11])

The success of this policy was reflected in the great reduction in forest fires. Arson was almost a thing of the past. A system of fire-danger ratings was developed and daily fire-hazard warnings were broadcast on the radio in Cyprus. In a typical year, 1954, there were only twenty-four fires extending over 243 acres, and, of this area, one outbreak accounted for 50 acres. Of these fires, fourteen resulted from carelessness, eight from malicious firing and two from lightning. At this time, the forest staff comprised 13 graduate foresters or equivalent, 31 rangers, 142 technically trained foresters and forest guards, and 100 others. A total of 2 105 persons were employed in the administration, management, protection and production of forest products and their utilisation. According to the 1946 census, a further 4 417 persons worked in secondary industries relying on timber, though a considerable proportion of this was imported.

In the early 1950s, the situation had changed for the better, though vigilance was still required in fire prevention and in the continuing police function. In 1954, there were twenty-two outbreaks of man-caused fires, of which eight were set maliciously. There were 1 916 cases of illicit grazing, 1 525 cases of illicit cutting and possession of forest produce (including fuel and minor forest products) and 483 miscellaneous offences. These were proven cases, either prosecuted or compounded. In any other forestry situation, such an incidence would have been remarkable. That, in Cyprus, this level of crime was cause for congratulation is an

---

[11]) Glover, H.: Soil Conservation in Parts of Africa and the Middle East: Cyprus, in: Empire Forestry Review. 33 (1954), pp. 137–141.

index of past pressures.[12]) As to the goat, in 1957 the island's goat population reached its all-time low of 141 000 head. This contrasted with the 282 000 of 1886. Island-wide, the total animal population increased with the continuing transition to sheep.

In a speech at the Cyprus Forestry College, Earl Mountbatten of Burma stated the general public recognition of forest values during the first half of the 1950s:

> One cannot visit Cyprus at regular intervals without realising that the forests of Cyprus represent one of the most important factors in the whole life of the Island and I suppose they are probably Cyprus' most valuable possession. It is encouraging to find the way the forestry scheme continues to evolve and improve every time one visits the island.[13])

Unfortunately, the second half of the decade was to be the most difficult in Cyprus' history of forestry. During these years, political unrest leading to the establishment of the Republic of Cyprus, went far towards completing the work of destruction that was well underway when the British arrived in 1879. Beginning in 1955, there was recurring violence. Initially, forest work was able to continue relatively undisturbed, but, as the EOKA-campaign wore on, the isolation of the forest installations and the susceptibility of the forests to incendiarism proved to be irresistible. There were extensive fires, exceeding those of the earlier periods. To a remarkable degree, forestry operations continued during this period of State emergency, but under steadily increasing difficulties, as the Annual Report of the Forest Department of 1958 details:

> Because of the general disorganisation resulting from the disturbed political situation throughout much of the year, forestry was carried out very much on a care and maintenance basis. The new factor of intercommunal trouble between Greeks and Turks which developed during the course of the year caused more dislocation of the Forest Administration than any hitherto experienced during the emergency period. Patrolling and supervising forest staff were not able to operate very far from centres of habitation of their own communities. Fire fighting was hampered by the suspicion and hostility which developed between the two communities although on a number of occasions both overcame their feelings and worked side by side at forest fires ... Sabotage of government installations occurred on a scale unprecedented in the former emergency years. Forest Department buildings, machinery and transport presented easy and convenient targets. All the three main divisional forest headquarters suffered terrorist attacks followed by sabotage. A number of isolated forest stations were blown up or burnt, the new sawmill at Morphou was completely gutted. Water pumps, tractors and lorries were also damaged in varying degrees. Altogether, the total of sabotage damage to Departmental property was about £ 50 000.

Yet, withal, the work of the Department continued. Forest staff left the country on training courses and conferences; visitors were received. Meteorological data were collected and daily fire hazard broadcasts were made. Improved fire fighting equipment was introduced. The detection of forest crime resulted in 1 742 cases.

---

[12]) In the last years of the British Administration, before the state of emergency that preceded independence, the detected crime rate was nine per square mile of forest, indicative both of pressure of population and intensity of patrolling. Many of these offences were compounded, i.e. a procedure whereby an offender opts for payment of a standard fine without going before a court and thus popular with both the offenders and the judiciary relieved from the burden of overfull lists of cases involving perhaps a backload of firewood.

[13]) Thirgood, J. V.: Cyprus: A Chronicle of its Forests, Land and People. University of British Columbia. Vancouver 1987, p. 236.

Licensing of the felling of privately owned trees continued, with 38 472 individual trees inspected and licences issued[14]). A forest area of seventy-four square miles was stock-mapped. Forty-four permanent sampling units, each of seven acres, were laid out and 100 percent enumerated and measured. The forest yielded 781 297 cubic feet of timber. Fourteen miles of forest road were constructed. Eleven miles of new telephone lines were erected, and there were eleven new telephone installations in a system now comprising thirteen switchboards, 416 miles of route, 1 170 miles of wire, 262 telephones, nine VHF radio terminals, three VHF radio subscriber units, two VHF mobile radio units, and twelve walkie-talkie sets. An area of 907 acres was cultivated and planted or sown; 7 300 tons of seed were collected. The Forest College completed its seventh academic year, with a complement of twenty-two Cypriot students, four Iraqis, four Libyans, two Iranians, two Lebanese and one Somali: "College activities were rather limited during the winter term ... because of the absence of the Principal, who was unable to return to reside at Prodromos for security reasons ..." An attempt was made to burn down the College's lowland Forest Education Centre. One new dormitory building and a store shed containing a large amount of stores, were destroyed. With this record of events it is not surprising that the 1958 Annual Report should record:

The year 1958 was the most difficult and disheartening in the history of the Department. Thanks to the devoted and steadfast behaviour of staff of all ranks and communities, however, there was no major breakdown in departmental organisation. The writer pays tribute to all ranks for their devoted support through this most difficult period.

In 1959, a settlement was reached, and with it eighty-one years of British Forest Administration came to an end. While the Forest Service remained intact and morale was high, during these last years forest conservation had received a setback. Details of fire losses for the years 1958 illustrate the magnitude: Some 25 000 acres of forest land were burnt in 317 fires. In late 1956 alone, twenty-five square miles of Paphos Forest, the main timber-producing forest, was destroyed. Seven million cubic feet of standing timber were burnt. One fire destroyed 7 288 acres of timber in three days. Three other large fires in timber forests each exceeded two square miles in extent. Extensive reforestation works and protection forests were burnt.

III. Forestry Under the Republic: The Period After Independence

Occurrences subsequent to the establishment of the Republic of Cyprus are too recent to evaluate conclusively, but the record would be incomplete without some reference to the post-independence period. The Cyprus Forest Department has continued to show a high level of professional competence. Cyprus is now, as in the past, a leading force in Near East forestry. Its foresters are prominent in the Near East Forestry Commission. The Forestry College continues to train foresters

---

[14]) Licenses were required for the felling of any tree, public or private, timber, fruit, amenity, or ornamental. The felling was to be supervised by a forest guard and hammer-marked on stump and stem.

for the region. Cypriots have held senior positions with the FAO of the United Nations.[15]) Standards have been maintained and technical advance has continued. Nevertheless, the problems have been great. There was the immense area of burnt forest and excessive quantities of fire-killed timber; there were political pressures – successfully resisted – for the readmission of goat grazing; attempts at encroachment and a resurgence of incendiarism; staffing difficulties and the loss of experienced expatriate staff; the economic problems of the young Republic, and there have been the recurring communal troubles of Cyprus' recent history. With the establishment of the Republic, there was a considerable decrease in the incidence of fires – but in the familiar pattern, there was some resistance to the reimposition of firm controls. A small minority of forest villagers resorted to incendiarism, and, in 1959, there were 32 malicious fires that destroyed 250 acres of forest. There were also increases in agricultural encroachment and illicit grazing.

The period of the State emergency (1963–1974) had seen an increase in forest offences. The patrolling staff had been reluctant to spend much time in the remoter parts of the forest, or to enforce the forest regulations with full vigour. To an extent, this fall in patrolling efficiency had been offset by the effect of constant curfews and security operations, and the fear of terrorism, which kept the villagers and shepherds out of the forests. On independence, there was "a general misconception that the government would allow grazing and cultivation in the forests as soon as full responsibility was assumed by the Republic."[16]) The belief was that the new Administration would be less determined in its approach to forest protection. This belief was quickly dispelled. From 1961, particularly, there was a sudden quickening in the pace of economic growth and social advancement. With it came a concomitant increase in the consumption of forest products, which created a growing interest in the development of the forest industry. Simultaneously, progress in agriculture and livestock husbandry, especially the steady increase in irrigated land, more intensive livestock management in place of free-range grazing, and the increase in sheep numbers at the expense of the goat, affected the land relationship between forestry and agriculture. Pressure of cultivation shifted from the marginal, eroding hills to the valleys and lowlands, and especially where irrigation water was available. These radical changes in the overall economic pattern further encouraged the changes in the doctrinal outlook of Cyprus' forestry that were already under way.

IV. Water

Throughout this account there has been reference to the close relationship between forest and water. Indeed, in Cyprus, water, in the words of a Greek Abbot friend, "the greatest gift of God," is the most vital of the products of the forest. All Cyprus forests are catchments, feeding springs and underground aquifers. Every

---

[15]) Including the Deputy Director of the FAO Forestry Department, Rome, the Middle East Regional Forestry Officer, Cairo, and the Head of the FAO Forestry Education Section, Rome.

[16]) Cyprus Forest Department: 1963. Annual Report. Nicosia 1964.

spring or water source in the Island arises in the forest and even the smallest is piped to provide for town or village and for crop irrigation. During the last years of the colonial period a major water development was initiated, initially to tap aquifers on the Mesaoria, and moving on to construct dams and reservoirs in the mountains. Sixteen dams were built with a storage capacity of six million cubic metres or one percent of the Island's 600 million cubic metres of annual runoff. This programme continued under the Republic and by 1990 storage capacity had increased to 300 million cubic metres. The most important development project – and the Island's largest – is the Southern Conveyor Project, designed to collect the water originating in the forests of the S.W. massif and conveying this a distance of 110 kilometres to irrigate the central and eastern lowlands.

V. The Impact of Communal Unrest

All the portents were for accelerating forestry development, but, in late 1963, communal unrest swelled into violence, ranging between uneasy truce and open civil war. While forestry continued to progress, the forests suffered. In 1964, 6300 acres were burnt as a result of Turkish Air Force incendiary air attacks in western Cyprus. "Forest sabotage groups" started a further wave of incendiarism. In one night alone, 25 fires were lit in 10 square miles of the best-stocked areas of Paphos Forest. Nine of these fires got out of hand and burnt a total of 1666 acres. The fire losses in 1964 were only surpassed by the years 1890, 1894, 1924, and 1956. In 1966, there were further outbreaks. Over three days, political incendiarism resulted in the burning of four square miles of well-stocked forest, with the loss of 504706 cubic feet of timber.

Despite these catastrophic fire losses, a progressive approach to forest management continued. It was clear that the attitude of the public to forest fire was changing. Indicative, in 1965, in the absence of communal fighting, only 94 acres were burnt in 40 outbreaks of fire. This was the smallest area burnt in any year since annual records started in 1886 with the arrival of the British. The silvicultural yield of the remaining productive forest area continued to increase,[17] and silvicultural practices were intensified. Thus, the years since independence have been dynamic, with increasing sophistication of silvicultural and management techniques, increasing emphasis on soundly based productivity, considerable reafforestation activity, much development work, increased attention to the conversion and utilisation phases, considerable strengthening of the trained forestry cadre, the long awaited return of the lowland State Forests to Forest Department control, and the subsequent reclassification of the forest estate to take account of other, non-forest, uses, to name but a few significant advances.

---

[17] The permitted yield was 2.3 million cubic feet, 1.9 million of which comprised coniferous fellings, this was in excess of the capacity of the forest contractors to utilise and so the yield was not realised. In 1966, 1001712 cubic feet were extracted, of which 418000 cubic feet were from green fellings. Cyprus Forest Department. Annual Report. Nicosia 1967.

But the post-independence period was also marked by extensive forest fires resulting from communal unrest: the disruption of departmental activities during civil war, with some loss of forest control, and deep divisions in the staff, extreme political pressure for the re-admission of free-range goat grazing – although economic advance and increased expectations have brought about significant changes in this area –, and all the many problems attendant on the transition of Cyprus to its new position in the world community. Over-shadowing all else was the problem of the burnt forest. Because of the events of 1974 already poorly stocked and blank areas were further damaged by fire storms (*Kapsalis*). Subsequently, these devastated areas constituted over 50 percent of the main State Forest. Despite all the efforts of the previous ninety years, productive, exploitable coniferous forest now only comprised 31 percent of the total forest area and the urgent problem of the island remained the rehabilitation of some 35 000 acres of land on which the natural forest has been destroyed by fires.

While social attitudes have changed and the Republic's government has clearly demonstrated its continuing support for the policies of the Forest Department, continuing vigilance is still necessary. The tradition of firing the forest in times of stress and as political protest continues, while any sign of economic recession is at once reflected in renewed grazing pressures. A fitting comment at the end of the first decade of independence was provided by Chapman in his review of the 1966 Annual Report: "How much longer, one wonders, will it be before the forest can be dissociated from political disturbances and before forest incendiarism ceases to be a stick to beat the government."[18] Given respite from external pressures, Cyprus forests are in good hands, but will there be respite? The Republic is too young for this question to be answered, though its first years have been stormy. The future well-being of the forest does not rest with the new generation of Cypriot foresters alone, but with the society for whom they hold the forest in trust.

VI. In Retrospect

It could be easy to be pessimistic as a result of the last years in Cyprus. It could be claimed that, with the removal of paternalistic government, there had been a reversal to past form – that the last century of advance has been merely a temporary aberration in the general march of Mediterranean forest history. This would be a false reading of events. Experience of the reality of forestry in Cyprus provides considerable ground for optimism. Post independence foresters have ably maintained the traditions of Cyprus Forestry, not surprisingly, for throughout the colonial period the expatriate component was small and the service was Cypriot in spirit. In Cyprus there has truly been no revolution in forestry, rather has there been evolution. But, the solution does not rest with foresters alone, and it is clear that a forest consciousness has been firmly inculcated in the Cypriot people. The attitude

---

[18] Chapman, G. W.: Review of Annual Report of the Forest Department of the Republic of Cyprus, in: Commonwealth Forestry Review. 45 (1966), pp.192–194.

of both public and government to trees and forests is on quite a different plane from that which characterised the Ottoman period (and which prevails to the present in many of the neighbouring countries).

But what of the broader scene? Is the Cypriot experience reproducible? The answer must be: Yes. In Cyprus, despite present vicissitudes, may be found hope for the future, and there is evidence that long-held social attitudes can be changed and that man can take corrective measures to halt resource destruction. While there must be modification to meet local ecological and sociological circumstances, and difficulties are compounded by the demise of a form of paternalism that can have no place in the modern world, the experience made in Cyprus clearly indicates that the practicality of reversing trends leads to regression. If nothing else, the experience of Cyprus shows that it is possible to go almost to the brink and yet draw back, while meeting the increasing expectations of a burgeoning population. The question is, will the forests in Cyprus be able to recover?

In July 1974, Turkish troops occupied the northern third of the island. During the invasion, the forests were subjected to aerial incendiary bombing. July is one of the hottest summer months and the forests were highly inflammable. The fires that resulted were the worst in the known history of Cyprus. By comparison, earlier fires pale into insignificance. In spite of the efforts of the Forest Service and the assistance of hundreds of villagers, about 100 square miles, or 30 percent of the productive forests, were burnt. Of this, 83.5 square miles were in Paphos Forest, the best and most productive forest of the island: 36 percent of this forest was destroyed and some 10 600 000 cubic feet of timber was lost valued at 3 000 000 British Pounds out of a total growing stock of 124 500 000 cubic feet, together with an unknown volume in the Turkish occupied areas. The loss of annual increment in Paphos Forest alone was 318 000 cubic feet. In subsequent weeks, 70 miles of roads were constructed at the unprecedented rate of a mile a day and over 1 000 people worked to salvage the burnt timber. Subsequently, a large-scale programme of reafforestation was put into effect and by 1977, 308 650 cubic metres of wood had been salvaged and 4 284 hectares of burnt forest reforested.

In Cyprus there is no conflict between the requirements of forest production and the achievement of ameliorative and recreational forest values. The intangible values are complementary to-and not antipathetic to-timber production. For, although better placed than many Mediterranean countries, wood is expensive (in mid-century one cubic metre was equivalent to 10 percent of per capita annual income). The programme of rehabilitation was ambitious, but by 1982 the Republic's Director of Forestry reported that all the forest areas burnt in the 1974 fires had been terraced and reforested on schedule, together with considerable reforestation in other areas. These operations contributed very significantly to the provision of employment during a period of great stress due to the *de facto* partition of the island, and to the reactivation of the national economy after the displacement of one-third of the population.

However, this fire was a loss of cataclysmic proportions which will be felt in Cyprus for generations to come. The division of the island has left the principal timber forests with the Greek Cypriot Republic while the largely denuded Northern Range and the manifest grazing problems of its Turkish grazier villages have fallen to the *de facto* ("Turkish Republic of Northern Cyprus" ("TRNC"). Extensive afforestation is said to have been undertaken by the Turkish Cypriot Department of Forestry and Environmental Protection, and a policy of purchase and slaughter of goats in upland forest areas was announced in 1952, but data relating to the forests of the "TRNC" are not readily available. As most of the new Turkish immigrants are goat herds and shepherds from eastern Anatolia, implementation would seem to present difficulties, although it is reported that by the end of 1983 1 586 ha. of vacant degraded land was declared as an addition to the Main State Forest and was being afforested, while by 1987 another 643 ha. was being incorporated and 650 ha. was being evaluated for inclusion.

But what of the future? One can only hope: In the late twentieth century the phenomena of mass tourism which had its genesis in the 1960s, accelerating to unbelievable levels in the 1990s, has introduced a new dimension – a dimension as yet incompletely evaluated, but which would seem to provide an unsatisfactory basis for a rural resource-based economy. In the summer of 1995, a fire in the Northern Range above Kyrenia, allegedly caused by tourists, destroyed 27 square miles of forest. Although this demonstrated the capacity of the Greek and Turkish communities, divided since 1974, to work together in an emergency (with the British Army also participating), it also indicated the hazards to which the forests continue to be exposed. Cyprus has the technical competence, the legal framework and the political will to implement its progressive forest policies, but, as throughout history, Mediterranean forests are susceptible to the excesses of Mediterranean man who today, as never before, has the means to employ forces inconceivable even to the Gods of Olympus.[19])

---

[19]) This chapter can do little more than introduce the story of how different cultures, from antiquity to the present, have interacted with the forests of Cyprus. For a more detailed account consult Thirgood (note 13). This volume mainly draws on departmental memoranda and reports not otherwise available.

Industrie, Handwerk und Bergbau

Hansjörg Brey, München

I. Limitierende Faktoren für eine Industrialisierung in Zypern – II. Industrialisierung und Industrieentwicklung bis 1974: 1. Britische Kolonialzeit – 2. Von der Unabhängigkeit bis zur De-facto-Teilung Zyperns (1974) – III. Industrialisierung in der Republik Zypern seit 1974: 1. Die Folgen der De-facto-Teilung von 1974 – 2. Der Industrialisierungsboom nach 1974 – 3. Aktuelle Strukturen, Entwicklungen und Zukunftsaussichten: a) Gesamtwirtschaftliche Bedeutung des verarbeitenden Sektors – b) Betriebliche Strukturen und Investoren – c) Branchenstruktur – d) Güterproduktion für den Binnenmarkt – e) Güterproduktion für die Exportmärkte – f) Perspektiven für die Zukunft – IV. Industrialisierung und Industrieentwicklung in der „Türkischen Republik Nordzypern" („TRNZ") – V. Der Bergbau in Zypern – VI. Zusammenfassung

I. Limitierende Faktoren für eine Industrialisierung in Zypern

Industrialisierung unterliegt in Zypern einigen festen Rahmenbedingungen, die dieser enge Grenzen setzen. Solche limitierenden Faktoren sind[1]):

- Größe des Binnenmarktes: Mit einer Fläche von 9250 km² und einer Bevölkerung von weit unter 1 Million Menschen ist Zypern ein Kleinstaat. Selbst eine völlige Erschließung des Binnenmarktes erlaubt in vielen Produktionszweigen keine Schaffung von *Economies of Scale* ohne gleichzeitige Exportorientierung oder die Gefahr eines Aufbaus von Überkapazitäten[2]). Mit der De-facto-Teilung Zyperns in zwei voneinander praktisch unabhängige kleine Wirtschaftsräume verstärkte sich dieser Nachteil noch.
- Verfügbarkeit von Rohstoffen: Zypern ist extrem rohstoffarm. Die früher reichlich vorhandenen mineralischen Ressourcen sind weitgehend ausgebeutet und standen bereits zur Zeit der Erlangung der staatlichen Unabhängigkeit nicht mehr für eine eventuelle industrielle Weiterverarbeitung zur Verfügung. Die Agrarwirtschaft und sehr eingeschränkt auch die Forstwirtschaft sind die einzig verbleibenden Rohstofflieferanten.
- Verfügbarkeit von Energie und Wasser: Zypern hat keine bekannten eigenen Vorkommen an fossilen Brennstoffen; die Erzeugung von Energie aus Wasserkraft ist aufgrund der Reliefverhältnisse und der Periodizität der Wasserführung

---

[1]) Brey, H.: Industrialisierung auf Zypern. Internationale, nationale und regional/lokale Aspekte der Industrieentwicklung. Kallmünz/Regensburg 1989, S. 27–28.

[2]) Auf diese Tatsache weist Demetrios Christodoulou am Beispiel einer der größten industriellen Fehlplanungen auf Zypern, einer Düngemittelfabrik, hin. Christodoulou, D.: Inside the Cyprus Miracle. The Labours of an Embattled Mini-Economy. University of Minnesota 1992, S. 93.

nicht möglich. Abgesehen von der industriell bislang nicht genutzten Solar- und Windenergie ist die Insel bis heute ganz auf den Import von Energieträgern angewiesen. Süßwasser ist ein weiterer Mangelfaktor. Die Bewässerungs-Landwirtschaft, der Bedarf an Trinkwasser und nicht zuletzt auch das boomende Fremdenverkehrsgewerbe limitieren die Verfügbarkeit der knappen Wasserressourcen für die Industrie.

II. Industrialisierung und Industrieentwicklung bis 1974

Im Mittelalter, insbesondere während der Herrschaft der Lusignans im 14. Jahrhundert, kam es in Zypern zu einer Blüte des Manufakturwesens. Produziert und zum Teil auch ausgeführt wurden Textilien, Seide, Wein, Zucker, Tabak, Wolle, Olivenöl und Salz[3]). In der drei Jahrhunderte währenden osmanischen Herrschaft kamen diese gewerblichen Aktivitäten jedoch weitgehend zum Erliegen.

1. Britische Kolonialzeit

Als die Briten die Verwaltung der Insel übernahmen, war Zypern in Bezug auf höherwertige Konsumgüter ganz von Importen abhängig. Johannisbrot, das „schwarze Gold Zyperns", war das einzige wichtige Ausfuhrgut geblieben[4]). Die Übergabe Zyperns an die britische Kolonialadministration (1878) und die formelle britische Annexion 1914 änderten wenig an der wirtschaftlichen Lage der Insel, zumal die Engländer von vornherein kein ökonomisches Interesse an Zypern hatten. Bis zum Zweiten Weltkrieg dominierte der stagnierende Agrarsektor das wirtschaftliche Geschehen. Industrielle Aktivitäten beschränkten sich auf agrarnahe Verarbeitungen z. B. von Getreide und Baumwolle, eine Gerberei, eine Seidenspinnerei und die Produktion von Käse sowie von Weinen und Spirituosen. Produziert wurden auch in bescheidenem Umfang Textilien, Schuhe, Seife, Speiseöl, Bier und nichtalkoholische Getränke. Kupfer und Pyrit aus zyprischen Minen stellten neben geringen Mengen an Wein und Käse die Hauptexporte dar[5]).

Die 50er Jahre brachten Zypern erstmals seit Jahrhunderten einen wirtschaftlichen Boom. Dieser betraf jedoch vor allem den Bausektor (Bau britischer Militärbasen) und den Bergbau (hohe Weltmarktpreise und verstärkter Export metallischer Mineralien). Trotz erhöhter Kaufkraft und Binnennachfrage erhielt das verarbeitende Gewerbe von diesen Entwicklungen nur schwache Impulse, sein reales Wachstum blieb mit durchschnittlich unter 2% jährlich (1950–1959) sehr mäßig im

---

[3]) Zur zyprischen Wirtschaftsgeschichte allgemein vgl. Jenness, D.: The Economics of Cyprus. A Survey to 1914. Montreal 1962.
[4]) Hald, M.W.: A Study of the Cyprus Economy. Nikosia 1968, S. 20/21.
[5]) Ebenda, S. 26, Meyer, A.J./Vassiliou, S.: The Economy of Cyprus. Cambridge (Mass.) 1962, S. 38 und Christodoulou (Anm. 2), S. 94.

Vergleich zu den Boom-Sektoren. Der Beitrag von verarbeitender Industrie und Handwerk zum Bruttoinlandsprodukt (BIP) sank sogar von 15,2% (1950) auf 10 bis 11% bis zur Erlangung der Unabhängigkeit 1960[6]).

1954 wurde erstmals ein Gewerbe-Zensus in Zypern durchgeführt. Er gab Aufschluß über die strukturellen Eigenheiten des verarbeitenden Gewerbes. Diese können wie folgt beschrieben werden[7]):

- Eine extrem kleinbetriebliche und handwerklich orientierte Struktur: Von den 11328 erfaßten Betrieben waren 59,2% Ein-Mann-Unternehmen, weitere 33,7% arbeiteten mit 2–4 Beschäftigten. Nur 27 Betriebe (ca. 0,2%) hatten mehr als 50 Arbeitskräfte. Der verarbeitende Sektor insgesamt beschäftigte 26293 Personen. Dies entsprach einem Anteil von etwa 10% der wirtschaftlich aktiven Bevölkerung;
- eine einseitige Branchenstruktur: Fast 60% der Betriebe gehörten zum Schuhmacher- und Schneidergewerbe; die Sektoren Nahrungsmittel und Getränke folgten mit 14%;
- eine entsprechend dem durchschnittlich sehr niedrigen Technologieniveau äußerst geringe Arbeitsproduktivität; Ausnahmen bildeten die Branchen der Tabakverarbeitung und Getränkeherstellung mit wenigen größeren Betrieben und einer höheren Produktivität;
- eine fast vollständig auf den Inlandsmarkt (lokaler Markt) ausgerichtete Produktion;
- wenige wirklich produktive größere Betriebe (z.B. Abfüllanlagen für *Coca-Cola* und *Pepsi-Cola*) standen weitgehend unter ausländischer Kontrolle. Ihre Technologie war ausschließlich importiert.

Als Zypern seine staatliche Unabhängigkeit erlangte, war das schwächste Glied die gewerbliche Wirtschaft[8]). Die Gründe für diese Unterentwicklung lagen im Mangel an einer produktiv orientierten Unternehmerschicht, welche zu Investitionen im Industriesektor bereit war, und nicht zuletzt auch daran, daß die Kolonialadministration einer industriellen Entwicklung auf Zypern skeptisch bis feindlich gegenüberstand[9]). Die Gesamtwirtschaft wie auch das verarbeitende Gewerbe waren durch eine typisch dualistische Struktur gekennzeichnet, mit einem großen Subsistenzsektor und einem kleinen und extrem außenabhängigen modernen Sektor[10]).

Wie der Autor dieses Beitrags an anderer Stelle gezeigt hat[11]), waren die sozioökonomischen Ausgangsvoraussetzungen für eine spätere – wenngleich beschei-

---

[6]) United Nations: Cyprus – Suggestions for a Development Programme. New York 1961 (= Thorp-Report), S. 44, Tab. 15.

[7]) Ebenda, S. 44, Meyer/Vassiliou (Anm. 5), S. 46–48 und Brey, Industrialisierung (Anm. 1), S. 21–24.

[8]) Meyer/Vassiliou (Anm. 5), S. 55.

[9]) Vgl. hierzu Panagides, St.: Manufacturing Development in a Small Country Economy: The Case of Cyprus, in: Social and Economic Studies. 16 (1967) 4, S. 391.

[10]) Wilson, R.: Cyprus and the International Economy. Worcester, New York 1992.

[11]) Brey, Industrialisierung (Anm. 1), S. 25–27.

dene – Industrieentwicklung und allgemeine wirtschaftliche Entwicklung nicht so schlecht, wie sie vordergründig erscheinen mochten. Dies gilt insbesondere dann, wenn die Situation in Zypern an den Problemen anderer Entwicklungsländer gemessen wird. Zypern hatte zu Ende der Kolonialära ein relativ hohes Niveau der Grundbedürfnisbefriedigung erreicht. Die Zyprer hatten eine hohe Lebenserwartung, niedrige Säuglingssterblichkeit und einen hohen allgemeinen Bildungsstand. Am Wirtschaftsboom der 50er Jahre hatte ein Großteil der zyprischen Bevölkerung partizipiert. Jedenfalls war es nicht zur Bildung einer verarmten und marginalisierten Bevölkerungsschicht gekommen. Für die meisten Zyprer, einschließlich der Arbeiterschaft in den Städten, bot der eigene Landbesitz eine Basis der Existenzsicherung gerade in Krisenzeiten. Für verarmte Bauern wie auch für arbeitslos gewordene Arbeiter bot die Auswanderung eine Möglichkeit, der Armut zu entkommen. Auch bezüglich der gewerkschaftlichen Organisation der Arbeiterschaft war Zypern ein Ausnahmefall. 1958 war fast die gesamte abhängig arbeitende Bevölkerung gewerkschaftlich organisiert. Relevant für eine spätere Industrialisierung war auch die relativ gute infrastrukturelle Ausstattung zum Ende der britischen Kolonialzeit. Die größeren Städte waren durch Straßen miteinander verbunden und nahezu jedes Dorf hatte eine eigene Trinkwasserversorgung sowie die Möglichkeit, die Kinder in eine nahegelegene Schule zu schicken.

2. Von der Unabhängigkeit bis zur De-facto-Teilung Zyperns (1974)

Die gesamtwirtschaftliche wie auch die industriepolitische Strategie der zyprischen Regierung wurden – erstmalig für 1962 bis 1966 – in Fünfjahresplänen festgelegt. Im Referenzzeitraum des Dritten Fünfjahresplanes (1972–1976) fielen die Ereignisse der türkischen Invasion. Grundlage für die Formulierung industriepolitischer Einzelziele, Maßnahmen und Projektprioritäten waren vor allem die verschiedenen, von Zeit zu Zeit durchgeführten Studien ausländischer Expertenkommissionen zur zyprischen Industriestruktur und die darin abgegebenen Empfehlungen[12]). Auf den tatsächlichen Verlauf der Industrieentwicklung konnte die staatliche Planung nur begrenzten Einfluß nehmen. Industriepolitik hatte – wie generell die staatliche Wirtschaftsplanung – vor allem empfehlenden, indikativen Charakter[13]). Dem privaten Sektor war die Rolle eines Rückgrats der zyprischen Ökonomie zugedacht. Deshalb beschränkten sich konkrete staatliche Maßnahmen weitgehend auf die Schaffung günstiger Rahmenbedingungen für die industrielle Entwicklung.

---

[12]) Hier sind für die Zeit vor 1974 folgende wichtige Studien zu nennen: Der sog. „Thorp-Report" von 1961 (Anm. 6); das vierbändige Gutachten des Batelle Memorial Institute: Study of Industrial Development of Cyprus. Genf 1963 und 1964 sowie United Nations Industrial Development Organization (UNIDO): Industrial Development in Cyprus. Nikosia 1971.

[13]) Vgl. Matsis, S./Charalambous, A.: Development Planning in Cyprus: An Evaluation of its Contribution to Economic Development, in: Cyprus Review. 1 (1989) 2, S. 9–45.

Der Erste Fünfjahresplan[14] unterstrich die Notwendigkeit einer Nutzung einheimischer Rohmaterialien als Basis der Industrialisierung. Favorisiert wurde die Orientierung der Produktion auf den einheimischen Markt in Gestalt einer Strategie der Importsubstitution. Die Industrie sollte ihren Beitrag leisten zur Herstellung von Vollbeschäftigung. Neben die Option einer importsubstituierenden Industrialisierung trat im Zweiten und Dritten Fünfjahresplan[15] das Ziel einer verstärkten Exportorientierung. Als wesentliche Mängel der zyprischen Industriestruktur nannte der Zweite Plan die Dominanz langsam wachsender Branchen, das Fehlen von Kopplungseffekten zwischen den einzelnen Industriezweigen, Kapitalmangel sowie Defizite in der Ausbildung von Arbeitern und Führungskräften.

Nachdem sich erwiesen hatte, daß der private Sektor es unterließ, in als wichtig erachteten kapitalintensiven Produktionsbereichen zu investieren, trat der zyprische Staat seit Beginn der 70er Jahre erstmals selbst als Investor auf. Das erste Beispiel einer Direktinvestition der zyprischen Regierung war die Beteiligung an der *Cyprus Oil Refinery* in Larnaka (Produktionsbeginn 1972) in Form eines *Joint Venture* mit diversen ausländischen Erdölgesellschaften. Ziel war es hier, den lokalen Bedarf an Mineralölprodukten durch eine einheimische Produktion zu decken. Weitere industrielle Großprojekte wurden in den frühen 70er Jahren geplant, jedoch erst nach 1974 realisiert.

Anders als die „strategischen" Projekte der zyprischen Regierung gehen die industriellen Aktivitäten der halbstaatlichen zyprischen Kooperativen zum Teil bereits auf die Kolonialzeit zurück. Genossenschaftliche Verarbeitungsbetriebe entstanden in durchweg agrarnahen Produktionsbereichen, so eine der größten Weinindustrien Zyperns (SODAP), eine Spankistenfabrik, eine Anlage zur Herstellung von Futtermitteln, eine Import- und Abfüllanlage für Haushaltsgas und eine Konservenproduktion für Früchte und Fruchtsäfte[16].

Der zyprische Staat ergriff in den Jahren nach der Unabhängigkeit einige bedeutsame Maßnahmen, welche die Chancen für eine – wenngleich begrenzte – Industrialisierung Zyperns maßgeblich erhöhen sollten. Auf staatliche Initiative hin wurde bereits im Jahre 1963 die *Cyprus Development Bank* gegründet, mit dem Ziel, mittel- und langfristige Finanzmittel in die Prioritätssektoren der Industrie, des Tourismus und der Landwirtschaft zu leiten und damit die offensichtliche Lücke zu schließen, die die Finanzierungspolitik der Geschäftsbanken aufwies[17]. Durch die Auswahl der zu finanzierenden Einzelprojekte sah man darüber hinaus

---

[14] Republic of Cyprus (Hrsg.): Five-Year Programme of Economic Development. Address of the President of the Republic Archbishop Makarios to the House of Representatives on the 21st August, 1961. Nikosia, o. J.

[15] Republic of Cyprus, Planning Bureau (Hrsg.): The Second Five-Year Plan (1967–1971); The Third Five-Year Plan (1972–1976). Nikosia, jeweils o. J.

[16] Brey, Industrialisierung (Anm. 1), S. 71/72.

[17] Zu den Problemen der Finanzierung industrieller Investitionen vgl. Kaminarides, J.: The Cyprus Economy. A Case in the Industrialization Progress. Nikosia 1973, S. 155–169 und Brey, Industrialisierung (Anm. 1), S. 81, 89.

in der Entwicklungsbank einen Hebel zur wirtschaftlichen Strukturverbesserung im Einklang mit den Zielen der jeweiligen Entwicklungspläne[18]).

Das verarbeitende Gewerbe und eine sich wandelnde Wirtschaft generell bedeuteten neue Anforderungen an die berufliche Qualifikation. Auf diese Herausforderung reagierten die zyprischen Bildungspolitiker relativ frühzeitig. Das Angebot des Sekundarschulwesens – traditionell stark auf praxisferne geisteswissenschaftliche Inhalte orientiert – wurde ergänzt durch wirtschafts- und naturwissenschaftliche Fachrichtungen sowie spezielle technische und landwirtschaftliche Schulen. Daneben wurden verschiedene Institutionen zur beruflichen Aus- und Fortbildung geschaffen[19]):

1. 1963 entstand das *Apprenticeship Training Scheme*. Berufsanfänger ausgewählter Sparten erhalten hier auf freiwilliger Basis eine Berufsschulausbildung.
2. 1968 wurde in Kooperation mit der UNDP das *Higher Technical Institute* gegründet, das auf dem tertiären Bildungsniveau Spezialisten in den Bereichen Elektrotechnik, Maschinenbau und Bautechnik ausbildet.
3. 1963 entstand, ebenfalls von den Vereinten Nationen gefördert, das *Cyprus Productivity Centre*, eine speziell auf die Anforderungen des verarbeitenden Gewerbes ausgerichtete Institution mit dem Ziel, die Arbeits- und Kapitalproduktivität in der Industrie zu steigern. Zur Förderung der betrieblichen Führungsstruktur werden Aus- und Fortbildungskurse für Manager sowie für Vor- und Facharbeiter angeboten.

Der Aufbau von Infrastrukturen – als Teil einer gesamtwirtschaftlichen Planung zur Schaffung von *External Economies* – nahm bereits im Ersten Fünfjahresplan einen breiten Raum ein. Abgesehen von Engpässen bei der Wasserversorgung und der Entsorgung war die infrastrukturelle Ausstattung (Häfen, Flughafen, Straßenverbindungen, Elektrizitätsversorgung, Telekommunikation) für die industrielle Entwicklung nach der Unabhängigkeit schnell auf einem ausreichenden Niveau[20]). Bereits vor 1974 erstellte der zyprische Staat *Industrial Estates* an den Peripherien der wichtigsten Städte. Dort erhielten verarbeitende Betriebe vom Staat voll erschlossene Grundstücke zu niedrigen Pachtpreisen. Solche *Industrial Estates* wurden 1967 in Mia Millia (nordöstlich von Nikosia) und 1970 in Limassol und in Aradippou bei Larnaka fertiggestellt[21]).

---

[18]) Die „Cyprus Development Bank" wurde nach 1974 Gegenstand heftiger Kontroversen in der Öffentlichkeit der Republik Zypern und von wissenschaftlicher Seite als Fehlschlag kritisiert. Vgl. hierzu Demetriades, E.I.: The Process of Industrialization in Cyprus. Nikosia 1984 (= Publications of the Social Research Centre, 3), S.126–141.
[19]) Demetriades (Anm.18), S.142–146. Vgl. auch Brey, H.: Institutionen und institutioneller Wandel auf Zypern: Wirtschaftsrelevante Institutionen, in: Institutionen und institutioneller Wandel in Südosteuropa. Hrsg. J.Chr. Papalekas. München 1994 (= Südosteuropa-Jahrbuch, 25), S.109–121.
[20]) Brey, Industrialisierung (Anm.1), S.66.
[21]) Ebenda, S.200–205.

Tabelle 1: Entwicklung und gesamtwirtschaftliche Bedeutung des verarbeitenden Gewerbes in Zypern, 1960–1973

Jahr	Beschäftigte im VG		Anteil des VG am BIP (%)	Investitionen ins VG, Anteil an der inländischen Kapitalbildung (%)	Reales Wachstum des VG (%, gegenüber Vorjahr)	Reales Wachstum des BIP (%, gegenüber Vorjahr)
	Zahl (1 000)	% der Erwerbstätigen				
1960	28,1	13,9	13,3	20,5	–	–
1961	28,3	12,9	12,4	18,3	9,7	11,1
1962	27,5	12,4	11,4	22,7	7,9	9,0
1963	28,5	12,6	11,7	22,3	1,2	6,2
1964	26,5	12,4	12,9	23,2	–1,2	–9,5
1965	26,9	12,3	11,5	15,3	14,9	22,3
1966	28,3	12,6	11,9	23,3	11,2	6,1
1967	29,4	12,8	11,7	11,2	17,7	13,6
1968	30,8	13,1	12,3	11,8	9,5	4,6
1969	31,7	13,3	12,2	13,3	9,0	9,3
1970	33,1	13,7	13,1	18,2	10,5	3,1
1971	34,2	13,9	13,2	12,8	10,3	12,8
1972	35,2	14,1	15,2	11,2	22,4	6,6
1973	35,9	14,2	16,3	9,5	10,0	1.0

Anmerkungen: BIP = Bruttoinlandsprodukt
VG = Verarbeitendes Gewerbe
Angaben ab 1964 ohne zyperntürkische Betriebe.
Quelle: Republic of Cyprus, Ministry of Finance, Department of Statistics and Research (Hrsg.): Historical Data on the Economy of Cyprus. Nikosia 1994.

Tabelle 1 zeigt die wesentlichen Kennziffern für die gesamtwirtschaftliche Bedeutung des verarbeitenden Gewerbes vor 1974. Die ersten fünf Jahre der Unabhängigkeit waren eine Periode bescheidenen industriellen Wachstums auf einer sehr niedrigen Ausgangsbasis. Bedeutsam ist der relativ hohe Anteil industrieller Investitionen in dieser Zeit. Die Jahre unmittelbar nach der Zypernkrise von 1963/64 brachten für die unter zyperngriechischer Verwaltung stehenden Landesteile einen allgemeinen Wirtschaftsboom, an dem auch die verarbeitenden Bereiche teilhatten. Die Investitionen blieben in dieser Periode jedoch weit hinter der damaligen „Triebfeder" der zyprischen Wirtschaft, dem Wohnungsbau, zurück. Erst seit 1970 kann man von einem gewissen industriellen *take-off* sprechen[22]). Die Beschäftigung im verarbeitenden Gewerbe gewinnt seither absolut und relativ an Bedeutung. Obwohl der Beitrag von Industrie und Handwerk noch weit hinter der Agrarwirtschaft und den Dienstleistungen zurücksteht, steigt deren Anteil am Bruttoinlandsprodukt stetig.

---

[22]) Christodoulou (Anm. 2), S. 99.

Tabelle 2a: Branchenstruktur des verarbeitenden Gewerbes in Zypern, 1954–1972:
Zahl der Betriebe

Branche (ISIC 1958)	Zahl der Betriebe				Betriebe ab 50 Beschäftigte
	1954	1962	1967	1972	(1972)
20 Nahrungsmittel	1295	1162	888	777	17
21 Getränke	258	73	34	40	10
22 Tabakverarbeitung	7	7	11	7	2
23 Textilien	26	38	34	44	8
24 Schuhe und Bekleidung	4319	4214	2019	2075	14
25 Holzverarbeitung	102	102	101	133	3
26 Möbel und Einrichtung	728	720	620	556	5
27 Papier	3	13	20	20	1
28 Graph. Gew., Verlage	86	95	93	130	5
29 Leder (außer Schuhe)	20	57	46	56	1
30 Gummi	21	45	49	57	–
31 Chemie	52	65	56	61	3
32 Erdölraffinerie	–	–	–	1	1
33 Steine u. Erden	201	337	141	167	9
35 Metallwaren	484	638	557	639	2
36 Maschinenbau	110	173	144	202	3
37 Elektrotechnik	43	65	97	170	–
38 Fahrzeugbau u. -Rep.	421	676	650	964	2
39 Sonstige	160	245	240	322	3
Gesamt	8336	8725	5800	6421	89

Anmerkungen: Angaben für 1967 und 1972 ohne zyperntürkische Betriebe.
　　　　　　　Betriebe mit weniger als 1 Beschäftigten (Teilzeitbetriebe) sind nicht erfaßt.
Quelle: Brey, H.: Industrialisierung auf Zypern. Kallmünz/Regensburg 1989. Tab. 4, S. 39, Tab. 11, S. 50 (nach amtlichen zyprischen Statistiken).

Tabelle 2 zeigt die Branchenstruktur der zyprischen Industrie bis zum Jahre 1972 und gibt zugleich Aufschluß über die Betriebsgrößenstruktur.

Bezüglich des wertmäßigen *output* (Tabelle 2b) dominierten die Sektoren Nahrungsmittel und Getränke, meist in Form von weiterverarbeiteten landwirtschaftlichen Gütern. Die Bedeutung dieser Güterkategorien war gleichwohl – im Zuge des allmählichen Industrialisierungsprozesses – rückläufig. Schuhe und Bekleidung sind ebenso wichtige Schlüsselprodukte der zyprischen Industrie. Einen moderaten Aufschwung auf niedrigem Niveau nahmen auch diejenigen – meist handwerklich strukturierten – Branchen, welche in enger Beziehung zu dem (seit Mitte der 60er Jahre boomenden) Bausektor stehen. Hierzu zählen Schreinereien (Möbel und Einrichtung) ebenso wie Metallwaren sowie Steine und Erden. Ansätze zur Produktion von Kapitalgütern sowie von schwerindustriellen Zwischenprodukten sind bis 1972 kaum vorhanden. Eine Ausnahme bildet der erwähnte Raffineriebetrieb: Er erreichte bereits im ersten Jahr seiner Produktion einen Anteil von 7,7 % des industriellen Produktionswertes.

Tabelle 2b: Branchenstruktur des verarbeitenden Gewerbes in Zypern, 1954–1972: Bruttoproduktionswert

Branche (ISIC 1958)	Anteil der Branchen am Bruttoproduktionswert (%)			
	1954	1962	1967	1972
20 Nahrungsmittel	42,8	33,0	34,5	23,2
21 Getränke	12,7	13,9	12,2	10,9
22 Tabakverarbeitung	4,1	5,7	4,9	2,2
23 Textilien	1,6	1,5	2,4	3,5
24 Schuhe und Bekleidung	14,4	15,4	11,2	12,3
25 Holzverarbeitung	2,5	2,1	1,7	1,9
26 Möbel und Einrichtung	3,7	3,7	4,6	4,6
27 Papier	0,1	0,1	0,7	1,4
28 Graph. Gew., Verlage	2,7	3,0	3,2	3,2
29 Leder (außer Schuhe)	1,1	0,9	1,1	1,3
30 Gummi	0,2	0,6	0,7	0,6
31 Chemie	1,5	2,3	2,9	3,1
32 Erdölraffinerie	–	–	–	7,7
33 Steine u. Erden	4,2	7,0	7,2	7,3
35 Metallwaren	2,5	4,4	4,1	5,0
36 Maschinenbau	1,3	1,4	1,8	2,6
37 Elektrotechnik	0,1	0,3	0,5	0,9
38 Fahrzeugbau u. -Rep.	2,6	3,1	3,7	4,2
39 Sonstige	1,8	1,7	2,7	4,1
Gesamt	100	100	100	100

Anmerkungen: Angaben für 1967 und 1972 ohne zyperntürkische Betriebe.
Betriebe mit weniger als 1 Beschäftigten (Teilzeitbetriebe) sind nicht erfaßt.
Quelle: Brey, H.: Industrialisierung auf Zypern. Kallmünz/Regensburg 1989. Tab. 6, S. 41 (nach amtlichen zyprischen Statistiken).

Die betriebliche Struktur[23]) im Jahre 1962 war geprägt von einer Vielzahl klein- und kleinsthandwerklicher Betriebe in den „traditionellen" Produktionszweigen: Die ländliche Getreide- oder Ölmühle, Weinkelter und Schnapsbrennerei, die Bäckerei, der nach individueller Bestellung arbeitende Schneider oder Schreiner, die kleine Töpferei oder Ziegelei, der Schmied oder Juwelier und – als neue Errungenschaft – der Kfz-Mechaniker bestimmten das Bild eines – auch im technologischen Niveau – vorindustriellen verarbeitenden Gewerbes. Die ohnehin hohe Zahl von mehr oder weniger voll arbeitenden Betrieben wurde ergänzt durch eine fast ebenso hohe Anzahl von Teilzeitbetrieben im Bereich der *Cottage Industries*[24]). In diesen erwirtschafteten die meist weiblichen Arbeitskräfte oft saisonal oder stundenweise ein Zubrot zur überwiegend landwirtschaftlichen Tätigkeit. Die Zahl der mittleren und großen Unternehmen war demgegenüber gering. Solche Unternehmen konzentrierten sich zum Teil auf die Produktion „neuer" Güterkategorien, die vor allem aufgrund ihrer höheren technologischen Anforderungen

---

[23]) Brey, Industrialisierung (Anm. 1), S. 48/49.
[24]) Vgl. Republic of Cyprus, Ministry of Finance, Department of Statistics and Research (Hrsg.): Census of Cottage Industry (verschiedene Zensusjahre). Nikosia.

in Zypern nicht hergestellt worden waren (Frucht[saft]konserven, *Soft Drinks*, Bier, Zigaretten, lithographische Arbeiten, Zement, mechanische Pumpen und Karosserien für Nutzfahrzeuge).

An der betrieblichen Struktur änderte sich bis 1972 relativ wenig. Der von der Statistik verzeichnete Rückgang in der Zahl der Betriebe zwischen 1962 und 1967 rührt zum Teil von der Tatsache her, daß sich die Zyperntürken nach dem Rückzug in Siedlungsenklaven im Laufe des Jahres 1964 der statistischen Erfassung durch die zyperngriechischen Behörden entzogen. Angesichts der historisch bedingten erheblichen Unterrepräsentation der Zyperntürken in der gewerblichen Wirtschaft war die Bedeutung türkischer Betriebe im verarbeitenden Gewerbe schon vor 1964 gering. 1962 sollen die Zyperntürken (18,2% der Bevölkerung) im verarbeitenden Gewerbe über 10,1% der Betriebe, 9,1% der Beschäftigten und 6,1% des Bruttoproduktionswertes verfügt haben[25]). Es kann angenommen werden, daß sich diese Anteile nach dem Rückzug der Zyperntürken in die Enklaven noch wesentlich reduziert haben. Die von den Führungen der türkischen wie auch der griechischen Volksgruppe verfolgte Isolationspolitik führte die Mehrzahl der Zyperntürken an die Armutsgrenze. Das BIP pro Kopf der zyperntürkischen Bevölkerung sank nach Patrick von rund 85% (1963) auf etwa ein Viertel der griechischen Seite zwischen 1964 und 1966[26]). Erst die Öffnung der Demarkationslinien von griechischer Seite im Jahre 1967 ermöglichte es vielen Zyperntürken, eine Arbeit bei zyperngriechischen Unternehmen aufzunehmen.

In den zyperngriechischen Betrieben des verarbeitenden Gewerbes stieg die durchschnittliche Betriebsgröße von 1962 bis 1972 immerhin von 3,1 auf 4,6 Beschäftigte pro Betrieb[27]). Tabelle 2a zeigt, daß die Entwicklung in den Einzelbranchen sehr unterschiedlich verlief. In den modernen (gleichwohl teils handwerklich strukturierten) Sektoren wie dem Verlagswesen, der Elektrotechnik und dem Fahrzeugreparaturgewerbe stiegen die Betriebszahlen noch an. Zu einem erheblichen Rückgang der Betriebszahlen kam es in den „Leitbranchen" des zyprischen verarbeitenden Gewerbes, der Nahrungsmittel- und Getränkeproduktion sowie der Herstellung von Schuhen und Bekleidung. Dort kann man mit gutem Recht von einem „Massensterben" kleinhandwerklicher Betriebe sprechen, denn der Rückgang der Betriebszahlen betraf hier ausschließlich die kleinste Betriebsgrößenklasse bis vier Beschäftigte[28]). Die Ursachen für diese uneinheitlichen Tendenzen liegen in einer ganzen Reihe von Faktoren[29]). Von besonderer Bedeutung war die Tatsache, daß in den erwähnten „Leitbranchen" sogenannte *Economies of Scale* mit begrenztem technologischen Einsatz am schnellsten zu erreichen waren. Auch änderten sich hier die Konsummuster der Bevölkerung am schnellsten. So kopierte die zyprische Konfektionsware europäische Mode und entsprach somit

---

[25]) Republic of Cyprus, Ministry of Finance, Department of Statistics and Research (Hrsg.): Census of Industrial Production 1962. Nikosia, o. J.
[26]) Patrick,R.: Political Geography and the Cyprus Conflict: 1963–1971. Waterloo/Ontario 1976, S.109, Abb.4.3.
[27]) Christodoulou (Anm.2), S.100, Tab. 26.
[28]) Brey, Industrialisierung (Anm.1), S.50, Tab. 11.
[29]) Ebenda, S.49–63.

dem neuen Modernitätsbewußtsein breiter Bevölkerungsschichten mit gewachsener Urbanität. Logischerweise waren es die „Leitbranchen", in denen bis 1972 die überwiegende Zahl von größeren Betrieben mit über 50 Beschäftigten entstanden war (Tabelle 2a).

Die zyprische Industrie blieb bis 1974 weitgehend auf den Binnenmarkt orientiert. Die Exportquote (Anteil der Exporte am Bruttoproduktionswert) war von 10,0% im Zeitraum von 1962–1967 nur unwesentlich auf 12,7% im Jahre 1972 gestiegen. Nur wenige Güterkategorien, überwiegend Nahrungs- und Genußmittel sowie leichtindustrielle Konsumgüter, erreichten 1972 Exportquoten über 20%, so z. B. Frucht(saft)konserven (70,1%), alkoholische Getränke (59,8%), Schuhe (23,1%) und Gerbereiprodukte (65,6%)[30]. Somit hatten vorwiegend diejenigen Branchen am ehesten auch eine internationale Wettbewerbsfähigkeit erreicht, in denen sich der Wandel der betrieblichen Strukturen am grundlegendsten vollzogen hatte.

III. Industrialisierung in der Republik Zypern seit 1974

1. Die Folgen der De-facto-Teilung von 1974

Die Invasion türkischer Truppen und die De-facto-Teilung der Insel brachten auch für das verarbeitende Gewerbe Zyperns – aus der Sicht der zyperngriechischen Volkswirtschaft – gravierende Verluste. Einige bedeutende Infrastrukturen, wie der wichtigste Handelshafen Famagusta und der *Industrial Estate* von Mia Millia bei Nikosia, befanden sich nun jenseits der *Green Line*. Der ehemalige internationale Flughafen von Nikosia lag ungenutzt innerhalb der von UN-Truppen gehaltenen Pufferzone. Durch ein Gutachten wurden die Verluste an betrieblichen Kapazitäten im verarbeitenden Gewerbe relativ genau untersucht[31]. Danach beliefen sich die Verluste an Arbeitsplätzen auf 31,9% (gegenüber 1973). Die nun jenseits der *Green Line* gelegenen Betriebe hatten 25,9% des Bruttoproduktionswertes erwirtschaftet. Aufgrund ihrer regionalen Konzentration im nunmehr besetzten Gebiet war vor allem eine Reihe von Teil-Branchen besonders empfindlich betroffen. So gingen z. B. in der Fabrikation von Ziegeln und Fliesen 17 von 19 und in der Kunststoffverarbeitung 12 von 23 größeren Betrieben (ab fünf Beschäftigte) verloren. Kaum bzw. gar nicht betroffen war die Produktion von Wein und Spirituosen (Hauptstandort Limassol), die Lederverarbeitung und die Erdölraffinerie. Von Bedeutung war für manche Industriezweige auch der Entzug der Rohmaterialbasis. So brachte der Verlust der wichtigsten Anbauflächen für Zitrusfrüchte in den Regionen Morphou und Famagusta eine ernsthafte Bedrohung für die Fruchtsaft produzierenden Betriebe im Raum Limassol[32].

---

[30]) Brey, Industrialisierung (Anm. 1), S. 112, Tab. 23; S. 114, Tab. 24.
[31]) Manderstam & Partners Ltd.: Industrial Opportunity Survey. Cyprus. Final Report. Stage I. London 1976, bes. S. 4/5, Tab. 2.
[32]) Brey, Industrialisierung (Anm. 1), S. 44–46.

2. Der Industrialisierungsboom nach 1974

Innerhalb des „kleinen Wirtschaftswunders" in der Rumpfrepublik Zypern nach der Teilung leistete die verarbeitende Industrie wohl den wichtigsten Beitrag zu wirtschaftlichem Wiederaufbau und Vollbeschäftigung. Ende der 70er Jahre hatte der verarbeitende Sektor eine wirtschaftliche Bedeutung wie nie zuvor gewonnen. Bereits 1977 war er, gemessen am Beitrag zum BIP, der führende Wirtschaftsbereich vor der bis dahin dominierenden Agrarwirtschaft[33]). Tabelle 3 zeigt den stetigen Bedeutungszuwachs, den das verarbeitende Gewerbe in der zweiten Hälfte der 70er Jahre erhielt. Die Anteile dieses Sektors an den Erwerbstätigen und am BIP sind 1975 deutlich höher als 1973 (siehe Tabelle 1). Im Jahr 1978 überstieg auch die absolute Zahl der Beschäftigten erstmals den Wert von 1973. Das reale Wachstum lag im Durchschnitt der Jahre 1976 bis 1981 bei 9,8%[34]). Bereits 1978 erreichte die gesamtwirtschaftliche Bedeutung des verarbeitenden Gewerbes – gemessen am Beitrag zum BIP – mit 19,0% einen Höhepunkt.

Tabelle 3: Entwicklung und gesamtwirtschaftliche Bedeutung des verarbeitenden Gewerbes in der Republik Zypern, 1975–1992

Jahr	Beschäftigte im VG		Anteil des VG am BIP (%)	Investitionen ins VG, Anteil an der inländischen Kapitalbildung (%)	Reales Wachstum des VG (%, gegenüber Vorjahr)	Reales Wachstum des BIP (%, gegenüber Vorjahr)
	Zahl (1 000)	% der Erwerbstätigen				
1975	24,3	18,0	17,3	13,1	–11,7	–19,0
1976	28,4	19,4	17,5	13,9	15,4	18,2
1977	32,1	19,6	18,4	16,5	15,5	15,8
1978	35,7	20,8	19,0	14,3	8,6	7,7
1979	37,9	21,1	18,3	12,3	9,1	9,9
1980	39,9	21,2	18,2	10,6	7,9	5,9
1981	41,7	21,5	18,1	9,0	6,4	3,1
1982	42,5	21,5	17,6	9,0	6,0	6,3
1983	42,6	21,0	17,3	7,8	1,9	5,3
1984	44,0	21,0	16,8	7,6	6,4	8,9
1985	44,8	20,6	16,4	8,6	2,3	4,8
1986	43,8	19,6	15,6	8,2	0,3	3,7
1987	45,3	20,0	16,0	8,9	8,1	7,1
1988	47,4	19,9	16,2	8,9	6,8	8,6
1989	48,3	19,6	15,4	8,2	2,8	8,1
1990	48,9	19,3	14,8	8,1	3,9	7,3
1991	48,5	19,0	14,8	7,9	0,9	1,2
1992	48,1	18,0	13,6	6,7	3,3	10,0

Anmerkungen: BIP = Bruttoinlandsprodukt
VG = Verarbeitendes Gewerbe
Quellen: (1975–1991) Republic of Cyprus, Ministry of Finance, Department of Statistics and Research (Hrsg.): Historical Data on the Economy of Cyprus. Nikosia 1994.
(1992): Republic of Cyprus, Ministry of Finance, Department of Statistics and Research (Hrsg.): Economic Report 1992. Nikosia 1994.

---

[33]) Brey, H.: Das „kleine Wirtschaftswunder" im Südteil der Republik Zypern. In: Südosteuropa Mitteilungen. 30 (1990) 2, S. 116–124; bes. 120.
[34]) Ebenda, 120.

Die Industrie der Republik fungierte offensichtlich als eine Art Motor in der zyperngriechischen „success story"[35]). Hinter diesen Erfolgen standen die folgenden wesentlichen Ursachen:

1. Die entscheidende endogene Ursache des Industrialisierungsschubes nach 1974 stellte die Verfügbarkeit einer großen Zahl von Billiglohnarbeitskräften dar. Die Vertriebenen aus dem Norden der Insel bildeten einen Pool von Arbeitssuchenden, die vielfach bereit waren, für geringen Lohn schwere Arbeit zu leisten. Bei den Flüchtlingsfamilien waren oft auch die Frauen gezwungen, durch Lohnarbeit zum Familieneinkommen beizutragen. Der Anteil weiblicher Arbeitskräfte im verarbeitenden Gewerbe stieg entsprechend deutlich von 35,3% (1972) auf 43,5% (1976) und 45,9% (1980)[36]). Der Frauenanteil unter den Arbeitskräften betrug 1980 in der Textilindustrie 77,7%, in der Bekleidungsbranche 85,0%, in der Lederverarbeitung 69,4% und 61,6% in der Produktion von Schuhen[37]). Anfang der 80er Jahre erstellte Expertenstudien belegen zudem, daß in der Republik Zypern Frauen auch bei vergleichbarer Tätigkeit weit niedriger entlohnt wurden als ihre männlichen Kollegen[38]). Niedrige Lohnkosten machten sich vor allem in den arbeitsintensiven Industriezweigen in Form niedriger Produktionskosten bemerkbar. Es waren vor allem diese Branchen, die nach 1974 eine erfolgreiche Expansion in die Exportmärkte vollzogen.

2. Tatsächlich erlebte die zyperngriechische Industrie und besonders die oben erwähnten Produktionszweige in der zweiten Hälfte der 70er Jahre einen beeindruckenden Exportboom. Von 12,7% im Jahre 1972 stieg die Exportquote im gesamten verarbeitenden Gewerbe auf 29,4% im Jahre 1976. In den erwähnten Branchen war diese Steigerung noch erheblich dramatischer. So stiegen die Exportanteile am *output* von 1972 bis 1976 von 23,1% auf 63,4% bei Schuhen, von 18,4% auf 52,4% bei Bekleidung und von 13,4% auf 41,6% bei Fertigwaren aus Leder[39]). Insgesamt wurde die Produktion für den Exportmarkt zur wichtigsten Triebkraft des industriellen Wachstums. Ende der 70er Jahre waren Industriegüter zur wichtigsten Exportkategorie geworden. Die niedrigen Lohnkosten waren dabei für die arbeitsintensiven Branchen Voraussetzung für die Konkurrenzfähigkeit gegenüber den klassischen Billiglohnländern; sie bildeten allerdings keineswegs eine hinreichende Garantie für Exporterfolge. Denn immerhin nahmen auch kapitalintensive Industriezweige wie die Papierindustrie (mit 57,1% Exportanteil 1976) und die Zementproduktion (72,6%) am Exportboom teil. Um das „Erfolgsrezept" der Exportindustrie[40]) zu begreifen, empfiehlt sich zunächst ein Blick auf die Zielregionen der Ausfuhren. 1972 waren 41,4% der Ausfuhren (fast ausschließlich Nah-

---

[35]) Wilson (Anm. 10), S. 6.
[36]) Brey, Industrialisierung (Anm. 1), S. 146–150, bes. Tab. 35, S. 148/149.
[37]) Ebenda, S. 148/149, Tab. 35.
[38]) Vgl. z. B. House, W. J.: Labour Market Segmentation: Evidence from Cyprus. Nikosia 1982 (= ILO/UNFPA, Population, Employment Planning and Labour Force Mobility Study, CYP/77/P01, Working Paper, 1).
[39]) Brey, Industrialisierung (Anm. 1), Tab. 24, S. 114.
[40]) Ausführlich ebenda, S. 107–132.

rungsgüter, Getränke und meist unverarbeitete Rohstoffe) in das ehemalige koloniale Mutterland Großbritannien geflossen. 1981 war der britische Anteil an den Exporten auf 18,8% geschrumpft. Libyen, Saudi Arabien, der Libanon und der Irak waren 1981 nach Großbritannien die wichtigsten Ausfuhrländer der Republik Zypern geworden. Bei der wichtigsten Kategorie von Ausfuhrgütern, den „Verarbeiteten Produkten industrieller Herkunft" (1981 62,7% des Exportwerts) betrug der Anteil arabischer Staaten 1981 74,6% des Ausfuhrwerts.

Der Erfolg zyprischer Exporteure am arabischen Markt war durch eine Reihe günstiger Umstände möglich geworden: Die sogenannte „Ölkrise" der Industrienationen Anfang der 70er Jahre hatte für die arabischen Erdölexporteure eine bedeutende Kaufkraftsteigerung bewirkt und einen Importsog in diese Länder ausgelöst. Profitiert hatte davon vor allem die Industrie des Zypern benachbarten Libanon. Der seit 1975 herrschende Bürgerkrieg führte u.a. zum Niedergang der dortigen Exportwirtschaft. Innerhalb kurzer Zeit füllten Industrielle und Händler aus der Republik Zypern die Lücke, die ihre libanesischen Konkurrenten hinterlassen hatten. Quasi über Nacht war ein bisher unbedeutender Markt für zyprische Exportprodukte erschlossen worden, der für das beschränkte Exportvolumen fast unbegrenzte Absatzmöglichkeiten zu eröffnen schien. Die geographische Lage im östlichen Mittelmeer macht Zypern zu einer idealen Plattform für den Handel mit dem Vorderen Orient. Den Vorteil kurzer Transportwege konnten die Zyprer etwa im Falle Saudi Arabiens und des Irak erst nutzen, nachdem 1975 der Suez-Kanal und damit der Seeweg zur Arabischen Halbinsel und zum Persischen Golf wiedereröffnet wurde. Die zyprischen Industriellen erwiesen sich als sehr geschickt, wenn es galt, die sich bietenden Chancen auf dem arabischen Markt zu nutzen. Von Vorteil war es auch, daß die arabische Nachfrage wenig Ansprüche an Qualität und Standardisierung stellte – ganz im Gegensatz zum westeuropäischen Markt. So fanden zyprische Billigschuhe mit Plastiksohlen reißenden Absatz bei den arabischen Kunden.

3. Die Regierung der Republik Zypern verstand es, den industriellen Wiederaufbau und die folgende Expansion der Produktion durch eine Vielzahl relevanter Maßnahmen zu unterstützen. An die Stelle der bisherigen Fünfjahrespläne traten zwischen 1975 und 1986 Notwirtschaftspläne mit kürzerer Laufzeit[41]). Entsprechend der vorherrschenden Situation unmittelbar nach der Teilung der Insel betonten die beiden ersten Notwirtschaftspläne vor allem den Beitrag der verarbeitenden Industrie zur Wiederherstellung von Vollbeschäftigung. Im Dritten und Vierten Notwirtschaftsplan wurden dagegen – entsprechend der vorherrschenden Arbeitskräfteknappheit – Forderungen nach höherer Kapitalintensität und Produktivität in den Vordergrund gestellt. In einer exportorientierten Außenwirtschaftsstrategie wurde, wie schon in den Jahren vor der Teilung, der Schlüssel zum Erfolg der zyprischen Industrialisierung gesehen. Gesamtwirtschaftlich ging es

---

[41]) Republic of Cyprus, Planning Bureau: Emergency Economic Action Plan (1975–1976); Second Emergency Economic Action Plan (1977–1978); Trito Ektakto Schedio Oikonomikis Draseos (1979–1981); Tetarto Ektakto Schedio Oikonomikis Draseos (1982–1986); Pempto Ektakto Schedio Oikonomikis Draseos (1987–1991). Nikosia, jeweils o.J.

nunmehr auch darum, durch Industrieexporte die Deviseneinkünfte aus verlorengegangenen agrarischen und mineralischen Rohstoffen zu ersetzen.

Der Wiederherstellung der verlorenen oder abgeschnittenen Infrastruktureinrichtungen wurde höchste Präferenz zugemessen. Der Ausbau der Häfen von Limassol und Larnaka (als Ersatz für Famagusta), des Flughafens von Larnaka (anstelle von Nikosia) und der Neubau wichtiger Straßenverbindungen wurden bereits in den ersten Jahren nach der Teilung bewerkstelligt. In den schnell erweiterten bzw. neu erstellten *Industrial Estates* fanden u. a. die durch die türkische Invasion entwurzelten Flüchtlingsunternehmen ideale Bedingungen für einen Neuanfang[42]).

Kurz nach der Teilung Zyperns, Anfang 1975, initiierte die Regierung ein Programm zur Ankurbelung der stagnierenden Investitionstätigkeit in den sogenannten Prioritätssektoren, dem verarbeitenden Gewerbe, dem Fremdenverkehr und der Landwirtschaft. Gemäß diesem *Government Guarantee Scheme* übernahm die Regierung Garantien für Investitions- und Betriebsmittelkredite bei Geschäftsbanken in Höhe von maximal 75% der Kreditsumme. Ziel war es, denjenigen privaten Unternehmen, die ihre Produktionsstätten im Norden der Insel verloren hatten, einen schnellen Wiederaufbau ihrer Kapazitäten zu ermöglichen und weiterhin die Fertigstellung von im Aufbau befindlichen Betrieben zu gewährleisten. Ebenfalls noch 1975 richtete die Regierung zusätzlich einen speziellen *Fund for Financing Priority Projects* ein. Dieser Fonds unterstellte einen Teil der liquiden Mittel der Geschäftsbanken (1975: 3%) der direkten Kontrolle der Zentralbank, welche zinsgünstige Investitionskredite an die genannten Prioritätssektoren vergab. Im Jahre 1980 stammte immerhin 20% der Neukreditvergabe aus diesem Fonds[43]).

Zur Förderung von Neuinvestitionen in das verarbeitende Gewerbe (wie auch in den übrigen „Prioritätssektoren") wurde mit dem neuen Einkommenssteuergesetz von 1975 ein Paket steuerlicher Anreize aufgelegt, deren Ausmaß und Reichweite Anfang der 80er Jahre noch erheblich erweitert wurde[44]). Angeboten wurde eine weitreichende Steuerfreiheit bzw. kurze Abschreibungszeiten für Anlageinvestitionen, für Ausgaben in Forschung und Entwicklung, für fusionierende Betriebe, Zollfreiheit für den Import von Kapitalgütern, etc.

Besondere Förderprogramme wurden für die Ankurbelung und Erweiterung der exportorientierten Produktion aufgelegt. Die arbeitsintensiven Exportindustrien genossen zunächst oberste Priorität bei den staatlichen Förderprogrammen. Im Rahmen eines *Export Incentive Scheme* kamen die folgenden wichtigsten Maßnahmen zur Anwendung[45]):

---

[42]) Zum Standortmuster der „Industrial Estates" in Zypern vgl. Brey, Industrialisierung (Anm. 1), Abb. 17, S. 204. Detaillierte Analysen zu den „Industrial Estates" in Limassol und Paphos finden sich ebenda, S. 205–228.

[43]) Ebenda, S. 89 (nach Angaben der „Central Bank of Cyprus").

[44]) Vgl. Coopers & Lybrand, Iannou, Zampelas & Co.: Cyprus. The Way for Businessmen and Investors. O. O. (Nikosia) 1984.

[45]) Brey, Industrialisierung (Anm. 1), S. 122–124.

- Als zollpolitische Maßnahme ein *Export Drawback System* mit dem Ziel, der Benachteiligung der Exportindustrie durch die protektionistische Zollpolitik entgegenzuwirken. Dieses Programm sah die Rückerstattung von Zöllen für Rohmaterialien und Halbfertigwaren vor, sofern die daraus hergestellten Endprodukte exportiert wurden.
- Seit 1975 die Übernahme von Exportausfallbürgschaften durch das Ministerium für Handel und Industrie in Höhe von 90% der Verlustsumme.

Neben den genannten direkt exportbezogenen Programmen sind als indirekte exportfördernde Maßnahmen die Errichtung von Handelsvertretungen im Ausland und die Organisation einer jährlichen Handelsmesse, des *Cyprus International State Fair* in Nikosia, zu nennen.

Ein weiterer programmatischer Schwerpunkt zyperngriechischer Industrialisierungspolitik nach der De-facto-Teilung Zyperns lag in der Aquirierung ausländischer Direktinvestitionen. So führte der Zweite Notwirtschaftsplan (1977–1978) aus:

A prerequisite for the success (...) is the cooperation with foreign capital, which is dictated by the insufficiency of domestic savings in materializing the ambitious investment programme in the manufacturing sector, the need to fill the technological lag of the Cypriot manufacturing sector and to assist in the solution of the organizational and other problems of this sector[46]).

Zu den genannten allgemeinen Investitionsanreizen kamen zusätzliche Stimuli für ausländische Investoren sowie für die Aktionäre und Angestellten ausländischer Firmen (z.B. Erleichterung des Rücktransfers von Gewinnen, Dividenden und Kapital ins Ausland)[47]). Ein besonderes Desideratum der zyperngriechischen Industriepolitik bestand in der Bildung von *Joint Ventures* zwischen zyprischen und ausländischen Betrieben. Die Limitierung der ausländischen Kapitalbeteiligung auf unter 50% gilt dabei nur als Faustregel, von der im Falle einer behördlich als wichtig erachteten Investition auch abgewichen werden kann[48]). Die bestehenden und nach 1974 schnell erweiterten *Industrial Estates* wurden nunmehr auch als ideale Standorte für ausländische Unternehmungen propagiert. In den Jahren 1981/82 wurde in der Nähe von Larnaka eine bereits lange projektierte Freie Produktionszone (*Free Zone*, später *Industrial Free Zone*) eröffnet. In günstiger Lage zu Hafen und Flughafen sollten dort exportorientierte Industriebetriebe mit 100% ausländischem Kapitalanteil angezogen werden, denen nach dem *Free Zone Law* von 1975 völlige Zollfreiheit für alle Rohmaterialien und Halbfertigwaren garantiert wurde. Dieselben Vergünstigungen galten für sogenannte *Bonded Factories*, d.h. einzelbetriebliche ausländische Betriebsenklaven, die an beliebiger Stelle innerhalb der Republik Zypern errichtet werden können.

---

[46]) Republic of Cyprus, Planning Bureau: Second Emergency Economic Action Plan (1977–1978). Nikosia, o.J., S. 91/92.
[47]) Republic of Cyprus, Ministry of Finance: Tax Incentives in Cyprus. Nikosia 1982, S. 19/20.
[48]) Coopers & Lybrand (Anm. 44), S. 163/164.

Ein *Standard and Quality Control Law* regelt seit 1975 Qualitätsstandards für zyprische Exporte. Angeboten werden auch Beratungsleistungen für potentielle Exporteure. Mit Hilfe der UNIDO wurde ein industrieller Beratungsdienst (*Industrial Extension Service*) installiert. Die Schuh- und die Bekleidungsindustrie erhielten entsprechende Beratungsleistungen hinsichtlich der Modernisierung der Produktion und den Markterfordernissen auf den Ausfuhrmärkten[49]).

3. Aktuelle Strukturen, Entwicklungen und Zukunftsaussichten

Das Ende des export-induzierten Industrialisierungsbooms in der Mitte der 80er Jahre ließ die strukturellen Schwächen des zyprischen verarbeitenden Gewerbes um so deutlicher zutage treten. Ende der 80er Jahre legten internationale Expertenkommissionen der Weltbank sowie der UNDP/UNIDO Bestandsaufnahmen der zyprischen Wirtschafts- und Industrieentwicklung sowie Empfehlungen zu Strukturverbesserungen vor[50]). Die hier präsentierten Überlegungen fanden z.T. Eingang in den *Five Year Development Plan 1989–1993*[51]), den die im Februar 1988 gewählte Regierung von Präsident Georgios Vasileiou vorlegte und der den Fünften Notwirtschaftsplan (1987–1991) vorzeitig ablöste. Der Fünfjahresplan 1989–1993[52]) nennt folgende hauptsächliche Schwächen des verarbeitenden Sektors:

- Abhängigkeit von importierten Rohmaterialien, verbunden mit Unregelmäßigkeiten bei der Beschaffung und hohen Kosten durch Zwischenhandel;
- niedriger technologischer Standard und geringe Kenntnisse über neue Produktionsmethoden; Konzentration auf traditionelle Branchen;
- Mangel an Kapital zu günstigen Konditionen;
- Mangel sowohl an ungelernten als auch an ausgebildeten Arbeitskräften;
- Mängel im Management und in der Organisationstruktur der Betriebe;
- fehlende Spezialisierung der Produktion; keine inter- und intrasektoralen *linkages*;
- geringe Produktionstiefe, hohe Arbeitsintensität und geringe Produktivität; geringer Wertschöpfungsanteil der Produktion.

Die wesentlichen Strukturmerkmale, die strukturellen Schwächen des verarbeitenden Gewerbes und seine Zukunftsperspektiven sollen im folgenden dargestellt werden.

---

[49]) Wilson (Anm. 10), S. 42/43.
[50]) The World Bank: Cyprus: A Long-Term Development Perspective. Washington, D.C., 1987. UNDP/UNIDO Mission: Cyprus Industrial Strategy. Main Report (und weitere Einzelberichte). Prepared for the United Nations Development Programme on Behalf of the Government of Cyprus (University of Sussex, Institute of Development Studies), 1987 und 1988.
[51]) Republic of Cyprus, Planning Bureau: Five Year Development Plan 1989–1993. Nikosia, o.J.
[52]) Five Year Development Plan 1989–1993 (Anm. 51), S. 104.

a) Gesamtwirtschaftliche Bedeutung des verarbeitenden Sektors

Aus Tabelle 3 geht hervor, daß die gesamtwirtschaftliche Bedeutung des verarbeitenden Gewerbes seit 1982 in einem langsamen aber stetigen Rückgang begriffen ist. Obwohl der Sektor auch weiterhin (im internationalen Vergleich) respektable, wenn auch stark schwankende Wachstumsraten aufwies, blieb er doch weit hinter dem gesamtwirtschaftlichen Wachstum zurück. Besonders kraß stellt sich der Rückgang der Investitionen in das verarbeitende Gewerbe dar. Ihr Anteil ist 1992 gegenüber 1978 auf die Hälfte zurückgefallen. Während die Zahl der Erwerbstätigen[53] in Industrie und Handwerk absolut zumindest bis 1990 weiter gestiegen ist und ihr Anteil an der erwerbstätigen Bevölkerung leicht zurückging, reduzierte sich der Beitrag des Sektors zum BIP sehr deutlich. Dies ist ein Hinweis auf einen wachsenden Produktivitätsrückstand gegenüber der Gesamtwirtschaft. In seiner Bedeutung wurde der verarbeitende Sektor (in bezug auf den Beitrag zum BIP) 1984 erstmals nach der Teilung vom Bereich Handel, Gastronomie und Fremdenverkehr übertroffen und verliert seither gegenüber diesem weiter an Gewicht[54]. Die Ausgaben von Touristen auf Zypern überstiegen 1983 erstmals die Einnahmen aus Exporten einheimischer Industriegüter und waren 1990 sogar mehr als dreimal so hoch wie diese (1990: Ausgaben von *Foreign Visitors* 573 Millionen CyP; Exporte einheimischer Industriegüter 190 Millionen CyP)[55]. In einer modernen und wirtschaftsstarken Republik Zypern mit hohem Pro-Kopf-Einkommen und dauerhaften Zahlungsbilanzüberschüssen hat das verarbeitende Gewerbe zweifellos an Bedeutung gegenüber den tertiären Wirtschaftssektoren verloren.

b) Betriebliche Strukturen und Investoren

Nach wie vor ist die kleinbetriebliche Struktur eines der wesentlichen Kennzeichen des verarbeitenden Gewerbes. Tabelle 4a zeigt deutlich, daß nach den teilungsbedingten Verlusten die Betriebszahlen in fast allen Branchen eine ansteigende Tendenz aufweisen. Noch 1981 waren 14% der Beschäftigten im verarbeitenden Gewerbe sogenannte *Working Proprietors*, im Betrieb mitarbeitende selbständige Unternehmer[56]. Immerhin gab es 1981 auch deutlich mehr Betriebe ab 50 Beschäftigte als vor der Teilung. Solche „Großbetriebe" waren vor allem in den arbeitsintensiven „Boom-Industrien" (Textilien, Schuhe, Bekleidung, Lederverarbeitung) entstanden. Die durchschnittliche Betriebsgröße lag 1982 bei 7,4 Beschäftigten pro Betriebsstätte.

Welches waren nun die Gründe dafür, daß im Laufe der Industrialisierung in der Republik Zypern Konzentrationsprozesse weitgehend ausblieben[57]?

---

[53] Es gibt Hinweise darauf, daß in den letzten Jahren illegale ausländische Arbeitskräfte eine gewisse Rolle auch in der verarbeitenden Industrie spielen. Ihre Zahl ist jedoch nicht bekannt.
[54] Republic of Cyprus, Ministry of Finance, Department of Statistics and Research (Hrsg.): Historical Data on the Economy of Cyprus 1960–1991. Nikosia 1994, Tab. 3.
[55] Ebenda, Tab. 3 und 7.
[56] Brey, Industrialisierung (Anm. 1), S. 52.
[57] Zu den Determinanten der kleinbetrieblichen Struktur ebenda, S. 52–63.

Ein wesentlicher Grund für die Aufrechterhaltung vieler Klein- und Kleinstbetriebe ist der kulturell bedingte Hang der Zyprer zur Selbständigkeit, verbunden mit einer Geringschätzung abhängiger Handarbeit. Wer ein gewisses Maß an handwerklichem Know-how erworben hat, neigt dazu, einen eigenen Kleinbetrieb zu gründen. Familiäre Kleinbetriebe genießen den Vorteil, daß sie von Kostenbelastungen durch Sozialabgaben, Tariferhöhungen etc. weitgehend unabhängig sind. Der Hang zur Selbständigkeit und die Situation am Arbeitsmarkt setzten der Expansion größerer Betriebe enge Grenzen. Ein Pool von billigen, meist weiblichen Arbeitskräften war nur vorübergehend nach den Ereignissen von 1974 durch die Verfügbarkeit einer entwurzelten Flüchtlingsbevölkerung aus dem Norden der Insel vorhanden. Ein anderer wesentlicher Grund liegt in der Tatsache, daß die zyprische Industrie, vor allem die Produktion von Konsumgütern, eine eklatante Überprotektion genießt, welche den Konkurrenzdruck unter den Betrieben weitgehend neutralisiert (vgl. hierzu Kap. III. 3. d). Das Protektionssystem gemeinsam mit einer Vielzahl von Investitionsanreizen stellt im Gegenteil einen dauerhaften Anreiz zu betrieblichen Neugründungen in die am höchsten subventionierten Industriezweige dar[58]. Der Autor errechnete für das Jahr 1983, daß die Produktivität der Großbetriebe lediglich in wenigen eher kapitalintensiven Branchen (Getränke, Tabakverarbeitung, Holzverarbeitung, Graphisches Gewerbe/Verlage, Steine/Erden) höher lag als in kleinen und mittleren Betrieben[59]. In vielen Branchen stellten zudem Großbetriebe aufgrund der Andersartigkeit ihrer Produktion keine Konkurrenz für die Handwerksbetriebe dar. Es erwies sich außerdem, daß die Wertschöpfungsquoten (Anteil der Wertschöpfung am Bruttoproduktionswert) in Kleinbetrieben am höchsten liegen. Kleine Betriebe sind oftmals stärker spezialisiert und haben die Möglichkeit, auf Kundenwünsche flexibler zu reagieren. Dem steht in vielen größeren Betrieben eine ausgesprochene „Zersplitterung" der Produktion (Abdeckung eines zu großen Marktspektrums und zusätzliches Angebot von Handelsware – so z.B. in der Möbelindustrie) entgegen. Der reine Anstieg der Arbeiterzahlen war vor allem in den arbeitsintensiven Produktionszweigen nicht unbedingt von Rationalisierungsinvestitionen begleitet. Gerade in industriellen Großprojekten konnten effektivitätsmindernde Überkapazitäten festgestellt werden. Schließlich litten vor allem Großbetriebe an einem schlechten Ausbildungsniveau der Arbeitskräfte und oftmals auch an einem ineffizienten und gleichwohl hochbezahlten Management. Die Expertenkommission der Weltbank stellte in ihrer Studie fest, daß Anreize der Regierung zu einer Fusion von Betrieben bisher ohne Ergebnis geblieben seien. Es wurde resümiert, daß „restructuring of industry into larger groups will only take place when competitive pressures will force weaker units to be taken over by more successful firms"[60].

Die Anstrengungen der Regierung der Republik Zypern, die Engpässe in der zyprischen Industrie zumindest zum Teil durch die Attraktion ausländischer Inve-

---

[58] Brey, Industrialisierung (Anm.1), S.105/106.
[59] Ebenda, S.59–63.
[60] The World Bank (Anm.50), S.27.

storen zu überwinden, blieben bislang ohne nennenswerte Erfolge[61]). Auch die graduelle Erweiterung des Anreizsystems änderte nichts an diesem Faktum. Ein Großteil des nach Zypern fließenden ausländischen Kapitals ging in die lukrativen Sektoren Immobilien und Fremdenverkehr. Das Engagement ausländischen Kapitals in der Industrie beschränkt sich auf einige *Joint Ventures*, so z.B. zur Produktion von Telekommunikations-Einrichtungen für den zyprischen Markt, auf Lizenzproduktionen etwa von Schuhen, und auf Kooperationen im Nahrungs- und Genußmittelbereich[62]). Die *Industrial Free Zone* ist bis heute nur von wenigen ausländischen Fabriken belegt. Die Gründe für das geringe Engagement ausländischer Investoren für eine Produktion in der Republik Zypern liegen gleichwohl auf der Hand: Als Hemmnisse sind hier vor allem die fehlenden Rohstoffe, die hohen Arbeitskosten und der kleine Binnenmarkt zu nennen. Im übrigen konnte Zypern bis heute, verstärkt sicherlich durch das „Offenhalten" der Zypernfrage durch die politische Führung, das Image von einem unsicheren Krisenherd nicht völlig überwinden. Die Republik Zypern trat bis Anfang der 80er Jahre weiterhin selbst als Investor in kapitalintensive industrielle Großprojekte auf. Kurz nach der Teilung nahm der forstindustrielle Komplex der *Cyprus Forest Industries* zwischen Nikosia und dem Troodos-Gebirge seine Produktion auf. Unter hoher Beteiligung der Regierung begann 1976 in der Nähe von Limassol eine Anlage zur Herstellung von Asbestzementröhren mit der Produktion. Höhe- und zugleich Endpunkt des staatlichen Engagements war die Errichtung der Düngemittelfabrik der *Hellenic Chemical Industries* unweit von Limassol. Es handelte sich um das teuerste je auf Zypern initiierte Industrieprojekt und wurde für die Regierung Kyprianou zu einem Fiasko. Nachdem sich das Projekt als eine Fehlplanung in vielfacher Hinsicht (u.a. Fehleinschätzung der Produktionskosten und Exportchancen, technische Mängel) erwiesen hatte, wurde die Anlage Ende 1983, nur ein gutes Jahr nach Produktionsbeginn, stillgelegt. Die Regierung hatte neben ihrem knapp 50%-Investitionsanteil weitere Finanzierungsgarantien übernommen. Die Verschuldung des Unternehmens belief sich schließlich auf 24,6 Millionen CyP, was in etwa dem Gesamtinvestitionsvolumen im verarbeitenden Gewerbe im Jahr 1982 entspricht[63]). Einen Fehlschlag von ähnlichem Ausmaß stellten die Anfang der 80er Jahre durch die zyprischen Kooperativen im Paphos-Distrikt erstellten *Central Co-operative Industries* dar. Ohne nennenswertes Eigenkapital erstellte die zyperngriechische Genossenschaftszentrale einen Komplex von acht hochdimensionierten Produktionen für Kartonagen, bituminöse Isoliermaterialien, Speiseöl, Papier, Alumini-

---

[61]) The World Bank (Anm. 50), S. 24 und Brey, Industrialisierung (Anm. 1), S. 78–80.

[62]) Interessant sind in diesem Zusammenhang die Aktivitäten der EU im Rahmen der „Med-Interprise", einer Initiative zur Förderung von Kooperationen zwischen kleinen und mittleren Unternehmen im Mittelmeerraum und innerhalb der EU. Bei einer in diesem Zusammenhang im Oktober 1994 in Nikosia veranstalteten Wirtschaftsmesse „Med-Interprise Cyprus" wurden von zyprischer Seite ausschließlich Kooperationen im Bereich Tourismus, Schiffahrts- und Beratungsservice sowie Nahrungsmittel und Getränke angeboten. Siehe Cyprus Chamber of Commerce and Industry/Commission of the European Union: Med-Interprise Cyprus. October 1994. Nikosia o.J.

[63]) Brey, Industrialisierung (Anm. 1), S. 69–71.

umfolien, Konservendosen, Ziegel und Fliesen sowie Schrauben. Sie erwiesen sich allesamt als Fehlinvestitionen. Das Scheitern dieser Projekte warf ein plötzliches Licht auf eine lange Zeit innerhalb der zyprischen Genossenschaften betriebene Miß- und Günstlingswirtschaft. Die traditionsreiche *Co-operative Central Bank* stand als Folge dieser Fehlplanungen am Rand des finanziellen Ruins[64]).

Insgesamt blieben die privaten Unternehmer die wesentlichen Träger der Industrialisierung in der Republik Zypern.

c) Die Branchenstruktur

Die Tabellen 4a und 4b zeigen die Entwicklung der Branchenstruktur des verarbeitenden Gewerbes in der Republik Zypern nach der De-facto-Teilung der Insel. Tabelle 5 gibt Auskunft über die Zusammensetzung der einheimischen Güterproduktion im Jahre 1992. Ganz allgemein läßt sich feststellen, daß sich an dem leichtindustriellen Charakter der Industriestruktur nichts geändert hat. Die traditionellen Leitsektoren Nahrungsmittel, Getränke und Tabakwaren sowie Textilien, Schuhe, Bekleidung und Leder haben ihre Dominanz behalten. Der letztgenannte Bereich hat an Bedeutung in bezug auf die Betriebszahlen und den Bruttoproduktionswert im Lauf der letzten 15 Jahre noch gewonnen. Bekleidung ist heute mit Abstand das wichtigste Produkt des verarbeitenden Gewerbes. Die Güterproduktion erfuhr dabei nach der Teilung durchaus eine beachtliche Diversifizierung. Sie blieb jedoch im wesentlichen auf die Herstellung von Konsumgütern ausgerichtet. 1983 hatten Konsumgüter einen Anteil von 62,4% des industriellen Produktionswertes, die Produktion von Halbfertigwaren 33,6% und die der Investitionsgüter von 4,0%[65]). Angesichts des Fehlens einer eigenen Forschung und Entwicklung waren innovative Entwicklungen mit höherer Technologie in der zyprischen Industrie faktisch nicht vorhanden. Die einseitige Ausrichtung der Industrie auf die leichtindustrielle Konsumgüterproduktion und das weitgehende Ausbleiben einer Vertiefung der industriellen Produktion hat gleichwohl sehr eindeutige Ursachen: Sie liegen in der übermäßigen Protektion, welche die einheimische Konsumgüterproduktion im Vergleich zur Herstellung von intermediären oder Investitionsgütern genießt. Auf diese Tatsache hat Demetriades anhand von Daten zur nominalen und effektiven Protektion der einzelnen Industriezweige auf Zypern hingewiesen[66]). Die Expansion in die Exportmärkte nach 1974 ermöglichte letztlich ein schnelles Wachstum der Produktion unter Beibehaltung des starken Übergewichts der Konsumgüterproduktion.

---

[64]) Brey, Industrialisierung (Anm. 1), S. 71–73.
[65]) Ebenda, S. 47, Tab. 10.
[66]) Demetriades (Anm. 18), S. 99, Tab. 13.

Tabelle 4a: Branchenstruktur des verarbeitenden Gewerbes in der Republik Zypern, 1976–1992:
Zahl der Betriebe

Branche (ISIC 1968)	Zahl der Betriebe				Betriebe ab 50 Beschäftigte
	1976	1981	1986	1992	(1981)
31 Nahrungsmittel, Getränke, Tabakverarb.	622	689	972	865	28
32 Textilien, Schuhe, Bekleidung, Leder	1 839	1 736	1 767	1 912	65
33 Holz, Holzverarbeitung, Möbel, Einrichtung	963	1 503	1 697	1 540	7
34 Papier, Papierverarbeitung, Druck, Verlage	160	211	273	265	9
35 Chemie, Mineralöl, Gummi, Kunststoffe	106	141	174	151	6
36 Steine und Erden, Glas, Keramik	156	188	238	242	8
38 Metallverarb., Maschinenbau, Fahrzeugbau	659	910	1 227	1 132	11
39 Sonstige	225	235	308	336	7
Gesamt	4 730	5 613	6 656	6 443	141

Quellen: Republic of Cyprus, Ministry of Finance, Department of Statistics and Research (Hrsg.): Statistical Abstract 1992. Nikosia 1994.
Dies. (Hrsg.): Industrial Production Survey 1981. Nikosia 1983.

Tabelle 4b: Branchenstruktur des verarbeitenden Gewerbes in Zypern, 1976–1992:
Bruttoproduktionswert

Branche (ISIC 1968)	Anteil der Branchen am Bruttoproduktionswert (%)			
	1976	1981	1986	1992
31 Nahrungsmittel, Getränke, Tabakverarb.	33,9	24,6	28,7	27,9
32 Textilien, Schuhe, Bekleidung, Leder	19,0	21,3	21,0	21,6
33 Holz, Holzverarbeitung, Möbel, Einrichtung	5,7	6,9	9,3	8,3
34 Papier, Papierverarbeitung, Druck, Verlage	4,8	6,0	5,6	6,3
35 Chemie, Mineralöl, Gummi, Kunststoffe	16,5	20,2	13,9	13,6
36 Steine und Erden, Glas, Keramik	10,4	9,3	7,0	7,9
38 Metallverarb., Maschinenbau, Fahrzeugbau	8,1	10,4	12,2	11,9
39 Sonstige	1,6	1,3	2,3	2,5
Gesamt	100	100	100	100

Berechnet nach: Republic of Cyprus, Ministry of Finance, Department of Statistics and Research (Hrsg.): Statistical Abstract 1992. Nikosia 1994.

Tabelle 5: Republik Zypern: Wichtigste Produkte des verarbeitenden Gewerbes, 1992

Güterkategorie	Produktionswert (Mio. C £)
Bekleidung	173,2
Steine und Erden	86,6
Getränke	69,6
Metallwaren	62,3
Chemische Produkte	58,1
Getreideprodukte	53,1
Petrochemische Produkte	52,9
Möbel, Einrichtungen	49,8
Holzverarbeitung	49,6
Tabakverarbeitung	47,8
Milchprodukte	31,6
Kunststoffprodukte	31,6
Schuhe	31,0
Obst- und Gemüsekonserven, Verarb. von Johannisbrot	28,2
Papierprodukte, Kartonagen	25,8
Maschinenbau	23,8
Elektrotechnik	21,0
Verarbeitendes Gewerbe insgesamt	1 065 3

Quelle: Republic of Cyprus, Ministry of Finance, Department of Statistics and Research (Hrsg.): Industrial Statistics 1993. Nikosia 1994.

d) Güterproduktion für den Binnenmarkt

Der überwiegende Teil der Industrieproduktion in der Republik Zypern bleibt nach wie vor auf den Binnenmarkt orientiert. Dies galt sogar für die Zeit des „Exportbooms" bis zur Mitte der 80er Jahre und trotz einer programmatischen Wende der offiziellen zyprischen Industrialisierungspolitik schon im Zweiten Fünfjahresplan. Der Binnenabsatz vor allem von Konsumgütern erfuhr einen beträchtlichen Aufschwung nicht zuletzt durch den Boom des Fremdenverkehrs. Die ständig wachsenden Gästezahlen (von aktuell über 2 Millionen pro Jahr) bedeuteten eine merkliche Erweiterung des an sich beschränkten Binnenmarkt-Potentials. Jenseits aller programmatischen Willensbekundungen blieb das System der Zollprotektion die entscheidende Determinante für die Absatzorientierung und generell die Struktur der zyprischen Industrie. 1967 betrugen die Einfuhrzölle für Konsumgüter im Schnitt 35,2%, für Rohstoffe und Halbfertigwaren 13,3% und für Investitionsgüter 19,5%. Demetriades errechnete, daß die sogenannte „effektive" Protektion (unter Berücksichtigung der *inputs*) noch weit höher lag[67]. Konsumgüter genossen im Schnitt mit 111% den mit Abstand höchsten „effektiven" Zollschutz, gegenüber 44% bei den intermediären Gütern und 41% bei den Investitionsgütern[68]. An dem System einer übermäßigen Zollprotektion änderte sich auch nach der De-facto-Teilung Zyperns wenig. Ende der 80er Jahre machte das Experten-

---

[67] Zum System der zyprischen Zollpolitik vor 1974 Demetriades (Anm. 18), S. 63–125.
[68] Ebenda, S. 99, Tab. 13. Die effektive Protektionsrate bezeichnet die mögliche Höhe der

team der Weltbank auf diese Tatsache – insbesondere die extrem hohen Zölle für Bekleidung und Schuhe – und ihre negativen Folgen aufmerksam: „... shut off from imports, the domestic market is open for local manufacturers to sell goods at high cost and of low quality"[69]. Die hohe und zugleich stark nach Güterkategorien differenzierte Zollprotektion erklärt nicht nur die anhaltende „Konsumgüterlastigkeit" der zyprischen verarbeitenden Produktion. In einem weitgehend gegen ausländische Konkurrenz abgeschotteten Binnenmarkt konnten ausreichende Profite trotz oftmals erheblicher Ineffizienzen in der Produktion (Überkapazitäten, veraltete Produktionsanlagen, geringe Produktivität, mangelnde Qualität) realisiert werden[70]. Die für ein kleines Land wie Zypern anhaltend exorbitant hohe Zahl von Klein- und Kleinstbetrieben ist der vielleicht augenscheinlichste Ausdruck dieses Protektionssystems.

Konnte die politisch einflußreiche Lobby der zyprischen Industrieunternehmer lange Zeit einen merklichen Abbau der Zollprotektion und anderer (nicht-tarifärer) Handelshemmnisse erfolgreich verhindern, so ist die Öffnung des zyprischen Marktes heute ein Preis, den die Republik Zypern zur Verwirklichung der Zollunion und späteren Vollmitgliedschaft in der Europäischen Union unausweichlich bezahlen muß.

Das Assoziationsabkommen zwischen Zypern und der EG aus dem Jahr 1973 sah eine graduelle Senkung der zyprischen Zollsätze für industrielle EG-Importe auf 65% des Normaltarifs vor. Einen wesentlich einschneidenderen Abbau von Handelsbarrieren fordert hingegen das Abkommen über die Zollunion, das am 1. Januar 1988 in Kraft trat. Bis zur Beendigung der ersten Phase der Zollunion im Jahre 1997 hat Zypern alle Zölle und Mengenbeschränkungen (außer bei Erdölerzeugnissen und 15 empfindlichen Produkten) um durchschnittlich 9% pro Jahr abzubauen. Eine zweite Phase bis zum Jahr 2002 sieht eine Vollendung des freien Warenverkehrs zwischen Zypern und der EU vor. Das sogenannte „Avis" der EG-Kommission zum zyprischen Antrag auf Vollmitgliedschaft in der EG/EU bescheinigte der Republik Zypern eine zeitgerechte Umsetzung der Vereinbarungen in Bezug auf die Handelsregelungen: „Die Republik Zypern hat bereits am 1. Januar 1993 ihre Zölle gegenüber der Gemeinschaft gemessen am Stand von 1993 um 64,25% ermäßigt"[71]. Die EG-Kommission kritisiert in ihrer Stellungnahme dennoch, daß die zyprische Industrie nach wie vor durch hohe Zollschranken geschützt wird. Als problematisch und entsprechend an das EG-Recht anpassungsbedürftig werden auch die verschiedenen Investitions- und Exportbeihilfen erachtet, durch die das verarbeitende Gewerbe unzulässig subventioniert wird. Wie sich die unausweichliche Öffnung des zyprischen Marktes auf die einheimische Industrie auswirken wird, kann zum gegenwärtigen Zeitpunkt nicht mit Sicherheit vorausgesagt werden. Daß eine große Zahl verarbeitender Betriebe dem Konkurrenzdruck

---

Wertschöpfung angesichts der gültigen Inlandspreise im Gegensatz zur Annahme eines völlig offenen Marktes.

[69] The World Bank (Anm. 50), S. 23.
[70] Brey, Industrialisierung (Anm. 1), S. 103–107.
[71] Kommission der Europäischen Gemeinschaften: Stellungnahme der Kommission zu dem Beitrittsantrag der Republik Zypern. KOM (93) 313. Brüssel, 30. Juni 1993, S. 14.

von Waren aus dem EU-Raum nicht wird standhalten können, ist anzunehmen. Eine Modernisierung und Umstrukturierung des verarbeitenden Sektors als Reaktion auf Fehlentwicklungen in der Vergangenheit erscheint in jedem Falle unausweichlich[72]).

e) Güterproduktion für die Exportmärkte

Tabelle 6 zeigt für das Jahr 1992 die Zusammensetzung der industriellen Exporte. Exportführer sind diejenigen Branchen, welche auch bei der Gesamtproduktion dominieren, vor allem die Bekleidungsindustrie.

Tabelle 6: Republik Zypern: Wichtigste Exportgüter des verarbeitenden Gewerbes, 1992

Industriezweig	Exportwert (f.o.b.), Mio. CyP
Textilien und Bekleidung	67,6
Chemische, Petrochemische Produkte, Kunststoffprodukte	21,6
Tabakverarbeitung	13,7
Schuhe	10,5
Steine und Erden	8,1
Getränke	7,8
Obst- und Gemüsekonserven	6,5
Maschinenbau (ohne Elektrotechnik)	6,4
Ausfuhren im Inland produzierter Industriegüter insgesamt	175,7

Quelle: Republic of Cyprus, Ministry of Finance, Department of Statistics and Research (Hrsg.): Industrial Statistics 1993. Nikosia 1994.

Die Struktur der Zielregionen industrieller Exporte hat sich zwischen 1982 und 1993 umgekehrt. So erhöhte sich der Anteil der Ausfuhren in Länder der EU von 26,6% (1982) auf 39,3% (1987) und 50,4% (1993). Umgekehrt fiel der Anteil der arabischen Staaten von 62,2% (1982) auf 45,1% (1987) und 28,4% (1993)[73]). Diese Zahlen markieren eine Reorientierung der zyprischen Handelsströme auf die traditionellen Handelspartner. Sie stehen in Zusammenhang mit einer Krise der zyprischen Exportindustrie, welche sich seit Mitte der 1980er Jahre durch erhebliche Einbrüche bei den industriellen Exporten bemerkbar machte.

Wird nach den Ursachen für die Exportkrise und die Reorientierung der Ausfuhrströme gefragt, so lassen sich diese in einer Reihe von internen und externen Faktoren ausmachen:

1. Die Rahmenbedingungen für den Export-Boom auf den arabischen Märkten können bereits als Hinweis auf dessen Instabilität gelten. Mit dem Verfall der Öl-

---

[72]) Vgl. auch Wilson (Anm. 10), S. 65/66.
[73]) Republic of Cyprus, Ministry of Finance, Department of Statistics and Research (Hrsg.): Industrial Statistics 1993, S. 19.

preise im Laufe der 1980er Jahre stagnierte die Nachfrage auf den arabischen Märkten. Hinzu trat ein erheblicher Risikofaktor infolge innenpolitischer wie auch zwischenstaatlicher Krisensituationen in der Region. So stürzte die Zahlungsunfähigkeit Libyens Mitte der 1980er Jahre die zyprische Bekleidungsindustrie in eine Krise. Die zyprischen Zementexporte erfuhren empfindliche Rückschläge, nachdem der Irak, einer der wichtigsten Abnehmer, sich in den Golfkrieg mit dem Iran eingelassen hatte. Den zyprischen Exporteuren wurde zunehmend deutlich, daß die Absatzchancen auf den arabischen Märkten nicht von Dauer waren.

2. Eine Bedrohung zyprischer Exportinteressen stellten die Industrialisierungsanstrengungen anderer Staaten in der Region dar, in deren Folge diese Länder meist ihre einheimische Industrie durch Einfuhrzölle zu schützen bestrebt waren. Eine große Zahl von *Newly Industrializing Countries* baute ihre Exportanstrengungen auf eine leichtindustrielle Angebotspalette, die derjenigen Zyperns glich, oft unter günstigen internen Voraussetzungen wie niedrigen Lohnkosten und der Verfügbarkeit eigener Rohmaterialien.

3. Nachdem in der Republik Zypern bereits 1977 wieder Vollbeschäftigung herrschte, litten die arbeitsintensiven Industriezweige bald unter Arbeitskräftemangel. Bei einer zugleich traditionell starken gewerkschaftlichen Interessenvertretung stiegen die Kosten für Löhne und Gehälter weit schneller als die Produktivität. Zwischen 1976 und 1983 erhöhte sich der Anteil der Personalkosten an der Bruttowertschöpfung der zyprischen Industrie von 41,7% auf 59,5%[74]. Die Verteuerung der Arbeitskraft entzog den zyprischen leichtindustriellen Produzenten einen zentralen Konkurrenzvorteil.

4. Der Vollzug der zweiten Stufe der Assoziation Zyperns mit der EG/EU und die Herstellung der Zollunion hat Zypern bereits erhebliche Handelserleichterungen bei den Ausfuhren in die EU gebracht, zumal Zypern zunächst einseitig vom Gemeinsamen Zolltarif profitieren konnte. Diese Handelserleichterungen, zusammen mit einer teilweise erfolgreichen Anpassung der Produktion auf die Erfordernisse des europäischen Marktes, haben eine teilweise Reorientierung des Absatzmarktes auf die EU-Märkte ermöglicht.

f) Perspektiven für die Zukunft

Die zyprische Industrie steht am Beginn einer grundlegenden Umstrukturierung. Falls diese nicht gelingt, werden Konkurrenznachteile gegenüber anderen Anbietern auf dem Weltmarkt, vor allem aber die unausweichliche Liberalisierung des Handels mit der Europäischen Union einer Vielzahl von Betrieben die Existenzbasis entziehen. Die Elemente einer zeitgerechten Strategie der Industrieentwicklung wurden von den Planungsbehörden der Republik Zypern auf der Basis von Expertenstudien identifiziert und zum Programm erhoben. So sieht der Fünfjahresplan 1989–1993 eine Abkehr vom Modell der Massenproduktion auf der Basis arbeitsintensiver Produkte mit niedrigem Technologie-Gehalt für dringend gebo-

---

[74] Brey, Industrialisierung (Anm. 1), S. 144, Tab. 33.

ten⁷⁵). Der komparative Vorteil des Sektors liege nun in Erzeugnissen von hoher Qualität, höherer Technologie und hoher Qualifikation der Arbeitskräfte, bestimmt für eine kaufkräftige Konsumentenschicht. „Flexible Spezialisierung" wird zum Schlüsselwort einer neuen Philosophie der industriellen Entwicklung. Die geplanten Maßnahmen betreffen die unterschiedlichsten Politikbereiche (institutionelle Reformen bzw. Neugründungen, Finanzierung, Infrastrukturen). Als eine wesentliche institutionelle Neuerung wird die Einrichtung eines *Industrial and Technological Development Council* in Aussicht gestellt, eine Institution, welche die vielfältigen industriepolitischen Aktivitäten bündeln soll.

Vielversprechende Anfänge auf der betrieblichen Ebene sind bereits gemacht, so z.B. bei der zwischenbetrieblichen Kooperation. In Limassol gründeten 1987 zwölf Möbelfabrikanten eine gemeinsame Einzelhandelsfirma mit mehreren Ladengeschäften. Dieses System erlaubt eine Spezialisierung der einzelnen Firmen auf nur wenige Produkte. Die Zusammenarbeit wurde auf die Nutzung gemeinsamer technischer Beratung und die gemeinsame Rohstoffbeschaffung erweitert⁷⁶). Manche zyprische Hersteller haben den Imperativ einer flexiblen Spezialisierung mit großem Erfolg erfüllt und sich Marktnischen erobert. Einzelne Textilfirmen haben sich auf hochqualitative Markenprodukte, teils unter Lizenznamen, spezialisiert. Schuhe in europäischem Design, Leder- und Reisewaren, Sonnenschutzprodukte und Brillen finden großen Absatz bei den Touristen, die Zypern besuchen, und werden zugleich nach Mitteleuropa ausgeführt⁷⁷). Für die Mehrheit der industriellen Produzenten scheint jedoch zu gelten, was das „Avis" der EG-Kommission feststellte: „Die zyprischen Unternehmer scheinen sich eher abwartend zu verhalten; obwohl ihnen die Notwendigkeit einer Umstrukturierung ihrer Produktion bewußt ist, schieben sie sie offensichtlich solange hinaus, bis sie den Konkurrenzdruck tatsächlich spüren."⁷⁸)

IV. Industrialisierung und Industrieentwicklung in der „Türkischen Republik Nordzypern" („TRNZ")

Nach der Flucht der Zyperngriechen aus dem Gebiet nördlich der „Attila-Linie" und der Übersiedlung der Zyperntürken aus dem Süden stand in Nordzypern eine Vielzahl von Betriebsstätten, auch im verarbeitenden Gewerbe, für eine Übernahme durch zyperntürkische Betreiber zur Verfügung. Die aus der Sicht der Zyperngriechen „verlorenen" verarbeitenden Betriebe hatten vor der Invasion ca. 11 500

---

⁷⁵) Republic of Cyprus, Planning Bureau: Five Year Development Plan 1989–1993. Nikosia, o.J., S.105–118.
⁷⁶) UNDP/UNIDO Mission: Cyprus Industrial Strategy. Report of the Consultation Mission. Prepared for the United Nations Development Programme on Behalf of the Government of Cyprus (University of Sussex, Institute of Development Studies), Mai 1988.
⁷⁷) Wilson (Anm.10), S.9/10.
⁷⁸) Kommission der Europäischen Gemeinschaften (Anm.71), S. A/7.

Menschen beschäftigt[79]). Schnell erwies es sich, daß einer Übernahme dieser Anlagen durch neue zyperntürkische Betreiber oft unüberwindbare Hindernisse entgegenstanden. Für eine schnelle Aktivierung der von den Zyperngriechen zurückgelassenen Anlagen fehlten im verarbeitenden Gewerbe die Voraussetzungen noch deutlicher als in anderen Bereichen. Traditionell stark auf Positionen in der öffentlichen Verwaltung orientiert, hatten die Zyperntürken gewerbliche Traditionen, welche über die Stufe der *Cottage Industries* hinausgingen, kaum entwickelt. Wie weiter oben bereits ausgeführt, waren die Zyperntürken schon 1963 im verarbeitenden Gewerbe stärker unterrepräsentiert als in anderen Sektoren. Die Lebensbedingungen in den zyperntürkischen Enklaven nach 1963 hatten schwerlich der Entwicklung handwerklicher oder gar unternehmerischer Fähigkeiten dienen können. Einer reibungslosen Übernahme der Anlagen durch neue Betreiber scheiterte ebenso an organisatorischen und rechtlichen Hürden wie an dem praktisch völligen Fehlen einer Unternehmerschicht mit dem nötigen Know-how sowie an fachlich geschulten Arbeitskräften[80]). Ohnehin waren viele Anlagen durch Plünderung, Verteilung oder Verkauf von Einzelteilen an Übersiedler aus dem Süden oder durch fehlende Wartung und unsachgemäße Behandlung nicht funktionsfähig[81]). Es darf angenommen werden, daß sich für kleinhandwerkliche Betriebe am ehesten neue Betreiber fanden. Die im engeren Sinne industriellen Anlagen wurden – entsprechend dem Vorgehen bei der Vermarktung landwirtschaftlicher Produkte und im Touristiksektor – zunächst durch staatliche *Holdings* verwaltet[82]). Eine Analyse des verarbeitenden Gewerbes in Nordzypern wird durch die Tatsache erschwert, daß die Angaben der offiziellen Statistik der zyperntürkischen Behörden über Struktur und Entwicklung des verarbeitenden Gewerbes recht spärlich sind. Spezifische Gewerbestatistiken wie in der Republik Zypern existieren nicht. Das Statistische Jahrbuch 1980 des *„Turkish Federated State of Cyprus"* beinhaltet keine einzige Angabe zum industriellen Sektor[83]). Aufgrund fehlender Angaben bleibt die Struktur des verarbeitenden Gewerbes bis zur Mitte der 80er Jahre somit weitgehend im Dunkeln. Das Statistische Jahrbuch 1990 der „TRNZ"[84]) enthält eine einzige Tabelle unter der Rubrik *„Industry"*. Die darin enthaltenen Angaben werden im folgenden als Tabelle 7 wiedergegeben.

---

[79]) Manderstam & Partners Ltd. (Anm. 31), S. 1.
[80]) Wilson (Anm. 10), S. 117–124.
[81]) Berner, U.: Das vergessene Volk. Der Weg der Zyperntürken von der Kolonialzeit zur Unabhängigkeit. Pfaffenweiler 1992, S. 451–453.
[82]) Ergün Olgun, M.: Economic Overview. In: The Political Social and Economic Development of Northern Cyprus. Hrsg. C. H. Dodd. Huntingdon 1993, S. 270–298, bes. 272.
[83]) Turkish Federated State of Cyprus, Prime Ministry State Planning Organisation, Statistics and Research Department (Hrsg.): Statistical Yearbook 1980. O. O. 1981.
[84]) Turkish Republic of Northern Cyprus, TRNC Prime Ministry, State Planning Organisation, Statistics and Research Department (Hrsg.): Statistical Yearbook 1990. O. O. 1991.

Tabelle 7: Branchenstruktur des verarbeitenden Gewerbes in der „Türkischen Republik Nordzypern", 1990

Branche	Zahl der Betriebe	Beschäftigte
Nahrungsmittel, Getränke, Tabakverarb.	153	2660
Textilien, Bekleidung, Leder	115	3885
Holzverarbeitung, Möbel und Einrichtung	70	611
Papier, Papierprodukte	38	594
Chemie, Kunststoffe	52	533
Steine und Erden	47	774
Metallwaren	3	65
Elektrotechnik	53	567
Sonstige	44	511
Gesamt	575	10200

Quellen: Turkish Republic of Northern Cyprus, TRNC Prime Ministry, State Planning Organisation, Statistics and Research Department (Hrsg.): Statistical Yearbook 1990. Lefkoşa 1991.

Die Angaben der *State Planning Organisation* in Lefkoşa müssen dabei mit großer Vorsicht in bezug auf ihre Verläßlichkeit behandelt werden, da die veröffentlichten Zahlen zum verarbeitenden Sektor erheblich differieren. In einer Broschüre mit dem Titel „*Economic Developments in the Turkish Republic of Northern Cyprus (1986–1990)*" werden die sektoralen Beschäftigtenzahlen für 1990 in einer Tabelle aufgeführt[85]). Der Sektor „*Industry*", der das verarbeitende Gewerbe, Bergbau und Steinbrüche sowie Energie- und Wasserversorgung umfaßt, hat danach insgesamt 8034 Beschäftigte. Dennoch wird an anderer Stelle in dieser Publikation eine Zahl von 10200 Beschäftigten im Bereich „*manufacturing*" genannt[86]). Insgesamt 8034 Beschäftigte im Bereich „*Industry*" führt auch eine Statistik der Zentralbank der „TRNZ" auf. Darin sind 6845 Beschäftigte im Bereich verarbeitendes Gewerbe enthalten[87]). Wie es zu der erheblichen Diskrepanz in den Zahlen kommt, bleibt unerklärt. Ohne über genaue Wachstumsraten zu verfügen, kann angenommen werden, daß das verarbeitende Gewerbe in Nordzypern seit der „Stunde Null" nach der De-facto-Teilung ein Wachstum erfahren hat, welches über dem gesamtwirtschaftlichen Durchschnitt liegt. Entsprechend wuchs die relative Bedeutung des Sektors. Laut Ergün Olgun stieg die Zahl der Beschäftigten zwischen 1982 und 1990 von 4813 auf 6845, der Anteil an der erwerbstätigen Bevölkerung entsprechend von 8,5% auf 9,6%[88]). Der Anteil der Industrie (mit dem

---

[85]) Turkish Republic of Northern Cyprus, TRNC Prime Ministry, State Planning Organization, Statistics and Research Department (Hrsg.): Economic Developments in the Turkish Republic of Northern Cyprus (1986–1990). Lefkoşa 1991, S. 7, Tab. 4.
[86]) Ebenda, S. 22.
[87]) Central Bank of the Turkish Republic of Northern Cyprus: Bulletin Nr. 20, November 1992, S. 41, Tab. 16.
[88]) Ergün Olgun, Economic Overview (Anm. 82), S. 274, Tab. 2.

verarbeitenden Gewerbe als wichtigstem Zweig) am Bruttosozialprodukt erhöhte sich zwischen 1977 und 1990 von 9,7% auf 13,7%[89]).

Wichtigster Wachstumsmotor war in der zweiten Hälfte der 80er Jahre die exportorientierte Industrie: Der Ausfuhrwert verarbeiteter Güter stieg von 1985 bis 1990 von 10,3 auf 35,2 Millionen US-Dollar. Ihr Anteil an den Gesamtexporten der „TRNZ" erhöhte sich entsprechend von 22,2% auf 53,7%. Weiterverarbeitete landwirtschaftliche Erzeugnisse machten jeweils ca. ein Drittel dieser Ausfuhren aus[90]). Wichtigste Güterkategorie bildeten Erzeugnisse der Bekleidungsindustrie.

Welches sind die Strukturmerkmale der nordzyprischen Industrie? Tabelle 7 zeigt eine Branchenstruktur, die durchaus derjenigen der Republik Zypern ähnelt. Die Branchen Nahrungsmittel, Getränke, Tabakverarbeitung sowie Textilien, Bekleidung und Lederverarbeitung stellen die Schwerpunkte des verarbeitenden Gewerbes dar. Der überwiegende Teil der Betriebe ist handwerklich strukturiert und produziert für den Binnenmarkt[91]). Leider gibt die Statistik keine Produktionszahlen, Exportwerte etc. für die einzelnen Branchen an. Vorwiegend binnenmarktorientiert sind nach Ergün Olgun die Bereiche Nahrungsmittel und Getränke (keine eigene Weinindustrie vorhanden), Möbel, Metallverarbeitung, Steinbrüche, Ziegel sowie Schuhe. Wichtigste Güter für den Export sind (in Klammern die wichtigsten Zielregionen): Oberbekleidung (Europa), Kartonagen (Türkei, Naher Osten), Fruchtsaftkonzentrate (Europa), Halloumi-Käse (Europa, Naher Osten), Viehfutter aus Zitrus-Schalen (Europa), Kartoffelchips (Türkei), Damenunterwäsche (Türkei) und Teflon-Kochgeschirr (Türkei). Hauptabnehmerländer für industrielle Ausfuhren waren 1990 die EG-Länder mit 77,9% Ausfuhranteil. Als komparative Vorteile Nordzyperns bei den Exporten in die EG/EU werden die niedrigen Arbeitskosten und die etablierten Kontakte von Zyperntürken vor allem in Großbritannien genannt. Trotz der Möglichkeit des zollfreien Exportes werden die Aussichten zu einer Ausdehnung der Ausfuhren in die Türkei gering eingeschätzt, da komparative Vorteile fehlen. So sind die Arbeitskosten in der Türkei noch geringer als in der „TRNZ", die Türkei verfügt anders als die „TRNZ" über eine relativ gute Rohstoffbasis, die Hauptexportgüter der zyperntürkischen Industrie (Bekleidung und verarbeitete landwirtschaftliche Güter) sind zugleich Exportführer der türkischen Industrie[92]).

Probleme der nordzyprischen Exportindustrie sind vor allem in den schwierigen Ausgangsbedingungen und strukturellen Schwächen der zyperntürkischen Wirtschaft insgesamt und des verarbeitenden Gewerbes im besonderen begründet. Als Hauptprobleme der Wirtschaft der „TRNZ", welche auch den Industriesektor betreffen, sind zu nennen: die instabile politische Situation und die politisch-wirtschaftliche Isolierung („Embargo"), die hohe Inflation und die nicht-konvertible Währung, die Abhängigkeit von der Türkei (z.B. in bezug auf die Finanzierung des Staatshaushaltes), exzessive bürokratische Prozeduren im Zusammenhang mit einer eklatanten Überbesetzung der öffentlichen Verwaltung, das Fehlen eines lo-

---

[89]) Ergün Olgun, Economic Overview (Anm. 82), S. 273, Tab. 1.
[90]) Ebenda, S. 281, Tab. 5.
[91]) Ergün Olgun, M.: Sectoral Analysis, in: Dodd (Anm. 82), S. 299–334, bes. 312.
[92]) Ebenda, S. 312/313.

kalen Kapitalmarktes, schließlich geringe Arbeitsproduktivität und Unterbeschäftigung[93]).

Zu diesen allgemeinen wirtschaftlichen Problemen kamen spezifische Schwierigkeiten für einen industriellen Aufbau. Zu ihnen zählten die mangelhafte Rohstoffbasis, ein nunmehr winziger Binnenmarkt mit einer zudem nicht besonders kaufkräftigen Bevölkerung und Transportprobleme vor allem bei den Ausfuhren. Die genannten Schwierigkeiten führten dazu, daß Investitionen im verarbeitenden Sektor kaum attraktiv erschienen. Speziell die von der „Regierung" erwünschten ausländischen Investitionen blieben, abgesehen von einigen bedeutenden Einzelfällen, weitgehend aus. An dieser Tatsache konnten auch diverse steuerliche und sonstige Anreize nichts ändern. Zu solchen Anreizen gehören u.a. die Bereitstellung günstiger erschlossener Gewerbeflächen in sogenannten *Industrial Zones*, die Ausweisung einer Freien Produktionszone (*Famagusta Free Port and Zone*), Zollfreiheit bei der Einfuhr von Ausrüstungsgütern, Erleichterungen beim Gewinntransfer, zinsgünstige Darlehen der Zentralbank, Exportgarantien[94]).

Eine besondere Bedeutung innerhalb der nordzyprischen Wirtschaft und dem verarbeitenden Gewerbe hatte das Engagement emigrierter Zyperntürken. Einige internationale Bekanntheit erreichte dabei der Unternehmer Asil Nadır, dessen Familie von London aus operierend ein bedeutendes Wirtschaftsimperium, die *Polly Peck International,* aufgebaut hatte, dessen zentrale wirtschaftliche Interessen in Nordzypern lagen[95]). Der Zusammenbruch der *Polly Peck International* im Oktober 1990 machte das Ausmaß deutlich, in dem die zyperntürkische Volkswirtschaft von einem einzigen Konzern abhing. Im Mai 1991 entzog sich Asil Nadır durch Flucht nach Nordzypern dem Zugriff der britischen Strafvollzugsbehörden, welche ihn u.a. wegen Betrugs und Steuerhinterziehung angeklagt hatten. Geschäftliche Basis der Aktivitäten Nadırs waren günstig erworbene, ehemals zyperngriechische Betriebe. Zum Konzern der *Polly Peck* gehörten u.a. eine Bank, mehrere Tageszeitungen, eine Fluggesellschaft und vor allem zahlreiche Hotels und andere touristische Einrichtungen. Insgesamt sollen die Nadır-Firmen einen Anteil von mindestens 25% am BIP der „TRNZ" erwirtschaftet und dort ca. 8000 Personen (5000 feste und 3000 saisonale Arbeitskräfte) beschäftigt haben. Im Bereich des verarbeitenden Gewerbes gehörten ganze Produktionszweige – darunter einige der exportorientierten Schlüsselindustrien – zur *Polly Peck*-Gruppe. Industrieller Kern der Nadır-Gruppe war die Firma *Sunzest Trading Export* in Güzelyurt/Morphou (Export und Weiterverarbeitung von Zitrusfrüchten; Betrieb der ehemaligen zyperngriechischen Kooperativen). Betriebe der *Polly Peck*-Gruppe produzierten außerdem u.a. Kartonagen, Bekleidung, pharmazeutische Produkte, elektronische Güter und Druckereierzeugnisse. Der Zusammenbruch der *Polly Peck* bescherte der nordzyprischen Wirtschaft 1991 gegenüber 1990 ein Negativ-

---

[93]) Ergün Olgun, Sectoral Analysis (Anm. 91), S. 312–314; Wilson (Anm. 10), S. 124–133.
[94]) Turkish Republic of Northern Cyprus, TRNC Prime Ministry, State Planning Organization: Guide for Foreign Investors in the Turkish Republic of Northern Cyprus. Lefkoşa 1990.
[95]) Zum Thema Asil Nadır/Polly Peck International vgl. ausführlich: Wilson (Anm. 10), S. 125–131; Christodoulou (Anm. 2), Introduction.

wachstum von real 6,1 %. Das verarbeitende Gewerbe erlitt einen Rückgang von 3,8 %[96]).

Laut Ergün Olgun gibt es in der exportorientierten Bekleidungsindustrie auch einige erfolgreiche Großbetriebe[97]). Es handelt sich dabei in einem Falle um einen aus England zurückgekehrten Zyperntürken, der nunmehr mit ca. 400 Arbeitskräften Damenoberbekleidung für den britischen Markt produziert. Ebenso in der Bekleidungsindustrie engagiert ist ein deutscher Staatsbürger türkischer Herkunft. Sein Unternehmen produziert Jeans für den deutschen Markt in beachtlichen Stückzahlen.

Wichtigster Kostenvorteil der nordzyprischen Bekleidungsindustrie ist der Zugriff auf billige, zum Teil auch saisonale, Arbeitskräfte, die z.T. aus der Türkei kommen[98]). Überproportional steigende Arbeitskosten sind – anders als in der Republik Zypern – offensichtlich kein ernsthaftes Problem für die leichtindustriellen Produzenten. Die Industrie in Nordzypern kann, ähnlich wie die zyperngriechischen Betriebe in den Jahren unmittelbar nach der De-Facto-Teilung, auf einen Pool billiger Arbeitskräfte aufbauen. Für einen regelrechten Exportboom wie im Süden reicht dieser Standortvorteil jedoch nicht aus. Ohnehin haben die Anstrengungen in Nordzypern, Waren auf den Märkten der EU-Staaten abzusetzen, jüngst einen empfindlichen Rückschlag erlitten. Am 5. Juli 1994 erklärte der Europäische Gerichtshof die Annahme von durch die Behörden der „TRNZ" ausgestellten Ausfuhrpapieren für illegal. Es kann erwartet werden, daß das Urteil des EuGH nach dem Zusammenbruch des *Polly Peck*-Imperiums den nächsten großen Einbruch für eine ohnehin nur in Ansätzen vorhandene Industrialisierung in der „TRNZ" bedeuten wird.

V. Der Bergbau in Zypern

Der Bergbau hat heute in Zypern seine wirtschaftliche Bedeutung fast vollständig verloren. Um so wichtiger war dieser Wirtschaftssektor jedoch in der Geschichte der Insel. Die weitaus bedeutendste mineralische Ressource stellte das Kupfer dar. Kupfer- und Eisenpyrite finden sich innerhalb der sog. „pillow lavas", einer geologischen Formation, die sich bandförmig rund um das Troodos-Massiv erstreckt. Das edle Metall wurde auf Zypern seit dem 4. Jahrtausend v.Chr. abgebaut. In der antiken Welt war Kupfer eine Ressource von höchster Bedeutung und der Kupfer-Reichtum Zyperns machte die Insel berühmt. Die Römer nannten das Metall „aes Cyprium" oder „aes cuprum", in Anlehnung an das griechische „chalkos Kyprios"[99]). Kupfer und andere Bodenschätze wurden in der Antike vor allem als reine Metalle und Metallprodukte und weniger als Rohstoffe von der Insel ausgeführt. Ende des 7. Jahrhunderts fanden die Bergbauaktivitäten in Zypern mit den arabischen Übergriffen ein vorläufiges Ende. Erst während der britischen Herrschaft wurde der Bergbau wiederaufgenommen. 1916 kam es zur Gründung

---

[96]) Central Bank of the Turkish Republic of Northern Cyprus (Anm. 87), S. 38, Tab. 14.
[97]) Ergün Olgun, Sectoral Analysis (Anm. 91), S. 315/316.
[98]) Ebenda, S. 314.
[99]) Christodoulou (Anm. 2), S. 71.

der anglo-amerikanischen *Cyprus Mines Corporation*. Die CMC war bald nicht nur der bedeutendste zyprische Kupferproduzent (mit der größten Pyritmine in Mavrovouni), sondern auch die dominante Wirtschaftskraft im kolonialen Zypern überhaupt[100]). Weitere durchwegs ausländische Kapitalgesellschaften entfalteten ihre Aktivitäten auf der Insel, so die *Cyprus Sulphur and Copper Co.* und die griechische *Hellenic Mining Company*. Anders als in der Antike wurden nunmehr die wichtigsten Bergbauprodukte, abgesehen von wenigen Aufbereitungs- und Anreicherungsverfahren, unbearbeitet exportiert.

1959, am Ende der britischen Kolonialzeit und zugleich am Ende eines respektablen Ausfuhr-Booms von Bergbauprodukten, wurden die folgenden Mineralien aus Zypern ausgeführt[101]): 657 277 t Eisenpyrite, 300 218 t Kupferpyrite, 123 518 t Kupferkonzentrate (sie erbrachten 42% der Exporterlöse), 53 961 t Gips, 14 412 t Asbest, 12 176 t Chromerze bzw. -konzentrate, 4 482 t Terra Umbra, 3 693 t Kupferzement, 1 009 t Bentonit sowie kleinere Mengen anderer Mineralien. In früheren Jahren waren zudem beachtliche Mengen an Gold und Silber gewonnen worden. Vor allem für den einheimischen Bedarf wurden die Vorkommen an diversen Baumaterialien genutzt, so z.B. Natursteine, wie Kalkstein und Marmor. Kalkstein und Ton bilden auch die Rohstoffe für die Zementproduktion, die vor allem mit der Entwicklung der Bauwirtschaft nach der Unabhängigkeit zu einer wichtigen Industriebranche wurde.

Betrachten wir nun aber die Entwicklung des zyprischen Bergbaus und seiner Bedeutung für die Gesamtwirtschaft von den 1920er Jahren bis heute[102]). Tabelle 8 gibt Aufschluß über die Periode vor der De-facto-Teilung der Insel.

Tabelle 8: Entwicklung und gesamtwirtschaftliche Bedeutung des Bergbaus in Zypern, 1929–1973

Jahr	Beschäftigte im Bergbau		Anteil des Bergbaus am BIP (%)	Exporte von Bergbauprodukten (inkl. industriell verarbeiteter Erzeugnisse)	
	Zahl	% der Erwerbstätigen		in Mio. CyP	in % der Exporte einheim. Güter
1929	6 098	6,4	24,0	0,6	38,3
1932	1 690	1,2	k. A.	0,2	24,1
1938	9 200	5,8	k. A.	1,5	62,7
1949	5 330	2,9	k. A.	3,6	48,3
1956	6 660	2,6	14,4	13,8	66,1
1961	5 300	2,2	9,3	8,4	47,1
1966	5 072	2,0	6,8	12,2	41,7
1971	4 203	1,5	4,6	9,5	22,6
1973	3 747	1,3	3,8	9,9	16,3

Anmerkungen: Die Angaben beziehen sich auf den Sektor Bergbau und Steinbrüche.
BIP = Bruttoinlandsprodukt
Quelle: Christodoulou, D.: Inside the Cyprus Miracle. Minnesota 1992. S. 75, Tab. 24.

[100]) Christodoulou (Anm. 2), S. 80–81. Zur „Cyprus Mines Corporation" siehe auch Lavender, D.: The Story of Cyprus Mines Corporation. San Marino (CA.) 1962.
[101]) Bear, L.M.: The Mineral Resources and Mining Industry of Cyprus. Nikosia 1963, Tab. 4, S. 23.
[102]) Vgl. hierzu vor allem Christodoulou (Anm. 2), S. 74–80.

Gemessen an der Zahl der Beschäftigten und dem Anteil an der Erwerbstätigkeit erreichte der zyprische Bergbau einen Höhepunkt bereits vor dem Zweiten Weltkrieg. Eine große Zahl von verarmten Arbeitskräften aus dem ländlichen Raum fanden unter vielfach gefährlichen und unsicheren Arbeitsbedingungen und bei schlechter Bezahlung Arbeit in den Minen. Seit den 1920er Jahren kam es wegen dieser Umstände häufig zu massiven Arbeitskämpfen. Der Bergbau brachte der zyprischen Bevölkerung erstmals eine Proletarisierung in größerem Umfang und förderte die Bildung eines Klassenbewußtseins bei den Arbeitern[103]). Eine große Bedeutung hatten bereits in den 20er Jahren die Asbest-Minen von Amiandos in der östlichen Gipfelregion des Troodos-Gebirges. Im August 1928 wurden dort 5 785 Arbeitskräfte gezählt.

Anfang der 1930er Jahre kam es im zyprischen Bergbau in der Folge der Weltwirtschaftskrise zu erheblichen Einbrüchen bei der Beschäftigung und den Exporterlösen. Hier zeigte sich erstmals exemplarisch, wie sehr dieser Sektor von der Entwicklung von Nachfrage und Preisen auf dem Weltmarkt abhängig war. Die Aufrüstung vor allem im nationalsozialistischen Deutschland brachte bald danach durch eine erhöhte Nachfrage nach Pyriten einen boomartigen Aufschwung. Bergbau-Erzeugnisse gewannen eine dominante Rolle bei den zyprischen Exporten. Mit dem Eintritt der europäischen Industrieländer in den Zweiten Weltkrieg war der Zugang zu den wichtigsten Absatzmärkten wiederum weitgehend verschlossen. Mit Ende des Weltkrieges und vor allem im Laufe der 50er Jahre kam es dann zu einem erneuten Boom des Bergbaus. In den 50er und frühen 60er Jahren war Zypern weltweit der zweitgrößte Exporteur von Kupfer- und Eisenpyriten. Aufgrund günstiger Preisbedingungen stiegen die Exporterlöse aus dem Bergbau zwischen 1950 und 1956 um 154% bei einer gleichzeitigen Steigerung des Ausfuhrvolumens von nur 26%[104]). Bis zur Unabhängigkeit folgte dann wiederum ein relativer Preisverfall. Auf den sich abzeichnenden Mangel an billiger Arbeitskraft hatten die Bergbaugesellschaften seit Kriegsende mit einer verstärkten Mechanisierung reagiert. Dadurch blieb in der Folgezeit das Beschäftigungswachstum hinter der Steigerung in der Bedeutung für das BIP und die Außenhandelserlöse zurück.

Auch im ersten Jahrzehnt der zyprischen Unabhängigkeit behielt der Bergbau eine respektable Stellung in der Gesamtwirtschaft. Anfang der 70er Jahre setzte dann ein dramatischer Niedergang dieses Wirtschaftszweiges mit rückläufiger Tendenz bei der Beschäftigung, den Anteilen am Nationaleinkommen und den Exporterlösen ein. Grund hierfür war die Erschöpfung vor allem der kupferhaltigen Erzvorkommen in hoher, d.h. abbauwürdiger, Konzentration. Als mit der Invasion von 1974 für den Südteil der Insel wichtige Bergbau-Einrichtungen wie die Anreicherungs- und Verladeanlagen von Xeros-Karavostasi verloren gingen, bedeutete dies nur den Gnadenstoß für den zyprischen Bergbau[105]). Tabelle 9 zeigt, daß der

---

[103]) Christodoulou (Anm. 2), S. 72.
[104]) United Nations (Anm. 6), Tab. 12, S. 38.
[105]) Christodoulou (Anm. 2), S. 77. Der Autor nennt den Verlust der Kalksteinbrüche im Pentadaktylos-Gebirge als eine weitere wichtige Invasionsfolge für die Wirtschaft der Republik Zypern.

Bergbau in der Republik Zypern vor allem nach 1974 stetig an Bedeutung verloren hat und heute nur noch eine untergeordnete Rolle spielt.

Tabelle 9: Entwicklung und gesamtwirtschaftliche Bedeutung des Bergbaus in der Republik Zypern, 1976–1991

Jahr	Beschäftigte im Bergbau		Anteil des Bergbaus am BIP (%)	Exporte von Bergbauprodukten (inkl. industriell verarbeitete Erzeugnisse)	
	Zahl	% der Erwerbstätigen		in Mio. CyP	in % der Exporte einheim. Güter
1976	2 332	1,6	2,2	7,8	9,2
1979	1 781	1,0	1,6	7,6	5,9
1982	1 273	0,7	0,9	5,6	2,8
1985	979	0,5	0,5	4,3	2,2
1988	910	0,4	0,4	2,4	1,0
1991	692	0,3	0,3	0,5	0,2

Anmerkungen: Die Angaben beziehen sich auf den Sektor Bergbau und Steinbrüche.
   BIP = Bruttoinlandsprodukt
Quellen: Republic of Cyprus, Ministry of Finance, Department of Statistics and Research (Hrsg.): Historical Data on the Economy of Cyprus. Nikosia 1994. Dieselbe: Economic Report 1986. Nikosia 1988. Dies.: Industrial Statistics 1993. Nikosia 1994.

Besonders der ehemals so bedeutende Erz-Bergbau ist in der Republik Zypern heute praktisch ganz zum Erliegen gekommen. Während 1975 immerhin noch 1 478 Personen in der Förderung von Metallerzen beschäftigt waren, war 1992 die Zahl der Arbeitskräfte (in einem einzigen verbliebenen Betrieb) auf 105 geschrumpft. Gefördert wurden noch ganze 473 t kupferhaltiger Erze. Eine Steigerung der Beschäftigtenzahl zwischen 1975 und 1992 von 434 auf 543 hatte allein der Teilsektor der Steinbrüche, Kalk- und Sandgruben zu verzeichnen, der 1992 97% des Produktionswertes erbrachte[106]. Dieser Bereich profitierte von der anhaltend hohen Bautätigkeit und – als Lieferant von Rohstoffen – von dem Florieren der einheimischen Zementindustrie. Mit der Schließung der Asbestmine von Amiandos im Jahre 1988 kam es zum Ausfall des in den Jahren nach der Teilung wichtigsten Bergbau-Exportprodukts (1982: 60% der Bergbau-Ausfuhren). Nicht die Erschöpfung dieser Ressource sondern vielmehr die weitgehende Ächtung von Asbest als industriellem Rohstoff beendete ein weiteres Kapitel der zyprischen Bergbau-Geschichte, in welchem die Insel über Jahrzehnte die Rolle als größter europäischer Exporteur gespielt hatte.

Auf dem Territorium der „Türkischen Republik Nordzypern" gab es nach 1974 keine Bergbauaktivitäten im engeren Sinne. Ohnehin liegen die wichtigen Erzlagerstätten Zyperns wie auch die 1974 in Betrieb befindlichen Minen im Bereich des hügeligen Troodos-Vorlandes und damit südlich der *Green Line*. In der amtlichen Statistik der „TRNZ" bleibt der Bergbau in der Regel unerwähnt. Die die-

---

[106] Zahlenangaben in: Industrial Statistics 1993 (Anm. 73), S. 53–54, 65–66.

sem Sektor zugehörigen Aktivitäten werden der Industrie oder gar der verarbeitenden Industrie zugerechnet. So führt das Statistische Jahrbuch 1990 der „TRNZ" innerhalb des Sektors der *Manufacturing Industry* für 1990 47 Betriebe und 774 Beschäftigte in der Branche *Non metalic mineral products* auf[107]). Da in der „TRNZ" weder eine Zementindustrie noch ähnliche industrielle Verarbeitungsanlagen existieren, handelt es sich hier offensichtlich um Angaben zu Steinbrüchen u. ä. Nach anderen Quellen belief sich der Produktionswert aus Steinbrüchen (*Quarrying*) in Nordzypern 1991 auf 4,6 Mio. USD[108]). Nach Angaben der Zentralbank der „TRNZ" trug der Sektor *Mining & Quarrying* 1991 0,4% zum BIP bei. Exporte mineralischer Güter beliefen sich im selben Jahr auf 0,3 Mio. USD (0,8% der Gesamt-Ausfuhren)[109]).

VI. Zusammenfassung

Der verarbeitende Sektor zeigte in Zypern zur Zeit der staatlichen Unabhängigkeit deutliche Zeichen der Unterentwicklung. Ohnehin boten der kleine Binnenmarkt und die Armut an industriell verwertbaren Ressourcen und Energie keine guten Vorausetzungen für eine Industrialisierung. Der bis 1974 erreichte Grad der Industrialisierung war vor diesem Hintergrund durchaus bemerkenswert. Die meist kleinen und oft handwerklich orientierten Betriebe konzentrierten sich auf den Sektor Nahrungsmittel und Getränke sowie die Importsubstitution im leichtindustriellen Bereich (Schwerpunkt Bekleidung und Schuhe). Die Regierung wie auch die zyprischen Kooperativen investierten zugleich in größere Projekte industriepolitisch wichtiger Schlüsselindustrien. Von Bedeutung waren und blieben auch die Vorleistungen des Staates im Bereich der Infrastruktur und der technischen Ausbildung.

Die Rumpfrepublik Zypern erfuhr nach der De-facto-Teilung von 1974 einen wahren Industrialisierungsboom mit hohen Wachstumsraten. Triebfeder dieses Aufschwungs war einerseits die Möglichkeit, auf ein Heer von billigen Arbeitskräften (Flüchtlinge und generell Frauen) zurückzugreifen. Die meist leichtindustriellen Erzeugnisse fanden günstige Absatzbedingungen vor allem auf den arabischen Märkten. Im Rahmen des „kleinen Wirtschaftswunders" in der Republik Zypern nach 1974 leistete die verarbeitende Industrie den wohl wichtigsten Beitrag zur Vollbeschäftigung und zum wirtschaftlichen Wiederaufbau.

In den 80er und 90er Jahren verlor das verarbeitende Gewerbe vor allem durch eine zunehmende Dominanz des Fremdenverkehrs an gesamtwirtschaftlicher Bedeutung. Überfällige strukturelle Anpassungen des verarbeitenden Sektors blieben lange Zeit aus, zumal die einheimische Industrie weiterhin durch weitreichende protektionistische Maßnahmen von der internationalen Konkurrenz abgeschot-

---

[107]) Statistical Yearbook 1990 (Anm. 84), S. 150, Tab. 133.
[108]) Turkish Cypriot Chamber of Commerce: Turkish Republic of Northern Cyprus. O. O. 1993, S. 7.
[109]) Central Bank of the Turkish Republic of Northern Cyprus (Anm. 87), S. 55, Tab. 14, S. 38; Tab. 25.

tet wurde. Vor allem überproportionale Steigerungen der Arbeitskosten führten zum Verlust der Konkurrenzfähigkeit auf einem Teil der Exportmärkte, insbesondere im arabischen Raum. Die Verwirklichung der Zollunion mit der Europäischen Union zwingt die Regierung einerseits zum Abbau der protektiven Maßnahmen, andererseits brachte sie der zyperngriechischen Industrie verstärkte Absatzmöglichkeiten auf den EU-Märkten. Aktuelle Ansätze zu strukturellen Anpassungen lassen hoffen, daß der verarbeitende Sektor in der Republik Zypern die Integration des Landes in die EU wenigstens teilweise erfolgreich überstehen wird.

In der „TRNZ" waren die Voraussetzungen für eine Industrialisierung nach der De-facto-Teilung von 1974 denkbar schlecht. U. a. fehlte es den Zyperntürken an einer industriell-gewerblichen Tradition. Die allgemeinen wirtschaftlichen Strukturmängel, wie z. B. die Abhängigkeit von der Türkei, die politisch-wirtschaftliche Isolierung, der winzige Binnenmarkt, Mangel an Kapital und Know-how, waren auch einer industriellen Entwicklung nicht förderlich. Dennoch kam es zu einer bescheidenen, zum Teil exportorientierten, Industrialisierung. Gewisse Standortvorteile besitzt die zyperntürkische Industrie durch die Verfügbarkeit billiger Arbeitskräfte, teils aus der Türkei. Einen empfindlichen Rückschlag erfuhr die nordzyprische Industrie Anfang der 90er Jahre durch den Zusammenbruch der *Polly Peck*-Gruppe, zu der wichtige Schlüsselbetriebe der verarbeitenden Industrie gehört hatten.

Der ehemals in Zypern sehr wichtige Bergbau hat nach 1974 seine Bedeutung auf der gesamten Insel weitgehend verloren. Bereits vor der Teilung hatte sich die Erschöpfung der Vorkommen an abbaufähigen Kupfer- und Eisenpyriten abgezeichnet. Bis heute wurde der Abbau von Metallerzen auf der ganzen Insel praktisch vollständig eingestellt. Aufgegeben wurde in der Republik Zypern 1988 auch die bis dahin wichtige Gewinnung von Asbest. Heute beschränken sich die Aktivitäten des Sektors Bergbau und Steinbrüche in beiden Teilen der Insel weitgehend auf die Gewinnung von Baumaterialien.

Infrastruktur und Binnenhandel

Ronald Wellenreuther, Mannheim

I. Einleitung – II. Infrastruktur: 1. Verkehrsmittel und -wege: a) Nahverkehr: α) Ausbau des Straßen- und Wegenetzes – β) Entwicklung des Fahrzeugbestands – b) Fernverkehr: α) Seehäfen – β) Flughäfen – c) Exkurs: Das Wirtschaftsembargo und seine Auswirkungen auf die „Türkische Republik Nordzypern" – 2. Ent- und Versorgungseinrichtungen: a) Wasser – b) Elektrizität – c) Abwasser – 3. Kommunikationsnetze: a) Telekommunikation – b) Postwesen – 4. Einrichtungen des Gesundheitswesens – III. Binnenhandel – IV. Zusammenfassung

I. Einleitung

Der Schwerpunkt dieses Beitrags liegt auf der Zeit nach 1974, wobei historische Entwicklungen – soweit erforderlich – mit in die Betrachtungen einfließen. Der Versuch, beiden Hälften Zyperns die gleiche Aufmerksamkeit zu widmen, ist dabei aufgrund der unterschiedlichen Datengrundlage oft nur schwer realisierbar gewesen. Für den türkischen Inselteil, die selbsternannte „Türkische Republik Nordzypern" („TRNZ"), konnten zusätzlich die Resultate des von der Deutschen Forschungsgemeinschaft finanzierten Projekts herangezogen werden[1]).

II. Infrastruktur

Unter Infrastruktur ist die Ausstattung eines bestimmten Gebietes mit Einrichtungen sozialer und ökonomischer Art zu verstehen, die die Grundlage für die Ausübung der menschlichen Grunddaseinsfunktionen wie „Wohnen", „Arbeiten", „Freizeit", „Versorgung" und „Bildung" darstellen. Die Frage, welche Einrichtungen der Infrastruktur zuzurechnen sind, wird in der Literatur nicht einheitlich beantwortet[2]). In diesem Beitrag umfaßt der Begriff: Verkehrsmittel und -wege, Ver- und Entsorgungseinrichtungen, Kommunikationsnetze sowie Einrichtungen des Gesundheitswesens.

---

[1]) Das von der Deutschen Forschungsgemeinschaft unterstützte Projekt „Wirtschaftsstruktur und Entwicklungspotential der 1983 gegründeten ‚Türkischen Republik Nordzypern' unter besonderer Berücksichtigung der Abhängigkeit von der Türkei und der Kleinstaatlichkeit" wurde zwischen Januar 1993 und Mai 1995 am Geographischen Institut der Universität Mannheim vom Verfasser durchgeführt.

[2]) Diercke-Wörterbuch der Allgemeinen Geographie. Bd. 1. Dritte Auflage. Braunschweig 1987, S. 224, 271; Westermann-Lexikon der Geographie. Bd. 2. Zweite Auflage. Braunschweig 1973, S. 529.

Infrastruktur und Binnenhandel 371

1. Verkehrsmittel und -wege

a) Nahverkehr

Unter Nahverkehr ist der Personen- und Güterverkehr über relativ geringe Entfernungen zu verstehen, ohne daß von wissenschaftlicher Seite eine exakte Abgrenzung existiert. Als Anhaltspunkt mag der in der Logistik geltende Interaktionsradius von 50–70 km gelten. Im allgemeinen wird der Begriff Nahverkehr in bezug auf intraregionale und innerstädtische Verkehrsverflechtungen gebraucht. Die Kleinräumigkeit Zyperns und das Fehlen eines schiffbaren Gewässernetzes bedingen die Dominanz des Landtransports. Da unter britischer Kolonialverwaltung nur eine Eisenbahnlinie existierte, die Famagusta mit Morphou verband und bereits vor der Unabhängigkeit Zyperns stillgelegt wurde[3]), herrscht heute ausschließlich der motorisierte Verkehrsträger vor.

α) Ausbau des Straßen- und Wegenetzes

Vor 1870 gab es auf Zypern nur wenige Fuß- oder Maultierpfade Unter der englischen Kolonialherrschaft wurde im Zuge der topographischen Landaufnahmen von Horatio H. (Lord) Kitchener auch das Straßen- und Wegenetz ausgebaut, um eine effiziente Kolonialverwaltung zu erleichtern. Die verkehrsmäßige Erschließung Zyperns erfolgte in Süd-Nord-Richtung, denn bis zum Ausbau des Hafens von Famagusta Anfang des 20. Jahrhunderts war Larnaka der wichtigste Hafen der Insel. Zunächst mußte die Verwaltungshauptstadt Nikosia inmitten der Mesaoria-Ebene verkehrsmäßig erschlossen werden. Das Wegenetz wies 1904 eine Gesamtlänge von 1 371 km auf, davon waren 72 Prozent (%) leicht befestigte Straßen (Schotter)[4]).

Bis 1945 waren alle wichtigen Straßenverbindungen einspurig ausgebaut und geteert. In den 50er und 60er Jahren erfolgte aufgrund der raschen wirtschaftlichen Entwicklung Zyperns und der damit einhergehenden Erhöhung der Motorisierungsquote ein zweispuriger Ausbau der Verkehrsachsen zwischen den städtischen Zentren der Insel. Die Gesamtlänge des Straßen- und Wegenetzes betrug 1973 9 358 km, davon waren 45% asphaltiert[5]).

Die Teilung Zyperns im Jahre 1974 bedeutete auch einen Einschnitt in das Verkehrsliniennetz, da es willkürlich auseinandergerissen wurde. Das monozentrische Verkehrsliniennetz mit Nikosia als Mittelpunkt wich einem getrennten Verkehrswegesystem. Nikosia, das vor 1974 beinahe einen primatstadthaften Charakter[6])

---

[3]) Vgl. Turner, B.S.: The Story of the Cyprus Government Railway. London 1979.
[4]) Pohl, W.: Zyperns Erschließung durch ein modernes Straßennetz. Entwicklung und Kategorisierung des Straßenbaues während der letzten 100 Jahre. Bochum 1984 (= Unveröffentlichte Diplomarbeit der Abteilung für Geowissenschaften der Ruhr-Universität Bochum), S. 61.
[5]) Department of Statistics and Research. Republic of Cyprus (Hrsg.): Statistical Abstract 1989/1990. Nicosia 1991, S. 332.
[6]) Eine Primatstadt übertrifft alle anderen Städte eines Landes im Hinblick auf die Einwohnerzahl und die wirtschaftliche Bedeutung. Neben besonderen historischen und geographischen

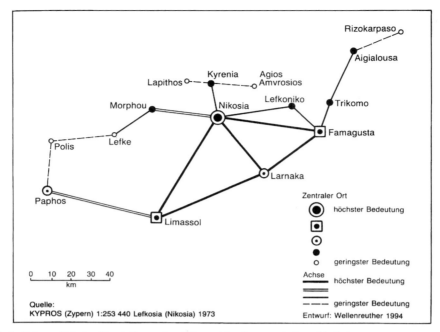

Abb. 1: Schematisierte Darstellung der Hierarchie des zyprischen Verkehrswegenetzes vor der Teilung Zyperns

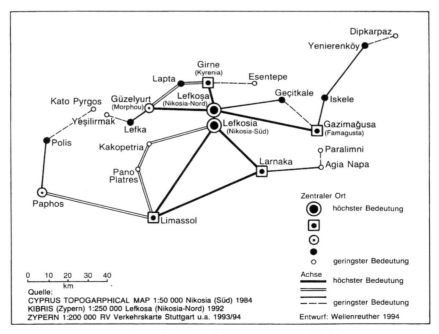

Abb. 2: Schematisierte Darstellung der Hierarchie des zyprischen Verkehrswegenetzes nach der Teilung Zyperns

hatte, büßte vor allem seine verkehrstechnische Zentralität zugunsten Larnakas und Limassols ein. Die einst zentral gelegene Hauptstadt befand sich nach der Teilung in einer geopolitischen Randlage. Die Verlegung des internationalen Flughafens von Nikosia nach Larnaka und der Ausbau des Hafens von Limassol als Ersatz für Famagusta sorgten nicht nur für ein vehementes Wachstum der beiden Städte, sondern zogen auch einen autobahnähnlichen Ausbau der Straßen zwischen dem Städtedreieck Nikosia, Limassol und Larnaka nach sich. Die Gesamtlänge des zyperngriechischen Straßennetzes betrug 1989 9824 km (inklusive 22,3% Forstwege im Troodos-Gebirge), davon waren 53% mit einer Asphaltdecke versehen[7]).

In der „TRNZ" wurden die Verkehrswege zunächst in West-Ost-Richtung ausgebaut, da diese durch die Teilung stellenweise unterbrochen waren. Später folgte die Erneuerung der Verbindungsstraße nach Girne (Kyrenia), das inzwischen an die Stelle von Gazimağusa (Famagusta) als zweitwichtigstes Zentrum des türkischen Inselteils getreten ist. Die Gesamtlänge des Straßen- und Wegenetzes betrug 1984 im nördlichen Inselteil 5246 km, davon waren 84% geteert[8]). Mit Ausnahme der Schnellstraßen zwischen Lefkoşa (Nikosia), Gazimağusa (Famagusta), Güzelyurt (Morphou) und Girne (Kyrenia) blieb das Straßennetz Nordzyperns bis Ende der 80er Jahre weitgehend auf dem Niveau von 1974 stehen. Der *Karayolu Master Plani* von 1988 sah zwar eine Erneuerung von 1625 Straßenkilometern vor, mit Kosten in Höhe von 30,1 Millionen US-Dollar verbunden waren[9]). Davon waren bis Ende 1991 allerdings lediglich 219 Km von türkischen Firmen fertiggestellt worden. Die Kosten in Höhe von 9,9 Millionen US-Dollar wurden von Ankara getragen[10]).

β) Entwicklung des Fahrzeugbestands

Die ökonomische Benachteiligung der zyperntürkischen Volksgruppe vor 1974 spiegelt sich in der Entwicklung des Bestands an privaten Kraftfahrzeugen (PKW) wider. Vor allem in den ersten Jahren nach der Teilung wurde der Eindruck der Unterentwicklung Nordzyperns auch von dieser geringen Motorisierungsquote hervorgerufen. Der Rückstand im Vergleich zum griechischen Süden war eklatant. Noch acht Jahre nach dem Einmarsch türkischer Truppen verfügten die Zyperntürken bei einem Bevölkerungsanteil von ca. 20% an der Gesamtpopulation lediglich über 13% aller PKW auf der Insel. Dieser Rückstand ist in der „TRNZ", zumindest was die Bevölkerungsgruppe der Zyperntürken anbetrifft, heute aufge-

---

Faktoren wird die Primatstadtentstehung besonders durch eine zentralistische Regierungsform begünstigt.

[7]) Statistical Abstract 1989/1990 (Anm.5), S.332.

[8]) North Cyprus Almanack. Rüstem & Brothers. London 1987, S.136.

[9]) Aus Gründen einer besseren Vergleichbarkeit und wegen der hohen Inflationsrate in Nordzypern, die 1994 216% p.a. betrug, wurden alle Währungsangaben zum Tageskurs in US-Dollar umgerechnet.

[10]) Kıbrıs. 21.11.1992 und Nachrichten für den Außenhandel. 26.04.1989.

holt. Rein statistisch sind die zyperntürkischen Haushalte in bezug auf ihre Ausstattung mit hochwertigen Produkten des mittel- und langfristigen Bedarfs wie Autos, Waschmaschinen oder Fernsehgeräten den zyperngriechischen Haushalten gleichgestellt.

Tabelle 1: Entwicklung der Fahrzeugbestände auf Zypern

	1982		1989	
	Süd	Nord	Süd	Nord
PKW*	104 460	15 691	165 433	34 127
Bus**	1 497	743	2 176	1 329
LKW***	30 361	4 633	66 637	8 636
Traktoren	5 966	3 497	8 669	4 823

* inklusive Taxis und Mietwagen
** inklusive Kleinbusse
*** inklusive „Pick up" und Kleintransporter
Quellen: Department of Statistics and Research. Republic of Cyprus (Hrsg.): Statistical Abstract 1989/1990. Nicosia 1991, S. 324; Devlet Planlama Örgütü. Kuzey Kıbrıs Türk Cumhuriyeti (Abteilung für Staatsplanung. „Türkische Republik Nordzypern") (Hrsg.): Istatistik Yilligi 1990 (Statistisches Jahrbuch 1990). Lefkoşa 1991, S. 176.

Tabelle 1 zeigt eine Zunahme der PKW zwischen 1982 und 1989 von 58% in der Republik bzw. 118% in der „TRNZ". Statistisch verfügte somit in der Republik Zypern 1989 jeder dritte Einwohner über ein Fahrzeug, während sich im türkischen Norden durchschnittlich fünfeinhalb Menschen ein Auto teilten[11]). Die verhältnismäßig stärkere Zunahme des PKW-Bestands in Nordzypern ist jedoch nicht primär einer ökonomischen Gesundung zuzuschreiben, wie von offizieller Seite suggeriert wird. Es kann zwar von einer begrenzten Konsolidierung der zyperntürkischen Wirtschaft im Verlauf der 80er Jahre gesprochen werden, aber im wesentlichen handelte es sich dabei um eine wirtschaftliche Scheinblüte, die in erster Linie von den Zahlungen aus der Türkei und weniger von einer Steigerung der eigenen Produktivität herrührte[12]). Die im Vergleich zu den zyperngriechischen Werten höheren Steigerungsraten der zyperntürkischen Wirtschaft betreffen hauptsächlich Konsumgüter. Eine Analyse der Investitionsausgaben zeigt ein konträres Bild, was auch die Zuwachsraten auf dem Nutzfahrzeugsektor bestätigen, die im Falle der Republik Zypern mit einem Anstieg von 69% (Busse), 119% (LKW)

---

[11]) Das „Worldwatch-Institut" gab für Zypern 1991 zweieinhalb Einwohner je PKW an (Cyprus Weekly. 31.05.–06.06.1991, S. 48).
[12]) Wellenreuther, R.: Lefkoşa (Nikosia-Nord). Stadtentwicklung und Sozialraumanalyse einer Stadt zwischen Orient und Okzident. Mannheim 1995 (= Unveröffentlichte Dissertation), S. 60–64, veröffentlicht unter dem Titel: Nikosia-Nord (Zypern). München 1996 (= Wirtschaft und Gesellschaft in Südosteuropa, 12). Vgl. ferner Hahn, B./Wellenreuther, R.: Die Türkische Republik Nordzypern, in: Geographische Rundschau. 10 (1996), S. 595–600 und dieselben: Die wirtschaftliche Entwicklung der TRNZ, in: Orient. 37 (1996) 4, S. 673–689.

und 45% (Traktoren) durchweg höher liegen als die entsprechenden Werte in der „TRNZ", die 56%, 86% bzw. 38% betragen.

Dieses unterschiedliche Bild zwischen beiden Inselteilen setzt sich auf dem Gebiet der Verkehrssicherheit fort. Die meisten Unfälle ereignen sich auf den gut ausgebauten Schnellstraßen. Die Zahlen in Tabelle 2 belegen, daß die Unfallzahlen im Norden trotz geringerer Verkehrsdichte stärker angestiegen sind als im Süden und sich dort auch verhältnismäßig mehr Unfälle mit schwereren Folgen ereignen. Als Hauptunfallursache läßt sich überhöhte Geschwindigkeit unter Alkoholeinfluß feststellen[13]). Durch Verkehrsunfälle entstand allein in der „TRNZ" 1993 ein volkswirtschaftlicher Schaden in Höhe von 1 838 Millionen US-Dollar[14]).

Tabelle 2: Entwicklung der Verkehrsunfälle auf Zypern

	1982		1989	
	Süd	Nord	Süd	Nord
Zahl der Verkehrsunfälle	8 502	939	11 321	1 651
Zahl der Getöteten	105	31	119	46
Zahl der Verletzten	4 360	614	4 467	1 101

Quellen: Department of Statistics and Research. Republic of Cyprus (Hrsg.): Statistical Abstract 1989/1990. Nicosia 1991, S. 333; Devlet Planlama Örgütü. Kuzey Kıbrıs Türk Cumhuriyeti (Abteilung für Staatsplanung. „Türkische Republik Nordzypern") (Hrsg.): Istatistik Yıllıgı 1990 (Statistisches Jahrbuch 1990). Lefkoşa 1991, S. 175.

b) Fernverkehr

Unter Fernverkehr versteht man die Beförderung von Personen oder Gütern über größere Entfernungen. Für die Größe der Entfernung ist wie im Falle des Nahverkehrs keine generelle Festlegung möglich, da sie vorwiegend von den technischen und ökonomischen Besonderheiten der Transportmittel sowie den spezifischen Bedingungen des jeweiligen Landes abhängt. Im Fall Zyperns ist aus geographischen Gründen der Fernverkehr ausschließlich auf die See- und Lufttransporte, die zugleich auch den Auslandsverkehr umfassen, beschränkt.

α) Seehäfen

Für die Seehäfen Zyperns ist die statistische Datengrundlage beider Inselteile zufriedenstellend, so daß vergleichende Aussagen über die Entwicklung der Häfen und der umgeschlagenen Tonnagen möglich sind.

---

[13]) In Nordzypern gilt Trunkenheit am Steuer immer noch als Kavaliersdelikt und wird in der Praxis von der Polizei sehr nachlässig geahndet.
[14]) Cyprus Today. 01.–07.01.1994.

Tabelle 3: Tonnageumsätze zyprischer Häfen vor 1974 (gerundete Angaben in Tausend Tonnen)

	1960	1963	1966	1969	1972
Larnaka	782	832	519	486	418
Limassol	1 425	1 927	1 743	1 875	1 648
Famagusta	989	1 383	1 834	2 137	2 515
Pafos	84	53	58	37	15
Kyrenia	7	7	–	–	–
Karavostasi	366	365	342	310	208
Limni	–	–	–	–	32
Zygi	129	66	61	–	–
Dhekelia	–	–	–	–	12
Akrotiri	–	–	–	–	–
Moni	–	–	–	–	–
Summe	3 782	4 633	4 557	4 845	4 848

Quelle: Department of Statistics and Research. Republic of Cyprus (Hrsg.): Statistical Abstract 1989/1990. Nicosia 1991, S. 338.

Zwischen 1960 und 1972 hatte die Wirtschaft der Republik Zypern eine im Vergleich zu später recht geringe Wachstumsrate von insgesamt 28,2% zu verzeichnen. 1972 entfiel auf Limassol dabei ein Tonnageanteil von 34% und auf Famagusta von 52%. Damit war Famagusta vor der Teilung Zyperns zwar der wichtigste Hafen der Insel, aber eine Sonderstellung, welche die Zyperngriechen mit Angaben von über 80% am Gesamtumsatz glaubhaft machen wollen[15]), hatte diese Hafenstadt zum Zeitpunkt des türkischen Einmarsches nicht mehr. Richtig ist dagegen, daß die Entwicklung des Hafens von Famagusta eindeutig zu Lasten der Häfen von Larnaka und Pafos ging, wie die Zahlen in Tabelle 3 zeigen. Der zweispurige Ausbau der Verkehrsstraße von Nikosia nach Famagusta in den 60er Jahren gab dabei sicherlich wichtige Entwicklungsimpulse.

Der marginale Stellenwert des Hafens von Kyrenia vor 1974 war in erster Linie seiner natürlichen geographischen Lage und den daraus folgenden verkehrstechnischen Widrigkeiten zuzuschreiben. Der Pentadaktylos-Höhenzug wirkte lange als physische Barriere entwicklungshemmend. Hinzu traten naturräumliche Nachteile, denn in den Wintermonaten stellen die aus nordwestlicher Richtung stürmenden Ethesienwinde eine potentielle Gefahrenquelle für die Hafenanlagen dar. Der ökonomische Ausfall nach 1963 hatte politische Gründe, da die direkte Verbindungsstraße von Nikosia nach Kyrenia durch das Gebiet einer zyperntürkischen Siedlungsenklave führte, die zwischen 1963 und 1974 nicht frei passierbar war und Zyperngriechen die Benutzung zweier Nebenstraßen auferlegte.

Im Zuge des rasanten wirtschaftlichen Aufschwungs im zyperngriechischen Inselteil nach 1974 wurden auch die Häfen von Larnaka und Limassol ausgebaut,

---

[15]) Orthgieß, A.: Die wirtschaftliche Entwicklung in beiden Teilen Zyperns. – Ein Vergleich. Unveröffentlichte Diplom-Arbeit am Institut für Wirtschaft und Gesellschaft Ost- und Südosteuropas. München 1993, S. 26.

um die einstigen Funktionen von Famagusta übernehmen zu können. Insgesamt erhöhte sich zwischen 1979 und 1989 im Süden die Zahl der anlegenden Schiffe um 41%, die der umgeschlagenen Tonnage um 140%. Davon entfiel auf Larnaka eine Steigerung von 40% bzw. 244%. Limassol konnte einen Zuwachs in Höhe von 36% bzw. 107% verbuchen. Von dem Gesamttonnageumsatz aller zyprischen Häfen in Höhe von 15,5 Millionen Tonnen im Jahre 1989 entfielen auf die Republik Zypern 95,2% und auf die „TRNZ" nur 4,8%. Der Anteil von Limassol und Larnaka am gesamten zyperngriechischen Tonnagevolumen betrug 1989 95%. Die übrigen Häfen in der Republik Zypern – Moni, Zygi und Dhekelia –, die primär der Löschung von Schweröl für die Stromkraftwerke in Dhekelia und Moni dienen, machten 1989 mit den restlichen 5% lediglich einen marginalen Anteil aus.

Tabelle 4: Die Entwicklung zyperngriechischer Häfen nach 1974
(gerundete Angaben in Tausend Tonnen)

	1979		1984		1989	
	Schiffe	Tonnage	Schiffe	Tonnage	Schiffe	Tonnage
Larnaka	1 138	1 163	1 803	3 765	1 591	4 000
Limassol	2 834	4 859	3 675	8 149	3 851	10 047
Pafos	–	–	–	–	–	–
Limni	21	36	–	–	–	–
Zygi	25	58	218	192	205	405
Dhekelia	–	–	9	78	13	149
Akrotiri	2	19	6	40	5	62
Moni	5	34	9	71	13	130
Summe	4 025	6 169	5 720	12 295	5 678	14 793

Quelle: Department of Statistics and Research. Republic of Cyprus (Hrsg.): Statistical Abstract 1989/1990. Nicosia 1991, S. 337/338.

Vergleichsweise bescheiden verlief dagegen die Entwicklung in der „TRNZ" mit einer Steigerung des Tonnageumsatzes in Höhe von 9% zwischen 1984 und 1993. Noch ungünstiger fällt das Bild bei einer Differenzierung des Güterumschlags aus. Im gleichen Zeitraum stieg der Anteil gelöschter Güter um 34% und der Anteil verladener Produkte sank um 25%. Diese Entwicklung dokumentiert deutlich das chronische Handelsbilanzdefizit Nordzyperns. Die einstige führende Stellung Famagustas verstärkte sich nach der Teilung Zyperns weiter in bezug auf den Güterumschlag des Nordens trotz rückläufiger Tendenz. 1984 wurde 90% der Gesamttonnage über den Hafen von Gazimağusa (Famagusta) abgewickelt, 1987 77%, 1990 71%, und 1993 betrug der Anteil noch 67%. Der Grund liegt in dem von privaten Investoren durchgeführten Ausbau des Hafens von Kaleçik (Gastria) 25 km nördlich von Gazimağusa, der inzwischen Teilfunktionen kompensiert (Löschung von Schweröl, Gips und Zement). Sein Anteil am Gesamttonnageumsatz stieg von 9% im Jahre 1984 auf 32% 1993. Die 1986 in Betrieb genommene neue Hafenanlage von Girne dient ausschließlich touristischen Belangen. Ein Güterumschlag ist nur im Rahmen von Versorgungslieferungen der Fremdenverkehrseinrichtungen möglich. Über den Hafen von Gemikonagi (Karavostasi), der heute alle Funktionen verloren hat, wurden vor der Teilung Zyperns hauptsächlich Erze ausgeführt, die in der Umgebung abgebaut wurden.

Tabelle 5: Tonnageumsätze zyperntürkischer Häfen nach 1974
(gerundete Angaben in Tausend Tonnen)

Hafen		1984	1987	1990	1993
Gazimağusa (Famagusta)	Löschung	349	291	370	327
	Verladung	278	217	184	187
Gemikonagi (Karavostasi)	Löschung	–	–	–	–
	Verladung	8	–	–	–
Girne (Kyrenia)	Löschung	3	–	24	3
	Verladung	–	–	–	–
Kaleçik (Gastria)	Löschung	61	115	201	222
	Verladung		35	1	26
Summe	Löschung	413	406	595	552
	Verladung	286	252	185	213

Quellen: Devlet Planlama Örgütü. Kuzey Kıbrıs Türk Cumhuriyeti (Abteilung für Staatsplanung. „Türkische Republik Nordzypern") (Hrsg.): Istatistik Yilligi 1990 (Statistisches Jahrbuch 1990). Lefkoşa 1991, S. 184; Bayindirlik ve Ulastirma Bakanligi. Limanlar Dairesi Müdürlügü (Ministerium für öffentliche Arbeiten, Transport und Verkehr. Abteilung Hafendirektion). 1993 Yili Faaliyet Raporu (Rechenschaftsbericht für 1993). Gazimağusa 1994, S. 26–31.

β) Flughäfen

Vor der Teilung Zyperns konzentrierte sich die Abwicklung des Flugverkehrs auf den internationalen Flughafen von Nikosia, der als Drehscheibe zwischen Nah- bzw. Mittelost und Europa galt. Nach dem türkischen Einmarsch 1974 entstand auf Zypern infolge der faktischen Doppelstaatlichkeit eine Überversorgung in bezug auf die Abfertigungseinrichtungen des Flugverkehrs. Heute verfügt Zypern über sieben Flughäfen, die von fast allen Passagier- und Frachtmaschinen, die im internationalen Mittel- und Langstreckenverkehr eingesetzt werden, angeflogen werden können.

Die Zahl der Flughäfen auf Zypern ist natürlich das Resultat geopolitischer Veränderungen in der jüngeren Vergangenheit und steht in keiner Relation zur Größe der Insel. Die Einrichtungen von Akrotiri und Dhekelia sind Bestandteile der britischen Militärstützpunkte, und der Flughafen von Nikosia liegt seit 1974 in der von der UNO verwalteten Pufferzone. Alle drei Flughäfen scheiden in bezug auf die Abwicklung des regulären Passagier- und Frachtaufkommens der Insel Zypern aus. Die einstigen Funktionen des zentralen Flughafens von Nikosia teilen sich heute die 1975 zu betriebsfähigen Anlagen ausgebauten Einrichtungen in Larnaka und Ercan (Tymvou). In den 80er Jahren bauten die Zyperngriechen aufgrund steigender Zahlen von Chartertouristen einen zweiten Flughafen in Pafos, der seinen Betrieb 1984 aufnahm. Im zyperntürkischen Teil wurde zur gleichen Zeit in der Nähe von Geçitkale (Lefkoniko) ein zweiter Flughafen errichtet. Die Gründe waren allerdings nicht wirtschaftlicher, sondern militärstrategischer Natur. Für den zivilen Verkehr steht dieser Flughafen nur einmal im Jahr zur Verfügung, wenn Ercan wegen Wartungsarbeiten geschlossen ist.

Im Hinblick auf den Flugverkehr hat der Status von Zypern eine groteske Situation geschaffen. Die Zyperngriechen haben auch auf dem Luftverkehrssektor durchsetzen können, daß der „TRNZ" die völkerrechtliche Anerkennung verweigert wird (z. B. IATA-Reglement), was zur Folge hat, daß Flüge nach Nordzypern als türkische Binnenflüge angesehen werden und auch bei den sogenannten Direktflügen immer mit zwei Flugnummern gearbeitet werden muß. Die zyperngriechischen Lobbyisten konnten darüber hinaus beispielsweise in England durchsetzen, daß Flüge nach Nordzypern ab London als Zielflughafen nicht Ercan angeben dürfen, sondern den jeweiligen Umsteige- oder Zwischenlandeflughafen in der Türkei.

Faktisch obliegt die Abwicklung des Luftverkehrs von und in die „TRNZ" den zyperntürkischen Behörden. Daran ändern auch die Eigentumsverhältnisse der am Nordzyperngeschäft beteiligten Fluglinien nichts, die sich ganz in türkischer Hand oder wie im Falle der staatlichen zyperntürkischen Gesellschaft *Kıbrıs Türk Hava Yolları* (KTHY) mehrheitlich in türkischem Besitz befinden. Als Beispiel kann die Luftraumüberwachung gelten. Das Kontrollgebiet der *Nicosia Flight Information Region* (NFIR) wird seit 1974 im nördlichen Abschnitt von der neugeschaffenen zyperntürkischen Luftraumüberwachung beansprucht[16]). Eine Kooperation mit den zyperngriechischen Stellen findet nicht statt. Ausländische Fluglinien nehmen auch die Dienste der nordzyprischen Luftraumüberwachung in Anspruch, da Zypern einen Verkehrsknotenpunkt internationaler Luftverkehrsstraßen darstellt. Mitte der 80er Jahre wurden täglich 250 Flugzeuge von der zyperntürkischen Luftraumüberwachung registriert[17]).

Tabelle 6: Passagier- und Frachtaufkommen nach 1974 in der Republik Zypern
(Angaben in Tausend)

		1977	1981	1985	1989
Flüge	Landungen	5,6	8,1	14,3	16,9
	Starts	5,6	8,1	14,1	16,9
Passagiere	Ankunft	256	536	881	1 489
	Abflug	256	534	871	1 509
Fracht	Entladung	17,4	19,0	20,2	19,8
(Tonnen)	Beladung	3,7	4,4	6,8	9,3

Quelle: Department of Statistics and Research. Republic of Cyprus (Hrsg.): Statistical Abstract 1989/1990. Nicosia 1991, S. 342.

---

[16]) Hahn, B.: Die Insel Zypern. Der wirtschafts- und politisch-geographische Entwicklungsprozeß eines geteilten Kleinstaates. Hannover 1982, S. 252/253.
[17]) North Cyprus Almanack (Anm. 8), S. 143.

Tabelle 7: Passagier- und Frachtaufkommen nach 1974 in der „TRNZ" (Angaben in Tausend)

		1984	1987	1990	1993
Flüge	Landungen	0,8	1,3	2,2	k.A.
	Starts	0,8	1,3	2,2	k.A.
Passagiere	Ankunft	k.A.	k.A.	k.A.	325
	Abflug	k.A.	k.A.	k.A.	340
Fracht	Beladung	1,4	1,0	1,9	1,8
(Tonnen)	Entladung	0,5	0,9	3,5	2,8

k.A. = keine Angabe
Quellen: Devlet Planlama Örgütu. Kuzey Kıbrıs Türk Cumhuriyeti (Abteilung für Staatsplanung. „Türkische Republik Nordzypern") (Hrsg.): Istatistik Yilligi 1990 (Statistisches Jahrbuch 1990). Lefkoşa 1991, S. 186; Bayindirlik ve Ulastirma Bakanligi (Ministerium für öffentliche Arbeiten, Transport und Verkehr): Verschiedene (unveröffentlichte) Statistiken. Lefkoşa 1994.

Ein Vergleich zwischen den zyperngriechischen und den zyperntürkischen Luftverkehrszahlen liefert ein ähnliches Bild wie der Seeverkehr. 1989 wurden auf Zypern insgesamt 37 277 Flugbewegungen registriert. Davon entfiel auf die Republik Zypern ein Anteil von 90,5% und auf Nordzypern 9,5%. Der Frachtumsatz, der 1989 über zyprische Flughäfen abgewickelt wurde, betrug 33 760 Tonnen, wovon 87,9% auf den griechischen und 12,1% auf den türkischen Teil entfielen. Die Steigerung des Passagieraufkommens in der Republik Zypern zwischen 1977 und 1989 um 487% ist besonders der Expansion der Fremdenverkehrsindustrie zuzuschreiben. Die Zuwachsrate der Frachtumsätze zyperngriechischer Flughäfen fiel mit 37,9% im selben Zeitraum geringer aus, was auf die Dominanz des Seetransports zurückzuführen ist. Tabelle 6 zeigt, daß in der Republik Zypern erheblich mehr Fracht auf dem Luftweg ein- als ausgeführt wird, was am geringeren Anteil des Exports hochwertiger und leicht verderblicher Agrarprodukte liegt, die nicht auf dem Seeweg transportiert werden können. Ungeachtet dessen ziehen die Zyperngriechen aus der geographischen Lage der Insel Nutzen, indem landwirtschaftliche Produkte aufgrund des schnellen Lufttransports auf den Märkten Europas mit einem saisonbedingten Zeitvorsprung angeboten werden können (z.B. Frühkartoffeln, Grapefruits). Die entsprechenden Zahlen für die „TRNZ" sind bei genau umgekehrten Relationen insgesamt wesentlich niedriger (vgl. Tabelle 7). Das bedeutet, daß der Norden im Hinblick auf den Export landwirtschaftlicher Sonderkulturprodukte bei weitem nicht die Stellung einnimmt wie sie die Republik Zypern inne hat.

c) Exkurs: Das Wirtschaftsembargo und seine Auswirkungen auf die „Türkische Republik Nordzypern"

Die ökonomischen Konsequenzen des zyperngriechischen Wirtschaftsembargos auf die Abhängigkeit Nordzyperns von der Türkei sind in der Zypernforschung bislang nicht oder nur kursorisch behandelt worden. Vier Einflußfaktoren, die mit dem politischen Zypernproblem in einem direkten Zusammenhang stehen, wirken sich ungünstig auf die Entwicklung der zyperntürkischen Wirtschaft aus:

1. Wegen der internationalen Nichtanerkennung ist die „TRNZ" von der Mitgliedschaft in internationalen Gremien und Organisationen weitgehend ausgeschlossen. Das bedeutet aus ökonomischer Hinsicht, daß türkische Zyprer direkt keine internationalen Finanzmittel in Anspruch nehmen können (z. B. Weltbankkredite). Außerdem wirkt sich aus nordzyprischer Sicht die fehlende Anerkennung im Hinblick auf die Europäische Union besonders schmerzhaft aus, weil keine Kredite der Europäischen Investitionsbank gewährt werden können und der Absatz zyperntürkischer Produkte auf dem europäischen Markt durch formale und zollrechtliche Hindernisse zusätzlich erschwert wird. Auch auf dem Gebiet der Luftfahrt muß Nordzypern wirtschaftliche Nachteile infolge der Nichtanerkennung in Kauf nehmen, da das Land nicht direkt angeflogen werden darf. Darüber hinaus behindert die eigene Staatsbürgerschaft die persönliche Mobilität, da nur die Türkei und England eine Einreise mit zyperntürkischen Pässen erlauben. Ein weiteres von außen induziertes Exporthindernis stellt das EU-Gerichtsurteil vom 5. Juli 1994 dar[18]). Die Luxemburger Richter verfügten darin, daß von den EU-Mitgliedstaaten nur die Unbedenklichkeitsbescheinigungen für zyprische Agrarprodukte akzeptiert werden dürfen, die ausschließlich von den Behörden der Republik Zypern ausgestellt werden. Dies sah zunächst wie ein schwerer Schlag für die zyperntürkische Landwirtschaft aus, doch die tatsächlichen volkswirtschaftlichen Nachteile fallen für die „TRNZ" weitaus geringer aus, als ihre eigene Propaganda es suggerieren will[19]).

2. Nach zyperngriechischer Rechtsauffassung ist der Norden Zyperns widerrechtlich besetzt und die Proklamation der zyperntürkischen Eigenstaatlichkeit illegal. Die Gesetze der Republik Zypern verbieten eine Einreise über das zyperntürkische Territorium und erlauben einen Besuch des Nordens nur über den *Checkpoint* in Nikosia[20]). Touristen mit zyperntürkischen Sichtvermerken in den Pässen können allerdings bei der Einreise in die Republik Zypern verhaftet und strafrechtlich verfolgt werden. In der Praxis freilich beschränken sich die zyperngriechischen Behörden in diesen Fällen auf die Verweigerung der Einreise. Auf der internationalen politischen Ebene konnten zyperngriechische Diplomaten und Politiker, die von Griechenland tatkräftig unterstützt werden, bislang erfolgreich für die Aufrechterhaltung des Alleinvertretungsanspruches sorgen. Bei privaten und halbstaatlichen Vereinigungen (Wirtschafts- und Bildungsverbände sowie Kultur- und Sportvereine) versuchen die Zyperngriechen mit dem Hinweis auf die völkerrechtliche Nichtanerkennung des Nordens, die Teilnahme der Zyperntürken auszuschließen oder zumindest ihre Gleichstellung mit anderen (nationalstaatli-

---

[18])) Cyprus Weekly. 08.–14. 07. 1994, S. 6.
[19]) Inoffizielle Stellungnahme der zyperntürkischen Handelskammer („Kıbrıs Türk Ticaret Odası") vom September 1994. Die Namen der Interviewpartner sind dem Verfasser bekannt.
[20]) Offizielle Stellungnahme der zyperngriechischen Fremdenverkehrszentrale in Frankfurt am Main, in: Berner, U.: Das vergessene Volk. Der Weg der Zyperntürken von der Kolonialzeit zur Unabhängigkeit. Pfaffenweiler 1992, S. 462.

chen) Gruppen zu verhindern. Die Vereinigungen der griechischen Auslandszyprer und die diplomatischen Vertretungen der Republik erweisen sich als äußerst aktiv, wenn es um die Wahrung ihrer „nationalen" Interessen geht. In geschickten Formulierungen lassen sie im Ausland den Eindruck entstehen, daß die internationale Staatengemeinschaft Reisen in die „TRNZ" gesetzlich verbiete und verschweigen dabei, daß eine solche gesetzliche Grundlage lediglich in der Republik Zypern existiert[21]. Unternehmern mit Geschäftskontakten in der Republik Zypern oder in Griechenland wird im Falle eines wirtschaftlichen Engagements in der „TRNZ" mit dem sofortigen Abbruch der Beziehungen gedroht. Manchmal wird sogar der Versuch unternommen, Investoren mit einem Interesse an Nordzypern zu korrumpieren. Der israelische Unternehmer Ely Levy behauptete jedenfalls, daß ihm 10 Millionen US-Dollar für die Annullierung seiner Pauschalreisen nach Nordzypern angeboten wurde[22]. Selbst in der zyperngriechischen Presse wird die Bedeutung von Schmiergeldern zur Durchsetzung des Alleinvertretungsanspruches offen diskutiert[23].

3. Ein weiterer entwicklungshemmender Faktor ist die Anbindung Nordzyperns an die Türkei[24]. Theoretisch müßten damit zwar die negativen Auswirkungen der internationalen Nichtanerkennung und des zyperngriechischen Boykotts kompensiert oder zumindest abgeschwächt werden; in der Praxis handelt Ankara jedoch oft nach den eigenen vitalen Interessen zum Nachteil der „TRNZ", wie einige typische Beispiele zeigen:

a) Bei seinem Staatsbesuch 1986 brachte der damalige türkische Premierminister Turgut Özal einen Stab von Wirtschaftsexperten mit nach Nordzypern, um die neue liberale türkische Wirtschaftspolitik in der „TRNZ" zu implementieren. Doch die für Nordzypern nachteilige Übernahme dieses Wirtschaftskonzepts stieß auf so heftige Kritik der linken Oppositionsparteien, daß die Regierungskoalition darüber zerbrach. Das neue Programm sah die Aufhebung sämtlicher Handels- und Geldmarktrestriktionen vor, d. h. die Abschaffung der bisherigen Devisenbewirtschaftung sowie eine drastische Senkung der Importzölle. Außerdem sollten die unrentabel wirtschaftenden Staatsbetriebe sukzessive privatisiert werden. Da die neue Wirtschaftsstrategie ganz auf die Bedürfnisse der türkischen Volkswirtschaft ausgerichtet war, kritisierten die Zyperntürken, denen in der Frage der ökonomischen Anbindung an das „Mutterland" überhaupt kein Mitspracherecht zugestanden wurde, die Einseitigkeit dieses Schritts. Zypern hat traditionell mit den Problemen eines zu kleinen Binnenmarktes zu kämpfen, deshalb herrschen protektionistische Maßnahmen in Form hoher Importzölle und massive staatliche

---

[21] Als der Verfasser 1993 zum ersten Mal mit Studenten der Universität Mannheim in Nordzypern eine Lehrveranstaltung durchführte, wurde er in einem höflichen, aber bestimmten Schreiben der Botschaft der Republik Zypern auf die „Unrechtmäßigkeit" seines Vorhabens hingewiesen.
[22] Yeni Demokrat. 03.08.1994.
[23] Cyprus Weekly. 02.–08.09.1994.
[24] Vgl. Ioannides, Ch. P.: In Turkey's Image. The Transformation of Occupied Cyprus into a Turkish Province. New York 1991.

Subventionen bestimmter Wirtschaftszweige vor. Für die „TRNZ" kommen gravierende Standort- und Wettbewerbsnachteile, die aus der internationalen Nichtanerkennung und der Abhängigkeit von der Türkei resultieren, hinzu. Die linken zyperntürkischen Oppositionsparteien und die Gewerkschaften sahen in der sogenannten wirtschaftlichen Ankoppelung Nordzyperns an die Türkei darüber hinaus negative Effekte für eine künftige Lösung der Zypernfrage, weil sich dann beide Inselteile nicht nur politisch, sondern auch wirtschaftsstrukturell immer weiter auseinanderentwickeln würden.

b) Der Versuch der neugewählten Regierungskoalition Hakkı Atun im Frühjahr 1994, die Türkische Lira durch eine eigene Währung zu ersetzen, um mit einer stabilen Währungseinheit eine wichtige Voraussetzung für die langfristige Konsolidierung der zyperntürkischen Wirtschaft zu ermöglichen, wurde dagegen schließlich von türkischen Wirtschaftsexperten, die sich nach wiederholten Abwertungen der türkischen Währung zu Beratungen in Nordzypern aufhielten, vereitelt[25]). Eine eigene Währung ist für die „TRNZ" jedoch unabdingbar, um überhaupt eine ihren Interessen gerecht werdende Geldmarkt- und Wirtschaftspolitik betreiben zu können sowie das für den Aufbau notwendige Vertrauen in die ökonomische Entwicklung Nordzyperns zu gewinnen. Die gegenwärtige Situation fördert sowohl die Flucht in harte Fremdwährungen als auch einen ständigen Kapitalabfluß und lähmt jegliche Investitionsbereitschaft im Norden Zyperns.

c) Alle regulären Verkehrsanbindungen der „TRNZ", die den Passagiertransport betreffen, laufen über die Türkei. Türkische Unternehmen können diesen Vorteil gut ausnutzen, denn der Ausbau und die Finanzierung der Verkehrsinfrastruktur wurde nach 1974 von der Türkei durchgeführt und finanziert. Da aufgrund bestehender IATA-Regelungen Nordzypern nicht direkt angeflogen werden darf, hat die türkische Regierung ein Steuerungselement in Form türkischer Start- und Landerechte in der Hand, denn die „TRNZ" stellt verkehrsgeographisch eine Sackgasse dar. Die Monopolstellung türkischer Luftfahrtgesellschaften findet natürlich in der Preisgestaltung ihren Niederschlag. Nach Angaben eines ausländischen Unternehmers, dessen Name dem Verfasser bekannt ist, sind die Kosten im Cargo-Bereich auf der Strecke Ercan-Istanbul höher als zwischen Dubai und Frankfurt.

d) In bezug auf den Absatz von Produkten, bei denen ein Konkurrenzverhältnis zwischen zyperntürkischen und türkischen Herstellern besteht, werden Transportkapazitäten mit Absicht eingeschränkt. Im November 1994 wurde das Frachtflugzeug der zyperntürkischen Fluggesellschaft ausgewechselt und durch eine kleinere Maschine ersetzt, was die Kapazität bei der Ausfuhr von Textilien von elf auf zwei Tonnen je Flug herabsetzte[26]). Die gleiche Situation herrscht bei den Seeverbindungen zwischen Nordzypern und der Türkei vor. Die Zyperntürken beklagen daher wohl zurecht die verschiedenen Benachteiligungen aufgrund der einseitigen

---

[25]) Kıbrıs. 01.07.1994.
[26]) Cyprus Today. 17.–23.12.1994.

Anbindung an die Türkei, die faktisch die Nachteile aus dem griechischen Embargo in den Schatten stellen[27]).

4. Schließlich erweisen sich auch die verkrusteten Gesellschaftsstrukturen der „TRNZ" als Wettbewerbsnachteil. Die wirtschaftlichen und politischen Eliten profitieren von dieser Situation und haben naturgemäß ein Interesse an der Aufrechterhaltung ihres besonderen Status[28]). Die „TRNZ" kann wegen ihrer außenpolitischen Isolation auch als geschlossenes Gesellschaftssystem bezeichnet werden, das auf folgenden Prinzipien beruht: strikte Trennung der Volksgruppen, politische und wirtschaftliche Abgrenzung nach außen sowie politische als auch ökonomische Bestandsgarantien durch die Türkei. Der Interaktionsrahmen der zyperntürkischen Eliten, die sich scheinbar frei betätigen können solange nicht türkische Interessen berührt werden, ist von Ankara vorgegeben. Dieser Freiraum wird von den Eliten rücksichtslos zu Lasten der Bevölkerungsmehrheit ausgenutzt. Als Voraussetzung dafür dürfen sich jedoch die äußeren Rahmenbedingungen (Isolation, türkische Unterstützung) nicht verändern, und ein innenpolitischer Konsens muß gewahrt bleiben, was entscheidend von wirtschaftlichen Faktoren und persönlicher Bereicherung abhängt. Man kann sagen, daß eine ausreichende ökonomische Grundlage die Basis des zyperntürkischen Gesellschaftsvertrages bildet, um den erforderlichen inneren Konsens zu gewährleisten. Wird dieser labile Gleichgewichtszustand gestört, bricht das ganze System wie ein Kartenhaus in sich zusammen. Dieser Problematik ist man sich in Ankara natürlich bewußt, weshalb mit Rücksicht auf politische Interessen eine dauerhafte finanzielle Subventionierung Nordzyperns in Kauf genommen wird. Die zyperntürkischen Eliten nutzen die begrenzte Zahlungswilligkeit für ihre eigene Bereicherung aus. Sie wissen, daß Ankara sie für die Aufrechterhaltung des Zypernstatus verantwortlich macht, wozu sie bereits aus Gründen der eigenen Existenzsicherung gezwungen sind. Zyperntürkische Politiker bedienen sich dabei eines ebenso alten wie bewährten Rezepts: Mit der Schaffung äußerer Feindbilder wird von inneren Problemen abgelenkt, was in der Praxis bedeutet, daß der vermeintliche Volksgruppenkonflikt um jeden Preis am Leben erhalten werden muß. Als Hauptakteur der zyperntürkischen Eliten gilt der charismatische Präsident Rauf Denktaş, der an einer wie auch immer gearteten Lösung der Zypernfrage aus den oben genannten Gründen gar kein Interesse haben kann.

Bei der Gewährleistung des inneren Friedens in Nordzypern kommen den Eliten mentale Besonderheiten der türkischen Zyprer zugute, die erst von ihren zyperngriechischen Landsleuten und später von der türkischen Schutzmacht bevormundet wurden. Inzwischen ist eine zweite Generation ins Erwachsenenalter gekommen, die unter Denktaş nicht mehr gelernt hat, eigenverantwortlich und selbständig zu handeln. Der historisch bedingte zyperntürkische Minderwertigkeitskomplex aufgrund der griechischen Unterdrückungen wird heute von Ankara indirekt genährt. Die Mentalität, in Passivität zu verharren und auf Hilfe von außen zu

---

[27]) Halkın Sesi. 15.10.1992 und Kıbrıs Postası. 02.05.1990.
[28]) Vgl. Choisi, J.: The Turkish Cypriot Elite – Its Social Function and Legitimation, in: The Cyprus Review. 5 (1993) 2, S. 7–32.

warten, ist inzwischen zur Selbstverständlichkeit geworden. Die eigenen Schwächen und Fehler werden entweder historischen Ereignissen oder dem griechischen Boykott zugeschrieben. Eine selbstkritische Haltung oder die Bereitschaft, die wirtschaftlich schlechte Situation durch Eigenleistung zu überwinden, ist selbst im Ansatz nicht vorhanden.

2. Ent- und Versorgungseinrichtungen

Der Entsorgungsbegriff umfaßt die Beseitigung von Abwässern, Abfällen und Abgasen einschließlich deren Verwertung zum Schutz der Umwelt in Kläranlagen, Müllbeseitigungs- und Verwertungsanlagen sowie Einrichtungen zur Ablagerung von Sonderabfällen[29]). Die zyprischen Entsorgungseinrichtungen lassen sich aber nicht mit den typischen Versorgungsanstalten vergleichen. Das liegt zum einen an der relativ niedrigen Bevölkerungszahl und andererseits an dem geringen Industrialisierungsgrad. Da der Entsorgungszwang bei weitem (noch) nicht in dem Maße gegeben ist wie in den bevölkerungsreichen Industrieländern Mittel- und Westeuropas findet eine Abfallverwertung überhaupt nicht statt. Der Müll wird lediglich, wenn überhaupt, auf zentralen Deponien gesammelt.

Ein höherer Stellenwert kommt dagegen der Versorgungsinfrastruktur zu. In der Raum- bzw. Stadtplanung versteht man unter Versorgung die Belieferung der Bevölkerung und der Wirtschaft mit lebenswichtigen Gütern wie Elektrizität, Gas und Wasser durch öffentliche und private Versorgungsbetriebe. Die Versorgungs- und Entsorgungsinfrastruktur Zyperns ist in beiden Inselhälften bis auf wenige Ausnahmen (Abfüllung und Verteilung von Gas) in staatlicher Hand. Zuverlässige Zahlenangaben können jedoch nur für den zyperngriechischen Süden gemacht werden, da in bezug auf staatliche Ver- und Entsorgungsfunktionen für Nordzypern kein Datenmaterial zur Verfügung steht bzw. veröffentlichte Statistiken mit manipulierten Angaben aufwarten. Die unbefriedigende Quellenlage im Norden läßt sich auf folgende vier Ursachen zurückführen:

1. Der größte Teil des zyperntürkischen Energieverbrauchs wird mit Lieferungen aus der Republik Zypern befriedigt. Der in den Statistiken der „TRNZ" ausgewiesene Wertschöpfungsanteil (*Elektrik ve Su*) resultiert nicht aus der Energiegewinnung oder -umwandlung, sondern aus der Verteilung exogener Ressourcen.

2. Der tatsächliche Energieverbrauch wird in Nordzypern aus politischen Gründen geschönt, da die Stromlieferungen unentgeltlich in Anspruch genommen werden. Die türkische Besatzungsarmee gilt als der größte Stromverbraucher und – verschwender. Die Elektrizitätsbehörde KIBTEK (*Kıbrıs Türk Elektrik Kurumu*), die im Gegensatz zu ihrem Pendant im Süden keinen Rechenschaftsbericht publiziert, legt in ihrer Kostenstellenrechnung den Anteil der türkischen Armee auf die

---

[29]) Borchard, K./Schöning, G.: Städtebau im Übergang zum 21. Jahrhundert. Stuttgart 1992, S. 106.

übrigen Verbraucher um. Außerdem würde die Veröffentlichung eines jährlichen Rechenschaftsberichts die Ineffektivität der staatlichen KIBTEK zu Tage fördern.

3. Die zyperntürkische Zurückhaltung bei der Veröffentlichung von Statistiken liegt auch darin begründet, daß entgegen ihren anderslautenden Aussagen die natürlichen Ressourcen (in erster Linie Wasser) in der „TRNZ" in einem ökologisch unverantwortlichen Maße überbeansprucht werden[30]).

4. Energie, vor allem Strom, wird in Nordzypern hauptsächlich konsumptiv und nicht produktiv eingesetzt. Eine Veröffentlichung realistischer Daten im Hinblick auf die Errechnung des Bruttosozial- bzw. Bruttoinlandsprodukts würde den rentenstaatlichen Charakter Nordzyperns offenlegen. Dies ist jedoch politisch nicht opportun, denn der manipulative Charakter der offiziellen Darstellungen, die eine ökonomische Konsolidierung Nordzyperns suggerieren, würde nur allzu offensichtlich werden. Im Gegensatz zur Republik Zypern handelt es sich im Falle von Nordzypern um eine ökonomische „Scheinblüte"[31]).

Tabelle 8: Versorgungseinrichtungen in der Republik Zypern

		Gas	Wasser	Elektrizität
Zahl der Betriebe	1986	8	7	1
Beschäftigtenzahl	1976 1986	88 79	176 253	1 032 1 022
Anteil an der Gesamtbeschäftigtenzahl	1976 1986	0,05% 0,03%	0,09% 0,10%	0,5% 0,4%
Wertschöpfung in Millionen US-Dollar	1976 1986	5,9 8,5	2,4 15,3	30,8 93,2
Wertschöpfungsanteil am Bruttosozialprodukt	1976 1986	0,6% 0,3%	0,2% 0,5%	3,0% 3,0%

Quelle: Eigene Berechnungen auf Grundlage offizieller Statistiken der Republik Zypern (Department of Statistics and Research. Republic of Cyprus (Hrsg): Statistical Abstract 1989/1990. Nicosia 1991, S. 151, 198, 386).

a) Wasser

In beiden Inselhälften ist der „Produzent" von Wasser der Staat, dem auch die gesetzlich geregelte Verteilung untersteht. In den Kommunen obliegt die Überwachung dem *Water Board*, das paritätisch mit Kommunal- und Staatsvertretern besetzt ist. In Nordzypern ist für die Überwachung im kommunalen Zuständigkeitsbereich allein die Stadtverwaltung zuständig. In der Republik Zypern ist die Was-

---

[30]) Vgl. dazu das Kapitel „Raumplanung und Umweltschutz" von B. Hahn und R. Wellenreuther in diesem Band.
[31]) Wellenreuther, Lefkoşa (Anm. 12), S. 56–76.

serversorgung dank aufwendiger Wasserverteilungsprojekte (*Pafos Irrigation Project, Pitsilia Integrated Rural Development Project, Chrysochou Irrigation Project, Vassilikos Pendaskinos Irrigation Project, Southern Irrigation Project*), die mit Krediten der Weltbank, der Europäischen Investitionsbank und der Kreditanstalt für Wiederaufbau sowie mit arabischen Wirtschaftsentwicklungsgeldern aus dem Kuwait-Fonds finanziert wurden, überall gesichert[32]). Ein transparentes Bild bezüglich der Versorgungseinrichtungen läßt sich den offiziellen Berichten der Republik Zypern entnehmen: Im Bereich der Wasserversorgung gab es 1986 sieben staatliche und kommunale Einrichtungen, die mit 253 Beschäftigten einen Anteil von 0,5% am Bruttosozialprodukt der Republik Zypern erwirtschafteten[33]).

Als Beispiel für die öffentliche Wasserversorgung im zyperngriechischen Inselteil kann das kommunale *Water Board of Nicosia* (WBN) herangezogen werden, das immerhin ein Drittel der Gesamtbevölkerung der Republik Zypern mit Wasser versorgt. Das WBN, das inzwischen seit über 40 Jahren besteht, gehört zu den modernsten Anlagen im östlichen Mittelmeerraum und der leitende Direktor, Charalambos Palantzis, verweist nicht ohne Stolz auf den westeuropäischen Standard seines Unternehmens. So können z. B. mit Hilfe computergesteuerter Anlagen der Wasserverbrauch überwacht sowie Leckagen frühzeitig entdeckt werden. Der konsequente Einsatz moderner Technologien und eine verantwortungsbewußte Politik spiegeln sich folglich in den vergleichsweise niedrigen Wasserverbrauchswerten wider: Das WBN hatte 1993 176000 Menschen mit Wasser zu versorgen, was im Vergleich zu 1987 einer Steigerung der Verbraucherzahl von 28,5% entspricht. Demgegenüber steht ein Wassermehrverbrauch von 925 000 Kubikmeter (1993) im Vergleich zu 1987, als noch 6375000 Kubikmeter Wasser benötigt wurden. Dies entspricht einem Mehrverbrauch von nur 14,5%[34]). Den sparsamen Umgang mit Wasser in der Republik bestätigt besonders eindrucksvoll ein Vergleich des durchschnittlichen jährlichen Wasserverbrauchs je Einwohner in beiden Hälften der geteilten Stadt: Er betrug 1993 in Nikosia (Süd) 114 Liter pro Einwohner und in Nikosia (Nord) 334 Liter pro Einwohner[35])! Trotz dieser ungleich günstigeren Werte in der Republik Zypern werden dort Überlegungen angestellt, dem ständig steigenden Wasserbedarf mit Meerwasserentsalzungsanlagen zu begegnen. Die Ursachen für diesen Wasserbedarf liegen zum einen darin begründet, daß die Kapazitäten der Wasserreservoire im Troodos-Gebirge überwiegend für landwirtschaftliche Zwecke benötigt werden. Zum anderen bieten Meerwasserentsalzungsanlagen mehr Sicherheit hinsichtlich der Niederschlagsvariabilität, denn die augenblicklichen Kapazitäten der Staudämme in der Republik Zypern gewähren eine Wasserversorgung für lediglich zwei Jahre[36]).

---

[32]) Vgl. Mitteilungen der Bundesstelle für Außenhandelsinformation (BFA). Oktober 1979, Juli 1983, April 1984, Februar 1985 und Neue Zürcher Zeitung. 10.05.1989.

[33]) Eigene Berechnungen auf der Grundlage des Statistical Abstract 1989/1990 (Anm.5), S. 407.

[34]) Cyprus Weekly. 28.01.–03.02.1994.

[35]) Eigene Berechnungen auf der Grundlage offizieller zyperngriechischer und -türkischer Angaben.

[36]) Vgl. Konteatis, C. A. C.: Dams of Cyprus. Nicosia 1974.

In Nordzypern sieht die Lage bezüglich der Wasserversorgung ungünstiger aus. In den Sommermonaten entstehen überall Engpässe, weswegen die Haushalte im Durchschnitt nur alle zwei bis drei Tage Wasser geliefert bekommen. Die regelmäßigen Stromsperren verschärfen die Wasserknappheit, da die elektrischen Pumpen nicht betrieben werden können. Die Angaben der Behörden über den Wasserverbrauch sind widersprüchlich, denn angeblich kann der exakte Verbrauch nicht nachgewiesen werden, da ständig eine Reihe von Meßstationen außer Betrieb sind. Ein Teil des Wasserkonsums von Gazimağusa (Famagusta) wird mit Lieferungen aus dem Süden gedeckt. Das war auch bis 1993 in Lefkoşa (Nikosia-Nord) der Fall, das seinen Bedarf jetzt aus den Grundwasservorkommen von Güzelyurt (Morphou) deckt. Nach Auskunft des Leiters des städtischen Wasseramtes von Lefkoşa betrug 1994 der Tagesverbrauch der Stadt 9 000 bis 10 000 Kubikmeter[37]. In seiner Einschätzung resultieren die Wasserprobleme Nordzyperns größtenteils aus einer verfehlten Energiepolitik, die mit staatlichen Subventionen der Ressourcenverschwendung unnötigen Vorschub leistet.

Die Bemühungen, den enormen Wasserverbrauch einzuschränken, waren bislang aus fünf Gründen völlig ergebnislos:

1. Selbst nach der Anhebung der Wasserpreise 1993 lagen die Gebühren je Einheit im Durchschnitt deutlich unter den Sätzen, die im Süden berechnet werden. Im Sommer 1994 wurde beispielsweise bei einem Verbrauch von bis zu zehn Tonnen Wasser im Monat ein Einheitspreis von einem US-Dollar (USD) verlangt. Jede weitere Einheit wurde bis 20 Tonnen mit 0,1 USD, von 21–30 Tonnen mit 0,2 USD, von 31–40 Tonnen mit 0,3 USD, von 41–50 Tonnen mit 0,4 USD und darüber mit 0,6 USD berechnet[38].

2. Trotz eines vollkommen überdimensionierten Verwaltungsapparates sind die Behörden Nordzyperns nicht in der Lage, effizient und wirtschaftlich zu arbeiten[39]. Es gehen enorme Wassermengen durch Leckagen verloren, und bislang waren die kommunalen und staatlichen Wasserbehörden nicht einmal in der Lage, ihre Forderungen gegenüber den Verbrauchern geltend zu machen. Aus Gesprächen mit den zuständigen Amtsleitern geht hervor, daß die nachlässige Handhabung der Inanspruchnahme von Ressourcen aus politischen und wirtschaftlichen Gründen von der bis 1993 herrschenden UBP-Regierung verordnet wurde. Die staatlichen Energie- und Ressourcensubventionen gehören zum Paket klientelerer Gefälligkeiten, mit denen die regierenden Eliten Nordzyperns zu Lasten der Umwelt und entgegen bestehender Gesetze eine Strategie der innenpolitischen Machterhaltung betreiben[40].

---

[37] Mündliche Auskunft der kommunalen Stadtverwaltung, Abteilung Wasserwirtschaft („Lefkoşa Belediyesi Su Dairesi"), in Nikosia (Nord) im April 1994.

[38] Die Angaben beziehen sich auf Tarif A für Privathaushalte, Büros und Handwerksbetriebe. Öffentliche Einrichtungen, Touristik- und Industriebetriebe werden Tarif B und C zugeordnet, die als Großverbraucher günstigere Sätze je Einheit berechnet bekommen. Mündliche Auskunft der Kommunalverwaltung von Nikosia (Nord), Abteilung Wasserwirtschaft („Lefkoşa Türk Belediyesi Su Dairesi") im April 1994.

[39] Wellenreuther, Lefkoşa (Anm.12), S. 4–7 und 60–64.

[40] Die Stadtverwaltung von Lefkoşa verlor 1993 einen Prozeß, den sie gegen einen staatlichen Molkereibetrieb wegen des Verdachts auf Umweltverschmutzung angestrengt hatte. Nach dem

3. Der verschwenderische Umgang mit Wasser in Nordzypern ist auch der Unfähigkeit der Behörden zuzuschreiben, die nicht in der Lage sind, die Einhaltung bestehender Vorschriften zu überwachen. Selbst in den Ministerien von Lefkoşa kann in den Sommermonaten regelmäßig beobachtet werden, daß Fahrzeuge gewaschen und Gartenanlagen bewässert werden. Wenn auch Delikte geahndet werden – was selten genug passiert – bleibt die erzieherische Wirkung infolge des geringen Strafmaßes aus. Das Bußgeld für Wasserdiebstahl betrug im Sommer 1994 beispielsweise 33 US-Dollar.

4. Die Agrarpolitik Nordzyperns trägt den physisch-geographischen Prämissen der Insel nicht Rechnung, weil aufwendige Bewässerungsprojekte von wirtschaftlich zweifelhaftem Wert präferiert werden. Die Handlungsdirektiven des Agrarministeriums sind politischer Natur. Beispielsweise versuchten die zyperntürkischen Agrarexperten nach 1974, auf der Karpas-Halbinsel die traditionellen Orienttabake durch Virginiasorten zu ersetzen, die zwar einen höheren Marktpreis erzielen, aber wesentlich mehr Wasser benötigen. Noch grotesker in bezug auf den Wasserhaushalt und die Absatzmarktsituation (türkische Konkurrenz) war der Versuch, in Nordzypern Haselnüsse anzubauen[41]. Das Vorhaben scheiterte glücklicherweise bereits im experimentellen Stadium an der unzureichenden Qualität der Haselnüsse.

5. Der zyperntürkische Haushalt führte für den Bereich Wasserwirtschaft 1993 Ausgaben in Höhe von 6,7 Millionen US-Dollar auf, was einem Anteil von 3,5% am Gesamtetat entsprach[42]. Auf Wasserwirtschaftsprojekte entfielen dabei 5,1 Millionen US-Dollar (= 75%). Es handelte sich hierbei um Einrichtungen für die Verbesserung der Trinkwasserversorgung in Städten und Dörfern. Einen vergleichsweise bescheidenen Anteil von 0,8% an den gesamten Projektkosten nahmen Staudammprojekte und Bauvorhaben für Sekundäreinrichtungen (z.B. Zufahrtswege zu Wasserauffangbecken) ein. Der geringe Anteil ist damit zu erklären, daß derartige Vorhaben von der Türkei in Form von Direktinvestitionen durchgeführt werden, die in der zyperntürkischen Haushaltsbilanz nicht in Erscheinung treten. Seit einigen Jahren führt Ankara infrastrukturverbessernde Maßnahmen in Nordzypern nur noch in eigener Regie durch, da die früheren Geldtransfers zweckentfremdend verwendet wurden. Die türkischen Subsidien setzen sich aus Geldleistungen, die zweckgebunden in den nordzyprischen Haushalt fließen (1993: 47,7 Milliarden US-Dollar), und Sachleistungen in Form von Direktinvestitionen zusammen[43]. Art und Umfang der türkischen Direktinvestitionen werden in turnusmäßigen Wirtschaftsprotokollen zwischen Nordzypern und der Türkei festgelegt. Das Wirtschaftsabkommen von 1989 regelte Direktinvestitionen in Hö-

---

Gerichtsurteil dürfen dem Betrieb aus finanziellen Gründen keine umwelt- und ressourcenschonende Maßnahmen zugemutet werden. Mündliche Auskunft der Kommunalverwaltung von Nikosia (Nord), Abteilung Wasserwirtschaft („Lefkoşa Türk Belediyesi Su Dairesi") im April 1994.
[41] Kıbrıs. 11.02.1992.
[42] KKTC Resmi Gazete. 123 (1993) 1/3, S. 930–944. (Tag der Bewertung: 03.12.1993: 1 US-Dollar = 13 836 Türkische Lira).
[43] Wellenreuther, Lefkoşa (Anm. 12), S. 60–64.

he von 149,9 Milliarden US-Dollar und beinhaltete u. a. die Anlage von 27 künstlichen Seen in Nordzypern[44]). Am 25. September 1994 wurde das XIII. Protokoll unterzeichnet, das türkische Investitionen in Höhe von 10 Millionen US-Dollar vorsah[45]).

b) Elektrizität

Ende der 30er Jahre wurde auf Zypern erstmals eine kommunale Stromversorgung eingerichtet. Für die Stromerzeugung waren die Städte selbst verantwortlich. Der ländliche Raum blieb aus finanziellen und technischen Gründen zunächst ausgespart. Der erste Wirtschaftsentwicklungsplan von 1946–1955 sah eine Zentralisierung der Energieerzeugung und eine flächendeckende Stromversorgung vor. 1952 wurde das Kraftwerk in Dhekelia gebaut und die *Electricity Authority of Cyprus* gegründet. Bereits 1963 mußte das Kraftwerk erweitert werden. 1966 entstand in Moni an der Südküste Zyperns zwischen Limassol und Larnaka ein zweites Kraftwerk, das jedoch den rasch steigenden Strombedarf Zyperns nicht lange befriedigen konnte, weswegen 1974 das Kraftwerk von Dhekelia um eine zweite Stufe (Block B) erweitert wurde[46]). Bis heute wird der Strom auf Zypern mit Ausnahme der geringen Kontingente, die in Nordzypern produziert werden, in den beiden Kraftwerken Dhekelia und Moni, die auf dem Territorium der Republik Zypern liegen, erzeugt[47]). Daran änderte auch die Teilung der Insel nichts.

Es gehört zu den Anachronismen des Zypernkonflikts, daß zwar beide Volksgruppen räumlich völlig voneinander getrennt leben, in bezug auf Stadtplanung und infrastrukturelle Versorgungseinrichtungen jedoch Beispiele einer funktionierenden Zusammenarbeit zu finden sind. Die Zusammenarbeit auf kommunaler Ebene betrifft hauptsächlich Nikosia, da 1974 nicht nur die Stadt endgültig geteilt, sondern auch ihr gesamtes Infrastrukturnetz auseinandergerissen wurde. Vom Bereich der Stadtplanung abgesehen, der an anderer Stelle behandelt wird[48]), gelingt die gegenwärtige zyperngriechische und -türkische Kooperation vor allem auf dem Gebiet der kostenlosen Stromlieferungen aus dem Süden in den Norden. Im Gegenzug nimmt der griechische Teil Nikosias die einzige Abwasserkläranlage in Anspruch, die auf dem Territorium des zyperntürkischen Nordens liegt. Es bleibt dahingestellt, inwieweit diese Zusammenarbeit als Indiz für eine Verständigungsbereitschaft beider Volksgruppen gewertet werden kann. Daß pragmatische Gesichtspunkte eine ausschlaggebende Rolle spielen, steht außer Frage. Mit ziemlicher Sicherheit muß auch von externen Einflüssen ausgegangen werden. Die Republik Zypern nimmt internationale Kredite auch für Infrastrukturprojekte in Anspruch. Instandsetzungs- bzw. Wartungsarbeiten an der Kläranlage von Nikosia

---

[44]) Nachrichten für den Außenhandel. 26.04.1989.
[45]) Kıbrıs. 26.09.1994.
[46]) Christodoulou, D.: Inside the Cyprus Miracle. The Labours of an Embattled Mini-Economy. Minnesota 1992 (= Modern Greek Studies Yearbook Supplement, 2), S. 112–114.
[47]) Das Kraftwerk sowie die beiden Dörfer Ormideia und Xylotymvou sind zyperngriechische Exklaven in der britischen Militärbasis Dhekelia.
[48]) Vgl. dazu Hahn/Wellenreuther, Raumplanung (Anm. 30).

wurden auf diese Weise mit EU-Mitteln im Rahmen des *Nicosia-Masterplan* durchgeführt. Ausländische Vertretungen auf Zypern bestätigen zwar den Grundsatz der Gleichbehandlung beider Volksgruppen, sind jedoch aus diplomatischen Gründen zu keiner offiziellen Stellungnahme bereit[49]).

Tabelle 9: Elektrizitätserzeugung und -verbrauch auf Zypern

Jahr	Gesamtproduktion (in Tausend KWh)	Verbrauch (in Tausend KWh)	
		Süd	Nord
1966	348,9	262,9	86,0*
1972	715,9	591,3	124,6*
1978	914,5	632,2	282,3**
1984	1 249,9	845,8	404,1**
1989	1 831,1	1 322,6	508,5**

* Die Angaben für 1966 und 1972 beziehen sich auf die zyperntürkische Volksgruppe.
** Lieferungen aus dem Süden
Quelle: Department of Statistics and Research. Republic of Cyprus (Hrsg.): Statistical Abstract 1989/1990. Nicosia 1991, S. 506.

Aus Tabelle 9 geht hervor, daß eine durchschnittliche Steigerungsrate der gesamten Stromproduktion von 18,5% p.a. zwischen 1966 und 1989 stattfand. Diese Zahl gewinnt erst bei näherer Betrachtung an Aussagekraft. Die Zuwachsraten für die Jahre 1972, 1978, 1984 und 1989 betrugen 105%, 27%, 37% bzw. 47%. Die Stromerzeugung spiegelt somit recht deutlich die rasche wirtschaftliche Entwicklung Zyperns seit Mitte der 60er Jahre wider. Der bescheidene Anstieg zwischen 1972 und 1978 ist auf die Teilung zurückzuführen. 1975 stagnierte die Stromproduktion und stieg in den folgenden Jahren langsam, aber kontinuierlich an.

Eine Differenzierung zwischen beiden Volksgruppen zeigt jedoch die Unausgewogenheit der Entwicklung. Zwischen 1966 und 1972 entfiel auf den zyperngriechischen Teil ein Zuwachs der Stromproduktion in Höhe von 125%, für die zyperntürkische Volksgruppe betrug der Wert lediglich 45%. Die Diskrepanz resultiert aus der wirtschaftlichen Benachteiligung der Zyperntürken vor 1974, die in jenen Jahren wenig Gelegenheit hatten, an der ökonomischen Prosperität teilzuhaben[50]). Genau umgekehrt war die Entwicklung von 1972–1978 und 1978–1984 mit Zuwachsraten von 7% und 34% im Süden sowie 127% und 43% im Norden, die mit den Auswirkungen der Teilung begründet werden können. Energieerzeugung und Energieverbrauch reflektieren damit in bezug auf die Stromerzeugung

---

[49]) Die deutsche Botschaft ist durch Direktiven des Auswärtigen Amtes dazu angehalten, finanzielle Unterstützungen nur für Projekte zu gewähren, die beiden Inselhälften zugute kommen. In der Praxis orientiert man sich dort proportional an der Bevölkerungszusammensetzung, d.h. deutsche Entwicklungsgelder fließen im Verhältnis von 1:5 in den türkischen bzw. in den griechischen Teil Zyperns.

[50]) Patrick, R.-A.: A Political Geography and the Cyprus Conflict: 1963–1971. University of Waterloo 1976, S. 101–183.

die groteske Situation, daß der zyperngriechische Inselteil nicht nur die Folgen des türkischen Einmarsches zu tragen hatte, sondern auch zur Konsolidierung des zyperntürkischen Nordens beitrug und bis heute indirekt die Energieversorgung der türkischen Armee in Nordzypern aufrechterhält. Als „Normalisierung" kann die Steigerung des Stromverbrauchs zwischen 1984 und 1989 angesehen werden, die im Süden 56% und im Norden 26% betrug.

Die *Electricity Authority of Cyprus* beschäftigte 1986 1 022 Mitarbeiter (= 0,4% der Gesamtbeschäftigten) und erwirtschaftete 93,2 Millionen US-Dollar (vgl. Tabelle 8), was einer anteiligen Wertschöpfung am Bruttosozialprodukt von 3% entspricht. Bei geringfügig reduzierter Beschäftigtenzahl konnte damit im Vergleich zu 1976 eine Wertschöpfungssteigerung von 202,6% erzielt werden. Die Kennzahlen für die zyperngriechische Energiewirtschaft können als repräsentativ für die gesamtwirtschaftliche Entwicklung im zyperngriechischen Inselteil angesehen werden, der die Folgen der türkischen Besatzung unerwartet schnell überwinden konnte[51]). Dieser Erfolg ist nicht nur ausländischer Hilfe zuzuschreiben, sondern resultiert auch aus der Entschlossenheit der zyperngriechischen Volksgruppe, die traumatischen Ereignisse des Sommers 1974 zumindest in ökonomischer Hinsicht möglichst rasch hinter sich zu lassen. Die Aufschlüsselung des zyperngriechischen Stromverbrauchs nach Wirtschaftssektoren (Tabelle 10) bestätigt den Eindruck einer soliden Wirtschaftsstruktur. 1989 wurden zwei Drittel des verbrauchten Stroms (67,4%) produktiv in den Bereichen Gewerbe, Industrie und Landwirtschaft eingesetzt, das übrige Drittel entfiel zu 30,8% auf Privathaushalte und zu 1,8% auf den öffentlichen Sektor.

Tabelle 10: Stromverbrauch in der Republik Zypern nach Kategorien (Angaben in Tausend KWh)

Jahr	1980	1983	1986	1989
Gesamtverbrauch	718,8	822,6	966,0	1 322,6
Privatbereich	183,3	228,5	269,6	407,3
Gewerbe	218,7	278,1	346,0	486,9
Industrie	257,3	243,9	258,8	328,4
Landwirtschaft	39,7	52,9	69,3	76,3
Öffentlicher Sektor	19,8	19,2	22,3	23,7

Quelle: Department of Statistics and Research. Republic of Cyprus (Hrsg.): Statistical Abstract 1989/1990. Nicosia 1991, S. 506.

Das klare Bild, das sich in der Republik Zypern ergibt, kann in der „TRNZ" nicht gezeichnet werden. Die vielversprechenden türkischen Entwicklungspläne für Nordzypern halten in der Praxis nicht annähernd das, was sie vorsehen. In bezug auf die Stromversorgung wurden Pläne für ein 90 km langes 120 kilo Volt (kV) Unterwasserkabel, das Nordzypern aus dem türkischen Stromnetz speisen sollte,

---

[51]) Brey, H.-J.: Das „kleine Wirtschaftswunder" im Südteil der Republik Zypern nach 1974. Elemente eines ungewöhnlichen Entwicklungsweges, in: Südosteuropa-Mitteilungen. 30 (1990) 2, S. 116–124.

was aus umwelt- und energiepolitischen Gründen empfehlenswert gewesen wäre, nie realisiert[52]). Bis 1989 beschränkte sich der türkische Beitrag zur Stromversorgung Nordzyperns auf die Installation von zwei veralteten Kraftwerken (Gasturbinen) in den Jahren 1975 und 1977, die lediglich 15,7% des nordzyprischen Bedarfs decken können und infolge häufiger Defekte oft nicht einsatzbereit sind[53]). Die Gründe für die Passivität der türkischen Regierung liegen zum einen in der Tatsache begründet, daß die türkische Armee der Hauptstromverbraucher im Norden ist und zum anderen darin, daß Ankara mit der Verlegung eines Unterwasserkabels den Zyperntürken die Möglichkeit gegeben hätte, von der staatlich subventionierten türkischen Energiewirtschaft zu profitieren, die bereits den eigenen Bedarf kaum decken kann.

Die desolate Energiesituation ist in der „TRNZ" mittlerweile zum innenpolitischen Sprengstoff geworden, weil besonders in den Jahren 1994/95 nicht nur die Lebensqualität der Bevölkerung empfindlich beschnitten wurde, sondern auch die wirtschaftlichen Schäden immer schmerzlicher wurden. Einer Umfrage der Tageszeitung *Kıbrıs* im Winter 1994/95 zufolge befanden sich die Stromsperren auf dem ersten Platz einer Liste mit den wichtigsten „nationalen" Problemen, die in Nordzypern gelöst werden müßten, gefolgt von der Forderung nach einer wirksamen Inflationsbekämpfung und einer Lösung der Zypernfrage[54]). Diese Brisanz hat man wohl auch in Ankara erkannt, denn nachdem die Fertigstellung des in Bau befindlichen Stromkraftwerkes in der „TRNZ" über Jahre hinweg verschleppt wurde, weil die unentgeltliche Inanspruchnahme der griechischen Stromlieferungen billiger gewesen ist, waren seit Herbst 1994 verstärkte Bemühungen zu erkennen, das Kraftwerk endlich fertigzustellen.

Die Installation eines Kraftwerkes mit einer Kapazität von 2 × 50 Mega Watt (MW) Leistung im Wert von 70 Millionen US-Dollar wurde bereits im türkisch-zyperntürkischen Wirtschaftsabkommen von 1989 vereinbart, weil in den 80er Jahren der Stromverbrauch Nordzyperns rapide angestiegen war (vgl. Tabelle 9). Das Kraftwerk wurde ca. 15 km östlich von Kyrenia (Girne) an einem Küstenabschnitt gebaut, der nach den zyperntürkischen Raumordnungs- und Flächennutzungsplänen industriell nicht genutzt werden darf und eigentlich Freizeit-, Erholungs- und Wohnfunktionen vorbehalten ist[55]). Sowohl aus technischen als auch aus umweltpolitischen Gesichtspunkten muß das Projekt als fragwürdig bezeichnet werden, da die geplante Kapazität bereits aus heutiger Sicht nicht mehr ausreichend erscheint und aus Kostengründen auf eine veraltete Konstruktion mit hohen Be-

---

[52]) Nachrichten für den Außenhandel. 12.03.1984.
[53]) Nachrichten für den Außenhandel. 19.07.1989 und Kıbrıs. 27.09.1992.
[54]) Cyprus Today. 04.02.1995.
[55]) Vgl. Girne Beyaz Bölge Planlamasi (Flächennutzungsplan für die Region Kyrenia). Sehir Planlama Dairesi (Stadtplanungsabteilung). Lefkoşa 1993 und Girne Beyaz Bölge Emirnamesi (Flächennutzungserlaß für die Region Kyrenia). Sehir Planlama Dairesi (Stadtplanungsabteilung). Lefkoşa 1993. Die Pläne existierten bereits zum Zeitpunkt der Kraftwerksplanung und konnten inzwischen gegen den Widerstand politischer Interessengruppen Gesetzeskraft erlangen (KKTC Resmi Gazete. 3 [1993] 38/15).

triebskosten (Schwerölverbrauch) zurückgegriffen wurde. Auf den Einbau immissionsreduzierender Filteranlagen verzichtete man ganz.

Das Kraftwerk wurde Ende März 1995 mit zweijähriger Verspätung fertiggestellt. Die zyperntürkischen Hoffnungen, daß mit seiner Inbetriebnahme die Energieengpässe in der „TRNZ" endlich überwunden werden können, sollten sich jedoch schnell als Trugschluß erweisen, weil das Kraftwerk seither aus technischen und organisatorischen Gründen nur selten betriebsfähig ist. Der erste Versuch einer Inbetriebnahme im August 1994 führte zu einer schweren Explosion, bei der es Tote gab. Auch der zweite Anlauf im März 1995 endete mit der zwangsweisen Abschaltung der Anlage, und wenige Monate nach der Einweihung fiel das Kraftwerk bereits im Juli 1995 wieder wegen technischer Probleme aus[56]). Allem Anschein nach ist *Teknecik II* mit gravierenden Konstruktionsmängeln behaftet, die nicht mehr rückgängig gemacht werden können. In der bisher sehr kurzen Laufzeit von April bis Juli 1995 mußte das zyperntürkische Kraftwerk bereits einmal wegen stürmischen Wetters abgeschaltet werden, weil der Wellengang zu hoch war und die Filter blockiert wurden (das Kühlsystem arbeitet mit Meerwasser)[57]). Es ist zu vermuten, daß sich derartige Ausfälle besonders in den Wintermonaten wiederholen werden, zumal das Kraftwerk an der ungeschützten Nordküste liegt, die im Winter mehr als alle anderen Küstenabschnitte Zyperns den aus nordwestlicher Richtung wehenden Ethesienstürmen ausgesetzt ist. Aber auch wenn technische oder klimatische Gründe ausscheiden, kommt es infolge organisatorischer Mißstände zu Ausfällen, da die Rohstoffzufuhr nicht gewährleistet ist. Anfang Juli 1995 kam es in der „TRNZ" zu Stromabschaltungen, weil die Öllieferungen der türkischen Reederei *Baycorp* trotz drohender Konventionalstrafen in Höhe von 5 000 US-Dollar täglich ausblieben[58]). Im Gegensatz zu früher haben es die Behörden jedoch inzwischen gelernt, die Abschaltungen systematisch und nach Vorankündigungen in den Medien vorzunehmen, wobei landwirtschaftlich und touristisch wichtige Regionen bei der Stromzuteilung bevorzugt behandelt werden. Am 15. Juli 1995 dauerte beispielsweise die Stromabschaltung in Nikosia (Nord), in Morphou und in Lefke 20 Stunden, wohingegen in Girne (Kyrenia), in der Mesaoria-Ebene und auf der Karpas-Halbinsel nur für acht Stunden abgeschaltet wurde[59]).

Trotz des neuen Kraftwerkes ist die „TRNZ" demnach von den Lieferungen der Zyperngriechen abhängig, die sich bis zum Jahre 2003 bereit erklärt haben, 15% ihrer eigenen Produktion an den Norden zu liefern[60]). Vor der Fertigstellung des zyperntürkischen Kraftwerkes bzw. in Zeiten dessen Stillstandes deckt die Republik Zypern ca. 84% des (eingeschränkten) „TRNZ"-Stromverbrauches. Den zyperntürkischen Forderungen nach einer drastischen Erhöhung der Stromlieferun-

---

[56]) Kıbrıs. 02.08.1994. Cyprus Today. 25.–31.03, 22.–28.07.1995.
[57]) Cyprus Today. 15.–21.04.1995.
[58]) Cyprus Today. 15.–21.07.1995.
[59]) Das Beispiel bezieht sich auf einen Samstag. An Wochentagen erfährt nach wie vor Nikosia (Nord) eine bevorzugte Behandlung bei den Stromabschaltungen.
[60]) Cyprus Today. 25.–31.03.1995.

gen wegen der häufigen Ausfälle von *Teknecik II* kommen die Zyperngriechen mit Hinweis auf unbezahlte Stromrechnungen nicht nach. Die kumulierte Schuld für die Jahre 1963 bis 1994 beträgt inzwischen 292,8 Millionen US-Dollar[61]). Die zyperntürkische Propaganda legt die griechische Weigerung als politischen Unwillen aus und prangert in den Medien den zyperngriechischen Boykott an, der angeblich darauf abziele, die zyperntürkische Volkswirtschaft zu ruinieren. Die Behörden Nordzyperns lehnen die Begleichung der Stromrechnung mit dem Argument ab, daß alle Elektrizitätswerke ursprünglich mit den Steuergeldern beider Gemeinschaften errichtet wurden und die Zyperngriechen sie 1963 durch einen einseitigen Akt in Besitz genommen hätten[62]).

Im Sommer 1995 mußten für die Stromerzeugung täglich 1500 Tonnen Öl im Wert von umgerechnet ca. 47000 US-Dollar verfeuert werden[63]). Die Energiekosten dokumentieren einmal mehr die ökonomische Unsinnigkeit der Teilung Zyperns, denn ohne die türkische Armee würde das Stromkontingent, das die Zyperngriechen an die „TRNZ" liefern, den Bedarf der Zyperntürken decken. Auch wirtschaftlich und umweltpolitisch wäre es von der zyperntürkischen Seite wesentlich sinnvoller, mit den Griechen eine Übereinkunft zu erzielen und ihren Tagesverbrauch in Höhe von ca. 96000 US-Dollar zu begleichen[64]). Eine derartige Lösung, die sich auch die Mehrheit der Bevölkerung der „TRNZ" wünscht, wäre volkswirtschaftlich und ökologisch nur von Vorteil, wird aber aus politischen Gründen von Denktaş und aus ökonomischen Aspekten von der türkischen Unternehmerlobby unterbunden.

Mit der Fertigstellung von *Teknecik II* war eine radikale Änderung der Strompreispolitik verbunden, da die zyperntürkische Elektrizitätsbehörde KIBTEK (*Kıbrıs Türk Elektrik Kurumu*) erstmals mehr nach ökonomischen als nach politischen Gesichtspunkten handeln mußte, um die Rohölimporte für den Betrieb des Kraftwerks zu finanzieren. Während der ersten Jahreshälfte 1995 wurden die Strompreise um 172% erhöht. Den Ankündigungen von KIBTEK zufolge sollen die Tarife alle zwei Monate um 20% heraufgesetzt werden. Die Hauptlast wird wahrscheinlich der private Endverbraucher zu tragen haben, dessen Stromrechnung sich im Vergleich zu 1994 durchschnittlich verzehnfacht hat[65]), denn die Forderungen an die türkische Armee als größtem Stromverbraucher und -verschwender werden kaum einzubringen sein. Des weiteren wird in Nordzypern der Vorwurf erhoben, daß auch der öffentliche Dienst, der bei KIBTEK im Juli 1995 in Höhe von 4,5 Millionen *Cyprus Pounds* (CyP) verschuldet war, seinen Zahlungsverpflichtungen nur unzureichend nachkommt. Einige Behörden und manche

---

[61]) Cyprus Weekly. 29.07.–04.08.1994. (Tag der Bewertung: 30.09.1994: 1 CYP = 2,1063 US-Dollar).
[62]) Neue Zürcher Zeitung. 30.06.1983.
[63]) Cyprus Today. 01.–07.04.1995.
[64]) Eigene Berechnungen auf der Basis von Angaben der zyperngriechischen Elektrizitätsbehörde. Der Betrag von 96000 US-Dollar enthält alle direkten und indirekten Erzeugungskosten der zyperngriechischen Seite.
[65]) Cyprus Today. 10.–16.06.1995.

KIBTEK-Angestellte sollen ihre privaten Stromrechnungen überhaupt nicht begleichen[66]. Auf der anderen Seite ist die zyperntürkische Elektrizitätsbehörde KIBTEK bei den staatlichen und privaten Banken (*Kooperatif Merkez Bankasi, Vakif Bankasi, Türk Bankasi, Tunca Bankasi, Kıbrıs Kredi Bankasi*) mit umgerechnet neun Millionen US-Dollar verschuldet und war im Sommer 1995 nicht mehr in der Lage, fällige Rohölrechnungen zu bezahlen. Deshalb kam es im Juli/August zu liquiditätsbedingten Energieengpässen, denn faktisch ist KIBTEK heute bankrott. Dieser Fall offenbart das Unvermögen der Behörden in der „TRNZ", trotz massiver türkischer Hilfsleistungen (Bau des Kraftwerks) organisationstechnische und ökonomische Aufgaben eigenverantwortlich zu regeln. Darüber hinaus kam es in der Bevölkerung Nordzyperns zu heftigen Protesten, weil über unverhältnismäßig hohe Strompreiserhöhungen die Schuldenlast der KIBTEK auf sie abgewälzt wurde. Offenbar haben es die Verantwortlichen im „Wirtschafts- und Finanzministerium" versäumt, nach der Fertigstellung des Stromkraftwerks realistische Umschuldungs- und Finanzierungspläne für die staatliche Elektrizitätsbehörde zu erarbeiten[67].

Zusammen mit den massiven Strompreiserhöhungen gab es erstmals in der Geschichte der „TRNZ" Kampagnen für energiesparende Maßnahmen. Die Behörden ließen dort verlauten, daß die Energieprobleme zu einem großen Teil durch die Verschwendung der Privathaushalte verursacht seien, und daß dieser Zustand langfristig nur mit einer restriktiven Preispolitik geändert werden könne. Allerdings hat sich KIBTEK bislang geweigert, eine differenzierte Struktur des Stromverbrauchs in Nordzypern zu veröffentlichen, wohl um nicht die türkische Armee und den öffentlichen Sektor zu kompromitieren. Genaue Angaben über den tatsächlichen Stromverbrauch in der „TRNZ" können demnach nicht gemacht werden. Der zyperntürkischen Tageszeitung *Kıbrıs* zufolge betrug 1992 der Tagesverbrauch im Sommer ca. 90 MW und im Winter ca. 110 MW[68]. Nach *Kıbrıs* machte die Erhöhung des Gesamtverbrauchs im Norden im Zeitraum von 1985–1992 73% aus, was einer jährlichen Steigerungsrate von 10,4% entspräche[69]. Eine Differenzierung des Stromverbrauchs nach Wirtschaftssektoren ist nicht möglich, denn die Angaben in den zyperntürkischen Medien sind so konfus und widersprüchlich, daß sie nicht als zuverlässige Quelle bezeichnet werden können. *Kıbrıs* veröffentlichte zwar 1992 eine Liste mit den angeblich fünf größten Stromverbrauchern in der „TRNZ": Privathaushalte, Gewerbe (Handel), Landwirtschaft, Industrie und Straßenbeleuchtung[70]. Nach Einschätzung des Verfassers sind jedoch die eigentlichen Hauptstromverbraucher die türkische Armee, der öffentliche Sektor und die Privathaushalte.

---

[66] Cyprus Today. 08.–14.07.1995.
[67] Cyprus Today. 29.07.–04.08.1995. Als direkte Folge der Bürgerproteste wurde bereits im August 1995 in der „TRNZ" diskutiert, ob der „Staat" wenigstens für einen Teil der Schulden der KIBTEK aufkommen sollte.
[68] Kıbrıs. 05.02.1992.
[69] Kıbrıs. 27.09.1992.
[70] Ebenda.

Die fehlenden zyperntürkischen Daten in bezug auf die Energiewirtschaft können als Indiz für eine völlig verfehlte Energiepolitik gewertet werden, die darauf abzielt, exogene Ressourcen unentgeltlich in Anspruch zu nehmen. Die hohen Inflationsraten in Nordzypern verleiten alle am Wirtschaftskreislauf Beteiligten zu einer Verschuldungspolitik, die eine realistische volkswirtschaftliche Gesamtrechnung inzwischen unmöglich macht. Als Hauptnutznießer gelten öffentliche Einrichtungen, die faktisch schon längst bankrott sind[71]. Die staatliche Elektrizitätsbehörde KIBTEK kalkuliert mit imaginären Strompreisen, da die Hauptstromverbraucher ihre Rechnungen nicht oder nur sporadisch begleichen. Die Strompreise wurden bis 1994 aus politischen Gründen niedrig gehalten, was zur Verschwendung verleitete. Der Zeitung *Bozkurt* zufolge verbrauchten Privathaushalte in der „TRNZ" 1990 im Schnitt doppelt so viel Strom wie die der Republik Zypern und lagen noch 77% über den entsprechenden europäischen Durchschnittswerten[72].

Die Kapazitäten der zwei Stromkraftwerke in Dhekelia und Moni sind inzwischen ausgeschöpft und können den derzeitigen Bedarf der Insel nicht mehr decken, wie es die Engpässe 1994 zeigten. Mit der Begründung von Versorgungsengpässen kürzten die Zyperngriechen die täglichen Stromlieferungen auf 5–10 MW, was im Norden zu Stromausfällen von durchschnittlich 12 Stunden am Tag führte und der Wirtschaft schwer schadete. Trotz vorgegebener technischer Probleme besteht ein direkter politischer Zusammenhang mit dem Scheitern der Volksgruppengespräche im Rahmen der *Confidence Building Measures*[73] und den Plänen von Denktaş, Nordzypern wirtschaftlich ganz an die Türkei anzuschließen[74]. Die Energieprobleme Nordzyperns traten jedoch nicht erst 1994 so offenkundig zu Tage. Eine ähnliche Situation herrschte bereits 1987/88, 1990 und im Winter 1991/92 mit täglichen Stromsperren von bis zu 16 Stunden. Die zyperntürkischen Politiker haben sich als unfähig erwiesen, die Energieversorgung Nordzyperns trotz immenser türkischer Hilfszahlungen sicherzustellen. Der autoritäre zyperntürkische Staatspräsident, der sich normalerweise in alle Belange einzumischen pflegt, drohte mit seiner vermeintlichen Stärke in den Medien der „TRNZ": Er könne gegebenenfalls mit Waffengewalt ganz Zypern besetzen und damit in die Dunkelheit versetzen, falls sich die Zyperngriechen in der Frage der Stromversorgung nicht konziliant zeigten[75]. Darüber hinaus gab er seinen Institutionen die durchaus ernst gemeinte Anregung, die Importzölle für Notstromgeneratoren soweit zu reduzieren, daß sich alle Kleingewerbetreibende und Privathaushalte ein solches Gerät anschaffen könnten.

Obwohl ein drittes Kraftwerk im zyperngriechischen Inselteil in Planung ist, wurden bislang (Stand: August 1995) keine konkreten Maßnahmen zur Realisie-

---

[71] Wellenreuther, Lefkoşa (Anm.12), S. 56–60.
[72] Bozkurt. 11.11.1990.
[73] Wellenreuther, R.: Werdegang und Hintergründe der zyprischen Volksgruppengespräche zwischen 1974 und 1993, in: Zeitschrift für Türkeistudien. 1 (1994), S. 117/118; Cyprus Weekly. 03.–09.06.1994 und 10.–16.06.1994.
[74] Kıbrıs. 29.08.1994, 31.08.1994 und 10.09.1994.
[75] Kıbrıs. 21.09.1990.

rung dieses Projekts getroffen. Die zyperntürkischen Bemühungen, das Kraftwerk östlich von Kyrenia (Girne) endlich einsatzbereit zu machen, waren bislang ebenfalls erfolglos. Damit ist zur Zeit auch kein Ende der kapazitätsbedingten Stromengpässe in der „TRNZ" abzusehen, da die Lieferungen aus der Republik nach wie vor gekürzt werden.

c) Abwasser

Im Normalfall werden auf Zypern die Abwässer von Privathaushalten, soweit keine Möglichkeit einer Ableitung in Gewässer besteht, in Sickergruben oder in septischen Tanks gesammelt, die regelmäßig entleert werden müssen, was mit Kosten und Geruchsbelästigung besonders in den heißen Sommermonaten verbunden ist. In den griechisch bewohnten südlichen Stadtteilen von Nikosia, die bis dahin mit Ausnahme der Altstadt über keine Drainageeinrichtungen verfügten, zeigten sich bereits in den frühen 60er Jahren die Grenzen der herkömmlichen Abwasserentsorgung, weshalb die Stadtverwaltung eine Studie über die künftigen Abwasserentsorgungsmöglichkeiten in Auftrag gab, die 1968 vorgelegt wurde[76]).

Der *Mc.Laren-Report* schließt trotz der faktischen Teilung der Stadt seit 1963/64 sowohl die zyperngriechischen als auch die zyperntürkischen Stadtteile Nikosias inklusive nahegelegener Umlandgemeinden ein. Dieser als *Greater Nicosia Area* bezeichnete Begriff stellte faktisch eine raumplanerische, aber keine administrative Einheit dar. *Greater Nicosia* von 1968 umfaßte die inzwischen eingemeindeten Dörfer Ortaköy, Trachonas (Kizilay), Omorfita, Kaimakli, Palouriotissa, Elylengia, Strovolos, Engomi und Agios Dometios. Aus Gründen einer Mesaoria-Abdachung[77]) in Nord-Ost-Richtung wurde als Standort für die künftige Kläranlage ein Gelände am Vorfluter des Pediaios-Flusses auf der Gemarkung von Mia Millia (Haspolat) im Nordosten von Nikosia gewählt. Man entschied sich für einen Kläranlagentyp, der auf Grundlage des mechanischen Trennungsverfahrens arbeitet, da die Niederschlagsabflußmengen im Untersuchungsgebiet u. U. das 400fache der Abwasserabflußmengen betragen können[78]). In Ermangelung eines offiziellen Flächennutzungsplans wurden künftige Nutzungsschwerpunkte projiziert und in die Kategorien Wohnen, Gewerbe und Industrie eingeteilt. Der Ausbau des Kanalisationsnetzes erfolgte in drei Stufen und wurde 1987 abgeschlossen. Finanziert wurde dieses Vorhaben im Rahmen des *Nicosia-Master-Plan* mit Geldern des *United Nations Development Programme* und Weltbankkrediten. Für die Zukunft ist die

---

[76]) Report on Sewerage and Drainage for the Municipality of Greater Nicosia, Cyprus. Mc.Laren International LTD. Consulting Engineers. Toronto (Canada) 1968.

[77]) Abdachung ist ein morphographischer Ausdruck. Die Abdachungsebene – begrifflicher Gegensatz zur Hohlebene – neigt sich ausschließlich in eine Richtung.

[78]) Die Abwasserableitung über die Kanalisation kann nach einem Trenn- oder einem Mischverfahren erfolgen. Das Trennverfahren erfordert getrennte Kanalsysteme, das zwar teurer, umwelttechnisch jedoch günstiger zu bewerten ist. Das Mischverfahren spart zwar dank eines einfacheren Rohrleitungsnetzes Baukosten, birgt aber wegen der Unvorhersehbarkeit der Niederschlagsmengen Schwierigkeiten bei der Dimensionierung der Kanalröhren (vgl. Braam, W.: Stadtplanung. Zweite Auflage. Düsseldorf 1993).

Einbeziehung weiterer Umlandgemeinden geplant, was aber zur Zeit aus Kapazitätsgründen nicht möglich ist. Die zyperntürkische Stadtverwaltung von Nikosia bezifferte im Sommer 1994 den durchschnittlichen Abwasserabfluß der Privathaushalte mit 150 Litern pro Einwohner. Alle Bereiche zusammengenommen, fällt täglich eine Abwasserabflußmenge von 12 Millionen Liter an, davon stammen 9 Millionen Liter aus dem Süden[79]).

3. Kommunikationsnetze

a) Telekommunikation

Während der britischen Kolonialzeit lag das zyprische Telekommunikationsnetz in den Händen der *Eastern Telegraph Co.LTD*. An deren Stelle trat 1955 die *Cyprus Inland Telecommunications Authority* (CITA), die 1961 nach der Unabhängigkeit Zyperns von der *Cyprus Telecommunications Authority* (CYTA) abgelöst wurde. Die Telekommunikationsgesellschaft der Republik Zypern ist eine halbstaatliche, nach den Prinzipien des Gemeinwohls wirtschaftende Monopolgesellschaft mit der Aufgabe, auf Zypern alle erforderlichen Kommunikationseinrichtungen für nationale und internationale Nachrichtenübermittlungen anzubieten[80]).

Die Teilung Zyperns hat einerseits bestehende Kommunikationsnetze auseinandergerissen. Andererseits beschleunigte sie im Südteil der Insel die Modernisierung des veralteten Kommunikationssystems. Die Republik Zypern erlebte nach 1974 eine rasante Wirtschaftsentwicklung, die die Strukturen im Hinblick auf eine Dominanz des tertiären Sektors veränderte. Entwicklungsimpulse gingen auch vom Zerfall Libanons aus, denn Südzypern gelang es, einen Teil der einstigen Funktionen Beiruts zu kompensieren. Voraussetzung für diese Entwicklung war natürlich ein leistungsfähiges Kommunikations- und Verkehrsnetz. Ende der 70er Jahre war der zyperngriechische Vorsprung auf diesem Gebiet so groß, daß Geschäftsleute aus den angrenzenden arabischen Nachbarstaaten nach Zypern kamen, um die Telekommunikationseinrichtungen in Anspruch zu nehmen[81]).

Der vermeintliche Vorteil der Zyperntürken, denen 1974 ein Kommunikationsnetz in die Hände fiel, das zwar nicht mehr dem neuesten Stand der Technik entsprach, aber durchaus funktionstüchtig war, konnte in der Praxis nicht genutzt werden. Nach der Besetzung bereicherten sich türkische Unternehmer und die türkische Armee am zurückgelassenen zyperngriechischen Besitz an Kommunikationsmitteln und vernachlässigten dessen Ausbau[82]).

---

[79]) Mündliche Auskunft der Kommunalverwaltung von Nikosia (Nord), Abteilung Wasserwirtschaft („Lefkoşa Türk Belediyesi Su Dairesi") im April 1994.
[80]) Keshishian, K.K.: Nicosia. Capital of Cyprus Then and Now. Nicosia 1990, S.287.
[81]) Christodoulou (Anm.46), S.131.
[82]) Kadritzke, N./Wagner, W.: Im Fadenkreuz der Nato. Ermittlungen am Beispiel Zypern. Berlin 1976, S.127/128.

Tabelle 11: Telefon- und Telexanschlüsse auf Zypern

	1982		1985		1989	
	Süd	Nord	Süd	Nord	Süd	Nord
Telefon	85 192	k. A.	136 054	17 286	223 117	22 838
Telex	2 172	146	3 267	158	3 769	346

k. A. = keine Angabe
Quellen: Department of Statistics and Research. Republic of Cyprus (Hrsg.): Statistical Abstract 1989/1990. Nicosia 1991, S. 343; Devlet Planlama Örgütü. Kuzey Kıbrıs Türk Cumhuriyeti (Abteilung für Staatsplanung. „Türkische Republik Nordzypern") (Hrsg.): Istatistik Yilligi 1990 (Statistisches Jahrbuch 1990). Lefkoşa 1991, S. 192, 194.

Die Demontagen von Maschinenbau- und elektrotechnischen Einrichtungsgegenständen trugen entscheidend zu den ökonomischen Anlaufschwierigkeiten Nordzyperns bei. Die Isolation und die internationale Nichtanerkennung der „TRNZ" verhinderten lange Zeit die Möglichkeit eines Standardangleiches zwischen beiden Inselteilen, da alle Maßnahmen nur mit finanzieller und technischer Hilfe der nach westeuropäischen Maßstäben ohnehin rückständigen Türkei durchgeführt werden konnten. Die erzwungene Abkapselung Nordzyperns dokumentierte auch die Zahl der registrierten Telefonate. 1984 wurden 91,3% aller Auslandsgespräche in die Türkei geführt. 1990 betrug der Anteil 88,1%[83]).

Die Tabelle 11 vermag nur ein unzureichendes Bild des Entwicklungsunterschiedes zwischen beiden Inselteilen wiederzugeben, da in bezug auf moderne Telekommunikationseinrichtungen für Nordzypern keine Daten verfügbar sind, die einen solchen Vergleich erlauben. Aber bereits die Zahl der Telefon- und Telexanschlüsse ist aufschlußreich. Rein statistisch entfiel im Jahr 1985 in der Republik ein Telefonanschluß auf 3,7 Einwohner und 1989 gar auf 2,2 Einwohner. Im Norden betrugen die gleichen Werte 9,3 bzw. 7,0[84]). Hinsichtlich der Telexanschlüsse sind die Diskrepanzen noch größer. 1985 verfügten im Durchschnitt 153,0 Zyperngriechen über ein Telexgerät und 1989 132,7. Für Nordzypern ließen sich Werte in Höhe von 1 012,7 bzw. 462,4 ermitteln. Allerdings muß berücksichtigt werden, daß auf dem Gebiet der gewerblichen Kommunikation Alternativen existieren (z. B. Telefax), die an dieser Stelle aus Gründen der schlechten Quellenlage unberücksichtigt bleiben müssen. Die türkischen Investitionspläne für Nordzypern sahen 1989 die Erneuerung und Erweiterung von Fernsprechanschlüssen im Wert von 11,7 Millionen US-Dollar vor[85]). Die Maßnahmen wurden 1993 abgeschlossen. Seit 1974 bestehen faktisch zwei staatliche Telekommunikationsbehörden, die *Cy-*

---

[83]) Devlet Planlama Örgütü. Kuzey Kıbrıs Türk Cumhuriyeti (Abteilung für Staatsplanung. „Türkische Republik Nordzypern")(Hrsg.): Istatistik Yilligi 1990 (Statistisches Jahrbuch 1990). Lefkoşa 1991, S. 193.
[84]) Der Einfachheit halber wurde für die Republik Zypern eine durchschnittliche Gesamtbevölkerungszahl von 500 000 und für die „TRNZ" von 160 000 Einwohnern zugrunde gelegt.
[85]) Nachrichten für den Außenhandel. 26. 04. 1989.

prus Telecommunications Authority (CYTA) im Süden und das *Kıbrıs Telekommunükasyon Dairesi* im Norden, wobei letztere nur die von der Türkei finanzierten Projekte verwaltet und aufgrund der wirtschaftlichen Abhängigkeit von Ankara keine eigenständige Politik auf dem Gebiet der Nachrichtentechnik betreiben kann.

Der Bereich Kommunikation erreichte in der Republik Zypern 1989 einen Anteil von 9% am Bruttoinlandsprodukt, das 1 520,8 Millionen US-Dollar betrug. Davon entfielen 91,4% auf das Telekommunikationswesen und 8,6% auf die Post[86]). Die *Cyprus Telecommunications Authority* beschäftigte 1993 2354 Menschen und stellte ihre Dienstleistungen in den Standardbereichen Telefon, Telegraph, Telex und Telefax zur Verfügung. Hinzu kommen seit einigen Jahren die drahtlosen Kommunikationseinrichtungen (z.B. *Teleconferencing* oder *Audiotex*), die in den Statistiken der Republik Zypern seit 1985 als *Data Post* ausgewiesen werden[87]).

Im Laufe der letzten zehn Jahre gewannen moderne Kommunikationsträger immer mehr an Bedeutung. Allein zwischen 1992 und 1993 stieg die Zahl der Mobiltelefonanschlüsse um 5000 Einheiten auf 15000, was einem Anteil von 4,8% aller Telefonanschlüsse entspricht. Die zyperngriechische Entwicklungspolitik auf dem Gebiet der Nachrichtentechnik verfolgt konsequent die Einbindung der Insel in das internationale Kommunikationsnetz. Die Einführung des *Pan-European-Mobile-Telephone-System* ist für Mitte 1995 geplant. Auf dem Gebiet der Digitaltechnik waren Ende 1993 bereits 64% aller Anschlüsse auf das *Integrated Services Digital Network* (ISDN) umgestellt. Vorhandene Verkabelungen werden allmählich durch neue Fiberoptik-Glasfaserkabeln ersetzt. Die CYTA ist mit sechs Satellitenerdstationen (Intelesat- und Eutelesatsystem) verbunden. Das Ziel der Zyperngriechen ist eine Angleichung der zyprischen Kommunikationseinrichtungen an den EU-Standard (Europäisches Institut für Telekommunikationsnormen), vor allem um die bereits bestehende Drehscheibenfunktion im Dienstleistungssektor zwischen der EU und den nahöstlichen Nachbarländern weiter ausbauen zu können. Es wurden mit Griechenland, Syrien und dem Libanon Abkommen über künftige Verkabelungsprojekte getroffen. Über Ägypten ist die Republik Zypern bereits an das *SEA-ME-WE-2*-Netz angeschlossen, das Singapur mit Marseille verbindet. Den Privatisierungstendenzen in den EU-Ländern auf dem Gebiet der Nachrichtentechnik glaubt sich auch die CYTA langfristig nicht verschließen zu können, weshalb auch auf Zypern in Zukunft die Konkurrenzfähigkeit mit einer Lockerung oder Auflösung des staatlichen Nachrichtenmonopols auf dem Wege einer Änderung des *Telecommunication Service Law* gewährleistet sein soll[88]).

b) Postwesen

Sofort nach der britischen Übernahme Zyperns im Jahr 1878 schufen die Engländer einen täglichen Postdienst auf dem Weg zwischen Larnaka und Nikosia. Im

---

[86]) Statistical Abstract 1989/1990 (Anm. 5), S. 203, 323.
[87]) Ebenda, S. 345.
[88]) Cyprus Weekly. 11.–17.11.1994. Vgl. auch die vorteilhafte Beurteilung des Telekommunikationssystems der Republik Zypern durch die EU-Kommission (KOM [93] 312 endg.), S. 19.

Netz der kolonialen Nachrichtenübermittlung war Zypern über Ägypten als Station auf dem Indienweg an das britische Kommunikationssystem angeschlossen. Mit der Unabhängigkeit Zyperns mußte auch die Post gemäß den Prinzipien der neuen Verfassung nach einem exakten Schlüssel mit Bediensteten aus der zyperngriechischen und der zyperntürkischen Volksgruppe besetzt werden[89]).

Im Gegensatz zu anderen Körperschaften entstand die zyperntürkische Post nicht erst mit der Teilung der Insel, sondern bereits am 6. Januar 1964, als die Zyperntürken begannen, ihre Briefe mit einem Stempel zu versehen, der die Aufschrift *Kıbrıs Türk Postalari* trug. Damit war der erste Schritt auf dem Weg zur Gründung einer eigenen Post getan. Bezeichnenderweise erfolgte dieser Schritt unmittelbar nach dem Ausbrechen der pogromartigen Übergriffe zyperngriechischer EOKA-Terroristen auf die zyperntürkische Zivilbevölkerung. Das kann als Indiz dafür gewertet werden, daß die Zyperntürken bereits Vorkehrungen zur endgültigen Trennung beider Volksgruppen getroffen hatten und nur noch auf einen günstigen Zeitpunkt warteten, um die Teilung Zyperns voranzutreiben.

Die Zyperngriechen erkannten die zyperntürkische Post nie an und boykottierten zwischen 1964 und 1974 den Postverkehr von und zu den türkischen Enklaven auf Zypern. Die Postsäcke der *Kıbrıs Türk Postasi* konnten nur mit Hilfe der UNFICYP und türkischen gemeinnützigen Organisationen (z.B. Roter Halbmond) weiterbefördert werden. International blieb der zyperntürkischen Post vor 1974 die Anerkennung mit dem Hinweis auf fehlende Merkmale einer zyperntürkischen Eigenstaatlichkeit verwehrt. Nach 1974 konnten die Zyperngriechen mit dem Hinweis auf die Unrechtmäßigkeit der türkischen Besetzung Nordzyperns die Aufrechterhaltung der internationalen Nichtanerkennung der zyperntürkischen Post erreichen.

Seit 1983 tragen die zyperntürkischen Briefmarken die Aufschrift *Kuzey Kıbrıs Türk Cumhuriyeti Postalari*. Die Zustellung der Post von und nach Nordzypern kann nur auf dem Wege über die Türkei erfolgen, was zur Folge hat, daß Briefe mit der Bezeichnung *Mersin 10-Türkei* versehen werden müssen. Alle Sendungen, die anders adressiert sind, werden in den zyperngriechischen Teil der Insel geleitet. Die Zyperngriechen verweigern nach wie vor die Weiterleitung von Sendungen, die für den zyperntürkischen Inselteil bestimmt sind.

4. Einrichtungen des Gesundheitswesens

Das Gesundheitswesen ist in beiden Teilen der Insel sowohl in privater als auch in staatlicher Hand. Private Arztpraxen und Kliniken decken überwiegend den allgemeinmedizinischen Bereich und diejenigen Sparten ab, die in bezug auf ihre technische Ausstattung keine großen Investitionen erfordern (z.B. Geburtskliniken, Augenarztpraxen, ambulante und psychotherapeutische Behandlungen). Staatliche Kliniken versorgen überwiegend Gesundheitsbereiche mit kapitalintensiver technischer Ausstattung. Das staatliche Gesundheitswesen der Republik Zy-

---

[89]) Vgl. Castle, W.T.F.: Cyprus: Its Postal History and Postage Stamps. London 1971.

pern ist auf Distriktebene und auf kommunaler Ebene organisiert, wobei die städtischen Zentren mit übergeordneten medizinischen Einrichtungen ausgestattet sind, während im ländlichen Raum eher von einer Aufrechterhaltung der Grundversorgung gesprochen werden muß. Als Indiz kann an dieser Stelle die durchschnittliche Auslastung der Krankenhausbetten in der Republik Zypern angeführt werden, die in den Krankenhäusern der Städte 1989 bei 72% lag und im ländlichen Raum lediglich 33% betrug[90]).

Eine ähnliche Situation besteht in Nordzypern. Die beiden Staatskrankenhäuser in Lefkoşa (Nikosia-Nord) und in Gazimağusa (Famagusta) sowie die zwei Distriktkrankenhäuser in Girne (Kyrenia) und in Güzelyurt (Morphou) werden auf dem Lande durch staatliche Gesundheitszentren ergänzt, die allerdings nicht sehr leistungsfähig sind. In den kommunalen Zuständigkeitsbereich fallen die Gesundheitseinrichtungen der Dörfer (*saglik ocagi*), sofern sie überhaupt existent sind. Die Erhebungen des Verfassers im ländlichen Raum Nordzyperns haben gezeigt, daß öffentliche Versorgungseinrichtungen auf dörflicher Ebene in erster Linie in den zyperntürkisch besiedelten Orten anzutreffen sind, während sie in anatolisch bewohnten Siedlungen weitgehend fehlen[91]).

Das Gesundheitswesen ist in beiden Inselteilen ähnlich strukturiert und untersteht als Folge der zentralistischen Verwaltung den jeweiligen Gesundheitsministerien. In den kommunalen Zuständigkeitsbereich fällt lediglich die medizinische Grundversorgung. Dies ändert jedoch finanziell nichts an der staatlichen Zuständigkeit, da die Gemeinden ihr Haushaltsbudget zugewiesen bekommen. Die Republik Zypern bietet vor allem den ehemaligen Flüchtlingen und den Mittellosen mit geringem oder keinem Einkommensnachweis die medizinische Betreuung im öffentlichen Gesundheitsdienst kostenlos oder zu niedrigen Gebühren an. Spezifische Gesundheits- und Sozialversicherungsprogramme für Regierungsbeamte, Angestellte und Arbeiter (betriebseigene Gesundheitseinrichtungen, ambulante Behandlung bzw. partielle Rückerstattung der Behandlungskosten in kleinen Unternehmen, freiwillige gewerkschaftliche Versicherungen) ergänzen den staatlichen Leistungskatalog[92]).

Das Gesundheitswesen der „TRNZ" fällt ebenfalls in den Zuständigkeitsbereich des *Calisma ve Saglik Bakanligi* (Arbeits- und Gesundheitsministerium) und ist verwaltungsmäßig in drei Hauptabteilungen untergliedert: 1. *Yatakli Tedavi Kurumlari Dairesi* (Abteilung für Krankenhauswesen), 2. *Devlet Laboratuvari* (Staatslabor) und 3. *Sosyal Hizmetler Dairesi* (Sozialversicherung). Dem Staatslabor unterliegt die Lebensmittelkontrolle sowie die allgemeine Gesundheitsüberwachung in bezug auf Seuchen und ansteckende Krankheiten. Seine Funktion ist in etwa mit derjenigen der deutschen Gesundheitsämter zu vergleichen.

---

[90]) Statistical Abstract 1989/1990 (Anm. 5), S. 105.
[91]) Wellenreuther, R.: Siedlungsentwicklung und Siedlungsstrukturen im ländlichen Raum der Türkischen Republik Nordzypern. Universität Mannheim 1993 (=Materialien zur Geographie, 21), S. 53–56.
[92]) Presse- und Informationsamt. Republik Zypern (Hrsg.): Zypern. (o. O.) 1992, S. 152/153.

Tabelle 12: Das Gesundheitswesen Zyperns

		1985		1989	
		Süd	Nord	Süd	Nord
Kliniken	staatl.	k. A.	16	k. A.	20
	privat	k. A.	129	105	215
Betten	staatl.	1 929	760	2 002	849
	privat	1 483	152	1 458	193
Patienten	staatl.	36 392	10 805	39 324	12 023
	privat	k. A.	k. A.	k. A.	k. A.
Ärzte	staatl.	291	134	386	149
	privat	865	129	1 203	212
Schwestern	staatl.	1 582	286	1 850	326
	privat	573	k. A.	600	k. A.

k. A. = keine Angabe
Quellen: Department of Statistics and Research. Republic of Cyprus (Hrsg.): Statistical Abstract 1989/1990. Nicosia 1991, S.103–126; Devlet Planlama Örgütu. Kuzey Kıbrıs Türk Cumhuriyeti (Abteilung für Staatsplanung. „Türkische Republik Nordzypern") (Hrsg.): Istatistik Yilligi 1990 (Statistisches Jahrbuch 1990). Lefkoşa 1991, S.40–65.

Die Zahlenangaben in Tabelle 12 lassen keine Rückschlüsse auf den medizinischen Versorgungsgrad zu. Die im Vergleich zum Privatsektor wesentlich geringere Ärztezahl im Staatsbereich täuscht darüber hinweg, daß in den Staatskrankenhäusern im Verhältnis mehr Patienten behandelt werden und daß dem öffentlichen Sektor wertschöpfungsmäßig der größere Anteil zukommt. Im Hinblick auf den Versorgungsgrad sind lediglich Aussagen über den staatlichen Gesundheitssektor möglich. Statistisch gesehen entfielen in der Republik Zypern 1989 249,8 Einwohner auf ein Krankenhausbett, im Norden 188,5. Im Süden kam 1989 im Durchschnitt ein Arzt auf 1 295,3 Einwohner, im Norden betrug der Wert 1 073,8. Die genannten Zahlen erlauben keine Rückschlüsse auf den qualitativen medizinischen Versorgungsgrad. Die für Nordzypern günstigeren Durchschnittswerte sind nämlich indirekt der Teilung zuzuschreiben, da 1974 zwei der sechs Distriktkrankenhäuser und acht von insgesamt siebzehn ländlichen Gesundheitszentren an die Zyperntürken fielen[93]). Außerdem täuscht die generelle Überbeschäftigung im staatlichen Sektor Nordzyperns einen Entwicklungsstand vor, der in Wirklichkeit nicht anzutreffen ist. Die Qualität der medizinischen Versorgung wird in Nordzypern ganz entscheidend von einer veralteten technischen Ausstattung geschmälert. Hinzu kommen die katastrophalen Energieengpässe sowie organisationstechnische Nachlässigkeiten. Im Sommer 1994 geriet das Staatskrankenhaus in Lefkoşa (*Dr. Burhan Nalbatanoglu Hastahanesi*), das für die medizinische Versorgung der Zyperntürken eine vorrangige Stellung hat, aufgrund untragbarer hygienischer Zu-

---

[93]) Hahn (Anm.16), S.179.

stände und funktionsuntüchtiger technischer Einrichtungen ständig in das Kreuzfeuer der öffentlichen Kritik. Der ehemalige stellvertretende Regierungschef Özker Özgür bestätigte bei einem Besuch den schlechten Zustand dieses Krankenhauses, ohne jedoch Konsequenzen daraus zu ziehen[94]).

Über den Wertschöpfungsanteil des Gesundheitswesens können aufgrund der mangelhaften Datengrundlage Nordzyperns keine vergleichenden Angaben gemacht werden. In der Republik Zypern betrug die Wertschöpfung des Gesundheitswesens 1989 189,9 Millionen US-Dollar. Davon entfielen 38% auf den staatlichen und 62% auf den privaten Sektor, was einem anteiligen Bruttoinlandsprodukt in Höhe von 12,5% entspricht[95]). Der Haushaltsetat von Nordzypern für das Jahr 1993 weist Staatsausgaben in Höhe von 258 Millionen US-Dollar aus. Davon entfielen 2% auf den Bereich des staatlichen Krankenhauswesens[96]).

III. Binnenhandel

Zum Binnenhandel gehören die Wirtschaftssektoren, die am Güteraustausch innerhalb einer Volkswirtschaft beteiligt sind. Im Gegensatz zum Außenhandel, der in beiden Teilen Zyperns ausführlich dokumentiert ist und in einem anderen Kapitel Behandlung findet[97]), existieren über den Binnenhandel wenig Informationen. Die zyperngriechische Statistik wies für 1989 eine Bruttowertschöpfung des Bereichs *Transport and Storage* in Höhe von 458,8 Millionen US-Dollar aus, was einem anteiligen Bruttosozialprodukt von 10% entsprach. Auf den inländischen LKW-Transport entfiel ein Wertschöpfungsanteil von 63,3 Millionen US-Dollar, was ein anteiliges Bruttosozialprodukt von 1,4% und einen Anteil am Bruttoinlandsprodukt von 4,1% darstellt[98]). Die genannten Zahlen verdeutlichen das hohe Maß der Außenhandelsverflechtungen der zyperngriechischen Wirtschaft. Die offiziellen Statistiken bieten dagegen nur spärliche Daten über den Binnenhandel in der Republik Zypern. Für die „TRNZ" fehlen entsprechende Angaben völlig. Im zyperngriechischen Inselteil kamen 1986 rund 80% aller Güter des kurz- und mittelfristigen Bedarfs (Nahrungsmittel, Kleidung) aus einheimischer Produktion. Bei Produkten des mittel- und langfristigen Bedarfs wie Möbel, Haushaltsartikeln oder Elektrogeräten lag der Anteil aus lokaler Herstellung noch bei immerhin rund 50%[99]).

Die wertmäßig nicht erfaßbare Bedeutung des nordzyprischen Binnenhandels muß aus zwei Gründen ziemlich gering angesetzt werden: Zum einen hatte Zypern

---

[94]) Kıbrıs. 26.07.1994.
[95]) Statistical Abstract 1989/1990 (Anm.5), S.108, 203.
[96]) Vgl. KKTC Resmi Gazete. 123 (1993) 1/3, S.1207–1209.
[97]) Vgl. dazu das Kapitel „Außenhandel" von A. Orthgieß in diesem Band.
[98]) Statistical Abstract 1989/1990 (Anm.5), S.203, 323/324. Die Zulassungsstatistik differenziert zwischen LKW („Heavy Good Vehicles") und Kleintransportern („Light Good Vehicles"). Diese Statistiken machen jedoch keine Angaben, inwieweit die letztgenannte Kategorie im Wertschöpfungsanteil der Position „Lorry (freight) Transport" enthalten ist.
[99]) Christodoulou (Anm.46), S.154.

bereits vor 1974 mit den Problemen eines zu kleinen Binnenmarktes zu kämpfen, was sich nach der Teilung vor allem für die nördliche Inselhälfte verschärfte. Zum anderen hatte die „TRNZ" im September 1993 eine De-facto-Bevölkerung von 166 771 Einwohnern, von denen ca. 80 000 Menschen, überwiegend anatolischen Ursprungs, aufgrund ihres geringen sozioökonomischen Status auf dem zyperntürkischen Binnenmarkt eine wirtschaftlich eher unbedeutende Stellung einnehmen[100]). Auf der Seite der Anbieter lassen sich ähnlich ungünstige Prämissen erkennen. Die Wirtschaftsinteressen der zyperntürkischen Elite ließen mit türkischer Unterstützung eine Händleroligarchie entstehen, die es auf dem Wege politischer Einflußnahme inzwischen geschafft hat, die einheimische Produktion ganzer Wirtschaftszweige zugunsten ausländischer Importe lahmzulegen. Heute müssen beispielsweise fast alle Agrarprodukte zu überhöhten Preisen eingeführt werden, weil die nordzyprische Landwirtschaft nicht in der Lage ist, den kleinen Binnenmarkt in quantitativer wie qualitativer Hinsicht zu befriedigen[101]).

IV. Zusammenfassung

Die Analyse der Wirtschaftsbereiche Energie, Verkehr und Infrastruktur Zyperns spiegelt die gegensätzlichen Strukturen in beiden Inselteilen wider. Daran ändern auch die zahlreichen historisch bedingten Gemeinsamkeiten nichts:

Die Republik Zypern konnte in den vergangenen zwanzig Jahren ein imposantes Wirtschaftwachstum vorzeigen, das sich auch in der Infrastrukturausstattung des zyperngriechischen Inselteils ausgewirkt hat, welche in weiten Bereichen vollständig modernisiert worden ist (z.B. Telekommunikation). Damit trägt der Süden Zyperns den wirtschaftsstrukturellen Veränderungen einer modernen Dienstleistungsgesellschaft Rechnung, die um internationale Wettbewerbsfähigkeit bemüht sein muß. Alle Unternehmen, die mit der Versorgung infrastruktureller Leistungen betraut sind, befinden sich in staatlicher Hand und arbeiten, soweit dies im Rahmen dieser Untersuchung überprüfbar ist, nach marktwirtschaftlichen Gesichtspunkten. Im Gegensatz zur „TRNZ" dokumentieren die Statistiken und Rechenschaftsberichte der betroffenen Einrichtungen im zyperngriechischen Teil, daß die Unternehmungen betriebswirtschaftlich rentabel arbeiten und keine direkten staatlichen Subventionen in Anspruch nehmen müssen. Es wäre jedoch verfehlt, die Infrastrukturpolitik der Zyperngriechen als vorbildlich zu bezeichnen, da beispielsweise die Versorgung der Bevölkerung mit Energie eindeutig zu Lasten der Umwelt geschieht, wie der ständig steigende Stromverbrauch dokumentiert, der ausschließlich auf der Basis fossiler Brennstoffe erzeugt wird.

Die Entwicklung in der „TRNZ" verdeutlicht trotz massiver Hilfe aus der Türkei vor allem auf dem Energiesektor eine völlig verfehlte Politik. Der negative Gesamteindruck kann auch nicht allein mit dem zyperngriechischen Embargo oder der internationalen Nichtanerkennung Nordzyperns entschuldigt werden. Im Win-

---

[100]) Wellenreuther, Lefkoşa (Anm.12), S.35–45.
[101]) Vgl. dazu das Kapitel „Landwirtschaft" von R. Wellenreuther in diesem Band.

ter 1994/95 war im Norden die Strom- und Gasversorgung stellenweise ganz zusammengebrochen. Präsident Denktaş suchte überall die Schuldigen an der Misere, nur nicht in seiner eigenen Politik. Die kapazitätsbedingten Kürzungen der unbezahlten Stromlieferungen aus der Republik Zypern schrieb die zyperntürkische Propaganda der politischen Intransingenz der zyperngriechischen Volksgruppe zu. Als geradezu grotesk müssen die Vorschläge des *Mücahitler Dernegi* (Vereinigung zyperntürkischer Wiederstandskämpfer) gewertet werden, als Vergeltung für jeden Stromausfall zehn Angehörige der zyperngriechischen Minderheit[102], die auf der Halbinsel Karpas siedelt, zu deportieren[103]). In der Praxis zeigt sich nicht nur auf dem Gebiet der Energiewirtschaft und Infrastrukturausstattung, daß die sogenannte Eigenstaatlichkeit der „TRNZ" in Wahrheit in ökonomischer wie in politischer Hinsicht eine Farce ist und einer Änderung der unbefriedigenden Situation im Weg steht. Ökonomisch am sinnvollsten wäre entweder eine Wiedervereinigung beider Inselhälften oder eine formale Integration Nordzyperns in die Türkei, die faktisch ohnehin schon besteht[104]).

Die Integrationspläne von Präsident Denktaş, die im Sommer 1994 diskutiert wurden, stellen keine wirkliche Integration dar, weil die Eigenstaatlichkeit der „TRNZ" nicht in Frage gestellt wird. Die türkische Regierung ließ wie schon öfter in der Vergangenheit diese Initiative unbeantwortet, denn Ankara könnte einen solchen Schritt außenpolitisch nicht durchsetzen, ohne sich selbst zu schaden. Die Interessen der Türkei in Zypern sind mit der Aufrechterhaltung des Status quo hinreichend gewahrt. Außerdem würde eine formalrechtliche Integration Nordzyperns in das türkische „Mutterland" auf den Widerstand der Zyperntürken stoßen, die diesen Schritt als Ende einer politischen Lösung der Zypernfrage ansähen. Die Mehrheit der befragten Zyperntürken lehnt eine Annahme der türkischen Staatsbürgerschaft nach wie vor ab, denn dies hätte die Vollendung der staatlichen Integration der „TRNZ" in die Türkei zur Folge und würde die türkische Volksgruppe nach einem EU-Beitritt der Zyperngriechen vollends und diesmal endgültig in das ökonomische Abseits abdrängen.

In der Gesamtbetrachtung fällt der strukturelle Vergleich zwischen der zyperngriechischen Republik Zypern und der „Türkischen Republik Nordzypern" eindeutig zugunsten der Zyperngriechen aus. Dieses Ergebnis kommt jedoch weniger aufgrund der vorbildlichen Strukturen in der Republik zustande als vielmehr durch die verheerenden Zustände in der „TRNZ". Im Vergleich zu westeuropäischen oder nordamerikanischen Standards offenbaren sich dagegen im zyperngriechischen Inselteil, besonders in bezug auf Raumplanung und Umweltpolitik, gravierende Mißstände, die keinesfalls zum positiven Image der Republik Zypern passen wollen.

---

[102] Hahn, B./Wellenreuther, R.: Demographische Strukturen in Nordzypern, in: Orient. 4 (1992), S. 613–633.
[103] Cyprus Today. 26.11.–02.12.1994.
[104] Kıbrıs. 04.07., 05.07., 17.08., 18.08. und 09.09.1994.

Tourismus

Bruno Sackmann, Bad Pyrmont

I. Ökonomische und historische Voraussetzungen – II. Entwicklung und Struktur des Tourismus in der Republik Zypern seit 1974: 1. Angebotselemente – 2. Nachfragestrukturen – 3. Gesamtwirtschaftliche Effekte der touristischen Erschließung – 4. Räumliche und soziale Effekte – 5. Tourismusplanung – III. Der Tourismus in der „Türkischen Republik Nordzypern": 1. Grundlegende Tendenzen – 2. Marktstrukturen – 3. Ökonomische Bedeutung und Entwicklungspotential – IV. Zusammenfassung

I. Ökonomische und historische Voraussetzungen

Zypern gehört heute zu einem der stark expandierenden Tourismusmärkte im Mittelmeerraum. In den 1980er Jahren verzeichnete die Inselrepublik eine der höchsten Zuwachsraten aller mediterranen Urlaubsziele[1]). Diese Entwicklung mag überraschen, da Zypern nach der Unabhängigkeit die Charakteristika eines Landes aus der sogenannten Dritten Welt aufwies und wegen der militärischen Auseinandersetzungen von 1974 sowie der faktischen Teilung vor einer ungewissen Zukunft stand[2]). Zweierlei Auswirkungen hatte diese rasche Tourismusentwicklung auf Wirtschaft und Gesellschaft der Insel: Einerseits verschaffte der Tourismus die für den Wiederaufbau dringend benötigten Deviseneinnahmen und belebte die lokale Wirtschaft, andererseits wurde er zum übermächtigen Sektor, der schon heute in der Lage ist, die bestehenden Wirtschaftsstrukturen zu zerstören. Durch das massenhafte Auftreten der Touristen werden darüber hinaus Umwelt und Gesellschaft auf Zypern stark in Mitleidenschaft gezogen. Da die Insel die Merkmale eines Mikrostaates aufweist, sind die Auswirkungen des Tourismus auf die Gesamtwirtschaft auch weitaus stärker ausgeprägt als in umfassenden Volkswirtschaften wie in Griechenland, Italien oder Spanien.

Die Entwicklung des Tourismus auf Zypern steht in engem Zusammenhang mit der spezifischen geographischen Lage der Insel. In der Tradition der mittelalterli-

---

[1]) Im Zeitraum von 1985–1990 erzielte die Republik Zypern mit jährlichen Einnahmesteigerungen von durchschnittlich 27,1% einen höheren Zuwachs als Griechenland (12,5%) und die Türkei (17,4%) (World Tourism Organization: Yearbook of Tourism Statistics. Bd. 1. 44 ED. Madrid 1992, S. 131) Vgl. Hiç, M.: Industry, Handicraft and Tourism, in: Südosteuropa-Handbuch. Bd. 4: Türkei. Hrsg. K.- D. Grothusen. Göttingen 1985, S. 370–390, bes. S. 387 ff.

[2]) Die Tourismusentwicklung nach der Teilung von 1974 wird für die Republik Zypern und die „Türkische Republik Nordzypern" („TRNZ") getrennt dargestellt. Damit erfolgt keine politische Bewertung der Vorgänge, sondern es soll lediglich die divergierende Tourismusentwicklung dokumentiert werden.

chen Kreuzfahrten nach Jerusalem legten zahlreiche europäische Pilger und Reisende dort einen Zwischenaufenthalt ein[3]). Während der englischen Kolonialverwaltung wurde der Erholungstourismus immer bedeutsamer. Aus einem Sommerlager für englische Truppen im Troodos-Gebirge entstanden sogenannte *Hill Stations* nach indischem Vorbild. Neben den britischen Militärangehörigen verbrachten die Oberschichten aus den arabischen Nachbarländern und reiche Zyprer aus dem Ausland die Sommermonate im Bergland. Aufgrund der idyllischen Lage und des angenehmen Klimas entwickelte sich das Bergdorf Platres zum Zentrum der Sommerfrische. Der Badetourismus hatte zu jener Zeit noch eine geringe Bedeutung. Lediglich ein kleiner Teil der ausländischen Besucher suchte in den Wintermonaten die *Seaside-Resorts* auf, um der Kälte Mitteleuropas zu entfliehen. Andere kamen aus archäologischem und kunsthistorischem Interesse auf die Insel. Bevozugte Ziele dieser Studienreisenden waren Nikosia, Famagusta und das malerische Hafenstädtchen Kyrenia[4]). Ökonomisch spielte der Tourismus für Zypern lange Zeit eine geringe Rolle. Die wirtschaftliche Basis bildeten die traditionelle Agrarwirtschaft und der Handel. Punktuell war der Fremdenverkehr für einige Orte im Troodos-Gebirge bedeutsam, da er neben der Landwirtschaft eine zusätzliche Erwerbsquelle schuf.

Die eigentliche touristische Bewegung setzte in den 1950er Jahren ein. Seither konnte Zypern eine stetige Zunahme der Besucherzahlen verzeichnen. Die Gästegruppen aus den arabischen Ländern wurden abgelöst von Besucherströmen aus Großbritannien. Eine Unterbrechung der Tourismusentwicklung erfolgte durch die bürgerkriegsähnlichen Verhältnisse nach der Unabhängigkeit. Der Tourismus kam bis 1965 völlig zum Erliegen. Unmittelbar danach setzte jedoch ein rascher Anstieg der Touristenankünfte ein. Im Zeitraum von 1966–1973 verfünffachte sich ihre Zahl. Die Deviseneinnahmen stiegen von 3,6 auf 23,8 Millionen CyP.[5]) Gleichzeitig fand ein grundlegender Wandel im Fremdenverkehr statt. Während die Sommerfrische im Troodos-Gebirge an Bedeutung verlor, entwickelte sich boomartig der Badetourismus in Famagusta und Kyrenia. Zypern wurde eine *Sun&Sea Destination* im weltweit einsetzenden Massentourismus. Famagustas Vorort Varosha stieg zum Sonnenziel Zyperns auf. Der Strandbereich wurde mit einem dichten Band von Hotels und Appartements überzogen. Mit der raschen baulichen Entwicklung des Beherbergungsgewerbes konnte die Infrastruktur jedoch nicht mithalten. Durch Spekulationsgeschäfte mit Grundstücken kam es auf der Insel zu Umschichtungen in den Besitzstrukturen, aber im Gegensatz zu vielen

---

[3]) Vgl. Grivaud, G. (Hrsg.): Excerpta Cypria Nova. Bd. 1. Voyageurs Occidentaux A Chypre Au XVéme Siècle. Nicosia 1990 (= Centre De Recherches Scientifiques Sources et Ètudes De L'Histoire De Chypre, 15).

[4]) Eine der wenigen deutschsprachigen Analysen dazu findet sich bei Heinritz, G.: Wirtschafts- und sozialgeographische Wandlungen des Fremdenverkehrs in Zypern, in: Erdkunde. 26 (1972) 4, S. 266–278.

[5]) Die Besucherankünfte stiegen im Zeitraum 1960–73 von 24 200 auf 264 000, die Deviseneinnahmen von 2,3 auf 23,8 Millionen CyP (1 CyP = ca. 3 DM). Department of Statistics and Research (Hrsg.): Statistical Abstract 1989/1990. Nicosia 1991, S. 63; Cyprus Tourism Organisation/ C.T.O. (Hrsg.): Annual Report (verschiedene Jahrgänge).

anderen Fremdenverkehrsgebieten blieb der Boden in einheimischen Händen[6]). Durch die Kleinbetriebsstrukturen und das starke Engagement der zyprischen Unternehmer bestanden geringe exogene Verflechtungsbeziehungen auf der Angebotsseite. Die Nachfrage war dagegen abhängig von den Besuchern und den Veranstaltern aus Großbritannien und Deutschland. Die erfolgversprechende Tourismusentwicklung wurde durch den türkischen Einmarsch im Sommer 1974 abrupt unterbrochen.

II. Entwicklung und Struktur des Tourismus in der Republik Zypern seit 1974

Die erzwungene Teilung der Insel und die damit zusammenhängenden Flüchtlingsströme veränderten Wirtschaft und Gesellschaft radikal. Davon betroffen waren auch alle touristischen Rahmenbedingungen auf der Insel[7]). Die ehemalige Dominanz von Famagusta wurde durch eine räumliche Neuorientierung auf die Zentren Limassol, Agia Napa/Paralimni, Larnaka sowie Pafos abgelöst. Unmittelbar nach der Teilung setzte die Fremdenverkehrsentwicklung in Limassol ein. Aufgrund der räumlichen Nähe zur britischen Basis Akrotiri gab es bereits vor 1974 einige touristische Einrichtungen in der Stadt. Dagegen war Larnaka ein verschlafenes Küstenstädtchen geblieben. Erst die Ansiedlung der Flüchtlinge aus dem Norden und der internationale Flughafen brachten entscheidende Wachstumsimpulse in die Stadt. Agia Napa aber vollzog den radikalsten Wandel: vom kleinen Fischerdorf zum touristischen Massenzentrum. Die einstigen dörflichen Strukturen wurden dabei völlig zerstört. Die großflächige Erschließung der Region Pafos erfolgte erst Ende der 1970er Jahre[8]).

1. Angebotselemente

Das naturräumliche Attraktivitätspotential stellt ein entscheidendes Element des Tourismusproduktes dar. Zypern bietet hier hervorragende Voraussetzungen wegen seiner abwechslungsreichen Landschaft und der günstigen klimatischen Bedingungen. Der Gegensatz zwischen Küstenregion und bewaldeten Gebirgszügen bildet eine ansprechende Kulisse für eine touristische Vermarktung. Die hohe Zahl an Sonnentagen mit angenehmen Temperaturen auch in den Wintermonaten sichert eine ganzjährige Saison[9]). Beachtenswert sind die kulturellen Sehenswür-

---

[6]) Heinritz, Wandlungen (Anm. 4), S. 272–275 und vgl. derselbe Grundbesitzstruktur und Bodenmarkt in Zypern. Erlangen 1975.

[7]) Zur Tourismusentwicklung in Zypern nach 1974 vgl. Andronicou, A.: Tourism in Cyprus, in: Tourism. Passport to Development?. Hrsg. E. de Kadt. London 1979, S. 237–264; Kammas, M.: Tourism Development in Cyprus, in: The Cyprus Review. 3 (1991) 2, S. 7–26.

[8]) Vgl. Christodoulou, D.: Inside The Cyprus Miracle. The Labours of an Embattled Mini-Economy. Minneapolis (Minnesota) 1992 (= Minnesota Mediterranean and East European Monographs, 2), S. 138–159.

[9]) Klimawerte für Dezember: Tageshöchsttemperatur 18°C, Tiefste Temperatur 9°C, Sonnenstunden 6. C.T.O. (Hrsg.): Zypern. Reiseinformation. Nikosia 1993, S. 3.

digkeiten aus den verschiedenen Epochen der wechselvollen zyprischen Geschichte[10]). Die faktische Teilung der Insel wird dem ausländischen Besucher an der *Green Line* in Nikosia und im Landesinnern in den verlassenen Ortschaften entlang der Demarkationslinie deutlich vor Augen geführt. Die touristische Nutzung Zyperns erstreckt sich weitgehend auf den Badeurlaub an der Küste mit punktuellen Ausflügen ins Hinterland. Der südliche Küstenbereich weist heute eine dichte Bebauung mit touristischen Einrichtungen auf. Wo die Aussicht auf *Tourist Areas* bestand, wurden spekulative Grundstückstransaktionen vorgenommen. Das 1977 eingeführte *Town Zoning Law* erlaubte eine Bebauung in unmittelbarer Strandnähe. Der zügellose Grundstücksmarkt fand kein Korrektiv in einer umfassenden Raumplanung. Die Hotelgürtel rund um die Küstenstädte fallen durch eine uniforme Tourismusarchitektur auf. Mit der raschen Ausweitung der Beherbergungskapazitäten konnten die ergänzenden Einrichtungen nicht Schritt halten. So gibt es gravierende Mängel in den Verkehrssystemen, den Sport- und Freizeitstätten sowie bei der Präsentation von Kulturdenkmälern, im Souvenirangebot, in den Strandeinrichtungen und in der allgemeinen Infrastruktur. Um den anvisierten Qualitätstourismus aufzubauen, bedarf es noch umfangreicher Anstrengungen und vor allem massiver Investitionen.

Tabelle 1: Bettenkapazität und Betriebe

	Betten			Betriebe		
	1978	1984	1993	1978	1984	1993
5–1* Hotels	6 032	16 244	41 288	61	123	222
Hotel-App.	751	9 426	25 358	7	111	269
Sonstige	1 575	1 415	7 011	61	53	1 961
Gesamt	8 358	27 085	73 657	129	287	2 452

Quelle: In Anlehnung an Cyprus Tourism Organisation (Hrsg.): Tourism in Cyprus 1993. Nicosia 1994 (o.S.) und Department of Statistics and Research (Hrsg.): Statistical Abstract 1989/1990. Nicosia 1991, S. 72.

Das Hotel- und Gastronomieangebot weist eine breite Struktur auf und genügt den touristischen Ansprüchen in den meisten Belangen. Die enorme Ausweitung der Beherbergungskapazitäten verdeutlicht eindrucksvoll Tabelle 1. So stieg die Bettenzahl im Zeitraum von 1978 bis 1993 von 8 300 auf 73 000, die Betriebe von 129 auf 2 452. Das Bettenangebot in den klassifizierten Hotels beträgt dabei über 50%. Im Vergleich dazu hatte Spanien 1983 einen Hotelanteil von 17,6%[11]). Die Wertschöpfungs- und Beschäftigungseffekte fallen in den Hotels höher aus als in den übrigen Beherbergungsformen. Der explosionsartige Anstieg bei den „sonstigen Beherbergungsformen" (Ferien-Appartements, möblierte Zimmer) im Jahr

---

[10]) Vgl. Schneider, A.: Zypern. 8000 Jahre Geschichte: Archäologische Schätze, Byzantinische Kirchen, Gotische Kathedralen. Kunstreiseführer. Köln 1988.
[11]) Kulinat, K.: Fremdenverkehr in Spanien, in: Geographische Rundschau 38 (1986) 1, S. 29.

1987 ergibt sich aus der Aufnahme nicht lizenzierter Unterkünfte in die Kategorien der *Cyprus Tourism Organisation* (C.T.O.)[12]. Die offizielle Tourismuspolitik zielt langfristig auf eine Eindämmung der Schattenwirtschaft hin, da sich die Wertschöpfung als relativ gering erweist, der Anspruch eines Qualitätstourismus nicht erfüllt wird sowie Steuern und Tourismusabgaben hinterzogen werden[13].

Eine besondere Situation bietet sich im Raum Polis im Distrikt Pafos: Während die touristischen Einrichtungen in Zypern eher ein uniformes Bild vermitteln, finden sich in Polis familiäre Verhältnisse mit zahlreichen privaten Unterkünften. Hier ist der Anteil der Vermieter ohne C.T.O.-Lizenz besonders hoch. Bei regionaler Betrachtung gab es eine starke Konzentration der Beherbergungsbetriebe in Agia Napa/Paralimni mit 28 000 Betten im Jahr 1993. Es handelt sich hier um neu geschaffene Touristenretorten ohne ein gewachsenes Siedlungsgefüge. In diesem Raum treten die stärksten ökologischen und sozialen Belastungen auf. Weniger spektakulär verläuft die Entwicklung in Limassol mit 15 800 und in Larnaka mit 8 700 Betten. Die Städte bieten eine ausreichende Größe, und es herrscht eine breitgefächerte Wirtschaftsstruktur vor. In den letzten Jahren entwickelte sich das ländliche Pafos zu einem bedeutenden Feriengebiet mit 16 600 Betten. Bis ins Jahr 2000 muß dort mit einer beträchtlichen Ausweitung der Kapazitäten gerechnet werden, denn in unmittelbarer Strandnähe von Kato Pafos waren allein Ende 1993 neue Hotelkomplexe mit einer Bettenanzahl von 2 060 im Bau[14]. In den Fremdenvekehrsgebieten Nikosia mit 2 300 und den *Hill Resorts* mit 2 100 Betten sind die Kapazitäten hingegen seit den 1980er Jahren ständig rückläufig. Zwar konnte das schnelle Wachstum der Tourismusbetriebe etwas eingedämmt werden, dennoch waren Ende 1993 auf der Insel insgesamt 5 500 Betten in der Bauphase[15]. Anhand der Verteilung des Beherbergungsangebotes läßt sich die starke Küstenorientierung des zyprischen Fremdenverkehrs erkennen. Die Aufwertung des südlichen Küstenbereichs ging zu Lasten der traditionellen Feriengebiete im Landesinnern. Qualität und Service der Beherbergungsbetriebe werden von der Mehrzahl der Touristen hoch eingestuft[16]. Die Gastfreundschaft der Zyprer wird als besonders positiv empfunden. Damit trägt der internationale Tourismus entscheidend zur Imagesteigerung der Republik Zypern bei. Außerhalb der Hotelanlagen gab es 1992 zusätzlich 2 380 Verpflegungs- und Unterhaltungsbetriebe. Vorherrschend sind familiäre Kleinbetriebe mit starker Konzentration in den Großstädten Nikosia und Limassol. Das touristische Nachtleben beschränkt sich dabei auf die Fe-

---

[12] Vgl. zur Regulierung der Tourismuseinrichtungen C.T.O. (Hrsg.): Annual Report 1992, S. 23.

[13] Recherchen des Autors ergaben dennoch, daß nach wie vor eine Reihe von Privatunterkünften ohne staatliche Bewilligung existiert. Die Untersuchung von Kammas geht von 15 000 unlizenzierten Betten aus. Kammas, M.: The Positive and Negative Effects of Tourism Development in Cyprus, in: The Cyprus Review. 5 (1993) 1, S. 70–89, bes. 85.

[14] Nach der Informationsbroschüre der Fremdenverkehrszentrale Zypern (Hrsg.): Zyperns Tourismus im Überblick 1994. Frankfurt/Main 1994.

[15] Vgl. C.T.O. (Hrsg.): Tourism in Cyprus 1993, (o.S.).

[16] Nach den Ergebnissen der von der C.T.O. durchgeführten, nichtveröffentlichten Tourist Survey 1990, S. 52 ff.

rienhochburgen Agia Napa, Larnaka und Limassol. Für den an südeuropäische Ausgelassenheit gewöhnten Urlauber kann es zunächst befremdlich wirken, daß das allabendliche Leben auf den Straßen in Zypern viel ruhiger abläuft als in anderen Teilen des Mittelmeerraumes.

Die touristischen Dienstleistungen befinden sich auf hohem Niveau. Zur Betreuung der zwei Millionen Besucher stehen in der Republik über 400 *Travel Agencies* mit 2000 Mitarbeitern und 200 lizenzierten Touristenführern zur Verfügung[17]). Aufgrund der Bildungsanstrengungen in der Vergangenheit können heute sämtliche Positionen in der Tourismusindustrie mit einheimischem Personal besetzt werden. Dies stellt ein absolutes Novum unter touristischen Neulingen dar. Das Potential an qualifiziertem Personal bildet daher die entscheidende Stütze der Tourismusentwicklung in der Republik Zypern.

2. Nachfragestrukturen

Bei der Analyse der Nachfrage spielen neben dem quantitativen Volumen auch soziodemographische Kriterien eine entscheidende Rolle. Zur mengenmäßigen Erfassung des Fremdenverkehrsaufkommens dienen die Touristenankünfte[18]).

Tabelle 2: Entwicklung der Ankünfte, 1976–1993

	1976	1980	1985	1990	1993
Besucherankünfte:	206402	403420	921572	1675856	1984159
– Touristen	172092	348530	769727	1561479	1841000
– Ausflügler*	34310	54890	151845	114377	143159
Besucherankünfte nach Verkehrsmittel:					
– Luft		115551**	331232	742202	1389337	–
– See		64655**	72188	179370	286519	–
Besucherankünfte nach Reiseart:					
– Urlaubsreise		165164	349310	825928	1465895	–
– Geschäftsreise		14319	23083	26257	28561	–
– Sonstiges		723	31027	69387	181400	–

* Transitreisende, Kreuzfahrtteilnehmer, Ein-Tages-Touristen
** ohne Transitreisende, Kreuzfahrtteilnehmer
Quelle: In Anlehnung an Department of Statistics and Research (Hrsg.): Statistical Abstract 1989/1990. Nicosia 1991, S. 57–59 und Cyprus Tourism Organisation (Hrsg.): Tourism in Cyprus 1993. Nicosia 1994 (o. S.).

---

[17]) Annual Report 1992 (Anm. 12), S. 24.
[18]) Im Falle der Republik Zypern erweisen sich die Besucherankünfte als verläßliche Größe, da die Einreise nur über die offiziellen Flug- bzw. Seehäfen Larnaka, Pafos und Limassol möglich ist.

Infolge der türkischen Besetzung gingen die Einrichtungen in Famagusta und Kyrenia verloren, so daß die Tourismusindustrie fast vollständig zusammenbrach. Trotz dieser schlechten Ausgangslage gelang der Anschluß erstaunlich schnell. Im Jahr 1979 lag die Zahl der Touristenankünfte höher als vor der Invasion von 1974. Durch die Eingliederung der Tourismusbetriebe in die Nähe städtischer Zonen konnten der Aufbau rasch vollzogen und die staatlichen Infrastrukturinvestitionen niedrig gehalten werden. Die internationalen Kontakte der zyperngriechischen Tourismusindustrie und die anhaltende Nachfrage aus den wichtigen Entsenderländern (vgl. hierzu Tabelle 3) sind weitere Gründe für dieses Wachstum. Dazu kam die Hilfe der UN-Unterorganisationen und bilaterale Leistungen einzelner Staaten[19]). Von den internationalen Hilfsgeldern profitierte die Tourismusindustrie indirekt durch staatliche Fördermittel und Infrastrukturinvestitionen. Wegen des stetigen Ausbaus der Beherbergungskapazitäten hielt das Wachstum kontinuierlich an. 1982 wurden über eine halbe Million Besucher gezählt, und 1988 wurde erstmals die Millionengrenze überschritten. 1991 mußte infolge der Golf-Krise ein beträchtlicher Rückgang verzeichnet werden. Dem schloß sich ein Rekordjahr mit fast zwei Millionen Ankünften an. Der Anteil der Touristen (*Tourists*)[20]) an den Besuchern liegt bei 80%. Ausflügler (*Excursionists*) sind meist Landgänger von Kreuzfahrtschiffen oder Transitreisende. Ihre Zahl sank seit 1987 von 208 000 auf 143 000 im Jahr 1993. Diese Relationen sind positiv für die Tourismusindustrie der Republik zu bewerten, da durch die längere Verweildauer der Touristen höhere Umsätze getätigt werden. Die meisten Besucher verbringen einen Erholungsurlaub in Zypern. Ihr Anteil an den Gesamtbesucherzahlen liegt inzwischen bei 85%. Die Zahl der Geschäftsreisenden betrug 1990 28 600 und blieb damit in den letzten Jahren weitgehend konstant. Der Kongreßtourismus erhöhte sich dagegen im Zeitraum von 1976–1992 von 1 250 auf 37 000 Teilnehmer und die Einnahmen stiegen von 210 000 CyP auf über 12,7 Mio CyP [21]). Dafür waren jedoch beträchtliche Investitionen notwendig, so z.B. für den Bau des neuen Konferenzzentrums in Nikosia. In diese Kosten-Nutzen-Betrachtung müssen jedoch auch die Auswirkungen des Kongreßtourismus auf die übrigen Wirtschaftsbereiche und die politischen Vorteile miteinbezogen werden. Bedeutende Konferenzen führten zu einer politischen Aufwertung der Republik in der internationalen öffentlichen Meinung. Aus tourismuspolitischer Sicht trägt der Konferenztourismus zur Diversifizierung und zur Ausweitung der Saison bei. Zur Gruppe der „sonstigen Besucher" zählen Verwandten- und Bekanntenbesuche aus Griechenland, Großbritannien und den Heimatländern der stationierten UN-Soldaten.

---

[19]) So betrugen die Leistungen der Bundesrepublik Deutschland im Zeitraum von 1950–1989 über 700 Millionen DM. Statistisches Bundesamt: Länderbericht Zypern 1991. Wiesbaden 1991, S.115.

[20]) Ein Tourist ist nach der Definition der „World Tourism Organization" ein Reisender mit mindestens einer Übernachtung (World Tourism Organization: Compendium of Tourism Statistics 1987–1991. Thirteenth Edition. Madrid 1993, S.209).

[21]) Annual Report 1992 (Anm. 12), S.36.

Tabelle 3: Touristenankünfte nach Herkunftsländern, 1976–1993

Herkunftsländer	1976	1980	1985	1990	1993
Großbritannien	34 501	111 359	238 295	691 532	950 000
Griechenland	15 826	33 586	42 892	70 578	55 000
BR Deutschland	4 278	28 565	56 146	99 672	120 000
Frankreich	2 501	5 113	21 821	23 805	30 000
Schweiz	736	8 149	31 311	44 600	75 000
Österreich	508	8 688	23 618	23 793	40 000
Schweden	1 961	30 597	70 952	105 581	76 976
Norwegen	136	241	32 324	32 582	27 024
Finnland	384	7 039	13 521	119 480	36 388
USA	4 967	7 322	16 823	14 858	27 000
Libanon	77 887	22 704	89 310	80 186	35 000
Sonstige	36 521	90 012	176 594	248 812	368 612
Gesamtankünfte	180 206	353 375	813 607	1 561 479	1 841 000

Quelle: In Anlehnung an Department of Statistics and Research (Hrsg.): Statistical Abstract 1989/1990. Nicosia 1991, S. 62/63 und Cyprus Tourism Organisation (Hrsg.): Tourism in Cyprus 1993. Nicosia 1994 (o. S.).

Die dominante Stellung der Briten im Fremdenverkehr Zyperns blieb mit über 40% der Ankünfte über die Jahre hinweg konstant. Die Gründe dafür liegen in den historisch gewachsenen Beziehungen, dem starken zyprischen Auswandereranteil in Großbritannien[22] und dem massiven britischen Truppenkontingent[23]). Dagegen ging der Anteil der arabischen Gäste rapide zurück. Ein rascher Anstieg von 1% auf 9% läßt sich bei den skandinavischen Gästen im Zeitraum von 1976–1993 registrieren. Dies kann als Erfolg der zyprischen Vermarktungsstrategien gelten. Die hohe Zahl libanesischer Ankünfte resultierte weniger aus touristischen Motiven, sondern wurde durch den Bürgerkrieg in Beirut verursacht. Zypern hat sich seither zur Verkehrsdrehscheibe des Libanon entwickelt. Gering fällt der Gästeanteil aus Griechenland mit durchschnittlich 5% aus. Hauptmotiv sind hier Verwandten- und Bekanntenbesuche. Umgekehrt stellt Griechenland inzwischen ein preiswertes Reiseziel für die Zyprer dar. Von den übrigen Besuchern kamen 1993 bereits 46 000 aus den osteuropäischen Staaten[24]). Eine untergeordnete Bedeutung besitzt der Tourismus aus Übersee und Fernost, nur aus den USA kam 1993 mit 27 000 ein größerer Besucherstrom. Diese Ankunftszahlen verdeutlichen die extreme Abhängigkeit vom britischen Reisemarkt. Eines der vorrangigen Ziele der

---

[22]) Schätzungen besagen, daß zwischen 160 000 und 200 000 Zyprer mit und ohne britischer Staatsangehörigkeit heute in Großbritannien leben sollen (Anthias, F.: Ethnicity, Class. Gender and Migration. Greek-Cypriots in Britain. Aldershot 1992, S. 6).

[23]) Allein in den britischen Militärbasen in Zypern leben ca. 4 100 britische Militärangehörige mit ihren Familien, wobei diese Mannschaftsstärke nur noch 1/3 des in den frühen 1970er Jahren üblichen Truppenkontingents darstellt (Vgl. den Beitrag „Landesverteidigung" von D. Lutz und M. Karády in diesem Band).

[24]) Tourism in Cyprus 1993 (Anm. 15), o. S. Der Anteil der Personen, die für eine befristete Arbeitsstelle nach Zypern kamen, konnte nicht ermittelt werden.

zyprischen Fremdenverkehrspolitik muß darin liegen, eine bessere geographische Verteilung des Gästeaufkommens zu erreichen, um damit das Marktrisiko zu minimieren und letztlich die Fesseln der kolonialen Vergangenheit zu lösen. Eine Aufschlüsselung nach benutzten Verkehrsmitteln zeigt, daß 80% der Ankünfte auf dem Luftwege erfolgten (Tabelle 2). Wie auf den spanischen Mittelmeerinseln verhalf der internationale Charterflugverkehr dem zyprischen Tourismus zum Durchbruch. Die übrigen Besucher erreichen Zypern mit Kreuzfahrtschiffen oder mit den regulären Fähren von Piräus (Griechenland), Haifa (Israel), Lataki (Syrien), Jounieh (Libanon) und Port Said (Ägypten).

Zypern wird überwiegend von Pauschalreisenden frequentiert. Bei den skandinavischen Ländern erreicht z.B. deren Anteil an den gesamten Besucherzahlen 90%. Dieses starke Pauschalaufkommen hat für die Planung der Tourismusentwicklung entscheidende Konsequenzen, denn mit Hilfe einer Reihe restriktiver Maßnahmen (Charterbewilligungen, Lizenzvergabe, Ausweis von Hotelzonen) läßt sich dieses Segment im Sinne der staatlichen Tourismuspolitik besser steuern. Auf der anderen Seite darf der Einfluß der ausländischen Veranstalter nicht verkannt werden. Der Spielraum für Preisgestaltungen ist für die einheimischen Beherbergungsbetriebe sehr gering. Zudem bekommt der Tourismus in Zypern zunehmend einen uniformen Charakter, der nicht alle Gästegruppen anspricht. Kleinere Familienbetriebe und private Vermieter haben es unter diesen restriktiven Marktbedingungen besonders schwer. Die offizielle Tourismuspolitik begünstigt Großbetriebe in den gehobenen Kategorien.

Welches Bild läßt sich vom „typischen" Zypern-Touristen zeichnen? Hinweise hierauf geben die jährlich von der C.T.O. durchgeführte Touristen-Befragung und verschiedene wissenschaftliche Untersuchungen[25]. Nach diesen Erhebungen dominiert der gutsituierte Erholungsreisende mittleren Alters mit höherer Schulbildung und gelegentlichem Interesse an Kultur und Aktivitäten. Die Mehrheit dieser Touristen bucht eine zweiwöchige Pauschalreise in Hotels der gehobenen Preisklasse. Damit wird deutlich, daß die Republik Zypern kein billiges Urlaubsland ist. Im mediterranen Vergleich liegt Zypern bei den Pauschalarrangements sogar in den oberen Preiskategorien[26]. Der häufig auf den Mittelmeerinseln anzutreffende Rucksacktourismus hat für Zypern eine geringe Bedeutung. Die Insel erzielt mit ihren Gästeschichten einerseits beträchtliche Einnahmen, aber andererseits stellt das Publikum auch hohe Erwartungen an das Tourismusprodukt Zypern.

Der wirtschaftliche Nutzen des Tourismus spiegelt sich besonders in der Zahl der Übernachtungen wider. Im Vergleich zu den Ankünften sind sie aussagekräftiger, da sie zu konkreten Umsätzen in den Beherbergungsbetrieben führen[27]. Die

---

[25] Nach den Ergebnissen der von der C.T.O. durchgeführten unveröffentlichten Tourist Survey 1992, S.11ff. Vgl. Toufexis-Panayiotou, M.: Travel and Tourism in Cyprus: A Study of the Travel Decision Process, in: The Cyprus Review. 1 (1989) 1, S. 111–134.

[26] World Bank: Cyprus. A World Bank Country Study. Washington 1987, S. 13.

[27] In Zypern werden die Übernachtungen mit Hilfe von Registrierkarten der C.T.O. in den Beherbergungsbetrieben erfaßt. Unregelmäßigkeiten müssen in Betracht gezogen werden, da die 4% Tourismusabgabe ursächlich mit den Meldungen zusammenhängt. Die Schattenwirtschaft er-

Übernachtungen sind im Zeitraum von 1981–1993 von 2,5 Millionen auf 12,6 Millionen gestiegen. Auch bei den Übernachtungen hat der Appartementanteil in den letzten Jahren stark zugenommen und liegt derzeit bei 40%. Da der ökonomische Nutzen dieser „Parahotellerie" geringer ausfällt, wurde von den Tourismusverantwortlichen der Bau von Appartementanlagen eingeschränkt.

Tabelle 4: Übernachtungen nach Beherbergungsform

	1978	1980	1985	1990	1993
5–1*Hotels	1 047 070	1 723 222	3 209 761	5 844 447	7 488 004
Appartements	105 489	392 366	1 288 126	4 487 851	5 095 508
Sonstige	103 526	80 276	82 907	54 078	24 171
Gesamt	1 256 085	2 195 864	4 580 794	10 396 376	12 607 683

Quelle: In Anlehnung an Department of Statistics and Research (Hrsg.): Statistical Abstract 1989/1990. Nicosia 1991, S. 73 und Cyprus Tourism Organisation (Hrsg.): Tourism Statistics 1990. Nicosia 1991, S. 11–13 sowie derselbe, Tourism in Cyprus 1993. Nicosia 1994 (o. S.).

Bei regionaler Betrachtung ergibt sich folgende Verteilung der Übernachtungen:

Tabelle 5: Regionale Verteilung der Übernachtungen

	%-Anteil an Gesamtübernachtungen		Tourismusumsätze in Mio CyP
	1990	1993	1989
Nikosia	2,8	1,9	77
Limassol	25,7	23,2	97
Larnaka	13,8	10,6	56
Famagusta	34,8	39,6	82
Pafos	21,8	23,9	49
Hill Resorts	1,1	0,8	–

Quelle: Zusammengestellt nach C.T.O. (Hrsg.): Tourism Statistics 1990. Nicosia 1991, S. 12 ff.; Tourism Statistics 1993. Nicosia 1994 (o. S.) und Department of Statistics and Research (Hrsg.): Census of Restaurants and Hotels 1989. Nicosia 1990, S. 30.

In den letzten Jahren zeichnet sich eine deutliche Ausrichtung auf Agia Napa/Paralimni und Pafos ab. Zwei Drittel der Übernachtungen erfolgen inzwischen in den beiden Fremdenverkehrsregionen. In diesen Gebieten haben die Ausgaben der Touristen eine hohe Bedeutung für die lokale Wirtschaft. Der örtliche Handel, die Bauwirtschaft und der Agrarbereich leben entscheidend vom Tourismus.

---

reicht jedoch mit ca. 20% nicht das Ausmaß anderer Urlaubsländer. Dieser Wert ergibt sich nach Berechnungen des Verfassers aufgrund der nicht registrierten Betten bzw. der Ankünfte in Verbindung mit der durchschnittlichen Aufenthaltsdauer (12,6 Tage laut Tourist Survey 1992, S. 3).

Die Saisonalität ist ein grundlegendes Problem in der Tourismusentwicklung. Davon betroffen sind normalerweise Wintersportorte, maritime Urlaubszentren und exotische Fernziele. Die Saisonverlängerung stellt eines der Hauptziele der Tourismuspolitik in der Republik dar[28]. Hier sind einige Erfolge zu verzeichnen, denn im Gegensatz zu anderen mediterranen Nachbarländer weist Zypern keine extreme Saisonspitze auf. 1992 erfolgten 37% der Ankünfte in den Sommermonaten (Juli-September) und in der Wintersaison (November-März) waren es immerhin 22%. Aufgrund der angenehmen Temperaturen und der Pflanzenvielfalt wird von einigen Gästegruppen die Nebensaison bevorzugt. Über zwei Drittel der deutschen Urlauber besuchten Zypern außerhalb der Hochsaison[29]. Der Saisonverlauf läßt sich auch in der Auslastung des Beherbergungsgewerbes verfolgen. 1992 wurde in der Republik Zypern eine ganzjährige Bettenauslastung[30] von 65% verzeichnet. Eine starke Belegung haben dabei die Drei-Sterne-Hotels, in denen die meisten Pauschaltouristen absteigen. Bei regionaler Betrachtung ergeben sich jedoch deutliche Unterschiede: Eine geringe Auslastung hat die Hauptstadt Nikosia mit 34% aufzuweisen. Die Stadt kann von allen Küstenorten aus bequem im Rahmen von Tagesausflügen erreicht werden. Als wichtige Marktsegmente für die Hauptstadt bleiben daher die Geschäftsreisenden, die Kongreßbesucher und die Angehörigen internationaler Organisationen. Eine unbefriedigende Auslastung mit 32% zeigt sich auch im traditionellen Feriengebiet Troodos (*Hill Resorts*). Nur in den Sommermonaten sorgt der Inlandstourismus dort für eine volle Bettenbelegung. Ansonsten kann das Beherbergungsgewerbe der Republik vom Inlandstourismus allgemein nur wenig profitieren. Wegen der kurzen Entfernungen auf der Insel fallen kaum Übernachtungen an. Das inländische Reisegeschehen hat eher den Charakter einer Naherholung. In der Ferienzeit findet das wilde Camping bei den Einheimischen mehr Gefallen als teure Hotelübernachtungen. 1990 wurden 177 000 Inlandsübernachtungen gezählt, wovon ein Drittel auf die Bergregion entfiel[31]. Während des Golf-Krieges führten spezielle Werbekampagnen und Preisnachlässe in der Hotellerie kurzfristig zu einer Belebung des Küstentourismus durch einheimische Gäste. Ein großes Volumen nehmen inzwischen auch die Auslandsreisen der Staatsangehörigen der Republik Zypern mit 200 000 Abflügen im Jahr 1990 ein. Die Auslandsausgaben betrugen insgesamt 80 Millionen CyP. Sie liegen damit bereits höher als die Exporteinnahmen für Agrarprodukte (68 Millionen CyP)[32].

---

[28] Central Planning Commission-Planning Bureau (Hrsg.): Five Year Development Plan 1989–1993. Nicosia o.J., S.155–167.

[29] Annual Report 1992 (Anm.12), S.13 und vgl. C.T.O. (Hrsg.): Tourism in Cyprus 1993. Nicosia 1994.

[30] Annual Report 1992 (Anm.12), S.14. Die durchschnittliche Jahresauslastung wird auf der Basis der gemeldeten Übernachtungszahlen errechnet. Diese werden zum Betten-/Raumangebot in Beziehung gesetzt.

[31] C.T.O. (Hrsg.): Tourism Statistics 1990. Nicosia. S.13–15.

[32] Department of Statistics and Research (Hrsg.): Economic Report 1990. Nicosia 1991, S.174.

3. Gesamtwirtschaftliche Effekte der touristischen Erschließung

Die Wirtschaft Zyperns war lange Zeit vom Agrarsektor geprägt worden. Durch den Verlust bedeutender Anbaugebiete wurde die Republik in ihrer landwirtschaftlichen Basis eingeschränkt. Dafür waren die exportorientierten Anstrengungen im industriellen Bereich in den 1970er Jahren erfolgreich. Mitte der 1980er Jahre zeigten sich dann die Grenzen der Industrialisierungsoffensive[33]). In dieser Phase schaffte der Tourismus den Ausgleich und wurde zum beherrschenden Wirtschaftszweig der Republik. Seine heutige Bedeutung läßt sich anhand der Bruttoeinnahmen aus dem Tourismus leicht ablesen.

Tabelle 6: Tourismuseinnahmen, 1973–1993

Jahr	Touristen-ankünfte Gesamt	Tourismus-einnahmen (in Millionen CyP)	Einnahmen pro Tourist (in CyP)	Export an Waren & Dienst-leistungen (in Millionen CyP)	Tourismus-einnahmen in % der Exporte an Waren & Dienst-leistungen
1973	264 066	23,8	90	–	–
1975	47 084	5,4	115	–	–
1976	172 092	20,7	120	214,8	9,6
1978	213 819	33,3	156	272,4	12,4
1980	348 530	71,7	206	418,4	17,1
1982	530 600	138,7	261	628,9	22,1
1984	665 882	212,0	318	842,1	25,2
1986	827 937	256,6	310	833,6	30,8
1988	1 111 818	386,0	347	1 086,8	35,5
1990	1 561 479	573,0	367	1 477,3	38,8
1991	1 385 129	476,0	344	1 429,3	33,3
1992	1 991 000	694,0	349	–	40,8
1993	1 841 000	699,0	380	–	41,6

Quelle: Zusammengestellt nach Bank of Cyprus (Hrsg.): Bulletin. 2 (Nicosia 1992), S. 4/5; Cyprus Tourism Organisation (Hrsg.): Tourism in Cyprus (verschiedene Jahrgänge).

Die Devisen-Einnahmen aus dem Tourismus stiegen im Zeitraum von 1973–1993 von 24 auf 700 Millionen CyP. Damit übertrafen sie die Exporterlöse aus Inlandsgütern um das Doppelte. Der Anteil der Tourismuseinnahmen am gesamten Export von Gütern und Dienstleistungen liegt bei über 40%. Diese insgesamt positive Entwicklung der Einnahmen bedarf allerdings einiger Relativierung. Die in den letzten Jahren erfolgte Ausweitung der Kapazitäten im Beherbergungsbereich hat zu einer Verlagerung des zyperngriechischen Fremdenverkehrs hin zum einfachen Massentourismus geführt. Darauf deuten z. B. die Einnahmen pro Tourist hin. Zwar läßt sich zwischen 1984 und 1990 eine nominale Steigerung der Einnahmen um 14% feststellen, aber unter Berücksichtigung der Inflationsrate in diesem

---

[33]) Brey, H.: Industrialisierung auf Zypern. Internationale, nationale und regionale/lokale Aspekte der Industrieentwicklung. Regensburg 1989, S. 34–37, 151–155.

Zeitraum sind die Tourismuseinnahmen pro Kopf real gesunken. Denn das Wachstum ging letztlich zu Lasten eines qualitativen Tourismus, der allein für höhere Einnahmen/Kopf gesorgt hätte.

Tabelle 7: Beitrag des Tourismus zum Bruttoinlandsprodukt (BIP) und zur Beschäftigung

Jahr	BIP zu Marktpreisen* (in Millionen CyP)	Restaurants & Hotels (in % Anteile)	Gesamtbeschäftigung am Erwerb des BIP (in Tausend)	Beschäftigung in Restaurants und Hotels (in % Anteil)	Investitionen in Beherbergung (in Millionen CyP)
1978	506,0	2,5	171,4	4,7	–
1980	760,4	3,5	188,0	5,0	20,7
1982	1 024,9	4,8	197,4	6,3	29,9
1984	1 337,4	6,1	210,0	7,2	32,4
1986	1 598,9	7,3	220,1	7,8	28,0
1988	1 993,7	8,9	237,6	8,8	36,2
1989	2 253,4	9,8	247,0	9,2	52,5
1990	2 519,3	10,3	254,0	9,6	61,8
1991	2 659,5	7,8	255,3	9,2	–
1992**	3 011,8	–	265,3	12,0	–

* jeweilige Preise
** vorläufige Schätzungen
Quelle: Zusammengestellt nach Bank of Cyprus (Hrsg.): Bulletin 2 (1992). Nicosia, S. 4; Central Bank of Cyprus (Hrsg.): Annual Report 1992. Nicosia, S. 8.; Department of Statistics and Research (Hrsg.): Economic Report 1990. Nicosia, S. 176.

Weitere Hinweise auf die eingetretene Tourismuslastigkeit der Wirtschaft in der Republik Zypern liefert die Zahlungsbilanz. Die Einnahmen aus dem Tourismus sind zum Ausgleich der passiven Handelsbilanz notwendig[34]). Die hohen Defizite im Warenhandel liegen teilweise in der Kleinstaatlichkeit begründet. So ist Zypern bei vielen Industrie- und Konsumgütern auf Importe angewiesen. Die Einkommen aus dem Tourismus bewirken zum einen einen Konsumbedarf an höherwertigen Gütern, der nur über Einfuhren befriedigt werden kann, zum anderen verursacht der Tourismus selbst hohe Importkosten. Das Produkt Tourismus setzt sich aus vielfältigen Leistungen zusammen, die nur teilweise in Zypern erzeugt werden. Bei den Nahrungsmitteln und Getränken ist der Anteil der Eigenproduktion hoch. So befanden sich 1989 bei den *Food & Beverage*-Aufwendungen der Hotels und Restaurants in Höhe von 70 Millionen CyP zahlreiche einheimische Produkte wie Fruchtsäfte, Obst und Gemüse. Stark belastet wird die Zahlungsbilanz durch die Einfuhr fossiler Brennstoffe zum unmittelbaren Verbrauch und zur Elektrizitätserzeugung. Diese Kosten betrugen im Hotel- und Restaurantbereich über 10 Millionen CyP[35]).

---

[34]) Das Handelsbilanzdefizit der Republik Zypern betrug 1993 ca. 400 Millionen CyP (Bulletin [Central Bank of Cyprus]. 118 (1993) 3, S. 12).
[35]) Department of Statistics and Research (Hrsg.): Census of Restaurants and Hotels 1989. Nicosia 1991, S. 37/38.

Bei den Investitionen im Tourismusbereich ergibt sich ein differenzierteres Bild. Die Errichtung von Tourismusbetrieben und der Infrastrukturausbau werden allein von Baufirmen der Republik Zypern durchgeführt. Importiert werden nur Maschinen und sonstige Ausrüstungsgegenstände. Dies ist ebenso der Fall bei den Büromaschinen, den elektrischen Einrichtungen und den Geräten für die Nachrichtentechnik. Bei den Möbeln kann sich die Republik wiederum auf ihre eigene Produktion stützen. Stark belastet wird die Zahlungsbilanz hingegen durch die Einfuhr von Fahrzeugen aller Art. Im Tourismusbereich sind hiervon vor allem die Fahrzeuge der Mietwagenfirmen, die der Busunternehmen und des Güterkraftverkehrs sowie das Fluggerät der *Cyprus Airways* von Bedeutung[36]. Um eine hohe Auslastung der staatlichen Fluggesellschaft zu erreichen, wurden nur eingeschränkt Bewilligungen an ausländische Chartergesellschaften vergeben. Vereinzelt traten auch Probleme mit Reiseveranstaltern auf, die ihre Chartermaschinen mit *Seat-Only*-Verkäufen füllten, entgegen den Charterbedingungen und der zyprischen Tourismuspolitik. Von den Auswirkungen der Tourismusinvestitionen profitierten somit im starken Maße die einheimische Bauindustrie und Teile des verarbeitenden Gewerbes. Aber bisher gelang es nicht, mit Hilfe des Tourismus die industrielle Basis nachhaltig zu erweitern.

Die Bedeutung des Tourismus für die Inselökonomie geht aus dem Bruttoinlandsprodukt (BIP) hervor. 1978 betrug der Anteil des Restaurant- und Hotelgewerbes am BIP noch 2,5%; 1990 hatte er bereits 10,3% erreicht. Nach einer Input-Output-Analyse des Statistischen Amtes der Republik Zypern aus dem Jahr 1986 entfielen 77% der Umsätze auf die ausländische Nachfrage[37]. Durch die ergänzenden Tourismusbetriebe (Reisebüros, Fluggesellschaften, Beförderungsunternehmen etc.) und die indirekten Auswirkungen auf die vorgelagerten Wirtschaftsbereiche wird die zunehmende Dominanz des Tourismus für die Wirtschaft Zyperns deutlich. Einen überragenden Stellenwert hat der Tourismus als Arbeitgeber erlangt. 1992 waren 20000 Beschäftigte im Beherbergungsbereich und weitere 11800 in den Verpflegungs- und Unterhaltungsbetrieben tätig[38]. Dies entspricht einem Anteil von 12% aller Beschäftigten. Regional hat der Tourismus als Arbeitgeber einen sehr unterschiedlichen Stellenwert. Die Hotel- und Restaurantbeschäftigten verteilen sich nach der Zensus-Erhebung aus dem Jahr 1989 wie folgt auf die Regionen: Nikosia 4300 (4,6%), Limassol 6900 (12,1%), Larnaka 3800 (11,0), Agia Napa/Paralimni 4200 (42,6%) und Pafos 3500 (23,0%)[39]. Damit wird deutlich, daß besonders Agia Napa/Paralimni und neuerdings auch Pafos den Weg in Richtung touristischer Monostrukturen eingeschlagen haben. Die darüber hin-

---

[36] Bei der staatlichen „Cyprus Airways" wurden in den Jahren 1989 und 1990 Fluggeräte für 80,9 und 16,3 Millionen CyP gekauft. Central Planning Commission-Planning Bureau (Hrsg.): Economic Outlook 1991. Nicosia, S. 75.

[37] Statistical Abstract 1989/1990 (Anm. 5), S. 242. Dies deckt sich mit Befragungen des Autors im Pafos-Distrikt.

[38] Annual Report 1992 (Anm. 12), S. 27 und Central Bank of Cyprus (Hrsg.): Annual Report 1992. Nicosia 1993, S. 23.

[39] Department of Statistics and Research (Hrsg.): Registration of Establishments 1989. Nicosia, S. 27/28. Die Klammerangaben zeigen den Anteil der Hotel- und Gaststättenbeschäftigten an der Gesamtbeschäftigung (ohne Landwirtschaft) in den jeweiligen Regionen.

ausgehenden indirekten Beschäftigungswirkungen sind nur schwer zu bestimmen. So geht Koch davon aus, daß durch drei Arbeitsplätze im Tourismus ein weiterer durch induzierte Beschäftigungseffekte anfällt[40]). Inzwischen sind deutliche Engpässe beim Arbeitskräfteangebot eingetreten. Durch die Attraktivität der Arbeitsplätze im Tourismusbereich wird dies zu anhaltenden Abwanderungen aus anderen Wirtschaftsbereichen führen. Davon besonders betroffen sind die Landwirtschaft und die Leichtindustrie. Längerfristig erscheint ein verstärkter Fremdarbeitereinsatz unausweichlich.

Über die weitere Entwicklung des Tourismus in der Republik gibt das Investitionsvolumen im Hotel- und Gaststättengewerbe Auskunft. Die Investitionen zeigen im Laufe der 1980er Jahre ein konstantes Wachstum und entsprechen weitgehend denen im verarbeitenden Gewerbe. Einzig im Immobiliensektor liegt die Investitionssumme deutlich höher, wobei diese Bauvorhaben teilweise dem Tourismusbereich zugerechnet werden können. So werden private Häuser und Wohnungen später an Touristen vermietet bzw. verkauft. In den letzten Jahren stiegen die Investitionen im Tourismussektor überdurchschnittlich an. 1990 betrugen die Investitionen bei den Hotels über 60 Millionen CyP (Tabelle 7). Die Bettenkapazitäten sind in den letzten zehn Jahren um das Sechsfache angestiegen. Zwar wurde von staatlicher Seite die Zahl der Baubewilligungen reduziert, doch befanden sich Ende 1992 aufgrund alter Genehmigungen 11 000 Betten im Bau. Unternehmergewinne aus dem Tourismus flossen verstärkt in diesen Sektor zurück. Damit unterbleibt jedoch ein notwendiges Engagement in anderen Wirtschaftssektoren der Republik. Ein Vergleich der Investitionssummen mit den zusätzlich gewonnenen Arbeitsplätzen ergibt Anhaltswerte über den Investitionsaufwand pro Arbeitsplatz. Demnach wäre ein Arbeitsplatz im Tourismusbereich mit 53 000 CyP am teuersten[41]). Im Zeitraum von 1982–1988 wurden 27 471 Betten fertiggestellt und damit beliefen sich die Investitionskosten pro Bett auf 7 900 CyP[42]). Derartige Vergleiche müssen mit Vorsicht bewertet werden. So kann eine direkte Korrelation zwischen Investitionssumme und der Zahl an zusätzlichen Arbeitsplätzen nicht hergestellt werden. Die Betonung der Vorteile von Investitionen in einzelnen Wirtschaftszweigen verschweigt die gegenseitigen Abhängigkeiten. Trotz dieser Einschränkungen können die Investitionen im Tourismussektor zu den kapitalintensiven gerechnet werden. Entscheidender Kostenbestandteil sind die hohen Grundstückspreise in den bevorzugten Strandlagen[43]).

Die Tourismuspolitik der Republik Zypern überläßt den Bau von Fremdenverkehrseinrichtungen dem privaten Sektor. Ein direktes Engagement übergeordne-

---

[40]) Koch, A.: Wirtschaftliche Bedeutung des Fremdenverkehrs in ländlichen Gebieten, in: Raumordnung. Bonn 1986 (= Schriftenreihe des Bundesministers für Raumordnung, Bauwesen und Städtebau, 06.058), S. 17.

[41]) Zum Vergleich: Im verarbeitenden Gewerbe würde ein neuer Arbeitsplatz 47 000 CyP, im Handel dagegen nur 24 500 CyP kosten (nach Berechnungen des Autors).

[42]) Die Berechnungen wurden vom Autor vorgenommen. Die Grunddaten befinden sich in: Department of Statistics and Research (Hrsg.): Economic Report 1988. Nicosia 1990, S. 202.

[43]) Für Grundstücke in bevorzugten Strandlagen in Pafos wurden bis zu 200 000 CyP für das „donum" (1 „donum" = 1 337 Quadratmeter) bezahlt.

ter staatlicher Institutionen ist nicht vorgesehen. Die staatlichen Aktivitäten konzentrieren sich auf indirekte Maßnahmen, so durch die Bereitstellung der Infrastruktur und den Bau zentraler Einrichtungen. Im Fünfjahresplan von 1989–1993 waren für Entwicklungsvorhaben 659,2 Millionen CyP vorgesehen[44]). Während die direkten Zuwendungen für den Tourismussektor mit 4,2 Millionen CyP (0,6%) bescheiden ausfielen, waren die Aufwendungen in Komplementärbereichen wie Straßenbau (100 Millionen CyP), Flughafen (29 Millionen CyP), Wasserversorgung (126 Millionen CyP) und archäologischen Stätten (11 Millionen CyP) hoch. Eine Verrechnung auf den Tourismusbereich im Sinne des Verursacherprinzips ist wegen der vielfältigen Nutzergruppen kaum möglich. Die in früheren Jahren von staatlicher Seite (*Loan Commissioners*) gewährten Darlehen zum Bau von Beherbergungsbetrieben wurden im Rahmen der neuen Tourismuspolitik bis auf die Region *Hill Resorts* eingestellt. Auf die Dämpfung des Wachstums hat dies nur einen geringen Einfluß gehabt, da von in- und ausländischen Banken 1992 Kredite in Höhe von 35 Millionen CyP gewährt wurden. Auffällig sind dabei die hohen Auslandskredite in Höhe von 22 Millionen CyP[45]). Eine Auslandsabhängigkeit bei den direkten Unternehmensbeteiligungen ist in Zypern kaum gegeben, aber es bestehen grundsätzlich Einflußmöglichkeiten über die Kapitalverbindungen[46]). Bisher erfolgte eine Konsolidierung des Wachstums fast nur über die Marktkräfte, sei es durch mangelnde Rendite infolge überhöhter Investitionskosten oder Überangebot an Betten. Auf der anderen Seite beschert der Tourismus dem Staat vielfältige Steuereinnahmen. So betrugen die indirekten Steuern aus dem Hotel-/Restaurantbereich im Jahr 1989 über 7,6 Millionen CyP. Weiterhin flossen den staatlichen Kassen die Einkommensteuern der im Tourismus Beschäftigten zu. 1989 wurden 90 Millionen CyP als Löhne und Gehälter ausgezahlt. Bei einem Durchschnittssteuersatz entspräche dies Steuereinnahmen in Höhe von rund 15 Millionen CyP. Dazu kommen weitere Einkommensteuern aus dem Tourismusgeschäft, wie z.B. aus der Vermietung von Hotels und Maschinen sowie aus Zinszahlungen. Die zusätzlichen Steuereinnahmen durch die Einführung der Mehrwertsteuer (5%) seit Juli 1992 werden zum Ausgleich des Staatshaushaltes dringend benötigt[47]).

4. Räumliche und soziale Effekte

Unter regionalpolitischen Aspekten wird die Ausgleichfunktion des Tourismus betont. Durch seine Standortanforderungen eignet er sich zur Inwertsetzung peripherer Räume und zum Abbau von Disparitäten. Die räumliche Ausrichtung auf das Urlaubszentrum Famagusta wurde durch mehrere touristische Zentren an der Südküste ersetzt. Damit trat ein interregionaler Ausgleich ein. Die Ballung der

---

[44]) Five Year Development Plan 1989–1993 (Anm. 28), S. 34.
[45]) Annual Report 1992 (Anm. 12), S. 18/19.
[46]) So läßt sich das Ausmaß der arabischen Kapitalverflechtungen zahlenmäßig nicht belegen, doch geben die Bauschilder einiger neuer Hotelprojekte im Pafos-Distrikt arabische Banken als Kapitalgeber an.
[47]) Nach den Steuerschätzungen des Autors. Die Grunddaten wurden entnommen dem Census of Restaurants and Hotels 1989 (Anm. 35), S. 37/38.

Touristen in den städtischen Räumen verstärkte jedoch die Urbanisierungstendenzen. Die Kluft zwischen den ländlichen Gebieten und den Distrikthauptstädten wurde tiefer[48]). In den Siedlungen des Hinterlandes finden anhaltende Desertifikationsprozesse statt. Viele Dörfer sind inzwischen vollständig verlassen oder von der Abwanderung bedroht. Es gibt kaum noch junge Menschen, die das entbehrungsreiche Leben dort führen wollen, denn die Verlockungen der Touristenzentren an der Küste sind zu groß. Die Ausstrahlungseffekte des Tourismus auf das Hinterland fallen bescheiden aus und verstärken daher die intraregionalen Gegensätze. So profitieren nur Teile der Landwirtschaft von den zusätzlichen Absatzmöglichkeiten. Die verbliebenen Dorfbewohner sind zu Pendlerbewegungen aus entfernten Räumen in die Touristenzentren gezwungen (Arbeitsaufnahme, Einkäufe etc.). Eine eigenständige Entwicklung konnte bisher in den ländlichen Räumen nicht erzielt werden. Diesen Veränderungen wurde in Zypern lange Zeit wenig Gewicht beigemessen. Wegen der unterschiedlichen Problemlagen in den einzelnen Distrikten erweist sich eine regionalisierte Tourismuspolitik als notwendig. Während im Troodos-Gebiet und in den ländlichen Räumen der Distrikte Pafos und Limassol eine touristische Inwertsetzung bzw. eine Reaktivierung erfolgen müßte, sind in den stark belasteten Ferienzentren restriktive Maßnahmen erforderlich.

Unter ganzheitlichen Aspekten sind die Auswirkungen auf Natur und Umwelt und die mit dem Tourismus in Verbindung stehenden Wirtschaftsbereiche zu überprüfen. In den letzten Jahren zeichnete sich ein Sinneswandel in der Republik ab. Angeregt wurde die Diskussion durch die ökologischen Auseinandersetzungen um den Nationalpark Akamas im Distrikt Pafos[49]). Im Rahmen des Lavra (Laona)-Projektes besteht die Absicht, angepaßte Tourismusformen zu finden, die einen Schutz der natürlichen Umwelt garantieren und gleichzeitig eine ausreichende Erwerbsgrundlage für die einheimische Bevölkerung ermöglichen. Inzwischen laufen weitere Projekte zur Förderung des sogenannten *Agro Tourism* unter Federführung der C.T.O. und der zuständigen Ministerien. In ausgewählten Schwerpunktdörfern finden Restaurierungen von alten Häusern statt. Durch Vermietung dieser Objekte und Verkauf von landwirtschaftlichen Produkten an die Touristen soll eine direkte Erwerbsmöglichkeit entstehen. Eine ergänzende Förderung von Handwerk und Kleingewerbe dient der langfristigen Stabilität. Ein zentrales Ziel liegt in der Wiederbelebung der alten Dorfstrukturen. Der ländliche Tourismus dient zudem der Erschließung neuer Gästegruppen.

In der Aufbauphase wird der Tourismus weitgehend als technisches und ökonomisches Problem begriffen. Soziale Prozesse haben dagegen eine untergeordnete Bedeutung, obwohl sie die eigentliche Basis für eine eigenständige Entwicklung bilden. Der Tourismus benötigt die Akzeptanz der einheimischen Bevölkerung.

---

[48]) Nach der vom „Department of Statistics and Research" durchgeführten „Household Income and Expenditure Survey 1990/91" (Tabellen D.3, F.11) zeigen sich zwischen den ländlichen und städtischen Räumen deutliche Unterschiede in Einkommen und Ausstattung mit langlebigen Gebrauchsgütern.

[49]) Vgl. dazu den Beitrag „Raumplanung und Umweltschutz" von B. Hahn und R. Wellenreuther in diesem Band.

Aufgrund der Jahrhunderte dauernden Fremdherrschaften und der vielfältigen Handelsbeziehungen erweist sich „der" typische Zyprer heute als flexibel im Umgang mit Fremden. Zugleich versteht er es, seine eigenen Interessen ihnen gegenüber zu wahren. Seit der Teilung der Insel finden die westeuropäischen Besucher in der Republik Zypern keine kulturellen Barrieren mehr vor. Eine Auseinandersetzung mit einem relativ fremden Kulturkreis wie dem türkischen unterbleibt. Bei der einheimischen Bevölkerung besitzt der Tourismus eine hohe Akzeptanz[50]). Diese positive Bewertung mag auch daraus resultieren, daß Zypern von „ruhigen" Touristen aufgesucht wird. In den meisten Regionen schätzt das ausländische Publikum mehr die Erholung als das Vergnügen. Hier wird die Zukunft zeigen, ob dieses ausgeglichene Verhältnis zwischen Einheimischen und fremden Urlaubern durch die stärkeren Touristenströme gestört wird.

Durch den hohen Lebensstandard, das gute Bildungsniveau und die westlichen Konsumgewohnheiten ergeben sich in der Republik Zypern kaum soziale Barrieren zwischen Einheimischen und Gästen. Enge Kontakte werden mit Hilfe einer funktionalen Trennung zwischen Wohn- und Touristengebieten in den Stadtgebieten eingeschränkt. Die Veränderungen im Sozialverhalten (Sexualmoral, Rollenverteilung und Familienstruktur) können in der Republik nur bedingt auf die touristische Begegnung zurückgeführt werden. Wesentlich intensiver wurden diese Prozesse durch die fortschreitende Urbanisierung beeinflußt[51]). Die Gefahr einer kulturellen Deformation durch die touristische Begegnung erscheint heute in der Republik Zypern gering, wenn auch häufig eine kritiklose Adaption der touristischen Verhaltensweisen durch die Einheimischen stattfindet. Weiterhin beeinflußt das Geschäftemachen ganz entscheidend das soziale Miteinander der Zyprer und auch den Umgang mit den Gästen. Traditionelle Lebensformen zeigen sich heute nur noch in wenigen Dörfern. Bewertet man die sozialen Veränderungen der Vergangenheit, so hatte der Tourismus keine Auslöserfunktion, sondern viel eher eine verstärkende Wirkung. Zu Beginn der touristischen Entwicklung kam es zu Demonstrationseffekten auf seiten der Touristen[52]). Heute sind derartige Vorgänge in der Republik kaum noch registrierbar. Weder verfügt der Tourist im Vergleich zu den Einheimischen über einen besonderen Reichtum, noch sind die Einheimischen von touristischen Einrichtungen ausgeschlossen. Die Verringerung der ökonomischen Distanz zwischen Ausländern und Einheimischen trägt zur Gleichstellung der lokalen Bevölkerung bei. Diese Aussage gilt jedoch so uneingeschränkt nur für die oberen Einkommensgruppen in der Republik Zypern. Entscheidend für das Beziehungsgefüge zwischen Einheimischen und Touristen ist jedoch die Tatsache, daß sämtliche hochqualifizierten Funktionen im Tourismusbereich von griechischen Zyprern besetzt sind. Denn das Wirtschafts- und Gesellschaftssystem der Republik Zypern ermöglichte in der Vergangenheit den schnellen Aufstieg aus einfachen Verhältnissen, wie dies die zahlreichen Biographien von Hoteleignern

---

[50]) Andronicou (Anm. 7), S. 243–255; Kammas (Anm. 7), S. 13–16. Vgl. C. J. Vakis Consultancies: Social Impacts of Tourism in Cyprus. Nicosia 1988.
[51]) Vgl. Attalides, M.: Social Change and Urbanization in Cyprus. A Study of Nicosia. Nicosia 1981 (= Publications of the Social Research Centre).
[52]) Heinritz, Wandlungen (Anm. 4), S. 266–278.

und Geschäftsleuten anschaulich zeigen[53]). Obwohl in der Republik Zypern auch heute noch eine männerdominierte Gesellschaft existiert und in den Führungspositionen weiterhin nur Männer vorzufinden sind, hat der angespannte Arbeitsmarkt im Tourismussektor zu einer weitgehenden Angleichung der Löhne zwischen den Geschlechtern beigetragen[54]).

5. Tourismusplanung

Im Jahr 1971 wurde die C.T.O. mit der Entwicklung und Steuerung des Tourismus betraut. In Zusammenarbeit mit der zentralen Planungsbehörde und den zuständigen Fachministerien führt sie seither die Tourismusplanung in der Republik Zypern durch. Weitere Aufgabenfelder umfassen die Vermarktung des Ferienziels Zypern sowie die Überprüfung der Gastronomie- und Beherbergungsbetriebe.

Nach der Invasion von 1974 war die Regierung aus beschäftigungs- und wirtschaftspolitischen Gründen an einem schnellen Wiederaufbau der Tourismusindustrie interessiert. Das unkontrollierte Wachstum in den folgenden Jahren führte zu einer massiven Beeinträchtigung der Umwelt. Erst in den letzten Jahren wurden einige soziale Gruppen, Vertreter der Regierung und der Wirtschaft auf diese Probleme aufmerksam[55]). Aufgrund der Gesetzeslage und der Entscheidungsstrukturen waren jedoch die Regulierungsmöglichkeiten eingeschränkt. Mit der Kabinettsentscheidung vom November 1990 wurde eine Trendwende eingeleitet. Die vorherrschende liberal-ökonomische Sichtweise wurde durch eine umfassende regulierende Tourismuspolitik unter Einbeziehung von Natur und Gesellschaft abgelöst. Qualitative Momente und das Ziel einer Begrenzung des Wachstums gewinnen seither an Bedeutung. Erste Erfolge zeichnen sich bei den Baubewilligungsgesuchen für Beherbergungsbetriebe ab, denn es wurden im Zeitraum 1990–1992 nur noch Genehmigungen für 2500 Betten erteilt[56]). In dieser Phase erscheint es zwingend notwendig, daß in der zyprischen Gesellschaft das Bewußtsein für eine ganzheitliche Sichtweise der Tourismusproblematik wächst.

Bisher herrscht in der Tourismuspolitik eine zentralistische Ausrichtung vor. Die Mitwirkungsmöglichkeiten auf nationaler und lokaler Ebene sind beschränkt. Zur Koordination der Tourismuspolitik wurden *Tourism Coordinating Committees* geschaffen. Das *Central Coordinating Committee* hat dabei die Aufgabe, Fragen bezüglich der Fremdenverkehrsindustrie, des touristischen Marketing und der zukünftigen Tourismusentwicklung in der Republik Zypern zu diskutieren und Lösungsansätze zu entwickeln[57]). Auf regionaler Ebene wurden *Regional Tourism*

---

[53]) Vgl. Phacos Advertising & Publishing Agency: Business Men in Cyprus. Nicosia 1977.
[54]) Länderbericht Zypern 1991 (Anm. 19), S. 91–97.
[55]) Kammas, Effects (Anm. 13), S. 81.
[56]) Annual Report 1992 (Anm. 12), S. 11; Five Year Development Plan 1989–1993 (Anm. 28), S. 155–167.
[57]) In diesem Gremium sind nur die Interessenverbände vertreten, die stark im Tourismusgeschäft involviert sind (z.B. „Cyprus Airways", „Cyprus Hoteliers Association" und „Association of Cyprus Travel Agents").

Coordinating Committees eingerichtet[58]), deren Hauptaufgabe in der Koordination der Aktivitäten zur Sicherung der Qualität des touristischen Produktes liegt. Darüber hinaus sollen sie Probleme und Schwächen in den einzelnen Gebieten rechtzeitig erkennen und beheben helfen. Da ihre Institutionalisierung noch nicht abgeschlossen ist, spielen diese Regionalgremien bisher im Planungsprozeß eine untergeordnete Rolle. Für die Zukunft können diese Ausschüsse jedoch die Basis für eine breitere Beteiligung der Bevölkerung am touristischen Geschehen bilden. Dies setzt freilich den freien Zugang aller gesellschaftlicher Gruppierungen in der Republik voraus.

Neben der Reduzierung des touristischen Wachstums setzt die neue Tourismuspolitik der Republik Zypern verstärkt auf eine Diversifikation in Ergänzung zum bisherigen *Sun&Sea-Segment*. Dies umfaßt Sport- und Aktivferien, Seniorenprogramme, Gesundheitstourismus, Konferenz- und *Incentive-*Reisen. Damit sollen der Tourismus auf eine breitere Grundlage gestellt und die Saison verlängert werden. Ein weiteres Ziel umfaßt die Integration der ländlichen Räume. Die Ansätze zum ländlichen Tourismus (*Agro Tourism*) stellen einen hoffungsvollen Ansatz dar, um eine Revitalisierung der Problemgebiete des Hinterlandes zu erreichen. Dabei sollte jedoch der Entwicklungsbeitrag des Tourismus nicht überschätzt werden. Die Tourismusindustrie und die staatlichen Behörden stehen vor der Grundsatzentscheidung, wie das quantitative Wachstum zugunsten einer qualitativen Entwicklung korrigiert werden kann. Denn zur Zeit läuft der zyperngriechische Tourismus Gefahr, seine eigenen Grundlagen zu zerstören. Der von der C.T.O. angestrebte Qualitätstourismus mit Positionierung in den höheren Marktsegmenten gerät unter den Touristenmassen immer mehr unter Druck. Eine derartige Politik läßt sich nur mit einem begrenzten Touristenaufkommen und qualitativ hochstehenden Einrichtungen bewerkstelligen. Die dafür vorgesehenen *Integrated Holiday Centers*, Golf- und Yachtanlagen sind jedoch unter Kosten-Nutzen-Betrachtungen und ökologischen Gründen zweifelhaft. In erster Linie sollten die Infrastruktur und die touristische Basisausstattung (Verkehrssysteme, Strandeinrichtungen, Präsentation der Kulturdenkmäler, Souvenirangebot etc.) verbessert werden, um damit die Schaffung eines zyprischen Imageprofils zu erleichtern. Für die Zukunft sind dringend effektive Maßnahmen und Regelungsinstrumentarien (*Zoning*, Bewilligungen, Umweltauflagen) notwendig, die zu einer langfristigen Stabilität führen und den Schutz der Natur garantieren.

III. Der Tourismus in der „Türkischen Republik Nordzypern"

Auf dem internationalen Reisemarkt spielt die „Türkische Republik Nordzypern" („TRNZ") eine eher bescheidene Rolle. Im Jahr 1990 fiel ihr Anteil an den 155 Millionen Touristenankünften der Mittelmeerstaaten mit 300 000 vergleichs-

---

[58]) Die Gremien auf Distriktebene setzen sich aus verschiedenen Berufsverbänden, städtischen Vertretern, Mitgliedern der „Cyprus Chamber of Commerce and Industry" und Repräsentanten der staatlichen Distriktverwaltungen zusammen.

weise gering aus (Republik Zypern 1,5 Millionen; Griechenland 8,9 Millionen; Türkei 4,8 Millionen)[59]). Reiseberichte über Nordzypern erscheinen in den internationalen Medien selten, und Pauschalangebote werden nur von wenigen Veranstaltern offeriert. Trotzdem weist der Tourismus inzwischen auch für die „TRNZ" eine hohe Bedeutung als Devisenbringer und Arbeitgeber auf[60]). Darüber hinaus kann der Fremdenverkehr eine entscheidende Rolle bei der Überwindung der politischen Isolation Nordzyperns spielen.

1. Grundlegende Tendenzen

Als notwendige Voraussetzung für eine touristische Inwertsetzung gelten ein natürliches Attraktivitätspotential, eine angepaßte Infrastruktur sowie qualitativ hochstehende Fremdenverkehrsbetriebe, gut geschultes Fachpersonal und eine ausreichende Finanzausstattung. Nach der Teilung der Insel konnte die zyperntürkische Volksgruppe über 37% der Gesamtfläche Zyperns und über bedeutende Wirtschaftsressourcen verfügen. Die Touristenzentren Famagusta und Kyrenia umfaßten 65% der gesamten Hotelkapazitäten Zyperns. Im Norden befinden sich auch die weitläufigen Strandabschnitte in der Famagusta-Bucht und Landschaftsräume mit einem hohen Attraktivitätsgrad. Besonders erwähnenswert sind die kargen Kyrenia-Berge, das malerische Hafenstädtchen Kyrenia und die unberührte Halbinsel Karpas. Dazu kommen eine Fülle kulturhistorischer Stätten, mittelalterliche Burgen und als Kleinod die antike Königsstadt Salamis. Das Aufeinandertreffen von Orient und Okzident schafft einen zusätzlichen Reiz. Trotz dieser idealen Ausgangsbedingungen hat sich der Tourismus bis heute nur in Ansätzen entfalten können. Wo liegen die Ursachen für diese verhaltene Entwicklungsdynamik? Nach der Vertreibung der zyperngriechischen Hoteleigner stand der zyperntürkischen Volksgruppe scheinbar ein enormer Hotelbestand zur Verfügung[61]). Aber die starke Konzentration der Beherbergungsbetriebe in Famagusta (Varosha), „particularly in an area about five miles long and three-quarters of a mile wide"[62]), erwies sich als nachteilig, denn die vom türkischen Militär abgeriegelte Hotelstadt diente eher als politisches Faustpfand als einer möglichen Inbetriebnahme durch Zyperntürken. Weiterhin hatte die zyperntürkische Volksgruppe keinerlei Erfahrungen im Tourismusgeschäft sammeln können, weder im Service noch im Management. In ihren ursprünglichen Siedlungsgebieten war sie stark in der traditionellen Agrargesellschaft verwurzelt, während die städtische Elite der Zyperngriechen

---

[59]) Yearbook of Tourism Statistics (Anm. 1), S. 130.
[60]) Vgl. Direkoglu, F.: Tourism in the Turkish Republic of Northern Cyprus, in: The Political and Economic Problems of the Turkish Community of Cyprus in the International Field. Hrsg. SISAV. Istanbul 1986, S. 149–154 und Martin, J.: The History and Development of Tourism, in: The Political, Economic, and Social Developments in the Turkish Republic of Northern Cyprus. Hrsg. C. H. Dodd. Huntingdon, England 1993, S. 335–372.
[61]) So weist die C.T.O. regelmäßig in ihren Veröffentlichungen (z.B. „Tourism in Cyprus 1993") den verlorenen Bettenbestand mit 12 227 aus.
[62]) Andronicou (Anm. 7), S. 259.

sich dagegen schon früh im lukrativen Agrarexport und später im industriellen Bereich engagierte. An der einsetzenden Tourismusentwicklung der 1960er Jahre hatten die Zyperntürken fast keinen Anteil. So gab es nur wenige Hotelunternehmer aus dieser Volksgruppe[63]. Nach der Teilung von 1974 mangelte es in Nordzypern besonders an den internationalen Beziehungen und Verkehrsverbindungen, um den Tourismus nachhaltig anzukurbeln. Durch die Isolation der zyperntürkischen Volksgruppe in den Enklaven fehlte es zudem an Innovationspotential und an der Kommunikationsfähigkeit mit den fremden Gästen. Als besonders nachteilig erwies sich auch der eingeschränkte Kapitalmarkt. In den Enklaven gab es nur kleinere Genossenschaftsbanken, und später war der Zugang zu den internationalen Finanzmärkten versperrt[64]. Durch den ungewissen politischen Status wurde die Situation noch verschärft. Während in den Süden vielfältige internationale Hilfe floß, sah sich der Norden einem Wirtschaftsboykott gegenüber. Bis heute existieren keine internationalen Direktflugverbindungen in den Nordteil der Insel. Nur über den Umweg der Türkei sind zeitraubende und teure Flüge möglich[65]. Wegen des Alleinvertretungsanspruchs der Republik Zypern wird jede Einreise von Touristen in den Norden zu einem illegalen Grenzübertritt. Die einzige Ausnahme bilden die geduldeten Eintagesausflüge der ausländischen Touristen von der Republik in die „TRNZ". Die politische Unsicherheit hält bisher internationale Großveranstalter und Investoren von Nordzypern fern, trotz der guten Voraussetzungen für eine touristische Erschließung. Das sichere Geschäft mit der Republik Zypern möchten die Branchenriesen nicht gefährden. Die Tourismusentwicklung im Nordteil wird daher stark von Reiseveranstaltern getragen, die auch auf dem türkischen Markt präsent sind. So werden in jüngster Zeit Kombinationsbausteine zwischen den beiden Ferienzielen angeboten[66].

Die verhaltene Dynamik in der Tourismusentwicklung läßt sich nicht nur auf die politischen Ursachen zurückführen, sondern es liegen auch strukturelle Mängel vor. Neben der ungenügenden Verkehrsanbindung traten in der Vergangenheit Probleme im Dienstleistungssektor und Defizite in der Infrastruktur auf. Die Bildungseinrichtungen im Tourismusbereich mußten in der „TRNZ" erst geschaffen werden. Im Zeitraum 1974–1993 verließen 497 Absolventen das *Hotel and Catering Center*[67]. Das spezialisierte Arbeitskräfte- und Unternehmerpotential war zu Beginn der touristischen Entwicklung in der „TRNZ" völlig unzureichend. Erst in den letzten Jahren zeichnet sich hier eine langsame Besserung ab.

---

[63] Martin (Anm. 60), S. 341/342.

[64] Berner, U.: Das vergessene Volk. Der Weg der Zyperntürken von der Kolonialzeit zur Unabhängigkeit. Pfaffenweiler 1992, S. 453.

[65] Die Situation hat sich in den letzten Jahren etwas verbessert. So fliegt Deutschlands größter Veranstalter für Nordzypern, ATT-Touristik (Stuttgart) den Flughafen Ercan via Antalya mit der Fluggesellschaft „SunExpress" an, die ein Tochterunternehmen der „Turkish Airlines" und der „Lufthansa" ist.

[66] ATT-Touristik, als Spezialveranstalter für die Türkei, hatte wesentlichen Anteil an der Vermarktung des Reiseziels Nordzypern. Das Unternehmen bietet inzwischen auch einige griechische Inseln in seinen Reisekatalogen an.

[67] Tourism Planning Office („TRNC"): Tourism Statistics 1993. Nicosia 1994, S. 80.

2. Marktstrukturen

Nach der Teilung standen fast 100 Beherbergungsbetriebe mit einer Kapazität von nahezu 10000 Betten leer[68]). Die staatliche *Cyprus-Turkish-Enterprises* übernahm die Hotels und verpachtete später einige an Privatleute[69]). Unter den wiedereröffneten Hotels befand sich auch das bekannte Palm Beach in Famagusta. 1975 war eine Kapazität von 2600 Hotelbetten in 24 Betrieben vorhanden. Der vom zyperntürkischen Planungsbüro erstellte erste *Five-Year Plan* 1978–1982 sah eine Ausweitung auf 8000 Betten vor. Dies erwies sich als völlig illusorisch, denn tatsächlich stand nur knapp die Hälfte zur Verfügung[70]). In den letzten Jahren wurden verstärkt Neubauten errichtet. Somit gehen die neuen Eigentümer möglichen juristischen Auseinandersetzungen aus dem Wege und können das Beherbergungsangebot an die heutigen Erfordernisse anpassen. Nördlich von Famagusta wurden mehrere Einheiten der Mittelklasse fertiggestellt. Generell ist das Beherbergungsangebot auf die Mittelklasse ausgerichtet, denn Hotels der gehobenen Kategorie oder *First-Class-Hotels* gibt es nur wenige. Neue Feriendörfer und Bungalows nahmen ebenso ihren Betrieb in Kyrenia auf. Im Gegensatz zu Südzypern gibt es im Norden keine verbauten Strandzonen, und die Gebäudehöhe wurde auf wenige Stockwerke begrenzt. Die Rückgabe der Hotelstadt Varosha mag zwar noch von politischer Bedeutung sein, aber eine touristische Nutzung der verfallenen Gebäude wäre nicht mehr möglich.

Tabelle 8: Bettenkapazität und Betriebseinheiten 1993 in der „TRNZ"

	Kyrenia		Famagusta		Nikosia (Nord)		Gesamt	
	A	B	A	B	A	B	A	B
Hotels	26	2145	11	1766	3	228	40	4139
Hotel-App.	26	2332	8	546	–	–	34	2878
Guest-Houses	11	245	2	45	6	155	19	445
Gesamt	63	4722	21	2357	9	383	93	7462

A = Betriebseinheiten B = Bettenanzahl
Quelle: Tourism Planning Office („TRNC"): Tourism Statistics 1993. Nicosia 1994, S.6.

1993 gab es in der „Türkischen Republik Nordzypern" 93 klassifizierte Beherbergungsbetriebe mit 7462 Betten. Davon entfielen auf Hotels 55,5%, auf *Guest-Houses* 6,0% und auf Hotel-Appartements 38,5%. Der Appartementanteil stieg in den vergangenen Jahren stark an. Die Möglichkeit zur Selbstverpflegung wird besonders von den türkischen Gästen geschätzt. Während in der Republik Zypern ausschließlich private Unterkünfte existieren, überwiegen im Norden bisher die

---

[68]) C.T.O.: Cyprus 1992. A Guide to Hotels. Travel Agencies and Other Tourist Services. Nicosia, S.110/111.
[69]) Klawe, W. (Hrsg.): Zypern. Ein politisches Reisebuch. Hamburg 1988, S.180–182.
[70]) Martin (Anm. 60), S.351.

staatlichen Hotelbetriebe. Neben den offiziell aufgelisteten Betrieben gibt es eine größere Anzahl von *Boarding-Houses*, die nur einfachen Qualitätsansprüchen genügen. Ein erstaunliches Phänomen stellt die geringe durchschnittliche Auslastung von 36,3% aller Beherbergungsbetriebe dar[71]). Eine besonders niedrige Auslastungsrate weist dabei die Region Nikosia (Nord) mit 20,8% auf. Etwas besser gestaltet sich die Situation in Kyrenia und Famagusta mit 40,6% bzw. 30,7%. Gegenüber der schlechten Auslastung von 1991 zeichnet sich zwar eine deutliche Verbesserung ab, doch selbst bei längeren Schließungszeiten läßt sich damit nur schwer eine rentable Betriebsführung erreichen.

Tabelle 9: Ankünfte und Einnahmen der „TRNZ"

Jahr	Touristenankünfte Gesamt	Ankünfte aus der Turkei in % Anteil	Nettoeinnahmen aus dem Tourismus (in Millionen USD)	Nettoeinnahmen pro Tourist (in USD)
1977	113 146	95,5	–	–
1979	108 400	87,7	–	–
1981	78 134	80,2	23,3	298
1983	98 934	79,3	37,1	375
1985	125 075	83,0	47,3	378
1987	184 337	80,3	103,5	561
1989	274 073	78,3	154,9	565
1990	300 810	80,9	224,8	747
1991	220 237	81,4	153,6	697
1992	267 618	78,5	175,1	654
1993	359 313	78,3	–	–

Quelle: In Anlehnung an Tourism Planning Office („TRNC"): Tourism Statistics 1992. Nicosia 1993, S. 78; Tourism Statistics 1993. Nicosia 1994, S. 13.

Die Tourismusentwicklung setzte in der „TRNZ" sehr verhalten ein: Während der Zeit des ersten Fünfjahresplanes 1978–1982 gingen die Ankünfte insgesamt von 108 000 auf 99 000 zurück. Dabei nahm die Zahl der türkischen Besucher von 105 000 auf 65 000 stark ab, die übrigen Besucher erhöhten sich leicht von 8 200 auf 22 600[72]). Die Ursache für den Rückgang der türkischen Besucher lag in den politischen Krisen in der Türkei. Die Plandaten wurden somit deutlich unterschritten. Danach begann ein kontinuierlicher Anstieg der Ankünfte. Im Zeitraum von 1983–1990 haben sich die Touristenankünfte von 99 000 auf über 300 000 erhöht. Durch den Rückgang im Jahr 1991 (Golf-Krieg) auf 220 200 Touristenankünfte, konnte 1992 wieder ein Anstieg auf 267 600 verzeichnet werden. 1993 wurde der bisherige Höchststand mit 360 000 Touristen registriert. Knapp 80% der Besucher stammen aus der Türkei und reisen je zur Hälfte über den Flughafen Ercan und die Seehäfen Famagusta und Kyrenia ein. Bei den übrigen Touristen dominiert das Flugzeug als Transportmittel.

---

[71]) Tourism Statistics 1993 (Anm. 67), S. 77.
[72]) Ebenda, S. 13.

Der nördliche Inselteil präsentiert sich heute als ein Ziel für Individualisten mit Improvisationstalent, ganz im Gegensatz zum organisierten Massentourismus des Südens[73]). Die Gästestruktur erweist sich als ausgesprochen heterogen. Fast die Hälfte der Besucher ist jünger als dreißig Jahre. Im südlichen Landesteil überwiegt unter den fremden Gästen dagegen das gutsituierte Publikum mittleren Alters. Bei den deutschen Urlaubern in Nordzypern handelt es sich um eine spezielle Gästeschicht, die weniger den perfekten Service sucht, sondern Eigeninitiative im Umgang mit Land und Leuten entwickelt. Die Zahl der Wiederholungsreisenden ist beim deutschen Publikum ausgesprochen hoch[74]). Bei den nichttürkischen Touristen zeigt sich eine starke Saisonalität mit 44% der Ankünfte in den Sommermonaten, während sich die Zahl der türkischen Besucher relativ gleichmäßig über das ganze Jahr verteilt. An den Ankünften wird die Abhängigkeit vom türkischen Nachfragemarkt deutlich. Die Türken werden bei der Einreise in die „TRNZ" auch gegenüber den anderen Touristen bevorzugt behandelt, weil sie sich keinerlei Grenzkontrollen unterziehen müssen. Die türkischen Touristen nutzen den Aufenthalt zu Einkäufen von Importwaren, die auf dem Festland mit hohen Steuern belastet sind. Daneben erfreuen sich Spielkasinos und diverse Unterhaltungsbetriebe steigender Beliebtheit bei dieser Gästegruppe. Die Bewohner der „Türkischen Republik Nordzypern" erweisen sich wie die der Republik als besonders reisefreudig. 1993 wurden über 98 000 Abreisen von Einheimischen registriert. Die Tourismusausgaben erreichen inzwischen ein Drittel der Einnahmen[75]). Die „TRNZ" zählte 1993 über 889 000 Gesamtübernachtungen in ihren Beherbergungsbetrieben. Dies bedeutet gegenüber 1991 eine Steigerung von 106%. Von den Übernachtungen entfielen auf türkische Besucher 50,0%, auf sonstige Ausländer 47,6% und auf Einheimische nur 2,4%[76]). Die britische Dominanz ist im Norden mit 19,2% deutlich geringer ausgeprägt als in der Republik Zypern. Dafür sind die Deutschen mit 15,6% stark vertreten. Der Inlandstourismus hatte einen bescheidenen Anteil an den Gesamtübernachtungen. Aufgrund der kurzen Entfernungen fallen hier wie im Süden für Einheimische kaum Übernachtungen an. Damit ergeben sich zwei wichtige Fakten: Zum einen wird der Tourismusmarkt in Nordzypern nur von wenigen Ländern versorgt, und zum anderen nimmt ein großer Teil der türkischen Besucher keine Unterkunft in den offiziellen Beherbergungsbetrieben in Anspruch, denn übernachtet wird bei Verwandten oder Bekannten. Andere wählen die nicht klassifizierten *Boarding-Houses* als Unterkunft. Die Wertschöpfung aus dem Tourismus fällt aus den vorgenannten Bedingungen geringer aus. Als unbefriedigend gestaltet sich ebenso die Aufenthaltsdauer der Touristen. Während die türkischen Gäste durchschnittlich 4,7 Tage auf der Insel verbringen, verweilen die übrigen Ausländer fast doppelt so lange[77]). Die Saisonverlängerung und die Erhöhung der Aufenthaltsdauer bilden ein grundlegendes Ziel

---

[73]) Vgl. Kasischke-Wurm, D.: Reiseziel für Individualisten und Naturverbundene, in: Fremdenverkehrswirtschaft. 27 (1993), (o. S.).
[74]) Auskunft von ATT-Touristik (Stuttgart) vom 21.06.1994.
[75]) Munzinger Archiv/IH-Länder Aktuell 10/91, S. 7.
[76]) Tourism Statistics 1993 (Anm. 67), S. 22 ff.
[77]) Ebenda, S. 76.

der zukünftigen Tourismuspolitik der „TRNZ"[78]). Aufschlußreich gestaltet sich die regionale Verteilung der Übernachtungen: 1993 entfielen auf die Regionen Kyrenia 69,3%, Famagusta 27,7% und Nikosia 3,0%[79]). Es zeigt sich eine deutliche Schwerpunktverlagerung vom ehemaligen Touristenzentrum Famagusta nach Kyrenia. Einige der Stadtteile Famagustas bieten einen trostlosen Anblick, während Kyrenia ein idyllisches Urlaubsbild liefert. Hier befinden sich inzwischen auch einige ausländische Feriendomizile. Aus politischen Gründen scheinen die zyperntürkischen Unternehmer mehr Vertrauen in Kyrenia als zukunftsträchtigen Standort zu besitzen. Die Nachfragestrukturen zeigen insgesamt betrachtet eine hohe Abhängigkeit vom türkischen Reisemarkt mit einer Reihe von Risiken wie schwankender Nachfrage, einer Vielzahl von Kurzaufenthalten, keinen Deviseneinnahmen und politischer wie wirtschaftlicher Instabilität auf dem türkischen Festland.

3. Ökonomische Bedeutung und Entwicklungspotential

Trotz der angesprochenen Probleme bildet inzwischen der Tourismus neben der Landwirtschaft das wirtschaftliche Rückgrat der „TRNZ". Die Nettoeinnahmen aus dem Tourismus stiegen im Zeitraum von 1980–1992 von 23,3 auf 175,1 Millionen USD. Damit sind die Nettoeinnahmen aus dem Tourismus mehr als doppelt so hoch wie die gesamten Exporteinnahmen[80]). Auch die Einnahmen pro Tourist sind in den letzten Jahren deutlich angestiegen[81]). Von der touristischen Inwertsetzung profitiert in Nordzypern in starkem Maße die Landwirtschaft und neuerdings die Baubranche. Das verarbeitende Gewerbe hat mit einer Reihe von Problemen zu kämpfen, die sich auf eine ungenügende Produktion, zu geringe Exporte, eine schlechte Arbeitsmoral sowie fehlendes Know-how und unzureichende Investitionen zurückführen lassen. Es kann deshalb nicht erwartet werden, daß durch den Tourismus nachhaltige *Spill-Over*-Effekte im industriellen Bereich eintreten. Die zyperntürkische Industrie ist traditionell kleingewerblich strukturiert und produziert vorwiegend Textilartikel, jedoch kaum Ausrüstungsgegenstände für touristische Betriebe. Vielmehr wird man sich auf Importgüter stützen müssen. Stärkere Auswirkungen hat der Tourismus auf den Handel in der „TRNZ", der insbesondere durch den türkischen Einkaufstourismus belebt wurde. Bei diesen Geschäften dominieren die ausländischen Importwaren[82]).

---

[78]) North Cyprus Almanack. Rüstem & Brothers. London 1987, S. 155.
[79]) Tourism Statistics 1993 (Anm. 67), S. 24.
[80]) Ebenda, S. 78. Die Exporte der „TRNZ" betrugen 1990 (fob) 65,5 Millionen USD; die Importe (cif) 381,5 Millionen USD. (Munzinger Archiv/IH-Zeitarchiv 7/94. Chronik 1992, S. 29).
[81]) Nach Berechnungen des Autors betrugen die durchschnittlichen Pro-Kopf-Einnahmen aus dem Tourismus 1990 in der „TRNZ" 350 USD (zum Vergleich Republik Zypern 360 CyP). Dabei muß jedoch berücksichtigt werden, daß in der Republik Zypern deutlich mehr Leistungen mit eigenen Mitteln erbracht werden können (z.B. die Flugleistungen der „Cyprus Airways") als in Nordzypern.
[82]) Berner (Anm. 64), S. 451- 473. Vgl. den Beitrag „Infrastruktur und Binnenhandel" von R. Wellenreuther in diesem Handbuch.

Als positiv sind die Beschäftigungseffekte des Tourismus in Nordzypern zu bewerten. 1993 waren 4234 Personen in 651 Betrieben direkt im Tourismus tätig. Dies entspricht in etwa den Tourismusbeschäftigten im Distrikt Pafos der Republik Zypern. Gegenüber 1989 konnte somit eine Steigerung von 65% erreicht werden. Hauptarbeitgeber waren die Beherbergungsbetriebe mit 2200 Mitarbeitern, gefolgt von den Verpflegungseinrichtungen mit 1600 Mitarbeitern. Die induzierten Beschäftigungseffekte des Tourismus liegen nach vorsichtigen Schätzungen bei 1500 Arbeitsplätzen. Allerdings muß hier auch auf einen demographischen Vorbehalt hingewiesen werden: Das Gros der im Tourismus der „TRNZ" Beschäftigten besteht aus unterbezahlten anatolischen Saison- und Schwarzarbeitern. Diese problematische Bevölkerungsstruktur relativiert die generell positiven volkswirtschaftlichen wie beschäftigungspolitischen Auswirkungen der Tourismusbranche nicht unwesentlich.

Tabelle 10: Beschäftigung im Tourismus in der „TRNZ"

	1989		1991		1993	
	Betriebe	Ang.	Betriebe	Ang.	Betriebe	Ang.
Hotels, Hotel-App.	46	1171	59	2146	74	2229
Pensionen	48	113	21	54	19	56
Restaurants	264	980	389	1393	421	1621
Reisebüros	121	288	122	285	137	328
Gesamt	479	2552	591	3878	651	4234

Ang. = Angestellte
Quelle: Tourism Planning Office („TRNC"): Tourism Statistics 1991. Nicosia 1992, S. 79; Tourism Statistics 1993. Nicosia 1994, S. 78.

Wegen der wirtschaftlichen Strukturmängel und der politischen Probleme kann der Tourismus zur Zeit nur eingeschränkt zu einem umfassenden Entwicklungsprozeß in Nordzypern beitragen. Dafür ist die Zahl der devisenbringenden Touristen zu gering. Die Einnahmen von den türkischen Festlandbesuchern werden zur Zeit durch einen rapiden Kursverfall der türkischen Lira geschmälert[83]. Für umfangreiche Tourismusinvestitionen und durchschlagende Absatzstrategien steht somit zu wenig Binnenkapital zur Verfügung. Dieses Kapital wird dringend für Infrastrukturmaßnahmen, Marketing, Informationsmaterial u.a. benötigt. Abhilfe könnte hier ein ausländisches Finanzengagement bewirken. Infolge des internationalen Wirtschaftsembargos wird potentiellen Investoren bislang der Zugang zur „TRNZ" verwehrt. Die gesetzlichen Rahmenbedingungen für ein privates Engagement und ausländische Direktinvestitionen wurden mit dem Gesetz 16 von 1987

---

[83] Die durchschnittlichen jährlichen Preisveränderungen an Gütern und Dienstleistungen (im Vergleich zum Vorjahr in %) betrugen in der Türkei: 1988 75,4%; 1989 63,3%; 1990 60,3%; 1991 66,0%. OECD. Main Economic Indicators. Juli 1992, zitiert nach: Munzinger Archiv/IH-Länder Aktuell 41/1992. Wirtschaft, S. 8.

verbessert[84]). Erste Erfolge bei den Investitionen im Beherbergungsbereich sind sichtbar. Das Bettenangebot bei den Hotels und Appartements stieg von 3779 im Jahr 1987 auf 6012 im Jahr 1991, wobei der stärkste Zuwachs bei den Appartements (+ 140%) zu verzeichnen war[85]). Die Tourismusinvestitionen betrugen in der Periode 1982–1986 49,4 Millionen TL (2,6 Millionen USD) und 1986–1990 164 Millionen TL (8,6 Millionen USD). Damit flossen 1990 25% der Kapitalanlagen der „TRNZ" in den Fremdenverkehrsbereich[86]). Durch die verbesserten Rahmenbedingungen konnte die private Investitionstätigkeit angeregt werden. Zudem wird deutlich, daß die Regierung des Nordens verstärkt auf den Tourismus als Wachstumsmotor setzt. Im Vergleich zur Republik Zypern bewegen sich die Tourismusinvestitionen aber immer noch in einem sehr bescheidenen Rahmen (Tabelle 7). Während die Republik Zypern nach 1974 die eigenen Wachstumskräfte entscheidend mobilisierte, wirkte die Abhängigkeit von der Türkei entwicklungshemmend. Aufgrund der Transferzahlungen aus der Türkei bestand wenig Neigung, die eigenen Anstrengungen nachhaltig zu intensivieren. So scheint sich inzwischen eine „levantinisch-orientalische Kaffeehaustätigkeit"[87]) verfestigt zu haben, die ganz konträr zur Geschäftstüchtigkeit und Arbeitsmoral des Südens steht. Im Norden erweist sich die schwerfällige Wirtschaftsbürokratie als wenig effizient. Es besteht für die „Türkische Republik Nordzypern" weiterhin die Hoffnung, daß das Wirtschaftsembargo aufgeweicht wird. Für den Fall einer zunehmenden ausländischen Präsenz sollten die offiziellen Stellen mit Hilfe einer vorausschauenden Tourismuspolitik und einer Rahmengesetzgebung, die den Schutz der Umwelt zur Zielpriorität hat, vorbereitet sein. Die langfristige Tourismusentwicklung muß im Rahmen der eigenen Potentiale voranschreiten. Mittelfristig könnte eine verstärkte Kooperation mit der türkischen Tourismusindustrie die Tourismusentwicklung beleben. Mit Hilfe einer optimalen Organisation der Flugkreuze, einer gemeinsamen Vermarktung mit neuen Reisebausteinen könnte der europäische Absatz stimuliert werden. Aufgrund der wirtschaftlichen Probleme in der Türkei kann Nordzypern heute jedoch mit weniger Entgegenkommen in finanzieller Hinsicht rechnen. Für die Zukunft sind Kundensegmente zu präferieren, die vergleichsweise niedrige Investitionskosten verursachen, aber einen hohen Mehrwert versprechen (z. B. Tourenangebote). Dies setzt allerdings innovative Produktgestaltung in allen Bereichen voraus. Eines der vorrangigen Ziele in der Tourismuspolitik liegt in der Gewinnung neuer Kundensegmente außerhalb der Türkei.

---

[84]) Vgl. KKTC: Resmi Gazete. Turizm Endüstri Tesvik Yasasi, 1987 („TRNZ": Gesetz zur Förderung der Tourismus-Industrie, 1987).
[85]) Martin (Anm. 60), S. 354 und Tourism Statistics 1993 (Anm. 67), S. 6.
[86]) Martin (Anm. 60), S. 355/356.
[87]) Berner (Anm. 64), S. 459.

IV. Zusammenfassung

Die Analyse macht deutlich, daß die beiden Landesteile nach der Trennung von 1974 völlig konträre Richtungen in der Tourismusentwicklung gegangen sind. Die Republik Zypern vollzog dabei den Weg hin zu einem touristischen Massenzentrum. Das rasante touristische Wachstum brachte dem südlichen Landesteil einen ungeahnten Wirtschaftsaufschwung, aber gleichzeitig verstärkten sich auch die negativen Auswirkungen auf Umwelt und Gesellschaft. Die zukünftigen Optionen werden deshalb entscheidend davon abhängen, ob es der Regierung der Republik gelingt, den Tourismus in eine ausgewogene Gesamtentwicklung einzubinden. Wenn die Inselökonomie langfristig stabilisiert werden soll, dann erweist sich eine einseitige Ausrichtung auf den Tourismussektor als problematisch. Die Anfälligkeit des Tourismus für politische Krisen und die Wandelbarkeit der Touristenströme stellen ein hohes Risiko dar, das in der Euphorie leicht vergessen wird. Ein zentrales Problem der Republik Zypern bleibt der Gegensatz zwischen dem Hinterland und den Touristenzentren an den Küsten. Bei Berücksichtigung der sozialen und ökologischen Dimension des Tourismus kann das bisherige konfliktfreie Miteinander zwischen Einheimischen und Gästen auch für die Zukunft Bestand haben.

Die Tourismusentwicklung der „Türkischen Republik Nordzypern" leidet bis heute unter der politischen Isolation. Trotz günstiger Standortvoraussetzungen verhinderte diese bisher eine größere touristische Erschließung. Die Tourismusverantwortlichen sollten dies als Chance begreifen, nicht dieselben Fehler zu machen wie die anderen mediterranen Zielgebiete oder der südliche Nachbar. Für sie besteht noch die Möglichkeit, Elemente einer ganzheitlichen Tourismusentwicklung zu realisieren, die einen Ausgleich zwischen Ökonomie und natürlicher Umwelt anstrebt. Der Tourismus im Norden könnte für die Zukunft einen Kontrast zum organisierten Massentourismus des Südens bieten. Ohne die politische Annäherung der beiden Teile Zyperns bleiben jedoch viele Potentiale des Nordens auch zukünftig ungenutzt.

Außenhandel

Alexander Orthgieß, München

I. Einleitung – II. Der Außenhandel auf Zypern vor 1974 – III. Der Außenhandel der Republik Zypern nach 1974: 1. Die Phase des Wiederaufbaus – 2. Die Entwicklungen der 80er Jahre – 3. Der Einfluß des Golfkriegs 1990/91 – IV. Der Außenhandel der „TRNZ" nach 1974: 1. Die lange Phase des Aufbaus – 2. Der Außenhandel seit 1986 – V. Zypern und die Europäische Gemeinschaft – VI. Tabellarischer Anhang

I. Einleitung

Die Wirtschaft der Insel Zypern ist in hohem Maß auf den Außenhandel angewiesen. Dies bedingen schon der Ressourcenmangel und die verhältnismäßig geringe Größe des zyprischen Binnenmarktes, die zu einer starken Konzentration auf ausländische Märkte zwingt, wenn moderne Betriebe errichtet und eine langfristige Expansion erreicht werden sollen. Erschwerend kommt dabei die geringe Möglichkeit eines kleinen Landes hinzu, eine diversifizierte Exportstruktur aufzubauen. Bei gleichzeitigem Bedarf an verschiedensten Importgütern (z.B. Energie) muß sich dies notwendigerweise in einer defizitären Handelsbilanz niederschlagen. Die chronisch defizitäre Handelsbilanz wurde früher von primären Exporten (Rohstoffe und Agrarprodukte) und später verstärkt von sekundären Exporten (verarbeitete Güter und Industrieprodukte) geprägt. Gleichzeitig wurden die verschiedensten Waren importiert. In der vorliegenden Abhandlung wird tendenziell größeres Gewicht auf die Exportentwicklung gelegt, da diese die wirtschaftliche Entwicklung auf der Insel Zypern besser beleuchtet als die Importe, deren Struktur sich nicht in der gleichen Weise verändert hat.

Relativ früh schon versuchten die zyprischen Wirtschaftsplaner durch Einnahmen aus dem Tourismus und später aus *Off-shore*-Tätigkeiten das Handelsbilanzdefizit zu decken, da die Politik der Importsubstitution bei gleichzeitiger Exportförderung alleine nur begrenzt Erfolge erzielen konnte. Auch die „TRNZ" versucht heute, diesen Weg zu gehen, wenn auch mit mäßigem Erfolg. Ferner stellen das von zyperngriechischer Seite verhängte Embargo und der völkerrechtlich nicht anerkannte Status ein Problem für ihren Außenhandel dar. Verschärft wird diese Problematik zukünftig durch das Urteil des Europäischen Gerichtshofes, das Nordzypern als nicht legalen Handelspartner bezeichnet hat und somit direkte Handelsbeziehungen zwischen EU-Staaten[1]) und der „TRNZ" verbietet[2]).

---

[1]) Im Artikel wird die lange Zeit gültige Kurzform EG für die „Europäische Gemeinschaft"

Seit jeher wird die Wirtschaft der Insel Zypern in hohem Maße von Ereignissen im Ausland beeinflußt, die sich auch auf den Außenhandel niederschlagen. So hat die zyprische Wirtschaft unter der hohen Abhängigkeit von instabilen externen Faktoren wie dem Tourismus, den Weltmarktpreisen und den Wechselkursrelationen, der Lage im Nahen und Mittleren Osten mit den Entwicklungen auf dem internationalen Ölmarkt sowie der Verwundbarkeit der Exporte in arabische Länder (z.B. Libyen, Irak) zu leiden. Die Ereignisse, die neben der Teilung die zyprische Wirtschaft am stärksten getroffen haben, sind dementsprechend ebenfalls von externer Natur. So sind hier der EG-Beitritt Großbritanniens 1973, die Ölkrisen und die beiden Golfkriege, hier vor allem der Kuwait-Krieg, der zu massiven Einbrüchen im Tourismus des ganzen Raumes geführt hat, zu nennen[3]. Die politische Teilung hat nicht nur zu einer unterschiedlichen Wirtschaftsentwicklung geführt, sondern auch zu einer unterschiedlichen Öffnung nach außen und zur Möglichkeit der Teilnahme an der internationalen Arbeitsteilung. Dies läßt sich an der Außenhandelsbilanz ablesen. Die Ereignisse von 1974 brachten zudem eine fast vollständige Trennung der Wirtschaftsräume mit sich. Einzige Ausnahmen blieben die Strom-, Kochgas- und Medikamentenlieferungen an den Norden durch den Süden sowie die Überleitung von Trinkwasser aus dem Norden in den Süden. Für diese „Geschäfte" werden jedoch keinerlei monetäre Gegenleistung überwiesen[4].

Im folgenden sollen nun die angesprochenen Einflüsse auf den Außenhandel vor und nach 1974 und ihre Auswirkungen analysiert sowie die Entwicklung der Außenhandelsstruktur aufgezeigt werden. Zuletzt soll noch der institutionelle Rahmen des zyprischen Außenhandels mit der EG bzw. EU dargestellt werden.

II. Der Außenhandel auf Zypern vor 1974

Als Kolonie Großbritanniens wies Zyperns Außenhandel die typische Struktur kolonialen Handels auf. So wurden überwiegend Fertigprodukte aus Großbritannien importiert und Rohstoffe dorthin exportiert. Dieses Muster der kolonialen Arbeitsteilung, das auf die Bedürfnisse des britischen Marktes abgestimmt war, sollte noch Jahre nach der Unabhängigkeit die Struktur des Außenhandels bestimmen. Die britische Kolonialherrschaft ließ keinerlei wirtschaftliche Reformen und eigenständige Entwicklungen zu; die wirtschaftliche Situation auf Zypern war gegen Ende der Kolonialzeit schlecht. Zudem sanken die Exporterlöse, da die zu Beginn der 50er Jahre gestiegenen Weltmarktpreise für mineralische Rohstoffe, vor allem für Kupfer, aber auch für Zitrusfrüchte und Kartoffeln, wieder gesunken waren. Ferner sorgten regenarme Jahre für keine besonders ertragreichen Ernten. In

---

verwendet. Nur in aktuellem Bezug wird vom neuen Begriff „Europäische Union" (EU) gesprochen.

[2] Neue Zürcher Zeitung. 12.7.1994 und Frankfurter Allgemeine Zeitung. 21.7.1994.

[3] Wilson, R.: Cyprus and the International Economy. New York 1992, S. 32.

[4] Kommission der Europäischen Gemeinschaft: Stellungnahme der Kommission zu dem Beitrittsantrag der Republik Zypern. Brüssel 1993, S.16 und Gespräch mit Ahmet Aker (Wirtschaftsberater von R. Denktaş) am 17.5.1993.

den Jahren 1957/58 sanken die Exporteinnahmen um 15,5 bzw. 6,9% von 22,4 Millionen *Cyprus Pounds* (63 Millionen USD)[5]) auf 17,6 Millionen CyP (50 Millionen USD). Im selben Zeitraum sank das Verhältnis zwischen Exporten und Importen, die gegen Ende der Kolonialzeit rund 40 Millionen CyP (gut 100 Millionen USD) entsprachen, erstmals unter 50%. Die Kolonialmacht war mit knapp einem Drittel der Exporte und knapp der Hälfte der Importe der wichtigste Handelspartner. Zusätzlich überwies sie bis zu 55 Millionen USD (20 Millionen CyP) jährlich auf die Insel.[6])

Die Schwerpunkte des ersten Fünfjahresplans der Republik Zypern (1962–1966) lagen vor allem auf dem Ausbau der Infrastruktur und der Förderung und Diversifizierung der Wirtschaft, um die Abhängigkeit vom Ausland zu verringern. Ziele der Außenhandelsplanung waren die Importsubstitution durch verstärkte Verwendung heimischer Rohstoffe und die Exportförderung. Im Laufe des zweiten Fünfjahresplans von 1967–1971 versuchte man, die Handelsbilanz zu verbessern und durch die Förderung des Tourismus das Handelsbilanzdefizit in der Zahlungsbilanz auszugleichen. Der dritte Fünfjahresplan, der für die Jahre 1972–1976 konzipiert wurde, konnte durch die Ereignisse von 1974 nicht mehr zu Ende geführt werden. Dieser sah den Ausbau der Wirtschaft und die Modernisierung der Industrie vor, um der bevorstehenden Assoziation mit der EG gewachsen zu sein.

Der wirtschaftliche Aufschwung wurde jedoch durch Mißernten und die erste Ölkrise gedämpft[7]). Es gelang zwar, das Außenhandelsvolumen und die Exporte kontinuierlich zu erhöhen, nicht jedoch, das Handelsbilanzdefizit abzubauen. Einzig im Jahr 1964 ging der gesamte Außenhandel aufgrund des Konflikts zwischen griechischen und türkischen Zyprern zurück. Die Exporte konnten von 19,2 Millionen CyP (53,8 Millionen USD) im Jahr 1960 auf 60,5 Millionen CyP (173,1 Millionen USD) im Jahr 1973 ausgeweitet werden. Ebenso erhöhte sich aufgrund der gestiegenen Einkommen die Nachfrage nach Importwaren, die in Qualität und Vielfalt die heimischen Produkte übertrafen. Der Wert der Einfuhren stieg von 37,1 Millionen CyP (103,9 Millionen USD) 1960 auf 157,4 Millionen CyP (450,4 Millionen USD) im Jahr 1973. Somit verdreifachten sich zwar die Exporte, die Importe steigerten sich jedoch um mehr als das Vierfache. Das Handelsbilanzdefizit erweiterte sich von 17,9 Millionen CyP (50,1 Millionen USD) auf 97 Millionen

---

[5]) Die US-Dollar-Angaben entstanden durch Umrechnung mit dem durchschnittlichen Wechselkurs des jeweiligen Jahres (Department of Statistics and Research. Ministry of Finance: Statistical Abstract 1989/1990. Nikosia 1991, S. 297 und Central Bank of Cyprus: Bulletin. 118 (März 1993), S. 68. Die Angaben von Wachstumsraten beziehen sich dabei nur auf die Beträge in Cyprus Pounds (CyP).

[6]) Meyer A. J.: Cyprus. The 'Copra Boat' Economy, in: Middle East Journal. 51 (1959) 3, S. 249–308; Hahn, B.: Die Insel Zypern. Der wirtschafts- und politisch-geographische Entwicklungsprozeß eines geteilten Kleinstaates. Hannover 1982, S. 75 und Ministry of Finance, Statistical Abstract 1989/1990 (Anm. 5), S. 519/520.

[7]) Brey, H.: Industrialisierung auf Zypern. Internationale, nationale und regionale/lokale Aspekte der Industrieentwicklung. Kallmütz/Regensburg 1989, S. 92; Hahn (Anm. 6), S. 83/84; Schmutzler, G. F.: Zypern – wirtschaftlich betrachtet, in: Mitteilungen der Südosteuropa-Gesellschaft. 14 (1974) 3/4, S. 37–42 und Hudson, J. R./Dymiotou-Jensen, M.: Modelling a Developing Country. A Case Study of Cyprus. Arebury 1989, S. 10–15.

CyP (277,5 Millionen USD). Dies bedeutete eine Erhöhung um mehr als 500%. Diese Entwicklung konnte auch nicht durch die seit 1965 für Zypern sehr günstigen *Terms of Trade*[8]) verhindert werden. 1973 konnten nur noch 38% der Importe durch Exporte finanziert werden. 18% des erwirtschafteten Bruttosozialprodukts der Insel wurden exportiert und 47% für Importe ausgegeben[9]).

Die Zusammensetzung der Exporte war zu Beginn der Unabhängigkeit sehr einseitig. Rund 30% der Ausfuhren entfielen auf Agrarerzeugnisse und gut 50% auf mineralische Rohstoffe, wobei die Erschöpfung der Vorkommen bereits absehbar war. Der Exportanteil sank bis 1973 auf 19% (11,5 Millionen CyP/32,9 Millionen USD). Im Vergleich dazu wurden die landwirtschaftlichen Erzeugnisse (verarbeitet wie unverarbeitet) für den Export immer wichtiger. Bis zum Jahr 1973 weitete sich ihr Anteil an den Gesamtausfuhren auf über 60% (ca. 37 Millionen CyP/105 Millionen USD) aus. Die zyprische Landwirtschaft wird dabei durch das Klima begünstigt, das es ermöglicht, Agrarprodukte auch außerhalb der Saison auf dem europäischen Markt anzubieten. Der Anteil unverarbeiteter Exportgüter fiel von fast 90% auf 75% (1973). Dies ist aber vornehmlich auf die Weiterverarbeitung landwirtschaftlicher Erzeugnisse zurückzuführen, da sich noch keine exportfähige Industrie herausgebildet hatte[10]).

Die Importstruktur war dagegen viel diversifizierter. So mußten neben Nahrungsmitteln und Konsumgütern fast alle benötigten Brennstoffe und Industriegüter importiert werden. Im Laufe der 60er und frühen 70er Jahre wurden jedoch immer mehr Rohmaterialien, Vorprodukte und Investitionsgüter eingeführt, woran sich eine verstärkte Industrialisierung ersehen läßt. Alleine die Investitionsgütereinfuhren stiegen zwischen 1961 bis 1973 von 13,6 auf 17,6%. Dies entsprach einem Gegenwert von 5,2 Millionen CyP (14,6 Millionen USD) und 27,7 Millionen CyP (79,3 Millionen USD). Im selben Zeitraum erhöhte sich der Import von Rohmaterialien von 31,5% (12,1 Millionen CyP/33,8 Millionen USD) auf 44,7% (70,4 Millionen CyP/201,3 Millionen USD) der Gesamteinfuhren. Im Gegenzug sank der Anteil der Konsumgüter an den Importen von knapp 45,5% (17,4 Millionen CyP/48,8 Millionen USD) auf 30,9% (48,6 Millionen CyP/139,2 Millionen USD)[11]).

Großbritannien blieb auch nach der Unabhängigkeit der wichtigste Handelspartner. Der Anteil an den Exporten stieg von 34,8% (1961) auf 40,3% (1973). Dabei hatte sich das Volumen auf 20,7 Millionen CyP (59,2 Millionen USD) fast ver-

---

[8]) „Terms of Trade": Quotient des Exportpreisindex und des Importpreisindex eines Landes (x 100). Ein Wert von mehr als 100 ist günstig, da dann die Exportpreise stärker gestiegen sind als die Importpreise. Zwischen 1965 und 1973 betrug dieser Wert aus zyprischer Sicht durchschnittlich 120.

[9]) Ministry of Finance, Statistical Abstract 1989/1990 (Anm.5), S.520, 522.

[10]) Hahn (Anm.6), S.89; Mavros, E.: A Critical Review of Economic Development in Cyprus: 1969–1974, in: Cyprus Review. 1 (1989) 1, S.46–52; Stang, F.: Zypern – wirtschaftliche Entwicklung und Strukturveränderungen seit der Teilung der Insel, in: Aachener Geographische Arbeiten. 14 (1981), S.345–358; Middle East Economic Digest. 5.12.1987; Schmutzler (Anm.7), S.39 und Ministry of Finance, Statistical Abstract 1989/1990 (Anm.5), S.524.

[11]) Mavros (Anm.10), S.47/48 und Ministry of Finance, Statistical Abstract 1989/1990 (Anm.5), S.524.

vierfacht, da Zypern als Mitglied des Commonwealth Präferenzen genoß. Weitere Waren im Werte von 11,2 Millionen CyP (32 Millionen USD/21,9%) wurden in die EG-Staaten ausgeführt. Zypern hatte es bis 1973 geschafft, sich durch mehrere bilaterale Handelsabkommen neue Exportmärkte in Osteuropa, dem Nahen Osten und Nordafrika zu erschließen, deren Anteile 17,7% (10,7 Millionen CyP/ 30,6 Millionen USD) bzw. 7,2% (4,4 Millionen CyP/12,5 Millionen USD) betrugen. Auch bei den Herkunftsländern dominierten Großbritannien und die EG-Staaten. Allerdings sank der Anteil der ehemaligen Kolonialmacht von 35,9% des Importwertes (1961) auf 24,9% (1973). Dies entsprach einem Gegenwert von 39,2 Millionen CyP (112,2 Millionen USD). Im selben Zeitraum blieb der Importanteil der EG-Staaten relativ konstant bei gut 30%. Das Volumen stieg dabei von rund 12 Millionen CyP (33,6 Millionen USD) auf 48 Millionen CyP (137,3 Millionen USD). Der Import aus diesen Regionen war noch nicht so ausgeprägt. 6,5% (10,2 Millionen CyP/29,3 Millionen USD) wurden aus Osteuropa und 5,8% (9,2 Millionen CyP/26,3 Millionen USD) aus arabischen Staaten eingeführt. Dennoch war auch im Verhältnis zu den arabischen Staaten ein Handelsbilanzdefizit zu verzeichnen[12].

Das Handelsbilanzdefizit wurde anfänglich durch Wirtschaftshilfen aus dem Ausland, Überweisungen von Auswanderern und Einnahmen aus den britischen Militärstützpunkten mitfinanziert. Dagegen gab es zu Beginn der Unabhängigkeit einen jährlichen Kapitalabfluß in Höhe von 3 bis 4% des Bruttosozialproduktes, da es an Vertrauen in den neuen Staat mangelte. Dies wird auch durch die gestiegene Zahl an Auswanderungen in den ersten Jahren der jungen Republik deutlich[13]. Im Laufe der 60er Jahre wurden die Einnahmen durch den Tourismus zum größten Devisenbringer des Landes. Diese konnten von 5,5 Millionen USD (1960) auf 68,2 Millionen USD (23,8 Millionen CyP) im Jahr 1973 gesteigert werden und entsprachen bereits 40% der gesamten Deviseneinnahmen. Die Entwicklung des Tourismus auf Zypern übertraf das Wachstum des Welttourismus bei weitem[14]. Durch diese Einnahmen gelang es, die chronisch defizitäre Handelsbilanz auszugleichen. So hatte die Republik Zypern 1960 trotz eines Handelsbilanzdefizits von 15 Millionen CyP (42 Millionen USD) eine fast ausgeglichene Leistungsbilanz (–0,1 Millionen CyP). Die Zahlungsbilanz wies einen aktiven Saldo von 1,2 Millionen CyP (3,4 Millionen USD) auf. Dieser stieg bis 1970 auf 10,5 Millionen CyP (25,2 Millionen USD) bei 44,7 Millionen CyP (107,3 Millionen USD) Handelsbilanzdefizit. 1973 konnte erstmals das Handelsbilanzdefizit von 83,3 Millionen CyP (238,3 Millionen USD) nicht mehr durch Dienstleistungen und Kapitaltransfers ausgeglichen werden, und die Zahlungsbilanz wies einen Fehlbetrag von 4,5 Millionen CyP (12,9 Millionen USD) auf[15].

---

[12] Schmutzler (Anm. 7), S. 40; Hahn (Anm. 6), S. 99/100 und Ministry of Finance, Statistical Abstract 1989/1990 (Anm. 5), S. 520.
[13] Hudson/Dymiotou-Jensen (Anm. 7), S. 6–9 und Hahn (Anm. 6), S. 76, 84–86, 106–108.
[14] Witt, S. F.: Tourism in Cyprus. Balancing the Benefits and Costs, in: Tourism Management. 12 (1991), S. 87; Stang (Anm. 10), S. 351 und Schmutzler (Anm. 7), S. 40.
[15] Mavros (Anm. 10), S. 50; Ministry of Finance: Economic Report 1985. Nikosia 1986, S. 183 und Ministry of Finance, Statistical Abstract 1989/1990 (Anm. 5), S. 541.

III. Der Außenhandel der Republik Zypern nach 1974

1. Die Phase des Wiederaufbaus

Infolge der Ereignisse von 1974 standen den Zyperngriechen weniger Produktionskapazitäten zur Verfügung, wodurch sich das Gesamtvolumen der Ausfuhren vor allem im landwirtschaftlichen Bereich erheblich verringerte. Beispielhaft soll hier der Verlust der – früher fast ausschließlich in zyperngriechischem Besitz befindlichen – Zitrusplantagen von Morphou und Famagusta erwähnt werden. Von dem wichtigen Exportgut hatte man nur noch 28% der Kapazität zur Verfügung. Nur gut die Hälfte der agrarischen Exporte wurde vor 1974 im Gebiet Südzyperns geerntet. Im Bergbau blieben nur 44% der Produktion in der Hand der griechischen Zyprer. Ganz entscheidenden Einfluß hatte die Teilung auf die Infrastruktur. Der internationale Flughafen von Nikosia befindet sich heute noch in der Pufferzone und ist für keine Seite mehr zugänglich. Die Zyperngriechen mußten außerdem den Verlust der Hauptumschlagplätze für den Außenhandel hinnehmen. Im Hafen von Famagusta wurden vor der Teilung 85% der Waren abgefertigt und der Hafen von Karavostasi an der Nordküste diente vornehmlich dem Rohstoffexport. Hart getroffen wurde auch die Tourismusbranche, die Haupteinnahmequelle für Devisen. So mußten die griechischen Zyprer nach der Teilung nicht nur auf 65% der Hotelbetten und 40% der Restaurants und Bars verzichten, sondern auch auf die bisherigen Zentren Famagusta und Kyrenia sowie weitere touristische Attraktionen. Dieser Einnahmeausfall wirkte sich negativ auf die Leistungsbilanz aus[16]).

Diese Ausgangslage führte im ersten Notstandsplan zu folgender Zielsetzung: Das Außenhandelsdefizit mußte durch Exportförderung und Einschränkung bzw. Substitution der Importe begrenzt werden. Es sollte eine arbeitsintensive, exportorientierte Produktion im sekundären Bereich errichtet werden. Einerseits mußten die Flüchtlinge aus den türkisch besetzten Gebieten beschäftigt und andererseits durch Diversifizierung die verringerten Exportmöglichkeiten im Agrarsektor kompensiert werden. Die durch den Export erwirtschafteten Devisen waren wichtig, um die notwendigen Importe und den Wiederaubau finanzieren zu können. Zudem sollten die Exporte den Nachfragerückgang im Inland kompensieren. Es bestand der Vorteil niedriger Lohnkosten als in den europäischen Staaten und der höheren Qualität im Vergleich zu den arabischen Produkten. Auch wurden Absatzchancen in den Ölstaaten erwartet. Die staatlichen Kredit- und Exportgarantien (bis zu 90% bei Zahlungsausfall) wurden ausgeweitet und verbesserte Abschreibungsmöglichkeiten gewährt. Es wurden Handelszentren errichtet und die verstärkte Präsenz auf internationalen Messen angestrebt. Die Gründung einer

---

[16]) Hahn (Anm. 6), S. 178–182, 192; Brey, H./Heinritz, G.: Bevölkerungsverteilung und Siedlungsstruktur in Zypern nach 1974. Wiesbaden 1988, S. 33; Stang (Anm. 10), S. 353 und Papaiacovou, G.: Auswirkungen der Süderweiterung der EG auf die Exportstruktur Zyperns am Beispiel der wichtigsten Sektoren der Agrar- und Industriewirtschaft und die Anpassung der zypriotischen Wirtschaftsplanung. Bochum 1985. S. 84. Vgl. ferner Witt (Anm. 14), S. 38 und Brey, H.: Das „kleine Wirtschaftswunder" im Südteil der Republik Zypern nach 1974. Elemente eines ungewöhnlichen Entwicklungsweges, in: Südosteuropa-Mitteilungen. 30 (1990) 2, S. 116–124.

Behörde für Qualität und Normen zielte darauf ab, der heimischen Industrie bei der Erreichung der für den Export nötigen Normen und Qualitäten behilflich zu sein. Ferner wurde mit der Errichtung von Industrieparks (*Industrial Estates*) und Freihandelszonen in Limassol und Larnaka begonnen. Auch die Errichtung von Lagern und Fabriken unter Zollverschluß (*Bonded Warehouses and Factories*) wurde ermöglicht[17]. Ferner wurden die Häfen von Larnaka und Limassol ausgebaut sowie ein neuer Flughafen errichtet. Die verringerte Kaufkraft verursachte sowohl einen Nachfragerückgang im Inland als auch einen Importeinbruch. So sanken die Einfuhren 1974 um 6% und 1975 um 23,2%, vor allem in den Bereichen Rohstoffe, Maschinen und verarbeitete Produkte. Betrug der Wert der Einfuhren 1973 noch 157,4 Millionen CyP (450,7 Millionen USD), so waren es 1975 nur noch 113,7 Millionen CyP (308,8 Millionen USD). Importe von Maschinen und Transportmitteln sanken dabei im selben Zeitraum um mehr als die Hälfte. Erst 1976 konnte wieder das Niveau von 1973 mit Einfuhren im Wert von 177,8 Millionen CyP (433,3 Millionen USD) übertroffen werden[18]. Der Rückgang der Exporte war weitaus weniger einschneidend, da viele Agrarprodukte Zyperns im Frühjahr exportiert werden. So waren 1974 die meisten Exporte schon getätigt, und im Januar 1975 wurde bereits der neue Flughafen in Larnaka eröffnet. Die Ausfuhren gingen 1974 um 8,6% von 60,5 Millionen CyP (173,1 Millionen USD) auf 55,3 Millionen CyP (151,7 Millionen USD) zurück. Im Folgejahr stagnierten die Exporte, um dann 1976 um 89,9% auf 106,3 Millionen CyP (259,1 Millionen USD) anzusteigen.

Als Folge der Ereignisse von 1974 verringerte sich das Handelsbilanzdefizit zum ersten Mal seit 1964, da der zurückgehende Außenhandel sich hauptsächlich auf der Importseite niederschlug. 1975 betrug das Defizit nur 57,7 Millionen CyP (156,7 Millionen USD); das waren 40% weniger als 1973. Das gesamte Außenhandelsvolumen ging um über 20% zurück. Mit der Wiederbelebung des Außenhandels im Jahr 1976 stieg jedoch auch das Defizit um 23,8% auf 71,4 Millionen CyP (174 Millionen USD), hatte jedoch noch nicht das Ausmaß von 1973 erreicht. 60% der Importe konnten 1976 durch Exporterlöse bezahlt werden. Diese Importdeckung konnte bisher nicht wieder erreicht werden[19]. Unter diesen Voraussetzungen versuchte man bereits im zweiten und dritten Notstandsplan 1977/78 bzw. 1979–1981 mit der gezielten Modernisierung und Vergrößerung der Betriebe zu beginnen, um mittelfristig wieder kapitalintensive Unternehmen im Land zu haben, die dann auch international konkurrenzfähig sein sollten. Gerade im Hinblick auf den

---

[17] Unter „Bonded Factories" versteht man Fabriken, die unter Zollverschluß stehen, und deren Produktion ausschließlich für den Export bestimmt ist. Somit umgeht die Firma die Importzölle. Fabriken unter Zollverschluß können überall dort entstehen, wo Rohmaterialien und Arbeitskräfte vorhanden sind. Es entstehen dabei höhere Kosten durch die Zollüberwachung und keine Agglomerationsvorteile wie in Industrieparks und zollfreien Zonen. In Südzypern besteht diese Möglichkeit seit 1976. Vgl. Stylianou, O.: Cyprus Road to Recovery after 1974, in: International Produktivity Journal. (1991), S. 37–45; Wilson, R.: The Restructuring of the Cypriot Economy, in: Contemporary Review. 3 (1987), S. 293–299 und Stang (Anm. 10), S. 354.

[18] Ministry of Finance, Statistical Abstract 1989/1990 (Anm. 5), S. 520 und 524.

[19] Wilson, Cyprus (Anm. 3), S. 33–35; Ministry of Finance, Statistical Abstract 1989/1990 (Anm. 5), S. 520 und Mavros (Anm. 10), S. 46.

kleinen Binnenmarkt erachtete man diese Maßnahmen als unumgänglich, um der Wirtschaft weitere Entwicklungsmöglichkeiten einzuräumen. Ziel war es, die Exporteinnahmen zu sichern und auszuweiten, um das Handelsdefizit zu begrenzen. Dabei wurde im Laufe der Jahre das Schwergewicht von der Importsubstitution auf die Exportförderung gelegt. So sollten die Exporte diversifiziert und gesteigert werden. Ferner wurden Anreize für ausländisches Kapital geboten[20]).

Als Ergebnis dieser Bemühungen stiegen die Ausfuhren in diesen Jahren um durchschnittlich 20% jährlich (Ausnahme: 1978 aufgrund schlechter Ernten). Dies ist vor allem auf die Erfolge im Bereich der verarbeitenden Industrie zurückzuführen. 1977 wurden erstmals mehr Produkte aus diesem Bereich exportiert als landwirtschaftliche Güter. Der Anteil an den Gesamtausfuhren stieg von 20% (11,2 Millionen CyP/30,4 Millionen USD) im Jahr 1975 auf fast 45% (72,9 Millionen CyP/205,6 Millionen USD) Ende der 70er Jahre. Diese Entwicklung zeigt sich besonders deutlich in den Exporterfolgen der Bekleidungs- und Lederwarenindustrie, deren Exporterlöse sich in den Jahren 1974 bis 1979 von 2,2 Millionen CyP (6 Millionen USD) auf 22,1 Millionen CyP (62,4 Millionen USD) bzw. 1 Million CyP (2,7 Millionen USD) auf 8,3 Millionen CyP (23,4 Millionen USD) entwickelten und zusammengenommen gut 20% der Exporte stellten. Landwirtschaftliche Erzeugnisse machten nur noch gut 20% der Exporte (32,4 Millionen CyP/91,4 Millionen USD) aus[21]). Bereits 1976 übertrafen die landwirtschaftlichen Exporte mit einem Wert von 28,5 Millionen CyP (69,5 Millionen USD) wieder das Niveau von 1973. Die Regierung propagierte die Diversifizierung der landwirtschaftlichen Produktion, um einen möglichst hohen Grad an Selbstversorgung zu erreichen. Außerdem förderte sie Produkte, die vor allem auf dem europäischen Markt sehr gefragt waren, wie z.B. Tomaten und Kartoffeln. Der Kartoffelanbau (insbesondere Frühkartoffeln) wurde in den ersten Jahren nach 1974 immer bedeutender und löste die Zitrusfrüchte als wichtigstes landwirtschaftliches Exportgut ab. Da im Süden traditionell mehr Kartoffeln angebaut wurden als im Nordteil der Insel, unterstützte die Regierung diese Entwicklung. Hohe Weltmarktpreise für Kartoffeln in der zweiten Hälfte der 70er Jahre begünstigten den Anbau. So stieg der Gegenwert für Kartoffelexporte von 7,7 Millionen CyP (20,9 Millionen USD) 1975 auf 19,4 Millionen CyP (47,5 Millionen USD) 1977. Die Exporterlöse von Zitrusfrüchten sanken durch die Teilung von 16,2 Millionen CyP (46,4 Millionen USD) 1973 auf 5,2 Millionen CyP (14,1 Millionen USD) 1975 und konnten in den Folgejahren nur langsam gesteigert werden. Zitrusfrüchte und Kartoffeln erwirtschafteten zusammen fast 80% der Agrar-Exporterlöse[22]).

Bereits ab 1976 stiegen die Einfuhren in die Republik Zypern enorm an und erreichten seit 1977 Rekordhöhen. Ein Grund für diese Entwicklung dürften wohl die staatlichen Diversifizierungsanreize gewesen sein, die den verstärkten Import von Investitionsgütern förderten. Ferner wurden mit steigenden Einkommen wie-

---

[20]) Hahn (Anm. 6), S. 184/185; Stylianou (Anm. 17), S. 42–45, Papaiacovou (Anm. 16); S. 85/86 und Stang (Anm. 10), S. 354.

[21]) Ministry of Finance, Statistical Abstract 1989/1990 (Anm. 5), S. 524 und Wilson, Cyprus (Anm. 3), S. 42/43.

[22]) Central Bank of Cyprus: Bulletin (März 1993) (Anm. 5), S. 72.

der verstärkt Konsumgüter importiert. Im Vergleich zu 1973 hat sich jedoch die Importstruktur nicht nennenswert verändert (Ausnahme: erhöhter Anteil an Mineralölimporten aufgrund stark gestiegener Preise). Das Außenhandelsdefizit wuchs bis 1979 auf 195,7 Millionen CyP (552,3 Millionen USD); das Außenhandelsvolumen erreichte einen Wert von 519,5 Millionen CyP (1 466,1 Millionen USD). 45% der Importe konnten durch Exporte gedeckt werden und 55% des Bruttosozialproduktes wurde für Importe aufgewandt[23]). Gründe für die positive Exportentwicklung sind unter anderem die verstärkte Erschließung der arabischen Länder als Handelspartner, der Bürgerkrieg im Libanon, der zusätzlich Nachfrage aus dem arabischen Raum nach Zypern lenkte, die Verringerung der Transportkosten in diese Region durch die Öffnung des Suez-Kanals und der Kapitalzufluß (Fluchtkapital) durch den Libanonkrieg. Der arabische Raum ist für Zyperns Exportwirtschaft (v. a. im Bereich der Industrie) besonders attraktiv, da dort niedrigere Qualitätsansprüche gestellt werden als in Europa, in das traditionell kaum zyprische Industrieprodukte importiert werden, sondern nur mineralische Rohstoffe und landwirtschaftliche Erzeugnisse[24]). Dennoch blieb Großbritannien auch nach 1974 wichtigster einzelner Handelspartner Südzyperns, auch wenn der Anteil des Außenhandels in den 70er Jahren stark zurückging. Seit 1976 ist der Anteil der Exporte in den Mittleren Osten höher als der nach Großbritannien.

Ein sehr wichtiges Kriterium für die Beurteilung des Aufschwungs in Südzypern ist der große Kapitalzufluß aus dem Ausland. Dabei sind zum einen das Engagement der Exilzyprer und zum anderen die internationalen Hilfen nach der Teilung zu nennen. So erhielt Südzypern von mehreren internationalen Organisationen und Ländern bis Ende der 70er Jahre großzügige Wirtschafts- und Finanzhilfen. Im Gegensatz dazu ist Nordzypern seit der Teilung fast ausschließlich auf türkische Finanz- und Wirtschaftshilfe angewiesen[25]). Das Defizit der Zahlungsbilanz wurde 1974 und 1975 zu Lasten der Zentralbankreserven gedeckt. Diese schrumpften von 112,3 Millionen CyP (321,3 Millionen USD) im Jahr 1973 auf 87,6 Millionen CyP (237,9 Millionen USD) 1975. Die Regierung bevorzugte diese Maßnahme gegenüber einer Abwertung, da sie keine verbesserten Exportchancen erwartete, jedoch die Importe teurer geworden wären[26]). Sie plante dagegen ganz gezielt den Aufbau des Tourismus, um die Deviseneinnahmen zu erhöhen. Die Erlöse aus dem Fremdenverkehr verdoppelten sich zwischen 1977 und 1979 auf 50 Millionen CyP (141,1 Millionen USD). Dies entsprach gut der Hälfte der Überschüsse der Dienstleistungsbilanz und deckte alleine ein Viertel des Außenhandelsdefizits. Zusammen mit den Kapitaltransfers sorgten die Tourismuseinnahmen für einen Ausgleich des Handelsdefizits in der Zahlungsbilanz. Ferner legte die Regierung 1977

---

[23]) Wilson, Cyprus (Anm. 3), S. 33–35, 43–46; Hahn (Anm. 6), S. 200–206 und Ministry of Finance, Statistical Abstract 1989/1990 (Anm. 5), S. 523.
[24]) Brey, Wirtschaftswunder (Anm. 16), S. 120/121.
[25]) Hahn (Anm. 6), S. 185–188 und Berner, U.: Das vergessene Volk. Der Weg der Zyperntürken von der Kolonialzeit zur Unabhängigkeit. Dissertation. Freiburg 1992, S. 429–435.
[26]) Wilson, Cyprus (Anm. 3), S. 35 und Central Bank of Cyprus: Bulletin (März 1993) (Anm. 5), S. 67.

den gesetzlichen Rahmen für *Off-shore*-Unternehmen[27]) fest. Dieser Termin war jedoch bereits zu spät, so daß der Großteil der Firmen aus dem Libanon nach Bahrain und nicht, wie erhofft, nach Zypern abwanderten. Erfolge konnten erst später erzielt werden. Diese fielen dann allerdings bescheidener aus als erwartet[28]).

2. Die Entwicklungen der 80er Jahre

In den 80er Jahren wurde die Politik der Exportförderung fortgesetzt. Es bestand zwar eine Genehmigungspflicht für Ausfuhren ab einem Wert von 100 CyP. Diese stellte jedoch nur eine Formalität dar, die von den zyprischen Firmen nicht eingehalten und vom Staat nicht eingefordert wurde. Auch auf der Importseite war der Handel größtenteils liberalisiert worden. Nur für Produkte, die auch im Inland hergestellt wurden, existierten Einfuhrbeschränkungen. Der Import von Konsumgütern war mit Zöllen in Höhe von 15–40%, der von Luxusgütern (z.B. Kraftfahrzeuge mit großem Hubraum) teilweise mit Zöllen von über 100% belegt. Für den bilateralen Handel schloß die zyprische Regierung mit den wichtigsten Wirtschaftspartnern des Landes Handels- und Doppelbesteuerungsabkommen[29]). Die Exportzahlen in den 80er Jahren weisen, mit Ausnahme der Jahre 1983 (–1,3%), 1985 (–13,7%) und 1986 (–10,5%), zweistellige Zuwächse von bis zu 30% auf. So stieg der Wert der Ausfuhren von 188 Millionen CyP (532,3 Millionen USD) 1980 auf 336,8 Millionen CyP (573,7 Millionen USD) 1984. Nachdem in den beiden darauffolgenden Jahren die auswärtige Nachfrage aufgrund der gesunkenen Kaufkraft der arabischen OPEC, insbesondere Libyens[30]), rückläufig gewesen war, sank der Exportwert 1986 auf 260 Millionen CyP (504,4 Millionen USD). Bis Ende der Dekade stiegen die Exporte wieder jährlich bis 1989 auf 393 Millionen CyP (794,5 Millionen USD) an. Gründe hierfür liegen in der wieder verstärkten Nachfrage der OPEC-Staaten im Nahen und Mittleren Osten und in der weiteren Entwicklung der Textilexporte, die alleine 1987 einen Zuwachs von 34% aufweisen konnten[31]).

---

[27]) Bei „Off-shore" Unternehmen handelt es sich um juristische Körperschaften, die von ausländischen Personen oder Unternehmen gegründet werden, um Geschäftsaktivitäten im Ausland oder mit Ausländern in Fremdwährungen durchzuführen. Der Firmensitz liegt dabei in Ländern, die dafür die gesetzlichen Voraussetzungen geschaffen haben, wie Zypern, Bahrain, Singapur etc. Dabei kann das Unternehmen ein eigenes Büro oder nur einen Briefkasten vor Ort besitzen.

[28]) Ungefehr, F.: Off-shore Zentren (IX). Zypern, in: Die Bank. 6 (1998), S. 340–342.

[29]) Bundesstelle für Auslandsinformationen (BfAi): Zypern. Wirtschaftliche Entwicklung 1985. Köln 1986, S. 9.

[30]) Libyen importierte insbesondere Textilien aus der Republik Zypern (z.B. wurden die Uniformen der libyschen Armee dort hergestellt). Mitte der 80er Jahre hatte Libyen aufgrund von politischen Problemen enorme Zahlungsschwierigkeiten. Dies führte in der zyprischen Export- und Textilindustrie zu gewaltigen Einbrüchen. So verringerten sich die zyprischen Ausfuhren von 38,5 Millionen CyP (1984) auf 5,3 Millionen CyP (1986). Dieser Exporteinbruch wird als die „Libyenkrise" der Textilindustrie bezeichnet.

[31]) Ministry of Finance, Statistical Abstract 1989/1990 (Anm. 5), S. 521 und Bundesstelle für Auslandsinformationen (BfAi): Zypern. Wirtschaftliche Entwicklung 1987. Köln 1988, S. 5.

Die Importe stiegen in ähnlicher Weise wie die Exporte. Bis auf die Jahre 1985 (−4,3%) und 1986 (−13,7%) wurden ebenfalls zweistellige Zuwachsraten verzeichnet. Der Gesamtwert der Einfuhren stieg von 424,3 Millionen CyP (1 202,6 Millionen USD) im Jahr 1980 auf 796,5 Millionen CyP (1 356,8 Millionen USD) im Jahr 1984. Durch den Rückgang in den Folgejahren reduzierte sich der Wert der Einfuhren auf 659,1 Millionen CyP (1 277,7 Millionen USD) im Jahr 1986. Bis zum Ende des Jahrzehnts erhöhte sich dieser Wert auf über 1 Milliarde CyP. 1989 kamen für 1 130,3 Millionen CyP (2 285,0 Millionen USD) Waren nach Südzypern, dies entsprach gegenüber dem Vorjahr einer Steigerung von 30,4%. Dabei ist zu bedenken, daß sich der notwendige Import von Erdöl für Südzypern in der Mitte der zweiten Hälfte der 80er Jahre, aufgrund der günstigen Wechselkursrelationen und der sinkenden Ölpreise wieder günstiger gestaltete, nachdem das Zypern-Pfund gegenüber dem US-Dollar zwischen 1980 und 1985 bereits um 42% an Wert verloren hatte[32]. Im Laufe der 80er Jahre verbesserten sich die *Terms of Trade* für Südzypern erheblich. Dennoch stieg das Handelsbilanzdefizit weiter von 236,3 Millionen CyP (669,7 Millionen USD) im Jahr 1980 auf 471,7 Millionen CyP (773,9 Millionen USD) im Jahr 1985. Nach dem kurzen Rückgang 1986 erhöhte sich das Handelsbilanzdefizit wieder kräftig und erreichte 1989 die damalige Rekordhöhe von 737 Millionen CyP (1 490,5 Millionen USD). Die Importdeckung durch Exporte war ebenso rückläufig. 1980 konnten noch 44% der Importe durch Exporterlöse bezahlt werden. Dieser Prozentsatz sank 1985 erstmals seit 1974 unter 40% und betrug 1989 nur noch 35%. Im selben Jahr wurden 17% des Bruttosozialproduktes exportiert, 1985 waren dies noch 25%. Das Außenhandelsvolumen hatte inzwischen einen Wert von 1 523,4 Millionen CyP (3 079,7 Millionen USD) erreicht und hatte sich seit 1980 (612,3 Millionen CyP/1 735,4 Millionen USD) mehr als verdoppelt. Trotz dieser Steigerung war in den 80er Jahren eine deutliche Verschlechterung der Außenhandelsbilanz eingetreten. Ein Grund dafür ist, daß sich die Exporte zwar positiv entwickelten, jedoch nicht mit der binnenländischen Wirtschaftsentwicklung Schritt halten konnten, die verstärkt Importe benötigte[33].

Der Bedeutungsverlust mineralischer Rohstoffe für die Exportwirtschaft setzte sich in den 80er Jahren fort. So wurde die Ausfuhr von Kupfer (1981), Chrom (1984), Pyriten (1988) und Asbest (1990) eingestellt. Dadurch sank der Exportanteil von 4% (1980) auf 0,2% (1989)[34]. Der Agrarsektor ist eine wichtige Einnahmequelle für Devisen geblieben, sowohl direkt als auch indirekt durch den Export weiterverarbeiteter Agrarprodukte. Der Exportanteil schwankte zwischen 13% (1988) und 19% (1982). Die Einnahmen variierten zwischen 34 Millionen CyP (1980) und 60 Millionen CyP (1984). Die Schwankungen beruhten dabei zu großen Teilen auf den unterschiedlichen Einnahmen aus dem Kartoffelexport. Dabei

---

[32] Ministry of Finance, Statistical Abstract 1989/1990 (Anm. 5), S. 297 und 521 sowie BfAi: Wirtschaftliche Entwicklung 1987 (Anm. 31), S. 5.
[33] Ministry of Finance, Statistical Abstract 1989/1990 (Anm. 5), S. 521/522 und Ministry of Finance: Economic Report 1990. Nikosia, S. 161–171.
[34] Economic Report 1990 (Anm. 33), S. 143 und Central Bank of Cyprus: Bulletin (März 1993) (Anm. 5), S. 73.

hatte die Kartoffel teilweise einen Anteil von knapp 50% am Exporterlös landwirtschaftlicher Güter. Weitere wichtige Ausfuhrprodukte waren Zitrusfrüchte, die bis zum Ende der Dekade mit 17 Millionen CyP (34,4 USD) gut 30% der landwirtschaftlichen Exporte stellten, sowie Gemüse und Trauben. Die Exporterlöse aus der Weiterverarbeitung landwirtschaftlicher Produkte stiegen in dieser Zeit nur mäßig an. 1980 stammten 9% bzw. 17,1 Millionen CyP (48,5 Millionen USD) des Exports aus diesem Bereich, 1989 waren es 24 Millionen CyP (ebenso 48,5 Millionen USD); dies entsprach einem Anteil von 6%[35]). Die mit Abstand größte Gruppe von Exportgütern sind verarbeitete Produkte. Die Erlöse verdoppelten sich fast von 1980 (86,4 Millionen CyP/244,4 Millionen USD) bis 1989 (163,4 Millionen CyP/330,3 Millionen USD), wobei der Anteil am Export meist zwischen 40% und 45% lag. Nimmt man verarbeitete Mineralien und landwirtschaftliche Erzeugnisse hinzu, waren 50% der Ausfuhren verarbeitete Produkte. Der Löwenanteil entfiel dabei auf die Bekleidungsindustrie, deren Exporterlöse sich von 27,9 Millionen CyP (79,1 Millionen USD) im Jahr 1980 auf 70,3 Millionen CyP (142,1 Millionen USD) im Jahr 1989 steigerten. Somit waren 43% der verarbeiteten Exporte und 29% der gesamten Ausfuhren Bekleidungsartikel. Weitere wichtige Exportgüter waren Schuhe, Zement, Zigaretten, Getränke (insbesondere Wein) und pharmazeutische Produkte[36]).

Die Importstruktur hat sich in den 80er Jahren relativ wenig geändert. Die Industrie ist bis heute stark von importierten Anlagegütern, Rohstoffen und Zwischenprodukten abhängig. Dies ist mit ein Grund für die traditionell stark defizitäre Handelsbilanz. So hatten Anlageimporte einen Anteil an den Einfuhren von rund 10%, Vorleistungen und Vorprodukte von gut 40% und Konsumgüter von 20%. Der Wert der Konsumgüterimporte stieg dabei bis 1989 auf 213,3 Millionen CyP (431,2 Millionen USD), Rohstoffe und Vorleistungen auf 470,6 Millionen CyP (951,4 Millionen USD) und Anlagegüter auf 107 Millionen CyP (216,3 Millionen USD). Die wichtigsten Importgüter waren Erzeugnisse der verarbeitenden Industrie, Maschinen und Transportmittel, mineralische Brennstoffe, Nahrungsmittel, lebende Tiere sowie chemische Erzeugnisse[37]).

Die wichtigsten Absatzmärkte blieben in den 80er Jahren die EG-Staaten, die arabischen Länder (mit Nordafrika) und die Länder Osteuropas, wenn auch mit stark wechselnder Bedeutung. 1980 waren Großbritannien mit Exporten in Höhe von 39 Millionen CyP (110,5 Millionen USD/20,7%), der Libanon mit 18,6 Millionen CyP (52,7 Millionen USD/9,9%), Libyen mit 15,5 Millionen CyP (43,9 Millionen USD/7,6%) und Syrien mit 12,7 Millionen CyP (36 Millionen USD/6,7%) die wichtigsten Handelspartner auf der Exportseite. Besondere Erwähnung muß hier der sehr hohe Anteil von Agrarexporten (70%) in die EG-Staaten und von verarbeiteten Produkten industrieller Herkunft (75%) in die arabischen Staaten fin-

---

[35]) Ministry of Finance, Statistical Abstract 1989/1990 (Anm. 5), S. 532 und Worldbank: Cyprus, a Long-term Development Perspective. Washington 1987, S. 34–40.
[36]) Ministry of Finance, Statistical Abstract 1989/1990 (Anm. 5), S. 533.
[37]) Brey, Wirtschaftswunder (Anm. 16), S. 122, Central Bank of Cyprus: Bulletin (März 1993) (Anm. 5), S. 74/75 und Economic Report 1990 (Anm. 33), S. 161–171.

den[38]). Bis 1986 blieben die arabischen und nordafrikanischen Länder die wichtigste Absatzregion für zyprische Produkte. Noch 1984 wurden 45% mehr in diese Staaten geliefert als in die damaligen EG-Staaten. Seit dieser Zeit stagnieren die Ausfuhren in den arabischen Raum bei gut 100 Millionen CyP.

Die Exportkonzentration auf den arabischen Markt ist aber auch mit Problemen verbunden. So mußte immer mit Nachfrageausfällen aufgrund von Krisen, die in diesem Gebiet sehr häufig sind, gerechnet werden. Auch Schwankungen des Ölpreises beeinflussen die Exporthöhe[39]). Aus diesem Grund begann man Mitte der 80er Jahre verstärkt mit der Umorientierung der Industrieexporte in Richtung EG, vor allem in der Bekleidungsindustrie. 1986 war dann erstmals der Export dorthin größer als in die arabischen Staaten. Ein Anzeichen dafür ist die beschlossene Zollunion, die stufenweise eingeführt wird. 1989 wurde mit 181,3 Millionen CyP (366,5 Millionen USD) knapp die Hälfte aller Exporte an die EG-Staaten geliefert, wobei Großbritannien alleine 50% erhielt. Erst in der zweiten Hälfte des Jahrzehnts vergrößerte sich die Bedeutung Griechenlands als Handelspartner. In den Jahren 1984 (9,3 Millionen CyP/15,8 Millionen USD) bis 1989 (40,2 Millionen CyP/81,3 Millionen USD) vervierfachte sich der bilaterale Handel. Weitere wichtige Absatzmärkte 1989 waren der Libanon (33,7 Millionen CyP/68,1 Millionen USD), Saudi Arabien (16,9 Millionen CyP/34,1 Millionen USD), Deutschland (16,4 Millionen CyP/33,2 Millionen USD), die ehemalige UdSSR (15,4 Millionen CyP/31,1 Millionen USD) und Ägypten (11,8 Millionen CyP/23,9 Millionen USD)[40]). Zum Ende des vergangenen Jahrzehnts waren die EG-Staaten die wichtigsten Lieferanten zyprischer Importe: 55,8% (631 Millionen CyP/1 275,6 Millionen USD) stammten 1989 aus der Gemeinschaft. Dabei bestanden zu Großbritannien (129 Millionen CyP/260,8 Millionen USD), der Bundesrepublik (103,2 Millionen CyP/208,6 Millionen USD) und Italien (107,3 Millionen CyP/216,9 Millionen USD) die intensivsten Handelsbeziehungen. Die osteuropäischen (7,1%) und die arabischen Staaten (5,4%) besaßen relativ wenig Bedeutung. Zu erwähnen ist der hohe Wert japanischer Importe (122,4 Millionen CyP/247,4 Millionen USD/ 10,8%), der sich seit 1986 verdoppelt hat[41]).

Die chronisch defizitäre Handelsbilanz Zyperns wurde im Süden durch steigende Tourismus- und andere unsichtbare Einnahmen (z.B. Zinsen, Einnahmen aus der Handelsflotte und *Off-shore*-Unternehmen etc.) halbwegs ausgeglichen. Diese Einnahmequellen erhöhten die Dienstleistungsbilanz in größerem Maße als sich das Handelsbilanzdefizit erhöhte, da die Tourismuseinnahmen überproportional stiegen. 1980 flossen so 71,7 Millionen CyP in den Südteil Zyperns. In den Folgejahren stiegen diese Einnahmen jährlich fast immer um 30–40 Millionen CyP. 1989 erreichte man schließlich 490 Millionen CyP. Dabei sind Steigerungsraten von bis zu 25% zu beobachten[42]). Im Jahr 1987 wies die Leistungsbilanz mit 44,2 Millionen

---

[38]) Worldbank (Anm. 35), S. 64 und Brey, Industrialisierung (Anm. 7), S. 119.
[39]) Brey/Heinritz, Bevölkerungsverteilung (Anm. 16), S. 121/122.
[40]) Ministry of Finance, Statistical Abstract 1989/1990 (Anm. 5), S. 531.
[41]) Ebenda, S. 529.
[42]) BfAi: Wirtschaftliche Entwicklung 1987 (Anm. 31), S. 7 und Wirtschaftliche Entwicklung 1989. Köln 1990, S. 6.

CyP (91,6 Millionen USD) erstmals einen positiven Saldo auf. Bis dahin konnte das Handelsbilanzdefizit meist nur zusammen mit Dienstleistungsbilanzsaldo und Kapitaltransfers in der Zahlungsbilanz ausgeglichen werden. Im Jahr 1989 wies die Zahlungsbilanz mit 116,1 Millionen CyP (234,7 Millionen USD) den größten aktiven Saldo in der Geschichte Zyperns aus. Das Handelsbilanzdefizit von 668,6 Millionen CyP (1 315,6 Millionen USD) stand dabei einem Dienstleistungsbilanzsaldo in Höhe von 603,6 Millionen CyP (1 220,2 Millionen USD) und einem Nettokapitaltransfer von 205,9 Millionen CyP (416,2 Millionen USD) gegenüber[43]. Eines der wichtigsten Ziele der Wirtschaftspolitik ist der Zufluß von ausländischem Kapital. Zur Steigerung der Deviseneinnahmen wurden bereits Mitte der 70er Jahre die gesetzlichen Grundlagen für *Off-shore*-Unternehmen geschaffen. Anfang der 80er Jahre folgten die Bestimmungen für *Off-shore*-Banken. Der Staat gewährt solchen Unternehmen umfangreiche Steuererleichterungen. Im Jahr 1985 schätzte man die Einnahmen auf knapp 50 Millionen USD. Diese verdoppelten sich bis 1989[44]).

3. Der Einfluß des Golfkriegs 1990/91

Zu Beginn der 90er Jahre zeigte sich die größte Schwäche der zyprischen Wirtschaft ganz deutlich: Die Verwundbarkeit durch externe Einflüsse wie die Kuwait-Krise aufgrund der hohen Abhängigkeit vom Ausland. So blieb 1990 und 1991 die Zahl der Touristen weit hinter den Erwartungen zurück, und der Warenverkehr mit dem Ausland mußte Rückschläge hinnehmen. Zusätzlich beklagte die Landwirtschaft auf Zypern aufgrund von Trockenheit eine schlechte Ernte. Dennoch konnten in beiden Jahren die Ausfuhren gesteigert werden, wenn auch 1991 nur mit einer Rate von 1,4%. So wurden 1990 Waren im Wert von 435,6 Millionen CyP (951,2 Millionen USD) und 1991 im Wert von 441,8 Millionen CyP (954,6 Millionen USD) ausgeführt. Dabei mußten die auf Zypern hergestellten Waren eine Einbuße von 5,2% hinnehmen. Die Steigerung der Gesamtexporte beruhte auf der überproportionalen Entwicklung der Re-Exporte von 22,2%. Die Re-Exporte hatten 1991 mit 161,2 Millionen CyP (348,3 Millionen USD) einen Anteil von 36,5% an den Gesamtexporten. Der Rückgang des Handels war besonders in der ersten Hälfte 1991 zu bemerken. So gingen die Ausfuhren im Vergleich zum Vorjahr in den ersten zwei Quartalen 1991 um 4,3% bzw. 3,9% zurück. Erst im vierten Quartal konnte mit einer Steigerungsrate von 10,3% noch ein positives Gesamtergebnis erzielt werden[45]). Auch das Wachstum der Importe verringerte sich 1990 und 1991. Nach über 30% (1989) sank die Steigerungsrate auf 3,9% (1990) und

---

[43]) Der Rest von −24,8 Millionen CyP ist eine statistische Ausgleichsgröße. Economic Report 1990 (Anm. 33), S. 179–181 und Ministry of Finance, Statistical Abstract 1989/1990 (Anm. 5), S. 541.

[44]) BfAi: Wirtschaftliche Entwicklung 1985 (Anm. 29), S. 3 und Wirtschaftliche Entwicklung 1989 (Anm. 42), S. 7.

[45]) Central Bank of Cyprus: Annual Report 1991. Nikosia 1992, S. 36–42 und Bank of Cyprus: Bulletin. 1 (1992), S. 14–18.

Außenhandel 451

3,5% (1991). Die Höhe der Importe betrug dabei 1 174,5 Millionen CyP (2 564,7 Millionen USD) bzw. 1 215,8 Millionen CyP (2 627,1 Millionen USD). Das Defizit der Handelsbilanz weitete sich 1991 auf 774 Millionen CyP (1 672,5 Millionen USD) aus. Das Außenhandelsvolumen betrug 1 657,6 Millionen CyP (3 581,7 Millionen USD). 1991 konnten nur 36% der Importe durch Exporterlöse bezahlt werden. 16% der Nachfrage kam aus dem Ausland, aber 44,9% des Bruttosozialproduktes wurden für Importe benötigt[46]). Die Exporte landwirtschaftlicher Erzeugnisse gingen 1991 um 9,9% zurück und entsprachen 61,2 Millionen CyP (132,2 Millionen USD). Dies war vor allem auf schlechte Wetterbedingungen und nachlassende Nachfrage aus den EG-Staaten zurückzuführen. Besonders davon betroffen waren Zitrusfrüchte mit einem Rückgang um 11% auf 19,5 Millionen CyP (42,1 Millionen USD) und Trauben mit einem Rückgang von 25% auf 4,8 Millionen CyP (10,4 Millionen USD).

Wichtigstes landwirtschaftliches Exportgut war 1991 weiterhin die Kartoffel mit einem Ausfuhrwert von 28,1 Millionen CyP (60,7 Millionen USD); dies entsprach 45,9% der Agrarexporte. Ein Viertel der heimischen Exporte waren landwirtschaftliche Erzeugnisse. Im Bereich weiterverarbeiteter landwirtschaftlicher Produkte waren Zigaretten mit 10,1 Millionen CyP (21,8 Millionen USD), Wein sowie andere alkoholische Getränke mit 7,5 Millionen CyP (16,2 Millionen USD) und Fruchtkonserven mit 7,4 Millionen CyP (16,0 Millionen USD) von größerer Bedeutung. Hauptexportbranche blieb weiter die Textilindustrie. 1991 wurde Bekleidung im Wert von 69,1 Millionen CyP (149,3 Millionen USD) ausgeführt. Dies entsprach knapp 40% der Industrieexporte und 16% der Gesamtausfuhren. Weitere wichtige verarbeitete Exportgüter waren 1991 Chemikalien (15,4 Millionen CyP/ 33,3 Millionen USD), Schuhe (13,1 Millionen CyP/28,3 Millionen USD), Maschinenbau, elektronische Erzeugnisse und Fahrzeuge (9,4 Millionen CyP/20,3 Millionen USD) sowie Zement (6,1 Millionen CyP/13,2 Millionen USD). Insgesamt stammten 74% der heimischen Exporte aus der Industrie (41% der Gesamtexporte). Dies entsprach einem Wert von 179,3 Millionen CyP (387,4 Millionen USD)[47]). Der leichte Anstieg der Importe im Jahr 1991 ist auf die stark vermehrte Nachfrage nach Beendigung des Golfkriegs zurückzuführen. So wurden im dritten Quartal 17,5% mehr importiert als zu Beginn der Krise im Vorjahreszeitraum. Im vierten Quartal waren es immer noch 4,4%. Auffallend ist der überproportionale Anstieg der Konsumgüterimporte, vor allem der nicht dauerhaften Konsumgüter, die um fast 30% mehr eingeführt wurden als 1990. 1991 wurden für 299,5 Millionen CyP (647,2 Millionen USD) Konsumgüter importiert. Dies entspricht einem Anteil von 24,6% an den Gesamteinfuhren. Rohmaterialien und Vorleistungen blieben 1991 die wichtigste Importklasse. Südzypern bezog diese für 510,3 Millionen CyP (1 102,7 Millionen USD), von denen alleine 72,4% für die Industrie bestimmt waren.

Sehr deutlich kam der Einfluß des Golfkriegs bei den Anlagegütern zu tragen. Während 1991 in der ersten Jahreshälfte die Importe von Anlagegütern um 9,9%

---

[46]) Central Bank of Cyprus: Annual Report 1991 (Anm. 45), S. 43–48.
[47]) Ebenda, S. 37–42 und Central Bank of Cyprus: Bulletin (März 1993) (Anm. 5), S. 72/73.

rückläufig waren, kam es nach Beendigung des Krieges in der zweiten Jahreshälfte im Vergleich zum Vorjahreszeitraum zu einer Steigerung von 15,6%. 1991 wurden 127,4 Millionen CyP (275,3 Millionen USD) für Anlagegüter im Ausland ausgegeben; dies sind 10,5% der Gesamteinfuhren. Der Import an Benzin und Brennstoffen stieg trotz eines um 8% gesunkenen Ölpreises um 1,1% auf 124,8 Millionen CyP (269,7 Millionen USD) an; dies entspricht einem Anteil von 10,3% an den Importen des Jahres 1991[48]).

Zum ersten Mal seit 1986 mußte Zyperns Exportwirtschaft 1991 im Handel mit der EG einen Rückschlag hinnehmen (−7,2% nach +14% 1990). Dies war zum einen auf die angespannte Situation im Mittleren Osten und zum anderen auf die abflauende Konjunktur in weiten Teilen Europas zurückzuführen. 1991 lieferte Zypern Waren im Wert von 191,7 Millionen CyP (414,2 Millionen USD) in die EG; dies ist ein Anteil von 43,3% der Exporte. Die größten Abnehmer waren Großbritannien (96,2 Millionen CyP/200,1 Millionen USD), Griechenland (37,0 Millionen CyP/79,9 Millionen USD) und Deutschland (22,8 Millionen CyP/49,3 Millionen USD). Aufgrund der verbesserten Situation im Mittleren Osten in der zweiten Hälfte 1991 verzeichneten zyprische Exporte in diese Region eine äußerst positive Entwicklung. Nach einem Rückgang von 5,4% (1990) konnten die Ausfuhren dorthin um 36,2% gesteigert werden. Der Exportwert erreichte 142,1 Millionen CyP (307,0 Millionen USD); dies entspricht 32% der gesamten Ausfuhren. Wichtigste Zielgebiete waren dabei der Libanon (56,0 Millionen CyP/121,0 Millionen USD), Ägypten (21,3 Millionen CyP/46,0 Millionen USD) und Saudi Arabien mit einem Exportwert von 14,5 Millionen CyP (31,3 Millionen USD). Der Handel mit den früheren Ostblockstaaten wurde von politischer Unsicherheit, schwierigen Bedingungen und Strukturanpassungen in diesen Ländern geprägt, die zu einem Rückgang der Exporte, vor allem in die ehemalige UdSSR, führte. Der Exporthandel mit diesen Ländern fiel um 21,7 Millionen CyP (46,9 Millionen USD). Alleine die Ausfuhren in die UdSSR halbierten sich nahezu von 14,1 Millionen CyP (30,8 Millionen USD) auf 7,6 Millionen CyP (16,4 Millionen USD)[49]). Über 50% der zyprischen Importe 1991 hatten in den EG-Staaten ihren Ursprung. Das Importvolumen sank zwar 1990 und 1991 in Folge des Golfkriegs auf 621,7 Millionen CyP (1 343,4 Millionen USD), die dominierende Stellung der EG als Handelspartner blieb jedoch bestehen. 1991 waren Großbritannien (157,9 Millionen CyP/341,2 Millionen USD), Italien (123,4 Millionen CyP/266,6 Millionen USD) und Deutschland (116,2 Millionen CyP/251,1 Millionen USD) die wichtigsten EG-Partner. Einfuhren im Wert von 83,8 Millionen CyP (181,1 Millionen USD) stammten aus Griechenland.

Der zweitwichtigste Importlieferant Zyperns war Japan mit einem Einfuhrwert von 138,1 Millionen CyP (298,4 Millionen USD). Damit hält Japan alleine einen Anteil von 11,4% an den gesamten Einfuhren. Aus den Vereinigten Staaten kamen Waren in Höhe von 96,6 Millionen CyP (208,7 Millionen USD); dies ent-

---

[48]) Central Bank of Cyprus: Annual Report 1991 (Anm. 45), S. 43–48; Central Bank of Cyprus: Bulletin (März 1993) (Anm. 5), S. 74/75 und Bulletin. 1 (1992) (Anm. 45), S. 13.

[49]) Central Bank of Cyprus: Annual Report 1991 (Anm. 45), S. 37–42 und Central Bank of Cyprus: Bulletin (März 1993) (Anm. 5), S. 70.

spricht einem Anteil von 7,9%. 1989 waren dies erst 63,5 Millionen CyP (128,9 Millionen USD). Durch den Golfkrieg verlor der arabische Raum für zyprische Importe an Bedeutung. Diese verringerten sich um 17,7% auf 50,3 Millionen CyP (108,7 Millionen USD). Einer der Hauptlieferanten für Öl war der Irak. Der Import sank aufgrund des Embargos der Vereinten Nationen gegen den Irak von 36,7 Millionen CyP (74,2 Millionen USD) 1989 auf 22,2 Millionen CyP (48,5 Millionen USD) im Jahr 1990. 1991 wurden nur noch Waren im Wert von 0,2 Millionen CyP (0,4 Millionen USD) von dort bezogen. Als Ausgleich dienten vor allem Petroleumimporte aus Algerien sowie Öleinfuhren aus Saudi Arabien und Syrien. Die Importe aus diesen Ländern erhöhten sich von 4,4 Millionen CyP (12,5 Millionen USD) 1980 auf 8,6 Millionen CyP (18,6 Millionen USD) 1990 und 12,6 Millionen CyP (27,2 Millionen USD) 1991. Der arabische Raum ist die einzige Region, mit der Zypern eine aktive Handelsbilanz hat. Die Importe aus den ehemaligen Planwirtschaften des Ostblocks stiegen im Jahr 1990 um 7,1% und 28,6% 1991. Der Wert betrug 1991 96,3 Millionen CyP (208,1 Millionen USD); dies sind 7,1% der Importe. Dabei fallen die verstärkten Importe aus der ehemaligen UdSSR auf, die sich von 28,2 Millionen CyP (57,0 Millionen USD) auf 58,0 Millionen CyP (125,3 Millionen USD) in zwei Jahren mehr als verdoppelten. Dies ist eine Nebenerscheinung des starken Engagements von Russen (über 50 *Off-shore*-Unternehmen seit dem Zusammenbruch der Sowjetunion) und des erheblichen Zuflusses von russischem Fluchtkapital in den Südteil der Insel (Schätzungen gehen von mehreren Milliarden DM aus). Ein weiteres großes Kontingent an Neugründungen von *Off-shore*-Unternehmen stellen die Serben, wobei auf zyprischer Seite die Einhaltung des UN-Embargo gegen Rest-Jugoslawien anscheinend nicht mit großem Nachdruck kontrolliert wird[50].

Die Dienstleistungsbilanz wurde durch die Golfkrise am stärksten betroffen. 1991 mußte zum ersten Mal seit 1975 ein Rückgang der Einnahmen (–4,9%) verzeichnet werden. Dies erklärt sich vor allem durch den dramatischen Rückgang des Tourismus in der ganzen Region. 11,7% weniger Urlauber besuchten 1991 den Südteil der Insel. Wurden 1990 noch 573,0 Millionen CyP (1 251,3 Millionen USD) an Tourismuseinnahmen erzielt, so sank dieser Wert im Folgejahr auf 476,0 Millionen CyP (1 028,5 Millionen USD). Durch diesen Einnahmerückgang um 16,9% fiel der Anteil auf 46,4% der gesamten Einnahmen aus dem Dienstleistungssektor (1990: 52,6%). Die Einnahmen aus dem *Off-shore*-Geschäft erhöhten sich 1991 auf 70 Millionen CyP (151,3 Millionen USD). Der Anstieg war mit 12,9% beachtlich, fiel jedoch geringer aus als 1990 (24%). Die negativen Auswirkungen des Golfkriegs berührten auch andere Teile der Dienstleistungsbilanz, so daß der traditionelle Überschuß um 12,1% auf 610,1 Millionen CyP (1 318,3 Millionen USD) sank. Die Leistungsbilanz wies somit 1991 ein Defizit von 77,3 Millionen CyP (167,0 Millionen USD) auf. 1990 hatte diese mit 26,3 Millionen CyP (57,4 Millionen USD) noch einen positiven Saldo. Da in beiden Jahren die Kapitaltransfers

---

[50] Central Bank of Cyprus: Annual Report 1991 (Anm. 45), S. 42–48 und Central Bank of Cyprus: Bulletin (März 1993) (Anm. 5), S. 71; Handelsblatt. 20.10.1992; Frankfurter Allgemeine Zeitung. 8.7.1993.

geringer waren als 1989, als die Zahlungsbilanz noch einen aktiven Saldo von 116,1 Millionen CyP (234,7 Millionen USD) hatte, verzeichnete die Zahlungsbilanz 1990 und 1991 Defizite von 9,8 Millionen CyP (21,4 Millionen USD) bzw. 32,4 Millionen CyP (70,0 Millionen USD)[51]).

Die Außenhandelsstruktur der Republik Zypern hat sich in den letzten Jahrzehnten, insbesondere nach 1974, stark gewandelt. Dennoch blieb die Exportstruktur relativ einseitig und in hohem Maße von einigen wenigen Exportartikeln abhängig. Die positive Entwicklung ist hier in der Abkehr von Rohstoffexporten hin zu Erzeugnissen der verarbeitenden Industrie zu sehen. Somit wird ein großer Teil der Wertschöpfung im Inland getätigt, wodurch höhere Exporterlöse zu erzielen sind. Dies ist ein deutliches Zeichen für die Abkehr von einer agrarisch geprägten Gesellschaft in Richtung zu einer modernen Industriegesellschaft. Auch auf der Importseite ist dieser Trend durch verstärkte Rohstoff-, Vorleistungs- und Anlageeinfuhren zu erkennen. Die Republik Zypern strebt die Anbindung an die Europäische Union an, in der auch die mit Abstand wichtigsten Handelspartner vertreten sind. Die von zyperngriechischer Seite erwünschte EU-Aufnahme, die Teilnahme am europäischen Binnenmarkt und die bereits beschlossene Errichtung der Zollunion wird sich jedoch in nächster Zeit nicht in einer für die Republik Zypern zufriedenstellenden Weise vollziehen können. Das Haupthindernis ist die politische Brisanz des Zypernkonfliktes, aus ökonomischer Sicht dürften die Bedenken geringer sein.

IV. Der Außenhandel der „TRNZ" nach 1974

1. Die lange Phase des Aufbaus

Wie bereits erwähnt, war der nördliche Teil Zyperns vor 1974 der wirtschaftlich bedeutendere. Dies beruhte jedoch größtenteils auf zyperngriechischem Engagement, da die Zyperntürken tendenziell weniger am Wirtschaftsleben teilnahmen und seit 1964 größtenteils in Enklaven lebten, in denen sie von der Türkei versorgt wurden. Der Anteil der Zyperntürken am Außenhandel vor 1974 belief sich denn auch auf weniger als 10%[52]). Nach 1974 verfügten die Zyperntürken über die bedeutendsten Wirtschaftsgüter der Insel. Dazu gehörten z.B. die Zitrusplantagen von Morphou (Güzelyurt), auf denen drei Viertel der Zitrusernte der ganzen Insel eingefahren wurden, sowie die zur damaligen Zeit wichtigsten Touristenorte der Insel: Famagusta (Gazimağusa) mit der Hotelstadt Varosha[53]) und Kyrenia (Girne). Die Zyperntürken fanden somit die besseren Startbedingungen vor, sie konnten jedoch die sich ihnen bietenden Möglichkeiten nur selten nutzen. Nach anfänglichen Plünderungen durch die türkische Armee wurden die Anlagen mangels qualifizierten Personals teilweise unsachgemäß behandelt oder blieben gänz-

---

[51]) Central Bank of Cyprus: Bulletin (März 1993) (Anm. 5), S. 65.
[52]) Wilson, Cyprus (Anm. 3), S. 33.
[53]) Vgl. hierzu den Beitrag „Tourismus" von B. Sackmann in diesem Band.

lich ungenutzt. Für den laufenden Betrieb oder gar Investitionen fehlte häufig das notwendige Kapital. Dies lag daran, daß die Zyperntürken durch die Enklavenbildung überwiegend von der wirtschaftlichen Tätigkeit ausgeschlossen wurden und meist nur Subsistenzwirtschaft betrieben werden konnte.

Zudem mußten erst die notwendigen Geschäftsbeziehungen mit dem Ausland aufgebaut werden. Ursprünglich befand sich keines der Hotels in zyperntürkischem Besitz. Gleiches galt für die Zitrusplantagen und die meisten Betriebe, die sich im türkisch besetzten Gebiet befanden. Auch aus diesem Grund versuchte die griechische Seite ein internationales Embargo mit der Begründung durchzusetzen, daß Waren und Dienstleistungen aus Nordzypern in ehemals zyperngriechischem Eigentum erstellt worden seien, welches widerrechtlich in zyperntürkischen Besitz gelangt sei. Das Embargo besteht bis heute weiter. Es richtet sich gegen Handelsfirmen und internationale Verkehrsunternehmen, die mit der „TRNZ" Handel betreiben, und soll den Großteil des zyperntürkischen Handels, die Kommunikation mit dem Rest der Welt und den Ausbau des Tourismus verhindern. Der Versuch, das Embargo durchzusetzen, hat immer dann besonderen Erfolg, wenn Griechenland einen großen Einfluß ausüben kann, wie beispielsweise im Tourismus. Produkte und Rohstoffe aus der „TRNZ" werden nur von zyperngriechischer Seite und Griechenland selbst boykottiert. Die Auswirkungen auf Nordzypern sind jedoch weitreichender. So müssen Post- und Telekomverbindungen ebenso über das türkische Festland geleitet werden wie der Personen- und Güterverkehr. Dies hat erhöhte Kosten und längere Transportzeiten zur Folge. Die erhöhten Transportkosten werden zu weiten Teilen von staatlicher Seite übernommen, während viele Reisende die dadurch entstehenden Unannehmlichkeiten nicht akzeptieren und dem Nordteil der Insel fernbleiben[54].

Die Türkei hat seither in vielerlei Hinsicht eine dominierende Rolle. Nachdem sie bereits zwischen 1963/64 und 1974 zu weiten Teilen die Versorgung der Zyperntürken übernommen hatte, gewährte sie Nordzypern seit 1974 finanzielle Zuwendungen und Entwicklungshilfe durch Direktinvestitionen. Ein Beispiel hierfür ist der Bau des Flughafens Ercan 1975. Die Gründe hierfür sind mangelndes Kapital und Know-how sowie die unzureichende technische Ausrüstung der zyperntürkischen Firmen[55]. Obwohl bereits in den Enklaven versucht wurde eine Verwaltung aufzubauen, hatte man in der Anfangsphase mit gewaltigen Problemen zu kämpfen. Die Türkei übte beim Aufbau des Staates eine Beratungsfunktion aus. Erst seit 1977 existieren Wirtschaftsdaten und eine Wirtschaftsplanung. So basierte der erste Fünfjahresplan 1978–1982 noch auf Schätzungen des Wirtschaftspotentials. Die Zielsetzung war unter anderem eine ausgeglichene Handelsbilanz, die durch Exportförderung erreicht werden sollte, und die Wiederbelebung des Tourismus. Das Oberziel war die Erwirtschaftung von Devisen, um den Aufbau des Staates und der Wirtschaft sowie die notwendigen Importe finanzieren zu können. Ferner stellen Devisen noch heute ein Gegengewicht zur Türkischen Lira dar, die, obwohl

---

[54] Berner (Anm. 25), S. 452.
[55] Ebenda, S. 469/470, 488 und Gespräch mit Ahmet Aker am 17.5.1993.

hochinflationär, das eigentliche Zahlungsmittel ist[56]). So wurden immer wieder Investitionsanreize für ausländisches Kapital geschaffen. Vor allem die Tourismusbranche und exportorientierte Produktionsbetriebe genießen großzügige Zollerleichterungen, Investitionszuschüsse und Kredite. Die Regierung der „TRNZ" erhofft sich davon auch einen verstärkten Technologietransfer, jedoch haben diese Maßnahmen in weiten Teilen bis heute nicht den gewünschten Erfolg gebracht[57]). Die Gründe hierfür sind eigene Ineffizienzen sowie Probleme mit der politischen Isolation und dem Embargo. Als Beispiele sollen hier die Möglichkeit der Errichtung von Fabriken und Lagern unter Zollverschluß und der Ausbau des Hafens von Famagusta aufgeführt werden. Doch selbst die Erklärung zum Freihafen konnte den Bedeutungsverlust des früher wichtigsten Hafens der Insel nicht stoppen. So sind bis heute ausländische Investitionen auf Initiativen türkischer Firmen und des britisch-zyprischen Polly-Peck-Konzerns beschränkt geblieben. Auch die Initiativen im Tourismus waren lange Zeit nur auf das Überleben der Branche ausgerichtet. Erst das Tourismusförderungsgesetz von 1987 brachte hier eine Wende.

Im Jahr 1977 wurden aus Nordzypern Waren im Wert von 23,9 Millionen USD[58]) exportiert, von denen 18,5 Millionen USD (77,4%) landwirtschaftliche Erzeugnisse darstellten. Mineralienausfuhren hatten einen Wert von 2,5 Millionen USD (10,5%) und Industrieprodukte, inklusive verarbeitete landwirtschaftliche Produkte, von 2,9 Millionen USD (12,1%). Die Türkei war Ziel für Exporte in Höhe von nur 6,3 Millionen USD (26,4%), während 50,6% (12,1 Millionen USD) an die ehemalige Kolonialmacht Großbritannien geliefert wurden. Waren im Wert von 3,6 Millionen USD wurden 1977 in die restlichen EG-Staaten ausgeführt. Die Ausrichtung der Exporte auf den europäischen Markt soll Devisen ins Land bringen.

Aufgrund des Devisenmangels war der Anteil der Türkei an den Importen von Beginn an hoch. 32,2 Millionen USD der 82 Millionen USD Importe (1977) stammten aus der Türkei; dies entspricht einem Anteil von 39,3%. Aus Großbritannien und den restlichen EG-Staaten kamen Einfuhren im Wert von 20,8 Millionen USD bzw. 13,3 Millionen USD. Dabei war man auf den Import der verschiedensten Warenkategorien angewiesen. Hier läßt sich bereits in den Anfangsjahren das zentrale Ziel der Handelspolitik erkennen: Der Export nach Europa und der Import aus der Türkei haben Vorrang. Nordzypern hat wie Südzypern ein chronisches Handelsbilanzdefizit. Dieses ist unter anderem auf den Ressourcenmangel und die geringe Marktgröße zurückzuführen. Bereits 1977 betrug das Außenhandelsdefizit 58,1 Millionen USD bei einem Volumen von 105,9 Millionen USD[59]).

---

[56]) Die Türkische Lira wird aus Gründen der Zweckmäßigkeit als Zahlungsmittel benutzt, auch wenn es bereits Überlegungen zu der Einführung einer eigenen Währung gegeben hat. Die „TRNZ" erspart sich zwar einige Behörden, muß jedoch zugleich die hohe türkische Inflation akzeptieren.

[57]) Hahn (Anm. 6), S. 214/215; Ministry of Economy, Trade and Industry: Guide to Foreign Investors and Businessmen 1991. Lefkoşa 1991 und Gespräch mit Ahmet Aker am 17.5.1993.

[58]) Es wird hier darauf verzichtet, die Außenhandelsdaten in türkischer Lira anzugeben, da diese enorm inflationsbehaftet ist. Somit werden die Daten auf US-Dollar-Basis angegeben, auch wenn dabei leichte Verzerrungen durch ungenügende Abwertung entstehen können.

[59]) Prime Ministry. State Planning Office: Economic and Social Developments in the Turkish

Bis 1980 stiegen die Exporte tendenziell stärker an als die Importe, die sich auf 94,4 Millionen USD ausweiteten. Die Exporte erreichten im selben Jahr eine Höhe von 44,5 Millionen USD, das Handelsdefizit hatte sich auf 49,9 Millionen USD verringert. Dieses verdoppelte sich jedoch in den folgenden Jahren, da die Ausfuhren auf Dollar-Basis stagnierten, während die Importe anstiegen. Die Gründe dafür waren Infrastrukturinvestitionen, der steigende Lebensstandard und ein Rückgang der Selbstversorgung. Um einem Devisenmangel vorzubeugen, wurden sogar Importverbote für Güter erlassen, die auch in Nordzypern hergestellt werden konnten[60]. 1985 standen Exporten in Höhe von 45,8 Millionen USD Einfuhren im Wert von 141,7 Millionen USD gegenüber. Das Defizit betrug 95,9 Millionen USD. Knapp ein Drittel der Importe konnte durch Exporterlöse bezahlt werden, und 60% des Bruttosozialproduktes mußten für die Einfuhren aufgebracht werden, dagegen wurden nur 20% ausgeführt[61].

Die Exportstruktur war bis Mitte der 80er Jahre sehr einseitig. Die Ausfuhren von Zitrusfrüchten erbrachten zwischen 51,0% (1984) und 70,1% (1980) der Erlöse. 1985 wurden für 29,9 Millionen USD Zitrusfrüchte exportiert; dies entsprach 64,5%. Insgesamt stammten 39,0 Millionen USD aus dem Export von Nahrungsmitteln und lebenden Tieren. Weitere 1,2 Millionen USD aus dem Export von Getränken und Tabak. Sonstige Exportgüter waren Kartoffeln (2,6 Millionen USD), Lämmer und Schafe (2,3 Millionen USD) sowie Kleidung (1,9 Millionen USD). Letztere besaß zu diesem Zeitpunkt noch eine sehr geringe Bedeutung für die Exportwirtschaft der „TRNZ"[62]. Die Importstruktur ist im Gegensatz dazu sehr diversifiziert. Da in der „TRNZ" nur sehr wenig hergestellt werden konnte, mußten sehr viele Produkte eingeführt werden. Sehr auffällig für eine agrarisch strukturierte Gesellschaft ist dabei der relativ hohe Anteil an Lebensmitteln und Vieh mit bis zu 16,1% der Einfuhren. 1985 wurden für 16,5 Millionen USD Lebensmittel und Vieh importiert und zusätzlich für 7 Millionen USD Getränke und Tabak. Der sehr geringe Anteil von Rohstoffen (3 Millionen USD bzw. 2,1%) läßt auf einen geringen Industrialisierungsgrad schließen, da Zypern inzwischen als rohstoffarm bezeichnet werden kann[63].

Ähnlich einseitig wie die Exportstruktur waren auch die Zielgebiete zyperntürkischer Exporte. 67,4% der Exporte wurden 1985 von Großbritannien nachgefragt (31,2 Millionen USD). Weitere 11,7% gingen in die Türkei (5,4 Millionen USD). Noch 1984 waren es 21,7% (8,4 Millionen USD), und 1986 wurden bereits wieder 14,8% (7,7 Millionen USD) dorthin exportiert. Der zu Beginn der 80er Jahre starke Export in die arabischen Staaten begann bereits wieder abzunehmen. Nachdem

---

Republic of Northern Cyprus. Lefkoşa 1986, S. 6; Central Bank of the Turkish Republic of Northern Cyprus: Bulletin. 20 (1992), S. 54 und Gespräch mit Ahmet Aker am 17. 5. 1993.

[60] Hahn (Anm. 6), S. 228 und Berner (Anm. 25), S. 455.

[61] Prime Ministry: Statistical Yearbook 1984. Lefkoşa, S. 196 und Prime Ministry: Statistical Yearbook 1990. Lefkoşa, S. 213.

[62] Prime Ministry: Statistical Yearbook 1984 (Anm. 61), S. 209 und Prime Ministry: Statistical Yearbook 1990 (Anm. 61), S. 230.

[63] Prime Ministry: Statistical Yearbook 1984 (Anm. 61), S. 203 und Prime Ministry. State Planning Office: Economic and Social Developments in the Turkish Republic of Northern Cyprus. Lefkoşa 1987, Appendix III.

der Wert der Ausfuhren in diese Region 1983 mit 9 Millionen USD (22,1%) die Spitze erreicht hatte, schrumpfte dieser auf 4,5 Millionen USD (9,7%) im Jahr 1985. Der Export in die restlichen EG-Staaten belebte sich dagegen wieder. So waren diese 1982 mit 0,5 Millionen USD fast bedeutungslos geworden, stiegen jedoch bis 1985 auf 3,9 Millionen USD (8,4%). Aufgrund des Devisenmangels ist der Importanteil von Waren türkischer Herkunft besonders hoch. Seit 1979 stammten mehr als 40% der Einfuhren aus der Türkei. 1985 nahmen diese einen Wert von 61,5 Millionen USD an, dies entsprach 45,5% der Gesamtimporte. Waren im Wert von 27,5 Millionen USD und 26,6 Millionen USD kamen aus Großbritannien und den restlichen EG-Staaten. Aus Japan wurden Güter in einer Größenordnung von 6,4 Millionen USD importiert[64].

Eine Besonderheit der Importe war das sogenannte *Import Waiver-System*, bei dem große Mengen an Devisen aus Nordzypern flossen. Die Regierung erteilte den Importeuren zwar eine Einfuhrgenehmigung, nicht aber eine Transfergenehmigung für Devisen, da sie Importe aus der Türkei fördern wollte, um Devisen zu sparen. Letztlich kauften viele Importeure doch in Europa ein und waren somit gezwungen, dort Türkische Lira in Devisen zu tauschen, um mit diesen die Importe zu bezahlen, die nicht aus der Türkei stammen. Dadurch verteuerten sich die importierten Waren. Der so entstehende Kapitalabfluß belief sich bis Mitte der 80er Jahre auf knappe 50 Millionen USD jährlich[65]. Mit der Geldmarktliberalisierung 1987 wurde das *Import Waiver-System* endgültig abgeschaft.

Die Nettoeinnahmen aus dem Tourismus stagnierten zu Beginn der 80er Jahre. Dies war auf den Rückgang der Zahl türkischer Einkaufstouristen zurückzuführen, der durch Reisebeschränkungen von Seiten der Türkei hervorgerufen wurde. Bis dahin kamen türkische Touristen und professionelle Händler und kauften in großem Stil in den staatlichen Lagern ehemals zyperngriechische und von den Zyperntürken beschlagnahmte Güter wie Elektrogeräte, Haushaltswaren und Luxusgüter sowie später all jene Waren ein, die während der türkischen Militärregierung nicht in der Türkei erhältlich bzw. mit Luxussteuern belegt und in Nordzypern viel günstiger erhältlich waren. Somit wurden viele Importgüter stückweise in die Türkei exportiert. Man schätzt, daß heute 20% der gesamten Importe auf diese Art unkontrolliert wieder ausgeführt werden[66]. Die Nettoeinnahmen aus dem Tourismus erhöhten sich bis 1985 auf 47,3 Millionen USD und übertrafen bereits zu dieser Zeit die Exporterlöse um knapp zwei Millionen USD. Dennoch blieb die Leistungsbilanz in diesen Jahren negativ und wies einen Saldo von −21,9 Millionen USD aus. Nur massive türkische Finanzhilfen und Kapitaltransfers von Auswande-

---

[64]) Prime Ministry. State Planning Office: Economic Developments 1986 (Anm. 59), S. 6, Economic Developments (Anm. 63), S. 6 und Prime Ministry: Statistical Yearbook 1990 (Anm. 61), S. 230.

[65]) Hahn (Anm. 6), S. 226/227; Prime Ministry. State Planning Office: Economic and Social Developments in the Turkish Republic of Northern Cyprus (1986–1990). Lefkoşa 1991, S. 19–22 und Prime Ministry. State Planning Office: Economic and Social Developments. Lefkoşa 1990, S. 18.

[66]) Olgun, M. E.: Sectoral Analysis, in: The Political, Social and Economic Development of Northern Cyprus. Hrsg. C. H. Dodd. Huntingdon 1993, S. 299–334, bes. 320.

rern sorgten für einen aktiven Saldo der Zahlungsbilanz in Höhe von 19,4 Millionen USD im Jahr 1985[67]).

2. Der Außenhandel seit 1986

Ein Umdenken in der Politik, aber auch einige Erfolge, führten zwischen 1985 und 1987 zu einem Wandel in der Außenwirtschaft der „TRNZ". Zunächst wurden seit 1985 die türkischen Finanzhilfen nicht mehr zu konsumptiven, sondern nur noch zu investiven Zwecken verwendet. Seit 1986 wurde der gezielte Ausbau der Universitäten betrieben, deren Einnahmen in den folgenden Jahren zu einem wichtigen Posten in der Dienstleistungsbilanz wurden. In dieser Zeit wandelte sich auch die Exportstruktur, da die Ausfuhr von Industrieprodukten mehr als verdoppelt werden konnte. Zuletzt führte das Tourismusförderungsgesetz zu einer gezielteren Planung des Fremdenverkehrs und einer Erhöhung der Nettoeinnahmen bis 1990. Nachdem die Exporte 1985 bereits um fast 20% gestiegen waren, weitete sich das Exportvolumen 1986 nochmals um fast 13,5% aus und erreichte einen Wert von 52 Millionen USD. Bis 1989 konnte dann keine nennenswerte Erhöhung mehr erzielt werden. Erst 1990 gelang die Ausweitung der Exporte auf 65,5 Millionen USD. Der Golfkrieg, die weltweit einsetzende Rezession und die „Polly-Peck-Krise"[68]) führten jedoch zu einem Rückgang der Exporte um 19,9% auf 52,5 Millionen USD. Die Importe verzeichneten in der zweiten Hälfte der 80er Jahre teilweise Zuwächse von bis zu 45%. So stiegen die Einfuhren von 153,2 Millionen USD im Jahr 1986 auf 381,5 Millionen USD (1990). Jedoch machten sich auch hier die Ereignisse von 1991 negativ bemerkbar, und das Importvolumen ging auf 301,1 Millionen USD zurück (–21,1 Millionen USD). Das Handelsbilanzdefizit stieg somit fast jährlich an und erreichte im Jahr 1990 die Rekordhöhe von 316 Millionen USD. Im Folgejahr betrug es nur noch 248,6 Millionen USD. Die Importdeckung war mittlerweile auf 17% geschrumpft. Nur 11,1% des Bruttosozialproduktes wurde exportiert, aber 64,9% davon mußten für Importe ausgegeben werden[69]).

Ein entscheidendes Kriterium für die Veränderungen des Außenhandels zu Beginn der zweiten Hälfte der 80er Jahre war der Wandel in der Exportstruktur. So erhöhten sich die Industrieexporte von 10,3 Millionen USD (1985) bis auf 23,5 Millionen USD (1987), während die Agrarexporte leicht zurückgingen. Der Anteil von Industrieexporten stieg dabei im gleichen Zeitraum von 22,3% auf 42,6%. Bis 1990 konnte dieser – bei einem Volumen von 35,2 Millionen USD – auf 53,7% ausgebaut werden. Der Hauptgrund für diese Entwicklung ist in den verstärkten Textilexporten zu sehen, deren Erlöse sich in diesen Jahren auf 19,0 Millionen USD fast verzehnfachten. Dabei waren 1985 und 1986 Steigerungsraten von 280% bzw. 95% zu verzeichnen. 1990 waren 29% der Ausfuhren Produkte der Textilindustrie (Jeanshosen und -hemden). Wichtigstes Exportgut blieben jedoch Zitrusfrüchte,

---

[67]) Prime Ministry. State Planning Office: Economic Developments 1991 (Anm. 65), S. 18.
[68]) Vgl. hierzu den Beitrag „Wirtschaftssystem" vom W. Gumpel in diesem Band.
[69]) Prime Ministry: Statistical Yearbook 1990 (Anm. 61), S. 213 und Central Bank of the Turkish Republic of Northern Cyprus: Bulletin. 20 (1992) (Anm. 59), S. 58.

deren Exporterlöse zwar in dieser Zeit nur leicht zurückgingen. Ihr Anteil ging aber von 65,5% (1985) auf 37,4% (1990) zurück.

Die Ereignisse von 1991 verursachten vor allem bei den Textil- und Zitrus-Exporten größere Einbrüche. So sank die Zitrusernte von 240 640 Tonnen im Jahr 1990 auf 109 423 Tonnen zwei Jahre später. Dies ist vornehmlich auf die Probleme eines der Hauptexporteure, der „Polly-Peck"-Tochter *Sunzest* zurückzuführen. Dennoch stieg der Exportanteil landwirtschaftlicher Erzeugnisse wieder auf über 50%, da die Textilindustrie größere Absatzprobleme hatte. Die Exporterlöse der Industrie sanken 1991 um 28,4% auf 25,2 Millionen USD. Zu Beginn der 90er Jahre waren Kleidung, verarbeitete landwirtschaftliche Erzeugnisse wie Fruchtsaftkonzentrate, *Halloumi*-Käse und Kartoffelchips sowie Kartonschachteln die wichtigsten Exportwaren des verarbeitenden Gewerbes der „TRNZ"[70]. Im Vergleich dazu haben sich die Zielgebiete der Exporte, die Herkunftsländer der Importe und die Importstruktur kaum verändert. Der Anteil Großbritanniens an den Exporten hat sich im betrachteten Zeitraum gefestigt und betrug 1990 und 1991 jeweils 67%, das Volumen war dabei von 44 Millionen USD auf 35,4 Millionen USD gesunken. Der Export in die restlichen EG-Staaten hatte sich wieder belebt und erreichte 1991 einen Wert von 6,6 Millionen USD (12,6%). Die Ausfuhren in die Türkei blieben weiterhin beträchtlich geringer als die Importe und hatten 1991 einen Anteil von 13,9% bei einem Volumen von 7,3 Millionen USD. Der Export in die arabischen Staaten ist fast völlig zum Erliegen gekommen[71].

Auf der Importseite führten türkische Waren mit einem Anteil von durchschnittlich 45%. Durch die Krisen von 1991 stieg dieser sogar auf 47,5%. Das Volumen betrug dabei 143 Millionen USD. Britische Waren blieben an zweiter Stelle und hatten einen ähnlich hohen Anteil wie die restlichen EG-Staaten zusammen. 1991 betrug dieser 15,2% bzw. 15,7% der Einfuhren bei einem Wert von 45,7 bzw. 47,2 Millionen USD. Waren aus Japan, Hong Kong und China erfreuen sich in den letzten Jahren immer größerer Beliebtheit. 1990 erreichten diese drei Staaten zusammen einen Anteil von 13% bei einem Volumen von 49,8 Millionen USD. Man verweist von offizieller Seite gerne darauf, daß Nordzypern zu ca. 70 Staaten wirtschaftliche Beziehungen aufgebaut hat. Der Anteil am Außenhandel der „TRNZ" und das Handelsvolumen der Beziehungen zu vielen dieser Staaten ist jedoch zu vernachlässigen[72].

Das Handelsbilanzsaldo konnte in den letzten Jahren nach offiziellen Angaben durch die Dienstleistungsbilanz zu weiten Teilen gedeckt werden. Die Deviseneinnahmen aus dem Dienstleistungsbereich nahmen dabei eine erstaunliche Entwicklung. Einen großen Anteil daran hatte der Tourismus. So verdoppelten sich 1987 die Einnahmen aus diesem Bereich und erreichten 103,5 Millionen USD. Dabei fiel der Beginn der Expansion der Einnahmen mit der Verabschiedung des Touris-

---

[70] Prime Ministry: Statistical Yearbook 1990 (Anm. 61), S. 230 und Olgun (Anm. 66), S. 302 und 312.

[71] Prime Ministry: Statistical Yearbook 1990 (Anm. 61), S. 225–228 und Central Bank of the Turkish Republic of Northern Cyprus: Bulletin. 20 (1992) (Anm. 59), S. 54.

[72] Prime Ministry: Statistical Yearbook 1990 (Anm. 61), S. 218–223.

musförderungsgesetzes zusammen. Bis 1989 stiegen diese Einnahmen auf 154,9 Millionen USD und markierten 1990 mit 224,8 Millionen USD die Rekordmarke. Dies entsprach 61% der gesamten Deviseneinnahmen der „TRNZ". Die hohe Abhängigkeit von den Tourismuseinnahmen war im Krisenjahr 1991 deutlich zu spüren, als die Einnahmen auf ein niedrigeres Niveau als 1989 sanken und die dringend benötigten Devisen ausblieben. Der hohe Anteil türkischer Touristen ist bis in die 90er Jahre erhalten geblieben. Wenn die Tourismusplaner auf Devisen abzielen, wissen sie auch, daß türkische Touristen durchschnittlich drei- bis viermal soviel Geld in Nordzypern ausgeben wie nicht-türkische, da immer noch viele von ihnen Einkaufstouristen sind oder den Einkauf sogar professionell betreiben[73]).

Aber auch in anderen Dienstleistungsbereichen stiegen die Deviseneinnahmen. Ein Grund dafür ist die gezielte Gründung und der Ausbau der Universitäten. Bis Anfang der 90er Jahre ist die Zahl der Studenten auf 8000 angewachsen, davon kamen 6000 aus dem Ausland (viele aus der Türkei und den arabischen Staaten). Nordzypern profitiert dabei von den Studiengebühren, die zwischen 3000 und 4200 USD p.a. liegen. Zusätzlich gaben die ausländischen Studenten noch rund 350 USD monatlich aus. Für das akademische Jahr 1992/93 wurden Einnahmen von über 50 Millionen USD erwartet. Damit haben diese bereits die Größenordnung der gesamten Exporteinnahmen erreicht[74]).

Seit Anfang der 90er Jahre bestehen in der „TRNZ" die Voraussetzungen für die Errichtung von *Off-shore*-Banken. Diese haben durch den Balkankrieg und den Zusammenbruch der UdSSR einen Aufschwung erlebt. So haben sich in den ersten 18 Monaten bereits 15 *Off-shore*-Banken niedergelassen. Das Fluchtkapital aus diesen Regionen floß dennoch hauptsächlich in den wirtschaftlich prosperierenden Südteil der Insel. Das Saldo der Dienstleistungsbilanz reichte allein jedoch noch nicht ganz aus, um die Leistungsbilanz ausgeglichen zu gestalten. Diese wies 1990 einen negativen Saldo von 16,4 Millionen USD aus. Im Folgejahr stieg dieser auf 26,4 Millionen USD und hatte damit wieder die Höhe wie zu Beginn der 80er Jahre erreicht[75]).

Das *Import Waiver-System* sorgte weiterhin für einen enormen Kapitalabfluß. War dieser Mitte der 80er Jahre mit 37 Millionen USD noch relativ gering gewesen, so verließen 1990 169,3 Millionen USD auf diese Weise die „TRNZ". Durch den Importrückgang 1991 verringerte sich auch dieser Posten auf 113,1 Millionen USD. Der aktive Saldo der Zahlungsbilanz in den Jahren 1988 und 1989 in Höhe von 33 bzw. 29,8 Millionen USD konnte in den beiden Folgejahren aufgrund stark steigender Importe und der Krisen von 1991 nicht mehr erreicht werden. 1990 hatte die Zahlungsbilanz einen passiven Saldo von 6,5 Millionen USD, der 1991 auf 32,8 Millionen USD anstieg. Dies vermochten auch die wieder verstärkten türkischen Finanzhilfen in Höhe von 49,5 Millionen USD nicht zu verhindern, die ge-

---

[73]) Central Bank of the Turkish Republic of Northern Cyprus: Bulletin. 20 (1992) (Anm.59), S.58; Olgun (Anm.66), S.320 und Gespräch mit Ahmet Aker am 17.5.1993.
[74]) Olgun (Anm.66), S.326–332.
[75]) Central Bank of the Turkish Republic of Northern Cyprus: Bulletin. 20 (1992) (Anm.59), S.58; Olgun (Anm.66), S.317 und Gespräch mit Ahmet Aker am 17.5.1993.

gen Ende der 80er Jahre stark rückläufig waren. So betrugen diese 1988 nur 10,9 Millionen USD[76]).

Im Gegensatz zum Süden hatte man im Nordteil der Insel nach 1974 weit mehr Probleme, in Handelsbeziehungen mit dem Rest der Welt zu treten. Dies lag nicht nur am Embargo, das die Ausfuhrmöglichkeiten beschränkte, sondern auch an der eigenen wirtschaftlichen Situation. Erst Mitte der 80er Jahre waren bescheidene Erfolge zu verzeichnen, die sich vor allem im Dienstleistungssektor niederschlugen. Zumindest konnte Nordzypern die Exporte, die bis dahin fast ausschließlich aus Zitrusfrüchten bestanden, etwas diversifizieren. Wie sich das Außenhandelsverbot für EU-Staaten mit der „TRNZ" auswirken wird, bleibt abzuwarten. Es handelt sich dabei zwar „nur" um ein Volumen von rund 150 Millionen USD, betroffen sind aber 85% der Exporte der „TRNZ". Eine verstärkte Kooperation bis hin zur Integration der Wirtschaft Nordzyperns mit der Türkei wird sich wohl in den nächsten Jahren vollziehen. Somit ist auch die geplante Zollunion mit der Türkei für die „TRNZ" mehr als ein Rettungsanker, obwohl Nordzyperns Wirtschaft kaum Vorteile gegenüber der Türkei hat. So sind die Arbeitskosten höher und die Rohstoffausstattung Nordzyperns schlechter als auf dem türkischen Festland. Zudem verfügen beide über eine ähnliche Exportstruktur[77]).

V. Zypern und die Europäische Gemeinschaft

Seit dem 1.6.1973 ist die Republik Zypern mit der EG assoziiert. Das Abkommen wurde am 19.12.1972 unterzeichnet. Es war der Ausgleich für den EG-Beitritt Großbritanniens 1973, der die für Zypern wichtige Handelsbeziehung zur ehemaligen Kolonialmacht einschränkte. So mußte Großbritannien die EG-Agrarpolitik sowie die Importquoten und Zolltarife der EG übernehmen, die für Zypern ungünstiger waren als die bisherigen Konditionen im Commonwealth (*Commonwealth Preference System*). Somit hätte sich die Wettbewerbsposition zyprischer Produkte auf dem wichtigen Markt verschlechtert, wenn Zypern nicht assoziiert worden wäre. Auch hätten andere Mittelmeerstaaten mit ähnlicher Außenhandelsstruktur nun denselben Zugang zum britischen Markt genossen wie Zypern. Da die EG 1972 Zyperns zweitwichtigster Handelspartner war, lag die Assoziierung im Sinne der zyprischen Politik der Exportförderung[78]). Das Assoziierungsabkommen mit der EG von 1973 sieht u.a. die Verwirklichung einer Zollunion zwischen Zypern und der EG vor. Diese soll in zwei Stufen in Kraft treten. Die erste Stufe war ursprünglich bis 1977 befristet. Dabei sollten unter anderem die Zölle für verarbeitete zyprische Produkte und EG-Rohstoffe um 70% gesenkt werden, die für Zitrusfrüchte um 40%. Ferner wurden zollfreie Einfuhrquoten für wichtige zyprische Exportgüter wie Kartoffeln eingeführt. Die erste Stufe wurde jedoch entgegen der ersten Zielsetzung mehrmals durch Zusatzprotokolle ergänzt

---

[76]) Central Bank of the Turkish Republic of Northern Cyprus: Bulletin. 20 (1992) (Anm. 59), S. 58.
[77]) Olgun (Anm. 66), S. 313.
[78]) Papaiacovou (Anm. 16), S. 11/12.

und bis 1987 verlängert, bis die EG alle Ziele als erreicht ansah. Dabei spielten häufig Individualinteressen einzelner EG-Staaten eine bedeutende Rolle, so daß meist nur geringe Zugeständnisse gegenüber Zypern gemacht wurden. Die Erwartungen Zyperns haben sich lange Zeit nicht erfüllt[79]).

Die zweite Stufe des Assoziierungsabkommens, die am 1.1.1988 begann, sieht die Vollendung der Zollunion vor. Zunächst sollen bis 1997 weiterhin Zölle und Beschränkungen gesenkt werden und von zyprischer Seite der gemeinsame Zolltarif übernommen werden. Ausgenommen hiervon sind Erdölerzeugnisse, sogenannte „empfindliche Waren", die noch einen Zollschutz benötigen, und Agrarerzeugnisse. Ferner sollen gesetzliche Regelungen und die Wettbewerbspolitik harmonisiert werden. Bis zum Jahr 2002 soll dann ein ungehinderter Warenverkehr für gewerbliche und landwirtschaftliche Erzeugnisse gewährleistet sowie die zur Errichtung einer Zollunion notwendigen politischen Maßnahmen durchgeführt werden. Von dem Abkommen über die Zollunion werden 82% des Handels mit der EG erfaßt. Bis 1992 hat Brüssel sämtliche Einfuhrbeschränkungen gegenüber den vertraglich vereinbarten Waren (Textilerzeugnisse, Bekleidung und landwirtschaftliche Erzeugnisse) aufgehoben[80]). Die Ausrichtung der Wirtschaft auf die EG ist in den letzten Jahren ein wesentliches Charakteristikum der Wirtschaftspolitik der Regierungen in der Republik Zypern geworden. Von offizieller Seite wird die Unterzeichnung des Abkommens über die Zollunion mit der EG 1987 als Wendepunkt der Wirtschaftspolitik gesehen. Durch den Wegfall von Zöllen und Tarifen ist die zyperngriechische Wirtschaft dazu gezwungen, sich wettbewerbskonform zu verhalten[81]).

Am 19.6.1992 erfolgte die Anbindung des Zypern-Pfunds an den ECU[82]). Dieser Schritt wurde im Hinblick auf die zunehmende Orientierung an den europäischen Markt durch die Zollunion notwendig. Durch die Anbindung soll das Vertrauen der Handelspartner in das Zypern-Pfund gestärkt, das Kursrisiko verkleinert und die Binnenwirtschaft stabilisiert werden. Dies ist eine wichtige Maßnahme im Zusammenhang mit der geplanten Harmonisierung der zyprischen Wirtschaftspolitik, den Wirtschaftsgesetzen und den Marktregulierungen mit der EG. Unter diesem Aspekt muß auch die Einführung der Mehrwertsteuer am 1.7.1992 betrachtet werden. Als weiterer Schritt von zyprischer Seite muß zukünftig noch die Abschaffung einer gesetzlichen Zinsobergrenze erfolgen, um auch den Kapitalmarkt zu liberalisieren und zinsinduzierte Kapitalströme mit den EG-Staaten zu vermeiden. Ähnliches gilt für die Liberalisierung des Zahlungsverkehrs[83]).

Zusätzlich zu den Verträgen über die Assoziierung und Zollunion erhält die Republik Finanzhilfen durch drei Finanzprotokolle. Das erste Finanzprotokoll trat

---
[79]) Kommission der Europäischen Gemeinschaft, Stellungnahme (Anm. 4), S. 13; Cyprus Trade & Industry. 6 (1981) 1 und Papaiacovou (Anm. 16), S. 14–19.
[80]) Kommission der Europäischen Gemeinschaft, Stellungnahme (Anm. 4), S. 12/13.
[81]) Stylianou (Anm. 17), S. 42.
[82]) Der Wechselkurs beträgt 1,7086 ECU für 1 CyP, bei einer Bandbreite von 2,25% nach oben und unten. Bank of Cyprus: Bulletin. 2 (1992), S. 13.
[83]) Bank of Cyprus, Bulletin. 2 (1992), S. 13–21 und Kommission der Europäischen Gemeinschaft: Stellungnahme (Anm. 4), S. 17.

am 1.1.1979 in Kraft. In dessen Verlauf wurden 30 Millionen ECU für Projekte der Elektrizitäts- und Wasserversorgung beider Teile Nikosias transferiert. Seit dem 1.5.1984 wurden weitere 44 Millionen ECU für ähnliche Projekte überwiesen. Bis 1992 hatte Zypern Hilfen von insgesamt 136 Millionen ECU erhalten, davon waren 92 Millionen ECU Darlehen der Europäischen Investitionsbank und 29 Millionen ECU nichtrückzahlbare Hilfen[84]. Im Rahmen dieser Finanzhilfen soll die Republik Zypern 18% der Mittel gemäß dem Bevölkerungsanteil an die Führung der Zyperntürken weiterleiten. Dies wird aber von Nordzypern mit der Begründung abgelehnt, daß sie die Hilfe direkt und in angemessener Höhe erhalten möchte, um die wirtschaftliche Entwicklung vorantreiben zu können[85]. Nordzypern sieht sich auch nicht an das Assoziierungsabkommen gebunden und beteiligt sich nicht am Zollabbau. Ein weiterer Stein des Anstoßes ist die Verwendung von eigenen Ausfuhrpapieren durch die Behörden der „TRNZ". Die Republik Zypern forderte vor dem Europäischen Gerichtshof ein Verbot der Annahme dieser Papiere durch Behörden von Mitgliedsstaaten der EU und setzte dies durch. Die „TRNZ" wird somit zum illegalen Handelspartner für EU-Staaten erklärt, solange sie eigene Ausfuhrpapiere benutzt[86].

Trotz der bisher eingeleiteten Annäherung zwischen der Republik Zypern und der EU an den gemeinsamen Zolltarif besteht nach wie vor in einigen Wirtschaftszweigen ein hoher tariflicher Schutz mit Zöllen von über 50% auf Waren, die im Inland hergestellt werden. Diese weiterhin hohen Zölle, die Erfahrungen mit der ersten Stufe und politische Hemmnisse lassen die vollständige Errichtung der Zollunion nach dem Zeitplan zweifelhaft erscheinen. Gleiches gilt für den von zyperngriechischer Seite am 4.7.1990 beantragten Beitritt zur Gemeinschaft. Hier kommt erschwerend noch die politische Situation der geteilten Insel hinzu, die Zypern vorerst den Weg in die Union zu versperren scheint[87].

---

[84] Bank of Cyprus, Bulletin. 2 (1992), S. 15.
[85] Gespräch mit Ahmet Aker am 17.5.1993.
[86] Kommission der Europäischen Gemeinschaft, Stellungnahme (Anm. 4), S. 14; Neue Zürcher Zeitung. 12.7.1994 und Frankfurter Allgemeine Zeitung. 21.7.1994.
[87] Kommission der Europäischen Gemeinschaft, Stellungnahme (Anm. 4), S. 17.

VI. Tabellarischer Anhang

Tabelle 1: Auszüge aus der Zahlungsbilanz der Republik Zypern
(Angaben in Millionen Zypern-Pfund)

	1975	1980	1985	1988	1990	1991
Exporte (f.o.b.)	52,4	172,7	255,4	301,2	388	404,6
Importe (c.i.f.)	100,9	381	687,2	777,8	1055,4	1091,4
Handelsbilanz	−48,5	−208,3	−431,8	−476,6	−667,4	−686,8
Tourismuseinnahmen (brutto)	5,4	71,7	232	386	573	476
Dienstleistungsbilanz	18,2	125,4	333	480,3	645,3	608,4
Leistungsbilanz	−30,3	−82,9	−98,8	3,7	27,9	−78,4
Kapitaltransfer (netto)	3	87,7	68,2	29,1	63,3	116,5
Zahlungsbilanz	−30,9	3,4	17,1	−4,4	−9,8	−32,5

Quelle: Central Bank of Cyprus: Bulletin. 118, März 1993, S.64; Republic of Cyprus, Ministry of Finance: Statistical Abstract 1989&1990, S.541, 544, 548; Central Bank of Cyprus: Annual Report 1991, S.49–51.
Anmerkung: Export- und Importwerte in der Zahlungsbilanz der Republik Zypern sind exklusive sogenannter „Shipstores" und Brennstoffe.

Tabelle 2: Exporte der Republik Zypern nach ausgewählten Waren
(Angaben in Millionen Zypern-Pfund)

	1973*	1976	1980	1985	1988	1990	1991
Zitrusfrüchte	16,2	5,2	8,2	18,3	13,8	21,9	19,5
Kartoffeln	5,9	7,7	12,7	10,4	16,2	29	28,1
Kleidung	2	3,4	27,9	49,7	74,6	70,3	69,1
Schuhe	0,6	1,8	11,7	16,7	16,5	14,1	13,1
Mineralien	7,6	7	6,9	4,3	2,4	2,1	1,9
Exporte (gesamt)	51,3	48,8	148,5	199,3	232	255,8	242,4

* ganze Insel
Quelle: Central Bank of Cyprus: Bulletin. 118, März 1993, S.72/73; Republic of Cyprus, Ministry of Finance: Statistical Abstract 1989&1990, S.532/533; Central Bank of Cyprus: Annual Report 1991, S.40.

Tabelle 3: Exporte der Republik Zypern nach ausgewählten Handelspartnern
(Angaben in Millionen Zypern-Pfund)

	1976	1980	1985	1988	1990
EG-Staaten (gesamt)	37,5	57,7	80,3	141,5	206,6
Großbritannien	29,5	39	47	71,4	100,5
Griechenland	2,2	4,8	11,4	27,6	43,1
BRD	0,6	4,8	5,3	12,2	22,8
Arabische Staaten (gesamt)	49,4	92,5	140	110,5	104,3
Libanon	18	18,7	25,4	20,8	42,2
Saudi Arabien	6,3	14,4	21,7	16,4	12,8
Libyen	5,8	15,5	23,2	28,9	6,3
Exporte (gesamt)	48,8	148,5	199,3	232	255,8

Quelle: Republic of Cyprus, Ministry of Finance: Statistical Abstract 1989&1990. Nikosia, S. 53; Republic of Cyprus, Ministry of Finance: Economic Report 1985, S. 177.

Tabelle 4: Importe der Republik Zypern nach ausgewählten Ländern
(Angaben in Millionen Zypern-Pfund)

	1976	1980	1985	1988	1990	1991
EG-Staaten (gesamt)	102,2	210,3	435,2	472,5	629,1	621,7
Großbritannien	35,1	65,5	103,5	120,3	149,2	157,9
Italien	16,4	45,8	95,5	89,2	117,1	123,4
BRD	12,5	32,1	62,2	80,3	106,2	116,2
Griechenland	17,4	29,8	58,7	63,4	81,9	83,8
Arabische Staaten	15,8	53,5	77,4	41,7	61,1	50,3
Japan	7,9	29,9	67,8	100,8	135,1	138,1
USA	9,8	25,3	27,7	39,6	83,1	96,6
Importe (gesamt)	177,8	424,3	762,3	866,8	1174,5	1215,8

Quelle: Republic of Cyprus, Ministry of Finance: Statistical Abstract 1989&1990. Nikosia, S. 529; Republic of Cyprus, Ministry of Finance: Economic Report 1985, S. 164/165; Republic of Cyprus, Ministry of Finance: Economic Report 1990, S. 172/173; Central Bank of Cyprus: Annual Report 1991, S. 42.

Tabelle 5: Auszüge aus der Zahlungsbilanz der „TRNZ"
(Angaben in Millionen US-Dollar)

	1985	1988	1990	1991
Exporte (f.o.b.)	46,3	52,4	65,5	52,5
Importe (c.i.f.)	143	218,1	381,5	301,1
Handelsbilanz	-96,7	-165,7	-316	-248,6
Tourismuseinnahmen (netto)	47,3	118	224,8	153,6
Dienstleistungsbilanz	74	156,9	299,6	222
Leistungsbilanz	-22,7	-8,8	-16,4	-26,6
Türkische Finanzhilfen	36,4	10,9	22,5	49,6
Import-Waiver-System	37,4	61,9	169,9	113,1
Kapitaltransfer (netto)	41,3	38,2	25,2	58,4
Zahlungsbilanz	18,6	29,4	8,8	31,8

Quelle: Central Bank of the Turkish Republic of Northern Cyprus: Bulletin. November 1992, S. 58; Prime Ministry, State Planning Organisation: Economic Development 1990. Lefkoşa, S. 18; Prime Ministry, State Planning Organisation: Economic Development 1991. Lefkoşa, S. 21.

Außenhandel

Tabelle 6: Exporte der „TRNZ" nach ausgewählten Waren
(Angaben in Millionen US-Dollar)

	1977	1980	1985	1988	1989	1990
Landwirtschaft (gesamt)	18,5	31,3	35,9	29,4	29,8	27
Zitrusfrüchte	15,7	23,8	29,8	23,9	24,5	21,6
Industrie (gesamt)	2,9	9,1	10,3	22,6	35,2	25,2
Kleidung	k. A.	k. A.	1,9	17	19	k. A.
Mineralien	2,5	0,3	0,1	0,4	0,5	0,3
Exporte (gesamt)	23,9	40,7	46,3	52,4	65,5	52,5

Quelle: Prime Ministry, State Planning Organisation: Statistical Yearbook 1990. Lefkoşa. S. 230.

Tabelle 7: Ausgewählte Handelspartner der „TRNZ"
(Angaben in Millionen US-Dollar)

	1977	1980	1985	1988	1990	1991
Exporte (gesamt)	23,9	40,7	46,3	52,4	65,5	52,5
Türkei	6,3	6,5	5,4	6,3	7,9	7,3
Großbritannien	12,1	35,1	31,2	37,1	44	35,4
restliche EG-Staaten	3,6	1,7	3,9	5,2	7	6,6
Importe (gesamt)	82	95	143	218,1	381,5	301,1
Türkei	32,2	41,8	65,1	101,9	153,5	143
Großbritannien	20,8	21,6	27,5	33,1	67,1	45,7
restliche EG-Staaten	13,3	17,5	26,6	32,2	64	47,2

Quelle: Central Bank of the Turkish Republic of Northern Cyprus: Bulletin. November 1992. Lefkoşa, S. 54.

Raumplanung und Umweltschutz

Barbara Hahn, Lüneburg, und Ronald Wellenreuther, Mannheim

I. Einführung – II. Raumplanung am Beispiel Nikosias – III. Umweltschutz: 1. Erhalt natürlicher Ressourcen: a) Wasser – b) Wald: α) Rodungen – β) Überweidung – γ) Waldbrände – 2. Umweltschutzprojekte auf der Akamas- und der Karpas-Halbinsel – IV. Zusammenfassung

I. Einführung

Das seit alters her auf der Insel Zypern bestehende Raumgefüge hat sich seit den 1950er Jahren grundlegend verändert, als mit wachsendem Wohlstand die Entleerung des ländlichen Raumes einsetzte und gleichzeitig der Verstädterungsgrad zunahm. Bürgerkriegsähnliche Zustände in der Gründungsphase der jungen Republik und die Bildung von zyperntürkischen Enklaven auf dem Land und in den Städten Ende 1963 haben eine geordnete räumliche Entwicklung, für die zudem die gesetzlichen Grundlagen fehlten, lange Zeit verhindert. Besonders während der Zeit der ethnischen Absonderung kam es zu Fehlentwicklungen, die sich noch heute im Bild vieler Gemeinden widerspiegeln. Während die von den Zyperngriechen kontrollierten Gebiete wirtschaftlich prosperierten und durch rege Bautätigkeit geprägt waren, stagnierte die Entwicklung in den Enklaven völlig. Auch unmittelbar nach 1974 konnte eine Raumplanung nicht erfolgen, da die Umverteilung der Bevölkerung unerwartet und innerhalb eines sehr kurzen Zeitraumes geschah. Ähnliches gilt für den Umweltschutz. Auch dieser wurde während der Auseinandersetzungen zwischen den beiden Volksgruppen und in der Aufbauphase nach 1974 völlig vernachlässigt. Erst in den vergangenen Jahren ist langsam ein Bewußtsein für den Erhalt der Umwelt in den beiden Inselteilen entstanden.

II. Raumplanung am Beispiel Nikosias

Inzwischen liegen in beiden Teilen der Insel Raumordnungspläne vor, die die langfristige räumliche Entwicklung festlegen. Im folgenden soll am Beispiel der Hauptstadt Nikosia aufgezeigt werden, zu welchen räumlichen Fehlentwicklungen es in der Vergangenheit gekommen ist und wie seit Mitte der 1980er Jahre versucht wird, diese Fehlentwicklungen durch eine geordnete Raumplanung zu korrigieren. Das geteilte Nikosia ist besonders geeignet für eine exemplarische Darstellung, da am Beispiel dieser Stadt auch die unterschiedliche Entwicklung im zyperngriechischen und im zyperntürkischen Teil der Insel verdeutlicht werden kann.

Obwohl die zahlreichen Gesprächsrunden zwischen den Volksgruppenführern letztlich alle zu keiner Annäherung der Standpunkte geführt haben und Zyperntürken und Zyperngriechen seit 1974 gänzlich voneinander getrennt leben, gibt es erstaunlicherweise bereits seit Beginn der 1980er Jahre eine grenzüberschreitende Raumplanung. Unter der fachkundigen Leitung von Mitarbeitern des *United Nations Development Programme* (UNDP) haben sich seit 1981 zyperntürkische und zyperngriechische Planer abwechselnd im Süd- und Nordteil der Stadt getroffen, um den *Nicosia Master Plan* (NMP) vorzubereiten, der 1984 fertiggestellt wurde[1]. Den deutschen Flächennutzungsplänen ähnlich, legt dieser NMP die langfristige räumliche Entwicklung im Großraum Nikosia fest (vgl. Abbildung 1). Das Planungsgebiet hat eine Fläche von 31 600 ha, wovon 13 860 ha im Südteil und 12 000 ha im Nordteil der Stadt liegen. Weitere 5 349 ha befinden sich derzeit in der von den Vereinten Nationen kontrollierten Pufferzone. Der NMP von 1984 geht davon aus, daß die Einwohnerzahl Nikosias von 1981 bis zum Jahr 2001 von 189 000 auf 261 000 ansteigen wird. Dieses enorme Bevölkerungswachstum wird sich jedoch größtenteils auf den Südteil der Stadt konzentrieren, wo dann voraussichtlich 207 000 Menschen leben werden (vgl. dazu Tabelle 1 und Abbildung 1).

Tabelle 1: Unterschiedliche Entwicklung im Süd- und Nordteil Nikosias

	Bestand 1981		Erwarteter Bestand 2001	
	Süd	Nord	Süd	Nord
Einwohner	147 000	42 000	207 000	54 000
Wohneinheiten	43 000	10 500	66 800	18 150
Arbeitsplätze	65 000	17 000	100 000	25 000
Industrie- u. Gewerbefläche (ha)	300	114	487	455
Bürofläche (qm)	386 000	81 600	634 000	193 500
Einzelhandelsfläche (qm)	380 000	120 000	470 000	118 000

Quelle: United Nations Development Programme (Hrsg.): Nicosia Master Plan. Final Report. Nikosia 1984, S. 37.

Eine geordnete räumliche Entwicklung bis zum Jahr 2001, die Korrektur von Fehlentwicklungen in der Vergangenheit und die Bildung einer Grundlage für ein harmonisches Zusammenwachsen von Nord und Süd im Falle einer Wiedervereinigung sind die wichtigsten Ziele des NMP von 1984. Er wurde 1985 um eine zweite Studie (NMP von 1985) ergänzt, die sich ausschließlich mit der Entwicklung der Altstadt und angrenzenden Gebieten beschäftigt[2].
Bis zur Mitte dieses Jahrhunderts beschränkte sich die Hauptstadt im wesentlichen auf die Fläche innerhalb der aus dem 15. Jahrhundert stammenden Stadt-

---

[1] United Nations Development Programme (Hrsg.): Nicosia Master Plan. Final Report. Nikosia 1984.
[2] United Nations Development Programme (Hrsg.): Nicosia Master Plan. The Second Phase. Central Area of Nicosia. Nikosia 1985.

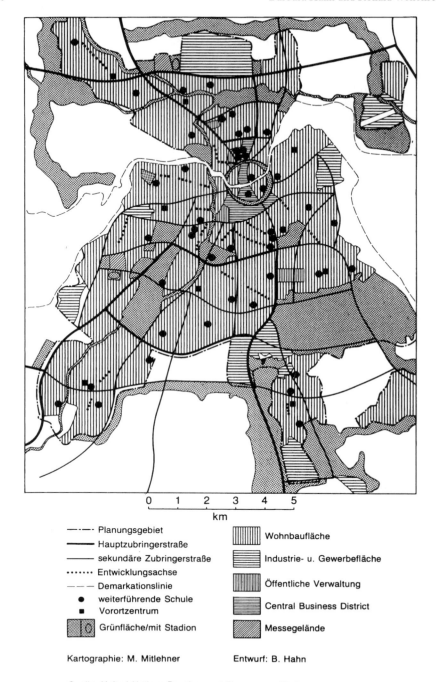

Quelle: United Nations Development Programme (Hg.):
Nicosia Master Plan. Final Report. Nicosia 1984, Fig. 11.

Abb. 1: Nicosia Master Plan (NMP).

mauer. Erst seit den 1950er Jahren ist die Stadt Nikosia sehr schnell über die Stadtmauern hinausgewachsen, und nahegelegene Dörfer sind in die Hauptstadt integriert worden. Bereits seit Ende 1963 wurden jedoch sowohl die flächenhafte Ausdehnung als auch die wirtschaftliche Entwicklung des Nordteils Nikosias durch die faktische Teilung der Stadt und die Bildung der Nikosia-Enklave gebremst, während der Südteil in jeder Hinsicht weiter expandierte. Diese Entwicklung setzte sich nach 1974 fort, als etwa 38 000 zyperngriechische Flüchtlinge in den Süden Nikosias strömten[3]. Heute zeigt sich diese Divergenz in der Entwicklung der beiden Teile Nikosias nicht nur in den stark voneinander abweichenden Einwohnerzahlen, sondern auch in der unterschiedlichen Anzahl von Arbeitsplätzen sowie im Bestand der Büro-, Einzelhandels-, Industrie- und Gewerbeflächen (vgl. Tabelle 1). Da der NMP von 1984 großflächige neue Industrie- und Gewerbegebiete im Nordteil der Stadt ausweist, wird hier bis zum Jahr 2001 eine weitgehende Annäherung der Werte erreicht werden, obwohl diese Flächen angesichts der noch immer schleppenden Entwicklung in Nordzypern wohl kaum in diesem Umfang gebraucht werden können. Das Angebot an Arbeitsplätzen, Büro- und Einzelhandelsflächen wird auf jeden Fall auch langfristig die unterschiedliche wirtschaftliche Dynamik in den beiden Stadtteilen widerspiegeln. Die ungleiche Entwicklung zeigt sich zudem im Stadtbild. Während der zyperntürkische Teil auch heute noch überwiegend durch den Bau von Siedlungen mit maximal dreigeschossigen Häusern im Außenbereich wächst, ist im Südteil der Stadt inzwischen eine beachtliche Anzahl höherer und weithin sichtbarer Appartment- und Bürogebäude entstanden. Bei der Ausdehnung Nikosias haben Bodenspekulation und zersplitterter Grundbesitz zu einer starken Zersiedelung im Bereich der neuen Vororte geführt, die aufgrund fehlender planungsrechtlicher Verordnungen auch nach 1974 nicht gestoppt werden konnte. Insbesondere im Südteil der Stadt ist die Grenze der Bebauung immer weiter nach außen verlegt worden, obwohl in den bereits bestehenden Stadtteilen noch in großem Umfang Baulücken zur Verfügung standen. Eine im Jahr 1981 durchgeführte Untersuchung ergab, daß in diesem Jahr noch insgesamt 23 600 unbebaute Grundstücke im Planungsgebiet vorhanden waren. Diesen steht ein Bedarf von 16 000 Grundstücken bis zum Jahr 2001 gegenüber, d. h. auch angesichts des prognostizierten starken Anstiegs der Einwohnerzahl kann der Bedarf problemlos gedeckt werden[4]. Um einer ungesteuerten Ausdehnung im Außenbereich entgegenzuwirken, definiert der NMP von 1984 genau die bis zum Jahr 2001 zur Wohnbebauung freigegebenen Gebiete. Darüber hinaus soll die Besteuerung von Land dazu beitragen, unbebaute Grundstücke im Innenbereich auch tatsächlich zu bebauen[5]. In vielen Erdgeschossen von Appartmenthäusern, die nach 1974 insbesondere im Südteil der Stadt errichtet wurden, sind Geschäfte zu finden. Um in der Zukunft die weitere Streuung des Einzelhandels über das gesamte Stadtgebiet zu verhindern, weist der NMP von 1984 in den Vororten Entwicklungs-

---

[3] Heinritz, G.: Nicosia. Die geteilte Hauptstadt Zyperns, in: Geographische Rundschau. 37 (1985) 9, S. 464.
[4] United Nations Development Programme (Anm. 1), S. 17.
[5] Ebenda, S. 10/11 und Fig. 5, 10, 11, 19, 20 im Anhang.

achsen aus. Hier sollen konzentriert Einzelhandels- und Dienstleistungseinrichtungen entstehen. Außerdem werden in Anlehnung an die alten Dorfkerne die Subzentren zur Deckung des täglichen Bedarfs in den Vororten weiter ausgebaut.

Die Verkehrsverhältnisse in Nikosia stellen ein weiteres Problem dar, zu dessen Lösung der NMP beitragen soll. Heute werden bestehende Hauptstraßen, wie z. B. die Hauptverbindungsstraße von Nikosia nach Famagusta, von der Demarkationslinie unterbrochen und sind somit weitgehend funktionslos. Zudem eignen sich die Straßen kaum noch, um dem immer stärkeren Verkehrsaufkommen gerecht zu werden. Im Süd- wie im Nordteil der Stadt soll ein System von Hauptzubringerstraßen, die im Fall einer Wiedervereinigung zu Ringstraßen ausgebaut werden können, entstehen. Eine innere Ringstraße soll direkt um die Befestigungsanlage führen und somit eine wichtige Verteilerfunktion für die Altstadt übernehmen, während eine mittlere Ringstraße die alten Vororte und eine äußere Ringstraße die neuen Vororte miteinander verbinden sollen. Zwischenzeitlich ist man allerdings von den im NMP von 1984 genannten Zielen teilweise schon wieder abgerückt. Im Südteil der Stadt soll die innere Ringstraße jetzt nicht mehr direkt an der Stadtmauer, sondern einige hundert Meter von dieser entfernt verlaufen, um so den Einzelhandel und die zahlreichen Bürogebäude außerhalb der Altstadt besser bedienen zu können. In der Altstadt sollen darüber hinaus die Haupteinkaufsstraßen in Fußgängerzonen umgewandelt werden. Während auch weiterhin kleinere Industrie- und Gewerbebetriebe in der Altstadt und den im Süden und im Norden an diese anschließenden Geschäftszentren erlaubt bleiben, weist der NMP von 1985 für größere Betriebe dieser Art Flächen an der Peripherie der Stadt aus. Umweltgefährdende Industrien sollen auf zwei Standorte im Nord- und Südosten der Stadt beschränkt werden. Somit wird nicht nur eine weitgehende Trennung von Wohn- und Industrieflächen, sondern auch die Nähe zu den wichtigsten Zubringerstraßen garantiert. Größere zusammenhängende Grünflächen sind in Nikosia auf Stadtrandlagen beschränkt, während in den zentralen Teilen der Stadt eine Unterversorgung besteht. Um dieses Defizit auszugleichen, sollen langfristig kleinere innerstädtische Grünflächen miteinander vernetzt werden.

Der NMP von 1985 widmet der 188 ha großen Altstadt, d. h. dem ummauerten Teil Nikosias, große Aufmerksamkeit. Besonders problematisch ist, daß hier nach 1974 auf beiden Seiten der Pufferzone die angrenzenden Gebiete sukzessive aufgegeben worden sind und heute Verfallserscheinungen zeigen, die kaum noch reparabel sind. Bereits 1985 wurden ca. 300 Wohnhäuser in der Altstadt als dringend sanierungsbedürftig eingestuft; hiervon standen zum damaligen Zeitpunkt ca. 115 leer. Diese Zahlen dürften aber seit 1984 stark angestiegen sein, da nach Beobachtungen der Verfasser auf beiden Seiten der Demarkationslinie von Jahr zu Jahr mehr Häuser aufgegeben werden. Der Entleerungsprozeß schreitet besonders rasch im Südteil der Stadt voran; hier hat die Einwohnerzahl von 1976 bis 1984 um 53% abgenommen. Ein Teil der sanierungsbedürftigen Häuser wird von besonders sozialschwachen Familien bewohnt. Bereits 1984 gehörten 600 der damals knapp 10000 Bewohner der Altstadt zu den ärmsten Menschen der Stadt. Weitere Probleme der Altstadt sind die starke Belastung der Straßen durch den Individualverkehr und die Tatsache, daß viele alte Häuser durch Gebäude ersetzt wurden, die nicht der traditionellen Architektur angepaßt sind.

Raumplanung und Umweltschutz 473

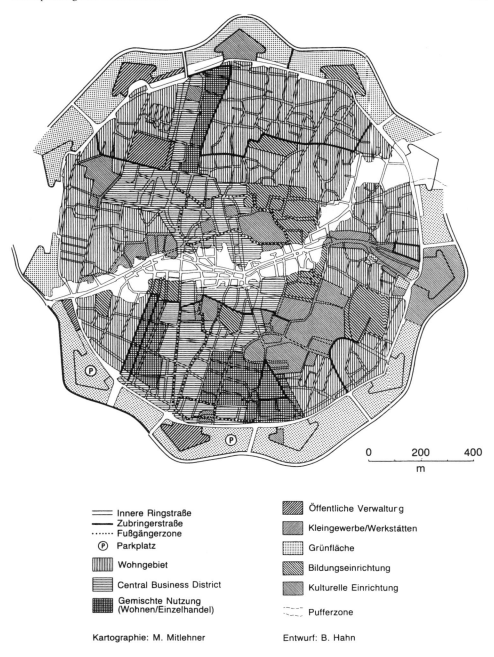

Innere Ringstraße
Zubringerstraße
Fußgängerzone
(P) Parkplatz
Wohngebiet
Central Business District
Gemischte Nutzung (Wohnen/Einzelhandel)
Öffentliche Verwaltung
Kleingewerbe/Werkstätten
Grünfläche
Bildungseinrichtung
Kulturelle Einrichtung
Pufferzone

Kartographie: M. Mitlehner   Entwurf: B. Hahn

Quelle: United Nations Development Programme (Hg.):
Nicosia Master Plan. Final Report. Nicosia 1984, Fig. 20.

Abb. 2: Nicosia Master Plan (NMP): Altstadt.

Der NMP von 1985 sieht vor, den genannten Mißständen entschlossen entgegenzuwirken. Eine klare funktionale Gliederung der Stadt soll helfen, dieses Ziel zu verwirklichen. Abbildung 2 zeigt, daß sich die Flächennutzungen, die in einem Teil der Stadt begannen, nach der Unterbrechung durch die Pufferzone im anderen Teil der Stadt fortsetzen. Diese funktionale Gliederung der beiden heute völlig voneinander getrennten Stadtteile wird nach einer Wiedervereinigung ein schnelles und harmonisches Zusammenwachsen der Stadt gewährleisten. Nach wie vor sollen Wohnbauflächen den größten Teil der Stadt einnehmen. Um die traditionelle Vitalität der Altstadt zu erhalten oder – wo nötig – wiederzubeleben, weist der NMP von 1984 darüber hinaus umfangreiche Flächen für Einzelhandel und Dienstleistungen sowie für Kleingewerbe und Werkstätten aus. Der Konflikt zwischen Individualverkehr und Fußgängern soll durch die bereits erwähnten Zubringerstraßen und den Bau von Fußgängerzonen beseitigt werden.

Einzelhandel und Dienstleistungen waren in der Altstadt immer von großer Bedeutung. Allerdings hat der Einzelhandel, der sich vor allem auf das Zentrum der Altstadt konzentrierte, bereits seit 1963 durch die *Green Line* (Demarkationslinie) und verstärkt durch die seit 1974 bestehende Grenzziehung starke Einbußen erlitten. Die Hermes-Straße, die traditionelle, aber heute durch die Demarkationslinie nicht mehr zugängliche, in Ost-West-Richtung verlaufende Haupteinkaufsstraße, ist inzwischen in beiden Teilen der Altstadt durch in Nord-Süd-Richtung verlaufende Einkaufsstraßen abgelöst worden. Bedingt durch den Attraktivitätsverlust der Altstadt haben sich insbesondere im Südteil, in einem geringeren Maße aber auch im Nordteil der Stadt, gleichzeitig viele Einzelhandels- und Dienstleistungseinrichtungen außerhalb der Stadtmauer angesiedelt. Sie bilden zusammen mit dem Geschäftsviertel innerhalb der Stadtmauer den *Central Business District* (CBD)[6]. Der NMP von 1985 sieht keine weitere Ausdehnung des 290 ha großen CBD vor (vgl. Abbildung 2). In Zukunft sollen sich hier Einzelhandel und Dienstleistungsbetriebe, die nicht nur für die Stadt, sondern auch für das Umland und für die Insel bedeutend sind, konzentrieren. Mitte der 1980er Jahre befanden sich ca. 40% des Einzelhandels und ca. 50% der Bürofläche der Gesamtstadt im CBD. Die stark voneinander abweichenden Daten für die Einzelhandels- und Büroflächen in den beiden Stadtteilen geben wiederum über die unterschiedliche wirtschaftliche Dynamik in beiden Inselteilen Auskunft. Von 1985 bis zum Jahr 2001 soll die Einzelhandelsfläche im südlichen CBD um 76% auf 212 000 qm und im nördlichen CBD um 43% auf nur 90 000 qm steigen, während die Bürofläche im südlichen CBD um 71% auf 411 000 qm und im nördlichen CBD um 48% auf nur 120 000 qm anwachsen soll. Außerdem kommt der Altstadt innerhalb des CBD in den beiden Teilen der Stadt eine unterschiedliche Bedeutung zu (vgl. Tabelle 2).

---

[6] United Nations Development Programme (Anm. 2), S. 3.

Tabelle 2: Entwicklung von Einzelhandel und Dienstleistungen im *Central Business District* (CBD)

	Fläche (ha)	Einzelhandelsfläche (qm)		Bürofläche (qm)	
		1985	Ziel 2001	1985	Ziel 2001
Gesamter CBD					
Süd	182	136 000	212 000	240 000	411 000
Nord	108	63 000	90 000	63 000	120 000
Gesamt	290	199 000	302 000	303 000	531 000
CBD innerhalb der Altstadt					
Süd	26	60 000	70 000	42 000	52 000
Nord	21	48 000	54 000	35 000	43 000
Gesamt	47	108 000	124 000	77 000	95 000

Quelle: United Nations Development Programme (Hrsg.): Nicosia Master Plan. The Second Phase. Central Area of Nicosia 1985. Nikosia 1985, S. 13.

Aufgrund fehlender finanzieller Mittel konnten die ehrgeizigen Ziele des NMP von 1985 bis Mitte der 1990er Jahre erst in Ansätzen realisiert werden. Allein für 16 in der Altstadt genau definierte Sanierungsmaßnahmen (z. B. die Begrünung des Stadtgrabens, die Sanierung der Stadttore und die Ausweisung von neuen Fußgängerzonen) sind in diesem NMP 57 Millionen US-Dollar veranschlagt worden. Bislang sind in beiden Teilen der Altstadt erst sehr wenige Einzelobjekte, wie z. B. das Viertel Laïki Geitonia auf zyperngriechischer und das ehemalige Wohnhaus des Derwisch-Pascha auf zyperntürkischer Seite, saniert worden. Außerdem sind mit finanzieller Unterstützung der Bundesrepublik Deutschland die Ledra-Straße im Südteil und die Kyrenia-Straße im Nordteil der Stadt verkehrsberuhigt worden.

Das unterschiedliche Bevölkerungswachstum und die stark voneinander abweichende wirtschaftliche Entwicklung spiegeln sich heute natürlich nicht nur in den Raumstrukturen der beiden Teile Nikosias wider, sondern sind ebenso deutlich in den zwei Inselhälften als Ganzes nachzuvollziehen. Beiden Inselteilen ist allerdings gemein, daß sich die räumliche Entwicklung auch heute nur sehr schwer lenken läßt. Die Realisierung von Raumordnungsplänen scheitert immer wieder am mangelnden politischen Durchsetzungsvermögen oder an den finanziellen Möglichkeiten. Immer wieder werden übergeordnete Ziele in der Raumordnung, die nur langfristig zu erreichen sind, angesichts eines kurzfristigen wirtschaftlichen Erfolges vernachlässigt. Eine planmäßige räumliche Entwicklung ist daher auch in der näheren Zukunft auf Zypern nicht zu erwarten.

III. Umweltschutz

Die Teilung der Insel hat sich sehr nachteilig auf die Umwelt ausgewirkt. Der wirtschaftliche und politische Zwang, die aus dem Nordteil der Insel geflohenen Zyperngriechen möglichst rasch im Südteil zu integrieren, beschleunigte im zyperngriechischen Inselteil die Entwicklung einer Dienstleistungsgesellschaft (Tertiärisierung). Im Städtedreieck Nikosia, Larnaka und Limassol wurden der Massentourismus und das Straßennetz ohne Rücksicht auf ökologische Bedürfnisse ausgebaut. Im Vergleich hierzu wurde im zyperntürkischen Nordteil die Umwelt zunächst weit weniger belastet, da ein wirtschaftlicher Aufschwung hier weitgehend ausblieb. Die militärische Präsenz der Türken wirkte in manchen Fällen sogar umweltschonend, so z.B. auf dem äußersten Zipfel der Karpas-Halbinsel, der bis 1986 militärisches Sperrgebiet war und somit eine ungestörte Entfaltung von Flora und Fauna zuließ. Die Karpas-Halbinsel kann nicht zuletzt aufgrund ihrer abgeschiedenen Lage mit einer ornithologischen Vielfalt aufweisen, die andernorts auf Zypern nicht mehr gegeben ist. Sie ist auch heute noch ein Rückzugsgebiet für einige wildlebende Tierarten (z.B. Esel, Meeresschildkröte, Wiedehopf, Graureiher, Teichrohrsänger). In der Regel zerstören die militärisch genutzten Areale die Landschaft eher, als daß sie sie erhalten. Seit Mitte der 1980er Jahre kann man auch in Nordzypern von einem bescheidenen wirtschaftlichen Aufschwung reden, der hier ebenfalls zu Lasten der Umwelt geht. Landwirtschaft und verarbeitendes Gewerbe bedienen sich veralteter Techniken und sind auf einen technisch längst überholten Maschinenpark angewiesen. Umweltschonende Fertigungsweisen oder emissionsreduzierende Einrichtungen können aus Kostengründen nicht eingeführt werden. Die Sicherung von Arbeitsplätzen genießt zweifelsohne Priorität. Ähnliches gilt auch für die Modernisierung des Straßennetzes in Nordzypern. Der Ausbau und die Trassierung von Verbindungsstraßen übergeordneter Bedeutung nehmen wenig Rücksicht auf umweltschonende Gestaltungsweisen und tragen ebenso wie die faktisch ungelenkte Bautätigkeit nicht unerheblich zur Zersiedelung der Landschaft bei. Eine Folge der gestiegenen Motorisierungsquote sind höhere Emissionsbelastungen, und die zyperntürkische Regierung trägt zudem mit der Förderung des Inividualverkehrs (z.B. Subventionierung der Kraftstoffpreise, Reduzierung von Importzöllen für PKW, Vernachlässigung des öffentlichen Verkehrs) weiter zur Umweltbelastung bei.

1. Der Erhalt natürlicher Ressourcen

a) Wasser

Wasser ist seit alters her auf Zypern von existentieller Bedeutung. Das Wasserproblem ist weniger im Niederschlagsvolumen begründet als in der Niederschlagsvariabilität, denn das semiaride, mediterrane Klima bedeutet für die Insel eine lange Sommertrockenheit und fast ausschließlich winterliche Regenfälle. 50% der Niederschläge fallen in den Monaten Dezember und Januar, während die Monate April bis Oktober im langjährigen Durchschnitt weitgehend niederschlagsfrei sind. Erschwerend wirken sich die hydrologischen Verhältnisse auf der Insel aus, denn Zypern verfügt über keine ganzjährig wasserführenden Flüsse. Für Bewässerungszwecke stehen deshalb ausschließlich Grund- und Niederschlagswasser zur Verfügung[7]. In letzterem Fall gestaltet sich die Verwertung besonders schwierig, da

---

[7] Vgl. dazu das Kapitel „Landwirtschaft" von R. Wellenreuther in diesem Band.

71% des Niederschlagsvolumens ungenutzt abfließen. Aus technischen Gründen konnte auf Zypern das Grundwasser früher nur in jenen Gebieten gefördert werden, in denen der Grundwasserspiegel nicht weit unter Flur lag. Seitdem Tiefbrunnenbohrungen möglich sind, wurde Wasser fast unbegrenzt entnommen. Dies führte seit den späten 1950er Jahren auf Zypern zu einer rapiden Ausdehnung der bewässerten Areale (Agrumenkulturen) in den östlichen und westlichen Mesaoriaregionen. In der Bucht von Morphou (Güzelyurt) sank beispielsweise der Grundwasserspiegel in den vergangenen 40 Jahren um über zehn Meter[8]. Als Folge davon kam es zur Versalzung vieler grundwasserführender Schichten, vor allem in meeresnahen Lagen. Dieses zwang bereits vor der Teilung Zyperns zur Aufgabe zahlreicher Zitrusplantagen.

Der türkische Einmarsch begünstigte zumindest indirekt die Einführung umweltschonender Bewässerungstechniken, denn nach dem Verlust der bewässerten Areale im Norden, die wesentlich höhere landwirtschaftliche Erträge garantierten als die Trockenfeldbaugebiete, sahen sich die Zyperngriechen gezwungen, im Südteil der Insel in großem Umfang ehemalige Trockenfeldbaugebiete in bewässerte Flächen umzuwandeln. Dieses Vorhaben konnte nur mit aufwendigen Staudammprojekten umgesetzt werden, die heute das Niederschlags- und Abflußwasser aus dem Troodosgebirge auffangen. Von den wenigen Staudämmen abgesehen, die bereits unter der britischen Kolonialherrschaft realisiert wurden, wurde der Staudammbau für Bewässerungszwecke auf Zypern erst nach 1974 forciert. Die Republik Zypern konnte bis Mitte der 1980er Jahre mit Hilfe von Weltbankkrediten immerhin fünf Großprojekte fertigstellen (*Pafos Irrigation Project, Pitsilia Integrated Rural Development Project, Chrysochou Irrigation Project, Vassilikos Pendaskinos Irrigation Project, Southern Water Distribution Project*). Damit stehen der Republik Zypern Wasservorräte von 35 Millionen Tonnen zur Verfügung, die im Falle ausbleibender Niederschläge notfalls auch durch einen Import von Wasser ergänzt werden können[9].

Im zyperntürkischen Norden sah die Wasserhaushaltsbilanz nach der Teilung der Insel noch ungünstiger aus, denn dort fehlen wasserliefernde Gebirge. Außerdem waren zunächst Teile der westlichen Mesaoria von Wasserlieferungen aus dem Südteil der Insel abhängig. Auch im Norden wurden im Laufe der letzten zehn Jahre mehrere Staudämme gebaut, die jedoch aus technischen und finanziellen Gründen ungleich bescheidenere Dimensionen annehmen als im Süden. Besonders in den landwirtschaftlich intensiv genutzten östlichen und westlichen Teilen der Mesaoria-Ebene wird im Durchschnitt doppelt soviel Wasser verbraucht wie aus natürlichen Quellen wieder zugeführt werden kann. Das Wasserdefizit beträgt inzwischen im Nordteil der Insel bereits 30 Millionen Tonnen (Stand: 1991)[10]. Natürlich stellen die Staudammprojekte keine Universallösung des Was-

---

[8]) Nach mündlicher Auskunft vom Oktober 1993 aus dem „Ministry of State Planning Organisation-Department of Water Supply" in Nikosia (Nord).
[9]) Cyprus Weekly. 17.–23.05.1991.
[10]) Nach mündlicher Auskunft vom Oktober 1993 aus dem „Ministry of Interior-Department of Rural Affairs and Environment" in Nikosia (Nord).

serproblems dar, denn langfristig können die winterlichen Regenfälle den ständig steigenden Wasserverbrauch keinesfalls kompensieren. Derzeit entsteht in Zusammenarbeit mit der Hacettepe-Universität von Ankara der sogenannte *Water Master Plan*, der mittels neuer Techniken den Wasserverbrauch drastisch reduzieren soll[11]). Den Angaben des ehemaligen „Innenministers" Serdar Denktaş[12]) zufolge könnten 70% des derzeitigen Wasserverbrauchs bei konsequenter Anwendung innovativer technischer Verfahren eingespart werden[13]). In der „TRNZ" wird auch in Umweltfragen wider besseren Wissens gehandelt. Im Interesse kurz- und mittelfristiger landwirtschaftlicher Ertragsaussichten werden die Grundwasservorräte nach wie vor überbeansprucht. Durch die staatlich subventionierten Wasserpreise[14]) ist es für private Landwirte in jedem Fall günstiger, mit herkömmlichen wasserintensiven Bewässerungsmethoden zu wirtschaften als in neue, wassersparende Technologien zu investieren, zumal der Staat derartige Versuche in keiner Weise fördert. Ein weiteres Problem stellt im Zuge anhaltender Verstädterung die chronisch negative Wasserhaushaltsbilanz der urbanen Zentren dar. Nikosia (Nord) überbeansprucht mit einem täglichen Wasserverbrauch von 6000 Tonnen die vorhandenen Ressourcen um 33% und Famagusta bei einem identischen Tagesverbrauch die vorhandenen Reserven um fast die Hälfte[15]). Noch gravierender fällt die Bilanz von Kyrenia aus, denn hier werden in der Touristensaison 8000 Tonnen Wasser täglich verbraucht[16]). Im Schnitt haben Touristen damit einen drei- bis vierfach höheren Wasserverbrauch am Tag als Einheimische.

b) Wald

Anthropogene Eingriffe haben zur fast vollständigen Entwaldung mit katastrophalen Folgen geführt. Bodenabtragungsprozesse machten vielerorts selbst die Entstehung von Sekundärgesellschaften unmöglich. Aus den Berichten britischer Forschungsreisender Ende des 19. Jahrhunderts geht hervor, daß der Raubbau an der Natur durch eine „waldfeindliche" Einstellung der einheimischen Bevölkerung verstärkt wurde. Auch die politischen Auseinandersetzungen der Gegenwart trugen zur Zerstörung des Waldes bei. Die Spuren der Waldbrände an der Nordküste in der Tilliria, die durch den Abwurf türkischer Bomben 1964 entfacht wurden, sind heute noch sichtbar. In den 1940er Jahren begannen großflächige Wiederaufforstungsprogramme, die zu 90% Nadelhölzer und davon wiederum zu 87% Kiefern für die Neuanpflanzungen verwendeten[17]). In der Forstwirtschaft leisteten die Briten auf Zypern Pionierarbeit. Hier entstand die erste Forstverwaltung des Em-

---

[11]) Cyprus Today. 11.–17.04.1992.
[12]) Serdar Denktaş ist einer der Söhne von „Staatspräsident" Rauf Denktaş.
[13]) Cyprus Today. 11.–17.4.1992.
[14]) Vgl. dazu das Kapitel „Infrastruktur und Binnenhandel" von R. Wellenreuther in diesem Band.
[15]) Cyprus Today. 19.–25.06.1993.
[16]) Ebenda und Cyprus Today. 06.–12.11.1993.
[17]) Boje-Klein, G.: Entstehung, Klassifikation und Bewertung von Böden einer Toposequenz vom Troodos-Maassiv nach Nicosia (Zypern). Bonn/Bad-Godesberg 1982, S. 24.

pires, und noch vor der Jahrhundertwende wurden Gesetze zum Schutz des Baumbestandes erlassen. Die Aktivitäten der britischen Kolonialherren dienten auf dem Gebiet der Forstwirtschaft bemerkenswerterweise primär dem Erhalt verbliebener natürlicher Ressourcen und weniger kommerziellen Interessen.

Die waldzerstörenden Faktoren auf Zypern lassen sich wie folgt zusammenfassen:

α) Rodungen

Neben den bereits angesprochenen irreparablen Schäden infolge von Abholzungen in der Vergangenheit spielt das illegale Holzfällen besonders im zyperntürkischen Inselteil eine Rolle. Vor allem den Festlandstürken aus Anatolien wird immer wieder zum Vorwurf gemacht, für Heiz- und Kochzwecke Holz zu schlagen. An gesetzlichen Regelungen mangelt es nicht: So muß beispielsweise das Fällen eines Baumes beim Ministerium für Land- und Forstwirtschaft beantragt werden, wobei der Nachweis erbracht werden muß, daß der betroffene Baum nicht mehr produktiv ist. Wird eine Genehmigung erteilt, so ist der Baum unter behördlicher Aufsicht zu fällen. Mutwillige Beschädigungen oder illegales Fällen von Bäumen können nach derzeitiger Rechtslage mit Geldstrafen in Höhe von 25 CyP oder mit Freiheitsentzug geahndet werden[18]. Im Norden fielen allein zwischen 1985 und 1993 ca. 60000 Johannisbrot- und 50000 Olivenbäume der illegalen Abholzung zum Opfer, weil es an durchgreifenden staatlichen Kontrollmaßnahmen fehlte[19].

β) Überweidung

Bereits die Briten erkannten das Ausmaß der Zerstörungen, die besonders Ziegenherden anrichten. Infolge veränderter Wirtschaftsstrukturen hat das Problem des Viehverbisses zumindest im zyperngriechischen Inselteil an Bedeutung verloren. Anders gestaltet sich die Situation im zyperntürkischen Norden. Dort ist die Kleinviehwirtschaft nach wie vor integraler Bestandteil bäuerlicher Wirtschaftsweisen. Während die britische Kolonialverwaltung einst Umschulungen unterstützte oder Kompensationszahlungen an die betroffenen Ziegenhalter leistete, beläßt es die zyperntürkische Verwaltung bei Weideverboten. Die teilweise noch in Subsistenzwirtschaft lebenden Ziegenhalter argumentieren, daß man ihnen nicht die Lebensgrundlage entziehen könne, ohne Alternativen anzubieten. Demzufolge wird die Beweidung durch Ziegen weiter stillschweigend geduldet.

γ) Waldbrände

Waldbrände gelten ähnlich wie Erdbeben oder Überschwemmungen als Naturkatastrophen, die neben hohen materiellen Schäden auch den Bestand des Naturraumes gefährden. Dieses – von den Massenmedien etwas einseitig geprägte Bild –

---

[18] Nach mündlicher Auskunft vom Oktober 1993 aus dem „Ministry of Interior-Department of Rural Affairs and Environment" in Nikosia (Nord).
[19] Cyprus Today. 04.–10. 12. 1993.

muß wissenschaftlich insofern relativiert werden, als natürliche Feuer ähnlich wie Überflutungen zu den festen Bestandteilen mediterraner Ökosysteme gehören. Natürliche Waldbrände sind im Mittelmeerraum eine ökologische Gesetzmäßigkeit, weil unter den größtenteils semiariden Klimabedingungen[20]) die Abbaurate von Biomasse geringer ist als die Aufbaurate, welches zwangsläufig zu Bränden führt. Kontrollierte Brände sind für die Regeneration eines Ökosystems sogar förderlich und auch landwirtschaftlich sinnvoll[21]), was die Tradition des Feldbrands im Mittelmeerraum und in den meisten Savannengebieten erklärt. „Feuer bedeutet im Mittelmeerraum nicht nur Zerstörung, sondern kann sich unter Umständen auch günstig auf die Vegetation auswirken. Nach nicht zu intensiven Bränden kann die Primärproduktion kurzfristig zunehmen und der Artenreichtum ansteigen"[22]). In der Kette der natürlichen landschaftsgestaltenden Elemente bilden Waldbrände einen integralen Bestandteil. Gestört wird dieser Kreislauf durch anthropogen verursachte Feuer, die viel zu häufig entstehen. Hinzu kommt, daß die negativen ökologischen Folgen eines Waldbrandes erst in Verbindung mit mehreren singulären Ereignissen zum Tragen kommen, so beispielsweise wenn dem Brand schwere Unwetter folgen (Erosion)[23]). Das Ziel eines konsequenten Feuer- und Ressourcenmanagements sollte demzufolge weniger in der Brandverhinderung, als vielmehr in einer Brandsteuerung liegen, wobei kontrollierte Brände auf ein vertretbares Maß reduziert werden müssen[24]). Demgemäß muß zwischen natürlichen Bränden, die durch Selbstentzündung oder Blitzschlag entstehen, und durch menschlichen Einfluß entstandenem Feuer unterschieden werden. Letzteres wird im Mittelmeerraum primär durch Brandstiftung, Unachtsamkeit (z.B. illegale Müll- oder Unkrautverbrennung, technische Defekte, offene Grillfeuer) oder Kriegseinwirkungen verursacht. Ein nicht unbeträchtlicher Teil der zyprischen Wälder fiel Kriegseinwirkungen zum Opfer. So wurden beispielsweise fast 13% des Waldbestandes während der türkischen Invasion zerstört, als die türkische Luftwaffe systematisch über Gebieten Brandbomben abwarf, in denen Schlupfwinkel der EOKA vermutet wurden.

Im Gegensatz zu anderen mediterranen Ländern spielt auf Zypern der Faktor Brandstiftung nur eine untergeordnete Rolle. Man schätzt, daß sich im Norden Zyperns ungefähr 5% aller Waldbrände auf Brandstiftung zurückführen lassen, während für den Süden ein Wert von 10% angegeben wird. Die Waldbrände entstehen auf Zypern in erster Linie durch Selbstentzündung sowie durch Unacht-

---

[20]) Vgl. dazu das Kapitel „Landwirtschaft" von R. Wellenreuther in diesem Band.
[21]) Als Sekundärvegetation wachsen im ersten Jahr nach dem Feldbrand Gramineen, die als Viehfutter dienen.
[22]) May, T.: Wald- und Buschbrände in Spanien, in: Geographische Rundschau. 47 (1995) 5, S. 298–303, bes. 301.
[23]) "Die Auswirkungen von Bränden auf den Wasserabfluß hängen eng mit den Auswirkungen auf die Vegetation zusammen: Das plötzliche Entfernen der Pflanzendecke durch einen Brand bewirkt eine Erhöhung des Oberflächenabflusses" (ebenda, S. 302).
[24]) Vgl. Neff, C.: Waldbrandrisiken in der Garrigue de Nimes (Südfrankreich). Eine geographische Analyse. Mannheim 1995 (Materialien zur Geographie, 27) und Neff, C./Frankenberg P.: Zur Vegetationsdynamik im Mediterranen Südfrankreich, in: Erdkunde. 49 (1995) 1, S. 1–19.

samkeit. Offiziellen Angaben zufolge werden im zyperntürkischen Inselteil jährlich 4 455 *dönüm* (= 5 960 ha) durch Brände zerstört. Zwischen 1975 und 1992 wurden 633 Waldbrände registriert, die sich zu 65% auf Unachtsamkeit zurückführen ließen[25]). 1994 wurde in der „TRNZ" eine Fläche von 8 027 *dönüm* (= 10 740 ha) durch 22 Waldbrände zerstört[26]). Oft entstehen Waldbrände, wenn abgeernte Getreidefelder angezündet werden[27]), eine in der „TRNZ" noch immer sehr verbreitete Technik. Das Jahr 1995 wird in der zyperntürkischen Waldbrandstatistik einen Negativrekord einnehmen, denn bereits in der ersten Jahreshälfte waren neun Brände zu verzeichnen, denen insgesamt über 10 000 *dönüm* (= 13 380 ha) Wald zum Opfer fielen[28]). Der spektakulärste Waldbrand wütete vom 27. bis zum 30. Juni 1995 im Bereich der nördlichen Pentadaktylos-Abdachung um Kyrenia (Girne). Neben 6 000 *dönüm* (= 8 000 ha) Wald – was ca. 10% des gesamten „TRNZ"-Forstbestandes entspricht – wurden 25 Häuser völlig und weitere 21 teilweise zerstört[29]). Dieser Brand hat nicht nur tiefe Narben im Landschaftsbild hinterlassen, sondern auch dem touristischen Wirtschaftspotential der „TRNZ" einen schweren Stoß versetzt, weil Kyrenia (Girne), das in einer der landschaftlich attraktivsten Regionen Zyperns liegt, als das Fremdenverkehrszentrum Nordzyperns angesehen werden muß, für das sich in der „TRNZ" kaum adäquaten Ersatz finden läßt.

Die Brandkatastrophe von Kyrenia dokumentiert, wie unzureichend Brandschutzvorsorge und Brandbekämpfung in der „TRNZ" immer noch sind. Während die Zyperngriechen über ein dichtes Netz von Feuerwarnposten, über 1 770 km Forststraßen (gute Erreichbarkeit von Brandherden) und über ein dichtes Netz motorisierter Feuerwarnstreifen verfügen, wurden die entsprechenden Vorsorgemaßnahmen im Norden vernachlässigt. Dogan Gürgen – Vorsitzender der zyperntürkischen Forstingenieure – erhob schwere Vorwürfe gegen die politisch Verantwortlichen:

No TRNC government can say they have bought a single piece of equipment for the Forestry Department (...) All the vehicles are gifts donated to the department by the UNHCR (United Nations High Commissioner for Refugees). For six years this has been stopped as well. We have got only four bulldozers and we are trying to fulfill our duties with shoddy equipment.[30])

Selbst wenn man den Behörden in der „TRNZ" das Argument der fehlenden Finanzierungsmöglichkeiten zugute hält, offenbart die zyperntürkische Politik ein vollständiges Versagen auf dem Gebiet der Brandschutzüberwachung. Es ist nicht einsichtig, warum ein Land mit einer hohen versteckten Arbeitslosigkeit und einem vollkommen überdimensionierten wie unproduktiven Beamtenapparat nicht

---

[25]) Nach mündlicher Auskunft vom September 1993 aus dem „Ministry of Interior-Department of Rural Affairs and Environment" in Nikosia (Nord).
[26]) Kıbrıs. 22.05.1995.
[27]) Für diese Art von Bränden gibt es im Türkischen sogar einen eigenen Begriff: „kuru ot-çöp yangını". 1994 wurden in der „TRNZ" 517 Brände dieser Art registriert (Kıbrıs. 22.05.1995).
[28]) Kıbrıs. 23.05.1995. Cyprus Today. 08.–14.07.1995.
[29]) Ebenda.
[30]) Ebenda.

in der Lage sein soll, die ohnehin sehr geringen Waldbestände auf Brandherde zu überwachen, zumal die Waldbrandrisiken im Gegensatz zu anderen Naturkatastrophen vorhersehbar sind und saisonal begrenzt auftreten. Es ist bemerkenswert, daß die Behörden Nordzyperns 1994 zwar imstande waren, 517 Wildkrautverbrennungen zu registrieren[31]), die aus Gründen der Waldbrandgefahr ohnehin unter Strafe gestellt werden müßten, sich in der Praxis jedoch als unfähig erweisen, einen Waldbrand im Initialstadium zu erkennen, wie dies der Kyrenia-Brand Ende Juni 1995 demonstrierte, der in den Vororten dieser Stadt ausgebrochen war. Die zyperntürkischen Forstingenieure stellen beispielsweise bedauernd fest, daß die mit der Brandüberwachung beauftragten Forstangestellten über unzureichende Kommunikationsmittel verfügen und lediglich eine Acht-Stunden-Schicht (10 Uhr bis 18 Uhr) am Tag existiert. In der übrigen Zeit sind die Beobachtungsposten unbesetzt. Neben der unzureichenden Überwachung muß der Verwaltung Nordzyperns zudem vorgehalten werden, daß auch regelmäßig anfallende Arbeiten (Freihalten von Feuerschneisen, Instandhaltung von Forstwegen) weitgehend vernachlässigt wurden[32]).

Der Kyrenia-Brand dokumentiert die Lethargie der zyperntürkischen Exekutive bei der Wahrung von Interessen des Gemeinwohls bzw. von Umweltschutzbelangen und legt den Verdacht nahe, daß die umfangreichen Umweltschutzgesetze, auf die sie sich bei jeder Gelegenheit beruft, faktisch Makulatur sind. Wie die meisten Brände ist auch der Kyrenia-Brand mit hoher Wahrscheinlichkeit auf Fahrlässigkeit zurückzuführen, aber die Behörden in Nordzypern verharrten nach der anfänglichen, später nicht mehr aufrechtzuerhaltenden Theorie der Selbstentzündung in Stillschweigen über die Ursachen[33]). Fest steht, daß der Kyrenia-Brand an mehreren Stellen ausbrach und sehr wahrscheinlich infolge von Unachtsamkeit bei illegalen Müllverbrennungen in der Nähe einer der zahlreichen türkischen Kasernen entstanden war[34]). Vor dem Kyrenia-Brand ereigneten sich bereits im Mai und im Juni 1995 mehrere lokale Brände, denen insgesamt 4000 *dönüm* (= 5350 ha) Wald zum Opfer fielen. Der größte dieser Waldbrände, der erst am dritten Tag unter Kontrolle gebracht werden konnte, ereignete sich bei Myrtou (Çamlibel) und Diorios (Tepebasi) und war auf Unachtsamkeit zurückzuführen[35]). Wie üblich bei Fragen von „nationalem Interesse" schaltete sich „Präsident" Denktaş in die

---

[31]) Kıbrıs. 22.05.1995.

[32]) Daß die „TRNZ"-Behörden sich ihrer Versäumnisse bewußt sind, belegt die Aussage von Präsident Denktaş, der anläßlich des Kyrenia-Brands argumentierte, es kämen für die Brandbekämpfung nur Löschflugzeuge in Frage, da motorisierte Löschzüge sowieso nicht die Brandherde erreichen könnten (Cyprus Today. 01.-07.07.1995).

[33]) In der „TRNZ" existieren Gerüchte, wonach der Kyrenia-Brand vorsätzlich gelegt wurde, um für Bauvorhaben Umweltschutzbestimmungen zu umgehen oder um einen Grund für die Beantragung zusätzlicher türkischer Finanzspritzen zu schaffen. Inwieweit derartige Mutmaßungen authentisch sind, kann hier nicht beantwortet werden.

[34]) 1993 waren ungefähr 20% der Gemarkungsfläche von Kyrenia (Girne) in Besitz der türkischen Armee, in deren Umgebung häufig Müllkippen lagern (Eigene Erhebungen des Verfassers).

[35]) Kıbrıs. 30.04., 16.05., 22.05., 23.05.1995.

öffentliche Diskussion um die Waldbrandbekämpfung ein, was ein Picknickverbot in zehn Naherholungsgebieten Nordzyperns zur Folge hatte[36]).

Der Kyrenia-Brand traf die Offiziellen der „TRNZ" trotz der zahlreichen vorangegangenen Waldbrände völlig unvorbereitet. Wann genau am 27. Juni 1995 dieser Brand ausbrach, ist nicht rekonstruierbar, aber bereits am Abend mußte das erste Dorf (Karmi, westlich von Kyrenia) evakuiert werden. Die zyperntürkischen Behörden forderten wider besseren Wissens erst abends Hilfe bei den britischen Basen auf Zypern an, die jedoch mangels Nachtflugeinrichtungen erst bei Tagesanbruch des 28. Juni mit zwei Löschhelikoptern in Aktion treten konnten. Die Rolle des Ministeriums für Zivilverteidigung (*Sivil Savunma Bakanligi*), das nicht nur für den Fall eines imaginären griechischen Angriffs, sondern auch bei Naturkatastrophen in Einsatz treten soll, bleibt rätselhaft: Nach Aussagen vieler Zeugen lief die Evakuierung der vom Brand bedrohten Dörfer vollkommen unkoordiniert ab. Es lag in den Händen der Dorfbewohner, ein Übergreifen der Flammen auf die Wohnorte zu verhindern, indem rechtzeitig Feuerschneisen geschlagen wurden. Das Verhalten der türkischen Armee in Nordzypern bzw. der türkischen Regierung in Ankara wirft ebenfalls Fragen auf. So ist es bisher ungeklärt, warum der Löschhelikopter der türkischen Streitkräfte, der bei den Waldbränden einen Monat zuvor eingesetzt wurde, nicht verfügbar war. Ankara entsandte erst am dritten Tag der Brandkatastrophe vier Löschflugzeuge. Neben der Unfähigkeit der Behörden, die sich allem Anschein nach auf externe Hilfe im Notfall verlassen hatten, verschlimmerte die Passivität der zyperntürkischen Bevölkerung die Situation. Nach Zeugenberichten ließen die Einwohner in einigen bedrohten Siedlungen ratlos das Inferno auf sich zukommen und warteten zunächst das Einrücken offizieller Helfer ab[37]).

Die Mißstände auf dem Gebiet der Brandschutzvorsorge und -bekämpfung wurden zusätzlich von der politischen Inflexibilität des zyperntürkischen Präsidenten verschärft, der sich während des Kyrenia-Brandes weigerte, zyperngriechische Hilfsangebote in Anspruch zu nehmen und den Löschfahrzeugen der Zyperngriechen die Einreise am Checkpoint in Nikosia verwehrte[38]).

The Denktaş regime sought help from Turkey and the British bases, but refused to accept assistance from the Greek Cypriot side (...). The European Parliament urged Turkey yesterday to pressure Denktaş to accept assistance from the Cyprus government to extinguish the Kyrenia fire and to help in restoring the damage to the environment and cultural sites.[39])

Von den materiellen Schäden der betroffenen zyperntürkischen Bevölkerung einmal abgesehen, gab der „Präsident" Nordzyperns mit seinem Verhalten auch zu erkennen, daß die Spaltung Zyperns politisch aufrechterhalten werden müsse, auch wenn die Maßnahmen – wie in diesem Fall – zu Lasten der Umwelt bzw. der eigenen Bevölkerung gingen.

---

[36]) Kıbrıs. 25.05.1995.
[37]) Vgl. dazu das Kapitel „Infrastruktur und Binnenhandel" von R. Wellenreuther in diesem Band.
[38]) Cyprus Today. 01.–07.07.1995.
[39]) Cyprus Weekly. 30.06.–06.07.1995.

Wiederaufforstungsmaßnahmen kommen demzufolge bereits wegen der zahlreichen Waldbrände eine wichtige Bedeutung zu. In der Republik Zypern konnten durch solche Wiederaufforstungen die durch die Teilung verursachten Waldschäden bis 1982 beseitigt werden. Inzwischen umfaßt das Waldland auf Zypern 175 000 ha (bzw. 18,8% der Gesamtfläche), die sich größtenteils in Staatsbesitz befinden. Auch im zyperntürkischen Norden stieg der Anteil bewaldeter Flächen von 39 192 ha (1974) auf 55 907 ha (1991). Der von der Türkei finanzierte *Forest Master Plan* sieht einen weiteren Ausbau um 1 720 ha in den kommenden Jahren vor. Infolge der chronisch angespannten Finanzlage müssen Neuanpflanzungen jedoch überwiegend auf der Basis ehrenamtlicher oder gemeinnütziger Tätigkeiten erfolgen (z.B. Schulklassen, Studentenvereinigungen, Umweltschutzverbände, Armeeangehörige)[40]. Bereits wenige Tage nach dem Kyrenia-Brand wurde ein türkisch-zyperntürkisches Abkommen unterzeichnet, das die türkische Finanzierung von zehn Millionen Setzlingen sowie fünf Fahrzeugen zur Brandbekämpfung regelt und die Entsendung von 800 Festlandstürken (als Brandschutzhelfer) vorsieht. Im Gegenzug verpflichtete sich die „TRNZ" zu Zollreduktionen, zu einer Vereinfachung der Einreise- bzw. Aufenthaltsmodalitäten, zur Einbeziehung dieser festlandstürkischen Einwanderer in das Sozialsystem und zur Unterstützung bei der Suche nach Unterkunft und Verpflegung[41]. Vor dem Hintergrund dieses Abkommens, das in den Medien Nordzyperns euphorisch als einmalige Chance gefeiert wurde, dank der „uneigennützigen" türkischen Hilfe umwelttechnische und forstwirtschaftliche Innovationen einzuführen, wird die ablehnende Haltung des zyperntürkischen „Präsidenten" verständlich, bei dem Kyrenia-Brand zyperngriechische Hilfe in Anspruch zu nehmen.

2. Umweltschutzprojekte auf der Akamas- und der Karpas-Halbinsel

Sowohl die Akamas- als auch die Karpas-Halbinsel verdanken ihre relative Unberührtheit der abgeschiedenen Lage im äußersten Nordwesten bzw. Nordosten Zyperns. Beide wurden erst Mitte der 1980er Jahre zum Gegenstand öffentlicher Diskussionen, als Umweltschützer begannen, für die Einrichtung von Nationalparks zu plädieren. Im Falle der Karpas-Halbinsel gehen entsprechende Initiativen auf das Jahr 1986 zurück, ohne daß es jedoch inzwischen zu konkreten Schritten gekommen wäre. Wie wenig von den offiziellen Beteuerungen, in denen der Staat sich als Interessensverwalter umweltpolitischer Fragen präsentiert, zu halten ist, zeigte der Versuch vor einigen Jahren, ein renommiertes Touristikunternehmen für den Bau eines Ferienclubs auf der Karpas-Halbinsel zu gewinnen. Nicht der Erhalt der Umwelt, sondern die Ankurbelung des Tourismus steht im Vordergrund. Die Natur dient dabei als touristische Attraktion. Geplant ist ein sogenannter „sanfter Tourismus". Als Vorreiter eines umweltverträglichen Fremdenver-

---

[40]) Nach mündlicher Auskunft vom September 1993 aus dem „Ministry of Agriculture and Forestry" in Nikosia (Nord).
[41]) Cyprus Today. 15.–21.07.1995.

kehrs betätigen sich nicht nur Umweltschutzorganisationen, sondern auch in zunehmendem Maße Anbieter touristischer Dienstleistungen; in der Regel kleine lokale Reisebüros unter deutscher und englischer Leitung, die mit europäischen Spezialveranstaltern zusammenarbeiten[42]). Die Initiatoren berichteten 1994 von einem jahrelangen Kampf um die Unterstützung des Tourismusministeriums, das im Falle Nordzyperns zwar generell Interesse bekundete, aber in der Praxis jegliche Förderung unterließ. Innerhalb des Nationalparks der Karpas-Halbinsel sollen keine Hotels gebaut werden, sondern ausschließlich ebenerdige Gästehäuser und Chalets. Ein Interessenkonflikt besteht zwischen Umweltschutzverbänden (*National Trust, Animal Protection Society, Society for the Protection of Turtles in North Cyprus, Pro-Action*) auf der einen Seite und den Landwirten sowie der größtenteils staatlichen Tourismusindustrie auf der anderen. Während die einen jegliche touristische Nutzung bekämpfen und sich für den Erhalt wildlebender Tierarten (z. B. Esel und Meeresschildkröten) einsetzen, beklagen die anderen den Viehverbiß der freilebenden Esel. Mit Kompromißlösungen wie der Domestizierung wildlebender Esel tun sich alle Beteiligten schwer, und in der täglichen Praxis kann keinesfalls von einer aktiven Umweltschutzpolitik gesprochen werden.

Auf der Akamas-Halbinsel ist die Situation ähnlich: Naturschutzverbände (*Friends of Akamas, Greenpeace*) kämpfen seit Jahren für die Einrichtung eines Nationalparks mit absolutem Bauverbot. Dagegen fördern lokale Vertreter aus Wirtschaft und Politik den „Agrotourismus" bzw. „Grünen Tourismus", um dieser ohnehin strukturschwachen Region neue Beschäftigungsimpulse zu geben. Die Regierung übt sich mittlerweile in der Verzögerungstaktik und wartet das Ergebnis eines Gutachtens ab. In der Zwischenzeit wird von privaten Landbesitzern immer wieder versucht, Erschließungsmaßnahmen ohne die erforderlichen behördlichen Genehmigungen durchzuführen. Im Sommer 1995 beanstandete die Umweltschutzorganisation *Friends of Akamas* illegale Grabungen sowie ungenehmigte Baumabholzungen, den Bau von Erschließungswegen und den Anschluß eines illegalen Restaurants am Tocheftra-Strand an das Stromnetz des Dorfes Pegeia (15 km nördlich von Pafos)[43]). Besonders die letztgenannte Erschließungsmaßnahme behindert das nächtliche Brüten der lichtscheuen Meeresschildkröten am Strand. Als anläßlich des *Commonwealth*-Gipfels auf Zypern im Oktober 1993 der Herzog von Edinburgh in seiner Eigenschaft als Vorsitzender des *World Life Fund* die Akamas-Halbinsel besuchte, versuchte *Greenpeace*, mit der Übergabe eines Memorandums auf die Mißstände zyprischer Umweltpolitik aufmerksam zu machen. Die geplante Aktion wurde allerdings von den zyprischen Sicherheitskräften mit Gewalt verhindert. *Greenpeace* zufolge verstößt die Republik Zypern auf dem Gebiet des Umweltschutzes permanent internationale, auch von Zypern anerkannte Konventionen und betreibt keinen aktiven Umweltschutz[44]).

---

[42]) Für die Republik Zypern vgl. Die Zeit. 21.07.1995. In der „TRNZ" bieten Kaleidoskop Turizm und Cricketer in Kyrenia (Girne) hauptsächlich Wandertouren im Pentadaktylos-Gebirge an (Cyprus Today. 06.–12.05.1995).
[43]) Cyprus Weekly. 04.–10.08.1995.
[44]) Cyprus Weekly. 29.10.–04.11.1993.

Das La(v)ra-(Laona)-Projekt zum Schutze bedrohter Meeresschildkrötenarten (Nestpflege), das 1976 von der zyprischen Fischereibehörde auf der Akamas-Halbinsel ins Leben gerufen wurde, gehört zu den wichtigsten Umweltprojekten, die auf Zypern derzeit realisiert werden. Zwei Meeresschildkrötenarten (*Caretta Caretta* und *Chelonia Mydas*) brüten an den Stränden Zyperns, die für diese bedrohte Tierart infolge zunehmender Verstädterung mediterraner Küstenabschnitte ein Rückzugsgebiet darstellen. Gleichzeitig wurde auch versucht, einen umweltverträglichen Tourismus einzuführen, der den ökonomischen Anforderungen gerecht werden sollte. Drei Dörfer (Pegeia, Kato und Pano Akourdaleia) begannen in einem Pilotprojekt, die traditionellen zyprischen Lebens- und Wirtschaftsformen für auswärtige Besucher wiederaufleben zu lassen, und in der Region wurden zwanzig Touristenherbergen eingerichtet. Finanziert wurde dieses Projekt mit günstigen Umbaukrediten aus den EU-Mittelmeerstrukturfonds. Jedoch gilt dieses Projekt heute schon als gescheitert, weil die erwarteten fremden Gäste ausbleiben[45]). Erst in der Praxis zeigt sich, daß eine wirtschaftlich erfolgreiche Umstrukturierung agrarischer Peripherregionen aufwendige Infrastrukturinvestitionen erfordert, was zwangsläufig wieder einen Interessenkonflikt mit umweltpolitischen Zielen zur Folge hat. Ähnlich wie in der „TRNZ" reduziert sich auch in der Republik der sogenannte „sanfte Tourismus" auf die kleine Gruppe von Spezialveranstaltern (Exalt-Tours, Attika-Reisen), die Naturexkursionen (Wandertouren) anbieten.

IV. Zusammenfassung

In beiden Inselteilen wurde der Umweltschutz bisher vernachlässigt, denn Wirtschaftsinteressen (Ausbau des Tourismus) sind immer noch wichtiger als Umweltschutz. Die relative Unberührtheit vieler Landstriche auf Zypern (z.B. Tilliria oder Karpas) ist eher deren abgeschiedener Lage zu verdanken als behördlichem Protektionismus. Es bleibt weitgehend privaten Initiativen überlassen, neue Umweltschutzprojekte zu initiieren (z.B. Einrichtung von Naturschutzparks oder Maßnahmen zum Erhalt vom Aussterben bedrohter Tierarten). Staatliche Institutionen stehen derlei Aktivitäten zwar generell aufgeschlossen gegenüber, tun sich jedoch prinzipiell schwer, in Sachen Umweltpolitik eine aktive Rolle zu spielen. Aus wirtschaftlichen und diplomatischen Gründen (internationale Nichtanerkennung des zypertürkischen Inselteils) sind die entsprechenden Ressorts sehr ungleich mit finanziellen Mitteln ausgestattet. In der „TRNZ" existiert erst seit 1989 ein Umweltministerium (*Icisleri, Köyisleri ve Cevre Bakanligi* = Ministerium für Inneres, dörfliche Angelegenheiten und Umweltschutz). Von den 60 ständig Beschäftigten sind 15 Ingenieure aller Fachrichtungen. Sie sind für den gesamten Bereich Umweltschutz – von der Überwachung der Luftverschmutzung bis hin zur Jagdaufsicht (allein im Norden gibt es 17000 registrierte Jäger) – zuständig[46]). In

---

[45]) Die Zeit. 21.07.1995.
[46]) Nach mündlicher Auskunft vom September 1993 aus dem „Ministry of Interior, Department of Rural Affairs and Environment" in Nikosia (Nord).

der Praxis beschränkt sich ihre Aufgabe auf rein überwachende Funktionen, was infolge der personellen Unterbesetzung sowie der mangelhaften Kapitalausstattung nicht sehr effizient geleistet werden kann. In der Realität werden Umweltsünden diagnostiziert, ohne daraus die entsprechenden Konsequenzen zu ziehen oder die Ursachen zu beseitigen. Das staatliche Unvermögen, eine aktive Umweltschutzpolitik zu betreiben, hängt aber auch mit der mangelnden Akzeptanz der Bevölkerung zusammen. Für das Gros der Zyprer hat Umweltschutz derzeit noch einen außerordentlich niedrigen Stellenwert. Erschwerend kommt hinzu, daß die Umwelt Zyperns zusätzlich Belastungen von außen ausgesetzt ist. Allein in der Bucht von Salamis werden alljährlich ca. zehn Tonnen Abfall aus den östlichen Mittelmeeranrainerstaaten angeschwemmt.

Bevölkerungsstruktur

Hansjörg Brey, München

I. Bevölkerungsentwicklung bis 1974: 1. Gesamtbevölkerung – 2. Bestimmungsfaktoren der Bevölkerungsentwicklung – 3. Ethnisch-religiöse Strukturen – II. Bevölkerungsentwicklung in der Republik Zypern seit 1974: 1. Gesamtbevölkerung – 2. Bestimmungsfaktoren der Bevölkerungsentwicklung und Bevölkerungsstruktur – 3. Staatsangehörigkeit und ethnisch-religiöse Strukturen – III. Bevölkerungsentwicklung in der „Türkischen Republik Nordzypern (TRNZ)" seit 1974: 1. Gesamtbevölkerung – 2. Bestimmungsfaktoren der Bevölkerungsentwicklung sowie der demographischen und ethnisch-religiösen Strukturen – IV. Zusammenfassung

I. Bevölkerungsentwicklung bis 1974

1. Gesamtbevölkerung

Kaum drei Jahre nach Übernahme der Verwaltung Zyperns organisierten die Briten 1881 einen Bevölkerungszensus, der die erste Vollerhebung der Bevölkerungszahl und -struktur Zyperns war[1]). Über die Zahl der zyprischen Bevölkerung vor der Ankunft der britischen Kolonialbehörden gibt es zahlreiche Angaben zeitgenössischer Chronisten – meist Reisende oder Angehörige der jeweiligen Verwaltungen. Dies gilt insbesondere für die Periode der osmanischen Herrschaft. Die Verläßlichkeit dieser Quellen ist jedoch fragwürdig[2]). Für die Anfangsperiode der osmanischen Zeit wurden jüngst interessante Archivquellen mit detaillierten Angaben zur Zahl der Steuerzahler erschlossen[3]). Gesichert ist, daß die Bevölkerung in der vormodernen Zeit ganz erheblich fluktuierte. Das Maximum der Bevölkerung wurde durch die Tragfähigkeit des Inselterritoriums bestimmt. Es wird geschätzt, daß die Insel ca. 300 000 Menschen ernähren konnte. Dieses Maximum wurde wahrscheinlich unter der Herrschaft der Ptolemäer in den beiden vorchristlichen Jahrhunderten sowie im 14. Jahrhundert in der wirtschaftlichen Blüte unter den Lusignans erreicht[4]). Erhebliche Dezimierungen der Bevölkerung waren in

---

[1]) Zur räumlich-regionalen Bevölkerungs- und Siedlungsentwicklung siehe auch den Beitrag „Geographische Grundlagen" von G. Heinritz in diesem Band.

[2]) Vgl. hierzu ausführlich Papadopoullos, Th.: Social and Historical Data on Population (1570–1881). Nikosia 1965 (= Texts and Studies of the History of Cyprus, 1).

[3]) Jennings, R. C.: Christians and Muslims in Ottoman Cyprus and in the Mediterranean World, 1571–1640. New York/London 1993 (= New York Studies in Near Eastern Civilization, 18).

[4]) St John-Jones, L. W.: The Population of Cyprus. Demographic Trends and Socioeconomic Influences. University of London 1983 (= Commonwealth Papers, 23), S. 26/27.

Zypern ein immer wiederkehrendes Phänomen. Dürre, Heuschreckenplagen, Erdbeben und Epidemien wie die Pest (besonders 1348, 1470, 1641 und 1692) und Malaria forderten ihre Opfer ebenso wie die Gewalttätigkeit von Eroberern und repressive Herrschaftssysteme. Obschon zahlenmäßig nicht erfaßt, scheint die Auswanderung bereits früh eine große Rolle gespielt zu haben.

Auf Grundlage der verfügbaren nicht-osmanischen Quellen schätzt St John-Jones die Bevölkerungszahl zu Beginn der osmanischen Eroberung auf 150000 bis 170000[5]). Der erste Budgetplan der osmanischen Verwaltung zählte jedoch lediglich 23000 steuerpflichtige Nicht-Muslime, was einer Bevölkerung von 70000 bis 80000 entsprechen würde. Jennings räumt allerdings ein, daß die Bevölkerung zu dieser Zeit nicht vollständig erfaßt werden konnte[6]). Sicher erscheint hingegen, daß die Insel nach den Verwüstungen und Menschenverlusten durch die osmanische Eroberung unterbevölkert war. Ab 1572 wurden deshalb Neusiedler aus Anatolien „transferiert". Ihre Zahl wird in der Literatur meist mit 20000 bis 22000 angegeben[7]). Neben den sehr fragwürdigen Schätzungen diverser Reisender sind für die osmanische Zeit nur wenige Daten überliefert, welche auf tatsächlichen Erhebungen basieren. Die von Jennings für die Zeit bis Mitte des 17. Jahrhunderts ausgewerteten Archivberichte legen nahe, daß die Bevölkerung zwischen 1606 und 1656 von 30000 auf 12000 nicht-muslimische Familien geschrumpft war[8]). Daß die zyprische Bevölkerung im 17. Jahrhundert durch Epidemien, Naturkatastrophen und ein repressives Steuersystem erheblich dezimiert wurde, hält St John-Jones für durchaus plausibel. Der orthodoxe Archimandrit Kyprianos überlieferte 1778 einen „Zensus" von 1777. Diese Zählung hatte 12000 männliche Christen erfaßt. Auf deren Basis wurde die christliche Bevölkerung dann auf 37000 „extrapoliert"[9]). Aus der Überlieferung Kyprianos' werden jedoch die Mängel der Zahlenangaben aus osmanischer Zeit sehr deutlich, welche sich schon aus ihrer begrenzten Zweckbestimmung ergeben: Gezählt wurden meist allein die nicht-muslimischen (erwachsenen, männlichen) Zahler der Kopf-Steuer (*cizye-i gebran*). Die Validität der hierbei erhobenen Zahlen wird in Zweifel gezogen, da die Christen keineswegs interessiert waren, sich als Steuerzahler registrieren zu lassen und deshalb anzunehmen ist, daß ihre Zahl (in dieser wie auch in anderen Erhebungen) unterschätzt wurde[10]).

Die britische Verwaltung führte erstmalig 1881 und in der Folge im 10- bis 15-jährigen Turnus Bevölkerungszählungen durch. Die Methodik und Organisation dieser Erhebungen wird allgemein als sehr gut, die Resultate als entsprechend korrekt und zuverlässig anerkannt. Besonders herausragend in dieser Hinsicht war der Zensus von 1946. Seine Ergebnisse wurden als die erste umfassende demogra-

---

[5]) St. John-Jones (Anm. 4), S. 28.
[6]) Jennings (Anm. 3), S. 191.
[7]) Hahn, B./Wellenreuther, R.: Demographische Strukturen in der Türkischen Republik Nordzypern. Eine Gleichung mit vielen Unbekannten, in: Orient. 4 (1992), S. 613–633, bes. 616.
[8]) Jennings (Anm. 3), S. 198, Tab. 6.1.
[9]) Luke, H.: Cyprus under the Turks, 1571–1878. Oxford 1921, S. 62/63.
[10]) St John-Jones (Anm. 4), S. 32.

phische Analyse einer Gesellschaft im östlichen Mittelmeerraum bezeichnet[11]). Im Jahre 1960, kurz nach Erlangung der staatlichen Selbständigkeit der Insel, wurde (noch mit Hilfe der Briten) der letzte Bevölkerungszensus erhoben, dessen Resultate von allen Parteien auf Zypern bis heute im wesentlichen anerkannt werden. Schon der nächste Versuch einer Volkszählung – für 1970 geplant – scheiterte an den politischen Spannungen zwischen der griechischen Mehrheit und der türkischen Minderheit, die sich im Gefolge der gewalttätigen Auseinandersetzungen der beiden Bevölkerungsgruppen im Winter 1963/64 zum größten Teil in Enklaven zurückgezogen hatte. Diese Enklaven entzogen sich der administrativen Kontrolle der Regierung Makarios, und die zyperntürkische Verwaltung veröffentlichte selbst keine entsprechenden Daten. Die von der zyprischen Regierung publizierten Bevölkerungsdaten für 1973 beruhten auf einem Mikro-Zensus unter den griechischen Zyprern, deren Zahl durch die für die Zyperntürken nach dem ethnischen Proporz von 1960 geschätzte Bevölkerungsgröße ergänzt wurde (vgl. Tabelle 1).

Tabelle 1: Zypern – Bevölkerungsentwicklung, 1881–1973

Zensusjahr	Bevölkerung	% Zunahme*	% durchschnittliches jährliches Wachstum		
			Gesamtbevölkerung	Zyperngriechen	Zyperntürken
1881	186173	–	–	–	–
1891	209286	12,4	1,18	1,42	0,53
1901	237022	13,3	1,25	1,42	0,69
1911	274108	15,6	1,46	1,62	0,93
1921	310715	13,4	1,26	1,33	0,84
1931	347959	12,0	1,14	1,23	0,46
1946	450114	29,4	1,73	1,80	1,52
1960	573566	27,4	1,74	1,46	1,87
1973**	631778	–	–	0,69	–

* gegenüber vorhergehendem Zensus.
** *de-jure* Bevölkerung, Angaben beruhend auf Mikrozensus bzw. Schätzungen.
Quelle: St John-Jones, L.W.: The Population of Cyprus. London 1983, S.34, Tab. 1 sowie S.51, Tab.2.

Die Bevölkerung Zyperns befindet sich seit dem Ende der osmanischen Herrschaft erstmals auf einem stetigen Wachstumspfad. Insgesamt war dieses Wachstum vor dem Zweiten Weltkrieg relativ bescheiden und steigerte sich dann merklich bis zur Gründung der Republik Zypern. Die demographischen Variablen, die natürlichen Faktoren ebenso wie die Auswanderung (deren Rolle wird im folgenden Abschnitt untersucht), wurden ganz entscheidend von der sozio-ökonomischen Lage der Bevölkerung und dem Modernisierungsprozeß der zyprischen Gesellschaft bestimmt.

---

[11]) Percival, D.A.: Some Features of a Peasant Population of the Middle East – Drawn from the Results of the Census of Cyprus, in: Population Studies. 3 (1949) 2, S.192–204, bes. 192.

2. Bestimmungsfaktoren der Bevölkerungsentwicklung

Die sozio-ökonomische Situation einer überwiegend ländlichen und von der Agrarwirtschaft lebenden Bevölkerung war in den ersten Jahrzehnten der britischen Herrschaft nach wie vor von Armut, periodischen Hungersnöten und Analphabetismus bestimmt. Allmählich verbesserte sich die Lage durch eine Reihe von Maßnahmen bzw. Reformen. Mit der Beseitigung der Heuschreckenplage (bereits um die Jahrhundertwende) und dem Sieg über die Malaria (Ende der 1940er Jahre) waren die bedrohlichsten natürlichen Risikofaktoren ausgeschaltet worden. Die 1920er und 1930er Jahre brachten die Abschaffung der Tributpflicht (1926), das Verbot des ausbeuterischen Geldverleihs und die Entwicklung eines funktionsfähigen ländlichen Genossenschaftswesens. In den Jahren nach 1946 erhielt praktisch jedes Dorf eine öffentliche Wasserversorgung. Die medizinische Grundversorgung wurde wesentlich verbessert. Unterstützt durch die beschränkte Größe des Inselterritoriums und einen zügigen Ausbau der Verkehrsinfrastruktur hatte bald faktisch jedes Dorf Zugang zu einem Krankenhaus innerhalb von nur einer Stunde Fahrtzeit. Der allgemeine Bildungsstand erfuhr in der britischen Zeit dramatische Verbesserungen: 1946 betrug die Alphabetisierungsrate unter den Zyprern ab 45 Jahren nur 37,8%, unter den 7-44jährigen hingegen bereits 77,6%[12]. Eine rasante Verbesserung (auch des weiblichen) Bildungsstandes fiel in Zypern zusammen mit sprunghaften Fortschritten bei der Qualität der Ernährung und in den hygienischen Bedingungen sowie nicht zuletzt mit einer allgemeinen Steigerung des Lebensstandards. Die Nachkriegszeit und speziell die 1950er Jahre brachten Zypern einen Wirtschaftsboom (Bau der britischen Militärbasen, Exportboom bei Bergbauprodukten) und in dessen Folge breite Beschäftigungs- und Wohlstandseffekte in außerlandwirtschaftlichen Sektoren[13].

Die Datenbasis über Mortalität wie über die Fruchtbarkeit im Betrachtungszeitraum ist relativ dürftig. Dennoch lassen sich sehr signifikante Trends feststellen[14]. Die rohe Sterblichkeitsrate sank relativ konstant seit Ende des 19. Jahrhunderts und zeigte seit Beginn der 1940er Jahre eine rapide fallende Tendenz bis auf ein nach weltweiten Standards sehr niedriges Niveau[15]. Besonders signifikant erscheint der Fall der Säuglingssterblichkeitsrate. Kamen in der Zeit von 1942 bis 1944 auf 1 000 Geburten noch 122 Todesfälle von Kindern im ersten Lebensjahr, so verringerte sich dieser Wert zwischen 1951 und 1953 auf 56.

Eine besonders steile Tendenz nach unten weisen die Geburtenraten und die Fruchtbarkeitsrate seit Anfang der 1960er Jahre auf. In Tabelle 2 sind die für die Fruchtbarkeit maßgeblichen Variablen für die einzelnen Zensusjahre dargestellt. Wenn auch die Genauigkeit dieser Daten aufgrund der unsicheren Datenbasis bezweifelt werden muß, so stimmen sicherlich die generellen Trends. Entsprechend

---

[12]) Berechnet nach Percival (Anm. 11), S. 193, Tab. 1.
[13]) Brey, H.: Industrialisierung auf Zypern. Internationale, nationale und regional/lokale Aspekte der Industrieentwicklung. Kallmünz/Regensburg 1989, S. 18–27.
[14]) St John-Jones (Anm. 4), S. 63–91.
[15]) Ebenda, S. 66, Tab. 4; St John-Jones berechnete für die nicht-türkische Bevölkerung im Jahr 1971 eine rohe Sterblichkeitsrate von 6,8 gegenüber einer offiziellen Angabe von 9,6.

Tabelle 2: Zypern – Fruchtbarkeits- und Geburtenrate, 1901–1973

Zensusjahr	Allgemeine Fruchtbarkeitsrate*	Rohe Geburtenrate**
1901	138,2	30,7
1911	145,2	31,7
1921	119,5	26,8
1931	127,5	30,2
1946	142,5	32,2
1960	118,9	25,3
1973	81,0	18,3

* Zahl der Geburten auf 1 000 Frauen im gebährfähigen Alter (15–49)
** Zahl der Geburten auf 1 000 Einwohner
Quelle: Republic of Cyprus, Ministry of Finance, Department of Statistics and Research (Hrsg.): Demographic Report 1991, Tab. 11.

der sinkenden Fruchtbarkeit sank die Brutto-Reproduktionsrate von 2,18 (1950) über 1,86 (1960) auf 1,40 (1965, nur nicht-türkische Zyprer)[16]. Der Trend zu kleineren Familien konnte sich auf Zypern sehr schnell durchsetzen. Zu den genannten Bestimmungsfaktoren eines rapiden sozio-ökonomischen Wandels kamen hier eine schnelle Zunahme der Frauenarbeit, ein schwindender Einfluß der Kirchen auf die Wertestruktur und eine schnelle Diffusion neuer Ideen aufgrund eines geringen Stadt-Land-Gefälles.

Welchen Einfluß hatten Emigration und Immigration auf die Bevölkerungsentwicklung bis 1974? Seit 1920 weist die Statistik auf Zypern sogenannte Netto-Migrationsströme aus, d.h. ein Saldo von Ein- und Auswanderungen. Seit 1955 wurden jährliche statistische Daten zur Ein- und Auswanderung erhoben. Die Daten zur Einwanderung sind dabei bis in die siebziger Jahre hinein unzuverlässig. Offensichtlich war jedoch die Immigration nach Zypern – mit einigen bekannten Ausnahmen in den ersten Jahrzehnten der britischen Kolonialherrschaft – kaum von Bedeutung, und die Remigration früherer Auswanderer spielte ebenfalls kaum eine Rolle. Auch die Auswanderungs-Statistiken haben in der Regel die wahren Emigrantenströme unterschätzt. Auf diese Tatsache stößt man beim Vergleich der zyprischen Auswanderer-Zahlen mit den Einwanderungsstatistiken der Zielländer[17]. Dennoch sind die verfügbaren Daten zur Emigration auch im internationalen Vergleich recht verläßlich. Vor allem beinhalten sie eine Fülle interessanter Detailinformationen bezüglich Alter, Geschlecht, ethnische Zugehörigkeit, Beruf, Herkunftsdistrikt und Zielland der Auswanderung.

Die Emigration scheint bis zum Ende des Zweiten Weltkrieges keinen sehr bedeutenden Umfang erreicht zu haben. Wie im folgenden Abschnitt noch auszuführen ist, waren die Zyperntürken sehr wahrscheinlich überproportional von Emi-

---

[16] St. John-Jones (Anm. 4), S. 84.
[17] Ebenda, S. 95–97. Vgl. auch Constantinou, St.: Economic Factors and Political Upheavals as Determinants of International Migration: The Case of Cyprus. Nikosia 1990, S. 145–157.

gration betroffen. Überliefert ist die Auswanderung von ca 5 000 türkischen Zyprern nach Abschluß des Vertrages von Lausanne 1923. Bekannt sind auch mehrere Einwanderungswellen nach Zypern: 1898 wurden etwa 1 000 Personen aus Rußland übersiedelt, 1900 eine Gruppe von Juden aus Osteuropa. Beide Ansiedlungsversuche scheiterten, und die Betroffenen verließen die Insel in den darauf folgenden Jahren. In den 1920er Jahren folgten Flüchtlinge aus Armenien sowie aus Smyrna. Die Gründe für die Auswanderung waren – mindestens bis in die 1950er Jahre hinein – in der ländlichen Armut zu suchen. Naturkatastrophen mit folgenden Hungersnöten, wie z. B. in den Dürrejahren 1902 und 1932/33, konnten den Auslöser für größere Auswanderungsbewegungen bilden. Anders als in anderen unterentwickelten Regionen kam es in Zypern zu keiner „Slum"-Bildung in den Städten. Emigration war im wesentlichen eine räumlich erweiterte Land-Stadt-Wanderung[18]).

Tabelle 3 verdeutlicht, daß die Emigrationsströme aus Zypern besonders seit Mitte der 1950er Jahre beträchtliche Ausmaße annahmen, sich dann in den Jahren 1960/61 noch einmal mehr als verdoppelten und dann bis 1973 wieder erheblich zurückgingen. Insgesamt hatte die Auswanderung nach dem Zweiten Weltkrieg einen ganz erheblichen Einfluß auf das zyprische Bevölkerungswachstum. Dieses wurde etwa zwischen 1946 und 1960 um 20% verringert. Allein im Jahr der zyprischen Unabhängigkeit (1960) wanderten 2,6% der Inseleinwohner aus, eine durchaus spektakuläre Größe. Die Hintergründe für den beobachtbaren Exodus waren vielfältig[19]): Entscheidend waren neben den politischen Wirren in der Zeit des antikolonialen EOKA-Kampfes (seit 1955) vor allem die wirtschaftliche Depression, die auf den Boom in der ersten Hälfte der 1950er Jahre folgte. Die Emigration einer großen Zahl von als „Anglo-Amerikaner" klassifizierten Personen zwischen 1956 und 1959 markiert die Rückwanderung von Angehörigen der britischen Verwaltung bzw. Militärbasen und ihrer Familien in den letzten Jahren der Kolonialzeit. Eine besondere Rolle spielte nach der Unabhängigkeit Zyperns der sogenannte *Commonwealth Immigration Act*, der am 1. Juli 1962 in Kraft trat. Danach mußten alle Bürger von *Commonwealth*-Staaten, welche in Großbritannien arbeiten wollten, im Besitz einer Arbeitserlaubnis (*Employment Voucher*) sein. Der anstehende Termin veranlaßte viele Zyprer in einer Art „Torschlußpanik" zur Auswanderung nach England, und tatsächlich sank die Zahl der in das Vereinigte Königreich auswandernden Zyprer nach diesem Datum beträchtlich. Die seit Ende 1963 virulenten interkommunalen Auseinandersetzungen zwischen griechischen und türkischen Zyprern ließen die Zahl der Emigranten vor allem im Jahre 1964 nochmals anschwellen. Die leichte Überrepräsentation türkischer Zyprer bei den Auswanderern des Jahres 1967 und seit 1970 sind sicherlich Folge der Entwurzelung von ca. 20 000 Zyperntürken während der Kämpfe der Jahre 1963/64 und ihres geringen Lebensstandards innerhalb der Enklaven. Fraglich bleibt, ob die zyperngriechischen Behörden während der „Enklavenzeit" die Auswanderung von Zyperntürken (welche sich ja der zyperngriechischen Regierungsgewalt entzogen)

---

[18]) St John-Jones (Anm. 4), S. 97.
[19]) Constantinou (Anm. 17), S. 150–160.

Tabelle 3: Zypern – Emigranten nach Zielländern und Volksgruppe, 1946/55–1973

Jahr	Zielländer							Ethnisch-religiöse Zuordnung der Emigranten (%)			
	Alle Länder	GB	USA	Griechenland	Kanada	Südafrika	Andere	Zyperngriechen	Zypterntürken	Anglo-Amerikaner	Andere
1946	850										
1947	2238										
1948	* 351										
1949	1048										
1950	2847										
1951	3808										
1952	2379										
1953	1169										
1954	3651										
1955	5704	4469	109	–	13	60	83	84,4	15,1	0,1	0,4
1956	6461	5233	147	75	32	84	160	56,0	13,8	29,0	1,2
1957	5447	4702	245	7	22	52	152	64,9	17,0	16,5	1,6
1958	5273	4579	145	43	13	35	130	73,9	11,5	13,4	1,2
1959	6	5809	104	37	12	38	135	67,4	20,4	11,7	0,9
1960	14589	13534	141	9	11	274	350	80,6	15,2	2,4	1,8
1961	13489	12337	111	9	10	331	249	79,5	18,9	0,2	1,5
1962	6277	4970	90	19	6	193	446	80,5	13,9	0,1	5,5
1963	2933	2187	51	8	32	133	247	78,6	15,4	0,4	5,5
1964	5081	3859	107	88	55	213	367	78,6	19,5	0,1	1,7
1965	2967	1993	63	63	203	120	185	80,2	19,1	0,2	0,5
1966	3408	1868	315	65	270	184	164	83,8	15,8	–	0,5
1967	3470	2229	208	55	293	100	118	73,2	25,9	0,2	0,7
1968	2676	1452	199	131	140	113	151	81,0	18,8	–	0,2
1969	2378	1164	161	72	145	149	218	85,2	14,2	0,1	0,4
1970	2318	800	200	46	206	92	192	75,1	24,5	0,2	0,2
1971	2271	676	171	53	180	156	186	72,6	27,0	–	0,4
1972	1318	288	100	47	120	45	113	65,8	34,1	–	0,1
1973	1312	206	106	6	158	80	78	67,1	32,8	–	–

* Zahl bezieht sich auf zyprische Einwanderer in den Zielländern
Quelle: Constantinou, St.: Economic Factors and Political Upheavals as Determinants of International Migration: The Case of Cyprus. Nicosia 1990, S. 146, Tab. 1, S. 166, Tab. 11.

adäquat registrieren konnten. Zumindest mußten sich auch zyperntürkische Emigranten bei einer Ausreise durch einen Hafen oder Flughafen den Kontrollen zyperngriechischer Beamten unterziehen.

Was die Zielländer der zyprischen Migration betrifft, so fällt auf, daß die „Mutterländer" Griechenland und Türkei bis 1973 faktisch keine Rolle spielten. Dies ist ein klarer Hinweis auf den überwiegend wirtschaftlichen Hintergrund der Wanderungsentscheidungen. Bis 1970 ist Großbritannien das bevorzugte Zielland der zyprischen Emigranten. Die Gründe hierfür sind die Mitgliedschaft Zyperns im *Commonwealth* (seit der staatlichen Unabhängigkeit), die kulturell-sprachliche

Vertrautheit der Zyprer mit ihrer ehemaligen Kolonialmacht und die Existenz einer großen zyprischen Gemeinde (vor allem in London), als Katalysator für einen Neubeginn[20]). Typischerweise verlief die Auswanderung von Zyprern in Form einer sogenannten *chain migration*, bei der zunächst (vor allem jüngere) Männer die „Vorhut" bildeten und die Familienmitglieder später nachzogen. Familiäre und durch die frühere Herkunftsgemeinde bestimmte Bande spielten dabei eine entscheidende Rolle.

3. Ethnisch-religiöse Strukturen

Über die Zusammensetzung der zyprischen Bevölkerung nach ethnischen oder religiösen Gesichtspunkten gibt es zwar – ähnlich wie für die Gesamtbevölkerung – eine Fülle historiographischer Quellen. Stärker noch als die Angaben zur Gesamtbevölkerung sind die Zahlen jedoch höchst unzuverlässig. Die Bevölkerung bestand bei der Übernahme der Herrschaft durch die Osmanen 1570/71 vor allem aus griechisch-orthodoxen Christen, ergänzt von Minderheiten vor allem von Armeniern und Maroniten. Osmanische Quellen belegen, daß vor dem osmanischen „Bevölkerungstransfer" nur 25 erwachsene männliche Muslime auf der Insel ansässig waren[21]). Die Mehrzahl der Angehörigen der führenden Schichten der Venezianer und Franken war dem osmanischen Eroberungskrieg zum Opfer gefallen. Das muslimische Bevölkerungselement wurde in erster Linie durch die Stationierung osmanischer Garnisonen und in zweiter Linie durch die zwischen 1572 und 1598 im Rahmen einer geplanten und weitgehend mit Zwangsmitteln durchgeführten Ansiedlungsaktion (*sürgün*) auf der Insel eingeführt. Die Methodik und der Verlauf dieser Ansiedlung wird von Jennings erstmals umfassend dokumentiert[22]). Wie Jennings überzeugend nachweist, waren die Neusiedler überwiegend, wenn auch nicht ausschließlich, muslimische Untertanen des Sultans. Angesiedelt wurden auch Angehörige des Nomadenstammes der Yürüken[23]). Die Neusiedler wurden z.T. aus land- und arbeitslosen Bauern und Handwerkern sowie auch aus kriminellen Elementen rekrutiert. Trotz der zugesagten zweijährigen Steuerfreiheit stieß die angeordnete Deportation offensichtlich überall auf erbitterten Widerstand. Die Zahl der nach Zypern übersiedelten Bevölkerung bleibt höchst unklar. Die in der Literatur immer wieder genannten Zahlen von 20 000 bis 22 000 lassen sich auf entsprechende Angaben bei Hill zurückführen[24]). Die ersten muslimischen Bevölkerungselemente auf Zypern waren Soldaten. Überliefert ist die Stationierung von 1 000 Janitscharen und 2 779 Kanonieren[25]). In Bezug auf die *sürgün* er-

---

[20]) Constantinou (Anm. 17), S. 159/160.
[21]) Jennings (Anm. 3), S. 191.
[22]) Ebenda, S. 212–239.
[23]) Beckingham, C.F.: Islam in Cyprus, in: The Islamic Quarterly. 2 (Juli 1955) 2, S. 133–141, bes. 133.
[24]) Hill, G.: A History of Cyprus. Band III, S. 1035 sowie Band IV, S. 20. Cambridge 1939–1952.
[25]) Jennings (Anm. 3), S. 214.

wähnt eine Anordnung der Hohen Pforte an den Gouverneur von Zypern die Verbannung von 12000 Familien. In demselben Dokument wird freilich beklagt, daß nur ein geringer Teil dieser Bevölkerung auf Zypern geblieben sei[26]). Viele Verbannte scheinen tatsächlich Zypern in der Folge wieder verlassen zu haben.

Die Art und Weise der Ansiedlung hatte wichtige Folgen für die demographische Struktur Zyperns: Die Einwanderer wurden nicht isoliert angesiedelt, sondern auf dem überall (außer dem Troodos-Bergland) zerstreuten enteigneten Feudalbesitz und in den mehr oder weniger verlassenen Dörfern und Städten. So kam es von Beginn der Neubesiedlung an zu einer weitgehenden demographischen Vermischung von Christen und Muslimen. Papadopoullos hat eine auf den Getreideverkäufen in Zypern im Jahre 1832 beruhende Statistik zusammengestellt, welche einen großen Teil der damaligen zyprischen Dörfer umfaßt. Danach waren von 462 Dörfern rund 43% von christlichen *rayas* (osmanische Untertanen) bewohnt, 20% von Muslimen und 37% gemischt[27]).

Es ist wahrscheinlich, daß die Zahl der Christen während der gesamten osmanischen Epoche höher blieb als die der Muslime. Die meisten zeitgenössischen Berichte legen dies nahe. Daneben gibt es freilich einzelne historiographische Angaben, die eine muslimische Mehrheit annehmen, so der erwähnte Archimandrit Kyprianos, welcher die muslimische Bevölkerung für das Jahr 1777 auf 47000 schätzte (gegenüber 37000 Christen)[28]). Wollte man dieser Angabe folgen, so bliebe freilich unerklärlich, auf welche Weise sich die ethnische Struktur bis 1881 (dem Jahr des ersten britischen Zensus) umgekehrt haben sollte.

Ein Teil des muslimischen *millet* (Religionsverband) entstand durch Konversion ursprünglich christlicher Dorfgemeinschaften oder Individuen zum Islam. Die Gründe hierfür waren meist ökonomischer Natur, zumal die Muslime gewisse steuerliche Privilegien genossen. Nach Jennings belegen Archivquellen eine große Zahl von Konversionen in den ersten Jahrzehnten der osmanischen Herrschaft, in der Regel freiwillig und auf individueller Basis[29]). Vom (eventuell zeitlich später anzusetzenden) Übertritt ganzer Dorfgemeinden zeugen die nach griechischen Heiligen benannten Toponyme von Siedlungen mit überwiegend oder ausschließlich muslimischer Bevölkerung zu Beginn der 1960er Jahre. Weitgehende Unsicherheit besteht bezüglich der Zahl von Krypto-Christen, welche in Zypern in Anspielung auf ihre gemischte Identität als *Linovamvakoi* (Leinen-Baumwollene) bezeichnet werden. Gekennzeichnet ist diese Bevölkerungsgruppe durch die Ausübung sowohl islamischer (im öffentlichen Bereich) als auch verborgener christlicher Riten. Papadopoullos hält Berichte für glaubhaft, nach denen die Zahl solcher Krypto-Christen noch zu Beginn des 20. Jahrhunderts an die 10000 betragen haben soll[30]). Einen Hinweis auf die Existenz der *Linovamvakoi* mag etwa die Tatsache bieten, daß noch die britischen Zensen beachtenswerte Diskrepanzen zwi-

---

[26]) Jennings (Anm. 3), S. 226.
[27]) Papadopoullos (Anm. 2), S. 213.
[28]) Archimandritis Kyprianos: Istoria Chronologiki tis Nisou Kyprou. Venedig 1788, S. 494–496. Zitiert nach Papadopoullos (Anm. 2), S. 48.
[29]) Jennings (Anm. 3), S. 137–143.
[30]) Papadopoullos (Anm. 2), S. 82/83.

schen Religion und Muttersprache feststellten. 1881 gaben mehr als 5% der Muslime griechisch als ihre Muttersprache an, 1931 immerhin noch fast 3%[31]).

Abgesehen von den genannten Fällen doppelter oder gemischter Identitäten brachten die seit 1881 durchgeführten britischen Zensen auch Klarheit bezüglich der ethnisch-religiösen Strukturen Zyperns. Vor 1960 erfaßten die Zensen ausschließlich die religiöse Zugehörigkeit und die Sprache – nach der „Rasse" wurde erstmalig 1960 gefragt. Ohnehin deckten sich diese Konzepte in der Wahrnehmung der Bevölkerung weitgehend. Die griechisch-orthodoxen Bewohner Zyperns unterscheiden auch heute noch zwischen „Christen" und „Türken". In der Verfassung der Republik Zypern wurde die Koinzidenz von Rasse und Religion formalisiert: Danach umfaßt die griechische Volksgruppe alle Bürger der Republik, die griechischen Ursprungs sind (Familiennamen) und deren Muttersprache griechisch ist, oder die die griechischen kulturellen Traditionen teilen oder Angehörige der griechisch-orthodoxen Kirche sind (die türkische Volksgruppe wird entsprechend definiert)[32]). Tabelle 4 zeigt die ethnisch-religiöse Struktur Zyperns vom Beginn der britischen Herrschaft bis zur staatlichen Unabhängigkeit.

Tabelle 4: Zypern – Ethnisch-religiöse Bevölkerungsstruktur, 1881–1960

Zensus-Jahr	Gesamt Bevölkerung	Griechen		Türken		Armenier		Maroniten		Andere	
		abs.	%	abs.	%	abs.	%	abs.	%	abs.	%
1881	185630	137631	73,9	45458	24,4	174	0,1	830	0,4	1537	0,8
1931	347959	276572	79,5	64238	18,4	3337	1,0	1704	0,5	2068	0,6
1946	450114	361199	80,2	80548	17,9	3686	0,8	2083	0,4	2598	0,6
1960	556660*	442521	79,5	104350	18,8	3628	0,7	2708	0,5	3453**	0,6

* Die Zahl weicht von der in Tab. 1 genannten Angabe ab, da hier die auf Zypern ansässigen britischen Staatsangehörigen nicht mitgezählt sind.
** Darunter 2766 sog. Lateiner und 502 Zigeuner
Quellen: Ioannides, Ch.P.: In Turkey's Image. New Rochelle 1991, S. 11, Tab. 1; St John-Jones, L.W.: The Population of Cyprus. London 1983, S. 51, Tab. 2; Republic of Cyprus, Ministry of Finance, Department of Statistics and Research (Hrsg.): Census of Population and Agriculture. Vol. I, S. 8.

Zwischen 1881 und 1946 erhöhte sich der Anteil der Zyperngriechen an der Gesamtbevölkerung von drei Viertel auf vier Fünftel; der zyperntürkische Anteil verringerte sich entsprechend von einem Viertel auf ein Fünftel (die Minderheiten von ca. 2% der Bevölkerung sind hierbei nicht berücksichtigt). Eine eingehendere Analyse der durchschnittlichen jährlichen Wachstumsraten der beiden wichtigen Volksgruppen zeigt folgende Besonderheiten[33]):

– Die Wachstumsraten der zyperntürkischen Volksgruppe liegen bis zum Zweiten Weltkrieg weit unter denen der Zyperngriechen. Sie bleiben absolut sehr niedrig

---
[31]) St John-Jones (Anm. 4), S. 51/52.
[32]) Art. 2 I, II der Verfassung der Republik Zypern von 1960.
[33]) Siehe hierzu vor allem St. John-Jones (Anm. 4), S. 50–62.

und erreichen zugleich meist nicht einmal die Hälfte des zyperngriechischen Wertes.
- Der Zeitraum zwischen 1931 und 1946 markiert einen Höhepunkt in der zyperngriechischen Wachstumsrate. Zugleich erreicht auch die zyperntürkische Bevölkerung erstmals ein beachtliches Wachstum, das nur noch gering hinter dem des griechischen zurücksteht.
- Nach dem Zweiten Weltkrieg verkehren sich die bisherigen Relationen: Bis zur Unabhängigkeit erreicht die türkische Bevölkerung ihre bisherige Wachstumsspitze. Zur gleichen Zeit hat sich die griechische Wachstumsrate bereits verringert.
- Bis 1973 sinkt die griechische Wachstumsrate dann auf einen Tiefpunkt. Über die türkische Bevölkerungsentwicklung im gleichen Zeitraum kann aufgrund fehlender statistischer Angaben nichts ausgesagt werden.

Die Interpretation der sehr unterschiedlichen Wachstumsraten der beiden Volksgruppen ist schwierig, weil statistische Daten sowohl zur natürlichen Bevölkerungsentwicklung als auch zur Emigration fehlen. Relativ gesicherte Aussagen können allerdings für die Zeit nach 1946 getroffen werden. Die seit 1955 vorhandenen Daten zur Emigration (vgl. Tabelle 3) zeigen, daß beide Volksgruppen in vergleichbarem Umfang von den jeweiligen Auswanderungswellen betroffen waren. Percival kam bei der Interpretation der Ergebnisse des Zensus von 1946 zu dem Schluß, daß die Muslime etwas höhere Fruchtbarkeitsraten als die Christen hatten[34]. Dies wertete der Autor sicherlich zutreffend als Hinweis auf einen verzögerten demographischen Übergang bei den Zyperntürken: Die zyperngriechische Bevölkerung – allen voran natürlich die städtische Bevölkerung – bewegte sich nach dem Zweiten Weltkrieg in Richtung auf ein industriegesellschaftliches Bevölkerungsprofil mit verringerten Kinderzahlen. Dieser Übergang – als Folge einer sozio-ökonomischen Modernisierung – vollzog sich bei den zyperntürkischen Muslimen offensichtlich langsamer.

Die weit unterproportionalen Wachstumsraten der türkischen Zyprer bis zu Beginn der 1930er Jahre können dagegen wohl nur durch eine relativ hohe Emigration erklärt werden. Überliefert ist, daß als Reaktion auf den Vertrag von Lausanne von 1923 ca. 5000 Zyperntürken (8% der türkischen Bevölkerung) in die Türkei auswanderten. Percival berichtet außerdem, „that in the past it was for a time the custom for Moslems from the mainland to come to Cyprus in search of brides ..."[35]. Er erklärt damit den 1946 festgestellten Männerüberschuß bei den Muslimen. Insgesamt muß man wohl von einer relativ hohen und stetigen Emigration von Muslimen zwischen 1881 und 1931 ausgehen. Eine solche – nicht registrierte – Abwanderung wurde möglicherweise durch die Nähe der anatolischen Küste erleichtert. Zusätzlich mag für das geringe Wachstum der muslimischen Bevölkerung eine etwas erhöhte Mortalität in Folge eines niedrigeren Lebensstandards mit von Bedeutung gewesen sein.

---

[34] Percival (Anm. 11), S. 201.
[35] Ebenda, S. 195/196.

Auch über Struktur und Zahl der Minderheiten auf Zypern geben die britischen Zensen erstmals Aufschluß. Die Armenier, Maroniten und Lateiner votierten bei der Gründung der Republik Zypern für die verfassungsmäßige Zugehörigkeit zur zyperngriechischen Volksgruppe. Die Ansiedlung von Armeniern ist spätestens für das 12. Jahrhundert überliefert, geht aber u. U. bereits auf das 6. Jahrhundert zurück[36]). In der Zeit der Herrschaft der Lusignans entstand innerhalb der Stadtmauern von Nikosia das heute noch existierende „Karamanzade-" oder „Armenia-" Viertel. Zur Zeit der osmanischen Eroberung scheinen die Armenier vor allem in Nikosia und Famagusta konzentriert gewesen zu sein. Dieses Ansiedlungsmuster ist auch ein Grund für den weitgehenden Niedergang dieser Gemeinschaft im Zuge der osmanischen Eroberung, weil diese beiden Städte mit Gewalt eingenommen wurden. Die britische Statistik macht deutlich, daß die weit überwiegende Zahl dieser stattlichen Minorität von immerhin einem Prozent der Bevölkerung (1931) erst nach den Pogromen an der armenischen Bevölkerung in Anatolien, vor allem nach den Massakern von 1915, nach Zypern gekommen ist[37]). Die meisten armenischen Familien sind heute in den Städten ansässig; sie sind im Handel und in der Geschäftswelt engagiert.

Die von der levantinischen Küste stammenden, arabisch-sprechenden katholischen Maroniten waren zu Beginn der britischen Herrschaft die zahlenmäßig stärkste Minderheit auf Zypern. Ihre Zahl wird für die Vergangenheit wesentlich höher angenommen. Sie schrumpfte durch Konversion zum Islam oder durch Absorption seitens der griechisch-orthodoxen Mehrheit. Maroniten lebten vorrangig im ländlichen Raum. Von einer früher beachtlichen Zahl mehrheitlich maronitisch bewohnter Gemeinden (Girolamo Dandini hatte 1596 19 maronitische Dörfer aufgeführt) wies der Zensus von 1960 nur noch vier aus: Asomatos, Agia Marina, Karpaşa und Kormakitis. Diese Siedlungen liegen heute alle in der westlichen Mesaoria auf dem Territorium der heutigen „Türkischen Republik Nordzypern".

Unter der von der Statistik als *Andere* zusammengefaßten Minderheiten finden sich neben einer sehr geringen Zahl von Juden (1881: 68) auch Zigeuner und, als größte Gruppe, die sogenannten Lateiner (1881: 1275; 1946: 1014). Diese Bevölkerungsgruppe römisch-katholischen Glaubens geht in ihren Ursprüngen zurück auf die fränkische und venezianische Oberschicht der vor-osmanischen Zeit. Dieses Bevölkerungselement fand Verstärkung durch die Nachkommen italienischer und französischer Familien, die sich vorwiegend im Zeitalter der „Kapitulationen" der Hohen Pforte gegenüber den europäischen Großmächten im 19. Jahrhundert in Zypern (besonders in Larnaka) als Händler und Konsuln niedergelassen hatten.

---

[36]) Thirgood, J. V.: Cyprus: A Chronicle of its Forests, Land, and People. Vancouver 1987, S. 6/7.
[37]) Der Zensus von 1911 zählte erst 558 Armenier; bis 1931 stieg deren Zahl auf 3337. Republic of Cyprus, Ministry of Finance, Department of Statistics and Research (Hrsg): Demographic Report 1993, Tab. 6.

II. Bevölkerungsentwicklung in der Republik Zypern seit 1974

1. Gesamtbevölkerung

Zwei Jahre nach der Invasion türkischer Truppen und der De-facto-Teilung der Insel lieferte ein Mikro-Zensus im September 1976 erstmalig ein Bild von der Bevölkerungszahl auf dem Territorium der Rumpf-Republik Zypern. Seine Ergebnisse wurden zwar nie veröffentlicht, sie bildeten jedoch bis Anfang der 80er Jahre die Basis für die vom Statistischen Amt der Republik Zypern jährlich im *Demographic Report*[38]) publizierten Bevölkerungsdaten. 1982 wurde erstmals eine Vollerhebung der Bevölkerung im Rahmen eines *Census of Housing*[39]) durchgeführt. 1992 folgte dann (erstmals seit 1960) wieder ein Bevölkerungszensus. Seine Ergebnisse, die eine Vielzahl demographischer Aspekte umfassen, sind inzwischen in sieben Bänden publiziert worden[40]). In den jährlichen *Demographic Reports* werden die Resultate der Zensen fortgeschrieben bzw. für die Jahre vor der jeweiligen Erhebung rückwirkend korrigiert.

Die Republik Zypern verfügt heute über eine sehr gut entwickelte demographische Statistik. Hierzu trug die umfangreiche technische Hilfe (Entsendung von Experten, Teilnahme von Mitarbeitern an Trainingskursen) durch verschiedene UN-Organisationen (UNDP, UNFPA, ILO) entscheidend bei. Die Behörden der Republik Zypern publizieren – etwa im *Demographic Report* – die Daten für Gesamt-Zypern, wobei die Angaben für die Republik Zypern auf die türkischen Zyprer nach dem ethno-religiösen Proporz von 1960 extrapoliert werden. Gegen dieses Vorgehen, welches aus dem politischen Alleinvertretungsanspruch der Regierung der Republik Zypern resultiert, wurde seitens der international nicht anerkannten „Regierung" der „TRNZ" und der türkischen Regierung wiederholt protestiert[41]). Tatsächlich sind die demographischen Strukturen in Nordzypern von denjenigen in der Republik Zypern in wesentlichen Aspekten sehr verschieden, so daß die zyperngriechische Statistik den dortigen Gegebenheiten kaum gerecht werden kann. In den jüngsten Ausgaben des *Demographic Report* werden nun die demographischen Daten sowohl „For the Whole of Cyprus" als auch für die „Government Controlled Area" präsentiert[42]).

---

[38]) Demographie Report 1993 (Anm. 37), Tab. 6.

[39]) Republic of Cyprus, Ministry of Finance, Department of Statistics and Research (Hrsg.): Census of Housing 1982. 4 Bände. Nikosia 1984.

[40]) Republic of Cyprus, Ministry of Finance, Department of Statistics and Research (Hrsg.): Census of Population 1992. 7 Bände. Nikosia 1994.

[41]) So überreichte etwa bei der Europäischen Bevölkerungskonferenz in Genf im März 1993 der Vertreter der Türkei eine Note, in der u. a. gegen die sogenannte „statistical misrepresentation on the part of the Greek Cypriot side" protestiert wurde. United Nations Economic Commission for Europe/Council of Europe/United Nations Population Fund: European Population Conference, Geneva (Switzerland), 23–26 March 1993. Communication by the Government of Turkey. 22 March 1993 (GE 93–20917). Diese Note bezog sich auf das unter derselben Herausgeberschaft vorgelegte „Country Statement Submitted by the Government of Cyprus", 9 February 1993 (GE 93–20562).

[42]) Nach wie vor werden dabei für die „besetzten Gebiete" die Siedler aus Anatolien aus den Zählungen ausgeschlossen. Hingegen wird der Tatsache einer starken Abwanderung von Zypern-

Die Erhebung und Präsentation der Bevölkerungsdaten in der Republik Zypern erfolgt nach der sogenannten „De-jure-Methode" – im Gegensatz zu der bis zum Zensus von 1960 üblichen „De-facto-Methode". De-jure werden alle Personen zur Bevölkerung gezählt, die normalerweise ihren Wohnsitz in der Republik Zypern haben. Mitgezählt werden alle zum Zensustag für weniger als ein Jahr abwesenden Personen wie auch im Ausland studierende Zyprer. Anwesende Ausländer werden nur dann erfaßt, wenn sie sich mindestens ein Jahr auf Zypern aufhalten (oder aufzuhalten beabsichtigen).

Bis 1976 hatten sich in der Zusammensetzung der Bevölkerung der Republik Zypern gegenüber der Periode vor der Teilung der Insel folgende prinzipielle Veränderungen vollzogen: Vor den im Sommer 1974 vorrückenden Invasionstruppen waren fast alle nördlich der späteren Waffenstillstandslinie wohnhaften griechischen Zyprer in den Süden geflohen. Nur wenige tausend Zyperngriechen blieben im Norden zurück. Die Bevölkerung in der Rumpf-Republik setzte sich nun also aus den autochthonen Zyperngriechen und den Flüchtlingen aus dem Norden zusammen. Die bislang südlich der Demarkationslinie ansässigen türkischen Zyprer waren bis Ende des Jahres 1975 fast vollständig in den Norden der Insel umgesiedelt worden. Ein besonderes Politikum in der Republik Zypern stellt die Frage nach der Zahl der zyperngriechischen Flüchtlinge, die als „Vertriebene im eigenen Lande" im Süden der Insel integriert werden mußten[43]. Mit erstaunlicher Einheitlichkeit setzten die Quellen der Republik Zypern die Zahl der vertriebenen Zyperngriechen bei 200000 (oder 40% der Gesamtbevölkerung) an. Diese Zahl wurde in vielen Medienberichten wie auch in manchen wissenschaftlichen Publikationen unkritisch übernommen. Der im September 1976 durchgeführte Mikro-Zensus hatte jedoch nur 141000 (de-facto anwesende) Flüchtlinge gezählt, und ihr Anteil an der Gesamt-Bevölkerung betrug 29,5%. Auch bei sehr großzügigen Annahmen bezüglich einer vorübergehenden Emigration von Flüchtlingen lag die maximale Zahl der Vertriebenen zum Zeitpunkt des Mikro-Zensus de-jure bei etwa 160000. Von einer aktuellen regierungsoffiziellen Publikation des Presseamtes der Republik Zypern wird diese Annahme neuerdings auch bestätigt[44]. Danach konnten von den ursprünglich 201000 Personen, die vor der anrückenden türkischen Armee geflohen waren, etwa 40000 nach der Konsolidierung der Waffenstillstandslinie in ihre Häuser zurückkehren. Entsprechend wird für 1974 eine Zahl von 162000 Flüchtlingen angegeben.

---

türken Rechnung getragen. Siehe die Einführung zum Demographic Report 1993 (Anm. 37), S. 13–25.

[43] Zur politischen Dimension der Flüchtlingszahlen siehe Brey, H./Heinritz, G.: Bevölkerungsbewegungen in Zypern im Nebel der Statistik, in: Geographische Zeitschrift. 3 (1993), S. 157–175, bes. 158/159. Zum Flüchtlingsproblem und zur Integration der Flüchtlinge vgl. Brey, H.: Das Flüchtlingsproblem in der Folge der Zypernkrise 1974: Bedingungen und Auswirkungen für die Ausbildung räumlicher Disparitäten auf Zypern. (Unveröffentlichte Diplom-Arbeit). Technische Universität München 1983 und Brey, H./Heinritz, G.: Bevölkerungsverteilung und Siedlungsstruktur in Zypern nach 1974. Wiesbaden 1988.

[44] Republic of Cyprus, Press and Information Office (Hrsg.): The Refugees of Cyprus. Nikosia 1992.

Tabelle 5: Republik Zypern – Bevölkerung und Bevölkerungswachstum, 1976–1993

Jahr	Bevölkerung in 1000 (Jahresmitte)	Rohe Geburtenrate	Totale Fruchtbarkeitsrate	Rohe Sterberate	Natürl. Bev.-wachstum %	Netto Migration	Bev.-wachstum gegenüber Vorjahr
1976	497,9	18,7	2,25	8,6	1,01	− 5648	−0,9
1977	497,5	18,3	2,25	9,1	0,92	− 4184	−0,1
1978	499,6	18,8	2,30	8,4	1,04	− 1909	0,4
1979	503,2	19,7	2,38	8,4	1,13	− 1168	0,7
1980	508,6	20,4	2,46	9,3	1,11	+ 771	1,1
1981	515,0	19,6	2,37	8,4	1,12	+ 196	1,3
1982	520,8*	20,8	2,50	8,5	1,23	− 31	1,1
1983	527,6	20,7	2,48	8,6	1,21	+ 518	1,3
1984	534,8	20,6	2,48	8,0	1,26	+ 155	1,4
1985	541,1	19,5	2,38	8,5	1,10	+ 238	1,2
1986	547,5	19,5	2,40	8,4	1,11	+ 175	1,2
1987	553,5	18,7	2,32	8,9	0,98	+ 272	1,1
1988	559,3	19,2	2,41	8,8	1,04	+ 257	1,0
1989	567,5	18,1	2,37	8,5	0,96	+ 4526	1,5
1990	579,4	18,3	2,42	8,4	1,00	+ 8708	2,1
1991	594,9	17,6	2,33	8,5	0,90	+ 10559	2,7
1992	610,6**	18,6	2,49	8,5	1,01	+ 9999	2,6
1993	624,1	16,8	2,27	7,7	0,92	+ 4900	2,2

* Der *Census of Housing 1982* zählte am 1. Oktober 1982 eine Bevölkerung von 512097.
** Der *Census of Population 1992* zählte am 1. Oktober 1992 eine Bevölkerung von 602025.
Quelle: Republic of Cyprus, Ministry of Finance, Department of Statistics and Research (Hrsg.): Demographic Report 1993, Tab. 19, 20, 21.

In Tabelle 5 sind die Entwicklung der Bevölkerungszahl und ihre wichtigsten Determinanten seit der De-facto-Teilung der Insel dargestellt. Bei Betrachtung des absoluten und des relativen Wachstums der Bevölkerung wird deutlich, daß sich nach einem – offensichtlich krisenbedingten – Rückgang (bis 1977) seit 1978 wieder ein langsames Wachstum einstellte. Dieses Wachstum hatte 1980 ein Niveau erreicht, welches bis Ende der 80er Jahre ziemlich konstant zwischen Werten von 1,0% und 1,5% Jahreszuwachs schwankte. Seit Ende der 80er Jahre ist schließlich ein außergewöhnlich hohes Wachstum der Bevölkerung zu registrieren, mit einem bisherigen Höhepunkt des jährlichen Zuwachses von 2,7% im Jahre 1991. Die Ursachen für die beschriebenen Wachstumsmuster werden im folgenden Abschnitt analysiert.

2. Bestimmungsfaktoren der Bevölkerungsentwicklung und Bevölkerungsstruktur

Aus Tabelle 5 wird deutlich, daß die Bevölkerungszahl der Republik Zypern vor allem bis Ende der 70er Jahre und seit Ende der 80er Jahre von Migrationsströmen ganz entscheidend beeinflußt wurde[45]. Die offizielle Statistik enthält sehr wi-

---

[45] Die Daten zur Ein- und Auswanderung werden aufgrund der Angaben in den Ein- und

dersprüchliche Angaben zum Ausmaß der Emigration in der Folgezeit der Zypernkrise von 1974. Abweichend von den etwa in Tabelle 6 für 1974/75 genannten Emigrantenzahlen beziffert der *Demographic Report 1993* die Netto-Migration auf −15 408 (1974) und −11 542 (1975)[46]. Bei den letzteren Daten wurden offensichtlich diejenigen mitgezählt, welche Zypern – nach ihrer Vertreibung aus dem Norden der Insel – vorübergehend verlassen hatten, um (in der Regel in den arabischen Staaten der Region) Arbeit zu finden. Die Kategorie der „Cypriots working temporarily abroad" wird von der Statistik der Republik Zypern seit 1976 gesondert ausgewiesen und bei der Zahl der De-jure-Bevölkerung (nicht jedoch in der Wanderungsstatistik) miteingerechnet[47]. Der Rückgang der Emigration und die Normalisierung des Bevölkerungswachstums Ende der 70er Jahre steht in offensichtlichem Zusammenhang mit der wirtschaftlichen Erholung der Republik Zypern von den Folgen der Invasion von 1974. Nach anfänglich sehr hoher Arbeitslosigkeit war bereits 1978 wiederum ein Zustand weitgehender Vollbeschäftigung hergestellt. Das Gros der Flüchtlinge hatte Anfang der 80er Jahre außerdem bereits neue Wohnungen von akzeptablem Standard erhalten. Dies wurde vor allem durch die umfangreichen und weitgehend vom Ausland finanzierten Wohnungsbauprogramme ermöglicht[48]. Seit Anfang der 80er Jahre wurde Zypern – erstmals seit Existenz einer Wanderungsstatistik – zum Einwanderungsland. Während das Ausmaß der Emigration im Laufe der Jahre fast bedeutungslos wird (vgl. Tabelle 6), sind stetige Wanderungsgewinne zu verzeichnen. Obwohl über die Herkunft dieser Zuwanderer nichts bekannt ist, kann man annehmen, daß es sich (bis Ende der 80er Jahre) vor allem um remigrierende Zyprer sowie um Ausländer handelte, die sich auf Zypern (aufgrund von Heirat oder als Pensionisten) niederließen. Die 1989 erstmals einsetzende umfangreiche Zuwanderung entstand hingegen durch eine teilweise Liberalisierung des Arbeitsmarktes, mit der die zyprische Regierung auf den anhaltenden, gravierenden Arbeitskräftemangel bei einer von einem anhaltenden Boom gekennzeichneten Wirtschaftsentwicklung reagierte. 1992 verfügten 16 000 Fremdarbeiter – vorwiegend aus Osteuropa und der Dritten Welt – über eine offizielle (durchweg befristete) Arbeitserlaubnis. Hinzu kommt eine unbekannte Zahl illegaler Arbeitskräfte. Die Ab- und Zuwanderung von und zur Republik Zypern ist somit ein getreues Spiegelbild der Krisensituation nach dem Zypernkonflikt von 1974 einerseits und des „kleinen Wirtschaftswunders" andererseits.

Ausreisekarten erhoben. Die Angaben sind naturgemäß ungenau, da die Ein- oder Auswanderungsabsicht auf diesen Karten nicht in allen Fällen angegeben wird.

[46]) Demographic Report 1993 (Anm. 37), Tab. 20.

[47]) Die Zahlen betrugen 1976: 12 300, 1985: 9 600 und 1992: 3 900. Vgl. Republic of Cyprus, Ministry of Finance, Department of Statistics and Research (Hrsg.): Economic Report. Nikosia (verschiedene Jahrgänge).

[48]) Brey, Flüchtlingsproblem (Anm. 43), S. 192–228 und Brey/Heinritz, Bevölkerungsverteilung (Anm. 43), S. 49–60.

Tabelle 6: Republik Zypern – Emigranten nach Zielländern, 1974–1988

Jahr	Zielländer							
	Alle Länder	GB	Australien	USA	Griechenland	Kanada	S.-Afrika	Andere
1974	3 346	649	909	178	646	503	199	262
1975	5 454	529	2 023	575	1 029	768	227	303
1976	5 647	726	2 612	356	880	338	328	407
1977	3 689	781	1 058	288	605	263	417	277
1978	1 835	381	357	198	421	132	187	159
1979	1 087	297	223	126	68	93	203	77
1980	525	64	132	69	92	76	44	49
1981	192	5	104	21	2	34	16	10
1982	204	2	115	33	3	26	19	6
1983	87	10	58	8	–	1	8	–
1984	98	1	63	15	–	1	11	7
1985	96	1	80	4	–	7	–	4
1986	181	0	159	9	–	4	4	5
1987	185	4	148	11	12	0	4	6
1988	129	1	104	5	4	6	3	6

Quellen: Constantinou, St.: Economic Factors and Political Upheavals as Determinants of International Migration: The Case of Cyprus. Nicosia 1990, S. 146, Tab. 1. Council of Europe, Parliamentary Assembly: Report on the Demographic Structure of the Cypriot Communities. Straßburg, 27. April 1992 (= Cucò-Report), App. 6, Tabelle A.

Aus den Tabellen 3 und 6 geht hervor, daß Großbritannien bereits 1971 seine Rolle als bevorzugtes Aufnahmeland zyprischer Emigranten verloren hat. Außereuropäische anglophone Länder, allen voran Australien und die USA, Kanada sowie Südafrika, sind seither zu bevorzugten Emigrationszielen geworden. Auch Griechenland gewann erstmals mit der Zypernkrise von 1974 und andauernd bis Ende der 70er Jahre eine besondere Bedeutung als Ziel zyprischer Auswanderer.

Im folgenden sollen nun die in Tabelle 5 dargestellten Variablen zur natürlichen Bevölkerungsentwicklung in der Republik Zypern seit 1976 betrachtet werden[49]):

– Fruchtbarkeit: Als Folge der Krisenereignisse von 1974 war die Geburtenrate 1975 kurzzeitig auf einen historischen Tiefststand von 16,0 Geburten auf 1 000 Einwohner gesunken. Nachdem die Geburtenrate bis Mitte der 80er Jahre zunächst wieder anstieg, ist der Trend danach rückläufig. Bei der Interpretation der Daten zur Fruchtbarkeit auf Zypern ist zunächst zu beachten, daß hier ein typischer „Schaltjahreffekt" vorliegt: Gemäß traditionellen Wertvorstellungen sollen Hochzeiten möglichst nicht in einem Schaltjahr stattfinden. Entsprechend

---

[49]) Die Verläßlichkeit der diesen Daten zugrunde liegenden Geburten- und Sterberegister wurde laut Angaben des statistischen Amtes in den letzten Jahren erheblich verbessert. Danach wurden 1993 ca. 95% der Geburten und 84% der Todesfälle registriert. Vgl. Demographic Report 1993 (Anm. 37), S. 22/23.

folgt die Zahl der Eheschließungen in Zypern bis heute einem Vierjahresrhythmus mit einem Tiefststand in den Schaltjahren und Höchstständen in den Jahren vor und nach dem Schaltjahr. Die stark schwankende Zahl der Eheschließungen wirkt sich indirekt auf die Geburten- und Fruchtbarkeitsraten aus: Diese erreichen nach einem Schaltjahr jeweils einen temporären Tiefststand.

- „totale Fruchtbarkeit": Sie zeigte parallel zur Geburtenrate einen Aufwärtstrend bis 1982. Sie hat sich danach auf einem etwas niedrigeren Niveau stabilisiert und liegt deutlich über dem Reproduktionsniveau von 2,10 Kinder pro Frau. Sowohl Geburten- als auch Fruchtbarkeitsraten sind in der Republik Zypern höher als in den meisten europäischen Staaten, liegen jedoch weit unter dem Niveau in den Entwicklungsländern. Eine langsame aber stetige Veränderung des generativen Verhaltens kommt etwa in einer Erhöhung des durchschnittlichen Heiratsalters zum Ausdruck. Das durchschnittliche Alter bei der Erstheirat stieg bei Männern von 25,7 zwischen 1974 und 1977 auf 27,2 von 1990–1993. Entsprechend erhöhte sich das Heiratsalter bei den Frauen von 22,9 auf 24,4. Auch das durchschnittliche Lebensalter der Mütter bei der Erstgeburt zeigt einen steigenden Trend und liegt heute bei ca. 25 Jahren. Die Institution Ehe behält auf Zypern ein sehr großes Gewicht. Mit einer Eheschließungsrate von 9,4 jährlichen Heiraten auf 1000 Bewohner (1990–1993) liegt Zypern europaweit an der Spitze. 1993 waren nur 0,8% der Geburten unehelich. Es ist das Ziel der Regierung der Republik Zypern, die Geburtenzahlen weiter zu erhöhen oder zumindest konstant zu halten. Bevölkerungspolitik im engeren Sinne wird jedoch nicht betrieben. Man beschränkt sich auf bevölkerungsrelevante Politikmaßnahmen wie etwa Gesetze zum Mutterschutz, Steuererleichterungen für kinderreiche Familien und finanzielle Anreize zum Bau von Kindergärten und Kindertagesstätten. Abtreibung ist nach einem Indikationsmodell legalisiert. Straffrei bleibt ein Schwangerschaftsabbruch nach einer Vergewaltigung, im Falle eines bedrohlichen gesundheitlichen Risikos für die Frau und bei einer zu erwartenden erheblichen physischen oder geistigen Schädigung des Kindes.

- Sterblichkeit: Die Lebenserwartung bei Geburt betrug 1992/93 74,6 Jahre bei Männern und 79,1 Jahre bei Frauen. Ein diesbezüglicher Anstieg in den letzten Jahren wurde vorwiegend durch eine sinkende Sterblichkeit bei älteren Menschen erreicht. Hinsichtlich der Lebenserwartung hat die Republik Zypern den Stand entwickelter europäischer Wohlfahrtsstaaten erreicht. Die Säuglingssterblichkeit liegt mit etwa 9 Todesfällen auf 1000 Geburten etwas höher als in Westeuropa (die Werte liegen auf dem Niveau von Griechenland und Portugal).

- Altersstruktur: Abbildung 1 zeigt die sogenannte „Alterspyramide" für die Bevölkerung der Republik Zypern. Die Altersstruktur ähnelt derjenigen hochentwickelter Industrieländer. Dem typischen Überalterungsprozeß dieser Staaten mit einem hohen Anteil alter Menschen (ab 65 Jahren) unterliegt Zypern jedoch noch nicht, da hier die Fruchtbarkeit erst viel später sank. Durch die nach wie vor höheren Fruchtbarkeitsraten ist auch der Anteil der unter 15jährigen vergleichsweise höher.

Abbildung 1: Altersstruktur in der Republik Zypern 1993

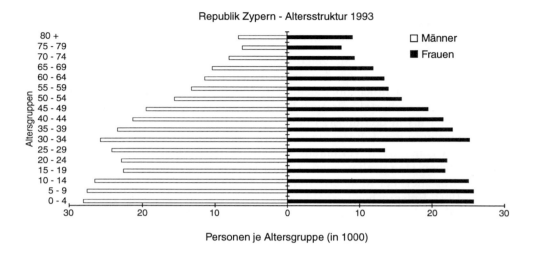

Quelle: Republic of Cyprus, Ministry of Finance, Department of Statistics and Research (Hrsg.): Demographic Report 1993, Nikosia 1994, Tab. 23.

3. Staatsangehörigkeit und ethnisch-religiöse Strukturen

Der Bevölkerungszensus von 1992 differenziert die Bevölkerung der Republik Zypern nach der Staatsangehörigkeit; zusätzlich werden die zyprischen Staatsbürger nach der ethnischen Struktur unterschieden (vgl. Tabelle 7). Der Ausländeranteil bleibt mit 4,2% relativ gering. Bei den Ausländern ist jedoch von einer erheblichen Dunkelziffer auszugehen. Die Statistik erfaßt weder illegal anwesende Ausländer noch solche, welche ihre Aufenthaltsdauer in Zypern mit weniger als einem Jahr angeben.

Tabelle 7 zeigt deutlich, welch hoher Grad der ethnischen Homogenisierung in der Republik Zypern erreicht wurde. Nach der Übersiedlung der Zyperntürken in den Norden in der Folge der De-facto-Teilung von 1974 ist nur noch eine verschwindend geringe Zahl von 163 Zyperntürken im Süden zurückgeblieben. Von den ethnisch-religiösen Minderheiten konnten im Vergleich zur Situation von 1960 (vgl. Tabelle 4) nur die Maroniten ihre zahlenmäßige Stärke erhalten. Die Minorität der Armenier hat ebenso wie die der Lateiner erhebliche Rückgänge erfahren, eine Tatsache, die sicherlich einer zunehmenden Assimilation dieser Gruppen an die griechischen Zyprer zuzuschreiben ist.

Bevölkerungsstruktur

Tabelle 7: Republik Zypern – Bevölkerung nach Staatsangehörigkeit und ethnisch-religiöser Struktur, 1992

Zyprische Staatsbürger	576 519
Zyperngriechen	572 311
Zyperntürken	163
Armenier	1 016
Maroniten	2 910
Lateiner	109
Keine Angaben	10
Ausländische Staatsbürger	25 506
Briten	7 863
Griechen	5 024
andere europ. Staaten	4 398
Libanesen	1 897
Araber	2 403
Asiaten	2 309
Andere	1 330
Keine Angaben	282
Gesamtbevölkerung	602 025

Quelle: Republic of Cyprus, Ministry of Finance, Department of Statistics and Research (Hrsg.): Census of Population 1992, Vol. I, Tab. 9, 11.

III. Bevölkerungsentwicklung in der „Türkischen Republik Nordzypern (TRNZ)" seit 1974

1. Gesamtbevölkerung

Die Invasion türkischer Truppen in Nordzypern und die De-facto-Teilung der Insel war mit dramatischen Verschiebungen in der Struktur der zyprischen Bevölkerung verbunden. Diese zeigen sich vor allem in einer bis heute weitgehend vollendeten räumlichen Entmischung der griechischen und türkischen Volksgruppen. Die von den zyperntürkischen Behörden für (Ende) 1974 angegebene Bevölkerungszahl Nordzyperns von 115 758 (vgl. Tabelle 8) ist im Prinzip eine Fiktion. Sie bezeichnet die Zahl der zu dieser Zeit angenommenen Zahl der Zyperntürken und basiert auf der Fortschreibung der Ergebnisse des Bevölkerungszensus von 1960. Wie korrekt diese Zahl auch immer sei, sie repräsentiert nicht den Bevölkerungsstand in Bezug auf das Territorium der späteren „Türkischen Republik Nordzypern". Ende 1974 lebten südlich der Demarkationslinie noch ca. 44 000 Zyperntürken[50]). Zur gleichen Zeit hielten sich im Norden, vorwiegend auf der Halbinsel

---

[50]) Diese Zahl errechnet sich aus den für 1973 angenommenen Bevölkerungszahlen der Zyperntürken in Gemeinden südlich der Demarkationslinie. Manche Autoren nennen hier wesentlich höhere Zahlen, ohne diese jedoch zu belegen. Morvaridi (Anm. 64), S. 219, nennt eine Zahl von 60 000.

Karpasia, noch ca. 15 000 Angehörige der zyperngriechischen Volksgruppe (einschließlich der Maroniten) auf, denen von den vorrückenden türkischen Truppen der Fluchtweg nach Süden abgeschnitten worden war.

Die Überführung der im Süden verbliebenen Zyperntürken in den Norden vollzog sich nur graduell. Die Motive für die Aufgabe der Wohnstätten im Süden waren von Fall zu Fall unterschiedlich: Flucht vor tatsächlichen oder befürchteten Übergriffen, die Aussicht, Sicherheit und Wohlstand in einem „befreiten" Territorium zu finden und nicht zuletzt auch humanitär begründete Umsiedlungsaktionen (durch UN und Rotes Kreuz). Vollendet wurde die Übersiedlung der Zyperntürken schließlich in der Folge einer Anfang August 1975 in Wien getroffenen Vereinbarung zwischen dem Unterhändler der zyperngriechischen Regierung, Glafkos Kliridis, und dem zyperntürkischen „Volksgruppenführer" Rauf Denktaş. Sie erlaubte den Zyperntürken eine geregelte Umsiedlung in den Norden gegen die Zusicherung von Denktaş, daß die im Norden verbliebenen Zyperngriechen ein „normales Leben" führen dürften[51]). Die damals seitens der zyperngriechischen Führung gehegte Hoffnung, daß die griechische Gemeinde im Norden bis zu einer Lösung des Zypernproblems Bestand haben werde, zeigt sich heute als verfehlt. Bis zur Gegenwart schrumpfte die zyperngriechische Bevölkerung in der „TRNZ" auf wenige hundert Personen.

Tabelle 8: „TRNZ" Bevölkerung und Bevölkerungswachstum, 1974–1990

Jahr	Bevölkerung	% Zunahme geg. Vorjahr
1974	115 758	–
1975	126 949	9,67
1976	130 136	2,51
1977	145 000	11,42
1978	146 740	1,20
1979	148 501	1,20
1980	149 610	0,75
1981	151 233	1,08
1982	153 239	1,33
1983	155 521	1,49
1984	157 984	1,58
1985	160 287	1,46
1986	162 676	1,49
1987	165 035	1,45
1988	167 256	1,35
1989	169 272	1,21
1990	171 469	1,30

Quelle: Turkish Republic of Northern Cyprus (Hrsg.): Statistical Yearbook, verschiedene Ausgaben.

Eine Interpretation amtlicher Bevölkerungsdaten der „TRNZ" bedarf einiger wichtiger Vorbemerkungen:

---

[51]) Tzermias, P.: Geschichte der Republik Zypern. Mit Berücksichtigung der historischen Entwicklung der Insel während der Jahrtausende. Tübingen 1991, S. 485.

– Bevölkerungszahlen sowie weitere demographische Daten für das Gebiet der „Türkischen Republik Nordzypern" werden in den von der zyperntürkischen „Regierung" herausgegebenen Statistischen Jahrbüchern veröffentlicht[52]). Grundlage der von der amtlichen Statistik publizierten Daten zur Gesamtbevölkerung ist ein im April 1978 durchgeführter landwirtschaftlicher Zensus, bei dem u. a. auch demographische Daten erhoben wurden[53]). Bei den Angaben der Statistischen Jahrbücher für die späteren Jahre handelt es sich um Fortschreibungen des genannten Agrarzensus[54]).

– Bezüglich der Gültigkeit der publizierten Daten sind schwere Bedenken angebracht. Sie ergeben sich zum Teil aus der dürftigen Datenbasis. Gründe für die vergleichsweise mangelhafte Qualität der nordzyprischen Bevölkerungsstatistik können zum einen in der schlechten statistischen Quellenlage sowie im fehlenden Know-how der Verwaltung vermutet werden[55]). Zum anderen ist es ein offensichtliches Faktum, daß die meisten demographischen Daten zur „TRNZ" ein brisantes Politikum darstellen. Die zyperngriechische Seite wirft dem „Regime in Nordzypern" eine systematische demographische Manipulation vor, welche sich vor allem in einer massiven Ansiedlung von Türken vom anatolischen Festland widerspiegele. Zudem wird immer wieder darauf hingewiesen, daß die autochthonen Zyperntürken nach 1974 in großer Zahl emigrierten. Während beide Tatbestände für den unparteiischen Beobachter durchaus ersichtlich sind, sind doch ihre Ausmaße durchaus umstritten. Der zyperntürkischen Seite ist aus verständlichen Gründen daran gelegen, die Ausmaße von Zuwanderung einerseits und der Abwanderung andererseits möglichst gering erscheinen zu lassen. Der zyperntürkischen „Regierung" wurden zu Recht nicht nur die Geheimhaltung[56]), sondern auch die Verschleierung und Manipulation von Daten vorgeworfen[57]); ein Vorwurf, der sich allerdings weniger gegen die im Statistischen Jahrbuch veröffentlichten Zahlen, sondern eher gegen die in jüngster Zeit anderweitig verfügbar gemachten Daten bezieht.

Aufgrund der bestehenden Bedenken wurde von seiten internationaler Organisationen wiederholt gefordert, daß die demographischen Verhältnisse auf Zypern durch die Abhaltung von Bevölkerungszensen erhellt werden müßten[58]). Sicherlich auch als Reaktion auf diese Forderungen wurde am 19. September 1993 tat-

---

[52]) TRNC Prime Ministry, State Planning Organization, Statistics and Research Department (Hrsg.): Statistical Yearbook. Lefkoşa (jährlich).
[53]) Auf der Grundlage dieser Daten – sowie des „Census of Housing 1982" in der Republik Zypern – erstellte Günter Heinritz eine Karte der Bevölkerungs- und Siedlungsentwicklung in den Gemeinden Zyperns. Vgl. Heinritz, G.: Zypern. Bevölkerungs- und Siedlungsentwicklung, in: Tübinger Atlas des Vorderen Orients. Hrsg. Sonderforschungsbereich 19 der Universität Tübingen. Tübingen 1986, Karte A VIII 5.2.
[54]) TRNC Statistical Yearbook 1990 (Anm. 52), S. 10.
[55]) Hahn/Wellenreuther, Strukturen (Anm. 7), S. 619.
[56]) Ebenda, S. 619.
[57]) Brey/Heinritz, Bevölkerungsbewegungen (Anm. 43), S. 159–173; Wellenreuther, R.: Lefkoşa (Nikosia-Nord). Stadtentwicklung und Sozialraumanalyse einer Stadt zwischen Orient und Okzident. (Unveröffentlichte Dissertation). Universität Mannheim 1995, S. 38.
[58]) Council of Europe, Parliamentary Assembly: Report on the Demographic Structure of the

sächlich ein Bevölkerungszensus durchgeführt. Er erbrachte eine Zahl von 166 771 in der „TRNZ" wohnhaften Personen, darunter 155 994 Zyprer und 10 777 Ausländer[59]. Die Ergebnisse dieses Zensus lassen jedoch große Zweifel an dessen Gültigkeit aufkommen, zumal die veröffentlichten Teilergebnisse nur schwerlich mit dem Gesamtergebnis konsistent sind. Als partielles Ergebnis des Zensus wird die Zahl der über 18jährigen wahlberechtigten Bevölkerung angegeben. Danach lag die Zahl der Wahlberechtigten mit 106 688 um einige tausend höher als 1990 (103 218), als ein Bevölkerungsstand von 171 469 angenommen wurde. Ein parallel verlaufender rapider Rückgang der Bevölkerungszahl und ein hohes Wachstum in der Zahl der Wahlberechtigten wäre nur durch einen dramatischen Rückgang bei den nicht wahlberechtigten Jugendlichen (0–18 Jahre) erklärlich, und ein solcher ist kaum wahrscheinlich. Es erscheint jedenfalls sinnvoller, sich bei der Interpretation der Bevölkerungsentwicklung in Nordzypern auf die in Tabelle 8 wiedergegebenen Zahlen des Statistischen Jahrbuches zu beschränken. Diese wurden nach Erkenntnissen von Barbara Hahn und Ronald Wellenreuther nach der „De-facto-Methode" ermittelt[60]. Ob die Zahlen allerdings tatsächlich – wie von den Autoren angenommen – sowohl ausländische Studenten und Arbeitnehmer, (nicht-türkische) Ausländer als auch illegale Arbeitskräfte – insgesamt etwa 10 000 Personen – umfassen, scheint fragwürdig. Wenn die nordzyprische Statistik tatsächlich die De-facto-Bevölkerung ausweisen wollte, also alle im Land wohnhaften Menschen zur Bevölkerung rechnen würde, so bleibt festzustellen, daß sie jedenfalls den numerisch äußerst gewichtigen Faktor des in Nordzypern stationierten türkischen Militärs von ca. 30 000 Mann unberücksichtigt läßt. In der „TRNZ" betrug das Bevölkerungswachstum nach Tabelle 8 zwischen 1974 und 1990 insgesamt 48 %. Ein derartiger Zuwachs ist keinesfalls durch natürliches Bevölkerungswachstum zu erreichen. Obwohl aufgrund der fehlenden verläßlichen Angaben zum natürlichen Bevölkerungswachstum das jährliche Wanderungssaldo nicht genau zu bestimmen ist, so wird doch deutlich, daß zumindest in den Jahren 1974 bis 1977 teils erhebliche Wanderungsgewinne zu verzeichnen waren. Diese Wanderungsgewinne sind sehr eindeutig auf die Zuwanderung von Siedlern aus Anatolien zurückzuführen.

2. Bestimmungsfaktoren der Bevölkerungsentwicklung sowie der demographischen und ethnisch-religiösen Strukturen

Die demographische Entwicklung in der „TRNZ" kann ohne Kenntnisse der natürlichen Bevölkerungsbewegungen nur sehr ungenau nachvollzogen werden. Leider ergeben die verfügbaren Daten hier kein verläßliches Bild[61]. Folgende Daten sind zugänglich:

Cypriot Communities. Doc. 6589, 27. April 1992. Und Resolution des UN-Weltsicherheitsrates, S 789 vom 25. November 1992.
[59] Veröffentlicht auf Gemeindebasis unter dem Titel „Nüfusumuz %46 arttı" (Unsere Einwohnerzahl ist um 46% [im Vergleich zu 1974] gestiegen). (Kıbrıs vom 8. März 1994).
[60] Hahn; Wellenreuther, Strukturen (Anm. 7), S. 619.
[61] Vgl. hierzu detailliert Brey/Heinritz, Bevölkerungsbewegungen (Anm. 43), S. 166–169.

a) Im Statistischen Jahrbuch der „TRNZ" werden die jährlich registrierten Geburten- und Sterbefälle angegeben. Die Statistiken sind mit dem folgenden Hinweis versehen: „The number of registered deaths represents only 25% of the actual death figures and registered births reflect 95% of the actual birth figures."[62]) Von Hansjörg Brey und Günter Heinritz wurden diese Daten auf der Basis der angegebenen Fehlerniveaus hochgerechnet[63]). Die daraus resultierenden Geburten-, Sterblichkeits- und Fruchtbarkeitsraten sind jedoch nicht plausibel. Ab 1982 wäre die Fruchtbarkeitsrate unter das Reproduktionsniveau von 2,1 Kinder pro Frau gefallen. Ein solch niedriges Niveau der Fruchtbarkeit erscheint in der „TRNZ" allein deshalb ausgeschlossen, weil die naturalisierte bäuerliche Siedlerbevölkerung aus dem türkischen Anatolien über auffällig hohe Kinderzahlen verfügt. Somit übersteigen deren Familiengrößen zumindest westeuropäische Niveaus bei weitem. Auf die Tatsache einer hohen Fruchtbarkeit der ländlichen türkischen Immigrantenbevölkerung haben auch Behrooz Morvaridi und Ronald Wellenreuther anhand empirischer Belege auf Gemeindebasis hingewiesen[64]).

b) Die Behörden in der „TRNZ" haben in neuerer Zeit veränderte Datenreihen zu Geburten- und Sterbefällen verfügbar gemacht, welche von Barbara Hahn und Ronald Wellenreuther publiziert und als Basis weiterer Berechnungen benutzt wurden[65]). Die Herkunft dieser Daten bleibt dennoch fragwürdig, zumal sie mit den tatsächlich registrierten Geburten- und Todesfällen in keinem logischen Zusammenhang stehen. Die „neuen" Daten basieren also nicht auf empirischen Erhebungen, sondern allenfalls auf Ex-post-Annahmen über die natürliche Bevölkerungsbewegung.

c) Durch die fehlenden oder nicht gesicherten Daten von Geburten, Sterbefällen und Fruchtbarkeit sind auch hierauf aufbauende Kennzeichen der demographischen Struktur der „TRNZ", so etwa die Altersstruktur, nicht gesichert. Nach offiziellen Angaben ist die Säuglingssterblichkeit von 26 Promille (1978) auf 13 Promille (1990) gesunken. Die durchschnittliche Lebenserwartung wird für 1979 mit 70 Jahren (Männer) bzw. 72 Jahren (Frauen) beziffert[66]).

Die ethnisch-religiösen Strukturen in der „TRNZ" können anhand relativ verläßlicher Daten dargestellt werden, soweit es um die grobe Differenzierung von Personen türkischer und griechischer Nationalität bzw. von wohnhaften Minderheiten geht. Daten bezüglich der Zahl der in Nordzypern wohnhaften Zyperngriechen werden von der UNFICYP erhoben und in den jeweiligen Zypern-Berichten des UN-Generalsekretärs an den Weltsicherheitsrat publiziert[67]) Wie in der Republik Zypern belegen diese Daten auch für die „TRNZ", daß die ethnische Entmi-

---

[62]) TRNC Statistical Yearbook 1990 (Anm. 52), S. 10.
[63]) Brey/Heinritz, Bevölkerungsbewegungen (Anm. 43), S. 166–169.
[64]) Morvaridi, B.: Demographic Change, Resettlement and Resource Use, in: The Political Social and Economic Development of Northern Cyprus. Hrsg. C.H. Dodd. Huntingdon 1993, S. 219–234 und Wellenreuther (Anm. 57), S. 40–42.
[65]) Hahn/Wellenreuther, Strukturen (Anm. 7), S. 621, Tab. 1.
[66]) Council of Europe (Anm. 58), App. 5, Tab. B.2.
[67]) Veröffentlicht in Press and Information Office, Republic of Cyprus (Hrsg.): The Refugees

schung der beiden Volksgruppen auf der Insel heute annähernd vollendet ist. Die nördlich der Demarkationslinie wohnhafte zyperngriechische Bevölkerung wurde im August 1975 mit etwa 9000 angegeben, einschließlich ca. 1000 Maroniten. Bereits Ende der 70er Jahre ist die von den Zyperngriechen so bezeichnete „Enklavenbevölkerung" (in Nordzypern lebende Zyperngriechen und Maroniten) auf weniger als 2000 geschrumpft. Am 30.06.1994 verblieben noch 520 griechische Zyprer in der „TRNZ", vorwiegend in den Gemeinden Rizokarpaso (355) und Agia Trias (134) auf der östlichen Karpasia-Halbinsel. Die maronitische Minderheit war bis zu diesem Zeitpunkt auf 195 Personen geschrumpft. Maroniten lebten noch in drei der vier nach dem Zensus von 1960 vorwiegend maronitischen Gemeinden: Kormakitis, Karpaşa und Asomatos. Der Bestand der griechischen und der maronitischen Minderheiten im Norden Zyperns erscheint heute massiv gefährdet. Kennzeichnend hierfür ist die Überalterung dieser Gruppen. Im Schuljahr 1994/95 gab es in Rizokarpaso noch zwei Primarschullehrer mit zusammen 28 Schülern sowie je einen in Agia Trias und Kormakitis mit sechs bzw. sieben Schülern. Die Betreuung der Minderheiten durch die UNFICYP (wöchentliche Lebensmitteltransporte) kann nur oberflächlich die erheblichen Schwierigkeiten mildern, unter denen vor allem die in der „TRNZ" wohnhaften Zyperngriechen leben. Neben der eingeschränkten Bewegungsfreiheit ist der Hauptfaktor in der Tatsache zu suchen, daß eine Schulausbildung ab der Sekundarstufe heute nur im Süden möglich ist und damit für praktisch alle jungen Leute früher oder später eine Übersiedlung unvermeidlich wird. Dies gilt auch für diejenigen, die ihre Schulbildung im Süden fortsetzen wollen. Für Jungen ab dem 16. sowie Mädchen ab dem 18. Lebensjahr versagen die Behörden Nordzyperns das Recht, in den Sommerferien die Angehörigen im Norden Zyperns zu besuchen[68]).

Weit umstrittener und brisanter als die Frage der Minderheiten in der „TRNZ" ist eine Differenzierung der Bevölkerung nach autochtonen Zyperntürken und Zuwanderern bzw. Siedlern aus der Türkei[69]). Daß in Nordzypern seit 1974 Bevölkerung vom anatolischen Festland angesiedelt wurde, wird heute im Prinzip von niemandem mehr bestritten. Strittig aber ist, ob es sich bei dieser Ansiedlung um eine massive und geplante anatolische Kolonisierung handelte, mit dem Ziel, die demographischen Verhältnisse auf der Insel grundlegend zu verändern, oder aber um eine begrenzte Zuwanderung einer geringen Zahl dringend benötigter Arbeitskräfte. Zyperngriechische Quellen – die zu der ersten Auffassung tendieren – geben die Zahl anatolischer Siedler (ausschließlich der türkischen Armeeverbände)

---

of Cyprus. Nicosia 1992, S.8/9, Tab.2. Vgl. auch Free Unitary Karpass Association (Hrsg.): The Enclaved. Those Who Stayed Behind. Nicosia 1994.

[68]) Hahn/Wellenreuther, Strukturen (Anm.7), S.628–632. Die Autoren nennen für das Jahr 1990 als eine weitere Minderheit in der „TRNZ" insgesamt 108 „Turko-Bulgaren". Gemeint sind damit von der Türkei angesiedelte bulgarische Muslime türkischer Abstammung, welche zuvor im Zuge der anti-muslimischen Kampagne in den letzten Jahren des Schivkov-Regimes in die Türkei ausgesiedelt wurden.

[69]) Vgl. hierzu die ausführlichen Beiträge von Brey/Heinritz, Bevölkerungsbewegungen (Anm.43), S.164–173; Hahn/Wellenreuther, Strukturen (Anm.7), S.619–628 und Ioannides, Ch. P.: In Turkey's Image. The Transformation of Occupied Cyprus into a Turkish Province. New Rochelle 1991 sowie Wellenreuther (Anm.57), S.35–45.

meist mit mindestens 80 000 an. Die Ansiedlungspolitik der (zypern-)türkischen „Regierung" wird als ein Hauptindiz für die Völkerrechtswidrigkeit des „Pseudo-Staates" im Norden gesehen. Entsprechende Quellen prangern meist zugleich auch die „Turkifizierung" griechischer Ortsnamen[70]) sowie die Plünderung und die Zerstörung orthodoxer Kirchen, Klöster und Friedhöfe an[71]). Seitens der zyperntürkischen „Regierung" versucht man hingegen, Ausmaß und Bedeutung der Zuwanderung zu bagatellisieren. Die sehr spärlichen offiziellen Stellungnahmen zu diesem Thema beziffern die aus Anatolien stammenden Siedler in Nordzypern mit 17 000–19 000[72]).

Im Lichte einer distanzierten Betrachtung kann an einer planmäßigen Siedlungspolitik der „Regierung" Denktaş kein Zweifel bestehen. Die Motive für eine Ansiedlung zusätzlicher türkischer Bevölkerung liegen auf der Hand. Im Zuge der türkischen Invasion von 1974 verließen ca. 160 000 Flüchtlinge endgültig ihre Wohnorte im Norden der Insel. Die Zahl der bis Ende 1975 in umgekehrter Richtung umgesiedelten oder geflohenen Zyperntürken betrug hingegen lediglich ca. 44 000. Die Flucht der Zyperngriechen hatte also im Norden ein Bevölkerungs-Vakuum und ein Potential an Häusern, Flächen etc. hinterlassen, das von den zuziehenden Zyperntürken allein nicht aufgefüllt werden konnte. Dazu bedurfte es weiterer Menschen, welche auf dem anatolischen Festland als Siedler rekrutiert wurden[73]). Das überproportionale Bevölkerungswachstum zwischen 1975 und 1977 (vgl. Tabelle 8) läßt sich zweifelsfrei auf diese Politik zurückführen, welche offensichtlich zwischen der türkischen Regierung und der „Regierung" Denktaş eng abgestimmt war. Die exakte Zahl der seit Mitte 1974 nach Zypern gekommenen Zuwanderer ist wegen der mangelhaften Datenbasis und der in dieser Frage in der „TRNZ" verfolgten „Geheimpolitik" nicht feststellbar. Brey/Heinritz errechneten, daß sich im Jahr 1990 maximal 70 000 Türken vom Festland – einschließlich ihrer Nachkommen, aber ausschließlich der türkischen Armeeangehörigen – dauerhaft in Nordzypern aufhielten[74]). Diese Berechnungen beruhen auf den teils in offiziellen Quellen, teils in der Literatur veröffentlichten Wanderungssalden der türkischen Staatsbürger (Differenz zwischen Ein- und Ausreisen) sowie dem in jedem Jahr zu erwartenden natürlichen Bevölkerungswachstum. Die Zahl der türkischen Zuwanderer ist überdies auch ein definitorisches Problem, zumal die soziale Struktur und die rechtliche Position (kein Paßzwang) der sich zu einem gegebenen Zeitpunkt in der „TRNZ" aufhaltenden Personen türkischer Herkunft sehr heterogen

---

[70]) Vgl. hierzu King, R./Ladbury, S.: Settlement Renaming in Turkish Cyprus, in: Geography. 73 (1988) 12, S. 363–367.

[71]) So z.B. in der folgenden Schrift: Republic of Cyprus, Press and Information Office (Hrsg.): Flagellum Dei. The Destruction of the Cultural Heritage in the Turkish Occupied Part of Cyprus. Nikosia 1990.

[72]) Vgl. hierzu die unveröffentlichte Schrift einer zyperntürkischen „Regierungsstelle": Turks as Part of the Demographic Structure of Cyprus. Lefkoşa 1992.

[73]) Ioannides (Anm. 69), S. 27–48, schildert auf der Basis von Aussagen der Betroffenen und Berichten der türkischen Presse die systematische Rekrutierung von Bauern in Anatolien. Er verweist auf Ähnlichkeiten mit der osmanischen Bevölkerungsansiedlung Zyperns nach der Eroberung der Insel im Jahre 1571.

[74]) Brey/Heinritz, Bevölkerungsbewegungen (Anm. 43), S. 171.

ist. Bei der Masse der eingebürgerten Festlandstürken im ländlichen Raum handelt es sich offenbar um einfache Bauern und Hirten aus Anatolien. Sie leben nunmehr bereits vielfach in der zweiten Generation auf der Insel. Die genannten bäuerlichen Siedler sowie eine nicht bekannte Zahl ehemaliger Militärangehöriger bilden die Mehrheit der türkischen Staatsbürger, welche nordzyprische Naturalisierungsurkunden erhalten haben und deshalb in ihren staatsbürgerlichen Rechten (z. B. Wahlrecht) den einheimischen Zyperntürken gleichgestellt sind. Die Zahl der eingebürgerten „Anatolier" wurde jüngst auf 45 000 geschätzt[75]). Diese Siedler erhielten überdies Besitztitel aus dem 1974 von den Zyperngriechen zurückgelassenen Eigentumsbestand (Häuser, landwirtschaftliche Nutzflächen und andere Güter). Eine weitere bedeutende Gruppe stellen legal eingereiste Türken, die sich saisonal oder ganzjährig als Gastarbeiter, Handelstreibende und Geschäftsleute auf der Insel aufhalten. Hinzu kommen derzeit ca. 6 500 türkische Studenten, die an den Hochschulen der „TRNZ" studieren[76]). Nicht zur Bevölkerung gerechnet werden die etwa 30 000 Angehörigen der türkischen Armee sowie eine unbekannte jedoch sicherlich bedeutende Zahl von illegalen Arbeitskräften.

Mindestens ebenso politisch brisant wie die türkische Siedlungspolitik ist das damit in Beziehung stehende Problem der Emigration der autochthonen zyperntürkischen Bevölkerung. Von offizieller Seite in der „TRNZ" wurde der Vorwurf der „anatolischen Kolonisierung" wiederholt mit der Behauptung erwidert, bei der Mehrzahl der Zuwanderer handele es sich um Zyperntürken, die früher aufgrund der repressiven politischen Verhältnisse unter der Dominanz der Zyperngriechen ausgewandert seien und nunmehr in eine „befreite Heimat" zurückkehrten, sowie um Saisonarbeitskräfte, die man vorübergehend nach Zypern geholt habe, um dem bestehenden Arbeitskräftemangel zu begegnen[77]). Diese „Remigrations-These" läßt sich leicht widerlegen: Eine überproportionale Abwanderung von Zyperntürken – als Quelle für eine spätere Remigration – hatte in den beiden Jahrzehnten vor 1974 keineswegs stattgefunden (vgl. Tabelle 3). Und zudem belegen die Statistiken der Ein- und Ausreisen in Nordzypern ein negatives Wanderungssaldo bei den türkischen Zyprern[78]). Entsprechend dieser Daten waren die Zyperntürken besonders zwischen 1974 und 1977 von einer dramatischen per-Saldo-Emigration (von insgesamt 18 862 Menschen) betroffen. Auf Basis der Wanderungssalden und unterschiedlicher Annahmen über das natürliche Bevölkerungswachstum bei den Zyperntürken hätte deren Zahl 1990 zwischen 100 900 und 106 000 liegen müssen. Bei aller Vorsicht gegenüber den verfügbaren Daten muß davon ausgegangen werden, daß die immer wieder geäußerte Behauptung zyperntürkischer Oppositioneller zutrifft, die eigene Volksgruppe sei von einer massiven Auswanderung betroffen. Schon eine bloße Subtraktion der glaubhaft anzuneh-

---

[75]) Wellenreuther (Anm. 57), S. 44.
[76]) Ebenda, S. 38.
[77]) Entsprechende Äußerungen von Rauf Denktaş sowie Vedat Çelik, dem UN-Beauftragten der „TFSZ" aus dem Jahre 1977, sind belegt bei: Turkey, Ministry of Foreign Affairs, Department of International Organizations: Foreign Policy of Turkey at the United Nations. Band 3: Cyprus Question. Hrsg. und zusammengestellt von Yüksel Söylemez. Ankara 1983, S. 476–514.
[78]) Ausführlich bei Brey/Heinritz, Bevölkerungsbewegungen (Anm. 43), S. 164–166.

menden Zahlen der Zuwanderer aus der Türkei von den Zahlen der Gesamtbevölkerung bestätigt diese Annahme. Zwar sind die einheimischen Zyperntürken heute wohl noch keine Minderheit in der „TRNZ"[79]), Wanderungssalden und reproduktives Verhalten deuten jedoch in der Tat einen Trend an, wonach die anatolischen Zuwanderer bereits in den nächsten Jahren zur Mehrheitsbevölkerung werden könnten.

IV. Zusammenfassung

Vergleicht man die Bevölkerungsstruktur der Republik Zypern mit derjenigen der „TRNZ", so zeigen sich einige Ähnlichkeiten ebenso wie einige wesentliche Unterschiede. Beide Teile Zyperns sind nach den großen Bevölkerungsverschiebungen von 1974 und 1975 heute in Bezug auf ihre ethnisch-religiöse Struktur weitgehend homogenisiert. Angehörige der beiden großen Volksgruppen leben heute nur noch als unbedeutende Minderheiten im jeweils anderen Teil der Insel. Angesichts einer allgemeinen gesellschaftlichen Modernisierung zeigen zumindest die autochthonen Zyperngriechen wie -türken ähnliche generative Verhaltensmuster, die sich zunehmend einem westeuropäischen „Profil" mit geringen Kinderzahlen, erhöhtem Heiratsalter etc. annähern. Insgesamt liegt das natürliche Bevölkerungswachstum in Zypern noch deutlich über dem Reproduktionsniveau; die Fruchtbarkeitsraten sind jedoch erheblich niedriger als in den Entwicklungsländern. Das natürliche Bevölkerungswachstum ist aufgrund der höheren Kinderzahlen der Zuwanderer aus Anatolien in der „TRNZ" insgesamt höher. Trotz ähnlicher Strukturen in Bezug auf das natürliche Wachstum zeigt die Entwicklung der Bevölkerungszahl in beiden Teilen Zyperns einen geradezu konträren Verlauf. Obwohl die für die „TRNZ" verfügbaren Daten nur sehr vorsichtig interpretiert werden dürfen, fällt dort per Saldo ein wesentlich höheres relatives Bevölkerungswachstum ins Auge. Die Unterschiede in Quantität und Verlauf des Wachstums sind ganz entscheidend durch Zu- und Abwanderung bestimmt. In der Republik Zypern reflektiert das Wanderungssaldo exakt die Krisensituation nach der Invasion von 1974 und das spätere „kleine Wirtschaftswunder". Nach erheblichen Wanderungsverlusten in den Folgejahren der Krisenereignisse von 1974 wird die Republik Zypern Anfang der 1980er Jahre erstmals zum Einwanderungsland. Deutliche Auswirkungen auf das Bevölkerungswachstum gewinnt die Zuwanderung jedoch erst Ende der 80er Jahre. Mit der Liberalisierung des Arbeitsmarktes kommt es seither zu einem bedeutenden Zustrom von Fremdarbeitern. In der „TRNZ" wächst die Bevölkerung in den Jahren nach der De-facto-Teilung sprunghaft durch die Ansiedlung von Bevölkerung vom anatolischen Festland. Die Auswirkungen der Zuwanderung aus der Türkei auf die Gesamtbevölkerungszahl werden per Saldo durch die ebenfalls stattfindende Abwanderung autochthoner Zyperntürken abgeschwächt. Anders als in der Republik Zypern werden in der „TRNZ" die Zuwanderer in wachsendem Maße zum vorherrschenden Bevölkerungselement.

---

[79]) Wellenreuther (Anm. 57), S. 45, kommt mit seinen Berechnungen auch zu diesem Schluß.

Sozialstruktur

Niyazi Kızılyürek, Nikosia

I. Historische Voraussetzungen: Die zyprische Gesellschaft bis zum Ende des Zweiten Weltkriegs – II. Die Republik Zypern: Von der Tradition zur Moderne – III. Die zyperngriechische Gesellschaft nach 1974: 1. „Wirtschaftswunder" – 2. Familie und Stellung der Frau – 3. Ausbildung – 4. Bevölkerung und Auswanderung – 5. Soziale Sicherheit – IV. Die zyperntürkische Gesellschaft: 1. Modernisierung – 2. Familie und Stellung der Frau – 3. Ausbildung – 4. Bevölkerung und Zuwanderung – 5. Soziale Sicherheit

I. Historische Voraussetzungen:
Die zyprische Gesellschaft bis zum Ende des Zweiten Weltkriegs

Die Insel Zypern wurde im Laufe der Geschichte von verschiedenen Mächten erobert. Im 15. Jahrhundert n.Chr. bestand z.B. auf den zyprischen Besitzungen fränkischer und venezianischer Feudalherren die Hälfte der Bevölkerung aus griechisch-orthodoxen Leibeigenen. Dabei wurde die Gesamtbevölkerung vor der osmanischen Eroberung (1571) auf 200000 Menschen geschätzt. Mit der Eroberung der Insel durch das Osmanische Reich siedelte sich die muslimische Bevölkerung auf Zypern an. Diese Ansiedlung sollte die weitere Entwicklung auf der Insel entscheidend mitbestimmen. Eine Bevölkerungsstatistik, die sich auf das Jahr 1832 bezieht, soll hier als Grundlage für die Beurteilung der Situation nach der Ansiedlung der muslimischen Bevölkerung verwendet werden. Danach ergibt sich folgendes Bild:

Wie aus der Tabelle 1 ersichtlich ist, beziehen sich die Angaben auf die ländlichen Gebiete der Insel. Die gleiche demographische Vermischung ist aber auch in den Städten feststellbar. Aus den Ergebnissen der Volkszählung von 1881 ergibt sich, daß in den Städten 11583 Muslime und 18061 griechisch-orthodoxe Christen lebten[1]. Prozentual bedeutet dies, daß 25% der Muslime und 13% der Christen städtische Bewohner waren. Tabelle 2 verdeutlicht die weitere ethnisch-religiöse Zusammensetzung der zyprischen Gesellschaft, geordnet nach Jahren.

Die große Masse der Bevölkerung in Zypern bestand aus *Reayas* (Pachtbauern) und bewirtschaftete „Miri-Gründe" (Staatsgüter). Nach dem osmanischen Steuersystem erbrachten diese Pachtbauern bestimmte Leistungen (eine Art Steuern) für das Reich und waren dafür vom Militärdienst befreit. In dieses System wurden sowohl die griechisch-orthodoxe Bevölkerung als auch die neuangesiedelte muslimi-

---

[1] Heide, U.: Nationale Unabhängigkeit im Spannungsfeld von ethnischen Unterschieden, sozialen Konflikten und Kolonialpolitik. Untersuchungen zum Lernfeld Dritte Welt am Beispiel von Cypern. Frankfurt/Main 1980, S. 69.

Sozialstruktur 517

Tabelle 1: Demographische Struktur gegen Ende der osmanischen Herrschaft

Distrikte (Kazas)	gemischte Dörfer	christliche Dörfer	muslimische Dörfer	gesamt
1. Morphou	15	13	3	31
2. Lefka	1	6	1	8
3. Orini	11	11	4	26
4. Kyrenia	10	15	5	30
5. Kythrea	16	13	6	35
6. Larnaka	19	10	4	33
7. Mesaren	23	23	16	62
8. Chrysochou	16	13	14	43
9. Paphos und Kavlia	29	29	18	76
10. Limassol und Episkopi	12	27	11	50
11. Kilani und Ardimon	10	16	3	29
12. Karpassos und Famagusta	10	22	7	39
	172 (37,23%)	198 (42,86%)	92 (19,91%)	462 (100%)

Quelle: Heide, U.: Nationale Unabhängigkeit im Spannungsfeld von ethnischen Unterschieden, sozialen Konflikten und Kolonialpolitik. Untersuchungen zum Lernfeld Dritte Welt am Beispiel von Cypern. Frankfurt/Main 1980, S. 43.

Tabelle 2: Entwicklung der demographischen Zusammensetzung 1881–1960 (in Prozent)

Religion	1881	1891	1901	1911	1921	1931	1946	1960
Griech-Orth.	73,9	75,8	77,1	78,2	78,8	79,5	80,2	77,0
Muslimisch	24,4	22,9	21,6	20,6	19,8	18,5	17,9	18,3
Armen.-Gregorianisch	0,1	0,1	0,2	0,2	0,4	1,0	0,8	0,6
Röm.-Kath.	1,1	0,4	0,4	0,3	0,3	0,7	0,2	0,8
Maronitisch	–	0,6	0,5	0,4	0,4	0,7	0,5	0,5
Andere	0,5	0,2	0,2	0,3	0,3	0,3	0,4	2,8

Quelle: Statistics and Research Department. Republic of Cyprus (Hrsg.): Statistical Abstract 1970. Nr. 16. Nikosia 1970, S. 24.

sche Gemeinschaft miteinbezogen. Daraus ergab sich, daß beide Volksgruppen unter den gleichen sozialen Voraussetzungen lebten und arbeiteten. Für die osmanische Oberschicht, die aus höheren Beamten, Mullahs, örtlichen Richtern und einigen reichen Besitzenden sowie den *Aghas* (Großgrundbesitzern) bestand, wurde es charakteristisch, die eigene Haushaltsführung fast ausschließlich über Steuereinnahmen zu sichern. Neben dieser Gruppe der Muslime waren auch die führenden Mitglieder der orthodoxen Kirche zur neuen zyprischen Oberschicht hinzuzurechnen. Denn nach der Eroberung der Insel durch das Osmanische Reich vollzog sich ein Wandel in der Verwaltung der Insel. Durch Erlaß des Sultans wurde der Erzbischof nach dem „Generalstatthalter" die zweitwichtigste politische Persönlichkeit der Insel. Gemäß seiner Funktion führte er von da an den Titel „Ethnarch" (Führer der christlich-orthodoxen Volksgruppe). Drei Bischöfe wurden als amtliche Vertreter des griechischen Volkes auf Zypern anerkannt, mit dem Vorrecht, sich direkt an die „Hohe Pforte" wenden zu können, ohne den „Generalstatthalter" der Insel berücksichtigen zu müssen[2]). Dadurch wurden die zyprischen Kirchenführer jedoch nicht zu den Interessenwahrern der orthodoxen Christen, sondern entwickelten sich zu einer eigenen Klasse, die sich zusammen mit den osmanischen Bürokraten an den Steuereinnahmen bereicherte[3]). Die Folge davon war eine die Volkstums- und Religionsgrenzen überschreitende Frontenbildung der türkischen und griechischen Bauern, die unter den gleichen Lasten litten. Gemeinsam standen sie ihren „Unterdrückern" gegenüber, den türkischen Paschas und Großgrundbesitzern sowie den in fürstlichem Stil lebenden orthodoxen Bischöfen und den griechischen Steuereintreibern[4]). Angesichts korrupter Steuereintreiber und Gouverneure brachen Ende des 18. Jahrhunderts drei Aufstände aus, an denen die arme Landbevölkerung beider Glaubensrichtungen teilnahm. Die Solidarität der muslimischen und christlichen Bauern wird durch die Tatsache verdeutlicht, daß die Bauernrevolten sowohl von muslimischen als auch christlichen Führern organisiert wurden. Das Zusammenspiel zwischen den osmanischen Administratoren und den griechisch-orthodoxen Eliten ließ sich am Anfang des 19. Jahrhunderts nicht mehr beobachten, denn es kam aufgrund bestimmter ökonomischer und politischer Veränderungen zu einer Destabilisierung in ihren Beziehungen. Während innerhalb der ländlichen Unterschicht kein nennenswerter Wandel zu verzeichnen war, führte in den Städten die Entstehung einer bürgerlichen (vorwiegend zyperngriechischen) Mittelschicht zu wesentlichen Veränderungen innerhalb der Sozialstruktur. Durch die von den europäischen Mächten erzwungene Änderung der osmanischen Wirtschaftspolitik (Liberalisierung) wurde Zypern für den Handel mit den europäischen Staaten geöffnet. Dazu wurden in Larnaka Konsulate eingerichtet, zu denen die christlichen Kaufleute enge Kontakte knüpften. Da die osmanischen Herrscher sich traditionell kaum an den Handelsaktivitäten beteiligten, bildete sich eine nicht-muslimische bürgerliche Mittelschicht heraus, die den gesamten Innen- und Außenhandel beherrschte. Die unterschiedliche Orientierung in beiden Bevölkerungsgruppen der zyprischen Stadtbevölkerung – die Griechisch-Orthodoxen verschrieben sich dem Handel während die osmanischen Muslime für Militär und Verwaltung verantwortlich zeigten – schuf einen Zustand, der sich später als konfliktfördernd bemerkbar machte. Daneben setzten sich politisch-ideologische Strömungen durch, die die gemeinsame Basis der Eliten nachhaltig zerstörte.

Vor allem der griechische Befreiungskampf (1821–1829) und das Aufkommen des griechischen Nationalismus entfremdeten die Zyperngriechen von den türkischen Zyprer. *Enosis* (Anschluß) und *Megali Idea* (Große Idee) wurden zum Ausdruck des neuen griechischen Nationalismus im 19. Jahrhundert. Die *Megali Idea*,

---

[2]) Tenekides, G.: Zypern, jüngste Geschichte und politische Perspektiven. München/Genf/Wien 1966, S. 39.
[3]) Kadritzke, N./Wagner, W.: Im Fadenkreuz der NATO, Ermittlungen am Beispiel Cypern. Berlin 1976, S. 14.
[4]) Maier, F. G.: Cypern. Insel am Kreuzweg der Geschichte. Stuttgart 1964, S. 122.

die expansive politische Ziele mit nationaler Zugehörigkeit zur neuen hellenischen Nation verband, wies zeitweise zwar verschiedene Variationen auf. Kern dieser Idee war jedoch stets die „Befreiung" des ehemaligen byzantinisch-griechischen Sprach- und Kulturraumes und die Wiederherstellung des alten Imperiums mit Konstantinopel als Hauptstadt. Die *Megali Idea* wurde dominierend im politischen Denken und Handeln der im neugeschaffenen Kleinstaat (1829) wie auch der im osmanisch-türkischen Herrschaftsbereich lebenden Griechen[5]. Durch die intellektuelle Mobilisierung und Politisierung der Ethnizität wurde die *Megali Idea* bestimmend für die Denkstruktur der zyperngriechischen Elite. Die griechisch-orthodoxe Kirche auf Zypern entwickelte sich dabei zur Trägerin des griechischen Nationalismus.

Mit Beginn der britischen Herrschaft (1878) wurde nach dem angelsächsischen Repräsentationsprinzip ein getrenntes Erziehungssystem eingeführt. Danach gab es zwei getrennte Erziehungskomitees. Eines war zuständig für die Zyperngriechen, das andere für die Zyperntürken. Beide Komitees standen unter der Leitung ihrer jeweiligen religiösen Führer. Während der Erzbischof das zyperngriechische Erziehungskomitee kontrollierte, regierte der religiöse Führer der Zyperntürken, der *Müftü*, das zweite. Die Erziehungskomitees wählten den Lehrstoff aus, ernannten und bezahlten die Lehrer. Durch den Import von Lehrmaterial und Lehrern aus Griechenland und der Türkei entwickelten bzw. verstärkten sich griechischer und türkischer Nationalismus. Dies verhinderte die Entstehung einer gemeinsamen Grundlage der gesellschaftlichen Kommunikation als ein erster Schritt auf dem Weg zu einer integrierten zyprischen Gesellschaft. Die Zahl der Schulen erhöhte sich von 140 im Jahre 1879 auf 699 in den Jahren 1916/17. Mit der wachsenden Alphabetisierung der Bevölkerung wurde auch die Entwicklung nationaler Gefühle und Symbole forciert, die jedoch stärker die Unterschiede zwischen beiden Bevölkerungsgruppen betonten als die Gemeinsamkeiten, weil weder die Türkei noch Griechenland gemeinsame Integrationsfiguren besaßen. Im Jahre 1929 trat dann das *Elementary Education Law* in Kraft. Mit diesem Gesetz versuchte die Kolonialregierung, Kontrolle über die Lehrer zu gewinnen. Nach dem Aufstand von 1931 gegen die britische Kolonialverwaltung verstärkten die Engländer ihre Kontrollmaßnahmen in der Bildungspolitik weiter. Mit den neuen Veränderungen bzw. Verboten konnten die Zyprer mit ihren Institutionen kaum noch Einfluß darauf nehmen, was und wie gelernt wurde. Die Kolonialverwaltung kontrollierte jetzt das zyprische Erziehungssystem und erhoffte sich davon, vor allem eine Eindämmung der zyperngriechischen Nationalbewegung. Das getrennte Schulsystem der beiden Volksgruppen blieb jedoch bestehen. Während und nach dem Zweiten Weltkrieg beschleunigte sich die zyperngriechische Bewegung für den Anschluß der Insel an Griechenland. In einer Phase der Entkolonialisierung wuchs die Hoffnung auf *Enosis* und mit den Demokratisierungsmaßnahmen der britischen Verwaltung (Erlaubnis zur Bildung politischer Parteien und Wiederaufnahme von Kommunalwahlen) veränderte sich die innenpolitische Lage der Insel ent-

---

[5] Wenturis, N.: Der Integrationsprozeß im politischen System der Republik Zypern. Dissertation. Stuttgart 1970, S. 42.

sprechend. Neben den verschiedenen Parteien, die auf der politischen Bühne erschienen, wurde die gemeinsame Forderung der Zyperngriechen nach *Enosis* immer lauter. London war jedoch entschlossen, die Kolonialherrschaft aufrechtzuerhalten. Dies verschärfte jedoch nur die Stimmung und die Forderungen der Zyperngriechen. Auf Initiative des Kirchenführers Makarios und der rechtsgerichteten Nationalisten wurde 1952 die Untergrundorganisation EOKA (Nationale Organisation der zyprischen Kämpfer) gegründet, deren militärische Leitung Oberst Grivas übernahm. Am 1. April 1955 eröffnete EOKA den militärischen Untergrundkampf gegen die britische Kolonialherrschaft. Als Gegenmaßnahme rekrutierte die Kolonialregierung zyperntürkische Polizeieinheiten zum Spezialeinsatz gegen die EOKA-Kämpfer. So kam es zur bewaffneten Auseinandersetzung unter den Einheimischen. Die zyperntürkische Reaktion gegen die *Enosis*-Forderung wurde von der Kolonialregierung ausgenutzt, um ihre Präsenz auf Zypern zu sichern. Durch die Einmischung der „Mutterländer", Griechenland und Türkei, wurde die Zypernfrage zu einem internationalen Konflikt ausgeweitet, so daß es 1960 schließlich zur Gründung der unabhängigen Republik Zypern kam. Drei Jahre danach (1963) brachen bewaffnete Auseinandersetzungen zwischen den zyprischen Volksgruppen aus. Unmittelbar nach den ersten Zusammenstößen im Dezember 1963 setzte die räumliche Trennung der beiden Bevölkerungsgruppen ein. Die meisten Zyperntürken zogen sich in rein türkische Enklaven zurück, in denen sie bis 1974 praktisch unter sich lebten. Dies war der Beginn der getrennten gesellschaftlichen Entwicklung beider Volksgruppen, die bis heute andauert. Dementsprechend wird sich die Analyse der Sozialstruktur auch getrennt mit der gesellschaftlichen Entwicklung beider Bevölkerungsgruppen befassen müssen.

II. Die Republik Zypern: Von der Tradition zur Moderne

Während des Zweiten Weltkrieges begann die erste Phase der Transformation der zyprischen Gesellschaft aufgrund tiefgreifender ökonomischer und politischer Veränderungen. Charakteristisch hierfür ist der Übergang von der dominanten Agrarwirtschaft zu einem dynamischen Wirtschaftsleben. Damit änderte sich auch die Beschäftigungsstruktur der Gesellschaft. So war z. B. die Beschäftigung innerhalb der Agrarwirtschaft zwischen 1931 und 1946 zurückgegangen, während sich die Beschäftigung außerhalb der Landwirtschaft um 60% erhöhte. 1946 arbeiteten in den Bereichen Manufaktur und Handarbeit 33% der Beschäftigten, 40% der Beschäftigten waren in der Bauwirtschaft tätig. 20% der außerhalb der Landwirtschaft Beschäftigten waren selbständig. Der Anteil der städtischen Bevölkerung machte 1946 30% der Gesamtbevölkerung aus. Diese Entwicklung hatte einen Rückgang der Landwirtschaft und einen Anstieg der städtischen Arbeiter- und Mittelschichten zur Folge.

Zwischen 1946 und 1966 hatte sich die Beschäftigung in der Baubranche vervierfacht und im Bereich Handel und Dienstleistungen verdreifacht. Trotz dieser Entwicklung blieb Zypern vor der Staatsgründung (1960) ein unterentwickeltes Land, in dem der Lebensstandard im allgemeinen niedrig war. Nach der Unabhängigkeit Zyperns begann eine rasche Wirtschaftsentwicklung, die die Sozialstruktur der

Gesellschaft nachhaltig verändert hat. Im ersten Fünfjahresplan (1962–1966) wurden die Modernisierung der Landwirtschaft und der Infrastruktur sowie die Förderung des Tourismus und privater Investitionen angestrebt. Trotz der interethnischen Auseinandersetzungen (1963/64) fand auf Zypern in dieser Periode eine bemerkenswerte ökonomische Entwicklung statt. Das Bruttosozialprodukt erhöhte sich um 24%, und die Wachstumsrate lag bei 6,2%. Das Pro-Kopf-Einkommen steigerte sich von 181 CyP im Jahre 1958 auf 302 CyP im Jahre 1970, während die Preise auf dem Stand von 1958 blieben. Im Jahre 1973 erreichte das Pro-Kopf-Einkommen bei konstanten Preisen von 1967 400,2 CyP, und die Arbeitslosenrate sank auf 0,9%. Mit der Erhöhung des Einkommens in der nachkolonialen Periode erhöhte sich auch die Konsumneigung. So gab es 1964 25 626 private Kraftfahrzeuge, d.h. auf 22,9 Personen entfiel ein Auto. 1973 erreichte die Zahl der Autos 74 698, d.h. auf 8,5 Personen kam ein PKW. Ein weiterer Indikator für die schnelle Veränderung der zyprischen Gesellschaft nach der Staatsgründung ist die Verbreitung von Massenmedien wie Fernsehen, Radio und Zeitungen sowie von Telefonanschlüssen. Die Zahl der Telefonanschlüsse stieg von 17 211 im Jahre 1964 auf 42 982 im Jahre 1973. Zypern wurde Anfang der 1970er Jahre zu einem der reichsten Länder in der Region. Tabelle 3 verdeutlicht dieses zyprische „Wirtschaftswunder".

Tabelle 3: Entwicklung des Bruttosozialprodukts in der Republik Zypern nach nominellen und konstanten Preisen

Jahr	BSP nominell		Jahr	BSP konstante Preise	
	Gesamt CyP Mill.*	Pro Kopf		Total CyP Mill.	Pro Kopf
1957	84,2	158,6	1950	58,8	–
1960	75,0	136,8	1950	52,8	–
1970	231,5	381,3	1958	170,0	301,7
1973	309,5	547,3	1967	219,0	402,2

* Mill. = Millionen
Quelle: Christodoulou, D.: Inside the Cyprus Miracle. The Labours of an Embattled Mini-Economy. University of Minnesota 1992, S. xxxi.

Das wirtschaftliche Wachstum veränderte auch die Beschäftigungsstruktur der Insel. Der Anteil der in der Landwirtschaft Beschäftigten sank von 45% auf 37,2%, während die Beschäftigtenzahlen sich im Manufakturbereich von 14% auf 15% und in der Bauwirtschaft von 8,5% auf 11,3% sowie im Dienstleistungsbereich von 13,5% auf 16,5% erhöhten. Die Tabelle 4 zeigt die sektorelle Zusammensetzung der zyprischen Volkswirtschaft von 1950 bis 1973.
Die Entwicklung der Genossenschaften hat stark zur Erhöhung des allgemeinen Lebensstandards, insbesondere der Bauern, beigetragen. Die Genossenschaften wurden als eine Art Kreditanstalten und Exportinstitutionen während der britischen Kolonialherrschaft gegründet. Im Jahr 1959 hatten fast alle Dörfer ihre eigenen Genossenschaften. Die Zahl der Genossenschaften stieg von 740 (1959) auf

Tabelle 4: Verteilung des Bruttosozialprodukts nach ausgewählten Wirtschaftssektoren

Jahr	Landwirtschaft	Bergbau	Finanzdienstleistungen	Industrie	Handel	Baugewerbe
1950	27,4	12,4	9,5	15,2	11,1	3,3
1960	22,3	12,7	7,3	13,5	9,7	3,2
1970	17,1	6,1	10,4	12,2	15,4	8,1
1973	13,4	3,8	12,3	14,3	15,9	9,5

Quelle: Christodoulou, D.: Inside the Cyprus Miracle. The Labours of an Embattled Mini-Economy. University of Minnesota 1992, S. xxxiv.

1446 (1966), bei einer Gesamtmitgliederzahl von 210000. In kurzer Zeit wurde die Genossenschaftsbewegung zum größten Exporteur der zyprischen Agrarprodukte mit eigenen Marketing-Büros in London. Die Tabelle 5 verdeutlicht den hohen Lebensstandard und die ausgezeichneten Lebensbedingungen in Zypern im Jahre 1971.

Tabelle 5: Ausgewählte Indikatoren der Wohlstandentwicklung und der Lebensbedingungen um 1971

Distrikt	Bevölkerung/ Ärzte (1971)	Öffentliche und private Bettenzahl pro Tausend Einwohner (1971)	Schüler/ Lehrer in Volksschulen (1971–1972)	Schüler/ Lehrer in Gymnasien (1971–1972)	Geschätzte Prozentzahl an Dörfer mit asphaltierten Straßen (1970)	Geschätzte Prozentzahl an Dörfer mit Elektrizität (1971)	Prozentzahl an Dörfer mit Haus zu Haus Wasseranschlüssen (1971)
Nikosia	756	5,52	29,5	20,6	37	89	64
Kyrenia	4213	1,31	27,6	18,2	37	85	77
Famagusta	1424	2,58	30,5	21,5	55	80	74
Limassol	1460	3,63	30,9	24,2	41	92	76
Larnaka	2687	1,56	30,8	18,3	86	85	66
Paphos	1981	1,93	27,0	19,1	16	67	45
Gesamt	1179	3,62	29,8	21,0	41	82	65

Quelle: Mavros, E.: A Critical Review of Economic Developments in Cyprus. 1960–1974, in: The Cyprus Review. 1 (1989) 1, S. 11–66, bes. 19.

Von diesem Modernisierungsprozeß profitierten die beiden Volksgruppen allerdings nicht in gleichem Maße. Die zyperntürkische Volksgruppe hatte kaum Anteil daran. Von daher ist es unmöglich, von „der Entwicklung der zyprischen Gesellschaft" zu reden. Die beiden Volksgruppen haben die Modernisierung in unterschiedlichen sozialen Realitäten erlebt, und diese Unterschiede bestehen weiterhin fort. Der osmanischen Tradition folgend, konzentrierte sich der Handel in den Händen der nicht-muslimischen Bevölkerung, während die muslimische Elite in der Verwaltung tätig war. Dadurch, daß die osmanische Führungsschicht sich vom Handel ausschloß, konnte der christliche Teil der zyprischen Bevölkerung alle Möglichkeiten in diesem Bereich für sich nutzen. Schon zu Beginn der britischen Kolonialherrschaft auf Zypern gab es eine wirtschaftlich starke zyperngriechische Handelselite und eine wirtschaftlich schwache zyperntürkische Herrschaftselite. Diese ökonomische Kluft zwischen beiden Eliten vergrößerte sich noch während der britischen Kolonialzeit, da die Engländer die zyperntürkische Elite in ihr Verwaltungssystem miteinbezogen. Die Diskrepanz vergrößerte sich mit der Staatsgründung. In einem Bericht des zyperntürkischen „Ministeriums" für Tourismus, Handel und Industrie von 1977 heißt es: „Seit 1930 wurden die Luxus-Konsumgüter von den Zyperngriechen exportiert und importiert. Unsere Gemeinschaft (gemeint sind die Zyperntürken) führte ihre Tätigkeiten in der Landwirtschaft (...). Im Handelsbereich aufgehäuftes Kapital führte zur Industrialisierung. Mit der Entstehung der Republik Zypern haben die Zyperngriechen ihre Industrieproduktion modernisiert. Unsere Gemeinschaft wurde in diesem Industrialisierungsprozeß zurückgedrängt und bleibt somit weit hinter den Zyperngriechen zurück"[6]).

Schon vor Entstehung der Republik Zypern hatte die zyperntürkische Führung einen ersten Schritt hin zu einer wirtschaftlichen Eigenständigkeit getan. Es wurde eine Kampagne unter der Parole: „Kauft nur bei Türken!" ausgerufen. Den Zyperntürken wurde von ihrer Führung verboten, von Zyperngriechen zu kaufen. Rauf Denktaş, einer der Protagonisten dieser Kampagne, begründete die Politik des ökonomischen Separatismus wie folgt: „(...) 1958–1960 haben wir mit der Kampagne (...) angefangen. (...) Wir wollten einen rein türkischen Markt zustande bringen mit eigenen türkischen Exporteuren und Importeuren. (...) Trotz der Beschwerden der Griechen entwickelte sich mit hoher Geschwindigkeit ein türkischer Markt (...). In sechs Monaten hatten sich die Bankeinlagen auf den türkischen Banken verdoppelt. Wir haben uns gedacht, daß diese Kampagne uns wirtschaftlich weiterentwickeln würde. Die Türken waren verurteilt, von den Griechen und Armeniern zu kaufen. Für die Entwicklung unserer Gemeinschaft mußten wir zusammenhalten."[7])

Mit der Gründung der Republik erklärte die zyperntürkische Führung, daß sie ihre Politik der ökonomischen Separation fortsetzen wolle[8]). Nach der Entstehung der Republik scheiterten jedoch die Versuche, einen getrennten Markt zu schaffen, vollkommen. Die zyperntürkische Führung hatte es nicht geschafft, einen eigenständigen Markt zu etablieren. „Die griechischen Kaufleute", so Denktaş 1966, „haben alle Institutionen übernommen, und der türkische Markt wurde zunichte (gemacht)."[9]) Die überragende ökonomische Bedeutung der zyperngriechischen Volksgruppe im wirtschaftlichen Bereich wird anhand der Tabellen 6, 7 und 8 deutlich.

---

[6]) Kizilyürek, N.: Der Zypernkonflikt unter besonderer Berücksichtigung der internationalen Abhängigkeitsverhältnisse. Ungedruckte Dissertation. Universität Bremen 1990, S. 149.
[7]) Denktaş, R.R.: 12'ye 5 Kala (Fünf vor zwölf). Ankara 1966, zitiert nach Kizilyürek (Anm. 6), S. 150.
[8]) Kizilyürek, N.: Paçalar Papazlar (Paschas Bischöfe). Nikosia 1988, S. 46.
[9]) Kizilyürek, Zypernkonflikt (Anm. 6), S. 151.

Tabelle 6: Die Vermögensverhältnisse der Volksgruppen 1962

Art des Besitzes	Zyperngriechen		Zyperntürken	
	Absolut	Prozent	Absolut	Prozent
Grundbesitz Wert in USD	188 281 496	86,87	24 860 709	13,30
Grund und Boden Wert in USD	4 132 602	81,70	886 007	17,50
Betriebe mit über fünf Beschäftigten	1 158	99,40	7	0,60
übrige Unternehmen (Zahl)	601	89,91	75	11,09
Einkommenssteuerzahlungen in USD	369 468	94,10	230 320	5,90
Aktiengesellschaften mit vornehmlich zyperngriech./zyperntürk. Beteiligung (Zahl)	853	96,60	30	3,40
OHG mit vornehmlich zyperngriech./zyperntürk. Beteiligung (Zahl)	1 441	99,41	75	0,49

Quelle: Wenturis, N.: Der Integrationsprozeß im politischen System der Republik Zypern. Dissertation. Stuttgart 1970, S. 91.

Tabelle 7: Pro-Kopf-Beitrag nach Volksgruppen zum Volkseinkommen 1962 in US-Dollar

	(1)* Pro-Kopf-Produktion der Zyperngriechen	(2)* Pro-Kopf-Produktion der Zyperntürken	(3)* Pro-Kopf-Produktion der Gesamtbevölkerung
Sektor			
1. Agrarproduktion:	11,33	62,62	30,47
(davon Zitrusprod.)	(16,64)	(7,99)	
2. Industrieproduktion	168,88	47,97	146,66
3. Exportproduktion	53,28	10,80	43,44
Pro-Kopf-Beitrag zum Nettosozialprodukt	233,49	122,39	220,57

* Spalte (1) stellt die Pro-Kopf-Produktion (Wertschöpfung) der Zyperngriechen, Spalte (2) die der Zyperntürken dar; bei Spalte (3) handelt es sich um die durchschnittliche Produktion der zyprischen Bevölkerung. Sie wurde angeführt, um die relative Abweichung der Produktion beider Bevölkerungsgruppen von diesem Durchschnitt zu erläutern.
Quelle: Wenturis, N.: Der Integrationsprozeß im politischen System der Republik Zypern. Dissertation. Stuttgart 1970, S. 93.

Tabelle 8: Prozentuale Anteile der Volksgruppen an der zyprischen Wirtschaft

	Griechen	Türken	Armenier	Andere*
Einkommenssteuer (1958)	29,70	1,80	1,0	67,52
Grundbesitz (1960)	78,30	20,43	–	1,30
Ernteertrag (1963)	87,40	12,64	–	–
Weinproduktion (1962)	87,0	13,0	–	–
Einkommen aus Viehhaltung (1963)	86,0	14,0	–	–
Personen im Handwerk (1962)	89,90	9,10	–	–
Ertrag aus dem Bergbau (1962)	24,10	1,20	–	74,70
Importe (1963)	78,70	3,20	5,3	12,80
Exporte (1963)	57,50	0,30	6,4	35,80

* Dies sind überwiegend griechische Unternehmer (Festlandgriechen), britische Unternehmer und auch (meist griechische) Auslandszyprer, die ihre Geschäfte hauptsächlich im Bergbau und im Tourismus betreiben.
Quelle: Dept. of Statistics and Research. Republic of Cyprus (Hrsg.): Statistical Data by Ethnic Groups. Nikosia 1964, zitiert nach: Nowacki, H.: Der Zypernkrieg 1974. Eine Analyse seiner Ursachen. Hamburg 1982, S. 94.

Die damalige starke Konzentration des Vermögens in zyperngriechischen Händen wird besonders beim Vergleich der Anteile am Grundbesitz und den Betriebsvermögen deutlich: 86% des gesamten Grundbesitzes befanden sich in der Hand der Zyperngriechen, 81,7% des agrarisch nutzbaren Bodens ebenfalls. Noch stärker war das Betriebsvermögen bei den Zyperngriechen konzentriert. An allen Unternehmen (Aktiengesellschaften, offenen Handelsgesellschaften, Handwerksbetrieben) waren die Zyperngriechen mit mindestens 90% beteiligt[10]. Der Anteil der Zyperngriechen an der wirtschaftlichen Leistung der zyprischen Volkswirtschaft übertraf sogar den eigenen Bevölkerungsanteil von ca. 80%. Nur bei der Schaf- und Ziegenzucht hatten die Zyperntürken mit 23,5% einen nennenswerten Anteil aufzuweisen. In den anderen Wirtschaftszweigen war der Anteil der Zyperntürken wesentlich geringer. Besonders aufschlußreich dafür ist der damalige Anteil der Zyperntürken am Import- und Exporthandel. Hier kamen sie auf 3,2% bzw. 0,3%[11].

---

[10] Wenturis (Anm. 5), S. 91–92.
[11] Papalekas, J. C.: Unterbelichtete Aspekte des Zypernkonflikts. Herford 1976, S. 17.

III. Die zyperngriechische Gesellschaft nach 1974

1. „Wirtschaftswunder"

Das Jahr 1974 brachte große Erschütterungen mit sich. Auf den griechischen Putsch folgte die Landung türkischer Truppen. Zypern wurde in zwei Teile geteilt. Die Besetzung des Nordens der Insel brachte eine Flüchtlingsbewegung in Gang, die schließlich jenen Bevölkerungsaustausch herbeiführte, der die geographische Teilung Zyperns demographisch untermauerte. 170 000 Zyperngriechen flohen vor der türkischen Armee in den Süden; umgekehrt terrorisierte im Süden die EOKA-B die Zyperntürken. Der Austausch von Zyperntürken gegen zyperngriechische Kriegsgefangene bedeutete dann die Trennung der beiden Volksgruppen.

Die durch den türkischen Einmarsch (1974)[12] geschaffene Demarkationslinie ist bis heute für Menschen, Waren und Dienstleistungen weitestgehend undurchlässig geblieben (lediglich Schmuggel findet statt). Die Folgen der Invasion für die Zyperngriechen waren katastrophal. In der Landwirtschaft gingen die fruchtbarsten Böden (etwa die Zitrus-Kulturen von Morphou) verloren, was einen Verlust von 46% des landwirtschaftlichen Produktionswertes, 41% des Viehbestandes und von 48% der Agrarexporte zur Folge hatte. Außerdem gingen 56% der mineralischen Produktion, 50% der Kapazitäten in Industrie und Handwerk sowie 50% der Hotelbetten verloren. Genauso verheerend war die Zerschneidung bzw. der Wegfall wichtiger Straßenverbindungen durch die „Attila-Linie", wie etwa die Straßen von Nikosia in Richtung Troodos und Famagusta. Auch andere lebenswichtige Infrastruktureinrichtungen wie der wichtigste Hafen (Famagusta) und der internationale Flughafen von Nikosia gingen verloren[13].

Trotz dieser Verluste war die sozioökonomische Entwicklung der zyperngriechischen Gesellschaft nach 1974 bemerkenswert. Das „Wirtschaftswunder" im Süden von Zypern machte sich in kurzer Zeit in allen Bereichen des Lebens bemerkbar. Bereits 1977, drei Jahre nach der türkischen Invasion, herrschte im Süden der Insel wieder Vollbeschäftigung. Mit einem realen Wirtschaftswachstum von 5,6% zwischen 1980 und 1990 lag Zypern vor allen EG-Staaten. Das Pro-Kopf-Einkommen war 1990 mit 9 850 USD höher als in den EU-Staaten Griechenland und Portugal. Die Investitionsquote (Anteil der Investitionen am Bruttoinlandsprodukt/BIP) lag zwischen 1978 und 1991 über dem EG-Schnitt. Das moderne Zypern hat inzwischen den Abschied von der Agrargesellschaft vollzogen: Die sektorale Struktur der Republik Zypern ist heute die einer modernen Industrie- und Dienstleistungsgesellschaft. 1990 wurden nur noch 7,4% des BIP vom primären Sektor erwirtschaftet, 27,9% vom sekundären und 64,6% vom tertiären Sektor[14].

---

[12] Die Landung der türkischen Truppen auf Zypern wird von der Mehrheit der Zyperntürken als „Intervention" bezeichnet; dagegen sprechen die Zyperngriechen mehrheitlich von der „türkischen Invasion".

[13] Brey, H.: Als geteilter Wirtschaftsraum auf dem Weg in die EU, in: Zypern, der „vergessene" europäische Konflikt. Hrsg. K. Liebe. Unkel 1994, S. 36–68, bes. 39/40.

[14] Ebenda, S. 41/42.

Sozialstruktur 527

Tabelle 9: Wichtige sozialwirtschaftliche Indikatoren

Jahr	1973	1992*
Bevölkerung	634 000	585 000
Bruttoinlandsprodukt (BIP) (CyP Mill., in realen Preisen)**	341	3 100
Pro-Kopf-BIP (CyP)	538	5 321
Arbeitslosenquote (%)	2,5	1,8
Inflationsrate (%)	7,8	6,5
Haushaltsdefizit in % des BIP	3,7	4,8
Touristenankünfte	26 500	1 991 000
Touristen pro Einwohner	0,42	3,40
Erträge aus dem Tourismus (CyP Mill.)	24,4	694,0
Güterexporte (CyP Mill.)	57,2	429,9
Güterimporte (CyP Mill.)	134,5	1 303,6

* Die Zahlen beziehen sich nur auf das Gebiet, welches von der Regierung der Republik Zypern tatsächlich kontrolliert wird.
** Ein Zypern-Pfund (CyP) entspricht ungefähr zwei US-Dollar (USD).

Quelle: Theophanous, A.: The Role of Cooperative Movement and the Trade Unions in Addressing the Current Socioeconomic Challenges: The Case of Cyprus, in: The Cyprus Review. 6 (1994) 1, S. 35–62, bes. 55.

Tabelle 10: Sektorelle Aufteilung der Beschäftigung in der zyperngriechischen Gesellschaft

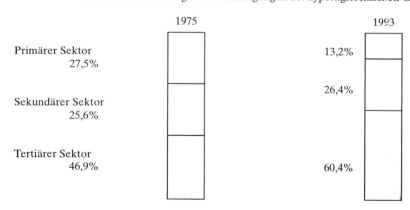

	1975	1993
Primärer Sektor	27,5%	13,2%
Sekundärer Sektor	25,6%	26,4%
Tertiärer Sektor	46,9%	60,4%

Quelle: Republic of Cyprus (Hrsg.): Labour Statistics 1993. Nikosia 1994, S. 12.

Entsprechend dieser sozioökonomischen Entwicklung veränderte sich auch die Beschäftigungsstruktur innerhalb der zyperngriechischen Gesellschaft (Tabelle 11).

Tabelle 11: Beschäftigtenzahlen in unterschiedlichen Wirtschaftszweigen
in der Republik Zypern, 1992/1993

Wirtschaftszweig	1992	1993	Wandel in %
1. Land- und Forstwirtschaft, Fischerei	35 000	34 600	–1,1%
2. Bergbau und Steinbrüche	700	700	–
3. Handwerk	48 100	45 500	–5,4
4. Elektrizität, Gas und Wasser	1 400	1 500	7,1
5. Bauwirtschaft	24 000	23 300	–2,1
6. Handel, Restaurants und Hotels	66 600	67 800	1,8
7. Transport, Lager und Kommunikation	16 200	16 200	–
8. Finanzen, Versicherungen, Makler und Dienstleistungen	18 400	19 400	5,4
9. Kommunalbetriebe, soziale und persönliche Dienstleistungen	5 400	5 600	2,1
Gesamt	266 800	266 600	–0,1

Quelle: Republic of Cyprus (Hrsg.): Labour Statistics 1993. Nikosia 1994, S. 12.

Tabelle 12: Die Entwicklung der Arbeitslosigkeit in der Republik Zypern getrennt
nach Geschlechtern, 1974–1993

Jahr	Gesamt	Männer	Frauen	% Anteil
1974:				
Jan.-Juli	4 118	2 278	1 840	1,5
Aug.-Dez.	59 200	40 593	18 607	29,6
1975	33 543	23 721	9 822	16,2
1976	16 830	12 862	3 968	8,6
1977	6 144	4 058	2 086	3,1
1978	4 017	2 305	1 712	2,0
1979	3 691	2 075	1 616	1,7
1980	4 344	2 408	1 936	2,0
1981	5 879	3 601	2 278	2,6
1982	6 445	3 595	2 850	2,8
1983	7 772	4 417	3 355	3,3
1984	7 957	4 505	3 452	3,3
1985	8 302	4 614	3 688	3,3
1986	9 196	4 767	4 429	3,7
1987	8 709	4 367	4 342	3,4
1988	7 412	3 664	3 748	2,8
1989	6 243	2 913	3 330	2,3
1990	5 068	2 464	2 604	1,8
1991	8 319	3 780	4 539	3,0
1992	5 187	2 378	2 809	1,8
1993	7 638	3 228	4 410	2,6

Quelle: Republic of Cyprus (Hrsg.): Labour Statistics 1993. Nikosia 1994, S. 81.

2. Familie und Stellung der Frau

Traditionell ist die Familie die wichtigste Institution innerhalb der zyprischen Gesellschaft. Die Zyprer leiten ihre Identität hauptsächlich über ihre Familien ab, und verstehen sich weniger als autonome Bürger einer offenen Gesellschaft. Dem in London lebenden zyperngriechischen Anthropologen Peter Loïzos zufolge denken die Zyprer an sich nicht als Individuen im existenziellen Sinne[15]). Die Selbstverwirklichung bedeutet in beiden Volksgruppen ein erfolgreiches Familienleben.

Timi (Stolz) ist ein zentraler Begriff im Leben der Zyperngriechen. *Filotimo* (Ehre, Würde) ist die Grundlage, nach der das Leben gestaltet wird. Der Ehrbegriff ist im zyperngriechischen Wertesystem unabdingbarer Bestandteil des Familienlebens. Unter *Filotimo* ist die Fähigkeit des Individuums zu verstehen, die Interessen der Familie im moralischen und ökonomischen Sinne wahrzunehmen[16]). Dieses Prinzip bestimmt auch die Politik, da hierunter hauptsächlich die Mittel zur Sicherung der Interessen der Familie verstanden werden. Die Familie ist die fundamentale soziale, ökonomische, politische und moralische Einheit der zyprischen Gesellschaft. Hauptzweck der Familie ist, die Zukunft der Kinder in ökonomischer, moralischer und gesellschaftlicher Hinsicht abzusichern. Hierzu gehören die Bereitstellung von Land, Haus und Erziehung. „Stolz" und Ansehen einer Familie werden vom Prestige bestimmt, das die Mitglieder der Familie in der Gesellschaft erlangen. Entscheidend für den gesellschaftlichen Status des Einzelnen ist entweder wirtschaftlicher Erfolg oder eine hoch angesehene soziale Position. Derjenige, der sein eigenes Geschäft aufgebaut hat und nicht „für andere" arbeitet, gilt als ein erfolgreiches Mitglied der Familie und damit als „Träger des Familienstolzes". Damit ist auch zu erklären, warum Familienbetriebe in der zyperngriechischen Wirtschaft einen so wichtigen Platz einnehmen.

Obwohl die Verfassung der Republik Zypern den Grundsatz der Gleichheit der Geschlechter festschreibt, ist die gesellschaftliche Stellung der Frau vom Mann abhängig. Die verheiratete Frau gehört der Familie ihres Ehemannes ebenso an wie die unverheirateten Kinder unter 21 Jahren. Der Vater wird als legaler Vormund der Kinder unter 18 Jahren betrachtet. Die Mutter spielt die Rolle des Vormundes nur, wenn der Vater nicht mehr lebt bzw. nicht aufzufinden ist oder vermißt wird[17]). Hieran wird bereits die patriarchalische Struktur der zyperngriechischen Gesellschaft deutlich. Es gilt als selbstverständlich, daß der Vater das soziale und wirtschaftliche Familienleben bestimmt. Hinzu kommt, daß der Stolz des Mannes und sein gesellschaftliches Ansehen stark vom Benehmen seiner Frau, Mutter und Tochter abhängen. So sind die sexuellen Beziehungen innerhalb der zyperngriechischen Gesellschaft durch die physischen und moralischen Bedürfnisse des Mannes bestimmt. Diese sexuelle Rollenbestimmung läßt sich auch in der Sozialisation der

---
[15]) Meleagrou, E./Yesilada, B.: The Society and Its Environment, in: Cyprus. A Country Study. Hrsg. E. Solsten. Washington 1993, S. 47–103, bes. 65.
[16]) Mavratas, V. C.: The Greek and Greek-Cypriot Economic Ethos. A Sociocultural Analysis, in: The Cyprus Review. 4 (1992) 2, S. 7–43.
[17]) Anthias, F.: Women and Nationalism in Cyprus, in: Woman-Nation- State. Hrsg. N. Davis-Yuval und F. Anthias. London 1989, S. 150–167, bes. 158.

Kinder erkennen. Die Jungen und Mädchen werden dementsprechend erzogen. Der Junge lernt von früh auf, daß seine Rolle dem des Mädchens überlegen ist. Frauen und Mütter machen sich gemeinhin freiwillig das Selbstverständnis einer im Haushalt Beschäftigten zu eigen. Dies geben sie dann mit Hilfe einer unterschiedlichen Ausprägung der Geschlechtsrollen von Jungen und Mädchen innerhalb der Familie weiter. Die Kinder entwickeln im allgemeinen ihr Selbstverständnis im Kontext der sexuellen Differenzierung, die sie in ihrer Umgebung beobachten. Selbst Familien, die bemüht sind, Jungen und Mädchen gleich zu behandeln, können solch eine Geschlechtsrollenprägung nicht vermeiden, wenn der männliche Partner nur am Rande in die Haushaltsarbeit und die Erziehung der Kinder einbezogen wird.

Traditionell wird von der zyprischen Frau erwartet, daß sie ihre Rolle als Mutter spielt. Ihre Aufgabe ist dementsprechend, die Kinder zu gebären und aufzuziehen. Frauen, die mehr als zwei Kinder zur Welt bringen, werden heute vom Staat offiziell beglückwünscht und gefördert. Zu den Aufgaben der Mutter gehört auch die Wahrung des Familienstolzes. Auf der einen Seite soll sich die Frau so benehmen, daß der gute Ruf des Mannes nicht geschädigt wird, und auf der anderen Seite muß sie die Töchter der Familie unter Kontrolle halten, damit sie „sexuell sauber" bleiben.

The sexual control of women functions to ensure that the males of the group produce their biological descendants and the 'purity' of their 'stock' is assured. In Cyprus until quite recently women were allowed no contacts with men outside the family unit and the family's honour was dependant on female sexual purity. Women could be divorced if they were discovered not to be virgins on their wedding night.[18])

Die patriarchalische Struktur der Familie wird durch griechisch-orthodoxe Moralvorstellungen und Traditionen unterstützt sowie durch deren Verinnerlichung von Frauen reproduziert. Die Eheschließung fand lange Zeit durch „Vermittler" statt und war unter der Jurisdiktion der Kirche. Bis vor kurzem (1989) gab es kein Zivilrecht für die Eheschließung. Beide Partner mußten der griechisch-orthodoxen Kirche Zyperns angehören, damit sie überhaupt heiraten durften. Dies hat Eheschließungen mit den Mitgliedern anderer ethnischer Gruppen auf Zypern weitgehend verhindert. In den seltenen Fällen, in denen es dennoch dazu kam, mußten die Frauen ihre eigene Kultur und Religion ablegen und diejenige des Mannes annehmen. Scheidungen kamen bei dieser religiös bestimmten Tradition der zyperngriechischen Gesellschaft selten vor.

Bei der Heirat mußten die Eltern festlegen, was sie dem neuen Paar an Eigentum und Geld gaben. In alten Zeiten wurde dies einfach abgesprochen. Später ist dies durch einen Vertrag (*Proikosymfono*) festgelegt worden, in dem alles, was an das neue Paar ging, schriftlich niedergelegt und von beiden Seiten unterschrieben wurde. Vor der Heirat mußte dieser Vertrag den religiösen Behörden vorgelegt werden. Vor dem Zweiten Weltkrieg hatte der Ehemann das Haus und die Ehefrau die Einrichtung des Hauses mit in die Ehe zu bringen. Dies änderte sich erst in den 1950er Jahren. Um sich gut zu verheiraten, mußte von nun an die Frau auch

---

[18]) Anthias (Anm. 17), S. 156.

das Haus mit in die Ehe bringen – ein Zustand, der bis heute unverändert geblieben ist.

Die sozioökonomische Umwandlung der Gesellschaft hat sich auch auf die Position der Frau innerhalb der Familie und Gesellschaft ausgewirkt. Diese Änderung läßt sich am besten in den Bereichen Arbeitsmarkt und Ausbildung beobachten. Vor den bereits beschriebenen wirtschaftlichen Veränderungen arbeitete die größte Zahl der Frauen im Bereich der Landwirtschaft. 45,8% der beschäftigten Frauen hatten überhaupt keine Ausbildung, und 48,2% der Frauen verfügten lediglich über Grundschulbildung. Nach der Gründung der Republik Zypern (1960) stieg die Frauenbeschäftigung außerhalb der Landwirtschaft bis auf 80% an[19]).

Tabelle 13: Frauenbeschäftigung in der Republik Zypern, 1976–1992

Jahr	Zahl der beschäftigten Frauen (in Tausend)	Gesamt (in Tausend)
1976	35 241	116 781
1981	51 521	155 312
1985	63 167	180 038
1988	81 566	223 105
1992	107 500	270 500

Quelle: Republic of Cyprus (Hrsg.): Labour Statistics 1993, in: The Cyprus Review. 6 (1994) 1, S. 75.

Wie aus der Tabelle 13 hervorgeht, hat sich die Zahl der beschäftigten Frauen vergrößert. Es kann jedoch kaum von gleichem Lohn für gleiche Arbeit gesprochen werden. Obwohl die Regierung Zyperns die UNO-Resolution zur Eliminierung jeglicher Diskriminierung gegen die Frauen 1985 ratifiziert hat, besteht immer noch eine relativ große Kluft zwischen den Einkommen von Frauen und Männern.

Tabelle 14: Entwicklung der durchschnittlichen Monatslöhne (in CyP) in der Republik Zypern, 1984–1993 (Lohn- und Gehaltsempfänger)

Jahr	'84	'85	'86	'87	'88	'89	'90	'91	'92	'93
Durchschnittslohn (Mann/Frau)	316	329	342	367	391	419	458	497	544	593
Männer	369	384	399	428	453	485	532	577	630	686
Frauen	221	243	252	271	293	316	349	379	418	458
Mittelwert (Mann-Frau)	264	279	291	309	329	352	384	416	456	500
Männer	298	320	330	350	375	400	439	474	520	567
Frauen	182	194	199	213	233	248	283	306	344	375
Modus	227	226	226	277	325	324	326	327	377	424
Unteres Viertel	190	197	205	217	235	254	281	306	340	368
Oberes Viertel	376	391	405	436	466	491	544	591	644	701

Quelle: Republic of Cyprus (Hrsg.): Labour Statistics 1993. Nikosia 1994, S. 20.

---

[19]) Stavrou, S.: Social Change and the Position of Women in Cyprus, in: The Cyprus Review. 4 (1992) 2, S. 67–92, bes. 73–75.

Wie aus Tabelle 14 ersichtlich ist, konnte trotz der Steigerung des Durchschnittseinkommens die Einkommensdifferenz zwischen Frauen und Männern nicht überbrückt werden. Die Männer wurden im Jahr 1993 um 49,8% höher bezahlt, und zwar in allen Berufszweigen. Die Tabelle 15 verdeutlicht die Einkommensdifferenz zwischen Frauen und Männern nach unterschiedlichen Berufszweigen.

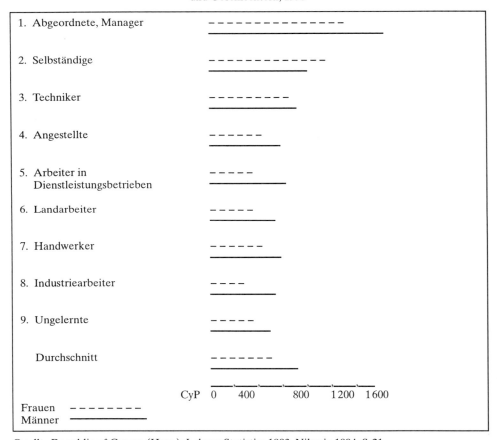

Tabelle 15: Durchschnittliche Monatsgehälter in der Republik Zypern nach Berufen und Geschlechtern, 1993

Quelle: Republic of Cyprus (Hrsg.): Labour Statistics 1993. Nikosia 1994, S. 21.

Frauen sind stärker von der Arbeitslosigkeit betroffen als ihre männlichen Kollegen. Als im Jahre 1991 die Arbeitslosenzahl von 5068 (davon waren 2604 Frauen) auf 8319 gestiegen war, waren 4539 Frauen arbeitslos im Vergleich zu 3780 männlichen Arbeitslosen. Im Jahre 1993 waren 4410 Frauen ohne Arbeitsstelle, während die Zahl der arbeitslosen Männer lediglich 3228 betrug.

Im Zuge der wirtschaftlichen Entwicklung diente die Zyperngriechin nicht nur als bloße Arbeitskraft, sondern sie konnte gleichfalls Zugang zur Ausbildung finden. Schon in den 1970er Jahren haben viele Frauen ihre traditionelle Rolle als Hausfrau aufgegeben und nach neuen Aufgabenfeldern bzw. Qualifikationen gesucht. Dies führte zu Anpassungsprozessen in der Wirtschaft. Unterstützung fand diese Entwicklung auch durch das traditionelle *Timi*-Prinzip, denn das Studium der Kinder ist etwas, worauf die Familie stolz sein kann. Auch findet die traditionelle Vorstellung von Jungfräulichkeit nicht mehr eine so große Beachtung wie früher. Da somit die permanente Kontrolle der jungen Frauen nicht mehr so wichtig erscheint, wird das Hochschulstudium von Frauen, vor allem im Ausland, erheblich erleichtert. So waren von den 8866 im akademischen Jahr 1993/1994 im Ausland Studierenden 5061 oder 57,1% Männer und 3805 oder 42,9% Frauen. Noch vor zwei Jahrzehnten hatte der Anteil der Zyperngriechinnen an der gesamten Studentenzahl im Ausland nur 24,5% betragen. Von den 6732 Studierenden, die im akademischen Jahr 1993/1994 im Süden Zyperns einer akademischen Ausbildung nachgingen, sind bemerkenswerter Weise 53,5% Zyperngriechinnen.

Tabelle 16: Studenten aus der Republik Zypern im Ausland, 1985-1993

Land	1985/1986		1993/1994	
	Anzahl der Studenten in %		Anzahl der Studenten in %	
Griechenland	4027	39,1	3499	39,5
Großbritannien	1668	16,2	2379	26,8
West Europa	1825	17,7	779	8,8
USA	2231	21,6	1790	20,2
Osteuropa	443	4,3	338	3,8
Andere Länder	118	1,1	081	0,9
Gesamt	10312	100,0	8866	100,0

Quelle: Republic of Cyprus (Hrsg.): Statistics of Education 1993/1994. Nikosia 1994, S. 81.

Neben der Tatsache, daß eine moderne Volkswirtschaft gut ausgebildete Arbeitskräfte benötigt, wird das Studium auf Zypern als unabdingbarer Bestandteil in der Konkurrenz um den sozialen Status der Familie betrachtet. Die Eltern setzen alles daran, ihren Kindern – unabhängig vom Geschlecht – ein Studium zu ermöglichen. Denn wenn die Kinder nach dem Studium einen „guten Posten" bekommen, bringt dies den Eltern Befriedigung und Prestige (vgl. hierzu auch den Beitrag „Hochschulen, Wissenschaft und Erwachsenenbildung in der Republik Zypern von J. Asmussen in diesem Band).

Diese sozioökonomische Mobilisierung und gesellschaftliche Partizipation der Frau hat die traditionelle Funktion der Familie stark beeinflußt. Heute entscheidet in der Regel die Frau mit dem Mann zusammen über alles, was das Familienleben angeht. Dennoch bleibt die Hausarbeit ausschließlich „Frauensache". Die dadurch entstehende Doppelbelastung führt dazu, daß sich eine beträchtliche Anzahl von Frauen ganz auf die Hausarbeit beschränkt. 53% der Frauen, die keiner bezahlten Beschäftigung nachgehen, geben die Hausarbeit und die Kinderbetreuung als

Hauptgründe dafür an, betonen aber ihren Wunsch nach einer beruflichen Tätigkeit[20]).

Als Folge der allgemeinen Modernisierung kam es am 17.Juni 1989 im Bereich der Eheschließungen zu einer wichtigen Änderung. In diesem Jahr erhielten die Zyperngriechen das Recht, zwischen kirchlicher oder ziviler Eheschließung zu wählen (Gesetz Nr. 95 bzw. 2419/1989). Bis 1989 gab es ausschließlich religiöse Eheschließungen. Trotz dieser Reform im Familienrecht heiratet die überwiegende Mehrheit der Zyperngriechen immer noch in der Kirche. Im Jahre 1993 machten kirchliche Heiraten 73% aller Eheschließungen aus. Der größte Teil der 27% Zivilehen wurde zwischen in der Republik Zypern lebenden Ausländern geschlossen[21]). Die Eheschließungen bleiben eine sehr wichtige Institution für die Zyperngriechen. Die durchschnittliche Zahl der Eheschließungen ist die höchste Europas. Zwischen 1979 und 1982 lag die Heiratsrate bei 10,7 pro Tausend Einwohner. In der Zeit von 1990 bis 1993 ist sie nur geringfügig zurückgegangen und betrug 9,4 pro Tausend Einwohner.

Ganz anders hingegen verläuft der Trend bei den Scheidungen in der zyperngriechischen Gesellschaft, bei denen eine sprunghafte Steigerung der Rate festzustellen ist. Im Vergleich zum Jahr 1980 hat sich die Zahl der Scheidungen im Jahre 1989 verdoppelt. Während es im Jahr 1980 42 Scheidungen pro Tausend Heiraten gab, stieg diese Zahl auf 70 im Jahr 1989, und es wurde erwartet, daß die Scheidungsrate im Jahre 1993 die Zahl von 103 pro Tausend Ehen erreichen würde, d.h. dreimal so viel wie im Jahr 1980.

Tabelle 17: Die Anzahl der Eheschließungen und Scheidungen in der Republik Zypern, 1974–1990

Jahr	Zahl der Eheschließungen	Zahl der Scheidungen
1974	2796	140
1976	3548	110
1978	4974	158
1980	4108	164
1982	6580	216
1984	4126	250
1986	5175	276
1988	3932	312
1990	5575	360

Quelle: Cyprus Review. 4 (1992) 2, S. 89.

Auch wenn sich die Stellung der Frau und die Struktur der Familie mit der Modernisierung der Wirtschaft verbessert bzw. verändert haben, ist nicht zu übersehen, daß sich die Frau in der zyperngriechischen Gesellschaft noch weit entfernt von echter Gleichberechtigung befindet.

---

[20]) To Vima. 11.Oktober 1994.
[21]) Republic of Cyprus (Hrsg.): Demographic Report 1993. Nikosia 1993, S. 119.

3. Ausbildung

Wie schon an anderer Stelle angedeutet, wurde während der britischen Kolonialzeit auf Zypern die schulische Erziehung verbreitet. Die Zahl der Schulen hatte sich von 140 im Jahre 1879 auf 699 in den Jahren 1916/17 erhöht. Die Leitung des zyperngriechischen Erziehungswesens lag gewöhnlich bei den örtlichen Priestern und einigen Notablen, die schon die Grundschulen zur Verbreitung panhellenistischen Gedankenguts nutzten. Der griechische Nationalfeiertag (25. März) wurde regelmäßig begangen, bei jeder Gelegenheit die griechische Fahne gehißt, und in fast allen Schulen hingen Bilder der griechischen Königsfamilie[22]. Die Lehrer, die in den zyperngriechischen Schulen tätig waren, kamen entweder aus Griechenland oder waren in Griechenland ausgebildete Zyprer. Diese Lehrerschaft vermittelte der zyperngriechischen Jugend ihre Vorstellung von der „hellenischen Kultur" und dem griechischen Nationalismus. In einer Rede vor Schülern am 26. Januar 1929 sagte der Direktor eines Gymnasiums in Nikosia:

I had never failed to teach patriotism and our national aspirations. You, the pupils, are the guardians of our national traditions and we expect our liberty from you.[23]

Als Folge einer von der englischen Kolonialverwaltung initiierten Alphabetisierungskampagne (*Expansion of Literacy*), lernten mehr und mehr Zyprer zu lesen und zu schreiben. Anhand der Tabelle 18 kann dieser Trend deutlich abgelesen werden:

Tabelle 18: Bildungsstand auf Zypern, 1911–1943

		1911	1921	1931	1943
Personen mit Lese- und Schreibkenntnissen	Männer	53841	76220	102066	145457
	Frauen	17044	32414	55063	96839
Schüler in Volksschulen	Männer	21807	2725	30893	32963
	Frauen	10025	16092	21917	27398

Quelle: Cyprus Review. 4 (1992) 2, S. 83.

Zwischen 1946 und 1960 verringerte sich der Anteil der Analphabeten von 33% auf 18%. Nach der Unabhängigkeit sank die Rate der Analphabeten weiter: Im Jahre 1976 auf 9,5% und 1986/87 auf 6%[24].

So bestand auch nach der Unabhängigkeit Zyperns die Aufgabe der Ausbildung innerhalb der zyperngriechischen Gesellschaft hauptsächlich in der Verbreitung des griechischen Nationalbewußtseins. Die zyperngriechischen Schulbücher wurden und werden immer noch gewöhnlich in enger Zusammenarbeit mit den Behörden in Athen erstellt. Viele Schulbücher kommen direkt aus Griechenland[25].

---

[22] Kızılyürek, N.: Ulus Ötesi Kıbrıs (Zypern jenseits der Nation). Lefkoşa 1993, S. 14.
[23] Kizilyürek, Zypernkonflikt (Anm. 6), S. 35.
[24] Meleagrou/Yesilada (Anm. 15), S. 72.
[25] Ebenda, S. 73.

Während in diesen griechischen Schulbüchern die Geschichte Griechenlands ausführlich beschrieben wird, ist von Zypern kaum die Rede. Die Insel wird als Bestandteil der griechischen Nation betrachtet, und jeder Versuch, Zypern als Heimat darzustellen, wird als anti-hellenisch abgestempelt und abgelehnt. Der zyperngriechische Erziehungsminister Kostas Spiridakis brachte im Jahre 1969 ganz offen zum Ausdruck, daß Zypern nicht den Zyprern gehöre, sondern der griechischen Nation[26]). Durch die Erziehung sollte nach seiner Meinung das griechische Nationalgefühl weiter verstärkt werden.

Eine wichtige Umwälzung im Bildungskanon innerhalb der zyperngriechischen Gesellschaft hat sich Ende der 1980er Jahre vollzogen. Bis dahin hatten die Zyperngriechen hauptsächlich aus Prestigegründen studiert. Seither nähern sich die Ausbildungsziele auch den wirtschaftlichen Erfordernissen Zyperns an.

In the 1986–87 academic year, only 5,3 percent of students opted for the classical academic course of studies, compared with 46,2 percent in the 1965–66 academic year. About half of all students chose to concentrate on economic and commercial courses; about one fifth chose scientific courses; and one fifth vocational-technical courses.[27])

Daher kann gefolgert werden, daß sich die Ausbildung in der Republik Zypern heute zwar den Bedürfnissen der Wirtschaftsgesellschaft angepaßt hat, sie ist jedoch immer noch auch dem griechischen Nationalismus und dem orthodoxen Christentum verpflichtet (vgl. hierzu auch den Beitrag „Das Schulsystem der Republik Zypern" von P. Xochellis in diesem Band).

4. Bevölkerung und Auswanderung

Die letzte offizielle Angabe über die Gesamtbevölkerung Zyperns stammt aus dem Jahr 1960. Damals lebten auf der Insel insgesamt 573 566 Menschen. Davon waren 441 568 Zyperngriechen, 103 822 Zyperntürken, 3 627 Armenier, 2 706 Maroniten und 24 408 Ausländer (Tabelle 2). Nach 1960 haben die griechischen und türkischen Zyprer unterschiedliche Zahlen über die Bevölkerung der Insel veröffentlicht. Da die Bevölkerungszahl bei einer eventuellen Lösung der Zypernfrage eine wichtige Rolle spielen kann, bleiben die Angaben beider Seiten kontrovers (vgl. hierzu auch den Beitrag „Bevölkerungsstruktur" von H. Brey in diesem Band). Trotzdem kann man durch die Analyse der Entwicklungstendenzen in der zyprischen Bevölkerungsstruktur wichtige Aspekte zur Sozialstruktur erhalten. 1894 lag die Geburtenrate bei 39,1 pro Tausend Einwohner. Sie verringerte sich auf 30,9 im Jahre 1958 und ging bei den Zyperngriechen 1965 auf 21,9 und 1970 weiter auf 18,2 zurück. Im Jahr 1978 wurde für den Süden der Insel eine Gesamtbevölkerung von 502 300 ermittelt. Während zwischen 1946 und 1960 die Bevölkerungszuwachsrate 1,7% jährlich betrug, war diese zwischen 1960 und 1974 auf 0,8% und zwischen 1978 und 1980 weiter auf 0,6% zurückgegangen. Die Wachstumsrate der zyperngriechischen Bevölkerung hatte sich während des Krieges (1974) und danach negativ entwickelt und war auf –0,9% gefallen. In den 1980er Jahren hat sie sich

---
[26]) Kizilyürek, Kıbrıs (Anm. 22), S. 14.
[27]) Meleagrou/Yesilada (Anm. 15), S. 75.

Sozialstruktur

dann wiederum positiv entwickelt, und einen Wert von 1,1% erreicht. Im Jahre 1989 wohnten im Süden der Insel 565400 Personen. Ende der 1980er Jahre lag die Fruchtbarkeitsrate (Geburten pro Frau) der zyperngriechischen Frau bei 2,4 – dies ist die höchste Rate in Europa! Die Kindersterblichkeit lag bei 11 pro Tausend Einwohner und die allgemeine Sterberate betrug 8,6 pro Tausend Einwohner. Die durchschnittliche Lebenserwartung stieg zwischen 1985 und 1989 auf 73,9 Jahre für Männer und 78,3 Jahre für Frauen. Die Erhöhung des Lebensstandards und die Teilnahme der Frau am Arbeitsmarkt führten zur Verkleinerung der durchschnittlichen Familie von 3,97 Mitgliedern im Jahre 1946 auf 3,51 im Jahre 1982. Im Jahre 1993 wurde die Gesamtzahl der Zyperngriechen auf 601300 und die Gesamtzahl der im Süden lebenden Bevölkerung auf 629800 geschätzt.

Tabelle 19: Bevölkerungsverteilung in der Republik Zypern nach Lebensalter und Geschlecht

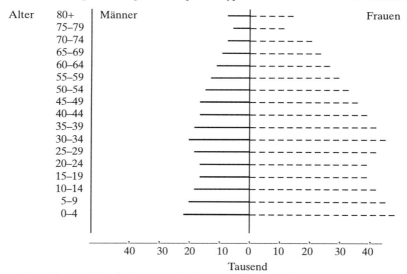

Quelle: Republic of Cyprus (Hrsg.): Demographic Report. Nikosia 1993, S. 14.

Tabelle 20: Bevölkerungsverteilung in der Republik Zypern nach Altersgruppen (in %)

Jahr	0–14	15–64	65 und älter
1911	37,25	58,30	4,44
1921	36,40	59,41	4,17
1931	33,40	61,76	4,82
1946	33,77	59,96	6,26
1960	36,69	57,20	6,40
1973	28,90	61,10	9,50
1980*	24,60	65,50	9,90
1985	25,30	64,10	10,60
1989	25,80	63,99	10,20

* Die Zahlen für 1980 und danach gelten nur für die Zyperngriechen.
Quelle: Christodoulou, D.: Inside the Cyprus Miracle. The Labours of an Embattled Mini-Economy. University of Minnesota 1992, S. 8.

Tabelle 21: Größe der zyprischen Haushalte (in %)

Hauhaltsgröße	1946	1960	1976*	1982	1992
1 Person	11,7	10,8	8,6	10,0	12,6
2 Personen	17,9	18,8	18,9	21,7	24,8
3 Personen	17,6	16,9	15,6	17,3	17,4
4 Personen	16,8	17,0	21,4	25,6	25,4
5 Personen	13,8	14,0	16,2	15,1	13,8
6 und mehr Personen	22,2	22,0	19,2	10,2	5,9
keine Angaben	0,0	0,5	0,0	0,0	0,0
Insgesamt	100,0	100,0	99,9	99,9	100,0
Durchschnittliche Anzahl von Personen pro Haushalt	3,97	3,94	3,95	3,5	3,23

* Die Zahlen für 1976 und danach gelten nur für die Zyperngriechen.
Quelle: Republic of Cyprus (Hrsg.): Demographic Report. Nikosia 1993, S. 45.

Eine Betrachtung der Bevölkerung Zyperns wäre ohne die Berücksichtigung der Auswanderungen unvollständig, denn diese haben sich stark auf das Bevölkerungswachstum ausgewirkt. Die erste Auswanderungswelle begann in den 1930er Jahren aufgrund der Armut, vor allem in den ländlichen Gebieten. Die stärkste Auswanderungswelle kam jedoch später. 1955–1959, die 1960er Jahre und 1974–1979 waren Perioden politischer Instabilität, die neben der Armut die Auswanderungszahlen ansteigen ließen. So haben z.B. während des bewaffneten Kampfes gegen die britische Kolonialherrschaft und für die Vereinigung Zyperns mit Griechenland (1955–1959) 29 000 Zyprer die Insel verlassen. Dies entsprach fünf Prozent der Gesamtbevölkerung. In den 1960er Jahren war die Situation auf Zypern durch ökonomische Schwierigkeiten und die bewaffnete Auseinandersetzung zwischen den Bevölkerungsgruppen gekennzeichnet. In dieser Periode wanderten 50 000 Zyprer – oder 8,5% der Bevölkerung – aus. 75% der Auswanderer zwischen 1953 und 1973 ließen sich in Großbritannien nieder, 10% in Australien und 5% in Nordamerika. Als 1974 die Zahl der Auswanderungen zurückgegangen war, führten der Putsch und der Krieg 1974 zu einer neuen Auswanderungswelle. Zwischen 1974 und 1979 haben 51 500 Zyprer die Insel verlassen. 35% davon gingen nach Australien. Durch die rasche wirtschaftliche Entwicklung ist die Auswanderung der Zyperngriechen gegen Ende der 1980er Jahre etwas zurückgegangen. Heute ist eine Tendenz zur Rückkehr erkennbar. Die Zahl der im Ausland lebenden Zyprer wird auf 300 000 geschätzt.

5. Soziale Sicherheit

Die Sozialversicherung wurde 1957 von der kolonialen Regierung eingeführt, betraf damals aber nur eine begrenzte Zahl von Personen. Nach der Unabhängigkeit haben die Gewerkschaften, der Staat und die Arbeitgebervereine in Zusammenarbeit ein breites Netzwerk von sozialer Sicherheit entwickelt, das Sozialversicherung, Wohnungshilfe, Erziehung, Gesundheit usw. umfaßt. Vor allem der Sozialversicherungsplan hat sich rasch entwickelt, und schon im Jahre 1964 wurden sowohl alle Arbeitnehmer als auch die Selbständigen daran beteiligt. Bis 1980 waren die Beiträge und Hilfeleistungen genau festgelegt. Erst nach 1980 orientierten sie sich auch am individuellen Einkommen:

The Social Insurance Law of 1980 set contributions and benefits according to the incomes of the insured. The new program maintained the previous flat-rate principle for basic benefits, but introduced supplementary benefits with contributions directly related to the incomes of insured persons.[28])

Heute werden kurz- und langfristige Leistungen gewährt, unter anderem Arbeitslosengeld, Krankengeld, Pension usw. (Tabelle 22).

Tabelle 22: Ausgabenverteilung der Sozialversicherung in der Republik Zypern, 1988–1993
(CyP Tausend)

Art der Unterstützung	1988	1989	1990	1991	1992	1993
Arbeitslosenbeihilfe	5 500	5 197	4 483	8 101	5 222	8 679
Krankheitsbeihilfe	3 391	3 850	4 992	5 381	5 974	6 103
Mutterschaftszuschuß	1 609	1 712	1 900	2 426	2 787	3 216
Heiratsbeihilfe	238	315	334	395	323	408
Mutterschaftsbeihilfe	812	845	908	971	1 124	1 152
Begräbnisbeihilfe	416	403	472	491	605	612
Altersrente	41 226	46 050	52 329	56 992	62 996	79 320
Witwenrente	15 325	16 854	18 954	20 557	22 787	25 693
Invalidenrente	3 122	3 721	4 505	5 426	6 099	6 236
Waisenbeihilfe	191	243	287	339	396	462
Missing Person's-Beihilfe	423	434	443	441	458	475
Gesundheitsbeihilfe	314	363	421	426	462	447
Erwerbunfähigkeitsbeihilfe	554	618	735	824	863	989
Sterbebeihilfe	447	501	544	567	622	694
Zwischenergebnis	73 568	81 106	91 307	103 337	110 718	134 486
Verwaltungsausgaben	1 413	1 508	1 667	1 832	2 040	2 358
Gesamtausgaben	74 981	82 614	92 974	105 169	112 758	136 844

Quelle: Social Insurance Statistics 1993, in: Labour Statistics. Hrsg. Republic of Cyprus. Nikosia 1993, S. 125.

---

[28]) Meleagrou/Yesilada (Anm. 15), S. 78.

Im Jahr 1993 waren 169 908 Personen sozialversichert. Die Einnahmen des *Social Insurance Fund* stiegen auf 260,1 Millionen CyP als die Beiträge auf 19,6% erhöht wurden, wobei die Ausgaben bei einer weiteren Erhöhung auf 21,4% 136,8 Millionen CyP ausmachten. Als Renten und Pensionen wurden 122,54 CyP pro Monat Männern und 84,03 CyP Frauen bezahlt. Die Arbeitslosenhilfe betrug 30,69 CyP pro Woche. Die Zahl der versicherten Personen im Privatsektor hat sich im Jahre 1993 um 0,2% verringert und ist von 170 291 (1992) auf 169 906 Personen zurückgegangen. Dies ist vor allem dadurch zu erklären, daß in der Industrie etwa 2 636 Arbeitsplätze verloren gingen (Tabelle 23).

Tabelle 23: Einzahler in die Sozialversicherung nach unterschiedlichen Beschäftigungsverhältnissen in der Republik Zypern, 1989–1993

Kategorie	1989	1990	1991	1992	1993
(Angestellte im) Privatsektor	161 757	166 053	164 401	170 291	169 908
Öffentlichen Bereich	33 440	34 406	35 420	36 820	37 980
Eigenbeschäftigung	33 926	37 394	40 025	43 921	46 721
Freiwillige Beiträge	2 443	1 901	1 700	1 533	1 319
Gesamt	231 566	239 754	241 536	252 565	255 928

Quelle: Social Insurance Statistics 1993, in: Labour Statistics. Hrsg. Republic of Cyprus. Nikosia 1993, S. 123.

Sozialstruktur 541

Tabelle 24: Eine vergleichende Darstellung der sozioökonomischen Kennziffern
der zyperngriechischen Gesellschaft

a) Daten für die Indikatoren

Indikatoren* (Teil 1: A. Ökonomie)

Land	X1	X2	X3	X4	X5	X6	X7	X8	X9	X10	X11	X12	X13
Algerien	0,533	3,088	23,6	4,4	13,9	10,9	75,2	0,8	5,2	1,9	0,0	0,8	52
Zypern**	0,912	9,368	48,1	37,4	13,17	18,9	67,4	1,3	6,0	1,4	4,6	1,3	53
Ägypten	0,385	1,934	27,7	10,9	33,9	12,0	54,1	0,5	11,0	4,5	–	0,0	47
Frankreich	0,969	14,164	43,9	42,7	6,7	19,8	73,5	2,4	6,5	3,7	1,6	3,0	74
Griechenland	0,901	6,764	38,9	35,9	24,7	19,3	56,0	2,5	18,2	6,8	0,6	4,0	62
Israel	0,939	10,448	38,9	40,6	3,9	20,8	75,3	2,3	117,0	9,2	1,4	–	92
Italien	0,922	13,608	42,0	37,2	9,1	20,4	70,5	2,4	10,3	2,4	2,1	3,0	69
Jordanien	0,586	2,415	23,1	9,9	10,2	25,6	64,2	0,5	–	11,0	3,0	0,2	68
Libanon	0,561	2,250	30,1	27,2	14,3	27,4	58,4	0,6	–	12,0	–	1,6	84
Libyen	0,659	7,250	23,7	8,7	18,1	28,9	53,0	1,5	0,2	7,4	–9,9	0,2	70
Malta	0,854	8,231	37,2	25,1	2,5	28,1	69,4	1,0	2,0	1,1	3,1	–	87
Morokko	0,429	2,298	30,8	20,3	45,6	25,0	29,4	0,2	7,4	–	1,3	1,2	48
Portugal	0,850	6,259	47,8	43,1	17,5	25,2	57,3	1,8	19,1	3 9	2,1	3,0	34
Spanien	0,916	8,723	38,8	35,1	11,2	21,1	67,7	2,2	9,4	2,1	2,4	3,0	78
Syrien	0,665	4,348	26,2	15,4	22,0	15,1	62,9	0,6	15,0	9,2	–2,1	0,6	50
Tunesien	0,582	3,329	29,8	12,7	21,6	16,3	62,1	0,5	7,5	4,9	0,6	0,5	54
Türkei	0,671	4,002	38,5	32,7	46,8	14,6	38,6	0,6	41,4	3,9	3,0	3,5	61

Indikatoren* (Teil 2: B. Bevölkerung; C. Gesundheit; D. Kultur; E. Ausbildung)

Land	X14	X15	X16	X17	X18	X19	X20	X21	X22	X23	X24	X25
Algerien	2,8	65,1	2,340	35	8	21	73	232	57,4	26	–	42
Zypern**	0,7	76,2	1,100	18	8	125	141	141	940	7,4	61,1	42
Ägypten	2,4	60,3	770	33	10	38	98	322	48,4	2,8	–	22
Frankreich	0,7	76,4	320	14	10	193	400	895	99,0	11,6	83,0	37
Griechenland	0,6	76,1	350	12	10	–	195	419	93,2	6,9	48,0	30
Israel	2,6	75,9	350	22	7	–	266	468	95,8	10,0	76,0	40
Italien	0,4	76,0	230	10	10	105	423	794	97,1	7,3	82,0	47
Jordanien	2,9	66,9	1,140	39	6	53	77	252	80,1	5,0	1,1	28
Libanon	1,3	66,1	–	31	8	97	327	834	80,1	44	–	26
Libyen	4,1	61,8	690	44	9	–	91	224	63,8	3,4	11,6	–
Malta	0,2	73,4	–	–	–	135	–	524	87,0	6,1	–	50
Morokko	2,6	62,0	–	34	9	–	70	209	49,5	2,8	–	26
Portugal	0,5	74,0	410	13	10	41	176	216	85,0	6,0	–	32
Spanien	0,8	77,0	320	13	9	82	389	304	95,4	6,8	36,0	31
Syrien	3,4	66,1	1,260	44	6	15	59	248	64,5	4,2	3,6	41
Tunesien	2,2	66,7	2,150	29	7	–	75	188	65,3	2,1	1,4	44
Turkei	2,4	65,1	1,380	28	8	55	174	161	80,7	3,5	27,5	34

* Siehe für die Indikatoren „Liste der sozialwirtschaftlichen Indikatoren".
** Unter „Zypern" wird nur die zyperngriechische Gesellschaft berücksichtigt.

b) Liste der sozialwirtschaftlichen Indikatoren

Indikator	Beschreibung
A. Ökonomie	
X1	Menschlicher Entwicklungsindex
X2	Reales BSP pro Kopf (PPP$)
X3	Arbeitskraft (% der gesamten Bevölkerung)
X4	Frauen als Arbeitskräfte (% der Arbeitskräfte)
X5	Prozentualer Anteil der Arbeitskräfte in der Landwirtschaft
X6	Prozentualer Anteil der Arbeitskräfte in der Industrie
X7	Prozentualer Anteil der Arbeitskräfte in den Dienstleistungen
X8	Treibhauseffekt Index (Netto Emissionen an Kohlendioxid Heizungsequivalente in metrischen Tonnen (pro Kopf)
X9	Jährliche Inflationsrate (%)
X10	Militärausgaben (% des BSP)
X11	BSP pro Kopf jährliche Wachstumsrate (%)
X12	Interne erneuerbare Wasserressourcen pro Kopf (1000 m^3 pro Jahr)
X13	Stadtbevölkerung (% der Gesamtbev.)
B. Bevölkerung	
X14	Jährliche Bevölkerungsrate (%)
C. Gesundheit	
X15	Lebenserwartung bei Geburt (in Jahren)
X16	Bevölkerung per Arzt
X17	Rohe Geburtenrate
X18	Rohe Todesrate
D. Kultur	
X19	Umlauf von Tageszeitungen (auf 1 000 Menschen)
X20	Fernsehgeräte (auf 1 000 Menschen)
X21	Radios (auf 1 000 Menschen)
X22	Bildungsquote bei Erwachsenen (%)
E. Ausbildung	
X23	Schuljahre
X24	Wissenschaftler und Techniker (auf 1 000 Menschen)
X25	Akademiker (% aller Absolventen)

Quelle: Journal of Business and Society. 7 (1994) 1, S. 70.

IV. Die zyperntürkische Gesellschaft

1. Modernisierung

Es ist bereits im vorigen Kapitel angedeutet worden, daß die zyperntürkische Gesellschaft aufgrund der interethnischen Auseinandersetzungen von 1963/64 und des „Enklavenlebens" von dem Modernisierungsprozeß auf Zypern weitgehend ausgeschlossen war. Nach der Teilung der Insel (1974) durch die türkische Armee haben sich die türkischen Zyprer, die bis zu diesem Zeitpunkt auf unterschiedliche geschlossene Gebiete zerstreut waren, im Norden Zyperns zusammengefunden.

Erst danach haben die Modernisierungsbestrebungen der Zypemtürken, die mit Hilfe einer nationalen Kampagne unter dem Motto „Mit Blut erobert, mit Schweiß aufgebaut" geführt wurde, angefangen zu fruchten. Alles war neu für die türkischen Zyprer: Politische Parteien wurden gegründet, eine neue Verfassung trat in Kraft und eine Verwaltung wurde aufgebaut. Im Jahre 1975 wurde der „Zyperntürkische Bundesstaat" ausgerufen, der sich 1983 in die „Türkische Republik Nordzypern" verwandelte. Nur drei Tage nach der Unabhängigkeitsproklamation erklärte der UN-Sicherheitsrat in der Resolution 542 die Sezession für völkerrechtlich ungültig und forderte alle Regierungen auf, keinen anderen Staat als die Republik Zypern anzuerkennen. Der neue nordzyprische „Staat" – mit 3 600 km² und rund 160 000 Einwohnern – hing daher von Beginn an ökonomisch, politisch und militärisch stark von der Türkei ab, dem bisher einzigen Land, das die zyperntürkische Unabhängigkeit anerkannt hat.

Die neue Eigenständigkeit der Zyperntürken hatte mit der widerrechtlichen Zuteilung von zyperngriechischem Besitz angefangen. Doch haben die türkischen Zyprer das enorme materielle Potential, das sie 1974 in Form von Land, Immobilien, Produktionsstätten übernahmen, nur ungenügend für den Aufbau einer funktionierenden und eigenständigen Volkswirtschaft genutzt. Die sektorale Struktur der nordzyprischen Wirtschaft weist wesentliche Elemente einer Unter- bzw. Fehlentwicklung auf. Die Agrarwirtschaft ist bei sehr hoher Personalintensität (1990 26,7% der wirtschaftlich aktiven Bevölkerung) von einem sehr geringen Produktivitätsniveau (7,44% des BIP) gekennzeichnet. 22,3%, fast ein Viertel der arbeitenden Bevölkerung, ist bei den uneffektiven und kaum produktiven staatlichen Behörden beschäftigt. Demgegenüber stehen erst Ansätze einer Industrialisierung (1990 nur 9,6% des BIP)[29]. Während sich Agrar- und Industrieproduktion verringerten, haben die öffentliche Dienstleistung und der Handel den wichtigsten Platz im Wirtschaftsleben der Zyperntürken eingenommen. Diese wirtschaftliche Entwicklung in Nordzypern hat eine Reihe sozialer Eigenheiten bewirkt und viele soziale Entwicklungen verhindert. So hat die Wirtschaftsentfaltung nach 1974 eine neue Bevölkerungsschicht hervorgebracht. Jeder, der sich ein bißchen auf Handel verstand, konnte in wenigen Jahren ein Vermögen erwirtschaften. Zu der schon vor 1974 vorhandenen, wirtschaftlich aktiven und erfolgreichen kleinen Oberschicht kam als Folge eine beachtliche Gruppe hinzu, die meist durch Importgeschäfte zu Dollar-Millionären wurden und seither die obere Mittelschicht bilden[30]. Der Absatzmarkt für diese neue Händlerschicht ist die Türkei, die vor den Wirtschaftsreformen des Premierministers Turgut Özal begrenzt Exportgüter auf dem eigenen Markt zugelassen hatte. So kamen die sogenannten türkischen „Koffertouristen" nach Nordzypern, um von den Zyperngriechen beschlagnahmte Luxusgüter und von den Zyperntürken importierte Elektrogeräte billig zu erwerben. Dies führte neben der Importabhängigkeit zu einem enormen Außenhandelsdefizit (1980 = 46 000 000 USD).

---

[29] Brey (Anm. 13), S. 46/47.
[30] Berner, U.: Das vergessene Volk. Der Weg der Zyperntürken von der Kolonialzeit zur Unabhängigkeit. Pfaffenweiler 1992, S. 458.

Tabelle 25: Zyperntürkischer Außenhandel in Millionen USD

	1983	1984	1985	1986	1987	1988
Importe	145,3	136,3	143,0	153,2	221,0	218,1
Exporte	41,0	38,6	46,3	52,0	55,1	52,4
Defizit	–104,3	–97,7	–96,7	–101,2	–165,9	–165,7

1983: 1 USD = 231,75 TL
1988: 1 USD = 1 400,00 TL (für Importe)
1988: 1 USD = 1 389,53 TL (für Exporte)
Quelle: „Turkish Republic of Northern Cyprus" (Hrsg,): Statistical Yearbook 1988. Lefkoşa 1989, S. 211.

Während die Exportgüter zu 45% aus Zitrusfrüchten und zu 35% aus Industriegütern bestehen, sind die Importgüter zu 83,1% einfache Luxusartikel. 6,9% der arbeitenden Bevölkerung ist im Handelsbereich tätig. Auch der Fremdenverkehr blieb in Nordzypern relativ wenig entwickelt, obwohl dieser Sektor – zusammen mit dem Baugewerbe – im langjährigen Mittel die höchsten Wachstumsraten aufweist. Der Anteil des Tourismus am BIP betrug 1988 nur 2,3%. Dagegen machte das Baugewerbe im gleichen Jahr 7,7% vom BIP aus. Die Tabellen 26 und 27 verdeutlichen die sektorelle Zusammensetzung der Wirtschaft im Norden der Insel und die Beschäftigungsstruktur.

Tabelle 26: Sektorelle Aufteilung des BIP der „TRNZ" in Prozent

Sektoren	1987	1988	1989	1990	1991
1. Landwirtschaft	12,1	12,1	10,9	9,2	8,9
a. Agrikultur	11,4	11,3	10,2	8,5	8,2
b. Forstwesen	0,1	0,1	0,1	0,1	0,1
c. Fischgewerbe	0,6	0,7	0,6	0,6	0,6
2. Industrie	11,4	11,7	14,0	13,7	14,3
a. Minen	0,3	0,3	0,4	0,4	0,4
b. Verarbeitende Ind.	9,3	9,5	11,8	11,6	11,9
c. Elektrizität und Wasser	1,9	1,9	1,8	1,7	2,0
3. Baugewerbe	8,1	7,7	7,7	7,3	8,3
4. Handel	18,7	18,1	18,5	19,2	18,4
a. Handel	16,7	15,8	16,4	16,9	16,4
b. Gastronomie	2,0	2,3	2,1	2,3	2,0
5. Transport und Kommunikation	10,9	11,6	11,6	11,4	10,4
6. Bankwesen	4,4	4,4	4,4	4,5	5,0
7. Wohnungseinnahmen	6,3	6,0	5,7	5,5	5,9
8. Qualifizierte Berufe	3,6	3,6	3,6	3,7	4,1
9. Öffentlicher Dienst	21,2	20,0	18,8	18,4	19,9
10. Importsteuern	3,3	4,8	4,8	7,1	4,8
BIP	100,0	100,0	100,0	100,0	100,0

Quelle: K.K.T.C. („Türkische Republik Nordzypern") (Hrsg.): *Resmi Gazete* (Offizielles Amtsblatt). Lefkoşa 1992.

Sozialstruktur 545

Tabelle 27: Zyperntürkische Beschäftigte nach Sektoren

Sektoren	1985	1990	1991	1992*	1992 Gesamt in %
Landwirtschaft	20 142	19 094	18 846	18 523	25,7
Minen	633	907	913	926	1,3
Verarbeitende Industrie	4 522	5 938	5 932	5 975	8,2
Elektrizität/Wasser	1 058	1 189	1 217	1 241	1,7
Baugewerbe	4 454	7 451	7 820	8 055	11,1
Handel/Tourismus	5 586	6 942	6 942	7 201	9,9
Transport/ Kommunikation	4 004	5 728	5 728	5 791	8,0
Bankwesen	1 531	1 968	2 040	2 049	2,8
Qualifizierte Berufe	4 641	6 329	6 397	6 798	9,3
Öffentlicher Dienst	14 475	15 979	16 106	16 199	22,3
Gesamt Beschäftigte	61 499	71 525	71 941	72 758	100,0

*Schätzung
Quelle: Report of the Team of Exports of the Economic Benefits of the Varosha and Nicosia International Airport Package. Dezember 1993, S. 33.

Bedingt durch ökonomische Veränderungen in der Türkei (Zollgebühren für die „Koffertouristen", billige Direktimporte, galoppierende Inflation) brach in Nordzypern in den 1980er Jahren eine schwere Wirtschaftskrise aus, und das Durchschnittseinkommen sank beträchtlich (Tabelle 28)[31]).

Tabelle 28: Einkommen je nordzyprischer Einwohner in USD pro Jahr

Jahr	Betrag	Veränderung	Index
1977	1 444	–	100
1978	1 436	+ 1,3%	101,3
1979	1 556	+ 6,4%	107,8
1980	1 561	+ 0,3%	108,1
1981	1 425	– 8,7%	98,7
1982	1 361	– 4,5%	94,3
1983	1 305	– 4,1%	90,4
1984	1 211	– 7,2%	83,9

Quelle: Berner, U.: Das vergessene Volk. Pfaffenweiler 1992, S. 460.

Eine weitere Verschlechterung der wirtschaftlichen Lage wurde jedoch durch das Wirtschaftsunternehmen *Polly Peck International* in Nordzypern verhindert. Der zyperntürkische Geschäftsmann Asil Nadır hatte in wenigen Jahren mit günstig erworbenen Betrieben der vertriebenen Zyperngriechen ein Wirtschaftsimperium aufgebaut. Zur Polly-Peck-Gruppe bzw. zum Familienbesitz der Nadırs auf Zypern gehörten die Vermarktung und Verarbeitung von Zitrusfrüchten, Betriebe

---

[31]) Berner (Anm. 30), S. 460.

der Verpackungs- und Bekleidungsindustrie, eine Bank, mehrere Tageszeitungen, eine Fluggesellschaft sowie vor allem zahlreiche Hotels und andere touristische Einrichtungen[32]). Die Firmen Nadırs haben in der Zeit von 1984–1990 insgesamt 8 000 Menschen beschäftigt und ein Viertel bis ein Drittel des BIP produziert. In der selben Zeit ist das Pro-Kopf-Einkommen in Nordzypern von 1 305 USD im Jahre 1983 auf 3 447 USD im Jahre 1990 gestiegen. Dies allerdings änderte sich schnell mit dem Konkurs von *Polly Peck International* im Oktober 1990. Seitdem befindet sich die Wirtschaft in Nordzypern in einer tiefen Krise, so daß ohne die Zahlungen aus Ankara die zyperntürkische Bevölkerung nicht überleben kann.

Seit 1974 subventioniert die Türkei die zyperntürkische Gesellschaft und Wirtschaft. Kurz nach der Teilung der Insel wurden insbesondere die infrastrukturellen Investitionen ausschließlich von Ankara finanziert. Bis 1981 hatte die Türkei fast die Hälfte des defizitären Staatshaushaltes bereitgestellt. Dies wurde am Anfang als selbstverständlich hingenommen. Im Laufe der Zeit kam es jedoch zu Meinungsverschiedenheiten zwischen den türkischen und zyperntürkischen Behörden. Die türkische Regierung warf den Zyperntürken vor, nicht effizient genug mit den finanziellen Mitteln aus der Türkei umgegangen zu sein und begann, die infrastrukturellen Investitionen in Nordzypern aus Ankara selber zu kontrollieren bzw. indirekt zu bezahlen[33]). Die Hoffnung, daß die Zyperntürken eine selbständige Wirtschaft zustande bringen würden, konnte sich jedoch niemals verwirklichen. Die Abhängigkeit Nordzyperns von der Türkei hat sich nach dem Zusammenbruch von *Polly Peck International* und dem vom Europäischen Gerichtshof ausgesprochenen generellen Exportverbot für nordzyprische Produkte in die Staaten der Europäischen Union verstärkt. Tatsächlich hat sich die Wirtschaft Nordzyperns im Jahre 1994 weiter verschlechtert. Nach den Angaben der zyperntürkischen Zentralbank hat sich das BIP 1994 um 4,2% verkleinert, während die Investitionen um 21% abnahmen, so daß die Landwirtschaft um 9,8% und der Handel um 15% zurückgingen. Das Pro-Kopf-Einkommen sank 1994 ebenfalls um 22% und fiel von 3 594 USD (1993) auf 2 817 USD. Wie den angegebenen Zahlen zu entnehmen ist, wird die Eigenproduktion von Tag zu Tag geringer und die Abhängigkeit von der Türkei somit größer. Neben den gewaltigen ökonomischen Problemen hat die „TRNZ" mehrmals erfahren müssen, daß es politisch nichts anderes als ein „Protektorat" der Türkei ist. Von Ankara aus werden nicht nur die türkischen und zyperntürkischen Soldaten, sondern auch die Geheimdienste, die staatlichen Massenmedien und die Polizeikräfte kommandiert. Die politischen Ansichten der Zyperntürken können sich zwar in Wahlen ausdrücken, aber das „Parlament" hat nur begrenzte Befugnisse und kann den Machtapparat in keiner Weise kontrollieren. Selbst dieses parlamentarische Schattenleben gerät zunehmend unter den Einfluß der Festlandtürken.

Seit 1974 sind mehr als 50 000 Siedler aus Anatolien eingewandert. Inzwischen sind diese eine wichtige politische Macht geworden, da sie in den Wahlen mit ab-

---

[32]) Brey (Anm.13), S. 48.
[33]) Ugural, C.: K.K.T.C. Mali Yapısının Analizi ve Enflasyon (Die Analyse der Finanzstruktur der „Türkischen Republik Nordzypern" und ihrer Inflation). Lefkoşa 1993, S. 24.

stimmen können. Diese Präsenz der Festlandtürken wird offiziell geleugnet. Sie stellt aber ein schweres innenpolitisches Problem dar und wird in Presse, Öffentlichkeit und im „Parlament" kontrovers diskutiert. Es ist zu vermuten, daß das Ziel der Ansiedlung ist, den Anteil der Türken an der Gesamtbevölkerung Zyperns zu erhöhen[34]). Seit 1991 benötigen die Festlandtürken bei der Einreise nach Nordzypern nur noch ihren Personalausweis. Da sie sich als billige Arbeitskräfte anbieten und ihre Einreise nicht begrenzt ist, erhalten sie einen großen Anteil der wenigen zur Verfügung stehenden Arbeitsplätze. Dadurch wird es für die Zyperntürken noch schwieriger, eine Arbeit zu finden. Dies führt dazu, daß immer mehr Zyperntürken Nordzypern verlassen und vor allem nach England und Australien auswandern. Der Anteil der Festlandtürken an der Bevölkerung Nordzyperns wird dadurch noch erhöht. Den 50000 Einwanderern aus der Türkei stehen 35000 zyperntürkische Auswanderer gegenüber. Es kommt zu täglichen kleinen Streitigkeiten zwischen den Einheimischen und den Siedlern, die sich auf verschiedenen Ebenen abspielen. Die kulturellen Unterschiede scheinen bei den sozialen Konflikten eine große Rolle zu spielen. Allerdings liegt hinter der Fassade das eigentlich Politische: Für die Siedler sind die Zyperntürken mit „türkischem Blut" befreit und Nordzypern erobert worden, daher nehmen sie sich das Recht als Türken auf Besitz und Wohlstand. Die zyperntürkischen Einheimischen drücken dagegen ihre Unzufriedenheit gegen die Siedler aus, indem sie sie als „unterentwickelt" ablehnen und sich von ihnen unterscheiden wollen. Dies hat einmal ein Festlandtürke folgendermaßen beschrieben: „Auf Zypern (d.h. Nordzypern) gibt es Türkenfeindlichkeit. Sie (die Zyperntürken) nennen uns Schwarzbärte (im Sinne von rückständig). Es hat sich eine Feindschaft zwischen Türken und Zyprern entwickelt. Sogar in den Schulen sitzen die Kinder der Türken und der Zyperntürken getrennt."[35])

2. *Familie und Stellung der Frau*

Bis zum Beginn der 1950er Jahre war das Leben der zyperntürkischen Familie durch die Vorschriften des Islam bestimmt. Erst 1950 wurde das säkulare Zivilrecht eingeführt. Der Status der Frau im Islam ist von der fast vollkommenen Unterordnung unter die Autorität des Mannes gekennzeichnet. Da die islamische Glaubenslehre nicht auf das rein Theologische begrenzt bleibt, sondern im Gesetz ihren Niederschlag findet, engt der Islam die Frau in doppelter Weise ein, zum einen im sozialen und zum anderen im rechtlichen Bereich. Die Stellung der Frau im islamischen Recht wird im Koran definiert, vor allem durch die *Nisa-Sure*, in der Heirat, Scheidung, elterliches Recht und Erbangelegenheiten verbindlich geregelt sind. Diese vier Bereiche des Familienrechts sind zweifelsohne so gestaltet, daß den juristischen und sozialen Rechten der Frau bestimmte Grenzen gesetzt

---

[34]) Berner (Anm. 30), S. 468.
[35]) Kizilyürek, Kıbrıs (Anm. 22), S. 68.

sind: Die muslimische Frau schuldet ihrem Ehemann Gehorsam. Sie ist verpflichtet, das Eigentum und die Ehre ihres Mannes zu schützen, den Haushalt zu führen, die Kinder aufzuziehen, den Ehemann zu bedienen und seine Wünsche wie Befehle, sofern die Religion sie als rechtmäßig anerkennt, gehorsam zu erfüllen[36]. Der Mann darf bis zu vier Frauen heiraten, und wenn er zu seiner Frau dreimal öffentlich „*Benden Bos Ol!*" (Sei getrennt von mir!) sagt, wird er aus eigenem Willen geschieden.

Obwohl die islamische Tradition bis 1950 in Kraft blieb, hatte sie bereits gegen Ende der osmanischen Herrschaft auf Zypern (1878) an Wirkung verloren. Die zyperntürkischen Männer konnten sich aufgrund der Armut vier Frauen nicht leisten, und die Frauen begannen, außerhalb ihrer Häuser zu arbeiten. Dennoch verblieben die Frauen bis 1950 unter der rechtlichen Obhut ihrer Ehemänner. In der traditionellen Großfamilie bestimmte der Vater über das Schicksal der ganzen Familie und damit auch über die Frauen. Die Erbschaft ging zum größten Teil vom Vater auf die Söhne über, und die gesellschaftliche Stellung der Frau war so niedrig, daß vor Gericht zwei weibliche Zeuginnen soviel galten wie ein männlicher Zeuge. Außerdem konnten Zyperntürkinnen gegen 10–15 Englische Pfund Sterling an Araber aus den Nachbarländern verkauft werden[37].

Mit dem Beginn der britischen Kolonialverwaltung setzten neue Entwicklungen innerhalb der zyperntürkischen Gesellschaft ein. Vor allem die Ausbreitung der Bildung hat dazu beigetragen, daß die zyperntürkischen Frauen, die bis dahin nur den Koran lesen durften, an der Schulerziehung teilnahmen. Dazu kam die Gründung der modernen Türkei und die Reformen von Mustafa Kemal, die den Frauen – wenn auch nur formal – gleiche Rechte zusicherten. Unter dem Einfluß des Kemalismus haben die bis dahin als religiöse Gesellschaft organisierten Zyperntürken einen Modernisierungsprozeß begonnen, der die Säkularisierung der Gesellschaft und die Entwicklung des Nationalbewußtseins zum Ziel hatte. Schon im Jahre 1928 wurde die kemalistische Schriftreform (lateinisches statt arabisches Alphabet) in den zyperntürkischen Schulen eingeführt. Obwohl die britische Kolonialverwaltung die Säkularisierung des Familiengesetzes bis 1950 hinauszögerte, hatten in der Tat die religiösen Vorschriften unter den Zyperntürken ihr Gewicht schon vor 1950 verloren.

Neben den ideologischen Reformen haben die wirtschaftlichen Veränderungen nach dem Zweiten Weltkrieg zur Auflösung der traditionellen Großfamilie und zu ihrem Ersatz durch die Kleinfamilie beigetragen. Außer den oben genannten Faktoren, die das Familienleben der Zyperntürken bestimmten, hat natürlich auch das Zusammenleben mit den Zyperngriechen die zyperntürkische Familie beeinflußt. So wird z. B. der Brauch des Kopfgeldes, d. h. eines bestimmten Geldbetrages, der in Anatolien vor der Heirat an den Vater der Braut gezahlt wurde, von den Zyperntürken schon seit langem nicht mehr praktiziert:

---

[36] Toprak, B.: Die Religion und die türkische Frau, in: Die Frau in der türkischen Gesellschaft. Hrsg. U.-A. Nermin. Frankfurt 1985, S. 253.

[37] Cahit, N.: Kadın (Die Frau). Lefkoşa 1990, S. 102/103.

Sozialstruktur

> Turkish Cypriots employed a different form of financial arrangement in marriages, *drahoma*, a dowry custom of Greek Cypriot origin (…) The Turkish Cypriots recognized the advantages of this custom and adapted it to their own needs. *Drahoma*, as practiced by Greek Cypriots, required that the bride's family provide substancial assistance to the newlyweds. Turkish Cypriots modified it to include assistance from both families. Traditionally, the bride's family provided a house, some furniture, and money as part of their daughter's dowry. The bridegroom's family met the young couple's remaining housing needs. (…) the bride brought to her new home the rest of her dowry, known as *cehiz*, making the new family financially more secure.[38]

Wie in der zyperngriechischen Familie, so hängt auch in der zyperntürkischen Familie der Familienstolz von der wirtschaftlichen Absicherung der Kinder ab. Die Eltern versuchen alles, damit ihre Kinder eine bessere Zukunft haben. Während in beiden zyprischen Gemeinschaften die Erziehung der Kinder eine Frage des sozialen Status ist, orientiert sich die zyperngriechische Familie stärker an der Privatwirtschaft, wohingegen die Zyperntürken dem Staatsdienst mehr Beachtung schenken.

Als Folge der wirtschaftlichen Entwicklung nach dem Zweiten Weltkrieg und dem Greifen der kemalistischen Reformen begannen die zyperntürkischen Frauen sowohl in den Schulen als auch auf dem Arbeitsmarkt „aufzutauchen". Nach 1953 hatte die Türkei das Hochschulstudium an den türkischen Universitäten für die Zyperntürken erleichtert. So bekamen die zyperntürkischen Frauen erstmals die Möglichkeit zu studieren. Diese Entwicklung wurde jedoch durch die interethnischen Auseinandersetzungen von 1963/64 und die darauf folgende Isolierung der Zyperntürken unterbrochen. Im Zeitraum von 1964 bis 1974 wurden die Frauen in den Enklaven, in denen die Männer Militärdienst leisteten, wieder zu „Herrscherinnen des Alltagslebens" und stellten sich in den Dienst des Soldaten, Vaters, Ehemannes und Sohnes. Da Tausende von Zyperntürken entweder aus ihren Häusern vertrieben wurden oder diese verlassen hatten, waren viele Familien gezwungen, zusammen mit anderen unter dem selben Dach leben zu müssen. Die Entwicklung des zyperntürkischen Nationalbewußtseins hat – wie es der Kemalismus vorsieht (vgl. hierzu auch den Beitrag „Kemalism" von D. Rustow im Südosteuropa-Handbuch, Bd. 4: Türkei) – zur Säkularisierung der Gesellschaft in dem Sinne beigetragen, als religiöse Vorschriften völlig aus dem Familienleben verschwanden. Dennoch fand die tatsächliche Umwälzung der Familienstruktur erst nach 1974 statt.

Heute hat die zyperntürkische Familie die Form der Kleinfamilie und besteht aus Vater, Mutter und den nicht verheirateten Kindern. Obwohl die patriarchalischen Merkmale weiter existieren, ist der Vater nicht mehr der absolute Herrscher wie in der traditionellen Großfamilie. Diese Veränderung läßt sich auf zwei entscheidende Faktoren zurückführen: die Ausbildung der Frauen und deren ökonomischer Beitrag zum Haushalt durch bezahlte Arbeit. Die folgenden Zahlen machen dies deutlich: Im Jahre 1986 gab es in den zyperntürkischen Schulen 16 867 Schüler. Davon waren 8 231 Mädchen. In den Sekundarschulen betrug die Gesamtzahl der Schüler 11 887. Die Zahl der Schülerinnen lag bei 5 877. Die Technischen Berufslyzeen besuchten 740 Mädchen und 998 Jungen. Die Zahl der Schülerinnen

---

[38] Meleagrou/Yesilada (Anm. 15), S. 91.

auf den allgemeinbildenden Lyzeen war mit 2042 sogar höher als die der Schüler (1993)[39]). Im gleichen Jahr lag der Anteil der Frauen am Hochschulstudium bei 43%. Davon studierten 29,5% Medizin, 56,5% Zahnmedizin und 47,5% Architektur. 1986 betrug der Anteil der Frauen an den arbeitenden Universitätsabsolventen 35,5%. Im gleichen Jahr stellten die Frauen 31,5% der arbeitenden Bevölkerung. Aus diesen Zahlen geht hervor, daß sich die Lage der Frau in der zyperntürkischen Gesellschaft nach 1974 deutlich verbessert hat. Trotz dieser positiven Anzeichen geht die alltägliche Diskriminierung der Frau jedoch weiter. Auf der einen Seite sind die Löhne der Frauen niedriger als die der Männer, und auf der anderen besetzen die hohen Posten, beispielsweise in der Verwaltung, immer noch überwiegend Männer. Im Jahre 1986 arbeiteten z.B. 4465 Frauen oder 37,9% im Öffentlichen Dienst. Von diesen hatten nur 11 Frauen höhere administrative Stellen inne. Diese berufliche Diskriminierung der Frau geht aus der Tabelle 29 hervor.

Tabelle 29: Personal im öffentlichen Dienst der „TRNZ" nach Stellung und Geschlecht, 1984–1988

Status/Personal	1984	1985	1986	1987			1988		
				Gesamt	Männer	Frauen	Gesamt	Männer	Frauen
Gesamt	11968	11919	11769	11863	8201	3662	12045	8155	3890
1. Beamte	5978	5963	5556	5507	3466	2041	5454	3392	2062
a. Verwaltung	41	54	61	57	46	11	57	45	12
b. Büro	1204	1189	1165	1130	181	949	1100	163	931
c. Botendienst	274	256	242	215	215	–	225	225	–
d. Kurierfahrer	16	14	14	14	14	–	19	19	–
e. Techniker	4443	4450	4074	4091	3010	1081	4053	2934	1119
2. Polizei	1168	1415	1505	1438	1391	47	1380	1335	45
3. Lehrer	1735	1765	1866	1972	970	1002	1998	1002	996
4. Festangestellte Arbeiter	1192	1205	1195	1175	820	355	1331	971	360
5. Andere	1886	1564	1645	1770	1553	217	1882	1455	427

Quelle: „Turkish Republic of Northern Cyprus" (Hrsg.): Statistical Yearbook 1988. Lefkoşa 1989, S.126.

Die Zahl der Eheschließungen hat sich von 1058 im Jahre 1981 auf 1162 im Jahre 1987 erhöht, und die Zahl der Scheidungen ist von 149 im Jahre 1980 auf 177 im Jahre 1987 gestiegen. Damit ist die Wachstumsrate der Scheidungen etwas höher als die der Eheschließungen. Im gleichen Zeitraum lag das durchschnittliche Heiratsalter der Frauen bei 22,3 Jahren und das der Männer bei 25,7 Jahren. 1986 haben 2558 Frauen Kinder zur Welt gebracht. Das Alter der Frauen im Verhältnis zur Anzahl der Geburten veranschaulicht die Tabelle 30.

---

[39]) Cahit (Anm. 37), S.136.

Tabelle 30: Anzahl der Geburten pro Altersgruppe

Zahl der Geburten	Altersgruppe
170	14–19
938	20–24
853	25–29
39	30–34
143	35–39
31	40–44
5	45

Quelle: Cahit, N.: Kadın (Die Frau). Lefkoşa 1990, S. 138.

Obwohl sich die Stellung der Frau in der zyperntürkischen Gesellschaft in den letzten Jahrzehnten verbessert hat, kann man kaum von der Gleichberechtigung der Geschlechter reden. Der Mann wird immer noch als der Herr der Familie angesehen und darf sogar nach der Verfassung den Wohnort der Familie selbst bestimmen. Eine allgemeine gesellschaftliche Diskriminierung der Frau läßt sich weiterhin feststellen. Wie aus den oben aufgeführten Zahlen zu ersehen ist, wird die Zyperntürkin im Berufsleben in mancherlei Hinsicht benachteiligt. Sie wird schlechter bezahlt als der Mann und hat sehr viel weniger berufliche Entfaltungsmöglichkeiten. Dazu kommt, daß die Frauen nur ein Drittel der arbeitenden Bevölkerung stellen und viel stärker von der Arbeitslosigkeit bedroht sind. Im Oktober 1990 z. B. lag die Gesamtzahl der registrierten Arbeitslosen bei 858, von denen 522 Frauen waren, d.h. etwa 60% der Arbeitslosen waren Frauen. Es muß hier ausdrücklich betont werden, daß diese Zahlen der Realität nicht einmal nahekommen, da sich die meisten zyperntürkischen Arbeitslosen nicht registrieren lassen. Vor allem in der Privatwirtschaft gibt es keine Schutzmaßnahmen für die Frauen. Neben der sehr schlechten Bezahlung können sie während einer Schwangerschaft auch entlassen werden.

Die geschlechtsspezifische Arbeitsteilung charakterisiert jeden Bereich des Lebens in der zyperntürkischen Familie. Es gibt eine Reihe von Dingen, die als „Männersache" betrachtet werden. Beruflicher Erfolg, Politik, soziale Aktivitäten werden als solche angesehen. Für die meisten Männer ist die ideale Partnerin eine gute Hausfrau, die kinderlieb, sparsam und ordentlich zu sein hat. Hinter diesem Partnerbild steht das Klischee vom ‚guten Ehemann' bzw. von der „guten Ehefrau", einschließlich der rigiden Rollenaufteilung Mann = Beruf, Frau = Haushalt. Der Vater legitimiert seine Autorität über Frau und Kinder durch seine Rolle als Ernährer, während die Frau ihr „Herrschaftsreservat" in der Haushaltsführung und in der Kindererziehung sieht. Die meisten Frauen, obwohl auch beruflich belastet, führen ihren Haushalt, ohne auf Unterstützung von seiten des Ehemannes rechnen zu können. Die Tatsache, daß der Vater dem Familienleben im Vergleich zur Mutter emotional gleichgültiger gegenübersteht und seine Freizeit häufig in anderen Bezugsgruppen (Vereinen, Kaffeehäusern) oder vor dem Fernseher verbringt, führt zu einer faktischen Dominanz der Mutter und zu einem engeren Kontakt zwischen Mutter und Kindern. Entsprechend der geschlechtsspezifischen Rollenzuordnung sind die Beziehungen zwischen den Ehegatten sowie die zwischen Eltern und Kindern nach dem patriarchalischen Rollenschema organisiert. Die von Vater und Mutter als normativ anerkannte geschlechtsspezifische Arbeitsteilung wirkt sich schon auf den Prozeß der Geschlechtsrollenidentifikation des Kleinkindes entscheidend aus.

3. Ausbildung

In einem Bericht einer britischen Regierungskommission aus dem Jahre 1879 wurde festgestellt, daß es 64 muslimische Schulen gab, deren wichtigstes Unterrichtsziel die Rezitation des Korans war. Im Jahre 1902 gab es eine einzige türkische Sekundarschule mit 70 Schülern, während die Zyperngriechen zur gleichen Zeit sechs Sekundarschulen mit 469 Schülern hatten. Das zyperntürkische Erziehungssystem stand – wie das der Zyperngriechen – unter der Kontrolle eines religiösen Führers, des *Müftü*. Nach der Gründung der modernen Türkei 1923 begann auch in den zyperntürkischen Schulen eine nationalistische Erziehung. Die Briten förderten jedoch zunächst den Import von Lehrmaterial und Lehrern aus der Türkei:

In the Turkish Cypriot schools (...) religious instruction took up a large proportion of the school hours. After the 1922 Kemalist revolution in Turkey, the curriculum in the Turkish Cypriot schools was directed toward nurturing the new Turkish nationalism.[40]

So bildeten sich unter den Zyperntürken nationale Loyalitäten gegenüber der kemalistischen Türkei aus. Obwohl London ein nach beiden Volksgruppen gegliedertes Schulsystem gewünscht hatte, richtete sich dieses schließlich gegen die Kolonialmacht selbst. Nach dem Aufstand gegen die britische Verwaltung 1931 verstärkte die Kolonialregierung dann ihre eigenen Maßnahmen zur Ausbildung der Zyprer und übernahm, in der Hoffnung damit anti-britische Bewegungen zu verhindern, selbst die Kontrolle des Erziehungssystems beider Volksgruppen:

Since 1933, elementary education has been directly and completely controlled by the Government, which appoints and pays teachers, prescribes schools, curriculum and books. (...) Each religious community has an entirely separate system of schools. Orthodox Christian schools are taught in Greek, Moslem schools in Turkish.[41]

Die Kolonialverwaltung bestand nun darauf, die beiden Volksgruppen lediglich als religiöse Gemeinschaften zu betrachten und ihre nationalen Gefühle zu unterdrücken. Deswegen verbot sie den Zyperntürken den Import von Lehrmaterial aus der Türkei und ernannte einen Engländer zum Direktor des zyperntürkischen Lyzeums (Gymnasiums). Dies änderte sich wiederum mit der nach dem Zweiten Weltkrieg eintretenden Liberalisierung. Lehrer und Lehrstoff kamen von neuem aus der Türkei. Neben der wirtschaftlichen Unterstützung der zyperntürkischen Lehrer finanzierte Ankara die Gründung von neuen Schulen. Die Förderung des

---

[40] Weir, W. W.: Education in Cyprus. Nikosia 1952, S. 33.
[41] CO 67/268/7 144052, Education and Welfare Institutions.

türkischen Nationalbewußtseins war eine der Hauptfunktionen des zyperntürkischen Schulsystems. Dies galt vor allem in der Zeit der EOKA-Bewegung 1955–1959. Bilder von Atatürk wurden überall aufgehängt, und die türkische Nationalhymne wurde in den Schulklassen gesungen. Der englische Direktor des zyperntürkischen Lyzeums wurde durch einen Türken ersetzt. Nach der Unabhängigkeit Zyperns erhielten die Zyperntürken die vollständige Autonomie in Fragen ihres Erziehungswesens. Zusammenfassend läßt sich feststellen, daß zur Zeit der britischen Kolonialherrschaft auf Zypern einerseits das Analphabetentum unter den Zyperntürken stark zurückging und andererseits der türkische Nationalismus Eingang in die zyperntürkische Gesellschaft fand.

Nach der Verfassung der Republik Zypern mußten 30% der Posten im öffentlichen Dienst mit Zyperntürken besetzt werden. Dies führte zu einer verstärkten Nachfrage nach Erziehung im allgemeinen, speziell aber nach dem Hochschulstudium. Bis dahin hatte es nur eine begrenzte Zahl von Zyperntürken geschafft, an Universitäten zu studieren. Nach einer Entscheidung der türkischen Regierung von 1960 konnten die Zyperntürken nun ohne Prüfung an den türkischen Hochschulen studieren. Diese Möglichkeit wurde anfangs von vielen auch genutzt. Nach den interethnischen Auseinandersetzungen von 1963/64 konnten die türkischen Zyprer nicht mehr von ihrem Recht zum türkischen Hochschulstudium Gebrauch machen. Denn in der Enklavenzeit von 1963–1974 waren die meisten Hochschulabsolventen Soldaten, und das gesamte Schulsystem war dem Ziel untergeordnet, die türkisch-nationalen Gefühle zu erhalten und zu fördern. Erst 1974, nach der faktischen Teilung der Insel, organisierten die Zyperntürken ihr Schulsystem neu. Heute besteht das Erziehungssystem der „TRNZ" aus Vorschule, Grundschule, Sekundarschulen, Hochschulen und Sonderschulen (vgl. hierzu auch den Beitrag „Education in the ‚Turkish Republic of Northern Cyprus'" von H. Yaratan in diesem Band). Die meisten Bücher kommen aus der Türkei, und das türkische Nationalbewußtsein ist ein zentraler Begriff in den Bildungsinstitutionen Nordzyperns. Die Tabellen 31 und 32 geben einen Überblick über Grund- und Mittelschulen in der „TRNZ".

Tabelle 31: Die Grundschulen in Nordzypern, 1987–1993

Schuljahr	Zahl der Schulen	Schüler	Lehrer	Schüler-Lehrer-Ratio
1987/88	158	17963	758	23,7
1988/89	153	16862	758	23,3
1989/90	150	16488	790	20,9
1990/91	149	16514	823	20,0
1991/92	148	16290	808	20,1
1992/93	145	15964	886	18,0

Quelle: K.K.T.C. („Türkische Republik Nordzypern") (Hrsg.): *Resmi Gazete* (Offizielles Amtsblatt). 103 (Oktober 1993), S. 815.

Tabelle 32: Die Mittelschulen in Nordzypern

Schuljahr	Zahl der Schulen	Schüler	Lehrer	Schüler/Lehrer
1987/88	23	10311	477	21,6
1988/89	23	11898	545	21,8
1989/90	24	12626	574	20,0
1990/91	26	11106	538	20,6
1991/92	27	10541	615	17,1
1992/93	27	10026	567	17,7

Quelle: K.K.T.C. („Türkische Republik Nordzypern") (Hrsg.): *Resmi Gazete* (Offizielles Amtsblatt). 103 (Oktober 1993), S. 816.

4. Bevölkerung und Zuwanderung

Es ist schwierig, genaue Zahlen über die Bevölkerungsentwicklung in Nordzypern zu erhalten, da die Resultate der letzten Volkszählung nicht veröffentlicht wurden. Vor allem die Existenz der türkischen Siedler, die sich nach 1974 in Nordzypern niedergelassen haben, macht es den zyperntürkischen Behörden schwer, genaue Angaben zuzulassen, denn offiziell wird ihre Zahl geleugnet. Der zyperntürkischen Zeitung *Yenidüzen* zufolge hat aufgrund des türkischen Zuzugs ein radikaler Wandel innerhalb der Bevölkerungsstruktur Nordzyperns stattgefunden. Dies war auch der Grund dafür, daß die Resultate der Volkszählung nicht der Öffentlichkeit zugänglich gemacht wurden[42]. Nach Schätzungen der nordzyprischen Behörden lebten im Jahr 1988 insgesamt 167256 Menschen in Nordzypern. Die Bevölkerungszuwachsrate betrug 1,3%. Die Tabelle 33 beschreibt die Entwicklung der zyperntürkischen Bevölkerung über einen Zeitraum von einem Jahrhundert.

Tabelle 33: Bevölkerungsentwicklung der Zyperntürken, 1881–1987

Jahr	Gesamt	Numerischer Anstieg	Anstiegsrate (%)
1881	45458	–	–
1891	47926	2468	0,5
1901	51309	3383	0,7
1911	56428	5119	1,0
1921	61339	4911	0,8
1931	64245	2906	0,5
1946	80548	16303	1,5
1960	104942	23772	1,9
1978 (Landwirtschaftlicher Zensus)	146740	41798	1,9
1982 (Schätzung)	153239	6499	1,1
1986 (Schätzung)	162676	9437	1,5
1987 (Schätzung)	165035	2359	1,5
1988 (Schätzung)	167256	2221	1,3

Quelle: „Turkish Republic of Northern Cyprus" (Hrsg.): Statistical Yearbook 1988. Lefkoşa 1989, S. 11.

---

[42] Yenidüzen. 14. Februar 1990.

Wenn man sich die offiziellen zyperntürkischen Angaben für das Jahr 1974 – mit 115758 wird die Zahl der Zyperntürken angegeben – vor Augen hält, wird klar, daß die für 1978 geschätzte Zahl der Zyperntürken (146740) nicht allein die Folge des natürlichen Bevölkerungszuwachses sein kann. So ist es evident, daß gerade nach den ersten Jahren der faktischen Teilung der Insel ein Bevölkerungstransfer von der Türkei nach Nordzypern stattgefunden haben muß. In seinem Bericht an den Europarat über die Bevölkerungsstruktur Zyperns hat der spanische Europa-Abgeordnete Cuco eine Bevölkerungszuwachsrate der Zyperntürken zwischen 1974 und 1990 von 48,35% festgestellt:

The establishment of Turkish settlers in the northern part of the island is an undisputed fact, although there is a controversy over the figures. (...) This influx of Turkish settlers has had a real impact on the structure of the population in the northern part of the island.[43]

Nach den zyperntürkischen Behörden ist die Bevölkerungszahl in Nordzypern Ende 1990 auf 171500 gestiegen. Die türkischen Siedler erwarten die zyperntürkische „Staatsangehörigkeit" und spielen deswegen seither auch politisch in Nordzypern eine bedeutende Rolle. Neben ihrer politischen Funktion gelten die Siedler als billige Arbeitskräfte, die insgesamt zur Absenkung des Lohnniveaus beitragen. Dies führt zu verstärkter Arbeitslosigkeit unter den einheimischen Zyperntürken, die ihr Heil in der Auswanderung suchen. Auch zur Auswanderung der Zyperntürken gibt es keine offiziellen Angaben. Es ist aber allgemein bekannt und wird des öfteren öffentlich diskutiert, daß vor allem die jüngeren Zyperntürken dazu tendieren, Nordzypern zu verlassen. Als die zyperntürkischen Oppositionsparteien dies zur Sprache brachten und erklärten, daß wegen der Einwanderung aus der Türkei und der Auswanderung der Einheimischen die Zyperntürken Gefahr liefen, eine Minderheit im eigenen Land zu werden, antwortete die Regierung: „Die kommenden Festlandtürken und die gehenden Zyperntürken sind gleiche Türken. Für uns gibt es keinen Unterschied."[44] Den offiziellen statistischen Angaben von 1988 zufolge lebten in der „TRNZ" 82707 Männer und 84549 Frauen. Wie bei den Zyperngriechen, so sind auch bei den Zyperntürken die Frauen in der Mehrheit. Die Verteilung der Bevölkerung in Nordzypern nach Altersgruppen geht aus der Tabelle 34 hervor.

Tabelle 34: Bevölkerungsverteilung in Nordzypern nach Altersgruppen

Jahr	0–14 Jahre	15–44 Jahre	45–64 Jahre	+65
1975	29,5	44,8	16,1	9,6
1980	28,7	46,0	16,0	9,3
1985	26,1	48,7	15,5	9,7
1990	26,3	48,8	15,8	9,1

Quelle: Press and Information Office. Republic of Cyprus (Hrsg.): Report on the Demographic Structure of the Cypriot Communities. Rapporteur: Mr. Cuco, Euro-MP. Nikosia 1994, S. 60.

---

[43] Press and Information Office. Republic of Cyprus (Hrsg.): Report on the Demographic Structure of the Cypriot Communities, Rapporteur: Mr. Cuco, Euro-MP. Nikosia 1994, S. 39.
[44] Kizilyürek, N.: Unter der Illusion der Nation, in: Liebe (Hrsg.), Zypern (Anm. 13), S. 112–127, bes. 120.

Weitere demographische Indikatoren für Nordzypern sind in der Tabelle 35 verzeichnet.

Tabelle 35: Demographische Indikatoren in der „TRNZ"

Jahr	I	II	III	IV	V	VI	VII	VIII	IX
1975	2 920	1 271	2,92	1 016	8,2	1,0	27,0		
1976	2 863	1 298	2,80	1 054	8,0	1,0	26,0		
1977	2 923	1 450	2,56	1 164	8,1	1,2	26,0		
1978	2 960	1 438	2,57	1 072	7,3	1,0	26,0		
1979	3 119	1 485	2,67	1 040	7,0	1,0	25,0	70,0	72,0
1980	2 992	1 496	2,51	1 058	7,1	1,0	23,0		
1981	3 040	1 512	2,46	1 058	7,0	1,0	21,0		
1982	3 057	1 226	2,34	1 110	7,2	1,1	21,0		
1983	3 107	1 332	2,68	1 070	6,9	1,2	20,0		
1984	3 239	1 469	2,69	1 139	7,2	1,1	19,0		
1985	3 126	1 282	2,48	1 110	6,9	1,1	19,0		
1986	3 091	1 301	2,35	1 110	6,8	1,1	17,0		
1987	3 387	1 320	2,54	1 162	7,0	1,1	15,0		
1988	3 211	1 171	2,25	1 071	6,4	1,1	15,0		
1989	3 233	1 354	2,54	1 167	6,9	1,2	15,0		
1989	3 515	1 372	2,85	1 050	6,1	1,2	13,0		

Indikatoren: I = Geburten
 II = Todesfälle
 III = Fertilitätsrate
 IV = Anzahl der Heiraten
 V = rohe Heiratsrate (Heiraten pro 1 000 Einwohner)
 VI = rohe Scheidungsrate (Scheidungen pro 1 000 Einwohner)
 VII = Kindersterblichkeit (im ersten Lebensjahr pro 1 000 Geburten)
 VIII = Männliche Lebenserwartung
 IX = Weibliche Lebenserwartung

Quelle: Press and Information Office. Republic of Cyprus (Hrsg.): Report on the Demographic Structure of the Cypriot Communities. Rapporteur: Mr. Cuco, Euro-MP. Nikosia 1994, S. 59.

Am Ende der 1980er Jahre lebte 51% der türkischen Bevölkerung in den Städten. Allerdings sind die Städte in Nordzypern klein. Im Jahre 1987 lebten 38 000 Personen im zyperntürkischen Stadtteil von Nikosia (Lefkoşa), 20 000 in Gazimağusa/Famagusta und 7 100 in Girne/Kyrenia. Im Vergleich zur Zeit vor 1974 hat sich der Anteil der städtischen Bevölkerung vergrößert. Ein Grund dafür ist die Vertreibung der Zyperngriechen aus dem Norden Zyperns durch die türkische Armee und die Ansiedlung der etwa 60 000 Zyperntürken in Nordzypern, die bis dahin im Süden der Insel gelebt hatten. Obwohl etwa die Hälfte der Bevölkerung von Nordzypern im Dienstleistungssektor beschäftigt ist und die Beschäftigung in der Landwirtschaft stark zurückgegangen ist, leben immer noch 49% der Bevölkerung in ländlichen Gebieten. Dies ist dadurch zu erklären, daß die Entfernungen in Nordzypern kurz sind und die in den Städten beschäftigten Personen leicht aus den Dörfern in die Städte pendeln können (vgl. hierzu auch die Beiträge „Bevölkerungsstruktur" von H. Brey und „Binnenhandel, Verkehr, Infrastruktur" von R. Wellenreuther in diesem Band).

5. Soziale Sicherheit

Das System der sozialen Sicherheit in der zyperntürkischen Gesellschaft wurde erst nach 1974 entwickelt, obwohl erste Ansätze dazu schon vorher erkennbar waren. Auf gesetzlichem Wege kam 1976/77 in Nordzypern ein Netzwerk der sozialen Sicherheit zustande, das seither aus Sozialversicherung, Pensionskasse, Sozialhilfe, Sozialdienst sowie Vorsorgekasse besteht[45]):

– Sozialversicherung

Dem Sozialversicherungsgesetz von 1976 zufolge ist die Versicherung für alle Berufstätigen ab 14 Jahren – auch für die Selbständigen – obligatorisch. Nichtberufstätige, wie z. B. Hausfrauen, können auch versichert werden, falls sie eine bestimmte Summe an die Sozialversicherungskasse zahlen. Die Haupteinnahmen der Kasse bestehen jedoch aus den Beiträgen der Arbeitnehmer, der Arbeitgeber und des Staates. Die Verwaltung dieser Kasse wird von vier offiziell ernannten Beamten, zwei Repräsentanten der Arbeitnehmer und einem Repräsentanten der Arbeitgeber geführt. Die Hilfsleistungen der Versicherung umfassen Kranken- und Arbeitslosengeld, Arbeitsunfallgeld, Unterstützung bei Mutterschaft und Eheschließung, Rente, Witwenhilfe sowie Waisenhilfe. Als monatlicher Mindestbeitrag an die Kasse wurden 1993 1670000 TL und als Höchstbeitrag 2629000 TL festgelegt. Die Zahl der Versicherten hat sich von 75571 im Jahre 1988 auf 94551 im Jahre 1992 gesteigert. Dagegen haben 1992 11139 Personen regelmäßig Leistungen aus der Versicherungskasse erhalten. 8185 Personen oder 73,5% der zu Unterstützenden wurden Renten ausgezahlt. Im selben Jahr waren 2291 Arbeitslose bei der Versicherungskasse gemeldet.

– Pensionskasse

Die Pensionskasse wurde im Jahre 1977 eingerichtet und sichert die Pensionen der im öffentlichen Dienst Beschäftigten. Das Pensionsgesetz wurde mehrfach geändert. Bis 1985 hatte jeder, der zehn Jahre im Dienst war, das Recht auf eine Pension. Die Zahl der Dienstjahre wurde zwischen 1985 und 1987 auf 15 und nach 1987 auf 25 heraufgesetzt. Der Grund für diese Änderung war die immer größer werdende Zahl der „Frühpensionäre". Die Tatsache, daß alle diejenigen, die vor 1974 zehn Jahre Militärdienst geleistet hatten, diese Jahre auch als Dienstjahre geltend machen durften, machte die „Armee der Frühpensionäre" so groß, daß die Pensionskasse stark belastet wurde.

– Vorsorgekasse

Diese Kasse wurde 1972 eingerichtet und ist unverändert bis 1993 beibehalten worden. Danach wurden 5% des Arbeitslohnes der Arbeitnehmer und ein fünf-

---

[45]) Alle Daten zu diesem Kapitel wurden dem offiziellen Regierungsanzeiger der „Türkischen Republik Nordzypern" (Nr. 103) vom November 1993 entnommen.

prozentiger Arbeitgeberanteil an die Vorsorgekasse gezahlt. Die Arbeitnehmer erhielten ihre Ersparnisse nur im Falle einer Arbeitslosigkeit. Seit 1993 ist es möglich, neben dem Minimalbeitrag von 5% des Arbeitslohnes einen Extrabeitrag in die Kasse einzuzahlen, um sich später die Hälfte seiner Ersparnisse auszahlen zu lassen, ohne unbedingt arbeitslos zu sein. Die Zahl der bei der Vorsorgekasse eingetragenen Personen wuchs von 77 140 im Jahre 1988 auf 89 747 im Jahre 1992. Allerdings haben 1992 nur 48 856 Personen ihre Beiträge regelmäßig bezahlt. Im gleichen Jahr wurde 6 511 Personen finanzielle Unterstützung aus der Kasse gewährt.

– Sozialhilfe und Sozialdienst

Vom Sozialdienst wird denjenigen geholfen, die auf Sozialhilfe angewiesen sind, ohne daß sie irgendeinen Versicherungsbeitrag geleistet haben. Im Jahr 1992 haben 5 373 Personen diese finanziellen Leistungen erhalten. 4 037 dieser Personen – vor allem alte Menschen – haben Armenhilfe bezogen. Neben direkter finanzieller Unterstützung hilft der Sozialdienst den Kindern der Armen und der sogenannten „Märtyrerfamilien" bei ihrer Beschneidungsfeier (*Sünnet*) und Hochzeit, z. B. wurden 1993 die Kosten für das *Sünnet* von 100 Kindern vom Sozialdienst übernommen (vgl. hierzu auch den Beitrag „Binnenhandel, Verkehr, Infrastruktur" von R. Wellenreuther in diesem Band).

Das Schulsystem der Republik Zypern

Panos Xochellis, Thessaloniki

I. Historische Einführung – II. Das staatliche Schulsystem: 1. Organisation: a) Vorschule – b) Grund- und Sonderschule – c) Sekundarstufe – d) Tertiärer Bildungsbereich: Universität – 2. Verwaltung: a) Erziehungsministerium – b) Schule – 3. Finanzierung – III. Bildungsinhalte: 1. Bildungsziele – 2. Lehr- und Lerninhalte: a) Vorschule – b) Grundschule – c) Sekundarstufe – 3. Schulbücher – IV. Privatschulen – V. Lehreraus- und -fortbildung – VI. Weiterbildung – VII. Zusammenfassung: Probleme und Tendenzen

I. Historische Einführung

Das Bildungsideal Zyperns in der Antike entsprach weitgehend dem Griechenlands. Es wurde von den griechischen Mykenern, die seit 1400 v. Chr. die Insel zu bevölkern begannen, und den nachfolgenden Siedlern aus dem griechischen Kulturkreis nach Zypern gebracht. Ähnliches gilt für das byzantinische Zeitalter, in welchem dann jedoch die autokephale griechisch-orthodoxe Kirche Zyperns eine entscheidende Rolle in der Volksbildung gespielt hat[1]). Während der fränkischen und der venezianischen Herrschaft (1192–1571) ereignete sich in bildungshistorischer Hinsicht wenig auf der Insel. Hingegen begann in der Zeit der Osmanen (1571–1878) ein neues Kapitel in der Geschichte des Schulwesens auf Zypern[2]), denn dieses wurde der autokephalen orthodoxen zyprischen Kirche als höchster religiöser und finanzpolitischer Instanz der Christen auf Zypern unterstellt. Obwohl sie damit das Entscheidungsrecht in Fragen der Bildung erhielt, lag die unmittelbare Verantwortung für die Schulen bei den Gemeinden[3]). Von der Gründung des neugriechischen Nationalstaates (1829–1833) bis zum Beginn der britischen Herrschaft auf Zypern (1878) war dann der festlandsgriechische Einfluß auf das Schulwesen dominant: Es wurden Schulen nach griechischem Vorbild gegründet und Lehrpläne sowie Unterrichtsmethoden aus Griechenland übernommen, während die gesamte Ausbildung der zyperngriechischen Lehrerinnen und Lehrer

---

[1]) Vgl. Maratheftis, M.: To Kypriako Ekpaideftiko Systima (Das Schulsystem Zyperns). Nikosia 1992; Ypourgeio Paideias Kyprou (Erziehungsministerium von Zypern): I Paideia Mas Simera (Unser Bildungswesen heute). Nikosia 1992; Demetriadis, E.: Kypros: Ekpaideftiko Systima (Zypern: Das Schulsystem), in: Paidagogiki-Psychologiki Enkyklopaideia-Lexikon (Pädagogisch-Psychologisches Enzyklopädie-Lexikon). Bd. 5. Athen 1990, S. 2816–2826 und ders.: Cyprus: System of Education, in: International Encyclopedia of Education. Bd. 2. Oxford 1985, S. 1275–1281.

[2]) Vgl. dazu insbesondere Philippou, L.: Ta Ellinika Grammata en Kypro Kata tin Periodo tis Tourkokratias (Die griechische Bildung auf Zypern während der Türkenherrschaft). Nikosia 1930.

[3]) Maratheftis (Anm. 1), S. 15.

im wesentlichen an akademischen Institutionen – vorwiegend in Athen – stattfand[4]).

In der britischen Kolonialzeit (1878–1959) durchlief das Schulwesen Zyperns verschiedene Entwicklungsphasen, in denen sich seine Ausrichtung und seine Verwaltungsstruktur veränderten. Zunächst respektierte London die vorhandenen Strukturen aus der osmanischen Zeit und trug sogar zur Finanzierung des zyprischen Schulsystems bei, so daß die Schulen weiterhin dezentralisiert und nach Religionsgruppen getrennt verwaltet wurden. Auf diese Weise blieb die Bedeutung der Gemeinden und der Einfluß der orthodoxen Kirche Zyperns vorläufig erhalten. Im Laufe der Zeit brach jedoch der schwelende Konflikt zwischen der orthodoxen Kirche, die ihre starke Rolle in der Bildung aufrechtzuerhalten suchte, und den britischen Verwaltungsbehörden, die das Schulwesen unter ihren Einfluß stellen wollten, vollends aus[5]). Der englische Reformdruck wurde dabei auch aufgrund vieler kritischer Berichte über die desolate Lage des zyprischen Schulsystems immer stärker[6]). So kam es zu Forderungen Londons nach Einführung des Englischen als Unterrichtssprache in den öffentlichen Schulen und zur Gründung von englischen Privatschulen. Seinen Höhepunkt erreichte dieser Streit zwischen 1923 und 1959, als die britische Verwaltung die Primarstufe sowie die Lehrerausbildung unter ihre absolute Kontrolle stellte und dasselbe – allerdings erfolglos – auch mit der damals sechsjährigen Gymnasialstufe versuchte[7]).

Nach der Unabhängigkeit Zyperns (Abkommen von Zürich und London von 1959/60) expandierte das zyprische Schulwesen parallel zur Wirtschaft des Landes rasch in quantitativer wie auch in qualitativer Hinsicht. Die Schulen der beiden ethnischen Volksgruppen blieben weiterhin konfessionell getrennt und wurden der Aufsicht der jeweiligen dafür zuständigen griechischen bzw. türkischen „Gemeindeversammlung" unterstellt. Allerdings behinderten dann sowohl der Konflikt zwischen der griechischen und der türkischen Volksgruppe seit 1963 als auch der von der Diktatur in Griechenland initiierte Putsch (1974) gegen die legale Regierung von Erzbischof Makarios und die darauf folgende Invasion der türkischen Ar-

---

[4]) Gegen Ende des vorigen und zu Beginn des 20. Jahrhunderts gab es auf der Insel 273 zyperngriechische Schulen unterschiedlicher Zweige. Sie waren hauptsächlich nach griechischem Vorbild organisiert: vier Jahre Primarschule, drei Jahre sogenannte „Griechische Schule" („Elliniko Scholeio") – in Anlehnung an die bayerische Lateinschule – und vier Jahre Gymnasium. Griechische Schule und Gymnasium vereinigten sich später zum einheitlichen Gymnasium mit sechsjähriger Ausbildung (Paideia [Anm. 1], S. 6). Zur gleichen Zeit haben allerdings auch die amerikanischen Missionsschulen auf Zypern erfolgreich gewirkt. Vgl. Tollefson, T.: Early American Missionaries and Social Change in Cyprus, 1834–1842, in: The Cyprus Review. 2 (Herbst 1990) 2, S. 71–95.

[5]) Maratheftis (Anm. 1), S. 29. Vgl. auch Persianis, P. K.: Church and State in Cyprus Education. The Contribution of the Greek Orthodox Church to Cyprus Education During the British Administration (1878–1960). Nicosia 1978.

[6]) Vgl. z. B. Talbot, J. E.; Cape, F. W.: Report on Education in Cyprus. London 1913. Weitere bibliographische Angaben in: Anastasiades, A. G.: The Development of the Administration of Elementary Education in Cyprus. Nicosia 1979, S. 115/116.

[7]) In diese Richtung liefen vor allem die Schulgesetze der Jahre 1923, 1929 und 1933. Vgl. Persianis, P.; Polyviou, P.: Istoria tis Ekpaidefsis stin Kypro. Keimena kai Piges (Geschichte des zyprischen Schulwesens. Texte und Quellen). Nikosia 1992.

mee, die zur Teilung der Insel führte, diesen Entwicklungsprozeß und veränderten das Schulsystem nachhaltig. Die Folgen des türkischen Einmarsches von 1974 waren im allgemeinen schwer und weitreichend[8]). Die besonderen Auswirkungen der türkischen Besetzung Nordzyperns auf das Schulwesen der Republik lassen sich der Tabelle 1 entnehmen[9]).

Tabelle 1: Auswirkungen der Besetzung Nordzyperns auf das Schulwesen der Republik Zypern

PRIMARSTUFE	Schulen:		548	besetzt	171 = 31%
	Schüler/innen:	von insgesamt	62 221	vertrieben	25 107 = 42%
	Lehrer/innen:		2 200	vertrieben	904 = 41%
ALLGEMEIN-BILDENDE SEKUNDARSTUFE	Schulen:		49	besetzt	19 = 38%
	Schüler/innen:	von insgesamt	36 000	vertrieben	15 000 = 44%
	Lehrer/innen:		1 700	vertrieben	720 = 40%
TECHNISCH-BERUFLICHE SEKUNDARSTUFE	Schulen:		8	besetzt	3 = 38%
	Schüler/innen:	von insgesamt	10 379	vertrieben	3 000 = 29%
SONDERSCHUL-BEREICH	Schulen:	von insgesamt	12	besetzt	6 = 50%

Quelle: Maratheftis, M.: To Kypriako Ekpaideftiko Systima (Das Schulsystem Zyperns). Nikosia 1992, S. 40.

II. Das staatliche Schulsystem

1. Organisation

Das gegenwärtige Schulwesen der Republik Zypern gliedert sich in den Primarbereich (Vorschulerziehung und Elementar- bzw. Grundschule), in die allgemeinbildende und in die technisch-berufsbildende Sekundarstufe (Gymnasium, allgemeinbildendes bzw. technisch-berufsbildendes Lyzeum) sowie in den Tertiärbereich (Universität und Fachhochschulen).

---

[8]) Maratheftis (Anm. 1), S. 39/40.
[9]) Nach der Invasion von 1974 gab es in dem besetzten Gebiet Karpasia 1 435 zyperngriechische Schulkinder. Heute gibt es dort nur noch etwa 40 griechische Schüler und Schülerinnen mit drei griechischen Lehrerinnen an zwei Schulen in Rizokarpaso und Agia Triada Gialousas. Hinzu kommt eine Primarschule in Kormakitis mit einem Lehrer und acht Schülern. Paideia (Anm. 1), S. 13.

a) Vorschule

Die Vorschulerziehung für Kinder von drei bis zu fünfeinhalb Jahren findet in Kindergärten und in Kinderhorten (*Nipiagogeia* und *Paidiki Stathmi*) statt. Die institutionellen Träger dieser Vorschuleinrichtungen sind der Staat (teilweise auch Gemeinden), die Kommunen (gemeinnützige Einrichtungen, vorwiegend getragen von Elternvereinen) und Private (auf unternehmerischer Basis). Die folgende Tabelle 2 veranschaulicht die institutionelle Struktur und das zahlenmäßige Verhältnis zwischen Kindern und Erziehern (Kinder/Erzieher-Relation) im Vorschulbereich.

Tabelle 2: Vorschulerziehung, 1992/93

Träger	Schulen	Jungen	Mädchen	Gesamt	Erzieher	Erzieherinnen	Gesamt	Kinder/Erzieher-Relation
STAAT:	218	4 153	3 929	8 082	2	382	384	21,0
Kindergärten	207	3 888	3 664	7 552	2	331	333	22,7
Kinderhorte	11	265	265	530	0	51	51	10,4
KOMMUNE:	142	2 892	2 586	5 478	0	261	261	21,0
Unter Aufsicht Erz.min.*	104	1 892	1 806	3 698	0	158	158	23,4
Unter Aufsicht Soz.min.**	38	1 000	780	1 780	0	103	103	17,3
PRIVAT:	248	5 973	5 444	11 417	13	567	580	19,7
Unter Aufsicht Erz.min.*	116	3 461	3 114	6 575	8	324	332	19,8
Unter Aufsicht Soz.min.**	132	2 512	2 330	4 842	5	243	248	19,5
Gesamt	608	13 018	11 959	24 977	15	1 210	1 225	20,4

* Erziehungsministerium
** Sozialministerium
Quelle: Kypriaki Dimokratia (Republik Zypern): Statistiki tis Ekpaidefsis (Bildungsstatistik) 1992/93. Nikosia 1993, S. 109.

b) Grund- und Sonderschule

Die Grund- bzw. Elementarschule (*Dimotiko Scholeio*) bildet den ersten sechsjährigen Pflichtschulbereich. Sie beginnt für alle Kinder mit fünfeinhalb Jahren und endet mit dem zwölften Lebensjahr. Zu diesem Schulbereich gehört auch das Sonderschulwesen für körperlich und geistig behinderte sowie lernschwache Kinder. Die folgende Tabelle 3 zeigt die institutionelle Struktur sowie die regionale Verteilung des Primarschulwesens in der Republik Zypern und gibt das zahlenmäßige Verhältnis von Schülern und Lehrern an. Die sich daran anschließende Tabelle 4 vermittelt die Organisation und das zahlenmäßige Verhältnis zwischen Schülern und Lehrern im Sonderschulwesen der Republik Zypern.

Tabelle 3: Grund- bzw. Elementarschule, 1992/93

Bezirk	ÖFFENTLICH			PRIVAT			INSGESAMT		
	Schulen	Schüler/innen	Lehrer/innen	Schulen	Schüler/innen	Lehrer/innen	Schulen	Schüler/innen	Lehrer/innen
NIKOSIA:	139	24082	1230	12	1392	112	151	25474	1342
Stadt	68	16701	826	11	1140	95	79	17841	921
Land	71	7381	404	1	252	17	72	7633	421
FAMAGUSTA:	15	3641	174	0	0	0	15	3641	174
Stadt	0	0	0	0	0	0	0	0	0
Land	15	3641	174	0	0	0	15	3641	174
LARNAKA:	66	11130	571	1	259	14	67	11389	585
Stadt	25	6431	320	1	259	14	26	6690	334
Land	41	4699	251	0	0	0	41	4699	251
LIMASSOL:	95	16898	848	10	1245	83	105	18143	931
Stadt	47	13414	647	10	1245	83	57	14659	730
Land	48	3484	201	0	0	0	48	3484	201
PAPHOS:	52	5589	326	1	77	7	53	5666	333
Stadt	18	3890	204	1	77	7	19	3967	211
Land	34	1699	122	0	0	0	34	1699	122
GESAMT:	367	61340	3149	24	2973	216	391	64313	3365
Stadt	158	40436	1997	23	2721	199	181	43157	2196
Land	209	20904	1152	1	252	17	210	21156	1169

Quelle: Kypriaki Dimokratia (Republik Zypern): Statistiki tis Ekpaidefsis (Bildungsstatistik) 1992/93. Nikosia 1993, S. 128.

Tabelle 4: Das Sonderschulwesen, 1992/93

Schultyp	Schulen	SCHÜLER/INNEN (S) NACH ALTER				Lehrer/-innen (L)	S/L-Relation
		5–11	12–18	19+	Gesamt		
Geistig und körperlich Behinderte:	9	66	149	251	466	96	4,9
Jungen		38	81	138	257	38	
Mädchen		28	68	113	209	58	
Blinde:	1	18	15	8	41	9	4,6
Jungen		10	6	4	20	6	
Mädchen		8	9	4	21	3	
Gehörlose:	1	8	8	0	16	15	1,1
Jungen		5	2	0	7	6	
Mädchen		3	6	0	9	9	
Rehabilitierbare:	1	0	4	41	45	10	4,5
Jungen		0	2	32	34	7	
Mädchen		0	2	9	11	3	
GESAMT:	12	92	176	300	568	130	4,4
Jungen		53	91	174	318	57	
Mädchen		39	85	126	250	73	

+ = und darüber
Quelle: Kypriaki Dimokratia (Republik Zypern): Statistiki tis Ekpaidefsis (Bildungsstatistik) 1992/93. Nikosia 1993, S. 183.

c) Sekundarstufe

Die allgemeinbildende Sekundarstufe besteht aus dem *Gymnasio* (Gymnasium) und dem *Lykeio* (Lyzeum). Das dreiklassige Gymnasium (Sekundarstufe I) bildet den zweiten Teil der insgesamt neunjährigen Pflichtschule und ist allen Schülern zugänglich, die die Grundschule durchlaufen haben. Das darauf aufbauende dreijährige Lyzeum (allgemeinbildende Sekundarstufe II) ist ebenfalls allen Kindern zugänglich, die das Gymnasium erfolgreich abgeschlossen haben. Es gibt bei diesen Übergängen bis zur Vollendung des 18. Lebensjahres bzw. der zwölften Schulklasse keinerlei Selektionsmechanismen; diese setzen erst beim Übergang der Schüler/innen in den tertiären Bereich des Schulwesens ein, wie noch auszuführen sein wird.

Die technisch-berufliche Sekundarstufe II (*Techniki kai Epangelmatiki Ekpaidefsi*), die im Schuljahr 1992/93 von 22% der entsprechenden Altersstufe besucht wurde, setzt ebenfalls den erfolgreichen Abschluß des Gymnasiums voraus. Sie umfaßt zwei Abteilungen, eine technische und eine berufliche, die sich in zahlreiche weitere Fachrichtungen bzw. Berufszweige (Ingenieure, Mechaniker, Elektriker, Designer, Graphiker, Fachkräfte für das Bauwesen) aufgliedern. Die technische Sektion hat dabei ihren Schwerpunkt in der theoretischen und die berufliche in der praktischen Ausbildung.

Neben den Halbtagsschulen (Unterricht bis 14.30 Uhr) werden auch allgemeinbildende Abendkurse für Berufstätige nach dem 18. Lebensjahr angeboten. Das ist ein Ausbildungsgang, der aus zwei Gymnasial- und drei Lyzeumsklassen besteht und zum Fach- bzw. Hochschulstudium führt (im Schuljahr 1992/93 gab es 263 Schüler/innen in Abendgymnasien). Im berufsbildenden Bereich gibt es für handwerkliche Berufe, wie z.B. Automechaniker, Tischler, Maurer, neben den Vollzeitschulen auch die Möglichkeit zur Berufsausbildung über das duale System (zwei Wochentage in der Berufsschule und drei Tage in der Woche im Betrieb). 1992/93 gab es 762 Schüler/innen im Rahmen dieser dualen Berufsausbildung[10]).

Die folgende Tabelle 5 führt die verschiedenen Schultypen und Klassen sowie die regionale Verteilung, Größe und das quantitative Schüler/innen-Lehrer/innen-Verhältnis (S/L-Relation) im Sekundarschulwesen der Republik Zypern auf.

Alle Absolventen der allgemeinbildenden und der technisch-berufsbildenden Sekundarstufen II in der Republik Zypern – wie übrigens auch in Griechenland –, die den Universitäts- bzw. Fachhochschulzugang anstreben, müssen sich an einem Allgemeinen Zulassungsverfahren (*Genikes Exetaseis*) beteiligen, weil der tertiäre Bildungssektor die Abschlüsse der Sekundarstufe grundsätzlich nicht anerkennt. Ein solches selektives Prüfungsverfahren wird in beiden Ländern auf nationaler Ebene durchgeführt. Es besteht aus punktuellen Prüfungen in drei – je nach angestrebter Studienrichtung (Natur- und Polytechnische Wissenschaften; Philologie, Theologie und Rechtswissenschaften; Medizin; Wirtschafts- und Sozialwissenschaften) unterschiedlichen – Grundfächern sowie im griechischen Aufsatz. Da die Vorbereitung auf diese Hochschuleingangsprüfungen durch die Schule insbesondere von Eltern und Schülern als unzureichend betrachtet wird, aber auch die Lehrer/innen nicht darin ihre Hauptaufgabe erblicken, sind eine Reihe von privaten Tutorien (*Frontistiria*) enstanden, die diese Funktion gegen Entgeld übernehmen. Es handelt sich dabei um ein bekanntes, kompliziertes Problem, das trotz aller zwischenzeitlichen Änderungen bzw. Verbesserungen im Kern seit Jahrzehnten unlösbar erscheint und auf das bestehende Ungleichgewicht von Angebot und Nachfrage im tertiären Bereich des Schulwesens zurückzuführen ist. Jedoch sieht sich der zyprische Staat in dieser Beziehung ebenfalls in die Pflicht genommen, wie die Existenz der Staatlichen Fortbildungsinstitute beweist, von denen an anderer Stelle ausführlicher die Rede sein wird.

Zu erwähnen sind außerdem die zahlreichen zyperngriechischen Schulen im Ausland, insbesondere in Großbritannien. Sie sollen vor allem der Förderung der nationalen Identität durch Pflege der griechischen Muttersprache und der historischen wie kulturellen Tradition Zyperns dienen. Im Schuljahr 1991/92 gab es 76 solcher Schulen mit 5990 Schülern und 33 Lehrkräften[11]). Besonders in den letzten Jahren zeigte die aus Zypern ausgewanderte Elterngeneration ein zunehmendes Interesse an diesem Schultypus. Daher beabsichtigt die Republik Zypern, die Zahl

---

[10]) Kypriaki Dimokratia (Republik Zypern): Statistiki tis Ekpaidefsis (Bildungsstatistik) 1992/93. Nikosia 1993, S. 221, 228.
[11]) Paideia (Anm. 1), S. 133.

Tabelle 5: Das Sekundarschulwesen, 1992/93

Schulbezirk	Schulen	Klassen	Schüler	Lehrer	Klassengröße	S/L-Relation
NIKOSIA:	45	801	21 669	1 680	27,0	12,9
Öffentlich-Allgemeinbildend	29	587	16 654	1 224	28,4	13,6
Öffentlich-Berufsbildend	3	51	1 375	173	26,7	7,9
Privat	13	163	3 640	283	22,3	12,9
FAMAGUSTA:	4	85	2 447	158	28,8	15,5
Öffentlich-Allgemeinbildend	3	78	2 337	151	30,0	15,5
Öffentlich-Berufsbildend	1	7	110	7	15,7	15,7
Privat	0	0	0	0	0,0	0,0
LARNAKA:	16	298	8 229	602	27,6	13,7
Öffentlich-Allgemeinbildend	13	235	6 703	458	28,5	14,6
Öffentlich-Berufsbildend	2	28	645	92	23,0	7,0
Privat	1	35	881	52	25,2	16,9
LIMASSOL:	35	580	14 962	1 194	25,8	12,5
Öffentlich-Allgemeinbildend	23	455	12 574	931	27,6	13,5
Öffentlich-Berufsbildend	3	39	944	125	23,9	7,6
Privat	9	86	1 444	138	16,8	10,5
PAPHOS:	13	177	4 334	399	24,4	10,9
Öffentlich-Allgemeinbildend	10	151	3 771	312	25,0	12,1
Öffentlich-Berufsbildend	2	20	444	73	21,7	6,1
Privat	1	6	119	14	19,8	8,5
GESAMT:	113	1 941	51 641	4 033	26,6	12,8
Öffentlich-Allgemeinbildend	78	1 506	42 039	3 076	27,9	13,7
Öffentlich-Berufsbildend	11	145	3 518	470	24,3	7,5
Privat	24	290	6 084	487	21,0	12,5

Quelle: Kypriaki Dimokratia (Republik Zypern): Statistiki tis Ekpaidefsis (Bildungsstatistik) 1992/93. Nikosia 1993, S.149.

der dortigen Lehrkräfte zu erhöhen und deren Fortbildung vor Ort zu sichern sowie für die Herausgabe neuer Schulbücher zu sorgen.

d) Tertiärer Bildungsbereich: Universität

Die staatliche Universität Zyperns, die den Kern des tertiären Bereichs des Schulsystems bildet, wurde 1989 als Stiftung des öffentlichen Rechts gegründet und hat den Lehrbetrieb im September 1992 aufgenommen. Ihre Zielsetzung besteht nach dem Gründungsgesetz (144/1989) darin: a) zur Förderung der wissenschaftlichen Forschung und zur Ausbildung in den für die wirtschaftliche, soziale und kulturelle Entwicklung des Landes wichtigen Fachrichtungen und Berufszweigen beizutragen; b) durch Forschung und Lehre Freiheit und die Bereitschaft zum Dialog zu pflegen; c) zur Erhöhung des Lebensstandards und des Bildungsniveaus des gesamten Volkes und zum gegenseitigen Verständnis der beiden Volksgruppen des Landes und damit zur staatlichen Einheit einen Beitrag zu leisten.

Die Universität besteht heute aus drei Fakultäten und zehn Fachbereichen und hatte im akademischen Jahr 1992/93 insgesamt 486 Studierende und 64 Lehrende[12]). Gleichberechtigte Unterrichtssprachen sind Griechisch und Türkisch. Von den Studenten werden grundsätzlich Lehrgebühren verlangt (1000 CyP pro Semester), die jedoch der zyprische Staat übernimmt, wenn der Studierende mindestens 12 Lehreinheiten (*credits*), d.h. vier Lehrveranstaltungen pro Semester, erfolgreich absolviert hat. Die Universitätsverwaltung weist die übliche Struktur auf: Rektorat, Senat, Fakultäts- und Fachbereichsräte sowie das hauptamtliche Lehrpersonal bestehend aus Professoren, stellvertretenden Professoren, Assistenzprofessoren und Dozenten; hinzu kommen Gastprofessoren und Lehrbeauftragte[13]).

Im Tertiärbereich des Schulwesens gibt es insgesamt 31 weitere Institutionen (sechs staatliche und 25 private) mit insgesamt 6263 Studierenden und 542 Lehrberechtigten[14]), die ein- bis vierjährige Ausbildungsprogramme für Technologie, Handel, Management und Dienstleistungen anbieten. Zu den staatlichen Einrichtungen gehören das Höhere Technologische Institut, das Forstwissenschaftliche Kolleg, die Fachschule für Krankenschwestern und Hebammen, das Institut für das Hotel- und Gastronomiegewerbe, das Mittelmeer-Institut für Management und das Zyprische Internationale Institut für Management. Bis zum akademischen Jahr 1992/93 gehörte in diese Liste auch die Pädagogische Hochschule Zyperns dazu, die jedoch nach der Aufnahme des universitären Lehrbetriebs vom Fachbereich für Erziehungswissenschaften übernommen wurde.

Die privaten Einrichtungen des tertiären Bereichs erheben Schulgebühren, lassen dafür aber meistens ihre Abschlußprüfungen durch international zusammengesetzte Prüfungskommisionen überwachen, um die Akzeptanz und den Marktwert ihrer Diplome zu erhöhen. Bis zur Gründung der Universität und infolge der großen Nachfrage in diesem Bereich des Schulwesens wurden viele solcher Institutionen unter der Bezeichnung *Colleges* gegründet, die in Kooperation mit englischen und amerikanischen Universitäten und Technischen Hochschulen den Beginn eines Hochschulstudiums in Zypern und dessen Abschluß im Ausland ermöglichen.

---

[12]) Statistiki tis Ekpaidefsis (Anm. 10), S. 211, 214.
[13]) Vgl. dazu auch den Beitrag „Hochschulen, Wissenschaft und Erwachsenenbildung in der Republik Zypern" von J. Asmussen in diesem Band.
[14]) Paideia (Anm. 1), S. 21, 191.

Die oben beschriebene Organisationsstruktur des gesamten Schulsystems wird aus folgendem Schaubild deutlich:

Schaubild: Die Struktur des Schulsystems in der Republik Zypern

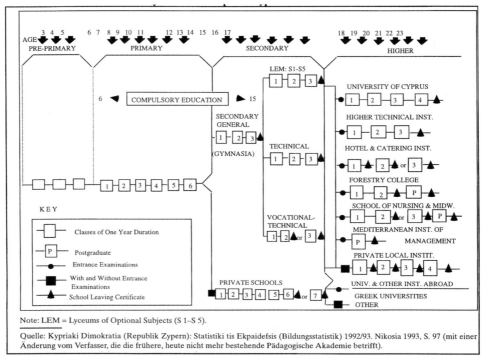

Note: LEM = Lyceums of Optional Subjects (S 1–S 5).

Quelle: Kypriaki Dimokratia (Republik Zypern): Statistiki tis Ekpaidefsis (Bildungsstatistik) 1992/93. Nikosia 1993, S. 97 (mit einer Änderung vom Verfasser, die die frühere, heute nicht mehr bestehende Pädagogische Akademie betrifft).

2. Verwaltung

a) Erziehungsministerium

Das staatliche Schulsystem der Republik Zypern weist eine zentralistische Verwaltungsstruktur auf. An der Spitze der Hierarchie steht das Erziehungsministerium, das mit seinen zentralen und regionalen Behörden für die Konzeption und Durchführung der bildungspolitischen Entscheidungen der Regierung verantwortlich ist. Insbesondere bestimmt es die Unterrichtsziele und die Studieninhalte sowie die Schulbücher für die einzelnen Stufen. Das Erziehungsministerium besteht aus vier Hauptabteilungen, die den vier Stufen des allgemeinen Schulwesens (Primarschulbereich, Allgemeinbildende Sekundarstufe, Technisch-berufsbildende Sekundarstufe und Tertiärer Bereich) entsprechen. Jede dieser Abteilungen hat je eine Dienststelle (Referat) für Verwaltung, Bildungsplanung und Lehrplanentwicklung. Außerdem gibt es eine zentrale Dienststelle für Personal- und Besoldungsangelegenheiten sowie das sogenannte Generalarchiv, in dem das Informationsmaterial für das ganze Schulsystem gelagert wird und allen Abteilungen und Dienststellen des Ministeriums zugänglich ist. Hier aufzuführen ist ferner das Referat für Berufsberatung, das den gesetzlichen Auftrag hat, den Schülern zu helfen, ihre Fähigkeiten und Interessen frühzeitig zu erkennen und ihnen das notwendige Hintergrundwissen für ihre Berufsentscheidungen zur Verfügung zu stellen. Eng damit verbunden ist die Dienststelle für Schulpsychologie, die grundlegende Materialien zu schulpsychologischen Fragestellungen und Problemen für die Lehrer/innen bereit hält.

Dem Erziehungsministerium untersteht auch das Pädagogische Institut, das 1972 mit dem Hauptziel gegründet wurde, Sorge für die Lehrerfortbildung zu tragen[15]. Dieses Institut besteht aus vier Abteilungen mit folgenden Aufgabenbereichen:

1. Die Abteilung für Lehrerfortbildung, die in den vergangenen zwanzig Jahren eine Reihe von Fortbildungsvorträgen und -seminaren zu verschiedenen Themen aus dem Bereich der Bildungstheorie und der Unterrichtspraxis veranstaltet hat.

2. In der Abteilung für Bildungsforschung und Evaluierung aller Elemente des Schulwesens sind bisher u. a. einige wichtige empirische Untersuchungen im Rahmen internationaler Evaluationsstudien (IEA) zu den Kenntnissen und Leistungen der Schüler/innen in Sprache, Mathematik und Physik in der Elementar- wie Sekundarstufe durchgeführt worden.

3. Die Dokumentationsabteilung umfaßt eine Fachbibliothek und ist zudem für die Redaktion von Schulbüchern verantwortlich.

4. Die Abteilung für Unterrichtsmedien soll Unterrichtsmaterialien und -medien für den Gebrauch in Schulen beschaffen und verbreiten helfen sowie teilweise auch selbst produzieren.

b) Schule

Die Schule bildet die unterste Verwaltungszelle des Schulsystems, für die der Schulleiter die Verantwortung trägt. Infolge der anwachsenden Schülerzahlen in der Sekundarstufe seit Mitte der achtziger Jahre kam es zur zusätzlichen Einrichtung eines „stellvertretenden Schulleiters", der dem Schulleiter bei seinen Aufgaben beisteht. Für die Sekundarstufe im Schulwesen der Republik Zypern gibt es diesen Dienstrang seit dem Schuljahr 1987/88. Er soll zur Erhöhung der Arbeitseffektivität in der Schule beitragen. Bei mehreren Stellvertretern des Schulleiters in einer Schule im Sekundarbereich übernimmt einer von ihnen koordinierende Aufgaben (*Syntonistis Voithou Diefthynti*) innerhalb einer Gruppe von Lehrern mit gleicher Lehrbefähigung. Zu seinen Funktionen gehören die Planung und die Verteilung des Unterrichtsprogramms, die Sicherstellung der Kooperation unter den Lehrkräften, die Beschaffung von Unterrichtsmaterialien und die Anwendung

---

[15] Paideia (Anm. 1), S. 87–91.

neuer Unterrichtmethoden sowie die Erstellung von Leistungsbeurteilungsmodi. Dieser Funktionsträger läßt sich am besten mit dem *Head of Department* in den englischen Sekundarschulen beim Übergang von den kleinen *Grammar Schools* zu den großen *Comprehensive Schools* vergleichen.

Eine interne Evaluation, die das Erziehungsministerium 1989 in Zusammenarbeit mit dem Pädagogischen Institut vorgenommen hat, und eine englische Untersuchung von 1993 haben übereinstimmend folgendes ergeben: Die Funktion des „koordinierenden stellvertretenden Schulleiters" wird im allgemeinen von den Lehrern akzeptiert. Schwierigkeiten treten allerdings immer dann auf, wenn es um die Arbeitskontrolle in der Gruppe der Lehrer/innen geht, für die er zuständig ist, und bei der Verwendung von neuen Lehrplänen. Denn die einzelnen Lehrer/innen fürchten um ihre garantierten Freiheiten bei der Gestaltung ihres Unterrichts, in den sie normalerweise Einmischungen von außen nicht zulassen[16].

Als Bindeglied zwischen Schulleitung und Erziehungsministerium werden die Schulinspektoren benötigt. Sie sind hauptsächlich für die Überwachung der schulpolitischen Richtlinien und die Beratung wie Beurteilung der Lehrkräfte in den staatlichen und privaten Schulen zuständig. Die Schulinspektoren werden aus erfahrenen und qualifizierten Lehrern unter der Voraussetzung ausgewählt, daß die Bewerber zusätzliche wissenschaftliche Qualifikationen nachweisen können.

3. Finanzierung

Die Finanzierung des öffentlichen Schulwesens ist generell eine staatliche Angelegenheit, während für den Bau, die Ausstattung und die Instandhaltung der Schulen die sogenannten Schulbeiräte (*Scholikes Efories*) – unter der Aufsicht der zuständigen Abteilung des Erziehungsministeriums – die Verantwortung tragen[17]. Die Schulbeiräte, die Subventionen vom Staat nach dem quantitativen Kriterium der Schülereinschreibungen in ihrem Bereich erhalten, werden in den Städten vom Ministerrat und auf dem Lande von den Gemeinden ernannt. Dadurch erfahren die lokalen Träger mit ihren Anliegen eine stärkere Berücksichtigung; zugleich soll eine gewisse Dezentralisierung in der Schulverwaltung angestrebt werden. Diese gemischte Finanzierung des Schulwesens kommt bereits im Vorschulbereich zum Tragen: Die staatlichen Vorschuleinrichtungen werden teilweise vom Staat und teilweise von den Gemeinden bzw. Elternvereinen, die kommunalen Institutionen

---

[16] Vgl. Ypourgeio Paideias Kyprou (Erziehungsministerium der Republik Zypern): Ta Kathikonta kai oi Efthynes tou Syntonistou Voithou Diefthynti Mesis Ekpaidefsis Kyprou (Die Aufgaben und Pflichten des koordinierenden Stellvetretenden Schulleiters im Sekundarschulwesen Zyperns). Nikosia 1990 und Papagianni, O.: Duties and Responsibilities of the Heads of Mathematics Departments in Public Secondary Schools of Cyprus. Unveröffentlichte Master Thesis. School of Education. University of Newcastle upon Tyne 1993.

[17] Paideia (Anm. 1), S. 135 und Ministry of Education: Development of Education 1990–1992. National Report of Cyprus. International Conference on Education (43rd Session, Geneva 1992). Nicosia 1992, S. 3/4.

hingegen nur von den Elternvereinen und die privaten Vorschulen ausschließlich von privaten Schulträgern finanziert.

Die Gesamtausgaben des Staates für das staatliche und private Schulwesen betrugen im Jahre 1992 122,9 Millionen CyP, d.h. 13% des Staatshaushalts und 3,9% des Bruttosozialprodukts (1 CyP = 2,15 USD)[18]). Die fortschreitende Expansion der Schulfinanzierung in den letzten sechs Jahren ist der Tabelle 6 zu entnehmen.

Tabelle 6: Die Finanzierung des öffentlichen Schulwesens in der Republik Zypern (in CyP)

Jahr	Erziehungsministerium	Zuschuß Vertr. Kasse	Andere Ministerien	Elternvereine	Schulbeiräte Primarbereich	Schulbeiräte Sekundarbereich	Privates Schulwesen	Ausländische Hilfen	Ausgaben für das Auslandsstudium	Gesamt
1987	56 611	759	2 596	1 373	2 804	1 357	14 002	1 985	24 000	105 487
1988	64 338	873	2 472	1 669	2 379	995	16 062	1 573	25 700	116 061
1989	70 606	955	2 575	1 937	2 580	1 504	17 098	1 778	27 500	126 533
1990	78 868	1 066	2 920	1 911	3 287	1 532	20 138	1 456	30 400	141 578
1991	90 518	1 385	3 341	2 292	3 367	3 645	23 360	1 807	36 300	166 015
1992	105 665	1 323	3 062	2 701	4 833	3 824	27 034	1 539	40 900	190 881

Anmerkung: Die Ausgaben der Schulbeiräte beinhalten keinen Zuschuß.
Quelle: Kypriaki Dimokratia (Republik Zypern): Statistiki tis Ekpaidefsi.s (Bildungsstatistik) 1992/93. Nikosia 1993, S. 91.

Die Finanzierung des Privatschulwesens erfolgt durch private Schulträger. Alle Privatschulen unterstehen dennoch der regelmäßigen staatlichen Kontrolle durch die Schulaufsicht des Erziehungsministeriums, die die notwendigen Gründungsgenehmigungen erteilt, für die Sicherstellung der gleichen Bildungsziele und Lerninhalte sorgt sowie die vorgeschriebenen Schulbücher kostenlos zur Verfügung stellt. Die Eltern der Schüler/innen zahlen Schulgeld (etwa 50–60 CyP im Monat im Vorschulbereich, aber auch mehr je nach Prestige des Kindergartens und der bestehenden Nachfrage). Die staatlichen und privaten Ausgaben für das Schulwesen bezifferten sich 1992 auf 190,9 Millionen CyP, d.h. 6,1% des Bruttosozialprodukts der Republik[19]). Die privaten Sekundarschulen erhalten nur geringe staatliche Subventionen[20]). Sie werden jedoch in Einzelfällen auch von ausländischen religiösen Organisationen subventioniert.

---

[18]) Statistiki tis Ekpaidefsis (Anm. 11), S. 6, 26.
[19]) Ebenda, S. 6.
[20]) Ebenda, S. 28.

III. Bildungsinhalte

1. Bildungsziele

Die Bildungsziele werden vom zyprischen Staat verantwortet und unter der Federführung des Erziehungsministeriums formuliert. Bei der Zielbestimmung wird besonders darauf geachtet, daß auf die nationalen, religiösen und kulturellen Traditionen des Landes wie auch auf die gegenwärtigen Lebensbedingungen und die internationalen bildungspolitischen wie wissenschaftlichen Erkenntnisse der Erziehungswissenschaften Bezug genommen wird[21]). Nach den heute geltenden Bildungszielen orientiert sich das zyprische Schulwesen allgemein sowohl an der Persönlichkeitsentwicklung des Individuums als auch an der sozioökonomischen und kulturellen Entwicklung des Landes: „Hauptziel ist die Förderung des griechischen Bewußtseins und die Stärkung der nationalen Identität der Jugend Zyperns bei gleichzeitigem Bewußtwerden des staatlichen Wesens und dessen zweigemeinschaftlichen Charakters (d.h. griechische wie türkische Volksgruppe). Daneben soll die Identität der anderen ethnischen Gemeinden Zyperns im Rahmen der Grundsätze von Freiheit, Demokratie und Toleranz respektiert werden."[22]) Man stellt sich allgemein einen freien und demokratischen Bürger mit allseitig entwickelter Persönlichkeit vor, der in der Lage ist, durch sein bewußtes Wirken zum sozialen, wissenschaftlichen und wirtschaftlichen wie auch kulturellen Fortschritt seines Landes sowie zur Förderung des gegenseitigen Verstehens und zur Kooperation unter den Menschen und Völkern beizutragen[23]).

Nach dem Willen des Ministeriums für Erziehung und Kultur Zyperns (*Ypourgeio Paideias kai Politismou Kyprou*) – dies ist die neue Bezeichnung des Erziehungsministeriums – soll die Bildung prinzipiell demokratischen Charakter aufweisen. Das bedeutet, daß das Bildungssystem allen Bürgern gerecht werden muß und ihnen ohne Diskriminierung hinsichtlich ihrer nationalen, religiösen und kulturellen Herkunft gleiche Bildungschancen einräumen soll. Als eine wichtige Ergänzung zu dieser Zielsetzung wird immer stärker die Idee von der europäischen Einheit an den Schulen der Republik gefördert. Das Bildungswesen soll jedoch zugleich auch die Erinnerung an die Geschehnisse von 1974 und den Willen zur Befreiung der damals besetzten Gebiete bei der jungen Generation wachhalten[24]).

---

[21]) Maratheftis (Anm. 1), S. 60–74. Vgl. für die sechziger Jahre Persianis, P.: The Political and Economic Factors as the Main Determinants of Educational Policy in Independent Cyprus (1960–1970). Nicosia 1981.
[22]) Paideia (Anm. 1), S. 18.
[23]) Ypourgeio Paideias kai Politismou Kyprou (Ministerium für Erziehung und Kultur Zyperns): Analytika Programmata Dimotikis Ekpaidefsis sta Plaisia tis Enniachronis Ekpaidefsis (Lehrpläne für den Primarbereich im Rahmen der neunjährigen Pflichtschule). Nikosia 1994, S. 17.
[24]) Paideia (Anm. 1), S. 20.

2. Lehr- und Lerninhalte

In den letzten Jahren sind die Lehrpläne der einzelnen Schulstufen mit ihren Lernzielen, Lerninhalten und methodologischen Hinweisen für Lehrer/innen vielfach überarbeitet und reformiert worden, um sie an die neuen gesellschaftlichen, ökonomischen und wissenschaftlichen Herausforderungen anzupassen.

a) Vorschule

Nach den heute gültigen Rahmenrichtlinien soll die Vorschulerziehung den Kindern dabei helfen, sich ohne besondere Schwierigkeiten in die Schulwelt einzupassen und sich ebenso schnell wie sicher in die Gesellschaft der Republik Zypern einzugliedern. Besonderes Gewicht erhalten dabei im einzelnen die Gesundheitsvorsorge, die Förderung des Bewegungsapparates und der Sinne sowie des kreativen Denkens, der Sprachfähigkeit und der allgemeinen geistigen Fähigkeiten des Kindes. Hinzu kommt die Entwicklung der Eigeninitiative, des kindlichen Selbstbewußtseins und seiner optimistischen Grundhaltung. Schließlich soll der Aufbau von allgemein akzeptierten Einstellungen zu den Werten des sozialen, sittlichen und nationalen wie religiösen Lebens der zyprischen Gesellschaft gefördert werden[25]. Die Lerninhalte der Vorschulerziehung sollen der Natur und der soziokulturellen Umwelt, der Familie und der Schulumgebung sowie den Bedürfnissen und den Interessen des Kindes entnommen werden. Als Anlaß und Mittel dazu finden entsprechende Gegenstände und Erfahrungen des Kindes aus den oben genannten sozialen Bezügen Verwendung.

Bei der konkreten Arbeit in den Vorschuleinrichtungen geht es um eine Kette von meistens spielerisch eingeübten Tätigkeiten, an denen die ungehinderte Teilnahme des Kindes angeregt und gefördert werden soll. Als Orientierungskriterien gelten dabei die Widerstands- und Konzentrationsfähigkeit des Kindes, die Wetterbedingungen sowie die Tagesereignisse und -erfahrungen. Das tägliche Arbeitsprogramm umfaßt dementsprechend: freie Tätigkeiten (60 Minuten), Problemlösungen (bis 30 Minuten), Frühstück und Waschen (30 Minuten), freies Spiel (bis 50 Minuten), Turnen (15–20 Minuten), Erzählen (30 Minuten), Musikerziehung (30 Minuten), Tischspiele (40 Minuten), organisierte Spiele im Freien (15 Minuten) und Aufräumen (15 Minuten).

b) Grundschule

Das oben angedeutete bildungskonzeptuelle Raster gilt grundsätzlich auch für die gesamte Primarstufe des Schulsystems. In der Elementar- bzw. Grundschule soll insbesondere Wert darauf gelegt werden, daß die Schülerinnen und Schüler langsam mit den sittlichen, religiösen, nationalen, sozioökonomischen, politischen und ästhetischen Werten ihrer Gesellschaft (humanistische Ideale, demokratische Grundsätze, Liebe zur Arbeit, Bürgerrechte) vertraut gemacht werden. Ferner sol-

---

[25] Paideia (Anm. 1), S. 18/19.

len die Kenntnisse der Schüler/innen erweitert und ihre psychischen Fähigkeiten sowie ihre Sozialisation gefördert werden[26]). Die in der Grundschule unterrichteten Fächer bzw. Lerninhalte können der nachstehenden Stundentafel (Tabelle 7) entnommen werden.

Tabelle 7: Studenplan für die Grundschule

Wochenstunden

FÄCHER	Klasse A	B	C	D	E	F
RELIGION	2	2	2	2	2	2
GRIECHISCH	12	12	14	14	10	10
MATHEMATIK	5	5	6	6	6	6
GESCHICHTE	–	–	2	2	2	2
ERDKUNDE	–	–	2	2	2	2
PHYSIK	–	–	2	2	2	2
HEIMATKUNDE	3	3	–	–	–	–
ENGLISCH	–	–	–	1	2	2
KUNST	2	2	2	2	2	2
MUSIK	2	2	2	2	2	2
TURNEN	2	2	2	2	2	2
TECHNIK	–	–	–	–	2	2
TÄTIGKEITEN	–	–	–	–	1	1
GESAMT	28	28	34	35	35	35

Bemerkung: Dieser Stundenplan findet in Primarschulen mit mindestens sechs Lehrern Anwendung; in kleineren Schulen gibt es Abweichungen davon.
Quelle: Georgiou, G.: Ypiresiakos, Epangelmatikos kai Syndikalistikos Symvoulos Daskalon kai Nipiagogon (Dienstlicher, beruflicher und gewerkschaftlicher Ratgeber für Lehrer und Kindergärtner). Nikosia 1993, S. 93.

c) Sekundarstufe

Die allgemeinbildende Sekundarstufe I (Gymnasium) soll Kenntnisse und Qualifikationen sowohl für den Arbeitsmarkt als auch zur Vorbereitung auf ein späteres Hochschulstudium vermitteln. Dieser Intention entspricht auch der Stundenplan mit den Lehr- und Lerninhalten für diese Schulstufe, wie aus Tabelle 8 hervorgeht.

In der allgemeinbildenden Sekundarstufe II (Lyzeum) können die Schüler/innen seit dem Schuljahr 1977/78 eine von fünf Fächerkombinationen (*Syndyasmoi 1–5*) bzw. Schultypen wählen: die humanistische, naturwissenschaftliche und wirtschaftliche Ausrichtung, die Fächerkombination für Handel und Buchhaltung oder den fremdsprachlichen Schultyp (mit manchen Unterteilungen in einzelnen Kombinationen). Dieses sogenannte „Lyzeum der Wahlfächer" (*Lykeio Epilogis Mathima-*

---

[26]) Paideia (Anm. 1), S. 20–22.

Tabelle 8 : Stundenplan für das Gymnasium

LERNINHALTE/FÄCHER	Wochenstunden		
	1. Klasse	2. Klasse	3. Klasse
Religion	2	2	2
Altertumskunde	3	3	3.5
Neugriechisch	5.5	5	5
Geschichte	3	2	2
Sozialkunde	–	–	0.5
Berufsorientierung	–	–	0.5
Mathematik	4	3.5	4
Physik	–	2	2
Chemie	–	1	1
Naturkunde – Zoologie	2.5	–	–
Anthropologie	–	1	–
Biologie	–	–	1
Erdkunde	1	1	1
Englisch	4	4	3.5
Französisch	–	–	2
Turnen	3	3	3
Musik	2	2	1
Kunst	2	2	1
Hauswirtschaft/Technologie	3	3	2
Erste Hilfe	–	0.5	–
Unterrichtsstunden Gesamt	35	35	35

Quelle: Ypourgeio Paideias (Erziehungsministerium): Ekpaideftikoi Kladoi Meta tin Triti Gymnasiou (Ausbildungsgänge nach der Dritten Klasse Gymnasium). Nikosia 1993, S. 10.

ton) bietet den Schülern die Möglichkeit, Lerninhalte nach ihren eigenen Interessen auszuwählen, ohne jedoch die Allgemeinbildung zu vernachlässigen. Demnach gibt es im Lehrplan dieser Schulstufe folgende Fächergruppen:

– Die für alle verbindlichen „Kernfächer" (*Mathimata Kormou*), welche die Allgemeinbildung fördern sollen (Religion, Neugriechisch, Geschichte, Altgriechisch, Staatsbürgerkunde, Mathematik, Physik, Chemie, Wirtschaftskunde, EDV, Fremdsprachen, Musik, Kunst, Turnen).
– Die Wahlfächer zur Spezialisierung (*Mathimata Eidikefsis*), die entweder aus Kernfächern mit zusätzlichen Unterrichtsstunden oder zusätzlichen Lerninhalten bestehen, die auf verschiedene Spezialisierungen im späteren Studium vorbereiten sollen (zwei zusätzliche Stunden in Altgriechisch, Geschichte oder Physik, Latein, Sozialwissenschaften, Biologie, Erdkunde).
– Die sogenannten „Ergänzungsfächer" (*Sympliromatika Mathimata*), welche den Schülern praktische Fertigkeiten für das tägliche Leben (z.B. Kinderpflege, Schneidern u.ä.) vermitteln bzw. deren ästhetische Erziehung (durch Werken, Musik, Kunst usw.) fördern oder ihre technischen Fachkenntnisse erweitern sollen. Die Grundstruktur solcher Stundenpläne im Lyzeum vermitteln die Tabellen 9 und 10.

Tabelle 9: Stundenplan für die Kernfächer im Lyzeum

Kombination	S1			S2a			S2b			S3			S4			S4a			S5		
Klasse Lerninhalte	A	B	C	A	B	C	A	B	C	A	B	C	A	B	C	A	B	C	A	B	C
Religion	1,5	2	2	1,5	2	2	1,5	2	2	1,5	2	2	1,5	2	2	1,5	2	2	1,5	2	2
Neugriechisch	4	4	4	3,5	4	4	3,5	4	4	4	4	4	4	4	4	4	4	4	4	4	4
Sozialkunde	–	1	–	–	1	–	–	1	–	–	1	–	–	1	–	–	1	–	–	1	–
Geschichte	2	2	2	2	2	2	2	2	2	2	2	2	2	2	2	2	2	2	2	2	2
Geschichte Zyperns	–	–	1	–	–	1	–	–	1	–	–	1	–	–	1	–	–	1	–	–	1
Altgriechisch aus dem Original	1,5	1,5	1,5	1,5	1,5	1,5	1,5	1,5	1,5	1,5	1,5	1	2	1,5	–	2	1,5	–	2	1,5	1
Altgriechisch aus Übersetzungen	1	1	1	1	1	1	1	1	1	1	1	1	1	1	2	1	1	2	1	1	1
Mathematik	3	2,5	3	3	3	3	3	3	3	3	3	3	3	2,5	3	3	2,5	3	3	2,5	3
Physik	1,5	1	1	1	1	1	1	1	1	1,5	1	1	1,5	1	1	1,5	1	1	1,5	1	1
Chemie	1	1	1	0,5	1	1	0,5	1	–	1	–	–	1	–	–	1	–	1	–	1	1
Naturkunde	1	–	–	1	1	–	1	–	–	1	–	–	1	–	–	1	–	–	1	–	–
Englisch	3	3	3	4	3	3	4	2,5	2,5	4	3	3	3	2,5	3	3	2,5	3	3	3	3
Französisch	2	1,5	2	2	1,5	2	2	1,5	2	1,5	1,5	2	1,5	2	2	1,5	2	2	2	2	2
Wirtschaft	1	–	–	1	–	–	1	–	–	1	–	–	1	–	–	1	–	–	1	–	–
Einführung in PC	1	–	–	1	–	–	1	–	–	1	–	–	1	–	–	1	–	–	1	–	–
Musik	1	–	–	0,5	–	–	0,5	–	–	1	–	–	1	–	–	1	–	–	0,5	–	–
Turnen	2	2	1	2	2	1	2	2	1	2	1,5	1,5	2	1,5	1,5	2	1,5	1,5	2	1,5	1,5
Kunst	1	–	–	0,5	–	–	0,5	–	–	1	–	–	1	–	–	1	–	–	0,5	–	–
INSGESAMT	26,5	22,5	22,5	26	22,5	22	26	22,5	22	25,5	22,5	22,5	25,5	22	23	25,5	22	23	26	22,5	22,5

Quelle: Ypourgeio Paideias tis Kypriakis Dimokratias (Erziehungsministerium): Ekpaideftikoi Kladoi Meta tin Triti Gymnasiou (Ausbildungsgänge nach der dritten Klasse des Gymnasiums). Nikosia 1993, S. 13.

Tabelle 10: Schematischer Stundenplan im Lyzeum nach Schultyp/Fächerkombination geordnet

Fächerkombination	S1			S2a			S2b		
Klasse	A	B	C	A	B	C	A	B	C
Unterrichtsstunden:									
Kernfächer	26,5	22,5	22,5	26	22,5	22	26	22,5	22
Wahlfächer zur Spezialisierung	8,5	10,5	10,5	9	10,5	11	9	10,5	11
Ergänzungsfächer	–	2	2	–	2	2	–	2	2
Insgesamt	35	35	35	35	35	35	35	35	35

Fächerkombination	S3			S4a			S4b			S5		
Klasse	A	B	C	A	B	C	A	B	C	A	B	C
Unterrichtsstunden:												
Kernfächer	25,5	22,5	22,5	25,5	22	23	25,5	22	23	26	22,5	22,5
Wahlfächer zur Spezialisierung	9,5	10,5	10,5	9.5	13	12	9,5	13	12	9	10,5	10,5
Ergänzungsfächer	–	2	2	–	–	–	–	–	–	–	2	2
Insgesamt	35	35	35	35	35	35	35	35	35	35	35	35

Quelle: Ypourgeio Paideias (Erziehungsministerium): Ekpaideftikoi Kladoi Meta tin Triti Gymnasiou (Ausbildungsgänge nach der dritten Klasse des Gymnasiums). Nikosia 1993, S. 11.

Die technisch-berufsbildende Sekundarstufe zielt durch einen zwar allgemeinbildenden, aber stärker technisch ausgerichteten Lehrplan darauf ab, ihre Schüler/innen zu einer Tätigkeit in der Industrie zu befähigen, sie zugleich aber auf ein (vor allem technisches) Studium vorzubereiten. So gehören zu den Lerninhalten einerseits allgemeinbildende Fächer (Religion, Griechisch, Englisch, Geschichte, Sozialkunde, Mathematik und Physik) sowie andererseits sogenannte „Technische Fächer" und „Laborunterricht", die je nach Fachrichtung unterschiedlich ausgestaltet sind[27]. Die technische und berufsbezogene Ausbildung kennzeichnet allgemein diesen Schultyp und unterscheidet ihn zugleich vom allgemeinbildenden Lyzeum.

---

[27] Ypourgeio Paideias (Erziehungsministerium): Ta Orologia Programmata gia tis Eidikefsis ton Technikon Scholeion (Stundenpläne für die Fachrichtungen der technisch-beruflichen Schulen). Hektografierte Ausgabe. Nikosia 1991. Infolge der in diesem Schulzweig vorherrschenden Vielfältigkeit der Fachrichtungen kann hier keine entsprechende Übersicht erstellt werden.

3. Schulbücher

Die große Bedeutung von Schulbüchern für die Vermittlung von Kenntnissen in der Schule sowie zur Sozialisation der jungen Generation ist bekannt und wissenschaftlich nachgewiesen. Dies gilt noch mehr in Ländern wie Zypern, die in den Schulen für jedes Unterrichtsfach ein einziges, für alle Schüler/innen und Lehrer/innen verbindliches Schulbuch verwenden. Die Schulbücher werden in der Republik Zypern vom Erziehungsministerium herausgegeben und kostenlos an alle Schüler/innen verteilt, weil seit den 60er Jahren eine teilweise und seit 1985 schließlich die volle, gesetzlich verankerte Lehrmittelfreiheit herrscht.

Die Schulbücher, die heute in den Schulen der Republik Zypern benutzt werden, stammen z.T. noch aus Griechenland (z.B. für die Fächer Griechisch, Erdkunde und Geschichte); sie werden aber zunehmend in Zypern selbst verfaßt, um die aus Griechenland übernommenen Texte entsprechend den regionalen Erfordernissen zu ersetzen bzw. zu ergänzen. Generell hat seit 1980 die Dienststelle für Lehrplanentwicklung im Erziehungsministerium begonnen, neue Schulbücher herauszugeben, die zunächst parallel zu den aus Griechenland übernommenen verwendet werden. Dieses Vorgehen findet vor allem in solchen Unterrichtsfächern statt, in denen die zyperngriechische Bildungspolitik im Vergleich zu Griechenland andere Schwerpunkte setzt, um die zyprischen Verhältnisse stärker zu berücksichtigen. So gibt es z.B. inzwischen für das Unterrichtsfach „Geschichte Zyperns" vier Schulbücher, die sich von der Antike bis zur Gegenwart erstrecken und neben den allgemeinen Geschichtsschulbüchern in den Schulen verwendet werden. Dasselbe gilt auch für Lerninhalte, die inzwischen neu in die Lehrpläne aufgenommen wurden (z.B. „Technologie" im Gymnasium und Computeranwendung bzw. Informatik im Lyzeum). Zyperngriechische bzw. -türkische Geschichtsbuchanalysen zur Darstellung von Freund- und Feindbildern, die aus historischen und politischen Gründen vor allem jedoch als Beitrag zum friedlichen Zusammenleben der beiden Volksgruppen dringend benötigt werden, gibt es noch nicht. Seit einiger Zeit versuchen allerdings sowohl das „Georg-Eckert-Institut für Internationale Schulbuchforschung" in Braunschweig als auch die „Schulbuchforschungsstelle" an der Universität Thessaloniki, mit Veröffentlichungen diese Forschungslücke zu schließen[28]); was jedoch in der Presse der Republik Zypern nicht ganz ohne Kritik geblieben ist[29]).

IV. Privatschulen

Das Privatschulwesen in der Republik Zypern ist vielfältig und zahlreich. Im Schuljahr 1992/93 besuchten immerhin 20,5% der Schüler/innen und Studierenden

---

[28]) Vgl. dazu Brey, H.; Höpken, W. (Hrsg.): Cyprus in Textbooks – Textbooks in Cyprus. München (in Druck) (Südosteuropa-Veröffentlichung) und Monada Erevnas Scholikou Vivliou tou Panepistimiou Thessalonikis (Schulbuchforschungsstelle der Universität Thessaloniki): Scholika Vivlia Valkanikon Choron (Schulbücher der Balkan-Länder). Thessaloniki 1995.

[29]) Cyprus Weekly. 05.06.1994 und To Vima tis Kyprou. 05.06.1994.

solche Schulgeld erhebenden und privatrechtlich organisierten Einrichtungen[30]). Die griechischsprachigen Privatschulen weisen dabei in der Regel die gleiche Struktur auf wie die staatlichen Schulen: Es gelten dieselben Bildungsziele/Lerninhalte, und die gleichen Schulbücher finden dort Verwendung. Zur Gründung von Privatschulen bedarf es der Genehmigung des Erziehungsministeriums, unter dessen Aufsicht sie stehen, d. h. Schulinspektoren des Erziehungsministeriums evaluieren und genehmigen die Lehrpläne und kontrollieren den baulichen Zustand der Schulgebäude regelmäßig. Die bei staatlichen Schulen sonst übliche Schulinspektion entfällt bei den Privatschulen. Daneben gibt es auch eine Reihe von fremdsprachigen Privatschulen, wie z. B. die traditionsreiche, renommierte und sehr teure *English School* in Nikosia[31]), die den Lehrplänen an englischen Gymnasien zur Erlangung der Hochschulreife folgt und zum Studium an den angelsächsischen Universitäten berechtigt, sowie fünf arabische und einige armenische Schulen (z. B. Armenisches Ausbildungsinstitut Melikian in Nikosia). Insgesamt gab es im Schuljahr 1991/92 24 Privatschulen im Primarschulbereich, 27 Privatschulen in der Sekundarstufe und 261 private *Frontistiria* (Repetitorien), die nachmittags und abends „Förderunterricht" für Fremdsprachen, Musik u. ä. anbieten, sowie staatliche Institutionen zur Vorbereitung auf die hochselektiven Eingangsprüfungen an den griechischen Hochschulen[32]).

Was die Vor- und Nachteile der Privatschulen bzw. die Motive von Eltern und Schülern betrifft, diese Schulen auszuwählen, gibt es bis heute weder zuverlässige Datenerhebungen noch Befragungen oder einschlägige Untersuchungen. Sicherlich spielen praktische Erleichterungen im Alltag für Schüler/innen und vor allem für deren Eltern eine nicht zu unterschätzende Rolle (z. B. Einsatz von Schulbussen, bessere technische und räumliche Ausstattung, geringe Zahl an Fehlstunden, kleinere Schüler/innen- Lehrer/innengruppen, Ganztagsunterricht – wobei lediglich zwei Privatschulen bis 16 Uhr arbeiten). Daneben können der direkte Zugang zum ausländischen Hochschulwesen, Prestige und sprachliche sowie kulturell-historische Motive aufgeführt werden, die besonders die zyperngriechische Wirtschafts- und Gesellschaftselite oder in Zypern ansässige wohlhabende Ausländer dazu veranlassen, ihre Kinder in fremdsprachige bzw. ausländische Privatschulen zu schicken.

V. Lehreraus- und -fortbildung

Die Grundausbildung der Kindergärtner/innen und Lehrer/innen im Primarbereich erfolgte im vergangenen Jahrhundert nach dem Vorbild des neugriechischen Staats in den entsprechenden Lehrerseminaren. Die erste zyprische Einrichtung für die Grundschullehrerausbildung ist mit dem *Pankyprion Gymnasion* (Panzyp-

---

[30]) Statistiki tis Ekpaidefsis (Anm. 10), S. 5.
[31]) Vgl. dazu auch den Beitrag „The English School" von Ch. Georgiou in diesem Band. Insbesondere für diese Schule erschöpft sich die Schulaufsicht des Erziehungsministeriums auf die generelle Genehmigung der Lehrpläne dieser Institution.
[32]) Paideia (Anm. 1), S. 78.

risches Gymnasium) verbunden, das sich 1893 aus der vom Erzbischof Kyprianos zu Beginn des 19. Jahrhunderts gegründeten Griechischen Schule (*Ellinikon Scholeion*) mit humanistischer Prägung entwickelte[33]. Das dem Panzyprischen Gymnasium angegliederte Lehrerseminar nahm seine Funktion 1895 auf und wurde von Athen sofort als gleichwertig mit den eigenen griechischen Institutionen des Festlandes anerkannt. Einen zweiten Abschnitt in der Geschichte der Lehrerausbildung Zyperns stellte die Zeit von 1935 bis 1959 dar, in der die Lehrer/innen der Primarstufe an sogenannten Lehrerkollegs (in Nikosia und Morphou) nach britischem Vorbild ausgebildet wurden. Als Voraussetzung galt dabei der Abschluß der Sekundarstufe (das damalige sechsjährige Gymnasium). In einer dritten Entwicklungsphase wurde 1959 die Pädagogische Hochschule Zyperns (*Paidagogiki Akadimia Kyprou*) in Nikosia gegründet. Sie organisierte die Grundausbildung der Primarschullehrer zunächst in einem zweijährigen und ab 1965 in einem dreijährigen Studiengang und setzte den Abschluß der Sekundarstufe II voraus. 1975 begann dort auch die Ausbildung der Kindergärtner/innen, die bis dahin hauptsächlich in Griechenland erfolgt war. Die Studienfächer für beide Ausbildungsgänge bestanden einerseits aus den Fächern Philosophie, Pädagogik, Psychologie und Soziologie, andererseits aus Lehr- und Lerninhalten, die mit den Curricula des Elementarbereichs zusammenhingen; hinzu kamen die für jeden Studiengang spezifischen Studieninhalte sowie die einschlägige Einübung in die Unterrichtspraxis an Schulen.

Die Pädagogische Hochschule Zyperns schloß ihre Tore im akademischen Jahr 1992/93, als die neugegründete Universität die gesamte Ausbildung der Lehrer/innen des Primarschulbereichs (Vorschulerziehung und Elementarstufe) übernahm. Die Studienfächer bestehen seither aus folgenden Bereichen: „Erziehungswissenschaften" im weiteren Sinne (d.h. Pädagogik, Psychologie und Soziologie), „Studium Generale" und „Inhaltsstudien", d.h. Lehr- und Lerninhalte, die mit den Unterrichtsgegenständen der Primarschule zusammenhängen sowie die für Kindergärtner/innen spezifizierten Lehrgegenstände. Hinzu kommen Unterrichtsmethodologie und Schulpraktika. Die Ausbildung der Lehrer/innen für die Sekundarstufe erfolgte bis vor kurzem hauptsächlich an griechischen Universitäten. Seit dem akademischen Jahr 1992/93 kann auch diese an der Universität Zyperns erfolgen. Der fachliche Ausbildungsteil, dessen Studieninhalte sich nach den angebotenen Fachrichtungen der Universität richten, vollzieht sich in den entsprechenden Fakultäten und die pädagogisch-didaktische Ausbildung soll künftig auch im Fachbereich Erziehungswissenschaften erfolgen, wie dies bei den Kindergärtner/innen und Grundschullehrern/innen bereits der Fall ist[34].

Für die Lehrerfortbildung ist bis jetzt noch das Pädagogische Institut Zyperns zuständig, das zu diesem Zweck Vortrags- und Seminarreihen sowohl zentral als auch regional bzw. schulintern veranstaltet; auch die Fortbildung der Schulleiter

---

[33] Maratheftis (Anm.1), S.76.

[34] Die zukünftigen Absolventen des Fachbereichs für Türkische Studien der Universität, für die es im zyprischen Schulwesen zur Zeit keine Verwendungsmöglichkeit gibt, werden wohl im Bereich der Dienstleistungen (Kommunikation und als Übersetzer) eine adäquate Berufstätigkeit suchen müssen.

erfolgt hier. Die Lehrerfortbildung betrifft sowohl die jeweils neueingestellten als auch die sich im Dienst befindlichen Lehrer/innen aller Schulstufen und befaßt sich vor allem mit Fragen der Gestaltung der Lehrpläne, der Unterrichtsmethoden und –mittel sowie mit bibliographischen Informationen zu verschiedenen Themen, für die sich Lehrer/innen interessieren könnten. Bis zum Jahr 1991/92 wurden etwa 2000 Lehrer/innen der Elementar- und 1500 Lehrkräfte der Sekundarstufe in diesem Rahmen fortgebildet[35]). Universität, Erziehungsministerium und Lehrerverbände streben jetzt an, daß auch die Lehrerfortbildung künftig von der Universität übernommen wird.

VI. Weiterbildung

Im Bereich der Weiter- bzw. Erwachsenenbildung[36]) sind vor allem zwei Institutionen aufzuführen: die „Weiterbildungszentren für Erwachsene" (*Epimorfotika Kentra*) und die „Staatlichen Fortbildungsinstitute" (*Kratika Institouta Epimorfosis*). Die Weiterbildungszentren bezwecken „grundsätzlich die Verbesserung der Lebensqualität und die Vollendung der Persönlichkeitsentwicklung des Bürgers sowie die Förderung der sozioökonomischen und kulturellen Entwicklung des Landes"[37]). Die Lehr- und Lerninhalte werden vom Erziehungsministerium bestimmt (zuständig hierfür ist die Abteilung für den Elementarbereich) und beziehen sich im wesentlichen auf die Fächer Wirtschaft und Hauswirtschaft, Wissenschaft und Technik sowie Fremdsprachen. Seit 1990 kamen der Kampf gegen den funktionalen Analphabetismus sowie die Errichtung von Elternschulen als neue Schwerpunkte hinzu. Die entsprechenden Kurse werden abends in Schulen von Lehrern und sonstigen Fachleuten abgehalten. Die Adressaten sind Jugendliche und Erwachsene über fünfzehn Jahre, die nicht mehr der allgemeinen Schulpflicht unterliegen. Im Schuljahr 1992/93 unterrichteten an den Weiterbildungszentren 350 Lehrkräfte, und insgesamt 12126 Erwachsene waren dort eingeschrieben[38]).

Die Staatlichen Fortbildungsinstitute haben einen etwas größeren Aufgabenbereich: Sie wenden sich nur teilweise an Erwachsene mit Weiterbildungsabsichten, bieten aber auch Fremdsprachenkurse sowie ganz besonders Repetitorien für Schüler/innen an, die sich nach erfolgreichem Abschluß der Sekundarstufe II auf die Eingangsprüfungen der griechischen Hochschulen und Fachhochschulen systematisch vorbereiten wollen. Die Verantwortung dafür trägt die Abteilung für die Sekundarstufe des Schulwesens im Erziehungsministerium. Das Curriculum umfaßt Lehr- und Lerninhalte für die Vorbereitung auf die Hochschuleingangsprüfungen sowie Kurse für Fremdsprachen, Computer und Informatik, Rechnungswesen bzw. Buchhaltung u.a. Im Schuljahr 1992/93 gab es 28 solcher Institute in Städten und auf dem Lande, die 7255 Schüler/innen (davon 883 Erwachsene) versorgten

---

[35]) Paideia (Anm. 1), S. 87.
[36]) Vgl. dazu auch den Beitrag „Hochschulen, Wissenschaft und Erwachsenenbildung in der Republik Zypern" von J. Asmussen in diesem Band.
[37]) Paideia (Anm. 1), S. 113.
[38]) Statistiki tis Ekpaidefsis (Anm. 10), S. 217, 219.

sowie 386 Lehrkräfte beschäftigten[39]); die Zahl dieser Institute steigt von Jahr zu Jahr weiter an. Weiterbildungseinrichtungen erheben Schulgeld und nur für die Teilnahme von bedürftigen Erwachsenen (Behinderte, Arbeitslose u.ä.) gewährt der Staat Stipendien, Fahrgeldzuschüsse und Befreiung vom für die Kurse zu leistenden Unterrichtsgeld.

VII. Zusammenfassung: Probleme und Tendenzen

Folgende Themen und Probleme sind in bildungspolitischer Hinsicht in den letzten Jahren in der Republik Zypern intensiv diskutiert und einer Reform unterzogen worden:

1. Ein einheitlicher neuer Lehrplan für die Pflichtschule ist von der dafür verantwortlichen Dienststelle für Lehrplanentwicklung im Erziehungsministerium – in Zusammenarbeit mit vielen teilweise vom Schuldienst befreiten bzw. abgeordneten Lehrern – erstellt und seit 1990 an Primarschulen und Gymnasien erfolgreich erprobt worden. Als wichtiges Ziel galt hier die Ermöglichung des reibungslosen Übergangs der Kinder von der Primar- auf die Sekundarstufe I durch Harmonisierung der entsprechenden Lernziele und Lerninhalte. Dieser neuartige Lehrplan[40]), der seit dem Schuljahr 1992/93 allgemeine Anwendung findet, ist von Beginn an so strukturiert worden, daß sowohl frühzeitige Schulabgänger sich auf dem Arbeitsmarkt bewähren können, als auch die Studierfähigkeit der in die Sekundarstufe II strebenden Schüler/innen sichergestellt wird. Zusätzliche Lerninhalte, wie z.B. Fremdsprachen, Gesundheitserziehung, Umwelterziehung und Informatik, bereichern diesen Lehrplan.

2. Ein zweiter Aspekt betrifft die Diskussion über das seit dem Schuljahr 1977/78 bestehende „Lyzeum der Wahlfächer", das in den letzten Jahren vielfach dahingehend kritisiert wurde, daß sich die Schüler/innen darin zu früh spezialisieren müßten. Deswegen wurde eine Arbeitsgruppe im Ministerium damit beauftragt, einen neuen Vorschlag auszuarbeiten. Der Entscheidungsprozeß ist zwar noch nicht abgeschlossen, die Tendenz geht aber dahin, die Lehr- und Lerninhalte der ersten Lyzeumsklasse zu vereinheitlichen und damit der frühen Spezialisierung wenigstens etwas entgegenzuwirken.

3. Ein dritter Schwerpunkt der Bildungsdiskussion lag in den letzten Jahren im Bereich der Vorschulerziehung. Die diesbezüglichen Reformbestrebungen betreffen vor allem zwei Bereiche: die Erneuerung des bestehenden bzw. die Entwicklung eines neuen Curriculums zur Berücksichtigung von neuen Tendenzen in der Frühpädagogik und die Förderung der sogenannten kommunalen Kindergärten/Kinderhorte, die vorwiegend auf Initiative von Elternvereinen zustande kommen

---

[39]) Statistiki Ekpaidefsis (Anm. 10), S. 217, 219.
[40]) Analytika Programmata Dimotikis Ekpaidefsis (Anm. 22). Es handelt sich um die neueste Ausgabe des Lehrplanes für die Primarstufe (1994); die vorausgegangene Ausgabe stammte noch aus dem Jahr 1981.

und lediglich einen staatlichen Zuschuß erhalten. Im Schuljahr 1988/89 gab es noch 93 solcher Institutionen; 1993/94 stieg ihre Zahl auf 142 und heute sind es mittlerweile schon 151[41]). Diese Zahlenwerte verdeutlichen ihre zunehmende Bedeutung in der Republik Zypern.

4. Die mit der Gründung der Universität verbundene Reform der Lehrerausbildung ist ein weiteres wichtiges Element der bildungspoltischen Diskussion und Reform der letzten Jahre. Hier ist zu erwähnen, daß das Ausbildungsniveau der Vorschulerzieher/innen und der Grundschullehrer/innen erstmals auf Universitätsebene angehoben wurde. Daß die pädagogisch-didaktische Ausbildung der Lehrerinnen und Lehrer für die Sekundarstufe einheitlich auch im Fachbereich für Erziehungswissenschaften der Universität erfolgen wird, ist ebenso von großem Vorteil, denn das bedeutet insgesamt eine bessere Ausbildung der Lehrkräfte im Primarbereich, die Gewährleistung einer einheitlichen pädagogisch-didaktischen Ausbildung der Lehrer/innen aller Schulstufen und eine allmähliche Vereinheitlichung der Lehrerfortbildung auf Universitätsebene.

5. Eng damit verbunden ist auch die Bemühung um die Besetzung vakanter und die Schaffung neuer Lehrerstellen zur Verbesserung der zahlenmäßigen Schüler/innen-Lehrer/innen-Relation und der Erhöhung der damit verbundenen Unterrichtsqualität im staatlichen Schulwesen. In diesem Bereich sind in den letzten Jahren bereits sichtbare Erfolge erzielt worden, allerdings ist das Problem der großen Arbeitslosigkeit der Sekundarschullehrer damit noch nicht bewältigt worden[42]). Eine Tendenz ist zur Zeit auszumachen, den gegenwärtig bestehenden Modus der Lehreranstellung vollkommen zu ändern. Die Lehrer/innen (auch die Schulleiter/innen und Schulinspektoren) werden von einem vom Erziehungsministerium unabhängigen, fünfköpfigen Gremium (*Epitropi Ekpaideftikis Ypirisias*), das direkt vom Staatspräsidenten für eine sechsjährige Amtszeit ernannt wird, angestellt, befördert und versetzt. Dabei wird jedoch wie in Griechenland verfahren: Die Anstellung der Lehrer/innen erfolgt hauptsächlich mit Hilfe einer nach dem Ausstellungsdatum des Hochschulzeugnisses erstellten Warteliste der Lehramtsbewerber (Anciennitätsprinzip). Durch die beabsichtigte Änderung sollen bei der Lehreranstellung zukünftig qualitative, die Konkurrenz belebende Kriterien (wie z. B. Zeugnisnoten und andere Leistungsnachweise, vorausgehende Unterrichtserfahrung, pädagogische Qualifikationen, Forschungserfahrung und Publikationen) sowie eine Altersgrenze eingeführt werden. Damit ließe sich eine Erhöhung der Schuleffektivität und Lehrqualität erreichen, und zugleich könnte mittelbar zur Bekämpfung der Lehrerarbeitslosigkeit beigetragen werden.

6. Ein weiteres wichtiges Ziel der Bildungspolitik in den letzten zwei Jahrzehnten ist darüber hinaus die Bewältigung von Schulraumproblemen gewesen. In diesem Bereich hat es nach den Ereignissen von 1974 große Engpässe gegeben. Die

---

[41]) Statistiki tis Ekpaidefsis (Anm. 10), S. 109 und Paideia (Anm. 1), S. 41.
[42]) Im August 1994 gab es nach offiziellen Angaben der zuständigen Dienststelle des Erziehungsministeriums 8756 Lehrer der Sekundarstufe und 613 Lehrer der Primarstufe, die auf eine Anstellung warteten.

Situation hat sich jedoch inzwischen verbessert, so daß heute wohl mit Recht vom Erziehungsministerium behauptet werden kann, „daß es kein Stadt- bzw. Landgebiet auf Zypern gibt, auf dem keine neue Schule gebaut worden ist"[43]). Wichtig für die künftige Entwicklung in diesem Bereich ist die Erstellung eines Fünf-Jahres-Planes (1994–1999) zur Herstellung von neuen Schulräumen, der 1992 vom Erziehungsministerium angekündigt und mit dessen Verwirklichung 1994 begonnen wurde.

Zwei bisher weitgehend ungelöst gebliebene Probleme des staatlichen Schulwesens der Republik Zypern sollten hier ebenso kurz Erwähnung finden:

1. Zunächst besteht immer noch das Problem des harten Übergangs von der Sekundarstufe II zur Hochschule, der durch strenge Ausleseprüfungen auf nationaler Ebene mit einem scharfen Numerus Clausus blockiert wird. Die Kritik bemängelt hier vor allem den großen Unterschied zwischen den inhaltlichen Anforderungen der Sekundarstufe und den Qualifikationen, die für den Zugang zum tertiären Bereich benötigt werden. Dies verursacht nicht nur eine große Nachfrage nach zusätzlicher Nachhilfe, sondern fördert den Leistungsdruck und die Buchlastigkeit sowie das Memorieren in der Sekundarstufe II – typische Kennzeichen, die der in den Bildungsplänen versprochenen Entwicklung des kritischen und kreativen Denkens stark widersprechen. Um dieses grundsätzliche Problem der Hochschuleingangsprüfungen zu lösen, wird über eine Reform der Abschlüsse der verschiedenen Schulstufen nachgedacht. Eine einheitliche Qualifikation nach Art des englischen *General Certificate of Education* (GCE) könnte dabei eingeführt werden. Obwohl dieses Problem bereits 1985 erkannt wurde, hat es bisher zu keinen konkreten Maßnahmen geführt. Es bleibt daher zu fragen, ob der jetzige Stand der Diskussion überhaupt den Kern des Problems erfaßt hat.

2. Das andere bisher ungelöste Dauerproblem ist die starke zentralistische Verwaltungsstruktur des Schulsystems. Es wird zwar versucht, durch die verstärkte Beteiligung der Elternbeiräte an der Schulverwaltung diesen Zentralismus ein wenig abzubauen. Dennoch ist es bisher nicht zu der durchgreifenden Reform gekommen. Offenbar ist die Regierung der Republik Zypern noch nicht bereit, ihren starken Einfluß auf die Verwaltung des Schulwesens aufzugeben.

Abschließend ist jedoch allgemein festzustellen, daß das Schulsystem der Republik Zypern in seiner gegenwärtigen Form auch substantielle und strukturelle Stärken aufweist und in seiner Gesamtheit internationalen Vergleichen durchaus standhalten kann. Das geht aus Vergleichstabellen mit anderen Ländern – beispielsweise über die Finanzierung des Schulwesens – hervor: Während der Anteil der staatlichen Ausgaben für das Schulwesen im Haushalt der Republik Zypern im Jahre 1990 11,8% betrug, was 3,7% des Bruttosozialprodukts (BSP) entsprach, lagen die entsprechenden Zahlen für die Bundesrepublik Deutschland bei 8,8% (BSP 4,1%) und für Griechenland bei 5,6% (BSP 2,8%)[44]). Ein weiterer Hinweis

---

[43]) Paideia (Anm. 1), S. 31.
[44]) Statistiki tis Ekpaidefsis (Anm. 10), S. 93/94. Nach griechischen Angaben liegen allerdings

für das hohe Bildungsniveau der Bevölkerung zeigt folgender Indikator: 1991 besaßen in Zypern 40% der Altersstufen über dem 20. Lebensjahr den Sekundarschulabschluß und 17% den Hochschulabschluß[45]). Ein weiteres positives Anzeichen ist der hohe prozentuale Anteil der Schüler/innen, die die sechsjährige Sekundarschule erfolgreich abschließen: Er betrug im Schuljahr 1992/93 80,2%. Dagegen belief sich die Abbrecherquote (*Drop-out-*Quote) auf lediglich 1,0%[46]), während die Analphabetismus-Rate nach dem 15. Lebensjahr bei lediglich 6% lag[47]). Schließlich wäre noch das für die Republik Zypern relativ günstige Lehrer/innen-Schüler/innen-Verhältnis zu nennen: Im Schuljahr 1992/93 betrug diese Rate 15,9 (19,1 im Elementar- und 12,8 im Sekundarschulbereich) bei insgesamt 1155 Schuleinheiten, 147762 Schülern und 9295 Lehrern[48]).

---

die entsprechenden Daten bei 8,16% (BSP 3,95%). Vgl. Ministry of National Education and Religion: Education Policy Review. Background Report to OECD on Education. Athen 1995, S.68.
[45]) Statistiki tis Ekpaidefsis (Anm. 10), S.47.
[46]) Ebenda, S.20.
[47]) Ebenda, S.6.
[48]) Ebenda, S.19/20. Die entsprechenden Daten in Griechenland für das gleiche Schuljahr liegen noch nicht vor; für das Schuljahr 1990/91 lag z.B. das numerische Lehrer-Schüler-Verhältnis bei 1:20,5 für die Primarschule, 1:16,0 für die Sekundarstufe I und 1:15,2 für die Allgemeine Sekundarstufe II (Kentro Programmatismon kai Oikonomikon Erevnon: I Elliniki Ekpaidefsi ston Orisonta tou 2000 [Das griechische Schulwesen im Hinblick auf das Jahr 2000]. Hrsg. K.Karmas. Athen 1995, S.207–210).

The English School

Christakis Georgiou, Nikosia

I. Historical Development Until 1960 – II. Developments After Independence – III. A Note on Offered Courses – IV. Conclusion

I. Historical Development Until 1960

The English School, Nicosia, enjoys the reputation of being a fine educational institution and has a history that goes back to the beginning of the 20th century. It offers an extensive plan of education consisting of courses in both the Arts and Sciences, leading to the examinations for the General Certificate of Education (G.C.E.) at both the Ordinary and Advanced Level (O.L., A.L.). A combination of Ordinary and Advanced Level passes entitles the Cypriot student to attend English universities.

The English School in Nicosia was founded by Canon Newham[1]), a priest of the Anglican Church, in 1901. His aim was to offer education to the poorer classes of the Greek and Turkish communities. The language of instruction would be English and thus would offer the possibility to the English Colonial Government of Cyprus to find suitable candidates for the civil service. He himself financed the whole project and the school met its expenses by charging moderate fees. For many years it operated in an area near the Wolseley Barracks, where now the premises of the Supreme Court and the Nicosia District Court are situated. In this area there were government premises available which were leased to Canon Newham on a temporary basis.

For some years the school operated in premises in Lord Byron Avenue before it was transferred to its present premises. Cyprus was then a rather primitive agricultural country, having emerged from the Osmanic rule that lasted from 1570 to 1878. With the Treaty of Berlin of 1878 London gained control over Cyprus. British Prime-Minister Benjamin Disraeli was then trying to build a defensive line against a Russian expansion to the Mediterranean Sea starting from Cairo, passing through Nicosia and ending in Istanbul. It was only with the consent of Bismarck,

---

[1]) Rev. Canon Frank Darvall Newham, O.B.E. (Officer of the British Empire), M.A., studied at Cambridge University where he received his B.A. in Theology. He came to Cyprus as instructor of English to government clerks and officials. From 1901 until 1930 he worked for the colonial government of Cyprus first as inspector and then as Chief Inspector of Schools. He also served until 1936 as headmaster of the English School.

"the honest broker of Europe", that Disraeli achieved his purely strategical objectives.

The educational system then prevailing on the island depended entirely on the Greek-Orthodox Church and individual initiatives. In the villages the teacher was paid by the community while the few secondary schools that existed at that time were completely financed by tuition fees. The English School enjoyed a good reputation among the lower classes since it could afford to keep its fees low because of a government subsidy. Also, since the language of instruction was English it could give persons of both Greek and Turkish communities a chance to improve their social mobility and qualify for entry to the Civil Service where salaries were good. Civil servants also enjoyed, to some extent, an enhanced social prestige. It was only natural for the Colonial Government to welcome the setting up of such a school because, firstly, it created a body of English speaking people who might be suitable candidates for the Civil Service. Secondly, the spreading of the English language among the local population could create a body of opinion favourable to the colonial rule. It must be noted that the Greek Orthodox Church saw the change from Turkish to British rule as a step towards realising the national aspirations of the Greek Cypriots, i.e. *enosis* (union with Greece).

There was no reaction to the setting up of a school like this either by the church or the leading nationalistic circles – at least no reaction that was expressed in unmistakable terms. The fact that the school included in its curriculum the teaching of Greek and Turkish languages may have contributed to its acceptance. The teachers employed were English, Greeks, Turks and Armenians and up to the outbreak of World War II the number of pupils ranged between 300–500.

The school moved into its present building in 1938. In 1935 the school began to be operated by the Government of Cyprus, according to the English School Law of 6.12.1935[2]). Situated just opposite the gardens of the Governor's House (now the Presidential Palace) it was then outside Nicosia – between the main part of the town and its suburb Strovolos. However, with the expansion of the capital the school found itself almost in the centre of a densely populated town. The area in which it was built covered many acres, and the school was, therefore, in a position to put up a lot of playgrounds for football, hockey, volley, basket, cricket and tennis. Canon Newham was a lover of sports and the number of playgrounds bears witness to this. The English School was one of the few schools on the island of a real pancyprian character[3]) and this is proved by the fact that along with the school there functioned three boarding houses, the Lloyds, the Alks and the School

---

[2]) English School Law, 6.12.1935. This law, transferring the control and management of the school to the colonial government, gave the Governor of the island the power to appoint the Board of Management. In 1960, a law to amend the English School Law was published in the Cyprus Gazette. With this law the members of the Board of Management were increased from 8 to 10. A new amendment was passed in 1969 by which the word "Governor" was replaced by the "Ministerial Council."

[3]) Other schools of a pancyprian character are the Pancyprian Gymnasium, Nicosia, the American Academy and the Pancyprian Lyceum in Larnaca.

House[4]). The boarders were distributed among the three boarding houses irrespective of their national origin. The housemasters were either Greeks or Turks. These boarding houses ceased to function a few years ago because due to the increasing fees the school has turned into an institution for the wealthy part of the middle and upper middle classes in Nicosia.

Eventually the school came under the control of the colonial government – either because Canon Newham was getting old or because of financial difficulties. However, Canon Newham left the school on the condition that it should be preserved as an undenominational Christian school with the Turks to be given religious instruction in their own Muslim religion. Religious instruction was always to be part of the curriculum. The headmaster as well as the heads of English, History, Geography, and Physical Education were to be English[5]). For a number of years there was a differential treatment of the expatriate (English) teachers, compared to the local staff. The basic salary was uniform but the English teachers received extra allowances (i.e. expatriation, children's education). The local staff never accepted this discrimination and eventually the Staff Association succeeded in wiping out this discrimination[6]).

II. Developments After Independence

With the emergence of Cyprus as an independent republic the status of the English School was preserved. All teachers – Greek, English, Turks – served under the same conditions. However, it must be noted that their scales were slightly higher than those of the teachers of the public schools. The relations among the teachers were excellent and they all belonged to the same Staff Association.

1960, the year Cyprus was declared a republic, proved to be a critical one for the school. It lost its financial support and protection it had from the colonial government. The teachers were no longer government officials. But the school was allowed to function on this considerably large government land and minor repairs were carried out by the Public Works Department. All other activities had to be paid for by the steadily increasing student fees. This had, naturally, a great effect on the character of the school. It turned completely into a G.C.E. (A & O levels) orientated school, preparing Cypriot students mainly for universities in the United Kingdom. Gradually its reputation as one of the finest schools in the English speaking world rose, and, therefore, it attracted students from nearly all Middle Eastern countries. Its reputation rested on its academic achievements since most of its graduates were accepted by British universities.

---

[4]) Loyds was named after the British Prime Minister during the First World War, David Lloyd George. Alks was named after a teacher of the school, Alkidas.

[5]) This provision ceased to exist. Now only the headmaster and the head of the English Department have to be a native English.

[6]) It should be noted that in terms of formal teaching qualifications the English and the local staff were equal.

Up to 1963 the pupils of the English School consisted of 70% Greeks and 30% Turks. Traditionally, at the entrance exams 60 Greek and 30 Turkish pupils were selected. After 1960, one may argue, this ratio reflected a similar provision concerning the composition of the Civil Service embodied in the London-Zürich agreement. However, there were students from eleven other nationalities attending the school, including Armenians and Maronites.

In the first classes it used to be that Greek was the language of instruction for the Greeks and Turkish for the Turks. Greek was taught as a first language for the Greeks[7]) and as a second language for the Turks (whereas Turkish was the second language in school for the Greeks). To foreign pupils Greek is still taught as a second language. But from the second class onwards pupils, irrespective of their nationality, attend mixed classes with English as the first language of instruction.

The Turkish pupils stopped coming to the school after the intercommunal clashes of 1963. The withdrawal must have been the result of a political decision of leaders of the Turkish community and in view of the tension that prevailed then this is understandable. It must also be noted that Turkish enclaves were set up throughout the island. When by 1967 the tension subsided, the Turkish pupil population reached the previous level. Two Turkish teachers were among the staff. Every day buses left the Turkish quarter for the school. The outside latent tensions never reached the school. Some of the Turkish pupils even stayed at the boarding houses. English was the language of communication among the pupils – though some of the Turkish pupils spoke Greek fluently. Once more the Turkish pupils stopped coming after the Turkish invasion of 1974 and have not since then returned back. The School authorities made it quite clear that Turkish pupils would be free to return, but the policy of the Turkish leadership does not seem to favour this. The social composition of both the Greek and the Turkish student population was similar: mainly lower und upper middle class. However, the system of scholarships enabled pupils of the lower classes to attend the school.

III. A Note on Offered Courses

The curriculum up to the third form offers all the traditional subjects, including modern languages, maths, sciences, geography, and history. From the fourth form onwards pupils have to choose eight subjects for the G.C.E.O.L. exams of the London University. The real specialisation started in the 6th form. There pupils are offered Classical and Modern Greek at G.C.E.A.L. (one-year course) and three other subjects either from the Arts or the Sciences (two-year course). Throughout school, History is taught according to the requirements of the Advanced Level of the G.C.E. (either of London University or the Associated Examination Board), ranging from ancient Greek and Roman history to Medieval and Modern (mainly Western European) history. In the 7th form the history of Cyprus

---

[7]) The syllabus for the Greeks is similar to that of the Greek secondary schools – it puts a greater emphasis on modern Greek literature.

is taught additionally. The A.L.G.C.E. courses still correspond to first year university courses offered at European and American universities. Those courses offered in the 6th and 7th form are: Classical Greek, Classical Civilisation, Modern Greek, English Literature, History, Geography, Art, Maths, Physics, Chemistry, Biology, Economics, and French. Dietics is offered up to O.L.G.C.E.

The musical tradition of the school is strong. The school has its own choir and symphony orchestra. Physical Education and games are offered every morning and on two afternoons a week. A wide range of games are played: football, basketball, volleyball, hockey, and tennis.

The school is run by a Board of Management which is appointed by the Council of Ministers, on which the parents and the ex-pupils of the school are represented. The director of the British Council is an ex-officio member of the Board of Management. On the present Board there serve an Armenian and a Maronite, too. The pupils are not represented. However, they have their own council which deals with issues which concern them. On the staff, who have their own Association through which they negotiate salary scales, conditions of work etc. with the Board of Management, there serve at present Greeks (mainly United Kingdom university graduates), English, Armenians, and Maronites. The School, as an intercommunal educational institution, is in favour of a united, independent Cyprus.

IV. Conclusion

Cyprus, taking into account its population, is among the first countries in the world as far as the number of its students is concerned. But the Cyprus University has only a very short history. For years the Cypriot students had therefore to study abroad, mainly in Greece and Turkey. A considerable number of students attended and are still attending universities in Britain, U.S.A., Germany, France, Italy, and other countries of central and eastern Europe. The majority of these students study in universities where English is the language of instruction. Furthermore, entrance examinations are required by many universities.

The English School prepares students for British and American universities. It is not merely a prep school. It provides a general along with a specialised education to enable students to cope successfully with the high standard of work demanded by foreign universities. The inter-communal character of the school is still guaranteed by the English School Law as it was amended in 1969.

Hochschulen, Wissenschaft und Erwachsenenbildung in der Republik Zypern

Jan Asmussen, Hamburg

I. Die Entwicklung der tertiären Bildungsinstitutionen auf Zypern – II. Die akademischen Bildungs- und Forschungseinrichtungen: 1. Der öffentliche Sektor: a) Die Pädagogische Akademie – b) Das Höhere Technische Institut – c) Die Pflege- und Hebammenschule – d) Das Institut für das Hotel- und Gaststättengewerbe – e) Die Zyprische Hochschule für Forstwirtschaft – f) Das Mittelmeerinstitut für Management – g) Das Pädagogische Institut – h) Das Zyprische Forschungszentrum – 2. Der Private Sektor: a) Die Fachhochschule für Technologie – b) Die Hochschule von Zypern – c) Die Kunsthochschule von Zypern – d) Das Zyprische Internationale Managementinstitut – e) Die Internationale Hochschule für Management und Kommunikationswissenschaften (*Intercollege*) – f) Das Universitätskolleg für Kunst und Wissenschaft – g) Die Gesellschaft für Zyprische Studien – 3. Verwaltung und Finanzierung – 4. Studienfächer und Examina – III. Die Universität von Zypern: 1. Der lange Weg zur Gründung – 2. Der Aufbau der Universität – 3. Probleme bei der Entwicklung einer „modernen" Universität – IV. Erwachsenenbildung: 1. Die Institutionen der Erwachsenenbildung: a) Staatliche Träger: α) Erwachsenenbildungszentren – β) Fortbildungsprogramm für Auszubildende – γ) Technische Abendkurse – δ) Abendgymnasien – ε) Staatsinstitute für Weiterbildung – ζ) Kulturelle Dienste – η) Die Industrielle Ausbildungsbehörde – ϑ) Das zyprische Produktivitätszentrum – b) Kommunale Träger – c) Private Träger – 2. Der Entwicklungsstand der Erwachsenenbildung – V. Zusammenfassung

I. Die Entwicklung der tertiären Bildungsinstitutionen auf Zypern

Während des 19. Jahrhunderts genoß nur ein kleiner Prozentsatz der Bevölkerung Zyperns eine Ausbildung. Dies änderte sich erst im 20. Jahrhundert, insbesondere nach dem Zweiten Weltkrieg. Die Verantwortung für die Ausbildung lag dabei, vor allem bei der Primar- und Sekundarerziehung, in den Händen der griechischen und türkischen Volksgruppen und war somit der Kontrolle durch die britische Kolonialregierung weitgehend entzogen. Im tertiären Bereich hingegen wurden mit der Zyprischen Hochschule für das Forstwesen (*Cyprus Forestry College*) und der Hochschule für Lehrerausbildung (*Teachers Training College*) die ersten Institutionen von der britischen Verwaltung errichtet[1]). Vor der Unabhängigkeit (1960) waren die Hauptziele des vom griechisch-orthodoxen Klerus dominierten Schulwesens der griechischen Bevölkerungsgruppe die Vermittlung nationalgriechischer Ideen und die Stärkung des „nationalen" Bewußtseins der zyperngriechi-

---

[1]) Demetriades, E. I.: Cyprus: System of Education, in: Husén, T./Postlethwaite, T. N.: The International Encyclopedia of Education, Research and Studies, Bd. 2, Oxford 1985, S. 1275–1281, hier 1276.

schen Bevölkerung[2]). Nach der Unabhängigkeit traten die Qualität der Bildung hinsichtlich der Qualifizierung zur Erreichung besserer Arbeitsmöglichkeiten und der Erlangung höherer sozialer Positionen für die Bevölkerung in den Vordergrund. Die Verwaltung der Bildungseinrichtungen lag in den Händen der griechischen und türkischen Kommunalkammern. Während die türkischen Schulen und das 1959 gegründete *Turkish Teachers Training College* in Nikosia[3]) bis 1974 unter Aufsicht der türkischen Kommunalverwaltung blieben[4]), wurde die Verwaltung des zyperngriechischen Bildungswesens 1965 dem neu gegründeten Erziehungsministerium (*Ministry of Education*) übergeben. In dem vom Finanzministerium der Republik Zypern herausgegebenen „Zweiten Fünf-Jahres-Entwicklungsplan (1967–71)" heißt es: „the culture of Cyprus possesses ideologies and value systems which attach great importance to individual achievements and is very responsive to innovations, new ideas and new opportunities"[5]). Diese Auffassung von „Kultur" hat den hohen Wert des Bildungsgedankens im allgemeinen und der höheren Bildung im besonderen enorm gefördert. In der stark agrarisch geprägten zyperngriechischen Gesellschaft, die über ein geringes soziales Gefälle verfügte, wurde die akademische Bildung zum Vehikel von sozialer Mobilität und Aufstieg. Die Vergabe öffentlicher Positionen wurde verstärkt an den Besitz eines Universitätsabschlusses geknüpft. Administrative, diplomatische, politische und andere spezialisierte Bereiche standen nur Akademikern zur Verfügung. Aber es gab noch weitere Faktoren, die das Streben nach einem höheren Bildungsabschluß förderten. Dazu gehörten:

– die große Zahl der von ausländischen Regierungen als Entwicklungshilfe über das zyprische Außenministerium vergebenen Stipendien;
– die zur „Tradition" gewordene Gewohnheit von in Großbritannien lebenden Zyperngriechen, junge Verwandte einzuladen und ihnen das Studium dort zu ermöglichen;
– die auf lange Sicht angelegte Politik Griechenlands, zyperngriechische Studenten durch Stipendien an griechische Universitäten zu ziehen[6]).

Alle diese Faktoren haben zusammengenommen dazu beigetragen, daß die Republik Zypern bereits 1974/75 mit 28% einen der größten Akademikeranteile an der studierfähigen Bevölkerung (20–24 Jahre) in ganz Europa hatte[7]). Heute er-

---

[2]) Papanastasiou, C.: Cyprus: System of Education, in: Husén, T./Postlethwaite, T.N.: The International Encyclopedia of Education. 2. Ausgabe. Bd. 3. Oxford 1994, S. 1367–1375, hier 1368.

[3]) International Association of Universities: World List of Universities 1979–1981. Paris 1979, S. 111.

[4]) Diese Untersuchung beschränkt sich auf die zyperngriechische Gemeinschaft bzw. für die Zeit nach 1974 auf den Süden Zyperns. Zur Entwicklung der tertiären Bildung innerhalb der zyperntürkischen Gemeinschaft vgl. den Beitrag von H. Yaratan in diesem Band.

[5]) Ministry of Finance: Second Five-Year Development Plan (1967–71). Nikosia 1968, S. 273.

[6]) Persianis, P.: Cyprus, in: The Encyclopedia of Higher Education. Hrsg. B.R. Clark; G.R. Neave. Bd. 1. National Systems of Higher Education. Oxford 1992, S. 168–171, hier 168.

[7]) UNESCO: Selected Educational Issues on Cyprus. Confidential. Paris 1977, S. 34.

halten etwa 48% aller Absolventen der Sekundarschule (38,5% der Altersgruppe) eine weiterführende Ausbildung[8]).

Das höhere Bildungswesen der Republik Zypern gliedert sich in den öffentlichen und in den privaten Sektor. Da 1992 mit Gründung der Universität von Zypern eine neue Qualität im Bildungswesen erreicht wurde, soll ihr ein gesondertes Kapitel gewidmet werden.

II. Die akademischen Bildungs- und Forschungseinrichtungen

1. Der öffentliche Sektor

Im akademischen Jahr 1988/89[9]) gab es in der Republik Zypern sieben öffentliche höhere Bildungseinrichtungen.

a) Die Pädagogische Akademie

Die 1959 gegründete Pädagogische Akademie (*Paidagogiki Akadimia*) in Nikosia hatte bis 1992 die Aufgabe, im Rahmen einer dreijährigen Ausbildung den Nachwuchs an Lehrern für Grundschulen und Kindergärten sicherzustellen. Die Einrichtung unterstand direkt dem Erziehungsministerium und hatte 1991/92 noch 443 Studenten und 52 Lehrkräfte[10]). Im akademischen Jahr 1991/92 nahm sie bereits keine neuen Studenten mehr auf und hat inzwischen die Arbeit eingestellt. Ihre Aufgabe wird nun vom „Seminar für Erziehung" (*Department of Education*) der Universität von Zypern im Rahmen eines fünfjährigen Studienprogramms wahrgenommen[11]).

Die Akademie gab ein Jahrbuch, die *Epetiris Paidagogikis Akadimias* (Jahrbuch der Pädagogischen Akademie), und eine vierteljährliche Schrift, die *Deltion Paidagogikis Enimeroseos* (Erziehungs-Bulletin), heraus.

b) Das Höhere Technische Institut

Das Höhere Technische Institut (*Higher Technical Institute*) wurde 1968 als Gemeinschaftsprojekt der Internationalen Arbeitsorganisation (ILO) und der Republik Zypern gegründet. Es untersteht dem Arbeitsministerium. Seine Aufgabe ist die qualifizierte Ausbildung von Technikern für die Industrie und von Lehrern für die technischen Schulen. Die Eingangsvoraussetzung ist neben dem Nachweis einer Sekundärausbildung das Bestehen eines schwierigen Eingangstests. Die Kurse werden hauptsächlich in Englisch abgehalten, und alle Studenten bekommen zu-

---

[8]) Papanastasiou (Anm. 2), S. 1370.
[9]) Das akademische Jahr beginnt auf Zypern Mitte September und schließt Ende Juni.
[10]) The World of Learning 1994. 44. Ausgabe. London 1993, S. 402.
[11]) Papanastasiou (Anm. 2), S. 1370–1372.

sätzlich eine pädagogische Basisausbildung[12]). Im Jahre 1992 waren an dem Institut 614 Studenten, die von 90 Lehrkräften ausgebildet wurden[13]).

c) Die Pflege- und Hebammenschule

Die 1955 gegründete Pflege- und Hebammenschule (*School of Nursing and Midwifery*)[14]) ist an das Krankenhaus von Nikosia (*Nicosia Hospital*) angeschlossen und bietet folgende vier separate Ausbildungen an:

– eine dreijährige Ausbildung, die zum Abschluß als examinierte Krankenschwester führt;
– einen zweijährigen Kurs als Schwesternhelferin (*assistant nurse*);
– eine zweijährige Ausbildung zur Hebamme;
– eine dreijährige Ausbildung zur Gemeindeschwester (*Community Health Visiting*).

Seit 1964 ist die Schule vom *General Nursing and Midwifery Council of England and Wales* als den britischen Institutionen gleichwertig anerkannt. Damit erhöhen sich selbstverständlich die Chancen der Absolventinnen für eine Berufstätigkeit im Ausland. Eine Schule für Psychiatrieschwestern, die an die Psychiatrische Klinik angeschlossen ist, bietet eine zweijährige Ausbildung an[15]). Diese Institution untersteht dem Gesundheitsministerium.

d) Das Institut für das Hotel- und Gaststättengewerbe

Das 1969 gegründete Institut für das Hotel- und Gaststättengewerbe (*Hotel and Catering Institute*)[16]) bietet ein- und zweijährige Ausbildungsgänge für Köche, Kellner, Haushälter und Portiers. Es untersteht dem Arbeitsministerium[17]).

e) Die Zyprische Hochschule für Forstwirtschaft

Wie bereits erwähnt, wurde die Zyprische Hochschule für Forstwirtschaft (*Cyprus Forestry College*) schon während der britischen Herrschaft 1951 gegründet. Sie befindet sich in Prodromos im Troodos-Gebirge und bietet einen zweijährigen Diplomkurs und einen sechsmonatigen Postgraduierten-Kurs an. Lange Zeit stand dem Institut ein britischer Direktor vor. Die Voraussetzung für die Aufnahme am Institut ist ein sekundärer Schulabschluß. 25% der Studienplätze sind für ausländische Studenten (u.a. aus Simbabwe, Jamaika, Libyen, Ghana, Lesotho) reserviert. Diese kommen als Stipendiaten der zyprischen Regierung im Rahmen des Com-

---

[12]) Holmes, B.(Hrsg.): Cyprus, in: International Handbook of Educational Systems. Bd. 1. Europe and Canada. Chichester 1983, S. 145–189, hier 155.
[13]) World of Learning (Anm. 10), S. 402.
[14]) World List of Universities (Anm. 3), S. 111.
[15]) Holmes (Anm. 12), S. 156.
[16]) World List of Universities, (Anm. 3), S. 111.
[17]) Persianis (Anm. 6), S. 169.

monwealth Stipendien Programms (*Commonwealth Scholarship Scheme*) nach Zypern[18]). 1992 wurden 40 Studenten an der Hochschule von neun Lehrkräften ausgebildet[19]). Die Hochschule untersteht dem Landwirtschaftsministerium[20]).

f) Das Mittelmeerinstitut für Management

Das seit 1976 bestehende Mittelmeerinstitut für Management (*Mediterranean Institute of Management*) ist Teil eines von der Internationalen Arbeitsorganisation ILO und dem Entwicklungsprogramm der Vereinten Nationen UNDP gegründeten „Produktivitätszentrums"[21]). Die nach amerikanischen Vorbildern arbeitende Einrichtung bietet ca. 35 Studenten eine zehnmonatige Graduiertenausbildung im Fach Management. Nur etwa 1/3 der Studenten sind Zyprer. Das Institut steht unter der Aufsicht des Arbeitsministeriums[22]).

g) Das Pädagogische Institut

Das 1972 gegründete Pädagogische Institut (*Pedagogical Institute*) untersteht dem Erziehungsministerium und ist eine Fortbildungseinrichtung für Grund- und Sekundarschullehrer. Alle Grundschullehrer nehmen an einem speziellen Programm teil, das ihre beruflichen Qualifikationen auf den neuesten Stand bringen soll. Einstellungsvoraussetzung für Lehrer im Sekundarschuldienst ist eine akademische Ausbildung in mindestens einem Fach. Zur Erweiterung der akademischen Kenntnisse bietet das Institut fakultative und obligatorische Seminare an. Obligatorisch sind die Seminare für Vize-Sekundarschuldirektoren und Sekundarschullehrer in der Probezeit. Außerdem sind letztere verpflichtet, einen speziell für sie konzipierten Kurs zweimal pro Woche im Pädagogischen Institut zu besuchen. Die erfolgreiche Teilnahme an diesem Kurs ist die Voraussetzung für eine dauerhafte Anstellung[23]).

h) Das Zyprische Forschungszentrum

Das 1962 gegründete Zyprische Forschungszentrum (*Cyprus Research Centre/Kentron Epistimonikon Erevnon*) untersteht dem Erziehungsministerium. Sein Ziel ist die Förderung der wissenschaftlichen Forschung auf Zypern, insbesondere in den historisch-philologischen Disziplinen und den Sozialwissenschaften[24]). Die Forschungseinrichtung unterhält sechs Abteilungen: Die historische Abteilung; die ethnographische Abteilung; die philologische und linguistische Abteilung; die orientalistische Abteilung (mit einen Schwerpunkt zur Erforschung der osmani-

---

[18]) Holmes (Anm. 12), S. 155/156.
[19]) World of Learning, (Anm. 10), S. 402.
[20]) Persianis (Anm. 6), S. 169.
[21]) Holmes (Anm. 12), S. 156.
[22]) Persianis (Anm. 6), S. 169.
[23]) Papanastasiou (Anm. 2), S. 1372. Vgl. hierzu auch den Beitrag von P. Xochellis zum „Erziehungssystem der Republik Zypern" in diesem Band.
[24]) World of Learning (Anm. 10), S. 401.

schen Zeit); die soziologische Abteilung und die Archivabteilung. Das Zentrum hat bereits eine Fülle von Forschungsergebnissen publiziert[25]). U.a. gibt das Zentrum ein Jahrbuch (*Epetiris*) heraus, in dem Artikel zu vielen Aspekten der zyprischen Geschichte und aktuelle Bibliographien zu Zypern zu finden sind. Insgesamt stellt die Institution eine erfreuliche Ausnahme in der sonst eher öden „Forschungslandschaft" in der Republik Zypern dar.

2. Der private Sektor

Im akademischen Jahr 1988/89 gab es in der Republik Zypern 18 private höhere Bildungseinrichtungen. Die meisten von ihnen wurden in den 80er Jahren gegründet und bieten ein- bis fünfjährige Kurse an. Die gesetzliche Grundlage für die privaten Institutionen stellt das Gesetz Nr. 1/1987 dar, das die Gründung, Kontrolle und Betreibung von privaten Institutionen der höheren Bildung regelt[26]). Den Institutionen steht jeweils ein Vorstand (*Board of Governors*) vor. Das Erziehungsministerium inspiziert diese Einrichtungen im Hinblick auf Qualifikation und Bezahlung des Lehrkörpers, Baumaßnahmen, Ausstattung, Lehrpläne und -methoden. Eine indirekte Einflußnahme durch die Regierung wird durch die Zulassung bzw. Nichtzulassung von Bildungseinrichtungen ausgeübt. Um die Qualität und die internationale Anerkennung ihrer Abschlüsse zu verbessern, haben viele private Institute sich mit Universitäten oder Fachhochschulen (*Polytechnical Institutes*) in Großbritannien oder den USA verbunden. Im folgenden werden einige der wichtigsten privaten Institutionen vorgestellt.

a) Die Fachhochschule für Technologie

Die Fachhochschule für Technologie (*Higher College of Technology*) bietet eine im Vergleich zum öffentlichen Höheren Technischen Institut qualitativ höherwertige akademische Ausbildung an[27]). Diese qualifiziert auch zum weiteren Studium im Ausland. Außerdem ist es möglich, am *Higher College of Technology* international anerkannte Abschlüsse zu erwerben.

b) Die Hochschule von Zypern

Die 1961 in Nikosia gegründete „Hochschule" (*Cyprus College*) bietet zweijährige Kombinationskurse und drei- bzw. vierjährige sogenannte *Bachelor Degree*-Kurse in Rechnungswesen (*Business Administration*) und Informatik an und ermöglicht den Abschluß als *Master of Business Administration* (*MBA*). An der Hochschule sind 1020 Studenten eingeschrieben, die von 51 Lehrkräften unterrichtet werden.

---

[25]) Vgl. hierzu den offiziellen Katalog, in: Cyprus Research Centre. General Information. Nikosia 1991.
[26]) Persianis (Anm. 6), S.170.
[27]) Holmes (Anm. 12), S.156.

Die Institution gibt zwei Publikationen heraus: *The Observer* und *The Journal of Business & Society*[28]).

c) Die Kunsthochschule von Zypern

Die 1969 gegründete Kunsthochschule von Zypern (*Cyprus College of Art*) bietet in Lemba/Paphos einen einjährigen Postgraduierten-Kurs in Malerei und Bildhauerei sowie einen dreijährigen Diplomkurs in den „Schönen Künsten" (*Fine Arts*) an. Außerdem finden Teilzeitkurse und eine *Summer School* statt.

d) Das Zyprische Internationale Managementinstitut

Das erst 1990 gegründete Zyprische Internationale Managementinstitut (*Cyprus International Institute of Management*) in Aglandia/Nikosia bietet zweijährige Teilzeitkurse an, die zu MBA-Abschlüssen sowie zu weiteren fortgeschrittenen Diplomen führen.

e) Die Internationale Hochschule für Management und Kommunikationswissenschaften (*Intercollege*)

Das 1980 gegründete *Intercollege* (*International College of Management and Communication Studies*) in Agios Andreas/Nikosia bietet eine englischsprachige Ausbildung an, die in voruniversitären und Postgraduierten-Kursen zu qualifizierten lokalen, britischen und US-Abschlüssen führt. Es verfügt auch über Niederlassungen in Limassol und Larnaka. Am *Intercollege* werden 1 200 Studenten (330 in Limassol, 340 in Larnaka) von 70 Lehrkräften unterrichtet. Die Bildungseinrichtung publiziert zweimal im Jahr die sozialwissenschaftlich orientierte Zeitschrift *The Cyprus Review*[29]).

e) Universitätskolleg für Kunst und Wissenschaft

Das Universitätskolleg (*University College of Arts and Sciences*) wurde 1967 gegründet. Es liegt auf dem Gelände des *Navy, Army and Air Force Institute* (NAAFI)/Limassol und hat einen Ableger in Nikosia. Es bietet Grund- und Diplomkurse an. Seine 125 Studenten werden von 19 Lehrkräften unterrichtet.

f) Die Gesellschaft für zyprische Studien

Die 1936 gegründete Gesellschaft für zyprische Studien (*Society of Cypriot Studies/Etaireia Kypriakon Spoudon*) hat die Sammlung, Erhaltung und das Studium von Quellen zum Ziel, die die Geschichte, Sprache und Folklore Zyperns betreffen. Sie unterhält in Nikosia ein Volkskundemuseum und publiziert jährlich die

---

[28]) World of Learning (Anm. 10), S. 402.
[29]) Vgl. Intercollege. Prospectus. Nikosia o. J.

geisteswissenschaftlich ausgerichtete Zeitschrift *Kypriakai Spoudai* (Zyprische Studien)[30]).

3. Verwaltung und Finanzierung

In den Statuten jeder öffentlichen und privaten Höheren Bildungseinrichtung ist die Einrichtung von Beiräten vorgesehen. In diesen Beiräten sind sowohl die Fakultäten als auch die Studenten vertreten. Die akademischen Beiräte beraten den Vorstand (*Board of Management*) und den Direktor der jeweiligen Einrichtung[31]).

Öffentliche Institute werden durch verschiedene Fonds der jeweils zuständigen Ministerien finanziert. Private Einrichtungen, die von Privatpersonen oder Vereinen getragen werden, finanzieren sich hauptsächlich durch ihre Studiengebühren. Die Kosten pro Student für laufende Ausgaben und Kapitalaufwendungen betrugen im Jahr 1990 1798 CyP für öffentliche und 786 CyP für private höhere Ausbildung. Entsprechend wurden 3367 CyP für Auslandsstudien aufgewandt[32]). Das bedeutet, daß ein Inlandsstudium über ein Drittel billiger ist als ein entsprechendes Auslandsstudium. Die vergleichsweise geringen Ausbildungskosten veranlassen jedes Jahr auch Studenten aus den benachbarten arabischen Ländern dazu, ein Studium in der Republik Zypern aufzunehmen. Insgesamt wurden 1986 4,4% aller Bildungsausgaben für inländische höhere Ausbildung ausgegeben, während 22,3% für Auslandsstudien aufgewandt wurden[33]).

4. Studienfächer und Examina

Fast die Hälfte aller Studenten aus der Republik Zypern entscheiden sich für ein Fach aus dem Bereich der Wirtschafts- oder Naturwissenschaften (Tabelle 1).

Tabelle 1: Verteilung der Studenten nach Studienfächern

	Zyprische Studenten an ausländischen Universitäten		Studenten in Zypern	
Natur- und Ingenieurwissenschaften/Medizin	4544	49,4%	2421	47,7%
Sozialwissenschaften	3135	33,3%	1782	35,1%
Geisteswissenschaften	1325	13,0%	863	17,2%
Vorbereitende Studien	406	4,3%	–	–

Quelle: Persianis, P.: Cyprus, in: The Encyclopedia of Higher Education. Hrsg. B.R.Clark; G.R.Neave. Bd.1. National Systems of Higher Education. Oxford 1992, S.171.

Die Prüfungen aller öffentlichen und privaten höheren Bildungseinrichtungen gliedern sich in Aufnahmeprüfungen, regelmäßige Tests und schriftliche Ab-

---

[30]) World of Learning (Anm.10), S.401.
[31]) Persianis (Anm.6), S.170.
[32]) Ministry of Education and Culture: Development of Education 1992–1994. National Report of Cyprus. Nikosia 1994, S.9.
[33]) Papanastasiou (Anm.2), S.1372.

schlußprüfungen, die am Ende eines jeden Semesters oder am Ende des jeweiligen akademischen Jahres abgehalten werden. Einige Institutionen verlangen für ihren Jahresabschlußtest eine „Projektstudie" (*Major Project Report*)[34]).

III. Die Universität von Zypern (*University of Cyprus*)

1. Der lange Weg zur Gründung

Die Diskussion über die Gründung einer Universität begann bereits mit der Unabhängigkeit Zyperns. Der Grundgedanke war zunächst ein ideeller. Wie bereits dargestellt, ist das Streben nach höherer Bildung ein Grundprinzip in weiten Teilen der zyperngriechischen Bevölkerung. In der Konsequenz gehörte dazu natürlich auch die Gründung einer eigenen Universität. Der erste Präsident der Republik Zypern, Erzbischof Makarios III., zeigte allerdings in seinem Streben nach kultureller Einheit mit Griechenland wenig Interesse an einer solchen Gründung. Er zog es vor, daß möglichst viele junge Zyperngriechen im griechischen „Mutterland" studieren sollten. In der Realität erwies sich jedoch, daß ein Studium in Großbritannien oder den Vereinigten Staaten als ungleich attraktiver angesehen wurde als eines in Griechenland. Lediglich die griechischen Stipendien, die besonderen „Zypernquotierungen"[35]) und die geringeren Kosten trugen dazu bei, daß der größte Teil der zyperngriechischen Auslandsstudenten nach Athen oder Thessaloniki ging. Aber auch diese waren bestrebt, zumindest ein paar Semester im anglo-amerikanischen Ausland zu verbringen.

Die Nachfrage nach englischer Ausbildung und britischen Examina auf allen Stufen und in allen Fachbereichen war bis 1974 stark angestiegen und hat auch danach kaum abgenommen. Die Gründe für diese Entwicklung liegen neben der historischen Bindung an Großbritannien in der enormen Bedeutung der englischen Sprache in der Republik Zypern selbst. Ohne fundierte Sprachkenntnisse besteht kaum eine Chance, beruflich voranzukommen[36]). Auch die Tendenz der privaten Einrichtungen des tertiären Bereichs, Englisch zur Unterrichtssprache zu machen, unterstreicht diese Tatsache: „Lip service is paid to the ideas of Christian Hellenism, but the demand is for English and American degrees, cars, clothes and standards"[37]).

Tatsächlich studierten 7200 Zyperngriechen im akademischen Jahr 1974/75 in Griechenland, während 2900 in Großbritannien einer akademischen Ausbildung nachgingen. Die Gesamtzahl der im Ausland studierenden Zyperngriechen stieg

---

[34]) Persianis (Anm. 6), S. 171.
[35]) Ein bestimmter Prozentsatz an Studienplätzen wird traditionell den Zyperngriechen vorbehalten; dadurch können diese die schwere griechische Numerus-Clausus-Hürde leichter überspringen, die sie ansonsten in Konkurrenz mit ihren griechischen Mitbewerbern nur unter großen Schwierigkeiten überwinden könnten.
[36]) Holmes (Anm. 12), S. 166.
[37]) Ebenda, S. 167.

also nach der Teilung der Insel um 1/3 auf 12 400 (1974/75)[38]. Die große Zahl der Auslandsstudenten führte schließlich dazu, den Druck auf die Regierung zu erhöhen, die Möglichkeiten zur Erlangung höherer Bildungsabschlüsse auf Zypern zu verbessern. 1975 wurde eine interministerielle Arbeitsgruppe mit dem Ziel gebildet, die Möglichkeiten zur Gründung einer Universität zu untersuchen. Dabei wurden folgende Gründe für eine eigene Universität ermittelt:

– 1974/75 war die Zahl der im Ausland studierenden Zyperngriechen höher als die Gesamtzahl der hochqualifizierten Angestellten in der zyprischen Wirtschaft. Es erwies sich demnach als notwendig, die universitäre Ausbildung auf den heimischen Bedarf auszurichten. Dieses würde logischerweise leichter in eigener Regie zu verwirklichen sein.
– Es war verstärkt die Tendenz bei westlichen Universitäten festzustellen, den Zugang für ausländische Studenten zu begrenzen[39]. Dies galt auch für die Vergabe von Stipendien.
– Auf Zypern gab es kein intellektuelles Forum, das zur Förderung des sozialen und kulturellen Lebens beitragen konnte. Von einer eigenen Universität wurde eine Bereicherung in diesem Bereich erwartet.
– Bis auf wenige Aktivitäten des Pädagogischen Instituts, der Archäologischen Abteilung und des Wissenschaftlichen Forschungszentrums gab es auf Zypern nur unzureichende eigene Forschungsaktivitäten. Diese zu koordinieren und neue Aktivitäten zu entfalten, sollte zu den Aufgaben einer neuen Universität gehören[40].
– Vor dem Hintergrund der Ereignisse von 1974 wurde auch die Entwicklung eines einheitlichen zyprischen Nationalgefühls angestrebt. Daher sollte die Universität allen ethnischen Gruppen offenstehen. Außerdem sollten der internationale Charakter durch die Zulassung ausländischer Studenten erhöht und somit provinzielle Verhaltensweisen zurückgedrängt werden.
– Die Abhängigkeit von griechischen Universitäten in bezug auf die Lehrerausbildung, besonders im Sekundarschulbereich, sollte abgebaut werden.

Im Dezember 1978 wurde vom Ministerrat der Republik Zypern eine Grundsatzentscheidung für die Gründung einer Universität gefällt[41]. Aber es sollte noch bis 1992 dauern, bis die Entscheidung in die Tat umgesetzt wurde. Die Gründe dafür lagen nicht zuletzt darin, daß bei steigender Zahl von Studierwilligen (48% aller Absolventen der Sekundarschulen) bereits 8 000 Akademiker auf Zypern arbeitslos waren. Im akademischen Jahr 1988/89 waren 5 066 Studenten an den höheren Instituten von Zypern eingeschrieben (35%), während 9 410 im Ausland studierten (65%). Von den in Zypern Studierenden waren 33,3% an öffentlichen Einrichtungen eingeschrieben.

---

[38] Knowles, A.S. (Hrsg.): The International Encyclopedia of Higher Education. Bd. 3. London 1978, S. 1198; UNESCO, Selected Educational Issues (Anm. 7), S. 33.
[39] Report of the Interministerial Committee on the Establishment of a University in Cyprus. Confidential. Nikosia 1976, S. 2/4.
[40] UNESCO, Selected Educational Issues (Anm. 7), S. 66.
[41] Persianis (Anm. 6), S. 168.

Tabelle 2: Studenten aus der Republik Zypern im Ausland

Gastland	1984/85	1985/86	1986/87	1987/88	1988/89
Griechenland	4191	4027	4049	3953	3744
Großbritannien und Nordirland	1297	1668	1751	1868	2961
Vereinigte Staaten	2139	2231	2120	1972	1885
Bundesrepublik Deutschland	789	789	776	714	621
Italien	391	383	352	324	283
Österreich	183	198	205	203	174
Frankreich	427	358	297	214	172
Bulgarien	63	59	56	59	56
Schweiz	52	64	68	59	55
Kanada	64	59	57	42	44
Rumänien	153	127	102	57	43
Insgesamt	10154	10312	10156	9741	9410

Quelle: Statistisches Bundesamt (Hrsg.): Länderbericht Zypern 1991. Wiesbaden 1991, S. 40/41.

Von den im Ausland Studierenden besuchten 39,8% griechische Universitäten, 21,9% britische, 20% US-amerikanische, 6,6% deutsche, 3% italienische, 1,9% österreichische und 1,8% französische. Der Rest besuchte andere europäische Universitäten[42]. Im wesentlichen um die akademische Ausbildung stärker im Inland zu halten und somit Devisen zu sparen, wurde schließlich zugunsten einer eigenen Universität entschieden[43]. Am 13. Juli 1989 verabschiedete das Repräsentantenhaus der Republik Zypern ohne Gegenstimmen das Gesetz Nr. 144/1989 (*For the Establishment and Operation of a Public University*). Das Gesetz basierte auf Vorschlägen eines Vorbereitungskomitees, das aus zyprischen Akademikern bestand, die an ausländischen Universitäten tätig waren. Die Universität sollte im September 1991 ihren Lehrbetrieb aufnehmen, konnte jedoch wegen organisatorischer Schwierigkeiten erst 1992 eröffnet werden.

2. Der Aufbau der Universität

Die Universität besteht z.Z. aus drei Fakultäten: der *School of Humanities and Social Sciences*, der *School of Economics and Management* und der *School of Pure and Applied Sciences*. Die „Humanistische und Sozialwissenschaftliche Fakultät" gliedert sich in die Seminare (*Departments*) für Griechische und Türkische Studien sowie in die Forschungsabteilung für Archäologie. Die „Fakultät für Wirtschaftswissenschaften und Management" gliedert sich in die Seminare für Wirtschaftswissenschaften, Politologie und Rechnungswesen (*Business Administration*).

---

[42] Persianis (Anm. 6), S. 196 und Statistisches Bundesamt (Hrsg.): Länderbericht Zypern 1991. Wiesbaden 1991, S. 40/41.
[43] Demetriades (Anm. 1), S. 1281.

Die „Fakultät für Mathematik und Naturwissenschaften" besteht z.Z. nur aus einer mathematischen Abteilung[44]).

Eingangsvoraussetzung für die Aufnahme an der Universität ist das Bestehen des Eingangstests für griechische Universitäten[45]).

Schaubild 1: Der Aufbau der Universität von Zypern

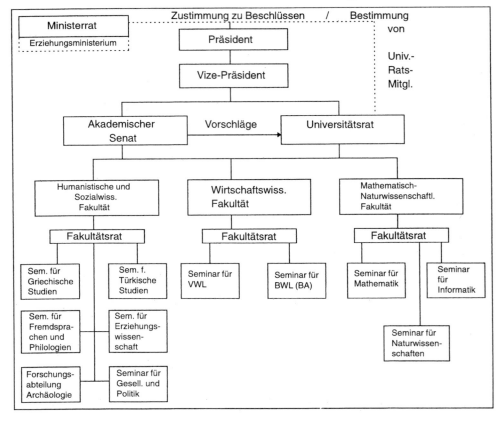

Erstellt nach: Panepistimio Kyprou: Odigos Spoudon 1993–1994 (Universität Zypern: Studienführer). Nikosia 1993.

Der Universität steht ein Präsident/Kanzler vor, den Fakultäten je ein Dekan und den Seminaren je ein Seminarrat[46]). Die Universität verfügt über einen Universitätsrat (*Council of the University*) und einen Senat (*Academic Senate*). Der Universitätsrat ist für administrative und finanzielle Fragen zuständig und besteht

---

[44]) World of Learning (Anm. 10), S. 402.
[45]) University of Cyprus: Information for Applicants 1993/94. Nikosia 1993.
[46]) Persianis (Anm. 6), S. 170.

aus dem Kanzler, dem Vizekanzler, drei Vertretern der Fakultäten, vier vom Ministerrat ernannten Mitgliedern, drei vom Akademischen Senat benannten Nicht-Universitätsmitgliedern und einem Repräsentanten der Studentenschaft. Der Senat ist für die wissenschaftlichen Fragen zuständig. Ihm gehören der Kanzler, der Vizekanzler, die Dekane der Fakultäten, drei Mitglieder des Lehrkörpers jeder Fakultät und drei studentische Vertreter an. Seine Hauptaufgabe ist die Genehmigung der Entscheidungen des Kanzlers, der akademischen Lehrpläne und Programme, die Aufnahmeprüfungen und Examina sowie die Verleihung von Diplomen und akademischen Graden. Der Senat unterbreitet dem Universitätsrat Vorschläge zur Gründung neuer Fakultäten und Seminare bzw. zu deren Abschaffung. Der Universitätsrat legt die entsprechenden Beschlüsse dem Ministerrat zur Bestätigung vor. Die einzelnen Fakultäten und Seminare werden von ihren jeweiligen Räten verwaltet, die sich aus allen Lehrkräften zusammensetzen. Die Beschlüsse der Fakultätsräte müssen vom Senat der Universität bestätigt werden. Die Beschlüsse der Seminarräte unterliegen der Bestätigungspflicht durch die Fakultätsräte. Die Räte der Seminare legen die allgemeine akademische Politik des Seminars fest und sind für Forschung und Lehre verantwortlich. Das Lehrpersonal besteht aus Lektoren, assistierenden Professoren, assoziierten Professoren und Professoren. Hinzu kommen Gastprofessoren, Fachlektoren und Lehrassistenten. Während die Professoren und assoziierten Professoren feste Stellen innehaben, erhalten die assistierenden Professoren und Lektoren erneuerbare Dreijahresverträge. Die Auswahl des akademischen Personals obliegt den Fakultäts- bzw. Seminarräten. Im akademischen Jahr 1992/93 waren 74 Lehrkräfte an der Universität von Zypern beschäftigt[47]). Die Universität ist z.Z. im Gebäude der ehemaligen Pädagogischen Akademie untergebracht. Für die Zukunft ist ein ambitiöser Universitätsneubau am Rande Nikosias mit Sportanlagen, einem Kulturzentrum und 5000 Unterkünften geplant[48]).

3. Probleme bei der Entwicklung einer „modernen" Universität

Die offiziellen Unterrichtssprachen an der Universität von Zypern sind Griechisch und Türkisch. Dies entspricht der in der Verfassung der Republik Zypern festgelegten Mehrsprachigkeit der Staatsorgane[49]). Auch wird damit in der Theorie dem bereits erwähnten Ziel entsprochen, den Gedanken der nationalen Einheit zu fördern. In der Realität wird diesem Prinzip allerdings nicht annähernd entsprochen. Da infolge der De-facto-Teilung Zyperns keine im Norden lebenden Zyperntürken die Universität besuchen dürfen, ist Türkisch lediglich im „Seminar für

---

[47]) World of Learning (Anm. 10), S. 402.
[48]) Neue Zürcher Zeitung. 23.07.1993.
[49]) Das Repräsentantenhaus hatte 1981 Englisch als eine der Unterrichtssprachen festgelegt, diese Entscheidung 1989 aber wieder verworfen, um den „Hellenischen Charakter" der neuen Universität zu verstärken. Persianis, P.: The Greek-Cypriot Educational Policy in Cyprus as an Expression of Conflict at the Political, Cultural and Socio-Economic Levels, in: Modern Greek Studies Yearbook. Hrsg. T. G. Stavrou. Bd. 10/11. Minneapolis 1994/1995, S. 89–116, hier S. 94.

Türkische Studien" Unterrichtssprache, während sonst durchgängig auf Griechisch gelehrt wird. Lediglich drei (!) Zyperntürken, die im Süden der Insel leben, studierten 1992 an der Universität von Zypern[50]). Mit Ausnahme des „Seminars für Türkische Studien" sind in den Seminarbibliotheken die Beschriftungen nur in griechischer Sprache vorgenommen worden. Im Gegensatz zu den meisten anderen Einrichtungen des tertiären Bereichs wird auch im wirtschaftswissenschaftlichen Bereich Englisch nicht als Unterrichtssprache angeboten. Inwieweit dies das bereits 1976 gesteckte Ziel, eine Anzahl von 4000 Studenten zu erreichen[51]), fördert, ist fraglich. Im akademischen Jahr 1992/93 waren erst 500 Studenten an der Universität von Zypern eingeschrieben[52]); bis September 1994 stieg deren Zahl bereits auf 1 500[53]).

Wie schwierig es auf Zypern mit dem institutionellen Bekenntnis zur Mehrsprachigkeit und „Multikultur" ist, wurde bereits bei der Eröffnungsfeier der Universität deutlich. Die bloße Tatsache, daß für einen griechischen Unterstaatssekretär (wohlgemerkt kein zyperngriechischer!) kein Stuhl vorhanden war, wurde von allen Parlamentsparteien mit Ausnahme der kommunistischen AKEL zum Anlaß genommen, die Präsidentin der Universität, die zugleich an der Universität Münster lehrende Professorin Nelly Tsouyopoulos, zum Rücktritt aufzufordern. Ihr wurde „Mangel an Hellenismus" vorgeworfen. Zusätzlich bemängelten die zyperngriechischen Politiker, daß die Universität noch nicht vom Erzbischof geweiht worden sei. Außerdem hätten die Studenten am sogenannten „*Ochi*-Tag"[54]) nicht an den obligatorischen Umzügen teilgenommen, und schließlich wäre in der Bibliothek ein Buch gefunden worden, das eine türkische Karte enthielte, derzurfolge auf Zypern zwei Staaten existierten. Auch wenn es sich bei dem Buch um ein Schulbuch der Republik Zypern handelte, die Studenten eigenständig beschlossen hatten, den „*Ochi*-Tag" anders zu begehen, und sich Frau Tsouyopoulos für den fehlenden Stuhl entschuldigte wurde weiterhin an der Amtsführung der Präsidentin Kritik geübt. 1995 wurde sie schließlich abgelöst.

Im Kern hatten die Anfeindungen einen anderen Hintergrund, nämlich die Angst vor einer gesamtzyprischen Universität, die allen Volksgruppen gerecht wird[55]). Daß in diesem Klima eine solche Universität nicht entstehen kann, liegt auf der Hand. Abgesehen davon fehlt dazu die Kooperation mit der zyperntürkischen Volksgruppe, die wegen des anhaltenden Konflikts und der De-facto-Teilung der Insel von der Planung ausgeschlossen war. Das Vorhandensein eines Seminars für Türkische Studien, das von dem Ungarn György Hazai geleitet wird, kann in diesem Zusammenhang nur als „Feigenblatt" oder bestenfalls als Geste des guten Willens angesehen werden.

---

[50]) Hillenbrand, K.: Der Zwang zum Hellenismus, in: Die Zeit. 11.12.1992.
[51]) UNESCO, Selected Educational Issues (Anm. 7), S. 67.
[52]) World of Learning (Anm. 10), S. 402.
[53]) Pashiardis, P.: Educational Institutions in Cyprus, in: Yearbook (Anm. 49), S. 117–138, hier S. 126.
[54]) Der „Ochi-Tag" (Nein-Tag) wird jährlich am 28. Oktober zur Erinnerung an das angebliche griechische „Nein" zum Ultimatum Mussolinis an Griechenland im Jahre 1940 begangen.
[55]) Hillenbrand (Anm. 50).

Wie wenig aber selbst diese Einrichtung von der Regierung respektiert wird, wurde deutlich, als die Universität den Zyperntürken Niyazi Kızılyürek als *Lecturer* an das Seminar berief. Die damalige Erziehungsministerin Claire Angelidou kritisierte die Anstellung eines Zyperntürken und sagte, daß es ruinös sei, daß das Ministerium nichts mehr bei der Stellenvergabe zu sagen hätte[56]. Kızılyürek, der den Nationalismus auf beiden Seiten für den Zypernkonflikt verantwortlich macht, wurde die Verbreitung türkischer Propaganda und historischer Unwahrheiten vorgeworfen. Er selbst sah politische Motive hinter diesen Angriffen: „There is a strictly politically nationalist – in a narrow sense – group, who are unhappy that a Turkish Cypriot is at the university."[57] Diese „Gruppe" trat dann im April 1996 als *University Initiative Group* mit der Forderung nach „Hellenisierung" der Universität auch ans Licht der Öffentlichkeit[58].

Die versuchte Einmischung der Erziehungsministerin in die internen Angelegenheiten der Hochschule und der Appell zur „Hellenisierung" sind in jedem Fall als eine Bedrohung der akademischen Freiheit anzusehen. Auch wenn beide Angriffe auf die Unabhängigkeit der Universität durch den Präsidenten zurückgewiesen wurden und sowohl der Senat wie der Universitätsrat ihn darin unterstützten[59], bleibt eine gewisse Unsicherheit über den zukünftigen Weg der Universität. Von einer endgültigen Etablierung einer bilingualen und bikommunalen Universität scheint die Republik Zypern noch weit entfernt zu sein.

IV. Erwachsenenbildung

Unterschiedliche öffentliche und private Institutionen der Erwachsenenbildung bieten in der Republik Zypern auf verschiedensten Gebieten Kurse an. Die Ziele der Erwachsenenbildung sind: frühen Schulabgängern zu helfen, ihre Allgemeinbildung zu verbessern, den Absolventen der Sekundarschulen Entscheidungshilfen für die Berufswahl zu geben und der arbeitenden Bevölkerung zusätzliches berufliches Wissen zu vermitteln[60]. Zu den Einrichtungen der Erwachsenenbildung gehören u. a. Abendgymnasien, Teilzeitinstitutionen, Erwachsenenbildungszentren, die Industrieausbildungsstelle (*Industrial Training Authority*) und das Zyprische Produktivitätszentrum (*Cyprus Productivity Centre*). Es werden Kurse u. a. in Fremdsprachen (z. B. *Teaching English as a Foreign Language* [TOEFL]), Musik, Tanz, Sport, Wirtschaft und Elektronischer Datenverarbeitung angeboten. In der Erwachsenenbildung werden sowohl Abend- als auch Nachmittagskurse durchgeführt. Es wird geschätzt, daß 9,5% aller Personen im Alter über 18 Jahre an Veranstaltungen der Erwachsenenbildung teilnehmen.

---

[56] The Cyprus Weekly, 22.09.1995.
[57] Cyprus Mail, 1.10.1995.
[58] The Cyprus Weekly, 5.4.1996.
[59] Cyprus Mail, 7.4.96.
[60] Papanastasiou (Anm. 2), S. 1371.

1. Die Institutionen der Erwachsenenbildung.

Die Einrichtungen der Erwachsenenbildung befinden sich in staatlicher, kommunaler sowie in privater Trägerschaft.

a) Staatliche Träger

α) Erwachsenenbildungszentren

Die staatlichen Erwachsenenbildungszentren (*Adult Education Centres*) stellen die wichtigste Einrichtung der Erwachsenenbildung in der Republik Zypern dar. Die Zentren wurden bereits 1952 unter britischer Herrschaft gegründet und nach der Unabhängigkeit weiterentwickelt[61]). An ihnen werden Kurse zur beruflichen Weiterbildung, in einzelnen Hobbys, Erster Hilfe, Allgemeinbildung, Fremdsprachen sowie Lese- und Rechtschreibkurse angeboten. Im Schuljahr 1992/93 existierten 250 solcher Zentren, die sowohl in den Städten als auch im ländlichen Raum angesiedelt sind. 13 000 Personen nahmen an den Kursen teil, unterrichtet von 460 Ausbildern und Lehrern[62]). Über 80% der Teilnehmer sind Frauen, während Personen über 55 Jahren die Angebote selten wahrnehmen.

β) Fortbildungsprogramm für Auszubildende

Das Fortbildungsprogramm für Auszubildende (*Apprenticeship Training Scheme*) ist als Unterstützung für junge Auszubildende zwischen 14 und 18 Jahren gedacht, die 12 bis 14 Stunden in der Woche die Technische Schule besuchen. Im Schuljahr 1991/92 nahmen 654 Auszubildende daran teil[63]).

γ) Technische Abendkurse

Die Technischen Abendkurse (*Evening Technical Classes*) bieten technische Aus- und Fortbildung in verschiedenen Bereichen mit dem Ziel, der lokalen Industrie und dem Handel qualifiziertere Techniker und Handwerker zuzuführen. Im Schuljahr 1991/92 wurden die Kurse von 510 Personen besucht.

δ) Abendgymnasien

Die vier Abendgymnasien (*Evening Gymnasia*) geben schulischen Frühabgängern die Möglichkeit, den Schulabschluß nachzuholen. 1991/92 nahmen lediglich 242 Personen dieses Angebot war. Daher ist das Erziehungsministerium daran interessiert, verstärkt neue Teilnehmer zu werben[64]).

---

[61]) Symeonides, K.: Cyprus, in: Perspectives on Adult Education and Training in Europe. Hrsg. P. Jarvis. Leicester 1992, S. 204–218, hier 207.
[62]) Ministry of Education and Culture (Anm. 32), S. 41.
[63]) Ebenda, S. 43.
[64]) Symeonides (Anm. 61), S. 208.

ε) Staatsinstitute für Weiterbildung

Diese Institute (*State Institutes of Further Education*) hießen früher „Staatsinstitute für Fremdsprachen". Sie bieten heute neben Sprachkursen in Englisch, Französisch, Deutsch, Italienisch, Spanisch, Türkisch, Arabisch und Griechisch auch Kurse in kommerziellen Bereichen, wie z.B. Buchhaltung, Steno und Wirtschaft sowie in Datenverarbeitung an. 1991/92 besuchten 6567 Personen diese Einrichtungen.

ζ) Kulturelle Dienste

Ziel der Kulturellen Dienste (*Cultural Services*) ist es, die geistige und kulturelle Ausbildung der Bevölkerung zu erweitern. Dieses wird durch die Einrichtung von kommunalen und mobilen Bibliotheken sowie durch die Organisation von Theaterstücken, Musicals, Tanzvorführungen etc. versucht.

η) Die Industrielle Ausbildungsbehörde

Die 1974 gegründete Industrielle Ausbildungsbehörde (*Industrial Training Authority*) organisiert Weiterbildungskurse und Qualifizierungsmaßnahmen für Arbeitnehmer und Arbeitslose. In der Regel beauftragt die Behörde andere dafür geeignete Institutionen mit der Durchführung der Maßnahmen[65]). Im akademischen Jahr 1991/92 nahmen 21 941 Personen an solchen Kursen teil[66]).

ϑ) Das zyprische Produktivitätszentrum (*Cyprus Productivity Centre*)

Das Zentrum ist 1963 gemeinsam von der zyprischen Regierung, der Internationalen Arbeitsorganisation (ILO) und dem Entwicklungsprogramm der Vereinten Nationen (UNDP) ins Leben gerufen worden. Es bietet Aus- und Weiterbildungskurse für Führungs- und Aufsichtskräfte der zyprischen Wirtschaft sowie für Facharbeiter an. 1991/92 besuchten 2048 Personen das Zentrum.

b) Kommunale Träger

Die Städte und Gemeinden bieten einige wenige Programme für die Erwachsenenbildung an. Die Rathäuser der meisten Städte organisieren Kulturveranstaltungen und Wohltätigkeitsprogramme. Einzig nennenswert im kommunalen Bereich ist die von der Gemeinde Nikosia in Zusammenarbeit mit dem zyprischen Rundfunk gegründete Volkshochschule (*Peoples University*). Jedes Jahr werden für diese zwei Themen ausgewählt, die dann in jeweils etwa zwanzig Vorlesungen behandelt werden. Die Inhalte dieser Veranstaltungen werden mit Hilfe von Presse und Rundfunk weiterverbreitet[67]).

---

[65]) Symeonides (Anm. 61), S. 209.
[66]) Ministry of Education and Culture (Anm. 32), S. 43.
[67]) Symeonides (Anm. 61), S. 210.

c) Private Träger

Private Institutionen bieten verschiedene Teilzeitkurse, wie z.B. Fremdsprachen, Musik, Ballett und Büroorganisation an. Einige bereiten auf ausländische Examina, speziell auf die britischen und amerikanischen Universitätseingangstests vor. Wenige Einrichtungen bieten eine praktische Berufsausbildung, wie z.B. Koch, Schneider, Fremdsprachenkorrespondent und Moderner Tanz an[68]. Im Jahr 1990/91 besuchten nach staatlichen Angaben 39 281 Personen private Kurse der Erwachsenenbildung[69]. Neben diesen kommerziellen Institutionen bieten noch einige nichtkommerzielle Einrichtungen Vorträge und Seminare zu verschiedensten Themen an. Hierzu gehören vor allem die Orthodoxe Kirche, die „Panzyprische Schule für Eltern", die Gewerkschaften und die politischen Parteien[70].

2. Der Entwicklungsstand der Erwachsenenbildung

Die Entwicklung der Erwachsenenbildung in der Republik Zypern ist bescheiden im Vergleich zu anderen europäischen Ländern und trug bisher nicht signifikant zur Gesamtentwicklung des Landes bei[71]. Die verschiedenen Einrichtungen arbeiten unkoordiniert und unabhängig voneinander. Dieses hat zum Ergebnis, daß das Angebot für die Zyper nicht vergleichbar und ziemlich verwirrend ist. Fast alle Kurse orientieren sich an den Methoden des traditionellen Schulunterrichts. Neue Methoden und die Bedürfnisse der Kursteilnehmer können nur unzureichend eingebracht bzw. berücksichtigt werden. Die meisten Einrichtungen befinden sich in den Städten, so daß die ländliche Bevölkerung wenig Gelegenheit hat, diese Angebote wahrzunehmen. Bei dem Personenkreis, der an den Veranstaltungen der Erwachsenenbildung teilnimmt, handelt es sich in der Regel um Personen, die auch sonst zu den aktivsten und aufgeschlossensten in ihren Altersgruppen gehören[72]. Diejenigen, die die Erwachsenbildungsmaßnahmen am nötigsten hätten, werden nicht motiviert, daran teilzunehmen. Das relativ beschränkte Angebot an Kursen stimmt nicht mit den Wünschen und Bedürfnissen der großen Mehrheit der Bevölkerung überein. Während sich die Berufsfortbildung nach 1974 stark fortentwickelt hat, ist die nichtberufsbezogene Erwachsenenbildung weitgehend zurückgeblieben. Wie bereits aufgezeigt, steht ein Großteil der Programme unter zentraler staatlicher Regie. Die nur wenigen kommunalen Ansätze zur Erwachsenenbildung weisen auf diesen Mangel an Dezentralisierung hin. Nichtkommerziellen privaten Trägern der Erwachsenenbildung wird sehr wenig finanzielle und organisatorische Unterstützung gewährt. Im Jahr 1990 unterrichteten an den unterschiedlichen Instituten 2 135 Lehrkräfte, von denen 26% Vollzeitbeschäftigte

---

[68] Ministry of Education (Anm. 32), S. 41.
[69] Ebenda, S. 43.
[70] Symeonides (Anm. 61), S. 210/211.
[71] Ebenda, S. 205.
[72] Ebenda, S. 206.

waren[73]). Sehr wenige dieser Lehrkräfte sind zur Ausbildung von Erwachsenen qualifiziert. Viele sind Grund- oder Mittelschullehrer, andere sind Fachspezialisten ohne pädagogischen Hintergrund. Lediglich die „Industrielle Ausbildungsbehörde" bietet regelmäßig Kurse für Erwachsenen an[74]).

Die Gründe für den unzureichenden Stand der Erwachsenenbildung in der Republik Zypern liegen vor allen Dingen darin, daß ein großer Teil der Bevölkerung informellen Methoden der Bildung eher skeptisch gegenüberstehen. Wie bereits dargestellt wurde, sehen sie Bildung als Mittel zur Erlangung einer beruflichen Karriere an. Ein „Lernen um des Lernens willen" ist ihnen fremd. Eltern opfern oft ihre eigene Fortbildung dem Ziel, ihren Kindern einen qualifizierten (Universitäts-) Abschluß zu ermöglichen[75]). Die 1982 gegründete Zyprische Vereinigung für die Erwachsenenbildung (*Cyprus Adult Education Association*) setzt sich dafür ein, daß die Akzeptanz der Erwachsenenbildung steigt und von der Bevölkerung als wichtiger Faktor für die soziale, kulturelle und politische sowie die wirtschaftliche Entwicklung angenommen wird.

V. Zusammenfassung

Unter „Forschung und Lehre" wird in der Republik Zypern weitgehend eine weiterführende schulische Ausbildung verstanden. Ziel und Schwerpunkt der höheren Lehranstalten liegen eindeutig auf dem Gebiet der Lehre. Die Ausbildung ist vollständig auf das Ziel ausgerichtet, mit akademischen Diplomen berufliche Karrieren zu fördern bzw. erst zu ermöglichen, und nicht darauf, Forschungsfortschritte zu erzielen. Wie wenig das Bewußtsein für die „Freiheit der Wissenschaft" ausgeprägt ist, vermag die bereits geschilderte, in der zyprischen Öffentlichkeit weitgehend unwidersprochen gebliebene Diskussion über das Buch mit der türkischen Karte aufzuzeigen. Eine kritische Auseinandersetzung mit Quellen und Materialien, deren Inhalt im Widerspruch zu eigenen Einstellungen steht – die Grundlage jeder Forschungsarbeit – ist offensichtlich nicht vorgesehen. Ob die neue Universität sich gegen diese Tendenzen auflehnen kann und zu einer echten akademischen Forschungsanstalt wird, bleibt abzuwarten.

---

[73]) Papanastasiou (Anm. 2), S. 1371.
[74]) Das Erziehungsministerium hat auch schon vereinzelt Kurse für die Ausbilder an den Erwachsenenbildungszentren angeboten, und an der Pädagogischen Akademie wurde ein Kurs für Studenten angeboten, die mit Erwachsenen arbeiten wollten. Symeonides, K.: Training Adult Educators in Cyprus, in: Training Adult Educators in Western Europe. Hrsg. P. Jarvis/Chadwick, A. London 1991, S. 221–227, hier 224–226.
[75]) Symeonides (Anm. 61), S. 212.

Education in the "Turkish Republic of Northern Cyprus"

Hüseyin S. Yaratan, Lefkoşa

I. Introduction – II. The General Structure of National Education – III. Educational Options at Different Stages of Life: 1. Educational Options in Stage One – 2. Educational Options in Stage Two – 3. Educational Options in Stage Three – 4. Educational Options in Stage Four – 5. Educational Options in Stage Five – 6. Educational Options in Stage Six – 7. Educational Options in Stage Seven – IV. Conclusion

I. Introduction

Cyprus is a small island located in the Mediterranean Sea, 40 miles south of Turkey and 80 miles west of Syria. The "Turkish Republic of Northern Cyprus" (TRNC) was founded on 15 November, 1983, in the north of the island. The population of the TRNC is about 185 000. This small population has a complex system of education which will be described in detail. Education in the TRNC is based on a central system under the rule and supervision of the Ministry of National Education and Culture (see Figure 1). The National Education Act of 11 June, 1986, forms the legal basis for educational activities. This national system "aims at securing National unity, spreading of cultural values and catching up on modernization"[1]. The educational system has been organized by law and all educational institutions and schools are under the supervision and inspection of the State. Although the centrally prescribed curriculum is dependant on Ankara (most of the textbooks are provided from Turkey), as Crellin observed, "there are attempts to pursue a Turkish Cypriot rather than merely a Turkish line in education, and this is seen both in the methods and planning of the school system ... While retaining a pride in traditional Turkish and to a lesser extent Islamic culture, the educational system reflects much of the earlier British influence on schools"[2].

In its 1988 report, the Ministry of National Education and Culture identified the general aims of education by taking into account the special characteristics of the Turkish Cypriot society and listed them, briefly, as follows:

---

[1] The National Education System of the Turkish Republic of Northern Cyprus. Lefkoşa 1988, p.1. Unpublished document obtained from the "Ministry of Education and Culture".

[2] Crellin, C.T.: Turkish Education Since 1974: An Outline of Some of the Changes in Curriculum Organization and Professional Standing of the Teachers, in: International Review of Education. 27 (1981) 3, p.317.

"1. The provision of common ideas and sentiment between Atatürk's precepts and citizens; the attainment of a national consciousness by the individual; securing loyalty to precepts like Atatürk's nationalism, democracy, social justice, and law, and thus catching up on modernization.

2. Educating citizens to be loyal individuals; attached to the history, culture, and national values of the Turkish community, and creating individuals knowledgeable of the grass-root facts about the community's national struggle. To educate citizens (a) to be attached to their motherland, Turkey; (b) to be dutiful to their families and society and to be active in these matters; and (c) to be peace-loving but knowing how to protect their rights.

3. To educate all individuals (a) to be scientifically minded; (b) to attain a strong personality and character; (c) to develop humanistic values and attain a universal world view; and (d) to be constructive, creative, and productive citizens.

4. To equip the individual with knowledge according to his/her area of interest and abilities. To teach him/her the notion of sharing and team spirit. To give him/her a career. To educate the individual to wish to see his/her community and nation an effective participant in Modern Civilization and to wish to exert influence to this end[3])."

The National Education Act specifies equality in national education as the prime principle and stipulates that all citizens are entitled to education and training without any discrimination whatsoever, and that no privilege can be bestowed upon any individual or family. Knowledge is to be supplied to all citizens according to their wishes and abilities which are in concordance with economical, cultural and social needs of the society. Hence, according to the equality in national education principle the state provides: 1. Equal opportunity and facilities in education and training to all individuals. 2. The needy but successful students with the necessary financial help to attain the highest levels of education. 3. Special programs for those in need of special education. 4. Programs and courses for adult education to ascertain education to be everywhere and continuous throughout the lives of the community members[4]).

---

[3]) National Education System (note 1), pp. 1/2.
[4]) Ibid.

Figure 1: The Structure of the Administrative System of the Ministry of National Education and Culture (1995)

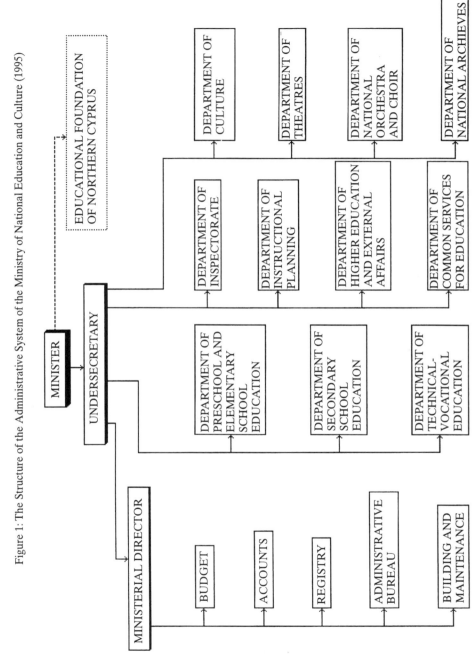

Source: Compiled by the author by using the information obtained from the Ministry of National Education and Culture.

II. The General Structure of National Education

Education in the TRNC can be divided into three main parts: "formal education, informal or adult education, and special education."[5] Formal education comprises preschool education, elementary education, secondary education, and higher education. As its main target, informal or adult education addresses those citizens who for some reason could not profit from formal education or who dropped out of formal education at some stage. Special education is dedicated to the handicapped and mentally retarded children of all ages. The goal is to have the children establish self-supporting and useful personalities[6]. At the present there are three schools for special education. The School for the Deaf is located in the town of Lapta in the Girne District and has 13 students (5 to 18 years). Girne School for the Mentally Retarded is in Girne and has 35 students (5 to 18 years). The Special Education and Rehabilitation Center for the Spastics is located in Lefkoşa. With the help of the parents seven expert teachers train 45–50 students from 2 to 18 years to be productive citizens of the state[7].

Students who graduate from the elementary schools are awarded an Elementary School Diploma. Every student who successfully completes the first three years of secondary education is considered as a middle school graduate and is awarded a Middle School Diploma. Students who graduate from the lycees (*Lises*)[8] receive a *Lise* Diploma. Only in the colleges[9] the secondary education is continuous for six years. At the end of six years of secondary education successful students receive a College Diploma which is equivalent to a *Lise* diploma.

III. Educational Options at Different Stages of Life

The best approach to understand the educational system of the TRNC is to consider the various educational options that an individual can choose from during different stages of his/her life in school (see Figure 2). Since formal education dominates the educational system, the different stages of school life will be identified according to different levels of formal education:

Stage 1:   0– 3 years (no school; parental care)
Stage 2:   4– 5 years (preschool)
Stage 3:   6–10 years (elementary school)
Stage 4: 11–13 years (middle school)
Stage 5: 14–17 years (high school)

---

[5] A Brief Report on Education and Culture in the Turkish Republic of Northern Cyprus. Lefkoşa 1989. Unpublished document obtained from the Ministry of National Education and Culture.
[6] National Education System (note 1).
[7] Data obtained from the Ministry of National Education and Culture in 1995.
[8] In the TRNC a three-year high school (lycee) is called a "Lise". This term will be used throughout this chapter.
[9] Colleges are secondary schools which use English as the medium of instruction.

Stage 6: 18 years onwards (undergraduate education)
Stage 7: 22 years onwards (graduate education)

Within each of the above stages there might be options for those who do not follow formal education; these informal education options will be discussed together with the formal education options which must be decided during each stage of life. The problems encountered by the parents and the students in making decisions about the options will also be mentioned whenever appropriate.

1. Educational Options in Stage One

Cyprus has been described as an "education crazy island" by Baybars[10]. Rustem states that the people of the TRNC are especially crazy about education because they see education as "the primary source of hope for the future of the Republic."[11] As a consequence of the importance given to education the literacy level of the TRNC, according to a 1988 report by the State Planning Organization[12], has risen to about 97% – which makes almost all parents capable of teaching their children how to hold a pencil, draw lines, paint pictures, write numbers and letters while teaching them how to walk and talk in this first stage of life. Parents continue to be the teachers of their children until those reach maturity and become independant. Hence, parental teaching is not confined to the first stage but continues as long as the parents can handle it.

2. Educational Options in Stage Two

There is no strict age limit between stage one and stage two. If both parents work, the child might start to go to the nursery at a very early age. Usually, in a situation when both parents work, grandmothers look after the babies until they are enrolled to a kindergarten. Private kindergartens accept children at the age of three (and sometimes younger), but to attend a kindergarten which belongs to the Ministry of National Education and Culture the child must be five years old. Hence, private kindergarten is the only option of parents who want to enroll their three or four year-old children to preschools. Parents whose children reach the age of five are more concerned about their children's preschool education. At this stage they can either send their children to kindergartens run by the Ministry of National Education and Culture, or to private kindergartens – if they are at more convenient locations and if they are affordable for them (see Table 1).

---

[10] Baybars, T.: Plucked in a Far-off Land. London 1970, p. 216.
[11] Rustem, K.: North Cyprus Almanac. London 1987, p. 103.
[12] Economic and Social Developments in the Turkish Republic of Northern Cyprus. Report by the State Planning Organization. Lefkoşa 1988.

Education in the "Turkish Republic of Northern Cyprus" 615

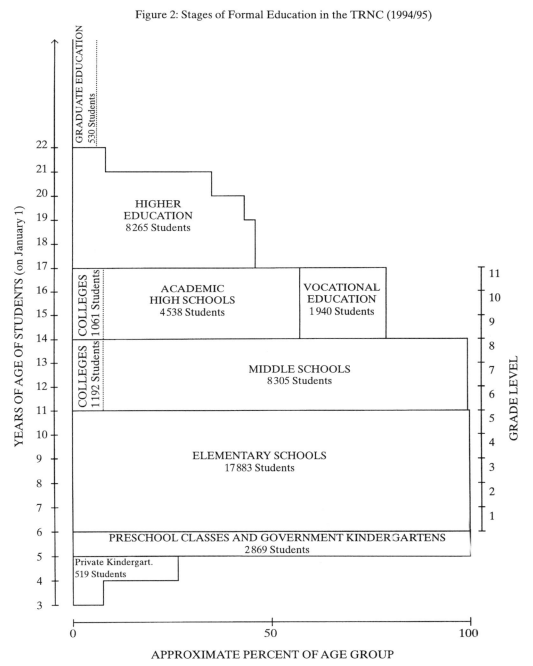

Figure 2: Stages of Formal Education in the TRNC (1994/95)

Source: Prepared by the author from unpublished data obtained from the Ministry of National Education and Culture. Lefkoşa 1995.

Table 1: Preschool Education in the Academic Year 1994/95

INSTITUTION	No. of Schools	No. of Students	No. of Teachers	Students per Teacher	Approx. % of Age Group
Government Kindergartens	5	715	35	20.4	21
Private Kindergartens	23	519	–	–	15
Elementary Schools with Preschool Classes	75	1 987	90	26.5	59
Elementary Schools with Preschool Classes (mixed with other grades)	22	167	22*	21.5*	5
Total for Preschools	125	3 388	147**	23.5**	100

* These teachers have students from other grade levels and the student-teacher ratio is according to the total number of students in the classes.
** For Government schools only.
Source: Unpublished data obtained from the Ministry of National Education and Culture. Lefkoşa 1995.

Almost all parents with children of age five try to enroll their children in a preschool class attached to an elementary school. These classes provide preparatory schooling for the 5-year elementary education which used to be 6 years before the 1986 National Education Act[13]). The Ministry of National Education and Culture defines the aims of these preschool classes as: 1. To prepare students for the elementary education by getting them acquainted to the elementary school system and environment; 2. to educate students to develop physically, mentally, and emotionally to attain good habits and skills[14]). Attendance to the preschool classes was made compulsory in 1994/95[15]). Hence, almost 100% of this age group is enrolled in these classes.

3. Educational Options in Stage Three

The third stage is represented by the compulsory elementary school education which lasts five years. All children who reach the age of 6 on or before December 31st of the year of enrollment are obliged to attend the elementary schools in their villages or in their neighborhoods in urban areas. There is a 100% admission rate to elementary schools in the TRNC (see Table 2).

---

[13]) Official Gazette of the TRNC. 11. June 1986.
[14]) National Education System (note 1).
[15]) Document on Compulsory Education. Lefkoşa 1994. Unpublished document obtained from the Ministry of National Education and Culture.

Table 2: Elementary School Education in the Academic Year 1994/95

INSTITUTION	No. of Schools	No. of Students	No. of Teachers	Students per Teacher	Approx.% of Age Group
Elementary Schools	97	17883	925*	19.5*	100

* 22 of these teachers have mixed classes of preschool and elementary school students, and the student-teacher ratio is according to the total number of students in the classes.

Source: Unpublished data obtained from the Ministry of National Education and Culture. Lefkoşa 1994.

In 1989, there were 152 elementary schools in Northern Cyprus[16]: 41 of these were one-teacher schools where all five grades were taught together in one classroom. In about 65% of all elementary schools (i.e. in 98 schools) the number of teachers was less than 5, which meant that some grade levels were mixed so that they could be taught in a single room. The Ministry of National Education and Culture was aware of the difficulties in teaching created by this situation and was trying to close some of these schools which were mostly located in small but self-contained villages. But the resistance by these villages was unexpectedly high in the late 1970s when the minister first attempted to close their one- or two-teacher elementary schools. In the 1980s parents started to change their opinion on that governmental policy of school closures. Parents seeking a better elementary education for their children began to transport them to larger schools in urban areas. This change in attitude encouraged the Ministry of National Education and Culture to continue with its centralization and while the number of students increased from 18179 in 1981/82 to 20781 in 1986/87, the number of schools decreased from 166 to 160 in the same time span[17]. According to Crellin, there were 170 elementary schools in late 1970s[18]. The number was down to 152 in 1989[19]. With the Centralization Project the number was brought down to 97 in 1994[20].

The elementary school curriculum covers the usual range of school subjects, with an emphasis on Turkish, Mathematics and Social Studies. The resources are scarce and, as Crellin observed, "apart from the resourceful science cabinet, there are few cupboards and no libraries, and elementary school children have little scope for the use of reference books or for developing individual or group projects."[21] According to Crellin, even with limited opportunity to use their own initiative "almost without exception children seem contended and keen on their education and

---

[16] National Education System (note 1).
[17] State Planning Organization (ed.): Statistical Yearbook. Lefkoşa 1986.
[18] Crellin (note 2).
[19] Brief Report on Education (note 5).
[20] Compulsory Education (note 15).
[21] Crellin (note 2), p. 321.

there are none of the severe behavior problems experienced in more industrialized nations over recent years."[22]) Due to the completely phonetic nature of the Turkish language most schools have children reading after a year in school, and by the end of the third grade almost all children overcome the problem of spelling.

4. Educational Options in Stage Four

With the Education Act of 1986, compulsory education – which used to cover only the elementary education – was extended to include the 3-year middle school education which is the first phase of the secondary education. For the fourth stage students who graduate from elementary schools have several options in formal education (see Table 3). They can attend either one of the independent middle schools, one of the middle schools which are under the same administration with a *Lise*, a middle school under the administration of a vocational *Lise*, one of the colleges if they pass the EEC, or the private college.

Table 3: Middle School Education in the Academic Year 1994/95

INSTITUTION	No. of Schools	No. of Students	No. of Teachers	Students per Teacher	Approx. % of Age Group
Independent Middle Schools (including one College)	14	5173	331	15.6	54.5
Middle Schools attached to *Lises* (including 3 Colleges)	11	3998	474*	14.0*	42.1
Middle Schools attached to vocational *Lises*	1	237	60*	7.8*	2.5
Private College	1	89	–	–	0.9
TOTAL	27	9497	–	–	100.0

* Number of teachers includes the teachers who teach in the *Lise* sections and the number of students per teacher were calculated according to the sum of the student numbers in the middle and *Lise* sections.

Source: Unpublished data obtained from the Ministry of National Education and Culture. Lefkoşa 1995.

In the TRNC there are 14 middle schools which are independent, 11 which are under the administration of academic *Lises*, and one which is attached to an industrial-vocational *Lise*. The individual student is not allowed to attend the middle

---

[22]) Crellin (note 2), p. 322.

school of his/her choice but rather has to go to the middle school assigned to the graduates of his/her elementary school. Until June 1994, students who wanted to continue their formal education in an English medium secondary school (where the language of instruction is English) took the Entrance Examination for Colleges (EEC) with the hope of earning the privilege of attending the middle sections of the *Turk Maarif Koleji* (Turkish Education College = TMK). Successful students in the EEC used to attend the TMK and the rest were enrolled to the regular middle schools. After June 1994, the middle sections of the TMK were abolished. It was hoped to save the elementary school curriculum from the negative effects of the EEC[23]. Yet in 1995 the government had changed and the new minister brought back the policy of accepting students to the middle sections of TMK's by the EEC.

The school curriculum is presented by the Ministry of National Education and Culture in the form of a weekly time table for courses. Separate time tables are provided for colleges, vocational middle schools and the other middle schools. The time tables for the middle schools under the administration of *Lises* and for the independent middle schools are the same. A list of textbooks comes with each time table but the contents of the textbooks are the only guides for the teachers in setting up their specific objectives to design their instructions. Curriculum planning is an issue at all phases of formal education and, in fact, curriculum planning, as scholars define it, does not exist in the educational system of the TRNC. The Ministry of National Education and Culture does not specify any specific objectives, scope and sequence of content, learning materials and resources, learning activities, teaching strategies, evaluation procedures, grouping, time schedule, or appropriate teaching environment which are the core elements of curriculum planning specified by Frances Klein[24]. But it is strictly stated by the ministry that "parents, who fail to send their children of compulsory education age to State schools, are subject to penalties under the relevant Act."[25] Therefore, almost 100% of this age group attend the final stage of compulsory education.

5. *Educational Options in Stage Five*

Students who graduate from the middle schools can continue with a three-year high school which are called *Lises* (lycees) (see Table 4). The middle school diploma is the only requirement to attend such a *Lise*. At the beginning of stage 5 the students have eight options in formal education and several ones in informal education. They may attend one of the independent *Lises*, or the *Lise* section of the 6-year secondary school[26], one of the three industrial-vocational *Lises* or one of the four commercial *Lises*, or the vocational *Lise* which has both industrial and

---

[23] Compulsory Education (note 15).
[24] Klein, F.M.: Curriculum Design, in: International Encyclopedia of Education: Curriculum Studies. Ed. T. Husen/Postlethwaite, T.N. Vol. 2. Oxford 1985, pp. 1163–1170.
[25] National Education System (note 1), p. 3.
[26] A Lise with a middle school under its administration.

commercial sections, or one of the two vocational *Lises* for women, or the agricultural *Lise*, or the fourth form of one of the four colleges if they have completed the third form of it.

The general aim of the academic *Lises* is to prepare students for the Multi-Subject Turkish Universities' Matriculation Examination, which is known as OSYS[27]), and for the Entrance Examination for the Eastern Mediterranean University (EMU). Nevertheless, the Ministry of National Education and Culture stresses that "importance is (also) given to the development of the interests and abilities of students who are preparing for higher education and the world of work"[28]).

Table 4: *Lise* Education in the Academic Year 1994/95

INSTITUTION	No. of Schools	No. of Students	No. of Teachers	Students per Teacher	Approx. % of Age Group
Academic *Lises* (including four colleges)	15	5 599	669*	14.3*	56
Industrial-Vocational *Lises*	3	728	168*	5.7*	7
Commercial *Lises*	4	879	110	8.0	9
Vocational *Lises* for Women	2	171	51**	–	2
Vocational *Lise* (industrial and commercial)	1	154	22	7.0	2
Agricultural *Lise*	1	8	7	1.1	–
TOTAL for LISES	26	7 539	1 027*	11.5*	76

* Number of teachers includes the teachers who teach in the middle sections and the number of students per teacher were calculated according to the sum of the student numbers in the middle and *Lise* sections.
** The teachers who work in these schools give courses to women as a part of their informal education.
Source: Unpublished data obtained from the Ministry of National Education and Culture. Lefkoşa 1994.

At the beginning of the first year students of the academic *Lises* have to decide whether they want to attend the science section (mathematics and natural sciences) or the social sciences and literature (humanities) section. These two sections have different time tables which constitute different course schedules. The situation is the same in all the colleges except for the college in Lefkoşa, which has

---

[27]) Taken from the booklet published by OSYM which stands for "Öğrenci Seçme ve Yerleştirme Merkezi" (Student Selection and Placement Center). This center prepares the exams called OSYS ("Öğrenci Seçme ve Yerleştirme Sinavi" = Student Selection and Placement Examination).

[28]) National Education System (note 1), p. 5.

a GCE[29]) section beside the other two sections. Students who choose this follow a curriculum which enables them to be successful not only in the Turkish universities but also in British, American, and other European as well as Middle Eastern institutions of higher education. Crellin acknowledges the difficulties involved in this multi-purpose curriculum: "For the few who aspire to British higher education there is the even more difficult task of riding the two horses of the broadly-based USS (USS is the abbreviation used for OSYS until the mid-1980s.) and the narrower but more intensive requirement of English 'A' levels (Advanced Level for the GCE Examinations)."[30])

Students who do not attend the GCE section follow the OSYS track only and get prepared for that exam by following a curriculum which is exactly the same as the curriculum for the academic *Lises*, except that it is in English. At the beginning of the last year in *Lise* or in college, however, all students must decide which option they would like to follow in stage six to avoid the difficulty of getting prepared for more than one goal. According to the field of study that the students choose to follow in higher education, they may attend the Turkish-Mathematics Section or Turkish-Social Sciences Section or Mathematics-Natural Sciences Section. The students in the GCE section may choose to stay there or to attend one of the sections mentioned above.

There are three types of *Lises* the male student can select to attend according to his interests, needs, and capabilities. The curriculum of each section in all three types is further divided into three sub-categories which encompass general knowledge courses, vocational courses, and practical courses:

a) Students in the industrial-vocational *Lises* have to choose one of the following nine sections: 1. Electrical Section; 2. Auto-Mechanics Section; 3. Machine-shop Section; 4. Electronics Section; 5. Constructions Section; 6. Carpentry Section; 7. Technical Drawing Section; 8. Metal Works Section; 9. Computer Section.

b) Commercial *Lises* have only four sections: 1. Secretarial Section; 2. Accountancy Section; 3. Banking Section; 4. Tourism and Hotel Management Section.

c) In the first year of the Agricultural *Lise* the curriculum is common to all students and there are two sections in the second and third years: 1. Gardening and Viticulture Section; 2. Stock Breeding Section.

In the vocational *Lises* for girls, the students have to choose their departments at the time of enrollment to the first class. In these schools six sections can be distinguished: 1. Child-care and Development Section; 2. Garment Industry Section; 3. Arts (Drawing and Painting) Section; 4. Dress-making Section; 5. Handicraft and Flower-making Section; 6. Home Economics Section. This curriculum is subdivided into three further categories to cover general knowledge courses, vocational courses, and optional courses.

---

[29]) GCE stands for "General Certificate of Education". These exams are offered by the University of London School Examinations Board of the United Kingdom.
[30]) Crellin (note 2), p.319.

In all of the vocational and commercial *Lises* the sections have been designed according to the needs of the job market in the TRNC. Although the main aim of these schools is to train students in the professions which are essential for the social and economic development of Northern Cyprus, they also aim to prepare capable students for higher education[31]). If the student chooses to discontinue his formal education after he/she graduates from the middle school, he may do so because education beyond middle school is not compulsory (see Table 5).

Table 5: Informal Education in the Academic Year 1994/95

INSTITUTION	No. of Institutions	No. of Students
Practical Vocational Schools for Girls	4	210
Practical Vocational Schools for Boys	5	319
Centers of Vocational Courses for		
Women in Towns	4	–
and in Villages	32	458
Summer Recreational Camps in Lapta	2	300
and Kantara		
After- School Private Tutoring Sessions[1]	–	–
Private Tutoring Schools (*Dersane*)[1]	–	–
Master's Workshop (Apprenticeship)[1]	–	–
Parent's Job[1]	–	–
Army (Military Service)[1]	–	–

[1] No usuable data available.
Source: Data obtained from the Ministry of National Education and Culture. Lefkoşa 1994.

The middle school graduates may have one or more of the following three options in informal education because it is the objective of the government of the TRNC that "every citizen, *at every age* (emphasis added), who has not had the chance to benefit wholly or partly from formal education, has the opportunity to receive adult vocational education (informal education)"[32]):

1. Girls can attend Practical Vocational Schools for Girls in towns or Vocational Course Centers for Women in villages. These institutes provide practical training in dress-making, embroidery, child-care, home-economics, decorative arts (drawing, painting, artificial flower making, copper works, etc.), and ceramics. Some students attend two or three programs each term.

2. Boys can attend Practical Vocational School for Boys. Students who register for these programs attend courses for one day per week. On the other days of the week they are given the opportunity to improve their skills in a vocation of their choice such as arc welding, plumbing, carpentry, and electrical motors as well as automobile repairing. One important aspect of this education is that "students are

---

[31]) Brief Report on Education (note 5).
[32]) National Education System (note 1), p. 10.

awarded diplomas which are of the same status as the Lycee Diplomas."[33]) In other words, a middle school graduate can continue his/her *Lise* education informally to get a *Lise* Diploma.

3. By the introduction of the Apprenticeship and Career Education Law in 1988 apprenticeship and career training were taken under the control and supervision of the Ministry of National Education and Culture. According to this law, people engaged in craftsmanship have to be successful in special exams, set up by the Ministry, in order to become apprentices, journeymen, or masters. People who want to make such careers can benefit from the appropriate informal educational services.

Every male in the TRNC has to join the army for at least two years. Since the minimum age requirement is 16, military service can be an option in Stage five. But it can also be delayed to take place in Stages six or seven. In the TRNC military service is considered as a part of the informal education. Boys, as soldiers, learn discipline, respect, and responsibility. They learn how to work in a team, not to panic under emergency situations and to keep the team work in harmony. They attain self-control and self-respect by performing duties such as staying awake to guard the border. They also stay physically and mentally healthy because of the programmed training sessions during the day and once or twice a week during the night. Almost everything that the male citizens learn in the army becomes later on a part of their personalities.

6. Educational Options in Stage Six

Students who graduate from the secondary education institutions receive a *Lise* diploma and have further options in formal education if they comply with the requirements of the institutions of higher education. As these requirements cannot be fulfilled at the time of graduation from high schools, students should decide on the options they want to choose at their preceding educational stages. Choosing options in the academic field is like following the branches of a tree. To climb to the peak of the academic tree, one must stay on its stem. Parents take their children to the best kindergartens and elementary schools to increase their chances passing the EEC. They want their children to attend colleges because these form the main stem of the secondary education of the TRNC. Students who graduate from colleges have a chance to go to foreign countries beside Turkey because they learn English as a foreign language. Academic *Lises* are also a part of the stem since their main aim is to prepare students for higher education. The rest of the secondary education forms the subsidiary branches. Thus, higher education is almost limited to students who graduate from academic *Lises* and colleges. In the last year of secondary education the students who have already decided to attend higher education try to fulfill the university requirements while completing their high school education.

---

[33]) National Edmation System (note 1), p. 10.

In stage six, the students can choose from ten options in formal education (see Table 6). These alternatives may be listed in their respective order of difficulty to get: 1. Scholarships offered by the Cyprus-America Scholarship Program (CASP) or the Fulbright Commission to attend a university/college in the US. 2. Funds offered by the British High Commission to attend universities in the UK. 3. Financial aids offered by other European countries such as France, Italy and Germany. 4. Appropriate places in universities in the US and the UK or other European countries by using the financial help of the family. 5. Entrance to the universities in Turkey. 6. Scholarships offered by Middle Eastern countries such as Saudi Arabia. 7. Funds offered by Eastern European countries and Russia. 8. Entrance to the Eastern Mediterranean University or the Turkish Teacher Training College (TTTC) in the TRNC. 9. Admission to private or foundation universities in the TRNC. 10. The TRNC branch of the Open University of the Anadolu University at Eskisehir in Turkey.

Table 6: Undergraduate Education for the Citizens of the TRNC in 1994/95

INSTITUTION	NUMBER OF STUDENTS			
	Schools	Female	Male	Total
Turkish Teacher Training College	1	102	47	149
Eastern Mediterranean University	1	1 073	1 311	2 384
Higher Education Institutions in Turkey	48	1 088	1 126	2 214
and in 17 countries	–	–	–	318
Open University (TRNC branch)	1	–	–	2 451
Private universities in the TRNC	4	–	–	749
TOTAL	–	–	–	8 265

Source: Data obtained from the Ministry of National Education and Culture. Lefkoşa 1994.

Almost all scholarships offered by foreign countries are granted to graduates of colleges because they all demand fluency of a foreign language (such as English) as the prime requirement. Being in such a college does not hinder the success of the students in the Turkish OSYS as much as some parents complain. But whenever parents see little chance for their children to receive one of the foreign scholarships, they demand a curriculum in the last class of the college which prepares the students for the OSYS and the Turkish universities. This demand forces then the school administrators to change the language of instruction from English to Turkish in many courses that are relevant to the OSYS. Yet some educators urge the teachers to use English in their classes because using Turkish as the language of instruction distorts the main goal of the colleges of the TRNC to be an English medium secondary school.

Those students who aspire to the Turkish universities start their preparation for the OSYS at the beginning of the second class of *Lise*. But as it is a period of vigorous studying almost all of these students attend additional private tutoring sessions offered by individual teachers in their homes, or private tutoring schools called *Dersane* ("a place where teaching occurs")[34]. They even furnish mock OSYS several times during the year to let students be aware of the progress in their studies. Students who are successful in OSS (the first phase of OSYS) earn the right to take OYS (the second phase of OSYS)[35]. Students who score high enough in the OYS are accepted by the Turkish universities in the field of studies that they have chosen before taking the exam. Students who are not successful in the OYS but have passed OSS earn the privilege of admission to the TRNC branch of the Open University of Anadolu University at Eskisehir and to many of the two- or three-year universities in Turkey. Attending EMU and Turkish Teacher Training College (TTTC)[36], however, are better options for most of these students. Hence, students who pass OSS but cannot get an adequate score in OYS to major in the fields they have chosen take the entrance examinations of EMU and TTTC. Entrance Examination of EMU (EEEMU) and the entrance examination of the TTTC are both prepared and administered locally. Students who are successful in both of these exams can follow their own choice which school to attend. Usually they choose TTTC over EMU because then they receive monthly stipends for four years until graduation, and afterwards they almost immediately become elementary school teachers; of course, the male teachers have to serve in the army for two years before they can start practicing their careers. Unfortunately, there is no regular plan for accepting a fixed number of students each year, but instead, admission is irregular and planned according to the need for such teachers. In some academic years there may be even no admissions at all (see Table 7).

Table 7: Number of Admissions to TTTC, 1986–1994

	1986	1987	1988	1989	1990	1991	1992	1993	1994
No. of Students	183	116	0	188	0	76	50	0	20

Source: Data obtained from the Turkish Teachers' Training College 1995.

Eastern Mediterranean University (EMU) was founded in 1979 as the Higher Technological Institute (HTI); it took its present status and name by the 1986 Education Act[37]. This institute of higher education is constantly under progress and at the present it comprises the Faculty of Business and Economics, Faculty of Arts

---

[34] "Dersane" is the Turkish word used to identify private schools that tutor students informally in after-school hours. These institutions are not considered as schools because they do not work at regular working-hours. They are open in the afternoons and in the evenings.
[35] OYS stands for "Öğrenci Yerleştirme Sinavi" (Student Placement Examination).
[36] The new name of the TTTC is "Ataturk Teachers' College."
[37] North Cyprus Almanac (note 11) and Brief Report on Education (note 5).

and Sciences, Faculty of Engineering, the two-year Polytechnical School, School of Tourism and Hospitality Management, and the Preparatory School. EMU uses English as the only language of instruction, and for the students who need to learn that language before attending regular classes there is the "Preparatory School" which lasts one year. In 1994/95, EMU had 6627 students. 2384 students were from the TRNC, 3787 from Turkey and 456 from other countries. The administration of EMU has planned to increase the number of students to 10000 in the following years. Besides EMU there are four smaller private universities in the TRNC which are regarded as the last option that a student is tempted to choose (see Table 8).

At the present, a branch of the Open University attached to Eskisehir Anadolu University in Turkey is functioning in the TRNC and serves 2451 students by using television, radio, printed material, and face-to-face instruction as well as academic counselling. 120 of these students work as civil servants and 2331 are ordinary students[38]). Open University offers BA and associate degrees in Business Management and Economics. The university can be considered as a part of the formal education, but because of the lack of pre-scheduled instruction and because studying is confined totally to the convenience of the learner, it can also be considered as a part of the informal education. Nevertheless, Open University is one of the options in stage six chosen by an average of about 900 *Lise* graduates each year.

Table 8: Higher Education in the TRNC in 1994/95

INSTITUTION	Number of Students from			
	TRNC	Turkey	Overseas	TOTAL
Turkish Teacher Training College	149	0	0	149
Eastern Mediterranean University (EMU)	2384	3787	456	6627
Open University in TRNC	2451	0	0	2451
University of Lefke	226	576	18	820
Near East University	466	2719	182	3367
Girne American University	18	579	20	617
International American University	39	147	7	193
TOTAL	5733	7808	683	14224

Source: Data obtained from the Ministry of National Education and Culture. Lefkoşa 1994 and the prospectus of the individual universities in 1994.

Most of the graduates of *Lises* who cannot continue their formal education by attending a higher education institution try to find a job or continue their educa-

---

[38]) Data obtained from the Lefkoşa Bureau of the Open University. Lefkoşa 1994.

tion informally. The options in informal education are different for male and female graduates. Basically men are conscripted into the army before they can apply for jobs. Once they have completed their military service they usually start looking for occupations. A career secures the individual's financial independence from his family. The young professional will be recognized by the Turkish Cypriot society and becomes eligible for marriage and for respect as an adult. Men can only postpone their military service until the age of 19, but usually students who give up formal education start fulfilling their military requirements as soon as possible. Those students who hope to take OSYS or try any one of the formal education options once again, continue their preparations by using one of the three ways of informal education facilities: a) they can attend a private tutoring school (*Dersane*); b) take private tutoring sessions offered by individual teachers at their homes; c) study for appropriate exams on their own. These three options are common to both male and female graduates, but a woman who gives up formal education has further options at this time since she does not have any military service requirement. She can get a job; or she can get engaged to a financially independent man and starts preparations for marriage; or she attends one or more of the informal education institutions of the Ministry of National Education and Culture such as vocational course centers for women or evening institutes of language and commerce while waiting for a job opening or an offer for marriage; or she stays at home and helps her mother in housework or her father on the farm (especially if he owns a stock-breeding farm or a vegetable garden or an orchard). Dry farming which involves grain-growing is usually handled by men because of the use of heavy machinery. In other words, women usually give a hand where manual labor is required.

7. Educational Options in Stage Seven

This stage represents the final phase of formal education. About 530 citizens of the TRNC are engaged there: 183 of these students are attending the medical schools in Turkey. There are 195 students working for their master degrees and there are 71 doctoral students in universities of Turkey. There are 20 doctoral students and 61 master degree students in other countries, primarily in the US and the European countries[39]).

In stage seven students who hold undergraduate degrees have different graduate education options in formal education. They can compete for: 1. Scholarships offered to students who want to pursue a master's degree in the US by the Cyprus-America Scholarship Program (CASP) or by Fulbright (the Fulbright Commission does not give scholarships for doctoral degrees!). 2. Commonwealth scholarships offered by the UK for doctoral degrees. 3. Graduate assistantships offered by universities in the US, Canada, Turkey and some other European countries. 4. Places in Graduate schools in any country by using family funds. Parents, however, do not

---

[39]) Unpublished data obtained from the Ministry of National Education and Culture. Lefkoşa 1994.

support graduate education as much as they do finance undergraduate education because they just believe in the necessity of undergraduate education. 5. Entrance in Medical schools in Turkey and some other European countries.

University graduates do their military services as officers or sergeants. After three month of basic training, some trainees are awarded lieutenant ranks and the rest are made sergeants. Lieutenants serve 21 months, whereas sergeants serve only 19 months. Military service can be postponed as long as the young men are engaged in formal education. A male university graduate can only postpone his military service for one year after graduation for practical training purposes but has to serve in the army to become a legitimate member of the Turkish Cypriot society.

IV. Conclusion

Formal education is very important for the citizens of the TRNC. Until the end of the undergraduate education parents do their best to support their children. Currently, 46572 students are engaged in formal education from preschool to graduate school in the TRNC, representing 29.1% of the total population. There are more than 2000 students engaged in informal education and special education. Thus, the TRNC has to support more than 30% of its population as students. In 1989 the Ministry of National Education and Culture stated with pride that "according to the population of the TRNC this ratio is at the same level as advanced and developed countries"[40]. In recent years more emphasis has been given to technical-vocational education but the Turkish Cypriot society still praises the academic track. About 26% of the high school students are enrolled in vocational *Lises*. Although this ratio may seem satisfactory enough to argue that there is an emphasis on vocational education, educators should not be convinced that this is true, because all of the high-achieving students attend the academic *Lises* and colleges, causing the vocational schools to be regarded by the Turkish Cypriot society at large as the least effective schools. Additionally, since the TRNC is in need of people with technical skills, the curriculum and the educational facilities of the vocational schools must be improved to attract the high-achieving students as well.

---

[40] Brief Report on Education (note 5), p. 2.

Zyperngriechische Massenmedien

Ronald Meinardus, Köln

I. Einleitung – II. Die Entwicklung der zyperngriechischen Massenmedien bis zur Unabhängigkeit – III. Die Presse – IV. Die elektronischen Medien (Hörfunk und Fernsehen): 1. Der staatliche Rundfunk (RIK) – 2. Der private Rundfunk – V. Die Republik Zypern als regionales Informationszentrum

I. Einleitung

Die Entwicklung der Massenmedien in Zypern ist eng verbunden mit der politischen Entwicklung auf der Insel. Diese allgemeine Feststellung gilt in zweifacher Hinsicht: Die Entfaltung der Medien – dies gilt vor allem für die Printmedien, dann aber auch in späteren Jahren für die elektronischen Medien Hörfunk und Fernsehen – steht immer wieder in engem Zusammenhang mit politischen Entwicklungen. Wichtige politische, ja historische Zäsuren in der jüngeren zyprischen Geschichte sind zugleich zentrale Schnittstellen für die Entwicklung der Massenmedien. Auf der anderen Seite waren und sind die Medien auf Zypern wichtige Akteure im politischen Prozeß. Auch wenn in unserem Falle empirische Untersuchungen über die politische Wirkung von Medien nicht bekannt sind, und auch entsprechende Medieninhaltsanalysen nicht vorliegen, kann kein Zweifel darüber bestehen, daß die zyprischen Medien eine ganz zentrale „Sozialisationsagentur" darstellen – dies nicht zuletzt auch deshalb, weil die große Mehrheit der Medien einen klaren (und bisweilen klar definierten) politischen Auftrag hat.

Die Medienlandschaft Zyperns ist durch ihren kleinen geographischen Wirkungskreis gekennzeichnet. Der zyprische Medienmarkt ist – gemessen an der Zahl der potentiellen Kunden – ein überaus kleiner. Verschärft wird dieser Umstand durch die faktische Zweiteilung der zyprischen Gesellschaft. Analog zur gesellschaftlichen Spaltung der Inselbevölkerung in eine zyperngriechische und eine zyperntürkische Volksgruppe haben sich – weitgehend losgelöst und unabhängig voneinander – zwei Mediensysteme entwickelt. Seit es auf Zypern Massenmedien gibt – und deren Beginn datiert mit dem Beginn der britischen Herrschaft auf der Insel – gibt es mithin zyperngriechische und zyperntürkische Zeitungen, später auch Radio- und Fernsehsendungen. Die sehr große Mehrheit dieser publizistischen Angebote richtet sich exklusiv an eine der beiden Volksgruppen, die der griechischen Zyprer. Die faktische „mediale" Zweiteilung Zyperns wurde durch die geographische Zweiteilung des Landes im Zuge der türkischen Invasion von 1974 nurmehr perfektioniert. Entsprechend ist es nur folgerichtig, daß auch in diesem Abschnitt über die Massenmedien auf Zypern jeweils gesonderte Kapitel zu den zyperngriechischen und anschließend den zyperntürkischen Medien erscheinen.

II. Die Entwicklung der zyperngriechischen Massenmedien bis zur Unabhängigkeit

Auch wenn die rund eine halbe Million griechischen Zyprer eine relativ kleine Zielgruppe für Verleger und andere Medienunternehmer darstellen, hat sich auf Zypern eine lebendige und pluralistische Medienlandschaft entwickelt. Die Geschichte der Massenmedien auf Zypern setzt mit dem Wechsel von der osmanischen zur britischen Herrschaft im Jahre 1878 ein. Dieses Jahr brachte den Insulanern nicht nur neue Regenten, sondern erstmals auch Ansätze einer Meinungs- und Pressefreiheit: Vor 1878 – so schreibt Andreas Sophokleous in seiner „Einführung in die Geschichte der zyprischen Presse" – waren Zeitungsveröffentlichungen angesichts der oppressiven Natur der osmanischen Herrschaft undenkbar[1]). Diese Behauptung des langjährigen Direktors der staatlichen zyprischen Presse- und Informationsbüros (PIO) mag erklären, wieso es vor der Ankunft der Briten keine zyperngriechische Presse gegeben hat. Das Fehlen türkischer bzw. zypernturkischer Publikationen führt der Forscher entsprechend auch nicht auf politische Bedenken, sondern auf die wirtschaftliche bzw. die technische Rückständigkeit der osmanischen Herrscher zurück: Diese „besaßen keine Druckanlagen und die offiziellen Dokumente oder Verlautbarungen wurden in kleiner Anzahl lithographisch hergestellt. Die Texte wurden auf Steinplatten eingraviert und dann nacheinander auf besonderem Papier abgezogen."[2])

Die erste Zeitung, die diesen Namen verdient, erschien am 29. August 1878; sie trug den Namen *Kypros* und zeichnete sich durch eine Besonderheit aus: Der britische Gouverneur erteilte die Druckgenehmigung mit der Auflage, daß das Blatt zweisprachig zu erscheinen habe – zwei Seiten in griechischer, zwei weitere in englischer Sprache. Die Auftaktnummer hatte eine Auflage von eintausend Exemplaren und erschien in Larnaka. In den Folgejahren sollte Larnaka das Zentrum eines sich sehr behutsam entwickelnden Journalismus bleiben, auch wenn noch vor der Jahrhundertwende erste griechische Zeitungen zunächst in Limassol, später dann auch in der Hauptstadt Nikosia erschienen. Der Begriff Zeitung für diese frühen Blätter klingt – im Lichte der heutigen Standards – euphemistisch. „Die Veröffentlichung der ersten zyprischen Zeitungen erfolgte unter sehr schwierigen politischen, wirtschaftlichen und gesellschaftlichen Bedingungen – und mit sehr bescheidenen technischen Mitteln. Die Eigentümer-Verleger dieser Zeitungen waren in Personalunion Direktoren, Chefredakteure, Redakteure, Korrektoren sowie Finanzmanager ihrer Blätter."[3]) Angesichts dieser Multifunktionalität der zyperngriechischen Zeitungspioniere wundert es wenig, daß alle Blätter jener Jahre Wochenzeitungen waren. Die erste zyperngriechische Tageszeitung datieren die Chronisten auf das Jahr 1920. Sie trug den Titel *Fos* (Licht), mußte jedoch nach bereits einem Jahr ihr Erscheinen wieder einstellen. Die Kurzlebigkeit ist ein – wenn nicht das – zentrale Charakteristikum der zyperngriechischen Zeitungen in dieser frü-

---

[1]) Press and Information Office: Mass Media in Cyprus. Nikosia 1991, S. 7.
[2]) Ebenda, S. 10.
[3]) Ebenda, S. 14.

hen Phase der Pressegeschichte. Eine weitere typische Eigenschaft ist das politische Engagement der Blattmacher, das sich auch im Druckwerk widerspiegelte. „Die Rolle der zyperngriechischen Presse" – so schreibt Sophokleous – sei von „großer Bedeutung für die Stärkung des nationalen (griechischen) Gefühls"[4]. Und es war vor allem der nationale Traum der Vereinigung mit dem hellenischen Mutterland (*Enosis*), der die Herzen der griechischen Zyprer in dieser Zeit – Anfang bis Mitte dieses Jahrhunderts – in Wallung brachte. Ein Höhepunkt des zyperngriechischen – besser: des griechischen – Nationalismus auf Zypern war der Aufstand des Jahres 1931 gegen die britische Kolonialpolitik: „Die Sammlung der Massen in bezug auf die nationale Frage erreichte mit dem nationalen Aufstand von 1931 einen Höhepunkt und konnte in hohem Maße auf die feurigen Artikel der zyperngriechischen Zeitungen zurückgeführt werden."[5] Es ist hier nicht der Ort, auf die repressiven Reaktionen der britischen Kolonialherren auf das nationale Streben der griechischen Zyprer einzugehen – Reaktionen, die sich im übrigen auch im Bereich der Presse- und Informationsfreiheit bemerkbar gemacht haben. Wichtiger erscheint der Hinweis, daß die zyperngriechischen Verleger – und mit ihnen die Journalisten – ihre nationalistischen Kampagnen nur noch verstärkten, so daß unser in dieser Hinsicht alles andere als apologetische Chronist die Ansicht vertritt, daß es „die Zeitungen mit ihren Artikeln und Kommentaren waren, die den Weg zum nationalen Unabhängigkeitskampf zwischen 1955 und 1959"[6] bereitet haben. Und: „Viele zyperngriechische Reporter waren gleichzeitig Freiheitskämpfer."[7]

Die extreme Politisierung der Bevölkerung in der Endphase der britischen Kolonialherrschaft führte auch zu einem Anstieg der Zeitungspublikationen. Wichtige Blätter, die bis heute tonangebend sind, erschienen erstmals in den fünfziger Jahren: *Alitheia* (Wahrheit) im Jahre 1952, drei Jahre später die heute führende zyperngriechische Tageszeitung *Fileleftheros* (Der Liberale) sowie 1956 die kommunistische Tageszeitung *Charavgi* (Morgenröte). Eine Sonderstellung nimmt die englisch-sprachige *Cyprus Mail* ein, die 1945 zum ersten Mal erschien. Der Vollständigkeit halber sei noch auf die gewerkschaftlichen Wochenzeitungen *Ergatiki Foni* (Stimme der Arbeiterschaft) und *Ergatiko Vima* (Bühne der Arbeiterschaft) verwiesen, die 1955 bzw. 1956 auf den Markt kamen.

In die Endphase der britischen Kolonialzeit fällt auch die Geburt des zyprischen Rundfunks. Der offizielle Startschuß für das Radioprogramm des kolonialen *Cyprus Broadcasting Service* (CBS) erfolgte am 4. Oktober 1953. Das wöchentliche CBS-Programm umfaßte anfänglich 43 Wochenstunden – davon knapp 20 Stunden in griechischer Sprache, die übrige Sendezeit füllten Programme in türkischer und englischer Sprache. Nicht uninteressant ist der Hinweis, daß lediglich vier CBS-Mitarbeiter dieses Pensum bestritten und alle Sendungen „live" ausgestrahlt wur-

---

[4] Press and Information Office (Anm. 1), S. 16.
[5] Ebenda, S. 17. Vgl. hierzu und zum folgenden den Beitrag „Historische Voraussetzungen" von P. Zervakis in diesem Band.
[6] Ebenda, S. 17.
[7] Ebenda, S. 18.

den[8]). Die zyprische Bevölkerung, die in jenen Jahren über immerhin 14 000 Radioempfangsgeräte verfügte, interessierten die Sendungen des offiziellen Funks indes nur sehr bedingt. Angesichts der starken politischen Polarisierung in der Endphase der Kolonialherrschaft, gegen die die zyperngriechische Bevölkerung gewaltsam aufbegehrte, galt der CBS vielerorts als britisches Propaganda-Instrument. Die Zyprer – dies gilt für Griechen und Türken gleichermaßen – stimmten ihre Empfangsgeräte auf ganz andere Frequenzen ein: „Was die Zyprer in jener Zeit hörten, hing davon ab, ob sie griechische oder türkische Zyprer waren: erstere hörten Sendungen aus Athen, letztere Programme aus Ankara."[9]

Die Geschichte des zyprischen Fernsehens begann 1957 mit einem täglichen zweistündigen Programm des *Cyprus Broadcasting Service*. In der Endphase der britischen Kolonialherrschaft wurde die CBS in *Cyprus Broadcasting Corporation* umbenannt. In einem Rundfunkgesetzt wurden die Rechte und Pflichten der staatlichen zyprischen Rundfunkanstalt ebenso festgelegt wie die Programmgrundsätze. Das *Radiofoniko Idryma Kyprou* (RIK) – um an dieser Stelle den griechischen Namen einzuführen – nahm nach der Unabhängigkeit im Jahre 1960 für drei Jahrzehnte eine Monopolstellung ein, um dann – zu Beginn der neunziger Jahre – mit der Legalisierung eines „dualen Systems" ziemlich ruckartig aus seinem journalistischen Dornröschenschlaf geweckt zu werden.

III. Die Presse

Die Liberalisierung im Bereich der elektronischen Medien zu Beginn der neunziger Jahre hatte auch zur Folge, daß die Presse ihre bis dahin überragende Bedeutung für die politische Meinungsbildung tendenziell einbüßte. Die zyperngriechischen Zeitungen verstehen sich in ihrer großen Mehrheit als politische Blätter; Boulevardzeitungen mit hohen Auflagen wie in anderen westlichen Demokratien sucht man auf Zypern vergeblich. Laut dem „Jahrbuch der zyprischen Informationsmedien" von 1992 gab es im Vorjahr in der Republik Zypern elf täglich erscheinende Morgenzeitungen sowie zwei täglich erscheinende Mittagsblätter; hinzu kommen elf Wochenzeitungen, sieben Sportzeitungen sowie 13 „andere Zeitungen". Insgesamt registriert das Jahrbuch zudem nicht weniger als 38 Zeitschriften bzw. Illustrierte[10]). Angesichts dieser Titelfülle im Blätterwald und der relativ geringen Zahl an potentiellen Lesern darf es nicht wundern, daß die Auflagen der jeweiligen Printmedien relativ klein sind. Unangefochtener Marktführer bei den zyperngriechischen Tageszeitungen ist der *Fileleftheros*; von dieser Zeitung, die um einen unabhängigen Kurs bemüht ist und die „seriöseste" zyprische Zeitung genannt werden kann, wurden im Dezember 1992 im Tagesdurchschnitt knapp

---

[8]) Radiofoniko Idryma Kyprou (o. O., o. J.), S. 5 (Selbstdarstellungsbroschüre in griechischer Sprache).
[9]) Press and Information Office (Anm. 1), S. 32.
[10]) Grafeio Typou kai Pliroforion: Epetirida Kypriakon Meson Enimerosis (Presse- und Informationsbüro: Jahrbuch der zyprischen Informationsmedien). Nikosia 1992, S. V.

19000 Exemplare verkauft[11]). Auf den Plätzen in der Verkaufsstatistik folgen die Tageszeitungen *Simerini* (Heutige), *Agonas* (Kampf), *Alitheia* (Wahrheit) und *Apogevmatini* (Nachmittagszeitung), die Ende 1992 jeweils zwischen vier- und sechseinhalbtausend Exemplare verkauften. Die dominante Stellung bei den Wochenblättern nimmt die 1979 ins Leben gerufene englisch-sprachige *Cyprus Weekly* ein; sie konnte 1992 im Schnitt 12000 Exemplare veräußern. Auf knapp 5000 Exemplare kam die wöchentlich erscheinende Sportzeitung *Athlitiko Vima* (Bühne des Sports) und rund zweitausend Leser kauften wöchentlich die Zeitung *Kosmos ton Spor*, die „Welt des Sports" – ebenfalls eine nicht-politische Zeitung.

Relativ neu auf dem Markt der zyperngriechischen Printmedien sind die Zeitschriften bzw. Illustrierten: Seit 1982 erscheint das Magazin *Enimerosi* (Aufklärung); Ende 1992 verkaufte das Blatt durchschnittlich knapp sechstausend Exemplare pro Ausgabe. Die vorderen Ränge der Auflagen-Tabelle nehmen die 1989 gegründete Zeitschrift *Periodiko* (Zeitschrift) sowie das Magazin *Selides* (Seiten) ein: Beide kamen 1992 im Schnitt auf knapp 20000 verkaufte Exemplare pro Auflage. Ein Wort schließlich noch zu den Programmzeitschriften, die mit der Liberalisierung der elektronischen Medien – und ganz besonders mit dem Aufkommen neuer TV-Sender – eine feste Leserschaft gefunden haben: Hier stritten 1994 zwei Blätter um die Gunst des Publikums – die traditionsreiche, vom staatlichen Sender RIK herausgegebene Zeitschrift *TV-Radioprogramma* sowie der „Neuling" *TV Kanali* (TV Kanal). Jede der Zeitschriften brachte es Mitte 1994 auf eine wöchentlich verkaufte Auflage von gut 10000 Exemplaren[12]).

Die rechtlichen Rahmenbedingungen der Presse in der Republik Zypern regelt das Pressegesetz aus dem Jahre 1989[13]). Eine zentrale Rolle in allen Pressefragen räumt das Gesetz dem „Presserat" (*Symvoulio Typou*) ein: Dieses Gremium beschützt – so der Gesetzestext – „die Freiheit und die Unabhängigkeit der zyprischen Presse", regelt die Fragen, die mit der „journalistischen Ethik" zusammenhängen und beschäftigt sich mit Beschwerden der Öffentlichkeit in bezug auf Presseveröffentlichungen. Die Mitglieder des „Presserates" werden von der Regierung ernannt, wobei jeweils drei Personen vom Verband der Verleger und vom Verband der Redakteure berücksichtigt werden müssen; schließlich hat jede der im Parlament vertretenen Parteien einen gesetzlichen Anspruch auf Sitz und Stimme in dem Aufsichtsgremium. Neben der Definition der Aufgaben und der Zusammensetzung des „Presserates" bestimmt das Gesetz die Kernpunkte des zyprischen Presserechts: So wird dem Journalisten – hier spielt es ausdrücklich keine Rolle, ob es sich um einen Zyprer oder einen Ausländer handelt – ein Informationsanspruch eingeräumt; der journalistische Auskunftsanspruch in Paragraph 7 des Gesetzes findet indes dort seine Grenze, wo „die Sicherheit der Demokratie, die öffentliche Ordnung, die verfassungsmäßige Ordnung, der Schutz des Ansehens und die Rechte Dritter" berührt sind. Der gesetzliche Informationsanspruch des Journalisten geht einher mit einer für liberale Pressegesetze selbstverständlichen Infor-

---

[11]) Angaben nach O Fileleftheros. 24.1.1993.
[12]) Pontiki. 4.8.1994.
[13]) Text des Gesetzes in: Parartima Proto tis Episimis Efimeridas tis Dimokratias (Erster Anhang im Amtsblatt der Republik), Nr. 2433 vom 11. August 1989.

mationspflicht des Staates. Eindeutig geregelt ist in dem besagten Text ferner das sogenannte Zeugnisverweigerungsrecht, mithin das Recht des Journalisten, seine Informationsquellen zu verschweigen: Gemäß dem zyprischen Pressegesetz von 1989 findet der Schutz der Informanten u. a. dort seine Grenzen, wo – so wörtlich – „Gründe des höheren und zwingenden öffentlichen Interesses eine Freigabe der Information erforderlich machen". Ferner sieht das Gesetz u. a. ein Recht auf Gegendarstellung vor und regelt den Titelschutz. Interessant ist schließlich, daß ein ganzes Kapitel des Gesetzes – drei dichtbedruckte Seiten des Gesetzestextes – sich mit Vertriebsfragen befaßt: Wie in Griechenland und in anderen mediterranen Ländern spielen auch auf Zypern die Kioske beim Zeitungsverkauf die entscheidende Rolle. Da die Vertriebsform des Zeitungsabonnements die große Ausnahme bleibt, werden der Kiosk und sein Betreiber zur wichtigsten Verkaufsstelle. Ihre Rechte und Pflichten sind im Gesetz bis ins letzte Detail geregelt: „Die Kioskbesitzer sind verpflichtet, Ausgaben aller Zeitungen, die erscheinen, zum Verkauf auszuhängen – und zwar in gut sichtbarer Lage des Kiosks, ohne jedwede Diskriminierung der einen Zeitung gegenüber einer anderen."

IV. Die elektronischen Medien (Hörfunk und Fernsehen)

„Die Geschichte des Rundfunks auf Zypern ist identisch mit der Entwicklung des (staatlichen) RIK", schreibt nicht ganz unbescheiden der Intendant des zyperngriechischen Staatssenders Marios Iliadis in der Einleitung zum Jahresbericht seines Unternehmens für das Jahr 1993[14]. In der vom staatlichen Informationsamt veröffentlichten Darstellung über die „Massenmedien auf Zypern" liest sich das ganz anders, wenn davon die Rede ist, daß manch einer behauptet, daß „die Geschichte des Rundfunks auf Zypern im Jahre 1990 beginnt – und nicht 1953."[15] Die Geschichte der elektronischen Medien auf Zypern beginnt natürlich – wie einleitend gesehen – im Jahre 1953 mit der CBS. Doch die ersten vier Jahrzehnte des Hörfunks und Fernsehens waren geprägt vom Monopol des staatlichen Senders, das erst 1990 – zunächst im Hörfunk, zwei Jahre später dann auch für das Fernsehen – gesprengt wurde. Das Jahr 1990 signalisiert die tiefe Zäsur für die zyprischen Massenmedien: Seit der „Demonopolisierung" der zyprischen Rundfunklandschaft können wir von einem „dualen System" auf der Insel sprechen, einem System intensiven Wettbewerbs zwischen staatlichem RIK auf der einen und privatwirtschaftlich organisierten Anbietern auf der anderen Seite.

Bevor der staatliche und private Rundfunk im einzelnen vorgestellt werden, zunächst einige Informationen zur Medienausstattung und Mediennutzung auf Zypern. Entsprechend dem hohen Pro-Kopf-Einkommen der griechischen Zyprer und dem für die Region allemal überdurchschnittlich hohen Lebensstandard sind nahezu sämtliche zyperngriechische Haushalte mit audiovisuellem Gerät ausge-

---

[14] Radiofoniko Idryma Kyprou: Etisia Ekthesi 1993 (Rundfunkanstalt von Zypern: Jahresbericht 1993), Nikosia o. D.
[15] Press and Information Office (Anm. 1), S. 40.

stattet. Nach Angaben des RIK verfügen 92,5 Prozent der Haushalte über mindestens ein Farbfernsehgerät. Fast alle Haushalte verfügen über einen Radioapparat – und die große Mehrheit der PKW ist mit Autoradio ausgestattet. Im statistischen Mittel verbringt der griechische Zyprer am Tag 2,48 Stunden vor dem Fernseher; der statistisch ermittelte Durchschittswert für den täglichen Radiokonsum beläuft sich auf über viereinhalb Stunden[16]).

1. Der staatliche Rundfunk (RIK)

Radio und Fernsehen auf Zypern waren über Jahrzehnte gleichbedeutend mit dem staatlichen *Radiofoniko Idryma Kyprou* (RIK). Der staatliche Sender geht auf den kolonialen CBS zurück, der – wie gesehen – den Sendebetrieb im Jahre 1953 aufnahm. Kurz vor dem Ende der Kolonialzeit wurde der CBS in *Cyprus Broadcasting Corporation* umbenannt. Aus der kolonialen Ära stammt auch das Rundfunkgesetz, das – wenn auch mit diversen Änderungen und Ergänzungen – nach wie vor die rechtliche Grundlage des RIK darstellt.

In Kapitel *300 A* des Gesetzes aus dem Jahre 1959[17]) ist der staatliche Charakter des Senders eindeutig festgeschrieben: Die Regierung beruft und entläßt die Führung des Senders nach eigenem Gutdünken. Die Angestellten – ihre Zahl beläuft sich inzwischen auf rund 450[18]) – genießen einen beamtenähnlichen Status. Die Mitglieder des Verwaltungsrates werden ebenso von der Regierung bzw. dem Ministerrat benannt wie der Intendant und dessen Stellvertreter. Im ersten Verwaltungsrat des Staatssenders waren zwei der insgesamt neun Mitglieder Vertreter der zyperntürkischen Volksgruppe. Im Zuge der Eskalation des Bürgerkrieges und des Rückzuges der türkischen Zyprer aus den gesamtstaatlichen Institutionen im Jahre 1963 verließen die beiden Inseltürken ihre Plätze im Führungsgremium des RIK. Dem zyperntürkischen Separatismus begegneten die griechischen Zyprer auch hier mit einem demonstrativen Festhalten an der Einheitlichkeit der zyprischen Republik: „Der RIK ist einheitlich, wie auch die Republik Zypern einheitlich ist", zitiert über drei Jahrzehnte später die Selbstdarstellungsbroschüre des Senders einen wichtigen Beschluß des Verwaltungsrates aus dem Jahre 1960[19]).

Der Staatsrundfunk hatte von Beginn an nicht nur das zyperngriechische Publikum im Auge, sondern sendete stets auch in türkischer und englischer Sprache – und später auch in Armenisch und Arabisch. Im Gesetz über die *Cyprus Broadcasting Corporation* aus dem Jahre 1959 – das in den Folgejahren mehrfach revidiert und ergänzt wurde – heißt es, daß die Sendungen „mit unparteiischer Beachtung der Interessen und der Empfindlichkeiten der unterschiedlichen Volksgruppen und mit hinreichender Beachtung der Interessen der Minderheiten" zu erfol-

---

[16]) Cyprus Broadcasting Corporation (o.O., o.J.), S.7. (Selbstdarstellungsbroschüre in englischer Sprache).
[17]) Text des Gesetzes: Cyprus Broadcasting Corporation. Chapter 300 A of the Laws (Amended up to and Including Law 9/88 as at 23 January, 1988).
[18]) Cyprus Broadcasting Corporation (Anm. 16), S.7.
[19]) Radiofoniko Idryma Kyprou (Anm. 8), S.6.

gen haben. Ergänzend wird ausdrücklich bestimmt, daß es Programme in griechischer, türkischer, englischer und „jeder anderen Sprache" geben soll. Zusätzlich zu diesem formalen Programmauftrag wird in dem Gesetzestext die programminhaltliche Vorgabe konkretisiert: Die Sendungen sollen jederzeit ein „faires Gleichgewicht" bezüglich der unterschiedlichen Sprachen sicherstellen. Wie dieses Gleichgewicht im einzelnen aussehen soll, ist im Gesetz nicht beschrieben. Genausowenig findet der Leser eine Definition der Vorgabe „faires Gleichgewicht". Dafür sieht das Gesetz „beratende Ausschüsse" beider Volksgruppen vor, deren Aufgabe es ist, die Leitung der Anstalt in allen Fragen bezüglich der jeweiligen Sprachendienste zu beraten[20].

Der Rückzug der zyperntürkischen Vertreter aus der Leitung des Senders bedeutete keinesfalls ein Ende der türkischen Programme. Diese wurden (und werden) fortgesetzt: Im Hörfunk finden sich die türkischen Sendungen heute im Zweiten Programm, das 1992 täglich drei Nachrichtensendungen in türkischer Sprache ausstrahlte. Ferner gibt es türkische Nachrichten im staatlichen Fernsehen, und schließlich werden einige griechische Serien mit türkischen Untertiteln gezeigt. Die quantitative wie qualitative Aufwertung der türkischen Programme bezeichnet RIK als ein Unternehmensziel: „Zu diesem Zweck wurde eine große Zahl von Schallplatten mit moderner türkischer Musik und türkischen Theaterproduktionen eingekauft. Die ganze Bemühung stützte sich auf ... die Mitarbeit zyperntürkischer Intellektueller. Das Ziel ist die weitere Steigerung der Stundenzahl der türkischen Sendungen sowie eine Verbesserung ihrer Qualität. Denn diese stellen die wichtigste, wenn nicht die einzige Kommunikationsbrücke zu unseren zyperntürkischen Landsleuten dar."[21] Dennoch sucht man in RIK-Publikationen vergeblich nach einer genauen Angabe zum Anteil der türkischen Programme am gesamten Sendevolumen. Mit einiger Akribie werden hingegen die Sendungen in griechischer Sprache registriert: 1 447 Programmstunden wurden 1992 in griechischer Sprache gesendet; dies ergibt einen Anteil von 59,49 Prozent an der gesamten Sendezeit[22]. Detaillierte Angaben veröffentlicht RIK auch bezüglich der Aufteilung der Sendezeit nach Programmsparten: Rund ein Drittel des Ersten Hörfunkprogramms (30 Prozent) entfällt auf Information; stolze 55 Prozent entfallen auf Kultursendungen und lediglich 15 Prozent auf Unterhaltung. Beim Fernsehen sind die Anteile dagegen verschoben: Über ein Drittel entfallen hier auf „Informationssendungen", lediglich 3,17 Prozent auf Kultur (!) und stolze 50,6 Prozent in die Rubrik Unterhaltung[23].

Das Auftreten privater Rundfunk-Anbieter Anfang der neunziger Jahre ist nicht nur ein tiefer Einschnitt in die zyprische Mediengeschichte. Auch für den bis dahin im Schutz des Staatsmonopols sendenden RIK brachen neue – und schwerere – Zeiten an. Der Sender reagierte mit einer ganzen Reihe von Maßnahmen auf die neue Konkurrenz: Mit Hilfe britischer Berater schuf RIK 1991 eine neue Unternehmenspolitik, die nicht ohne Folgen auf die Inhalte, vor allem aber auch auf

---

[20] Chapter 300 A (Anm. 17).
[21] Radiofoniko Idryma Kyprou (Anm. 8), S. 13.
[22] Ebenda, S. 15.
[23] Ebenda.

die Form der Programme bleiben sollte. Ein Jahr zuvor (1990) war das *Trito* – das Dritte Hörfunk-Programm – auf Sendung gegangen. Bemerkenswerterweise ist es diesem Programm gelungen, in direkter Konkurrenz mit diversen privaten Stationen die Marktführerschaft zu erreichen – und zu behaupten. 1992 nahm dann das zweite Programm des staatlichen Fernsehens den Sendebetrieb auf.

Anders als die große Mehrheit der privaten Radio- und Fernsehsender hat RIK einen klar definierten – von der Regierung vorgegebenen – Sendeauftrag. Zypern sei ein „zur Hälfte okkupiertes" Land, heißt es in der RIK-Publikation. In diesem Zusammenhang müsse der Sender in seinen Programmen dafür Sorge tragen, daß die „Erinnerung an die von der Türkei besetzten Gebiete nicht verloren" gehe, daß „der Kampfgeist des Volkes aufrechterhalten" werde und daß die „Flüchtlingsfrage" nicht in Vergessenheit gerate[24]). Vor diesem Hintergrund müssen die regelmäßigen TV-Sendungen, wie z.B. die „Stunde des Nationalgardisten" oder die „Stunde der ELDYK" (Griechische Streitkräfte auf Zypern), gewürdigt werden.

Schließlich noch ein Wort zu den Finanzen: Wie in anderen Ländern bescherte auch auf Zypern die Zulassung privater Konkurrenten dem zyprischen Staatssender große wirtschaftliche Schwierigkeiten. Denn wie in anderen Ländern kam es auch bei RIK zu einem Einbruch bei den Werbeeinnahmen. Der staatliche Sender finanziert sich im wesentlichen aus drei Quellen: Den Löwenanteil machen die Rundfunkgebühren aus, deren Höhe sich in Zypern (wie in Griechenland) nach dem Stromverbrauch richtet. An zweiter Stelle folgen die Werbeeinnahmen; und schließlich – und dies ist die dritte Säule der RIK-Finanzen – gibt es einen staatlichen Zuschuß. Pikanterweise beschloß das zyprische Parlament 1993 die Halbierung des Staatszuschusses. Für RIK kam der Sparbeschluß zur Unzeit, mußte der Sender doch zugleich mit dem drastischen Rückgang seiner Werbeeinnahmen fertigwerden. Besonders einschneidend war die Minderung beim ersten Fernsehprogramm: Von einem auf das andere Jahr schrumpften die Werbeeinnahmen um 40 Prozent[25]). Auf 14 Millionen Dollar wird der Gesamtetat der zyprischen Werbewirtschaft für Hörfunk und Fernsehen im Jahr beziffert. Das dickste Stück aus diesem Kuchen haben sich sehr schnell die privaten Sender gesichert[26]).

2. Der private Rundfunk

Die offizielle Geburtsstunde des privaten zyperngriechischen Rundfunks ist das Jahr 1990. Kurz nach Inkrafttreten des Hörfunkgesetzes erhielten die ersten Sender eine Lizenz und nahmen den Betrieb auf. Der erste – legale – private Sender war *Radio Super*. Wenig später folgten *Radio Proto* und *Radio Astra*. Das Hörfunkgesetz schloß eine Grauzone, in der zuletzt eine wachsende Zahl illegaler,

---

[24]) Radiofoniko Idryma Kyprou (Anm. 8), S. 22.
[25]) Radiofoniko Idryma Kyprou (Anm. 14), S. 28.
[26]) Neophytos, E.: Das Rundfunksystem Zyperns, in: Internationales Handbuch für Hörfunk und Fernsehen 1994/95. Hrsg. Hans-Bredow-Institut für Rundfunk und Fernsehen. Baden-Baden/Hamburg 1994, S. 240.

nicht-lizensierter „Piratensender" wirkten. Wie groß der „Nachholbedarf" war, zeigte sich nicht zuletzt daran, daß kurz nach der Zulassung nicht-staatlicher Radios auf Zypern 28 lizensierte Sender auf dem Äther waren. Die Mehrzahl der Privatsender auf Zypern sind kleine lokale Stationen, die die Hörer in einer Stadt oder einer Region bedienen (z.B. *Radio Kastro* in Larnaka oder *Radio Paphos*). Mit der Privatisierung des Hörfunks ist Bewegung in die Radiolandschaft gekommen. Wie schwierig das Geschäft auf dem engen zyprischen Markt ist, verrät auch der Umstand, daß zwei der „Pioniere" – nämlich *Radio Super* und *Radio Astra* – inzwischen von der Bildfläche wieder verschwunden sind.

Die rechtlichen Grundlagen des privaten Hörfunks auf Zypern regelt das Gesetz Nr. 120 von 1990[27]). Erstmals wird ein „Beratender Hörfunkausschuß" eingeführt, der u.a. über so wichtige Dinge wie die Vergabe der Lizenzen und die Einhaltung der gesetzlich festgeschriebenen Werberichtlinien zu befinden hat. Der Vorsitzende des siebenköpfigen Ausschusses ist ex officio der Generaldirektor des Verkehrsministeriums. Ihm zur Seite steht der Direktor des ebenfalls staatlichen Informationsamtes PIO. Zwei weitere Mitglieder werden von der Regierung ernannt. Schließlich haben jeweils ein Vertreter der Kommunen und des Redakteursverbandes Sitz und Stimme in dem wichtigen, aber allemal regierungsnahen Ausschuß. Der Gesetzgeber stellt hohe Ansprüche an die Lizenznehmer: Von „objektiver und unvoreingenommener" Programmarbeit ist in dem Gesetz die Rede; zudem müssen die Sender hohe journalistische, ja künstlerische Qualität sichern – ein Anspruch, der dem postulierten gesellschaftlichen und künstlerischen Auftrag entspreche. Interessant ist auch der Hinweis, daß Lizenzen nur an Bürger der Republik Zypern vergeben werden, die zudem ihren ständigen Wohnsitz auf Zypern haben müssen. Um die Pluralität der Anbieter zu sichern, darf eine natürliche oder juristische Person lediglich einen Radiosender betreiben. Dieses „Konzentrationsverbot" unterstreicht der Gesetzgeber auch mit der Vorschrift, daß Kapitalbeteiligungen von Lizenzinhabern an anderen Hörfunkanbietern maximal fünf Prozent betragen dürfen. Im Gesetz sind schließlich die Werberichtlinien festgehalten: Der Anteil der Werbung an dem Programm darf zehn Prozent nicht überschreiten; unter dem Strich dürfen – auf ein einstündiges Programm bezogen – die Werbeblöcke sechs bis zehn Minuten betragen.

Zwei Jahre nach der Liberalisierung des Hörfunks erfolgte die Freigabe der Fernsehfrequenzen für nicht-staatliche TV-Programme: Als erster erschien der Sender *O Logos* (Das Wort) auf den zyperngriechischen Bildschirmen. Dieser Sender gehört – wie vieles andere auf Zypern im übrigen auch – der orthodoxen Kirche, die sich bekanntlich nicht nur um das Seelenwohl ihrer Gemeinde kümmert, sondern traditionell auch ein wichtiges Wort in politischen Fragen mitredet. „Das Hauptziel von *O Logos* soll sein, die christlichen Werte und nationalen Überzeugungen der griechischen Zyprer zu erhalten, zu entwickeln und zu fördern."[28])

---

[27]) Text des Gesetzes 120/1990 in: Grafeio Typou kai Pliroforion (Anm. 10), S. 127–133.
[28]) Neophytos (Anm. 26), S. 240.

Für nachhaltige Umwälzungen auf dem zyprischen TV-Markt sorgte aber weniger der politisierende Kirchensender. Wesentlich größeren Zuspruch fand von Beginn an der rein kommerzielle Privatsender *Antenna-TV*, die zyprische Tochter des gleichnamigen griechischen Unternehmens. In kurzer Zeit gelang es *Antenna*, zum zuvor allein dominierenden RIK 1 aufzuschließen – und dem Staatsfernsehen die Werbekunden abzujagen. Das zyprische *Antenna*-Programm ist weitgehend mit dem griechischen identisch. Doch nicht nur durch *Antenna-TV* sind die Zyperngriechen tagtäglich mit Griechenland verbunden: Auf der Grundlage eines bilateralen Abkommens vom November 1990 wird zudem das erste Programm des staatlichen griechischen Fernsehens (ERT 1) via Satellit nach Zypern übertragen, wo es landesweit und terrestrisch empfangen werden kann. Im Gegenzug sendet RIK ein tägliches TV-Programm nach Griechenland. Seit 1993 gibt es mit *Lumier-TV* (LTV) auch einen zyperngriechischen *Pay-TV*-Sender. Wer die LTV-Programme sehen will, benötigt einen Decoder und muß regelmäßige Beiträge bezahlen. Wie in anderen Ländern auch bestreitet Zyperns *Pay-TV*-Kanal sein Programm überwiegend mit Serien, Kinofilmen und exklusiven Sport-Übertragungen. Ferner überträgt LTV via Satellit die amerikanischen CNN-Nachrichten sowie Programmteile der BBC und des Musiksenders MTV.

Das zyprische Fernseh-Gesetz aus dem Jahre 1992[29]) ist in weiten Teilen eine Abschrift des Hörfunk-Gesetzes des Jahres 1990. Das entscheidende Wort bei der Vergabe der Lizenzen und bei der Einhaltung der Werbe- und Programmrichtlinien spricht auch in bezug auf das Fernsehen der mehrheitlich von der Regierung eingesetzte Ausschuß. Wie beim Radio gilt auch beim Fernsehen, daß Lizenzen nur an „Bürger der Republik Zypern" vergeben werden; bei der Konzentrationskontrolle sind die Bestimmungen im Fernsehbereich großzügiger als beim Radio: Während ein Radio-Betreiber einen maximal fünfprozentigen Anteil an einem weiteren Hörfunk-Sender sein eigen nennen darf, liegt der zulässige Höchstanteil im TV-Bereich bei immerhin 25 Prozent. Auffällige Abweichungen von der gesetzlichen Radio-Vorlage gibt es in zwei weiteren Punkten des Fernsehgesetzes: zum einen werden die Lizenzen für zehn (anstatt drei) Jahre vergeben; zum anderen heißt es bezüglich des Programmauftrages, daß die Fernsehsender „die nationale Identität und das kulturelle Erbe des zyprischen Volkes" bewahren müssen. Die Erfüllung dieses Auftrages ist nicht unproblematisch, hieße es doch, einen Großteil der Produktionen selber herzustellen. Angesichts des kleinen zyprischen Marktes und der begrenzten Werbeeinnahmen sind die zyprischen Fernsehsender – dies gilt für den staatlichen RIK wie für die private Konkurrenz – in hohem Maße auf die Übernahme ausländischer Produktionen angewiesen. Auf 70 Prozent beläuft sich der Anteil der ausländischen Produktionen: „Inländische Produktionen beschränken sich auf Nachrichtensendungen, einige Dokumentarfilme, TV-Spiele, Talk-Shows, Kindersendungen sowie Beiträge über kulturelle und politische Ereignisse."[30])

---

[29]) Text des Gesetzes 29(I)/1992 in: Grafeio Typou kai Pliroforion (Anm. 10), S. 134–140.
[30]) Neophytos (Anm. 26), S. 241.

V. Die Republik Zypern als regionales Informationszentrum

Ein Überblick über die Massenmedien auf Zypern ist nicht vollständig ohne Hinweis auf die bedeutsame Rolle der Insel als regionales Informationszentrum. Die geographische Lage am Schnittpunkt der Kontinente Europa, Asien und Afrika hat dazu geführt, daß Zypern in seiner Geschichte häufig ins Blickfeld der Mächte geraten ist. Die geographische Lage im unmittelbaren Vorfeld des Nahen und Mittleren Ostens hat im modernen Medienzeitalter entscheidend dazu beigetragen, daß internationale, aber auch zahlreiche nationale Nachrichtenagenturen Zypern als regionale Basis ausgewählt haben. Begünstigt wurde diese Entwicklung durch die politischen Turbulenzen in Beirut – vor dem Ausbruch des libanesischen Bürgerkrieges das „Informationszentrum" des Nahen Ostens. Wenn die Zyprer ihr Land heute als regionales Informationszentrum preisen, so nicht zuletzt auch wegen des hohen und modernen Standards der Telekommunikation; zudem wird die Insel von zahlreichen internationalen Fluggesellschaften angeflogen, was dazu beiträgt, daß manch ein Journalist Zypern als geradezu idealen Korrespondentenplatz betrachtet. Ein Gradmesser sind die internationalen Nachrichtenagenturen: *Associated Press* (AP) richtete 1976 sein regionales Korrespondenten-Zentrum auf Zypern ein. Von Zypern aus bereisen die AP-Korrespondenten die Länder des Nahen Ostens. Die Agentur beschäftigt 15 feste Mitarbeiter auf der Insel. Auf 16 redaktionelle Mitarbeiter in Zypern bringt es die Nachrichtenagentur *Reuters*, die aus Nikosia über 21 Länder der Region berichtet. Die Aufwertung des Büros in der zyprischen Hauptstadt zum *Middle East Headquarter* erfolgte 1989. Die mit Abstand stärkste journalistische Präsenz auf Zypern unterhält die französische Agentur *Agence France Presse* (AFP). Nicht weniger als 46 redaktionelle Mitarbeiter verdienen im Regionalbüro Nahost in Nikosia ihr Geld. Die Aufwertung der zyprischen AFP-Dependance zum regionalen Zentrum erfolgte 1987. Am 15. Dezember 1997 eröffnete schließlich auch die *Deutsche Presseagentur* (dpa) ein Büro in Nikosia für ihren internationalen Service in Arabisch.

The Turkish Cypriot Mass Media

Bekir Azgın, Famagusta

I. Turkish Cypriot Newspapers under Ottoman Press Law – II. Turkish Cypriot Newspapers under British Law – III. Turkish Cypriot Newspapers After the Foundation of the Republic of Cyprus – IV. Turkish Cypriot Newspapers after 1974 – V. Radio and Television – VI. The Public Information Office (PIO) – VII. The Turkish News Agency Cyprus (TAK)

I. Turkish Cypriot Newspapers under Ottoman Press Law

Although Cyprus came under the rule of the British in 1878, the press of the island continued to be controlled by the Ottoman Press Law [*Matbuat Nizamnamesi*] of 1865, until it was abolished and replaced by the "Newspaper, Books and Printing Press Law" of 23 May 1930.[1]) According to the Ottoman Press Law anybody who wished to publish a newspaper or a magazine was required to get a licence from the state. Also, the licensee of any publication was to have an editor in chief over 30 years of age. Relating wrong news, misrepresenting or falsifying the events and coming out against any religious denomination was a crime and could be punished.[2])

There is not much knowledge about the early Turkish Cypriot newspapers since no copy has survived. All that one knows about these newspapers are their titles and the names of their owners which are recorded in a few monographs. Salahi R. Sonyel came across the name of *Ümid* [The Hope] amongst the documents of the British Colonial Office. The Ottoman Sultan Abdul-Hamid II had complained to the British government that Aleksan Sarrafian, who was publishing the newspaper *Ümid* in Larnaka, was constantly attacking the government of the Sultan, and had asked the British government to stop him. In a letter dated 1 March 1880 the Colonial Administration suggested that the best way of overcoming this problem was to make sure that the newspaper did not reach the domains of the Sultan. Sonyel concludes that the first Turkish newspaper published in Cyprus should have been *Ümid* and that the paper probably began publication sometime in 1879.[3])

---

[1]) Dedeçay, S.S.: Kıbrıs'ta Enformasyon veya Yazılı ve Sözlü Basın [Information on the Written and Oral Press in Cyprus]. Lefkoşa 1989, pp. 144–146 and Ünlü, C.: Kıbrıs'ta Basın Olayı [The Press Affair in Cyprus] (1878–1981). (No place and date), p. 210.
[2]) Dedeçay (note 1), p. 144.
[3]) Sonyel, S.R.: Kıbrıs'ta Yayınlanan İlk Türkçe Gazete [The First Turkish Newspaper Published in Cyprus], in: Yeni Kıbrıs Magazine. (1985), pp. 16/17.

Then we come across the name of *Saded* [The Scope]. The Cyprus Blue Book for the year 1889/90 points out that *Saded* was a weekly newspaper in Turkish.[4] Cobham writes that this paper was published from 1 July 1889 (No. 1) to 14 November 1889 (No. 16).[5] Cemalettin Ünlü suggests that *Saded* was published in Limassol and that its owner was Ahmet Emin Ağa, a retired civil servant.[6]

The earliest newspaper of which copies have survived is *Zaman* [The Times], a weekly newspaper. Zaman started its life on December 1891;[7] its last issue was published on 7 September 1900 (No. 428).[8] In its first issue, *Zaman*'s purpose of existence was stated as follows:

– To fight against English colonialism.
– To fight against the numerous Greek newspapers which were propagating the Greek view on the Cyprus question.
– To resist the *Enosis* movement.
– To make known the Turkish Cypriot views to the world.
– To make sure that the Turkish language survives on the island of Cyprus.
– To be of help to the Turkish society socially, politically, ethically, and educationally.[9]

Actually, the history of the Turkish Cypriot mass media in a nut-shell is one of the reaction to the *Enosis* movement – and one of refuting the Greek views on the Cyprus question. Although the licensee of *Zaman* was Tüccarbaşı Hacı Derviş Efendi, a merchant,[10] and the chief editor Muzaferiddin Galip Bey, the real owner of the paper and the printing house was *Kıraathane-i Osmaniye* [The Ottoman Club]. This Turkish Cypriot club was founded as a reaction to the Greek Cypriot's *Kypriakos Syllogos* [The Cyprus Club] to repel their attacks against the Turkish community in Cyprus.

Despite the fact that Turkish intellectuals were united against the Greek danger, the members of the Ottoman Club were also at loggerheads with the representatives of the Ottoman state over matters concerning the Sublime Porte's policies. There was a strong movement of Young Turks amongst the members of the club, including the chief editor, M. Galip, who were displeased with the policies of the newspaper as well as with the Sultan. So in a year's time the Young Turks either left the paper or were thrown out, and on 22 August 1892 they started publishing a new newspaper, *Yeni Zaman* [The New Times].

The licensee of *Yeni Zaman* was Küfizade Asaf Bey and the chief-editor was M. Galip Bey. The paper was printed at the printing house of the Ottoman club.

---

[4] Cyprus Blue Book, 1889/90. Nicosia 1890, p. 427.
[5] Cobham, C.D.: Excerpta Cypria. Cambridge 1908 (Reproduction), p. 512.
[6] Ünlü (note 1), p. 16.
[7] Until lately "Zaman" was assumed to be the first Turkish newspaper published in Cyprus. Therefore, 25 December is celebrated as the "Day of the Journalists."
[8] Cobham (note 5), p. 512.
[9] Ünlü (note 1), p. 18. This and all the following Turkish citations were translated by the author.
[10] As a result of pro-Sultan policies that were propagated in "Zaman", he was bestowed the title of "Paşa" by Sultan Abdul-Hamid II, so he later came to be known as Derviş Paşa.

Yeni Zaman quite often spoke about "constitution" and "constitutional government," and this fact disturbed the Sublime Porte. Under pressure from the Ottoman government the paper closed down after 22 weeks of publication on 27 February 1893.[11]) As a result of the new ideas that *Yeni Zaman* defended, and its polemical pieces attacking the Greek newspaper *Foni Tis Kyprou* [The Voice of Cyprus], which was then the prominent paper propagating *Enosis*, *Yeni Zaman* became very popular amongst Turkish Cypriot intellectuals. According to *Yeni Zaman*, Cyprus legally belonged to the Ottoman state and should be returned to its legal owner – the sooner the better.[12])

The very same people then started publishing a new weekly, *Kıbrıs* [Cyprus], on 6 March 1893.[13]) The aim of this newspaper, as stated in its first issue, can be summarized as follows: to fight against the Greek press, to render a service to the Turkish culture and Turkish people, to support the Young Turk movement, and to avoid writing false news. Besides these, *Kıbrıs* like *Yeni Zaman* struggled against the Porte, until Memduh Paşa, the Minister for Interior Affairs of the Porte, interfered and forced K. Asaf Bey to close his paper. The last issue (No. 318) bears the date of 31 October 1898.

One of the most prominent Turkish Cypriot journalists of the period was Ahmet Tevfik Efendi. He began his publishing career with two humorous newspapers, *Kokonoz* [The Ugly Woman] (27 November 1896 to 17 September 1897) and *Akbaba* [The Vulture] (1 October 1897 to 5 August 1898). These are the first humorous publications and they contain social and political satire. It seems that all articles in the papers were written by A. Tevfik Efendi himself. He often critisized the system of justice in Cyprus, England and Turkey. He often declared that he was against "the darkness and the despotism" – a hint against the Ottoman Sultan. In the 23rd issue of *Akbaba* he critisized the policies of the Porte during the last 60 years.[14]) It was no coincidence that this was the last issue of his newspaper. A. Tevfik Efendi then started publishing a new weekly, *Mirat-ı Zaman* [The Mirror of the Time], on 3 March 1901. Unlike his previous publications this was not a satirical newspaper. Because of economic difficulties it had to close down several times. Ultimately, however, it managed to continue its publication until 11 April 1910.[15])

One of the issues hotly debated at this time among Turkish Cypriots was the problem with the organization of the pious foundation *Evkaf* [*Vakıf*]. Turkish Cypriot intellectuals were for quite a few decades divided in two groups. A large group was against the *Evkaf* administration, proclaiming that the top administrators were pro-British (and thus not defending the true interests of the Turkish people and Islam). The other group was defending the *Evkaf* administrators. *Mirat-ı Zaman*, in general, became the voice of the supporters of the *Evkaf*. It conducted

---

[11]) Cobham (note 5), p. 512. Ünlü (note 1, p. 25) states that the last issue (No. 22) of the paper bears the date of 22 February 1893.
[12]) Ünlü (note 1), pp. 23–25.
[13]) Cobham (note 5), p. 512.
[14]) Ünlü (note 1), p. 31.
[15]) Konur, İ.: Kıbrıs Türkleri [Turkish Cypriots]. Nicosia 1938, p. 63.

emotional discussions with another Turkish Cypriot newspaper, *Sünuhat* [The Manifestations], which had come out against the *Evkaf* administration.[16])

Sünuhat was a weekly which was published from 1 October 1906 to 3 November 1912. Its owner was Hacı Mehmet Arif Efendi, the father of Ahmet Şükrü Esmer (who later became a famous columnist on international affairs in Turkey). *Sünuhat* at first supported the Sultan, but after 1908 it shifted its support to the *İttihat ve Terakki* [Union and Progress] party, which was pro-parlamentarian.[17])

In 1907 Winston Churchill, then Undersecretary for Colonial Affairs, visited Cyprus. This visit gave cause to new discussions between the two communities about *Enosis*. A Greek Cypriot delegation welcoming Churchill presented him with a declaration in which, among other things, it was remarked that Cyprus should be united with Greece. *Sünuhat* pointed out, in a long article which was published on 3 October 1907, that it was noticed (by Turkish Cypriots) with deep regret that Cypriot Christians did not pay any attention to the Muslim community on the island and the rights and privileges granted to them by the Ottoman government, and that Cyprus would never be united with Greece. It was also stated that Cyprus was only temporarily handed over to England and should be given back to Turkey according to the treaty of 1878.[18])

Apart from the papers mentioned above, the following short-lived newspapers were published during this period: *Feryat* [Cry for Help], four issues in 1899; *Maabir* [The Passages];[19]) *Vatan* [The Motherland], 48 issues from 26 April 1911 to 19 August 1913;[20]) *Seyf* [The Sword], 112 issues from 12 March 1912 to 15 June 1914; *Kıbrıs* [Cyprus], 37 issues from 1 June 1913 to 24 August 1914. The exact date on which *Kıbrıs* ceased publication is not known, but the last known issue is the one published on 24 August 1914.[21])

On 5 November 1914 Britain rescinded the existing treaties in annexing Cyprus. After the annexation the lifes of the Turkish Cypriots became very hard. The British administration would not tolerate those individuals who were supporting the Ottoman Empire, a state with which Britain was at war. Some of the prominent Turkish Cypriots were sent to prison at Kyrenia Castle, others were put under supervision. Those who did not wish to live under the administration left the island and emigrated to the Turkish mainland. It is estimated that about 8000 Turkish Cypriots, one eighth of the Turkish population then on the island, left Cyprus.[22]) Under these circumstances the Turkish Cypriot community was left without a newspaper for five years, from the end of 1914 to September 1919.

---

[16]) Konur (note 15), p. 64.
[17]) Ünlü (note 1), p. 39.
[18]) Gazioğlu, A.: İngiliz İdaresinde Kıbrıs [Cyprus Under the English Administration]. Istanbul 1960, pp. 52–54.
[19]) There is not much known about this newspaper. See Altay, H. Ş.: Kıbrıs Türk Basın Kaynakları [The Sources of the Turkish Cypriot Publications]. Nicosia 1969, p. 51.
[20]) Ünlü (note 1), pp. 41–43.
[21]) Ünlü (note 1), pp. 45–47.
[22]) Gazioğlu (note 18), p. 28. See also Gazioğlu, A.: Enosis Çemberinde Türkler [Turks in the Vicious Circle of Enosis]. Istanbul 1996, pp. 133–140.

The first newspaper which was published after the war was *Doğru Yol* [The True Path]. This weekly started its publication on 8 September 1919; its owner was Ahmet Raşid, the editor Mehmet Remzi, later known as Remzi Okan. *Doğru Yol* ceased its publication either in 1923[23]) or in 1926.[24]) The three main issues that concerned *Doğru Yol* were the continuing war between Greece and Turkey, modern education, and the Cyprus problem:

1) Since the war between Britain and Turkey was over Turkish Cypriots could now express their solidarity with the Kemalist movement in Anatolia. *Doğru Yol* published articles in which Turkish Cypriots were advised and encouraged to make donations to be sent to the Turkish people who were under Greek occupation in Turkey. Mehmet Remzi ends one of his articles with the following proposition: "Let yourself and your children be hungry for a day, and send the money you saved to your oppressed brethren in Izmir."[25])

2) *Doğru Yol* repeatedly stressed the importance of modern education, stating in one of the articles that "communities, like ourselves, who are under foreign administration must create modern educational facilities for our children. If we can not do this what can we expect from the future?"[26])

3) According to *Doğru Yol*, the status quo in Cyprus was temporary and since the war between Britain and Turkey was over, the two parties were advised to check to the original treaties and conventions. Britain, according to this paper, could not nullify the treaties unilaterally. From the security point of view of Anatolia, Cyprus could never be separated from Turkey.[27])

The editor of *Doğru Yol*, Mehmet Remzi, started publishing his own weekly called *Söz* [The Word] on 8 September 1920. *Söz* became the most influential newspaper between the two World Wars. The paper closed down after the death of its owner M. Remzi Okan in January 1942. Later in 1943 *Söz* was re-established by the two daughters of Remzi Okan, Bedia and Vedia, and was taken over by İhsan Ali and Fevzi Aliriza in 1946. Soon after this take-over the name of the paper was changed to *Hürsöz* [The Free Word].[28]) The general policy of *Söz*, at first, was to support the War of Independence in Turkey and then to support and propagate the Kemalist reforms. One may say that it was mostly due to Remzi Okan's efforts that the Turkish Cypriots accepted the Kemalist reforms without any pressure or force, as was the case in Turkey.

During his journalistic career,[29]) Remzi Okan was imprisoned twice and *Söz* was temporarily closed quite a few times by the English authorities. Because of his vigorous support of Mustafa Kemal's policies Remzi Okan was materially helped by

---

[23]) Ünlü (note 1), p. 54.
[24]) Dedeçay (note 1), p. 46.
[25]) Doğru Yol. 22 March 1920.
[26]) Ünlü (note 1), pp. 51/52.
[27]) Ünlü (note 1), pp. 52/53.
[28]) Dedeçay (note 1), pp. 48/49.
[29]) Mehmet Remzi Okan was a teacher before he established "Söz."

the Turkish Consulate in Cyprus in the early 1920s, when he was in trouble economically.[30]) Later, in 1930, a printing machine with the Latin alphabet was sent to him from the Turkish mainland. It was a present by the Turkish government on the personal orders of Kemal Atatürk.[31]) As a result *Söz* was the first Turkish Cypriot newspaper which was published in Turkish employing the Latin alphabet. The other papers were to follow years later.

In 1920 three more newspapers started their publications. *Davul* [The Drum] (1920–1923) was a satirical newspaper. *Ankebut* [The Spider], which was published in Larnaka, claimed to be "the only social Turkish newspaper."[32]) Its owner was Derviş Ali Remmal. D. A. Remmal, with the contributions of Mehmet Fikri, published the weekly *Ankebut* for three years. In 1923 both men moved to Nicosia where they started publishing another weekly under the name of *Hakikat* [The Truth]. *Hakikat*, which continued its publication until 1932, when compared to the other contemporary newspapers, was highly sympathetic towards the English administration and even published articles in English. *Vatan* [The Motherland] was published from 1920 to 1925 as a weekly. Its owner was Hüseyin Hüsnü Cengiz.

II. Turkish Cypriot Newspapers under British Law

The Ottoman Printing Law was abolished in 1930 and it was reinstalled by the Newspaper, Books and Printing Law of the British Colonial Government. This law made the publication of newspapers quite difficult because it required the owner to deposit 200 British Pounds in cash as a security after obtaining permission for publication. As if this was not enough, several more severe clauses were added to the law in 1934 because the English administration came to the conclusion that the Greek riots in 1931 were "largely caused by the exuberance of an unscrupulous and venal press."[33]) The Colonial Secretary was given such rights as "to grant permits, and in his discretion to cancel or suspend for such time as to him may seem fit any permit granted. Any person aggrieved by the refusal of the Colonial Secretary to grant a permit; the cancellation or suspension by the Colonial Secretary of a permit; or the placing of a newspaper under censorship ... may within ten days from the date of such refusal, cancellation, suspension or placing under censorship, as the case may be, appeal to the Governor in council, whose decision thereon shall be final and conclusive."[34])

With the new laws the British administration could hold responsible and sue anybody who had some sort of connection with the newspaper: from the proprietor

---

[30]) Fedai, H.: Dövülen İlk Türk Gazetecisi [The First Turkish Cypriot Journalist Who Was Beaten Up.]: Ahmet Raşid, in: Yeni Kıbrıs Magazine. (1984), pp. 21/22.

[31]) Manizade, D.: Kıbrıs: Dün, Bugün, Yarın [Cyprus: Yesterday, Today, Tomorrow], Istanbul 1975, p. 15.

[32]) Ünlü (note 1), p. 68.

[33]) Herbert Richmond Palmer at a meeting of the Royal Central Asian Society, 12 July 1939, in: Dedeçay (note 1), p. 226.

[34]) Dedeçay (note 1), p. 223.

to the author, from the printer to the distributor. These laws were revised with little changes by the "Press Law" of 1947. Aside from being treated according to the press laws journalists could also be sued and punished according to the clauses 47 to 50 of the Criminal Code of 1929.[35]) Under the new press law the content of the newspapers changed dramatically. Journalists were not allowed to write about controversial political issues, and newspapers like *Söz* which insisted to carry articles with nationalistic flavour were temporarily closed (with the responsible editors sent to prison). Yet the newspapers continued to be published and circulated.

Besides *Söz*, which by then was published in modern Turkish, a new newspaper, *Masum Millet* [The Innocent Nation], appeared on 1 April 1931. It was printed with the Ottoman (Arabic) alphabet, although its name was printed making use of both alphabets. In some editions articles in English and modern Turkish can be seen. It started as a weekly newspaper but was published twice a week for nearly a year after 1933.[36]) The owner of *Masum Millet* was Mehmet Rıfat, who was best known by the public as Cön Rıfat (a nickname suggesting that he was a sympathizer with the Young Turks).[37]) Rıfat was an ardent critic of the *Evkaf* administration. There was a widespread opinion at the time that the *Evkaf* leadership was pro-English and that it was not defending the interests of the Turkish community. He, therefore, constantly attacked the *Evkaf* administration. One can find something published against the leaders of this religious institution in nearly every edition of *Masum Millet*. One slogan with capital letters close to the title of the newspaper ran as follows: "Since the Turkish Cypriot community is suffering because of the maladministration of *Evkaf*, a constant innocent cry is indispensable."[38])

Despite the tight censorship of the colonial administration M. Rıfat could also boldly criticize the government in an article published in English in the following fashion: "This government not only restrained but also chained the press, the freedom of action and of speech, interfered with our language, destroyed with a stroke of pen the religious institutions without consulting the proper Turkish Authorities and obtaining their consent and did not yet replace them by the new ones in the way I have suggested and pointed out two years ago, [it] wanted to govern us without laws and rules, subjected us to treatments which can only be meted out for primitive and Bedouin clansmen, ridiculed the rights of Muslims and openly challenged our social honour and dignity."[39])

Masum Millet closed down on 28 August 1934. Soon after that, on 20 October 1934, a new newspaper, *Haber* [The News], was published by M. Fikri, but this paper lasted only for 21 issues and was closed down a year later on 31 October

---

[35]) These statutes of the Criminal Law and the Press Law of 1947 are still valid despite the fact that freedom of speech and the press is stated in the constitutions of 1960, 1976 and 1984.

[36]) See Fedai, H.: Kıbrıs'ta Masum Millet Olayı [The Event of Masum Millet in Cyprus]. Istanbul 1986.

[37]) The French pronunciation of "Young Turks" was translated in Turkish as "Cön Türkler" or "Jön Türkler."

[38]) Konur (note 15), p. 68.

[39]) Fedai (note 36), p. 74. There the full text of this article in English and other articles in Turkish by M. Rıfat can be found.

1935.⁴⁰) On 29 April 1935 another newspaper started to be published under the name of *Ses* [The Voice]. *Ses*, which lasted for three years, closing down on 21 June 1938, can be seen as one of the most influential and progressive Turkish Cypriot papers of the decade. The newspaper contained articles and commentaries of high intellectual level rather than simply news. Although the owner of *Ses* was H. İzzet Asım, most of the articles were written by Mithat Bey, his wife Ulviye, and Ahmet Sayıd, who was known as *Sait Hoca*. Mithat Bey was a lawyer who also wrote books and articles on history. Moreover, he was, at that time, employed by the Cyprus Government as its official translator. He used the pseudonym of "C" for the articles published in *Ses*. Mithat Bey's wife, Ulviye, used the pseudonym of "U", most probably because she was a lady (*Hanım*), and ladies, in those days, were not expected to deal with such serious and complicated affairs.

The second issue of *Ses* was published nearly two months later, on 24 June 1935, in order to provide time for prospective subscribers to subscribe to the newspaper, as was explained in the paper's first issue.⁴¹) The second issue featured a different layout, with a map of Cyprus under the title of the newspaper and six arrows coming out of Nicosia. The six arrows were the symbol of Kemalist ideas and reforms. The Colonial Government attempted to suspend the paper's publication because of this symbol, but the danger was averted. Mithat Bey simply explained to the British Governor that each arrow symbolized one of the districts of Cyprus.⁴²) Besides propagating the Kemalist reforms, *Ses* touched upon a substantial number of important problems of the Turkish community in Cyprus, such as education, migration, women's rights, the debts of the peasants, and the approaching war danger in Europe. According to "C" [Mithat Bey] there was a tendency among Turkish Cypriots to migrate to Turkey because of the heavy debts of the peasents. The only solution that they were left with was to sell their properties and leave the island. They were so helpless that they were even selling their daughters to rich Arabs who came to Cyprus exactly for this purpose. The solution to this problem was to pass a law by which the interest rates were decreased and the terms of debts were to be fixed to a longer period of time (up to twenty years).⁴³) A. Sayıd [Sait Hoca] also published an article in the second issue of *Ses* pointing out the dangers of migration for the Turkish Cypriot community.⁴⁴) Then "C" [Mithat Bey] insisted that the compulsory education law ought to be strictly implemented since the poorer Turkish families avoided sending their daughters to school. He also demanded that the curriculum of the only high school for girls – Victoria Lyceé – should be improved in such a way as to prepare girls for the universities, instead of educating

---

⁴⁰) Gürkan H.: 1930'larda Bir Türk Gazetesi: Haber [A Turkish Newspaper in 1930's: The News], in: Söz. 23 April 1984.

⁴¹) İsmail, S.: Kıbrıs Türk Basınında İz Bırakanlar [Those Who Left Traces in the Turkish Cypriot Press]. Lefkoşa 1988, p. 27.

⁴²) See the interview with Reşat Taşer, in: Nesim, A.: Batmayan Eğitim Güneşlerimiz [Our Suns of Education, Which Will Never Set]. Lefkoşa 1987, pp. 322–325.

⁴³) "C": Göç (Hicret) Fikirleri [Ideas about Migration], in: Ses. 29 April 1935.

⁴⁴) Sait Hoca: Göç Sorunu/Hicret Meselesi [The Problem of Migration], in: Ses. 24 June 1935.

them simply to become elementary school teachers.⁴⁵) "U" [Ulviye Hanım] mostly dealt with women's rights and the education of girls. She was so progressive in her ideas that one of the contemporary female writers described her as the first Turkish feminist writer in Cyprus.⁴⁶) In an article published in 1936, Mithat Bey also analysed the situation in Europe. He came to the conclusion that Europe was prepared to breed a new "Great War."⁴⁷)

Ses closed down on 21 June 1938, and a few months later another newspaper, *Vakit* [The Times], started its publication. The owner of *Vakit* was a young lawyer, Hakkı Süleyman. In contrast to *Ses*, *Vakit* prefered to publish local and world news. It started as a weekly before it was published twice and even three times a week. With the beginning of World War Two, it became difficult to obtain the necessary paper, so it was published with just one page for some time until it was closed down in 1941.⁴⁸)

Soon after *Vakit* and after the death of its owner, Remzi Okan, *Söz* closed down, too. The Turkish Cypriot Community was left without a newspaper. So on 14 March 1942 Fazıl Küçük started publishing *Halkın Sesi* [The Voice of the People], a newspaper which continues to be published. During the war, *Halkın Sesi* was published once, twice or even three times a week, because not enough paper could be supplied in sufficient quantity. The newspaper then continued its publication as a daily.⁴⁹) It is not easy to assess the general policy of a newspaper which has been in existence for 55 years, but one may come to the conclusion that *Halkın Sesi*, more often than not, became the voice of F. Küçük himself – his policies and that of his political party. After his death in 1984, *Halkın Sesi* continued its publication as an independent paper. Translated into English its motto, printed just under its name, was and continues to be: "*Halkın Sesi* is the voice of justice and the tongue of the people." For a long period of time, and especially in the 1950s and 1960s, it was by and large accepted that *Halkın Sesi* reflected the general policy of the Turkish Cypriot Community.

Halkın Sesi dealt with all problems of the Turkish Cypriot community. It played an important role in cases in which the Turkish community regained the full administration (*Evkaf*, religious affairs and education) even before the independence of the island. It was instrumental in the promotion and spreading of Turkish nationalism, especially after the uprise of the Greek Cypriot national movement EOKA in 1955 and EOKA-B in the 1960 and 1970s. More often than not, F. Küçük used *Halkın Sesi* to attack his political opponents. It would have been difficult, if not impossible for him to become the "leader" of the Turkish Cypriot community,

---

⁴⁵) İsmail (note 41), p. 27.
⁴⁶) Azgın, F.: 1930'larda Kıbrıs'ta Bir Feminist: Ulviye Mithat (U) [A Feminist in Cyprus in 1930's: Ulviye Mithat (U)], in: Hanımeli Magazine. 2 (March 1989), pp. 20–23. See, also, Azgın, F.: Ulviye Mithat ve Kıbrıs'ta Feminist Çalışmalar [Ulviye Mithat and Feminist Activities in Cyprus], in: Yenidüzen. 1–11 April 1991.
⁴⁷) "C" [Mithat Bey]: Harb Endişeleri [Anxieties About War], in: Ses. 16 July 1936.
⁴⁸) See the interview with Hakkı Süleyman, in: Dedeçay (note 1), pp. 52–56.
⁴⁹) Dedeçay (note 1), p. 57.

and then the vice-president of the Republic of Cyprus, without a newspaper under his full control.

After the death of Remzi Okan, *Söz* seized its publication, but on 19 December 1945 it started to be published anew under the ownership of Remzi Okan's daughters, Vedia and Bedia Okan. In reality, however, the control of the paper was in the hands of İhsan Ali and Fevzi Ali Rıza. In the following year, on 21 September 1946, the name of the newspaper was changed into *Hürsöz* [The Free Word]. Its owner and editor was Fevzi Ali Rıza, who continued the publication of the newspaper until 1958. The policies of *Hürsöz* towards the government were milder compared to those of *Halkın Sesi*. Although it was vehemently opposed to the Greek Cypriot policy of *Enosis*, *Hürsöz* also critisized Küçük's policies of *Taksim* (Division). It is not, therefore, a coincidence that *Hürsöz* closed down in 1958 at the first height of the inter-communal strife, at a time when any opposition to Turkish nationalism could not be tolerated. F. Ali Rıza, consequently, escaped to England.

Another newspaper which opposed Küçük's policies was *Yankı* [The Echo], which started its publication on 1 January 1945. Its owner, Fadıl Niyazi Korkut, was one of the established and well-known personalities of the period. *Yankı* managed to survive only until the end of 1945.[50] In 1946 a new daily newspaper, *Ateş* [The Fire], started its publication. As a two-page newspaper it continued its publication from 27 September 1946 to October 1947 as a daily, except on Mondays, and then until 1951 as a weekly. The owner of the newspaper was M. Kemal Deniz who, at the same time, was the chief editor. In an article published on 28 September that year, M. K. Deniz summarizes the policy of the newspaper with these words: "We Turkish Cypriots are pleased of the English rule, but we have got a request from our government, and that is to silence the voices of *Enosis*. These voices ... disturb the Turks."[51] In another article on 13 November 1946 M. K. Deniz stated the following: "On what grounds do the Greek citizens want *Enosis* on behalf of the Cypriot people? Why don't they ask only on behalf of the Greek people? ... *Enosis* for Turks is a death warrant."[52]

Most of the authors in *Ateş* used pseudonyms, a fact which indicates that they were most probably civil servants. On the other hand religious matters, problems of the workers and peasants took more space in *Ateş* compared to other papers of that period. Actually the owner, M. K. Deniz, was at the same time acting as the general secretary of the Turkish Cypriot Peasant's Union from 1943 to 1959. The very same M. K. Deniz was to publish the newspaper *Köylü* [The Peasant] from 1953 to 1955 in which the problems of the Turkish Cypriot peasants were predominantly exposed.

Towards the end of the 1940s four different newspapers started to be published, but none of them lasted for more than a year. One of them was *İnkılap* [The Reform], which was a weekly and was published in 1946/47 by Ahmed Esad and Hik-

---

[50] Dedeçay (note 1), p. 61.
[51] Ünlü (note 1), p. 97.
[52] İsmail (note 41), p. 132.

met Afif Mapolar. The other was *Kurun* [The Ages], published between 7 January 1948 and the end of 1948 by Süleyman Ebeoğlu. It was one of the first Turkish Cypriot newspapers which started a systematic anti-communist campaign (later, anti-communism became one of the main themes of the Turkish Cypriot press). Published by Ahmet Muzaffer Gürkan between 31 April 1948 and the end of 1948, *Türk Sözü* [The Turkish Word] featured a pan-Turkist and anti-communist line. It often carried articles against the newspaper *Emekçi* [The Proletarian], which had a policy close to that of the Greek Cypriot communist party AKEL.

İrfan Hüseyin, who was the editor of *Türk Sözü*, and who also published *Sabah* [The Morning], which lasted from 24/25 July 1949 to November 1949, continued the policies of *Türk Sözü*. Ahmet Muzaffer Gürkan became the chief columnist in *Sabah* under the pseudonym of Ahmet Zekeriya Aktuğ. *Sabah*, for the first time in the history of the Turkish Cypriot press, propagated the Palestine problem, most probably due to the fact that İ. Hüseyin was married to an Arab woman.

Emekçi [The Proletarian] was the first leftist Turkish Cypriot newspaper, first published as a daily and then as a weekly. The owner was Ahmet Sadi Erkut;[53] the editor in chief was Cahit A. Emekçi. Unfortunately, very little is known about this paper. It was published in the years 1948/49 and was closed because A. S. Erkut could not pay the damages to F. Küçük as a result of a libel action.[54]

İstiklal [The Independence] started its publication on 28 October 1949. Its wealthy owner, M. Necati Özkan, was one of the old leaders of the Turkish Cypriot community; he was a deputy of the last Legislative Council which was abolished in 1931 after the Greek riots. From the very beginning *İstiklal* declared that it would oppose Küçük's policies. It was also declared that the newspaper would be the organ of the *İstiklal Partisi* [Party of Independence]. Such a party did not yet exist, but a party under the name of *Kıbrıs Türk Birliği İstiklal Partisi* [The Independence of Turkish Cypriot Union Party] was founded in June 1950 – in order to fight the *Milli Parti* [National Party] of Küçük. *İstiklal* soon became a popular paper, but it was not to last long. In 1953 a dubious fire burnt down the house, the publishing house and the tobacco factory of M. Necati Özkan. After this tragic event, *İstiklal* was forced to cease its publication.

Memleket [The Native Land], published between 13 December 1949 and June 1951, started its publication as a daily before – after a short period – it continued as a weekly. Its owner was H. A. Mapolar. A. M. Gürkan published articles under the pseudonyms of Muzaffer Aktuğlu, Atilla Turanlı, and Odacıoğlu. Cemalettin Ünlü states that the real owner of the newspaper actually was A. M. Gürkan, but he had to hide this fact since he was a civil servant at the time.[55] *Memleket* had an anti-communist and pan-Turkist line and was opposed both to the National Party of Küçük and to the Independence Party of M. Necati Özkan. Like all other Turk-

---

[53] Ahmet Sadi Erkut was wounded in 1958. He then immigrated to England where he still lives.

[54] Gürkan, H.: 1940'larda Bir Türk Gazetesi: Emekçi [Emekçi: a Turkish Newspaper in the 1940's], in: Söz. 23–28 April 1984, and An, A.: Kıbrısta Fırtınalı Yıllar [Stormy Years in Cyprus] (1942–1962). Galeri Kültür Yayınları. 1996, pp. 43–61.

[55] Ünlü (note 1), p. 110.

ish newspapers of the time it carried a lot of articles on the heroism of Turkish soldiers in Korea. *Milliyet* [The Nationalism], published by M. Zeki Milyalızade from 14 June 1950 to circa 1951, propagated the same political views as *Memleket*.

On 26 October 1951 one of the long-lived newspapers, *Bozkurt* [The Grey-Wolf], started its publication; it lasted until 13 August 1988. The owner of the paper was Cemal Togan, and the editor in chief was his son, Sadi Togan. *Bozkurt* started its publication as a weekly before it became daily on 12 August 1957 until 1985. During and after 1985 the paper fell into a crisis and it was occasionally published as a weekly and sometimes as a daily until it was closed down in 1988. The name *Bozkurt* was chosen as a result of an opinion poll. The general policy of the paper was to be impartial in intra-communal politics, but at the same time to defend the rights of the Turkish community vis-á-vis the Greeks in Cyprus. The impartiality of *Bozkurt* made it popular and it subsequently became the newspaper with the highest circulation in the 1960s. After the events of 1974, and with the foundation of the political parties, internal politics became predominant. Besides, each political party issued its own paper. *Bozkurt*, which could not keep up with the new developments, fell into crisis.

Nacak [The Axe] started its publication on 29 May 1959. Its owner was Rauf Denktaş (on behalf of the Federation of the Turkish Cypriot Associations = KTKF). The chief editor was at first Kutlu Adalı and then Fuat Veziroğlu. It was a weekly paper and continued its publication until 29 December 1963, although this last issue was never distributed because of the inter-communal strife that had started at Christmas time. In general, *Nacak* defended Küçük's policies, but it stressed the tactical differences between the policies of Küçük and R. Denktaş. The paper was more militant and contained a more agitated language compared to that of *Halkın Sesi*, which was under Küçük's control. Dedeçay states that *Nacak* was the mouthpiece of the leader of the KTKF and the TMT [Turkish Resistance Movement].[56]) The general policy of *Nacak* was to refute Greek political claims, to defend the constitutional rights (after 1960) of the Turkish community, and indulge into polemics with *Cumhuriyet* [The Republic]. According to repeated articles in *Nacak* the managers of *Cumhuriyet*, Ayhan Hikmet and Muzaffer Gürkan, were condemned to be traitors of the Turkish Cypriots.

III. Turkish Cypriot Newspapers After the Foundation of the Republic of Cyprus

The weekly *Cumhuriyet* started its publication on 16 August 1960, the very day of the declaration of the Republic of Cyprus, featuring the headline which can be translated into English as follows: "The Republic of Cyprus was declared last night." The owner of the newspaper was Ayhan M. Hikmet and the chief editor was A. M. Gürkan, both lawyers. The main policy of *Cumhuriyet* was to help preserve the new Republic, to encourage harmonious relations between the Turkish and the Greek communities, and to avoid inter-communal conflicts. As a result of

---

[56]) Dedeçay (note 1), p. 71.

this policy *Cumhuriyet* quite often came into confrontation with *Nacak*, accusing the other side of being chauvenistic and claiming that such an attitude may harm the whole island.[57]) Both A. Hikmet and M. Gürkan, as a consequence, were killed at their houses on 23 April 1962, and the last issue of their paper (*Cumhuriyet*. 89) bears the same date.

Akın [The Pioneering] started its publication on 1 February 1962 as a weekly and became a daily on 6 September 1962; its publication was discontinued on 1 January 1964 after the arrest of its owner, Kemal Akıncı. It commenced its publication again on 1 August 1966 and became an evening paper from 1 September 1966 to 1 December 1968. It became a morning paper again on 2 December 1968 and finally closed down on 6 January 1969. *Akın* was an impartial paper and had no relations with any political party. It had a middle-of-the-road policy, and especially in the first two years of its publication it struggled to defend the continuation of the Cyprus Republic. And yet it did not hesitate to portray President Makarios as the first president ever who was against his own republic.[58]) (During his speech on the occasion of the second anniversary of the foundation of the Cyprus Republic, Makarios had stated that the duties of Greeks in Cyprus was to complete the ultimate goal put forward by the heroes of EOKA and that the Republic was a stepstone towards that aim). On the other hand, *Akın* vehemently attacked those who had killed the journalists of *Cumhuriyet*. Because of its mild policies the paper became the platform for Turkish intellectuals in the 1960s.

Devrim [The Revolution] was the most short-lived paper of the 1960s. It started its publication on 23 April 1963, just one year after the closure of *Cumhuriyet*. Its owner was H. A. Mapolar, an established writer and journalist. Well-known names such as Numan Ali Levent, Bener Hakkı Hakeri and Semih Sait Umar were the columnists of *Devrim*. Although its name bears leftist connotations, in reality *Devrim* was a paper which gave a lot of space to tabloid and sport news.

Zafer [The Victory] was published between 16 April 1965 and 29 December 1969 by a syndicate whose members consisted of Mustafa Güryel, Salih Çelebioğlu, Ahmet Alper and İsmet Kotak. The chief editor of the paper was Kutlu Adalı. The paper's subtitle, *Türkündür*, drew attention. Read in its entirety the title meant in English "Victory belongs to the Turks." In the first issue the paper's primary task was stated in the following manner: "to be of help to the civilian and military leadership."[59]) Despite its title, *Zafer* backed only the military leadership and opposed the civilian one, which in those years was the *Genel Komite* [General Committee], headed by Küçük. Denktaş was prohibited to enter Cyprus between 1964–1967. *Zafer*, in a way, took on itself the duty of exalting the personality cult around Denktaş and critisized the policies of Küçük. It was no coincidence, therefore, that some time after the return of Denktaş to Cyprus, the leading writers of *Zafer* were offered high positions in the Turkish Cypriot Administration. This, in turn, led to the closure of the newspaper.[60])

---

[57]) Cumhuriyet. 14.11.1960.
[58]) Akın. 16 August 1962.
[59]) Zafer. 16 April 1965.
[60]) One of these journalists, Kutlu Adalı, later became the director of the local Department of

Savaş [The Struggle], 28.10.1968 – 17.2.1973, was a weekly paper published by the well-known poet Özker Yaşın. In the first issue, Yaşın explains the paper's title as follows: "We hate the war which is done by weapons in which people kill other people. Let not the name of our paper mislead the reader. Our battle will be the struggle which will lead the Turkish Cypriot community to happy days ... *Savaş* will be against all sorts of extremism which may carry the T/C community to darkness."[61]) By the time of the publication of *Savaş*, an organized movement of opposition had started at grass-root level of the Turkish Cypriot community towards Küçük. The T/C Students' Unions in Turkey, and the Union of the Elementary School Teachers had started a struggle against the vice-president. The journalists of *Savaş* joined in the struggle against Küçük, and vigorous polemics commenced between *Savaş* and *Halkın Sesi*. The intellectuals who gathered around *Savaş* went a step forward and under the leadership of Ahmet Mithat Berberoğlu founded a new political party, the CTP [Republican Turkish Party], on 27 December 1970. Although Özker Yaşın was one of the founders of CTP, he backed Rauf Denktaş instead of A. M. Berberoğlu at the vice-presidential election in 1973. The last issue of *Savaş*, carries the headline news that Denktaş was elected vice-president.[62])

Zaman [The Times] started as a weekly on 1 June 1973 and then became a daily under the ownership of Raif Denktaş, the late son of Rauf Denktaş. Its political line was on the extreme nationalist side and, sometimes, even pan-Turkist. After the events of 1974, new political parties were founded, one of which was the *Ulusal Birlik Partisi* [National Unity Party = UBP] under the leadership of Rauf Denktaş. Due to the fact that the owner of the paper became a parliamentary deputy for UBP at the 1976 Turkish Cypriot elections, *Zaman* became the organ of this party. The paper fought on two fronts: on the one side against the leftists, on the other side against *Halkın Sesi*, which by then had moved to the opposition. The family name of Denktaş gave Raif immunity to act the way he saw fit. Towards the end of the 1970s Raif Denktaş changed his political stance and opposed the policies of UBP. *Zaman*, now and then, came out with harsh criticism against the government of UBP and gave rise to crises that, in some cases, even led to the resignation of the Turkish Cypriot prime ministers. Raif Denktaş later founded his own party, the Social Demokrat Party. Towards the end of 1979 *Zaman* closed down, and in 1980 the printing house was sold to UBP, where a new newspaper, *Birlik* [The Unity], began to be published.

Registration of Residents. Then he fell out favor with the administration and was forced to retire. He then became an ardent critic of Denktaş and the other politicians in power. At the same time, in his regular column in Yeni Düzen since 1989, he vehemently critisized the interference by Turkey and the Turkish army with Turkish Cypriot politics. He was assassinated by unknown persons on 6 July 1996 at the age of 61.

[61]) Savaş. 28 October 1968.
[62]) Savaş. 17 February 1973.

IV. Turkish Cypriot Newspapers after 1974

In 1996 seven daily Turkish Cypriot newspapers and three weeklies were being published. The dailies are: *Halkın Sesi* (circulation: 650), *Yeni Düzen* (circulation: 900), *Birlik* (circulation: 575), *Ortam* (circulation: 550), *Kıbrıs* (circulation: 7500), *Vatan* (circulation: 400), and *Yeni Demokrat* (circulation: 520). The weeklies are: *Yeni Çağ* (circulation: 250), *Cyprus Today* (circulation: 1000) and *Ekonomi* (circulation: 1000). Officially there are neither formal restrictions governing the publication of newspapers nor is there any censorship.[63])

When the "Turkish Federated State of Cyprus" was declared in February 1975, there officially existed only one party, the CTP [Republican Turkish Party]. Three newspapers were still being: *Halkın Sesi*, *Bozkurt* and *Zaman*. Only *Halkın Sesi*, the paper with the longest tradition, managed to survive. By 1976, when the first elections were held under the new conditions, four political parties were competing with each other: *Ulusal Birlik Partisi* [The National Unity Party = UBP], *Toplumcu Kurtuluş Partisi* [The Communal Salvation Party = TKP], *Halkçı Parti* [The Popular Party = HP], and *Cumhuriyetçi Türk Partisi* [The Republican Turkish Party = CTP]. Also, three new papers, which were financed by their respective political parties, entered the scene: *Yeni Düzen* [The New Order], *Ulus* [The Nation] and *Yarın* [Tomorrow]. Two of these papers were published just for election purposes and lasted for only a few months: *Ulus* acted as the organ of the UBP, and *Yarın* was backed by the TKP. The only paper still in print is *Yeni Düzen*.

Yeni Düzen started as a weekly on 12 December 1975 and then became a daily. As the organ of the CTP it quite often uses Marxist terminology and ideology, watered down, however, to suit the realities of the Turkish Cypriot politics. After the disintegration of the Soviet Union, the red colour of its title was changed to green. As a result, the members and sympathizers of the CTP are unofficially divided into two groups: the reds and the greens. Reflecting the policies of the CTP, *Yeni Düzen* has been promoting a different approach to the Cyprus problem. It urges the unification of the island through a federation and takes a stance against the island's integration with Turkey. It has been defending the idea of solving the differences between the Greek and Turkish communities by peaceful means, and not by arms. It supports the entry of Cyprus into the European Union as soon as the Cyprus problem is solved.

Birlik [The Unity] started its publication on 1 August 1980 as the organ of the UBP and is a daily newspaper. It exposes the right-wing policies of the UBP (which also finances the paper). It takes a nationalist, and in some cases, ultra-nationalist stance. *Birlik* frequently comes out against the federal solution of the Cyprus problem and instead propagates the idea of integration and even union with Turkey. It states that it is difficult, even impossible for the Turkish Cypriots to live

---

[63]) Wellenreuther, R.: Zypern (Türkische Republik Nordzypern), in: Munzinger-Archiv. IH-Länder Aktuell. 17/1996, p.4 and Rustem & Brothers: North Cyprus Almanack. London 1987, p.187. The figures are obtained from the main distributor firm Yaysat Kıbrıs Ltd.

together with the Greek Cypriots. The paper thus opposes any talks about land concessions.

Ortam [The Medium] started its publication on 24 December 1980 as a weekly under the ownership of Mehmet Altınay, who at that time was a deputy of the TKP. On 9 July 1984 the publication rights were fully transferred to the TKP, and *Ortam* became a daily. Since then it has been the official organ of the TKP, propagating leftist policies. It is in favour of a federal solution and defends the idea of Cyprus becoming a member of the EU after the solution of the Cyprus problem. It also comes out against the integration of Northern Cyprus with Turkey and it urges the preservation of the Cypriot identity.

Kıbrıs [Cyprus], the daily newspaper with the biggest circulation (over 7500), started its publication on 11 July 1989. It is owned by AN-Graphics, a company owned by the businessman Asil Nadir (Polly Peck affair), who has also close personal relations with influential Turkish Cypriot politicians. Mehmet Ali Akpınar is its editor-in-chief. *Kıbrıs* is a coloured tabloid paper with 32 pages. Bearing in mind that all newspapers from the Turkish mainland arrive in the northern part of Cyprus daily,[64] *Kıbrıs*'s achievement – creating a virtual monopoly – should not be underestimated. It differs from other local newspapers in that it intends to be a Turkish national paper. It tries not to feature long commentaries other than its usually short editorial. It promotes nationalistic-conservative policies and includes a lot of sensational and sports news. It is widely read by all social classes.

Vatan [The Motherland] started its publication on 1 May 1991 as a weekly before it switched to a daily mode six months later. Its chief editor is Erten Kasımoğlu and it is known to be close to the policies of R. Denktaş.

Yeni Demokrat [The New Democrat] started its publication on 17 May 1993 as a weekly and then became a daily on 23 August 1993. It is the organ of the *Demokrat Partisi* [Democratic Party = DP]. Since DP was founded by the nine parliamentary deputies who had resigned from the UBP, the *Yeni Demokrat*, generally is at loggerheads with *Birlik*, the organ of the UBP.

Yeni Çağ [The New Epoch] is a weekly newspaper which has been published since 2 September 1990. It is the organ of the *Yeni Kıbrıs Partisi* [New Cyprus Party = YKP] and the only Turkish Cypriot newspaper which states that Cyprus must become a member of the European Union even before a solution of the Cyprus problem is found.

Cyprus Today (formerly known as *Cyprus Times*) is a weekly which is published in English and is owned by Asil Nadir. Generally, the official Turkish policies are represented in this paper.

Ekonomi [The Economy] began its publication on 13 Februray 1979 as a weekly newspaper and is the organ of the Turkish Cypriot Trade Board. It defends the interests of businessmen and propagates the liberal market economy. It is the second largest paper in terms of circulation as it is distributed free of charge.

---

[64] It is estimated that fifteen to twenty thousand copies of newspapers from the Turkish mainland are sold in Northern Cyprus daily.

The list of newspapers that started publication after 1974 but are no longer available include:

- *Söz* [The Word] was published as the organ of the Union of the Elementary School Teachers from 23 January 1978 to 24 July 1985. It promoted a left-wing policy and, most of the time, backed the TKP. Although it was in opposition to UBP policies, more often than not it was against the policies of the CTP, too. It critisized the policies of the CTP and *Yeni Düzen* as pro-Soviet and anti-national. *Söz* strongly backed Denktaş in his attempts to declare independence and found the "Turkish Republic of Northern Cyprus (TRNC)."
- *Kurtuluş* [The Salvation], published between October 1978 and 1984 was a weekly paper and the official organ of the TKP [Communal Salvation Party]. It backed the social democratic policies of the TKP.
- *Kıbrıs Postası* [The Cyprus Post] began publication on 25 October 1982 under the editorship of İsmet Kotak as a daily newspaper. It was the first Turkish Cypriot paper which published coloured photographs. At first it was an independent paper and as a result of this it gained a wide circulation; in fact it became the paper with the biggest circulation in the 1980s. Then it became the unofficial organ of the *Demokratik Halk Partisi* [Democratic Popular Party = DHP] of İsmet Kotak and lost most of its readers so that it closed down on 1 January 1993.

V. Radio and Television

Until the inter-communal strife of 1963 Turkish Cypriots had made use of the Cyprus Broadcasting Corporation (CBC) for their radio and TV needs. There were few hours of Turkish programmes every day on radio, and once a week, on Friday evenings, a TV programme was broadcast, mainly in Turkish. When the civil war broke out on 22 December 1963 the Turkish community found itself without a radio and, of course, without a voice to reach the masses. So building a radio station was one of the predominant tasks of the Turkish leadership. On 25 December 1963 the voice of *Bayrak* [Flag] *Radyo* was heard for the first time. It was a highly primitive station and its broadcasting could be heard only from within a few kilometers. By time its broadcasting power was extended to reach the whole island, and currently it can be heard in six languages all over the Middle East.

In 1966 Radio-2 [*Radyo-2*] and on 20 July 1994 *Bayrak FM* were put into service. Radio-2 is broadcasting all day round. *Bayrak FM* transmits its programme mainly in Turkish, but there are also special programmes in Greek and English. Besides, special programmes in Turkish are prepared for the Turkish radio stations which are currently broadcasting in London, Sidney and Melbourne. Bayrak TV [*Bayrak Televizyon*] was put into service on 19 July 1976. It introduced colour television in Cyprus for the first time (and before it was introduced in Turkey). At the beginning it functioned only for a couple of hours in the evenings each day. For the last two years it has been broadcasting in six channels about eleven and a half hours a day, from 08:00 to 12:30, and from 17:30 to 00:30. Besides Turkish, it offers news and commentaries in Greek and English.

Both Bayrak Radio and TV are under the financial and political administration of the Institution of Bayrak Radio and Television [*Bayrak Radyo ve Telivizyon Kurumu* = BRTK]. Obviously, BRTK propagates the official Turkish and Turkish Cypriot views. As the then general director of BRTK, Muammer Yağcıoğlu, has stated, "you cannot expect anyone to prepare a programme against the Turkish Republic of Northern Cyprus."[65])

BRTK also relays some of the Turkish television stations from the mainland, such as the Turkish national television of TRT-1 and TRT-2, and private television stations like ATV, Show TV, TGRT, Inter-Star, and Kral TV. On the other hand, if a Turkish Cypriot so wishes, he may also watch Greek Cypriot and Greek television stations such as RIK-1 and RIK-2 (which, at the same time, transmits EURO-NEWS at certain hours of the day), as well as the private channels of LOGOS, SIGMA and ANTENA. ERT-1 of Greece is also transmitted in Cyprus for all Cypriot viewers.

BRTK has not any longer the monopoly on transmitting radio and TV signals. There has been circulating for some time now a rough draft of a new law which would legalize private radio and TV broadcasts, but it has not yet been passed by parliament. In the meantime, the government has issued permission for "experimental broadcasting." At the moment a private radio station (*Radyo Birinci*/First FM) and a television station (*Tempo TV*) have started experimental broadcasting.

VI. The Public Information Office (PIO)

The Public Information Office (PIO) was founded in November 1988. Its main functions, as regulated by the government, can be summarised as follows:

1. To run the official press and printing services of the Turkish Republic of Northern Cyprus.
2. To follow the local and foreign press and to take the necessary precautions for the benefit of the state.
3. To print newspapers, magazines, bulletins, books, brochures, posters, and photographs in Turkish and foreign languages, and to make information available according to the state's official policies.
4. To show interest in Turkish Cypriots who live abroad and to prepare printed material for them in order to obtain their continued support and interest towards Cyprus.
5. To get in touch with the foreign journalists who for various reasons arrive in northern Cyprus, and to help them improve their knowledge and views about the Turkish Cypriots and the problem of Cyprus.
6. To accredit press and broadcasting personnel.[66])

---

[65]) Interview with Muammer Yağcıoğlu, the late general director of Bayrak Radio and TV.
[66]) "Law Regarding the Public Information Office." Lefkoşa 1988, pp. 2/3 and North Cyprus Almanack (note 63), p.187.

PIO as a government department is attached to the Ministry of Foreign Affairs. It publishes a variety of informational material in Turkish, English and Greek. The department used to publish a monthly newspaper in English, *Kıbrıs-Northern Cyprus Monthly*, and one in Turkish, *Kuzey Kıbrıs* [The Northern Cyprus]. These papers ceased to be published in 1994.

VII. The Turkish News Agency Cyprus (TAK)

The semi-official *Türk Ajansı Kıbrıs* [Turkish News Agency Cyprus = TAK] was founded on 21 December 1973 with the aim of distributing news about the Turkish community in Cyprus. It worked under difficult conditions for two years with only a single employee. It was enlarged in 1976 and was further improved by law in July 1983. TAK maintains a close relationship with Reuters, Agence France Press and *Ak Ajans* of Turkey. It is a highly reliable news agency. It sends local news to international agencies and it daily distributes news from all over the world in Turkish to all its subscribers. Although it is subsidized by the Turkish Cypriot government, TAK mainly relies on its subscription fees. Besides, each morning it prepares and distributes a bulletin containing the summaries of the Greek Cypriot press which, mostly, are printed in Turkish newspapers the following day. In the afternoon another bulletin containing local news is distributed. It also disseminates photographic material.

In Lefkoşa there are also permanent representatives of the five national Turkish mainland newspapers (*Cumhuriyet*, *Günaydın*, *Hürriyet*, *Milliyet*, *Tercümen-Ak Ajans*) and the national Turkish Radio and Television (TRT).

Kirchen und Religionsgemeinschaften

Friedrich Heyer und Andreas Müller, Heidelberg

I. Das orthodoxe Erzbistum Zypern – II. Die zyprisch-orthodoxen Frömmigkeitsformen: 1. Kreuzesverehrung – 2. Marienverehrung – 3. Heiligen- und Reliquienverehrung – 4. Religiöse Volksbräuche – III. Das zyprische Mönchtum: 1. Orthodoxe Klöster: a) Organisation – b) Besondere Bräuche – c) Aufgabenbereiche – d) Statistische Angaben – 2. Übrige klösterliche Gemeinschaften – IV. Die übrigen christlichen Religionsgemeinschaften: 1. Altkalendarier – 2. Römisch-katholische Kirche – 3. Maronitische Kirche – 4. Armenische Traditionen – 5. Anglikanische Kirche – V. Die Rolle der zyprischen orthodoxen Kirche im politischen Konflikt – VI. Der Islam: 1. Islamische Pflichtenethik – 2. Der Mufti von Zypern – 3. Islamisch-christliche Begegnungen – VII. Das zyprische Judentum – VIII. Die Ökumenischen Aktivitäten

I. Das orthodoxe Erzbistum Zypern

Das orthodoxe Erzbistum mit Sitz in Nikosia ist die vorherrschende religiöse Instanz der Insel; sie wird seit 1977 von Erzbischof Chrysostomos geleitet. Nach der Inbesitznahme der Insel durch die Kreuzfahrer war es der Orthodoxie verwehrt, mehr Bischöfe als die lateinische Kirche zu besitzen, d.h. statt früher 14 nur noch vier, nämlich die Hierarchen von Paphos, Larnaka (Kition), Kyrenia und Nikosia. Doch seit Ende 1973 wurden im Rahmen einer großen kirchlichen Krise (s.u.) ein Metropolit in der neu errichteten Metropolie Morphou und ein Stellvertreter des Erzschofs mit dem Titel *Chorepiskopos* in Salamis neu eingesetzt. Auch angesichts der wachsenden Bedeutung von Limassol wurde außerdem 1974 dort ein sechster Metropolit inthronisiert. Den ungefähr 600 000 orthodoxen Christen, die jetzt fast ausschließlich im Südteil der Insel leben, dienen in ihren 479 Gemeinden 541 Priester[1].

Aufgaben, die von der hierarchischen Amtskirche wahrgenommen werden müßten, werden durch das reichste Inselkloster – das „stavropige" (d.h. dem Erzbischof von Zypern direkt unterstellte) Kykkos-Kloster im Troodos-Gebirge – mit Hilfe seiner beiden hauptstädtischen Filialen (*Metochia*) in erheblichem Maße gefördert. Künftige Weltgeistliche und Priestermönche erhalten ihre theologische Ausbildung im vom Prokopios-Metochion 1950 gegründeten Priesterseminar *Ieratiki Scholi Apostolos Barnabas*. Der frühere Kykkos-Abt Dionysios, der von der Verwaltungsarbeit befreit werden wollte, leitet das Seminar. Wer von der Volksschule kommt, hat drei Studienjahre zu absolvieren, Absolventen der Höheren

---

[1] Nach den Diptychen (Liturgische Kalender mit Adressenverzeichnis) der Kirche von Griechenland sah die Verteilung von Gemeinden (G) und Priestern (P) in Zypern 1994 folgendermaßen aus (G/P): Erzbistum: 99/158; Paphos: 116/120; Larnaka (Kition): 66/80; Limassol: 117/135; Morphou: 81 (davon 28 in Nordzypern)/48.

Schule besuchen nur die zwei oberen Klassen. Jeder Jahrgang umfaßt rund 30 Seminaristen. Für das theologische Vollstudium wählen die Begabtesten eine der beiden theologischen Fakultäten Griechenlands, da es in der 1993 eröffneten Universität Zyperns bisher noch keine theologische Fakultät gibt. Ebenso hat das Kykkos-Kloster u. a. durch die Bereitstellung von Räumlichkeiten und der notwendigen Finanzmittel wesentlich zur Inbetriebnahme des kircheneigenen Rundfunk- und Fernsehsenders *Logos* beigetragen. Das Neben- und Ineinander von hierarchischer Amtsgewalt und Eigeninitiative des Kykkos-Klosters läßt die eigentümliche Doppelstruktur der Kirche Zyperns erkennen.

Das Erzbistum Zypern ist eine Kirche von autokephalem Status (d. h. mit selbständiger Kirchenleitung); unter den 16 autokephalen orthodoxen Kirchen ist sie jedoch die kleinste. Das Fundament der Autokephalie bildet die apostolische Gründung der Kirche durch die Apostel Paulus, Barnabas und Johannes Markos (Act. 13; 15,36 ff. und Kol. 4,10) und deren Missionstätigkeit in der damaligen Inselhauptstadt Paphos. Dieser Gründung wird noch heute an verschiedenen Stellen der Insel gedacht. Zu den vom ganzen christlichen Volk heilig gehaltenen Orten gehört dementsprechend das Barnabas-Grab mit seiner im 5. Jahrhundert errichteten und im 17. Jahrhundert erneuerten Kirche, denn die zyprische Autokephalie wurde in Folge der Auffindung des Barnabas-Grabes bei Salamis durch Bischof Anthemios bereits im Jahr 478 vom Kaiser anerkannt[2]). Die Gläubigen empfinden es heute als besonders schmerzlich, daß bei der türkischen Invasion im Juli 1974 das Barnabas-Grab in den Bereich der „Türkischen Republik Nordzypern" fiel. Damit verlor die zyprisch-orthodoxe Kirche ihren wichtigsten Wallfahrtsort[3]), zumal die letzten drei dort ansässigen Mönche bereits 1976 in den Süden zogen. 1991/92 begannen die zyperntürkischen Behörden, das Barnabas-Kloster in ein Museum für Archäologie und Ikonen umzuwandeln. Das führte zu Protesten der zyprischen Regierung in der UNO und im Weltkirchenrat.

---

[2]) Die Emanzipation Zyperns von den territorialen Ansprüchen des Patriarchats von Antiochia, das die Insel seiner Jurisdiktion eingliedern wollte, gelang erst durch die Auffindung des Barnabas-Grabes. Bischof Anthemios entdeckte in der Katakombe nicht nur die Reliquien des Apostels, sondern auch die Handschrift des Matthäusevangeliums, die Barnabas auf seinen Missionsreisen stets begleitet haben soll. Als er nach Byzanz ging, um bei Kaiser Zenon die Autokephalie angesichts der nun „erwiesenen" apostolischen Gründung seiner Kirche einzufordern, wies er auch diese Evangeliumshandschrift vor. Die „Periodoi und das Martyrium des Apostels Barnabas", eine altkirchliche Heiligensage, läßt diesen alle Städte der Insel besuchen, an denen später Bischofssitze errichtet wurden. Dadurch waren alle klassischen zyprischen Episkopate auf den Barnabas-Ursprung zurückzuführen. Vgl. dazu Delehaye, H.: Saints de Chypre, in: Analecta Bollandiana. 26 (1907), S. 235/236.

[3]) Zur Barnabastradition vgl. Lipsius, R. A.: Die zyprische Barnabassage, in: Die apokryphen Apostelgeschichten und Apostellegenden. Bd. II/2. Braunschweig 1884, S. 276 ff.; Heyer, F.: Die Heiligen auf den Inseln. Viten und Hymnen aus Ägäis und Adria. Erlangen 1991 (= Oikonomia, 29), S. 118/119; Van Deun, P. (Hrsg.): Hagiographica Cypriae: Sancti Barnabae Laudatio Auctore Alexandro Monacho et Sanctorum Bartholomaei et Barnabae. Vita e Menologio Imperiali Deprompta. Turnhout/Leuven 1993; Noret, J. (Hrsg.): Vita Sancti Auxibii. Turnhout/Leuven 1993 (= CCHr. Series Graeca, 26). Texte zum zyprischen Barnabasfest befinden sich in: Matthaiou, V. (Hrsg.): O Megas Synaxaristis tis Orthodoxou Ekklisias (Der große Heiligenvitensammler der orthodoxen Kirche). Bd. 6. Dritte Auflage. Athen 1969, S. 121–125.

Die bis heute ausgeübten Rechte des zyprischen Erzbischofs, sich – anders als alle übrigen Oberhäupter autokephaler Kirchen – wie der byzantinische Kaiser mit einer roten Mandyla zu bekleiden (sonst ist die Bischofsmandyla lila), ein goldenes Reichszepter zu tragen und mit roter Tinte unterschreiben zu dürfen, wurde mit dem Akt der Anerkennung der Autokephalie durch Kaiser Zenon verliehen. Von der Selbständigkeit, die das kanonische Recht dem zyprischen Erzbistum als einer autokephalen Kirche zusprach, machten die Hierarchen auf Zypern in der osmanischen Periode ebensowenig Gebrauch wie die Patriarchate von Alexandria, Antiochien und Jerusalem. Vielmehr unterstellte man sich praktisch der Entscheidungsgewalt des Ökumenischen Patriarchen, der unmittelbar mit der Hohen Pforte verkehrte. Zeichen dafür war die bis heute bestehende Praxis, auf eine eigene Myron-Weihe zu verzichten und in Konstantinopel geweihtes Myron zu übernehmen. Das Öl wird für sakrale Salbungen an alle zyprischen Priester verteilt. Da die orthodoxe Kirche Zyperns jedoch zum Kreis der autokephalen Kirchen zählt, wird sie als gleiche unter gleichen voll akzeptiert, und deren Oberhäupter pflegen den Umgang mit ihr. Besonders deutlich wurde dies beim Besuch des russischen Patriarchen Aleksij II. im Mai 1992. Der russische Patriarch suchte die Übereinstimmung mit dem zyprischen Erzbischof in der Frage einer kanonischen Lösung für das ukrainische Autokephalieverlangen. Die Rede des Erzbischofs wurde für so wichtig gehalten, daß sie in der russischen Presse wiedergegeben wurde[4]).

Der Bischofssitz Larnaka (Kition) ist ein weiterer Inselort von großer Bedeutung[5]). Der zyprischen Tradition zufolge kam der von Christus vom Tode erweckte Lazarus nach Zypern und wurde in Kition – dem heutigen Larnaka – vom Hl. Barnabas zum Bischof geweiht. Er soll seinen Sprengel drei Jahrzehnte lang geleitet und hier sein Grab gefunden haben. Am Festtag des Hl. Lazarus – wenige Tage vor Ostern – wird seine Ikone in einer Prozession durch Larnakas Straßen getragen. Gruppen von Jugendlichen klopfen dann an die Haustüren und singen ein Lazarus-Lied.

Gegenwärtig finden Ausgrabungen in der antiken Stadt Tamassos, dem ehemaligen Sitz eines Stadtkönigtums zwischen Larnaka und Nikosia, statt. Als die Apostel Barnabas und Paulus Tamassos durchquerten, sollen sie dem Sohn eines dortigen Heidenpriesters namens Iraklidios begegnet sein, der ihnen als Wegführer diente und schließlich von ihnen beim Bach nahe Kakopanagiotis getauft und anschließend zum Bischof geweiht wurde[6]). In der Höhle, in der er gelebt und gepredigt hatte, fand Iraklidios nach seinem Martyrium sein Grab. An diesem Ort war um 400 ein Kloster gegründet worden. 1962 gab Erzbischof Makarios III. Anweisung, die verödete Klosterstätte zu erneuern[7]).

In später osmanischer Herrschaftszeit wurde die orthodoxe Kirche Zyperns zum Schulträger. Im Jahr 1808 wandelte der Mönch Joannikios seine eigene Hütte nahe

---

[4]) Žurnal Moskovskoj Patriarchij. 8 (1992), S. 16.
[5]) Vgl. Michailidis, S.: Istoria tis Kata Kition Ekklisias (Geschichte der Kirche von Kition). Larnaka 1992.
[6]) Heyer, Heilige (Anm. 3), S. 124.
[7]) Nonnen aus dem Kloster des Georgios Alamanos und dem Metamorphosis-Kloster wurden hierher verlegt. Rückenkranke pilgern zu dem Iraklidios-Grab, um durch ihr Ausstrecken auf jenem Heilung zu finden.

dem Bischofspalast in das *Ellinomouseion* um. Er gewann den *Dragoman* („Dolmetscher") Hadj (Chatzi-)Georgiakis Kornesios zur Anreicherung des Schulfonds und stellte sein Institut unter die Protektion des Erzbischofs. Erzbischof Kyprianos, dessen Bildungsweg vom Machäras-Kloster zum Studium in der Walachei geführt hatte, eröffnete aufgrund seiner rumänischen Erfahrungen am 1. Januar 1812 die Trinitatis-Schule, die 1893 zum *Pankyprion Gymnasion* ausgebaut wurde.

Heute, da Regierung oder Kommune Schulträger[8]) sind, wirkt das Kykkos-Kloster lediglich mit Geldzuschüssen am Schulleben mit. Das Schulamt der erzbischöflichen Verwaltung übt die Aufsicht über die religiösen Unterrichtseinheiten aus und bietet Fortbildungen sowie Unterrichtsmaterialien für die Religionslehrer an.

II. Die zyprisch-orthodoxen Frömmigkeitsformen

Die Frömmigkeit der orthodoxen Zyprer ist auf das Kreuz gerichtet, an dem Christus litt; des weiteren auf die Verehrung der Gottesmutter und der lokalen Heiligen.

1. Kreuzesverehrung

Die Orientierung auf das Kreuz ist davon bestimmt, daß Kaiserin Helena, die 326 das Christus-Kreuz und das Kreuz des Schächers auf dem Kalvarienhügel ausgegraben hatte, auf der Rückkehr von Jerusalem einen Splitter des heiligen Kreuzes sowie das Kreuz des Schächers zur Rechten nach Zypern brachte[9]). Am Ort der Aufbewahrung der Reliquie entstand das Kloster Stavrovouni, das wie festgehaftet auf einem fast 700 Meter hohen Berg erscheint. Die Mönchsgemeinschaft feiert den 14. September, den Tag der Kreuzauffindung, mit Tausenden von Pilgern. Das dort aufbewahrte Kreuz des Schächers ist bei einem Klosterbrand vernichtet worden, das mit dem Kreuzpartikel versehene soll jedoch bisher alle Brände überstanden haben. Dieses von Darstellungen des Christuslebens in getriebenem Silber überzogene Kreuz bietet sich dem Beter in Nachgestaltung in vielen Inselkirchen dar.

2. Marienverehrung

Begründet auf dem Dritten Ökumenischen Konzil von Ephesus, das der Mutter Jesu den Ehrennamen *Theotokos* („Gottesgebärerin") zuerkannte, gelangte die Marienverehrung früh nach Zypern. Das bezeugt das freigegrabene Fundament

---

[8]) Zur Geschichte der Beziehung zwischen Kirche und Schule vgl. Katzikides, S. A.: Arbeiterbewegung und Arbeitsbeziehungen auf Zypern 1910–1982. Frankfurt/Main 1988 (= Studien zur Geschichte Südosteuropas, 4), S. 18.
[9]) Oberhummer, E.: Die Insel Cypern. Eine Landeskunde auf historischer Grundlage. München 1903, S. 68, 70; Mitsidis, G.: I Ekklisia tis Kyprou (Die zyprische Kirche). Nikosia 1972, S. 39.

der Marienkirche Panagia Limeniotissa in der Nähe des Hafens von Paphos aus dem 5. Jahrhundert, ebenso die Angeloktisti-Kirche in Kiti mit ihrem Marienmosaik aus dem 6. Jahrhundert, überbaut von einer Konstruktion des 11. Jahrhunderts, die von Engeln errichtet worden sein soll. Maria „von der goldenen Höhle" (*Chrysospiliotissa*) beim Dorf Deftera wurde in frühchristlicher Zeit in eine Höhle hineingebaut. Den Tag der Entschlafung Marias, den 15. August, feiert man hier mit vielen Pilgern. Die älteste byzantinische Kirche Nikosias *Chrysaliniotissa* („Maria des goldenen Flachses") wurde 1450 von einer byzantinischen Kaiserin aus dem Hause der Paläologen gestiftet. Die *Panagia Chrysopantanassa* („Goldene Allherrscherin") in Palaichori im Troodos-Gebirge ist mit Zyklen des Marienlebens im 16. Jahrhundert ausgemalt worden. Ferner sind die beiden Großklöster – Kykkos mit einer Marienikone, die vom Evangelisten Lukas gemalt sein soll, und Machäras – der Gottesmutter geweiht. Die Marienikonen in den Klöstern sind häufig in der Ikonostase durch einen Baldachin hervorgehoben, meist mit Tüchern dicht verhängt und manchmal sogar mit einem Gürtel versehen, den sich Frauen mit dem Wunsch nach einem Sohn umlegen (so z. B. im Trooditissa-Kloster). Die Marienverehrung in Form der Verehrung ihrer Ikone kann sich in extreme Formen steigern: In dem von Erzbischof Kyprianos im frühen 19. Jahrhundert in Nikosia errichteten Machäras-Metochion nimmt die *Panagia* in der Ikonostase, ohne das Christuskind auf den Armen dargestellt, den Platz der Christusikone ein und wird auch dementsprechend bei der Beweihräucherung durch den Priester bevorzugt behandelt.

3. Heiligen- und Reliquienverehrung

Der im 15. Jahrhundert lebende zyprische Hofbeamte und Chronist Leontios Machäras hat Zypern wegen der überwältigenden Menge zyprischer Heiliger und Märtyrer einmal „die heilige Insel" genannt. Er erstellte zugleich einen ersten Heiligenkatalog Zyperns. Daran knüpfte Erzbischof Makarios III. an, als er in Athen 1968 sein Buch „Kypros – I Agia Nisos" (Zypern – Die heilige Insel) herausgab. Nicht weniger als 239 Heilige hat Makarios darin zusammengestellt. Damit übertrifft Zypern jeden anderen Landstrich der Erde in der Häufigkeit, mit der das Auftauchen von Heiligen auf der Insel bezeugt wird. 1972 wurde daher von dem berühmten neo-byzantinischen Hymnendichter Gerasimos von Mikri Anna auf dem Berg Athos eine „Akolouthie" (gottesdienstliche Textsammlung) für das zyprische Allerheiligenfest (erster Dezembersonntag) geschrieben[10].

Vier der Heiligen Zyperns, die sich besonders in das Inselleben eingezeichnet haben, sollen hier näher aufgeführt werden: zunächst der Apostel Andreas, heute noch Namenspatron der meisten zyprischen Männer, dann der Apostelschüler Auxibios (1. Jahrhundert n. Chr.), ferner Epiphanius, Bischof von Salamis († 403), der

---

[10] Gerasimos (St. Anna Skiti des Athos): Akolouthia ton en Kypro Agion (Die „Akolouthie" der Heiligen auf Zypern). Nikosia 1972.

maßgeblich an der Festlegung der Norm für das theologische Denken in der orthodoxen Kirche beteiligt war, und schließlich Johannes der Almosengeber († 619):

— An der Spitze der Karpas-Halbinsel bewahrt das Andreas-Kloster die Erinnerung an den erstberufenen Jünger, den Apostel Andreas, der nach zyprischer Tradition die Insel gekannt haben soll. Auf der Heimfahrt zum Heiligen Land segelte Andreas an der Nordküste vorbei und wies den Schiffsleuten, die an Trinkwassermangel litten, den Ort einer reich fließenden Süßwasserquelle an der Stelle des jetzigen Klosters. Aufgrund dieses Wunders ließ sich die gesamte Schiffsmannschaft taufen, und der Kapitän sorgte dafür, daß auf dem Rückweg des Schiffes eine Apostelikone an den Quellort gebracht wurde. Damit begann der Tradition nach die Geschichte des Klosters. Die wundertätige Quelle wurde Wallfahrtsort für Christen und Muslime. Hier begegnete der byzantinische Usurpator Isaak Komnenos 1191 dem Kreuzfahrer Richard Löwenherz. Zu Mariä Entschlafung (15. August) sowie zum Andreastag (30. November) fanden sich bis 1974 jedes Jahr zahlreiche Pilger ein, deren Spenden zum Bau von Inselschulen benutzt wurden[11]). Der Hl. Andreas gilt als Beschützer der Reisenden. Darum findet man ihn auf Zypern an vielen Kraftwagen als Silberplakette. 1967 erbat sich Erzbischof Makarios für eine begrenzte Zeit sogar die Andreasreliquie aus Patras zur Verehrung für seine Insel.

— Auxibios, späterer Bischof von Soloi, stammte aus Rom und setzte die apostolische Sukzession an seinem Bischofssitz ein. Die Hagiographen nennen ihn „Sonne der Gerechtigkeit". Seine Eltern, reiche Heiden, erzogen ihn in „heidnischer Frömmigkeit", konnten aber nicht verhindern, daß Auxibios Christ wurde. Über Rhodos fuhr er zu Schiff nach Zypern, wo er den Aposteljünger Markos traf. In Ledroi taufte ihn dieser und weihte ihn zum Bischof von Soloi. Eine intensive Auxibios-Verehrung setzte in mittelbyzantinischer Zeit ein, wovon viele Fresken byzantinischer Kirchen Zyperns Zeugnis ablegen, so zum Beispiel in Arakos, Moutoulla und Ag. Nikolaos tis Stegis.

— Bischof Epiphanius hat sich auf Zypern vor allem durch seinen Kampf gegen die Häresie ausgezeichnet[12]). Dadurch verhalf er seiner Kirche zum endgültigen Sieg z. B. über die gnostischen Valentinianer. Diese sollen zur Zeit des Epiphanius selbst einen gnostischen Inselbischof mit Namen Aetius gestellt haben. Ihn machte Epiphanius nach dem Bericht im *Synaxarium* (Sammlung von Viten der Tagesheiligen) durch ein Streitgespräch stumm. Anschließend erbat er ein Edikt des Kaisers Theodosius, das der orthodoxen Kirche auf Zypern endgültig den Rücken stärkte[13]).

— Zwei Jahrhunderte nach dem großen Epiphanius erlangte in Zypern ein anderer Heiliger annähernd gleiche universelle Bedeutung: der Hl. Johannes der Almosenspender. Er gehörte nicht nur der Kirche von Alexandria an, die er als Patri-

---

[11]) Koenig, J.: Zypern. Leichlingen (bei Köln) 1972, S. 170.
[12]) Die Edition der Hauptwerke des Epiphanius, „Ancoratus" und „Panarion", erfolgte durch K. Holl in den GCS, 3 Bde. Leipzig 1915–1931; vgl. ders.: Die handschriftliche Überlieferung des Epiphanius (TU 36/2). Berlin 1910.
[13]) Heyer, Heilige (Anm. 3), S. 130–143.

arch regierte (609–619), sondern auch seiner Heimatinsel Zypern, auf der er seine Berufung zur Mildtätigkeit erfuhr und die seine Reliquien bewahrt. Über seine mildtätigen Werke berichtet neben den großen Hagiographen des 7. Jahrhunderts (Johannes Moschos und Sophronios) vor allem sein zyprischer Freund Leontios in einer Art Volksbuch für die Frommen. Dort finden sich viele Beispiele für die im Evangelium begründete Freigiebigkeit des Johannes[14].

Erzbischof Makarios wollte den Zyperngriechen ihre Heiligen durch zeitweises Ausborgen von Reliquien aus Griechenland präsent machen. Reliquien der von den Osmanen umgebrachten Neomärtyrer konnten allerdings auch der Verstärkung des türkischen Feindbildes dienen. Man erinnerte sich z. B. daran, daß der Hl. Polydoros, der in Ägypten zur Annahme des Islam gezwungen und in Ephesus 1794 wegen Rückfälligkeit zum christlichen Bekenntnis von den osmanischen Türken hingerichtet worden war, aus Nikosia stammte. Seine Reliquien waren bis 1922 in der Kirche von Ephesus aufbewahrt worden. Bei der Flucht aus der Türkei im Rahmen des damaligen Bevölkerungsaustausches nahm der *Protosynkellos* (Generalvikar) Kyrillos Psyllas den Polydoros-Kopf nach Athen mit und gab ihm in der Plaka-Kirche der Hl. Katharina eine neue Heimstatt. Am 28. September 1968 erbat Erzbischof Makarios III. vom Athener Erzbischof Hieronymos dieses Haupt des Heiligen, um es für einige Zeit in Zypern der Verehrung des Volkes aussetzen zu können. Bereits am 23. Oktober 1968 konnte schließlich die verehrte Schädelreliquie auf dem Flughafen von Nikosia mit militärischen Ehren und priesterlichen Prozessionen begrüßt werden. Auch im Fall des Neomärtyrers Georgios, der im Jahr 1752 in der palästinischen Stadt Ptolemais (Akko) von den Osmanen zum Tod verurteilt worden war, erinnerte man sich jetzt seiner zyprischen Herkunft. Am 13. April 1967 wurden seine Reliquien nach Zypern überführt[15].

4. Religiöse Volksbräuche

In der Befolgung der Volksbräuche suchen die von Ängsten und Hoffnungen betroffenen Orthodoxen engen Kontakt zu Gott oder seinen (hilfreichen) Heiligen. So hängen sie Tücher oder Kleidungsstücke an die Zweige breit ausladender Bäume, wie sie sich u. a. bei Kirchen und Höhlenheiligtümern finden. Sie wollen etwas vom Eigenen und damit sich selbst an Gott oder an die Heiligen anbinden, manchmal aber auch mit einem Kleidungsstück einfach nur ihre Krankheit zurücklassen. Ähnliches gilt für z. T. mannshohe Wachsfiguren, die für hilfsbedürftige Menschen als Votivgaben in den Kirchen und Höhlenheiligtümern aufgestellt werden. Ferner findet man auch Heiligenikonen auf hohen Gestellen aufgereiht, unter denen ein Mensch hindurchschlüpfen kann. Damit strahlt die helfende Kraft der Heiligen auf ihn aus. Häufen sich in einem Dorf erschreckende Ereignisse, oder hat es lange

---

[14] Heyer, Heilige (Anm.3), S. 144–150.; Beck, H. G.: Kirche und Theologische Literatur im Byzantinischen Reich. München 1959, S. 434/435, 455/456, 459/460; Gelzer, H.: Leontios von Neapolis. Leben des Hl. Johannes des Barmherzigen. Freiburg 1893.
[15] Bericht in: Apostolos Barnabas (November bis Dezember 1968), S. 366/367.

Zeit nicht geregnet, so wird die Kirche „gegürtet", d.h. von Fäden mehrfach umspannt. Das „bindet" die orthodoxe Gemeinde so eng zusammen, daß die „Unheil stiftenden Dämonen" nichts mehr ausrichten können. Auch sind in Fällen von langen Dürreperioden Prozessionen mit *Panagiai* (Marienikonen) durchgeführt worden, insbesondere mit der Panagia von Kykkos, die Regen zur Folge gehabt haben soll. Diese Rituale sind sicher z.T. noch in der vor- oder außerchristlichen Frömmigkeitspraxis verwurzelt, die die Zyprer mit dem Christentum verband[16]).

Ähnlich wie die Ordnung des zyperntürkischen Islam durch den geistbegabten *Şeyh* (Scheich = Oberhaupt) Nâzım der Nakşibendi-Sufiten, einen mystisch orientierten „Mönchsorden", durchbrochen wird, so sammelt unter den orthodoxen Griechen eine ungewöhnliche geistliche Persönlichkeit esoterischer Richtung ihre Anhänger: Stylianos Atteslis, der auch zum geistlichen Heilen befähigt sein soll. Der über Achtzigjährige bezeichnet sich selbst als *Daskalos* (Lehrer)[17]).

III. Das zyprische Mönchtum

Das Mönchswesen auf Zypern stellt vor allem eine wesentliche geistliche Säule der orthodoxen Kirche dar, bot aber im Unabhängigkeitskrieg in seinen Klöstern auch häufig einen Zufluchtsort für EOKA-Kämpfer. Heute finden sich orthodoxe Mönche und Nonnen ausschließlich im Süden der Insel. In der Nähe von Paphos siedelte bis kurz vor seinem Tod der von den Zyperngriechen sehr verehrte Urvater des zyprischen Mönchtums, Hilarion von Gaza, ein Schüler des Mönchsvaters Antonius[18]). Das gibt den zyprischen Mönchen das Bewußtsein, im Uranfang des Mönchswesens verwurzelt zu sein. In den Klöstern des Nordens der Insel finden lediglich im Andreas-Kloster an der östlichen Spitze der Karpas-Halbinsel noch Gottesdienste statt, die von einem Weltpriester durchgeführt werden.

1. Orthodoxe Klöster

a) Organisation

Die Ordnung eines orthodoxen Klosters mit der monastischen Lebensform des *Koinovions* (Gemeinschaftskloster) wird durch ein *Typikon* (Ordnung) geregelt. Dort gibt es nicht nur gemeinsame Gottesdienste und gemeinsame Mahlzeiten, sondern in der Regel auch keinen Privatbesitz. Auf Zypern bestehen zur Zeit drei

---

[16]) Darüber berichtet der Pfarrer der deutschsprachigen evangelischen Gemeinde Zyperns, Peter Ossenkop, dem für die Hilfe bei den Recherchen vor Ort zu danken ist.

[17]) Die literarischen Werke des „Daskalos" sind in Knaurs Esoterik-Taschenbüchern erschienen.

[18]) Hieronymus schrieb die Vita des Hl. Hilarion als periodenhaften Aufstieg zu immer vollkommenerer Askese. Diese Askese stand im Dienst des Siegs über die Dämonen und befähigte den Mönch zu Wunderheilungen. Um dem Ruhm zu entgehen, flüchtete Hilarion in die Fremde und verzichtete so auf ein Zuhause. Vgl. Austin, P. (Hrsg.): Hieronymus' Vies des Saints Paul de Thebes, Malc, Hilarion. Ligugé 1977; Chitty, D.J.: The Desert a City. Oxford 1966.

sogenannte *koinovitische* Männerklöster, alle mehr oder weniger in engem Kontakt zum „Heiligen Berg" (*Agion Oros*) der Orthodoxie, zum Athos[19]). Diese Klöster haben die Regeln der Athos-Klöster (*agioritisch*) bewußt übernommen, auch um die Abwanderung zyprischer Novizen auf den Athos zu verhindern. Zu diesen Klöstern gehören Machäras, Stavrovouni und Trooditissa, in welchem außer *agioritischer* Frömmigkeit auch die orthodoxe Laienorganisation der *Zoï* ihre Spuren hinterlassen hat. Machäras ist sogar mit ehemaligen Athosmönchen Ende 1993 zusätzlich besiedelt worden (Einsetzung des neuen Abtes am 14. November 1993). Der dortige Abt und ehemalige Athosmönch Athanasios hatte zuvor mit zunächst drei Mönchen das Kykkos-Metochion Agia Moni bewohnt, welches jetzt als Frauenkloster aufgebaut wird. Durch seine Übersiedlung mit sieben weiteren Mönchen erhielt das Kloster Machäras stark *agioritisches* Gepräge. Dabei sind Machäras und Agios Neophytos die beiden zyprischen Klöster, die auf ein von ihrem Gründer verfaßtes eigenes *Typikon* zurückgreifen können. In Machäras wurde es von einem Mönch namens Neilos erstellt[20]), in Agios Neophytos von dem Mönch, der dem Kloster seinen Namen gab. Das Kloster Machäras versucht heute, beide *Typika*, das *agioritische* und das des Mönches Neilos, miteinander zu verbinden, während in Agios Neophytos ausschließlich das klostereigene *Typikon* die Richtlinie für die Klosterorganisation bildet. Da dieses Kloster stärker *idiorhythmisch* geprägt ist, also z. B. privaten Mönchsbesitz zuläßt, kann die Anwendung der Klosterregel aber oft recht offen erfolgen.

Die orthodoxen Klöster sind kirchenrechtlich ihrer Diözese unterstellt. Ausnahmen bilden auf Zypern nur drei *stavropige* Männer-Klöster. Allen voran das reiche Kloster Kykkos, daneben Agios Neophytos und Machäras. *Stavropige* Klöster unterstehen in geistlichen Fragen eigentlich dem Patriarchen, auf Zypern jedoch direkt dem Erzbischof. Einige der Klöster verfügen über Töchterklöster, sogenannte *Metochia*, die sich häufiger in den Städten der Insel befinden, z. T. aber lediglich noch Kirchen sind. Das Kykkos-Kloster hat z. B. zwei *Metochia* in Nikosia, wobei das eine ein Forschungszentrum ist, das andere als dauernder Wohnsitz des Abtes, des vierköpfigen *Symvoulions* (Klosterrates) und der Mehrheit der Mönchsgemeinschaft dient. Von den Frauenklöstern ist kein einziges *stavropig*. Die meisten unter ihnen sind koinovitische Klöster und teilweise geistlich von den Männerklöstern abhängig, insbesondere wenn sie in deren Nähe liegen. Dies gilt z. B. für das Iraklidios-Kloster, in welchem der Einfluß des Abtes von Machäras deutlich zu spüren ist.

Als eigentlicher geistlicher Vater („Staretz") auf Zypern gilt nur Abt Athanasios von Stavrovouni. Er lebt als Einsiedler am Rand einer Klostergemeinschaft und wird von vielen nach geistlicher Hilfe verlangenden Gläubigen aufgesucht. Er ließ

---

[19]) Der Gründer des „Koinovions von Vatopedi" auf dem Athos, Vater Josif, lebte vor der Neugründung dieses Klosters zehn Jahre lang in Stavrovouni, wo sich immer noch Bücher mit seinem Besitzvermerk befinden.

[20]) Die Klosterordnung des Igumen Neilos vom Jahr 1202 ist veröffentlicht in: Tsiknopoullos, I. (Hrsg.): Kypriaka Typika (Zyprische Klosterordnungen). Nikosia 1969 (= Kentron Epistimonikon Erevnon. Pigai kai Meletai, 2).

sich an das Südschiff der Klosterkirche eine Eremitenklause anbauen und ist ein Mann von großer Ausstrahlung im Kirchenvolk.

b) Besondere Bräuche

In der Orthodoxie sonst nicht vorhandene Rechte genießen auf Zypern z.B. die Äbte der *stavropigen* Klöster. In der Liturgie handeln sie, obwohl vom Weihegrad her normale Priester, als Bischöfe: Der Abt hat bei den liturgischen Handlungen Diakone zu seiner rechten und linken Hand, spricht, wie sonst nur in der bischöflichen Liturgie üblich, das „Herr, rette die Frommen!" und steht beim Großen Einzug vor der königlichen Pforte, um dort den Priester bzw. Diakon mit den Gaben zu erwarten. Bestimmte zyprisch-orthodoxe Bräuche sind wie die künstlerischen Einflüsse, z.B. in den Ikonen oder in Form des westeuropäischen Glockenstuhls, deutlich auf die Nähe zu den anderen Konfessionen bzw. Religionen zurückzuführen. So gibt es entsprechende liturgische Eigentümlichkeiten, z.B. im Kloster Stavrovouni: Die Tatsache, daß die Mönche das *Doxa Patri* grundsätzlich im Stehen beten, wie man es sonst bei Benediktinern beim Gesang des *Gloria Patri* beobachten kann, läßt die Frage aufkommen, ob sich diese Tradition der Benediktiner, die vorübergehend das Kloster besiedelt hatten, bis heute erhalten hat. Hier wird zudem das innige litaneiartige Gebet zum Fest des Hl. Basilius und zu Pfingsten in *Prosternation* (Sichniederwerfen) der ganzen Klosterkirchengemeinde gebetet, wie man es sonst nur von der Moschee her kennt.

c) Aufgabenbereiche

Die Klöster haben unterschiedliche Aufgabenschwerpunkte. Die *koinovitischen* Klöster widmen sich intensiv der Landwirtschaft, besonders ausgeprägt in Stavrovouni. In den *idiorhythmischen* Klöstern sind die meist wenigen Mönche fast ausschließlich mit der Klosterverwaltung und häufig auch mit dem Abnehmen der Beichte sowie der Betreuung der Pilger und Touristen beschäftigt. Kykkos unterhält eine ausgedehnte Gästehausanlage (400 Betten für Pilger). Dieses Kloster kann sich durch seine *Metochia* in Nikosia auch wissenschaftlichen und pädagogischen Aufgaben widmen. So fördert es nicht nur eine Schule für byzantinischen Gesang sowie ein Forschungszentrum vor allem für die Klostergeschichte, sondern stellt auch die Lehrer am Seminar für den orthodoxen Priesternachwuchs Zyperns (*Ieratiki Scholi*). In manchen Klöstern gibt es Ikonenmaler. Die berühmteste Malschule Zyperns ist die vom Kloster Stavrovouni. Eigene Editionen haben vor allem das Kykkos-Kloster mit einer Art Jahrbuch sowie Stavrovouni.

Letztlich dienen die Klöster wie überall in der Orthodoxie als Basis für die kirchliche Hierarchie. Aus dem Kykkos-Kloster stammen die beiden letzten Erzbischöfe Zyperns, Makarios III. und Chrysostomos, sowie der Metropolit von Kyrenia, Grigorios; aus Machäras der Metropolit von Larnaka, Chrysostomos, aus dem Kloster Agios Neophytos Metropolit Chrysostomos von Paphos. Lediglich die Metropoliten von Morphou und Limassol, beide Chrysanthos mit Namen, sind keinem der Klöster zuzuordnen. Chrysanthos von Morphou wurde direkt von der Professorenkathedra zum *Chorepiskopos* und knapp drei Monate später zum Metropoliten berufen. Zyprische Mönche wurden auch auf Bischofssitze im Ausland berufen, so der spätere Ökumenische Patriarch Meletios Metaxakis[21]) und der Stavrovouni-Mönch Georgios Chatsitophoris, der aus Larnaka stammte, 1946 nach Bethlehem ging und am 12. Februar 1988 zum Erzbischof von Tiberias erhoben wurde[22]).

d) Statistische Angaben

Im Südteil der Insel bestehen heute neun intakte Männer- und vierzehn Frauenklöster; im Nordteil verloren die Orthodoxen sieben (Männer-)Klöster und vier *Metochien*, von denen zwei dem Katharinenkloster auf dem Sinai und eines der Grabesbruderschaft in Jerusalem (*Agiotaphiten*) gehörten[23]). Neubauten entstehen im Kykkos-Metochion Agia Moni, künftig wohl das bedeutendste Frauenkloster[24]). Weitere Zahlenangaben zu den Mönchen, Novizen und Organisationsformen in Männer- wie in Frauenklöstern[25]) sind den Tabellen 1 und 2 zu entnehmen.

Tabelle 1: Griechisch-orthodoxe Männerklöster in Zypern

Männerklöster	Mönche	Novizen	Organisationsform*
Kykkos	23	4	*I*
Machäras	10	4	*K*
Ag. Neophytos	4	1**	*I*
Chrysorrogiatissa	3	–	*I*
Trooditissa	10	–	*K*
Timios Stavros Minthis	1	–	*K*
Stavrovouni	15	5	*K*
Skiti Anastaseos tou Sotiros	1	–	–
Sinai-Metochion	1+1 Priester	–	–

* Ein kursives *K* steht für *Koinovitisch* (enge Klostergemeinschaft), ein *I* für *Idiorhythmisch*, d. h. freiere Form des Zusammenlebens.
** Noch nicht im Imerologion verzeichnet.
Quelle: Imerologion Ekklisias Kyprou. Typiki Diataxis Akolouthion (Kalender der Kirche Zyperns. Rituelle Ordnung der Akolouthien). Nikosia 1993.

---

[21]) Meletios Metaxakis, der vom zyprischen Bischofssitz Kition, den er vom März 1910 bis März 1918 innehatte, als Erzbischof nach Athen (1918–1920) berufen wurde, residierte vom 25. Nov. 1921 bis zum 20. Sept. 1923 als Ökumenischer Patriarch in Konstantinopel und diente schließlich von 1926–1935 seiner Kirche als Patriarch von Alexandria.

[22]) Vgl. Eklogi Archiepiskopou Tiveriados (Die Wahl des Erzbischofs von Tiberias), in: Nea Sion. 80 (1988), S. 261–267.

[23]) Diese Angaben entstammen dem liturgischen Kalender der Autokephalen Kirche von Zypern: Imerologion Ekklisias Kyprou. Typiki Diataxis Akolouthion (Kalender der Kirche Zyperns. Rituelle Ordnung der Akolouthien). Nikosia 1993.

[24]) Zu diesem finden sich in den „Imerologien" (Kalender) der Autokephalen Kirche Zyperns noch keine neueren Daten.

[25]) Die statistischen Daten über die Frauenklöster entstammen den Diptychen der Kirche von Griechenland, da in dem Kalender der Kirche von Zypern im Gegensatz zu den korrekten Aussagen der Männerklöster meist nicht alle Nonnen aufgeführt sind.

Tabelle 2: Griechisch-orthodoxe Frauenklöster in Zypern

Frauenklöster	Nonnen	Novizinnen	Zelebrierender Priester	Organisationsform*
Iraklidios	25	–	1	K
Panteleimonos Acheras	8	–	–	K
Erzengel Michael	2	1	–	K
Ag. Kendeos	7	2	–	I
Metamorphosis	5	–	–	K
Theotokos	3	–	–	K
Ag. Thekla	2	–	–	I
Ag. Minas	12	–	1	K
Agii Marina und Raphael	3	2	1	I
Ag. Georgios Alamanos	30	–	1	K
Zoodochos Pigi/Panagias Glossa	11	–	1	K
Panagia Sfalagiotissis	12	–	1	K
Agios Nikolaos Gaton	5	–	–	K
Panagias Amasgous	4	–	1	I

* Ein kursives *K* steht für *Koinovitisch* (enge Klostergemeinschaft), ein *I* für *Idiorhythmisch*, d.h. freiere Form des Zusammenlebens.
Quelle: Imerologion Ekklisias Kyprou. Typiki Diataxis Akolouthion (Kalender der Kirche Zyperns. Rituelle Ordnung der Akolouthien). Nikosia 1993.

Zusammengerechnet wirken auf Zypern 68 Mönche, 129 Nonnen und 14 Männer sowie 5 Frauen im Noviziat und 8 Priester zum Zelebrieren der Gottesdienste (Göttliche Liturgien) in den Frauenklöstern. Auffallend ist dabei, daß es bis zur Wiederaufnahme des Klosterlebens durch Nonnen in der Agia Moni in den Diözesen Paphos und Kyrenia bisher kein Frauenkloster gegeben hat. Die große Zahl an Novizen im Kloster Stavrovouni entspricht durchaus dem dort blühenden geistlichen Leben. In manchen Frauenklöstern hingegen befinden sich selbst für orthodoxe Verhältnisse wenig Nonnen und Novizinnen[26].

2. Übrige klösterliche Gemeinschaften

Die Altkalendarier geben an, daß sich in ihren Klöstern etwa 60 Mönche und Nonnen befinden. Dies erscheint den Verfassern etwas zu hoch gegriffen. In ihrem Besitz befinden sich ausschließlich die nach der Trennung von den dem gregorianischen Kalender folgenden Orthodoxen gebauten, neuen Klosteranlagen, d.h. fünf

---

[26] Hier seien der Vollständigkeit halber auch die im Norden der Insel befindlichen ehemaligen orthodoxen – ausschließlich den Männern vorbehaltenen – Klöster und „Metochien" namentlich aufgeführt: Ag. Barnabas, Ag. Andreas, Ag. Spyridon, Ag. Panteleimon, Acheiropiitos, Erzengel Michael/Antiphonitos und Panagia Melandria. Ferner gehörten dazu ein „Metochion" von Kykkos sowie jenes der „Agiotaphiten" (Ag. Johannes Chrysostomos) und die Sinai-„Metochia" (Ag. Paraskevi und Ag. Marina).

Klöster und zwei *Isychastiria* (Klausen). Das *Isychastirion* Zoodochos Pigi dient als Sitz ihres einzigen zyprischen Metropoliten. Daneben existieren die Klause Agia Triada sowie die Klöster Metamorphosis tou Sotiros und Avdeleron (etwa 20 Nonnen), Evangelistria/Agia Eirini Lemesou, Eisodion tis Theotokou (Männerkloster), Panagia Galaktotrofousa (fünf Mönche) und Agii Pantes. Eines ihrer Klöster haben die Altkalendarier durch die türkische Besetzung verloren: Agios Georgios/Agia Trias Karpasias.

Darüber hinaus gibt es auf Zypern noch einige wenige katholische Klöster, die fast ausschließlich dem lateinischen Ritus folgen. Das einzige Maronitenkloster der Insel, das Kloster des Hl. Elias, liegt im nördlichen Teil und ist zerstört. Lediglich in Kormakiti befindet sich noch heute ein kleiner Konvent mit zwei maronitischen Schwestern, die nach der Franziskusregel leben. Von den klassischen katholischen Orden sind ausschließlich die Franziskaner heute noch auf Zypern anzutreffen, da die Invasion der Mameluken 1426 zu einer Abwanderung der übrigen Orden (Augustiner, Benediktiner, Kartäuser, Zisterzienser, Prämonstratenser) sowie zur Zerstörung ihrer Klöster geführt hatte.

Schon der Hl. Franziskus hat nach der Überlieferung die Insel bei seiner Rückkehr vom Heiligen Land nach Italien gegen 1220 besucht und zwei seiner Minoriten auf Zypern zurückgelassen. Seit der Hl. Franz während des fünften Kreuzzuges über die Frontlinie gelaufen und zu Sultan El-Malik vorgedrungen war, besaßen seine Mönche im Orient ihre von den Muslimen respektierten Privilegien[27]). In Agia Napa, Larnaka und Paphos hat es im Mittelalter während des Aufblühens der *Custodia Terrae Sanctae* bedeutende Franziskanerklöster gegeben, von denen heute nicht mehr als die Grundmauern übrig geblieben sind, so z.B. in Paphos. Als die Mameluken 1510 die Franziskaner des Heiligen Landes zu unterdrücken begannen, richtete Kustos Suriano auf Zypern ein Kloster als Zufluchtsort ein. Die Franziskanerklöster waren dabei immer Neubauten, Umfunktionierungen orthodoxer Klöster haben sie nicht vollzogen. 1593 stiftete Vater Franziskus von Spello in Larnaka ein Kloster, und 1596 erlaubte die osmanische Administration, daß auch eine Klosterkirche hinzugebaut wurde. 1842 errichtete die *Custodia* erneut in Larnaka ein Kloster. Als die Kirche sechs Jahre später mit Glocken ausgestattet wurde, waren dies die ersten Glocken, die mit Erlaubnis der Osmanen läuten durften. Heute bestehen noch Klöster in Larnaka (2 Brüder), Nikosia (3 Brüder) sowie in Limassol (2 Brüder). Unter den Mönchen befindet sich kein einziger Grieche; sie kommen vielmehr aus Italien, Chile, USA, Spanien und Polen.

Katholische Nonnen sind zahlenmäßig stärker auf Zypern vertreten: Drei Maronitenschwestern des Ordens des Hl. Antonius sind hier anzuführen, ferner fünf französische Schwestern des Ordens St. Joseph der Erscheinung (*Soeurs de St. Joseph de l'Apparition*), die in Nikosia und in Larnaka Schulen betreiben[28]). Die Ma-

---

[27]) Vgl. Basetti-Sani, G.: L' Islam e Francesco d' Assisi. La Missione Profetica per il Dialogo. Florenz 1975.

[28]) Die französischen „Soeurs de St. Joseph de l'Apparition" waren bei der Begründung des lateinischen Patriarchats zur christlichen Mädchenerziehung ins Heilige Land geholt worden und erweiterten ihr Tätigkeitsfeld in Zypern. Vgl. Stolz, B., OSB: Gottes Pionier im Hl. Land, Joseph Valerga, Patriarch von Jerusalem. Stein am Rhein 1975, S. 113 ff.; Medebielle, P.: Le Diocèse Pa-

rienschule (etwa 900 Schüler) in Limassol wird von 20 Schwestern geführt, ein Altersheim in Larnaka von sechs Schwestern. Das Terra Sancta College in Nikosia untersteht ebenfalls drei Schwestern, zwei weitere arbeiten mit diesen zusammen, leben aber im Nordteil der Insel. Vom College aus wird auch ein Kindergarten betreut.

Es gibt heute also sieben Mönche und etwa 39 Schwestern katholischer Konfession auf Zypern. Eine in Famagusta ebenfalls von einem Mönch und einer Nonne geführte Schule mußte aufgegeben werden.

Die Armenier haben dagegen keine Mönche mehr auf Zypern. Ihr Makarios-Kloster Sourp Magar im Norden der Insel, ein auch schon vor der türkischen Herrschaft nicht mehr von Mönchen bewohntes, ehemals koptisches, den Armeniern 1425 überlassenes Kloster mit großem Landbesitz, sowie ein kleines Kloster bei Famagusta sind zerstört.

IV. Die übrigen christlichen Religionsgemeinschaften

1. Altkalendarier

Die Altkalendarier sind eine schismatische Bewegung innerhalb der griechischen Orthodoxie[29]), die sich aufgrund der sukzessiven Einführung des gregorianischen Kalenders in den orthodoxen Kirchen seit 1902 von den sogenannten „Neukalendariern" abgesetzt hat. 1924 kam es, ausgelöst durch die endgültige Durchsetzung des Neuen Kalenders in Griechenland, zum Bruch der Altkalendarier auch mit dem Ökumenischen Patriarchat bzw. allen übrigen Nationalkirchen und zur Einrichtung eigener Bischofssitze und anderer kirchlicher Einrichtungen. Gegen den neuen Kalender richteten sich die Altkalendarier nicht nur aufgrund des orthodoxen Festhaltens an der Tradition, sondern auch weil dieser Kalender Papst Gregor XIII. (Kalenderreform 1582) zu verdanken war, also „häretischen" Ursprungs ist. Kennzeichen der Altkalendarier ist noch heute nicht nur der momentan um 13 Tage „verspätete" Kalender, sondern auch eine stark anti-ökumenische Tendenz.

Auf Zypern sind die Altkalendarier ebenso wie die zyprisch-orthodoxe Kirche („Neukalendarier") autokephal. Ihr Metropolit (seit 1956 Epiphanios von Kition) wurde freilich in Griechenland geweiht. Ferner stimmt man sich in Glaubensfragen ständig mit Griechenland ab. Der dem Erzbischof unterstehende Klerus besteht aus acht Priestern und zwei Diakonen. Außerdem gehören der zyprischen altkalendarischen Kirche zwei Priester in England und drei in Australien an. Eine regelrechte Heilige Synode haben die Altkalendarier nicht, sie halten aber – wenn nötig – Versammlungen des Metropoliten mit den Priestern ab. Die etwa 15 000 Gläubigen versammeln sich, nach Angabe ihres Metropoliten, in insgesamt 22 Kir-

---

triarcal de Jerusalem. Jerusalem 1963, S. 66 ff.; Hajjar, J.: L'Apostolat des Missionaires Latins dans le Proche Orient. Jerusalem 1956.

[29]) Vgl. Wittig, A.: Die Bewegung der Altkalendarier in Griechenland, in: Ostkirchliche Studien. 32 (1983), S. 309–325.

chen und Klöstern[30]), die sich eher in oder am Rande von kleinen Dörfern befinden. Ausschließlich von Altkalendariern besiedelte Dörfer gibt es nicht. Ähnlich den „Arbeiterpriestern" erhalten die Geistlichen keinen Lohn von ihrer Kirche. Diese ist sehr stark auf das Engagement der einzelnen, meist autodidaktisch ausgebildeten Kleriker und der offiziell etwa 60 Mönche und Nonnen angewiesen, zumal die Altkalendarier sich ihren Besitz, auch ihre Klöster, selbst schaffen mußten. Besonders wichtig ist für die Altkalendarier deshalb der Besitz der Gebeine von Neomärtyrern. Die sterblichen Überreste von drei Mönchen, die 1963 angeblich von „den Türken" umgebracht wurden, befinden sich in dem 1948 gegründeten Kloster Galaktotrofousa (die Milch-Ernährerin), zwei weitere Märtyrergebeine sind im Metamorphosis-Kloster.

Mit der zyprisch-orthodoxen Kirche pflegt man zwar keine geistliche Gemeinschaft, jedoch gelegentliche Zusammenarbeit in praktischen wie zwischenmenschlichen Bereichen. Die Gläubigen gehen auch in die Kirchen der mehrheitlichen „Neukalendarier". Zur Kirche der Altkalendarier gehört das von ihrem Erzbischof geleitete Forschungsinstitut Heiliger Epiphanios und ein geistliches Zentrum in Limassol. Es ist kein Zufall, daß die zyprischen Altkalendarier ihr Forschungszentrum nach dem Hl. Epiphanius benannt haben und ihr Oberhaupt den Bischofsnamen „Epiphanius" wählte. Die Altkalendarier wollen damit dessen Kampf für die Glaubensreinheit fortsetzen. Die Frömmigkeitspraxis ist sehr streng. Jede Woche wird z. B. in der Nacht von Samstag auf Sonntag von den Priestern eine Nachtwache (*Agrypnia*) gehalten.

2. Römisch-katholische Kirche

Kreuzritter, lateinische Bischöfe und abendländische monastische Orden haben seit der Eroberung der Insel 1191 durch Richard Löwenherz bis zur osmanischen Inbesitznahme 1571 das orthodoxe Inselvolk beherrscht. Als sie dann wieder nach Westen zogen, haben die „Lateiner" mit ihren monumentalen Kirchbauten, die in muslimischen Besitz übergingen (z. B. die Kathedrale in Nikosia und die dortige Augustinerkirche) deutliche Spuren auf Zypern hinterlassen. Die katholisch-orthodoxe Konfrontation im Zeitraum von fast vier Jahrhunderten, bei der die politische Macht der Lusignan-Könige, der päpstlichen Legaten und der römischen Päpste voll eingesetzt wurde, hat die orthodoxen Zyprer resistent gegen den Katholizismus gemacht. Der „Union von Florenz", die in Byzanz ihre Anhänger fand, stimmte kein zyprischer Theologe zu.

Die Franziskanermönche sind gegenwärtig die einzige tragende Kraft des lateinischen Zweiges der römisch-katholischen Kirche auf Zypern. Vom heutigen Nikosia aus dienen sie den katholischen Christen der Insel und den Besuchern in ihrer unmittelbar in die Grenze zur „Türkischen Republik Nordzypern" eingebetteten Heilig-Kreuz-Kirche. Ihr Prior, Umberto Barato, fungiert zugleich als akkredi-

---

[30]) 12 Kirchen und sechs Klöster in der Republik und drei Kirchen und ein Kloster in Nordzypern.

tierter Nuntius. Die Nuntiatur ist auf Wunsch von Erzbischof Makarios 1961 eingerichtet worden, hat aber faktisch keine große Bedeutung. Sie entspricht in ihrem Stellenwert dem früheren Amt eines Pronuntius. Die ortsansässigen lateinischen Christen stellen nur noch eine verhältnismäßig geringe Zahl dar: etwa 500 einheimische, „lateinische" Christen mit zyprischem Wahlrecht und eine nicht näher bestimmbare Zahl von ausländischen, ortsansässigen römisch-katholischen Christen. Nach Angaben des Nuntius befinden sich rund 2000 lateinische Christen in ganz Zypern. Sie sind auf vier Gemeinden verteilt: Nikosia, Larnaka, Limassol und Paphos. Eine Kapelle, in der zweimal im Monat Gottesdienst abgehalten wird, befindet sich darüber hinaus in Kyrenia. Im Norden der Insel leben noch etwa 50 römisch-katholische Christen. Die katholische Kirche betreibt die älteste kontinuierlich geführte Schule auf Zypern, wie überhaupt das Schulwesen eine der Hauptaufgaben dieser Kirche ist. In Nordzypern mußte allerdings eine Schule in Famagusta aufgegeben werden.

3. Maronitische Kirche

Als Zypern 1571 in osmanische Herrschaft fiel, wurde der katholische Klerus verjagt, ermordet oder in die Sklaverei verkauft. Katholiken wurde jeglicher Land- und Hausbesitz verboten. Ihre Mönche legten die Ordenstracht ab und versteckten sich in den Bergen. Die bereits seit 633 mit Rom unierten Maroniten (syrische Libanesen)[31]) erhielten dafür in Zypern eine Art Stellvertreterfunktion, obwohl auch sie zeitweise ihre kirchliche Eigenständigkeit einbüßten, weil sie sich nach osmanischem Recht entweder der zyprisch-orthodoxen oder der muslimischen Rechtsprechung unterordnen mußten. Der 1596 als Nuntius in den Libanon abgeordnete Dandini zählte zwar bei seinem Besuch Zyperns 19 maronitische Dörfer (ca. 8000 Maroniten) und in manchem Dorf zwei bis drei Kirchen, die Kathedrale in Nikosia erschien ihm aber ziemlich ärmlich, der Bischofsstuhl war vakant. 1598 weihte dann der maronitische Patriarch im Libanon Moyses Anaysius zum neuen Inselbischof. Die Maroniten, als orientalische Kirche von den türkischen Herren geduldet, übernahmen die Fürsorge über die katholischen Gläubigen. Der Erzbischof Maronios diente 1690 in Nikosia den Gläubigen sowohl im maronitischen wie auch im römischen Ritus. Der Franziskaner Johannes Baptist von Todi, der 1636 Zy-

---

[31]) Im 5. Jahrhundert hatten sich in Syrien Mönche gruppiert, die nach der asketischen Lebensweise des Abtes Maron (Mar bzw. Maroon), der in der Mitte des 4. Jahrhunderts in der Gegend von Kyros wirkte, lebten. Das Kloster des Heiligen Maron im Libanon benutzte anfangs die Jakobus-Liturgie, die von Jerusalem ausgegangen war, und entwickelte sich zum Zentrum des „Monotheletismus", einer häretischen Bewegung in Byzanz, die daran glaubte, daß Christus nur einen Willen („thelema") habe. Vgl. Moosa, M.: The Maronites in History. Syracuse/USA 1986; Breydy, M.: Maroniten, in: TRE. 22 (1992), S. 169–174; Awit, M.: The Maronites. Who are they? What do they want? Bkerké (Libanon) 1994. Speziell zu Zypern vgl. Iacovou, Ch.: The Evolution of the Maronites of Cyprus as a Religious Entity, in: The Cyprus Review. 6 (1994) 2, S. 43–51, und Bowron, E.: The Maronites of Cyprus, in: Eastern Churches Quarterly. 2 (1937), S. 10–12. Dort wird auch Klage über die Latinisierung und die Abkehr vom antiochischen Ritus (Jakobs-Liturgie) geführt. Seit 1736 wird die Hostie ohne Sauerteig ausgegeben.

pern aufsuchte, berichtete darüber, daß einige Maroniten den Islam angenommen hätten, andere die unitarische Kirchenform verleugneten und in ihre „orientalischen Irrtümer" zurückgefallen wären. Der maronitische Geschichtsschreiber Stefan von Edhen, der sich 1668 in Zypern aufhielt, setzte – bald darauf zum Patriarchen erhoben – den Zyprer Lukas als Erzbischof ein. Aber nach seinem Tod 1673 fand sich kein weiterer Bischofskandidat mehr, vermutlich wegen der Konfrontation mit der inzwischen erstarkten Orthodoxie, die von ihren Vorrechten gegenüber den Maroniten Gebrauch machte. Die Titelträger des zyprisch-maronitischen Erzbistums bevorzugten daher, im maronitischen Libanon zu residieren und verzichteten auf alle Zypern-Besuche bis 1848. Sie ließen sich während dieser Zeit vom *Protopapas* von Kormakiti auf der Insel vertreten.

Der orthodoxe Erzbischof Kyprianos (1810–1821) trieb die Maronitenunterdrückung auf die Spitze. Er verfügte, daß für alle maronitischen Dorfgemeinden die griechischen Bischöfe zuständig seien, weil einst der *Berat* (Erlaß) des Sultans ihnen allein die Jurisdiktion über die Maroniten zugesprochen habe. Für die Ehegerichtsbarkeit erteilte er ihnen allerdings Dispens. So sank die Zahl der Maroniten-Dörfer auf zehn. In maronitischen Kreisen wuchs die Unzufriedenheit gegen die Orthodoxie. Als es zu den Massakern von 1821 kam, denen auch der orthodoxe Erzbischof Kyprianos zum Opfer fiel, wurden die Maroniten massenweise zur Annahme des Islam gezwungen. Die Rückkehr zur alten Kirchenzugehörigkeit gestaltete sich schwierig: Erst 1845 erreichte Frankreich bei der Pforte die Freistellung der Maroniten von der orthodoxen Rechtsprechung. Das ließ die Zahl bekennender Maroniten wieder anwachsen. Sie folgten nun dem lateinischen Kalender, und ein Vertreter des maronitischen Erzbischofs nahm seinen Sitz als *genikos vikarios* (Generalvikar) in Zypern ein. Die Engländer zählten um 1878 bereits fünf maronitische Dörfer (ca. 800 Maroniten). 1931 war ihre Zahl dann auf rund 3000 Gläubige angestiegen. Das Verhältnis zur liberalen britischen Kolonialregierung, die ihnen die volle Religionsfreiheit zubilligte, war seit der Übernahme Zyperns durch London von solch überzeugender Loyalität gekennzeichnet, daß zahlreiche Maroniten in wichtige administrative Funktionen einrückten und gar die britische Staatsangehörigkeit annahmen.

Da die Maroniten lange Zeit die Fürsorge für die übrigen römisch-katholischen Gläubigen innehatten, fällt besonders auf Zypern die Unterscheidung zwischen den beiden Konfessionen sehr schwer. Von den in Blütezeiten angeblich bis zu 125 000 Maroniten befinden sich heute höchstens noch etwa 7 000 auf Zypern, davon 200 in Nordzypern (vor 1974: 1700)[32]. Im Bürgerkrieg zwischen Türken und Griechen auf der Insel haben sich die Maroniten ebenso wie die Lateiner und Armenier politisch neutral verhalten; der EOKA-Terror ist von ihnen nicht aktiv mitgetragen worden. Maroniten wie auch Lateiner und Armenier sind nach der Ver-

---

[32]) Während Breydy (Anm.31), S.173, 6000, Awit (Anm.31) sogar nur 5000 Maroniten auf Zypern zählt, gehen offizielle zyperngriechische Schätzungen von lediglich 2 706 aus. Zusammen mit den Armeniern (3 627) stellen sie weniger als ein Prozent der gesamten Inselbevölkerung. Solsten, E. (Hrsg.): Cyprus. A Country Study. Vierte Auflage. Washington 1993, S. 57/58. Unsere Angabe folgt einer Schätzung der zyprischen Maroniten. Vgl. Maronite Archdiocese of Cyprus (Hrsg.): What are the Maronites? Nicosia 1991.

fassung der Republik von 1960 (Art. 2 III) zwar als eigenständige Religionsgruppen anerkannt worden. Sie haben sich dennoch heute mehrheitlich für eine politische Zugehörigkeit zur zyperngriechischen Gemeinschaft ausgesprochen. Deshalb hat ihnen das Repräsentantenhaus der Republik Zypern je einen eigenen Repräsentanten zugebilligt, die allerdings beide kein Stimmrecht besitzen. Wie die Lateiner legen auch die Maroniten ihren Schwerpunkt auf den Bildungssektor. Das an den von der römisch-katholischen Kirche getragenen Privatschulen zu entrichtende Schulgeld können die Maroniten-Familien mit durchschnittlichem Einkommen allerdings oft nicht mehr aufbringen. Sie sind so gezwungen, ihre Kinder in staatliche Schulen zu schicken.

Im Südteil der Insel gibt es zwei Gemeinden in Nikosia, eine in Limassol und eine weitere in Larnaka. Die Maroniten-Gemeinden sind heute auf die Städte konzentriert; Landgemeinden sind nicht mehr vorhanden. Die Abhängigkeit vom Libanon ist deutlich an der Hierarchie zu sehen: Die zyprischen Maroniten unterstehen dem Patriarchen in Bkerké bei Beirut, auch ihr Bischof Butros Gemajel kommt aus diesem Land. Die Maroniten haben trotz der Grünen Linie die Möglichkeit, Drei-Tage-Visa für Nordzypern zu erlangen, ebenso können sie aus dem Norden für fünf Tage den Süden besuchen – so bleibt der Kontakt zu den Gemeindemitgliedern in der „TRNZ" erhalten. Dort befinden sich vier Gemeinden: Kormakiti (in dieser Gemeinde spricht man noch einen Dialekt mit starken arabischen Einflüssen)[33], Asomatos, Agia Marina und Karpasia, von denen vor allem Kormakiti noch stärker von Maroniten besiedelt ist. Hier gibt man sich heute eher gräkophil, zumal die Dorfbewohner in ihren Rechten (z.B. Reise- und Bewegungsfreiheit) stark beschnitten sind und sich u.a. nicht einmal ein Telefonnetz in diesem Hauptansiedlungsort befindet.

4. Armenische Traditionen

Die Kathedrale der Armenier[34] – Notre Dame de Tyr – liegt im Nordteil von Nikosia. Es ist ein gotischer Bau, in fränkischer Zeit für ein Kloster der Benediktine-

---

[33]) Vgl. hierzu Borg, A.: Cypriot Arabic: An Historical and Comparative Investigation into the Phonology and Morphology of the Arabic Vernacular Spoken by the Maronites of Kormakiti Village in the Kyrenia District of North-Western Cyprus. (Dissertation Erlangen 1982) Stuttgart 1985 (=Abhandlungen für die Kunde des Morgenlandes, 47/4).

[34]) Es gibt drei literarische Darstellungen der armenischen Geschichte auf Zypern auf armenisch: Pagouran (Pseudonym): (Geschichte der Armenier auf Zypern). Nikosia 1903; B.J. Kiwleserean: Hai Kibros (Armenisches Zypern). Antelias 1936 und Hisatakaran: Kipra Hay Galuti (Geschichte der armenischen Kolonie von Zypern). Nikosia 1954. In der armenischen Literatur finden sich so viele Berichte über Zypern, daß man von einer fortlaufenden Anteilnahme der Armenier an der zyprischen Inselgeschichte sprechen kann. Ähnlich den russischen Pilgerberichten hält das geographische Werk des Moses von Khorene daran fest, daß auf dem Olympos-Berg der Insel Weihrauch vom Himmel falle und daß Ebipan (Epiphanius) einer der größten Hierarchen der Inselgeschichte gewesen sei. Die ursprünglich syrische Chronik Michaels des Großen (1126–1199) ist nur in der armenischen Übersetzung des Mönches Isaak erhalten. Hier ist vermerkt, daß die Zerstörung der Epiphanius-Kirche von Salamis durch den ersten arabischen Einfall unter Mu'awiya selbst verschuldet gewesen sei, da man die „Glaubensregeln und die Vorschriften dieses Heiligen Mannes nicht mehr beachtet" habe (Vgl. Oberhummer [Anm.9]. S. 34 ff.). Auch vom erpresse-

rinnen errichtet, später von Kartäuserinnen besiedelt[35]). Da syrische Maroniten und Lateiner im gleichen Viertel wohnten, nannte man diesen Stadtteil traditionell das „Christenquartier" oder auch „Armenia". Heute ist die ehemalige Kathedralkirche verschlossen und dem Verfall preisgegeben. Im Südteil der Stadt ist aber eine neue Kathedrale nebst einer Schule mit dem Namen des Mönchsdichters Gregor von Narek mit Unterstützung der Evangelischen Kirche von Westfalen gebaut worden[36]).

Ende des 19. Jahrhunderts zählte man rund 20 armenische Familien in Nikosia, fünf weitere in Larnaka. Der Zensus von 1891 gibt lediglich 269 Armenier an. Armenier vom anatolischen Festland des Osmanischen Reiches, denen die Flucht vor dem Genozid 1915 nach Zypern gelang, verursachten einen kurzfristigen Anstieg der Zahl der Inselarmenier bis auf 20000 Personen. Wegen der schlechten Aussichten auf höheren Wohlstand wanderten jedoch viele wieder aus. In den 1970er Jahren lebten nur noch etwa 3000–4000 Armenier auf Zypern, zu einem großen Teil im Norden der Insel. Viele von ihnen emigrierten schließlich nach der türkischen Okkupation. Ihnen diente Vartapet Avedikian als Generalvikar unter der Jurisdiktion des Katholikosats von Antelias (wohnhaft im Stadtviertel Agios Dometios), der später zum Erzbischof aufstieg. Heute ist die armenische Volkszahl nach eigenen Angaben auf weniger als 2000 abgesunken. Unter dem Erzbischof Yeghishe Manjikian von Nikosia dient dort ein in Antelias theologisch ausgebildeter Priester. An der schon vor 83 Jahren errichteten Kirche von Larnaka sowie an der vor 52 Jahren gestifteten Kirche in Limassol arbeitet ein Priester, der seine Ausbildung im Manukian-Seminar von Jerusalem abschloß.

Die früheste Ansiedlung von Armeniern auf Zypern geschah unfreiwillig[37]). Beim Feldzug des Mauritios Tiburios gegen den Perserkönig Chosroes wurden bei der Schlacht von Arzanene in Großarmenien um 580 n.Chr. großenteils armenische Soldaten gefangen. Diese Gefangenen wurden auf Zypern angesiedelt. Es handelte sich um annähernd 10000 Personen, die zum persischen Kriegsdienst gezwungen worden waren. Mit dem Aufblühen des kleinarmenischen Reiches im geographisch benachbarten Kilikien entstanden aber so enge Beziehungen der Armenier zur nahen Insel, daß es auch zur freiwilligen Einwanderung kam. Schon sehr früh muß das Viertel zwischen dem Konak und dem Paphos-Tor der bevor-

---

rischen Raubzug Rainalds von Châtillon von 1157 ist hier die Rede. Vartan der Große schildert darüber hinaus die handstreichartige Inbesitznahme der Insel Zypern durch Richard Löwenherz.

[35]) Hill, G.: A History of Cyprus. Bd. II. Cambridge 1940, S. 29.

[36]) Die armenische Kirche ist nicht die einzige unter den nonchalkedonensischen Kirchen auf Zypern. Gruppen von jakobitischen Syrern, Kopten und der zeitweise auch nonchalkedonensischen Georgier waren mitunter dort anzutreffen. Vor dem Islam flüchtende syrische Jakobiten siedelten schon vor den Kreuzzügen in Nikosia und Famagusta. Sie wurden von einem „Reis", der von den Lusignan-Herrschern ernannt wurde, geleitet und paßten sich sprachlich wie religiös an. Vgl. Hackett, J.: A History of the Orthodox Church of Cyprus from the Coming of the Apostles Paul and Barnabas to the Commencement of the British Occupation, AD 45–1878. London 1901, S. 522, 525. Die Georgier besaßen ein Kloster bei Alamino, die Kopten bewohnten ein Stadtviertel in Nikosia. Ihnen wurde aus Kairo der Bischof gesandt. Diesem Bischof ordneten sich auch die Äthiopier unter (Hackett, History, S. 523, 526). Vgl. auch Sergy, P.: Les Petites Minorités à Chypre, in: Revue Française d'Etudes Politiques Mediterranées. 18/19 (1976), S. 75–82.

[37]) Vgl. Maxoudian, N.: A Brief History of the Armenians of Cyprus, in: Armenian Review. 27 (1975) 4, S. 398–416.

zugte Wohnplatz der Armenier gewesen sein[38]). Im Jahr 1322 wurde das armenische Kilikien von den arabischen Kriegsheeren eingenommen, die der ägyptische Sultan in Marsch gesetzt hatte. Die Chronik Sempads[39]) berichtet, daß bei der Belagerung der armenischen Stadt Lajazzo sich die Bevölkerung nachts heimlich auf Galeeren in Sicherheit gebracht habe, die König Heinrich II. Lusignan von Zypern zur Hilfe geschickt hatte. Auf den zyprischen Schiffen flohen sie nach Zypern. Der zyprische König bot damals angesichts der elenden Lage der kilikischen Armenier generell neue Lebensmöglichkeiten auf seiner Insel an. Seit dieser Zeit war auch ein eigener Inselbischof bestellt, zeitweise sogar ein zweiter in Famagusta. Nahe der nördlichen Gebirgskette Pentadaktylos wurden drei Armenierdörfer angelegt: Platani, Kornokipos bei Nikosia und – weiter östlich bei Famagusta – Spathariko. Doch dort hat sich die Spur der Armenier heute verloren.

Die lateinische Inbesitznahme der Insel hatte die Unterordnung der Griechen wie der Armenier unter die fränkischen Herrscher bedeutet. Es spielte sich jedoch ein so gutes Verhältnis zwischen Kreuzfahrern und Armeniern ein[40]), daß 1374 der Lusignan Leo VI. durch Heirat den armenischen Thron besteigen konnte. Als die Genuesen 1373 mit einem Flottenangriff die Stadt Famagusta bedrohten, wurden zyprische Armenier als zusätzliche Soldaten rekrutiert[41]). In der Entscheidungsschlacht, die die Venezianer 1571 den eindringenden Türken in Chirokitia lieferten, befanden sich unter den getöteten christlichen Kämpfern auch zwei hochstehende Armenier. Der eine war sogar ein Bruder des armenischen Inselbischofs Leo[42]). In der englischen Besatzungstruppe, die seit 1878 die Insel für England sicherte, tat ein armenischer Heeresgeistlicher, Reverend Galbanshian, Dienst[43]).

---

[38]) Von einem weiteren Schritt zur Niederlassung der Armenier auf Zypern berichtet Samuel von Ani aus den Jahren 1309/10: In der kilikischen Hauptstadt Sis hatten sich eine große Zahl armenischer Bischöfe, Mönche, Priester und Diakone versammelt, dazu auch armenisches Laienvolk, die sich geweigert hätten, dem eucharistischen Wein Wasser beizumischen. Auch „andere Neuerungen" hätten sie abgelehnt. Der armenische König Oschin schlug im Einvernehmen mit Katholikos und Adel hart zu. Die gelehrten Anführer dieser Kirchenpartei wurden in ein Festungsgefängnis geworfen, viele Männer und Frauen, Priester und Diakone ließ der König umbringen. Die armenischen Mönche aber exilierte er nach Zypern. Vgl. Oberhummer (Anm.9), S.85.

[39]) Übersetzt von Langlois, V.: Memoires de l'Academie Impérial des Sciences St. Petersburg. VII S. T. IV/6 (1862).

[40]) Unter der Herrschaft der katholischen Lusignans kam es auf Zypern auch zu einer Werbung für die Union mit Rom unter den Armeniern. Der dem Dominikanerorden beigetretene Armenier Julian wurde zum Bischof der Insel bestimmt, sagte sich von der Jurisdiktion von Sis los und fand für seine Union die Bestätigung von Papst Pius IV. Dabei wurde zum Streitpunkt in der armenischen Gemeinde, ob man wie bisher die österliche Eucharistie am Karsamstagabend beim Erscheinen des ersten Sterns am Nachthimmel feiern sollte oder erst am Ostermorgen nach der Lesung der Horen. Nach der Einnahme der Insel durch die Osmanen von 1570 wurde Julian von Pius V. in Kalabrien als Bischof von Bovi eingesetzt, wo er mit seinen auf Zypern erworbenen griechischen Sprachkenntnissen den dortigen mit Rom unierten Griechen dienen konnte. Die Zahl der katholisch-unierten Armenier nahm aber auf Zypern schnell wieder ab. 1901 konnte Hackett nur noch 11 unierte Armenier zählen.

[41]) Hill, History (Anm.35), S.391.
[42]) Ebenda, S.478.
[43]) Kypriakai Spoudai. (1969), S.10.

Das Verhältnis der armenischen Christen zu den griechischen Orthodoxen war nicht immer frei von Spannungen: In der Zeit, als Kyprianos den orthodoxen Erzbischofsstuhl innehatte, gab die armenische Kirche der Hauptstadt dem Erzbischof regelmäßig eine Spende zum Zeichen ihrer Unterwerfung. Ein solcher Brauch belastete die armenische Gemeinde bis zum Beginn des 20. Jahrhunderts. Die Griechen stritten den Armeniern den rechtmäßigen Besitz ihrer Kathedrale ab, die den Armeniern von den Osmanen als Dank für deren Unterstützung bei der Eroberung Nikosias überlassen worden war[44]. 1827 zeigte sich auf Zypern der konfessionelle Gegensatz zwischen den chalkedonensisch orientierten Griechen und den nonchalkedonensischen Armeniern in ähnlicher Weise wie in Istanbul. Der Ökumenische Patriarch Agathangelos verbot den orthodoxen Mädchen, sich in armenischen Häusern als Mägde zu verdingen[45]. Obwohl bei der türkischen „Peace Operation" 1974 die Armenier als Verbündete der Griechisch-Orthodoxen von türkischer Seite ähnlich behandelt wurden, kam es anschließend nicht zu einer stärkeren Vermischung der Religionsgemeinschaften im Süden der Insel. Die armenische Gemeinde lebt weiter in so engem Zusammenhalt, daß es nur etwa ein Prozent Mischehen mit orthodoxen Griechen gibt. Der Gemeinde sind auch armenische Schulen angeschlossen. Ferner besitzt die Kirche acht Geschäfte in Larnaka.

5. Anglikanische Kirche

Die seit 1878 die Insel Zypern beherrschenden Engländer brachten ihre *Established Church* nach Zypern. Die *Society for the Propagation of the Gospel* und die *Continental Church Society* stritten darum, wer den *Chaplain* (Geistlicher mit besonderen Aufgaben) für das britische Kontingent zu stellen habe. Der Plan, den *Bedesten* (Marktviertel in Nikosia) – ein *Vaqf*-Besitztum (islamischer Kommunalbesitz) – für den anglikanischen Kirchbau in Erbpacht zu nehmen, stellte einen Verstoß gegen muslimisches Recht dar und brachte solche Verwicklungen mit sich, daß 1882 darauf verzichtet werden mußte. Stattdessen wurde 1893 die anglikanische Kirche St. Paul's in Nikosia errichtet.

Die Sympathie der *Anglican Church* für die Orthodoxie wurde bei dem Empfang für Erzbischof Sophronios 1889 deutlich. 1896 konnte die *Eastern Churches Association*, 1864 von den orthodoxophilen Anglikanern John Mason Neale und William Denton nach ihrer Begegnung mit der montenegrinischen und serbischen Orthodoxie gestiftet[46], unter Reverend Duckworth ihre Missionstätigkeit auf der

---

[44]) 1614 bot Isa Effendi diese zum Verkauf an und versprach ein Drittel des Erlöses den Griechen, zwei Drittel den Armeniern. Doch ein Firman annullierte den Verkauf. Nach 21 Jahren machten die Griechen erneut ihre Ansprüche geltend. Später wünschten die Türken, die armenische Kirche in eine Moschee zu verwandeln. Doch diesmal rettete die Armenier der Widerspruch des Mufti. 1642 wurde das armenische St. Makarios-Kloster von der osmanischen Administration von Steuerzahlungen freigestellt.
[45]) Hill, History (Anm. 35), S. 383/384 und Hackett, History (Anm. 36). S. 523–525.
[46]) Zur Eastern Churches Association vgl. Brandreth, H.: Anglican Initiatives in Christian

Insel aufnehmen. Das orthodoxe Volk reagierte darauf mit Mißtrauen. Ein katholischer Schriftsteller warnte vor einer evangelischen Infiltration. Als sich in Famagusta amerikanische Presbyterianer etablierten, attackierten 1906 Orthodoxe das amerikanische Personal[47]. Eine ernsthafte Bedrohung der Beziehung zwischen der Orthodoxie und den Anglikanern hat es trotz der politischen Spannungen zur englischen Besatzungsmacht nicht gegeben. Heute unterstützen sich die Kirchen soweit wie möglich gegenseitig. So erfuhren die Anglikaner 1991/92 bei der Einrichtung einer Seemannsmission das Wohlwollen des Erzbischofs. Das anglikanische Zentrum an der St. Paul's-Kirche konnte 1993 unter Bischof John Brown und Pfarrer Patrick Blair sein 100jähriges Bestehen feiern.

Die zyprische anglikanische Kirche ist eine von vier bischöflich verwalteten Kirchen im Nahen Osten (neben Nikosia gibt es Bischofssitze in Jerusalem, Teheran und Kairo). Erst seit 1976 ist sie selbständig. Bis dahin war sie – abgesehen von einigen Jahren unter der Diözese von Gibraltar – in die Jerusalem-Diözese integriert gewesen. In Jerusalem tagt nach wie vor die Provinzialsynode, die erzbischöfliche Funktionen für die vier Diözesen des Nahen Ostens übernimmt. Sie wird von einem Bischofspräsidenten geleitet und nimmt die Bischofswahl vor. Über die Bischofssynode hat der Erzbischof von Canterbury keinerlei Jurisdiktionsgewalt. Neben St. Paul in Nikosia stehen den Anglikanern noch folgende Kirchen zur Verfügung: St. Barnabas/Limassol; St. Andrews/Kyrenia; St. Helena/Larnaka; St. Paul/Paphos (alle mit hauptamtlichem Seelsorger); das Kloster in Agia Napa; die Troodos-Kirche (nur im Sommer genutzt). Jeder Gemeinde gehören etwa 100 feste Mitglieder an. Darüber hinaus spielt jedoch die Touristenbetreuung eine wichtige Rolle.

Die Kirchengebäude werden auch von anderen Konfessionen genutzt, in Limassol z.B. von der syrisch-evangelischen Gemeinde. Die beiden in Zypern angesiedelten unabhängigen Militärbasen sind nicht dem Bischof von Nikosia unterstellt, sondern gehören jurisdiktionell direkt zum Erzbischof von Canterbury. Vornehmlich in Nikosia sind auch einige, z.T. von der anglikanischen Kirche als sektiererisch bezeichnete englischsprachige Gruppen angesiedelt: *New Life Fellowship* mit immerhin etwa 100 Mitgliedern, *Ichthys*-Gruppe und *Bible Chapel*.

V. Die Rolle der zyprischen orthodoxen Kirche im politischen Konflikt

Drei Jahrhunderte osmanischer Herrschaft haben im Griechentum Zyperns Erinnerungen hinterlassen, die insbesondere aufgrund von Vorkommnissen aus den letzten Jahrzehnten bis heute das Verhältnis zum Türkentum der Insel bestimmen.

In unguter Erinnerung sind der zyprischen orthodoxen Kirche bis heute die Ereignisse im Zusammenhang mit dem griechischen Unabhängigkeitskrieg: Obwohl

---

Unity. London 1967 und Heyer, F.: Die orientalische Frage im kirchlichen Lebenskreis. Wiesbaden 1990, S. 197–200.

[47]) Zu den protestantischen Missionierungsversuchen der Amerikaner auf Zypern vgl. Tollefson, T.: Early American Missionaries and Social Change in Cyprus 1834–1842, in: The Cyprus Review. 2 (1990) 2, S. 71–95.

sich die Zyprer beim Ausbruch des griechischen Aufstandes im April 1821 neutral verhielten, führte der Inselgouverneur Küçük Mehmed eine Entwaffnungsaktion der Bevölkerung durch, berief alle Kirchenführer und Notablen in die Hauptstadt, ließ am 9. Juli plötzlich alle Tore schließen und alle Würdenträger ermorden. Erzbischof Kyprianos wurde an einem Maulbeerbaum erhängt, die Geistlichen seiner Begleitung an den benachbarten Bäumen, die drei Metropoliten enthauptet. Am folgenden Tag wurden die Klosteräbte getötet. Die damals hingerichteten Bischöfe fanden 1872 in der Phaneromeni-Kirche in einem marmornen Mausoleum ihre Ruhestätte. Es war ein Machäras-Mönch, Joannikios, der 1833 von der Karpas-Halbinsel aus eine erste Rebellion gegen die Türken auslöste[48]).

Das Erzbistum Zypern versteht sich seit dem 19. Jahrhundert nicht nur als der in Apostolischer Sukzession stehende, rechtgläubige Vermittler des Heils, sondern auch als Vollstrecker der politischen Ideologie der *Enosis*, die den Hellenismus der Insel durch Anschluß an Griechenland zu sichern sucht.

Die englische Regierung, die seit 1878 das Inselschicksal bestimmte, wurde von den zyprisch-orthodoxen Autoritäten nie als dauerhafte Lösung der Probleme des griechischen Inselvolks angesehen. Die englische Verwaltung wollte sich zwar nicht in orthodoxe Probleme einmischen, aber wie sollte sich das in einem kulturellen Klima, in dem die Kirche an der Lösung weltlicher Aufgaben beteiligt war, durchhalten lassen? Schon im Februar 1879 hatten Erzbischof Sophronios sowie die Bischöfe Neophytos und Kyprianos ein Memorandum an Gouverneur Wolseley gerichtet, das die Bestätigung der Privilegien, welche Fuad-Paşa 1866 Moschee wie Kirche eingeräumt hatte, verlangte: Steuerfreiheit für kirchliches Eigentum, unangetastete Finanzregelungen zwischen Kirchenvolk und Hierarchie, Sitz für die Bischöfe im Regierungsrat, Zuständigkeit des Kirchengerichts für Fälle, in die Priester verwickelt waren, Griechisch als Gerichtssprache, Vermehrung und qualitative Hebung der Schulen, Gründung einer Höheren Bildungsanstalt und eines Priesterseminars. 1890 präsentierte dann der Erzbischof eine Petition, die eine behördliche Bestätigung für neugewählte Bischöfe ähnlich den osmanischen Erlassen (*Berat*) verlangte. Erst als 1909 Kyrill II. auf den erzbischöflichen Thron erhoben wurde, konnte diese Tradition auch unter den Briten fortgesetzt werden.

Das wohl bedeutendste Problem der erzbischöflichen Sukzession stellte sich 1900 zum ersten Mal, als nach dem Tod des Erzbischofs Sophronios ein Nachfolger zu wählen war: Sollten künftig nur solche Hierarchen die Orthodoxie der Insel leiten, die *Enosis*-Engagement zeigten, also an der Verwirklichung der politischen Vereinigung mit dem griechischen Staat mitwirkten? Das führte jedoch zur Verbannung dieser Hierarchen und zu Vakanzen. Denn anti-englische Unruhen, angeheizt vom orthodoxen Klerus, hatten bereits 1931 die Deportation der Metropoliten Nikodemos Mylonas von Kition und Makarios Myrianthevs von Kyrenia zur Folge gehabt. Als Erzbischof Kyrill III. am 16. November 1933 gestorben war,

---

[48]) Der Zypernkonflikt ist in kirchlichen Kreisen auch auf ökumenischer Ebene diskutiert worden. Zeugnisse davon findet man in dem Band: Middle East Council of Churches: Consultation of the Role of Religion in Conflict Situations 23.–27. April, 1990. Ed. Roger Williamson. Uppsala 1991. Aus der Literatur ist daneben besonders hervorzuheben: MECC: Cyprus ... Another Forgotten „Question". Ed. L. Niilus und L. Ekin. Limassol 1987.

konnte angesichts der Abwesenheit zweier Metropoliten die Neuwahl eines Erzbischofs nicht vollzogen werden. Der britische *Secretary of State* hielt die Präsenz der beiden wahlberechtigten Hierarchen auf der Insel zum Zweck der Wahl für nicht erforderlich: sie könnten ja auch von auswärts ihr Votum abgeben. Dem pflichteten der Ökumenische Patriarch Photios II., der Athener Erzbischof und der alexandrinische Patriarch bei. Doch die griechischen Zyprer wehrten sich dagegen. 1937 wurden deshalb von den Briten drei „politische" Kirchengesetze erlassen: Davon sprach Gesetz 33 jedem Deportierten die Wählbarkeit ab, während Gesetz 34 die Amtsaufnahme eines Gewählten vor Bestätigung durch den britischen Gouverneur ausschloß. 1943 verlangte dann die *Pancyprian Organization of Religious Orthodox Institutions* den Widerruf dieser restriktiven Gesetze, aber das *Colonial Office* hielt die Zeit noch nicht für gekommen. Erst als am 23. Oktober 1946 die Gesetze annulliert wurden, konnte die Erzbischofswahl endlich stattfinden. Leontios, damals gewählt, starb aber bald darauf an Typhus. Hohes Alter hemmte dessen Nachfolger bei der Ausübung seiner Amtsgeschäfte.

So führte erst das Jahr 1950 den entscheidenden Gestalter des Inselschicksals auf den erzbischöflichen Thron: Makarios III. (Geburtsname: Mouskos; 1950–1977). Als jugendlicher Bischof von Kition hatte er zusammen mit den zyprischen Nationalisten ein Plebiszit in den zyprisch-orthodoxen Kirchengemeinden organisiert. 96% der griechischen Bevölkerung sprach sich damals für die *Enosis* aus. Am 18. Oktober 1950 wurde Makarios zum Erzbischof von Zypern gewählt. Schon 1954 hatte er mit Feldmarschall Sir Harding ein Recht zur Selbstverwaltung ausgehandelt, als London umschwenkte und den Erzbischof deportierte. Als jetzt die Untergrundorganisation EOKA ihre Aktivitäten begann, kam es auch zu den ersten Gewalttätigkeiten zwischen griechischen und türkischen Gemeinden. Während der Kampagne der EOKA (1955–1959) stellten sich die Mönche von Macharas in die Reihen der Partisanenkämpfer gegen die Briten. Einem der Führer der Widerstandsorganisation, Grigorios Afxentiou, boten sie in einer Höhle nahe ihres Klosters Unterschlupf. Heute befindet sich in Macharas ein Museum, das die Mönche dem Freiheitskämpfer gewidmet haben. Damals wurde das Kloster von der britischen Armee besetzt und als Gefängnis für zwölf Inselpriester benutzt, die wegen ihrer Verbindungen zu den Partisanen festgesetzt wurden. In der Afxentiou-Ehrung (inzwischen hat man ihm auch eine überlebensgroße Statue nahe seiner Höhle errichtet) wird deutlich, wie sich für das griechische Inselvolk Heiligenverehrung und patriotische Heldenverehrung vermischen.

Dem Erzbischof Makarios, der 1959 aus dem Exil auf den Seychellen zurückgekehrt war, fiel nach der Erringung der politischen Selbständigkeit 1960 die Aufgabe des Ethnarchen zu. Von 1959 bis zum Aufstand der „EOKA-B" 1974 vereinigte Makarios das Amt des Präsidenten der Republik mit dem des Erzbischofs – eine singuläre Form bischöflichen Ethnarchentums[49]). Die extrem nationalistische Terror-Gruppe „EOKA-B", die das Ziel der Union mit Griechenland nicht aufgeben

---

[49]) Zum Ethnarchentum vgl. die kontroversen Positionen von Gürbey, G.: Zypern. Genese eines Konfliktes. Eine Analyse der Konfliktursachen. Pfaffenweiler 1988 (= Reihe Politikwissenschaft, 2), S. 126 ff., Papadopoullos, Th.: Orthodox Church and Civil Authority, in: Journal of Contemporary History. 2 (1967) 4, S. 201–209, Katzikides, Arbeiterbewegung (Anm. 8), S. 17 und

wollte, fand seit Februar 1972 die Unterstützung der drei übrigen Metropoliten Zyperns. Die Obristenjunta, die sich 1967 in Athen an die Macht geputscht hatte und, was die Zypernpolitik anbetraf, der *Enosis*-Euphorie anhing, unterstützte die Agitation der zyprischen Bischöfe gegen den Ethnarchen Makarios. Am 2. März 1972 setzten die Metropoliten Anthimos von Kition, Kyprianos von Kyrenia und der 80-jährige Gennadios von Paphos den Beschluß der Synode durch, Makarios sei zum Rücktritt von seinem politischen Amt aufzufordern[50]. Das Argument der Hierarchen lautete: Nach der zyprischen Verfassung dürfte der Erzbischof kein politisches Amt innehaben. Ihre wahren Intentionen offenbarten sich jedoch in ihrer Kritik am politischen Kurs von Makarios. Auch der Athener Erzbischof Hieronymus, mit der Obristenjunta eng verbunden, ersuchte den Erzbischof, die in einer Note der Athener Regierung vom 11. Februar 1972 formulierten Forderungen zu erfüllen. Gleichzeitig winkte er mit der Möglichkeit, daß Makarios zum Ökumenischen Patriarchen erhoben werden könne.

Die oppositionellen Hierarchen konnten sich zeitweise gar nicht auf der Insel halten oder waren gezwungen, sich in Klöstern zu verbergen, weil Makarios und seine Anhänger sie in der Öffentlichkeit nicht dulden wollten. Da die 1914 von Meletios Metaxakis entworfene Kirchenverfassung Zyperns in Artikel 3 dem Erzbischof das alleinige Recht zur Einberufung der Synode und zum Vorsitz zusprach, hatte Makarios zudem die Möglichkeit, den politischen Streit aus den Verhandlungen der zyprischen Bischofssynode herauszuhalten. Der Erzbischof wies schließlich am 19. März 1972 die Rücktrittsforderung der Metropoliten damit zurück, daß er die Entscheidung der Synode als ein Resultat einer außerkirchlichen Eingebung darstellte. Als die Synode daraufhin am 8. März 1973 den Erzbischof seines geistlichen Amtes enthob, erklärten die Patriarchen von Alexandria und Jerusalem sowie Metropolit Panteleimon von Korinth diesen synodalen Beschluß für kirchenrechtswidrig. Auch Patriarch Pimen von Moskau bekundete dem Ethnarchen, daß er ihn nach wie vor als Primas von Zypern anerkenne. Als schließlich der Ökumenische Patriarch Dimitrios sich im gleichen Sinne äußerte, war der Vorstoß der Metropoliten gescheitert. Da Gennadios sich zum Verwalter des vakanten Throns des Erzbischofs aufgeschwungen hatte, löste Makarios ein Verfahren zur Wahl eines neuen Metropoliten von Paphos aus und berief am 14. Juli 1974 eine „größere Synode" ein, an der auch die Patriarchen von Alexandria und Antiochia teilnahmen. Im Rahmen der Bewältigung der kirchlichen Krise sind auch die Neueinrichtungen von Bischofssitzen zu erklären, die die Politik des Makarios stärken und das Geschick der zyprischen Kirche auf eine breitere Basis stellen sollten. Ioannidis, der Führer der Obristenjunta in Athen, ließ daraufhin das griechische Offizierskorps der zyprischen Nationalgarde gegen Makarios putschen und provozierte damit die türkische Invasion vom 20. Juli 1974. 35 orthodoxe Kirchen wurden später im besetzten Nordzypern in Moscheen umgewandelt, acht ehemalige Kirchen

---

Tzermias, P.: Geschichte der Republik Zypern. Mit Berücksichtigung der historischen Entwicklung der Insel während der Jahrtausende. Tübingen 1991, S. 33.

[50]) Zu dem Problem der dadurch entstandenen „Spaltung in der Kirche von Zypern" vgl. Fernau, F. W.: Zwischen Konstantinopel und Moskau. Orthodoxe Kirchenpolitik im Nahen Osten 1967–1975. Opladen 1976, S. 84–97.

dienten als Militärlager, zwölf als Viehstallungen, sieben als Lichtspielhäuser oder Museen. 19 Kirchen wurden ausgeplündert und zehn völlig zerstört[51]).

Mit dem Tod von Erzbischof Makarios am 3. August 1977 verlor die Institution der Ethnarchie schlagartig ihre Bedeutung. Die Wahl des Präsidenten des Repräsentantenhauses S. Kyprianou zum neuen Staatsoberhaupt der Republik Zypern säkularisierte die Staatsgewalt. Der Nachfolger von Makarios im erzbischöflichen Amt, Chrysostomos, half mit seiner für einen Konservativen typischen Kritik am linksgerichteten Erziehungsminister Sofianos, die Distanz zwischen Staat und orthodoxer Kirche zu erweitern. Mit der Weigerung des Erzbischofs, in einen Dialog mit den Zyperntürken zu treten, solange die türkische Okkupationsarmee auf dem Boden der Insel stehe, überließ er zudem jegliche Initiative für eine Annäherung der beiden Volksgruppen den politischen Kräften auf der Insel.

VI. Der Islam

Von der islamischen Pflichtenethik, die dem Menschen eindeutig zu erfüllende Regeln gibt, ist das soziale Leben der Zyperntürken bestimmt. Diese Türken bekennen sich seit jeher zum sunnitischen Islam, d.h. sie nehmen das Faktum hin, daß Mu'awiya, der Statthalter Syriens, aus Blutrache den vierten Kalifen Ali, den Gatten Fatimas, die die Tochter Mohammeds war, ermordete. Dem Mu'awiya folgte damals die Mehrheit der Muslime, deren Richtung man als „Sunna" zusammenfaßt.

1. Islamische Pflichtenethik

Unter Mu'awiya gab es bereits ein geschichtliches Vorspiel der Islamisierung Zyperns unter arabischer Herrschaft. Der Kalif bemächtigte sich mit seiner Flotte von 700 Schiffen, die er an der nahen syrischen Küste zusammengestellt hatte, im Jahr 647 der Insel Zypern, richtete unter der christlichen Bevölkerung ein Massaker an und zerstörte u.a. die von Epiphanius gebaute Kathedrale. Doch der Islam, der sich in den drei Jahrhunderten arabischer Herrschaft in Zypern ausbreitete, hinterließ keine bleibende gottesdienstliche Gemeinde. Er hat aber Denkmäler hervorgebracht, die noch heute von den Muslimen verehrt werden, so z.B. das Heiligtum Hala Sultan Tekke (nahe dem Flughafen von Larnaka), die Grabstätte

---

[51]) Unter den von Kunsträubern ausgeplünderten Kirchen befindet sich die Marienkirche von Kanakaria des Dorfes Lythrangomi. Der amerikanische Kunsthändler Peg Goldberg erwarb die Mosaiken, die gewaltsam von Einbrechern aus dem Chor herausgebrochen wurden, für 1,8 Millionen Dollar und bot das Diebesgut dem Getty-Museum an. Aber das Gericht des US-Staates Indianapolis entschied am 24. Okt. 1990, daß die Mosaiken, die seltene Vergleichsstücke zu den Mosaiken in Ravenna darstellen, der Kirche zurückgegeben werden mußten. Ein Teil der Mosaiken sind so seit 1991 im Anbau des Erzbischof-Makarios-Museums neben dem erzbischöflichen Palast ausgestellt. Vgl. dazu Flaggelum Dei. The Destruction of the Cultural Heritage in the Turkish Occupied Part of Cyprus. (O.O., o.J.), S. 78.

der Umm Haram, der Ziehtante des Propheten Mohamed. 649, anläßlich der frühesten Arabereinfälle, soll die nahe Verwandte des Propheten hier gestorben sein[52]). 1816 entstand das heutige Gebäude an dem Heiligtum. Es ist immer noch eine Wallfahrtsstätte, die jetzt von einem griechischen Museumsbeamten versorgt und nur einmal im Jahr gottesdienstlich genutzt wird. Als das Tekke vor 1974 unter muslimischer Aufsicht stand, wurde sogar nicht-muslimischen Frauen der Besuch der Grabkammer gestattet. Das unterirdische Heiligtum von Kirkla und der Begräbnisplatz der „Sieben Märtyrer" (*Hazret-i-Ömer*) – islamische Kämpfer, die 647 bei der Eroberung der Insel ihr Leben ließen; jetzt in der „Türkischen Republik Nordzypern" gelegen – waren früher häufig auch von Orthodoxen aufgesucht worden.

Die heutigen türkischen Zyprer sind jedoch die Nachkommen der Soldaten Mustafa Paşas und der osmanischen Verwaltungsbeamten sowie der Einwanderer aus Südanatolien vom Ende des 16. Jahrhunderts. Als Mustafa Paşa 1571 Nikosia erobert hatte, wandelte er die Kathedrale der Lusignans in eine Moschee um, in der Überzeugung, daß Kalif Omar, der Eroberer Palästinas, bei seinem Besuch der Insel Zypern hier eine Rastpause eingelegt habe.

Nachdem im Juli 1974 die Invasion der türkischen Armee erfolgte und neun Jahre später, am 15. November 1983, die „Türkische Republik Nordzypern" ausgerufen worden war, bot die Präsenz einer Armee von 30 000 Mann und von 65 000 neu angesiedelten Festlandtürken – aus armen Schichten Anatoliens, die jetzt plötzlich Landbesitzer wurden – den islamischen Instanzen erweiterte Möglichkeiten und unabweisbare Aufgaben. Ein gemeinsamer Inselpatriotismus unter Türken bzw. Zyperntürken und Zyperngriechen ist nicht möglich, weil die islamische Religion die Türken danach streben läßt, als Muslime in einem politischen System muslimischer Ausprägung zu leben, in dem sie die Mehrheit stellen. Einen zweiten Platz in einem christlich beherrschten Gemeinwesen können sie nicht akzeptieren. Dadurch, daß die Zyperngriechen die vereinzelten rein türkischen Siedlungen isolierten, lösten sie die türkische Tendenz zum Aufbruch in islamische Enklaven aus. So evakuierten die türkischen Muslime seit Dezember 1963 ihre Quartiere in 72 gemischten Dörfern und verließen auch 24 rein türkische Dörfer. In sechs gemischt besiedelten Kreisstädten waren schon rund 20 000 Muslime als Flüchtlinge registriert worden[53]). Als 1974 die orthodoxen Griechen aus Nordzypern fliehen mußten, wanderten die restlichen 45 000 Muslime des Südteils der Insel nach Norden ab. Ihre Moscheen sind unversehrt geblieben.

Nach islamischem Recht sind christliche Gotteshäuser in Städten, die den Muslimen mit Gewalt zugefallen sind, weil die Bewohner sich nicht ergeben wollten, in Moscheen umzuwandeln. Bei friedlicher Übergabe hat die christliche Gemeinde das Recht, ihr Gotteshaus zu behalten. Dieses Prinzip galt noch bei der Invasion der türkischen Armee 1974. Moscheen zu bauen, d.h. „Orte, an denen man sich

---

[52]) Über alle weiteren Streifzüge muslimischer Mächte, auch den Überfall des mamelukischen Sultans Barsbay 1426, vgl. De Groot, A.H.: Kubrus. in: The Encyclopaedia of Islam. New Edition. Bd. V. Leiden 1986, S. 301–309.

[53]) Vgl. Israeli, R.: Muslim Minorities under Non-Islamic Rule, in: Current History. 78 (1980), S. 159–164;184/185.

niederwirft", zu schaffen, ist die Pflicht der politischen Führer im Islam gegenüber ihrer Gefolgschaft. Das wurde auch in Zypern praktiziert, beispielsweise in jüngster Zeit in Rizokarpaso (Dikarpaz), wo die Moschee breit oberhalb der noch intakten Kirche der Griechen thront, und mit saudi-arabischer Hilfe in Morphou (Güzelyurt). Dem sunnitischen Islam stehen im Norden Zyperns 199 Moscheen zur Verfügung, die 35 ehemaligen orthodoxen Kirchen inbegriffen, die in Moscheen umgewandelt wurden. In diesen Moscheen dienen 132 Imame zyprischer Herkunft, deren Zahl durch 46 aus der Türkei geholte Geistliche ergänzt wird. Die „Türkische Republik Nordzypern" besitzt keine theologische Bildungsanstalt für Imame. So studieren diejenigen, die die Qualifikation zu allen Tätigkeiten eines Imams anstreben, an jenen Bildungsanstalten, die es in jeder Großstadt der Türkei gibt, am häufigsten in Mersin. Zu unterscheiden sind diejenigen Imame, die auch in den Schulen und Aufbauschulen lehren, von den geringer gebildeten, die nur zur Predigt in der Moschee berechtigt sind und für die eine einfache Unterrichtung auf Zypern genügen muß. Dem türkischen Militär sind eigene Imame zugeordnet, was theoretisch nicht notwendig wäre. Als Gehalt der Imame wird ein Sockelbetrag vom *El-Vaqf*[54]) aufgebracht, der durch Zahlungen des Staates ergänzt wird. 15–20 Prozent der islamischen Bevölkerung Zyperns besucht an den Freitagen die Moschee. Im Fastenmonat Ramadam wächst die Teilnahme bis zur Hälfte der Bürger.

2. Der Mufti von Zypern

Am innertürkischen Säkularisierungsprozeß, den Kemal Atatürk erzwang, nahmen die Zyperntürken zunächst nicht teil. So blieben sie frei, sich zu den revolutionären Veränderungen auf dem türkischen Festland zu bekennen. Die Zyperntürken konnten daher sowohl die Restauration des osmanischen Kalifats verlangen als auch polygam in den im religiösen Recht gesetzten Grenzen leben[55]). Sie empfanden es als ihr Glück, daß sie vor Zwangsumsiedlungen, wie sie 1923 die Türken Kretas oder später die von Rhodos hinnehmen mußten, unter englischer Herrschaft bewahrt blieben. Den Mufti von Zypern zu ernennen, war stets ein Vorrecht des Sultans gewesen. Als aber 1927 Mufti Haci Kafiz Tiyai Effendi nach 18 Jahren aus dem Amt schied, war der Sultan abgesetzt, im übrigen auch von Großbritannien nicht mehr anerkannt. Von da an ernannte der englische Gouverneur kurzerhand das religiöse Oberhaupt der Zyperntürken. Der Verwalter des kommunalen Eigentums, der türkische Delegierte vom *El-Vaqf*[56]), ein anglisierter Zyprer na-

---

[54]) Mit „vaqf" wird ursprünglich der Akt einer Widmung bzw. Spende für wohltätige Zwecke und für Gottesdienste bezeichnet. Die gesammelten Mittel stehen dann als islamischer Kommunalbesitz den Moscheen zur Verfügung.

[55]) Vgl. Tibi, B.: Der Islam und das Problem der kulturellen Bewältigung sozialen Wandels. Dritte Auflage. Frankfurt/Main 1991.

[56]) Ein „Vaqf"-Besitztum, d. h. der Grundbesitz einer islamischen religiösen kommunalen oder privaten Stiftung, dient ausschließlich frommen Zwecken und darf nicht veräußert werden. Vgl. Cobham, C. D.: Laws and Regulations Affecting Waqf Property. Nicosia 1899.

mens Sir Munir Bey, versuchte, sich als eine Art „türkischer Ethnarch" installieren zu lassen und förderte Erwägungen, man könne das Amt des Mufti gänzlich abschaffen[57]). Als sich in den 1930er Jahren in Zypern eine türkische Nationalbewegung als Reaktion auf den vom griechischen Klerus geführten Aufstand von 1931 formierte, verlor die Moschee ihre bisherige Integrationskraft für die türkische Bevölkerung. Jetzt akzeptierten die Zyperntürken nachträglich den Säkularismus Atatürks, verzichteten auf die polygame Praxis und legten den Fez ab. Daß 1948 ein *Committee on Turkish Affairs* mit dem Ziel zur Selbstverwaltung eingesetzt wurde, schwächte zusätzlich die Stellung des Muftis.

Der islamische Fundamentalismus konnte hingegen auf Zypern nicht Fuß fassen. Die Derwisch-Orden hatten nie eine breite Vertretung auf der Insel gefunden. Obwohl sie als religiös motivierte Opposition gegen Atatürks Reformen in der Türkei seit 1925 verboten waren, durften sie in dem freiheitlichen Klima Zyperns bestehen: sowohl die tanzenden Derwische der *Mawlawiyya*, die in Nikosia ein kleines *Tekke* besitzen, als auch die noch stärker vom Mehrheitsglauben abweichenden *Bektaşi*[58]).

Das Mufti-Amt[59]) erfuhr nach 1974 eine Renaissance. Der jetzige (notwendigerweise zyperntürkische) Amtsträger, Ahmet Gemal Ilkaç, hat sein Amt seit 1980 inne. Er wurde auf Lebenszeit gewählt, ist aber Kontrollen durch das Wahlgremium unterworfen. Ilkaç hat nur religiöse Vorrechte im gesamten Nordteil der Insel. Strafgerichte vermag er selbst über Imame nicht zu vollziehen – sie liegen in der Hand des Staates. Die muslimischen Führerpersönlichkeiten bemühen sich sehr um die Trennung von politischen Ideen und religiöser Identität.

Die schlichte Ordnung der dem Mufti zugeordneten Moscheen und ihrer *Hocas* (zyprischer Name für den Imam = Gebetsvorsteher) wird durch das charismatische Wirken des kurdischen Şeyh (Scheich) Nâzım Adl al Haqqani al-Kubrusi, des Hauptes des Sufiten-Ordens der Nakşibendi, durchbrochen. Nach dem Zweiten Weltkrieg war der Orden von Damaskus, wo er der Verfolgung ausgesetzt war, nach Zypern ausgewichen. Zum Kreis der Anhänger des Guru-ähnlichen Scheichs, der sich heute in Lefke aufhält, zählen auch zahlreiche z.T. gebildete Deutsche.

---

[57]) Beckingham, C.F.: Islam and Turkish Nationalism in Cyprus, in: Die Welt des Islams. 5 (1958) 1–2, S.65–83; Aksay, M.: Zur Zypernfrage. Alte und neue Tatsachen. Zweite Auflage. Ankara 1974.

[58]) Vgl. Yazici, T.; de Jong, F.: Mawlawiyya, in: Encyclopaedia of Islam. New Edition. Bd. VI. Leiden 1991, S.883–888. Der Sufitenorden des großen Poeten Djelaleddin Rumi gelangte auch auf den Balkan und nach Libanon, Damaskus und Kairo. Vgl. Popoviç, A./Veinstein, G.: Les Ordres Mystiques Dans l'Islam. Cheminements et Situation Actuelle. Paris 1986; Lukach, H.C.: The City of Dancing Derwishes. Sketches and Studies from the Near East. London 1914. Die Bektaşi, die im 13. Jahrhundert gestiftet worden waren, sich im 16. Jahrhundert ausgeformt hatten und unter den Janitscharen verbreitet waren, zu denen auch aus christlichen Familien zwangsrekrutierte Knaben, die in Kadettenanstalten zur Militärelite ausgebildet wurden, gehörten, pflegten Geheimriten, die christliche Elemente bewahrten (Beichte und eine Art Abendmahl). Vgl. Tschudi, R.: Bektashiyya, in: The Encyclopaedia of Islam. New Edition. Bd.I. Leiden 1960, S.1161–1163.

[59]) Um als Mufti eingesetzt zu werden, muß man „Ulama" sein, d.h. ein „Schriftgelehrter", der Korankommentare, sogenannte Hadisstudien, und islamisches Recht („Scharia") studiert hat. Diese Kenntnisse sind Voraussetzung für die Übernahme öffentlicher Ämter.

Sie alle sind am Spitzhut, der mit dem Turban umwickelt ist und vom Scheich persönlich gesegnet wurde, am Vollbart und am bunten Talar (sufi = „Mann im Wollkleid") leicht zu erkennen. Die Sukzession dieser sufitischen Gruppe reicht – nach ihrer Überzeugung – bis in die Zeit des Propheten Mohamed zurück. Mit Abu Bakr beginnend, sei er der vierzigste, der diese Tradition bewahrt, betont Şeyh Nâzım[60]).

3. Islamisch-christliche Begegnungen

Die islamisch-christlichen Begegnungen begannen mit den Religionstreffen von Ajatoun 1970 und Broumana 1972 und wurden mit den Konferenzen von Colombo 1982 (organisiert vom Ökumenischen Rat der Kirchen und dem Muslimischen Weltkongreß) und Chambésy im Dezember 1988 (geleitet vom Metropolit Damaskinos) weitergeführt. Sie konnten in Zypern jedoch kein Echo finden[61]). Trotzdem ist nach dem Abzug der Zyperntürken im weitgehend griechisch-orthodoxen Süden der Islam wieder präsent: Unter der Leitung von Mohamed Sobhi Billo, Imam der Großen Moschee in Larnaka und Prediger in der Emeria Moschee in Nikosia, der einstigen Augustinerkirche, und eines weiteren Imam in Limassol können Gottesdienste in arabischer Sprache gehalten werden. Das Gehalt für diese beiden Imame wird von Libyen aufgebracht. Es besteht kaum Verbindung zu den etwa 50 noch im Südteil der Insel lebenden Türken, allerdings erst recht keine zu den Muslimen in Nordzypern. Die 22 000 Muslime im Südteil der Insel kommen hauptsächlich aus den nahegelegenen Ländern des Nahen Ostens, die zu einem großen Teil die zyprische Staatsangehörigkeit angenommen haben. Die unter Imam Mohamed hinzugewonnenen 130 Muslime sind fast ausschließlich Ausländer. Die Gottesdienste sind verhältnismäßig schlecht besucht: In Nikosia nehmen immerhin um die 300 Muslime an den zentralen Freitagsgebeten teil – die Frauen in einer in der großen Moschee integrierten Frauenmoschee; in Larnaka erscheinen etwa 60. Auch in Paphos soll demnächst eine Moschee eröffnet werden. Erhalt und Neubau von Gebäuden werden aus Spenden, aber auch durch staatliche Unterstützung ermöglicht. In Larnaka betreibt Imam Mohamed ferner ein Gerichtsbüro. Die Beziehungen sowohl zu den anderen Religionen als auch zu der zyprischen Regierung werden als entspannt bezeichnet.

---

[60]) Premierminister Turgut Özal zählte beispielsweise zu den Anhängern von Şeyh Nâzım. Rauf Denktaş ließ von ihm sogar seinen tödlich verunglückten Sohn beerdigen. Der Scheich vermag zu heilen und sammelt überall in der Welt seine Anhänger. In London verfügt er über eine eigene Moschee, wo er den Ramadam feiert. Der esoterische Charakter der eine Art „Herzensgebet" praktizierenden Nakşibendi zeigt sich auch deutlich in ihrer Suche nach „den Geheimnissen hinter den Geheimnissen": Als Anhänger müsse man stets höher und höher steigen wollen. Denn „die geistliche Kraft erfüllt mich, wenn ich predige. Ich brauche weder Bücher noch lege ich mir Notizen an. Wir sind Imitatoren der Heiligen, die gestorben sind, und derer, die sich noch versteckt halten, also derer, die sich am stärksten für Gott interessieren."

[61]) Vgl. den Bericht von Innokentios Exarchos zur fünften islamisch-christlichen Konferenz von Chambésy (12.-16.12.1988), wo sich 60 Teilnehmer aus allen Mittelmeerländern außer Zypern zusammenfanden, in: Nea Sion. 80 (1988), S.249–260.

VII. Das zyprische Judentum

An Zypern hat das Judentum – seit der Vernichtung seiner mächtigen Position im Zusammenhang mit der Niederschlagung des jüdischen Aufstands im zweiten Jahrhundert – nie mehr besonderes Interesse gezeigt. Aus der Zeit der britischen Inbesitznahme wird von einem Juden berichtet, der sich einige Glaubensgenossen aus Jerusalem als Saisonarbeiter holte und mit ihnen die Festtage *Rosh Hashanna* und *Yom Kippur* beging. Seit 1882 richteten Flüchtlinge vor russischen Pogromen, die als erste *Alyah* ins Heilige Land strebten, ihre Blicke auf Syrien und Zypern. Die Witwe des britischen Konsuls in Jerusalem, Elizabeth Ann Finn, förderte eine Gruppe von 45 Familien, die nach London gelangt war, mit den Mitteln des *Syrian Colonization Fund* und setzte sich dafür ein, daß christliche missionarische Aktivitäten von dieser Kolonistengruppe ferngehalten wurden. Dieser Fonds beschloß, der Gruppe in Latakia (Syrien) eine Synagoge zu bauen, dazu ein koscheres Schlachthaus und ein rituelles Bad (*Mikveh*). Lord Shaftesbury erwarb für sie sogar das *Sefer Torah*. Diese Gesetzesrolle wurde dem alten Rabbi, der die Gruppe begleitete, ausgehändigt, auch ein *Shofar* fehlte nicht. Als sich in Syrien örtliche Schwierigkeiten ergaben, ermöglichten die britischen Behörden die Umsiedlung nach Zypern[62].

So geringfügig die jüdischen Ansiedlungen auf Zypern im 19. Jahrhundert auch waren, sie bildeten doch den Wurzelgrund für größere Entwicklungen. Nach einem Synagogengottesdienst am Sabbatmorgen bemerkte Jakob Bender einen schmächtigen jungen Mann und lud ihn ein, einer jüdischen Tradition folgend, als Sabbatgast in sein Haus zu kommen. Es handelte sich um Jakob Goldbloom. Da der junge Mann arbeitslos war, aber Hebräisch zu lehren verstand, gründete er mit ihm eine Schule. Aus ihm wurde der später beliebte Reverend J. K. Goldbloom, dessen Name mit Redmans *Talmud Torah* verknüpft ist, dem Schrittmacher des *Ivrit*[63].

Als beim dritten Zionistenkongreß 1899 in Basel englische Vertreter, die gut über die Verhältnisse auf Zypern informiert waren, anregten, daß man angesichts des zionismusfeindlichen Verhaltens des Sultans und der günstigen Nachbarschaft der vom judenfreundlichen England beherrschten Insel auf Zypern gleichsam Vorübungen zur Gründung eines Judenstaates betreiben könne, ergab sich ein neues Interesse an Zypern. Theodor Herzl trug 1902 in London an Lord Rothschild die Anregung heran, jüdische Versuchskolonien in ungefährdeten, den Briten loyalen Nachbargebieten wie Sinai und Zypern anzulegen, allerdings ohne große Folgen.

Heute gibt es auf Zypern weder eine Synagoge noch einen Rabbi. Die Botschaft Israels hat aber in ihrem Botschaftsgebäude für ihre 15 Mitarbeiter eine Haussynagoge eingerichtet, deren Gottesdienste zu besuchen jedem freisteht.

---

[62] Vgl. Shaftesley, J. M.: Nineteenth Century Jewish Colonies in Cyprus, in: Jewish Historical Society of England. Transactions XXII (1968/69), S. 88–107. Über die „Jewish Colonization Association" vgl. Hillel Ben-Sasson, Ch. (Hrsg.): Geschichte des jüdischen Volkes. Bd. III. München 1980, S. 254–256.

[63] Über Goldblooms Bedeutung für die Entwicklung des Ivrit und des Zionismus vgl. Encyclopaedia Judaica. Bd. VII. Jerusalem 1971, Spalte 706/707.

VIII. Die Ökumenischen Aktivitäten

Mit dem *Middle East Council of Churches* (MECC)[64], geleitet vom *General Secretary* Riad Jarijour (seit November 1994) in Limassol, hat diejenige kirchliche Institution, die im mehrheitlich muslimischen Vorderen Orient Zusammenhalt unter den konfessionell getrennten Kirchen stiftet und das Christentum zur Geltung bringt, ihren Sitz auf der Insel Zypern. Bis zu Beginn des Libanon-Krieges war diese Organisation in Beirut beheimatet, mußte dann aber einen Teil ihrer Büros und die Ratsleitung aus dem Kriegsgebiet abziehen. Eine Vereinigung christlicher Kirchen war 1925 begonnen worden, aufgebaut auf kooperationsbereiten protestantischen Missionsgesellschaften. Sie wurde jedoch 1932 mit einem neuen Namen versehen, der die ekklesiale Realität betonte. 1952 wurden die Missionsgesellschaften herausgetrennt; 1974 eine innere Gliederung nach drei „Kirchenfamilien", den Nonchalkedonensern, den Byzantinisch-Orthodoxen und den Protestanten durchgesetzt sowie endgültig der Name MECC angenommen. Dies war das eigentliche Datum der in Beirut erfolgten Gründung des MECC. 1989 bildeten sieben katholische Kirchen eine vierte Familie. Heute fehlen nur noch die nestorianischen Syrer in dieser christlichen Kooperationsgemeinschaft, die aber bereits einen Antrag auf Aufnahme in den Kirchenrat gestellt haben. 1991 wurde im Rahmen des MECC ein „Rat der katholischen Patriarchen" gegründet. Dabei wurde nicht aus dem Auge verloren, daß die Einigung der zerissenen Christenheit synodal erfolgen müsse.

Während seines Bestehens veranstaltete der MECC sechs Vollversammlungen, die fünf letzten auf Zypern. Hier wurde der Glaube an eine Einheit im Heiligen Geist betont und die Fortdauer christlicher Präsenz im Heiligen Land als Ziel proklamiert[65]. Die christlichen Jugendbewegungen im Mittleren Osten sind die Animatoren des MECC. Um das Bildungsniveau im Vorderen Orient zu erhöhen, wirken in diesem Bereich elf Institute mit, deren Dekane sich regelmäßig treffen. Die Gemeinschaft der hier verbundenen Kirchen wurde 1991 durch ein „Pastorales Abkommen" gefördert, das von den Synoden der jeweiligen Kirchen bestätigt wurde. In einem Kloster, das der orthodoxen Kirche Zyperns angehört (Agia Napa), wurde ein Konferenzzentrum geschaffen.

---

[64] Vgl. zur neueren Arbeit des MECC Bouwen, F.: L'Unité de l'Esprit par le Lien de la Paix – Ve Assemblée Générale du Conseil d'Églises du Moyen-Orient, in: Proche-Orient Chrétien. 40 (1990), S. 93–119; Bouwen, F.: Pour une Vivante Espérance. IVe Assemblée Générale du Conseil d'Églises du Moyen-Orient. Nicosie, 13–19 Février 1985, in: Proche-Orient Chrétien. 25 (1985), S. 59–86. Vgl. ferner: Unity in Service with the Palestinians. Consultation on Service to Palestine Refugees called by the Middle East Council of Churches (MECC) in Cooperation with the Commission on Inter-Church Aid, Refugee and World Service (CICARWS) of the World Council of Churches (WCC). Nicosia, Cyprus, 4–8 November, 1979. Nicosia 1980; Löffler, P.: Naher und Mittlerer Osten, in: Ökumene Lexikon. Kirchen – Religionen – Bewegungen. Hrsg. Hanfried Krüger u. a. Zweite Auflage. Frankfurt/M. 1987, Spalte 852–856, bes. 856.

[65] Das Wirkfeld des MECC verdeutlicht sich auch in dessen früher Forderung nach einem autonomen Palästinenserstaat. Vgl. Tsimhoni, D.: Christian Communities in Jerusalem and the West Bank Since 1948. An Historical, Social and Political Study. London 1993, S. 167 ff.

Unter den protestantisch bestimmten Ausländergemeinden Zyperns fehlt es nicht an Kooperationsbereitschaft. Die deutschsprachige Gemeinde, die sich hauptsächlich aus mit griechischen Zyprern verheirateten deutschen Frauen zusammensetzt, genießt beispielsweise Gastrecht in der Kirche der Anglikaner. Die nicht-anglikanischen Kirchen haben sich eine *Community-Church* geschaffen[66]). Die Kontakte der westlichen Kirchen zur Orthodoxie werden allgemein als gut dargestellt. So überließ der Metropolit von Paphos den Anglikanern und Katholiken jene Kyriaki-Kirche zur gottesdienstlichen Nutzung, die an der Stelle der „Geißelung des Saulus" in Paphos stehen soll.

---

[66]) Ausschließlich mit griechischem Personal arbeiten dabei die Adventisten und die Griechische Evangelische Kirche in Nikosia.

Islamische Familientraditionen der Zyperntürken

Carolina Petry, Famagusta

I. Einleitung – II. Angewandte Ethnologie in der Zypernforschung – III. Die zyperntürkische Familie: 1. Pflichten (*görev*) – 2. Freundschaften und voreheliche Beziehungen – 3. Familienfeste: a) Hochzeit – b) Beschneidung der Männer (*sünnet*) – c) Weihnachten und Neujahr – d) Religiöse Festivitäten: α) Zuckerfest (*Şeker Bayramı*) – β) Opferfest (*Kurban Bayramı*) – IV. Zusammenfassung

I. Einleitung

Innerhalb der ethnologischen Forschung sind die Zyperntürken bisher wenig berücksichtigt worden. Im Vordergrund stehen Veröffentlichungen aus Geschichte, Politik und Geographie. Sehr selten sind folkloristische Elemente in der Literatur beschrieben worden[1]). Viele Außenstehende assoziieren mit Zypern eine griechische Insel. Diese Assoziation ist zum einen in der früheren Zugehörigkeit Zyperns zum byzantinisch-griechischen Kulturkreis zu suchen, zum anderen legitimiert Griechenland seine Territorialansprüche auf Zypern noch heute mit dem Argument der gemeinsamen Zugehörigkeit zu Byzanz. Eine eigene zyprische Sprache, die eine zyprische Identität implizieren könnte, existiert nicht. Der Terminus „Türke" wird oft mit „Zyperntürke" gleichgesetzt ebenso wie „Grieche" und „Zyperngrieche". Diese Begriffsverwirrung hängt nicht zuletzt mit der Rolle Griechenlands und der Türkei als „Mutterländer" innerhalb des Zypern-Konflikts zusammen, die auf der strikten Separation beider Volksgruppen beruht[2]). In der offiziellen Sprachregelung der „Türkischen Republik Nordzypern (TRNZ)" wird heute allerdings zwischen Türken und Zyperntürken kein kultureller Unterschied gemacht. Außerdem ist die Auskunftsbereitschaft der zyperntürkischen Bevölkerung – Akademiker nicht ausgenommen – gegenüber westlichen Wissenschaftlern im allgemeinen eher zögerlich, wodurch sich die ethnologische Forschung in Nordzypern problematisch gestaltet[3]).

---

[1]) Vgl. Durrell, L.: Bitter Lemons. London 1957; Peristiany, J. (Hrsg.): Honour and Shame. London 1965; Reden, S. v.: Zypern. Köln 1974 (1969).

[2]) Wellenreuther, R.: Lefkoşa (Nikosia-Nord). Stadtentwicklung und Sozialraumanalyse einer Stadt zwischen Orient und Okzident. Dissertation. Univ. Mannheim 1995, S. 46–55 (vgl. auch derselbe: Nikosia-Nord. München 1996 [= Wirtschaft und Gesellschaft in Südosteuropa, 12]).

[3]) Die Autorin bezieht ihre Informationen aus den Ergebnissen nichtstandardisierter Interviews sowie detaillierter völkerkundlicher Recherchen im Rahmen ihrer Feldforschungen seit 1993. Der vorliegende Beitrag versteht sich als eine Zusammenfassung aus: Petry, C.: Geschlossene Gesellschaft. Ethnologische Interpretation zyperntürkischen Lebens nach 1974 unter besonderer Berücksichtigung des Stadtbezirks Gazimağusa. Unveröffentlichte Magisterarbeit. Bremen

II. Angewandte Ethnologie in der Zypernforschung

Ethnologie ist im weitesten Sinne als Wissenschaft von den lebenden Völkern bzw. den Menschen und ihrer Kultur zu verstehen. Die Ethnologie kann traditionell-historisch als Nachbardisziplin der Soziologie eingeordnet werden. Die zeitgenössische Ethnologie läßt sich in die Analytische und die Interpretative Ethnologie klassifizieren. Diese Einteilung impliziert gleichzeitig unterschiedliche Arbeitsweisen. Die Methoden der Interpretativen Ethnologie sind in Nordzypern besser geeignet, da sie sich im Gegensatz zu den strukturierten Verfahren der Analytischen Ethnologie über die Beziehung und die Kommunikation zu den Menschen definieren[4]). Befragungen von Zyperntürken in Form nichtstandardisierter Interviews waren für die Informationsbeschaffung zweckmäßiger, da vorgefertigte Fragebögen oder Tonbandaufnahmen nicht selten auf erheblichen Widerstand bzw. mangelndes Verständnis stießen, weil ihr propagandistischer Mißbrauch befürchtet wurde. Zum anderen enthalten offizielle Stellen oft statistisches Material vor, so daß eine empirische Sozialforschung auf Grundlage dazu erforderlicher Daten kaum erfolgen kann.

III. Die zyperntürkische Familie

Durch die sehr niedrige Bevölkerungsdichte, das Fehlen großer Städte und die geringe industrielle Entwicklung wird die zyperntürkische Familie zum Mittelpunkt sozialen Zusammenhaltes und sozialer Wertigkeiten[5]). Seit Bildung der Enklaven 1963/64 kann die zyperntürkische Gesellschaft als ein geschlossenes System verstanden werden, woran im Prinzip auch die Proklamation der Unabhängigkeit (1983) wenig verändert hat[6]). Durch die politischen und wirtschaftlichen Rahmenbedingungen sind die Gesellschaftsstrukturen sozial immobil geworden. Aufgrund der Kleinräumigkeit und der zyperntürkischen Auswanderung bzw. türkischen Ansiedlung machen die Zyperntürken heute nur noch etwa ein Drittel der Gesamtbevölkerung der TRNZ aus[7]); diese haben jedoch einen gesellschaftlichen Transformationsprozeß initiiert. Fand die soziale Kontrolle früher im Sippenverband und in der Großfamilie statt, ist sie nunmehr auf eine staatliche und gesamtgesellschaftliche Ebene übertragen worden. Heute ist anstelle der traditionellen Großfamilie die Kleinfamilie mit Vater, Mutter und durchschnittlich zwei Kindern als

---

1995. Die Autorin führt weitere Feldforschungen für ihre Dissertation mit dem Titel „Zwischen zwei Welten. Die Zyperntürken zwischen Orient und Okzident" durch.

[4]) Stellrecht, I., Interpretative Ethnologie: Eine Orientierung, in: Handbuch der Ethnologie. Hrsg. Schweizer, T./Schweizer, M./Kokot, W. Berlin 1993, S. 34 ff.

[5]) Morvaridi, B.: Social Structure and Social Change, in: The Political, Social and Economial Development of Northern Cyprus. Hrsg. C. H. Dodd. Huntingdon 1993, S. 252–268, bes. 252 und Volkan, V.: Cyprus – War and Adaption. Virginia 1979, S. 53.

[6]) Vgl. den Beitrag „Infrastruktur und Binnenhandel" von R. Wellenreuther, in diesem Band.

[7]) Die offiziell veröffentlichten Bevölkerungsstatistiken sind nicht zuverlässig. Wellenreuther skizziert die Gesamtbevölkerung für 1993 mit 166771, von der die Zyperntürken mit 64000 beziffert werden. Wellenreuther (Anm. 2), S. 44.

Haushaltseinheit vorherrschend. Die Haushalte sind räumlich voneinander getrennt, halten aber die überlieferten Kontrollfunktionen aufrecht. Die althergebrachte Familienhierarchie – der Ehemann und Vater als das Oberhaupt der Familie, dem unbedingt Respekt zu zollen ist – besteht weiter fort. Jüngere Ehepaare vertreten zumindest verbal das Prinzip der Gleichberechtigung der Frau, können dieses Postulat allerdings in der Praxis oft nicht einhalten. In der Familie hat der älteste Bruder (ağabey) die unumstrittene Patronatsfunktion[8]. Das älteste Familienmitglied – unabhängig vom einzelnen Haushalt – gilt als das ehrwürdigste, was aber nicht unbedingt eine Machtposition beinhaltet. Aus der Aufrechterhaltung traditioneller Rollenverteilung bei gleichzeitigem Streben nach europäischen Lebensformen ergibt sich ein gesellschaftliches Konfliktpotential, dem gerade die jüngere Generation der 20–30jährigen Zyperntürken durch die Emigration zu entgehen sucht. In der heutigen zyperntürkischen Gesellschaft kann die übermäßige familiäre Protektion auf den einzelnen als Hemmschuh für dessen persönliche und berufliche Weiterentwicklung wirken. Die Emigrationspläne scheitern nicht selten am Widerstand des Familienverbandes. Tradierte Werte wie der innerfamiliäre Kodex, wonach die jüngere Generation zur gegebenen Zeit die Alten in physischer und ökonomischer Hinsicht unterstützen soll, kollidieren mit dem Bestreben, ein beruflich und persönlich modernes, europäisch ausgerichtetes Leben zu führen, das gerade diesen Traditionen keinen Platz mehr läßt.

1. Pflichten (görev)

Ehre (namus), Achtung bzw. Respekt (saygı) und Ehre bzw. gesellschaftliche Anerkennung (şeref) umfassen die sozialen Pflichten eines jeden Individuums, worin sich die zyperntürkische Gesellschaftsordnung nicht von der des türkischen Festlands unterscheidet. Die Zyperntürken verstehen sich jedoch als westlich orientiert und versuchen mehr oder weniger erfolgreich, ihrem alltäglichen Leben einen europäischen Anstrich zu verleihen. Einerseits haben das Zusammenleben mit den Zyperngriechen und die sechzig Jahre dauernde Präsenz der Engländer die zyperntürkische Sichtweise nachhaltig beeinflußt. Andererseits wird aber an den traditionellen Werten festgehalten, um der eigenen zyperntürkischen Identität Rechnung zu tragen. Es ist nicht von der Hand zu weisen, daß die tradierten Werte einen Bestandteil zyperntürkischer Kultur ausmachen. Durch das Ausleben dieser Kultur im Gegensatz zur Ausrichtung der Lebensart nach europäischen Normen ergibt sich folglich sozialer Konfliktstoff. Nach außen wird zwar eine gewisse Freiheit zur Schau gestellt, die Handlungsweise orientiert sich aber nur zu oft streng an den Pflichten und birgt etliche Widersprüche in sich. Beispielsweise ist es erwünscht, daß jedes Gesellschaftsmitglied über die bestehende Pflichtschulzeit hinaus eine gute Ausbildung erfährt. Besonders anerkannt sind Schul- und Studien-

---

[8]) Leider wird diese Position gegenüber jüngeren Geschwistern nicht immer loyal genutzt. Weiterführende Literatur zum Thema Eliten und Patronagetum vgl. Choisi, J.: Wurzeln und Strukturen des Zypernkonfliktes 1878 bis 1990. Stuttgart 1993.

aufenthalte im europäischen Ausland. Dabei werden keine geschlechtsspezifischen Rollenunterschiede gemacht. Eine gute Bildung ist nicht ausschließlich die Domäne des Mannes, sondern wird von einer Frau durchaus erwartet. Die Zyperntürken betonen zwar ihre liberale Haltung Frauen gegenüber, halten aber in der Ehe an der traditionellen Rollenverteilung fest, in der von der Frau die Erfüllung ihrer Pflicht als Hausfrau und Mutter gefordert wird. Die Einhaltung tradierter Lebensweisen ist eng an den Begriff der Ehre (*namus*) gekoppelt. Ihre inhaltliche Definition erfolgt aber zum Teil willkürlich und richtet sich nach den persönlichen oder beruflichen Interessen des einzelnen. Ist es aus ökonomischen Gründen erforderlich, daß auch die Frau einen Beruf ausüben muß, wird ihr ihre Ehre nicht abgesprochen werden. Andersherum wäre es undenkbar, daß die Frau die Familie unterhält, während der Mann die Haushaltsführung übernimmt. In diesem Fall wäre nicht nur seine Ehre in Frage gestellt, sondern er hätte auch mit Einbußen hinsichtlich seines gesellschaftlichen Ansehens (*şeref*) zu rechnen. Respekt und Achtung (*saygı*) erfahren besonders die Eltern oder ältere Personen. Beispielsweise ist es nicht gestattet, in Gegenwart des Vaters Alkohol oder Zigaretten zu konsumieren oder seiner Meinung zu widersprechen. Ebenso ist es in einigen Familien üblich, daß die Kinder eine respektvolle Sitzhaltung in Gegenwart des Vaters und während des Gebetsrufes einnehmen müssen. Diese Regelungen können jedoch nach Erreichen einer bestimmten Altersstufe entfallen. Befragte Zeitzeugen erklärten, daß sie sich nicht mehr an den alten Mustern von Ehre, Respekt und gesellschaftlicher Anerkennung orientieren, aber diese Aussagen dürfen über die dauernde soziale Überwachung nicht hinwegtäuschen. Die gesellschaftlichen Pflichten sind nicht mehr primär religiös orientiert, sondern stark an materielle Parameter gekoppelt, da mit materiellem Wohlstand europäische Lebensformen impliziert werden.

2. Freundschaften und voreheliche Beziehungen

Die zyperntürkischen Gebräuche weisen gerade im zwischenmenschlichen Bereich einige Varianten zum türkischen Festland auf. So ließ sich im Zuge der Feldforschungen zwar feststellen, daß zweigeschlechtliche Beziehungen, die in Europa unter der Kategorie „Jugendliebe" eingestuft werden und auch die ersten sexuellen Erfahrungen mit einschließen, offiziell nicht üblich sind. Andererseits hat es sich aber gerade in den letzten Jahren eingebürgert, daß ein Paar auch vor der Ehe unter Voraussetzung einer Verlobung zusammenleben kann. Die Verlobung bedeutet für Paare die Herstellung von Freiraum, legitimiert gesellschaftlich eine Art „wilde Ehe", muß allerdings im Endeffekt auf eine Heirat hinauslaufen. Im Falle der Trennung vor der Hochzeit hätte die Frau erhebliche Schwierigkeiten, einen für die Ehe in Betracht kommenden neuen Partner zu finden. Ihre gesellschaftliche Stellung sänkte dann auf ein sehr niedriges Niveau herab, wohingegen der Mann keine sozialen Einbußen zu verzeichnen hat. Die Ambivalenz der angeführten Regelungen wird deutlich, wenn man bedenkt, daß die Unberührtheit des Mädchens immer noch gefordert wird. Es ist gesellschaftlich verpönt, eine Zusammengehörigkeit im Austausch von körperlichen Zärtlichkeiten öffentlich zur

Schau zu stellen. Ausnahmen bilden der Campus etlicher Universitäten sowie zentrale Plätze in größeren Städten, die als Freiräume begriffen werden, weil sie von der Familie nicht kontrollierbar sind. Besonders beliebt bei den jungen Zyperntürken sind touristisch gut besuchte Plätze wie Girne, die ein westlicheres und somit für sie freieres Ambiente bieten.

Ein dem europäischen Freundschaftsbegriff völlig divergentes Bild bietet die Art der zwischenmenschlichen Beziehungen. Impliziert der Terminus „bester Freund" oder „beste Freundin" in westlicher Lesart ein Vertrauensverhältnis, so ist das zyperntürkische Verständnis für diese Bezeichnung ein gänzlich anderes. Freundschaft bedeutet in erster Linie, mit denselben Personen über einen längeren Zeitraum in regelmäßigen Abständen Unternehmungen zu planen und auszuführen, beispielsweise ein gemeinsames Essen im Restaurant. Die Diskussion von persönlichen oder familiären Problemen gehört hingegen nicht in diesen Kreis, da solches bereits in die Zuständigkeit des innerfamiliären Rahmens fällt. Der private ist vom öffentlichen Bereich streng getrennt. Die Gespräche bleiben unpersönlich, sind eher an äußerliche Themen geknüpft und kommen allenfalls in scherzhafter Manier auf Intimitäten zu sprechen. Zeitzeugen berichten, daß gerade seit 1974 ein verstärktes Mißtrauen auch gegenüber den eigenen zyperntürkischen Nachbarn aufgetreten ist. Echte Vertrauensverhältnisse unter Gleichaltrigen sind kaum zu finden, wohingegen Beziehungen zu älteren Personen von ausgesprochen herzlicher Natur sein können, aber doch immer der Achtung (*saygı*) oder dem gesellschaftlichen Ansehen (*şeref*) Rechnung tragen.

3. Familienfeste

a) Hochzeit

Seit 1974 unterlag besonders die zyperntürkische Hochzeit einer Wandlung. Wurde vorher nach traditionellem türkischen Muster eine Brautschau (*görücülük*) mit anschließender Verhandlung über den Vermittler (*aracı*) abgehalten[9]), so ist heute an die Stelle der arrangierten Hochzeit die „Liebesheirat" getreten. Es ist heute nicht mehr möglich, ein Mädchen zu einer Ehe zu zwingen. Nach der Verlobung wird zunächst der zukünftige Haushalt eingerichtet. Nach der Anschaffung des nötigen Hausrats wird der Hochzeitstermin festgelegt. Die meisten Hochzeiten (*wedding party* oder *düğün* genannt) finden im Zeitraum zwischen Juli und Oktober statt. Das hat zum Teil ganz pragmatische Gründe, denn viele der im Ausland lebenden Zyperntürken verbringen ihre Sommerferien in Nordzypern und müssen so nicht extra anreisen. Das Paar wird in Anwesenheit des engsten Familienkreises und der Trauzeugen getraut und fährt anschließend in einem Autokonvoi mit Hupkonzert zu dem für die Feierlichkeiten angemieteten Raum. Die Hochzeitsgäste werden zu einer genau festgelegten Uhrzeit (20.00–23.00 Uhr) gebeten, ihre Glückwünsche zu überbringen. Die Uhrzeit erklärt sich aus der großen Anzahl von Hochzeiten, die in der Sommerzeit stattfinden und der für diese Art Empfän-

---

[9]) Der in der Türkei übliche Brautpreis „başlık" existiert in Nordzypern nicht.

ge geeigneten geringen Anzahl von Räumlichkeiten (große Hotels). Das Brautpaar steht auf einer Bühne inmitten von Blumenarrangements. Vor der Bühne ist eine Art Auditorium errichtet. Die Gäste defilieren am Brautpaar vorbei, überbringen ihre Glückwünsche und heften Geldscheine an dessen Kleidung. Am Ende der Bühne empfangen sie von Kindern einen Hochzeitskeks[10]) und eine Zigarette. Anschließend nimmt man im Auditorium Platz und beobachtet von dort den weiteren Verlauf des Abends. Gelegentlich wird auf der Bühne getanzt, meistens ergeht sich der Rest des Abends jedoch in Gesprächen. Später wird die Hochzeitstorte – vom Brautpaar symbolisch angeschnitten – unter den Gästen verteilt. Eine andere Verköstigung erfolgt nicht. Bei manchen Hochzeiten tanzt auf der Bühne eine Frau, die auf dem Kopf einen von den Gästen am Eingang mit Geldstücken gefüllten Krug balanciert. Der Krug wird am Ende des Tanzes zerschmettert; besonders viele Geldstücke bedeuten reichen Kindersegen. Punkt 23.00 Uhr ist das Schauspiel vorbei. Das Zeitlimit ist abhängig von der gesellschaftlichen und ökonomischen Position der Familie. Diejenigen, die eine große Anzahl Hochzeitsgäste eingeladen haben und finanziell besser gestellt sind, können einen Raum für drei Stunden anmieten. Die an den Hochzeitskleidern angesteckten Geldscheine werden dazu verwendet, die Kosten für die Feier zu bestreiten oder weitere Bestandteile der Aussteuer zu finanzieren.

b) Beschneidung der Männer (*sünnet*)

Wie in der Türkei markiert *sünnet* für das Leben eines zyperntürkischen Jungen den wichtigsten Abschnitt. Die Beschneidung – bevorzugt sind die ungeraden Geburtstage[11]) – markiert den Initiationsritus zur Mannwerdung eines Jungen. Nach der Beschneidung darf der Junge an den Rechten und Pflichten der männlichen Gesellschaft teilnehmen, hat aber dafür die vorherige innige Beziehung zur Mutter aufzugeben. Mit dem Akt der Beschneidung ist die Unterwerfung zum Vater impliziert. Die Beschneidung kennzeichnet gleichzeitig die Modifikation des Schamgefühls. Durfte sich der Junge vor der Beschneidung weiblichen Familienmitgliedern nackt zeigen, so ist ihm das danach selbst Männern gegenüber untersagt[12]). In vielen ländlichen Regionen der Türkei hat der Junge nach der Beschneidung in sein Berufsleben einzutreten und so seinen Beitrag zum Familieneinkommen zu leisten. Die feierliche *sünnet*-Zeremonie hat die Aufgabe, dem Jungen die Angst vor der Operation zu nehmen und ihm Selbstvertrauen zu geben. Die Zyperntürken verhalten sich in der Ausgestaltung der Feier noch verschwenderischer als die Türken. Heute müssen in Nordzypern für die Finanzierung einer *sünnet*-Feier ins-

---

[10]) Dabei herrscht der Glaube vor, daß sich der Konsument der Süßigkeit selbst in kürzester Zeit verheiraten wird.
[11]) Nach Zeitzeugenbefragungen knüpft sich daran der Aberglaube, daß die Wahrscheinlichkeit, männliche Nachkommen zu zeugen größer ist, wenn die Beschneidung an einem ungeraden Geburtstag erfolgt. Morvaridi (Anm. 5), S. 256.
[12]) Schiffauer, W.: Vom schweren Los, ein Mann zu werden, in: GEO Special Türkei. 1 (8.2.1989), S. 24–32. Vgl. auch: Schiffauer, W.: Die Bauern von Subay. Leben in einem türkischen Dorf. Stuttgart 1987 und ders.: Die Gewalt der Ehre, in: Kursbuch. 62 (1987), S. 1–16.

gesamt umgerechnet etwa 1400 DM veranschlagt werden[13]. Das bedeutet selbst für Besserverdienende mit etwa 700 DM Monatslohn eine erhebliche finanzielle Belastung. So werden nicht nur Einladungskarten an Verwandte und Freunde verschickt, sondern auch Zeitungsinserate aufgegeben[14]. Außerdem müssen die Musiker engagiert und ein Raum ähnlich wie für die Hochzeitsfeierlichkeiten angemietet werden. Bis Anfang der achtziger Jahre wurde ein Beschneider (*sünnetçi*) ins Haus gebeten. Heute erledigt das meistens ein Arzt im Krankenhaus. Auch erhält das Kind heute eine Narkose, wohingegen früher noch nicht einmal eine örtliche Betäubung üblich war. Die Operationskosten belaufen sich auf umgerechnet etwa 250 DM[15]. Ebenso im Unterschied zu früher findet die Beschneidung heute am Anfang der Woche statt. Danach hat das Kind Zeit, sich bis zu den Feierlichkeiten am darauf folgenden Wochenende zu erholen. Der Junge wird wie ein kleiner Prinz mit einer *Sünnet*-Uniform[16] ausstaffiert und in einem Autokonvoi durch die Stadt kutschiert. Vorweg fährt der Wagen mit den Musikanten und der typischen Musik von Trommel (*davul*) und Oboe (*zurna*). Anschließend wird der für die Feier angemietete Raum bezogen, und der Junge auf ein Lager gebettet. Dort machen ihm die Gäste ihre Aufwartung und hinterlassen Geldscheine. Je nach finanziellem Status der Familie wird das erhaltene Geld entweder für die Bestreitung der Unkosten verwendet oder für den Jungen aufgehoben. Das zyperntürkische Beschneidungsritual hat für das nachfolgende Leben eines Jungen längst nicht denselben einschneidenden Stellenwert wie in der Türkei. *Sünnet* ist zwar in der zyperntürkischen Gesellschaft genauso unerläßlich, denn ein unbeschnittener Mann kann gesellschaftlich diskriminiert werden, aber die Weiterführung der Tradition findet ohne die Reflexion wie beispielsweise in der Türkei statt, in der die Beschneidung den notwendigen Einstieg des Jungen ins Berufsleben markiert. *Sünnet* demonstriert unter den Zyperntürken neben der Erfüllung der gesellschaftlichen Pflichten die Verbundenheit zu osmanisch-religiösen Traditionen in Abgrenzung zum griechisch-orthodoxen Brauchtum.

c) Weihnachten und Neujahr

Das Ansinnen der Zyperntürken, sich an die europäische Kultur anzubinden, kommt bei den Weihnachts- und Neujahrsfesten am deutlichsten zum Ausdruck. Am 24. Dezember organisieren Hotels und Restaurants öffentliche Weihnachtsfeiern[17], wohingegen der Tag selbst keine weitere Beachtung erfährt. Der 31. Dezember hingegen wird als eine Mischung aus europäischen Weihnachtsbräuchen,

---

[13] Stand: Dezember 1995 (nach Zeitzeugenbefragung).
[14] Es gibt zahllose Poeme für die „Sünnet" Einladung, z.B.: „Arilar yapar petek/ Erkekler giymez etek/ Sünnet olmayanlara/ Kimse diyemez erkek." (Bienen bauen Waben, Männer tragen keinen Rock. Man nennt keinen Mann, der nicht beschnitten ist).
[15] Stand: Dezember 1995 (nach Zeitzeugenbefragung).
[16] Die Uniform setzt sich aus einer verzierten Kappe, weißem Hemd und Hose, einem rotweißen Umhang und einem Säbel zusammen. Über der Brust wird ein Spruchband getragen, auf dem „maşallah" (das Glück, endlich ein Mann zu sein) eingestickt ist.
[17] In den zyperntürkischen Zeitungen sind in den Tagen vor Weihnachten eine Unmenge Anzeigen zu finden, in denen Hotels und Restaurants für ihre Weihnachtsfeiern werben.

Silvesterriten und zyperntürkischer Lebensart gefeiert. Familie und Freunde werden beschenkt, Weihnachtsbäume aufgebaut, die Geschenke darunter gestapelt und ein gefüllter Truthahn zum Abendessen gereicht. Den Baum zieren neben bunten elektrischen Lämpchen Spruchbänder mit *Merry Christmas*, *Happy New Year* oder *Yeni Yılınız Kutlu Olsun* (Ein Gutes Neues Jahr). Weihnachtsdekorationen in den Schaufenstern, mit elektrischen Weihnachtssternen beleuchtete Straßen, Karnevalsdekoration und türkische Popmusik vervollkommnen das Kultur-Potpourri.

Traditionell nimmt der Jahreswechsel eine wichtige Stellung unter den nicht religiösen türkischen Festen ein. Die Zyperntürken haben durch den Einfluß christlicher Kultur von seiten der Zyperngriechen und der Engländer ihr Neujahrsfest entsprechend variiert. Die Integration christlich-religiöser Elemente in die zyperntürkische Festkultur erfolgte schon in der Kolonialzeit. Besonders nach 1974 erlebte die europäische Weihnachtstradition bei den Zyperntürken dann einen erheblichen Aufschwung. Die oben beschriebenen Festelemente sind heute in jeder zyperntürkischen Familie zu finden. Bei Befragungen wurde allerdings deutlich, daß eine Reflexion derartigen Brauchtums bezüglich der religiösen Heilsgeschichte und ihrer Bedeutung nicht stattfindet und auch eine Begründung für die Pflege christlicher Traditionen in einem muslimischen Land ausbleibt. Gelegentlich wird das Vorhandensein eines Weihnachtsbaums mit den Wünschen der eigenen Kinder gerechtfertigt. Andere Zyperntürken sehen die Ursache für das Aufleben der christlichen Festelemente nach 1974 in ihrer von den Zyperngriechen unabhängigen ökonomischen Situation. Zu vermuten ist, daß es sich hierbei um eine weitere Ambivalenz im zyperntürkischen Alltagsleben handelt: Einerseits werden europäische Weihnachts- und Silvesterriten dazu verwendet, die zyperntürkische, europäisch orientierte Identität zu rechtfertigen, andererseits wird eine Trennlinie zu den Türken gezogen, bei denen diese Art von Feierlichkeiten allenfalls in Metropolen wie Istanbul zu finden ist.

d) Religiöse Festivitäten

α) Zuckerfest (*Şeker Bayramı*)

Şeker Bayramı beschließt den Fastenmonat *Ramazan*, der die Aufgabe hat, neben Buße und Umkehr der göttlichen Offenbarung zu danken. Das Zuckerfest beendet die Fastenzeit, in der nur zwischen Sonnenuntergang und -aufgang gegessen und getrunken werden darf. Es ist eines der höchsten islamischen Feste und von der gesellschaftlichen Rangordnung her mit dem christlichen Weihnachtsfest oder Ostern zu vergleichen[18]. Für die Zyperntürken haben weder *Ramazan* noch *Şeker Bayramı* den religiösen Stellenwert, den sie in der Türkei einnehmen. Das Fasten, das in den meisten ländlichen Regionen der Türkei von einem Großteil der Bevölkerung zumindest offiziell eingehalten wird, wird bei den Zyperntürken tolerant gehandhabt. Inzwischen sind die Zyperntürken, die während des *Ramazan* fasten, zu einer Minderheit geworden und meistens Angehörige der älteren Generation.

---

[18] Zentrum für Türkeistudien (Hrsg.): Türkei Sozialkunde. Opladen 1994. S. 90 f.

Es kann vorkommen, daß im selben Haushalt ein oder zwei Personen fasten, während die anderen Familienmitglieder ihrem normalen Lebensrhythmus nachgehen. Keiner wird deswegen gesellschaftlich ausgegrenzt. Jüngere Zyperntürken verspotten gelegentlich die Fastenbräuche der alten Generation, aber keiner wagt ernsthafte Kritik.

Das Zuckerfest umfaßt drei arbeitsfreie Tage. Am ersten Morgen des Festes besuchen die Männer traditionsgemäß die Moschee. Selbst wenn in dieser Zeit die Moscheen überfüllt erscheinen, darf das nicht den Augenschein einer besonderen Religiosität der Zyperntürken erwecken. Vielmehr sind diese Besuche als gesellschaftliches Ereignis zu werten und ähneln dem Umgang der europäischen Bevölkerung mit Kirchenbesuchen am Weihnachtsabend. In den folgenden Tagen werden Familienbesuche absolviert und die Kinder mit Süßigkeiten sowie Geld beschenkt. Abgesehen von den häuslichen Treffen ist es üblich, mit der Familie wenigstens einen Abend in einem Restaurant zu verbringen. Auf die Frage nach den Unterschieden zum türkischen Şeker Bayramı kamen zyperntürkische Zeitzeugen sichtlich in Argumentationsschwierigkeiten. Abgesehen von einem großzügigeren Umgang der Zyperntürken mit der Religion konnten keine eklatanten Abweichungen genannt werden.

β) Opferfest (*Kurban Bayramı*)

Kurban Bayramı ist das höchste islamische Fest und erinnert an Abraham, der Gott zuliebe seinen Sohn Isaak opfern wollte und für seinen Gehorsam belohnt wurde, indem Gott Isaak das Leben schenkte und Abraham stattdessen ein Lamm opfern ließ. Das Fest findet genau zwei Monate und zehn Tage nach *Şeker Bayramı* statt und dauert drei Tage. Der Großteil der Zyperntürken dürfte auch bei diesem Anlaß wenig an den religiösen Hintergrund denken. Wie am Zuckerfest wird zwar am Morgen des ersten Tages die Moschee besucht, im Vordergrund steht aber die gesellschaftliche Komponente des Festes. Die offiziellen drei arbeitsfreien Tage werden zu einem Kurzurlaub von einer Woche ausgedehnt und von vielen Zyperntürken für Reisen in die Türkei oder nach England genutzt. Am ersten Morgen des Opferfestes wird traditionell ein Schaf im eigenen Haushalt durch Schächtung[19] geschlachtet und abends verzehrt. Die Aufteilung des Tieres erfolgt in der Türkei nach einer festen Regelung. Je ein Drittel wird von der Familie verzehrt, an bedürftige Verwandte verteilt und an Arme abgegeben[20]. Die Hausschlachtung wird nur noch von wenigen Zyperntürken durchgeführt. Zum einen scheuen sie die damit verbundenen hygienischen Unannehmlichkeiten, zum zweiten wollen sie mit der Abkehr von dieser Tradition ihrer europäischen Gesinnung Rechnung tragen und zum dritten wird mit der Hausschlachtung allenfalls eine ökonomisch herausragende Position zur Schau gestellt. So wird das Fleisch beim Schlachter gekauft. Die traditionell vorgesehene Aufteilung erfolgt nicht. Im übrigen werden wie beim Zuckerfest Geschenke in Form von Geld oder Süßigkeiten ausgetauscht. Die Festtage werden dazu genutzt, dem Familienältesten die

---

[19] Bei der Schächtung als gesetzlich vorgeschriebene Art des Schlachtens handelt es sich um die Durchtrennung der Kehle, durch die das Tier vollständig ausbluten muß.
[20] Zentrum für Türkeistudien (Anm. 18), S. 90 f.

Aufwartung zu machen, der die Besucher mit Kaffee, Schnaps und *Bayram*-Bonbons[21]) bewirtet. Dem hohen Alter entsprechend ist der Gastgeber mit einer speziellen Geste[22]) zu begrüßen, die die Hochachtung (*saygı*) des Besuchers ausdrücken soll. Es ist bemerkenswert, daß europäische Besucher trotz der westlichen Orientierung der Zyperntürken von diesem Begrüßungsritual ausgeschlossen bleiben. Ähnlich dem europäischen Weihnachten bleibt zwar der Rahmen des *Bayram* erhalten, aber jede Familie hat ihre spezielle Art, dieses Fest zu begehen, die sich z. B. in unterschiedlichen Eß- und Trinkgewohnheiten ausdrückt. Die religiöse Bedeutsamkeit des Festes wird von der jüngeren Generation der Zyperntürken kaum noch wahrgenommen. Allein die Abkehr von religiösen Traditionen bedeutet für sie die Abgrenzung von den Türken und die Herausstellung ihrer Zugehörigkeit zur zyperntürkischen Volksgruppe. Dies mag auch der Grund dafür sein, daß im Familienkreis anwesende Fremde anläßlich dieser Feste eine Außenseiterrolle spielen. Für die Festtage werden die Häuser gründlich gereinigt, geschmückt und die Kinder komplett neu eingekleidet. Damit soll nach religiöser Interpretation *Allah* Respekt gezollt werden, hat aber für die Zyperntürken weniger eine religiöse als eine sozio-ökonomische Komponente (*şeref*).

IV. Zusammenfassung

Obwohl sich die Zyperntürken europäisch orientiert verstanden wissen wollen, gelten in ihrer Gesellschaftsordnung immer noch die traditionellen Pflichten (*görev*). Dabei haben sie bedingt durch die Präsenz der Engländer bis 1960 und das Zusammenleben mit den Zyperngriechen bis 1963 bzw. 1974 viele Elemente europäischer Wertesysteme übernommen. Seit der Teilung Zyperns leben die Zyperntürken in einer geschlossenen, sozial immobilen Gesellschaft, deren Mitglieder sich untereinander stark kontrollieren. Als wichtigster Bestandteil dessen ist die Institution der Familie zu sehen. Im gesamten Alltagsleben und in der Festkultur wird das Bestreben der Zyperntürken deutlich, sich einerseits durch die Übernahme europäischer Wertesysteme von den eher „orthodox-konservativ" wirkenden Festlandtürken abzugrenzen. Andererseits sind aber auch Bemühungen unübersehbar, der zyperntürkischen Identität Rechnung zu tragen. Damit erfolgt zum einen eine Abgrenzung von den Zyperngriechen, zum anderen relativiert sie aber auch die offiziellen zyperntürkischen Proklamationen, die aus politischen und wirtschaftlichen Gründen die Existenz einer eigenständigen zyperntürkischen Nation behaupten.

---

[21]) Bei dieser Süßigkeit handelt es sich um in buntes Staniolpapier gewickeltes Schokoladenkonfekt, das besonders vor den Feiertagen säckeweise verkauft wird. Die Bonbons sind natürlich auch sonst erhältlich, erfahren aber an „Bayram" durch die Verteilung an die Gäste eine besondere Bedeutung.

[22]) Der Besucher hat die Hand des Familienältesten zu küssen und mit dem Handrücken an die eigene Stirn zu führen. Diese Begrüßungsgeste findet nicht nur an „Bayram" statt, sondern auch dann, wenn sich die Familie lange nicht gesehen hat.

Folklore

Bekir Azgın, Famagusta, and Yiannis Papadakis, Nikosia*)

I. Introduction – II. Greek Cypriot Folklore Research – III. Turkish Cypriot Folklore Research – IV. The Return of the Repressed? – V. Concluding Remarks

I. Introduction

From its very birth, the study of folklore was intimately linked with the rise of romantic nationalism. Folklore took as its object of study each individual nation's history, searching for its roots and particularities on the basis of the us/other(s) distinction. It emerged as a new discipline whose purpose was to discover and preserve the nation's true soul or character. Folklore's object of study is culture or, more precisely, the folk culture and traditions where the nation's soul, spirit and personality are thought to reside. During the past decade, however, both the concepts of the nation and that of tradition have been subjected to powerful critiques which have rendered their use, as analytical concepts within the social sciences, highly problematic[1]).

In this sense, neither can the concept of folklore be accepted on its own terms as a tool of social inquiry for this would imply the adoption of its implicit nationalist presuppositions. Accordingly, in this chapter, we are not going to present an account of folklore in Cyprus (which henceforth is to be treated as accompanied with invisible quotation marks), but rather offer a brief account of the history of folklore studies in the island by focusing on the two largest ethnic groups on the island, Greek Cypriots (79%) and Turkish Cypriots (18%)[2]). In the light of a number of admirable studies on folklore (mentioned below), we have avoided any attempt to present a description of the content of culture, or folk culture for that matter, but have chosen to focus on the history of the construction of culture as this has been moulded by the forces of nationalism in Cyprus. Just as assumptions of the nation being eternal or somehow natural have been criticised and scholars are rather concentrating on processes of nation-building, the same analytical framework should be applied to the notion of "national culture".

---

*) Ackknowledgements: The authors would like to thank Dr. P. Loïzos, Prof. M. Herzfeld, and Dr. D. Kaneff, Kani Kanol, and Tuncer Bağışkan for their comments on earlier drafts of this paper. Responsibility for all the views expressed here rests with the authors.

[1]) On nationalism see: Gellner, E.: Nations and Nationalism. London 1983 and Anderson, B.: Imagined Communities. London, Verso 1983. On tradition see: Hobsbawm, E. and Ranger, T. (eds.): The Invention of Tradition. Cambridge 1983.

[2]) Other minorities in Cyprus include Maronites, Latin/Catholics, Armenians and Gypsies.

Before looking at the particular case of Cyprus let us make some preliminary general remarks regarding the relationship between nationalism and folklore[3]). Nationalism often uses the metaphor of the nation as a collective individual with a unique character or soul. Such an image conveys both a sense of wholeness and boundedness. Thus, folklore studies work with an equivalent model of culture, that is as whole and bounded, which fails to recognize interaction, change and syncretism. The aim of folklore studies is to discover, uncover or define the soul of the nation. We should also note that as a variety of Western individualism, modern individualism is above all "possessive individualism" being defined in terms of choice, property and authenticity. This leads to a model whereby nations just as individuals are thought to own various cultural attributes which are solely and authentically theirs. It is this logic which lies behind attempts to answer questions like (to give just one example which sometimes becomes a source of embarrassment to visitors in the area): "Who does the coffee belong to?" (Is it Greek/Byzantine or Turkish/Ottoman or really Arabic etc.?). The problem here lies with the way the question is phrased and in particular with the choice of the verb "belong to". Already, we encounter a paradox which points to just one of the epistemological inadequacies of the concept of folklore: while guided by widely shared assumptions related to Western individualism, it appears to itself and tries to present itself as an enterprise somehow unique to each nation. Moreover, if it can be taken as axiomatic that all cultures are syncretic, that is contain a multitude of influences, the questions which shall concern us here are the following: How did folklorists in Cyprus decide, choose, and in the final account, preserve what would count as authentic national culture? What was their methodology and training in going about their work, what did this enable them to see or highlight and, similarly, what did they ignore, miss or reject? Finally, who were the "others" in relation to whom the "us" was constructed?

II. Greek Cypriot Folklore Research

Folklore studies among Greek Cypriots emerged as an integral part of Greek folklore studies during the period 1870–1920. This was the time when the Greek state was trying to fulfil the dream of the *Megali Idea* (Great Idea) by bringing all "traditional" Greek lands (meaning those of the Byzantine Empire) under its control. The foundations and methodology of folklore research were set during this period and have changed little to the present day. A brief parenthesis discussing the study of folklore in Greece is thus necessary in order to understand the development of folklore studies among Greek Cypriots[4]).

---

[3]) These general considerations are drawn from Handler, R.: Nationalism and the Politics of Culture in Quebec. University of Wisconsin 1988, pp. 40–43, 50, 51, 75, 132.

[4]) On the study of Greek folklore we rely on the works of: Kyriakidou-Nestoros, A.: I Theoria tis Ellinikis Laografias (The Theory of Greek Folklore). Athens 1978 (Vivliothiki Genikis Paideias, 6), and Herzfeld, M.: Ours Once More. Texas 1982.

As elsewhere, folklore in Greece was primarily involved in legitimating the claims of (Greek) nationalism. In the words of one observer, "the notion of Greekness was the filter through which data passed"[5]). What was precisely this notion of Greekness which organized folkloric research? In its effort to appeal to the Western Powers' sensitivities towards ancient Greece (which they presented as the "cradle of Western civilization"), the early 19th century Greek state may have had little choice but to demand European political and/or military aid on grounds of its own continuity with the ancient Greek world. Moreover, by presenting itself as the descendant of a "proto-European" society, Greece claimed for itself automatic membership to the European world. This effort received special impetus after the attack of Greek and Western philhellenic claims of continuity with ancient Greeks by Jacob Philipp Fallmerayer[6]). He was a pan-German nationalist scholar who felt that a strong Ottoman Empire could provide a break to the possibility of Russian expansionism against German interests.

As a response to this attack, Greek folklorists came to the cause of proving cultural continuity with ancient Greece, which has since become the guiding principle of Greek folklore. Folklore was thus raised to the status of the ultimate "national science (*ethniki epistimi*)", notwithstanding the internal contradiction of such pairing. Its primary interest lay in the discovery of "living memorials (*zonta mnimeia*)", that is ancient survivals in modern Greek culture. These were treated as distant echoes or memories of ancient Greece still alive in the culture of the modern Greeks. Folklore study thus became a primarily archaeological enterprise into oral culture (through songs, proverbs, stories, language, customs) following the same underlying logic which led to an emphasis on the discovery and preservation of ancient Greek monuments as aspects of material culture. The major "other" against which Greekness was defined were the Turks. Beyond them being a major enemy at the time, Greeks felt that they had left behind shameful "oriental" remnants' in contemporary Greek culture. It was thus deemed desirable to "cleanse" Greek culture from such "polluting remnants", leading to efforts to eliminate Turkish/oriental elements (in language, monuments, customs etc.). Even the palm trees which stood at Athens's central Omonoia Square came to be regarded at a time "oriental" enough to be removed[7]).

During 1870–1920 the political focus of the Greek kingdom turned outwards, towards the "unredeemed brothers" of the areas which Greek irredentist nationalism claimed for itself. In folklore studies this was reflected in an emphasis on *topografia* (area study). Area studies of regions of the irredenta sought to unify outlying regions and their populations in three ways: historically, geographically and culturally. The aim was to subsume such areas under the encompassing romantic notion of *Ellinismos* (Hellenism), which refers to the organic unity of geography, population, history and culture. It is in such a socio-political context that the foundations of Greek Cypriot folklore research were laid. As all Greek Cypriot folklor-

---

[5]) Herzfeld (note 4), p. 8.
[6]) Fallmerayer, J.: Fragmente aus dem Orient. 2 vols. Stuttgart 1845.
[7]) St. Clair, W.: Byron and Greece, in: Greece, Old and New. Edited by T. Winnifrith and P. Murray. London 1983, p. 167.

ists acknowledge, two studies stand out for their seminal influence: Georgios Loukas's *Filolologikai Episkepseis ton en to Vio ton Neoteron Kyprion Mnimeion ton Archaion* (Philological Visits to the Monuments of the Ancients in the Life of Modern Cypriots), published in Athens in 1874, and Athanasios Sakellarios's *Ta Kypriaka Tom. 1,2* (Cypriot Matters Vol.1,2), published in Greece from 1855 to 1868 and revised in 1890 and 1891. It is interesting to note that both works were published in Greece and that both authors were teachers with strong philological backgrounds. Sakellarios came from Greece and taught in Cyprus while collecting his material, while Loukas, who was Cypriot, had received his higher education in Greece.

These works provided the blueprints for Greek Cypriot folklore research to the present day, both in terms of the content and in terms of the credentials required for one to become a folklorist. Typically folklorists require strong philological training, that is training in the Greek language from ancient to modern Greek, in order to be able to identify similarities. Such training is stressed in the education of primary and secondary education teachers who were thus perfectly suited for the role. Most of them received their degrees from Greek universities where, apart from linguistic training, they also received strong ideological influences. Upon their return to Cyprus they had to work throughout the countryside. This gave them ample opportunities to get intimately acquainted with the rural populations with whom the "true national soul" was said to reside, since peasants were regarded as *agnoi* (pure) Greeks in so far as they were less affected (or "corrupted") from modernizing European influences. By their very training, which was dictated by the ideological role folklore studies set out to play, they could of course only "see" what was Greek, that is common to the rest of Greece (proving the unity in space) and what was similar in modern and ancient Greek society (proving historical continuity). This process has been aptly characterised as "self-fulfilling" since their training, aims and methodology inescapably led to the confirmation of the hypotheses they were supposed to test[8]. It was thus a basic assumption, in this kind of folkloric research, that the most important task was to identify anything which seemed to show a link between the present and the Classical past. It was an approach that had little to say about the role of differences between past and present, still less about resemblances between the Greek present and the Turkish present. And it was equally silent about changes in the context of meaning, between two periods apparently linked by the identification of "the same" custom or ritual.

It is also of interest to note who the major patrons of folklore studies were. The editorial committees of ground breaking magazines such as *Kypriaka Chronika* (Cypriot Chronicles) included members of the Orthodox Church, which later established its own research centres and provided significant contributions to the study of Greek Cypriot folklore. Moreover, the publication of seminal studies, such as the one of Xenofon Farmakidis, *Kypriaki Laografia* (Cypriot Folklore) which was published in Limassol in 1938, were made at the expense of the Orthodox Church of Cyprus. Contests for the best folklore studies (such as the ones run

---

[8]) Herzfeld (note 4), p. 121.

by the magazine *Pnevmatiki Kypros* [Thought of Cyprus]) were funded by the Greek Embassy which also became an active financial contributor to long running and "classic" series such as the *Vivliothiki Laïkon Poiiton* (Library of Folk Poets). Greek institutions also provided moral support to Greek Cypriot folklorists by awarding prizes to notable studies. After independence, folklorists came to predominate the ranks of the major government-sponsored Greek Cypriot academic research centre (*Kentro Epistimonikon Erevnon*). While it is clear that whatever funds were available encouraged these (rather than other) kinds of studies, we should bear in mind that the bulk of folklore research was carried out unpaid on a voluntary basis. The major rewards for the long hours of toil expended should thus be traced to the sphere of ideology rather than that of economics. Even a quick glance at the founding editors of the two leading publications on folklore (*Laografiki Kypros* and *Kypriakes Spoudes*) shows that many came from the ranks of the *Pankyprion Gymnasion* (Pancypriot Gymnasium) which was the leading Greek Cypriot educational institution involved in the spread of Greek nationalism in Cyprus.

When Greek Cypriots claimed descent from the ancient Greeks, they were explicitly posing to the British colonial authorities the argument that it was scandalous and unacceptable of the British to oppress the very descendants of those who gave the "lights of civilisation" to the West (and thus to the British themselves). But the use of a model of folklore which was created in Greece may have presented unseen, at the time, dangers for Cyprus, a place where the Turkish community was proportionately much larger than in Greece and where it was to play a significant role in the island's politics. Despite the fact that it was against the British that the anti-colonial struggle was being waged, the ideology of Greek nationalism as it was transferred to Cyprus created, along with other factors including British intolerance and manipulation and Turkish nationalism, the preconditions of ethnic conflict on the island. We previously noted that the "other" in contrast to whom Greek identity was constructed in folklore research was "the Turk". The writing of history in Greece, similarly, presented the Turks as the arch-enemy. To give one example of the dangers which this entailed in the case of Cyprus, let us turn to the practice of *Karagkiozis*, the shadow theatre which was a major form of 20th century entertainment throughout Greece, Turkey and Cyprus. The name comes from the Turkish *Karagöz* meaning "Black Eyed". We do not wish here to enter into the debate regarding who this form of shadow theatre "belongs to" since questions of ownership run against the theoretical outlook adopted here. Suffice to say that native authors of all sides usually claim it as their own. As far as Greek Cypriots are concerned, this kind of entertainment seems to have come over from Greece and plays were of a historical/patriotic genre in so far as they drew inspiration from Greek historical events. (Even before this, however, Greek Cypriots had watched the Turkish *Karagöz* in Turkish cafés since, at least, 1897.)

While *Karagkiozis*, the leading character, is not so much a glorious hero but more of an anti-hero (using cunning, making a constant fool of himself, etc.), such patriotic plays often include historical figures who fight victoriously against the Turks and/or are brutally killed by the latter. On reading the memoirs of a number of Greek Cypriot shadow-theatre players, one theme which emerges is that of fistfighting or arguments following the performances where Turkish Cypriots were present and who clearly disliked the ways in which the "Turks" were represented[9]. This situation led one Greek Cypriot *Karagkiozis*-player of left wing persuasions (who saw the undesirable chauvinistic consequences of such plays) to abandon this genre. Instead, he tried to create his own plays with themes of class conflict (rather than national conflict). Interestingly, in order to learn this new genre of *koinonikos* (social) *Karagkiozis* (as he called it), he was led to the only teacher of this genre who was a Turkish Cypriot performing primarily in Greek for Greek Cypriot audiences. Since he was a Turkish Cypriot neither the available repertory of Greek Cypriot nor, for that matter, Turkish Cypriot patriotic plays suited him and he had to create his own plays around social rather than historical/patriotic themes[10].

While the defeat of the Greek army in Asia Minor and the abandonment of the *Megali Idea* led to the displacement of the discipline of folklore from the centre of the ideological stage in Greece, this did not take place in Cyprus. Greek Cypriots became engaged in the anti-colonial *enosis* (union with Greece) struggle which created its own momentum, sometimes to the embarrassment of Greece, which may not have wished to disturb its relations with Britain. By emphasising cultural continuity with ancient Greece and similarities with other areas of the Greek state, folklore studies provided ideological support to the *enosis* movement. During independence, *enosis* was still officially condoned for a time, while with the rise of the Greek Junta this gave way to an official policy of securing independence for the island as a whole. Externally, the threat came from the Junta's attempts to control Cypriot political affairs while internally it derived from the partial separation of the two communities due to recent interethnic strife and Turkish Cypriot attempts to consolidate their own administration. Lip service was still being paid to *enosis* as a desirable, albeit impossible dream. The 1974 division of the island, however, led to the full abandonment of *enosis* when Greek Cypriots became involved in an effort to reunite the island. *Den Xechno* (I Don't Forget [my occupied lands]) became the new focus of Greek Cypriot social memory. Folklore research was not significantly affected in terms of its methodology and aims, except by now focusing on geographical areas which became inaccessible to Greek Cypriots[11]. Given the Turkish Cypriot authorities' policy of changing the names of places and villages, this effort required renewed national significance as an attempt to preserve what was being eradicated. After 1974, we thus encounter a rise in the interest in folklore research along with an increase in the presentation of folk cul-

---

[9] See Giagkoullis, K.: I Techni tou Karagkiozi stin Kypro kai ta Apomnimonevmata tou Christodoulou Pafiou (The Karagiozis Art in Cyprus and the Memoirs of Christodoulos Pafios). Nicosia 1982 [Vivliothiki Laïkon Poiiton, 21], pp. 26, 27, 39, 43, 46, 48.

[10] Papadakis, Y.: Perceptions of History and Collective Identity: A Comparison of Contemporary Greek Cypriot and Turkish Cypriot Nationalism (unpublished Ph.D. thesis). University of Cambridge 1993, pp. 192, 193. See also Giagkoullis (note 9), pp. 38/39.

[11] This led, in the early 1990s, to the emergence of a large project undertaken by the Greek Cypriot Kentro Epistimonikon Erevnon (Centre of Scientific Studies) aiming to set up an Archeio Mnimis Katechomenon (Memory Archive of Occupied Areas) into which each village's customs, place names, folk tales etc. are to be recorded.

ture (in the media, at school events, etc.). Despite the emergence of a number of studies which presented strong criticisms regarding the methodology and conduct of folklore research in its Greek and Greek Cypriot context, such critical approaches were ignored[12]).

Let us now turn to the content of folklore studies. Folklore research has been published in a number of periodicals of which *Kypriaka Chronika* (1936–67), *Kypriakes Spoudes* (1936 onwards), *Laografiki Kypros* (1971 onwards) and *Epetiris Kentrou Epistimonikon Erevnon* stand out. Along with these came the publication of a large number of books covering all relevant areas. Research into the culture of Cyprus was conducted with the following aims: 1) to show derivation from ancient Greece, and 2) to indicate similarities with areas of Greece. *Opos kai stin alli Ellada* (just like in the rest of Greece) or *opos kai sti...* (followed by the name of any Greek region, town, island), along with *opos kai stin archaia Ellada* (just like in ancient Greece) are thus key phrases which one comes across in all studies of Greek Cypriot folklore. In the realm of language, derivations from Homeric Greek were highly valued, eventually giving rise to the view that the Greek Cypriot dialect was closer to the ancient language than any other Greek dialect. A number of recent studies, however, have pointed out various problems associated with derivations from Homeric Greek, as well as more general problems with linguistic derivation through a rather narrow "Greek" linguistic filter[13]).

In general, what was considered similar to ancient Greece or some geographical areas of contemporary Greece were approvingly commented upon as "our heritage" while all other influences (Venetian, Lusignan, Turkish etc.) were placed in the category of *xenika* (foreign). Yet even within the category of the "foreign" we note the presence of a double standard. In the first place, what was "foreign" but of "European" derivation (e.g. Venetian monuments) was initially merely noted. Lately as the possibility of joining the EC emerged, such "remains of past conquerors" have come to be positively highlighted as proofs of a European heritage. Such monuments are nowadays presented both by Greek Cypriots and Turkish Cypriots (who show similar awe for the "West") as part of "our heritage". On the other hand, what Greek Cypriots considered as "Turkish/Ottoman remains" (both in terms of oral and material culture) were definitely treated as "foreign elements"; sometimes they were even referred to as *mixovarvara* (barbarian)[14]).

---

[12]) For critiques of Greek folklore see: Kyriakidou-Nestoros, (note 4); Herzfeld, (note 4); Alexiou, M.: Folklore, An Obituary?, in: Byzantine and Modern Greek Studies, 9 (1985), pp. 1–28; Papadopoulos, Th.: To Pedio kai Periechomeno tis Laografias dia tou Orismou Aftis (The Field and Content of Folklore through its own Definition), in: Epetiris Kentrou Epistimonikon Erevnon. 3 (1970), pp. 1–62.

[13]) See Herzfeld (note 4), p. 123 and Karapotsoglou, L.: Provlimata Etymologias Kypriakis Dialektou (Etymological Problems of the Cypriot Dialect), in: Kypriakes Spoudes. 50 (1985), pp. 61/62.

[14]) See for example one of the leading studies on dialect by Hatziioannou, K.: Peri ton En ti Mesaioniki kai Neotera Kypriaki Xenon Glossikon Stoicheion (Regarding Foreign Linguistic Elements in Medieval and Modern Cypriot). Nicosia [1936] 1991, pp. 9, 26. Adamantios Koraïs, one of the leading intellectuals of early Greek nationalism, explicitly expressed this notion in his writings by using the term *varvarotourkisti* (Turkobarbarian).

In the end it was Turkish/Ottoman influences which appeared as especially problematic to Greek Cypriot folklore researchers. It is instructive to examine the various attempts made to solve this "problem". One strategy was to simply ignore such influences. Sakellarios, for example, in presenting an account of monuments in Cyprus only mentions the ones by the ancient Greeks, the Byzantines, and the Latins. He makes no references to those built by the Ottomans, such as *chania* (the equivalents of the modern hotel), *tzamia* (mosques), aqueducts etc[15]). Within the logic of Greek nationalism, one presumable justification for such a stance is usually presented as the argument that "the Turks, barbarian as they were, did not posses anything resembling to civilization or culture." Another strategy was to note such influences (e.g. Turkish words in the dialect) but to point out that the "supreme assimilative qualities" of the Greek Cypriot dialect presented an effective "defence" in the "battle against such foreign intrusions"[16]). In terms of folk music, Georgios Averof, the leading Greek Cypriot expert, similarly argues that the music of Cyprus (always referring to Greek Cypriot music) is distinguished by its use of Byzantine scales and oriental influences from songs of neighbouring countries, but hastens to add that despite such influences it has preserved its "real character". While he names neither the "oriental" influences nor the "neighbouring countries", the rhythms he names (5/8, 7/8, 9/8) are widely used in Turkish music and possibly elsewhere[17]). Another solution was to simply not mention or write about what could be considered as "Turkish". Such was the case, for example, with the well known stories which Greek Cypriots attribute to the adventures of *Nasrettin Hoca*. These are stories, anecdotes or moral tales whose prime character is a *chotzas* (Muslim religious functionary) and they can be found throughout Greece, Turkey (as *Nasrettin Hoca'nin Hikayeleri* [The Stories of Nasrettin Hoca]) and Cyprus. Greek Cypriot folklore researchers collected large numbers of all kinds of tales and stories, but there has been, to our knowledge, very little interest in the systematic collection of the popular stories of *Nasrettin Hoca*. Scholars from abroad, by contrast, did not hesitate to quote such stories in the context of their discussion of the Greek Cypriot dialect[18]).

One of the highly valorized forms of folk poetry is that of competitive rhyming known among Greek Cypriots as *tshattista*, a word from the Turkish *çatmak* meaning "to fit together". Such a form of competitive rhyming is found in a variety of diverse contexts like Greece, Turkey, Malta, and Jamaica. A Greek Cypriot folklorist's suggestion was that the Turkish name should be discarded and an equiva-

---

[15]) Sakellarios, A.: Ta Kypriaka (Cypriot Matters). Vol. 1. Athens 1890–1891, pp. 747–750.

[16]) Giagkoullis, K.: Etymologiko kai Erminevtiko Lexiko tis Kypriakis Dialektou Tom. 1 (Etymological and Interpretative Dictionary of the Cypriot Dialect). Nicosia 1988 [Vivliothiki Kyprion Laïkon Poiiton, 48], p. 6.

[17]) Averof, G.: The Folk Music of Cyprus. Nicosia 1985. See also Azgin, B.: Politics and Folklore in Cyprus (unpublished paper presented at the conference on "Cyprus and its People: New Interdisciplinary Perspectives" at Harvard University, 1–3 Dec. 1994), p.11. It is also published in Turkish as: Politika ve Folklor (Politics and Folklore), in: Kültür-Sanat Dergisi. 16 (1995), pp. 8–15.

[18]) See Newton, B.: Cypriot Greek. Paris. 1972, pp. 133–135.

lent in Greek ought to be used instead[19]). The leading scholar of Greek Cypriot folk poetry, whose work clearly shows knowledge of the multitude of other contexts where this form of poetry was found, still preferred to point out that such *tshattista* "lead us to the poetic contest between Homer and Hesiod" and argued that their themes can also be identified in the writings of Plato and Thucydides[20]).

Researchers of folk dances faced the same "problem" since a number of popular dances such *kartshilamas*, *tshifteteli*, *zeïmpekikos* have names which derive from Turkish. How was this to be solved? According to one Greek Cypriot scholar, first of all a Greek name could be adopted and *kartshilamas* thus becomes *antikrystos*[21]). Then it is pointed out that the popular rendition of the dance by a Turkish name does not signify derivation but rather indicates a case of "spontaneous popular expression". Paradoxically for a folklorist he implies that not all "spontaneous popular expressions" should be valued and trusted. At some point, the author also mentions that the dance is accompanied by *tshattista*, but a footnote is placed at this point, quoting a study which argues that these are similar to the poetry of the ancient Greek *rapsodoi*. Then, continues the author, comes a part called *manes* and this term comes from the Turkish *mani*, meaning "brief love song". Still, he argues, many believe that this actually originated in Byzantine music. Now as for the *zeïmpekikos,* the author argues that an etymological study of Turkish shows that no true Turkish words begin with a "z" and that this term is Arabic-Persian, disproving those who argue that this word is Turkish. He then gives a number of examples from ancient Greek dances to prove that dances like the *zeïmpekikos* actually derive from ancient Greece. This discussion on dance illustrates two other strategies in dealing with Turkish/Ottoman elements. First, it may be argued that what appears as Ottoman/Turkish is in fact an influence in Ottoman society from the Byzantines, thus reproducing the Greek variant of the well known "*Byzance après Byzance*" thesis. Secondly, given the influence in Turkish from Arabic and Persian (which, by the way, the Turkish "language cleansers" of the *Öztürkçe* [Pure Turkish] movement were trying to "correct"), it is often not too difficult to trace a Turkish word to Arabic or Persian. For Greek Cypriot folklorists such derivation may have presented a better, or less problematic, alternative. Finally, as far as the *Karagkiozis* is concerned, the leading study on Greek Cypriot *Karagkiozis* establishes that it came to Cyprus from Greece and thus represents an extension of the Greek *Karagkiozis*, while noting that it also exists in Turkey as well as among Turkish Cypriots[22]).

---

[19]) Myrianthopoulos, K.: Xenikai Lexeis en Kypro (Foreign Words in Cyprus), in: Kypriakes Spoudes. 13 (1948), p.121.

[20]) Giagkoullis, K.: Poiitarika (Of Folk Poets). Nicosia 1988, pp. 32, 37, 62, 65. See also his introduction to: Pierettis, P.: I Eirini (The Peace). Nicosia 1987, pp. 3/4. We are indebted to G. Syrimis for these references.

[21]) This and the ensuing discussion on dance is based on Andreou, H.: Kypriakoi Choroi (Cypriot Dances), in: Laografiki Kypros. 1 (1971), pp. 77–79 and the same author's: Symvoli sti Meleti tou Kypriakou Zeimpekikou (Contribution to the Study of the Cypriot Zeimbekiko), in: Laografiki Kypros. 13 (1983), pp. 191–196.

[22]) See Giagkoullis (note 9), pp. 7–11.

One genre of folk songs which Greek and Greek Cypriot folklorists were particularly keen to collect was that of the Akritic songs. *Akrites* were the guardians of the Byzantine Empire's borders against Muslim Arab intrusions. Such songs later came to be interpreted in a literalist manner as expressing heroic deeds of resistance against Muslims to whom the Turks evidently belonged. That some of these songs in Greek were also sung by Turkish Cypriots was noted with interest by Greek Cypriot folklore researchers. Similarly, another genre which received attention as evidence of "Turkish barbarism" were songs describing love affairs between Muslims and Christians of the *Christofis kai Emine* type[23]. Usually, the content of such songs presented stories where the marriage could only be consummated if one of the parties became Muslim. Some were stories in which a Muslim leader wanted to marry a Christian woman, leading to the killing of the woman by her own family rather than allowing her to convert. In yet other songs, death sentences were commanded by the Ottoman ruler. It was primarily in such negative contexts that interethnic interaction was noted within Greek Cypriot folklore research. The literalist interpretation given to such songs fostered interethnic animosity in line with the dominant historiographical model, since such tales and songs were treated as "surviving memories" of past oppression and conflict.

Turkish Cypriots received no attention from Greek Cypriot folklorists apart from a small number of cases when they recounted songs or stories in Greek. These were noted either to focus on the heroic and anti-Turkish content of such songs or as proofs of Christian conversions to Islam. The argument here was that Turkish Cypriots reciting such songs were possibly *Linovamvakoi* (Cotton-Linens), that is Greeks who converted by force[24]). This was part of the argument that "Turkish Cypriots are essentially of Christian converted stock". Such an argument presented an attempt to deny the origins of Turkish Cypriots and by extension their identity and their very existence. As we shall see later, Turkish Cypriots presented with equal vigour similar unfortunate arguments regarding the impurity of Greek Cypriots. As far as efforts by Greek Cypriot researchers to examine Turkish Cypriot culture go, there were none as Greek Cypriot folklorists lacked both the interest and the means (especially knowledge of Turkish) to do so. But, as will be shown in the next section, the reverse was not the case since the demographic situation encouraged Turkish Cypriots to speak Greek, rather than the other way round.

III. Turkish Cypriot Folklore Research

As with Greek Cypriots, Turkish Cypriot folklore research was clearly influenced by that of Turkey. Since the establishment of the state of Turkey took place about a century after the one of Greece, the bulk of Turkish Cypriot folklore re-

---

[23]) Giagkoullis K.: O Christofis tzi Emine (Christofis and Emine), in: Laografiki Kypros. 12 (1972), pp. 15–21.
[24]) Papadopoulos Th.: Un Monument de Literature Populaire Cypriote. Nicosia 1967 (Dimosievseis Kentrou Epistimonikon Erevnon, 1).

search took place later than that of the Greek Cypriots. But first, let us briefly examine the way folklore research developed in Turkey. The dominant trend emerged with the studies of Ziya Gökalp, who is regarded as the father of Turkish nationalism, and with his students such as the eminent historian Fuad Köprülü[25]). Gökalp's novelty was to dethrone Ottoman "high" culture and language, embracing instead the culture and language of the "people", which in his view was Turkish. According to one of the prominent commentators on Turkish folklore studies, this view led to the rise of the "romantic nationalist" school of folklore research. Its disciples saw the folk culture of Anatolia as the direct survival of Central Asiatic culture, especially of shamanism, and claimed that foreign influences (meaning ancient Anatolian, Middle Eastern and Balkan) were minimal and should be ignored[26]). There later emerged, however, another tendency, that of the "humanistic school" which, in line with Atatürk's own views, focused on the ancient Anatolian culture as a possible source of Turkish identity. This school treats the Turks of Anatolia as the survivors of the ancient Anatolian and classical cultures and emphasizes "survivals" of this sort rather than those from Central Asia[27]). And, as we shall subsequently indicate, Turkish Cypriots scholars who opposed their own nationalist school of folklore partially drew inspiration from this "humanist" school and developed their own version of it.

While in the early 20th century Turkish Cypriots identified themselves more as Muslims or Ottomans, under the impact of secular Turkish nationalism they started to emphasize Turkishness instead and gradually came to align themselves with the new Turkish state, just as Greek Cypriots were doing with the Greek state[28]). It was precisely while the Greek Cypriot *enosis* movement was at full swing, leading to an upsurge of nationalism among Turkish Cypriots, that the first article on Turkish Cypriot folklore appeared in an arts magazine during 1959[29]).

The guiding principle of folklore studies conducted by Turkish Cypriots became the legitimation of their Turkish identity and the search focused on continuities with and survivals from the Turkish culture of Anatolia. Kemal Gündüz, a music teacher from Turkey who wrote an article on Turkish Cypriot folk dances pointed out that the Turkish Cypriot intellectuals with whom he discussed the issue of folklore were of the opinion that "Cyprus does not have a folklore of its own. Any-

---

[25]) See Gökalp, Z.: The Principles of Turkism (transl. R. Devereux). Leiden 1968 and Köprülü, F.: Türk Saz Şairleri (Turkish Folk Poets). İstanbul 1940.

[26]) The discussion of Turkish folklore is derived from Basgoz, I.: Folklore Studies and Nationalism in Turkey, in: Folklore, Nationalism and Politics. Edited by F. Oinas. Ohio 1978, pp. 123–137.

[27]) See, for example, Halikarnas Balıkçisi: Anadolu Tanrıları (Anatolian Gods). Istanbul 1955 and And, M.: Dionisos ve Anadolu Köylüsü (Dionysus and the Anatolian Peasant). İstanbul 1962.

[28]) Thus in December 1918 during the convention of the national assembly, Turkish Cypriots declared themselves as „the Islamic population of the island of Cyprus" while they called their first political party in 1924 as "Cyprus Turkish Islamic Community".

[29]) See Kanol, K.: Halk Oyunlarımız Konusunda Yayınlalan İlk Araştırma (The First Research Written About Our Folk Dances), in: Halkbilimi. 4 (1991), pp. 3–5.

thing you see or hear around here came from Anatolia"[30]). During 1957, a physical education teacher from Turkey by the name of Mümtaz Cönger was invited to teach Turkish folk dances to the students at secondary schools and conduct research on Turkish Cypriot dances. For the next four years he travelled around Cyprus teaching Anatolian folk dances and trying to sort out which of the Cypriot folk dances were Turkish. He eventually also published a book on Turkish national dances. Before leaving Cyprus he pointed out to a friend that the Turkish Cypriot dances were so mixed up that he was not able to sort them out, that is to distinguish what was to count as "Greek" and what as "Turkish"[31]). Since the Turkish Cypriot folk dances were not seen as "pure Turkish", it was decided that they should be replaced by the ones that Cönger taught at schools, that is folk dances belonging to different areas in Anatolia[32]). Yet, while such dances were performed during public school events, they were not used by Turkish Cypriots during their private festivities.

In other words, while the nationalistic Turkish folklorists saw the folk culture of Anatolia as the direct survival of Central Asiatic culture (ignoring Balkan and Middle Eastern influences), in a parallel way Turkish Cypriot nationalist folklorists saw Turkish Cypriot culture as the direct survival of Anatolian Turkish culture and ignored Greek Cypriot influences. In this way, it was deemed proper to replace Turkish Cypriot folk dances (which were found to be "contaminated" with Greek Cypriot influences) with the Anatolian dances which were after all "pure" Turkish. All this, the reader should be reminded, took place in the context of the late 1950s interethnic conflict. It was accompanied by such drastic measures as the "speak Turkish" campaign which declared that whoever used Greek words would pay a fine of two shillings per word while those who could not pay were even beaten up[33]). Such an extreme measure of "linguistic purification", however, encountered a serious problem. A lot of the people, sometimes even the "inspectors" themselves, did not know the Turkish equivalent of some of the Greek words. The opposition and indignation against the campaign led to its abandonment.

Language research among Turkish Cypriots followed the same pattern, the aim being to show how the Turkish Cypriot dialect was similar to dialects spoken in Anatolia, and especially the dialect of the area of Konya[34]). The leading research

---

[30]) His article has been republished as Gündüz, K.: Kıbrıs Türk Halkdansları. (Cypriot Turkish Folk Dances), in: Halkbilimi. 4 (1991), pp. 8–16.

[31]) Cönger, M.: Türk Milli Oyunlarından Örnekler (Examples of Turkish National Dances). Nicosia 1960 and Kanol, K.: Cihangir Kültür ve Sanat Derneği'nin Düzenlediği Acık Oturuma Sunulan Bildiri (Paper presented at the conference organized by the Cultural and Arts Association of Cihangir), in: Halkbilimi. 3/4 (1994), pp. 33/34.

[32]) Kanol, K. and Hoca, A.: Halkoyunlarımızı ve Halkmüziğimizi İrdeliyoruz (An Analysis of our Folk Dances and Folk Music), in: Halkbilimi. 1 (1986), p. 2.

[33]) Tahsin, H.: Geçmişi Bilmeden Geleceğe Bakmak (Looking at the Future Without Knowing the Past). Nicosia 1993, p. 20.

[34]) In Turkish there are two words for dialect. "Ağız" meaning dialect with minor differences and "lehçe", dialect with large differences. In the case of the Turkish Cypriot dialect, the term "ağiz" is used.

in this area was done by a Turkish professor in some villages of Mesaoria[35]). The bulk of this kind of research was taken up by Turkish Cypriot students studying at Turkish universities, especially in the form of theses for the *Türk Dili ve Edebiyatı Bölümü* (The Department of Turkish Language and Literature)[36]). Some of these students later became prominent folklorists and their theses on language (as well as subsequent works on other topics) were published[37]). Yet, just like their Greek Cypriot counterparts, the training such scholars received (in Turkish language and literature) inevitably limited the horizons of what they could see simply to what their training led them to define as "Turkish".

It is worth paying some attention to the work of Mahmut İslamoğlu, a prominent Turkish Cypriot folklorist, who has produced significant works on Turkish Cypriot folklore[38]). What especially distinguishes İslamoğlu is that he is one of the very few folklorists in Cyprus who has concerned himself with the culture of the major other ethnic group, that is the Greek Cypriots. İslamoğlu, just like his Greek Cypriot counterparts, was confronted with the "problem" of shared cultural elements. His reply was that in Cyprus, just like in any other place in the world where nations come into contact, shared elements will be found but they are of minor significance, and he argued for the existence of two distinct and different cultures on the island[39]).

A significant part of İslamoğlu's work focused on shared aspects of culture, but only in order to argue that many things which Greek Cypriots consider as part of their culture are in fact Turkish. This is a classic argument within nationalistic logic which places primacy on authenticity and purity. Just as antagonistic groups often use the argument of impure blood (and thus origins) to degrade their opponents or to deny them identity, this argument can also be used with respect to culture. İslamoğlu, in fact, uses both strategies. One of the articles in his collection of essays demonstrates the impurity of Greek Cypriot blood while a number of others that of Greek Cypriot culture[40]). The article on blood uses evidence from blood samples in order to refute a Greek Cypriot claim that Turkish Cypriots are not really Turks. Eventually, he demonstrates not only that this is wrong but that it's Greek Cypriots who should instead worry about their ethnic origins. That this article, as İslamoğlu himself points out, is a reaction against a Greek Cypriot assertion (utilizing the same nationalistic logic) precisely demonstrates the context of ethnic antagonism within which such works were produced.

A number of other publications by İslamoğlu dealing with the Greek Cypriot culture focus on how it has been influenced by the Turkish Cypriots and the Otto-

---

[35]) Eren, H.: Kıbrısta Türkler ve Türk Dili (Turks in Cyprus and Turkish Language), in: Proceedings of the Turkish Language Seminar. Ankara 1964.

[36]) There is a list of theses referring to Turkish Cypriot folklore in İslamoğlu, M.: Kıbrıs Türk Kültür ve Sanatı (Turkish Cypriot Culture and Art). Nicosia 1994, pp. 205–208.

[37]) İslamoğlu, M.: Kıbrıs Ağzı (The Cypriot Dialect). Ankara 1961 and Erdogan, S.: Kıbrıs Ağzı (The Cypriot Dialect). Nicosia 1980.

[38]) İslamoğlu, M.: Kıbrıs Türk Folkloru (Cypriot Turkish Folklore). Nicosia 1969.

[39]) İslamoğlu, M.: untitled article, in: HAS-DER: Halkbilim Sempozyumları. İstanbul 1986, pp. 80/81.

[40]) İslamoğlu (note 36), pp. 27–34 and passim.

man past of Cyprus. One thus comes across titles such as: "The Influence of Turkish Language and Folk Literature on Greek Cypriot Folk Literature", "Turkish Words in the Greek Cypriot Dialect", "Turkish Dishes in the Cuisine of Greece and Greek Cypriots", "Elements of Turkish Folklore in the Greek Cypriot Folklore of the area of Karpass". But he shows no interest at all in influences going the other way around. Consequently, the picture which emerges from his writings is that of a one way road: there is a great deal of traffic moving in one direction (from the Turkish Cypriots to Greek Cypriots) but none at all the other way around. Similarly, in another book co-authored with Yilmaz Taner, which presents a collection of folk music, the authors have a separate chapter on nine folk dances which they argue are Turkish Cypriot ones but which Greek Cypriots also use and even present as their own[41]). This school of folklore, however, did not remain unchallenged.

IV. The Return of the Repressed?

If we may be excused for using a metaphor from folklore's own rhetoric, our argument so far has been that elements of syncretism between the two ethnic groups have been systematically repressed in the two "national psyches". Wouldn't that entitle us to somehow expect what psychologists have called "the return of the repressed"? In other words, how about folklore research focusing on similarities between ethnic groups rather than on differences alone?

The most systematic effort to push folklore research in this direction has been taking place since the early 1980's when a new school of folklore research emerged among Turkish Cypriots by the name of HAS-DER (*Halk Sanatları Derneği* [Folk Arts Society]). HAS-DER has been organizing yearly conferences on folklore since 1983 and has so far published a volume of the proceedings of the first four conferences[42]). The preface of this volume presents a clear statement of its aims and views:

If we accept (as contemporary folklorists suggest) that the culture which existed on the island before the Ottomans took Cyprus influenced the Turks who settled there in 1571, and that the culture which the Turks who came from Anatolia brought with them influenced the one of the island's inhabitants, then we can say that the two people have folk cultures which include both similarities and differences. It is the duty of contemporary folklorists to stay away from chauvinist feelings ... and arguing that "this is ours, this isn't" or searching for "Pure Culture" brings to a community not good but harm ...[43])

In this opening by Kani Kanol (the president of HAS-DER and one of the leaders of this school) one hears how the inhabitants of the island were influenced by those who came later, and vice versa. That such statements echo the views of the

---

[41]) Yılmaz, T. and İslamoğlu, M.: Kıbrıs Türküleri ve Oyun Havaları (Cypriot Folk Songs and Dances). Nicosia 1979, pp. 95–107.

[42]) HAS-DER: Halkbilim Sempozyumları (Folklore Symposiums). İstanbul 1986. A second volume of HAS-DER conference proceedings is currently in preparation.

[43]) HAS-DER (note 42), p. 7.

"humanist school" of Turkish folklore is no coincidence, as Kanol's work was influenced by this school as well as by the work of Soviet folklorists[44]). While the volume of the HAS-DER conferences proceedings includes contributions made by folklorists of the previous school (e. g. İslamoğlu, Serdengeçti, Nesim), many of the contributors show marked interest in common elements of culture. Moreover, such common elements are now presented as evidence of interethnic influence and sharing rather than as attempts to devalue the culture of any one group. One thus finds references to folk poetry where verses in the Greek Cypriot dialect interchange with verses in the Turkish Cypriot dialect, lists of traditional dishes, dances, children games, and customs indicating which are shared and which are not, as well as commentaries on similarities in music and folk dances[45]). Clearly, HAS-DER presents a new paradigm regarding Turkish Cypriot folklore research which now uneasily coexists with the older one (described in the previous section). The differences in perspective of the two paradigms are bound to lead to different results. Thus, a study of marriage, birth and funeral customs by a folklorist interested in similarities between Turkish Cypriots and Turks has nothing to say about possible similarities with Greek Cypriots since the very methodology of this researcher does not allow the question to arise. Instead, in the preface it is stated that the author is not interested in any similarities with Greek Cypriots since the language, religion, race and cultures of Turkish Cypriots and Greek Cypriots are different[46]). At the same time, another study on similar issues but which now focuses on "common beliefs and practices" among Turkish Cypriots and Greek Cypriots presents a number of such common customs[47]).

HAS-DER has since 1983 been publishing *Halkbilimi* (Folklore), a magazine on folklore research which is the first specialist magazine of its kind. The first six issues of this magazine published a number of articles on Turkish Cypriot folk dance and music[48]). These provide a further illustration of their more general outlook and of the ways in which this posed a challenge to the older type of folklore research. Firstly, they included only Cypriot dances and argued that the ones from Anatolia should not count as local or Cypriot. Secondly, all dances performed by Turkish Cypriots were accepted whether the name was Greek or Turkish. Mustafa Gökçeoğlu, who has been working independently of HAS-DER, could be seen as the most prominent folklorist of this new outlook. He regards culture everywhere both as syncretic and always changing and he treats Cyprus as a place influenced by a multitude of civilisations and peoples, a place where Turkish Cypriots and

---

[44]) Personal communication of B. Azgın with K. Kanol during October 1995.
[45]) HAS-DER (note 42), pp. 57–65, 108, 109, 119, 385–415.
[46]) Mear, H.: Kıbrıs Türk Toplumunda Doğum, Evlenme ve Ölüm ile İlgili Adet ve İnanışlar (Customs and Beliefs Related to Birth, Marriage and Death in the Turkish Cypriot Community). Ankara 1992.
[47]) Tuncer, B.: Karşılaştırma Yöntemiyle Kıbrıslı Türk ve Rumlarda Ortak İnanç ve Uygulamalar (Common Beliefs and Practices amongst Turkish Cypriots and Greek Cypriots from a Comparative Perspective), in: Halkbilimi. 3 (1988), pp. 14–24; 4 (1988), pp. 6–17; 1 (1989), pp. 4–20.
[48]) Kanol, K. and Hoca, A.: Halkoyunlarımızı ve Halkmüziğimizi İrdeliyoruz (An Analysis of our Folk Dances and Folk Music), in: Halkbilimi. 1–3 (1986); 1–3 (1987).

Greek Cypriots lived together and where, he argues, obviously the two communities influenced each other, in both positive and negative ways[49]).

No systematic effort of this kind, however, has taken place on the Greek Cypriot side. This presents a paradox: How is it that this kind of school emerged among Turkish Cypriots where official rhetoric speaks of "two nations" emphasizing conflict and animosity between the two ethnic groups, while nothing like it took place among Greek Cypriots, where official rhetoric now stresses "past harmonious coexistence", friendship and sharing? This social paradox we can only partly explain. This paradox gains greater depth when we consider that in contrast to Greek Cypriot folklorists, Greek Cypriot historians involved in establishing the "peaceful coexistence thesis" showed a marked interest in shared social aspects of life. One of them even wrote a chapter of his book on "Common life, culture, folk piety and folklore."[50]) Lack of knowledge of Turkish certainly presented an obstacle to Greek Cypriot folklorists. At the same time, as we have previously noted, the post-1974 Greek Cypriot folklore research focused on "the preservation of the memory of the occupied areas". Arguably, folklore research, which was written in Greek, was primarily addressed to the internal audience while much of important historical research was written in English in order to present the Greek Cypriot case to an international audience[51]). There may also be a broader socio-political explanation. After 1974, political power among Turkish Cypriots came under the control of right wing parties which virtually monopolized it. Given a patron-client type of polity, they also monopolized access to economic resources. This state of affairs was, of course, highly undesirable to the left wing opposition. Moreover, in a climate of economic stagnation, the influx of migrant workers from Turkey accepting lower wages provided unwelcome competition to Turkish Cypriot workers (whose trade unions are given political representation in the parties of the left wing opposition)[52]). The influx of Turkish migrants, along with the competition for scarce resources this entailed, may have also brought about a pronounced desire to stress boundaries between "locals" and "outsiders". Morever, while before 1974, under conditions of interethnic animosity, Turkish Cypriots were trying to assert their "Turkishness" vis-à-vis Greek Cypriots in general (and Greek Cypriot at-

---

[49]) Gökçeoğlu, M.: Tezler ve Sozler (Theses and Words). Vol. 1. Nicosia 1985, pp. 34/35, 117, 137.

[50]) Kyrris, K.: Peaceful Coexistence in Cyprus Under British Rule (1878–1959) and After Independence: An Outline. Nicosia 1977, pp. 14–28. Note that the love songs describing interethnic affairs previously mentioned are now reinterpreted by Kyrris as evidence of good relations rather than of "Turkish barbarism and Greek resistance." A similar approach was adopted even before 1974 by another Greek Cypriot researcher, against arguments proposed by the Turkish Cypriot leadership that, in the light of the 1960s interethnic fighting, coexistence was impossible. See Giagkoullis, K.: O Poiitaris Michail Plastiras. I Eiriniki Symviosi (The Folk Poet Michail Plastiras. The Peaceful Coexistence), in: Laografiki Kypros. 1 (1971), pp. 114–117.

[51]) For example, the work of Kyrris (note 50) was published and distributed by the Greek Cypriot Public Information Office whose aim is to put across internationally the Greek Cypriot position.

[52]) Though it should be noted that from 1994 to 1996 there was ruling coalition among the left wing party CTP and DP of the right.

tempts to deny them identity in particular), after 1974 some felt that the new threat was one of cultural assimilation by Turkey.

Overall, the political discourse of the Turkish Cypriot Left came (in contrast to that of the Right) to emphasize the need for accommodation with Greek Cypriots and the need for a solution to the Cyprus Problem. This was accompanied by a discourse on identity – the "Cypriot identity thesis" – emphasizing similarities and past coexistence with Greek Cypriots while also stressing differences from Turks. The Turkish Cypriot Right, by contrast, argued in favour of the "Turkish identity thesis" which posited the existence of two different nations (Greeks and Turks) on the island. These factors provide the socio-political context inside which this new emphasis in folklore studies emerged. And as we have been arguing throughout this paper, folklore research provides an explicit commentary on identity. If one were to look at HAS-DER, as well as at other intellectuals working within this new paradigm searching for the "missing links", it appears that ideologically they lean more towards the Turkish Cypriot Left than to the Right. This is not to say that they are, in any sense, under the control of any political association as HAS-DER is clearly a private initiative.

Lately, a Greek Cypriot private research group by the name of *Kypriako Kentro Meleton Anatolikis Mesogeiou* (Cyprus Centre for the Study of Eastern Mediterranean) has emerged with interests which match the ones of HAS-DER, leading to the organization of a joint cultural event. During this event, not only were dances with the same names performed by both but some were even performed together. Moreover, Turkish Cypriots performed dances with a Greek name (such as *Syrtos*) while Greek Cypriots performed others with a Turkish name (*Zeybek, Karşilama*)[53]. While KKEMAM is not directly linked to any political body, it leans towards the Greek Cypriot Left. In the past, institutions of the Left (especially the party of AKEL) had provided a forum of contact and co-operation between the two ethnic groups (joint trade unions, common workers' strikes). Currently, left wing parties on both sides stand as the major critics of ethnic nationalism within each side and present clear and reciprocated signs of political solidarity.

V. Concluding Remarks

The choice of the methodological approach adopted here in relation to folklore (that is its study as a historical process in the construction of culture) was made in order to avoid the presentation of a reified account of culture as unified, bounded and static. It should be noted that here we have not tried to deal with culture in its totality but have only engaged in an examination of the construction of culture through folklore research. We have tried to suggest that what may appear from the viewpoint of the present as given or self-evident, is the result of a systematic (but also contested) process of cultural construction and its reverse, that is "cultural

---

[53]) This joint KKEMAM – HAS-DER event was organized by KKEMAM and it took place in the border line UN-controlled Ledra Palace Hotel on 16 June 1995.

cleansing". Such "cleansing" still takes place, as evinced by post-1974 official Turkish Cypriot attempts to "turkify" all place-names in the north by substituting Greek ones with a Turkish equivalent. As a counter measure, Greek Cypriots have been involved in a project to "preserve and standardize" all place-names on the island which has led to attempts to "hellenize" the place-names' mode of pronunciation and writing. Nor do we wish to suggest, however, that social actors in the island necessarily comply with such official efforts without resistance. It is a sociological truism that any attempt to set an "official" idiom (such as an official language) has unanticipated consequences by, for example, lending connotations of intimacy to the unofficial one (such as the dialect) and it is bound to create its own resistance. To get back to the example of place-names, Turkish Cypriots in certain contexts may prefer to use the older Greek place-name rather than the new official Turkish one. Moreover, attempts to "hellenize" the writing and pronunciation of place-names in the south have been vigorously resisted by local communities whose village name was transformed, leading to defacements of the new road signs and a public debate in the media[54]).

If, with the advantage of hindsight and the comfort of the precarious stability in Cyprus during the past few years, we may now adopt a rather critical position towards the writings of many Cypriot folklorists, our enquiries as social scientists should not simply stop there. Firstly, it should be pointed out that our perspective derives from recent theoretical developments in the social sciences not available at the time when the bulk of folkore research was conducted. Then, credit should be given to folklorists for the labour put into folklore research which has led to a vast and valuable body of literature of great interest to anyone involved in the understanding of the island's social history. This article presents a only brief, tentative and, no doubt, incomplete effort to engage with that material. But more importantly, we need to understand what led to the emergence and reproduction of such discourses of folklore studies. What seems clear is that from the very start the question of folklore arose in a heavily contested political domain, which is still the case. It has always been an integral part of a wider political debate taking place in a sociohistorical context which has included all the tragic consequences of colonialism and decolonization, ethnic fighting, war and dislocation. Under such conditions, there may have been little space (or luxury) for "detached" academic research and dialogue, as the game was political and it was (some would argue it still is) one of life and death. None of the other involved states (such as the United Kingdom, Greece and Turkey) showed less inclination to endorse and legitimate political claims through academic arguments, as is indeed the case with folklore studies in other contexts. Yet, when politics become entangled with academic questions the results are not only highly problematic academic models, but also models which eventually reproduce the very same politics which gave rise to such academic paradigms.

---

[54]) On Turkish Cypriot and Greek Cypriot naming practices in general see: King, S. and Ladbury, S.: The Cultural Reconstruction of Political Reality: Greek and Turkish Cyprus Since 1974, in: Anthropological Quarterly. 55 (1982), pp. 1–16. On the debate regarding Greek Cypriot attempts to change the spelling of village names see: Fileleftheros. 11.1.95, 12.1.95, 18.1.95, 13.2.95.

Literature

Georgios Kechagioglou, Thessaloniki

I. Cypriot Literature Before 1945 – II. Greek Cypriot Literature: 1. Poetry, Prose, Drama, Essay and Literary Criticism: a) Post-Symbolism, Modernism, Realism and Existentialism in the late 1940s and 1950s – b) The Example of Giorgos Seferis and the Topic of the "Struggle" for Union with Greece (1955–1959) – c) The "Generation of the 1960s": A Landmark in Literature – d) The Emergence of the "Generation of 1974" ("Generation of the Invasion") – 2. Poetry and Drama in the Greek Cypriot Dialect – III. Turkish Cypriot Literature: 1. The Local Component and the Turkish Tradition in the Late Years of British Rule – 2. New Orientations During the 1960s and 1970s – 3. Some Younger Writers – IV. Contemporary Cypriot Literature in the Diaspora – V. Conclusion

I. Cypriot Literature Before 1945

The main component of Cypriot literature has been produced by the Greek Cypriot majority of the island. It is the result of a long tradition in the use both of "learned" (and archaistic) Greek language and the Modern Greek vernacular[1]). Cypriot literature has by no means developed in total or even appreciable isolation from the rest of Modern Greek literature[2]).

---

[1]) For a comprehensive bibliographical guide to modern Greek literature see Mastrodimitris, P. D.: Eisagogi sti Neoelliniki Filologia (An Introduction to Modern Greek Philology). 6th enlarged ed. Athens 1996. A rich bibliography on modern Greek Cypriot literature is provided by Zafeiriou, L.: I Neoteri Kypriaki Logotechnia. Grammatologiko Schediasma (Modern Cypriot Literature. A Draft of its History). Nicosia 1991, especially pp. 81–97. Periodicals with recent special issues on Greek Cypriot and Turkish Cypriot literature: Anti. (Athens) 236 (1983). Diavazo. (Athens) 123 (1985). Politistiki. (Athens) 14–15 (1985). I Lexi. (Athens) 85–86 (1989). Aegean Review. (New York) 9 (1990); Nea Epochi. (Nicosia) 216–217 (1992). I am indebted to Michalis Chrysanthopoulos, Niki Lykourgou, Flora Manakidou, Katerina Pseftelli, Achilleas Pyliotis, Fivos Stavridis and Thomas Symeou for their valuable help.

[2]) Basic bibliography in: Kechagioglou, G.: Contemporary Cypriot Literature and the "Frame" of Modern Greek Literature: A Provincial, Local, Marginal, Peripheral, Independent, Autonomous, Self-sufficient, or Self-determined Literature?, in: Journal of Mediterranean Studies. 2 (1992) 2, pp. 240–255. See also Katsouris, G.: Cypriot Poetry During the Period 1850–1917: An Introductory Discussion, in: Greek Outside Greece. Eds. M. Roussou and St. Panteli. Vol. 2. Athens 1990, pp. 77–95. Giagkoullis, K. G.: Kypriaki Logotechnia. Symvoli sti Dierevnysi kai Spoudi tis Periodou 1878–1920 (Cypriot Literature. A Contribution to the Research and Study of the Period 1878–1920). Nicosia 1986. On modern Greek literature up until 1945 see Vitti, M.: Einführung in die Geschichte der neugriechischen Literatur. München 1972; Politis, L.: A History of Modern Greek Literature. Oxford 1973 (German translation: Geschichte der Neugriechischen Literatur. Köln 1984); Beaton, R.: An Introduction to Modern Greek Literature. Oxford 1994.

Beginning with the earliest known extensive texts, one is led to the last centuries of Lusignan rule and the subsequent period of Venetian domination, when the late-medieval common Greek and the local Greek Cypriot dialect were blended together in poetry and prose. One might particularly stress the quality of the fifteenth-century prose "Chronicles" by Leontios Machairas and Tzortzis Boustrous or Voustronios and the Renaissance lyric poems – the so-called "Petrarchist" love poetry of the first half of the sixteenth century – which reveal a conscious cultivation of the local dialect. One should not forget that at the same time many other late-Byzantine and early modern Greek literary works belonging to genres which were popular in the rest of the Greek world under Western or Turkish domination were either created or remodelled in Cyprus. But, with the exception of the folk and religious production (oral "demotic" songs, the semi-learned *rimades*, i.e. the rhymed narrative poems, folk tales, and didactical, mainly hagiographical, prose-writing), the development of almost every other literary genre seems to have been halted as a result of political events just a few years after the corresponding cessation of western-type literary activity in the islands of the central and eastern Aegean (1566), and a whole century before this happened in Crete (1669).

Beginning with the Ottoman rule (1571) it becomes clear that the "centres" of the production and dissemination of Greek Cypriot literarure are not limited to Cyprus. Both centres of Christian Orthodoxy in the Near and Middle East (i.e. the four Patriarchates) and Italy (especially Venice) provide an education for a number of writers up to the end of the eighteenth century. A comparison of Cypriot literature with contemporary phenomena of the Baroque, Classicism, and the Enlightenment in other Turkish-dominated areas of the wider Hellenism or in the Greek diaspora reveals a remarkably similar development.

Muslim Cypriots after 1571 (that is both the converted Greek-speaking Cypriots of Greek or Frankish origin and some Turkish settlers from Anatolia and other parts of the Ottoman Empire) share with the Christian Greek Cypriots a great deal of the common or similar oral and written-down literary tradition. Apart from that, they gradually develop their own religious and ethnic orientations; since the eighteenth century Turkish Cypriot culture becomes more closely connected with developments in Constantinople and Anatolia. However, the introduction of the Ottoman lithography in Cyprus (from 1788 onwards) had an ephemeral existence and was intended to fill exclusively the needs of local administration; thus, it does not coincide with the beginning of the Turkish Cypriot press which dates only from the late 1880s[3]).

Some non-converted Roman Catholic families that remained in the island after the defeat of the Venetians, as well as the tiny Armenian and (Syro-Lebanese)

---

[3]) For further bibliographacal references see the Press and Information Office, Republic of Cyprus: Turkish Cypriot Newspapers and Magazines. Nicosia 1981; Ünlü, C.: Kıbrıs'ta Basın Olayi (1878–1981) (The Phenomenon of the Press in Cyprus [1878–1981]). Ankara 1981; Dedeçay, S.S.: Kıbrıs'ta Enformasyon veya Yazılı ve Sözlü Basin (Information in Cyprus on the Oral and Written Press). Vol. 2. Nicosia 1989; Gazioğlu, A.C.: The Turks in Cyprus. London 1990; Press and Information Office, Republic of Cyprus (ed.): Ta Mesa Mazikis Enimerosis stin Kypro (Mass Media in Cyprus). Nicosia 1993.

Maronite, Jacobite and Nestorian communities either preserved a kind of restricted cultural independence or merged with the Greek-speaking majority[4]).

The involvement of Greek Cypriot scholars and writers in the Enlightenment is more perceptible from the beginning of the 19th century. Cypriots became intellectually active in Western and Central Europe; after the establishment of Greek high schools in Cyprus (1812), and after the autocephalous Church of Cyprus had intensified its educational activity, Cyprus kept pace with the principal literary, linguistic and ideological phenomena of the Greek diaspora and "metropolitan" Greece (i.e. the "Helladic" State). Many authors felt a strong attraction to Romanticism, the result of which can be seen especially in poetry and drama (Georgios N. Sivitanidis, Theodoulos F. Konstantinidis, Themistoklis Theocharidis, Ioannis G. Karageorgiadis). The educational, journalistic and commercial activities of the Greek Cypriots allowed them – in absence of Greek printing-press in Cyprus before 1878 – to become creative in various cultural areas abroad: to get involved in the literary activity of the Greek State, to contribute to the literary and publishing activities of other urban centres of the Balkans and the Eastern Mediterranean with strong Greek communities (Constantinople, Smyrna, the cities of Romania and, from the second half of the nineteenth century, Alexandria), and to get in contact with the Ionian Islands – a British Protectorate at that time that complemented and sometimes even opposed the Greek cultural centre Athens.

The novelist Epameinondas Frangoudis, and even Vasilis Michailidis (1851–1917), a leading figure in dialectal poetry, followed the example of the Panhellenic "national" poets Dionysios Solomos and Aristotelis Valaoritis. Romantic features are also evident in the work of some distinguished Turkish Cypriot authors of the late Ottoman period, as can be seen in the works of Müftü H. Hilmi, the folk poet Aşik Kenzi and, later on, the poet, play-writer and novelist Mehmet N. Kaytazzade[5]).

The inauguration of British rule in Cyprus (1878) constituted an important turning-point. On the one hand it helped to publish literature in Cyprus; on the other hand it sustained the need for a romantic-nationalistic, "Hellenocentric" orientation towards the concept of the Greek irredentist "Great Idea" (*Megali Idea*). Needless to say, Romanticism in lyrical poetry and drama was here – in contrast to recent developments in Greece – prolonged, and claimed its victims among such powerful poets as Michailidis and Dimitris Lipertis (1866–1937). Journalistic activity adulterated genuine literary expression while permitting at the same time a gra-

---

[4]) Even in the 1970s and 1980s, when many Palestinians and Lebanese fled temporarily to Cyprus, publishing there a lot of newspapers and journals, mainly in Arabic, their production developed almost apart from the activity of the Cypriot Maronite community; besides, leading Cypriot Maronite and Armenian authors do write exclusively in Greek (e.g. Filissa Chatzichanna [1947], an influential Maronite writer of fiction and drama for children).

[5]) Nesim, A.: Kıbrıs Türk Edebiyatında Sosyal Konular (The Social Themes of Turkish Cypriot Literature). Nicosia 1986, pp. 170–182. Adalı, E.: Tourkokypriaki Logotechnia: Synoptiki Istoriki Anadromi (Turkish Cypriot Literature. A Brief Historical Overview), in: Nea Epochi. 194 (1989), pp. 60/61. Gazioğlu, Turks (note 3), p. 296. Koudounaris, A. L.: Viografikon Lexikon Kyprion, 1800–1920 (Biographical Lexikon of the Cypriots, 1800–1920). 2nd enlarged ed. Nicosia 1991, p. 90.

dual, more down-to-earth preoccupation with satire, humour and realism. Generally speaking, educational and community views became fixed and assumed an almost uniform neo-classical and conservative stance; progressive movements such as "demoticism" (i.e. the rally for the promotion of the spoken standard Greek language) and feminism (represented mainly by the first significant Cypriot poetesses Sapfo Leontias and Polyxeni Loizias) encountered resistance and were slow to gain momentum.

Similar intellectual trends might be observed in the activities of the Turkish Cypriot minority. Out of six hundred books, periodicals, and leaflets printed in Cyprus between 1878 and 1914 – the year of Cyprus's official annexation to the British Crown – only fifty were written in Turkish. Most of them are historical handbooks, religious prints, dictionaries, and manuals suited for the needs of community schools. Interestingly, many of them were printed by Greek printing houses in Nicosia. In addition, some Turkish Cypriot poets, translators and critics published their works in Greek – mostly in Greek newspapers and reviews. This is not to say that there was no genuine Turkish Cypriot literature whatsoever in the period before the First World War (one should point out the work of some authors of stature, like the poet Ahmet Said, 1881–1938). Besides, there has always existed the popular oral and written-down folk production, represented mainly by the "rhymester"-poets Mehmet M. Ali, İbrahim Hilmi, Hüseyin H. Aşik, Ahmed Kiâmil, Mustafa R. Yakkoulla[6]).

Up until the first decades of our century Cyprus, with its small population and still slender economic resources seemed incapable of producing more "independent", eclectic or original literary figures comparable, for example, to the contemporary Phanariot-Alexandrian Greek poet of the diaspora Konstantinos P. Kavafis. Among the new phenomena of the time were the beginning of the decline of the *poiitarides* (i.e. the uneducated or semi-scholar and semi-professional "rhymester"-poets), and the emergence of the so-called "ethography" (i.e. the folkloric realism in "genre" short-story). Considerable efforts have been made in the study of contemporary popular culture and social reality by Ioannis Kipiadis, Dimosthenis Stavrinidis, and Nikos Chatzigavriil (the latter was the first Cypriot writer who used the local dialect in prose). A similar interest in social issues, placing great emphasis on the rural everyday-life and the thematics of social ills like usury, poverty, exploitation, and injustice, can be perceived in the Turkish Cypriot prose writings as well. Here, however, all texts are of a later date.

Parnassian and Symbolist preoccupations in poetry and Realism in prose-writing had been firmly established by the time of World War One. Paradoxically, this was also the period in which the reputation of the major poets of late Romanticism –

---

[6]) For a further bibliography see Giagkoullis, K. G.: Oi Poiitarides tis Kyprou (The "Rhymester"-Poets of Cyprus) (1936–1945). Thessaloniki 1976; Giagkoullis, K. G.: Kyprioi Laikoi Poiites (Cypriot "Rhymester"-Poets). 2 Vols. Nicosia 1982/83; Giagkoullis, K. G.: Symvoli sti Meleti tou Politistikou Prosopou tis Tourkokypriakis Koinotitas (A Contribution to the Study of the Cultural Physiognomy of the Turkish Cypriot Community), in: Pnevmatiki Kypros. 29 (1989) pp. 126–132, 343–345. Adalı, Tourkokypriaki (note 5), p. 60. Koudounaris, Viografikon (note 5), pp. 134, 213.

Michailidis and Lipertis – reached its peak. They provided the only influential and virtually unquestioned models for later dialectal poets, such as Antonis Klokkaris, the highly productive poet Pavlos Liasidis (1901–1985), and other younger authors since the 1920s (Glafkos Alithersis, Kostas Montis, and others). In the case of Michailidis, recognition seems to have come spontaneously within Cyprus. The local fame gained by Lipertis was perhaps reinforced by the enthusiastic approval of some leading Athenian critics or by the Greek sensitization towards parallel Mediterranean phenomena in Sicily, Catalonia, and Provence (where the movement of *félibrige* and the poet Frédéric Mistral stand out).

A large, but not always homogeneous group of prose-writers, poets, and critics appeared during the First World War and immediately thereafter, including Giannis Stavrinos Oikonomidis, Nikos Nikolaidis, Alithersis, Melis Nikolaidis, Pavlos Krinaios, Aimilios Chourmouzios, Giannis Lefkis, Pavlos Valdaseridis, Christos Galatopoulos, Tefkros Anthias, and, later on, Pythagoras Drousiotis, Antis Pernaris and Xanthos Lysiotis. Authors of the inter-war period continued to be active in a wider space (from Cyprus to Egypt and Athens). Cultural life in the Greek-speaking communities of Alexandria and Cairo gathered greater momentum than ever; the Greek poet Kostis Palamas and the "demoticist" movement, Aestheticism, Symbolism and Post-Symbolism play here the most decisive role.

In order to find the first echoes of Modernism in Cypriot literature one should advance towards the end of this period, towards the time after 1934/35 and especially towards the late 1940s, when the Cypriot counterpart of the Greek "Generation of the 1930s" (better known throughout the world through the work and the aura of the two Nobel laureates, the poets Giorgos Seferis and Odysseas Elytis, as well as the work of prolific Yannis Ritsos) seems to have been finally shaped. Besides, its radical and pioneering aspects were much less strongly marked than in "metropolitan" Greece.

The leading poets and prose-writers of this Cypriot generation (Montis, Thodosis Pieridis, Nikos Vrachimis, Manos Kralis, Kypros Chrysanthis) present a disparate picture as regards the time and the genres in which innovatory elements emerge. In Th. Pieridis' poetry, for example, Social Realism and, later on, Modernism have appeared earlier than Realism, Modernism and Existentialism have done in the poetry, prose, and drama of Montis. Other notable prose-writers (Loukis Akritas, Giorgos Filippou Pieridis, Maria Roussia) show little evidence of Modernist elements. With the exception of Montis almost all of these writers became originally well-known outside Cyprus: in Athens and/or in the Greek diaspora of Egypt. In the field of criticism one could mention here – for the first time in Cypriot literary history – a group of well-informed critics (Antonis Intianos, Chourmouzios in his Athenian period and, later on, Kostas Prousis and Nikos Kranidiotis), along with the first worthy literary periodicals: *Nea Epochi* (New Era) of Famagusta, 1921/22, *Avgi* (Dawn) of Limassol, 1924/25, *Kypriaka Grammata* (Cypriot Letters) of Nicosia, 1934–1956, *Pafos*, 1935–1947, and the Turkish Cypriot *İrşad* (Enlightenment) of Nicosia, 1920–1922.

The anthology *Çiğ* (Avalanche), 1940, may be seen as the most significant event in the Turkish Cypriot literary life at that time. It contains, among other, poems by Süleyman Nazif, Gönül Engin, and Urkiye M. Balman. Almost all of the contributors to this anthology wish to express a gamut of common feelings: Turkish Cypriot ethnic patriotism, the search for national and cultural identity, and the quest for their roots in folklore and literary traditions. It is noteworthy that most of these aspects are similar to the parallel Greek "nationism" of the "Generation of the 1930s". *Çiğ* was one of the first visible signs of a new literary generation which later played an important role under the designation of "Generation of 1943"[7]).

In conclusion, one should emphasize the fact that Cypriot literature up until 1945 was always open and receptive; it responded adequately to world-wide movements. While having initially combined in an adequate manner the Greek Byzantine and the Western European tradition, Cypriot authors followed from the beginning of the nineteenth century the principal Western European (mainly French) trends in their creative works, which they wrote in "metropolitan" Greek and Turkish[8]). During the inter-war period (and particularly just afterwards) influential European and American writers – Charles Baudelaire and the French Post-Symbolists, the Russian Realist and Social Realist prose-writers, the Surrealists and T. S. Eliot – contributed to the formation of a group of a few influential Cypriot authors. But in spite of the fact that Cyprus was a British colony at that time, the "introduction" and "reception" of foreign writers in Cyprus was – with a few exceptions – due mainly to the work of leading Greek or Turkish literary figures (e. g. Kavafis, Kostas Karyotakis, Seferis, and Nâzım Hikmet, respectively); therefore the English literary impact should be considered as negligible.

II. Greek Cypriot Literature

1. Poetry, Prose, Drama, Essay and Literary Criticism

a) Post-Symbolism, Modernism, Realism and Existentialism in the late 1940s and 1950s

At the end of the Second World War we find a small group of writers ready to exercise an innovative impact on the local literary life. After some earlier attempts to give a new meaning to the Post-Symbolist and Realistic poetics of the prose poem and short story (*Me Metro kai Choris Metro* [In Verse and Without Verse], 1934, *Gamiles ki Alla Diigimata* [Camels and Other Short-Stories], 1939, *Tapeini Zoi* [Humble Life], 1944), Montis (1914) finally turns to a more fruitful exploitation of post-war existentialist preoccupations[9]). He persistently uses "minimal"

---

[7]) Nesim, Kıbrıs (note 5), pp. 31/32. Adalı, Tourkokypriaki (note 5), p. 61. Beaton, Introduction (note 2), pp. 128–180. On "nationism" see Tziovas, D.: The Nationism of the Demoticists and Its Impact on Their Literary Theory (1888–1930). Amsterdam 1986.

[8]) Recent overviews of the post-war Greek and Turkish literature are offered by Rosenthal-Kamarinea, I.: Neugriechische Literatur, in: Greece. Ed. K.-D. Grothusen. Göttingen 1980 (= Handbook on South Eastern Europe, III), pp. 496–530. Beaton, Introduction (note 2), pp. 180–368. Kappert, P.: Literatur, in: Turkey. Ed. K.-D. Grothusen. Göttingen 1985 (= Handbook on South Eastern Europe, IV), pp. 621–649.

[9]) A basic bibliography on Montis can be found in Zafeiriou, Neoteri (note 1), pp. 60–63, 107/

verse forms, from one to several lines long, both in traditional metrical and poetical patterns and in a kind of a repetitive *vers libre* or "prose" verse. But this kind of lyrical or gnomic poetry does not aim at giving a sense of fallacious harmony or apathy. It consists both of "fragments" of a chaotic inner and social life and of kernels of pessimistic thought and ironic detachment expressed by a humanist philosopher using the Socratic method. These are the so-called *stigmes* (moments) of Montis which begin to appear more clearly in the verse collections *Minima* (The Lesser Ones), 1946, and *Ta Tragoudia tis Tapeinis Zois* (The Songs of the Humble Life), 1954. They found their full potential, flexibility, and maturity in his subsequent poetical books: *Stigmes* (Moments), 1958, *Sympliroma ton Stigmon* (Supplement to Moments), 1960, and *Poiisi tou Kosta Monti* (Poetry of Kostas Montis), 1962. Here, the drastic voice of the poet's literary models (namely of Kavafis and Karyotakis) and a belated – inter-war or even fin de siècle – sense of tragedy, relativity of values, ennui, and scepticism are combined with a caustic satirical approach.

This seems to be the first time in Cypriot literature that crucial twentieth-century themes such as the nonsense and madness of human existence, the complete disorder in human relations, the alienation of the urban human being, and the crisis of traditional religious and national ideologies find a direct way of expression. Montis uses various means of stylistic differentiation and poetical connotation, especially the contrast between the "purist" and bureaucratic conformism of the "learned" forms of Greek language, and the technique of lyrical suggestivity. He is also the first Cypriot poet who contributes to the self-referential sub-genre of the so-called "poems about poetics", showing a distinctive ability to regard art in a quite sarcastic and demythologizing manner, while at the same time showing how much poetry can "overturn" the ugly games and tricks of History and Life.

Despite his frequent declarations of faith in the cause of *Enosis* (i.e. the union of Cyprus with Greece), Montis does not follow conventional literary and national patterns. In this sense one could argue that Montis is the first Cypriot poet who appeals to "modern" sensibilities. He is certainly one of the very few poets of postwar Cyprus who can claim to have created a school of lyric poetry; he was his country's candidate for the Nobel Prize for literature, but without success. The gamut of "national" poems of Montis includes poems that date back to the years preceding the liberation "Struggle" (*Agonas*) of 1955–1959. Some of his anti-colonial and anti-imperialist ballads had already been written in the early 1940s (e.g. *Misthoforos ap' tin Atlantida* [Mercenary from Atlantis]). Nevertheless, it is only from the mid-1960s on that his two major poetical compositions emerge: *Gramma sti Mitera ki Alloi Stichoi* (Letter to Mother and Other Verses), 1965, and *Deftero Gramma sti Mitera* (Second Letter to Mother), 1972.

After the Turkish invasion of 1974 Montis returns directly to small poems of "national" and poetic ethics ("Moments of the Invasion") and to a third "syn-

---

108. English, Dutch and German translations: Moments. Nicosia 1965; Letters to Mother and other Verses. Nicosia 1984. Momenten. Leiden 1987; Brieven aan Moeder. Groningen 1991. Kostas Mondis: Afendi Batistas und das Übrige. Köln 1988. An Italian selection was published in: In Forma di Parole. 6 (1985) 3, pp. 187–221.

thetic" composition, the bitter and melancholic *Trito Gramma sti Mitera* (Third Letter to Mother), 1980–1987, which gives the impression of having remained unfinished. Publishing a set of poems almost every year since 1975, he proves that recent upheavals did not put a brake on his fervent commitment to the ideal of *Enosis*. This is not to say, of course, that he had not – like many other Greek Cypriot poets – expressed the following ambivalence of all "peripheral" Hellenism: on the one hand a feeling of trust and attachment to the so-called "national centre" (i.e. Athens and its dominant ideologies); on the other hand a reverse feeling of political oppression and neglect. Thus, the experience of both the unavoidable crisis and decline of the nationalistic "ethnocentrism" and the need to refer to a Panhellenic common denominator casts his later work.

Being an authentically popular poet, writer of lyrics and a playwright, he is the author of many theatrical revues during the Second World War and in the 1940s, the translator of the Aristophanean *Lysistrata* in the local dialect and an influential dialectal poet (*Sti Glossa Pou Protomilisa* [In the Language First Spoken by Me], 1980). Montis is not an author who would write systematically about the dilemmas of national and poetic ethics. He has definitely chosen the indirect means of realistic understatement, which can already be seen in his first novella *Kleistes Portes* (Curfew), 1964, a marvellous "Chronicle" of everyday life in Nicosia during the years of the "Struggle." The work was meant to be a vivid reaction towards Lawrence Durrell's *Bitter Lemons* (1957), a narrow-minded apology for the official British positions of that time. A later novel of Montis, *O Afentis Batistas kai t' Alla* (Effendi Batistas and Other Things), 1980, is a successful modernistic contribution to the analysis of the turbulent human history of the island since 1571. The author-narrator – supposedly of Venetian origin and belonging to a family which later counted Muslim renegades and Orthodox Christians too – gets deliberately entangled in a labyrinth that proves to be the unsolved Eastern and Cypriot questions. A humoristic treatment gives the novel its full comic relief.

As minor literary figures, albeit genuine heirs of the inter-war Post-Symbolist tradition, we can consider the poets Lysiotis (1898–1987) and Kralis (1914–1989), who published their first poems in the late 1930s, the poet, prose-writer and critic Kranidiotis (1911), and finally, the prolific Chrysanthis (1915), a writer with a many-sided production in poetry, prose, drama, and literature for children (since 1939). The latter has also been the editor of the literary periodical *Pnevmatiki Kypros* (Intellectual Cyprus) since 1960.

Vrachimis (1914–1961) may be seen as a significant precursor of Cypriot Modernism. Long before Montis he had successfully exploited different ways of linguistic disarrangement, psychological introversion, and the abolishment of the realist temporal and spatial linearity both in poetry (*Eldorado*, 1934; *Metaptoseis* [Sudden Changes], 1939; *Apospasmata* [Fragments], 1941) and in prose (*O Agnostos* [The Unknown One], 1944). His later short stories, scattered in literary periodicals, gave his contemporaries and some younger writers the impulse to move more quickly towards a decisive innovation of the Cypriot prose. This is partly the case of the prose-writer Theodoros Marsellos (1907–1992). In his first novel *Ta Chrysa Vouna* (The Golden Mountains), 1947, he was still imbued with the thematics of the Second World War and the resistance movement in mainland Greece – a highly appreciated point of departure for many of his contemporaries belonging to the so-called "First Post-War Generation" in Greece. His shift to a complicated psychological introversion and the projection of social and existential anxieties and impasses is clearly marked after 1958.

This palpable progress of Modernism could not, however, totally overshadow the well-rooted local traditions of Realism and Social Realism. Here the poet Th. Pieridis (1908–1968) and his elder brother, the prose-writer and essayist G. F. Pieridis (1904), stand out. Although Th. Pieridis' artistic formation took place in the Greek diaspora of Egypt where he published his first collections (1937–1945), and later on in Paris and Romania, he was certainly the most influential Cypriot "epic" poet of the 1950s and 1960s. His poetry presents a rich gamut of nearly all the social and political issues that had moved the internationalist Cypriot left movement during the Greek Civil War and the Cold War: *Agonistes* (Fighters), 1950, *Odi stin Epikairotita* (Ode to Actuality), 1951, *Poiimata* (Poems), 1953, *Emvatirio tis Eirinis* (March of Peace), 1955, – then his matured compositions – *Kypriaki Symfonia* (Cypriot Symphony), 1956, and *Oneiropolisi Pano sta Teichi tis Ammochostou* (Reverie on the Walls of Famagusta), 1965.

G. F. Pieridis, on the other hand, appears as a low-voice prose-writer and critic, with a solid attachment to the French and Russian Realist traditions. His early prose undertakes either a keen description of the life around a cotton fabric somewhere in the Nile Delta during the Second World War or the social and political environment of the Arab workers and the Greek mercantile diaspora in Egypt and Palestine (*Vamvakades* [Cotton Workers]), 1945; *Diigimata apo ti Mesi Anatoli* [Short-Stories from the Middle East]), 1949). But he earned his justified fame only when he began to publish his grand work-in-progress *Kairoi* (Times): *Skliroi Kairoi* (Severe Times), 1963, *Asaleftoi Kairoi* (Inert Times), 1966, *O Kairos ton Olvion* (The Time of the Prosperous Ones), 1975, and *O Kairos tis Dokimasias* (The Time of the Trial), 1978. One may envisage this "tetralogy" as a kind of contemporary bitter-tasting "Human Comedy" that gradually waves a vast tapestry of social life and mores by analysing a whole era of Cypriot history.

The prolific author of prose and playwright Andreas Georgiadis-Kyproleon (1904–1988) draws on a belated, albeit rich inter-war tradition of folkloric realism and the "historical" novel. "Urban realism" and the attempt to chronicle the experiences of the Second World War are evident in the first novels (1935–1947) of Akritas (1909–1965); however his activity should rather be considered within the framework of the Greek "Generation of the 1930s."

b) The Example of Giorgos Seferis and the Topic of the "Struggle" for Union with Greece (1955–1959)

Poetry excels all other kinds of literary expression in Cyprus in the span from the last representatives of the 1930s and 1940s to the writers who have appeared in the early 1960s[10]). This was not only the result of a traditional predilection of Cypriot

---

[10]) Kechagioglou, G.: National and Poetic Ethics: The Case of Cypriot Literature, 1955–1988,

literature for verse forms. It was also due to the consolidation of modern and modernistic tendencies. This is evident in the work of certain authors who combine more markedly than their predecessors both a Greek and a Western European literary education. In terms of age they are contemporary with those writers who are located in the "First Post-War Generation" in Greece. At the same time their ideological orientation is influenced to a significant extent by the fact that the publication of their work does coincide with the last decade of British rule in Cyprus. In their style and subject-matter, however, they rather follow and develop the example of Seferis and the non-Surrealist poets of the Greek "Generation of the 1930s", as well as some characteristics of a few non-Greek authors whose work this generation has highlighted or promoted (i.e. Eliot).

Although the most important writers of this group (Pantelis Michanikos, Theodosis Nikolaou, and Antreas Pastellas) produced work of limited quantity or published their texts on a very late date so that their impact was slow to be recognized, it should be stressed that, together with other minor writers, it was essentially this group that broadened Cypriot literary horizons to accomodate modernistic tendencies in providing a unified poetic idiom. Here one should emphasize the indisputable contribution of Seferis' poetry and especially his weighty collection *Imerologio Katastromatos, III* (Logbook, III; earlier title: ... *Kypron, ou m' ethespisen* ... [... Cyprus, where I was Decreed by God ...]). This book derived from his two visits in Cyprus (1953/54) and was published just after the eruption of the armed "Struggle" (1955). The "experience of a human drama that, whatever may be the expediency of everyday give and take, must judge and measure our humanity," as Seferis puts it in his collection's foreward note[11]), gave him the perspicacity to focus on the links connecting (tragic) myth and actuality.

Such modernistic aspects of the "mythical method" attracted, for example, the poet Michanikos (1926–1979). After his first collections (1957, 1963) which combine lyrical sensibility and an unaffected everyday diction, Michanikos turns to the realm of tragic symbols and uncompromising revolt, writing down his own denunciation of the political factors, mentalities, and attitudes that caused or enabled the "catastrophe of 1974" (*Katathesi* [Deposition], 1975).

Th. Nikolaou (1930) is certainly a more significant figure. Departing from a broader scholarly and artistic awareness and a deep religious philosophy, he has gradually created a many-faceted output of "historical" and "philosophical" poems – many of them didactic "poems about poetics." He began by publishing lyrical poems in periodicals of the late 1940s and later on he published a set of prose texts (*Rizes sto Choma* [Roots in the Earth], 1958). His later production is inconceivable without the experience of the Middle Eastern events of 1967–1973 and the mis-

---

in: Journal of Modern Hellenism. 7 (1990), pp. 15–21; Kechagioglou, G.: Istoria kai Poiitiko Ithos: Kypriaka Paradeigmata tis Dekapentaetias 1974–1989 (History and Poetical Ethos: Cypriot Examples, 1974–1989), in: I Lexi. 85–86 (1989), pp. 619/620. See also Jacovides-Andrieu, A.O.: La Littérature Chypriote de l'Après Guerre (1944–1975): Thématique et Formes d'Écriture, in: Colloques, Langues. La Littérature Grecque de l'Après-Guerre. Thématique et Formes d'Écriture. Paris 1992, pp. 191–204.

[11]) Translated by R. Liddell, in: Politis, History (note 2), pp. 234/235.

fortune of his "beloved island" in the debacle of 1974: a "cyclical" perception of history and the human nature leads to unusually creative approaches to the Cyprus and Middle Eastern questions (*Pepragmena* [Proceedings], 1982; *Eikones* [Pictures], 1988; *To Spiti* [Home], 1993). Th. Nikolaou should also be considered as the most important critic of his generation (essays on Eliot, the Greek writers Solomos, Alexandros Papadiamantis and Elytis, and the Cypriot "rhymester"-poets). Living in Larnaca after 1974, he is – along with the somewhat younger poet and critic Foivos Stavridis – one of the moving spirits of the literary life of this town; he was also a contributor to the important periodical *O Kyklos* (The Circle), 1980 onwards, the co-editor of the posthumous collected poems of Michanikos, the editor of Xenis Patsalos's "rhymester"-poetry, and a personality whose work has recently attracted younger poets of the 1980s (such as Niki Marangou or Panagiotis Avraam).

An acute sense of the historical fate of Cyprus is also present in the two collections of poems by Pastellas (1932); the first of them, entitled *Choros Diasporas* (Space of Dispersion), 1970, remains his chief achievement. In comparison with Th. Nikolaou's sober attitude, however, these poems are tortured by the poet's memories and a sentiment of irreversible loss.

c) The "Generation of the 1960s": A Landmark in Literature

With Pastellas one enters the core of the poetry in independent Cyprus. On the dynamic and productive "Generation of the 1960s" (also known as "Generation of Independence" or "First Generation of the Republic of Cyprus") much more research has been done[12]). The rise and the development of this consciously "self-determined" group show the strength of Cyprus's literary potential and its ability to play a leading role in contemporary Mediterranean art. These writers are more or less of the same age as those of the so-called "Second Post-War Generation" of Greece (a minority having made its first appearance during the years of the "Struggle" of 1955–1959). Nevertheless, both their experiences and their objectives differ significantly from those of their contemporaries in Greece who have a keen interest in existentialist and erotic problems. Cypriot poets, by contrast, prefer to write on political and social actuality. Thus, historical and ideological perspectives and allegiances sometimes overshadow a purer lyrical and philosophical expression. The fact that these writers quickly found themselves at the very centre of cultural life, education, the media, and public service in the Republic of Cyprus has created there a much stronger public image of intellectuals than ever before – though they were already used to play a major part in local life by seeking constantly to comment on and actively influence it.

In this respect, one may compare this generation – which along with its Turkish Cypriot counterpart is the first one of the modern Cypriot State – with its nine-

---

[12]) Zafeiriou, Neoteri (note 1), pp. 69–76. Kechagioglou, G.: To Schima tis Neoteris Kypriakis Logotechnias: 1960–1982 (An Outline of Modern Cypriot Literature: 1960–1982), in: Anti. 236 (1983), pp. 46–49.

teenth-century Athenian parallel, the Romantic first generation of the Greek ("Helladic") State. Originality and vigour are the characteristics of a great number of writers. Their work successfully competes with mainland Greek literature and enriches it in many ways.

Of all these writers, far and away the most influential is Kyriakos Charalampidis (1940). Like Montis, he is now beginning to acquire the international reputation he has enjoyed in Cyprus since the early 1970s[13]). His sets of lyrical and narrative poems published before 1977 – *Proti Pigi* (First Source), 1961, *I Agnoia tou Nerou* (The Ignorance of the Water), 1967, *To Angeio me ta Schimata* (The Vase with the Figures), 1973, *Achaion Akti* (Coast of the Achaeans), 1977 – were followed by three mature and ambitious compositions: *Ammochostos Vasilevousa* (Reigning Famagusta), 1982, *Tholos* (Cupola), 1989, and *Methistoria* (Meta-History), 1995. In these books, as well as in his huge uncollected or unpublished production, Charalampidis has not only assimilated the lessons of the leading Modern Greek poets Kavafis and Takis Papatsonis, and the Surrealists and other well-known writers of world literature (e.g. Jorge Luís Borges, the western Post-Modernists, and the Far Eastern poetical tradition); he has also created a daring and original literary idiom which clearly shows that he has already reached the level of a major European poet. In addition, his brief Post-Modernistic prose "fables" and essays and his important pieces of translation make up some of the best prose pieces ever written in Modern Greek by a poet after Seferis' *Dokimes* (Essays) and the prose writings of Elytis and Nasos Vagenas.

In the immediate aftermath of 1974, Charalampidis deliberately chose an innovative kind of lyricism and verse-narrative, referring to the historical course both of his country and his ethnic community in an attempt to create a Modernist synthesis of the Cypriot past and present. His texts clearly demonstrate the new thematic centres of gravity in Greek Cypriot literature: a thorough investigation of the decline of the Third World and independent Republic of Cyprus, the Turkish invasion and its disastrous consequences, the tragic fate of the Greek Cypriot missing persons and refugees, the Turkish-occupied villages and especially of the "ghost-town" of Famagusta, the need for a renewed effort of understanding and reconciliation with the Turkish Cypriots, and the symbolic message of the dividing "Green Line" and the mountain range of Pentadaktylos in northern Cyprus. The poet himself matches two inter-connecting roles: that of the poet as a *genius loci* of his country – as an authentic mouthpiece of the ancient and modern people of an island at the crossroads of civilizations in the Mediterranean – and that of the poet in the role either of a lover and visionary experiencing and dictating poetic magic, or of a healer of open social and psychical wounds.

The example of the well-orchestrated compositions by Charalampidis was fruitfully followed by his contemporaries. Among the best of them is Polyvios Nikolaou (1941), a sophisticated, erudite poet and playwright. He has a dramatic sense

---

[13]) On Charalampidis see Zafeiriou, Neoteri (note 1), pp. 72–93. A selection of criticism in: Theatro Ena (ed.): Kyriakos Charalampidis. Ammochostos Vasilevousa (Kyriakos Charalampidis. "Reigning Famagusta"). Nicosia 1994.

of a poetical plot and a predilection for the sound prompting of language, especially in his significant efforts of inoculating the standard Modern Greek with elements of the Cypriot dialect. His major works are: *Prodiagrafi gia tous Neous Poiites apo tin Ammochosto* (A Draft for the Young Poets of Famagusta), 1976, *I Marazomeni* (The Pined One), 1982, *Iskantarnama* (Iskandarname: The Tale of Alexander the Great), 1982, *Makronisos*, 1987, a vivid denunciation of touristic development and ecological disasters, and *Ta Poiimata tou Flevari* (The Poems of February), 1996.

With the group of writers around Charalampidis one can associate another major poet: Kostas Vasileiou (1939). He is moved principally by the stalemate of the "Cyprus Question" and the gradual accumulation of negative political and social developments and side-effects. Satire becomes bitter, its targets are multiplied, ideological crevices are extended. The "mythical method" of Eliot, Ezra Pound and Seferis is combined with the poetics of the ancient Greek epics and the Bible, the Modern Greek folk song, Solomos's "national" Romantic poetry, Walt Whitman, and the Cypriot dialectal tradition: *Skamandrios Ektoridis Astyanax* (Scamandrean Astyanax, Son of Hector), 1969, *Klonari* (Branch), 1971, and after 1974: *O Megalos Saman* (The Great Shaman), 1977, *O Porfiras* (The Shark), 1978, *Pietà*, 1983, *O Evangelismos tis Lygeris* (The Annunciation of the Damsel), 1988, *I Lampousa* (The Shining One), 1996. The result is a symbolic and sometimes allegorical recreation of the divided and alienated political and intellectual environment. Behind some enigmatic poetic personae which remind us of Michanikos and Charalampidis there appear seemingly opposing parties and tendencies which are held to be equally responsible for the inexorable fate of the island.

Theoklis Kougialis' (1936) recent practice of social critique and satire takes a different colour by choosing the imagery of gnomic-parabolic symbols and the didactic tone: *Mythologion* (Book of Myths), 1981, *Eikonismata* (Icons), 1986. Instead of his earlier poetry's (from 1959 onwards) idyllic themes and the experience of a sensitive adolescent, the poet has later developed a more complex world. Nevertheless, the recurrence of nostalgia proves the persistence of his earlier favourite thematic field (*I Diki mou Deftera* [My own Village Deftera], 1989).

Closely associated with the Realist *poésie engagée* of the first post-war decades is the work of Michalis Pasiardis (1941), Dina Pagiasi-Katsouri (1941), and Stavridis (1938). Pasiardis is a very successful poet and play-writer in the Cypriot dialect, but his main contribution to Cypriot letters remains his poetry written in the standard Modern Greek. The collections *O Dromos tis Poiisis, I–III* (The Road of Poetry, I–III), 1959–1977, and *Diastaseis* (Separations), 1972, constitute the core of his plain, albeit melodic, poetry which is very rich in suggestive lyricism. His recent choice of the hermetic small verse-forms (since 1981) reveals a conscious effort of fruitful self-innovation.

Pagiasi-Katsouri is a poetess who puts more emphasis on the expression of her humanistic and socialist appreciations and beliefs. Following the acute satirical technique and the unaffected diction of the engaged Left-wing writers in post-war Greece, she succeeds in analysing both the atmosphere of the Makarios's era (*Poiimata* [Poems], 1964; *Synthesi* [Composition], 1966; *O Igemonas* [The Sovereign], 1969) and the post-1974 crisis and confusion of political, social and poetic ethics

(*Ypomnimata* [Memoranda], 1978; *Anti-Theseis* [Counter Positions], 1987; M'Akououous? [Do you hear me?], 1996). Her internationalist interest in political issues of the Third World and the Middle East is also shown by her translations of African and Palestinian short stories and novellas.

A combination of social and existentialist themes constitutes the very core of Stavridis' poetry. Here the uncompromised criticism, along with an elegiac tone of self-contradiction and self-doubt is frequent. He has not written much, but his three collections of shorter poems (from 1972 onwards) share an admirable unity and consistency of style that owes much to such major Greek poets as Kavafis, Karyotakis, and Manolis Anagnostakis. Stavridis is also known for his outstanding critical work, especially in the field of editing the works of a number of Cypriot prose-writers and poets (Frangoudis, Savvas Tserkezis, G. F. Pieridis, Michanikos), as well as for his very important contribution to bibliographies and studies on modern Cypriot literature.

A fervent commitment to politics is the most obvious characteristic of some other writers: the Socialist Realist poetess of Limassol, Elli Paionidou, a kind of official "representative" of the Cypriot Communist Party (AKEL) for many years, has written sympathetic criticism on contemporary Turkish Cypriot poetry as well. Her counterpart in the ranks of the nationalistic Cypriot Right is Pitsa Galazi, a productive poetess, also of Limassol, whereas the texts of the poet and essayist Andreas Christofidis are principally devoted to expressing existential problems and the feeling of erotic, social, and even artistic failure.

There is broad agreement that Cypriot prose of the 1960s lags behind Cypriot poetry. This is not to say that there were no innovative and important developments in prose after the founding of the Republic[14]). The ambitious and complex modernistic novels are not lacking either. For example, in all of his collections of short-stories Giannis Katsouris (1935) – a senior civil servant with an outstanding contribution to Cypriot cultural life from the 1970s onwards – exploits the well-established Cypriot Realism. But he successfully adds new factors to the traditional approaches: a good awareness of "metropolitan" Greek post-war achievements in prose, an abundant amount of humour and satire against conformism and the dominant current ideologies, a subtle sarcasm against human mentalities and behaviours. His novel *Stylianou Anavasis* (Mr. Stylianou's Rise), 1990, – perhaps his best and most complex work by far – grasps some crucial aspects of Cypriot urban life between the late 1940s and 1963: the gradual transformation and alteration of Greek Cypriot and Turkish Cypriot ideals and everyday attitudes, the new economic and social changes, the accentuation of cynicism and opportunism, and the decline of pre-industrial Cyprus and its values.

A persistent predilection for irony and humour, alongside a wider perspective going back to the ancient and medieval history of Cyprus, characterize the voluminous production of prose writings and plays by Panos Ioannidis (1935). He began with lyrical poetry (1956, 1963) and one-act plays, but presented his most signifi-

---

[14]) For a general overview see Ioannidis, G.K.: I Kypriaki Pezografia tis Eikosipentaetias 1960–1985 (Cypriot Prose, 1960–1985). Nicosia 1987.

cant with short stories and novels. Both his flagrant sensualism and a set of esoteric and mystical beliefs lead him to a charming synthesis of archetypal models through which the Cypriot reality in the 1960s, 1970s and 1980s is described and interpreted. His mature collections of short stories (from 1964 onwards) reveal an indefatigable return to Cyprus' s Greek past as well as to the late medieval and early Renaissance political and erotic frescoes provided by the Cypriot chronicles of that time. These prose-writings are closely connected with his later plays, such as *Onisilos* (Onesilos) and *Petros A'* (Pierre I. Lusignan)[15]. Ioannidis is principally concerned with the issues of war and peace, the human relations during the ruthless years of 1955–1959, and the Greek and Turkish Cypriot mentalities after 1974. His later short stories and novels include *Atheati Opsi* (Invisible Side), 1979, and the hilarious satires *Nikou Kei, Dimosiografou, Treis Paravoles* (The Three Parables of the Reporter Nicholas Keis), 1988, and *I Avastachti Filopatria tou N. F. K.* (The Unbearable Patriotism of N. F. K.), 1989.

Aside from the two prose writers mentioned above, another group of somewhat elder authors may be ascribed to the same generation. The novelist Ivi Meleagrou (1928) began publishing short stories and novellas as early as 1948/49 and continued to do so later on (*Poli Anonymi* [Anonymous City], 1963). Her later efforts to produce an "ideological" *roman-fleuve* on the "Cyprus Question" proved her a writer of truly vast ambitions. Her models are to be found both in the "political" novels and allegories of Rodis Roufos, a diplomat, essayist, and novelist of the "First Post-War Generation" in Greece, and in the influential modernistic trilogy *Akyvernites Politeies* (Drifting Cities), 1960–1965, of Stratis Tsirkas, a Greek author who had lived for many years in Egypt. Meleagrou's voluminous but uneven work took the form of a two-part novel: *Anatoliki Mesogeios* (Eastern Mediterranean), 1969 (dealing with the period 1960–1963) and *Proteleftaia Epochi* (Penultimate Epoch), 1981 (covering the years from 1964 to the Right-wing coup d'état of the Athenian junta and its Greek Cypriot followers against Makarios and his regime on 15 July 1974).

Lina Solomonidou (1924) and Christakis Georgiou (1929) especially draw on the social reality of the 1950s and early 1960s. The latter's Realistic and Naturalistic prose takes also a glance at some marginal, albeit interesting, phenomena of that time, by investigating the everyday life in British penitentiaries (*Ores 1950* [Hours of the 1950s], 1981), or aspects of the urban underworld und subculture, especially in their connection with politics (*Archipelagos. Eikosi Chronia Gennitouria* [Archipelago. Twenty Years of Birth], 1990). The short-stories of Eirena Ioannidou-Adamidou (1939) move on a rather conventional path of psychological study of characters, whereas the prolific prose, drama, and essayistic writings of Rina Katselli (1938) partly correspond with her attempt to save the memory of earlier social life in the now Turkish-occupied region of Kyrenia, the author's hometown. However, most of these works reveal a heavy dependence on folkloristic stereotypes.

---

[15]) German translation: Petros I. oder die Ballade der Arodafnussa. Köln 1987.

Finally, the interesting avant-gardist prose texts of Antis Chatziadamos (1936–1990) may be seen as an exception in Cypriot literature. The author, already a prominent Expressionist sculptor and engraver at the time he began writing, has chosen in his three books (from 1982 onwards) the modes of a frenetic anticonformism and the Dadaist, Surrealist and Magic Realist paradoxes of irrationality, fantasy, and dream, either by presenting the mentality of the rapacious *nouveaux riches* and the clergy, or by describing the chaotic life he had encountered back in his native island after having lived for many years in South Africa and Greece.

There are fewer new experiments in drama. Georgiou's occasional historical pieces of drama and Katselli's social tableaux of earlier and contemporary life added nothing new to the development of post-war Cypriot drama; but it is worth mentioning here the painstakingly innovative efforts of Ioannidis. Nevertheless, Cypriot playwrights were – and continue to be – more interested in creating popular radio and television plays (including the so-called dialectal "sketches"), as well as plays for children.

A few words may be added as far as criticism is concerned. Most of the essays and articles of the years 1960–1974 were published either in literary periodicals or in the daily press. In addition to *Pnevmatiki Kypros*, one should mention the long-lived periodical of the Left *Nea Epochi* (New Era) (from 1959 onwards), *Kypriaka Chronika* (Cypriot Chronicles), 1960–1972 – an important mouthpiece of the "Generation of the 1960s" –, and *Epitheorisi Logou kai Technis* (Review of Literature and Art), 1970–1974, all published in Nicosia. Apart from critics belonging to elder generations (G. F. Pieridis, Prousis, Th. Nikolaou), it is worth noting the perceptive pieces of criticism by Christofidis. Traditional aspects of socio-criticism may be found in the books and articles of Panikos Paionidis and Antreas Pannatos. Penetrating pieces of literary criticism were recently published by Katsouris, Stavridis, Vasileiou, Antreas Fylaktou, and Giannis Spanos.

d) The Emergence of the "Generation of 1974" ("Generation of the Invasion")

A large – and often the most interesting – part of the activity of the "Generation of the 1960s" appeared after 1974. But the experience of the shattering events of the Turkish invasion and the ensuing developments are also being expressed by a numerous group of younger writers, usually referred to as the "Generation of 1974" or "Generation of the Invasion"[16]). Some of them had begun their literary careers shortly before 1974: for example, the important poets Giorgos Moleskis (1946) and Louis Perentos (1948), as well as N. Katsaouni (1943), Elena Rebelina (1947), and the prose-writers Andreas Onoufriou (1942), Andreas Antoniadis (1944), Antros Pavlidis (1946), and Antis Roditis (1946). The main characteristics of their earlier works are almost completely analogous to the principal tendencies which can be seen in the so-called "Generation of Protest" or "Generation of the 1970s" in Greece: an attraction to the example of the beat generation, and the pursuit of anti-conformist and anti-war ideals as far as both language and subject-mat-

---

[16]) Kechagioglou, Istoria (note 10); National (note 10) and To Schima (note 12).

ter are concerned. However, the unquestionable maturing of the writers mentioned above and the appearance of many others since 1974 underline the significance of this turning-point. The elegiac, sarcastic and sometimes anarchic stance that follow and a certain "cooling-off" are accompanied by a notable sharpening of critical acumen, ideological debate on "national" questions, and a contradiction of views expressed by the official Greek Cypriot political and social establishment. There is also a gradual emerging of introversion and the expression of individual erotic and existential concerns – a trend that seems to intensify after the mid-1980s.

Immediately after 1974 the key issue of literary ethics was the following dilemma: adaptation to the military and political faits accomplis or continuation of the struggle for a fulfillment of the Greek Cypriot claims? Some writers overcame the crisis, others did not. In either case, what is certain is that feelings of uncertainty culminated and the revolt in literature became more evident. This is clear particularly in prose writing. At times, the debunking of figures who played a fatal role in the Greek Cypriot political Schism of 1967–1974 (e.g. the first President of the Republic, Archbishop Makarios, and his fierce opponent, the ultra-nationalist General Georgios Grivas-Digenis) is used as a method to formulate uncompromising political reactions. One might easily recognize Roditis' and Nearchos Georgiadis' (1944) satirical allegories in prose as the top of this iceberg. Elsewhere (e.g. in poems by Perentos and Lefkios Zafeiriou, 1948) the target is wider, pointing at more significant collective phenomena: social injustice and unrest in urban life, the opportunism of the citizen who rests assured or has already been compromised, the amoral behaviour of the intellectual and the artist.

Later on, this spectrum seems to change in part. A weariness with the insoluble problems of Cypriot politics and the exacerbation of other ills, such as the marked progress of a feeling of alienation among the inhabitants of the cities of the Republic, and the negative consequences of economic liberalism and mass tourism, are gathering momentum. Interesting approaches in poetry and prose fiction increase, as does the number and the significance of women writers (who had already begun to make their voice heard from the early 1960s on). Apart from the influential poet, prose-writer and critic Zafeiriou, it is worth noting here the poetesses and prose writer Marangou (1948) and the poet and essayist Nikos Orfanidis (1949). Among the prose-writers of the 1980s one should mention the significant feminist and postmodern short stories of Chrystalla Koulermou (1985, 1987), Anna Tenezi, and the productive Realist author of short stories and novels Christos Chatzipapas who had initially (1969–1974) appeared as a poet.

There is also a growing number of poets who initially published outside Cyprus and gave expression to their quite different cultural backgrounds by distancing themselves from the Cypriot literary horizon and by their greater or lesser assimilation to the "metropolitan" Greek norm (e.g. the poetesses Frosoula Kolosiatou, Antriana Ierodiakonou, Eleni Theocharous, and the poet Giorgos Moraris).

Finally, one should single out several poets who first appeared sharper in their total or anarchic negation of contemporary Cypriot life and the local literary tradition. They are armed either with satire or with a new nationalistic fervour that sometimes denies the very existence of the independent Republic of Cyprus. The long poem *Kypros ton Iroon kai tis Iroinis* (Cyprus of the Heroes and of the Heroin), 1983, by Antis Sismanis is, among other things, an aphoristic parody of the heroic style of Elytis and Ritsos, the music of Mikis Theodorakis, the epic celebration of the fatherland and its landscape, and the idyllic presentation of the "Island of Aphrodite" in poetry. It also questions the social status of literature and its institutionalisation as an instrument or accessory of the State. Besides, poems written by Roditis, Savvas Pavlou, and the younger essayist Prodromos Prodromou (published mainly in the periodicals *I Amaxa* (The Cart) of Limassol, 1983–1989, and *Akti* (Coast) of Nicosia, from 1989 onwards) reveal a nostalgia of the ideals of *Enosis* and an all the more intense devotion to "Hellenocentrism."

So far this generation seems to neglect other powerful forms of literary expression, like the drama. But one may see a clear tendency towards the revival of the polemical essay (Georgiadis, Pavlou, and Prodromou) which is a good sign of the critical fermentation to come. In the field of literary criticism it is worth adding the names of Kostas G. Giagkoullis, Nikos Panagiotou, Michalis Pieris, Pavlos Paraskevas, Giannis Ioannou, Natia Charalampidou, Andreas Chatzithomas, and the younger critic Lefteris Papaleontiou.

It would perhaps be premature to extend this survey to younger writers (those who appear for the first time in the late 1980s and early 1990s and are considerably younger than the average age of the writers of the "Generation of 1974"); one is already on shaky ground in trying to evaluate writers who have only recently taken their first steps. Besides, there is not yet a clear distinction between their overt postmodern aspirations and those of their immediate predecessors. Nevertheless, in poetry one may mention in passing the noteworthy example of Avraam (1958), alongside some younger writers who have already distinguished themselves in literary competitions (e. g. Zelia Grigoriou and Risos Charalampidis).

2. Poetry and Drama in the Greek Cypriot Dialect

"Rhymester"-poetry was still alive and popular during the 1940s and 1950s. The events of 1955–1959 and 1974 gave it perhaps the last spark. Apart from its standardized form and themes – emphasis on important or exceptional events and disasters or the stereotypes of didactic and love poetry –, this specific literary form proved that it could eventually become a genuine expression of local consciousness, self-determination and resistance, although it had been earlier neglected or even suspected as a vehicle of ideas claiming Cypriot autonomy or isolationism. Ever since 1974 "rhymester"-poetry has been thoroughly studied and republished in Cyprus; but this scientific interest seems to coincide with its official act of death.

There have already been cited some non-"rhymester" poets that sporadically used the local dialect in the post-war period (Montis, Pasiardis, P. Nikolaou, Vasileiou). One may add to them the notorious "rhymester"-poets Liasidis, Kyriakos Karneras, Andreas Mappouras, Xenis Patsalos, Ilias Georgiou, and Pieris Pierettis. Montis and Pasiardis had also a good record in writing minor dialectal plays. Nevertheless, with the exception of a small number of Expressionist pieces of prose by Chatziadamos, most of the sub-genres of prose writing proved to be almost impermeable to the Cypriot dialect. Besides, the popularity of dialectal plays on both radio and television seems to diminish as time goes by. Still, the increasing use of the standard Modern Greek in school education, in the media, and within the bureaucracy has played a decisive role in the process of marginalizing dialectal forms in written language.

III. Turkish Cypriot Literature

*1. The Local Component and the Turkish Tradition
in the Late Years of British Rule*

The long Turkish Cypriot folk and "rhymester"-poetry tradition of the Ottoman period and the appearance of some authors of stature around the end of the nineteenth century have already been mentioned. The Realist (and Social Realist) prose and poetic orientations in inter-war and post-war Turkey and their strong impact on the Turkish-speaking "periphery" and diaspora constitute the main current of the Turkish Cypriot progressive authors of the Left. One should stress, however, the fact that the reception of the Modernistic and avant-gardist aspects of N. Hikmet and the first innovators of Turkish poetry came in Cyprus much later.

Among the authors who had published their first works in the 1930s, before continuing in the post-war period, the prose and play-writer Hikmet A. Mapolar (1919–1989) stands out[17]). A contemporary of Montis, Mapolar (under the pseudonym of Muzaffer Gökmen) appeared for the first time in the early 1930s. He is the author of many novels, short stories and plays (1937–1962): *Son Damla* (The Last Drop), *Duman* (The Smoke), *Diken Çiçeği* (Flower of the Thorn), *Son Çıldırış* (The Last Madness), *Meşale* (The Torch), *Mücize* (The Miracle), *Toprak Aşkı* (Love to the Earth), *Kahve Fincanındaki Aşk* (Love in the Cup of Coffee), *Altın Şehir* (The Golden City), *Kendime Dönüyorum* (Return to Myself), *Mermer Kadın* (The Petrified Woman), and *Beyaz Gül* (The White Rose). He has been compared with the Turkish writers Ahmet Mithat, Nurullah Ataç and the influential prose writer Yaşar Kemal[18]). This last comparison draws mainly on some striking analogies between the two authors and their artistic credos. Mapolar reached maturity with his novelistic autobiography *Üçümüz* (The Three of Us) in 1954. The emphasis on various aspects of everyday life in the Cypriot countryside during the 1930s and 1940s keeps pace with the accentuation of the themes of rural poverty and social injustice. This reminds us of a persistent literary topos of the Realist Greek Cypriot and Turkish Cypriot prose up until the late 1950s.

As has already been mentioned, the so-called "Generation of 1943" may be seen as the first important group of Turkish Cypriot writers whose literary and journalistic activities during the Second World War were among the first clear signs of the

---

[17]) Nesim, Kıbrıs (note 5), pp. 7–67, 205. Adalı, E.: Hikmet Afif Mapolar, 1919–1989, in: Nea Epochi. 195 (1989), pp. 64/65.
[18]) Adalı, Hikmet (note 17), p. 64. See also Kappert, Literatur (note 8), pp. 632–634.

awakening of Panturkism in Cyprus; it is worth mentioning here Balman's influential work *Yurduma Giden Yollar* (Roads Leading to my Fatherland), 1952. In addition, literary periodicals as for example *Çardak* (The Hut) of Nicosia, 1951–1953, have played a major role to the coordination of Turkish Cypriot literature with modern developments in "metropolitan" Turkey. In spite of the fact that the artistic level of the texts published in this periodical was uneven, the impact of *Çardak* on the later evolution of Turkish Cypriot literature was significant. This is not to say that all collaborators (Samet Mart, Erol Erduran, Şinasi Tekman, Hüseyin Şenol, Numan A. Levent, Mustafa Tangül) had the same ideological orientations and commitments; occasionally (as for example in the case of Ayhan Hikmet and Muzaffer Gürkan), progressive writers of *Çardak* faced the reaction of the Turkish Cypriot political and paramilitary establishment.

2. New Orientations During the 1960s and 1970s

The quest for a new Turkish Cypriot national and literary identity, the ideals either of annexation of Cyprus to Turkey or of *Taksim* (i. e. the partition of Cyprus between Greece and Turkey), and the reaction against the Greek Cypriot claims for union with Greece are phenomena that culminated in 1955 and especially after the intercommunal riots (December 1963), the Turkish Cypriot secession, the creation of the first Turkish Cypriot "enclaves," and the dividing "Green Line" in Nicosia. Many writers followed these dominant trends by producing texts containing nationalistic rhetoric (e.g. the prolific Özker Yaşin (1932), and N. A. Levent (1935): *Kanlı Noel* [Bloody Christmas], 1965; *Hücredekiler* [The Small Cell's Prisoners], 1973). Other authors proved, however, to be more sober or resisting. For them the defense of the local Turkish Cypriot cultural identity and the internationalist ideals made no exception.

The counterpart of the Greek Cypriot poets of the so-called "Generation of the 1960s" can be found in a group of Turkish Cypriot authors of the same age. Among them the satirical poet and playwright Kutlu Adalı (1935) and the poets Baner H. Hakeri (1936) and Fikret Demirağ (1940) stand out[19]. The latter is a prolific writer (14 books of poetry up until 1992) and is generally considered as the most prominent and popular poet of his generation. His contact with the contemporary developments of Turkish literature became closer during his studies at Ankara University before becoming a highschool teacher by profession. The influence of Modern Turkish poetry is palpable in his early works (including the significant collection *Tutku* [The Captive], 1960). Later on he moved towards a symbolic, introverted idiom which reveals both his search for formal perfection and a broadening of his themes. The elaboration of such themes as the nostalgic quest for peace and the anti-imperialist values was a further step in his work. Since the mid-1980s, the

---

[19]) Nesim, Kıbrıs (note 5), pp. 90–131. Adalı, E.: Fikret Demirag: Trianta Chronia Poiitikis Dimiourgias (Fikret Demirag: Thirty Years of Poetical Creativity), in: Nea Epochi. 196 (1989), pp. 58/59.

common Cypriot heritage of figures and symbols of ancient Mediterranean and Greek mythology serves as a means of understanding and reconciliation. These elements are usually projected upon the island's landscape, evoking sentiments of self-reflection and humanism (*Akdenizli Şiirler ve Şarki Sözleri* [Mediterranean Poems and Songs], 1984, *Su Müthiş Savaş Yılları* [Those Terrible Years of the War], 1985, *Adıyla Yaralı* [Wounded by his Reputation], 1986).

Finally, it is worth quoting the prose writer Orbay Deliceırmak (1942), whose main works were published during the 1960s. A literary idiom involving a set of humanistic and progressive values makes its appearance in some other poets of the same generation as well: İbrahim Aziz (1938) published his collections in a rather late period (1986–1988); he is better known from his bilingual set of poems *Bölünür Mü Hiç. De Moirazetai* (It Can't be Divided). Mŭstafa Gökçeoğlu (1942), along with Hizber Hikmetağalar, studies the roots of the local Cypriot folklore. In the field of criticism it is worth mentioning – apart from the elder critic Ahmet C. Gazioğlu (1931) – Sergül Uludağ, Sener Levent, Ali Hesim, and Bekir Azgın. Many writers of this generation have formed their views and technique in countries other than Turkey, including Great Britain and the countries of the former Eastern bloc.

3. Some Younger Writers

Many political, demographic and social factors of the Turkish Cypriot community have dramatically changed after 1974: by now we have witnessed a concentration of the Turkish Cypriot population in northern Cyprus and the Turkish Cypriot zone of Nicosia, a consolidation of the intransigent regime led by Rauf Denktaş, impressive changes in the composition of population due to the arrival of Turkish settlers and military personnel (especially from central and southeastern Anatolia), closer educational and cultural relations with Turkey, financial scandals, economic instability, and social conflicts.

Around the early 1980s a new generation of authors, mainly poets, emerged. Some critics speak of a "Generation of Rejection"[20]. As a matter of fact, their refusal of the political and social status quo and, partly, a vivid reaction to the ideological orientations of the Turkish Cypriot establishment can be seen as their leitmotif. Their poetry has been influenced by such leading contemporary Turkish writers as Aziz Nesin and Ataol Behramoğlu. Besides, the quest for a native Cypriot identity and efforts to come to terms with the Greek Cypriots have intensified. The metaphors of mythology and history and the exaltation of the peaceful Mediterranean landscape serve as the means of finding a common ground of expression. The

---

[20]) Adalı, Tourkokypriaki (note 5), p.61. See also: (anonymous anthology): Kato Apo ton Idio Ourano (Under the Same Sky). Nicosia 1980; the special issue of Nea Epochi (note 1); and the German anthologies by Eideneier, H. and N. (eds.): Zyprische Miniaturen. Eine Anthologie. Köln 1987, pp. 89–93, 134–137, as well as Eideneier, N. and Toker, A. (eds.): Kalimerhaba. Griechisch-Deutsch-Türkisches Lesebuch. Köln 1992, pp. 213–223.

island's ancient goddess Aphrodite often appears as a symbol of peace, love and creativity; a kind of universalist, albeit typically Mediterranean, "solar physics" and "metaphysics" is a constant motif in poetry and prose. Some other shared Cypriot motifs (as, for instance, the Pentadaktylos chain of mountains or the landscape elements of the lemon, orange and olive tree) also take on a symbolic meaning. Among these younger Turkish Cypriot writers one might single out the following: Cumhur Deliceırmak, Mehmet Yaşin (1958) and his sister Neşe Yaşin, Bariş Burcu (1957), Hakkı Yücel, Ilkay Adalı, Atay Tulunoğlu, Neriman Cahit, Tamer Oncul, Ayşen Dağlı, Gürgenç Korkmazel, and the painter and critic Ümit İnatçi.

IV. Contemporary Cypriot Literature in the Diaspora

A definition of contemporary Cypriot literature as any production written in Greek, respectively Turkish, by Cypriot authors who lived or were active for the greater part of their life in Cyprus seems to be a narrow one. It should be broadened to include the activity of Cypriot writers living and creating for the greater part of their life outside the island, since they consciously or intentionally locate their work in the context of Cypriot literature.

After Nasser's revolution and the measures taken against British subjects and other Europeans in Egypt in 1955–1956, one of the traditional centres of the Greek Cypriot diaspora has lost its relevance[21]. By contrast, Greek Cypriot and Turkish Cypriot communities in Great Britain (especially in London) and the countries of the British Commonwealth increased in strength. The events of the late 1950s and early 1960s in Cyprus enforced the traditional tendency of departing from the island for a better future. 1974 is certainly the most obvious landmark in this respect. A great number of Greek Cypriots had to emigrate to Greece, Great Britain, Australia, Canada, the United States of America, South Africa, and elsewhere. Technicians and workers sought jobs in the Middle East. After the mid-1980s, however, economic stability and development in the Republic of Cyprus encouraged some of these emigrants to return, yet Turkish Cypriot emigration has increased in the 1980s and early 1990s.

With the exception of Greece and Turkey, the main centres of Cypriot literary activity abroad are now Great Britain and Australia. Apart from poetry created by a few "rhymester"-poets living there, and other forms of literature published either in anthologies or in the Greek Cypriot and Turkish Cypriot press of the diaspora, one might mention, in London (and later on in Athens), the translator and poet Rois Papangelou (1940), in Paris, the Modernist poet Ektor Patriotis (1933), and in Québec, the poet Stefanos Konstantinidis (1941).

---

[21]) Further bibliography in: Cultural Services of the Ministry of Education, Republic of Cyprus: Praktika Symposiou "Oi Kyprioi Logotechnes tis Aigyptou" (Proceedings of the Congress "The Cypriot Writers of Egypt"). Nicosia 1993.

V. Conclusion

Summing up this overview, we should be able to evaluate the nature and impact of modern Cypriot literature. Earlier critics have sometimes regarded specific features of the island's cultural and literary life as "provincial" and "marginal." But such views need to be revised since they usually overstate external cultural influences and the dependence on world-wide trends for the own literary tradition of a small country like Cyprus. The indisputable quality of some important writers of the island, as well as the fruitful cultivation of Cypriot literature outside Cyprus, might be sufficient to prove that this production has not only a "local" significance; it represents a valuable artistic constellation, in which Cyprus itself remains the centre, while the radii today reach Australia, America and Western Europe, and, of course, Turkey and Greece.

Theatre

Nikos Shiafkalis, Nikosia

I. Historical Background Until 1960 – II. After Independence – III. Dance and Music Theatre – IV. Theatre Spaces – V. Sources on Theatre – VI. Statistical Data

I. Historical Background Until 1960

The first Greek colonies were established in Cyprus by the Mycaeneans as early as 1400 B.C. These settlers dominated the native population and imposed on them their language and their culture. By the end of the 13th century B.C., according to Herodotus, some of the Trojan Heroes, on their return to Greece, landed in Cyprus and established nine ancient kingdoms (Salamis, New Paphos, Idalion, Lapithos, Hytroi, Aepia, Kyrenia, Curium, and Acamantis).

The first evidence that we have about theatrical activity in Cyprus can be found in Plutarch's *Vioi Paralliloi* (Parallel Lives), in which the author reports that as in Athens the Cypriot kings used also to sponsor theatre[1]). But the most concrete evidence of theatrical activity in Cyprus in the ancient times are of course the ancient theatres of *Salamis* in Famagusta, *Curium* in Limassol, *Soloi* in Morphou, and *Odeon* in Paphos, and there are probably more ancient theatres in the other areas or "kingdoms" which the archaelogical spade has not yet brought to the surface[2]).

Of the rich theatrical activity, which we can assume considering the size of the theatres, we know very little, and the little we know we derive from some inscriptions found mostly in Paphos and Salamis. When the Ptolemies captured the island in 315 B.C., theatre flourished even more throughout their reign, until the island became part of the Roman and afterwards of the Byzantine Empire. During the Byzantine era we had little theatre activity, since the Church was hostile to the theatre and because the island was the target of Arab raids for more than three centuries. A mystery play called *Kypriakos Kyklos ton Pathon* (The Cypriot Passion Cycle)[3]), however, gives evidence that some form of religious drama was being performed on the island during the 12th and 13th centuries.

---

[1]) Plutarch: Vioi Paralliloi (Parallel Lives). Alexander XXIX. Ed. I. N. Zacharopoulos. Athens 1957, pp. 1–15.

[2]) An ancient amphitheatre is currently being excavated in Paphos.

[3]) This cyclical Passion play was reconstructed from a scenario that is contained in Codex Palatinus Graecus 367, fol. 34–39, of the Vatican Library. See Stevenson, H.: Codices Palatini Graeci Bibliothecae Vaticanae. Rome 1885. The Scenario was first edited by S. Lambros: Byzantini Skinothetiki Diataxis ton Pathon tou Christou (Byzantine Stage Adaptation of the Passions of Christ), in: Neos Ellinomnimon. 13 (1916), pp. 381–408. Because of the First World War this edi-

Three centuries of Frankish and Venetian domination, however, prevented any serious efforts to establish an own theatre in Cyprus. In 1571, when Cyprus was conquered and dominated by the Ottoman Empire for the following three centuries the Turks introduced their own theatre traditions, which influenced the development of the Turkish Cypriot theatre. Among these traditions were the classical folkloric drama *Karagöz* (the shadow theatre)[4]), *Meddah*, and some other forms of narrative theatre.

When Cyprus was ceded to Britain in 1878, this change was greeted with certain relief, at least by the intellectuals, because they could now experience greater freedom of movement and better communication with neighbouring countries. In the field of theatre many companies from Greece, Italy, and Turkey included Cyprus in their tours. This fact encouraged the formation of certain local amateur theatre companies or *omiloi* (societies), as they were called in both communities. Greek Cypriot amateur companies worth mentioning were: *Aristofanis* (Aristophanes), *Erasitechnikos Omilos Lefkosias* (Nicosia Amateur Group), *Theatriki Etairia Aris Lemessou* (Aris Theatre Society of Limassol), and *Theatrikos Thiasos Sofoklis* (Sophocles Theatre Group). These groups presented mostly playwrights from Greece but they gradually included in their repertoire plays by Shakespeare, Molière, Schiller, and Hugo.

The performances were given in large coffee houses or halls, as it was not until 1900 that the first proper theatre was built in Nicosia. It was named *Theatro Papadopoulou* (Papadopoulos Theatre) because the owner was a rich Greek merchant called Georgios Papadopoulos[5]). Its auditorium was built in the style of the Italian Opera theatres with a dress and an upper circle and royal boxes all around. The theatre was used mainly by visiting companies from Italy and Greece. But as the management could not keep it fully occupied it was soon used as a cinema hall. The visiting groups from Greece were not always successful on their tours and they were often dismantled before returning home. Sometimes local amateur artists were employed to fill in. Some artists stayed behind and formed their own amateur theatre groups on the island.

The same thing happened with the Turkish Cypriot theatre. In big villages and poor neighbourhoods of the cities, one form of entertainment which was very popular in both communities was *Karagöz*, which was performed in both languages, Greek and Turkish. At the beginning of the century cinema was introduced in Cyprus as a form of entertainment. Therefore some businessmen were encouraged to build cinema halls which were also used for amateur and school theatre performances[6]). These performances were until then given in large coffee houses or even in private houses.

---

tion found little attention. In 1931 the text was therefore edited again by A. Vogt: Etudes sur le Théâtre Byzantin, in: Byzantion. 6 (1931), pp. 49–63.

[4]) "Karagöz" is a compound Turkish word meaning (black eyed), as the original hero of these stories might have been a black-eyed, clever character.

[5]) The theatre was later renamed to "Melpo" after his wife's Christian name.

[6]) Although both Greeks and Turks were attending film performances in common movie theatres to watch American and British films there were, however, some cinema halls showing

This development encouraged the formation of more amateur companies mostly in Nicosia and Limassol, but also in Famagusta, Larnaca, and Paphos. The leading role in amateur theatre was played by the trade unions such as the Association of Barbers, Shoemakers, Printers, Grocers, Builders etc. The school theatre was also encouraged with special focus on ancient Greek drama by the Greek Cypriot schools and to contemporary Turkish drama by the Turkish Cypriot schools. Most of these amateur companies did not last long and their artists created new ones which were also dismantled after a short period of life. The Greek Cypriot companies which prospered were: *Panergatikos Synthesmos* (All-Workers' Association), 1924, *Anagennisis* (Renaissance), 1926, *Elliniki Theatriki Kinisi Lemesou* (Hellenic Theatrical Movement of Limassol), E.T.K.L., 1931, *Erasitechnikos Omilos Lemesou* (Amateur Group Limassol), 1934, and *Mousiki Skini* (Musical Stage), 1938. The Turkish Cypriot amateur companies which developed remarkable activity were: *Dar-ül Elhan*, *Tiyatro Re Ses Akademisi* (Academy of Speech and Theatre), TAVS, 1933, *Güzel Samatlar Dernegi* (Society of Fine Arts), and some other educational or athletic societies.

In 1940 the first professional Greek Cypriot theatre company called *Lyriko* (Lyric) was established and it was based in an old converted garage in Nicosia. The repertoire of the company consisted mostly of musical comedies and satirical revues. The success of this company encouraged the formation of some more professional companies. By the end of World War Two there were four more major professional groups in Nicosia: *Neo Lyriko* (New Lyric), 1943, *Enosi Kallitechnon* (Union of Artists), 1943, *Orfeas* (Orfeus), 1944, and *Promitheas* (Prometheus), 1944. In 1951 another professional theatre called *Kypriako Theatro* (Cyprus Theatre) was founded. This company lasted for ten years and turned out to be the most successful. It is remarkable that the company presented more than one hundred productions with more than 3000 performances, touring all over Cyprus, even to the remotest of villages. The leader of the company was Nicos Pantelides, a popular, self-taught comedian who died in 1983. In 1967 a rival company appeared by the name of *Enomenoi Kallitechnes* (United Artists), which would last for four years, also giving daily performances in all towns and big villages on the island. The leader of this group was another popular actor, Vladimiros Kafkaridis, who died in 1983[7]).

II. After Independence

In 1960 Cyprus won its independence and became a member of the United Nations. This fact encouraged high expectations in all fields of social, economic, and

---

exclusively Turkish or Greek films. Movie theatres showing Turkish films were Cemali, Zafer, Misirlizate, Kurdez, and Belig Paşa in Nicosia; Lozan Palas and Yildiz in Famagusta, Yesilova, Gengis Topel, and Papatya in Paphos. Movie theatres showing only Greek films were Papadopoulou, Loukoudi, Royal, Apollon, Pallas, and Regina in Nicosia; Rialto and Pantheon in Limassol.

[7]) Actor-director Vladimiros Kafkaridis had studied theatre in Moscow; he died in 1983 at age 52 after a heart failure.

cultural activity. From the very early days of the Republic, many young Greek Cypriot and Turkish Cypriot artists who had been active abroad (mostly in Greece, Turkey and England) were repatriated with great aspirations for the future of the theatre in Cyprus. In 1961, some leading actors from both the *Kypriako Theatro* and *Enomenoi Kallitechnes* amalgamated to form *Neo Theatro* (New Theatre), which aimed at higher standards of production. Indeed, during its one year of existence the company gave excellent performances. At the same time a group of young artists under the leadership of Thanos Saketas founded *Theatro Technis*, which survived only for about a year. *Neo Theatro* was performing at *Theatro Papadopoulou* and in 1961 it gave way to the foundation of the *Organismos Theatrikis Anaptyxeos Kyprou* (Organization for the Development of the Cyprus Theatre), O.T.A.K.

The establishment of O.T.A.K. was understood as an attempt to bring pressure to bear upon the newly established government to subsidize a state-run theatre company. However, since this was not feasible due to constitutional restrictions, the company was supported by the Greek Communal Assembly, as was the Turkish Cypriot Theatre by the Turkish Communal Assembly[8]. The Organization for the Development of the Cyprus Theatre began with the best of intentions unifying all artistic talent and having all possible support. In the first three years the company was very successful and played in front of full houses, presenting plays like "Danton's Death" by Georg Büchner, "Romanof and Juliet" by Peter Ustinov, "Ploutos" by Aristophanes, "Il Piacere dell 'onesta" (The Pleasure of Honesty) by Luigi Pirandello, "Pygmalion" by George Bernard Shaw, and "Othello" by William Shakespeare. In 1963, due to the political crisis, the theatre started declining. O.T.A.K. itself was faced with financial problems, thus changing its repertoire policy with the hope of attracting wider audiences. This had as a result the gradual disintegration of the company, which in 1969 had to close down.

Despite these hard financial problems two young directors, Vladimiros Kafkaridis and Nikos Shiafkalis, who were both connected with O.T.A.K., chose to establish their own theatre companies, *Neo Theatro* (New Theatre) and *Thiasos Nikou Shiafkali* (Nikos Shiafkalis Group). At the same time R.I.K., *Radiofoniko Idryma Kyprou* (Cyprus Broadcasting Corporation), which since independence had played a leading role in promoting drama through radio and television, went so far as to set up its own theatre company and produced plays for live audiences. This company, which was called *Theatraki* (Small Theatre), survived until 1971. In 1971 *Theatrikos Organismos Kyprou* (Theatrical Organization of Cyprus), T.O.K., was founded as a semi-governmental organization fully subsidized by the state[9]. Its first artistic director was Nikos Chadjiskos from Greece. At present the company consists of twenty-three resident actors, thirteen technicians, and twelve adminis-

---

[8]) As stated in Art. 86 of the constitution, each community should have its own Communal Chamber, which was responsible for educational and cultural affairs.

[9]) Again because of constitutional restrictions the company could not be a state company since it was not possible to have an ethnically mixed personnel, and so it was established as a semi-governmental organization.

trative employees. It annually produces about six plays for adults and two for children. In 1972, another professional group titled *Piramatiki Skini* (Experimental Stage) was founded by Evi Gavrielidis, operating in a seventy-seat pocket theatre in an old house, which also functioned as a drama school. But this effort would also be short-lived.

In order to understand the function of T. O. K. it is important to mention that its role was not just to be that of a production company but also that of a catalyst for theatre development. This objective, however, was not reached because of the political situation which was created after 1963 with the Turkish Cypriot enclaves and a divided island. At the same time (1963), the Turkish Cypriot amateur groups and their activities in Nicosia and Kyrenia were replaced by a professional theatre. For one of the protagonists of the new movement Uner Ulutug, known a long time before for his efforts to create a professional Turkish Cypriot Theatre, returned from Turkey to Cyprus and founded the *Ilk Sahne* (The First Stage), which is considered to be the first Turkish Cypriot professional theatre company[10]). He was trained at the Society of Fine Arts and subsequently went to Ankara to enhance his experience through theatre studies. In 1965 "The First Stage" was renamed to "Turkish Cypriot Theatre" and received Turkish Cypriot public support.

In 1974 a part of the island was invaded by Turkey. This was a shattering blow to all fields of cultural activity. Overnight one third of the population became refugees and the Republic was deprived of 38% of its lands. The priorities of the government of the Republic were the feeding and housing of these refugees. Greek Cypriot Theatre in the southern part of the island came to the brink of extinction. The actors, however, persisted and through their hard work and limited remuneration managed to keep their theatre alive. After a long tour of Greece, which kept the company going, they even brought money back for the refugees. In the meantime, the two existing Greek Cypriot "free theatre" groups, *Papademetris* and *Kakouratou*, struggled along but managed to survive.

The 1980s were a crucial decade for the evolution of Greek Cypriot theatre affairs. Until then, T. O. K. had been monopolizing the state subsidy for its own productions. And apart from the two music theatre companies *Papademetris* and *Kakouratou*, which continued their light entertainment repertoire policy, there was no other theatre activity except for some ad hoc productions and some ambitious efforts such as: *Nea Theatriki Omada* (New Theatre Group), 1978, *Eleftheri Kypriaki Skini* (Free Cyprus Stage), 1980, *Theatro 81* (Theatre 81), 1981, and *Laïki Skini Kyprou* (Cyprus Popular Stage), 1983 – all of which would only survive for a season or two. The problem of T. O. K. monopolizing the state subsidy for the theatre was raised by the Cyprus Centre of the International Theatre Institute (I. T. I.)[11]) during a public discussion which was organized on the occasion of the

---

[10]) The protagonists of this movement were Uner Ulutug, born in Nicosia in 1939, and Yassar Ersoy, born in Limassol in 1951. Both were involved with the amateur theatre before going to Ankara for their advanced theatre studies.

[11]) The Cyprus Centre of the International Theatre Institute was established in 1979. It is a non-governmental organization and a member of the International Theatre Institute of the UNESCO. It receives only a small state subsidy. It is headed by Nikos Shiafkalis and administered

World Theatre Day on March 27, 1978[12]). Consequently, the formation of a Theatre Council, which should be responsible for distributing the state subsidies to other theatre companies besides that of T.O.K., was therefore requested.

The demand for a democratic distribution of the state subsidy started coming from all directions: The Cyprus Centre of the I.T.I., *Enosis Ithopoion Kyprou* (Union of Cyprus Actors), *Etairia Kyprion Theatrikon Syngrafeon* (Society of Cypriot Playwrights), and many cultural columnists were pressing for more substantial support to the "Free Theatre"[13]) as it was then called. This orchestrated demand resulted in the creation of the "Development Department" within T.O.K., which undertook to promote the development of the theatre in general. So with some hopes of receiving state subsidy various theatre companies were formed: *Theatro 81* (Theatre 81), *Neo Theatro* (New Theatre), *Theatro Dramatos kai Komodias* (Theatre of Drama and Comedy), and *Mikro Theatro* (Small Theatre).

In 1980, in the northern part of Cyprus, something of importance to the development for the Turkish Cypriot Theatre happened, too. A group of artists left the *Ilk Sahne* and established their own theatre company, which they called *Lefkoşa Belediye Tiyatrosu* (Nicosia Municipal Theatre). Its first director was Yassar Ersoy, who is still holding the same post in the company.

But it was indeed during the second half of the 1980s that the Greek Cypriot Theatre began to stabilize. Despite the subsidy that the afore-mentioned companies were receiving from T.O.K., none of them managed to survive. After 1983 there was a considerable rise of the subsidy level, which enabled the companies to operate on a long-term basis and to have a more stable policy. So just since the mid 1980s the conditions of performing in the Republic of Cyprus have become more stable, consisting of T.O.K., the equivalent of a state theatre, *Satiriko Theatro*, *Theatro Ena*[14]) and E.T.A.L.,[15]) based in Limassol. On the other hand, the musical theatres, which are often called "commercial", were still represented by the Papademetris Company, the Kakouratou Company, and a third one, *Thiasos Geliou* (Laughter Theatre Group)[16]).

Since then, there have been no spectacular changes in the Cypriot theatre landscape. T.O.K. continues to be mainly a theatre company and the funding body for theatre development too. The same three companies, *Satiriko*, *Theatro Ena*, and E.T.A.L., the first two functioning in Nicosia and the third in Limassol, sur-

---

by a committee which is elected every two years by its members (actors, directors, playwrights, dancers, choreographers, scenographers, etc.). At the moment it has 132 members, each paying an amount of three Cyprus Pounds for their annual subscription.

[12]) Participants in this discussion were the leaders of private theatre companies, actors, directors, designers, playwrights, journalists, and unionists.

[13]) Any theatre group not receiving support from the government was called "Free Theatre".

[14]) "Theatro Ena" was an amalgamation of "Neo Theatro" and "Mikro Theatro".

[15]) "Etairia Theatrikis Anaptyxis Lemesou" (Limassol Theatre Development Company), E.T.A.L., was established in 1987, encouraged by the decentralization policy of the Development Department of T.O.K.

[16]) This company was established in the early 1970s by some artists who were out of work at the time, encouraged by the commercial success of Papademetris and Kakouratou.

vived only thanks to the subsidy of T.O.K. The "commercial" theatre groups, as they are called, Papademetris Theatre, Kakouratou-Herakles Company, and *Thiasos Geliou* (Laugher Theatre Group) produced the same style of satirical revues and musical comedies. T.O.K., which is in reality the equivalent of a national theatre, consisting of twenty-three resident actors, produces about six plays for the main stage and one for the Children's Stage. *Satiriko Theatro*, *Theatro Ena* and E.T.A.L. produce about the same number of plays employing about ten actors each.

The four subsidized theatre companies, including T.O.K., are producing the same kind of plays (mostly contemporary plays by Greek, Greek Cypriot, and foreign playwrights). T.O.K. also produces one ancient Greek play every year, with mostly the same actors, the same directors, and the same audiences for the last decade. One of the three commercial theatre companies not receiving government subsidy was forced to close down because of financial difficulties and the remaining two are also facing the same fate. The subsidized theatre companies are not in danger for the moment, but since they are constantly playing before ever thinning audiences they are also worried about their future survival. In the name of "art-for-art's sake" they have been catering to a small circle of spectators coming from the upper middle class, while the commercial theatre companies have been wavering between popularization and populism, attracting audiences from an equally small clientele coming generally from the low working class.

Since government subsidy cannot and will not be increased, theatres have no other choice for survival but to increase their audiences by presenting productions that are going to attract spectators from all social classes. It is evident that the Greek Cypriot theatre has to do something to win back its audience. Too many have turned to television and video for their entertainment.

In the northern part of Cyprus the Turkish Cypriot theatre landscape presents the following picture: Two professional theatres are dominating the scene mainly in Nicosia, but also touring the other towns. These theatres are the *Municipal Theatre*, which since its establishment in 1980 has a steady audience, and the so-called *State Theatre*, which is a continuation of the *Ilk Sahne*. The director of this theatre company is Periham Toygan. The company employs twelve permanent actors, eight technicians and five administrative officers. It owns a theatre hall with a capacity for 320 spectators. It yearly produces two plays for adults and one for children. Since its establishment in 1965 it has produced 76 plays by Turkish, Turkish Cypriot, and foreign playwrights.

III. Dance and Music Theatre

Cyprus has a long tradition in folk-dancing. There are many folk-dance groups which are performing in festivals and other celebrations. They also perform for tourists in hotels and taverns. The best known of these groups are: *Sousta*, *Sikali*, *Vasilitsia*, and *Siakallis*. On the other hand classical ballet is traditionally restricted to the private ballet schools in Cyprus. In recent years many young Cypriot ladies have studied ballet abroad. When they returned, some of them established their own dance schools, since there were no professional dance groups where they could find employment. Not being satisfied with just teaching, they have made various attempts to mount ballet productions. Most of the dance teachers and choreographers are organized under the Dance Committee of the Cyprus Centre of the International Theatre Institute. They mounted productions such as the "Nutcracker" in 1991, *Copellia* in 1992, and *Dekatreis* (the Thirteenth) in 1993. Some productions were also mounted by *Chorotheatro* (Dance Theatre) of Ariana Oiconomou, an active member of the dance movement in Cyprus. *Diastasi* (Dimension) is a dance group with twenty dancers under the leadership of top choreographers and teachers like Maria Mesi-Angelidis, Christina Gabrielidou, and Nadina Mouyiasi. They have presented occasional performances of note, such as "Showtime of Musicals" in 1987, "The Three Days of the Polytechnic" in 1988, "Inati" in 1988, "Mythambi" in 1989, and "Musical Moments" in 1990. "Roes Dance Group" presented some ballet performances during the early 1990s. *Synthesi* (Synthesis), yet another group, has presented performances of note, such as "Drifting", "Hope", "Bloody-Moon", and "Genesis".

The main problem for the development of a permanent ballet or dance company is the constant lack of male dancers, which makes it almost impossible for a permanent company to survive. The same can be said for the music theatre. There are no opera or operetta companies functioning on a permanent basis. There have been at times individual enterprises – and commendable ones –, but they were merely ad hoc performances.

In Cyprus, any kind of show with singing and dancing, political and social satire, and sometimes short plays with a farcical plot, is considered to be music theatre. This style of entertainment proves quite successful and the groups devoted to this style survived through all hardships and were the only self-supported and commercially successful ones. The first professional theatre groups during and after World War Two, responding to the demand for entertainment, produced revues, musicals, comedies, and even Viennese operettas. These productions were very popular and, although later, in the 1950s, some groups endeavoured to engage in "prose" theatre, they had to return to revues, musicals, or musical comedies for their survival. The situation remained the same during the 1960s, when two companies – that of Demetris Papademetris and that of Dora Kakouratou – were established as music theatre companies. They are still functioning.

During and after World War Two the entertainment element – so popular all over Europe – influenced also the choice of repertoire in Cyprus. For example, the style of "satirical revue" which flourished in Greece at that time was imitated in Cyprus, too. The nature of this kind of theatre is more or less that of an opera (singing the prose dialogue) mixed with cabaret dancing and slap-stick comedy. Though there was some kind of original composition, the composers usually adapted their satirical songs from existing hit themes. The same can be said for the music accompanying the choreographies. But, nowadays, the demand for a serious music theatre company or national opera is growing. Soon the Ministry of Culture has to respond to these demands of public opinion in the Republic of Cyprus.

IV. Theatre Spaces

The only proper theatre spaces in Cyprus are perhaps the ancient theatres, with their perfect acoustics, an unhindered view for every spectator, and a natural environment surrounded by silence[17]. The largest of these theatres is *Archaio Theatro Salaminos* (Salamis Ancient Theatre). The auditorium can accommodate about 15 000 spectators. The second in size is *Archaio Theatro Kouriou* (Curium Ancient Theatre) which was discovered by excavators of the Pennsylvania University Museum. It is estimated to have accomodated about 3 000 spectators. The ancient theatre of *Soloi*[18] was excavated in 1926 by a Swedish expedition. It is estimated that its rows of seats cut in rock could accommodate 3 500 spectators. The smallest theatre is the ancient *Odeon*[19] in Paphos. At the moment it can seat only about 600 spectators, but in ancient times it had many more rows of seats and it could probably seat about 1 500. In Paphos, the archeological authorities have recently started excavations for revealing a larger amphitheatre not very far from the port. Apart from the aforementioned ancient theatres there are also replicas in Nicosia, Larnaca, and Paralimni. For summer performances, of course, many other spaces are used, such as castles, village squares, school yards, and stadiums.

Among the indoor theatres used by the Greek Cypriot theatre companies, the *Nicosia Municipal Theatre* is the only properly equipped one. It was built in 1966 and it has been used mainly by T. O. K. for theatre performances, but it also hosts concerts and ballet and opera performances which are produced locally or invited from abroad. Other theatres with adequate stage facilities are *Paticheion Dimotiko Theatro Lemesou* (Paticheon Municipal Theatre of Limassol) and *Markidion* in Paphos[20].

V. Sources on Theatre

Until very recently there were no publishing houses in Cyprus, so any books about theatre and plays were published by their authors at their own expense. A monthly, short lived magazine called *Theatro* (Theatre) was published by Kostas Montis during the Second World War. Later, in 1952, Achilleas Lymbouridis collected various information and articles from the local press in a small volume under the title *Theatrikes Selides* (Theatre Pages). *Istoria tou Kypriakou Theatrou* (His-

---

[17]) Of the ancient theatres only the "Curium" and "Odeon" are today regularly used in the Republic of Cyprus. "Salamis" and "Soloi" are situated in the northern part of Cyprus.

[18]) "Soloi" is an old Roman Theatre most probably built upon an earlier ancient Greek theatre of the 2nd century B. C.

[19]) The "Odeon" is also a Roman theatre built on the site of an earlier Greek amphitheatre.

[20]) The Development Department of T. O. K. – within the frame of its policy for theatre decentralization – helped some local municipalities to either repair old cinema halls or build new ones (i. e. Paticheion Municipal Theatre of Limassol, Markidion of Paphos, Polyplano of Limassol, and Koilada in Agros).

tory of the Cypriot Theatre) by Michalis Mousteris was published in Greek in 1983 and deals with the history of the Greek Cypriot theatre in Cyprus from 1901–1940. It was published by its author and was printed at Fili Press in Limassol. In 1982 T.O.K. published a chronicle of its productions called *Ta Deka Chronia tou T.O.K.* (Ten Years of T.O.C.) containing details of productions (play, author, translator, director, designer, musician, choreographer, and cast). The publication was in Greek and contained photos of every production. It was printed in 1982 by Proodos Press (1 500 copies). In 1988, Michalis Mousteris published a second book on the history of the Cypriot theatre called *Chronologiki Istoria tou Kypriakou Theatrou* (Chronological History of the Cypriot Theatre). The 300-page publication is also printed in Greek at Fili Press in Limassol (500 copies) and informs about amateur and professional theatre since 1910. It includes information on dates, criticism, articles about theatre in newspapers, and interviews.

Some Cypriot playwrights printed their plays in book form, hoping that in this way it would help them to be staged, but there are no exact data available since these books circulated only among friends of the playwrights. A few titles, however, are worth consulting: *Theano* by M. Pitsillidis, *Kalogeroi* (The Monks) by Chr. Georgiou, *Anaxios* (The Unworthy) by Rina Katselli, *Endoskopisi* (Introspection) and *I Galazia Falena* (The Blue Whale) by the same author, *Onesilos* (an ancient Greek king) by Panos Ioannidis, *Manolis* by George Neophytou, *Ioannikios* by Andros Pavlidis, *Galazio Louloudi* (The Blue Flower) by Nikos Nikolaidis, and *Eleni Paleologina* as well as *Dramatikos Logos* by Kypros Chrysanthis.

The Cyprus Playwrights Association has published during the last two decades collections of one-act plays written by its members. In 1980 Vladimiros Kafkaridis published a book in Greek under the title *30 Chronia Theatro* (30 Years of Theatre), containing an account of his life in the theatre with articles and photographs. Also, Nikos Shiafkalis has published translations of "Acting is Believing" by Charles McGaw, 1962, "Six Lessons in Acting" by R. Boleslavski, 1965, and "Stanislavski the System" by J. N. Benedetti, 1988. "The Second International Symposium on Ancient Greek Drama" was published by the Cyprus Centre of International Theatre Institute (I.T.I.) in 1993 (200 pages). *Anamniseis kai Ikones apo to Kypriako Theatro* (Memories and Pictures from the Cypriot Theatre) by Mary Ignatiou Pieridou was published by Theo Press in 1993. Since 1978 the Cyprus Centre of the I.T.I. (38, Regaena Str., Nicosia, Cyprus) publishes a yearbook called "Theatre in Cyprus," containing all the activities of the Greek Cypriot theatre companies with details of their productions (playwright, director, designer, cast, number of performances, number of spectators, dates e.t.c.). The publication is in both English and Greek and is sent to all I.T.I. centres. Further information regarding the Cyprus theatre can also be found in: The World Encyclopedia of Contemporary Theatre: Vol. 1, Europe. Ed. Don Rubin. New York 1994, pp. 185–195. This project of the I.T.I. centres was supported by the UNESCO.

VI. Statistical Data

Table No 1: Professional Theatres in the Republic of Cyprus in 1994

Professional Theatres	SEATS	No. of Performances per year	No. of Spectators per year	No. of Permanent Artists	Financing Box of – Subsidies	
CYPRUS THEATRE ORGANIZATION	1 200	170	60 938	23	20%	80%
SATIRICO THEATRO	800	130	24 898	10	40%	60%
THEATRO ENA	120	133	15 319	8	30%	70%
E. T. A. L. (LIMASSOL)	600	107	27 933	8	20%	80%
PAPADEMETRI COMPANY	800	168	–	10	90%	10%
THIASOS ASTERON	1 000	150	–	10	90%	10%

Source: Unpublished Survey of the Cyprus Centre of the International Theatre Institute, Nicosia 1995.

Table No 2: Amateur Theatres in the Republic of Cyprus in 1994

Amateur Theatre	No. of Performances per year	No. of Spectators per year	No. of Artists	Financing Box of-Subsidies[1]
AGLANGIA POPULAR THEATRE	30	4 000	6	–
ACT THEATRE	20	8 000	12	–
POLITISTIKI KINISI LARNAKAS	15	15 000	10	–
THEATRIKOS OMILOS LARNAKAS	15	12 000	8	–
ELIA LYTHRODONDA	6	3 000	10	–
APOP PALAECHORIOU	5	2 600	12	–
AGIA MARINA XYLIATOU	5	–	10	–
UNIVERSITY THEATRE GROUP	8	1 600	15	–
MELISSI THEATRE GROUP	30	10 000	20	–
KOURKOULIANOS PUPPET THEATRE	12	5 000	–	–
THEATRIKI POREIA OF LIMASSOL	8	7 000	–	–

[1] No data available

Source: Unpublished Survey of the Cyprus Centre of the International Theatre Institute, Nicosia 1995.

Bildende Kunst

Chrysanthos Christou, Athen

I. Grundlagen und Besonderheiten der modernen zyprischen Kunst – II. Die Kunstgattungen: 1. Malerei: a) Die Generationen bis zum Ende des Ersten Weltkrieges – b) Die Generation der Jahre 1921–1940 – c) Die Generation der Jahre 1941–1960 – 2. Zeichnung und Graphik – 3 Plastik – III. Die zyperntürkische Kunstszene – IV. Zusammenfassung

I. Grundlagen und Besonderheiten der modernen zyprischen Kunst

Als eine Schnittstelle zwischen Völkern und Kulturen brachte Zypern schon in der Vergangenheit Gestalten und Formen hervor, die nach einer neuen Synthese suchten. Durch ihre schöpferischen Leistungen versuchten die zyprischen Künstler, auf die unterschiedlichen Probleme zu antworten, die aus der Lage ihrer Insel im Mittelmeer sowie aus dem Druck erwuchsen, den der Kontakt mit anderen Völkern und Kulturen verursachte. Die Künstler auf Zypern bemühten sich, den inneren Gehalt des historischen Augenblicks auszudrücken. Bestimmendes Element der zyprischen Kunst der Vergangenheit war ihr Bestreben, einen Dialog unter den Menschen und den Völkern des Mittelmeeres zu ermöglichen und eine produktive Verbindung zwischen den Überzeugungen des Ostens und dem Geist des Westens zu schaffen[1]). Dieser Versuch brachte von der prähistorischen Zeit über die Klassik des Hellenismus bis zur byzantinischen und postbyzantinischen Zeit Werke hervor, die sich durch die Qualität der Konzeptionen und den Reichtum an Ausdruck auszeichnen[2]). In ihnen verbinden sich dekorative Neigungen mit strengem Gestaltungswillen, eine oft leidenschaftliche Unterwerfung unter das Unbekannte und Transzendente mit dem tiefen Glauben an die menschliche Freiheit und die Bejahung des menschlichen Daseins.

---

[1]) Karageorghis, V.: Cyprus between the Orient and the Occident. Acts of the International Archeological Symposium. Nicosia 1986, S. 352.
[2]) Zur zyprischen Kunst von der prähistorischen Zeit bis zur griechisch-römischen Klassik vgl. Karageorghis, V.: Zypern. Genf 1969 (= Archeologia Mundi) und derselbe: Cyprus. From the Stone Age to the Romans. London 1982. Zur byzantinischen Kunst vgl. Sotiriou, G.: Byzantinische Monumente Zyperns. Athen 1933; Stylianou, A./Stylianou, J.: The Painted Churches of Cyprus. Treasures of Byzantine Art. Nicosia 1964 (Reprint London 1985). Vgl. auch Übersee-Museum Bremen (Hrsg.): Aphrodites Schwestern. 9000 Jahre Kultur Zyperns. Frankfurt 1987. Zu den Kunstformen in postbyzantinischer Zeit wie z. B. die „Zyprische Gotik" vgl. ferner Hill, G.: A History of Cyprus, Bd. 2 und 3. The Frankish Period 1192–1571. Cambridge 1948 (Reprint 1972), S. 1105–1142; Hunt, D.: The Frankish Period 1191–1571, in: Footprints in Cyprus. An Illustrated History. Hrsg. D. Hunt. London 1982 (revidierte Fassung von 1990), S. 175–225, und Hunt, D. (Hrsg.): Caterina Cornaro. Queen of Cyprus. London 1989.

Die moderne zyprische Kunst beginnt im Grunde erst im 20. Jahrhundert, denn eigenständige Leistungen in den Kunstgattungen Zeichnung und Graphik, Malerei, Plastik und Angewandte Kunst lassen sich für die Zeit der osmanischen und der englischen Herrschaft nur schwer nachweisen. Die osmanische Besetzung der Insel behinderte jegliche künstlerische Entwicklung, mit Ausnahme der Architektur und der sakralen Kunstform[3]). Ebenso boten sich der Kunst unter der englischen Herrschaft, die in den Augen eines bekannten deutschsprachigen Archäologen und Althistorikers für den „Eintritt (Zyperns) in die moderne Welt"[4]) sorgte, nur wenige Gelegenheiten zur selbständigen Entfaltung. Besonders die im späten 19. und in den ersten Jahrzehnten des 20. Jahrhunderts geborenen zyperngriechischen Maler nutzten dennoch diese wenigen Entfaltungsmöglichkeiten und legten die Grundlagen für die Entwicklung einer modernen zyprischen Kunst. Aufgrund der gewählten Thematik und der bildnerischen Mittel gelten dabei Adamantios Diamantis (1900–1994), Georgios P. Georgiou (1901–1972) und Tilemachos Kanthos (1910) zu den „Vätern"[5]) der modernen zyprischen Malerei. Sie schlossen ihre Ausbildung und ihre Phase des Experimentierens zwischen 1920 und 1940 ab und setzten sich in den Jahren nach 1940 mit ihren Leistungen durch. Auf ihnen bauen alle folgenden Generationen zyperngriechischer Künstler auf.

Zum besseren Verständnis dieser eigentümlichen Entwicklung ist es hier notwendig, kurz auf einige Besonderheiten der modernen zyprischen Kunst einzugehen. Zunächst ist dabei hervorzuheben, daß die moderne zyprische Kunst viele Ausgangspunkte hat. Die im wesentlichen der griechischen Volksgruppe angehörenden Künstler haben in London, Athen, Moskau, Prag, New York und Peking sowie in anderen internationalen Kunstmetropolen studiert. Die Folge ist eine beispiellose Vielfalt in den Lebensläufen, in der künstlerischen Entwicklung und in den eigenen Stilrichtungen. Alle diese Künstler wurden und werden von den lokalen Eigenarten Zyperns und besonders von den Ereignissen nach der „Katastrophe von 1974" (türkische Invasion und Teilung der Insel) stark beeinflußt. Dies zeigt sich beispielsweise daran, daß fast alle den für sie heute unzugänglichen Gebirgszug des *Pentadaktylo* darstellen. Dennoch drücken sie sich mit Hilfe verschiedener bildnerischer Gestaltungsmittel sehr unterschiedlich aus.

Zur außerordentlichen Blüte der zyprischen Kunst nach der Unabhängigkeit von England hat das öffentliche Schulwesen, die Grundschule ebenso wie die höhere Schule, schon seit Beginn des 20. Jahrhunderts wesentlich beigetragen. Das staatliche Bildungswesen, das in der Kunsterziehung von englischen Vorbildern stark beeinflußt ist, macht bis heute die Schüler mit allen Techniken der bildenden

---

[3]) Hunt, D.: The Turkish Period 1151–1178, in: Footprints in Cyprus (Anm.2), S. 226–254 und Schneider, A.: Zypern. 8000 Jahre Geschichte: Archäologische Schätze, Byzantinische Kirchen, Gotische Kathedralen. Zweite Auflage. Köln 1989, S. 89/90.

[4]) Maier, F. G.: Cypern. Insel am Kreuzweg der Geschichte. Zweite, erweiterte Auflage. München 1982, S. 162.

[5]) „Väter" im Sinne, in dem Werner Hofmann Georges Seurat, Paul Gauguin, Vincent van Gogh und Paul Cézanne als „Väter der europäischen Kunst des 20. Jahrhunderts" bezeichnet hat (W. Hofmann: Die Grundlagen der modernen Kunst. Stuttgart 1966, S. 190/191).

Künste vertraut. Bereits in der Grundschule werden die zyprischen Kinder in Malerei und Plastik, Keramik und Weberei, Gravur und Design unterrichtet und lernen alle dazugehörigen Materialien kennen. Es ist auch kein Zufall, daß fast alle bedeutenden Künstler Zyperns als Kunstlehrer an öffentlichen Schulen tätig sind und Zypern, was die Kunst von Kindern im Bereich der Malerei betrifft, im Weltmaßstab sehr gut vertreten ist.

Obwohl erst kürzlich eine Staatliche Gemäldesammlung in Nikosia aufgebaut wurde, welche die bereits bestehenden Privatsammlungen von Dimitrios Pieridis, Pefkis Georgiadis, Andreas Christofidis und Christoforos Kassianidis vortrefflich ergänzt, gibt es bis heute jedoch keine Kunstakademie auf der Insel. Das Fehlen einer akademischen Kunstausbildung hat daher die jungen Zyprer seit jeher zum Auslandsstudium gezwungen. Vor 1960 legten Fremdsprachenkenntnisse, Schulbildung und Kolonialstatus es zumeist nahe, an einer englischen Ausbildungsstätte ein Kunststudium zu beginnen. Viele studierten deshalb zunächst in England und erst später in Athen oder in anderen Zentren der künstlerischen Ausbildung. Wenn es auch nicht ganz zutrifft, „daß mehr als die Hälfte aller Maler, die in Zypern tätig waren oder sind, in England studiert haben"[6]), so ist doch immer noch eine große Zahl mit ihren englischen Ausbildungsstätten verbunden. Das bedeutet aber nicht, daß sich diese Künstler nur einer Schule verbunden fühlen oder einer einzigen Richtung verpflichtet sind.

Unter Berücksichtigung der Tatsache, daß sich nach 1940 immer mehr Künstler in westlichen wie in östlichen Kunstzentren ausbilden ließen, erklärt sich die Vielfalt der Richtungen in der heutigen zyprischen Kunst. So verwenden die zyprischen Künstler in ihren Arbeiten Formen aller Tendenzen und Strömungen der internationalen Kunst und bereichern ihre Konzepte auch mit neuen Eigenschaften (Innerlichkeit der Farbe, Betonung des Typischen). Es sind Künstler gegenständlicher und abstrakter Richtungen, realistischer und impressionistischer Tendenzen, expressionistischer und surrealistischer Formen, der *Popular-* und *Op-Art*, der geometrischen Abstraktion und der *Object-Art*, der *Minimal-Art*, der *Environments* und der *Multimedia*[7]).

An dieser Stelle müssen auch die technischen Schwierigkeiten genannt werden, die ein solcher Überblick über die moderne zyprische Kunst bereitet. Das Fehlen eines Museums für Moderne Kunst wird durch die Staatliche Gemäldesammlung in Nikosia und durch private Sammlungen weitgehend ausgeglichen. Es gibt aber kein öffentliches Archiv mit Katalogen, Fotografien und Diapositiven zu den Werken zyprischer Künstler. Die Staatliche Gemäldesammlung hat zwar mittlerweile mit dem Aufbau eines solchen Künstlerarchivs begonnen, doch wird bis zu seiner Vervollständigung noch viel Zeit, Geld und Arbeit nötig sein.

Zu den zyperngriechischen Künstlern liegen generell nur wenige grundlegende Arbeiten vor, wie zum Beispiel die in den letzten Jahren über Ioannis Kissoner-

---

[6]) Xidis, A.: Synchroni Kypriaki Techni (Moderne zyprische Kunst). Katalog zur Ausstellung zyprischer Kunst in der Nationalen Gemäldesammlung. Athen 1984 (ohne Seitenangabe).
[7]) Vgl. zu den Fachbegriffen Christou, Ch.: Bildende Kunst, in: Südosteuropa-Handbuch. Bd. 3. Griechenland. Hrsg. K.-D. Grothusen. Göttingen 1980, S. 531–543, bes. 540/541.

gis[8]), Adamantios Diamantis[9]) und Georgios P. Georgiou[10]) veröffentlichten. Es fehlen nach wie vor wichtige und zuverlässige biographische Informationen, wobei das erst in den letzten Jahren erschienene „Lexikon der zyprischen Künstler"[11]) ebenso wie das „Biographische Lexikon der Zyprer"[12]) und eine Skizze von Glyn Hughes[13]) lediglich erfreuliche Ausnahmen bleiben.

Ebenso mangelt es an Informationen zur Arbeit der zyperntürkischen Künstler, die erst neuerdings öffentlich in Erscheinung getreten sind. Es hat den Anschein, als gäbe es unter ihnen erst seit einigen Jahren ernstzunehmende Bemühungen, was vielleicht mit dem Bilderverbot im Koran zusammenhängen könnte. Zyperntürkische Künstler stellen jetzt jedoch nicht nur in Galerien in der „Türkischen Republik Nordzypern" („TRNZ") aus, sondern auch in der Republik Zypern, wo die Staatliche Gemäldesammlung in Nikosia einige Bilder von ihnen besitzt. Diese besondere Situation erschwert einen vollständigen Überblick über die moderne zyprische Kunst, für die bis heute lediglich ein erster Versuch zu einer Gesamtdarstellung ihrer Entwicklung vorliegt[14]). Auch mögliche Auslassungen und Überzeichnungen der vorliegenden Einführung liegen letztlich in der gewaltsamen Teilung Zyperns begründet. Die Behörden der „TRNZ" versperren grundsätzlich jedem griechischen Wissenschaftler den Zugang zu den großen Sammlungen in Famagusta und Kyrenia, von denen nicht bekannt ist, ob sie überhaupt noch erhalten sind[15]).

---

[8]) Vgl. dazu die illustrierte Monographie der Bank of Cyprus (Hrsg.): Ioannis Kissonergis 1889–1963. Nikosia 1992.

[9]) Vgl. hierzu die ausgezeichnete, leider bisher unveröffentlicht gebliebene Dissertation von Nikita, E.: Adamantios Diamantis – I Zoi kai to Ergo tou (Adamantios Diamantis – Sein Leben und Werk). Nikosia 1992.

[10]) Vgl. dazu die ebenfalls noch unveröffentlichte Dissertation von Georgiou-Loisou, A.: Georgios Pavlos Georgiou. Larnaka 1991.

[11]) Koudounaris, A. (Hrsg.): Viografiko Lexiko Kyprion Kallitechnon (Biographisches Lexikon der zyprischen Künstler). Nikosia 1982–83.

[12]) Koudounaris, A. L.: Viografikon Lexikon Kyprion 1800–1920 (Biographisches Lexikon der Zyprer 1800–1920). Nikosia 1991.

[13]) Hughes, G.: Progress in Art, in: Focus on Cyprus. Proceedings of the Symposia: Cyprus on the Threshold of the European Community. Hrsg. J. Charalambous und G. Georghallides. University of North London 1993, S. 175–197.

[14]) Christou, Ch.: Syntomi Istoria tis Synchronis Kypriakis Technis (Kurze Geschichte der zeitgenössischen zyprischen Kunst). Nikosia 1983.

[15]) Allerdings werden manchmal Ausnahmen von dieser Regel gemacht, wie das Beispiel eines zyperngriechischen Doktoranden der Anthropologie zeigt, der einen Monat lang in Begleitung eines Vertreters des Ministeriums für Öffentlichkeitsarbeit (*Enformasyon'dan*) in der „TRNZ" seine Feldforschungen betreiben durfte. Vgl. Papadakis, I.: Perceptions of History and Collective Identity: A Study of Contemporary Greek Cypriot and Turkish Cypriot Nationalism. (Unveröffentlichte Dissertation). University of Cambridge 1993.

II. Die Kunstgattungen

1. Malerei

a) Die Generationen bis zum Ende des Ersten Weltkrieges

Von den Malern, die noch im 19. Jahrhundert in Zypern geboren wurden, sind nur wenige Namen überliefert. Von einigen, wie z.B. von Georgios Fasouliotis (1895–1944) und Vasilis Vrionidis (1882–1958), ist wenig mehr als der Name geblieben, weil keine gesicherten Informationen über sie vorliegen und ihre repräsentativen Werke nicht mehr bekannt sind. Bedeutender erwiesen sich Michail Kkasialos (1885–1974), der wichtigste Vertreter der naiven Malerei, Nikos Nikolaidis (1884–1956), ein Maler und Schriftsteller, der als Ikonenmaler Bedeutendes leistete, und Ioannis Kissonergis (1889–1963), der anfangs in Athen Medizin studierte, sich aber dann ausschließlich der Malerei widmete. Im folgenden sollen deshalb die drei letztgenannten Künstler einer näheren Betrachtung unterzogen werden:

1. Bedingt durch das Fehlen weiterführender Ausbildungsmöglichkeiten spielten die Maler der naiven Kunst in Zypern immer schon eine bedeutende Rolle. Denn diese weisen alle Eigenheiten von Künstlern auf, die keine akademische Ausbildung hatten. Michail Kkasialos (Kashalos), der in seinen Werken das bäuerliche Leben in Genreszenen darstellte, ist zweifellos der typische Fall eines solchen Künstlers, der sich durch die Ursprünglichkeit und Ausdruckskraft seiner Arbeiten, die kindliche Unschuld und die Qualität seiner Konzeptionen auszeichnet. Im Umkreis von Kkasialos, dem Patriarchen der naiven Malerei in Zypern, begegnet man einer Reihe ähnlicher Maler wie Nikos Ioannou (1904), Christos Athinodorou (1909), Christalla Dimitriou (1919), Thraki Jones-Rossidou (ohne Jahr), Kostas Averkiou (1917–1981), Kiriakos Koulis (1918), Giannouma Georgiou (1924), Themistoklis Fotiadis (1926), Ioannis Christoforou (1930) und teilweise auch Georgios Tsoukchos (1941).

2. Bei Nikos Nikolaidis – vor allem bei seinen repräsentativen Arbeiten in Aquarell und Kreide – läßt sich beobachten, daß er der französischen Maltradition, insbesondere dem Impressionismus, verpflichtet ist.

3. Eine wichtigere Rolle für die Gesamtentwicklung der zyprischen Malerei spielte jedoch Ioannis Kissonergis mit seinen Arbeiten im Bereich der Landschaftsmalerei und des Genres, aber auch seit 1916 durch seine Lehrtätigkeit am Panzyprischen Gymnasium. Hier waren neben vielen anderen auch Adamantios Diamantis und Tilemachos Kanthos, zwei der drei „Väter" der zyprischen Malerei, seine Schüler. Heute, da das Werk von Kissonergis durch die Veröffentlichung der *Bank of Cyprus* bekannt geworden ist[16]), läßt sich erkennen, daß sich Kissonergis als Maler an impressionistischen Tendenzen orientierte und den lyrischen Charakter der Farbe besonders betonte.

---

[16]) Die Publikation der Bank of Cyprus (Anm.8) enthält alle die Werke des Künstlers, die heute allgemein als verloren gelten.

Diese ersten modernen zyprischen Maler zeichneten sich durch eine Reihe von Merkmalen aus, die auf die Nachfolger Einfluß ausübten, ohne diese jedoch daran zu hindern, ihre eigenen Wege zu gehen. Zu Recht wurde festgestellt: „Obwohl wenige Zyprer in Athen Bildende Kunst studierten, ist die moderne zyprische Kunst offensichtlich mit der neugriechischen Kunst sehr viel enger als mit jeder anderen verwandt. Gemeinsam sind beiden die Schlichtheit der Motive, das Gefühl für Ausgewogenheit und die Vermeidung von Extremen sowie das Vorziehen von Süße anstatt Schärfe in den Beziehungen der Elemente, die das Bild strukturieren"[17]). Die zyprische Malerei bleibt in den Arbeiten der zwischen 1900 und 1920 geborenen Künstler traditionellen Themen treu: dem Genre, der Historie, dem Porträt, der Landschaft und dem Stilleben. Auch die Gestaltungsmittel (Zeichnung, Farbe, Komposition) basieren überwiegend auf gegenständlichen Werten, doch ist in manchen Fällen eine Tendenz zur Schematisierung erkennbar. Die Farbigkeit bleibt immer beherrscht, und selbst Künstler, die expressionistische Formen verwenden, nehmen weder zu betonter Deformation noch zu starken farblichen Kontrasten Zuflucht. Auch die Komposition bleibt geschlossen und ausgeglichen, die dynamische Diagonalgliederung wird vermieden, und nur in einigen Arbeiten zeigt sich eine Verwendung manieristischer Formen. In manchem Element ist auch die Verwendung von Errungenschaften der byzantinischen Kunst leicht zu erkennen, sowohl in der allgemeinen Orientierung wie in der Funktion der Farben, die gewöhnlich gedämpft und zurückhaltend sind. Elemente der zyprischen Volkskunst fehlen selbst in den Arbeiten der Künstler nicht, die ihr Studium in den Kunstmetropolen absolviert haben. Es soll hier jedoch angemerkt werden, daß sich die Künstler nur schwer zu Gruppen mit einheitlicher Stilrichtung zusammenfassen lassen, weil sie von unterschiedlichen Tendenzen geprägt sind. Deshalb soll im folgenden versucht werden, ihre besonders charakteristischen Einzelleistungen in der zeitlichen Reihenfolge darzustellen, in der sie in der Öffentlichkeit zuerst erschienen sind.

Unbestritten gehören Adamantios Diamantis, Georgios P. Georgiou (1901–1972) und Tilemachos Kanthos zu den drei wichtigsten und repräsentativsten Künstlerpersönlichkeiten der ersten Generation von Malern zwischen 1900 und 1920. Sie sind wegen des Umfangs und des Reichtums ihrer Bestrebungen ebenso wie wegen der Qualität und der Produktivität ihrer Konzeptionen die eigentlichen „Väter" aller nachfolgenden Generationen. In ihnen verkörpern sich thematisch, stilistisch und ausdrucksmäßig drei unterschiedliche Richtungen der zyprischen Kunst:

1. Diamantis interessierte sich überwiegend für die menschliche Figur, für die Genremalerei und für zeitgenössische Themen. Seine Kunst beruht auf einer gewissen Schematisierung und einer Hervorhebung des Wesentlichen sowie auf der Monumentalisierung und Betonung der Form.
2. Georgiou konzentrierte sich auf historische und symbolische Malerei. Er nutzte vor allem byzantinische Formen und manieristische Eigenheiten.

---

[17]) So Andreas Chrisochos, selbst ein bedeutender zyperngriechischer Maler, in der Einleitung des Lexikons der zyprischen Künstler (Anm.11), S.25.

3. Kanthos schließlich legte seinen Schwerpunkt auf die Landschaftsmalerei. Er drückt sich stärker durch Farbigkeit und Lyrismus des Ganzen aus.

Zu 1): Adamantios Diamantis, der von 1921 bis 1923 in London studierte, erhielt gemeinsam mit Henry Moore den ersten Preis für die beste Zeichnung des *Royal College of Art*. In Nikosia baute er das Museum für zyprische Volkskunst auf und unterrichtete nahezu 40 Jahre als Kunsterzieher[18]. Seit seinen ersten Versuchen in der Malerei arbeitete Diamantis an der Wiedergabe der sichtbaren Wirklichkeit, der Interpretation der menschlichen Figur und an der ständigen Tendenz zur Überführung des Individuellen in das Typische. Er ist weitgehend ein Epiker der zyprischen Malerei und schuf Kompositionen, die sich durch die Energie der Figuren, die Ursprünglichkeit und die Direktheit der Ausdrucksmittel (Farbe, Zeichnung, Komposition) sowie durch die innere Wahrheit ihrer Konzeptionen auszeichnen. In seinem bisher herausragendsten Werk von 1975, „*O Kosmos tis Kyprou. Afigisis* (Die Welt von Zypern. Eine Erzählung)", das weniger durch die gewaltigen Abmessungen[19] als durch den Reichtum und die Eigenart der bildnerischen Mittel groß ist, schuf Diamantis wohl eines der bedeutendsten Werke der modernen europäischen Kunst überhaupt. Es gelang ihm hier, epische Breite mit elegischem Inhalt, Individuelles mit Allgemeinem, die Gestalten mit dem Raum und die Zeichnung mit der Farbe zu verbinden. Es ist ein Werk, das örtliche und zeitliche Gebundenheiten übersteigt und durch seine Betonung der rein malerischen Werte zu einem erschütternden Zeugnis einer jeden Epoche in der Menschheitsgeschichte werden kann, die mit der Katastrophe einer gewaltsamen Teilung konfrontiert ist.

Zu 2): Anders liegt der Fall bei Georgios P. Georgiou. Als Künstler, der in England sein Studium begann, ohne einen akademischen Abschluß zu erlangen, ist Georgiou im Grunde ein Autodidakt, der eine andere Richtung einschlägt[20]. Obwohl auch er an der menschlichen Figur interessiert war, vertiefte er sich in religiöse Themen und symbolische Formen und schuf Werke, die sich besonders durch eine Erweiterung der Ausdrucksmittel hervorheben. Der entscheidende Bezugspunkt seiner künstlerischen Ausdrucksform ist die byzantinische Malerei, die er durch manieristische Formen bereichert, da ihn das Werk des Dominikos Theotokopoulos, genannt „El Greco", besonders beeinflußte. In seinen repräsentativen Arbeiten verbinden sich in fruchtbarer Weise Elemente gotischer Kunst mit manieristischen Formen und Eigenheiten der byzantinischen Kunst mit Bestrebungen vor allem des deutschen Expressionismus. Die wesentlichen Eigenschaften seiner Malerei sind die Qualität der Zeichnung und die Suggestivkraft der Farbe ebenso

---

[18]) Biographische Informationen und Werkanalysen bei Nikita (Anm.9) und Lexikon der Zyprer (Anm.12), S.47/48. Vgl. auch Diamantis, A.: A Retrospective Exhibition of Painting and Drawings 1922–1978. London 1979.

[19]) „Die Welt von Zypern", woran Diamantis jahrelang arbeitete, ist 17,50 m breit und 1,75 m hoch und zeigt in Grautönen Figuren des zyprischen Lebens in einer geschlossenen Komposition. Durch seine Beschränkung auf die Monochromie gibt der Künstler eine Art „non finito", das die Tragödie der Teilung der Insel ausdrückt.

[20]) Biographische Informationen und Werkanalysen in der Dissertation von Georgiou-Loisou (Anm.10) und Lexikon der Zyprer (Anm.12), S.39.

wie die Fähigkeit, Alltägliches in Typisches zu überführen und den Gehalt der Formen durch symbolische und metaphorische Werte zu bereichern.

Zur Generation von Georgiou und Diamantis gehört auch Loukia Nikolaidou-Vasiliou (1909), „die erste Zypriotin, die es wagte, die Grenzen ihrer Heimat zu überschreiten, um an einer Kunstakademie (in Paris) zu studieren"[21]. Als Malerin, die sich allen Themenbereichen zuwandte, verband sie in gelungener Weise Elemente der heimischen Überlieferung (Menschliche Figur, Komposition) mit den Errungenschaften neuer Tendenzen: In ihren repräsentativen Arbeiten dominieren Elemente von Paul Cézanne, in anderen verwendet sie die Schematisierung von Figuren, und gelegentlich verbindet sie fauvistische mit kubistischen Formen. In all ihren Werken beeindrucken die Ursprünglichkeit und Ausdruckskraft ihrer Formensprache, die Qualität der Zeichnung und die Sensibilität der Farben.

Zu 3): Tilemachos Kanthos, ein Künstler, der viele Jahre lang als Kunstlehrer an zyprischen Schulen tätig war, wurde 1910 geboren und studierte Malerei und Graphik an der Akademie der Bildenden Künste in Athen. Schon seine ersten malerischen Versuche galten der Landschaft, und noch seine reifsten Konzeptionen behandeln diese Thematik[22]. Er ist ein Maler, der wichtige Elemente aus den Werken Cézannes und denen von Konstantinos Parthenis[23], seinem akademischen Lehrer, übernommen hat. Doch fand er sehr rasch seinen ganz persönlichen Ausdruck, der vorwiegend durch die Rolle der farblichen Werte bestimmt wird. Sein Ausgangspunkt ist die sichtbare Wirklichkeit, vor allem die Natur. Er schuf Werke, die sich durch ihren reinen Lyrismus auszeichnen. Die Komposition beruht zumeist auf horizontalen und kurvigen Motiven und dem freien Horizont, sein bildgestalterisches Vokabular auf einer gewissen Schematisierung und der Konzentration auf Wesentliches. Seine Farben sind hell und leuchtend, die Kompositionen lyrisch und optimistisch. In manchen seiner repräsentativen Arbeiten bewegt sich Kanthos im Umkreis des Fauvismus und des Expressionismus, doch ist seine malerische Sprache immer persönlich und durch Unmittelbarkeit wie Ursprünglichkeit gekennzeichnet.

Zur näheren Umgebung dieser Gründergeneration der modernen zyprischen Malerei gehört auch eine große, jedoch heterogene Gruppe von Künstlern. Einige von ihnen sind besonders durch ihre Freude am Experiment aufgefallen und sollen deshalb hier kurz vorgestellt werden:

---

[21] So Eleni Nikita in ihrer grundlegenden Analyse im Katalog der Retrospektive von 1992 der Staatlichen Gemäldesammlung in Nikosia. Vgl. zu Leben und Werk Lexikon der Zyprer (Anm.12), S.166.

[22] Biographische Informationen im Lexikon der zyprischen Künstler (Anm.11), S.89–91 und im Lexikon der Zyprer (Anm.12), S.84. Vgl. auch Nikita, E.: Kypriakoi Kallitechnes: Tilemachos Kanthos (Zyprische Maler: Tilemachos Kanthos), in: Imerologio (Jahrbuch). Nikosia 1993. Der Kalender bietet eine Reihe gelungener Wiedergaben und eine interessante Analyse der Werke des Malers.

[23] Konstantinos Parthenis (1878–1967) ist einer der wichtigsten und persönlichsten Künstler der griechischen Malerei, der als Professor an der Akademie der Bildenden Künste in Athen lehrte.

- In den Werken von Takis Frangoudis (1900–1978) verbinden sich realistische Elemente mit Formen des Kubismus.
- Die Arbeiten von Solomos Frangoulidis (1902–1981), die überwiegend Genreszenen darstellen („*Kypriotopoules sti Vrisi* [Kleine Zyprerinnen am Brunnen]", „Atelier"), bleiben im Rahmen des Realismus, einige sogar in den Formen des Akademismus.
- Ebenso wie die beiden Frangoudis-Brüder studierte auch Viktor Ioannidis (1903–1984) in Athen. Er ist ein Künstler, der sich durch die Schärfe seiner Zeichnung und den meist lyrischen und traumhaften Charakter seiner Malerei auszeichnet.
- In Paris studierte der Landschaftsmaler Charilaos Dikaios (1912), der vor allem vom Impressionismus beeinflußt wurde. Kennzeichen seiner Werke ist die eindringliche Wiedergabe des Atmosphärischen.
- Georgios Mavroidis wurde als Sohn zyprischer Eltern 1912 in Piräus geboren. Ein selbst finanziertes Studium der Malerei in Athen führte ihn in die Nähe des deutschen Expressionismus, was in der Wahl seiner Motive und in seinem gestalterischen Vokabular mit ausgeprägten Deformationen, elliptischem Raum und farblichen Kontrasten sichtbar wird.
- Kostas Averkiou (1917–1981) ist Autodidakt, der sich darum bemühte, Formen der naiven Malerei mit Elementen des objektiven Realismus zu verbinden.
- In eine sehr persönliche Richtung bewegt sich der produktive Tasos Stephanidis (1917), ebenfalls ein autodidaktischer Maler und Schriftsteller, in dessen Arbeiten sich expressionistische Elemente mit symbolischen Zügen verbinden („Komposition", „Schöpfung", „Pentadaktylos").
- Fotos Chatzisotiriou (1919), ein weiterer Autodidakt, der Malerei in Pariser und Londoner Museen studierte, war nicht nur als Maler, sondern auch als Bildhauer und Schriftsteller tätig. In seinem bildnerischen Werk verbinden sich volkstümliche und byzantinische Elemente mit persönlichen Konzeptionen („Kirchenfest", „Ansteigende Straße").
- Xanthos Chatzisotiriou (1920), Bruder von Fotos, der in London Malerei erlernte, verbindet in seiner Kunst volkstümliche Elemente mit manieristischen Motiven, die deutlich den Einfluß von Diamantis zeigen.
- Im Rahmen des Realismus bewegt sich auch die Malerei von Andreas Asproftas (1919).
- Dagegen nimmt Kallinikos Stavrovouniotis (1920), der fast ausschließlich als Ikonenmaler arbeitet, die Formen der byzantinischen Überlieferung als Grundlage. Er zeichnet sich aber durch die größere Rolle der Farbe in seinen Arbeiten aus[24]).

---

[24]) Biographische Informationen und einige, allerdings nicht sehr gute Reproduktionen von Werken dieser Künstler finden sich in: Lexikon der zyprischen Künstler (Anm.11) und unvollständig in: Lexikon der Zyprer (Anm.12), S.25, 49, 73, 140, 225, 246, 258/259.

b) Die Generation der Jahre 1921–1940

Den vorwiegend zyperngriechischen Künstlern, die in der Zwischenkriegszeit geboren wurden, gelang es, wesentliche Errungenschaften der internationalen Kunst (Fauvismus, Kubismus, Expressionismus) zu erlernen und in ihren Werken zu assimilieren. Sie fügten damit die zyprische Malerei deutlich in das schöpferische und charakteristische Experimentieren unserer Zeit ein, ohne jedoch gänzlich den Bezug zur antiken und byzantinischen Überlieferung zu verlieren bzw. die Verbindungen zur neugriechischen Kunst opfern zu wollen. Die zwischen den Weltkriegen geborenen Maler, die nach 1945 ihre Ausbildung in den Weltmetropolen abschlossen und nach der Gründung der Republik Zypern (1960) ihre persönlichen Konzepte dort entwickelten, verkörpern in ihren Arbeiten alle Richtungen der Moderne. Da die Republik Zypern seit 1960 an allen großen Kunstausstellungen (Biennalen in Alexandria, Venedig, São Paulo u.v.a.) teilnimmt, können diese Künstler die Besonderheit ihrer Leistungen auch in der internationalen Kunstszene unter Beweis stellen. Die zyprische Malerei ist zwar mit den Vorgängen in den Kunstmetropolen der Welt gut vertraut, sie zeigt aber keine Abhängigkeit von diesen fremden Vorbildern. Es entstehen Arbeiten, die nicht bei gegenständlichen Tendenzen und realistischen Werten stehen bleiben, sondern innerhalb der nichtgegenständlichen Strömungen produktiv sind: in der expressionistischen, geometrischen und lyrischen Abstraktion, in den Bestrebungen des Surrealismus und der *Minimal-Art*, von *Popular-* bis *Op-Art*, in den *Happenings* und den *Environments*, in der Objektkunst und der *Multimedia* sowie in jeder anderen experimentellen Richtung[25].

Zur Generation von Künstlern aus der Zwischenkriegszeit, die die zyprische Malerei nach der Unabhängigkeit Zyperns erneuern wollten, gehören insbesondere Christoforos Savvas, Andreas Chrisochos, Stelios Votsis, Paraschos Stas, Nikos Kourousis, Giorgos Skotinos, Giorgos Kotsonis und Makis Finikaridis. Im folgenden sollen hier diese Kunstschaffenden und ihr Werk näher betrachtet werden:

1. Die bestimmende Persönlichkeit in dieser Gruppe ist zweifelsohne Christoforos Savvas (1924–1968), der in London sein Studium der Malerei abschloß[26]. Er war ein Künstler, den die überraschende Fähigkeit auszeichnete, sich fremde Formen anzueignen, ohne das Ausmaß seiner Erfindungsgabe und den Reichtum sowie die Qualität seiner sehr persönlichen Ausdrucksmittel einzuschränken. Savvas war nicht auf eine stilistische Richtung festgelegt, sondern verwendete neben herkömmlichen auch neue Materialien (Tücher, Schnüre, Nadeln, Muscheln) und nutzte in ganz persönlicher Weise Elemente unterschiedlicher Herkunft – von fauvistischer Farbe bis zu Formen des Kubismus, von der Räumlichkeit des Surrealismus bis zur Atmosphäre des Symbolismus („Sitzende", „Komposition", „Zwei Figuren mit Vase").

---

[25]) Christou, Bildende Kunst (Anm.7), S. 543.
[26]) Vgl. Ikonomou, K./Savvas-Duroe, Ch.: Christoforos Savvas. I Zoi kai to Ergo tou (Sein Leben und Werk). Nikosia 1988. Das Werk enthält qualitativ gute Abbildungen und ein vollständiges Verzeichnis seiner Ausstellungen.

2. Eine andere typische Persönlichkeit aus dieser Generation ist Andreas Chrisochos (1929), der die geometrische Abstraktion in Zypern einführte. Doch Chrisochos beschränkt sich in seinen Arbeiten nicht darauf, bekannte Formen zu übernehmen, sondern verbindet die lebhafte Farbigkeit des Expressionismus mit der Strenge des geometrischen Vokabulars und kommt dadurch zu neuen, rein persönlichen Ausdruckskonzeptionen. In manchen seiner jüngsten Arbeiten verbindet sich eine geometrische Abstraktion mit Formen der *pittura metafisica*, zu einem fruchtbaren Resultat („Surrealistische Komposition").

3. Stelios Votsis (1929), der wie Chrisochos in London studierte, hat ebenfalls eine ganz persönliche Ausdrucksweise, in der sich gegenständliche und geometrische Züge verbinden, wobei die Schematisierung der menschlichen Figur und die Raumproblematik besonders akzentuiert werden. In seinen Versuchen gelingen Votsis repräsentative Arbeiten, bei denen die Qualität seiner Zeichnung ebenso beeindruckt wie die Innerlichkeit seiner Farbkomposition, das Zwiegespräch der Figuren mit dem Raum und das der Gegenwart mit der Vergangenheit[27]).

4. Dagegen ist Paraschos Stas (1933) ein Künstler, der Elemente der *Pop-Art* wie etwa die Kompartimentalisierung der Maloberfläche mit neo-figurativen und dekorativen Elementen kombiniert, die seine Arbeiten zu farbigen Märchen machen. Die Art, wie er die gegenständlichen Elemente mit Motiven unterschiedlicher Epochen und Räume verbindet, macht Stas zu einem Vertreter der sogenannten postmodernen Kunst.

5. Nikos Kourousis (1937), der wie Stas in England studierte, ist eine der wagemutigsten, produktivsten und eigenständigsten Persönlichkeiten der zyprischen Malerei. Er bewegt sich mit gleicher Sicherheit im Bereich geometrischer Tendenzen und neo-figurativer Richtungen wie auf dem Gebiet der Objekt- und Multimedia-Kunst, der traditionellen wie auch der plastischen Malerei und der Skulptur. Kennzeichen seiner Arbeiten sind Ausdruckskraft und Kombinationsreichtum sowie die Sicherheit und die vielschichtigen Ausweitungen seiner Errungenschaften[28]).

6. Giorgos Skotinos (1937), der in Griechenland und New York studierte, ist der Schöpfer eines persönlichen Expressionismus, dessen Grundlage die betonte Rolle der Form, verschiedenartige Deformationen und die Raumproblematik sind. In seiner wichtigsten Arbeit, dem Zyklus „Anklagen", gelingt es Skotinos, durch die Verbindung expressionistischer Formen mit barocken Merkmalen das Wesen der „Katastrophe von 1974" darzustellen.

7. Giorgos Kotsonis (1940) ist der bedeutendste Akt-Maler der zyprischen Kunst. Er konzentriert sich in seiner Malerei hauptsächlich auf den weiblichen Akt. Seine Werke profitieren von seinem klassizistischen Vokabular und von der Qualität seiner Zeichnung[29]).

---

[27]) Vgl. Christou, Ch.: Tesseres Kyprioi Kallitechnes (Vier zyprische Künstler). Katalog der Ausstellung. Thessaloniki 1976.

[28]) Vgl. den Katalogbeitrag von Eleni Nikita zur Ausstellung von N. Kourousis auf der Biennale in Venedig 1990.

[29]) Vgl. zur Ausstellung von G. Kotsanis in Paphos den Katalog mit einem Text von Athina Schina. Paphos 1988, und Chr. Christou im Katalog der Ausstellung von Paphos 1990.

8. Makis Finikaridis (1940), der in Athen studierte, ist ein Künstler überwiegend veristischer Tendenzen und symbolischer Formen, der von der *pittura metafisica* beeinflußt wird.

Im weiteren Umkreis dieser Gruppe findet sich eine größere Zahl von Künstlern, die mehr oder weniger mit den traditionellen Tendenzen verbunden sind, sich manchmal jedoch auch der Idee und den Errungenschaften der neuen Konzeptionen zu bedienen wissen. Zu ihnen zählen:

- Kostas Ikonomou (1925) ist beispielsweise vorwiegend als Landschaftsmaler tätig. Er zeichnet sich durch die Verwendung realistischer und impressionistischer Formen aus und kommt im Aquarell zu sehr persönlichen Ausdrucksformen.
- Einige Arbeiten von Kati Stefanidou-Fasouliotis (1925), die wie Ikonomou in England studierte, zeichnen sich durch die Übernahme eines geometrischen Vokabulars aus, andere wiederum durch Schematisierung der Formen und durch die Raumproblematik.
- Eleni Chariklidou (1926–1988), die dagegen in Athen studierte, ist eine Malerin, die sich durch die Verbindung von geometrischer Abstraktion mit der Farbigkeit der Orphik in ganz eigener Weise ausdrückt[30]).
- Themistoklis Fotiadis, der anfangs in den USA Landwirtschaft studierte, ist ein Künstler des bäuerlichen Lebens, der sich in Formen ausdrückt, die von Diamantis beeinflußt sind.
- Georgios Mavroienis (1928) verbindet als Maler und Bildhauer in seinen Arbeiten Formen von El Greco mit Elementen der *pittura metafisica*.
- Marios Laisidis (1928), der wie Mavroienis in England studierte, ist ein Maler aus dem Bereich der post-malerischen Abstraktion, der sich in sehr persönlicher Weise der Formen der geometrischen Abstraktion bedient.
- Den Künstler Lefteris Ikonomou (1930) kennzeichnen sein impressionistisches Vokabular sowie die Verwendung von Elementen unterschiedlicher Stilrichtungen.
- Elli Mitsi (1930), die in Wien studierte, vertritt eine Malerei dekorativer Tendenzen und paradiesischer Stimmungen.
- Evanthia Kouma (1934), die sich besonders dem Stilleben widmet, zeichnet sich durch die vorwiegend lyrische Verwendung der Farbe aus.
- Das zentrale Anliegen von Vera Chatzida-Gavriilidis (1936) ist die Wiedergabe des Raumes, die in der Schematisierung der Figuren ihren Ausdruck findet.
- Kostas Ioakim (1936), der Bildhauerei und Malerei in London studierte, ist ein Künstler abstrakter Tendenz, der sich durch eine Verbindung von linearen und farblichen Formen auszeichnet.
- Die Malerin Dora Orfanou-Farmaka (1937) stützt sich auf die Schematisierung der Figuren und den expressionistischen Charakter der Farbe.
- Rina Katseli (1938) ist bemerkenswert wegen ihres Versuchs, byzantinische Kunst und Elemente des Surrealismus zu verbinden.

---

[30]) Vgl. zur Ausstellung von E. Chariklidou den Katalog mit einem Text von T. Kanthos. Nikosia 1980.

- Klara Sacharea-Georgiou (1938) ist eine Malerin mit einer besonderen Vorliebe für die idealisierende Zeichnung.
- Der eigenständige Künstler Andreas Charalambidis (1939) ist durch die eigenartige Verbindung von gegenständlichen und abstrakten Elementen bekannt geworden. Er verwendet vorwiegend einen phantastischen Raum und schafft Kompositionen apokalyptischen Inhalts[31]).
- Adi Ioannidis (1939), dessen Interesse besonders der Miniaturmalerei und den graphischen Künsten gilt, verbindet in seiner Kunst Elemente des Surrealismus mit Formen des Phantastischen.
- In den Aquarellen von Mike Patsalos (1939) erscheint der impressionistische Charakter seiner Malerei besonders ausgeprägt.
- Konstantinos Jannikouris (1939), der in Paris sein Kunststudium abschloß, ist mit seinen geisterhaften Figuren und einer undefinierten Räumlichkeit ein Maler mit neo-figurativen Tendenzen.
- Andreas Ladommatos (1940) ist einer der produktivsten zyprischen Künstler. Seine Malerei bewegt sich teilweise im Bereich des objektiven Realismus, teilweise im Impressionismus und ist vor allem durch ihren poetischen Charakter gekennzeichnet[32]).
- Die Malerin Julika Lakeridou (1940), die in England und Frankreich studierte, tritt durch Schematisierung und rein lyrischen Charakter der Farbe hervor[33]).
- Dora Orontis Siandou (1940) kennzeichnen Schematisierung und Übernahme wie Verwendung dekorativer Formen.
- In der Genre- und Landschaftsmalerei von Thamiros Makridis (1940) spielen impressionistische Elemente eine wesentliche Rolle.
- Stella Michailidou (1940), die in Athen und Paris studierte, vertritt eine Malerei, in der sich gegenständliche und abstrakte Elemente verbinden, wodurch die Bildfläche symbolische Dimensionen gewinnt.

c) Die Generation der Jahre 1941–1960

Einen zuverlässigen Überblick über die künstlerischen Leistungen der zyprischen Maler der Kriegs- und Nachkriegsgeneration zu geben, ist problematisch und kann durch die zeitliche Nähe des Betrachters leicht zu Fehldeutungen führen. Darüber hinaus fehlen noch grundlegende, allgemeine Darstellungen. Die Zahl der Künstler und ihrer Richtungen ist so unübersichtlich groß geworden, daß selbst spezielle Kataloge mit wichtigen biographischen und werkimmanenten Angaben weitgehend nicht vorhanden sind. Da sich immer mehr Künstler nicht nur auf eine Thematik oder Stilrichtung beschränken, ist ihre thematische Zuordnung zu einer bestimmten Gruppe unmöglich geworden. Die Jugend dieser Künstlergeneration fällt in die Jahre des Unabhängigkeitskampfes, und sie erlebten gleich zu Beginn

---

[31]) Vgl. zur Ausstellung von A. Charalambidis den Katalog mit einem Text von Chr. Christou. Paphos 1989.
[32]) Christou, Kallitechnes (Anm.27), S.13.
[33]) Vgl. Christou, Ch.: Synchroni Kypriaki Techni (Zeitgenössische zyprische Kunst). Thessaloniki 1979.

ihrer kreativen Phase die dramatischen Ereignisse von 1974, die schließlich zur Teilung der Insel führten. Charakteristisch für diese Generation ist deshalb sowohl ihre Dynamik, die Teilung thematisch zu verarbeiten, als auch das Ausmaß ihrer technischen Bemühungen, die von der Neuinterpretation traditioneller Formen bis hin zu den avantgardistischen Experimenten der jüngsten Strömungen reichen. Vertreter dieser Generation sind hauptsächlich Georgios Sfikas, Andreas Karajannis, Christos Foukaras, Andreas Charalambous, Tsangaris Chabis, Kikos Lanitis, Loïsos Sergiou, Andreas Makariou, Efi Papamichail und Christakis Polidorou. Auf diese Persönlichkeiten und ihr Werk soll im folgenden näher eingegangen werden:

1. Georgios Sfikas (1943), der in England studierte, ist ein Künstler, der mit dem Impressionismus begann und zur geometrischen Abstraktion überging. In den letzten Jahren entwickelte er sich in Richtung der *Minimal Art*, zeigte aber auch neofigurative Tendenzen. Seine Werke zeichnen sich durch die Strenge und den Rätselcharakter ihrer Formensprache aus[34]).

2. Andreas Karajannis (1943), der in England und Deutschland studierte, verkörpert eine andere, für den Bereich der neo-figurativen Kunstform typische Richtung: Ausgehend von der menschlichen Figur schafft Karajanni Werke, die sowohl gefühlsmäßig, erotisch und widersprüchlich als auch apologetisch und selbstkritisch sind und die zyprische Kunst mit neuen Werten (Monumentalität, Plastizität) bereichern[35]).

3. In eine andere Richtung entwickelt sich Christos Foukaras (1944), der in Moskau studierte. Seine frühen Arbeiten stehen in Zusammenhang mit dem kritischen Realismus. Doch er entwickelte rasch eine ganz persönliche Formensprache, in der sich klassizistische Zeichnung, byzantinische Elemente und moderne Schematisierung zu Kompositionen verbinden, die durch Innerlichkeit und Ausdruckskraft überzeugen.

4. Auch Andreas Charalambous (1947) studierte in Moskau und verwendete in seinen frühen Arbeiten Formen des nachimpressionistischen Realismus. Es ist bezeichnend für Charalambous, daß er sehr rasch ein klassizistisches Idiom mit rein symbolischen Formen, Raumlosigkeit und erdhaften Farben entwickelte. Mehrere seiner Werke sind Triptychen, wodurch ihre symbolische Dimension noch deutlicher wird.

5. Tsangaris Chabis (1947), der in Athen und Moskau Malerei und Graphik studierte, ist ein Künstler, der volkstümliche und moderne Elemente miteinander verbindet. In seiner Graphik, in der die Qualität der Zeichnung mit dem Reichtum der Erzählung wetteifern, erweist er sich als ein großer Märchenerzähler.

6. Eine weitere wichtige Persönlichkeit ist Kikos Lanitis (1948), der nach frühen Arbeiten im Bereich des Expressionismus jetzt eine ganz persönliche und experimentelle Richtung entwickelt. In seine Malerei bezieht er unterschiedliche Ob-

---

[34]) Vgl. zum Beitrag von G. Sfikas zur Biennale in Venedig den Katalog mit Texten von Demosthenes Davetas und Eleni Nikita. Athen 1993.

[35]) Vgl. zur Ausstellung von A. Karajanni den Katalog mit einem Text von Chr. Christou. Athen 1982.

jekte (Holz, Gewebe, Metall) mit ein, was zu Kompositionen mit einem ausgeprägt dramatischen Charakter führt. Die gelegentliche Verwendung von Objekten, an denen der Lauf der Zeit gewirkt hat, gibt seinen Kompositionen den Charakter eines *Memento mori*.

7. Loïsos Sergiou (1951), der in Florenz studierte, ist eine der originärsten Stimmen des Expressionismus in Zypern. In seinen Arbeiten verbindet er unterschiedliche Formen der Deformation mit farblichen Kontrasten. Die Kompositionen haben durch die Gewaltsamkeit der Farben und die Härte der Figuren einen nahezu aggressiven Gesamtcharakter[36]).

8. Äußeres Pathos und persönliche Kombinationen zeichnen auch die künstlerische Arbeit von Andreas Makariou (1958) aus, der in Moskau studierte. Nach frühen Versuchen der Nutzung manieristischer Formen aus dem Bereich des kritischen Realismus wandte sich Makariou in den letzten Jahren der plastischen Malerei zu, in der expressionistische Elemente bestimmend sind. Es ist ein Expressionismus der Farbe und der Form, aber auch des Raumes selbst, der elliptischen Charakter hat.

9. Efi Papamichail (1958) ist besonders mit Installationen und *Environments* hervorgetreten, die geometrische und farbliche Werte kombinieren und auf einer Serialisierung der Motive beruhen[37]).

10. Christakis Polidorou (1960), der in Athen und Paris studierte, vereinigt gegenständliche mit abstrakten Elementen und gestaltet einen Konflikt zwischen Formen und Raum, den der leidenschaftliche Charakter der Farbe auszeichnet.

Im Wirkungsbereich dieser Nachkriegsgeneration befinden sich weitere Untergruppen von Künstlern, die in der Umsetzung ihrer Konzepte unterschiedliche Richtungen in der zyprischen Malerei vertreten. Eine große Gruppe bilden dabei die Maler gegenständlicher und neo-figurativer Richtungen, realistischer wie traditioneller Formen. Dazu zählen Katerina Bakouli-Vavlitou (1943), Panikos Neokleous (1945), Kostas Kavkeridis (1945), Panikos Mavrellis (1948), Eleni Chatzigeorgiou (1949), Stavroula Mavrillis (1954) und Mariam Souchanova-Foukara (1954).

Künstler aus allen expressionistischen Richtungen – vom figürlichen bis zum abstrakten Expressionismus – sind: Mikis Nikodimou (1941), Maria Tourou (1943), Sousan Ioakim (1943), Andi Partsilis (1947) und Theodoulos Grigoriou (1956), der auch Formen der geometrischen Abstraktion verwendet.

Zu den Kunstschaffenden aus dem Bereich des Surrealismus zählen Rea Athanasiadou (1946), Andreas Efosopoulos (1944), der häufig realistische Elemente mit einem surrealistischen Raum verbindet, Androula Angelidou-Athanasiadou (1947), Rea Koumidou (1948) und Chara Metaxa (1946).

---

[36]) Vgl. zur Ausstellung von L. Sergiou in Athen den Katalog mit einem Text von Chr. Christou. Athen 1991 und Christou, Kallitechnes (Anm. 27).

[37]) Vgl. den Katalog zur Ausstellung von E. Papamichail in der Staatlichen Gemäldesammlung der Republik Zypern. Nikosia 1992 und Andreadis, E.: Efta Kyprii Kallitechnes (Sieben zyprische Künstler). Athen 1992.

Die Sprache des Fauvismus benutzen Niki Marangou (1948), Polixeni Pantali (1950), Soula Lipsou-Jangkou (1952) und Eleni Mavroudi-Meli (1953).

Hier sind außerdem Künstler zu nennen, die sich auf eine persönlichere Art in verschiedene Richtungen bewegen, wie z.B. Anna Rosi (1942) im Rahmen der lyrischen Abstraktion und Eleni Nikodimou (1956) in Richtung des abstrakten Expressionismus.

Erwähnenswert sind schließlich auch verschiedene ausländische Künstler, die ständig in der Republik Zypern leben und arbeiten wie Glyn Hughes[38]) (1931), John Combridge (1935) und David Bailey (1947).

2. Zeichnung und Graphik

Die meisten zyperngriechischen Künstler befassen sich auch mit Zeichnung und Graphik. Zu den herausragenden Persönlichkeiten, die mit diesen Medien arbeiten, zählen dabei Adamantios Diamantis und Tilemachos Kanthos – letzterer schuf darüber hinaus außergewöhnliche Holzschnitte –, Christophoros Savvas und Stelios Votsis, Giorgos Kotsonis und Nikos Kourousis, Andreas Ladomatos und Paraschos Stas. Speziell mit Graphik – und vor allem mit dem Holzschnitt – beschäftigte sich auch Charalambos Tsangaris-Chabis, zu dessen hervorragenden Arbeiten auch Illustrationen von Volkserzählungen gehören. Die graphischen Arbeiten dieser Künstler sind von den Eigenheiten und dem Stil ihrer Malerei beeinflußt, die ihrerseits durch die Übernahme linearer Elemente bereichert wird.

3. Plastik

Über die zyprische Plastik des 19. Jahrhunderts gibt es nur wenige Informationen. Auf den Friedhöfen der Insel findet man zwar Grabsteine, doch sind sie, allgemein betrachtet, ohne besonderen künstlerischen Wert. Andreas Thamopoulos (1881–1953) ist der einzige namentlich bekannte Bildhauer des vergangenen Jahrhunderts. Für die ersten Jahrzehnte unseres Jahrhunderts ist Kostas Argirou (1917) zu nennen, ein autodidaktischer Bildhauer der naiven Kunst. In seinen Arbeiten, die thematisch allen Bereichen angehören, lassen sich immer Schematisierung und Schwere der Figuren ebenso wie Kraft und Sicherheit der Ausdrucksmittel (Stein, grobe Bearbeitung) beobachten.

Seit den 30er und 40er Jahren dieses Jahrhunderts gibt es typische Bemühungen (Löwe, menschliche Figur, Tiere), die von schöpferischer und persönlicher Natur sind. Es ist ein bestimmendes Element der zyprischen Skulptur, daß ihre Schöpfer sich stärker als ihre Kollegen im Mittelmeerraum dem Druck traditioneller Formen und dem Einfluß herkömmlicher Tendenzen widersetzen können. Die meisten von ihnen gehen von rein persönlichen Versuchen aus, nutzen die Struktur der Materialien und konzentrieren sich besonders auf die expressiven Möglichkei-

---

[38]) Hughes (Anm.13), S.175.

ten der Form, die Gliederung der Volumen und das Zusammenwirken der Flächen. In ihren persönlichsten Arbeiten bleiben sie manchmal bei expressionistischen, manchmal bei konstruktivistischen Stilzügen, sind an der Schlichtheit und Deutlichkeit der Figuren interessiert und verweigern sich anekdotischen Formen, wobei sie das Wesentliche, die strukturellen Merkmale der Form, betonen. Zu den bekanntesten Bildhauern zählen:

1. Chrisostomos Perdios (1907), der in Athen studierte und überwiegend Grabdenkmäler, Büsten und Standbilder schuf. Seine Arbeiten kennzeichnen figürliche Strenge und betont klassizistische Formen, doch in seinen Büsten opfert er nicht die physiognomischen Besonderheiten.

2. Für Dimitris Konstantinou (1924), der auf der achten Biennale von Alexandria den zweiten Preis erhielt, ist es charakteristisch, daß er auf neue Tendenzen hinwirkt (Komposition mit rechtwinkligen Elementen oder kurvilinearen Motiven). Als Bildhauer arbeitet Kostantinou überwiegend mit Metall, doch gibt es von ihm auch einige Arbeiten in Holz. Sein Interesse richtet sich vor allem auf die verschiedenen Nutzungsmöglichkeiten des Materials und der rhythmischen Elementen der Komposition. Abstraktes Vokabular und tektonische Gliederung, Formung der Flächen und gelegentliche Einbeziehung von Bewegung in die Funktion der Plastik kennzeichnen seine Bildhauerei[39].

3. Nikos Dimiotis (1930–1960) widmet sich dagegen der Wiedergabe der menschlichen Figur. In seinen bedeutendsten Arbeiten zeichnet sich Dimiotis aus durch die eindringliche Schematisierung seiner Figuren und die Betonung des Wesentlichen. Als Bildhauer, der bevorzugt in Stein arbeitete, schuf Dimiotis charakteristische Werke, die die innere Sicherheit und die formale Geschlossenheit, das Zusammenwirken der Volumen und den reichen expressiven Inhalt symbolisieren.

4. Ein weiterer wichtiger Vertreter der zyprischen Bildhauerei ist Andreas Savvidis (1930), der mit allen ihm zur Verfügung stehenden Materialien arbeitet[40]. Die wesentlichen Eigenschaften der Kunst von Savvidis sind formale Präzision, die Neigung zur Monumentalität und die Authentizität der Ausdrucksmittel (Härte des Metalls, weiße Farbe des Steins, rote Farbe der Keramik). In seinen repräsentativen Arbeiten bedient sich Savvidis eines abstrakten Vokabulars, das gewissermaßen ein Zwiegespräch zwischen Formen – kurvilinearen und eckigen, senkrechten und waagrechten, aktiven wie passiven – und Materialien wie Stein mit Metall und Holz auslöst. Diese außerordentlich expressive Erweiterung seiner Ausdrucksmittel führt zu einer wesentlichen Bereicherung seiner Arbeiten. Durch die Konfrontation von Formen und Materialien sowie die Einführung statischer und kinetischer Formen gelingt es dem Künstler, etwas von den Konflikten unserer Welt wiederzugeben.

5. Die Arbeit des Bildhauers und Stechers Adi Adamo, geborener Chatziadamo (1936–1990), ist gekennzeichnet durch die besondere Betonung des Torso-Motivs, die Schematisierung der Figuren und die expressionistische Spannung der Volu-

---

[39]) Vgl. zur Ausstellung von D. Konstantinou in Thessaloniki den Katalog mit Texten von Vakalos Ferendinou und A. Xidis. Thessaloniki 1988.
[40]) Christou, Kallitechnes (Anm. 27), S. 6–8.

men[41]). Adamo, der als Bildhauer von Henry Moore und Constantin Brancusi beeinflußt wurde, schuf Kompositionen, die zumeist auf kurvigen Motiven beruhen und sich durch die Präzision der Umrisse und das Zusammenspiel der Ebenen auszeichnen.

6. Als Bildhauer trat auch Nikos Kourousis hervor (1937). Er ist der Schöpfer eines Friedensdenkmals aus senkrechten Metallstäben, das an der Straße zum Flughafen von Nikosia steht. In seiner eindrucksvollen Komposition vereinigen sich plastische, malerische und kinetische sowie sogar akustische Werte außerordentlich überzeugend.

7. Der gleichen Generation entstammt auch Nikos Theodoridis-Skarlatos (1924), der in Athen und Prag studierte und Werke schuf, die dem kritischen Realismus und dem Expressionismus verpflichtet sind.

8. In Athen studierte auch Andreas Farmakas (1938), der in Stein und Holz arbeitet. Seine Werke basieren auf einem abstrakten Vokabular und betonen weitgehend konstruktivistische Merkmale.

9. Ein weiterer wichtiger zyperngriechischer Künstler ist Georgios Kyriakou (1940). In seinen Arbeiten verbindet er farbliche Elemente mit plastischen Senkrechten und Kurvilinearen. Er unterscheidet das Material mit Hilfe gelegentlicher Schematisierung bzw. einem abstrakten Vokabular.

10. In eine andere Richtung gehen die bildhauerischen Bemühungen von Phaidonas Potamitis (1941), der in Athen Jura studierte und Bildhauerei außerhalb der Akademie erlernte. Seine Arbeiten basieren auf dem Typus des Torso und bedienen sich vor allem gewölbter Formen.

11. Angelos Makridis (1942) ist eine der authentischsten und zugleich persönlichsten Stimmen der zyprischen Skulptur. Die Kühnheit an Kombinationen und der Reichtum an Ausdrucksmitteln („Menschliche Figur", „Komposition mit biomorphen und pflanzlichen Elementen") sowie die Verwendung von farblichen und plastischen Werten, herkömmlichen und neuen Materialien kennzeichnen die Bildhauerei von Makridis. Die Fragmentiertheit und Betonung des Formalen und das Zusammenwirken gegenständlicher wie abstrakter Formen, plastischer wie malerischer Werte verleihen seinen repräsentativsten Arbeiten eine besonders ausdrucksvolle Stimme. Die Arbeiten von Makridis, die nicht einer einzigen Richtung zugeordnet werden können, zeichnen sich durch Ursprünglichkeit und Ausdrucksstärke der bildnerischen Mittel ebenso wie durch Qualität und Reichtum an Konzeptionen aus.

12. Maria Doritis (1946), die überwiegend mit Metall arbeitet, vertritt eine Skulptur expressionistischer Tendenzen und surrealistischer Formen.

13. Andreas T. Kaimakis (1951) ist ein Bildhauer der menschlichen Figur, der von der prähistorischen zyprischen Tonplastik und von traditionellen Tendenzen (Tonidole des Museums von Nikosia) beeinflußt ist[42]).

---

[41]) Vgl. A. Makridis im Katalog zur Ausstellung von A. Adamo mit einem Text von Jannis Kolokotronis. Athen 1992 (= Pinakothek Pieridis).

[42]) Vgl. die Kataloge zu den Ausstellungen von A.T. Kaimakis im „Zyprischen Haus der Kultur" in Athen 1992 und in der Staatlichen Gemäldesammlung der Republik Zypern mit einem Text von Eleni Nikita. Nikosia 1993.

14. Zu den wichtigen Äußerungen der zyperngriechischen Bildhauerei zählen schließlich auch die Arbeiten von Andros Kasamias (1957), die vorwiegend monumentalen Tendenzen folgen. Seine Kompositionen kennzeichnen Schematisierung und die Betonung des Formalen.

Zum Abschluß dieses Abschnitts sollen noch einige Namen von Künstlern aus den Generationen von 1940–1960 und danach Erwähnung finden, deren Werk jedoch nicht genügend bekannt ist, um hier näher beschrieben werden zu können: Reno Loisos (1940), Antonis Tamamouna (1940), Georgios Erotokritos (1948), Nitsa Chatzigeorgiou (1949), Michella Psara (1947), Grigorios Theodoulos (1956), Ioannis Spanos (1955), Rinos Stephanis (1958), Christos Petridis (1958) und die Bildhauerin Maria Loisidou (1958). Auch wenn es vielleicht noch zu früh erscheint, ihre Werke eingehend zu kommentieren, verdienen es ebenso einige der nach 1960 geborenen Künstler, die durch Ausstellungen bereits bekannt geworden sind, hier namentlich vorgestellt zu werden: Kiriakos Kallis (1960), Rea Aphanitou (1960), Savvas Christodoulidis (1961), Marlen Karlenidou (1961), Aristotelis Dimitriou (1962), Stavros Antonopoulos (1962), Jannis Miltiadcus (1962), Glavkos Theophilaktou (1964), Nikos Charalambidis (1964), Marina Olimbidou (1968) und der Bildhauer Petros Savvidis (1963). Sie alle belegen mit ihren Werken, daß die kreative Auseinandersetzung der zyperngriechischen Künstler mit der Welt und der Geschichte Zyperns weitergeht.

III. Die zyperntürkische Kunstszene

In diesem Abschnitt können lediglich die Namen der türkischsprachigen Zyprer, die in Nikosia (Süd) ihre Arbeiten ausstellen, aufgeführt werden[43]. Es sind Maler wie Emin Çizenel (1949), Judy Sale, Guner Pir, Asik Mene, Kemal Ancas, Filz Ancas, Ali Atakan, Milgun Kozal, Ilkay Onsou, Özden Srak, Mehmet Uluman und der Bildhauer Sinemasi Tekman. Über die künstlerischen Arbeiten dieser Zyperntürken, die dem Verfasser nicht so vertraut sind wie die der griechischen Zyprer, läßt sich allgemein anmerken, daß sie fast ausschließlich abstrakte Formen verwenden. Ihre Arbeiten hängen enger mit dem abstrakten Expressionismus als mit der lyrischen Abstraktion zusammen und zeichnen sich durch Direktheit und Ausdruckskraft der Farben aus.

IV. Zusammenfassung

Diese notwendigerweise knappe Darstellung der zyprischen Kunst des 20. Jahrhunderts sollte einen ersten Eindruck vom Umfang des Experimentierens, von der Eigenart und vom Reichtum an Konzeptionen der vorwiegend zyperngriechischen Künstler vermitteln. Diese geben zwar ihre Tradition nicht völlig auf, dennoch fol-

---

[43] Vgl. dazu auch den Beitrag von B. Azgın „Turkish Cypriot Cultural Activities: Art, Music, Theatre" in diesem Band.

gen sie in jeweils ganz persönlicher Art und Weise den internationalen Tendenzen der modernen Kunst: traditionellen und experimentellen Richtungen, figürlichen und abstrakten Strömungen, malerischen und plastischen Werten. Sie schaffen auf diese Weise Werke, die gekennzeichnet sind durch ihre Vielschichtigkeit und den Mut ihrer Experimente ebenso wie durch die Freiheit und die Dynamik ihrer Errungenschaften. Sie führen einerseits die große Tradition der antiken, byzantinischen und nachbyzantinischen Kunst weiter, ohne sich jedoch andererseits völlig darauf beschränken zu wollen. Denn die vorwiegend zyperngriechischen Künstler bemühen sich darum, in ihren Werken die Unruhe unserer Welt in ihrer ganzen Widersprüchlichkeit und ihrer inneren Gespaltenheit wiederzugeben, die sie als Bewohner Zyperns besonders intensiv erleben. Zugleich stehen sie auch in einer ständigen künstlerischen Auseinandersetzung mit der wechselvollen Geschichte Zyperns.

Musik

Rudolf M. Brandl, Göttingen

I. Traditionelle Musik: 1. Zyperngriechische Musik: a) Einzelinstrumente und Ensembles – b) Musik im Café Chantant und im Café Amán – c) Balladen – d) Melodisches Prinzip: die *Foni* – e) Gruppentänze – f) Individual- bzw. Solotänze – 2. Zyperntürkische Musik: a) Einzelinstrumente und Ensembles – b) Tänze – II. Musikschulen und Konzertleben: 1. Larnaka – 2. Limassol – 3. Nikosia – III. Musikbeispiele

I. Traditionelle Musik

Trotz einiger Unterschiede haben Zyperngriechen und -türken gemeinsame Musiktraditionen. Zusammen mit Kreta, der Dodekanes, den levantinischen Hafenstädten und der fanariotischen Musik Alt-Istanbuls zählt die zyperngriechische Musik zur „orientalisch-griechischen" Traditionslinie[1]). Auch die zyperntürkische Musik ist mehr mit der kleinasiatischen Stadttradition als mit der anatolischen Volksmusik verwandt. Arabische, armenisch-jüdische wie auch fränkische und venezianische Einflüsse auf die beiden dominierenden Ethnien Zyperns sind dagegen bisher noch zu wenig erforscht worden, um sich eine Meinung darüber bilden zu können. Dieses hängt sicherlich auch damit zusammen, daß es auf Zypern bisher noch keine etablierte akademische Musikwissenschaft gibt[2]).

Griechen wie Türken auf Zypern unterscheiden in ihrer Musik[3]) je nach Kontext (instrumental begleitete) Lieder und Tänze, rhythmisch frei (*rubato*) gesunge-

---

[1]) Sie steht im Gegensatz zur „okzidental-griechischen" Tradition (Athen, Ionische Inseln), die seit 1835 in Griechenland staatlich gefördert wird. Diese Musikpflege wird gekennzeichnet durch: a) „Reinigung" von nur vermuteten Turkismen in der Melodik, der Rhythmik und bei den Instrumenten, b) Anpassung an westeuropäische Harmonik (baßbezogene Funktionsharmonik) und c) Synthese aus „byzantinischen" (orthodoxen) Kirchenmodi („Oktoechos") und Dur-/Moll-System. Kostios, A.: Das Traditionelle in der neugriechischen Musik, historisch und soziologisch betrachtet, in: Volks- und Kunstmusik in Südosteuropa. Hrsg. C. Eberhardt/G. Weiß. Regensburg 1989, S. 93–100.

[2]) Zarmas, P.: Studien zur Volksmusik Zyperns. Baden-Baden 1975 (= Collection d'Études Musicologiques – Sammlung Musikwissenschaftlicher Abhandlungen, 60), ist die einzige Dissertation im deutschen Sprachraum zu diesem Themenbereich. Leider vernachlässigt die Arbeit die methodischen Standarderkenntnisse der Musikwissenschaft (vgl. z. B. Baud-Bovy, S.: Essai sur la Chanson Populaire Grecque. Nauplion 1983 und Hoerburger, F.: Musica Vulgaris. Lebensgesetze instrumentaler Volksmusik. Erlangen 1966 [= Erlanger Forschungen, 19]).

[3]) Außerhalb dieses „Musik"-Begriffs stehen Totenklagen („Moirologia" bzw. „Ağit") und Wiegenlieder („Nanourismata"). Sie werden nur von Frauen, unbegleitet und im Haus gesungen. Heischelieder („Kalanda") der Kinder und Arbeitslieder (Ruderlieder, Erntelieder) gibt es lediglich noch in Folklore-Ensembles oder in Schulbüchern.

ne Lieder bei Tisch (*tis tavlas*) und Tanzlieder (*choroi* bzw. *oyun havasi*) im *Tempo giusto* (vgl. Notenbeispiel 1). Traditionell werden die festtextierten Balladen von den improvisierten *Distichen* – vor allem endgereimte 15-Silbler[4] – und den Vierzeilern (bei den Türken üblich) unterschieden, aber die Melodien können bei Gelegenheitsversen (vgl. Notenbeispiel 2) und Balladen (Notenbeispiel 3) die gleichen sein[5]).

Anlässe für Musik sind bei beiden Ethnien kirchliche Feste, wie z. B. Hochzeiten und Taufen oder Beschneidungen. Hier findet man die *Tziattismata*, einen Wettstreit der Tänzer und Sänger mit improvisierten Versen (vgl. Notenbeispiel 2)[6]). Zu Festen werden semiprofessionelle Musiker engagiert, jedoch nur zur Begleitung, da traditionellerweise selbst gesungen wird. Eine aussterbende Besonderheit bei den Festen der Zyperngriechen sind die *Poiitarides*, herumziehende, professionelle „Epen-" und Balladensänger (Notenbeispiel 4). Sie begleiten sich selbst, früher auf der *Lyra*, heute auf der Violine oder – zusammen mit einem Violinspieler – auf der *Lagouto* (Hybridlaute). Ihnen entsprechen bei den Zyperntürken die ebenfalls von Ort zu Ort ziehenden Âşik, die sich auf der Langhalslaute *Saz* begleiten, und noch immer sehr beliebt sind[7]). Andere Anlässe sind stammtischartige Männerrunden im türkischen Café, bei denen die Beteiligten selber spielen und singen.

1. Zyperngriechische Musik

a) Einzelinstrumente und Ensembles

Neben der *Pidkiavli/Pifiávli*[8]), einer solo geblasenen Hirtenflöte mit Kernspalt (5–6 Grifflöcher und Daumenloch)[9]), besteht das Standard-Ensemble aus der insularen *Zygia*-Besetzung: *Violi* (Violine), die Ende des 19. Jahrhunderts die Lyra[10]) (birnenförmige, dreisaitige, kleine Kniegeige) verdrängte[11]), und *Lagouto* (viersaitiges, doppelchöriges Hybridinstrument zwischen italienischer Renaissance-Laute

---

[4]) Sogenannter „politischer" Vers („politikos" von „Polis" = Konstantinopel). „Distichen" sind, verglichen mit anderen Formen, symmetrisch. Es gibt 8-, 10-, 12- , 15- und 16-silbige „Distichen". Klassifikation nach Michaelides, N.: Das Reimpaar im zyprischen Volkslied, in: Musikethnologische Sammelbände. Hrsg. W. Suppan. Bd.8. Graz 1986, S. 99–102.

[5]) Die Gattungsnamen in Liedersammlungen sind willkürlich gewählt und enthalten meist pseudohistorische Wertungen. „Liebes- und Hochzeitslieder" sind Volkstermini, aber keine musikalischen Gattungen, da der Text im Aufführungskontext wechselt. „Kinder- und Klagelieder" sind überhaupt keine traditionellen Musikkategorien (zur Literatur vgl. Anm.3).

[6]) Zu Ähnlichkeiten mit der arabischen Qasîdah vgl. Michaelides, Reimpaar (Anm.4), S.99/100.

[7]) Vgl. Reinhard, U./Pinto, T.O. de: Die Volkssänger Âşik der Türkei. Berlin 1990 (= Veröffentlichungen des Museums für Völkerkunde).

[8]) Beim Tanz (von einer Trommel begleitet) bläst der Spieler zwei nur ungefähr gleich gestimmte Flöten gleichzeitig (Haltung wie beim antiken „Doppelaulos"), um durch die Schwebungen einen subjektiv lauteren Ton zu erzeugen.

[9]) Dies belegt die Authentizität hexatonischer Skalen (Notenbeispiele 1, 4, 5).

[10]) "Lyrizo" (= Lyra spielen) kommt in Liedtexten vor.

[11]) Averof, G.: Kypriakoi Laikoi Choroi (Zyprische Volkstänze). Nikosia 1978, S.6, berichtet

und türkischer *Saz*). Die *Tampoutsas* (Rahmentrommel aus einem fellbespannten Sieb, beidhändig oder mit Stöckchen geschlagen) findet sich heute nur noch in wenigen Dörfern im Inselinnern. Von 1920–1960 wurde sie auch solo zum Tanz und zu Tanzliedern gespielt. Sie war früher das Begleitinstrument für Lyra und Violine und wurde um 1900 durch die *Lagouto* ersetzt. Vollkommen ausgestorben sind dagegen die Musikinstrumente *Santouri* (persisch: Santur = Hackbrett, im 16./17. Jahrhundert in die türkische Kunstmusik *Inçe Saz* übernommen), *Tsampouna*[12]) (Sackpfeife vom *Tulum*-Typ mit zwei gleichlangen Pfeifen) und *Tampouras* (Langhalslaute vom *Saz*-Typ, dreisaitig und doppelchörig), die bis 1930 in den Kaffeehäusern der Städte im kleinen Kreis zu Tanz und Gesang gespielt und von einem Paar Löffel oder einem an ein Weinglas geschlagenen Löffel begleitet wurde. Diese Kombination weist bereits auf das *Rempetiko*-Milieu hin.

b) Musik im Café Chantant und im Café Amán

Das von der höfischen osmanischen Kammermusik *Inçe Saz* abstammende professionelle *Koumpania*-Ensemble (Klarinette, Violine, Harmonika und *Santouri*), mit einem(r) Sänger(in) oder einer Tänzerin, trat bis 1930 im städtischen *Kafé-Santán* (Café Chantant) auf, einem am französischen Musikcafé orientierten Unterhaltungslokal mit Bühne. Solche Nachtlokale gab es in Nikosia und in den Hafenstädten Larnaka, Famagusta sowie Limassol.

Neben dem Café Chantant, in dem vorwiegend westeuropäische Musik gespielt wurde, gab es in den Häfen des östlichen Mittelmeers von 1830–1950 das *Kafé-Amán* (Café Amán), in dem die sogenannte „levantinische" Musik in einem urbanen, griechisch-armenisch-jüdischen Mischstil beliebt war. *Amán, Amán* ist eigentlich ein schmerzlicher Ausruf im Türkischen. Wegen seiner Häufigkeit im gesungenen *Gazel* (eine Form der persisch-osmanischen Diwan-Dichtung) wurde danach die Liebesklage *Amanes* (Argot) benannt. Es hat jedoch nichts mit dem türkischen *Amané* zu tun, einer *Kirik Hava* (gebrochene, kurze Melodie) im *Tempo giusto*, sondern ist ein freimetrisch gesungenes, melismatisches *Taksim*, eine Improvisation über einen *Makám* (Modus der osmanischen Kunstmusik). Das *Amanes* (vgl. den Gesangsteil im Notenbeispiel 6) ist ein Pendant zum arabischen *Layali* (*ya leïl* = Oh Nacht!), welches ebenfalls eine Liebesklage ist, und eine Frühform des *Rempetiko*[13]). Zum Café Amán gehören auch das türkische Schattentheater *Karagöz/*

---

von „Giannis dem Serben", der im späten 19. Jahrhundert von der Rahmentrommel „Defi" begleitet wurde und bei Hochzeiten Violine spielte.

[12]) Die „Tsampouna" gibt es noch auf den ägäischen Inseln, auf Euböa und in der Pontos-Region (dort bei Lazen und Griechen). Sie hat keine tiefe „Bordun"-Pfeife, wie die „Gaïda" auf dem Festland.

[13]) Das vom Staat vergeblich bekämpfte „Rempetiko" (Argot-Wort mit unklarer Etymologie) war die Musik der Haschisch-Subkultur in Syra, Alt-Smyrna (Izmir), Athen und Thessaloniki. Nur das „Rempetiko" in Thessaloniki und Athen (ab 1920 auf Schallplatten verbreitet) ist wissenschaftlich gut erschlossen, nicht hingegen das der Inseln. Träger waren neben Griechen auch professionelle armenisch-jüdische Musiker, von denen viele nach 1928 nach Zypern auswanderten, dort Musikschulen gründeten und in den Kaffeehäusern der Städte spielten. Vgl. Kostios (Anm.1), Dietrich, E.: Das Rebetiko. Eine Studie zur städtischen Musik Griechenlands. Ham-

Karagkiozis (bei den Griechen bis 1985 gespielt) und die Tanzbären. Im Café Chantant bzw. Café Amán traten nicht nur ausgebildete Musiker auf, sondern auch Wandermusikanten (*Poiitarides*) von den ägäischen Inseln, aus Thrakien, Makedonien, Serbien und Bulgarien.

c) Balladen

Wie auf Karpathos, dessen Musik mit der zyperngriechischen eng verwandt ist[14]), werden zum Festmahl die folgenden *Akritika* (Heldenballaden um Digenis Akritas im 13. Jahrhundert) und *Paralogai* (Balladen) gesungen: *O Kostantatzis o Mikros* (Konstantin der Kleine), *O Digenis kai o Charos* (Digenis und Charos – vgl. Notenbeispiel 3), *Treis Kalogeroi Kritikoi* (Drei kretische Mönche), *To Tragoudi tou Tzyprianou tou Athiainiti* (Das Lied des Cyprian von Athiainou), *O Lazaros* (Lazaros), *Armatolos* (Armatole)[15]), *To Tragoudi tis Maroullous* (Das Lied der Maroullou = Die Brücke von Arta).

Diese Balladen werden vielfach auch von den von Fest zu Fest wandernden, heute jedoch immer weniger werdenden professionellen *Poiitarides* vorgetragen und tradiert. Sie pflegen dabei einen episch-rezitierenden Singstil, der auf dem griechischen Festland schon im 19. Jahrhundert ausgestorben ist.

d) Melodisches Prinzip: die *Foni*

Die zyperngriechische Musik ist vom ägäischen *Skopos*-Prinzip[16]) geprägt, das hier den byzantinischen Namen *Foni*[17]) (Stimme = Volksterminus für Melodie,

---

burg 1988 (= Beiträge zur Ethnomusikologie, 10) und Brandl, R.: Konstantinopolitanische Makamen des 19. Jahrhunderts in Neumen: Die Musik der Fanarioten, in: Maqam – Raga – Zeilenmelodik. Konzeptionen und Prinzipien der Musikproduktion. Hrsg. J. Elsner. Berlin 1989, S. 156–169.

[14]) Es gibt auf Zypern eine „Karpathiaki Foni" (Karpathische Weise). Vgl. Reinsch, D./Brandl, R. M.: Texte neugriechischer Volkslieder aus Karpathos. Beobachtungen zum Problem von Konstanz und Wandel, in: Jahrbuch für Musikalische Volks- und Völkerkunde. 12 (1985), S. 61–80 und Brandl, R. M./Reinsch, D.: Die Lyramusik von Karpathos (Griechenland). Eine Studie zum Problem von Konstanz und Variabilität instrumentaler Volksmusik am Beispiel einer griechischen Insel 1930–1981. 2 Bde. Göttingen 1992 (= Orbis Musicarum, 9).

[15]) "Armatolen" oder „Kleften" (Räuber) wurden die organisierten griechischen Straßenräuber in Südosteuropa genannt, die sich im griechischen Unabhängigkeitskampf von 1821–1829 besonders auszeichneten. Vgl. Koliopoulos, J. S.: Brigandage and Irredentism in Nineteenth-Century Greece, in: European History Quarterly. 19 (1989) 2, S. 193–228.

[16]) Vgl. Brandl, R. M.: Die Tektonik der griechischen Volksmusik (Das Skopos-Prinzip), in: Probleme der Volksmusikforschung. Hrsg. H. Braun. Bern 1990 (= Studien zur Volksliedforschung, 5), S. 135–158.

[17]) Der Melodietyp „Fon(a)i" findet sich im Zeremonienbuch von Kaiser Konstantin Porphyrogennetos (um 1000). Die „Foni" ist eine Mischung modaler Genera, ähnlich den kretischen „Kondylies"-Formeln (Amarjannakis). Vgl. Ioannides, C. D.: The Influence of Antique and Byzantine Music on the Folk Music of Cyprus, in: Musikethnologische Sammelbände. Hrsg. W. Suppan. Bd. 8. Graz 1986, S. 91–98; Amarjannakis, G.: Bemerkungen über die kretische Volksmusik, in: Griechische Musik und Europa. Hrsg. R. Brandl/Ev. Konstantinou. Aachen 1988 (= Orbis Musicarum, 3), S. 81–90.

Weise) trägt und zweidimensional-monodisch ist. Es beruht im wesentlichen auf zwei Prinzipien:

1. Das – nur in der Vorstellung von Musikern und Publikum vorhandene – tonräumliche[18]) Melodie-Skelett (*Skeletos*) ist eine Tonformel ohne rhythmische Fixierung, deren modales Gerüst (Tonika, Subtonium, Quart, Quint) alternative Haupt- und Haltetöne der Melodie sein können. Die mündlich überlieferten melodischen Formeln und charakteristischen Ornamente basieren dagegen auf kleinen, modalen Einheiten im Umfang eines Tetra- oder Pentachords, zu denen eine „quasi"-*Proslambanomenos*-Stufe hinzutritt[19]).

2. Die rhythmisch einmalige Gestalt ist abhängig von der zweiten Dimension, den improvisierten *Doxaries* (Bogenstriche) und den *Chromata* (Farben = die Melodie einfärbend), Sing- und „Spielfiguren" (Hoerburger) im festen Metrum (*Chronos*), das in den 5/8-, 7/8- oder 9/8-Rhythmen der Tanzlieder sowohl 1/4- als auch 1/8-, in den *Melismen* und *Amanedes* 1/16-Wert hat.

Diese durch die Lokaltradition genormten, improvisierend auf die Skelett-Töne aufgesetzten oder eingeschobenen, nicht tonräumlichen, sondern in einer Binnenintervall-Struktur (Quasi-Motive) organisierten *Doxaries*-Figuren verleihen der *Foni* erst den Melodie-Rhythmus, der allerdings in den Strophen einer *Foni*-Realisation überwechselt und in jeder der gleichwertigen Varianten eine unwiederholbare Gestalt ergibt. Aus dem improvisierten Zusammenspiel mehrerer Musiker ergeben sich simultan unterschiedlich lange und verschiedene tonräumliche Ausfächerungen der *Foni* (Heterophonie, „Spaltmelos"). Harmonische Zusammenklänge sind dabei unwichtig. Die Identität einer *Foni* – je nach Kontext zum Tanzen oder Zuhören bestimmt (*tis Tavlas*) – erkennen jedoch nur solche Einheimische, die eine gemeinsame Vorstellung vom Melodie-Skelett besitzen.

Gleichwertige, verschieden lange Realisationen (8/8, 15/16) des Quartabstiegs (Skelettformel):

Tetrachordisches Skelett, das nur in der Vorstellung existiert.

1. Längere *Foni*-Realisation mit Ausfächerung nach oben.

2. Kurze *Foni*-Realisation.

---

[18]) „Tonräumlich" wird eine auf Hoch-/Tief-Beziehungen zu den „Achsentönen" der Modi basierende, umspielende Melodik genannt. Im Gegensatz dazu sind in der westlichen Musik die gestaltbildenden Motive oder Themen mit einer Binnen-Intervallstruktur ausgestattet.

[19]) Ioannides (Anm.17), S. 91. Griechische Autoren benutzen diesen Terminus des antiken Tonsystems für die Skalenstufe unter der Finalis (Tonika), die Baud-Bovy „Subtonium" bezeichnet. Ioannides ist jedoch in dieser Beziehung vorsichtiger, daher seine Hinzufügung „quasi".

Beim *Foni*-Prinzip handelt es sich um eine genuin griechische Melodiebildung, die phänomenologisch zwischen rein orientalisch-tonräumlichem *Melos* mit langen Achsentönen[20]) und okzidentaler, motivisch-thematischer Gestaltmelodik steht. Sie ist wahrscheinlich eine Synthese aus beidem, die schon in klassisch-byzantinischer Zeit erfolgte. Die Skalen sind dominierend hexachordisch, was gegen eine Verwandtschaft mit den *Echoi* spricht, die einen Oktavumfang haben, und an das lateinische Hexachordsystem erinnern[21]). Manchmal aber werden auch die Skalen durch die gegenüber der Lyra größeren Möglichkeiten der Violine zur Oktave erweitert, wie z. B. auf Kreta, wo die Violine ebenfalls die Lyra verdrängte.

e) Gruppentänze

Gruppentänze werden im Kreis und mit Vortänzern getanzt[22]). Neben *Syrtos* (4/4, 3/4, 6/8) und *Kalamatianos* (7/8) gibt es *Kartsilamas* und *Zeïmpekikos* (9/8) sowie 15/8-Rhythmen. Mehr noch als bei den Liedern zeigen sich hier deutliche Parallelen zu den Zyperntürken, so in der Vorliebe für den *Kartsilamas* und in der Trennung von Männer- und Frauentänze. Nur Zypern kennt die *Kartsilamas*-Suite aus fünf Tänzen[23]), deren erste drei vom *Tragoudistos* (der Singende – vgl. Notenbeispiel 4) durch improvisierte *Distichen* häufig unterbrochen werden, wobei die Tänzer stehenbleiben oder promenieren. Getanzt werden die Instrumentalteile (*Pestrepsin*). Der (auch so bezeichnete) „Erste" ist ein 9/8 (5+4/8)-*Kartsilamas*, der „Zweite" ein 7/8, der „Dritte" ein 2/4 (vgl. Notenbeispiel 5) und der „Vierte" schließlich wiederum im 9/8-Takt, aber in 3/8 + 3/4 unterteilt. Als fünfter Tanz folgt ein *Ballos* im 7/8 (3/8 + 4/8)-Takt (vgl. Notenbeispiel 6) – bei Männern oft auch im 2/4-, bei Frauen dagegen im 3/4-Takt. In den *Ballos* wird häufig ein rhythmisiertes *Amanes* eingeschoben. Wird ein sechster Tanz gewünscht, ist dies ein *Syrtos Politikos*, d.h. ein Konstantinopolitanischer Tanz. Vielerorts endet allerdings die Suite bereits mit dem *Mantra* im 7/8-Takt:

Zwischen *Syrtos* und *Mantra* werden auch Individualtänze eingeführt. Der Grundschritt ist bei den geradtaktigen *Pestrepsin*, *Syrtos*, *Ballos* und *Sousta* ein Dreischritt:

---

[20]) Einige haben lange Achsenton-Umspielungen der Initialis, vielleicht ein Makám-Einfluß (vgl. Notenbeispiel 6).

[21]) Man denke hier an die fränkische Herrschaft und an die Handschriften mittelalterlicher Mehrstimmigkeit auf Zypern.

[22]) Seit 1960 gibt es Folklore-Tanzgruppen, die in Bühnen-Choreographien nach europäischem Vorbild tanzen, wodurch traditionelle Tanzformen und individuelle Tanzmuster langsam verschwinden.

[23]) „Kartsilamas" von türkisch „karsilmak" (von Angesicht zu Angesicht), da zwei Tänzer vis-à-vis tanzen. Dietrich, W. (Hrsg.): Musica Popolare di Cipro. Canti e Danze Traditionali delle Comunitá Greca, Turca e Maronita (Folk Music of Cyprus. Traditional Songs and Dances of the Greek, Turkish and Maronite Communities). Schallplatte mit Beiheft. Milano 1975 (= Albatros VPA 8218), S. 8.

♩ ♩♩ , beim *Kalamatianos* (7/8 = 3 + 2 + 2/8): ♩ ♩♩ . Diese in der Volksmusik auffällige Suiten-Großform ist entweder unter westlichem (venezianischen) Einfluß (Renaissance-Variationensuite) entstanden[24]) oder verkörpert eine Adaption des osmanischen *Fasîl* (Suite in einem *Makám*). Gegen letzteres spricht jedoch, daß eine Großform gerade bei den Zyperntürken nicht belegt ist[25]). Die Frauen tanzen dabei von den Männern gesondert – meist zu zweit und „auf einem Fleck"[26]) – eine Suite aus vier *Kartsilamades* und einem *Syrtos*. Nur in den Bergdörfern tanzen sie auch in der Gruppe. In einigen Dörfern tanzen die Frauen als fünften Tanz den *Arma* (eine Art *Syrtos*) und (früher häufiger) den *Ballos* (nach dem *Syrtos*); andere tanzen die sogenannten *Arapiës*, wiederum andere die schnelle ägäische *Sousta* (2/4-Takt). Bei der Hochzeit tanzen die Mädchen den *Antikrystos*. Die Frauen singen nur bei der Hochzeit (Dritter *Kartsilamas* = Tanz des Brautpaars). Dies ist die einzige traditionelle Gelegenheit, bei der Mann und Frau zusammen tanzen.

f) Individual- bzw. Solotänze

Der *Zeïmpekikos* ist ein offener, virtuoser Solotanz, der oft zu zweit getanzt wird. Er folgt meist dem *Kartsilamas* oder dem *Syrtos* und steht im 9/8 oder 9/4-Takt:

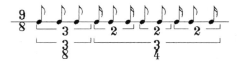

Weitere Solotänze sind: *Karotseris*, *Masairin* (Messer), der zwischen 2/4- und 5/8-Takt wechselt und an den *Chasapiko*, den Fleischergilden-Tanz von Mytilene auf Lesbos (auch im *Rempetiko*) erinnert; *Drepanin*, der Sichel- bzw. Erntetanz; *Tatsa*, ein virtuoser Tanz, bei dem der Tänzer ein Wasserglas auf einem Sieb nicht verschütten darf.

Folgende Tänze werden meist nach derselben Melodie getanzt: *Potirin*; *Arapiës tis Kantilas*, der ursprünglich Teil des *Kartsilamas* war, bei dem ebenfalls ein auf den Kopf gestelltes, halbvolles Wasserglas nicht verschüttet werden darf; *Tsifteteli* (2/4) und *Servikos* (Serbischer Marsch, 4/4) entstammen der Café Amán-Tradition.

---

[24]) Die Umrhythmisierung der Tanzmelodie geschieht beim „Foni"-Prinzip einfach durch die Wahl anderer „Doxaries".
[25]) Es ist aber beides möglich, da 1826 die Musik am Hof des Sultans durch Giuseppe Donizetti europäisiert wurde.
[26]) Der übliche Ausdruck dafür ist: „Auf einer Marmorplatte".

2. Zyperntürkische Musik

Vieles, was die Griechen an Tanzliedern und Instrumenten haben, findet sich ebenso bei den Zyperntürken[27]) wieder (*Oyun Havasi*[28]) = Notenbeispiel 1). Es hat zweifelsohne viele Wechselbeziehungen zwischen den beiden Ethnien gegeben, so z. B. in der (semi-)professionellen Hochzeits- und Fest-Musik, die bis 1835 von den osmanischen Musikergilden geprägt wurde und danach vom Café Chantant bzw. Café Amán mit seinem interethnischen Publikum (Händler, Schiffer, Reisende) übernommen wurde. Außerdem waren die Osmanen zwar Auftraggeber und Mäzene, musizierten aber – mit Ausnahme der *Sufis* (Derwische) und der *Âşik* – kaum selbst[29]), sondern überließen dies bevorzugt Juden und Christen (Griechen, Armenier, Zigeuner), so daß deren Eigenarten weitgehend erhalten blieben.

Nur die mystischen Muslime – *Mehlevi*, *Rufaï* (Tanzende und Heulende Derwische) und *Bektaşi* – setzen Musik (Hymnen, *Ince Saz*, Rahmentrommel *Def*) bei Trance-Ritualen (*Zikr*) ein. Mystische Wurzeln haben auch die *Âşik* (Liebende), wandernde Barden, meist schiitische *Bektaşi* bzw. Alevi[30]), die in Cafés auftreten und sich auf der *Saz* begleiten. Das Spektrum ihrer Lieder umfaßt mystische Liebeslieder, politische Texte, verbrämte Sozialkritik (Ausbeutung der Pachtbauern, Gastarbeit in der Fremde) und Epen, wie z. B. auf den historischen *Âşik Karacaoglan*, der im 17. Jahrhundert in der Südtürkei lebte[31]). Sie haben wahrscheinlich die griechischen Balladen (*Kleftika*) und „Lieder der Fremde", bzw. die *Poiitarides* beeinflußt, die sich früher ebenfalls auf der Langhalslaute begleiteten. Auch die *Rempetika* weisen Merkmale der *Âşik*-Dichtung auf.

Die türkische Volksmusik ist im Kern pentatonisch, aber in der städtischen Musik bzw. Kunstmusik, die auf Zypern als „abgesunkenes Kulturgut" starken Einfluß hat, folgt sie den *Makamat* (arabisch-persisch-türkische Modalskalen), die von christlichen Arabern entwickelt, in islamischer Zeit in Kairo, Damaskus, Bagdad, Andalusien und Koresmien ausgebaut wurden und im ganzen Mittelmeerraum Verbreitung fanden[32]). So gab es in Konstantinopel um 1800 Vergleichstabellen von *Oktoechos* und *Makamat*. Im Gegensatz zur *Foni* ist die *Makám*-Melodik ausschließlich tonräumlich und durch lange Umspielungen von („Achsen"-)Tonebenen charakterisiert. Sie kennt weder Themen noch Motive.

Zyperntürken wie Zyperngriechen unterscheiden zwischen langen, freimetrischen Melodien und kurzen *Kirik Hava* (vgl. Notenbeispiel 1) im *Tempo giusto*. Die *Uzun Hava* (lange Melodie), im Gerüst pentatonisch, aber von langen mikro-

---

[27]) Es gibt zur Volksmusik der Zyperntürken bisher kaum Literatur, nur eine gute Schallplattendokumentation. Vgl. Dietrich, Folk Music (Anm.23).
[28]) Diese Gattung steht für Tanzlieder, im Gegensatz zu den rein instrumentalen Tänzen, und ist auch in Anatolien beliebt.
[29]) Viele Muslime lehnen den Besitz und das Spiel von Instrumenten seit deren Verdammung durch die „Hanbaliten"-Rechtsschule ab.
[30]) Viele Aşik und „Davul-Zurna"-Spieler sind schiitische Kurden. Vgl. Reinhard; Pinto (Anm.7).
[31]) Vgl. das Beispiel B5 auf der Platte von Dietrich, Folk Music (Anm.23).
[32]) So z. B. auch in der spanischen Musik des Mittelalters und im Flamenco.

tonischen Melismen überwuchert, wird nicht nur von den *Âşik* gesungen, sondern auch auf der Hirtenflöte gespielt, um zunächst die „Schafe zu unterhalten"[33]). Über ihren Ursprung ist sich die Wissenschaft nicht einig: Während Reinhard sie als „zentralasiatisches Hirtenmelos" und damit als genuin turkvölkisch deutet, sehen andere ihren Ursprung auf dem Balkan, wo man sie überall findet: als *Syrmatikos* (Karpathos), *Kleftika* und Hirtenlieder, als *Hora Longa* und *Doïna* (Rumänien). Auch die Herkunft der asymmetrischen Rhythmen ist umstritten: Einige Fachleute leiten sie vom *aksak*-(Hinkender-)Rhythmus des 9/4 bzw. 9/8-*Zeybek* ab; andere betonen antike oder südslawische Wurzeln. Faktisch finden sie sich – mit lokalen Präferenzen – auf dem ganzen Balkan.

a) Einzelinstrumente und Ensembles

Bei den Zyperntürken finden sich dieselben Instrumente wie in Anatolien: auf dem ganzen Balkan spielt das (Zigeuner-) Ensemble *Davul-Zurna*[34]) im Freien bei Dorffesten zum Tanz auf. Es umfaßt gewöhnlich die große, zweifellige Zylindertrommel *Davul*[35]) und die Kegeloboe *Zurna*, die in Zypern paarweise auftritt, wobei die zweite *Zurna* den *Bordun* hält. Ferner befinden sich in dieser Musikgruppe die becherförmige Tontrommel *Darbuka*, die einfellige Rahmentrommel *Def*, die Hirtenflöte *Dillidüdük* und die gesamte Langhalslauten-Familie *Saz* (die kleine, drei-saitige *Cura Saz*, die beliebte mittelgroße, sechssaitige *Baglama*, die große, 12-saitige *Divan Sazi*, ein *Âşik*-Instrument, und das nach wie vor sehr beliebte, banjo-artige *Çümbüs* sowie die kleine Kniegeige *Keman*.

b) Tänze

Zu den (auch bei Zyperngriechen beliebten) pantürkischen Tänzen gehört der *Zeybek* (*Zeïmpekikos*) im 9/8-Takt (3/2 + 3/8, daher auch als *aksak* = hinkend bezeichnet), ursprünglich ein Kriegstanz des Zeybek-Stammes, und der „Bauchtanz" (recte = Hüfttanz) sowie der *Tsifteteli* (synkopierte 2/4 bzw. schnelle 4/4), die beide aus dem urbanen Café-Amán stammen. Der *Karsilamas* wird von den Türken *Gelin Havasi* genannt und bei Hochzeiten von Männern und Frauen in zwei einander gegenüber stehenden Reihen getanzt, wobei sie sich aufeinander zu- bzw. wegbewegen und dazu singen. Beim Eintreffen der Braut im Haus des Bräutigams wird zum Fruchtbarkeitsbrauch *Bereket Tecrübesi* der *Kadîn Oynar* gespielt, der rituelle Solotanz der Schwiegermutter, die dabei einen, in rote Tücher gehüllten Tontopf mit Korn oder Reis auf den Kopf der Braut stellt. Während des Tanzes wird der Topf abgeworfen: wenn er zerbricht, bedeutet dies reichen Kindersegen. Dann wird der Springtanz *Kazançu* getanzt, an dem alle Gäste wetteifernd teilnehmen.

---

[33]) Dietrich, Folk Music (Anm. 23), S. 9.
[34]) Dieses nach Hoerburger genuin zigeunerische Ensemble gab es bis Ende des 17. Jahrhunderts nur in der „Mehterhane" (Militärmusik) und hat sich dann als (Zigeuner-)Tanzensemble im Orient und auf dem Balkan (bis Ungarn) und in die österreichische Militärmusik verbreitet.
[35]) Die „Davul" wurde nach den Türkenkriegen in die mitteleuropäischen Militärorchester als große Trommel eingeführt.

Der *Kadife Gibisi* ist ein städtischer Tanz[36]). Die Ringkampf-Musik *Güres Havasi* mit *Davul-Zurna* ist heute in Anatolien selten geworden. Dabei imitiert der Oboist programmusikalisch die Kampfbewegungen, um die Ringer anzufeuern.

II. Musikschulen und Konzertleben

Zypern hat dank seiner lebendigen traditionellen Musik kein ausgeprägtes „klassisches" Musikleben. Ein solches findet sich allenfalls in Städten wie Nikosia, Larnaka, Famagusta und Limassol und wird mehr von Ausländern und den wenigen westlich akkulturierten Zyprer frequentiert als von der Mehrheit der Einheimischen. Viele Musiker aus diesen Kreisen haben entweder im Ausland studiert und dort Karriere gemacht oder sind gebürtige Ausländer. Von den Zyperntürken sind überhaupt keine diesbezüglichen Aktivitäten bekannt, und auch bei den Zyperngriechen sind sie der Privatinitiative und -finanzierung überlassen und beschränken sich auf (halb-)staatliche und kirchliche Musikschulen[37]), wobei kein Unterschied zwischen „populärer" und „klassischer" Musik gemacht wird. So wurde 1889 in Larnaka die „Philharmonie Orpheus" gegründet, 1891 folgte ihr in Limassol „Apollona", eine gleichnamige entstand 1893 in Famagusta und eine weitere kam auf Initiative des Österreichers Pazic in Nikosia zustande. Diese „Philharmonien" waren jedoch alle eigentlich Blaskapellen. Eine eigenständige Schlagermusik hat sich auf Zypern nicht entwickeln können, die Schlagersänger und Texter richten sich vielmehr ganz nach Griechenland bzw. der Türkei aus, wo der Markt größer ist.

Ein weiteres Charakteristikum ist neben der urbanen Isolierung die enge Anlehnung der westlich orientierten (Konzert- und Schul-) Musik an einzelne Persönlichkeiten und deren organisatorischer Initiative. Die Finanzierung dieser westlichen Musikform erfolgt durch private Mäzene und deren Klientel sowie durch ausländische Stiftungen und Kulturinstitute. Da die Künstler wegen des mangelnden breiten Publikums nicht von der reinen Konzertarbeit leben können, sind sie außerdem auf eine Tätigkeit als Musikpädagogen angewiesen.

Der bekannteste griechisch-orthodoxe Kirchenmusiker und Theoretiker Zyperns war Stylianos Chourmouzios (1848–1937). Er hatte bei Achilleo Nikolaïde Kirchengesang studiert, war von 1874–1880 an der Bischofskirche in Nikosia *Protopsaltes* (Vorsänger) und unterrichtete seit 1873 Kirchengesang an der Griechischen Schule in Nikosia. Von 1880–1916 war er Kirchenmusiklehrer und Vorsänger an der Kirche Agias Napas in Limassol und von 1917–1931 lehrte er Kirchenmusik an der Panzyprischen Lehrerausbildungsanstalt. 1901 gab er das *Antepistellon Melos* (Kirchengesangbuch) des Musikrats in Konstantinopel heraus, 1904 das *Theoritikon* (Theorie der Kirchenmusik) und 1924 das *Methodos Pros Tacheian Ekmathision tis Byzantinis Mousikis* (Lehrbuch der byzantinischen Musik).

---

[36]) Ein Beispiel (B. 3) bringt Dietrich, Folk Music (Anm.23).
[37]) Allerdings waren viele der hier genannten Institute bis 1974 panzyprisch, d.h. sie machten zwischen Griechen und Türken keine Unterschiede.

Sein Sohn Georgios Chourmouzios (1884–1969) studierte in Athen am *Odeion* und gründete 1909 einen gemischten Chor und die *Mandolinata* (Mandolinen- Orchester) in Limassol, wo er von 1913 bis 1930 auch die „Städtische Philharmonie" (Blasorchester) leitete. Von 1930 bis zu seinem Tod lebte er auf Kreta. Der Komponist Leandros Sitaros (1927–1984) hatte u. a. in England studiert und leitete den Chor der Konzertvereinigung „Mozart" und verschiedene Orchester. Er war von 1977–1979 in Berlin (Ost) und schrieb Lieder für UNICEF. Der bedeutendste zyperngriechische Musiker war sicherlich Solon Michaelidis (1905–1979), der am Trinity College (England) und an der Schola Cantorum von Paris studierte. 1939 gründete er den Konzertchor *Are* in Limassol. 1950 und 1952 führte Michaelidis in Nikosia Purcell's „Dido and Äneas" und Haydn's „Schöpfung" nur mit zyperngriechischen Musikern auf. Ab 1957 wirkte er am Staatlichen *Odeion* in Thessaloniki und leitete von 1959 an das Nordgriechische Symphonieorchester. Er dirigierte in ganz Europa und den USA und schrieb einige Musikbücher über antike und neugriechische Musik. Sein kompositorisches Werk umfaßt Kantaten, Orchesterwerke, Solokonzerte, Kammermusik und Lieder.

1. Larnaka

Die Klosterschule zu Larnaka führte 1845 Klavierunterricht ein. Die ersten zyperngriechischen Klavierlehrer waren 1892 Georgios Tarapogia und Viktor Arabian, die zusammen mit Ausländern am Panzyprischen Gymnasium und an der Lehrerausbildungsanstalt wirkten. 1879 gab das *Grand Casino* das erste Konzert mit westlicher Musik.

Nach 1922 flüchteten viele griechische und armenische Musiker aus Kleinasien nach Zypern, so z. B. der noch in Konstantinopel geborene Geiger Vachran Ch. Genofkian (1882–1965), der in Paris studiert hatte. In Larnaka wirkten Kleopatra Eleftheriadi (1866–1940), Polyxeni Michaelidou-Louïzidou (1875–1940) aus Konstantinopel, Eleni Aigyptiadou (1861–1932) aus Smyrna (davor in Nikosia an der Amerikanischen Akademie) und Mary Smetopoulou-Tsitsarou (1961) aus Athen. 1950 entstand das *Ethniko Odeion* von Larnaka, um 1952 wurde das Städtische Philharmonie-Orchester durch den Ungarn Leopold Glaszner (1877–1965) gegründet. Dimitrios Tyrimos (1911–1965) aus Larnaka studierte in Wien Gesang und war an der *Philharmonic Society* von Larnaka und am *Odeion* tätig. Er führte dort und in anderen Städten 1952 Verdi's „La Traviata" auf, später auch „Othello", „Rigoletto" und „Lucia di Lammermoor". Von 1958 bis zu seinem Tod lebte er in London.

2. Limassol

Die Lehrer an der von 1923–1925 existierenden Musikschule von Karl Böhmer (zuvor am *Odeion Lodner* in Athen) waren u. a. Georgios Chourmouzios, Theodoros Rossidis (1890–1934; Klavierstudium in Brüssel), Eleni Lofitou-Andreou (1888–1967; Gesangsstudium in Florenz), Kalliopi Kastan (*1892; Gesangsstudium in Wien, Konzerte in Ägypten und im Zyprischen Rundfunk), Georgios O. Michaelidis (1897–1972; Klavierstudium in Lausanne) und der Pianist Georgios (Kókos) Mouchtaris (1904–1937), der 1929 eine Musikschule und 1934 das *Odeion* gründete. Es gibt in Limassol ein städtisches Orchester und einen Chor.

3. Nikosia

Der Geiger Giannakos Dianellos (1878–1966), ein Schüler von Isaye in Brüssel, gab 1914 sein erstes Konzert in Nikosia. Etwas später gründete Christos Petropoulos (1896–1929) die Städtische Philharmonie (Blasorchester) und das Mandolinenorchester *Terpandros*, das Vorbild für viele Ensembles wurde. Dianellos leitete von 1913 bis 1924 eine Musikschule. Daneben gab es eine weitere von Christos Petropoulos. An ihnen wirkte seit 1927 Eleni Athanasiadou (1901–1982). Nach ihrem Studium bei Arabian, in Athen und Wien, lehrte sie ab 1929 am *Elleniko Odeion* in Athen. Sie gab von 1921 an Konzerte und Unterricht am *Odeion Kyprou*, am Griechischen *Odeion* und später am *Ethniko Odeion Kyprou*, das von Loullou Symeonidou 1947 gegründet wurde, an der armenischen Schule von Melikian und Melkonian, an der Englischen Schule und am Türkischen Lyzeum, wo auch Orchester, Chöre und Philharmonien entstanden.

An den Musikschulen von Dianellos und Petropoulos lehrten auch der Armenier Vachan Bedelian (1894–1990), der jüdisch-russische Musiker Isaias Kalmanovich (1896–1965), der später ein Balalaika-Orchester ins Leben rief, und Giangos Michaelidis (1904–1972), ein Flötist und Geiger. Michaelides gründete 1938 die Konzertvereinigung „Mozart" und dirigierte das Radiosymphonieorchester. 1923 wurde der Armenische Kirchenchor, 1926 die Philharmonische Schule und 1927 das Orchester der Englischen Schule geschaffen. Bald darauf entstanden am *Odeion Kyprou* ein Symphonieorchester, ein gemischter Chor und Streichquartette. 1939 wurden der Konzertchor *Are* und die Symphonieorchester *Bebelian* und *Olympiakos* gegründet, 1953 die Griechische Musikakademie von Georgios Arvanitakis (*1917) und 1956 die Zyprische Musikakademie[38].

---

[38]) Vgl. Panagiotou, N.: I Mousiki stin Kypro ton Kairo tis Anglokratias (Die Musik in Zypern in der Zeit der Englischen Herrschaft). Nikosia 1985 und Koudounaris, A.L.: Viografikon Lexikon Kyprion (Biographisches Lexikon der Zyprer) 1800–1920. Nikosia 1991.

Musik

III. Musikbeispiele

Die Analysen der folgenden Beispiele sind ausschließlich vom Verfasser angefertigt worden und stammen nicht aus der zitierten Literatur.

Verwendete Zeichen: T = Tonika, F = Finalis, I = Initialis, ST = Subtonium, HS = Halbschluß.

Notenbeispiel 1: Anfang des *Oyun Havasi* (Tanzlied) „*Azize*"[39])

Erklärung:
Das Tanzlied hat eine „d"-„a"-Tonalität und besteht aus einer dreimal sequenzierten Pentachord-Formel (a) mit deszendentem Duktus und deren Umkehrung (b). Diese Sequenzierung ist typisch für das türkische Deszendenz-Melos.

Notenbeispiel 2: Fünf bis Sechs-phrasiges *Distichon*: „Geh' Mütterchen..." mit

je 6 Silben/Phrase[40])

Erklärung:
Musikalisch besteht der Zweizeiler aus den drei Formeln a (tetrachordisch), b (hexachordisch) und c (tetrachordisch: der Tetrachord ist eine Stufe höher als der von a). Das modale Gerüst ist „f-G-c", d.h. ein typisch inselgriechischer Quintrahmen einer (mittelalterlichen?) Hexachord-Skala.

---

[39]) Nach Dietrich, Folk Music (Anm. 23), S. 9.
[40]) Nach Michaelides, Reimpaar (Anm. 4), S. 99–102.

Notenbeispiel 3: Sechs Verse aus dem Akritenlied „Digenis und Charon"[41]

Erklärung:
Das narrative Lied – dessen Melodie auch in einer karpathischen Variante existiert – setzt sich aus kleinen melodischen Formteilchen zusammen (x, y, z), die meistens eine Tonebene charakterisieren: x = „h"-Ebene mit Abstieg zum „g"; y = Aufstieg „d-g"; z = Kadenz „g-fis-e" (= E). Hinzu tritt eine Ausweichebene in der Mittelstrophe um die Ebene „d", die dem inselgriechischen Spaltmelos eigen ist und den melischen Höhepunkt der Spannung *(tonos)* darstellt. Die Phrasen a, b, c, d werden aus diesen kleinen Teilen zusammengesetzt („Cento"-Form), wobei die Verse in für die epische Vortragsweise typischer Weise nicht identisch sind. Die sogenannte „Cento"-Technik scheint mittelalterlichen Ursprungs zu sein.

---

[41] Nach Zarmas (Anm. 2), S. 98. Die Taktstriche sind vom Verfasser modifiziert worden.

Musik

Notenbeispiel 4: Foni „Tragoudistos" (Der Sänger)
Diese „Weise" wird in die *Kartsilamades*-Tanzsuite eingeschoben[42]).

---
[42]) Nach Zarmas (Anm. 2), S. 107.

Erklärung:
Das instrumentale Zwischenspiel ist eine Figuration der Formel a (Skelett-Töne: „a-b-c-d-c-a"), das Nachspiel bringt zuerst die umspielte zweite Hälfte von a (Skelett-Töne: „d-c-a"), bevor die ganze Formel wiederholt wird.

Notenbeispiel 5: *Kartsilamas* der Frauen[43])

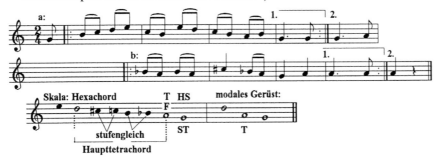

Variante von 1876:

Erklärung:
Der aus zwei Phrasen gebildete Tanz (in der historischen Variante ist nur Phrase a notiert) weist wieder die typisch inselgriechische Hexachord-Skala mit modalem Quart/Quint-Kern auf. Die Melodik ist eine orientalisch-europäische Mischung.

---

[43]) Nach Michaelides, S.: I Kypriaki Dimotiki Mousiki (Die zyprische Volksmusik). Nikosia 1956, S. 109. Diese Variante stammt von Bourgault-Ducoudray, L. A.: Trente Melodies Populaires de Grèce et d'Orient. Vierte Auflage. Paris/Bruxelles 1876, Nr. 4.

Musik

Notenbeispiel 6: *Ballos*[44])

Erklärung:

Es handelt sich um ein Tanzlied, mit stark melismatischem Charakter, d. h. mit Tonebenen-Umspielung: „g", „d-(h-)g", „g", „d", „d-(h-)g", „g". Das Liedmelos ist von orientalischen *Makámat* mit modaler Quint-Spannung (G-D) beeinflußt. Der Tanz ist ein sequenzierter Abstieg in den Tetrachord-/Pentachord-Strukturen.

---

[44]) Nach Zarmas (Anm. 2), S. 112/113.

Cinema in the Republic of Cyprus

Maria Papapetrou Miller, Nikosia*)

I. Introduction – II. A Fruitful Mutual Acquaintance: 1. Film Screening – 2. Film Production: a) Foreign Productions – b) Co-Productions – c) Productions in the Republic: α) RIK – β) Private Production Companies, Independent Directors and Producers – γ) The "Enlightment Bureau" – III. The Decline: 1. "An Endangered Species" – 2. Causes of the Decline – 3. Video: The Enemy No. 1 – IV. The Revival: 1. A Steady Development – 2. Film Clubs – 3. The Time of Maturity? – V. New Horizons: 1. Eurimage – 2. The Initiatives of the Government

I. Introduction

Cinema, an Art and an Industry, is now celebrating its hundredth birthday. Cyprus has greatly appreciated it as the so called 7th art, but has also been involved in the cinema industry for many years. The bond between the country and the cinema is of an unusual nature indeed, and a quite strong one, too. On one hand it bears the marks of the tormented history of the island, on the other hand it is an eyewitness that reveals its culture. For, while the Cypriots entertained themselves by watching the artistic heritage of foreign countries, cinema became first a mirror of the struggle against the British, and later on of the dissension that, until today, is tearing apart Greeks and Turks. Moreover, it has disclosed Cyprus and its heritage to the outside world in a double way: through local productions, but also through the cameras of foreigners who discovered the "island of Aphrodite's" beauties which, together with other qualities, render it an ideal filming place. We shall follow the course of the cinema from the time it was introduced to the Cypriot people through its years of utmost success, its eventual decline and its revival, which we have been witnessing in the past few years. Finally, we shall explore the new horizons that are opening up for the seventh art in Cyprus.

II. A Fruitful Mutual Acquaintance

In Cyprus, film screening preceded film production. The Cypriots originally became acquainted with the cinema by watching foreign films. Then, film producers

---

*) Invaluable information was kindly given to me by Nicos Shiafkalis (The Cyprus Centre of the International Theatre Institute), Ricardo Lopez (P.I.O.), The Cultural Services of the Ministry of Education and Culture, Soulla Hatzikyriacou and Adonis Christoforou (R.I.K.) as well as Adonis Constantinides (The Friends of the Cinema), Stathis Piperides (Omnia Production Agency), Christos Shiopahas (The Association of Cypriot Directors), Panikos Chrysanthou and Niyazi Kızılyürek (University of Cyprus).

discovered Cyprus as a filming place. Eventually, the complete circle was drawn, as Cypriots embarked on the creation of their own films. Paradoxically, foreign films have been entertaining the Cypriot audience for many years since the turn of the century, while the Cypriot productions, which came about much later, in the late fifties, generally attracted foreign audiences because of their themes.

1. Film Screening

It was eighteen years after the big adventure began at the Grand Café, Boulevard des Capucins, in Paris, with the cinematographic creations of the Lumière Brothers, that first Cypriots shared the experience of seeing moving pictures. Indeed, the first public film projection in Cyprus took place in 1913 in Larnaca, which was then the commercial, economic and diplomatic centre of the island. A kind of newsreel was publicly shown in a music hall, more precisely the Sun Hall, later renamed Salon Rosi. It was due to the initiative of Nicos Kyprianou, who, having studied in Greece and Beirut, got to know "the revolutionary invention of the cinema"[1]) and brought over from Paris the very first projection machine[2]). Simultaneously, he signed an agreement with the French agency "Pathé" for the supply of projection machinery as well as films. "Cine Orient", the first cinema company on the island, was established. Being successful in Larnaca, the business was extended to Nicosia.

Kyprianou did not remain long without a rival. Over half a dozen others followed and in a short while every corner of the island possessed cinemas. Along with the extensive network, the infrastructure for screening foreign films soon developed, thus compensating for the absence of local productions. This new form of entertainment proved to be very popular in Cyprus. Its audience watched the first silent films, then the talking ones. The Chrysochoi brothers brought over, in 1932, "Midnight Loves" and "No News From the Western Front". By 1925 there were about ten cinema halls in Nicosia, six in Limassol, three in Larnaca, two in Paphos, three in Famagusta, and two in Kyrenia. Films were also shown in the coffee houses or community halls of big villages. Actually, following Nicosia, it was in Lefka and Foukasa that films were shown in proper cinemas, since these two villages with a mixed population of Greeks and Turks were very prosperous because they were the headquarters of the Cyprus Mines Corporation, with resident miners and their families from all over Cyprus.

There are still people who can remember the first cinemascope projections at the open air cinema "Loukoudi 2" ("The Tunic") and the first winter projection at "Katsellis", in Kyrenia. Cyprus offered its audiences open air projections, a phenomenon specific to this country, Greece and Italy. This type of cinema not only suited the hot climate, but could also present at low costs. Three-dimensional films

---

[1]) Shiafkalis, N.: I Istoria tou Kinimatografou stin Kypro (The History of the Cinema in Cyprus). Nicosia 1986, p.69.
[2]) Cinema was introduced in Greece as early as 1897.

also reached Cyprus, but failed to prevail because audiences had to wear special glasses to watch them. There came a time when films would suit all tastes, since a distinction between cinema categories was established. For instance, "Athineo" would appeal to people who liked quality films, "Loukoudi" to those content with more popular ones. During the Second World War, mobile cinema units organized by the Nicos Kyprianou Company entertained the army. As Nicos Shiafkalis states: In the sixties the Cypriot cinema lovers had the pleasure of watching all the great hits of the international cinema. With the Independence of Cyprus and the establishment of the embassies with their commercial and cultural services, we can say that we were happy to see the best every country – from the western, as well as from the eastern bloc – was in a position to offer.[3])

By the early 1970s, the number of cinemas had increased to 142. Consequently, new types of commercial activities appeared, that of cinematographic businessmen, importers, distributors, owners of cinemas, translators, and "publicity agents."[4]) N. Kyprianou, as already mentioned, opened the way. Endowed with perspicacity, he foresaw the future of the cinema on a commercial basis. He was the first of a number of entrepreneurs of the successful relationship between cinema and the Cypriot audience. Andreas Louka monopolized the business from 1945 until 1960 and built an entire empire. The 1950s constituted the golden age of his activities, as he controlled almost all the cinemas of the capital. There was a time when he paid five or six times more money in order to obtain first screening simultaneously in Nicosia and in other European capitals. George Yiorthamlis sen. (1927) controlled the cinema business in Limassol for decades. His projectionist acquired the nickname "parlant" after the Yiorthamlis cinema screened the first talking films by means of new, automatic machinery. George Yiorthamlis jun. (1943) continued the family business until recently. Hambis Hatzihambis owned the very first cinema in Varosha, Famagusta, from 1938 until 1974, when he was chased away by the Turkish army. In 1944 Andreas Papageorgiou founded there the "Ireon", a cinema providing 1200 seats. In 1962 he extended his business to Nicosia, establishing the "Pantheon 1", "Pantheon 2", and "Pantheon 3", which functioned until 1987. Diogenis Herodotou also built an empire. In the early sixties he controlled a network of over 32 cinemas all over Cyprus and established the Othello Company. Seifis Yiousouf, Moustafa Osman and Ermian are some Turkish Cypriots who were involved in the cinema business, mostly dealing with Turkish films or American ones with Turkish subtitles.

All the major and well-known film producing companies of the United States and Europe were represented with branch offices in Cyprus after independence: Pathé (N. Kyprianou), 20th Century Fox, Universal, Paramount, United Artists, the Greek company Finos Films (Andreas Louka), Warner Bros., Metro Goldwin-Mayer (G. Yiorthamlis), Dino de Laurentis, Novak Films (Diogenis Herodotou). But as most English and American companies had Beirut, Cairo or Aden as their

---

[3]) Shiafkalis (note 1), p. 69.
[4]) A "publicity agent" was, in the beginning, somebody who distributed handouts or cried out in the streets that such a film would be projected in such a cinema.

distribution centres for the Middle East, Cypriot importers would choose and negotiate films there. As for the Italian or Greek films, they were imported directly after 1963, when D. Herodotou, as head of the Othello Company, put an end to the monopoly in film exploitation, which was until then in the hands of A. Louka. Moreover, Cyprus became, for the first time, the distribution centre for various Greek producing companies. The Turkish films obviously had Turkey as their country of origin. Up to the early sixties there was no discrimination against the cinema goers. Many Turkish Cypriots would watch a Greek film and vice versa. It was only after the 1963 turmoil, the creation of the "Green Line" and the Turkish enclaves that we find exclusively Greek and exclusively Turkish cinemas. One cinema in Limassol was even named *Taksim*, which in Turkish means separation.

2. Film Production

However curious this may seem, Cyprus has played a considerable role in the development of the cinema industry, but without knowing it, according to the judgment of Nicos Shiafkalis. In the introduction of his book on cinema in Cyprus he explains how this came about: The birth of the Cinema finds Cyprus under British occupation. So, if our country has something to do with the development of the cinema, this is a relationship of colonial exploitation. But not exploitation of films, as it is understood in the cinema business, but exploitation of raw material, that of the carob pips, which were used for making films. Human beings and little donkeys used to work, in the beginning of the twentieth century, to gather and transport the black gold to the peers of our ports, just for a plate of lentils.[5])

Strictly speaking, there is no cinema industry in Cyprus, for the obvious reason that this island is too small to maintain such a costly industry with an almost nonexistent interior market. Even today a lack of basic equipment is observed, and what is available allows only for the production of documentaries and short films. Moreover, film development must be done in either Greece, Israel, England, or in countries of the former Eastern bloc, where cheap labour contributes to the reduction of costs. Despite these drawbacks, over 70 creations – documentaries or films – were produced in Cyprus from 1911 until today, owing to the existence of three sources of film production: Foreign productions, Co-productions and Cypriot productions.

a) Foreign Productions

The first foreign production on the island goes back to 1911. It is an Italian one and shows some Turks who had been exiled from Turkey and come to live in Kyrenia and Famagusta[6]). The second is dated 1923. It is a French production entitled: "Les

---

[5]) Shiafkalis (note 1), p. 9.
[6]) Cleanthous-Hatzikyriacou, S.: Cyprus Cinema. Problems and Perspectives, in: Shiafkalis (note 1), pp. 163–165, esp. 165.

Derviches Tourneurs (The Dancing Dervishes)"[7]). In 1929 and 1945 we have two British productions: "Like Arcadia"[8]) and "Cyprus is an Island". Others followed: "Exodos", by Otto Preminger, 1961, and "The Beloved", by George Kosmatos – starring Raquel Welch. More recently we have had the French film "L'Autre", by Bernard Giraudoux, 1989. A number of Greeks have, at times, produced either some of their scenes or entire films in Cyprus (i.e. *Kypros, i Alli Pragmatikotita* [Cyprus, the Other Reality], by L. Papademetrakis and Th. Kittou, 1974).

b) Co-Productions

One of the first co-productions is a Cypriot-British documentary entitled "The Skouriotissa Copper Mines", 1958, and the Cypriot-Finnish film "It Happened in Cyprus", 1964. The first Cypriot to have risked money in film producing was Diogenis Herodotou, one of the biggest cinematographic businessmen on the island. After collaborating with Greek, but also Italian and British producers, he left us a number of feature films: *Dakria kai Diplopenies stin Kypro* (Tears and Bouzouki in Cyprus), 1967, *Diki tou Fitilla* (Fitilla's Trial), 1968, *Diakopes stin Kypro* (Holidays in Cyprus), 1971, "Operation Orient" (With Atlas International), 1973/74, and "The Dirty Seven" (Bruno Fontana), 1975.

An example of the form cinema co-operation is liable to take nowadays, thus witnessing how difficult it is to finance a film in Cyprus, is "The Wing of the Fly", 1995, directed by Christos Shiopahas and produced by the Greek Cinematographic Centre, Panaef Film, the Bulgarian Cinematographic Centre, Massonos Hermes Productions (Cyprus), Ch. Shiopahas, and the Cyprus Cinema Advisory Committee. A number of short films resulted from the co-operation between the Greek television and RIK. Among the first ones of this kind is "Vasilis Michailides", directed by Nicos Shiafkalis in the mid-eighties.

In a country like Cyprus, so tragically torn between two ethnic groups, the cinematographic art succeeded, in 1993, in bringing together two persons, Panikos Chrysanthou, a Greek Cypriot, and Niyazi Kczclyürek, a Turkish Cypriot, for a unique Greek-Turkish Cypriot collaboration. The first directed and the second wrote the scenario of what they called *To Tichos mas/Duvarimiz* (Our Wall) or "Zypern unsere Liebe" (Cyprus our Love), as the German production company chose to name it. The 116 minute documentary was a production of the Second Channel of German television (TRE International, Munich, ZDF). Both were motivated by their desire for peace and the discovery of the 'truth.' So (they) decided ... to deal with the issues that divided us, to touch the wounds that hurt us all, and speak of the mistakes and sins of both sides. ... we looked at the future through the past, ... to build confidence for future peaceful coexistence.[9])

"Our Wall" was enthusiastically welcomed in various countries. It was projected in universities in the USA and led to discussions. It was also widely publicized in

---

[7]) A copy of this film can be found in the archives of Gaumont, in France.
[8]) For a copy of this film see at the British Film Institute.
[9]) Cacoulidis, C.: Cyprus Our Love: A Film With a Different Perspective, in: The Greek American Film Review. (Oct. 21, 1995), p. 14.

Greek Cypriot and international newspapers and magazines[10]). It was a tragic irony, however, that their intention to have the film premiere before a mixed audience at the Ledra Palace Hotel, situated on the "Green Line" dividing Nicosia, in June 1994, in the presence of the UN-Representative Gustave Feissel, was boycotted by the Turkish Cypriot side, which refused to allow Turkish Cypriot journalists to join their Greek Cypriot colleagues. Irony, because the message conveyed in the film is that "we are all equally to blame, Greeks and Turks"! Therefore, there were tremendous difficulties to overcome. The two collaborators were not allowed to go beyond "Our Wall," so they had to meet thousands of miles away from their country, either in Germany or in England; some filming was carried out secretly or with the assistance of UN-Soldiers. The documentary finally displeased both the government of the Republic of Cyprus and the Turkish Cypriot leadership. As a result, the film has not yet been screened by any Greek Cypriot or Turkish Cypriot television channel. Considering these problems it is more than doubtful whether this experience can be repeated under the same circumstances.

c) Productions in the Republic

Towards the end of the 1940s, a Colonial Film Unit was founded by the British in Nicosia to assure the training of cameramen and film directors Polis Konstantinidis and Renos Whitson benefited from it. Probably they, together with British directors, filmed a number of scenes on the island, which are now found at the British War Museum (i.e. the arrival of Winston Churchill in Cyprus in 1941; Cypriot volunteers at Polemidia just before their departure from the island; and the King of England decorating Cypriot soldiers with medals at a special ceremony in London just after Second World War). As for genuine Cypriot productions, they originate from four different sources. The first to enter the scene was the Cyprus Broadcasting Corporation (CBC) or *Radiofoniko Idryma Kyprou* (RIK). It was followed by some private producers and, after independence, by the Cultural Services of the Ministry of Education. Finally, the Turkish invasion of 1974 necessitated the creation of the "Enlightenment Bureau" and the Cinematographic and Audio-Visual Service.

α) RIK

Television (CBC/RIK) was established by the British in Cyprus in 1957 in the context of the Programme for the Development and Welfare of the Colonies, four

---

[10]) See for example: Geldner, W.: Handschlag überm Stacheldraht, in: Süddeutsche Zeitung. 20 July 1993; Hillenbrand, K.: Kein Spiel, in: Tageszeitung. 22 July 1993; Cypriot Film Production Gets Rave Reviews, in: Cyprus Mail. 31 July 1993; A Greek Cypriot and a Turkish Cypriot Direct Together "To Tichos Mas." A Journey of Remembrance and Meditation, in: Charavgi. 3 August 1993, p.11; Efthyvoulos, A.: Film Explodes Incompatibility Myth. Getting Together on Film. Viewpoint, in: The Cyprus Weekly. 24–30 June, 1994; Cyprus Up Against the Wall of Ethnic Conflict, in: The Harvard Crimson. CCI (1 Dec. 1994) 62, pp.2/3; Chypre, Notre Amour. Un Chypriote Grec et un Chypriote Turc Parlent, in: Arte Magazine. 8 (18–24 February 1995), p.6; To Tichos Mas (Our Wall)/Duvarimiz Touches and Unites in America, in: Fileleftheros. 7 April 1995.

years after the Cyprus Radio Services (CBS) was introduced to the island (see also the article on "Massenmedien in der Republik Zypern," by R. Meinardus in this volume). Its principal aim was to transmit British propaganda. On the very day of its inauguration on 1 October, the very first documentary produced by its own cinema team (G. Lanitis, R. Whiteson) was transmitted all over the island. It was entitled "On the Steps of Apostle Barnabas", a fact not without significance, since this saint christianized Cyprus and is considered its protector. To please the Greek as well as the Turkish citizens of Cyprus, a Greek and a Turkish film was alternatively shown on Tuesdays and on Fridays, the two days of the week during which there were programmes in the beginning. Right from the start its varied programmes included its own productions of documentaries. Later on, as a result of the policy to reinforce local productions, throughout the 70s local programmes increased by 45%. Until 1990 RIK had the only television channel in the Republic – today there are six. For a long time it also remained the only institution which could produce films. Being a semi-governmental organization, the Cypriot government made certain that cinematographists, technicians and producers were trained abroad (England, Germany). Therefore, for over thirty years, RIK was in a position to record on film the most important events that have taken place on the island. Moments of its tormented history are reflected in numerous productions, usually documentaries, which are increasingly becoming significant because of their exclusiveness[11]), even if they lack artistic quality. Some of these are: "EOKA," by Ch. Papadopoulos, 1965, which is about the Greek Cypriot liberation organization against British rule; "The Chronicle of the Tragedy of Cyprus", by P. Pavlou, 1975, refers to the period between 15 July 1974, the day of the coup d'état, and 6 December 1974, when President Makarios returned to Cyprus; "Karpasitis", by A. Christoforou, 1979, shows a refugee in his attempt to adapt himself to his new home: a deserted Turkish Cypriot house; "Missing Fate Unknown", by A. Konstantinidis, 1976, is a report on the serious problem of the 1619 persons missing after the Turkish invasion; "Cyprus 74. Through the Eyes of Children", by Y. Karaolis, 1975, communicates children's feelings about the war and the expulsion from their homes[12]).

Documentaries with a purely Turkish content were also produced for the Kemal Atatürk Institute, the Lyceum Namouk Kemal, and a girls' school in Nicosia. While all productions before 1963 were presented in English, Greek and Turkish, „The Larnaca Salt Lake" was completely presented in Turkish. Produced between 1957 and 1960, it is dedicated to the Hala Sultan Tekke, an imposing mosque in the midst of date palms, cypress and lemon trees, reflected in the water of the salt lake. The shrine is considered by the Turkish Cypriots as the most important religious site on the island. This explains their particular interest in that film. Unfortunately, only a negative copy of this documentary is found in the archives of RIK.

---

[11]) RIK documentaries showing Turkish actrocities committed during the Turkish invasion have been accepted as evidence before the Human Rights Court of the Council of Europe.
[12]) This film received a first prize at the Thessaloniki Festival (1975) and at the Karlovy Vary Festival (1977). In 1979 it was considered the best short film at the Commonwealth Cinema Festival, held in Canada.

Apart from the political problem, Cypriot culture, traditions and everyday life have also been an object of cinematographic creation, thanks to RIK. The dozens of documentaries include "Aphrodite's Island", by Charilaos Papadopoulos and music by Mikis Theodorakis, 1963, which offers a portrait of Cyprus, its cultural heritage and its natural beauties, "Kyrenia", by G. Lanitis, 1973, "Frescoes at Asinou", by P. Ioannidis, 1970, "Byzantine Art in Cyprus", 1970, and "The Ancient Ship of Kyrenia", by M. Theodosiadou, 1972. More recently, the Cypriots have watched two serials produced by RIK: *Petros A'* (Peter I), 1994/95, inspired by the life of Cyprus's Frankish king, and *Ego, i Ledo Domestica?* (I, Ledo Domestica?), 1995, which shows the degeneration of the aristocratic class of Limassol during the Second World War. It should be noted that it was a RIK producer, Yannis Karaolis, who acted as Production Manager for organizing the first Commonwealth Cinema Festival, held in Cyprus in 1980.

β) Private Production Companies, Independent Directors and Producers

The first private production company was registered in 1961, under the name Aphrodite Film Production, and it made the film *To Cheri* (The Hand), in 1964. Nowadays more than a dozen of such private production firms exist in the Republic of Cyprus. In alphabetical order these are: Audio Visual Services, Cycon, Cyprian, Diogenis Herodotou and Sons, Double Delta, Hermes Massonos, Lumière, M.S., Omnia, Pegasus Cyprian, Stephania, Take One, Transvideo, and Viewpoint.

Diogenis Herodotou and George Philis are pioneers in the field of independent cinema production, especially the latter, who made films inspired both by the recent history of Cyprus and its tradition and culture. His work contains six feature films and numerous documentaries. "Gregoris Afxentiou", 1973, for instance, shows the life and death of the deputy commander of EOKA. With his film "How Cyprus was Betrayed", 1979, he emphasizes the tragic role the Greek military junta played in triggering the events of 1974. Of the same generation are George Lanitis and the well-known Michael Kakoyiannis, who has only made one film in Cyprus: "Attila 74".[13] Dinos Katsouridis should also be mentioned here, even though he made his career in Greece.

In the late 1960s some young Cypriot directors returned to Cyprus after having studied cinema abroad: Kostas Dimitriou (*Dolofoniste ton Makario* [Assassinate Makarios], with P. Philippou, 1976; *Ta Hasamboulia*, 1976; *Gia Pion na Vrechei* [For Whom it Should Rain], 1975), Thekla Kittou/Evangelos Ioannou (*Makarios, i Megali Poria* [Makarios, the Long Journey], 1976), Giannis Ioannou/Michael Papas (*O Avrianos Polemistis* [Tomorrow's Warrior], 1979), Andreas Pantzis (*Trimithi: Anaparastasi me Lexeis, i otan den Mporeis na Ziseis, Omileis* [Trimithi: A Reconstruction with Words, or when you Cannot Live, you Talk], 1981–1988), and Ch. Shiopahas (*I Charita Mantoles Steketai dipla mou* [Charita Mantoles is Standing next to me], long film, 1980). Pantzis and Shiopahas have several things in common: Both studied in Moscow and have particularly been productive from the

---

[13] In the 1940s he assisted the director of "Cyprus is an Island", by Ralph Keene. This documentary was screened at Cinestudio, Nicosia, on 28 December 1995, together with the first works of the Lumière brothers, for the celebration of the 100 years of cinema.

mid-70s until today. They made their career in Greece, and some of their work has been partly financed by the Greek Cinematographic Centre. Both have recently organized themselves and formed the Association of Cypriot Directors. Lastly, these two Greek Cypriot directors were inspired in their films by the problem of Cyprus. They have received various prizes.

γ) The "Enlightment Bureau"

In the Republic of Cyprus, cinematographic productions are usually financed and controlled by the Ministry of the Interior, more precisely by the Press and Information Office (PIO). This situation seems to be unique in the world, as the film industry of a country is normally in the hands of independent private or public institutions, which are only partly financed by the state. In the meantime many observers have recommended, however, that the film promotion should be placed under the auspices of the Cultural Services of the Ministry of Education and Culture. The political situation in Cyprus after 1974 explains best the close affiliation of the Greek Cypriot cinema to the Ministry of the Interior. For this particular purpose a special service, *Diaphotisi* (Enlightment), was set up after the Turkish invasion. Eventually, a Cinema department was then established, which also gave, until recently, some financial support to private producers.

The function of the Cultural Services is rather different. Disposing of a small budget, which is liable to change according to the economic measures taken by the various governments, its activities are such so as to not impede the activities of the PIO. These include subsidizing the Cinema Clubs, assisting producers with visits abroad, participating in festivals, offering grants to post-graduate cinema students – following a study of their scenario –, and financing its own production of documentaries, short films and co-productions. They are equally concerned with the preservation of the Cyprus Folklore, Art and Dances for the National Archives, in order to contribute to the safeguarding of the cultural heritage of Cyprus. Being a government department and handling government funds, the Cultural Services offer their assistance to all Cypriots without discrimination. No Turkish Cypriot has, however, solicited assistance for a cinema production, so far. This is not even likely to happen, as it is the policy of the Turkish Cypriot officials to prohibit, as far as it is in their power, all sorts of relationship between members of the two communities, in their effort to prove that they cannot live together.

III. The Decline

1. "An Endangered Species"

Towards the end of the 1970s cinemas increasingly began to close down. The final blow was received in the early 1980s. Until about 1987 Cypriot cinemas went through a crisis and almost perished completely, presenting a rather gloomy picture. Major cinema businessmen were forced to put an end to their activities. The director of Zena Palace declared in 1988: "We are the only cinema in Cyprus to be functioning on a permanent professional basis. Almost all cinemas have closed down. Extremely few of them remain active, but they either under-function or show low quality films, such as pornographic or karate ones." His sorrowful declaration completes the picture: "Cinema in Cyprus should be considered 'an endangered species'."[14])

2. Causes of the Decline

The causes of the decline of cinema are to be found outside as well as within Cyprus. In the aftermath of the Turkish invasion (with the displacement of over one third of the population) it came to a heavy economic crisis in Cyprus, which was followed by the closure of cinemas. Moreover, production costs for films went up at that time. Because the way of distributing films underwent changes, obliging the distributors to buy a copy of each film rather than to rent it, the country also lacked an adequate distribution network. The copyright law was either insufficient or not respected. New owners of cinemas in the Republic believe that modern, comfortable cinemas, equipped with high quality sound and projection machinery have to be built and that the tax on film performances should be abolished, as is the case in most countries. The practice of open air cinemas should be brought back, as it could provide entertainment to tourists, who asked for it. Productions for the Cypriot and the international market, as well as co-productions, should be encouraged, since foreigners keep on showing interest in Cyprus. But the greatest obstacle to the cinema, either projection or production, is attributed by the entrepreneurs of the Greek Cypriot film industry to the lack of adequate legal framework and, consequently, government protection.

3. Video: The Enemy No. 1

The low quality spectacle offered in Cyprus during the crisis could, in fact, satisfy only a limited audience; the rest was compelled to find entertainment elsewhere. Those Cypriots had two options: they could either watch television or a video cassette. At the time RIK was the only television channel in Cyprus and, despite its continuous effort to vary and upgrade its programmes, it could not possibly attract the entire population permanently. The video, on the contrary, was something completely new. Due to the prosperity which prevails on the island, it was massively imported and it rapidly found a place in almost every Cypriot house. It had the advantage of being cheap, of keeping children busy and of assenting people who generally wish to watch a film in the cosy atmosphere of their home. Moreover, a wider choice of films was offered to the audience, including – this is of utmost significance – films one could not watch otherwise due to censorship. With the decline of the cinema and the thriving of the video industry, even some producers and actors turned to directing and producing video films.

---

[14]) Shiafkalis (note 1), p. 114.

Over 400 video clubs sprang up all over Cyprus, frantically lending appalling copies to avid film lovers interested in watching the latest world productions. Piracy was at its height and Cyprus became a target of intense criticism as especially American film companies accused her of being at the centre of illegal activities – the second after Singapore – in the Middle and Far East. Cyprus was black-listed and, following repressions by the American Embassy, which was ready to proceed to apply sanctions, the government was compelled to take action against film piracy. It did so by modifying, on 7 May 1993, two copyright laws promulgated in 1976 and 1977[15]. The law was only applied in January 1995, as owners of video clubs demanded that time be given to them to sell their stock. So, it is only recently that the calamity named video, which hit the Cyprus cinema so seriously, came to an end.

IV. The Revival

1. A Steady Development

Over the past 2–3 years a productive effort has been made to resuscitate the cinema in Cyprus. As a result of this, today 28 cinemas function in the Republic: 10 in Nicosia, four in Limassol, three in Larnaca, three in Paphos, and eight in the countryside. Four of them, one in each town, are subsidized by Eurimage. The numbers are considerably lower than they were at the time of the golden age of cinema screening. Nevertheless, there is much competition, leading to the projection of high quality films. They are sub-distributed by three agencies via Greece, which hold the sole right of exploitation for Cyprus mainly because Cyprus has no technical facilities to provide for Greek subtitles. The competitive advantage of these Greek firms give American companies cause for some concern. Among the measures taken for the promotion of cinema in Cyprus is the collaboration between the French Cultural Centre in Nicosia and some cinemas for the diffusion of French productions.

2. Film Clubs

Impressively active seems to be the Friends of the Cinema Society, which is a cinema club. Ready to celebrate its 5th anniversary, it is an extension of the film clubs that have been involved in promoting quality films in Cyprus for almost 25 years. The first effort was made by a group of intellectuals towards the end of the 1960s. In 1975 RIK re-introduced this practice in Nicosia, followed by the towns of Limassol, Famagusta, Paphos, and Larnaca. Having the advantage of being exempted from censorship, they reached a culminating point in 1978/79. Nevertheless, those efforts made by state television can hardly be compared to the Friends of the Cinema Society since, apart from its permanent screenings three nights a week, it organizes for its 3000 members festivals, special retrospectives dedicated

---

[15] The Official Gazette of the Republic of Cyprus. No 2795, 7 May 1993.

to a director or an actor, as well as other cinema events. During the period 1991–1993, 150 films were screened, of which 111 (75%) were first-run showings in Cyprus. 70% of these films were of European origin (French, English, Belgian, German, Italian, Greek, Spanish), not to mention the European Film Festival.

3. The Time of Maturity?

The revival of the cinema in Cyprus, the existence of experienced producers, as well as young ones, all eager to work in their country, makes one wonder whether the time of maturity has come for the further development of the 7th art on the island. Furthermore, one must not forget that Cyprus has certain advantages over many other countries which enable it to offer immense possibilities in this field: over 300 days of sunshine, short distances, an excellent television network, a modern tourist infrastructure, and a geographic position allowing it to grasp the chance to conquer the invaluable market of the Middle East. Two extremely important steps have recently been taken, liable to diminish the restraining force which has always, so far, acted as a brake on local film productions. The first opens future prospects for a collaboration with Europe, the second, a government initiative, opens new horizons with financial assistance for the cinematographic activities and, more importantly, a legal framework to govern cinema in Cyprus.

V. New Horizons

1. Eurimage

Since 1989, Cyprus is one of the 24 member states of Eurimage, the European Support Fund for the Co-production and Distribution of Creative Cinematographic and Audio-Visual Works, which aims at encouraging and protecting European productions. It has a double objective, one cultural, the other economic. On the one hand "it endeavors to support works which reflect the thousand facets of a European society whose common roots are evidence of a single culture", and on the other hand "it provides financial assistance to an industry which is not solely trying for commercial success, but which is also concerned to demonstrate that cinema is one of the arts and should be treated as such."[16] The provisions of Eurimage[17] are rather favourable to a small nation such as Cyprus, which is unable to support film producing costs or is liable to need certain kinds of assistance.

---

[16] Eurimage, a Guide. Ed. The Council of Europe, Strasbourg (April) 1995, p. 5.

[17] In order to offer financial assistance for co-productions, this pan-European fund requires that independent producers established in at least three member states should participate in the project in the case of full length feature films. As for documentaries, independent productions should be established in at least two different member states. In addition, the film should be pre-purchased by distributors or broadcasters in at least three different member states, including those in which the project originates. The director, script writer, composer, principal actors, and

Being one of the six members which do not have access to the distribution support administered by the European Film Distribution Office (EFDO) of the Media Programme of the European Union, Cyprus also has the possibility to apply for distribution assistance for films originating in any of the European member states. Furthermore, Cyprus may benefit from another programme of financial assistance, consisting of the support of a Eurimage cinema network. As mentioned earlier, already four cinemas in the Republic have been selected to screen a minimum of 50% of European films, in return for financial assistance towards their programming[18]. This is regarded as an important step, since it places Cyprus on the European cinema map. As special consideration is given to projects originating from countries of low cinematographic production levels, Cyprus has, so far, been allocated some financial support for projects submitted to the Board of Management of Eurimage. In their production Cyprus was either the leading producer or the major co-producer. Among them are the two full-length feature films: "Two Suns in the Sky", 1991, and "Orpheus Descending", 1995, both by G. Zervoulakos who produced them together with Greece, France and Cyprus (Lumière Services). Also the sixth episode of a Greek Cypriot television series entitled *Otan Kopike I Ora* (The Moment Time Stood Still), by Thanos Lambropoulos, 1995, was financially supported by Eurimage. The other five episodes were then filmed in Italy, Germany, Ireland, Albania, and Hungary.

One of the criteria applied in the selection procedure of applications submitted is that the principal language used in the film should preferably be the language of one of the member states involved in the co-production. The great significance of the lifting of the language boundary is to be particularly felt by producers in a country like the Republic of Cyprus, where the language spoken (Greek) has only been gaining ground since Greece's entry into the European Union. Hopefully, it will also reduce the prejudice among the Greeks themselves regarding the non-privileged position their language is in.

2. The Initiatives of the Government

The state played no role whatsoever in film productions until 1980, when the Council of Ministers decided to set up a Cinema Advisory Committee. This move aimed at the production of films which would promote Cyprus and its struggle against the Turks. Among the films produced was one by Peter Loïzos (Irish Television) about Cypriot refugees, and the first Greek-Cypriot co-production, *O Viasmos tis Afroditis* (The Rape of Aphrodite), by Andreas Pantzis, 1983–1985. Evidently, the government of the Republic viewed cinema as a propaganda brochure or a tourist leaflet[19]. After 1983, the government officially began to counteract

---

members of the crew should be European, preferably nationals of the member states. Eurimage (note 16), pp. 11–13.

[18] These cinemas are: "Oscar" (Limassol), "Pantheon 1" (Nicosia), "Cineorasis" (Paphos), and "Rex" (Larnaca).

[19] Cleanthous-Hatzikyriacou (note 6), p. 165.

Turkish propaganda. *Nekatomenoi Aerides* (Troubled Winds), by Y. Ioannou, 1984, *Kerinia mou, toso Konda...toso Makria* (My Kyrenia, so Close... so Far), by A. Zembyla and G. Karaolis, 1984, *Sta Idia Chomata* (On the same Land), by E. Chatzikyriakou, 1986, and *Leptomeria stin Kypro* (A Detail in Cyprus), by Panikos Chrysanthou, 1987, are only a few examples of the deep government involvement in the film production at that stage. Finally, 1994 is a year to remember. For the first time in the history of the Republic of Cyprus, the government holds out a hand to the cinema by including a relatively small sum of money (125 000 CyP) in its annual budget for the development and production of films. What is more significant, the Council of Ministers decided, on 9 March 1994, to set up another Cinema Advisory Committee. But, this time, cinema is to be considered as a living art, not a means of "informing" the world about the island's political problem. In cooperation with the Department of Cinema and Audiovisual Productions at the PIO the Cinema Advisory Committee is to

(1) determine the criteria to be applied for the study of scenarios and projects submitted and council the government on matters concerning financing productions or co-productions of films in the private or the public sector, in Cyprus as well as by foreign producers. It is to follow the various stages of these productions and advise on their final approval.

(2) study profoundly the Cyprus Cinema and submit proposals for the preparation of a legal framework to govern all audiovisual productions, their promotion, distribution, and exploitation[20]).

Presided over by the Director of the PIO, this committee is composed of one representative of each the Ministry of Education and Culture, RIK, RIK-Television, the Associations of Cypriot Producers and Independent Producers and Directors, as well as the Association of the Friends of the Cinema. While technical and legal matters are being discussed, this new committee has presented its first results: the financing of two feature films, one documentary and two short films. The future seems promising. For, while in 1993 not a single film production was made, at the end of 1995 four films are ready for distribution: *To Ftero tis Migas* (The Wing of the Fly), a long film by Ch. Shiopahas, "Green Lanes", a short film by Ch. Georgiou, *Nekri Zoni* (No Man's Land), a short film by Kostas Tofaridis, and *Portreta tis Kyprou* (Portraits of Cyprus), a documentary by P. Chrysanthou. In 1996, seven more films will be produced. At the moment, quite as many projects have been submitted for approval.

Cinema in Cyprus has just taken some extremely important steps. It seems to have matured. Moreover, the broadening of Europe allows it to participate in production projects and benefit from funds. Collaboration is encouraged, which means sharing costs, but also ideas. Some experienced artists, together with trained young directors await to contribute to the 7th art. It remains to be seen how they will face the challenge and go beyond this promising stage.

---

[20]) Symvoulevtiki Epitropi Kinimatografou (The Cinema Advisory Committee): Regulations, Criteria for Financing Film Productions, Application Forms. Nicosia (PIO) 1994.

Turkish Cypriot Cultural Activities: Art, Music, Theatre

Bekir Azgın, Famagusta

I. Turkish Cypriot Artists: 1. First Generation: The Primitives – 2. Second Generation: School Teachers with English Education – 3. Third Generation: School Teachers with Turkish Education – 4. Students of Fine Arts – 5. Artists educated in the West – II. Turkish Cypriot Music: 1. Folk Music – 2. Monophonic and Polyphonic Music – 3. Pop Music – 4. Orchestral Music – III. Turkish Cypriot Theatre: 1. Turkish Traditional Theatre: Karagioz and Meddah – 2. Western Theatre – 3. Institutionalization: a) From the First Stage to the Turkish Cypriot State Theatre – b) The Nicosia Municipal Theatre – c) Amateur Theatre Groups

I. Turkish Cypriot Artists

Modern art was introduced to the Turkish Cypriots only in the second decade of the twentieth century. Islam as well as the Hebrew religious code prohibited the making of likenesses of human bodies. So Turkish Cypriots took interest in painting only after Kemal Atatürk began with his reforms in Turkey. It is worth to note that one of the very first Turkish artists, Ahmet Burhan Bey, was the son of a Cadi – a judge of Islamic canon law. The first artist who exerted some influence on the Turkish Cypriots was Olga Rauf (1893–1987). She was born in Moscow and was of German origin. She studied at the Academy of Arts in Munich. Because of health reasons she came to live in Cyprus, where she got married to a Turk, Dr. Mehmet Rauf. She was much impressed by the Mediterranean nature and climate. She mostly painted landscapes, working directly from nature. Wild flowers, blossoming trees, narrow town streets, forest cottages, and the sea were her main themes, and her paintings mostly burst with bright colours. Her works reflect an impressionistic mannerism.

1. First Generation: The Primitives

The first three artists, Ahmet Burhan Bey (1897–1984), Mehmet Necati (1904–1967), and Hasan Öztürk (1909–1981) can be categorized as the "primitives" of the Turkish Cypriot art. All three were self-taught in the arts; Öztürk, moreover, was illiterate. Mostly they did painting as a hobby. Unfortunately, of Ahmet Burhan Bey's works there remains only a collection of sketches. It is difficult therefore to judge his artistic merits. But Mehmet Necati was the first Turkish Cypriot to participate in an exhibition held at the Museum of Cyprus[1]) in 1928. He did studies

---

[1]) The Museum of Cyprus was founded in 1926 and was used also as an exhibition hall.

working directly from nature, using pale colours and portraying mostly peasants either working or resting in the fields. The colours of his still life paintings are brighter. His paintings generally are illustrative and very close to photography. Hasan Öztürk seems to be the most original artist of the group. His paintings show an air of naïvety and little concern for perspective. They appear almost as if painted by elementary school children. In the last phase of his life he tried to change his style under the influence of the younger artists, and thus he spoiled his original style. He painted various historical buildings, but since he was a bargeman his favourite theme was the sea.

Although these painters were the outstanding members of the first generation of the Turkish Cypriot artists, Emin Çizenel, a prominent contemporary artist, claims that the Turkish Cypriot masses were more influenced by lithographic images, which were highly popular in 1920's and 1930's, than by these artists. Lithographs, mostly featuring portraits of distinguished Turks, famous wrestlers, or images from fairy-tales, were on display in all of the coffee-shops and private homes. Generally they were mono-colour or painted in dark brown, blue and grey colours. "These pictures," says Çizenel, "were the real source that gave the first taste of painting to the Turkish Cypriots"[2]).

2. Second Generation: School Teachers with English Education

The group which can be called the second generation of Turkish Cypriot artists consists of İsmet Vehit Güney (b. 1923), Cevdet Çağdaş (b. 1926), and Fikri Direkoğlu (b. 1930). Although the "primitives" had various professions – Ahmet Burhan Bey was a teacher, Mehmet Necati was a shopkeeper, and Hasan Öztürk was a bargeman –, the members of the second generation were all teachers. They taught painting in various secondary Turkish schools. Güney became a teacher in 1948 and the others went to England in the 1950s to be educated as teachers[3]). İsmet Vehit Güney, who worked closely with the famous Turkish artist İbrahim Çallı, appears to be the most prominent of this group. His approach to painting and the use of colours was influenced by Çallı, especially in his nude studies. His still life and landscape paintings done with oil on canvas are very successful. Cevdet Çağdaş, on the other side, has distinguished himself with his watercolor landscapes of the English tradition. He had a great influence on the Turkish Cypriot culture during the time he was the director of the Department of Ancient Monuments. At this phase of his career he copied the figures and calligraphies on the Muslim tombstones and used them as a theme in his paintings. Another artist, Fikri Direkoğlu, first became an elementary school teacher and then received a scholarship to study at the Goldsmith's College of London University. On his return to the island he became an inspector at the Ministry of Education. In 1969 he received another scholarship from the French Gov-

---

[2]) E. Çizenel in a personal letter to the author.
[3]) Olgun, M. E. (ed.): Kıbrıs Türk Resim Sanatından Bir Kesit (A Cross-Section of the Turkish Cypriot Painting). İstanbul 1988, p. 20.

ernment to study under the guidance of Gustave Singier at the Academy of Fine Arts in Paris for two years. He was the director of the Turkish State Theater from 1970 to 1973. In 1984 he became Under Secretary of the Ministry for Tourism and in 1986 he was appointed counselor of the Tourism office in London[4]). Although Direkoğlu did some abstract works, his works are basically figurative and his style is close to expressionism. His works were exhibited in Cyprus, London and Paris.

3. Third Generation: School Teachers with Turkish Education

This group of artists consists of people who were educated in Turkey in order to become teachers for the higher Turkish schools. Nearly all of them graduated from the Ankara Gazi Eğitim Enstitüsü (Gazi Education Institution of Ankara). They were influential in educating the young generations; they taught them the basics of painting and the history of arts which were then in great demand. The members of this group are Ayhan Menteş (b.1935), Ali Atakan (b.1940), Salih Oral (b.1941), Güney Osman Güzelgün (b.1943), Yılmaz Hakkı Hakeri (b.1944), Emel Samioğlu (b.1946), Özden Serak (b.1947), Feridun Işıman (b.1949), and Güner Pir (b.1949). Although all of them, except E. Samioğlu, were educated at the same institution, all of these artists have their own individual style.

Ayhan Menteş started his career under the influence of the 19th century French artists and especially that of Henri Matisse. He used traditional motives to enrich his works and a symbolic language with rich colours to influence his audiences. He took part in various exhibitions both in Cyprus and Turkey and he attended the First Asian-European Biennial held in Ankara. Ali Atakan is one of the prominent members of the group. He has taught arts all through his career and participated in numerous exhibitions. He started his career as an artist under the influence of the impressionists before he became a cubist and constructivist. Lately he has been doing richly-coloured abstract works. Salih Oral is a teacher at the Teachers Training College. As an artist he prefers figurative compositions with local themes. He took part in various collective exhibitions and attended the First Asian-European Biennial in Ankara. Günay Osman Güzelgün, who has participated in various collective and individual exhibitions, continues to teach art at a secondary school. Her compositions are figurative with local and traditional themes. She prefers yellow tones. Yılmaz Hakkı Hakeri assumes a special place within the group. Having graduated at the Institute of Education, he joined the Academy of Fine Arts in Perugia, Italy. His compositions of nature and his still life paintings are executed in a constructivist manner. He attended numerous exhibitions in Italy but very few in Cyprus. Emel Samioğlu graduated from the Higher Technical Girls' Teachers College and became an art teacher. Although she makes use of lines, she prefers multi-coloured abstract surfaces. She generally tries to give a dynamism and expression of motion in her compositions. She took part in numerous collective and individual exhibitions and attended the First Asian-European Biennial in Ankara. Öz-

---

[4]) Olgun (note 3), p. 24.

den Serak, although a well-known painter, has written a few comedies which were staged, and she has also placed publications in three books of short stories[5]). As an artist she first became to be known for her miniaturist style compositions on local themes. Later she painted fairy-tale themes in a naive manner. Feridun Işıman, having graduated from the Gazi Institute of Education, went to Finland where he stayed for two years. He became an art teacher after he returned to Cyprus. He started his career by doing portraits and landscapes without deforming them. Lately, he has been using the figurative style to a lesser degree, and enriches his composition with a fine texture of colours. He has taken part in various exhibitions in Cyprus, as well as some in Amsterdam and New York. Finally, Güner Pir has been teaching arts since his return to Cyprus in 1972. His works exhibit a taste of monochrome. Although at first he has been using plenty of figures, lately he abstains from this technique. He took part in various exhibitions both in Cyprus and in Turkey and attended the first Asian-European Biennial in 1986.

4. Students of Fine Arts

The members of this group are those who were trained to become artists and have graduated from the State Academy of Fine Arts in İstanbul, which was lately officially renamed to Mimar Sinan's Faculty. These were the people who activated the cultural life in the arts among the Turkish community in Cyprus. They carried the modern artistic trends to the island and reactivated the interest of the intellectuals in the arts. The more prominent members of this group are: Aylın Örek (b.1941), Salih Bayraktar (b.1947), Emin Çizenel (b.1949), Mehmet Uluhan (b.1949), Türksal İnce (b.1949), Nilgün Kozal (b.1952), and Aşık Mene (b.1955).

Aylın Örek worked as a student at the studios of Ali Çelebi and Nurullah Berk, both prominent Turkish artists. When she returned to Cyprus she started teaching art. Her compositions reflect a picturesque combination of lines because outlines of her themes give the impression as if she is dealing not with Cyprus but with people of some unknown and strange country. She is keen to combine traditional elements with the modern life of local people. She has a distinct style of deforming her figures. She had numerous individual exhibitions both in Cyprus and abroad, including ones in İstanbul, Marseilles, Paris, Brussels, and Bodrum (Halikarnassus). Ostensibly she is the most prominent woman Turkish Cypriot artist. Salih Bayraktar graduated from the studio of Neşet Günal, a Turkish artist who is the exponent of figurative painting. Bayraktar also made himself known with his portraits of interesting local personalities. His works reflect a dramatic effect, expressed by the use of dark and grey colours. Emin Çizenel presumably is the most prominent Turkish Cypriot artist. He graduated from the studio of Devrim Erbil, who became famous with his miniaturistic style, after which he continued his stu-

---

[5]) See Selenge, Ö.: Çiçeklenemeyiz Biz Erik Ağacı (We Cannot Blossom [like you] Plum Tree). İstanbul 1987. Serak, Ö.: Geceye Açar Gecetütenler (Night-Smelling-Flowers Open at Night). Lefkoşa 1993. (Selenge) Serak, Ö.: Fincandaki Kraliçe (The Queen on the Tea Cup). İstanbul 1993.

dies in Vienna. Upon his return to Cyprus he became an art teacher. He resigned from this post at an early age and concentrated on painting. He is one of the very few artists who can make a living from painting. He started his career by producing figurative compositions with brisk lines and few colours. Then he showed interest in the Mediterranean mythology, trying to create his own mythology on canvas. Lately, he has shown great interest in light and its effects. He started making abstract compositions using various tones of colours and stains. Mehmet Uluhan, also a graduate of Devrim Erbil's studio, became an art teacher. His work at first resembled the figuration and painting technique of Francis Bacon. Then he made a series of "Pear-woman" compositions, exibiting an original approach, and lately he has adapted an abstract style. Apart from painting he is interested in photography and he has held various exhibitions in both photography and painting. Türksal İnce graduated from the studio of Devrim Erbil, too, and became an art teacher. His compositions reflect a line-dominated style. He is very much under the influence of Ottoman calligraphy. Besides painting he produced works in ceramics, reliefs, and mosaics. Lately he is doing litographical compositions. He attended various collective exhibitions and the First Asian-European Biennial in 1986. Aşık Mene graduated from the studio of Neşet Günal. As an artist he started out with a "social realistic" style. He then presented works of multi-figuration centered around the female figure. He has participated in numerous collective and individual exhibitions. Among the younger generation of the same school it is worthwhile to mention the names of artists like Kemal Ankaç, Filiz Ankaç, and Gürsel Soyel.

5. Artists educated in the West

Three other Turkish Cypriot artists – Gönen Atakol (b.1945), İlkay Önsoy (b.1953), and Ümit İnatçı (b.1960) – are worth to be mentioned in this context although they have nothing in common except their education in the West. Gönen Atakol is a graduate of Pennsylvania State University, where she received her "Bachelor of Fine Arts." At first she made compositions in an abstract-constructivist manner. Then she put local themes and sceneries in her works by slightly deforming them. She has participated in various collective exhibitions and held a retrospective exhibition in 1985. İlkay Önsoy has studied at Croydon Art College, Newport College of Art, Royal College of Art, and at Goldsmith's College. He won the design prize of David Murrey at the Royal College of Arts. He became an art teacher after he returned to Cyprus. He made figurative compositions at first but he has been doing abstract works lately. He participated in various collective exhibitions and held individual exhibitions. Ümit İnatçı has studied arts first in England and then in Italy. He graduated from the Academy of Fine Arts of Pietro Vannucci. He has used writing images, ritualistic symbols and archaic motives at his compositions – which serve as a reminder of mankind's early days. He has participated in numerous exhibitions both in Cyprus and abroad. As a last word, one may add that there is a highly active artistic life in Northern Cyprus, with frequent exhibitions held in two modern and large exhibition halls in Nicosia (North) and in each of the halls in Kyrenia and Famagusta.

II. Turkish Cypriot Music

1. Folk Music

Ever since 1571 the Turkish immigrants have been arriving with their cultural baggage, including their folk music tradition. However, having lived with Greek Cypriots in mixed villages and towns for over four centuries, they developed a new taste and different approaches towards folk dance and music. While they have influenced the Greek Cypriot music, they themselves were influenced by them. One may even say that by the twentieth century the two communities on the island had a common and unique type of folk music which was neither purely Greek nor Turkish.

One of the well-known Greek Cypriot musicians and folklorists, Georgios Averov, summarizing his ideas about the "Folk Music of Cyprus" on the back-cover of one of his records[6], states that "the folk music of Cyprus is distinguished by its use of Byzantine scales and oriental rhythms such 5/8, 7/8 and 9/8." Then he continues to say that "the music of Cyprus has been influenced by the dances and songs of neighbouring countries, but it has preserved its own character"[7]. It goes without saying that, what Averof regards as "Cyprus folk music" is actually Greek Cypriot folk music. Greek Cypriots, generally, do not like to acknowledge any Turkish influence on the culture of Cyprus, and any which does exist they prefer to cleanse it from such "oriental" and "polluting remnant"[8]. Therefore, the influences which Averof is attributing to "oriental" or "neighbouring countries" are mostly Turkish, and, maybe, Arabic to a lesser degree. It is hardly surprising, therefore, to find rhythms such as the ones mentioned by Averof widely used in Turkish music.

On the other hand, in a book co-authored by Mahmut İslamoğlu and Yılmaz Taner, it is claimed in the preface that the aim of publishing the notes of the Turkish Cypriot dances and songs is to prove wrong those Greek Cypriots who try to present all Cypriot music as Greek[9]. The last chapter of the book contains the notes of nine folk dances which the authors claim to be Turkish Cypriot ones but which Greek Cypriots regard as theirs[10]. Another Turkish folklorist, Erbil Çinkayalar, singles out "14 folk dances of ours that passed to the Greek Cypriots"[11]. Leaving aside the purification of the culture and dubious questions who influenced whom, or what one took from the other, we may assume that some of the music was created jointly by the input of the members of both communities. A Turkish expert on

---

[6]) Averov, G.: Cyprus Folk Dances and Music. Vol. II. Nicosia 1985. See also his book: Oi Kypriakoi Laïkoi Choroi kai ta Kypriaka Dimotika Tragoudia (Cypriot Folk Dances and Cypriot Folk Songs). Nicosia 1989.

[7]) Averov, Cyprus (note 6).

[8]) For a similar attitude in Greece see Herzfeld, M.: Ours Once More. Folklore, Ideology and the Making of Modern Greece. New York 1986, p.17.

[9]) İslamoğlu, M./Taner, Y.: Kıbrıs Türküleri ve Oyun Havaları (Cypriot Folk Songs and Dances). Nicosia 1979, p.4.

[10]) İslamoğlu/Taner (note 9), pp. 95–107.

[11]) Çinkayalar, E.: Kıbrıs Türk Halkoyunları (Turkish Cypriot Folk Dances). Nicosia 1990 (Publications of the Ministry National Education and Culture), p.19.

folk music and dances, Mümtaz Cönger, who stayed in Cyprus for nearly four years (1958–1961) and was given the task to establish what was Turkish in the Cypriot folk music and dances, remarked just before he left the island that "they are so mixed up that I couldn't separate them"[12]). As folklorist Kani Kanol puts it, "there doesn't exist a scientific method to prove who has taken what from whom"[13]).

2. Monophonic and Polyphonic Music

Besides the folk music, Turkish Cypriots have been using at least two different types of music during the twentieth century: Monophonic Turkish music and polyphonic (Western) orchestral music. Monophonic Turkish music was mostly borrowed from Turkey and was performed either individually or in groups. This type of music has been the most widely and commonly used music among Turkish Cypriots until recently, when "Turkish pop music" started to replace it especially among the youngsters. Monophonic Turkish music can be subdivided into Turkish folk music, Turkish classical music (*Türk sanat/klasik müziği*), and Mystical music. The widespread type of Turkish folk music is the *Türkü* (folk lied) which continues to be widely used. Especially after the spreading of the use of radios *Türkü* became very popular amongst the Turkish Cypriots. The name of the Turkish classical music is mostly used for the type of music which was created at the Ottoman palace[14]). It was generally used by the upper class of the society. Although it became more popular after the use of radio and TV, it still continues to be popular mostly amongst the intellectuals[15]). Mystical music was used basically at the dervish lodges. We know for sure that at least one of these lodges, that of *Lefkoşa Mevlevihanesi* (Nicosia Lodge of Mevlevi Dervishes or the Whirling Dervishes), was in use until 1954, until the death of its last sheikh.

Polyphonic music, as far as we know, entered into the social life of Turkish Cypriots in the twentieth century. A music group of amateurs, *Dar-ül Elhan* (The House of Songs), was founded in 1925. The group was renamed as TAVS (The Academy of Theatre and Voice) in 1934. It was this group of amateurs which for the first time staged operettas. From an advertisement in a weekly newspaper, *Söz* (The Word), we learn that the operetta Arşın Malalan (The Cloth-Seller) of the well-known Azerbaijanian composer Uzeyir Hadjibekov was staged by TAVS in 1935[16]). Although no scores have survived, we know from another article in *Söz* that at least two operettas were composed and staged in Cyprus by the same group.

---

[12]) Kanol, K.: Chihangir Kültür ve Sanat Derneği'nin Düzenlediği Açık Oturuma Sunulan Bildiri (Paper presented at the conference organized by the Cultural and Arts Association of Cihangir), in: Halkbilimi (Folklore Magazine). 3–4 (1994), p.33.

[13]) Kanol (note 12), p.34.

[14]) Turan, Ş.: Türk Kültür Tarihi (Turkish Cultural History). Bilgi Yayınevi. Ankara 1990, pp.264/65.

[15]) It must be noted that Turkish classical music was influenced by the Byzantine chanting. See Eğribel, E. and others: Türk Müziği (The Turkish Music). İstanbul Üniversitesi Edebiyat Fakültesi Basımevi. İstanbul 1993, p.7.

[16]) Söz. 27.12.1935.

The librettos of the operettas were written by İsmail Hikmet who, at the time, was the headmaster at the Turkish Lycee. They were composed by Mesut Bey, who was a music teacher at the same Lycee[17]). After the Second World War and during the 1950s and even the 1960s, polyphonic music was mostly performed by the students of Viktorya Kız Lisesi (Victoria Girls Lycee) under the guidance of Jale Derviş, who was a music teacher, and in cooperation with Kamran Aziz and Nejla Salih Suphi. For the first time they wrote Turkish words for the popular arias of Verdi, Puccini and Bizet, as well as for some songs (*Lieder*) of Schubert, Mozart and Brahms[18]). In the early 1950s Zeki Taner improved and enlarged the band of the Turkish Lycee[19]), which was founded by Vahan Bedelian, an Armenian violinist.

3. Pop Music

In 1951 a new music group was organized to produce music for the newly established Cyprus Broadcasting Service. The Group was called *Kamran Aziz ve Arkadaşları* (Kamran Aziz and her Friends). The core group consisted of Kamran Aziz, Jale Derviş, Fikret Özgün, Zeki Taner, Vecihi Turgay, and Ahmet Anlar. Later the group was joined by Faiz Raif, Erer Selçuk, Salim Mirata, Türker Mirata, Ayer Kaşif, Vasıf Galip, Sümer Sungurtekin, Rahmi Özsan, Salih Biray, and Ferahzat Gürsoy[20]). The group first made music for the radio until 1958 and later worked for TV productions until December 1963, becoming very popular among the Turkish Cypriots. Popular songs from all over the world of the period were translated into Turkish and were performed alongside with the compositions of the leader of the band, Kamran Aziz[21]). Thus the foundation was laid for Turkish Cypriot popular music.

After the intercommunal strife in 1963, the Turkish community founded its own radio, named *Bayrak Radyosu* (The Flag Radio). Some youngsters came together and formed the Bayrak Quartet to make music for the radio. This group, which later changed its name into *Sıla-4* (Nostalgia-4), played an important role in the development of Turkish Cypriot pop music. The youngsters who formed *Sıla-4* were Erdinç Gündüz, Ferahzat Gürsoy, Aydın Kalfaoğlu, and Raif Denktaş. *Sıla-4*, for the first time, tried to combine Turkish Cypriot folk music with American-inspired rock music. The experiment was successful and the group became very popular. Their first hit was the song *Kıbrısım* (My Cyprus), which was originally composed by Kamran Aziz, and was recorded in 1971. On the other side of the record there is a Turkish Cypriot folk song, *Dolama*. Thus, *Sıla-4* became the first musical group amongst the Turkish Cypriots to issue a record. Later, they issued

---

[17]) Söz. 3.12.1933.
[18]) Personal conversation with Jale Derviş, Kamran Aziz and Nejla Salih Suphi.
[19]) Unpublished interview with Yılmaz Taner, who is the son of the deceased Zeki Taner and the conductor of the State Symphony Orchestra and Choir.
[20]) Personal conversation with Kamran Aziz.
[21]) The scores of the more popular songs were later published in a book. See Aziz, K.: Kamran Aziz. Nicosia 1994.

some more records in Turkey with a better quality, and this gave them the opportunity to become quite famous in Turkey, too. After 1974, Raif Denktaş, who was the driving force of the group, started a career in politics. He became an MP in 1976 and thus *Sıla-4* was dissolved. Still, *Sıla-4*'s music continues to influence young composers and musicians. A lot of individuals and groups began to perform music in the last two decades, most notably Acar Akalın, Girne Gelişim (later Girne Set), Güzelyurt Gelişim, and Gazi Set.

4. Orchestral Music

Under the guidance of Yılmaz Taner a chamber orchestra was founded in 1971 under the name of *Türk Flarmoni Topluluğu* (Turkish Philharmonic Ensemble). This group was reorganized by law (15 January 1972) and was renamed as *Devlet Senfoni Orkestrası ve Korosu* (The State Symphony Orchestra and Choir). Yet the orchestra and the chorus was comprised of amateur musicians. It wasn't until 1 April 1981 that a new law was passed and nine professional musicians were hired. At the moment, according to the conductor of the orchestra and chorus, Yılmaz Taner, besides the professionals about 70 amateur musicans take part in the ensemble[22]. Often the skeleton staff of the orchestra is reinforced by musicians sent from Turkey on a part-time basis.

The State Symphony Orchestra gives two or three concerts a year which are performed in all larger towns of Northern Cyprus, and the choir either accompanies the orchestra or performs a cappella. Their repertory includes compositions of all the well-known great composers. For the last two years the standard of the performance has increased by the addition of a very capable pianist, Rüya Taner, who is the daughter of Yılmaz Taner and is on the verge of becoming an international virtuoso on the piano. Ali Hoca, another young talent, at the moment working with the İzmir Symphony Orchestra in Turkey, is on his way to make a career as a composer.

III. Turkish Cypriot Theatre

1. Turkish Traditional Theatre: Karagioz and Meddah

After the conquest of Cyprus by the Ottomans in 1571 about 30 000 Turks were sent to the island and were settled there[23]. These people brought their own cultural traditions with them. Presumably among this cultural heritage was also *Karagioz*, the shadow theatre, and *Meddah*, the storytelling, both of which have been performed in various parts of the island until the introduction of radio and television. Both *Karagioz* and *Meddah* were often performed among the Turkish Cy-

---

[22] Unpublished interview with Yılmaz Taner.
[23] Gazioğlu, A. C.: Kıbrısta Türkler (Turks in Cyprus). Nicosia 1994, p.108.

priot population, but *Karagioz* was especially popular. The actors of both genres were individuals who generally had a second profession that provided for the major part of their income. During *Ramadan*, the Muslim fasting month, and more often during the winter season, the actors would travel around the island and exhibit their skills in village coffee-shops[24]). The best criteria of the actors' success was the loudness of the laughter that came from the audience. Women and children quite often were prohibited to watch such performances because of the dirty jokes used in there. If the performance was not specially designed for a female audience, it lacked politeness and subtlety. It contained slapstick and vulgarity. From this point of view it reminds one of the obscene language and the type of sense of humour of Aristophanes[25]). Depending on the knowledge obtained before the performance, insinuations were made that were cleary directed at the respective local audience and sometimes they hurt some of the people who were present.

Eventually local characters developed in Turkish Cypriot *Karagioz* plays, and local stories were created for *Meddahs*. Mehmet Ertuğ, an expert on traditional Turkish theatre and an actor who still performs *Karagioz*, states that there were 28 classical *Karagioz* plays[26]). The classical plays were those which were very similar to those which were performed in Turkey. Besides the classical plays there are some plays which are exclusively of Cypriot origin and that are not known in Turkey. *Karagioz* was highly popular among Greek Cypriots, too. They call it *Karagleiozi*. The actors of an ethnic group quite often would ridicule one of their characters who belonged to the other ethnic group[27]). The laughter of the respective audiences reflected their national pride. Nowadays, *Meddah* has completely vanished, and *Karagioz* is rarely performed. It can be seen mostly at schools or on television. The content of the plays, of course, has been changed to suit the occasion.

2. Western Theatre

Western theatre was introduced to the Turkish Cypriot community during the first decades of the 20th century. This was done mostly through the social clubs in Nicosia. By then Cyprus was under British rule and Turkish Cypriot intellectuals were feeling uneasy, lonely and cut off from their "fatherland" – Turkey. Western theatre was looked upon by some of these intellectuals as a means of boasting nationalistic feelings. It is not surprising, then, that the first play which was performed in 1908 was *Vatan Yahut Silistre* (Motherland or Silistre) by the famous

---

[24]) Ertuğ, M.: Geleneksel Kıbrıs Türk Tiyatrosu (Traditional Turkish Cypriot Theatre). Yorum Matbaası 1993, p.6.
[25]) In both classical Greek comedy and Karagioz the actors never came face to face with the audience since the Greek actors wore masks and the Karagioz actors were hidden behind the scene.
[26]) Ertuğ (note 24), p.7.
[27]) Ibid., pp.19/20.

Turkish nationalist poet Namık Kemal[28]), whom, in fact, the Turkish Cypriots knew quite well since he lived in exile in Famagusta during the years 1873–1876. The first Turkish Cypriot play, *Safa Yahud Netice-i İbtila* (Safa or the Consequence of a Passion), was published in 1909[29]) and was written by Kaytazzade Mehmet Nazım Efendi (1857–1924). It is, in a way, an imitation of the Turkish plays – it is even set in İstanbul, and not in Cyprus[30]). During the First World War and the war for Turkish Independence (1919–1922) various nationalistic plays, such as *Akif Bey* (Mr. Akif), *Yarım Türkler* (Halfbreed Turks), *Türk Kanı* (Turkish Blood), *Vatan Yahut Silistre* (Motherland or Silistre), *Muhterem Katil* (The Venerable Assassin), and *Balkan'da Alkan* (Alkan at the Balkans) were staged and performed in order to collect money and help their kinsmen.

With the Treaty of Lausanne Cyprus became de jure a part of the British Empire, and a new phase started for the Turkish Cypriots. Although they continued to be influenced by events in Turkey, and especially by the Kemalist reforms, they became aware of the reality that they were not going to be under the direct or indirect rule of Turks anymore. So they united under a political party for the "preservation of the Muslim Turks on the Island of Cyprus"[31]). A new social club, *Kardeş Ocağı* (Guild of Brotherhood), was founded in 1923. A group of intellectuals gathered under the roof of *Kardeş Ocağı* which became the driving force for the development of the Western theatre for the next few decades. The most prominent individuals who promoted this form of theatre were: Fadıl Niyazi Korkut, Pertev Bey, Osman Nuri, Kemal Efendi, Necmi Avkıran, Hasan Saffet Hoca, and Mehmet Aziz Bey[32]). For the first time plays by Shakespeare and Molière were staged side by side with Turkish plays. Before the foundation of *Kardeş Ocağı*, female roles in the plays were played either by male actors or by Armenian and Greek women who knew Turkish. At the plays of *Kardeş Ocağı* Turkish Cypriot women, for the first time, went on to the stage. Vedia Barut[33]), Kamran Aziz[34]), and Süheyla Hanım[35]) were the first Turkish women to take roles in these plays[36]).

During the few decades between its foundation and the early 1950s – the period during which *Kardeş Ocağı* actively participated in staging plays –, a considerable

---

[28]) Ersoy, Y.: Kıbrıs Türk Tiyatro Tarihi (History of the Turkish Cypriot Theatre). (Unpublished paper), p.5.

[29]) In fact the first play written in Turkish was "Namus İntikamı Yahut Dilenci (The Revenge of Honor or the Beggar)" which was written by L. Shishmanian, an Armenian who published it in a magazine called "Akbaba" in 1898.

[30]) Fedai H.: Safa Yahud Netice-i İbtila (Safa or the Consequence of a Passion), in: Kültür-Sanat Dergisi (Cultural and Arts Magazine). 9 (1991), pp.11/12.

[31]) İsmail, S.: 100 Soruda Kıbrıs Sorunu (The Cyprus Problem in 100 Questions). Nicosia 1992, p.26.

[32]) Ersoy (note 28), p.8.

[33]) It is interesting to note that she was the daughter of a Muslim religious official and that she was to become the first Turkish Cypriot woman-merchant.

[34]) The daughter of Mehmet Aziz Bey and one of the first Turkish woman pharmacists.

[35]) She later became the wife of Dr. Fazıl Küçük, the first Vice-President of Cyprus.

[36]) See Azgın, B.: Yüzyıl Başlarında Tiyatromuz (Our Theatre at the Beginning of the Century). Beşinci Yıl – Lefkoşa Belediye Tiyatrosu (The Fifth Anniversary of the Nicosia Municipal Theatre). Nicosia 1989.

number of plays were written by Turkish Cypriots. Among the better known ones are *Balkan'da Alkan* (Alkan at the Balkans) and *Yavuklunun Mendili* (The Handkerchief of the Fiance), written by Fadıl Niyazi Korkut, *Çobanın Yavuklusu* (The Shepherd's Fiance) by Sami Tuna, *Duman* (The Smoke), *Meşale* (The Torch), and *Altın Şehir* (The Golden City) by Hikmet Afif Mapolar, *Yüksel* by Osman Talat, and *İzmir'e Girerken* (Entering Izmir) by Talat Yurdakul[37]). Unfortunately, the plots of these plays are not any longer known. Although at the time they were performed on the stage, and articles were written about them in the newspapers, most of the plots were never published. Also, because many Turkish Cypriots had to evacuate their homes due to the troubles from the 1950s to the 1970s, most of the manuscripts of those theatre plays were left behind and are difficult to locate or, even worse, they are lost for good.

In 1925, soon after the foundation of *Kardeş Ocağı* a group of musicians and music-lovers came together and founded *Dar-ül Elhan* (The House of Songs). A decade later, in 1934, it was renamed to TAVS (The Academy of Theatre and Voice). It was this association that staged operettas for the first time on the island. Besides the popular Turkish operettas there were also some Azerbaijanian ones staged. An advertisement in one of the weekly newspapers of those days reads as follows: "The Turkish House of Songs, whose new name is TAVS, will stage the operetta of *Arşın Malalan* (The Cloth-Seller) tomorrow night at the Papadopoulos Theatre"[38]). *Arşın Malalan* is one of the operettas of the well known Azerbaijanian composer Uzeyir Hadjibekov. İsmail Hikmet, who at the time was the head master of the Turkish Lycee and a leading member of TAVS, wrote two librettos: *Efenin Düğünü* (Efe's Wedding) and *Korsanın Gözdesi* (The Favourite Woman of the Pirate). Both of the librettos were composed by Mesut Bey who was a music teacher at the Lycee[39]). Although none of the scores have survived, the libretto of *Efenin Düğünü* can be found since it was published[40]).

Some of the sport clubs also contributed to the theatre activities in 1930s. Three of them played an especially important role in introducing theatre to large masses. All three clubs were known as LTSK because of the abbreviation of their names: *Lefkoşa Türk Spor Kulübü* (Turkish Sports Club of Nicosia), *Limasol Türk Spor Kulübü* (Turkish Sports Club of Limassol), and *Larnaka Türk Spor Kulübü* (Turkish Sports Club of Larnaka)[41]). In the 1950s a new theatre association, *Güzel Sanatlar Derneği* (Association of Fine Arts), was founded with the active participation of individuals like Suphi Rıza, Samiye Mustafa, Kemal Tunç, Hatice Söğüt, and Hülagü Aytaçoğlu. To counterbalance the rising Greek nationalism of those days, this group frequently staged nationalistic plays besides light comedies.

---

[37]) Ersoy (note 28), p.6.
[38]) Söz. 27.12.1935.
[39]) Söz. 3.12.1933.
[40]) Hikmet, İ. (later İ. H. Ertaylan): Efenin Düğünü (Efe's Wedding). Milli Operet (National Operetta). Nicosia 1933.
[41]) Ersoy (note 28), pp.7/8.

3. Institutionalization

a) From the First Stage to the Turkish Cypriot State Theatre

The first professional Turkish Cypriot theatre was formed in 1963 as a private group under the name of *İlk Sahne* (The First Stage) by a group of young actors around Üner Ulutuğ, Kemal Tunç, Ayla Mesut, Yücel Köseoğlu, Biler Demircioğlu, and Hatice Söğüt. In contrast to earlier theatre groups, *İlk Sahne* consisted of people mostly educated at theatre schools. The director of the group Üner Ulutuğ, for example, was a graduate of the State Conservatory of Ankara[42]. *İlk Sahne* started staging serious plays and soon became quite popular among the Turkish intellectuals in Cyprus. Then, in 1965, the Turkish Cypriot Administration started to pay salaries to the artists of "The First Stage" and changed the name of their institution to *Kıbrıs Türk Tiyatrosu – İlk Sahne* (Turkish Cypriot Theatre – The First Stage). In this way it became inofficially the first state theatre of the Turkish Cypriots. This was a dramatic change in the history of the Turkish Cypriot theatre. Artists, for the first time, became full professionals and thus audiences were provided with a continuously functioning theatre. On the other hand, however, it turned the artists into civil servants who felt the necessity to stage plays for the taste and political choices of the governing bodies. Although a state theatre, *İlk Sahne* continued to open its curtains in the hall of a school – it never had its own theatre building until 1974.

After the events of 1974, the Turkish Cypriot population gathered in the northern part of the island and reorganized its various institutions. In the course of this reorganization *Kıbrıs Türk Tiyatrosu – İlk Sahne* was turned into *Kıbrıs Türk Devlet Tiyatrosu* (The Turkish Cypriot State Theatre). An old cinema building was restored and renovated as a theatre. Young theatre school graduates were recruited and a comperatively large cadre of professionals assembled under the roof of the new theatre. Therefore, the State Theatre was able to stage various Turkish and Western plays. More than seventy plays were performed in the last 20 years of its existence. Most of these plays were comedies that were meant to amuse their audiences. A few local plays which were performed by the State Theatre were light comedies and heavily relied on the Turkish Cypriot accent.

b) The Nicosia Municipal Theatre

A group of young artists at the Turkish Cypriot State Theatre felt uneasy about the conventional repertory and claimed that there was not sufficient freedom to put on plays with a social content. These actors then took the initiative and staged a play called *Vatandaş Oyunu* (The Play of the Citizen) at the Cultural Festival of the Nicosia Municipality in 1980. Although the play was written in Turkey, the group of actors adapted the play to the local social conditions. In the play various traditional institutions were critisized and the leading Turkish Cypriot politicians ridiculed. The play was a great success but the artists were dismissed by the man-

---

[42] Ersoy (note 28), p.11.

agement of the State Theatre for staging a play that was considered to be too socialist in its orientation[43]). On 3 November 1980, the Turkish Cypriot council of the Nicosia Municipality therefore decided to found its own theatre. Thus the *Lefkoşa Belediye Tiyatrosu* (Nicosia Municipal Theatre) was founded.

The Nicosia Municipal Theatre encourages its authors and poets to write plays dealing with the Turkish Cypriot social life and reality by staging such plays, and often they themselves create their own plays. The main aim of the theatre, as its director Yaşar Ersoy explained it at a conference given to the Greek audience at Satirikon Theatre in October 1994, is "to create a real Turkish Cypriot Theatre which has got a local taste but at the same time is international"[44]). The plays staged at the Nicosia Municipal Theatre intend to show the problems and the social inadequacies of the Turkish Cypriot society as well as its political and social revolutionary ideals, its conflict between traditional values and westernized ideas. Nicosia Municipal Theatre also quite often stages plays with the theme of peace, including "The Peace" by Aristophanes, because it wants to express the longing of the Turkish Cypriots for peace. Bearing in mind that the Cyprus problem has been in the limelight since late 1950s, one can easily understand this desire.

The Nicosia Municipal Theatre also introduced the experimental theatre to the Turkish Cypriot audience using the ingredients of the traditional Turkish theatre with the modern techniques of the world theatre. Greatly influenced by the tradition of Brecht, it has been trying to create a new and modern trend. In the fifteen years of its existence the Nicosia Municipal Theatre staged over forty plays. Besides the local ones – more serious compared to the plays staged by the State Theatre – some of the world's most famous plays have been performed there. The Nicosia Municipal Theatre has also created a new tradition by staging each year a play for children with the understanding that bringing children to the theatre is one of the most efficient ways of educating them.

c) Amateur Theatre Groups

Besides the two professional theatres which are based in the Turkish Cypriot part of Nicosia, there are various amateur theatres in various towns of Northern Cyprus. The more active and best known ones are *Maraş Emek Tiyatrosu* (Maraş Labour Theatre = MET), and *Kıbrıs Türk Komedi Tiyatrosu* (Cyprus Turkish Comedy Theatre), both based in Famagusta. *GÜSAD Tiyatrosu* (The Theatre of Güzelyurt's Arts Association) is located in Güzelyurt (Morphou). *HAS-DER Tiyatro Kolu* is the theatre branch of the Folklore Association in Nicosia (North). Apart from the Turkish Cypriot theatres, there is "The Kyrenia Amateur Drama Society" which stages its plays in English exclusively.

---

[43]) Christakis, G./Shiafkalis, N.: Cyprus, in: The World Encyclopedia of Contemporary Theatre: Vol. 1, Europe. Ed. D. Rubin, London/New York 1994, pp. 185–195, 189.

[44]) According to the handwritten notes of the author.

Zeittafel*

Ioannis Zelepos, Hamburg

FRÜHGESCHICHTE

7000 v. Chr	Jungsteinzeitliche Siedlungen.
1500 v. Chr	Kypro-Minoische Silbenschrift.
1200 v. Chr.	Beginn der Kolonisation Zyperns durch die Mykener.

VON DER ANTIKE BIS ZUR OSMANISCHEN ZEIT

10. Jh. v. Chr.	Einwanderung von Phöniziern.
707 v. Chr.	Unterwerfung Zyperns durch König Sargon II. von Assyrien.
Um 550 v. Chr.	Zypern unter ägyptischer Vorherrschaft.
540 v. Chr.	Persische Oberherrschaft.
498 v. Chr.	Weitgehende Beteiligung der zyprischen Stadtkönigtümer am Ionischen Aufstand.
448 v. Chr.	Nach dem Kallias-Frieden verbleibt Zypern unter persischer Herrschaft.
333 v. Chr.	Schlacht bei Issos. In der Folge gehört Zypern zum hellenistischen Raum.
58 v. Chr.	Eingliederung Zyperns in das Römische Reich.
46 n. Chr.	Missionsreise der Apostel Paulus und Barnabas nach Zypern.
431 n. Chr.	Bestätigung der Autokephalie der Kirche Zyperns durch die Synode von Ephesos.
647–695	Dauerkonflikt zwischen dem Oströmischen Reich und den Arabern, die Zypern zeitweise besetzen.
688	Ostrom (Byzanz) und das Kalifat teilen sich die Herrschaft über Zypern.
965	Die Araber werden von Kaiser Nikephoros Phokas aus Zypern verdrängt.
1184–1191	Selbständigkeit Zyperns unter Isaak Komnenos.
1191	Mit der Eroberung Zyperns durch Richard Löwenherz beginnt die „Frankenherrschaft" (*Frangokratia*).

---

*) Vgl. Franz, E.: Der Zypernkonflikt. Hamburg 1976; Gürbey, G.: Zypern. Genese eines Konfliktes. Eine Analyse der Konfliktursachen. Pfaffenweiler 1988; Hitchens, Ch.: Cyprus. London 1984; Hunt, D. (Hrsg.): Footprints in Cyprus. An Illustrated History. London,1990; Koumoulides, J. (Hrsg.): Cyprus in Transition 1960–1985. London 1986.; Kranidiotis, I./Tsalakos, G. (Hrsg.): Makarios opos ton idan (Makarios wie man ihn sah). Athen 1980; Necatigil, Z.: The Cyprus Question and the Turkish Position in International Law. Oxford 1989; Richter, H. A.: Vertrauensbildende Maßnahmen ohne Vertrauen. Die Entwicklung auf Zypern 1993/94, in: THETIS. 2 (1995), S.245–262; Rustem, K. (Hrsg.): North Cyprus Almanack. London 1987; Tzermias, P.: Geschichte der Republik Zypern. Tübingen 1991; Zypern-Nachrichten 1–8 (1990–1997).

1192		Verkauf Zyperns an Guy de Lusignan, dessen Geschlecht bis 1489 über die Insel herrscht.
1489–1571		Herrschaft Venedigs über Zypern.

OSMANISCHE HERRSCHAFT (1571–1878)

1570/1571		Eroberung Zyperns durch die osmanischen Türken.
1660		Der griechisch-orthodoxe Erzbischof (seitdem auch: Ethnarch) erhält das Recht auf eigenständige Vertretung bei der Hohen Pforte.
1767–1810		„Chrysanthos-Ära". Macht und Einfluß des Erzbischofs übersteigt die des türkischen Ağa.
1821		Beginn des griechischen Unabhängigkeitskrieges. Es kommt daraufhin zu Massakern und Plünderungen gegen Teile der griechisch-orthodoxen Bevölkerung Zyperns sowie zur Hinrichtung des Erzbischofs, obwohl beide dem Aufstand in Griechenland weitgehend passiv gegenüberstehen.

BRITISCHE KOLONIALHERRSCHAFT (1878–1960)

1878		
Juni	4.	Zypern wird an Großbritannien abgetreten, verbleibt aber unter der formellen Souveränität des Sultans.
1914		
November	5.	Nach dem Kriegseintritt des Osmanischen Reiches wird Zypern von Großbritannien annektiert.
1915		
Oktober	3.	Großbritannien bietet Griechenland die Abtretung Zyperns unter der Bedingung an, daß es auf Seiten der Entente-Mächte in den Krieg eintritt. Der Vorschlag wird von Griechenland abgelehnt.
1920		
Juli	28.	Im Friedensvertrag von Sèvres erkennt das Osmanische Reich die Annexion Zyperns durch Großbritannien an.
1923		
Juli	24.	Die Türkei unter Kemal Atatürk bestätigt gegenüber Großbritannien ihren Verzicht auf etwaige Ansprüche auf Zypern.
1925		
März	10.	Zypern wird britische Kronkolonie.
1926		
August	15.	Gründung der Kommunistischen Partei Zyperns (KKK) in Limassol.
1931		
Oktober	21.	Aufstand der Zyperngriechen gegen die britische Herrschaft, in dessen Verlauf der Palast des Gouverneurs niedergebrannt wird. Hauptgrund ist die Forderung nach *Enosis*, Vereinigung der Insel mit Griechenland, die

		von zyperngriechischer Seite seit Beginn der britischen Herrschaft wiederholt gestellt wurde.
November	12.	Als Reaktion auf die Unruhen werden der 1882 gegründete Legislativrat aufgelöst, die Presse- und Versammlungsfreiheit eingeschränkt sowie ein Teil der politischen Prominenz der Inselbevölkerung verbannt.
1939–1945		Im Verlauf des Zweiten Weltkrieges dienen rund 30 000 griechische Zyprer als Freiwillige in der britischen Armee.
1941 April	14.	Gründung der AKEL-Partei in Nachfolge der KKK.
1943		Gründung der KATAK.
1944		Gründung der KTMBP durch F. Küçük.
1947 Mai	5.	Zypern erhält mit der Wahl des Leontios von Paphos nach über dreizehn Jahren wieder einen Erzbischof.
1948 Dezember	25.	In Istanbul kommt es zu Demonstrationen für den Anschluß Zyperns an die Türkei.
1950 Januar	15.–22.	Die Ethnarchie veranstaltet eine Volksbefragung, in der sich 95,7% der Zyperngriechen (umgerechnet 76% der Gesamtbevölkerung) für die *Enosis* aussprechen. Die Rechtsgültigkeit der Volksbefragung wird von britischer Seite nicht anerkannt.
Oktober	20.	Der seit 1948 amtierende Bischof von Kition wird als Makarios III. zum Erzbischof von Zypern gewählt.
1951 Dezember	22.	Auf der UN-Vollversammlung trägt Griechenland den Wunsch vor, Großbritannien möge aufgrund des Ergebnisses der Volksbefragung seine Herrschaft auf Zypern beenden.
1952 Februar	15.	Griechenland und die Türkei treten der NATO bei.
November	16.	Mit der Wahl von A. Papagos zum Premierminister erhält Griechenland zum ersten Mal seit Kriegsende eine stabile Regierung.
1953 April	27.	Erzbischof Makarios verlangt vom britischen Gouverneur unter Hinweis auf die Selbstbestimmungs-Resolution der UN vom 16.12.1952 die Anerkennung der Volksabstimmung von 1950 oder die Durchführung einer neuen Befragung der Zyprer.
August	10.	Nach der Ablehnung dieser Forderung von britischer Seite wendet sich Makarios an das Generalsekretariat der UN.
September	21.	Griechenland erklärt vor der UN-Vollversammlung, daß es vorläufig die Zypernfrage nicht vor die Vereinten Nationen bringen will.
	22.	Der britische Außenminister Anthony Eden trifft während eines privaten Aufenthaltes in Athen mit dem griechischen Regierungschef Papa-

		gos zusammen, wobei er jegliche Verhandlungen über die Zypernfrage ablehnt.
1954		
März	15.	Vor dem englischen Unterhaus wiederholt Eden seinen ablehnenden Standpunkt bezüglich der Zypernfrage.
Mai	2.	Die griechische Regierung fordert in einem Memorandum Großbritannien auf, seine Herrschaft über Zypern zu beenden. Andernfalls werde sie die Zypernfrage auf die Tagesordnung der UN-Vollversammlung bringen.
Juli	28.	Der Staatsminister für die Kolonien, Henry Hopkinson, erklärt im Zusammenhang mit der Zypernfrage, daß einige Kolonien aufgrund ihrer strategischen Bedeutung niemals damit rechnen könnten, ganz unabhängig zu werden – das berühmte „Never" Hopkinsons.
August	16.	Griechenland stellt vor der UN-Vollversamlung erstmals den Antrag, „das Prinzip der Gleichberechtigung und Selbstbestimmung der Völker im Falle der Bevölkerung der Insel Zypern" zur Anwendung zu bringen.
	20.	Der Antrag wird, zusammen mit einer separaten Eingabe des zyprischen Erzbischofs, beim UN-Generalsekretariat eingereicht.
	28.	Makarios hält in der Kirche von Phaneromeni eine Rede, in deren Verlauf er schwört, der Forderung nach *Enosis* zeitlebens treu zu bleiben – der sogenannte „Eid von Phaneromeni".
September	24.	Die UN-Vollversammlung beschließt mit 30 gegen 19 Stimmen (bei 11 Enthaltungen), die Zypernfrage auf die Tagesordnung der 9. Jahrestagung zu setzen.
Dezember	1.	Verlegung des britischen Mittelost-Kommandos von Suez nach Zypern.
	17.	Die UN-Vollversammlung beschließt mit großer Mehrheit, daß eine Resolution zur Zypernfrage „vorläufig nicht zweckmäßig sei". Auch Griechenland, obwohl Hauptinitiator, stimmt für diesen Beschluß.
1955		
April	1.	Beginn des bewaffneten Kampfes der EOKA unter Führung von G. Grivas. Ziel des Kampfes ist die Beendung der britischen Kolonialherrschaft und die *Enosis* Zyperns mit Griechenland.
Juni	30.	Der britische Außenminister H. Macmillan lädt die Regierungen der Türkei und Griechenlands zu einer Dreier-Konferenz nach London ein, auf der u. a. die Zypernfrage diskutiert werden soll.
August	7.	Großbritannien schlägt ein Lösungsmodell vor, das eine bedingte Autonomie Zyperns beinhaltet.
	29.	Beginn der Dreistaaten-Konferenz in London. Großbritannien verteidigt seinen Status als Treuhänderstaat, Griechenland fordert *Enosis*, die Türkei beharrt auf der Beibehaltung des Status quo auf Zypern.
September	5.	In Thessaloniki wird ein Sprengstoffanschlag auf das türkische Konsulat verübt.
	6.	In Istanbul und Izmir kommt es zu antigriechischen Krawallen, in deren Folge große Teile der dortigen griechischen Bevölkerung die Türkei verlassen müssen.
	7.	Die Londoner Konferenz wird ergebnislos abgebrochen.
	8.	Makarios erklärt, daß für die Zyperngriechen eine von Großbritannien entworfene Verfassung nicht akzeptabel sei und sie bis zur vollen Unabhängigkeit (gemeint ist damit *Enosis*) kämpfen würden.
	17.	Der britische Vorschlag einer Teilautonomie Zyperns vom 7. August des Jahres wird von der griechischen Regierung definitiv zurückgewiesen.

	23.	Die UN-Vollversammlung beschließt, die Zypernfrage nicht auf die Tagesordnung der 10. Jahrestagung zu setzen.
	26.	Feldmarschall Sir J. Harding wird mit dem Auftrag, militärisch durchzugreifen, neuer Gouverneur Zyperns.
Oktober	4.	Beginn der Verhandlungen zwischen Harding und Makarios zur Lösung der Zypernfrage. Themenschwerpunkte sind das Selbstbestimmungsrecht und die Selbstverwaltung der Zyprer. Am selben Tag stirbt in Athen Premierminister Papagos. Sein Nachfolger wird K. Karamanlis.
November	26.	Großbritannien verhängt aufgrund der EOKA-Aktivitäten der vergangenen Monate den Ausnahmezustand über Zypern.
Dezember	11.–15.	Gefechte zwischen britischem Militär und EOKA-Truppen. Eskalation des Kampfes von Sabotage- und Terrorakten bis hin zum offenen Partisanenkrieg.

1956

Anfang		Gründung der TMT in Reaktion auf die Aktivitäten der EOKA. Der griechischen Forderung nach *Enosis* (Vereinigung Zyperns mit Griechenland) setzen die Zyperntürken die Forderung nach *Taksim* (Teilung der Insel) entgegen.
Februar	29.	Der britische Kolonialminister Lennox Boyd trifft sich in Nikosia mit Erzbischof Makarios, um die festgefahrenen Verhandlungen voranzubringen.
März	5.	Die Verhandlungen zwischen Harding und Makarios werden nach fünfmonatiger Dauer ergebnislos abgebrochen.
	9.	Erzbischof Makarios wird verhaftet und zusammen mit Bischof Kyprianos von Kyrenia auf die Seychelleninsel Mahé deportiert.
	13.	Die Regierung der USA verurteilt die Deportation des Erzbischofs.
Mai	10.	Hinrichtung der EOKA-Kämpfer M. Karaolis und A. Dimitriou in Nikosia.
August	16.	Der Chef der EOKA, Grivas, unterbreitet der britischen Seite ein Waffenstillstandsangebot, das mit der Aufforderung zur Kapitulation beantwortet wird.
	26.	Das britische Kolonialministerium veröffentlicht die sogenannten „Grivas-Tagebücher", die eine enge Verbindung des EOKA-Chefs mit Makarios beweisen sollen.
Oktober	29.–31.	Eskalation der Suez-Krise.
November	1.	Zypern dient als Basis für die britisch-französische Militäraktion gegen Ägypten.
Dezember	19.	Die britische Regierung legt einen Verfassungsplan für Zypern vor, der der Inselbevölkerung eine weitgehende Selbstverwaltung zugesteht (Radcliffe-Plan). Dieser wird aber sowohl von den Zyperngriechen als auch von der griechischen Regierung abgelehnt.

1957

Januar	19.	Der türkische Premierminister A. Menderes schlägt die Teilung der Insel als Lösung der Zypernfrage vor.
Februar	26.	Die UN äußert in einer Resolution den „ernsten Wunsch", daß eine friedliche, demokratische und gerechte Lösung der Zypernfrage gefunden werde.
März	3.	Der EOKA-Kämpfer Gr. Afxentiou stirbt bei Kampfhandlungen mit britischen Truppen. Durch die Umstände seines Todes wird er zu einem „nationalen Märtyrer" der Zyperngriechen.

Zeittafel 825

	14.	Die EOKA bietet einen zweiten Waffenstillstand im Fall der Freilassung des Erzbischofs Makarios an. Die britische Regierung macht dafür dessen öffentliche Distanzierung vom Terrorismus zur Voraussetzung.
	28.	Makarios wird auf freien Fuß gesetzt, darf jedoch vorerst nicht nach Zypern zurückkehren.
April	17.	Makarios trifft in Athen ein, wo ihm ein triumphaler Empfang bereitet wird.
Dezember	3.	Der Zivilist Sir H. Foot löst Harding als Gouverneur Zyperns ab.
	14.	Auf der 12. Jahrestagung der UN-Vollversammlung findet der griechische Resolutionsentwurf zur Anwendung des Selbstbestimmungsrechts auf Zypern keine Mehrheit.

1958

Februar	11.–13.	Dreitägige Verhandlungen in Athen zwischen dem britischen Außenminister Selwyn Lloyd, Foot, Karamanlis und dem griechischen Außenminister E. Averoff-Tositsas sowie Makarios über die Zypernfrage führen zu keinem Ergebnis.
April	21.	Grivas kündigt die Einstellung aller Operationen der EOKA an, tatsächlich aber eskaliert die Lage im Sommer 1958.
Juni	7.	Beginn verschärfter Auseinandersetzungen zwischen EOKA und TMT. Dieser Konflikt dauert bis zum 6. August des Jahres. Höhepunkt des Konflikts ist die Verhängung des Ausnahmezustands über die sechs größten Städte Zyperns.
	19.	Premierminister Macmillan legt einen neuen Zypernplan vor, nach welchem die Insel zwar autonom wird, aber unter britischer bzw. internationaler Aufsicht verbleiben soll (Macmillan-Plan).
	21.	Während die griechische Regierung sowie Erzbischof Makarios den Plan ablehnen und die volle Selbstbestimmung fordern (die nach ihrem Verständnis automatisch zur *Enosis* führen würde), stimmt die Türkei zu und fordert erneut die Teilung der Insel.
September	20.	In einer Note an den NATO-Generalsekretär P. H. Spaak teilt Karamanlis mit, daß ein Beharren Großbritanniens auf dem Macmillan-Plan das Verbleiben Griechenlands im Bündnis in Frage stellen könnte.
	22.	In einem Interview mit Barbara Castle für die britische Tageszeitung *Times* erwähnt Makarios erstmals die Unabhängigkeit unter Ausschluß der *Enosis* als Lösungsmöglichkeit für die Zypernfrage.
Dezember	5.	Die UN-Vollversammlung wiederholt in einer Resolution ihren Wunsch, daß die Zypernfrage auf dem Verhandlungswege gelöst werden solle.
	6.	Im Anschluß an die UN-Resolution kommt es zu Gesprächen der beiden Außenminister E. Averoff-Tositsas (Griechenland) und F. Zorlu (Türkei) in New York.
	16.–18.	Fortsetzung der Gespräche zwischen Griechenland und der Türkei am Rande einer NATO-Tagung in Paris. Großbritannien wird ständig über Inhalt und Verlauf der Verhandlungen informiert.
	24.	Auf Druck Athens proklamiert der EOKA-Chef Grivas einen Waffenstillstand auf Zypern.

1959

Januar	17.–21.	Geheimverhandlungen zwischen den Außenministern der Türkei und Griechenlands über die Zypernfrage in Paris.
Februar	5.–11.	Die Premierminister der Türkei und Griechenlands, Menderes und Karamanlis, erzielen auf einer Zusammenkunft in Zürich einen Kom-

		promiß für Zypern, der zur Gründung einer unabhängigen Republik führen soll.
	17.–19.	Konferenz von London. Teilnehmer sind die offiziellen Vertreter Großbritanniens, Griechenlands und der Türkei sowie als Beobachter Vertreter der griechischen und türkischen Zyprer. Das Ergebnis ist ein Abkommen zur Errichtung einer unabhängigen Republik Zypern. Das Abkommen umfaßt auch einen Garantievertrag zwischen der Republik Zypern auf der einen und Großbritannien, Griechenland und der Türkei auf der anderen Seite.
März	1.	Rückkehr des Erzbischofs Makarios nach Zypern.
	17.	Nach offizieller Beendigung des EOKA-Kampfes wird Grivas in Athen ein triumphaler Empfang bereitet, wobei sein Handeln auch offiziell vom griechischen Staat gewürdigt wird.
Oktober	10.	Unterzeichnung des Allianzvertrages zur gemeinsamen Verteidigung Zyperns durch Großbritannien, Griechenland und die Türkei.
	18.	Ein Patrouillenboot der britischen Marine entdeckt bei der Kontrolle des türkischen Schiffes „Deniz" Kriegsmaterial, das für die TMT auf Zypern bestimmt ist.
Dezember	4.	Aufhebung des Ausnahmezustands auf Zypern.
	13.	Aus den Präsidentschaftswahlen für die vorgesehene unabhängige Republik Zypern geht Makarios mit 66,85% der Stimmen als Sieger hervor. Vizepräsident wird der Vertreter der türkischen Volksgruppe F. Küçük.

1960

Januar	16.	In London findet eine weitere Zypernkonferenz statt. Verhandlungsgegenstand sind die britischen Militärbasen auf der Insel. Da zunächst keine Einigung erzielt werden kann, wird die Unabhängigkeitserklärung aufgeschoben.
April	6.	Unterzeichnung und Inkrafttreten der Verfassung der Republik Zypern.
Mai	27.	Militärputsch in der Türkei. Verhaftung und spätere Hinrichtung von Premier Menderes und Außenminister Zorlu.
Juli	1.	Abkommen über die Ausdehnung und den Status der beiden britischen Militärbasen Dhekelia und Akrotiri.
	7.	Unterzeichnung des Abkommens über die Unabhängigkeit Zyperns in Nikosia.
August	1.	Erste Wahlen zur Legislative der Republik Zypern. Die „Patriotische Front" unter I. Kliridis erzielt 30 Sitze, AKEL 5 Sitze, die „Zyprisch-Türkische Nationalunion" (*Kıbrıs Türk Milli Birliği*) unter Küçük 15 Sitze.
	16.	Proklamation der Unabhängigkeit Zyperns.
September	21.	Zypern wird Mitglied der UN.
Oktober	10.	Vizepräsident Küçük fordert in einem Brief an Präsident Makarios die Anwendung des in der Verfassung vorgesehenen 70:30-Proporzes zwischen griechischen und türkischen Zyprern in allen öffentlichen Institutionen. Erstes Anzeichen für die Verfassungskrise der folgenden Jahre werden offenkundig.

Zeittafel

REPUBLIK ZYPERN: UNABHÄNGIGKEIT UND KRISE (1961–1964)

1961

Januar	16.	Auf Zypern findet eine Demonstration für die *Enosis* und gegen die Verträge von Zürich und London statt.
März	14.	Zypern wird Mitglied des *Commonwealth*.
	31.	Nachdem es in der Legislative von Nikosia keine Einigung zwischen griechischen und türkischen Zyprern über die Steuergesetzgebung gibt, setzt Makarios diese per Präsidialdekret durch.
Mai	24.	Zypern wird Mitglied des Europarates.
September	1.–6.	Präsident Makarios nimmt an der Konferenz der Blockfreien Staaten in Belgrad teil.
	11.	Es kommt zu einer Kontroverse zwischen türkischen und griechischen Zyprern über das Vetorecht des Vizepräsidenten bei außenpolitischen Entscheidungen des Präsidenten. Diese Kontroverse dauert bis zum 11. November des Jahres.
Oktober	20.	Gegen einen vom (zyperngriechisch majorisierten) Ministerrat vorgelegten Gesetzesentwurf über die Bildung einer zyprischen Armee legt Vizepräsident Küçük sein Veto ein. Grund sind unüberbrückbare Meinungsverschiedenheiten über Form und Zusammensetzung der Streitkräfte.
Dezember	18.	Ein weiterer Versuch, in der Legislative zu einer Einigung über die Steuergesetzgebung zu kommen, scheitert.

1962

		Wie auch das Vorjahr, ist dieses Jahr von fruchtlosen Streitigkeiten zwischen beiden Volksgruppen über die Anwendung der Verfassung gekennzeichnet.
März	21.	Makarios und Küçük führen Gespräche zur Beilegung ihrer Differenzen in Verfassungsfragen. Schwerpunkt sind die türkischen Gemeindeverwaltungen in den fünf größten Städten Zyperns.
Juni	5.–10.	Makarios besucht die USA.
August	5.	Besuch des griechischen Außenministers Averoff-Tositsas in Ankara. Thema ist eine mögliche Annäherung der beiden Länder in ihrer Zypernpolitik.
November	22.–26.	Präsident Makarios besucht die Türkei, um über eine mögliche Änderung der Verfassung Zyperns zu verhandeln. Von türkischer Seite wird jede Änderung des Status quo abgelehnt.

1963

März	14.	Die Differenzen über die Frage der Gemeindeverwaltungen erreichen einen Höhepunkt, als die Regierung den Ministerrat per Gesetz in die Lage versetzt, sämtliche Gemeindeverwaltungen aufzulösen. Darauf reagieren die Zyperntürken mit der Einrichtung separater Gemeindeverwaltungen in den fünf größten Städten der Insel.
Juni	11.	Der Rücktritt von Premier Karamanlis löst eine innenpolitische Krise in Griechenland aus, welche die griechische Zypernpolitik zeitweise lahmlegt.
November	30.	Präsident Makarios übermittelt dem Vizepräsidenten Küçük ein 13 Punkte umfassendes Programm zur Änderung der Verfassung Zyperns.
Dezember	4.	Das Programm wird den Regierungen Großbritanniens, Griechenlands und der Türkei bekanntgegeben.
	6.	Der türkische Außenminister Erkin weist das 13-Punkte-Programm als unannehmbar zurück.

16. In einer offiziellen Note an den Präsidenten Zyperns lehnt die Türkei das 13-Punkte-Programm ab und macht die zyperngriechische Seite für das Nichtfunktionieren der Verfassung verantwortlich. Makarios weist die Note als Einmischung in die inneren Angelegenheiten Zyperns zurück.
19. Ein Treffen der Außenminister der Türkei und Griechenlands, N. Erkin und S. Venizelos, führt zu keiner Veränderung des türkischen Standpunktes.
21. In Nikosia kommt es zu einem Zusammenstoß zwischen einer Gruppe türkischer Zyprer und einer zyperngriechischen Polizeistreife, bei der zwei türkische Zyprer getötet werden. In der Folge kommt es zu blutigen Zusammenstößen zwischen beiden Volksgruppen auf der Insel bis hin zu bürgerkriegsähnlichen Zuständen und später zur Bildung zyperntürkischer Enklaven.
24. Die Garantiemächte (Großbritannien, Griechenland und die Türkei) richten einen Appell an die Regierung Zyperns, die Unruhen zu beenden und einen Waffenstillstand zu vereinbaren.
25. Das Angebot der Garantiemächte, eine gemeinsame Friedenstruppe unter britischer Führung zu schaffen und auf der Insel zu stationieren, wird von der zyprischen Regierung abgelehnt.
29. Bildung eines Komitees, das aus dem britischen Hochkommissar, den Botschaftern Griechenlands und der Türkei sowie Vertretern der beiden Volksgruppen besteht und die Eindämmung des Konflikts zur Aufgabe hat. Der griechische Außenminister Venizelos kritisiert in einem Schreiben an Makarios scharf dessen mangelnde Absprache mit der griechischen Regierung. Am selben Tag richten die türkischen Zyprer einen eigenen Radiosender auf der Insel ein.
30. Nach dem Abschluß eines Waffenstillstandsabkommens zwischen Makarios und Küçük vereinbart das Komitee die Einrichtung einer neutralen Zone entlang der Waffenstillstandslinie in der Hauptstadt Nikosia unter britischer Aufsicht, die sog. *Green Line*.
31. Vizepräsident Küçük erklärt in einem Interview vor internationaler Presse die Verfassung von Zypern für „tot" und eine Teilung der Insel für die einzige Lösung des Problems, da die beiden Volksgruppen nicht friedlich zusammenleben könnten.

1964

Januar

1. Präsident Makarios gibt seine Absicht bekannt, den Garantie- und Allianzvertrag von London einseitig aufzukündigen, da dieser dem Volk von Zypern aufgezwungen worden sei.
2. Während Großbritannien sein Truppenkontingent auf Zypern verstärkt, erklären sich Makarios und Küçük zu einer Friedenskonferenz unter Beteiligung der Garantiemächte in London bereit.
5. Küçük gibt bekannt, daß die zyperntürkischen Staatsbeamten nicht an ihre Dienststellen zurückkehren würden, nachdem sie von Makarios dazu aufgefordert worden waren.
9. Die türkischen Zyprer beginnen mit dem Aufbau einer eigenen Post- und Polizeiverwaltung.
13. In London finden Vorgespräche zur neuen Zypernkonferenz statt.
15. Eröffnung der zweiten Londoner Zypernkonferenz. Teilnehmer sind die Außenminister der Türkei und Griechenlands, Erkin und Ch. Xanthopoulos-Palamas, G. Kliridis für die griechischen sowie Denktaş für die türkischen Zyprer. Die zyperngriechische Seite besteht auf einer Lösung

Zeittafel

im Sinne einer völligen Unabhängigkeit Zyperns (ohne Allianz- und Garantievertrag) und einer Änderung der Verfassung. Die zyperntürkische Seite fordert eine regionale Aufteilung der Insel in Kantone sowie Garantien gegen einen Anschluß Zyperns an Griechenland. Die Konferenz endet ergebnislos. Unterdessen gehen die blutigen Zusammenstöße auf der Insel unverändert weiter.

17. Appell des Präsidenten Makarios an den UN-Generalsekretär U. Thant, die UN mögen den Schutz Zyperns übernehmen.

31. Die Kämpfe auf Zypern halten mit unverminderter Härte an. Zur Befriedung der Insel wird eine auf drei Monate befristete Entsendung von NATO-Truppen vorgeschlagen („Sandys-Ball-Plan").

Februar

4. Makarios lehnt eine Stationierung von NATO-Truppen auf Zypern ab.

17. Auf Veranlassung Großbritanniens tritt der UN-Sicherheitsrat zusammen, um die Lage auf Zypern zu diskutieren.

20. Weitere Verstärkung des britischen Truppenkontingents auf Zypern.

25. Präsident Makarios kündigt eine Verstärkung der zyprischen Nationalgarde um 5 000 Mann an.

März

4. Der UN-Sicherheitsrat beauftragt in einer Resolution zur Zypernfrage den Generalsekretär mit der Aufstellung einer internationalen Friedenstruppe, deren Stationierung auf Zypern zunächst auf drei Monate befristet werden soll.

12. Wegen der anhaltenden Kämpfe wird die Lage der britischen Ordnungstruppen auf der Insel unhaltbar.

13. Entsendung einer Protestnote der Türkei an Präsident Makarios wegen der andauernden blutigen Auseinandersetzungen auf Zypern, wobei die Anwendung militärischer Gewalt angedroht wird.

14. Eintreffen der ersten Vorausabteilungen der *United Nations Force in Cyprus* (UNFICYP) in Nikosia.

16. Das türkische Parlament ermächtigt die Regierung, gemäß dem Garantievertrag militärisch auf Zypern zu intervenieren.

25. Der Finne S. Tuomioja wird zum Vermittler der UN auf Zypern ernannt.

27. Offizielle Aufnahme der Tätigkeit der UNFICYP.

April

4. Zypern kündigt einseitig den Allianzvertrag mit der Türkei auf.

8. Nach der Entlassung zweier zyperntürkischer Minister am 27. März des Jahres übernimmt der Innenminister das Verteidigungsressort. Das Kabinett besteht jetzt auch formal nur noch aus Zyperngriechen.

11. Die Türkei droht mit einer Invasion auf Zypern. Im Gegenzug sichert Griechenland Makarios im Falle eines Angriffs militärische Hilfe zu.

Juni

5. In einem Brief an den türkischen Premier İ. İnönü warnt US-Präsident L. B. Johnson die Türkei vor einer Invasion Zyperns.

20. Das Mandat der UNFICYP wird zum ersten Mal um weitere drei Monate verlängert (und dauert bis heute an).

22. US-Präsident Johnson empfängt İnönü sowie dessen griechischen Amtskollegen G. Papandreou (am 24. Juni) zu Zyperngesprächen.

Juli

7. Die Regierung Zyperns und die Führung der Zyperntürken stimmen der Schaffung einer Schutzzone unter UN-Kontrolle entlang der *Green Line* in Nikosia zu.

13. Protest der türkischen Regierung gegen die Auflösung des Verfassungsgerichtshofes und der zyperntürkischen Gerichte. Unterdessen Fortsetzung der Gewalttätigkeiten auf der Insel.

	17.	Beiderseitiger Rückzug der kämpfenden Parteien nach Vermittlung des UN-Kommandos. Appell U. Thants an Makarios und Küçük, illegale Waffenkäufe einzustellen.
	21.	Während eines Besuchs in London spricht sich der griechische Premier G. Papandreou gegen bilaterale Verhandlungen zwischen Griechenland und der Türkei zur Lösung der Zypernfrage aus. Eine Lösung müsse im Rahmen der UN gefunden werden.
	30.	Der Sonderbeauftragte der USA für die Zypernfrage, Dean Acheson, legt einen Lösungsplan vor, der die Vereinigung Zyperns mit Griechenland beinhaltet. Zum Ausgleich soll die Türkei zwei Stützpunkte auf der Insel sowie die griechische Ägäisinsel Kastellorizo erhalten. Der Plan wird sowohl von der Regierung Zyperns als auch von der der Türkei abgelehnt.

August 3. Unterbrechung der diplomatischen Beziehungen zwischen Zypern und der Türkei.

7.–9. Die türkische Luftwaffe bombardiert Ortschaften im Nordwesten Zyperns. Die UN fordert in einer Resolution die sofortige Einstellung der Kampfhandlungen und die Wiederherstellung des Friedens auf der Insel.

10. Einstellung der Bombardements.

11. In einem Schreiben an Papandreou fordert der türkische Premier İnönü eine Intensivierung der bilateralen Gespräche über Zypern. Griechenland beharrt jedoch auf einer Lösung im Rahmen der UN.

13. Der ehemalige EOKA-Führer General Grivas wird zum Befehlshaber der zyprischen Nationalgarde ernannt.

September 9. Eine Abordnung zyprischer Minister besucht die UdSSR. Es kommt zur Unterzeichnung eines Militärhilfabkommens.

14. Wegen der Lage auf Zypern werden die türkischen Streitkräfte vorübergehend in Alarmbereitschaft versetzt.

16. Galo Plaza Lasso wird als Nachfolger des am 9. September verstorbenen Tuomioja zum UN-Vermittler auf Zypern ernannt.

25. Weitere Verlängerung des UNFICYP-Mandats. Die Präsenz der Friedenstruppe gewährleistet einen gespannten Waffenstillstand auf der Insel. Die zyperntürkischen Enklaven befinden sich in einem Belagerungszustand; eine politische Lösung ist nicht in Sicht.

DIE REPUBLIK ZYPERN BIS ZUR TÜRKISCHEN BESETZUNG (1965–1974)

1965

Januar 24. In der Athener Zeitung *Eleftheria* wird zum ersten Mal die Theorie von Athen als „nationalem Zentrum" und Nikosia als Peripherie öffentlich formuliert.

März 16. Erneuter Ausbruch von Kampfhandlungen auf Zypern.

26. Galo Plaza legt dem UN-Generalsekretär seinen Bericht über die Lage auf Zypern vor.

31. Die Türkei übt scharfe Kritik am Bericht Galo Plazas und fordert dessen Rücktritt als UN-Vermittler.

Juni 26. Die zyprischen Behörden verweigern zyperntürkischen Studenten, die sich in der Türkei aufhalten, die Einreisegenehmigung und damit die Rückkehr in ihr Heimatland.

Zeittafel   831

Juli	24.	Verlängerung der Amtsdauer der zyprischen Regierung um ein Jahr. Die zyperntürkischen Abgeordneten verlängern am folgenden Tag ebenfalls ihre Amtsperiode um ein Jahr.
August	10.	Der UN-Sicherheitsrat appelliert an alle am Zypernkonflikt beteiligten Staaten, die Situation nicht zu verschärfen.
November	3./4.	Aufflackern neuer Kämpfe auf Zypern.
Dezember	17.	Die UN-Vollversammlung nimmt eine Resolution über die Zypernfrage im Sinne des Galo Plaza-Berichtes an, in der besonders der Schutz der vollen Souveränität der Republik Zypern betont wird. Die Türkei übt scharfe Kritik an der Resolution.
	30.	Das Rücktrittsgesuch Galo Plazas als Vermittler wird vom UN-Generalsekretär angenommen.

1966

Februar	2.	Präsident Makarios besucht Athen. Dabei äußern sowohl er als auch die griechische Regierung ihren Willen, die *Enosis* zu verwirklichen.
März	19.	Geheimtreffen zwischen dem griechischen Koordinationsminister K. Mitsotakis und dem türkischen Außenminister İ. S. Çağlayangil in Brüssel zur Lösung der Zypernfrage.
Juni	15.	Offizieller Beginn des griechisch-türkischen Zyperndialogs mit Gesprächen in Wien.
Dezember	17.	Treffen zwischen den Außenministern der Türkei und Griechenlands, Çağlayangil und Toumbas, in Paris. In der Nacht zum 18. Dezember kommt es zur Unterzeichnung des „Pariser Protokolls", das außer einem Meinungsaustausch beider Seiten keine konkreten Schritte zur Lösung der Zypernfrage beinhaltet. Ende des Monats unterstellt Präsident Makarios die in der Tschechoslowakei gekauften Waffen, welche die Beziehungen Athens und Nikosias schon in den beiden Vorjahren belastet hatten, der Aufsicht der griechischen Streitkräfte auf Zypern (ELDYK).

1967

April	21.	Militärputsch in Griechenland.
Juni	14.	Bei einer Außenministertagung der NATO in Luxemburg beschließen die Türkei und Griechenland, ihren Zyperndialog wieder aufzunehmen. Dies bedeutet eine Belastung der Beziehungen zwischen Athen und Nikosia, da die Republik Zypern in diese Verhandlungen nicht einbezogen wird.
August	9.–12.	Der Chef der Athener Militärjunta, G. Papadopoulos, unternimmt einen Staatsbesuch auf Zypern.
September	9./10.	Griechisch-türkisches Treffen auf höchster Ebene in Kesan und Alexandroupolis (im Grenzgebiet der beiden Staaten) zur Beilegung der Differenzen in der Zypernfrage. Die sog. „Evros-Gespräche" enden in einem diplomatischen Fiasko für Griechenland.
Oktober	31.	Bei einem heimlichen Landeversuch auf Zypern wird R. Denktaş von einer Polizeipatrouille verhaftet, was zu einer Vergrößerung der Spannungen zwischen türkischen und griechischen Zyprern führt.
November	13.	Denktaş wird aufgrund internationaler Bemühungen in die Türkei abgeschoben.
	15.	Die zyprische Nationalgarde unter Grivas greift das zyperntürkische Dorf Kofinou an und stößt dabei auf erbitterten Widerstand. Die Kämpfe eskalieren (Kofinou-Krise).

	19.	Nachdem auf Druck Griechenlands, der Türkei und der USA hin die Nationalgarde aus dem Raum Kofinou abgezogen wurde, wird Grivas als deren Chef abgesetzt und muß Zypern verlassen.
	25.	Appell des UN-Sicherheitsrates an alle Konfliktparteien, Frieden zu halten.
Dezember	4.	In einer Antwort auf den UN-Appell plädiert Makarios für eine völlige Entmilitarisierung Zyperns.
	7.	Als Folge der Kofinou-Krise beginnt die griechische Regierung mit dem Abzug der seit 1964 vertragswidrig auf Zypern stationierten griechischen Truppen (eine Division).
	28./29.	Auf Initiative der Türkei beginnen die Zyperntürken mit der Konstituierung von Verwaltungsräten in ihren Enklaven.

1968

Januar		Die Abriegelung der zyperntürkischen Enklaven wird von zyperngriechischer Seite aufgehoben.
Februar	25.	Aus den Präsidentschaftswahlen geht Makarios mit 94,45% der zyperngriechischen Stimmen als Sieger hervor. Am selben Tag wird F. Küçük als Vorsitzender des zyperntürkischen Verwaltungsrates bestätigt sowie – in Abwesenheit – Denktaş als sein Stellvertreter.
April	13.	Denktaş kehrt nach Zypern zurück.
Juni	3.	Beginn der Volksgruppengespräche zwischen G. Kliridis und R. Denktaş, zunächst in Beirut, dann in Nikosia. Diese Gespräche dauern mit Unterbrechungen drei Jahre an.
	18.	Die UN-Friedenstruppe auf Zypern wird um 25% reduziert.
Juli	27.	Die zyprische Legislative verlängert ihre Amtsperiode zum vierten Mal um ein Jahr.
September	2.	Staatsbesuch Makarios' im Vatikan.

1969

Januar	5.	Besuch Makarios' in Griechenland, bei dem von Seiten des Athener Militärregimes Druck in Bezug auf die stagnierenden Volksgruppengespräche ausgeübt wird. Dies führt zu einer weiteren Verschlechterung der Beziehungen zwischen Athen und Nikosia.
Februar	4.	Denktaş und Kliridis geben einen Bericht über die bisherigen Erfolge der Volksgruppengespräche heraus.
Mai	6.	Einrichtung zweier Unterausschüsse bei den Volksgruppengesprächen.
August		Die Regierung Zyperns schafft die gesetzlichen Grundlagen zum Verbot der „Nationalen Front" (*Ethniko Metopo*), einem Sammelbecken extremistischer *Enosis*-Anhänger, die sich durch Terroranschläge hervortun.
November	17.–19.	Besuch des zyprischen Außenministers S. Kyprianou in Athen. Die Gespräche führen zu keiner Verbesserung der Beziehungen beider Seiten.

1970

März	8.	Mißglücktes Attentat auf Makarios, wahrscheinlich im Auftrag der Athener Junta (sog. „Hermes-Plan", der eine Beseitigung Makarios und den Anschluß Zyperns an Griechenland vorsah).
	15.	Georkatzis, der möglicherweise mit dem Attentat in Verbindung stand, wird ermordet aufgefunden.
April	29.	Die „Nationale Front" löst sich selbst auf.

Zeittafel 833

Juli	5.	Durchführung von Wahlen. Beide Volksgruppen wählen getrennt für ihre Sitze in der Legislative (35 zyperngriechische und 15 zyperntürkische). Im zyperngriechischen Teil wird die „Einheitspartei" (*Eniaion Komma*) unter G. Klirides stärkste Fraktion (15 Sitze), gefolgt von AKEL (9 Sitze), die Extremisten erhalten keinen Sitz (bei einem Stimmanteil von etwa 10%). Einzige Partei im zyperntürkischen Teil ist die „Bewegung der Nationalen Einheit" (*Ulusal Dayanışma*) unter Denktaş.
August	17.	Die Volksgruppengespräche werden ohne Ergebnis unterbrochen.
September	12.–15.	Staatsbesuch Makarios' in Athen.

1971

März	12.	In der Türkei übernehmen Militärs die Macht.
April	6.	Grivas äußert sich in Athen öffentlich gegen die Politik Makarios'.
Juni	2.–9.	Staatsbesuch Präsident Makarios' in der UdSSR.
	3./4.	Auf einer NATO-Tagung in Lissabon vereinbaren die Türkei und Griechenland die Ausarbeitung eines Plans zur Lösung der Zypernfrage.
	18.	In einem Brief droht Junta-Chef Papadopoulos mit „bitteren Maßnahmen", falls Makarios nicht die politischen Vorgaben Athens befolgen sollte.
Juli	20.	In einer vertraulichen Notiz betont die Junta noch einmal den Vorrang Athens als „nationales Zentrum" bei zypernpolitischen Entscheidungen.
	23.	Erneutes Scheitern der Volksgruppengespräche.
September	3./4.	Während sich Makarios zu Gesprächen mit Papadopoulos nach Athen begibt, landet Grivas heimlich und illegal auf Zypern und organisiert die Untergrundbewegung „EOKA-B", mit dem Ziel, die *Enosis* durchzusetzen.
November	4.	Die Regierung Zyperns beschließt die Bildung einer Sondertruppe (*Efedrikon*-„Sonderkorps") zur Bekämpfung von Untergrundaktivitäten.
	20.	Gründung der „ESEA" als politischem Arm der „EOKA-B".

1972

Januar		Makarios kauft eine größere Menge Waffen in der Tschechoslowakei, die Anfang Februar Zypern erreichen.
Februar	11.	Die Athener Junta fordert Makarios ultimativ auf, die tschechoslowakischen Waffen an die von juntatreuen griechischen Offizieren kontrollierte Nationalgarde auszuliefern.
März	3.	Drei Bischöfe der Heiligen Synode der Kirche Zyperns fordern den Rücktritt von Makarios als Staatspräsident, da dieses Staatsamt mit seiner Erzbischofswürde nicht vereinbar sei. Der „Aufstand der Bischöfe" wurde von Athen initiiert.
	26.	Geheimtreffen zwischen Grivas und Makarios bei Nikosia mit dem Ziel, ihre Differenzen beizulegen.
April	5.	Die Verwaltung der türkischen Zyprer richtet eine diplomatische Vertretung in Ankara ein.
Mai	5.	Nachdem Makarios im Fall der tschechoslowakischen Waffen eingelenkt hatte, veranlaßt er auch den Rücktritt seines Außenministers S. Kyprianou, der den Athener Obristen nicht genehm war.
Juni	7.	Anläßlich eines Zypernbesuches des UN-Generalsekretärs K. Waldheim kommt es zum ersten Treffen zwischen F. Küçük und Makarios seit 1963. Am folgenden Tag werden die Volksgruppengespräche wieder aufgenommen, diesmal unter Beteiligung von Verfassungsrechtlern aus Griechenland und der Türkei sowie einem Sonderbeauftragten der UN.

Dezember	16.	Auf Drängen der Athener Junta nimmt Makarios weitere und diesmal umfangreiche Änderungen in seinem Kabinett vor.
	19.	Zypern schließt ein Assoziierungsabkommen mit der EWG ab.

1973

Februar	8.	In den Präsidentschaftswahlen wird Makarios ohne Gegenkandidaten auf weitere fünf Jahre in seinem Amt bestätigt.
	15.	Bei den Wahlen zum „Präsidenten" der Volksgruppe der Zyperntürken wird Denktaş ohne Gegenkandidaten gewählt.
März	8.	Die Heilige Synode setzt Makarios als Erzbischof ab, dieser erklärt deren Entscheidung für unwirksam. In der gleichen Zeit verstärkt die „EOKA-B" ihre terroristischen Aktivitäten gegen Einrichtungen des Staates.
	30.	Makarios beschuldigt Grivas öffentlich, einen Staatsstreich vorzubereiten.
Juli	14.	Eine von Makarios einberufene „Größere Synode" (*Meizon Synodos*) unter Vorsitz des Patriarchen von Alexandria bestätigt die Unwirksamkeit der Beschlüsse der Heiligen Synode vom 8. März des Jahres und enthebt die drei „aufständischen" Bischöfe ihres Amtes.
	26.	Der Justizminister der Republik Zypern wird von einem Kommando der „EOKA-B" entführt.
August	12.	Die Polizei entdeckt einen von Grivas entworfenen Plan, mit Hilfe der Nationalgarde einen Putsch durchzuführen.
	24.	Die Athener Junta fordert Grivas in einem Schreiben auf, seine Aktivitäten einzustellen und seine Organisation aufzulösen.
	27.	Grivas kündigt im Gegenzug den bewaffneten Kampf für die *Enosis* bis zum endgültigen Sieg an.
September	14.	Mißglückter Attentatsversuch gegen Makarios.
	28.	Ein weiterer Anschlag auf das Leben des Präsidenten mißlingt.
Oktober	7.	Weiteres mißglücktes Attentat auf Makarios. In allen drei Fällen sind die Hintermänner wohl im Umfeld von Grivas zu suchen.
November	1.	Verschärfung der griechisch-türkischen Spannungen im Zusammenhang mit dem Ägäis-Konflikt.
	25.	Putsch innerhalb der griechischen Junta. Papadopoulos wird von D. Ioannidis abgelöst.

1974

Januar	27.	Grivas stirbt im Alter von 76 Jahren in seinem Versteck in Limassol.
Februar	11.	Erneute Unterbrechung der Volksgruppengespräche. Streitpunkt ist die Frage der Kantonalisierung Zyperns, die von zyperntürkischer Seite gefordert, von zyperngriechischer Seite aber strikt abgelehnt wird.
April	25.	Die „EOKA-B" wird von der Regierung Makarios für illegal erklärt.
Juni	4.	Die Wiederaufnahme der Gespräche zwischen den beiden Volksgruppen wird vereinbart.
	17.	Makarios fordert die griechischen Offiziere, die die zyprische Nationalgarde befehligen (und mit der „EOKA-B" sympathisieren), zur Demission auf. Zur gleichen Zeit gelingt es der Polizei, die Führung der „EOKA-B" zu verhaften.
	25.	Die zyprische Regierung beschließt, die volle Kontrolle über die Nationalgarde zu übernehmen.

Juli
1. Die Regierung erläßt besondere Maßnahmen zur Verfolgung illegaler Organisationen und zur Herstellung der inneren Sicherheit auf der Insel.
2. In einem Schreiben an den griechischen Staatschef General Ph. Gizikis fordert Makarios ultimativ den Abzug aller griechischen Offiziere aus Zypern bis zum 15. Juli.

GRIECHISCHER MILITÄRPUTSCH, TÜRKISCHE BESETZUNG UND TEILUNG ZYPERNS (1974)

Juli
15. Auf Veranlassung der Athener Junta führt die zyprische Nationalgarde einen Staatsstreich durch. Zum Präsidenten wird der als „Türkenfresser" verschrieene zyprische Verleger N. Sampson ausgerufen.
16. Es gelingt Makarios, aus Zypern zu fliehen. Mit britischer Hilfe gelangt er zunächst nach Malta und am nächsten Tag nach London.
19. Makarios erscheint vor dem UN-Sicherheitsrat in New York, wo er den Staatsstreich verurteilt.
20. Türkische Streitkräfte landen auf Zypern. In dieser ersten Phase ihres Vorstoßes wird zunächst ein schmaler Korridor um Kyrenia besetzt. Am selben Tag verurteilt die UN die türkische Militäraktion.
22. Auf Zypern tritt ein vorläufiger Waffenstillstand in Kraft.
23. N. Sampson tritt zurück und G. Kliridis übernimmt die Amtsgeschäfte als Präsident der Republik Zypern.
24. Die Athener Junta tritt zurück. Gizikis bittet Karamanlis aus seinem Pariser Exil zurück und beauftragt ihn mit der Regierungsbildung.
25.–30. Erste Runde der Genfer Konferenz unter Beteiligung Großbritanniens, Griechenlands und der Türkei. Es wird die Fortsetzung des Waffenstillstands vereinbart.

August
8.–14. Zweite Runde der Genfer Konferenz, an der nun auch Vertreter der beiden Volksgruppen auf Zypern sowie Beobachter der USA und der UdSSR teilnehmen.
14./15. Nachdem die Genfer Gespräche ergebnislos enden, startet die Türkei in der zweiten Phase ihres Vorstoßes eine Invasion weiter Teile Zyperns, wobei der Nordteil der Insel (ca. 36% der Gesamtfläche, ca. 80% des ökonomischen Potentials) besetzt wird. In Reaktion darauf zieht sich Griechenland aus der militärischen Integration der NATO zurück. Die UN verurteilt die Militäraktionen der Türkei (14. August).
16. Ein zweiter Waffenstillstand tritt in Kraft. Die neue Grenze wird durch die sog. „Attila-Linie" gebildet.
19. Der US-Botschafter in Nikosia, Roger Davies, wird ermordet.
22. Im Nordteil Zyperns wird eine autonome zyperntürkische Verwaltung eingerichtet. Ein sowjetischer Vorschlag zur Einberufung einer internationalen Zypernkonferenz unter Beteiligung der Mitgliedstaaten des UN-Sicherheitsrats und der Blockfreien wird von den USA, der Türkei und den türkischen Zyprern abgelehnt.
26. Treffen zwischen Kliridis und Denktaş in der neutralen Zone von Nikosia zur Besprechung der Flüchtlingsproblematik.
30. Die UN verabschiedet eine Zypernresolution mit Schwerpunkt auf den humanitären Konsequenzen der türkischen Besetzung.

September	19.	Der griechische Außenminister G. Mavros erklärt, daß Griechenland nicht länger für die *Enosis* Zyperns mit Griechenland eintrete, sondern dessen Souveränität und territoriale Integrität unterstütze.
	20.	Auf Zypern wird eine Vereinbarung zur Freilassung aller Kriegsgefangenen unterzeichnet.
Oktober	1.	Makarios hält eine Rede vor der UN-Vollversammlung, in der er die Teilung Zyperns verurteilt.
	17.	Der Senat der USA beschließt ein Waffenembargo gegen die Türkei.
	28.	Beginn der Zyperndebatte der UN-Vollversammlung.
November	1.	Einstimmige Annahme einer UN-Resolution, in der der Rückzug aller fremden Streitkräfte aus Zypern, die Repatriierung aller Flüchtlinge und die Lösung des Problems durch Volksgruppengespräche gefordert werden.
Dezember	7.	Makarios kehrt nach Zypern zurück und nimmt seine Tätigkeit als Staatspräsident wieder auf.
	10.	Das US-Waffenembargo gegen die Türkei kommt zur Anwendung.
	13.	Der UN-Sicherheitsrat bestätigt die Resolution der Vollversammlung vom 1. November.
	19.	Treffen zwischen Makarios, Kliridis und Denktaş unter Beisein des UN-Vermittlers im türkisch besetzten Teil Nikosias zur Einleitung neuer Verhandlungen.

DAS GETEILTE ZYPERN (1975–1998)

1975

Januar	14.	Wiederaufnahme der Volksgruppengespräche auf Zypern.
Februar	13.	Ausrufung eines „Türkischen Föderativstaates von Zypern" im besetzten Nordteil der Insel.
April	28.	Beginn von Zyperngesprächen in Wien unter der Ägide des UN-Generalsekretärs Waldheim. Die „Wiener Gespräche" finden in insgesamt fünf Runden statt: 28. April bis 3. Mai, 5. bis 7. Juni, 31. Juli bis 2. August, 8. bis 10. September (Tagungsort New York) und 17. bis 21. Februar 1976.

1976

Mai	28.	Nach dem ergebnislosen Ende der „Wiener Gespräche" werden die Volksgruppengespräche auf Zypern wieder aufgenommen. Der Schwerpunkt liegt bei humanitären Fragen.
Juni	22.	In einem Interview mit der türkischen Zeitung *Millet* akzeptiert Makarios, daß ein Teil Zyperns unter zyperntürkischer Verwaltung bleiben könnte.
September	5.	Aus den Wahlen zur Legislative der Republik Zyperns geht die „Demokratische Partei"(*Dimokratiko Komma*) unter S. Kyprianou mit 21 Sitzen als Sieger hervor. Die AKEL erhält 9 Sitze.

1977

Januar	27.	Treffen von Makarios und Denktaş in Nikosia im Beisein des UN-Vermittlers Pérez de Cuéllar. Es wird ein weiteres Treffen im Februar vereinbart.
Februar	12.	Es kommt zu einem weiteren Treffen zwischen Makarios und Denktaş im Beisein des UN-Generalsekretärs Waldheim. Man einigt sich auf die sog. „Vier Richtlinien" zur Fortsetzung der Volksgruppengespräche.

Zeittafel

März	31.	Bei neuen Gesprächen in Wien schlägt die zyperngriechische Seite eine bi-zonale Lösung vor, bei der etwa 20% des Inselterritoriums unter zyperntürkischer Verwaltung verbleiben würde.
August	3.	Makarios stirbt. Sein Nachfolger als Präsident Zyperns wird S. Kyprianou. Neuer Erzbischof wird der bisherige Bischof von Paphos, Chrysostomos, der jede Verhandlung mit den zyperntürkischen Muslimen Nordzyperns vor einer Wiedervereinigung der Insel ablehnt.

1978

Februar	11.	Kyprianou wird für eine Amtsperiode von fünf Jahren als Präsident Zyperns bestätigt.
März	10.	Treffen der Premierminister der Türkei und Griechenlands, B. Ecevit und K. Karamanlis, in Montreux, bei dem u. a. die Zypernfrage erörtert wird.
August	2.	Aufhebung des Waffenembargos gegen die Türkei durch den Kongreß der USA.
November	9.	In einer weiteren Resolution fordert die UN-Vollversammlung den sofortigen Abzug der Besatzungstruppen aus Zypern.

1979

Mai	19.	Es kommt zu einem Treffen zwischen Kyprianou und Denktaş. Das Ergebnis ist die sog. „10 Punkte Vereinbarung".
Juni	22.	Die Volksgruppengespräche werden um ein weiteres Mal auf unbestimmte Zeit vertagt.
November	20.	Weitere Zypernresolution der UN mit der Forderung nach einem sofortigen Abzug der Besatzungstruppen.

1980

April	3.	UN-Generalsekretär Waldheim legt seinen Bericht über die Zypernfrage vor.
August	9.	Wiederaufnahme der Volksgruppengespräche auf Zypern (Dauer bis zum 14. April 1983).

1981

Mai	24.	Aus den Wahlen zur Legislative der Republik geht die AKEL als stärkste Fraktion hervor.
Juni	28.	In Nordzypern finden zyperntürkische Parlaments- und Präsidentschaftswahlen statt, bei denen Denktaş in seinem Amt bestätigt wird.

1982

Februar	27.	Staatsbesuch des griechischen Premiers A. Papandreou auf Zypern bis zum 1. März.

1983

Februar	13.	Präsidentschaftswahlen in der Republik Zypern. Kyprianou wird mit absoluter Mehrheit in seinem Amt bestätigt.
Mai	13.	Die UN-Vollversammlung verabschiedet eine weitere Zypernresolution mit der Forderung nach Abzug der Besatzungstruppen.
Juni	17.	Der „Türkische Föderativstaat von Zypern" erklärt in einer Resolution das „unveräußerliche Recht des türkischen Volkes von Zypern auf Selbstbestimmung".
August	8.	UN-Generalsekretär Pérez de Cuéllar legt ein Lösungsmodell für die Zypernfrage vor, das von zyperntürkischer Seite jedoch abgelehnt wird.

November	15.	Einseitige Erklärung der Unabhängigkeit der Zyperntürken durch die Ausrufung der „Türkischen Republik Nordzypern".
	18.	Der UN-Sicherheitsrat verurteilt die einseitige Erklärung der Unabhängigkeit und fordert die UN-Mitgliedstaaten dazu auf, die „Türkische Republik Nordzypern" nicht anzuerkennen.

1984

Januar	11.	Präsident Kyprianou legt dem UN-Generalsekretär schriftliche Rahmenvorschläge zur Lösung der Zypernfrage vor.
April	17.	Die Türkei und die „Türkische Republik Nordzypern" tauschen Botschafter aus.
Mai	11.	Der UN-Sicherheitsrat verurteilt den Austausch der Botschafter.
August	6./7.	Der UN-Generalsekretär trifft sich in Wien mit Vertretern beider zyprischer Volksgruppen, um weitere Gespräche vorzubereiten.
September	10.	Kyprianou und Denktaş reisen nach New York zu separaten Gesprächen mit dem UN-Generalsekretär. Beginn der sog. *Proximity Talks*, die mit Unterbrechungen bis zum 12. Dezember dauern.

1985

Januar	17.	Das im Dezember des Vorjahres verabredete Gipfeltreffen zwischen Kyprianou und Denktaş in New York endet ergebnislos.
Dezember	8.	Wahlen zur Legislative der Republik auf Zypern. Die „Demokratische Sammlung" unter G. Kliridis geht als stärkste Fraktion hervor.

1986

Februar	1.	Treffen der Premierminister der Türkei und Griechenlands, T. Özal und A. Papandreou, in Davos, bei dem beide den guten Willen bekunden, die Zypernfrage einer Lösung zuzuführen.
März	29.	Der UN-Generalsekretär legt einen neuen Vereinbarungsentwurf für die Zypernfrage vor, welcher im Februar 1987 an der Ablehnung der Zyperntürken scheitert.

1988

Januar	1.	Inkrafttreten des Abkommens über die Zollunion zwischen der Republik Zypern und der EG.
Februar	21.	Aus der zweiten Runde der Präsidentschaftswahlen in der Republik Zypern geht G. Vasileiou als Sieger hervor.
August	24.	Ergebnisloses Spitzengespräch zwischen Vasileiou und Denktaş in Genf.
September	15.	Offizieller Beginn der Volksgruppengespräche in Nikosia zwischen Denktaş und Vasileiou, die mit Unterbrechungen bis zum 28. März 1989 dauern.

1989

Juni	10.	Weiteres Treffen zwischen Vasileiou und Denktaş in Nikosia.
	29.	Beide treffen in New York unter dem Vorsitz des UN-Generalsekretärs Pérez de Cuéllar abermals zusammen, dessen Vermittlungsvorschläge jedoch von Denktaş abgelehnt werden.

1990

März	12.	In einer Resolution verurteilt der UN-Sicherheitsrat erneut die Ausrufung der „Türkischen Republik Nordzypern".
Juli	3.	Die Republik Zypern beantragt die Vollmitgliedschaft in der EG.

Oktober	1.	Der türkische Premier Özal besucht Nordzypern. Feierlichkeiten in der Republik Zypern zum 30jährigen Bestehen des Staates.
1991		
Mai	19.	Bei den Wahlen zur Legislative der Republik Zypern wird die „Demokratische Sammlung" stärkste Fraktion.
September	20.	Der UN-Generalsekretär macht die Türkei für das Scheitern der Zypernverhandlungen verantwortlich.
Oktober	10.	Der UN-Sicherheitsrat bestätigt in einer Resolution die territoriale Integrität Zyperns.
1992		
August	1.	Beginn erneuter Zyperngespräche zwischen Vasiliou und Denktaş unter der Ägide des UN-Generalsekretärs B. Boutros-Ghali in New York, die im Dezember des Jahres wiederum scheitern.
November	25.	Die „intransigente Haltung" des Führers der zyperntürkischen Volksgruppe trifft auf die Mißbilligung durch den UN-Sicherheitsrat, der allen Beteiligten empfiehlt, umgehend vertrauensbildende Maßnahmen (*Confidence Building Measures* = CBM) einzuleiten.
1993		
Februar	14.	Aus den Präsidentschaftswahlen der Republik Zypern geht G. Kliridis als Sieger hervor.
März	30.	Kliridis und Denktaş treffen sich gemeinsam mit dem UN-Generalsekretär in New York.
April	15.	Boutros-Ghali und sein Vertreter auf Zypern, Gustav Feissel, führen in 34 Treffen (die zusammen fast 50 Stunden dauern) bis zum 19. Mai bilaterale Gespräche mit den Führern beider Volksgruppen.
Mai	24.	Beginn direkter Volksgruppengespräche im UN-Hauptquartier zu dem vom Generalsekretär vorgeschlagenen vertrauensbildenden Maßnahmenpaket (Wiedereröffnung des alten Flughafens von Nikosia und der Stadt Varosha unter Verwaltung der UNO).
Juni	1.	Der zyperntürkische Volksgruppenführer beendet durch seine überraschende Abreise die Gespräche frühzeitig.
	30.	Positive Stellungnahme (*Avis/Opinion*) der EG-Kommission zum Beitrittsantrag der Republik Zypern.
Juli	5.	Denktaş erklärt seinen Rücktritt vom Amt des Verhandlungsführers aufgrund eines internen Konflikts mit dem zyperntürkischen Premier Eroğlu und kündigt Neuwahlen für Dezember an.
September	20.	Der UN-Sicherheitsrat stellt mit Sorge fest, daß die türkische Seite bisher weder den guten Willen noch die gewünschte Kooperationsbereitschaft gezeigt habe, um zu einem Abkommen zu gelangen. Außerdem erinnert er Ankara daran, daß die Türkei ebenso wie die Zyperntürken eine entscheidende Rolle bei der Unterstützung der Annahme des CBM-Pakets der UNO spielen.
Oktober	4.	Der EG-Ministerrat bestätigt den positiven Eindruck im Hinblick auf einen zukünftigen Beitritt Zyperns zur Gemeinschaft und ermächtigt die Kommission zur Aufnahme substantieller Gespräche mit der Republik Zypern. Denktaş erklärt daraufhin, daß der EG-Beitritt Zyperns zur dauerhaften Teilung der Insel führen werde.
	10.	A. Papandreou wird erneut Premierminister Griechenlands. Nachdem die Regierungen in Athen seit 1974 nach dem Grundsatz gehandelt hat-

ten: „Zypern entscheidet, Griechenland unterstützt", formuliert er nun eine neue Grundlage der griechischen Zypernpolitik: „Wir entscheiden zusammen".

16. Im Rahmen eines Besuchs von Kliridis bei Papandreou in Athen wird Zypern in die Verteidigungsplanung Griechenlands aufgenommen. Es werden zudem alljährliche gemeinsame Herbstmanöver auf Zypern vereinbart.

20. Der *Commonwealth*-Gipfel in der Republik Zypern (bis zum 22.) verabschiedet im Beisein der britischen Königin Elisabeth II. eine Resolution, in der ein Rückzug aller türkischen Truppen und aller aus Anatolien herübergekommenen Siedler gefordert wird.

Dezember

12. Bei den vorzeitigen Wahlen zum Parlament der „Türkischen Republik Nordzypern" verliert die Regierung Eroğlu ihre Mehrheit und wird von einer linksgerichteten Koalitionsregierung unter Hakkı Atun ersetzt.

15. Der UN-Sicherheitsrat verlängert das Mandat der UNFICYP bis Juni 1994 und hält die Fortdauer des Status quo für unannehmbar. Zudem begrüßt er die Zustimmung der türkischen Regierung für das CBM-Paket.

20. Der Außenministerrat der EG beschließt in Brüssel die Ernennung eines Beobachters (Serge Abou), der regelmäßig über den Fortgang der UN-Friedensgespräche zwischen beiden zyprischen Volksgruppen berichten soll.

27. Denktaş beschuldigt in einem Rundfunkinterview die Zyperngriechen, daß sie mit ihrer Aufrüstung eine explosive Lage auf Zypern schaffen wollten und weitere Verhandlungen blockieren.

1994

Februar

24. Wiederaufnahme der diesmal vertraulichen Zyperngespräche zwischen Kliridis und Denktaş, der dafür zuvor die Bestätigung als Unterhändler vom zyperntürkischen Ministerrat einholt.

März

11. Der UN-Sicherheitsrat verabschiedet eine Resolution, in der die Annahme der CBM als erste Stufe zu einer Lösung betrachtet wird.

Mai

30. In seinem Bericht an den UN-Sicherheitsrat gibt Boutros-Ghali das Scheitern der Volksgruppengespräche über die CBM bekannt und macht hauptsächlich die kompromißlose Haltung des zyperntürkischen Verhandlungsführers dafür verantwortlich. Der Generalsekretär empfielt zudem eine härtere Vorgehensweise, ohne sich jedoch darauf festlegen zu wollen. Denktaş lehnt den Bericht als einseitig und unfair ab und meint, daß die Errichtung einer Föderation auf Zypern nicht länger möglich sei. Daher solle Nordzypern mit der Türkei vereinigt werden.

Juni

25. Auf dem Gipfel von Korfu beschließen die Staats- und Regierungschefs der EG auf Initiative der griechischen Präsidentschaft, daß Zypern und Malta in die nächste Erweiterungsrunde einbezogen werden sollen. Dieser Beschluß wird vom Europäischen Rat wiederholt bestätigt (z.B. in Essen im Dezember).

Juli

5. Der Europäische Gerichtshof in Luxemburg erklärt zyperntürkische Agrarexporte in die Gemeinschaft für illegal, wenn sie keine Unbedenklichkeitsbescheinigungen der Republik Zypern aufweisen können.

29. In einer Resolution des UN-Sicherheitsrates wird die Wahrung einer ungeteilten Souveränität des Inselstaates gefordert.

Oktober

Informelle Gespräche zwischen Kliridis und Denktaş in der Wohnung des UN-Repräsentanten Feissel auf Zypern bringen keinen Fortschritt in der Frage der Implementierung der CBM.

Zeittafel

1995

März 6. Der EU-Ministerrat beschließt den Beginn der Aufnahme von Beitrittsverhandlungen mit der Regierung der Republik Zypern spätestens sechs Monate nach Abschluß der Regierungskonferenz zur Reform des Maastricht-Vertrages. Zuvor soll bereits ein strukturierter Dialog zwischen der Union und Zypern institutionalisiert werden. Darüber hinaus bestätigt die EU, daß sie die UNO bei der Suche nach einer einvernehmlichen Lösung des Zypern-Problems unterstützen werde. Zugleich macht der Bericht des EU-Beobachters Abou allein die türkische Seite für das bisherige Scheitern der Verhandlungen verantwortlich.

April 23. Wiederwahl von Denktaş zum Präsidenten der „Türkischen Republik Nordzypern".

Juni 12. Der Assoziationsrat zwischen der EU und Zypern bekräftigt den im März abgestimmten Zeitplan und unterzeichnet das Vierte Finanzprotokoll in Höhe von 74 Millionen ECU zur Vorbereitung Zyperns auf die Mitgliedschaft. Zudem wird Kliridis zur Teilnahme an den folgenden EU-Gipfeltreffen eingeladen.

27. Der Europäische Rat in Cannes (und im Dezember in Madrid) bestätigt diese von der Gemeinschaft eingegangene Verpflichtung in Anwesenheit von Staatspräsident Kliridis.

1996

Februar 1. Erst nach Vermittlung der USA kann die Eskalation des griechisch-türkischen Militärkonflikts um einige unbevölkerte Felseninseln (Imia/Kardak-Krise) verhindert werden.

März 1. In einem zyperngriechischen Fernsehinterview erklärt Denktaş, daß keiner der seit 1974 vermißten Zyperngriechen noch am Leben sei. Denn die meisten von ihnen seien bedauerlicherweise bereits im Gefolge des türkischen Einmarsches von zyperntürkischen paramilitärischen Einheiten ermordet worden.

Mai 19. Nach einem ersten gemeinsamen griechisch-türkischen Rockkonzert in der UN-Pufferzone in Nikosia werden bei Zusammenstößen zwischen zyperngriechischen Nationalisten und der Polizei der Republik Zypern etwa 30 Menschen verletzt.

26. Bei den Wahlen zur Legislative der Republik Zypern gewinnt die AKEL zwar viele Stimmen hinzu. DIKO und DISY behaupten jedoch zusammen die Mehrheit der Sitze.

August 11. Bei organisierten Protesten einer zyperngriechischen Motorradvereinigung gegen die fortdauernde Besetzung Nordzyperns durch die Türkei wird ein zyperngriechischer Demonstrant bei Deryneia nach dem Überqueren der Waffenstillstandslinie in der UN-Pufferzone von türkischen Gegendemonstranten und zyperntürkischer Polizei erschlagen.

14. Während der Beerdigung des getöteten Demonstranten stürmen erneut ca. 200 Zyperngriechen die Pufferzone bei Deryneia, können aber von den UNFICYP-Soldaten rechtzeitig zurückgedrängt werden. Einem Zyperngriechen gelingt es jedoch, einen zyperntürkischen Wachposten zu erreichen. Beim Besteigen eines beflaggten türkischen Fahnenmastes hinter der türkischen Waffenstillstandslinie wird er von (zypern-)türkischen Sicherheitskräften erschossen, die zudem wahllos in die Menge feuern und dabei zwei UN-Soldaten und zwei zyperngriechische Demonstranten verletzen (bei den Unruhen werden insgesamt 19 Blauhelme verletzt).

16. Nach einer Regierungskrise in der „TRNZ" übernimmt der Hardliner D. Eroğlu das Amt des Premierministers.

September	8.	Auf zwei zyperntürkische Soldaten wird von Unbekannten in der Nähe von Agios Nikolaos geschossen, wobei einer getötet und der andere schwer verletzt wird.
Oktober	13.	Ein Zyperngrieche wird nach der Überquerung der türkischen Waffenstillstandslinie von einem zyperntürkischen Soldaten erschossen.

1997

Januar		Die Regierung Kliridis bestellt zur Verteidigung ihres neuen Militärflughafens bei Paphos von Rußland Boden-Luft-Raketen vom Typ S-300 mit einer Reichweite von bis zu 160 km, deren Lieferung für 1998 vorgesehen ist. Die Türkei stellt sich strikt gegen die geplante Beschaffung und antwortet mit einer Kriegsdrohung, während Kliridis für die Entmilitarisierung der gesamten Insel im Fall einer Verhandlungslösung plädiert.
Juli	9.–13.	Erneute Zyperngespräche zwischen Kliridis und Denktaş in der Nähe von New York, die zwar im August in Genf fortgesetzt werden, aber ergebnislos bleiben.
	15.	In der „Agenda 2000" der EU-Kommission zählt die Republik Zypern zu den ersten Staaten, mit denen Beitrittsverhandlungen Anfang nächsten Jahres aufgenommen werden sollen.
	31.	Unter der Schirmherrschaft der UN treffen sich Kliridis und Denktaş in Nikosia und vereinbaren einen umfassenden Informationsaustausch zur endgültigen Klärung des Verbleibs der seit der türkischen Besetzung vermißten ca. 1 619 Zyperngriechen und ca. 500 Zyperntürken bzw. zur Organisation der Rückführung der sterblichen Überreste.
September	12.	Der zyperntürkische Oppositionsführer, M. Ali Talat (CTP), gibt in einem Gespräch mit dem EU-Außenkommissar in Brüssel R. Denktaş die alleinige Verantwortung für die Blockade der UN-Gespräche zur Lösung der Zypernfrage. Zugleich bekräftigt er die Bereitschaft seiner Partei, als Teil der Delegation der Republik Zypern an den EU-Aufnahmeverhandlungen teilzunehmen.
	18.	Das EU-Parlament verurteilt in einer Entschließung namentlich R. Denktaş und seine Drohung mit einem Krieg in Zypern, sollte der Antrag der Republik Zypern auf Beitritt zur Gemeinschaft erfolgreich sein. In Übereistimmung mit der EU-Kommission stellt auch das EU-Parlament klar: Sollten vor dem geplanten Verhandlungsbeginn keine Fortschritte zur Beilegung des Konflikts erfolgen, dann werden die Verhandlungen nur „mit der Regierung der Republik Zypern als der einzigen völkerrechtlichen Einrichtung" aufgenommen.
Oktober	10.–14.	Dreitägige gemeinsame Manöver der zyprischen Nationalgarde mit einem Kontingent der griechischen Luft- und Seestreitkräfte. Aggressives Säbelrasseln türkischer Militärs.
November	4.	„Klimaverbesserung" durch Entspannungsgespräche zwischen den Premierministern K. Simitis und M. Yilmaz auf der Südosteuropa-Konferenz in Kreta. Zugleich finden von zyperntürkischen und türkischen Einheiten gemeinsam durchgeführte Militärmanöver in Nordzypern statt, in deren Verlauf auch der Angriff auf gegnerische Raketenstellungen geübt wird.

1998

Februar	8./15.	Knappe Wiederwahl von G. Kliridis in den Präsidentschaftswahlen der Republik Zypern.
März	30./31.	Beginn der EU-Beitrittsverhandlungen in Brüssel mit den Reformländern Ost- und Südosteuropas, einschließlich Zyperns, aber ohne türkische Beteiligung.

Oberste Staatsorgane

Martin Colberg, Hamburg, unter Mitarbeit von Ahmed Cavit,
Bekir Azgın und Andreas Demetriou, Nikosia*)

I. Britische Hochkommissare und Gouverneure: 1. Hochkommissare (1878–1925) – 2. Gouverneure (1925–1960) – II. Staatsoberhäupter: 1. Republik Zypern – 2. „Türkischer Bundesstaat Nordzypern/Türkische Republik Nordzypern" – III. Parlamentspräsidenten: 1. Repräsentantenhaus (*House of Representatives*) – 2. „Versammlung der (zyperntürkischen) Republik (*Assembly of the Republic*)" – IV. Vorsitzende der Kommunalkammern: 1. Griechische Kommunalkammer – 2. Türkische Kommunalkammer – V. Regierungen: 1. Übergangsregierung 1959/60 – 2. Republik Zypern – 3. Zyperntürkische Übergangsregierungen (1963–1983) – 4. „Türkische Republik Nordzypern" (seit 15.11.1983) – VI. Präsidenten der obersten Gerichtshöfe: 1. Republik Zypern: a) Hohes Verfassungsgericht (*Supreme Constitutional Court*) (bis 08.07.1964) – b) Hoher Gerichtshof (*High Court of Justice*) (bis 08.07.1964) – c) Oberster Gerichtshof (*Supreme Court* bzw. *Anotato Dikastirio*) (seit 09.07.1964) – 2. Zyperntürkisches Verfassungsgericht (seit 1966)

I. Britische Hochkommissare und Gouverneure

1. Hochkommissare (1878–1925)

22.07.1878–22.06.1879	Lt.-Gen. Sir Garnet (später Field-Marshal Viscount) Wolseley
23.06.1879–08.03.1886	Colonel (später General) Sir Robert Biddulph
09.03.1886–04.04.1892	Sir Henry E. Bulwer
05.04.1892–22.04.1898	Sir Walter Sendall
23.04.1898–16.10.1904	Sir William F. Haynes Smith

---

*) Bei der Ermittlung von Personennamen und Daten ließen sich verschiedene Unstimmigkeiten aufgrund widersprüchlicher Angaben bedauerlicherweise nicht klären. Ein besonderer Dank gebührt der Presseabteilung der Botschaft der Republik Zypern in Bonn für die Zusammenstellung der Ministerlisten. Sonstige Quellen und Darstellungen, die hier mitbenutzt wurden:
– European Statistical Survey (1994).
– Hill, G.: A History of Cyprus. Band 4: The Ottoman Province. The British Colony 1571–1948. Hrsg. H. Luke. Cambridge 1952, S. 621/622.
– Internationales Handbuch, Länder Aktuell, Munziger-Archiv.
– Keesing's Archiv der Gegenwart. 15. Jahrgang 1945 ff.
– North Cyprus Almanack. London 1987.
– Purcell, H. D.: Cyprus. London 1969.
– Salih, H. I.: Cyprus. The Impact of Diverse Nationalism on a State. University of Alabama 1978, S. 122/123.
– The Economist Intelligence Unit (Hrsg.): Country Report. Cyprus, Malta. London 1995/96.
– Tzermias, P.: Geschichte der Republik Zypern. Mit Berücksichtigung der historischen Entwicklung der Insel während der Jahrtausende. Tübingen 1991.
– Zeitungsarchiv des Hamburger Weltwirtschaftsarchivs.

17.10.1904–11.10.1911 Sir Charles A. King-Harman
12.10.1911–07.01.1915 Major Sir Hamilton Goold-Adams
08.01.1915–31.12.1918 Major Sir John E. Clauson
01.01.1918–30.04.1925 Malcolm Stevenson

2. Gouverneure (1925–1960)

01.05.1925–29.11.1926 Sir Malcolm Stevenson
30.11.1926–28.10.1932 Sir Ronald Storrs
29.10.1932–07.11.1933 Sir Reginald Edward Stubbs
08.11.1933–03.07.1939 Sir Herbert Richmond Palmer
04.07.1939–02.10.1941 Sir William Denis Battershill
03.10.1941–23.10.1946 Sir Charles Campbell Woolley
24.10.1946–03.08.1949 Reginald Fletcher (später Lord Winster)
04.08.1949–04.01.1954 Sir Andrew Barkworth Wright
05.01.1954–28.09.1955 Sir Robert Perceval Armitage
29.09.1955–28.11.1957 Field-Marshall Sir John Harding, *Chief of the Imperial Staff* (später Lord Harding of Petherton)
29.11.1957–15.08.1960 Sir Hugh Mackintosh Foot (später Lord Caradon)

II. Staatsoberhäupter

1. Republik Zypern

16.08.1960–24.02.1968	Makarios III.	Präsident der Republik (stets zugleich Regierungschef)
	Fazil Küçük	Vizepräsident
25.02.1968–17.02.1973	Makarios III.	Präsident der Republik
	Fazil Küçük	Vizepräsident
18.02.1973–16.07.1974	Makarios III.	Präsident der Republik
	Rauf Denktaş (seit 15.02.1973)	Vizepräsident
16.07.1974–23.07.1974	Nikos Sampson	nach Staatsstreich zum Präsidenten erklärt
23.07.1974–07.12.1974	Glafkos Kliridis	geschäftsführender Präsident
07.12.1974–03.08.1977	Makarios III.	Präsident
31.08.1977–13.02.1983	Spyros Kyprianou	Präsident
14.02.1983–21.02.1988	Spyros Kyprianou	Präsident
22.02.1988–14.02.1993	Georgios Vasileiou	Präsident
15.02.1993	Glafkos Kliridis	Präsident

2. „Türkischer Bundesstaat Nordzypern/Türkische Republik Nordzypern"

20.06.1976–28.06.1981 Rauf Denktaş „Präsident" (nur Staatsoberhaupt)
29.06.1981–09.06.1985 Rauf Denktaş „Präsident"
10.06.1985–22.04.1990 Rauf Denktaş „Präsident"
23.04.1990–23.04.1995 Rauf Denktaş „Präsident"
24.04.1995 Rauf Denktaş „Präsident"

III. Parlamentspräsidenten

1. Repräsentantenhaus (House of Representatives)

16.08.1960–04.07.1970	Glafkos Kliridis
16.07.1970–22.07.1976	Glafkos Kliridis
22.07.1976–20.09.1976	Tassos Papadopoulos
20.09.1976–31.08.1977	Spyros Kyprianou
22.09.1977–04.06.1981	Alekos Michailidis
04.06.1981–12.12.1985	Georgios Ladas
30.12.1985–30.05.1991	Vassos Lyssaridis
30.05.1991–30.05.1996	Alexis Galanos
30.05.1996	Spyros Kyprianou

2. „Versammlung der (zyperntürkischen) Republik (Assembly of the Republic)"

27.12.1967–13.05.1970	Orhan Müderrisoğlu
18.07.1970–03.09.1974	Necdet Ünel
04.09.1974–22.06.1985	Osman Örek
23.06.1985–02.01.1994	Hakkı Attun
03.01.1994–31.07.1996	Aytan Halit Acarkan
01.08.1996	Hakkı Attun

IV. Vorsitzende der Kommunalkammern

1. Griechische Kommunalkammer

16.08.1960–31.03.1965	Konstantinos Spyridakis

Auflösung der Kammer durch Gesetz Nr. 12/1965, mit dem zugleich das (zyperngriechische) Erziehungsministerium gegründet wurde.

2. Türkische Kommunalkammer

16.08.1960–12.10.1973	Rauf Denktaş
12.10.1973–25.02.1975	İsmail Bozkurt

Auflösung der Kammer durch Gesetz und Integration seiner Mitglieder in die „Versammlung des Zyperntürkischen Bundesstaats (KTFD)".

V. Regierungen

1. Übergangsregierung 1959/60

Kabinett: Sir Hugh Foot vom 01.04.1959

Gouverneur: Sir Hugh Foot (Lord Caradon)
Präsident: Makarios III.

Außenminister: Makarios III.
Innenminister: Tassos Papadopoulos
Verteidigungsminister: Osman Örek
Justizminister: Glafkos Kliridis
Finanzminister: Riginos Theocharous (Stellvertreter: Mehmet Nazım)
Stellvertretender Finanzminister: Mehmet Nazım
Minister für Arbeit und Sozialversicherung: Polykarpos Georkatzis
Industrie- und Handelsminister: Paschalis Paschalidis
Minister für Verkehr und öffentliche Arbeiten: Antonios Georgiadis
Landwirtschaftsminister: Fazil Plümer
Stellvertretender Landwirtschaftsminister: Andreas Azinas
Gesundheitsminister: Niyazi Manyera

2. Republik Zypern

Regierung Makarios vom 16.08.1960

Präsident (und Regierungschef): Makarios III.
Vizepräsident: Fazil Küçük
Minister für Auswärtige Angelegenheiten: Makarios III. – ab 07.09.1960 Spyros Kyprianou
Innenminister: Polykarpos Georkatzis – ab 10.12.1968 Epameinondas Komodromos
Verteidigungsminister: Osman Örek – ab 07.04.1964 Polykarpos Georkatzis (Stellvertreter)
Justizminister: Spyros Kyprianou – ab 07.09.1960 Stella Souliotou
Finanzminister: Riginos Theocharous – ab 02.07.1962 Renos Solomidis – ab 24.06.1968 Andreas Patsalidis
Minister für Arbeit und Sozialversicherung: Tassos Papadopoulos
Industrie- und Handelsminister: Andreas Araouzos – ab 15.06.1968 Nikos Dimitriou
Minister für Verkehr und öffentliche Arbeiten: Andreas Papadopoulos – ab 21.04.1966 Titos Fanos
Landwirtschaftsminister: Fazil Plümer – ab 27.03.1964 Tassos Papadopoulos (Stellvertreter) – ab 21.04.1966 Georgios Tombazos
Gesundheitsminister: Niyazi Manyera – ab 27.03.1964 Stella Souliotou (Stellvertreter) – ab 19.04.1966 Tassos Papadopoulos (Stellvertreter)
Erziehungsminister: ab 03.03.1965: Konstantinos Spyridakis

Regierung Makarios vom 30.06.1970

Präsident (und Regierungschef): Makarios III.
[Vizepräsident: Fazil Küçük, aber keine Beteiligung am Kabinett]
Minister für Auswärtige Angelegenheiten: Spyros Kyprianou – ab 16.06.1972 Ioannis Christofidis
Innenminister: Epameinondas Komodromos – ab 16.06.1972 Georgios Ioannidis
Verteidigungsminister: Epameinondas Komodromos – ab 16.06.1972 Georgios Ioannidis
Justizminister: Georgios Ioannidis – ab 16.06.1972 Christos Vakis
Finanzminister: Andreas Patsalidis
Minister für Arbeit und Sozialversicherung: Andreas Mavrommatis – ab 16.06.1972 Markos Spanos
Industrie- und Handelsminister: Andreas Loizidis – ab 16.06.1972 Michael Kolokasidis
Minister für Verkehr und öffentliche Arbeiten: Nikolaos S. Rousos – ab 16.06.1972 Giannis Zambarloukos
Landwirtschaftsminister: Panagiotis Toumazis – ab 16.06.1972 Odysseas Ioannidis
Gesundheitsminister: ab 06.10.1970 Michael Glykis – ab 05.10.1972 Zimon Severis
Erziehungsminister: Frixos Petridis – ab 16.06.1972 Andreas Kouros

Oberste Staatsorgane 847

Regierung Glafkos Kliridis vom 08.08.1974

Präsident (und geschäftsführender Regierungschef): Glafkos Kliridis
Vizepräsident: vakant
Minister für Auswärtige Angelegenheiten: Ioannis Christofidis
Innen- und Verteidigungsminister: Nikos Koschis
Justizminister: Leukos Kliridis
Finanzminister: Andreas Patsalidis
Minister für Arbeit und Sozialversicherung: Panikos Sivitanidis
Verkehrsminister: Nikos Pattichis
Erziehungsminister: Andreas Mikellidis
Landwirtschaftsminister: Evagoras Lanitis
Gesundheitsminister: Zinon Severis

Regierung Makarios III. vom 08.12.1974

Präsident (und Regierungschef): Makarios III.
Vizepräsident: vakant
Minister für Auswärtige Angelegenheiten: Ioannis Christozidis
Innen- und Verteidigungsminister: ab 15.01.1975 Christodoulos Veniamin
Justizminister: ab 15.01.1975 Georgios Ioannidis
Finanzminister: Andreas Patsalidis
Minister für Arbeit und Sozialversicherung: ab 15.01.1975 Markos Spanos
Handels- und Industrieminister: ab 15.01.1975 Michail Kolokasidis – ab 05.10.1976 Antonios Pieridis
Minister für Verkehr und öffentliche Arbeiten: ab 15.01.1975 Georgios Tombazos
Landwirtschaftsminister: ab 17.01.1975 Frixos Kolotas
Gesundheitsminister: ab 15.01.1975 Christos Vakis – ab 05.10.1976 Andreas Mikellidis
Erziehungsminister: ab 15.01.1975 Andreas Mikellidis – ab 05.10.1976 Chrysostomos Sozianos

Regierung Spyros Kyprianou vom 08.03.1978

Präsident (und Regierungschef): Spyros Kyprianou
Vizepräsident: vakant
Minister für Auswärtige Angelegenheiten: Nikos Rolandis
Innenminister: Christodoulos Veniamin
Verteidigungsminister: Christodoulos Veniamin
Justizminister: Petros Michailidis – ab 10.09.1980 Andreas Dimitriadis – ab 20.04.1982 Fivos Kliridis
Finanzminister: Andreas Patsalidis – ab 01.11.1979 Afxentios Afxentiou – ab 20.04.1982 Simos G. Vasileiou
Minister für Arbeit und Sozialversicherung: Aimilios Theodoulou – ab 10.09.1980 Georgios Stavrinakis – ab 20.04.1982 Pavlos Papageorgiou
Industrie- und Handelsminister: Andreas Papageorgiou – ab 10.09.1980 Konstantinos Kittis – ab 20.04.1982 Georgios Andreou
Minister für Verkehr und öffentliche Arbeiten: Marios Iliadis – ab 12.09.1980 Georgios Chatzikostas – ab 20.04.1982 Christos Mavrellis
Landwirtschaftsminister: Georgios Tombazos – ab 10.09.1980 Nikos Pattichis – ab 20.04.1982 Dimitrios Christodoulou
Gesundheitsminister: Andreas Mikellidis – ab 10.09.1980 Georgios Tombazos – ab 20.04.1982 Christos K. Pelekanos
Erziehungsminister: Chrysostomos Sofianos – ab 10.09.1980 Nikolaos Konomis – ab 20.04.1982 Panos L. Ioannou – ab 23.09.1982 Stelios Katsellis
Minister beim Präsidenten: Georgios Ioannidis – ab 10.09.1980 Stelios Katsellis – ab 23.09.1982 Konstantinos Michaelidis

Regierung Spyros Kyprianou vom 13.02.1983

Präsident (und Regierungschef): Spyros Kyprianou
Vizepräsident: vakant
Minister für Auswärtige Angelegenheiten: Nikos Rolandis – ab 22.09.1983 Georgios Iakovou
Innenminister: Christodoulos Veniamin – ab 07.01.1985 Rois Nikolaidis – ab 01.08.1985 Konstantinos Michaelidis
Verteidigungsminister: Stelios Katsellis – ab 01.08.1985 Ilias Iliadis
Justizminister: Fivos Kliridis – ab 07.01.1985 Dimitrios Liveras
Finanzminister: Simos G. Vassiliou – ab 07.01.1985 Konstantinos Kittis – ab 01.08.1985 Christos Mavrellis
Erziehungsminister: Stelios Katsellis – ab 07.01.1985 Andreas Christofidis
Handels- und Industrieminister: Georgios Andreou – ab 07.01.1985 Michalakis Michaelidis
Minister für Arbeit und Sozialversicherung: Pavlos Papageorgiou – ab 07.01.1985 Andreas Mousiouttas
Minister für Landwirtschaft und Naturschätze: Dimitris Christodoulou – ab 07.01.1985 Andreas Papasolomontos
Minister beim Präsidenten: Konstantinos Michaelidis – am 01.08.1985 vom Repräsentantenhaus aufgelöst
Gesundheitsminister: Christos K. Pelekanos
Minister für Verkehr und öffentliche Arbeiten: Christos Mavrellis – ab 01.08.1985 Rois G. Nikolaidis

Regierung Georgios Vasileiou vom 28.02.1988

Präsident (und Regierungschef): Georgios Vasileiou (unabhängig)
Vizepräsident: vakant
Minister für Auswärtige Angelegenheiten: Georgios Iakovou (unabhängig)
Innenminister: Christodoulos Veniamin (DIKO)
Verteidigungsminister: Andreas Aloneftis
Justizminister: Christodoulos Chrysanthou (Liberal) – ab 04.05.1990 Nikos Papaioannou
Finanzminister: Georgios Syrimis (DISY nahestehend)
Minister für Arbeit und Sozialversicherung: Takis Christofidis – ab 04.05.1990 Iakovos Aristidou
Minister für Verkehr und öffentliche Arbeiten: Nanos Protopapas (AKEL) – ab 04.05.1990 Pavlos Savvidis – ab 25.11.1991 Renos Stavrakis
Minister für Landwirtschaft und Rohstoffe: Andreas Gavriilidis (AKEL)
Gesundheitsminister: Panikos Papageorgiou
Erziehungsminister: Andreas Filippou (EDEK nahestehend) – ab 04.05.1990 Christoforos Christofidis
Handels- und Industrieminister: Takis Nemitsas (DIKO)

Regierung Glafkos Kliridis vom 25.02.1993

Präsident (und Regierungschef): Glafkos Kliridis (DISY)
Vizepräsident: vakant
Minister für Auswärtige Angelegenheiten: Alekos Michaelidis (DISY) – ab 08.04.1997 Giannakis Kasoulidis (DISY)
Innenminister: Konstantinos (Dinos) Michaelidis (DIKO) – ab 12.11.1997 Georgios Stavrinakis (DISY)
Minister für Arbeit und Sozialversicherung: Andreas Mousiouttas (DIKO) – ab 12.11.1997 Efstathios Papadakis (DISY)
Finanzminister: Phedros Oikonomidis – ab 07.11.1994 Christodoulos Christodoulou (unabhängig)
Industrie- und Handelsminister: Stelios Kiliaris – ab 28.04.1995 Kyriakos Christofis (DIKO) – ab 12.11.1997 Michalakis Michaelidis (DISY)

Justizminister: Alekos Evangelou (DISY) – ab 08.04.1997 Nikos Koschis (DISY)
Verteidigungsminister: Kostas Iliadis (DIKO) – ab 12.11.1997 Georgios Charalampidis (DISY)
Landwirtschaftsminister: Kostas Petridis (DIKO) – ab 12.11.1997 Andreas Mantovanis (DISY)
Minister für Verkehr und öffentliche Arbeiten: Adamos Adamidis (DISY) – ab 08.04.1997 Leontios Ierodiakonou (DISY)
Gesundheitsminister: Manolis Christofidis (DISY) – ab 08.04.1997 Christos Solomis (DISY)
Erziehungs- und Kulturministerin: Klairi Angelidou (DISY) – ab 08.04.1997 Georgios Hadjinikolaou (DISY)

Regierung Glafkos Kliridis vom 28.02.1998

Präsident (und Regierungschef): Glafkos Kliridis (DISY)
Vizepräsident: vakant
Minister für Auswärtige Angelegenheiten: Giannakis Kasoulidis (DISY)
Innenminister: Konstantinos (Dinos) Michaelidis (DIKO)
Minister für Arbeit und Sozialversicherung: Andreas Mousiouttas (DIKO)
Finanzminister: Christodoulos Christodoulou (DISY)
Industrie-, Handels- und Tourismusminister: Nikos Rolandis (Liberale)
Justizminister: Nikos Koschis (DISY)
Verteidigungsminister: Giannakis Omirou (EDEK)
Landwirtschaftsminister: Kostas Themistokleous (EDI)
Minister für Verkehr und öffentliche Arbeiten: Leontios Ierodiakonou (DISY)
Gesundheitsminister: Christos Solomis (DISY)
Erziehungs- und Kulturminister: Lykourgos Kappas (EDEK)
Regierungssprecher: Christos Stylianidis

3. Zyperntürkische „Übergangsregierungen" (1963–1983)

„Generalkomitee (*Genel Komite*)"
Dezember 1963–27.12.1967

Vorsitzender oder „Präsident": Fazil Küçük [formell noch Vizepräsident der Republik Zypern]
Generalsekretär: Kemal Hüftüzade
Weitere Mitglieder des Komitees:
Rauf Denktaş, Orhan Müderrisoğlu, Osman Örek, Şemsi Kazım, Ümit Süleyman (Onan), Burhan Nalkantoğlu, Fazıl Plümer, Halit Ali Rıza, Mehmet Zeka, Niyazi Manyera, Necati Münir (Ertekün), Ahmet Mithat Berberoğlu

„Provisorische (bis 21.04.1971) Zyperntürkische Verwaltung (*Kıbrıs Geçici Türk Yönetimi*)"
28.12.1967–21.08.1974

„Präsident": Fazil Küçük (bestätigt am 15.02.1968)
Vizepräsident: Rauf Denktaş
Mitglied der Abteilung Verteidigung (einschließlich Innere Angelegenheiten und Außenbeziehungen): Osman Örek
Mitglied der Abteilung Landwirtschaft und Rohstoffe: Fazıl Plümer
Mitglied der Abteilung Gesundheitsdienste: Niyazi Manyera
Mitglied der Abteilung Erziehung und Kultur: Şemsi Kazım
Mitglied der Abteilung Soziale Dienste, Städtische Angelegenheiten, Religiöse Stiftungen (*Vakfs*) und Genossenschaften: Hakkı Süleyman
Mitglied des Rechtsdienstes: Ümit Süleyman (Onan)
Mitglied der Abteilung Öffentliche Arbeiten, Kommunikation und Transport: Erol Kazım (Andaç)
Mitglied der Wirtschaftsabteilung: Oğuz Ramadan (Korhan)

„Autonome Türkische Verwaltung (Otonom Türk Yönetimi)"
22.08.1974–12.02.1975

„Präsident": Rauf Denktaş (seit dem 15.02.1973)
Vizepräsident und Verteidigungsminister: Osman Örek
Außenminister: Vedat Çelik
Minister für Arbeit, Rehabilitation und Soziales: İsmet Kotak
Minister für Transportwesen: Erol Kazım (Andaç)
Minister für Rohstoffe und Elektrifizierung: Kenan Atakol
Finanzminister: Rüstem Tatar
Gesundheitsminister: Niyazi Manyera
Minister für Nationale Erziehung und Justiz: Orhan Zihni Bilgehan
Minister für Tourismus und Presse: Çağlar Yasal
Minister für Landwirtschaft, Handel und Industrie: Oğuz Ramadan (Korhan)
Minister für Planung und Koordination: Alper Orhon

„Türkischer Bundesstaat Zypern
(KTFD = *Kıbrıs Türk Federe Devleti*)"
13.02.1975–15.11.1983

Regierung Nejat Konuk (UBP) vom 07.07.1976

Premierminister: Nejat Konuk
Stellvertretender Premierminister, Außen- und Verteidigungsminister: Vedat Çelik
Stellvertretender Premierminister und Staatsminister: Orhan Zihni Bilgehan
Finanzminister: Mustafa Çağatay – ab 15.12.1976 Mehmet Altınay
Minister für Arbeit, Gesundheit und Sozialwesen: Ali Atun
Minister für Lebensmittel, Wirtschaft und Viehwirtschaft: Irsen Küçük
Minister für Energie, Rohstoffe und Tourismus: Kenan Atakol
Minister für Wohnungswesen, Wiederansiedlung und Rehabilitation: Hakkı Atun
Minister für Erziehung und Kultur: Derviş Eroğlu
Industrie- und Handelsminister: Nail Asafhan – ab 15.12.1976 Recep Gürler
Minister für Bauwesen und Verkehr: Erol Kazım Andaç

Regierung Osman Örek (UBP) vom 21.04.1978

Premierminister und Außenminister: Osman Örek
Innen- und Verteidigungsminister: Orhan Zihni Bilgehan
Minister für Wirtschaft und Finanzen: Hüseyin Erdal
Minister für Tourismus und Öffentlichkeitsarbeit: Vedat Çelik
Minister für Kommunikationswesen und Öffentliche Arbeiten: Erol K. Andaç
Minister für Landwirtschaft und Rohstoffe: Irsen Küçük
Minister für Arbeit, Gesundheit und Soziales: Mustafa Çağatay
Minister für Erziehung und Kultur: Kenan Atakol
Minister für Wohnungsbau und Wiederansiedlung: Hakkı Atun
Minister für Bauwesen und Verkehr: Erol Kazim Andaç
Minister für Unternehmen und Industrie: Tansel Fikri
Minister für Landschaftsgestaltung und Genossenschaften: Feridun Adahan

Regierung Mustafa Çağatay (UBP) 12.12.1978

Premierminister: Mustafa Çağatay
Minister für Auswärtige Angelegenheiten, Verteidigung, Tourismus und Öffentlichkeitsarbeit:
    Kenan Atakol

Oberste Staatsorgane 851

Innenminister und Minister für Wiederansiedlung: Recep Gürler
Minister für Ökonomie und Finanzen: Hakkı Atun
Minister für Bauwesen und Verkehr: Erdinç Behçet Gürçağ
Minister für Erziehung, Kultur und Jugend: Kubilay Çaydamli
Minister für Landwirtschaft, Rohstoffe und Energie: Irsen Küçük
Minister für Handel, Industrie und Genossenschaften: Taşkent Atasayan
Minister für Arbeit und soziale Sicherheit: Hasan Murat (nicht angenommen, deswegen übernahm Mustafa Çağatay dieses Ministerium kommissarisch) – ab 01.08.1980 Özel Tahsin
Minister für Gesundheit und Sozialdienste: Ali Atun

Regierung Mustafa Çağatay (UBP) vom 04.08.1981

Premierminister: Mustafa Çağatay
Außen-, Innen- und Verteidigungsminister: Kenan Atakol
Minister für Wirtschaft und Finanzen: Salih Coşar
Minister für Wiederansiedlung und Rehabilitation: Özel Tahsin
Minister für Bauwesen, Verkehr und Tourismus: Mehmet Bayram
Minister für Landwirtschaft, Rohstoffe und Genossenschaften: Nazif Borman
Minister für Erziehung, Kultur und Jugend: Hakkı Atun
Minister für Handel, Industrie und Energie: Eşber Serakinci
Minister für Gesundheit, Arbeit und Soziales: Irsen Küçük

Regierung Mustafa Çağatay (UBP, DHP, TBP, Unabhängige)
vom 15.03.1982

Premierminister: Mustafa Çağatay
Außen- und Verteidigungsminister: Kenan Atakol
Minister für Inneres und Wiederansiedlung: Eşber Serakinci
Minister für Ökonomie und Finanzen: Salih Coşar
Minister für Industrie und Kooperativen: İsmet Kotak
Minister für Erziehung, Kultur und Jugend: Ahmet Yusuf Atamsoy
Minister für Landwirtschaft, Rohstoffe und Energie: Irsen Küçük
Minister für Handel und Tourismus: Nazif Borman
Minister für Bauwesen und Verkehr: Mehmet Bayram
Minister für Gesundheitswesen und Arbeit: Özel Tahsin
Staatsminister und Minister für Soziales: İsmail Tezer

4. „Türkische Republik Nordzypern" (seit 15.11.1983)

Regierung Nejat Konuk (UBP, DHP, Unabhängige, Parteilose)
vom 13.12.1983

Premierminister: Nejat Konuk (DHP)
Außen- und Verteidigungsminister: Necati Münir Ertekün
Innen- und Gesundheitsminister: Oktay Feridun
Wirtschafts- und Finanzminister: Salih Coşar
Minister für Landwirtschaft, Energie und Rohstoffe: Nazif Borman
Minister für Erziehung, Jugend und Sport: Orhan Zihni Bilgehan
Industrie- und Handelsminister: Fuat Veziroğlu
Minister für Wiederansiedlung: Hakkı Atun
Minister für öffentliche Arbeiten und Verkehr: Mehmet Bayram
Minister für Arbeit und Sozialversicherung: Hasan Özbafli
Tourismusminister: Aytaç Beşeşler

Regierung Derviş Eroğlu (UPB, TKP) vom 19.07.1985

Premierminister: Derviş Eroğlu (UBP)
Außen- und Verteidigungsminister: Kenan Atakol
Innen- und Wiederansiedlungsminister: Onay Fadil Demirciler
Wirtschafts- und Finanzminister: Taşkent Atasayan
Kultur- und Tourismusminister: İsmail Bozkurt
Minister für Erziehung, Sport und Jugend: Salih Coşar
Minister für Arbeit und Soziales: Mehmet Altınay
Minister für Industrie, Handel und Energie: Erdal Onurhan
Minister für Bauwesen und Verkehr: Mehmet Bayram
Minister für Landwirtschaft und Rohstoffe: Nazif Borman
Minister für Gesundheit und Sozialhilfe: Mustafa Erbilen

Regierung Derviş Eroğlu (UBP, YDP) vom 02.09.1986

Premierminister: Derviş Eroğlu
Außen- und Verteidigungsminister: Kenan Atakol
Minister für Inneres, Landschaftsschutz und Rohstoffe: Taşkent Atasayan
Minister für Finanzen und Zollfragen: Mehmet Bayram
Minister für Ökonomie, Handel und Industrie: Erdal Onurhan
Minister für Bauwesen, Verkehr und Tourismus: Nazif Borman
Minister für Gesundheit und Sozialhilfe: Mustafa Erbilen
Minister für Arbeit, Jugend und Sport: Günay Caymaz
Minister für Wiederansiedlung: Onay Fadil Demirciler
Minister für Landwirtschaft und Wald: Aytaç Beşeşler
Minister für Erziehung und Kultur: Salih Coşar

Regierung Derviş Eroğlu (UBP, Unabhängige) vom 23.05.1988

Premierminister: Derviş Eroğlu
Außen- und Verteidigungsminister: Kenan Atakol
Minister für Inneres, Landschaftsschutz und Umwelt: Olgun Paşalar
Minister für Wirtschaft und Finanzen: Mehmet Bayram
Minister für Handel und Industrie: Taşkent Atasayan
Minister für Erziehung und Kultur: Salih Coşar
Minister für Bauwesen, Verkehr und Tourismus: Nazif Borman
Minister für Landwirtschaft und Wald: Aytaç Beşeşler
Minister für Gesundheit und Sozialhilfe: Mustafa Erbilen
Minister für Wiederansiedlung: Mustafa Adaoglu
Minister für Arbeit und Sport: Günay Caymaz

Regierung Derviş Eroğlu (UBP) vom 20.06.1990

Premierminister: Derviş Eroğlu
Außen- und Verteidigungsminister: Kenan Atakol
Minister für Inneres, Landschaftsschutz und Umwelt: Serdar Denktaş
Minister für Jugend und Sport: Erkan Emekçi
Wirtschafts- und Finanzminister: Nazif Borman
Industrie- und Handelsminister: Atay Ahmet Raşit
Minister für Forst- und Landwirtschaft: Ilkay Kamil
Minister für Verkehr, Bauwesen und Tourismus: Mehmet Bayram
Gesundheits- und Wohlfahrtsminister: Ertuğrul Hasipoğlu
Erziehungs- und Kultusminister: Eşber Serakıncı
Minister für Wiederansiedlung: Hasan Yumuk

Oberste Staatsorgane 853

Regierung Hakkı Atun (DP, CTP) vom 02.01.1994

Premierminister: Hakkı Atun (DP)
(Stellvertreter: Özker Özgür, CTP)
Außen- und Verteidigungsminister: Atay Ahmet Raşit
Minister für Inneres und Wiederansiedlung: Taner Etkin
Minister für Wirtschaft und Finanzen: Onur Borman
Minister für Erziehung und Kultur: Mehmet Ali Talat
Minister für Landwirtschaft, Rohstoffe und Energie: Ferdi Sabit Soyer
Minister für Bauwesen und Verkehr: Ahmet Kaşif
Minister für Gesundheitswesen: Ergin Abdullah Ilktaç
Minister für Arbeit und Soziales: Özkan Murat
Minister für Jugend, Sport und Umwelt: Serdar Denktaş

Regierung Hakkı Atun (DP, CTP) vom 03.06.1995

Premierminister: Hakkı Atun
(Stellvertreter: Özker Özgür)
Außen- und Verteidigungsminister: Atay Ahmet Raşit
Minister für Inneres und Wiederansiedlung: Mustafa Adaoğlu
Minister für Wirtschaft und Finanzen: Salih Coşar
Minister für Erziehung und Kultur: Mehmet Ali Talat
Minister für Landwirtschaft, Rohstoffe und Energie: Ferdi Sabit Soyer
Minister für Bauwesen und Verkehr: Süha Türköz
Minister für Gesundheitswesen: Ergin Abdullah Ilktaç
Minister für Arbeit und Soziales: Özkan Murat
Minister für Jugend, Sport und Umwelt: Mustafa Gökmen

Regierung Hakkı Atun (DP, CTP) vom 11.12.1995

Premierminister: Hakkı Atun (DP)
(Stellvertreter: Mehmet Ali Talat, CTP)
Außen- und Verteidigungsminister: Atay Ahmet Raşit (DP)
Minister für Inneres und Wiederansiedlung: Mustafa Adaoğlu (DP)
Minister für Wirtschaft und Finanzen: Salih Coşar (DP)
Minister für Erziehung und Kultur: Ahmet Derya (CTP)
Minister für Landwirtschaft, Rohstoffe und Energie: Özkan Murat (CTP)
Minister für Bauwesen und Verkehr: Süha Türköz (DP)
Minister für Gesundheitswesen: Hüseyin Celal (CTP)
Minister für Arbeit und Soziales: Ömer Kalyoncu (CTP)
Minister für Jugend, Sport und Umwelt: Mustafa Gökmen (DP)

Regierung Derviş Eroğlu (UBP, DP) vom 16.08.1996

Premierminister: Derviş Eroğlu (UBP)
(Stellvertreter: Serdar Denktaş, DP)
Außenminister: Taner Etkin (DP)
Minister für Finanzen: Salih Coşar (DP)
Minister für Wirtschaft: Erdal Onurhan (UBP)
Minister für Inneres und Wiederaufbau: İlkay Kâmil (UBP)
Minister für Land- und Forstwirtschaft: Kenan Akın (DP)
Minister für Bauwesen und Verkehr: Mehmet Bayram (UBP)
Minister für Gesundheit und Umwelt: Ertuğrul Aasipoğlu (UBP)
Minister für Arbeit und Soziales: Ali Özkan Altınışık (DP)
Minister für Erziehung, Jugend und Sport: Günay Caymaz (UBP)
Minister für Tourismus: Serdar Denktaş (DP)

VI. Präsidenten der obersten Gerichtshöfe

1. Republik Zypern

a) Hohes Verfassungsgericht (*Supreme Constitutional Court*)
   (bis 08.07.1964)

23.9.1960–21.05.1963	Ernst Forsthoff (Vorsitzender)
	Michalis A. Triantafyllidis (Stellvertreter)
	Mehmet N. Münir Ertekün (Stellvertreter)

b) Hoher Gerichtshof (*High Court of Justice*)
   (bis 08.07.1964)

15.11.1960–11.12.1962	Barra O'Briain (Irland)
12.12.1962–31.05.1964	John L. Wilson (Kanada)
01.06.1964	Mehmet Zekia

c) Oberster Gerichtshof (*Supreme Court* bzw. *Anotato Dikastirio*)
   (seit 09.07.1964)

Am 09.07.1964 (Gesetz Nr. 33/64) erfolgte die Zusammenfassung dieser beiden höchsten Gerichtshöfe Zyperns zu einem neuen Obersten Gerichtshof (*Supreme Court* bzw. *Anotato Dikastirio*). Seit dem 02. Juni 1966 verweigern die zyperntürkischen Richter ihre Mitwirkung an der gesamten Justiz der Republik Zypern.

22.02.1966–11.01.1967	Georgios Vasiliadis
12.01.1967–31.03.1971	Georgios Vasiliadis
01.04.1971–31.03.1988	Michalis A. Triantafyllidis
01.04.1988–30.06.1994	Alexandros Loïzou
01.07.1994–31.03.1995	Dimitris Stylianidis
01.04.1995	Georgios Pikis

2. Zyperntürkisches Verfassungsgericht (seit 1966)

1966–1977	Mehmet N. Münir Ertekün
1977–1982	Ülfet Emin
1982–1991	Şakir Sitku İlkay
02.01.1991	Salih Dayroğlu

Wahlergebnisse

Heinz-Jürgen Axt, Duisburg, unter Mitarbeit von Ahmet Cavit und
Andreas Demetriou, Nikosia

I. Präsidentschaftswahlen: 1. Republik Zypern – 2. „Türkischer Bundesstaat Zypern" – 3. „Türkische Republik Nordzypern" – II. Parlamentswahlen: 1. Republik Zypern – 2. Zyperntürkische „Parlamente": a) Übergangsparlamente – b) „Türkische Republik Nordzypern" – III. Kommunalwahlen: 1. Republik Zypern – 2. „Türkische Republik Nordzypern" – IV. Volksabstimmungen: 1. Republik Zypern – 2. „Türkische Republik Nordzypern"

I. Präsidentschaftswahlen

1. Republik Zypern[1])

Wahlen vom 13.12.1959

Wahlberechtigt: 238 879
Abgegebene gültige Stimmen: 217 956
Ungültige Stimmen: 1 702 (0,89%)
Wahlbeteiligung: 91,95%
Wahlsystem: (relative) Mehrheitswahl

Kandidaten	Stimmen	Prozent
Makarios III.	144 501	66,29
John (Ioannis) Kliridis	77 753	32,92

Wahlen vom 25.02.1968

Wahlberechtigt: 247 653
Abgegebene gültige Stimmen: 231 438
Ungültige Stimmen: 1 950 (0,84%)
Wahlbeteiligung: 94,24%
Wahlsystem: (relative) Mehrheitswahl

Kandidaten	Stimmen	Prozent
Makarios III.	220 911	95,45
Takis Evdokas	8 577	3,71

---

[1]) Die Angaben entstammen von Apotelesmata Proedrikon Eklogon (Ergebnisse der Präsidentschaftswahlen) und Apotelesmata Vouleftikon Eklogon (Ergebnisse der Parlamentswahlen), die vom Zentralen Wahldienst des Innenministeriums der Republik Zypern seit 1960 herausgegeben werden. Außerdem wurde am 19.05.1994 beim Innenministerium der Republik Zypern nachgefragt. Vgl. auch The Almanac of Cyprus. 1992. Nikosia (Dezember) 1991, S. 108–110.

Wahlen vom 18.02.1973

Wiederwahl von Makarios III. ohne Gegenkandidaten

Ernennung vom 31.08.1977

Berufung des seit dem Tod von Makarios III. (03.08.1977) amtierenden Parlamentspräsidenten Spyros Kyprianou zum Staatspräsidenten ohne Gegenkandidaten durch das Repräsentantenhaus der Republik Zypern

Wahlen vom 13.02.1983

Wahlberechtigt: 327 184
Abgegebene gültige Stimmen: 307 392
Ungültige Stimmen: 3 511 (1,13%)
Wahlbeteiligung: 95,02%
Wahlsystem: (relative) Mehrheitswahl

Kandidaten	Stimmen	Prozent
Spyros Kyprianou	173 791	56,54
Glafkos Kliridis	104 294	33,93
Vassos Lyssaridis	29 307	9,53

Wahlen vom 14.02.1988 (1. Runde)

Wahlberechtigt: 363 719
Abgegebene gültige Stimmen: 334 639
Ungültige Stimmen: 8 141 (2,38%)
Wahlbeteiligung: 94,24%
Wahlsystem: (relative) Mehrheitswahl

Kandidaten	Stimmen	Prozent
Glafkos Kliridis	111 504	33,32
Georgios Vasileiou	100 748	30,11
Spyros Kyprianou	91 335	27,29
Vassos Lyssaridis	30 865	9,22
Thrasos Georgiadis	187	0,06

Wahlen vom 21.02.1988 (2. Runde)

Wahlberechtigt: 363 740
Abgegebene gültige Stimmen: 325 062
Ungültige Stimmen: 17 928 (5,23%)
Wahlbeteiligung: 94,29%
Wahlsystem: Mehrheitswahl

Kandidaten	Stimmen	Prozent
Georgios Vasileiou	167 834	51,63
Glafkos Kliridis	157 228	48,37

Wahlergebnisse

Wahlen vom 07.02.1993 (1. Runde)

Wahlberechtigt: 393 993
Abgegebene gültige Stimmen: 355 635
Ungültige Stimmen: 8 483 (2,33%)
Wahlbeteiligung: 92,42%
Wahlsystem: (relative) Mehrheitswahl

Kandidaten	Stimmen	Prozent
Georgios Vasileiou	157 027	44,15
Glafkos Kliridis	130 663	36,74
Paschalis Paschalidis	66 300	18,64
Georgios Mavrogenis	890	0,25
Giannakis Taliotis	755	0,21

Wahlen vom 14.02.1993 (2. Runde)

Wahlberechtigt: 393 993
Abgegebene gültige Stimmen: 355 714
Ungültige Stimmen: 11 760 (3,20%)
Wahlbeteiligung: 93,27%
Wahlsystem: Mehrheitswahl

Kandidaten	Stimmen	Prozent
Glafkos Kliridis	178 945	50,31
Georgios Vasileiou	176 769	49,69

Wahlen vom 08.02.1998 (1. Runde)

Wahlberechtigt: 446 976
Abgegebene gültige Stimmen: 396 299
Ungültige Stimmen: 8 944 (2,18%)
Wahlbeteiligung: 91,72%
Wahlsystem: (relative) Mehrheitswahl

Kandidaten	Stimmen	Prozent
Georgios Iakovou	150 918	40,61
Glafkos Kliridis	158 763	40,06
Vassos Lyssaridis	41 978	10,59
Alexis Galanos	16 003	4,04
Georgios Vasileiou	11 908	3,00
Nikolas Koutsou	3 625	0,91
Nikos Rolandis	3 104	0,78

Wahlen vom 15.02.1998 (2. Runde)

Wahlberechtigt: 447 046
Abgegebene gültige Stimmen: 407 101
Ungültige Stimmen: 4 448 (1,07%)
Wahlbeteiligung: 93,37%
Wahlsystem: Mehrheitswahl

Kandidaten	Stimmen	Prozent
Glafkos Kliridis	206 879	50,82
Georgios Iakovou	200 222	49,18

2. „Türkischer Bundesstaat Zypern" (1975–1983)[2])

Wahlen vom 20.07.1976

Wahlberechtigt: 75 781
Abgegebene gültige Stimmen: 53 831
Ungültige Stimmen: 2 515 (4,46%)
Wahlbeteiligung: 74,3%
Wahlsystem: (relative) Mehrheitswahl

Kandidaten	Stimmen	Prozent
Rauf Denktaş (UBP)	41 242	76,6
Ahmet Mithat Berberoğlou (CTP)	11 739	21,8
M. S. Lusignan (Unabhängig)	427	0,8
Servet S. Dedeçay (Unabhängig)	423	0,8

Wahlen vom 28.07.1981

Wahlberechtigt: 84 721
Abgegebene gültige Stimmen: 70 961
Ungültige Stimmen: 4 120 (5,49%)
Wahlbeteiligung: 88,6%
Wahlsystem: (relative) Mehrheitswahl

Kandidaten	Stimmen	Prozent
Rauf Denktaş (UBP)	36 386	51,7
Ziya Rızkı (TKP)	21 483	30,5
Özker Özgür (CTP)	8 958	12,7
Hüsamettin Tanyar (DHP)	3 354	4,8
Servet S. Dedeçay (Unabhängig)	180	0,3

3. „Türkische Republik Nordzypern" (seit 15.11.1983)

Wahlen vom 09.07.1985

Wahlberechtigt: 95 124
Abgegebene gültige Stimmen: 78 826
Ungültige Stimmen: 4 349 (5,23%)
Wahlbeteiligung: 87,4%
Wahlsystem: (relative) Mehrheitswahl

---

[2]) Die Angaben sind entnommen von Warner, J.: Political Choice: Parliamentary and Presidential Elections, in: The Political, Social and Economic Development of Northern Cyprus. Hrsg. C. H. Dodd. Huntingdon 1993, S. 193–217, 209–213. Northern Cyprus News Agency: News from the North. 13 (24.12.1993), S. 238. Kıbrıs. 13.12.1994. Diverse Presseberichte.

Kandidaten	Stimmen	Prozent
Rauf Denktaş (Unabhängig)	55 349	70,2
Özker Özgür (CTP)	14 412	18,2
Alpay Durduran (TKP)	7 520	9,5
Arif H. Tahsin Desem (Unabhängig)	694	0,9
Servet S. Dedeçay (Unabhängig)	514	0,7
Ayhan Kaymak (Unabhängig)	337	0,4

Wahlen vom 22.04.1990

Wahlberechtigt: 103 218
Abgegebene gültige Stimmen: 92 129
Ungültige Stimmen: 2 274 (2,41%)
Wahlbeteiligung: 91,7%
Wahlsystem: (relative) Mehrheitswahl

Kandidaten	Stimmen	Prozent
Rauf Denktaş (Unabhängig)	61 404	66,7
İsmail Bozkurt (Unabhängig)	29 568	32,1
Alpay Durduran (Unabhängig)	1 157	1,2

Wahlen vom 15.04.1995 (1. Wahlgang)

Wahlberechtigt: 113 398
Abgegebene gültige Stimmen: 92 982
Ungültige Stimmen: 3 558 (3,68%)
Wahlbeteiligung: 85,13%
Wahlsystem: (relative) Mehrheitswahl

Kandidaten	Stimmen	Prozent
Rauf Denktaş (Unabhängig)	37 563	40,40
Derviş Eroğlu (UBP)	22 450	24,19
Özker Özgür (CTP)	17 627	18,98
Mustafa Akinci (TKP)	13 233	14,18
Alpay Durduran (YKP)	1 628	1,74
Ayhan Kaymak (Unabhängig)	349	0,37
Sami Güdenoğlu	132	0,14

Wahlen vom 22.04.1995 (2. Wahlgang)

Wahlberechtigt: 113 440
Abgegebene gültige Stimmen: 85 207
Ungültige Stimmen: 5 684 (6,25%)
Wahlbeteiligung: 80%
Wahlsystem: Mehrheitswahl

Kandidaten	Stimmen	Prozent
Rauf Denktaş (Unabhängig)	53 235	62,7
Derviş Eroğlu (UBP)	31 972	37,3

II. Parlamentswahlen

1. Republik Zypern

Wahlen zur Legislative vom 31.07.1960

Wahlberechtigt: 216310 (Zyperngriechen)*
Abgegebene gültige Stimmen: 147740
Wahlbeteiligung: 68,30%
Wahlsystem: (relative) Mehrheitswahl

* Ohne die Stimmen von Paphos, da dort keine Gegenkandidaten aufgestellt wurden.

Parteien	Stimmen	Prozent	Sitze
Patriotische Front	82888	56,1	30
AKEL	51719	35,0	5
Panzyprische Union der Kämpfer	5397	3,7	–
Unabhängige	7736	5,2	–
Türkische Nationale Front** und sieben Unabhängige	**	**	15**

** Kandidaten der Türkischen Nationalen Front wurden in Nikosia, Kyrenia und Larnaka ohne Gegenkandidaten gewählt. Wahlen wurden dagegen in Famagusta, Limassol und Paphos durchgeführt. Die Ergebnisse lassen sich wie folgt zusammenfassen: Wahlberechtigt: 9154 Zyperntürken. Abgegebene Stimmen: 6792. Wahlbeteiligung: 74%. Für die sieben unabhängigen Sitze bewarben sich insgesamt 13 Kandidaten.

Wahlen zur Legislative vom 05.07.1970

Wahlberechtigt: 263875
Abgegebene gültige Stimmen: 200141
Wahlbeteiligung: 75,8%
Wahlsystem: (relative) Mehrheitswahl

Parteien	Stimmen	Prozent	Sitze
AKEL	68229	34,1	9
ENIAIO	39159	19,6	15
Fortschrittliche Front	23300	11,6	7
DEK	13309	6,6	2
EDEK	12996	6,5	2

Wahlen zur Legislative vom 05.09.1976

Wahlberechtigt: 272898
Abgegebene gültige Stimmen: 229223
Ungültige Stimmen: 3541
Wahlbeteiligung: 85,29%
Wahlsystem: (relative) Mehrheitswahl

Parteien	Stimmen	Prozent	Sitze
Dimokratiki Parataxi (Demokratische Front)	163 207	71,2	21
AKEL			9
EDEK			4
DISY-DEK*	63 266	27,6	–
Unabhängige	2 751	1,2	1

* DISY-DEK im Wahlbündnis mit Dimokratiki Parataxi, AKEL und EDEK

Wahlen zur Legislative vom 24.05.1981

Wahlberechtigt: 308 729
Abgegebene gültige Stimmen: 291 021
Ungültige Stimmen: 4 581
Wahlbeteiligung: 95,75%
Wahlsystem: Modifizierte Verhältniswahl

Parteien	Stimmen	Prozent	Sitze
AKEL	95 364	32,77	12
DISY	92 886	31,92	11
DIKO	56 749	19,50	9
EDEK	23 772	8,17	3
EK	7 968	2,74	–
Nea Dimokratiki Parataxi	5 584	1,92	–
PAME	8 115	2,79	–
Unabhängige	583	0,20	–

Wahlen zur Legislative vom 08.12.1985

Wahlberechtigt: 346 459
Abgegebene gültige Stimmen: 319 467
Ungültige Stimmen: 8 353
Wahlbeteiligung: 94,62%
Wahlsystem: Modifizierte Verhältniswahl

Parteien	Stimmen	Prozent	Sitze*
DISY	107 223	33,56	19
DIKO	88 322	27,65	16
AKEL	87 628	27,43	15
EDEK	35 371	11,07	6
Unabhängige	923	0,29	–

* Mandate für Zyperngriechen von 35 auf 56 erhöht, für Zyperntürken von 15 auf 24.

Wahlen zur Legislative vom 19.05.1991

Wahlberechtigt: 381 322
Abgegebene gültige Stimmen: 342 038
Ungültige Stimmen: 12 600 (3,55%)
Wahlbeteiligung: 93,00%
Wahlsystem: Modifizierte Verhältniswahl

Parteien	Stimmen	Prozent	Sitze
DISY	122 495	35,81	20
AKEL	104 771	30,63	18
DIKO	66 867	19,55	11
EDEK	37 264	10,89	7
ADISOK	8 199	2,39	–
PAKOP (Bewegung der Flüchtlinge)	1 887	0,55	–
Unabhängige	555	0,2	–

Wahlen zur Legislative vom 26.05.1996

Wahlberechtigt: 409 996
Abgegebene gültige Stimmen: 369 521
Ungültige Stimmen: 11 530 (3,02%)
Wahlbeteiligung: 92,94%
Wahlsystem: Verstärkte Verhältniswahl

Parteien	Stimmen	Prozent	Sitze
DISY	127 380	34,47	20
AKEL	121 958	33,0	19
DIKO	60 726	16,43	10
EDEK	30 033	8,13	5
EDI	13 623	3,69	2
Neue Horizonte	6 317	1,71	–
ADISOK	5 311	1,44	–
Ökologen	3 710	1,00	–

2. Zyperntürkische „Parlamente"

a) Übergangsparlamente (1967–1983)

Am 27.12.1967 wurde das „Parlament" der „Provisorischen Zyperntürkischen Verwaltung" aus den zyperntürkischen Abgeordneten des Repräsentantenhauses und den zyperntürkischen Mitgliedern der Türkischen Kommunalkammer gebildet.

Wahlergebnisse

Wahlen vom 20.06.1976

Wahlberechtigt (Mehrstimmenwahlrecht): 75 724
Abgegebene gültige Stimmen: 760 039
Wahlbeteiligung: 74,3 %
Wahlsystem: Verhältniswahl

Parteien	Stimmen	Prozent	Sitze
UBP	408 380	53,7	30
TKP	153 393	20,2	6
CTP	97 637	12,9	2
HP	89 260	11,7	2
Unabhängige	11 369	1,5	–

Wahlen vom 28.06.1981

Wahlberechtigt (Mehrstimmenwahlrecht): 84 721
Abgegebene gültige Stimmen: 1 015 066
Wahlbeteiligung: 88,6 %
Wahlsystem: Verhältniswahl

Parteien	Stimmen	Prozent	Sitze
UBP	431 732	42,5	18
TKP	289 555	28,5	13
CTP	152 805	15,1	6
DHP	82 130	8,1	2
TBP	55 895	5,5	1
MHP	1 544	0,2	–
SAP	990	0,1	–
Unabhängige	415	0,0	–

b) „Türkische Republik Nordzypern" (seit 15.11.1983)

Wahlen vom 23.06.1985

Wahlberechtigt (Mehrstimmenwahlrecht): 93 934
Abgegebene gültige Stimmen: 1 487 537
Wahlbeteiligung: 88,43 % (83 068 Wähler)
Wahlsystem: Verhältniswahl

Parteien	Stimmen	Prozent	Sitze
UBP	546 582	36,7	24
TKP	235 720	15,8	10
CTP	317 843	21,4	12
YDP	130 307	8,8	4
DHP	110 549	7,4	–
TAP	90 460	6,1	–
SDP	56 076	3,8	–

Wahlen vom 06.05.1990

Wahlberechtigt: 103 218
Abgegebene gültige Stimmen: 1 745 910
Wahlbeteiligung: 91,5%
Wahlsystem: Verhältniswahl

Parteien	Stimmen (Wähler)	Prozent	Sitze
UBP	954 592 (50 023)	54,43	34
DMP (Wahlbündnis)	776 418 (40 801)	44,40	16 (CTP:7; TKP:7; YDP:2)
YKP	14 719 (894)	0,87	–
Unabhängige	181	0,20	–

Nachwahlen vom 13.10.1991

Wahlberechtigt (Mehrstimmenwahlrecht): 106 303
Abgegebene gültige Stimmen: 238 893 (55 661 Wähler)
Ungültige Stimmen: 15 822 (22,13%)
Wahlbeteiligung: 67,2% (71 483 Wähler)
Wahlsystem: Verhältniswahl

Parteien	Stimmen (Wähler)	Prozent	Sitze[*]
UBP	159 909 (36 872)	66,25	11
DHP	33 093 (7 647)	13,74	1
YDP	23 355 (6 163)	11,07	–
SDP	8 922 (1 852)	3,33	–
MAP	9 027 (1 911)	3,43	–
BEP	4 218 (841)	1,51	–
4 Unabhängige	(369)	0,66	–

[*] Daraus ergab sich eine neue Sitzverteilung im „Parlament", denn die UBP erhielt nun 45 (vorher 34) Sitze, die DHP und YDP je 2 sowie die SDP einen. CTP und TKP boykottierten diese Nachwahlen.

Vorzeitige Wahlen vom 12.12.1993

Wahlberechtigt (Mehrstimmenwahlrecht): 108 370 (2 009 499 Stimmen)
Abgegebene gültige Stimmen: 1 792 577
Wahlbeteiligung: 93,95%
Wahlsystem: Verhältniswahl

Parteien	Stimmen (Wähler)	Prozent	Sitze
UBP	535316 (28625)	29,85	17
DP	523487 (28334)	29,19	15
CTP	433134 (23436)	24,50	13
TKP	237950 (12214)	13,27	5
MMP	35496 (1014)	1,97	–
YKP	21590 (1117)	1,20	–
BEP	5890	0,32	–

III. Kommunalwahlen

1. Republik Zypern

Keine vollständigen Angaben erhältlich.

2. „Türkische Republik Nordzypern" (seit 15.11.1983)

Keine vollständigen Angaben erhältlich.

IV. Volksabstimmungen

1. Republik Zypern

Bisher hat keine stattgefunden.

2. „Türkische Bundesstaat Zypern/Türkische Republik Nordzypern"

Volksabstimmung vom 08.06.1975

Gegenstand: Entscheidung über die Verfassung von 1975
Stimmberechtigte: 52926
Abgegebene Stimmen: 39732
Gültige Stimmen: 37732
Wahlbeteiligung: 70%
Für die Verfassung: 37,502 (99,4%)
Gegen die Verfassung: 230 (0,6%)

Volksabstimmung vom 05.05.1985

Gegenstand: Entscheidung über die Ratifizierung der Verfassung von 1983
Stimmberechtigte: 91 810
Abgegebene Stimmen: 71 933
Gültige Stimmen: 70 459
Wahlbeteiligung: 70,18%

Für die Verfassung: 49 447 (70%)
Gegen die Verfassung: 21 012 (29,82%)

Gewerkschaften und Verbände

Heinz-Jürgen Axt, Duisburg, unter Mitarbeit von Ahmet Cavit und
Andreas Demetriou, Nikosia

I. Republik Zypern: 1. Gewerkschaften: a) *Pankypria Ergatiki Omospondia* (Panzyprische Föderation der Arbeit – PEO) – b) *Synomospondia Ergaton Kyprou* (Zyprische Arbeitervereinigung – SEK) – c) *Dimokratiki Ergatiki Omospondia Kyprou* (Demokratische Arbeitervereinigung Zyperns – DEOK) – 2. Unternehmerverband: *Osmospondia Ergodoton kai Viomichanon Kyprou* (Vereinigung Zyprischer Arbeitgeber und Industrieller – OEVK) – 3. Agrarverbände: a) *Enosis Kyprion Agroton* (Verband der Zyprischen Bauern – EKA) – b) *Panagrotiki Enosis Kyprou* (Panzyprische Bauern-Union – PEK) – II. „Türkische Republik Nordzypern": 1. Gewerkschaften: a) *Kıbrıs Türk İşçi Sendikaları Federasyonu* (Zyperntürkische Gewerkschaftsföderation – TÜRK-SEN) – b) *Devrimci İşçi Sendikalari Federasyonu* (Revolutionäre Gewerkschaftsföderation – DEV-İŞ) – c) *Sendikalari Federasyonu* (Gewerkschaftsföderation) – d) Unabhängige Gewerkschaften – 2. Unternehmerverbände: a) *Kıbrıs Turk İşverenler Sendikasi* (Zyperntürkische Arbeitgeber-Organisation-KTİS) – b) *KK Genç İşadamları Derneği* (Verband der Jungunternehmer – GİAD) – c) *İş Adamlari Derneğ* (Verband der Unternehmer- İŞAD) – 3. Agrarverband: *Kıbrıs Türk Çifçiler Birliği* (Zyperntürkische Bauern-Union – KTÇB)

I. Republik Zypern

1. Gewerkschaften

a) *Pankypria Ergatiki Omospondia* (Panzyprische Föderation der Arbeit – PEO)

Gründung: 1941
Programmatische Haltung:
– weniger dogmatische kommunistische Ideologie
– faktische Akzeptanz der Marktwirtschaft
– kooperativ gegenüber anderen Verbänden
– frühere Ablehnung der Europäischen Union heute rückläufig – Hinnahme der proeuropäischen Orientierung in der Republik

Position im Volksgruppenkonflikt:
– bis 1958 enge Kontakte zur zyperntürkischen Volksgruppe, danach wurden zypentürkische Mitglieder von der TMT zum Austritt gezwungen, und die zyperngriechischen Gewerkschafter wurden zu linientreuen Anhängern von Makarios

Politische Orientierung/nahestehende Partei:
– enge Beziehung zur AKEL
– führende Gewerkschafter in Parteifunktionen und im Parlament

Mitgliederzahl: 9 000 (1950), 67 000 (1992)

Finanzen/Mitgliedsbeiträge:
– 1% des Einkommens als Pflichtbeitrag
– eher niedrige Einkommensgruppen vertreten
– 1 022 178 CP gesamte Beitragssumme (1990)

Organisation/Organe:
Kongreß (Wahl alle 7 Jahre), Generalrat (95 Mitglieder), Exekutivrat (20 Mitglieder), Exekutivbüro (6 Mitglieder), Generalsekretär

Funktionärskörper: 206 hauptamtlich Beschäftigte (1993)

Im Verband zusammengeschlossene Einzelgewerkschaften (Mitgliederzahl 1990):
- *Cyprus Hotels and Catering Establishment Employees Trade Union* (6233)
- *Pancyprian Government and Military Workers Trade Union* (5445)
- *Pancyprian Transport, Port Seamen and General Workers Trade Union* (3133)
- *Cyprus Commercial and Industrial Workers Trade Union* (7365)
- *Cyprus Metal Workers, Mechanics and Electricians Trade* (44382)
- *Cyprus Agricultural, Forestry and General Workers Trade Union* (8010)
- *Cyprus Clothing and Footwear Workers Trade Union* (9858)
- *Cyprus Building, Wood, Miners and General Workers Trade Union* (20695)
- *Cyprus Press and Printing Workers Trade Union* (678)
- *The Semigovernment, Municipial and Local Authority Workers and Employees' Trade Union Cyprus* (2222)

Aktuelle Ziele der (Tarif-) Politik:
- Gerechtere Einkommensverteilung
- Verkürzung der Arbeitszeit
- Verlängerung des Urlaubs

Gewerkschaftliche Dienstleistungen:
Eigene Klinik, Kindergärten

Presse: *Ergatiko Vima* (Tribüne der Arbeiterklasse)

Internationale Verbindungen:
- Gründungsmitglied des Weltgewerkschaftsbundes (WGB)
- Antrag auf Aufnahme in den Europäischen Gewerkschaftsbund (EGB) noch nicht entschieden

b) *Synomospondia Ergaton Kyprou* (Zyprische Arbeitervereinigung – SEK)

Gründung: 1944, 1950 Registrierung als Konföderation

Programmatische Haltung:
- historisch im „national-griechisch-orthodoxen Lager"
- Bejahung der Marktwirtschaft und der Privatinitiative
- positiv zur EU und zur Vollendung der Zollunion
- aktive Behandlung europäischer Probleme in internen Schulungen

Position im Volksgruppenkonflikt:
- griechisch-nationalistisch
- früher aktiver Verfechter der *Enosis*
- assoziiertes Mitglied der griechischen (!) Gewerkschaftskonföderation GSEE (*Geniki Synomospondia Ergatoypallilon Elladas*)

Politische Orientierung/nahestehende Partei:
enge Beziehungen zu DISY und DIKO

Mitgliederzahl:
2641 (1948), 64231 (davon: 51604 Beitragszahler 1991)

Finanzen/Mitgliedsbeiträge:
- 1% des Einkommens als Beitrag
- Organisierung der mittleren Einkommensgruppen
- 1462505 CyP Beitragsaufkommen (1992)

Organisation/Organe:
Kongreß (Wahl alle 4 Jahre), Generalrat (51 Mitglieder), Exekutivkomitee (14 Mitglieder), Sekretariat (5 Mitglieder), Generalsekretär

Funktionärskörper: 135 hauptamtliche Funktionäre

Zusammengeschlossene Einzelgewerkschaften (Mitgliederzahl 1991):
- *Federation of Industrial and Hotel Employees* (19 741)
- *Federation of Construction Workers, Miners and Allied Trades* (10 107)
- *Federation of Commercial Employees* (2 907)
- *Federation of Transport, Petroleum and Agricultural Workers* (5 718)
- *Federation of Government, Military and Public Services Workers* (7 319)
- *Federation of Semi Government Employees* (5 365)
- *Union of Cyprus Employees and Union of Cyprus Broadcasting Corporation Technical Staff*

Aktuelle Ziele der (Tarif-)Politik:
gemeinsame Forderungen mit PEO

Gewerkschaftliche Dienstleistungen: Klinik, eigene Schule

Presse: *Ergatiki Foni* (Arbeiterstimme)

Internationale Verbindungen:
- Gründungsmitglied des IBFG (1949)
- Mitglied des EGB (1981) und des CTUC (*Commonwealth Trade Union Congress*)
- Unterstützung durch AFL/CIO (*American Federation of Labor/Congress of Industrial Organisations*) sowie des AAFLI (*Asian-American Free Labor Institute*)

c) *Dimokratiki Ergatiki Omospondia Kyprou* (Demokratische Arbeitervereinigung Zyperns – DEOK)

Gründung: 1962, Abspaltung der SEK

Programmatische Haltung: sozialistisch/sozialdemokratisch

Position im Volksgruppenkonflikt:
- griechisch-nationalistisch
- für eine Internationalisierung des Zypernproblems
- für die Verstärkung der Verteidigungsanstrengungen

Politische Orientierung/nahestehende Partei:
enge Beziehungen zu EDEK

Mitgliederzahl:
1 666 (1965), 272 (1980), 5 752 (davon 5 588 beitragszahlende Mitglieder im Jahr 1990)

Finanzen/Mitgliedsbeiträge: 17,32 CyP Durchschnittsbeitrag

Organisation/Organe:
Kongreß, Zentralrat (90 Mitglieder), Generalsekretariat

Zusammengeschlossene Einzelgewerkschaften:
- *Democratic Union of Builders and Carpenters*
- *Democratic Union of Governemental and General Workers*
- *Democratic Union of Workers in the Clothing/Shoemaking Sector*
- *Democratic Union of Workers in Commercial/Industrial Sectors*

Aktuelle Ziele der (Tarif-)Politik:
- für einen Abbau der Schattenwirtschaft
- für die Einführung einer sozialen Solidaritätssteuer

Gewerkschaftliche Dienstleistungen:
medizinische bzw. pharmazeutische Versorgung, Bildungseinrichtungen

2. Unternehmerverband
Osmospondia Ergodoton kai Viomichanon Kyprou
(Vereinigung Zyprischer Arbeitgeber und Industrieller – OEVK)

Gründung: 1960

Programmatische Haltung:
- Betonung von Marktwirtschaft und freiem Unternehmertum bei Akzeptanz staatlicher Aktivität in der Wirtschaft
- grundsätzlich positive Einstellung zur EU, Bedenken lediglich bezüglich nicht wettbewerbsfähiger Betriebe

Mitgliederzahl:
2000 Firmen (1994), die ca. 60% aller Arbeitnehmer im Privatsektor beschäftigen

Finanzen/Mitgliedsbeiträge:
gestaffelter Jahresbeitrag je nach Lohnsumme von 100 CyP bis 1080 CyP

Organisation/Organe:
Generalversammlung, Rat (75 Mitglieder mit festgelegtem Rotationsprinzip), Exekutiv-Komitee (12 Mitglieder), Generaldirektor

Funktionärskörper: 26 hauptamtliche Funktionäre

Zusammengeschlossene Verbände:
27 Verbände (Industrie, Bau, Dienstleistungen, Handel)

Dienstleistungen:
- Rechtsberatung
- Hilfe bei Tarifverhandlungen
- Statistik, Information, Ausbildung, Beratung zu EU (dazu spezielle Schulungen über EU-Standards, Rechtsangleichungen)

Internationale Verbindungen:
- IOE (*International Organization of Employers*)
- UNICE (*Union des Industries de la Communauté Européenne*)
- ILO (*International Labor Organization*)

3. Agrarverbände

a) *Enosis Kyprion Agroton* (Verband der Zyprischen Bauern – EKA)

Gründung: 1946

Programmatische Haltung:
- „links"/kommunistisch
- für die Einheitsfront aller Bauernorganisationen

Position im Volksgruppenkonflikt: Unterstützung von Makarios

Politische Orientierung/nahestehende Partei: AKEL

Mitgliederzahl:
15000 (1994, Zahl schwankt erheblich und ist von Produktionsergebnissen abhängig)

b) *Panagrotiki Enosis Kyprou* (Panzyprische Bauern-Union – PEK)

Programmatische Haltung:
- „rechts" orientiert
- keine Kooperation mit EKA bis 1960

Politische Orientierung/nahestehende Partei: DIKO

Mitgliederzahl:
15 000 (1994, Zahl fluktuiert aus den oben genannten Gründen)

II. „Türkische Republik Nordzypern"

1. Gewerkschaften

a) *Kıbrıs Türk İşçi Sendikaları Federasyonu* (Zyperntürkische Gewerkschaftsföderation – TÜRK-SEN)

Gründung: 1954

Programmatische Haltung:
- nach eigenem Verständnis unpolitisch
- aber pro-englisch in der Vergangenheit
- heute trotz genereller Unterstützung der Politik von „Präsident" Denktaş, Tendenz zur Kritik, weil ihr Vorsitzender Anhänger der TKP ist

Position im Volksgruppenkonflikt:
- pro-türkisch
- Mitglied der „Konföderation der Türkischen (!) Arbeitsgewerkschaften" (*Türkiye İşçi Sendikaları Konfederasyonu* – TÜRK-İŞ) mit Sitz in Ankara

Politische Orientierung/nahestehende Partei: TKP und CTP

Mitgliederzahl: 4 829 (1969), 11 601 (1981), 7 134 (1992)[1]

Organisation/Organe:
- Dachverband von 13 Einzelgewerkschaften
- *Shop-Steward*-System

Funktionärskörper:
- lediglich drei hauptamtliche Funktionäre
- Einfamilienhaus als Bürogebäude des Dachverbands

Zusammengeschlossene Einzelgewerkschaften (Mitgliederzahl nach dem Stand von 1992):
- *Cyprus Turkish Bank, Commerce, and Office Employees Trade Union* (680)
- *Cyprus Turkish Telecommunications Employees Union* (441)
- *Cyprus Turkish Electricity Employees Trade Union* (492)
- *Cyprus Turkish Military Employees Trade Union* (307)
- *Cyprus Turkish Building and Woodworkers Trade Union* (74)
- *Northern Cyprus Turkish State Employees Trade Union* (2 604); am 02.11.1993 verließen 2 500 Mitglieder diese Organisation und traten der unabhängigen HAK-İŞ bei
- *Cyprus Turkish Food, Tobacco, and Beverage Workers Trade Union* (144)
- *Cyprus Turkish Industry and Metal Workers Trade Union* (523)
- *Cyprus Turkish Press Workers Trade Union* (33)
- *Cyprus Turkish Municipal Employees Trade Union* (80)

---

[1]) Seit 1974 erfolgen keine Angaben mehr an den „Registrar of Trade Unions", die Zahlen sind daher noch unzuverlässiger als bei den zyperngriechischen Gewerkschaften.

- *Cyprus Turkish Port and Transport Workers Trade Union* (307)
- *Cyprus Turkish Agricultural and Husbandry Workers Trade Union* (991)
- *Cyprus Turkish Tourism Workers Trade Union* (462)

Aktuelle Ziele der (Tarif-)Politik:
- für eine Heraufsetzung der Mindestlöhne
- für Einführung eines allgemeinen Inflationsausgleichs (so wie er im öffentlichen Dienst verwirklicht ist)
- für eine Verkürzung der Wochenarbeitszeit von 42 auf bis zu 38 Stunden

Internationale Verbindungen:
- Mitgliedschaft in IBFG und EGB (seit 1977)
- enge Beziehungen zu AFL-CIO und AAFLI

b) *Devrimci İşçi Sendikalari Federasyonu* (Revolutionäre Gewerkschaftsföderation – DEV-İŞ)

Gründung: 1976

Programmatische Haltung:
kommunistisch orientiert, daher heute ohne Führungsideal

Position im Volksgruppenkonflikt:
anders als bei TÜRK-SEN keine feste Bindung an türkische Gewerkschaften

Politische Orientierung/nahestehende Partei:
enge Kontakte zu CTP und deren Führer Özgür

Mitgliederzahl:
3 962 (1981), 4 586 (1987), 448 (1990), 570 (1992)

Organisation/Organe:
- in den Betrieben nach dem System der *Shop-Stewards*
- Zusammenarbeit mit TÜRK-SEN

Zusammengeschlossene Einzelgewerkschaften (Mitgliederzahl 1992):
- *Revolutionary General Labour Union* (330)
- *United Public, Cooperative, Agricultural and Other Services* und *Craft Workers Trade Union*/ EMEK-İŞ (240)

Internationale Verbindungen:
Mitgliedschaft im Welt-Gewerkschaftsbund

c) *Sendikalari Federasyonu* (Gewerkschaftsföderation)

Gründung: 06. September 1993

Programmatische Haltung:
Gegen die sozialdemokratisch orientierte TÜRK-SEN gerichtete Neugründung, die deutlich hinter der UBP steht

Zusammengeschlossene Einzelgewerkschaften (Mitgliederzahl 1993):
- *Public Workers Trade Union*/KAMU-İŞ (3 615)
- *Cyprus Turkish Elementary School Teachers Trade Union*/ILK-SEN (183)

d) Unabhängige Gewerkschaften (Mitgliederzahl 1992: 6 730)

- *Cyprus Turkish Secondary School Teachers Trade Union*/KTOEÖS (1 255)
- *Municipality Workers Trade Union*/BES (289)
- *Famagusta Turkish General Workers Trade Union* (310)

Gewerkschaften und Verbände

- *Turkish Nurses and Hospital Attendants Trade Union* (171)
- *Cyprus Turkish Teachers Trade Union*/KTÖS (986)
- *Cyprus Turkish Civil Servants Trade Union*/KTAMS (2188)
- *Educationists Trade Union/School Inspectors* (75)
- *Cyprus Turkish Doctors Trade Union*/TIP-İŞ (111)
- *Cooperatives Employees Trade Union*/KOOP-SEN (434)
- *Cyprus Turkish Petroleum Workers Trade Union*/PETROL-İŞ (40)
- *Trade Union of the Workers at the Department of Water, Geology and Mines*/SU-SEN (127)
- *Trade Union of the Workers at the Bairak Radio and TV- Institution*/BAY-SEN (142)
- *Cyprus Turkish Cooperative Employees Trade Union*/KOOP-İŞ (57)
- *Cyprus Turkish Veterinary Doctors Trade Union* (40)
- *Trade Union of the Employees at the Eastern Mediterranean University*/DAÜ-SEN (28)
- *Cyprus Turkish Veterinary Employees Trade Union* (39)
- *Cyprus Turkish Civil Employees Trade Union*/KAMU-SEN (2292)

Neugegründete Gewerkschaften bzw. Splittergruppen (April 1994):
- HAK-İŞ
- ÇAĞ-SEN (Abspaltung der KTAMS)
- PEY-SEN (Arbeiter der PEYAK)
- GÜÇ-SEN (Zoll-Arbeiter TU)

2. Unternehmerverbände

a) *Kıbrıs Turk İşverenler Sendikasi* (Zyperntürkische Arbeitgeber-Organisation-KTİŞ)

Gründung: 1989

Programmatische Haltung:
fordert mit Nachdruck die Privatisierung der Staatsbetriebe

Position im Volksgruppenkonflikt:
enge Kooperation mit türkischem Partnerverband

Politische Orientierung/nahestehende Partei: UBP

b) *KK Genç İşadamları Derneği* (Verband der Jungunternehmer – GİAD)

Gründung: 1989

Position im Volksgruppenkonflikt:
Kontakte zu zyperngriechischen Verbänden, jedoch Denktaş nahestehend

Mitgliederzahl: 220 (Höchstalter: 39 Jahre)

Organisierte Branchen: Textil, Bau, Leichtindustrie, Handel

c) *İş Adamlari Derneğ* (Verband der Unternehmer-IŞAD)

Gründung: 1990

Position im Volksgruppenkonflikt:
Kontakte zu zyperngriechischen Verbänden, steht der CTP und der DP nahe

Mitgliederzahl: 50

Organisierte Branchen: Textil, Bau, Leichtindustrie, Handel

3. Agrarverband
Kıbrıs Türk Çifçiler Birliği (Zyperntürkische Bauern-Union – KTÇB*)*

Gründung: 1943

Programmatische Haltung/nahestehende Partei:
– dem „Präsidenten" und der UBP nahestehend
– aber zunehmende Klage über zu starken Regierungseinfluß
– Ablehnung der EU

Mitgliederzahl: sehr stark schwankend

Organisation/Organe:
Kongreß (Wahl alle drei Jahre), *General Legislative Committee* (22 Mitglieder), Exekutivbüro, Präsident

Funktionärskörper: zwei hauptamtliche Mitarbeiter

Verträge

Christian Rumpf, Heidelberg

I. Vorbemerkungen – II. Republik Zypern: 1. Rechtslage Zyperns, Staatsgebiet und Staatsangehörigkeit, Allgemeines: a) Multilateral – b) Bilateral – 2. Menschenrechte – 3. Wirtschaft, Handel, Entwicklung: a) Multilateral – b) Bilateral – 4. Arbeit, Soziales: a) Multilateral – b) Bilateral – 5. Verkehr, Kommunikation: a) Multilateral – b) Bilateral – 6. Seerecht, Weltraumrecht – 7. Verteidigung, Krieg: a) Multilateral – b) Bilateral – 8. Internationaler Rechtsverkehr, Steuerrecht: a) Multilateral – b) Bilateral – 9. Kultur, Wissenschaft, Tourismus: a) Multilateral – b) Bilateral – 10. Umwelt, Tierschutz, Atomschutz – 11. Konsularische Angelegenheiten, Visa: a) Multilateral – b) Bilateral – 12. Internationale Kriminalität: a) Multilateral – b) Bilateral – 13. Sonstiges: a) Multilateral – b) Bilateral – III. „TRNZ" – IV. Abkürzungen

I. Vorbemerkungen[1])

Nachfolgende Auflistung enthält eine umfassende Auswahl völkerrechtlicher Verträge Zyperns auch aus der Zeit vor der Republik, soweit sie für Zypern noch Geltung haben[2]). Verträge mit der DDR sind hierin nicht enthalten, da diese am 3.10.1990 unwirksam geworden (erloschen) sind (BGBl 1992 II, S. 419 ff.).
Abkommen mit Internationalen Organisationen finden sich jeweils unter „Multilateral".

II. Republik Zypern

1. Rechtslage Zyperns, Staatsgebiet und Staatsangehörigkeit, Allgemeines

a) Multilateral

Abkommen über bestimmte Fragen bei Konflikten von Staatsangehörigkeitsrechten v. 12.4.1930, LNTS 179, S. 89–113; Protokoll zur Militärpflicht in bestimmten Fällen doppelter Staatsangehörigkeit v. 12.4.1930, LNTS 178, S. 227–238.
Protokoll über einen bestimmten Fall von Staatenlosigkeit v. 12.4.1930, LNTS 179, S. 115–126.
Charta der Vereinten Nationen v. 26.6.1945, Hudson 9, S. 327, BGBl 1973 II, S. 431–503.
Statut des Internationalen Gerichtshofs v. 26.6.1945, BGBl 1973 II, S. 505–531; Hudson 9, S. 510.
Konvention über die Privilegien und Immunitäten der Vereinten Nationen v. 13.2.1946, UNTS 1, S. 15–33; BGBl 1980 II, S. 943–952.
Konvention über die Privilegien und Immunitäten der Sonderorganisationen v. 21.11.1947, UNTS 33, S. 261–342; BGBl 1954 II, S. 640–659.

---

[1]) Der Autor dankt Frau Bangert, Max-Planck-Institut für ausländisches öffentliches Recht und Völkerrecht in Heidelberg, für ihre tatkräftige Unterstützung.
[2]) Zur völkerrechtlichen Frage der Nachfolge der Republik Zypern in die während der Zeit vor 1960 abgeschlossenen Verträge vgl. in toto Papadopoulos, A.N.: La Pratique Chypriote en Matière de Succession d'Etats aux Traités. Nikosia 1976.

Satzung des Europarats v. 5.5.1949, UNTS 87, S.103–129; BGBl 1950 II, S.263–273; BGBl 1954 II, S.1128.
Allgemeines Abkommen über die Privilegien und Immunitäten des Europarats v. 2.2.1949, ETS 2; UNTS 250, S.12–31; BGBl 1954 II, S.493–500; Protokoll Nr.1 v. 6.11.1952, ETS 10; UNTS 250, 32–39; BGBl 1954 II, S.501- 503; Protokoll Nr.2 v. 15.12.1956, ETS 22; UNTS 261, S.410–417; BGBl 1959 II, S.1454–1458; Protokoll Nr.3 v. 6.3.1959, ETS 28; UNTS 544, S.294–327; BGBl 1963 II, S.238–259; Protokoll Nr.4 v. 16.12.1961, ETS 36; UNTS 544, S.328–338; BGBl 1963 II, S.1216–1221.
Wiener Konvention über die diplomatischen Beziehungen v. 18.4.1961, UNTS 500, S.95–221; BGBl 1964 II, S.958- 1005.
Wiener Vertragsrechtskonvention v. 23.5.1969, UNTS 1155, S.331–512; BGBl 1985 II, S.927–960.
Europäische Konvention über die Staatenimmunität v. 16.5.1972 (mit Zusatzprotokoll), BGBl 1990 II, S.35–57; ILM 11 (1972), S.470–489; ETS 74.
Konvention über die Verhinderung und Bestrafung von Straftaten gegen international geschützte Personen einschließlich der Beamten im diplomatischen Dienst v. 14.12.1973, UNTS 1035, S.167–247; BGBl 1976 II, S.1746–1752.
Wiener Konvention über die Repräsentation von Staaten bei universalen Internationalen Organisationen v. 14.3.1975, UN General Assembly A/Conf. 67/16 (14.3.75); DDR GBl 1977 II, S.302–326; UN Juridical Yearbook 1975, 87.
Wiener Konvention zum Recht der Verträge zwischen Staaten und Internationalen Organisationen und zwischen Internationalen Organisationen v. 21.3.1986, ILM 25 (1986), S.543–592; BGBl 1990 II, S.1415–1457.
Konvention zu Streitbeilegung und Schiedsgerichtsbarkeit im Rahmen der KSZE v. 15.12.1992, ILM 32 (1993), S.557–571; BGBl 1994 II, S.1327–1349.
Vertrag über die Grundstruktur der Republik Zypern zwischen Großbritannien, Griechenland und Türkei (ohne Mitwirkung Zyperns) v. 19.2.1959, BFSP 164, S.219–226.
Allianzvertrag mit Griechenland und der Türkei v. 16.8.1960 (außer Kraft), UNTS 397, S.287–295; Blaustein, A.P./Flanz, G.H.: Constitutions of the Countries of the World. Cyprus (Stanley Kyriakides), New York 1972, Annex II.
Vertrag über die Gründung der Republik Zypern mit Griechenland, Türkei und Großbritannien v. 16.8.1960, UNTS vol.382, S.8–145; Cmnd 1252 TS No.4 (1961); zahlreiche Anhänge in UNTS 382 zu Handel und Finanzen, Staatsbürgerschaft, Militärbasen, Energie, militärische Kooperation, Meistbegünstigung mit Großbritannien, Griechenland und Türkei.
Garantievertrag mit Großbritannien, Griechenland und Türkei, UNTS vol.382, No.5475, S.3–7; Cmnd 1253 TS No.5 (1961).
Erklärung über die Anerkennung der Pflichten aus der UN-Charta v. 29.5.1961, UNTS 397, S.283–285.

b) Bilateral

Abkommen über die Staatsbürgerschaft mit Großbritannien (Anhang D zum Vertrag über die Gründung der Republik Zypern) v. 16.8.1960, UNTS vol.382, S.116–129; Cmnd 1252 TS No.4 (1961).
Notenwechsel über die Einrichtung einer Grenzkommission mit Großbritannien v. 16.8.1960, UNTS vol.382, No.5476, S.183–187; Cmnd 1252 TS No.4 (1961).

2. Menschenrechte

Genfer Abkommen über das Verbot der Sklaverei v. 25.9.1926, LNTS 60, S.253–270; RGBl 1929 II, S.63–77; New Yorker Protokoll v. 7.12.1953, UNTS 182, S.51–72; BGBl 1972 II, S.1070–1073.
Genfer Zusatzabkommen über die Abschaffung der Sklaverei, des Sklavenhandels und von der Sklaverei ähnlichen Institutionen und Praktiken v. 7.9.1956, UNTS 266, S.40–87; Final Act UNTS 266, S.3–39; BGBl 1958 II, S.204–223.

Internationale Übereinkunft zur Bekämpfung des Handels mit weißen Sklaven v. 18.5.1904, LNTS 1, S.83–94.

Internationales Abkommen zur Bekämpfung des Handels mit weißen Sklaven v. 4.5.1910, RGBl 1913 II, S.31–43; BFSP 103, S.244–251.

Internationales Abkommen zur Bekämpfung des Handels mit Frauen und Kindern v. 30.9.1921, LNTS 9, S.415-433; RGBl 1924 II, S.180–201.

Europäische Konvention zum Schutze der Menschenrechte und Grundfreiheiten v. 4.11.1950, UNTS 213, S.221–261; BGBl 1952 II, S.685–700; ETS 5; 1. Zusatzprotokoll v. 20.3.1952, UNTS 213, S.262–271; ETS 9; BGBl 1956 II, S.1880–1883; 2. Protokoll v. 6.5.1963, ETS 44; BGBl 1968 II, S.1112–1115; 3. Protokoll v. 6.5.1963, BGBl 1968 II, S.1116–1119; ETS 45; 4. Protokoll v. 16.9.1963, BGBl 1968 II, S.423–427; ETS 46; 5. Protokoll v. 20.1.1966, BGBl 1968 II, S.1120–1124; ETS 55; 8. Protokoll v. 19.3.1985, BGBl 1989 II, S.547–551; ILM 25 (1986), S.387–390; ETS 118; 9. Protokoll v. 6.11.1990, BGBl 1994 II, S.491–493; ILM 30 (1991), S.693–695; ETS 140; 10. Protokoll v. 25.3.1992, BGBl 1994 II S.494–495; ETS 146; 11. Protokoll v. 11.5.1994, BGBl 1995 II, S.579–593; ILM 33 (1994), S.960–967; ETS 155.

Konvention gegen den Menschenhandel und die Ausbeutung der Prostitution anderer v. 21.3.1950, UNTS 96, S.271–319.

Genfer Flüchtlingskonvention v. 28.7.1951, UNTS 189, S.150–221; BGBl 1053 II, S.559–589; Protokoll v. 31.1.1967, UNTS 606, S.267–292; BGBl 1969 II, S.1294–1298.

Konvention über die politischen Rechte der Frau v. 31.3.1953, UNTS 193, S.135–173; BGBl 1969 II, S.1930–1935.

Internationaler Pakt über die bürgerlichen und politischen Rechte v. 16.12.1966, UNTS 999, S.172–301; BGBl 1973 II, S.1534–1555; Fakultativprotokoll v. 16.12.1966, UNTS 999, S.302–946.

Internationaler Pakt über die wirtschaftlichen, sozialen und kulturellen Rechte v. 16.12.1966, UNTS 993, S.3–106; BGBl 1973 II, S.1570–1582.

Internationaler Pakt über alle Formen der Rassendiskriminierung v. 7.3.1966, UNTS 660, S.195–318; BGBl 1969 II, S.962–980.

Europäisches Übereinkommen zur Beteiligung von Privatpersonen in Verfahren vor der Europäischen Kommission und dem Europäischen Gerichtshof für Menschenrechte v. 6.5.1969, UNTS 788, S.242–258; BGBl 1977 II, S.1446–1451; ETS 67.

Konvention über die Rechte des Kindes v. 20.11.1989, ILM 28 (1989), S.1457–1476 (korr. ILM 29 (1990), S.1340); BGBl 1992 II, S.122–144.

Konvention über die Abschaffung aller Formen der Frauendiskriminierung v. 18.12.1979, UNTS 1249, S.13–142; BGBl 1985 II, S.648–662.

Europäische Konvention zur Abschaffung der Folter und unmenschlicher oder herabsetzender Behandlung und Bestrafung v. 26.11.1987, ILM 27 (1988), S.1154–1159; BGBl 1989 II, S.947–955; ETS 126.

UN-Konvention gegen Folter und andere grausame unmenschliche oder herabsetzende Behandlung oder Bestrafung v. 10.12.1984, BGBl 1990 II, S.247–261.

3. Wirtschaft, Handel, Entwicklung

a) Multilateral

Haager Abkommen über die internationale Hinterlegung gewerblicher Muster oder Modelle v. 6.11.1925, LNTS 74, S.341–351; RGBl 1928 II, S.203–207.

Satzung der Organisation für Ernährung und Landwirtschaft (FAO) v. 16.10.1945, BGBl 1971 II, S.1036–1052.

Übereinkommen über den Internationalen Währungsfonds (IMF) v. 27.12.1945, UNTS 2, S.39–133; BGBl 1952 II, S.226–311.

Allgemeines Übereinkommen über Tarife und Handel (GATT) v. 30.10.1947, UNTS 55, S.194–307; BGBl 1951 II (Anlage Bd.I) S.4–57.

Übereinkommen zur Internationalen Vereinigung für Entwicklung v. 26.1.1960, UNTS 439, S. 249–311; BGBl 1960 II, S. 2138–2157.
Abkommen über die zollfreie Einfuhr von medizinischer, pflegerischer und Laborausrüstung zur leihweisen Verwendung in Krankenhäusern und anderen medizinischen Einrichtungen für Diagnose oder Behandlungszwecke v. 28.4.1960, UNTS 376, S. 111–121; BGBl 1966 II, S. 599–603; ETS 33; Zusatzprotokoll v. 29.9.1982, BGBl 1989 II, S. 1022–1023; ETS 109.
Zollabkommen über die vorübergehende Einfuhr von privaten Straßenfahrzeugen v. 4.6.1954, UNTS 282, S. 249–349; BGBl 1956 II, S. 1948–2043.
Zollabkommen über die vorübergehende Einfuhr von gewerblichen Straßenfahrzeugen v. 18.5.1956, UNTS 327, S. 123–183; BGBl 1961 II, S. 922–984.
Zollabkommen zur Erleichterung der Einfuhr von Waren zur Verwendung auf Ausstellungen, Messen, Versammlungen oder besonderen Ereignissen v. 8.6.1961, UNTS 433, S. 187–217; BGBl 1967 II, S. 746–761.
Zollabkommen über die vorübergehende Einfuhr von Waren von Berufsausrüstung v. 8.6.1961, UNTS 473, S. 153–185; BGBl 1969 II, S. 1076–1092.
Internationale Konvention zur Vereinfachung und Angleichung der Zollverfahren v. 18.5.1973, UNTS 950, S. 269–341; Cmnd 5938 TS No.36 (1975).
Konvention über die Errichtung des Internationalen Fonds für Landwirtschaftliche Entwicklung v. 13.6.1976, UNTS 1059, S. 191–323; BGBl 1978 II, S. 1408–1444.
Statut der UNIDO (UN-Organisation für Entwicklung) v. 8.4.1979, UNTS 1401, S. 3–166; BGBl 1985 II, S. 1217–1231.
Konvention zur Errichtung der Multilateralen Behörde zur Investitionssicherung v. 11.10.1985, ILM 24 (1985), S. 1605–1638; BGBl 1987 II, S. 455–484.
Konvention gegen das Insider-Trading v. 20.4.1989, ILM 29 (1990), S. 310–315; ETS 130.
Abkommen über die Errichtung der Weltbank (IBRD) v. 27.12.1945, UNTS 2, S. 134–205; BGBl 1952 II, S. 664–683.
Vereinbarung zur Errichtung der Europäischen Bank für Wiederaufbau und Entwicklung v. 29.5.1990, ILM 29 (1990), S. 1083–1107; BGBl 1991 II, S. 184–255.
Abkommen über die Errichtung der Welthandelsorganisation v. 15.4.1994, ILM 33 (1994) in toto; BGBl 1994 II, S. 1442–1765 (nicht mit allen Anhängen); TB 1994 Nr.235.
Assoziierungsabkommen mit der EWG v. 19.12.1972, nebst Protokoll über den Beitritt weiterer Mitglieder zur EWG, Cmnd 5694 (1974).
Zusatzprotokoll zum Assoziierungsabkommen mit der EWG v. 15.9.1977, Cmnd 7228 (1978), S. 3–86.
Finanzprotokoll mit der EWG v. 15.9.1977, Cmnd 7490 TS No.31 (1979).
Ergänzungsprotokoll zum Assoziierungsabkommen mit der EWG v. 11.5.1978, Cmnd 7315 (1978); ABl EG L 172/1978, S. 2–16.
Protokoll über die Festlegung der Bedingungen und Verfahren für die Umsetzung der zweiten Phase und Anpassung einiger Vorschriften des Assoziierungsabkommens mit der EWG v. 19.10.1987, ABl EG L 393 v. 31.12.1987; Cm 592 EC No.111 (1989).
Protokoll über finanzielle und technische Zusammenarbeit mit der EWG v. 30.11.1989, Cm 1198 EC No.62 (1990).

b) Bilateral

Handelsabkommen mit der Bundesrepublik Deutschland v. 30.10.1961, BAnz Nr.3/62 (bis 30.4.1996; Abl EG 1995 Nr.L 89/30).
Abkommen mit der Bundesrepublik Deutschland über wirtschaftliche Zusammenarbeit v. 30.10.1961, BAnz Nr.3/62.
Handelsabkommen mit Australien v. 9.12.1983, Australian Treaty Series 1983 No.24.
Handels- und Zahlungsabkommen mit der VR China v. 19.8.1973, 73 CMPS 40 (Nachweis s. Agreements of the Peoples Republic of China. A Calendar of Events 1966–1980).
Handelsabkommen mit Griechenland v. 23.8.1962, UNTS vol.609, S. 15–25; Cmnd 1252 TS No.4 (1961).
Handelsabkommen mit der UdSSR v. 24.11.1976, UNTS 1157, S. 153–162.

4. Arbeit, Soziales

a) Multilateral

Satzung der Internationalen Arbeitsorganisation (ILO)³) v. 5.11.1945 UNTS 2, S.17–25, UNTS 38, S.3–13, UNTS 15, S.35–122 (Fassung v. 9.10.1946).
Europäisches Interimsabkommen über soziale Sicherheitsschemata bei Alter, Invalidität und Überlebenden v. 11.12.1953, UNTS 218, S.211–245; BGBl 1956 II, S.531–546; ETS 12.
Europäisches Interimsabkommen über soziale Sicherheitsschemata außer bei Alter, Invalidität und Überlebenden v. 11.12.1953, UNTS 218, S.153–201; BGBl 1956 II, S.508–527; ETS 13.
Europäische Sozialcharta v. 18.10.1961, UNTS 529, S.89–139; BGBl 1964 II, S.1261–1268; ETS 35.
Europäischer Kodex über die soziale Sicherheit v. 16.4.1964, UNTS 648, S.235–339; BGBl 1970 II, S.910–969; ETS 48.

b) Bilateral

Sozialversicherungsabkommen mit Großbritannien v. 18.12.1982, Cmnd 9142 (1984) TS No.7.
Abkommen über Soziale Sicherheit mit Österreich v. 5.11.1991, ÖBGBl 1992 Nr.670, S.3393–3427; Durchführungsabkommen v. 25.9.1992, ÖBGBl 1992 Nr.671, S.3428–3437.
Basisabkommen mit UNICEF über die Tätigkeit der UNICEF auf Zypern v. 19.4.1961, UNTS 394, S.185–193.

5. Verkehr⁴), Kommunikation

a) Multilateral

Internationales Abkommen zur Vereinheitlichung bestimmter Regeln des internationalen Lufttransports (Warschau) v. 12.10.1929, LNTS 137, S.11–43; RGBl 1933 II, S.1040–1054; Zusatzabkommen v. 18.9.1961, UNTS 500, S.31–48; BGBl 1963 II, S.1160–70; Protokoll v. 28.9.1955, UNTS 478, S.371–406; Protokoll v. 8.3.1971, ILM 10 (1971), S.613–616; Cmnd 4691 Misc. No.4 (1971); Zusatzprotokolle Nr.1–4 v. 25.9.1975, Cmnd 6480 Misc. No.12 (1976), Cmnd 6481 Misc. No.15 (1976), Cmnd 6482 Misc. No.16 (1976), Cmnd 6483 Misc. No.17 (1976); TB 1982 Nr.79–82.
Internationale Konvention über die zivile Luftfahrt (ICAO) v. 7.12.1944, UNTS 15, S.295–375; BGBl 1956 II, S.412–441.
Abkommen über die Zusammenarbeit in der Flugsicherheit (Eurocontrol) v. 13.12.1960, UNTS 523, S.117–235; BGBl 1962 II, S.2274–2325.
Satzung des Weltpostvereins v. 10.7.1964, UNTS 611, S.9–40 u. 63–81; BGBl 1965 II, S.1633–1665; Zusatzprotokoll Nr.1 v. 14.11.1969, UNTS 809, S.9–42; BGBl 1971 II, S.246–249; Zusatzprotokoll Nr.2 v. 5.7.1974, UNTS 1005, S.7–49; BGBl 1975 II, S.1514–1543; Zusatzprotokoll Nr.3 v. 27.7.1984, UNTS 1415, S.17–36; BGBl 1986 II, S.203–205.
Internationales Abkommen zum Verfahren der Bestimmung von Tarifen im Linienflugverkehr v. 10.7.1967, UNTS 696, S.31–49; Cmnd 3746 TS No.79 (1968).
Abkommen zur Internationalen Organisation für Telekommunikationssatelliten (INTELSAT) v. 20.8.1971, UNTS 1220, S.21–219; ILM 10 (1971), S.909–963; BGBl 1973 II, S.249–333.

---

³) Die ILO wurde 1919 gegründet. Zypern hat im Rahmen der ILO die Konventionen Nr.2, 11, 15, 16, 19, 29, 44, 45, 81, 87, 88, 89, 90, 94, 95, 97, 98, 100, 102, 105, 106, 114, 116, 119, 121, 122, 123, 124, 141, 142, 143, 144, 150, 151, 152, 154, 155, 159, 160, 162, 171 ratifiziert.

⁴) Seefahrt siehe Seerecht.

Konvention über die Verhinderung unerlaubter Handlungen gegen die Sicherheit der zivilen Luftfahrt v. 23.9.1971, UNTS 974, S.177–248; BGBl 1977 II, S.1230–1237.

Verfassung und Abkommen zur Internationalen Fernmeldeunion (ITU) mit Fakultativprotokoll v. 22.12.1992 (ersetzt Internationale Telekommunikations-Konvention mit Fakultativprotokoll v. 6.11.1982), Cm 3145 TS No.24 (1996); TB 1993 Nr.138.

Europäische Konvention über grenzüberschreitendes Fernsehen v. 5.5.1989, ILM 28 (1989), S.859–869; ETS 132.

Konvention zur Errichtung der Europäischen Organisation für Satellitenkommunikation v. 15.7.1982, BGBl 1984 II, S.683–735; Cmnd 9069 Misc. No.25 (1983).

b) Bilateral

Abkommen über den gewerblichen Linienflugverkehr mit Belgien v. 8.6.1963, UNTS 601, S.311–329; Änderung 30.4./18.7.1974, Répertoire des traités conclus par la Belgique 1974, S.516.

Abkommen über den gewerblichen Linienflugverkehr mit der Bundesrepublik Deutschland v. 18.10.1967, BGBl II 1969, S.981–990.

Abkommen über den internationalen Straßengüterverkehr mit der Wirtschaftsunion Belgien/Luxemburg v. 14.2.1983, MB 1984, S.14378–14380.

Abkommen über den gewerblichen Linienflugverkehr mit Bulgarien v. 8.5.1965, UNTS 695, S.135–155.

Abkommen über den gewerblichen Linienflugverkehr mit Dänemark v. 27.4.1963, UNTS 529, S.255–275; Lovt. C 1965 Nr.18, S.125–139.

Abkommen über den gewerblichen Linienflugverkehr mit Griechenland v. 23.12.1961, UNTS 497, S.311–337.

Abkommen über den internationalen Straßengüterverkehr mit Griechenland v. 1.2.1978, UNTS 1153, S.393–418.

Abkommen mit der Bundesrepublik Deutschland über den grenzüberschreitenden Personen- und Güterverkehr auf der Straße v. 6.3.1980, BGBl 1980 II, S.587–591.

Abkommen über den internationalen Straßengüterverkehr mit Großbritannien v. 9.9.1980, UNTS 1268, S.217–225; Cmnd 8440 TS No.92 (1981).

Luftfahrtabkommen mit Italien v. 24.11.1972, UNTS 1027, S.31–44; GU 1975 Nr.255 suppl., S.49–55.

Luftfahrtabkommen mit Jugoslawien v. 27.2.1976, UNTS 1089, S.269–284.

Abkommen über den gewerblichen Linienflugverkehr mit Malawi v. 30.12.1971, UNTS 920, S.21–35.

Abkommen über den gewerblichen Linienflugverkehr mit Malta v. 22.5.1975, UNTS 1027, S.45–59.

Abkommen über den gewerblichen Linienflugverkehr mit den Niederlanden v. 18.4.1969, UNTS 728, S.247–267; TB 1969 Nr.89.

Abkommen über den internationalen Straßengüterverkehr mit den Niederlanden v. 27.3.1980, UNTS 1355, S.29–33; TB 1980 Nr.71.

Abkommen über den gewerblichen Linienflugverkehr mit Norwegen v. 5.3.1963, UNTS 563, S.305–323.

Abkommen mit Sambia über Luftverkehrsdienste über und zwischen den jeweiligen Staatsgebieten v. 6.8.1971, UNTS 917, vol.13104, S.279–291.

Luftverkehrsabkommen mit der Schweiz v. 12.3.1966, UNTS 944, S.182–188 u. 190–196; AS 1967 Nr.33, S.1105-1113.

Abkommen mit Syrien über den gewerblichen Linienflugverkehr v. 22.12.1964, UNTS 602, S.25–43.

Lufttransportabkommen mit der UdSSR v. 29.2.1964, UNTS 602, S.45–69.

Luftfahrtabkommen mit Ungarn v. 2.6.1964, UNTS 602, S.3–23.

Abkommen zwischen USA und Großbritannien über Luftfahrtdienste v. 23.7.1977, UNTS 1979, S.21–87; Cmnd 7016 TS 76 (1977).

6. Seerecht, Weltraumrecht

Internationales Abkommen zur Vereinheitlichung bestimmter Vorschriften zur Kollision von Schiffen v. 23.9.1910, RGBl 1913 II, S. 49–66; BFSP 103, S. 434–440.

Internationales Abkommen zur Vereinheitlichung bestimmter Vorschriften zur Hilfe und Rettung auf See v. 23.9.1910, RGBl 1913 II, S. 66–88; BFSP 103, S. 441–448.

Internationales Abkommen und Statut des internationalen Regimes von Seehäfen v. 9.12.1923, LNTS 58, S. 285–313; RGBl 1928 II, S. 23–42.

Internationales Abkommen über die Vereinheitlichung bestimmter Vorschriften über die Immunität staatseigener Schiffe v. 10.4.1926, LNTS 176, S. 199–219; RGBl 1927 II, S. 484–491.

Internationales Abkommen über die Meerengen zwischen Mittelmeer und Schwarzem Meer (Montreux) v. 20.7.1936, LNTS 173, S. 213–241.

Konvention über die Internationale Seefahrtsorganisation (IMCO, jetzt: IMO) v. 6.3.1948, UNTS 289, S. 48–109.

Konvention über die Hohe See v. 29.4.1958, UNTS 450, S. 82–167; BGBl 1972 II, S. 1091–1101.

Konvention über den Festlandsockel v. 29.4.1958, UNTS 499, S. 311–354.

Vertrag über die Grundsätze der Aktivitäten der Staaten bei der Erforschung und Nutzung des Weltraums einschließlich des Mondes und anderer Himmelskörper (Weltraumvertrag) v. 27.1.1967, UNTS 610, S. 205–301; BGBl 1969 II, S. 1968–1987.

Abkommen über die Bergung und Rückkehr von Astronauten sowie der in den Weltraum eingebrachten Objekte v. 22.4.1968, UNTS 672, S. 119–189; BGBl 1971 II, S. 238–242.

UN-Seerechtskonvention v. 10.12.1982, ILM 21 (1982), S. 1261–1354; BGBl 1994 II, S. 1799–2018.

Konvention über die internationalen Regeln zur Verhinderung von Kollisionen auf See v. 20.10.1972, UNTS 1050, S. 16–166; BGBl 1976 II, S. 1018–1060.

Konvention über die internationale Haftung für durch Weltraumobjekte verursachte Schäden v. 29.3.1972, UNTS 961, S. 187–261; BGBl 1975 II, S. 1210–1219.

Konvention über die Internationale Organisation für Seefahrtsatelliten (INMARSAT) v. 3.9.1976, UNTS 1143, S. 105–280; BGBl 1979 II, S. 1082–1128.

Internationale Konvention über die Sicherheit des Lebens auf See v. 1.11.1974; UNTS 1184, S. 2–453; BGBl 1979 II, S. 142–153 (ohne Anlagen); Protokoll v. 17.2.1978, UNTS 1226, S. 215–467; BGBl 1980 II, S. 526–561.

7. Verteidigung, Krieg

a) Multilateral

Konvention über die friedliche Streitbeilegung v. 18.10.1907, RGBl 1910 II, S. 5–59; Cmnd 4575 TS No.6 (1971).

Protokoll über das Verbot des Gebrauchs von Giftgasen und anderen Gasen sowie bakteriologischer Mittel der Kriegsführung im Krieg v. 17.6.1925, LNTS 94, S. 65–74; RGBl 1929 II, S. 174–177.

Genfer Konvention über die Behandlung von Kriegsgefangenen v. 12.8.1949, UNTS 75, S. 135–285; BGBl 1954 II, S. 838–916.

Genfer Konvention über den Schutz von Kranken, Verletzten und Schiffbrüchigen auf See in Kriegszeiten v. 12.8.1949, UNTS 75, S. 85–133; BGBl 1954 II, S. 813–837.

Genfer Konvention über den Schutz von Kranken und Verletzten in Kriegszeiten v. 12.8.1949, UNTS 75, S. 31–83; BGBl 1954 II, S. 783–812.

Genfer Konvention zum Schutze von Zivilpersonen in Kriegszeiten v. 12.8.1949, UNTS 75, S. 287–468; BGBl 1954 II, S. 917–986.

Zusatzprotokoll I v. 8.6.1977 zu den Genfer Konventionen v. 12.8.1949, UNTS 1125, S. 3–608; BGBl 1990 II, S. 1551–1636.

Zusatzprotokoll II v. 8.6.1977 zu den Genfer Konventionen v. 12.8.1949, UNTS 1125, S. 609–699; BGBl 1990 II, S. 1637–1649.

Konvention über den Austausch von Kriegsversehrten zwischen den Mitgliedstaaten des Europarats zu Zwecken medizinischer Behandlung v. 13.12.1955, UNTS 250, S. 3–11; ETS 20.
Abkommen über die Errichtung der Internationalen Atombehörde (IAEA) v. 26.10.1956, UNTS 276, S. 3–125; BGBl 1957 II, S. 1358–1411, BGBl 1958 II, S. 4–12.
Abkommen über die Privilegien und Immunitäten der Internationalen Atombehörde (IAEA) v. 1.7.1959, UNTS 374, S. 147–197; BGBl 1960 II, S. 1994–2006.
Vertrag über den Stopp von Atomwaffenversuchen in der Atmosphäre, im Weltraum und unter Wasser v. 5.8.1963, UNTS 480, S. 43–99; BGBl 1964 II, S. 907–910.
Atomwaffensperrvertrag v. 1.7.1968, UNTS 729, S. 161–299; BGBl 1974 II, S. 786–793.
Vertrag über das Verbot der Stationierung von Atomwaffen und anderer Massenvernichtungsmittel auf dem Meeresboden und Meeresuntergrund v. 11.2.1971, UNTS 955, S. 115–193; ILM 10 (1971), S. 145–151; BGBl 1972 II, S. 326–331.
Konvention über das Verbot der Entwicklung, Herstellung und Lagerung bakteriologischer (biologischer) und toxischer Waffen und ihre Vernichtung v. 10.4.1972; UNTS 1015, S. 163–241; BGBl 1983 II, S. 133–138.
Konvention über das Verbot der militärischen oder sonstigen feindseligen Nutzung von Techniken zur Veränderung der Umwelt v. 10.12.1976, UNTS 1108, S. 151–210; BGBl 1983 II, S. 126–131.
Europäische Konvention zur Kontrolle des Erwerbs und Besitzes von Feuerwaffen durch Private v. 28.6.1978, UNTS 1284, S. 171–192; BGBl 1980 II, S. 954–963; ETS 101.
Konvention über das Verbot oder die Begrenzung des Gebrauchs bestimmter konventioneller Waffen und Protokolle I-III v. 10.10.1980, ILM 19 (1980), S. 1524–1536; BGBl 1992 II, S. 959–976.
Internationale Konvention gegen die Rekrutierung, Verwendung, Finanzierung und Ausbildung von Söldnern v. 4.12.1989, ILM 29 (1990), S. 91–97.
Abkommen mit der IAEA (Internationale Atomenergiebehörde) über die Sicherheitsmaßnahmen im Zusammenhang mit dem Atomwaffensperrvertrag v. 26.6.1972, UNTS 895, S. 233–309.
Briefwechsel mit den UN über die Privilegien, Immunitäten und Erleichterungen für den UN-Vermittler und seinen Stab v. 27.3.1964/30.3.1964, UNTS 492, S. 262–265.
Briefwechsel mit den UN zur Vereinbarung über den Status der UN-Friedenstruppe auf Zypern (UNFICYP) v. 31.3.1964, UNTS 492, S. 57–87.

b) Bilateral

Notenwechsel mit USA zum Programm einer Friedenstruppe v. 23.8.1962, UNTS 461, No.6658, S. 147–153; 13 UST (1962), S. 2089–93.

8. Internationaler Rechtsverkehr, Steuerrecht

a) Multilateral

Satzung der Haager Konferenz über das Internationale Privatrecht v. 31.10.1951, UNTS 220, S. 121–129; BGBl 1959 II, S. 981–984.
Universales Abkommen zum Urheberschutz v. 6.9.1952, UNTS 216, S. 132–175; BGBl 1955 II, S. 102–133.
Europäisches Auslieferungsabkommen v. 13.12.1957, UNTS 359, S. 273–303; BGBl 1964 II, S. 1371–1385; ETS 24; 1. Zusatzprotokoll v. 15.10.1975, UNTS 1161, S. 450–458; ETS 86; 2. Zusatzprotokoll v. 17.3.1978, ILM 17 (1978), S. 813–816; BGBl 1990 II, S. 119–123; ETS 98.
Konvention über die Anerkennung und Vollstreckung ausländischer Schiedssprüche v. 10.6.1958, UNTS 330, S. 38–82; BGBl 1961 II, S. 122–139.
Konvention über die Abschaffung der Pflicht zur Legalisierung ausländischer Urkunden v. 5.10.1961, UNTS 527, S. 189–203; BGBl 1965 II, S. 876–884.

Konvention über die Beilegung von Investitions-Streitigkeiten zwischen Staaten und Personen anderer Staaten v. 18.3.1965, UNTS 575, S.159–235; BGBl 1969 II, S.371–393.

Konvention über die Zustellung gerichtlicher und außergerichtlicher Dokumente in zivil- und handelsrechtlichen Angelegenheiten im Ausland v. 15.11.1965, UNTS 658, S.163–195; BGBl 1977 II, S.1453–1471.

Europäische Konvention über die Abschaffung der Beglaubigung von Dokumenten, die durch Beamte im diplomatischen und konsularischen Dienst ausgestellt worden sind, v. 7.6.1968, UNTS 788, S.169–179; BGBl 1971 II, S.86–89.

Europäische Konvention über Auskünfte zu ausländischem Recht v. 7.6.1968, UNTS 720, S.147–164; BGBl 1974 II, S.938–944; Zusatzprotokoll v. 15.3.1978, UNTS 1160, S.529–540; BGBl 1987 II, S.60–64; ETS 97.

Konvention über die Anerkennung von Scheidungen und Trennungen v. 1.6.1970, UNTS 978, S.393–411.

Europäische Konvention über die internationale Gültigkeit von Strafurteilen v. 28.5.1970, UNTS 973, S.57–96; ETS 70.

Konvention über Beweisaufnahmen im Ausland in zivil- und handelsrechtlichen Angelegenheiten v. 18.3.1970, UNTS 847, S.231–254; BGBl 1977 II, S.1472–1484.

Konvention über die Anerkennung und Vollstreckung ausländischer Urteile in Zivil- und Handelsrechtsangelegenheiten v. 1.2.1971, UNTS 1144, S.249–274; TB 1972 Nr.144.

Konvention über die Einrichtung eines Schemas für die Registrierung letztwilliger Verfügungen v. 16.5.1972, UNTS 1138, S.243–255; ETS 77.

Konvention über ein Einheitsgesetz zur Form eines internationalen Testaments v. 26.10.1973, ILM 12 (1973), S.1302–1311; Cmnd 5950 Misc. No.9 (1975).

Europäische Konvention zur Rechtsstellung nichtehelicher Kinder v. 15.10.1975, UNTS 1138, S.303–313; Cmnd 8287 TS No.43 (1981).

Haager Konvention zum Schutz der Kinder und zur Kooperation bei zwischenstaatlichen Adoptionen v. 29.5.1993, ILM 32 (1993), S.1139–1146; Cm 2691 Misc. No.40 (1994).

Konvention über die Auslieferung verurteilter Personen v. 21.3.1983, ILM 22 (1983), S.530–537; Cmnd 9617 TS No.51 (1985); ETS 112.

Übereinkommen über die zivilrechtlichen Aspekte internationaler Kindesentführung v. 25.10.1980, UNTS 1343, S.89–112; BGBl 1990 II, S.207–219.

Europäische Konvention zur Anerkennung und Vollstreckung von Sorgerechtsentscheidungen und Wiederherstellung des Sorgerechts v. 20.5.1980, ILM 19 (1980), S.273–281; BGBl 1990 II, S.220–232.

b) Bilateral

Deutsch-britisches Abkommen v. 20.3.1928 über den Rechtsverkehr, für Zypern in Kraft seit 25.11.1929; LNTS 90, S.287–310; LNTS 96, S.427; RGBl 1928 II, S.623–630; RGBl 1929 II, S.736–738; deutsch-zyprischer Notenwechsel über die Weiteranwendung v. 21.3.1961/14.2.1963, BGBl 1975 II, S.1129.

Rechtshilfeabkommen mit Bulgarien in zivil- und strafrechtlichen Fragen v. 29.4.1983, UNTS 1390, S.75–101.

Doppelbesteuerungsabkommen mit Frankreich v. 18.12.1981, JO 1983, S.977–985.

Doppelbesteuerungsabkommen mit der Bundesrepublik Deutschland v. 9.5.1974, UNTS 1275, S.63–71; BGBl 1977 II, S.488–505.

Abkommen mit der Bundesrepublik Deutschland über die steuerliche Behandlung von Straßenfahrzeugen im internationalen Verkehr v. 22.4.1980, UNTS 1320, S.239–245; BGBl 1981 II, S.1018–1020.

Doppelbesteuerungsabkommen mit Griechenland v. 30.3.1968, UNTS 660, S.319–369.

Abkommen mit Griechenland über die Zusammenarbeit in Angelegenheiten des Zivil-, Familien-, Handels- und Strafrechts v. 5.3.1984, UNTS 1408, S.217–254.

Doppelbesteuerungsabkommen mit Großbritannien v. 20.6.1974, UNTS 989, S.317–349; Cmnd 6082 TS No.96 (1975); Zusatzprotokoll v. 2.4.1980, Cmnd 8198 TS No.18 (1981).

Doppelbesteuerungsabkommen mit Irland v. 24.9.1968, UNTS 1037, S.37–64.

Doppelbesteuerungsabkommen mit Italien v. 24.4.1974, GU 1982, Nr.224 supp., S.61–84 (Änderungsprotokoll v. 7.10.1980, S.70–72 u. 82–84).
Doppelbesteuerungsabkommen mit Österreich v. 20.3.1990, ÖBGBl 1990 Nr.709, S.4197–4250.
Notenwechsel über die Erstreckung des Doppelbesteuerungsabkommens zwischen Großbritannien und Südafrika v. 14.10.1946 auf einige Kolonialgebiete v. 6.8.1960, South African Treaty Series 5/1960.
Auslieferungsabkommen zwischen USA und Großbritannien v. 22.12.1931 (für Zypern seit 24.6.1935), LNTS 163, S.59–71.
Doppelbesteuerungsabkommen mit USA v. 19.3.1984, TIAS 10965 (Nachweis in Treaties in Force. A List of Treaties and Other International Agreements of the United States in Force on Jan. 1, 1994).
Abkommen mit USA über die gegenseitige Befreiung von Steuern bei international operierenden Luft- und Seefahrzeugen v. 21.6.1987/8.7.1987, TIAS 11595 (Nachweis in Treaties in Force. A List of Treaties and Other International Agreements of the United States in Force on Jan. 1, 1994).
Abkommen mit USA über Steuererstattungen v. 26.1.1990, TIAS 11711 (Nachweis in Treaties in Force. A List of Treaties and Other International Agreements of the United States in Force on Jan. 1, 1994).

9. Kultur, Wissenschaft, Tourismus

a) Multilateral

Satzung der Organisation der Vereinten Nationen für Bildung, Wissenschaft und Kultur (UNESCO) v. 16.11.1945, UNTS 4, S.275–301; BGBl 1971 II, S.473–487.
Abkommen über die Einfuhr von Materialien für Ausbildung, Wissenschaft und Kultur v. 22.11.1950, UNTS 131, S.25–52; BGBl 1957 II, S.171–180.
Konvention zum Schutz von Kulturgütern in bewaffneten Konflikten v. 14.5.1954, UNTS 249, S.215–386; BGBl 1967 II, S.1235–1315.
Europäisches Abkommen über die Gleichwertigkeit von Diplomen zum Zugang zu den Universitäten v. 11.12.1953, UNTS 218, S.125137; BGBl 1955 II, S.599–603; ETS 15.
Europäisches Kulturabkommen v. 19.12.1954, UNTS 218, S.139–151; BGBl 1955 II, S.1128–1132; ETS 18.
Satzung des International Centre for the Study of the Preservation and Restoration of Cultural Property v. 5.12.1956, BGBl 1964 II, S.1321–1326; TB 1966 Nr.96.
Konvention gegen die Diskriminierung in der Erziehung v. 14.12.1960 nebst Protokoll, UNTS 429, S.93–121; BGBl 1968 II, S.386–401.
Europäische Konvention über den Schutz des archäologischen Erbes v. 6.5.1969, UNTS 788, S.227–242; BGBl 1974 II, S.1286–1291; ETS 66.
Konvention über die Mittel des Verbots und der Vorbeugung gegen illegale Einfuhr, Ausfuhr und Eigentumsübertragung von Kulturgütern v. 14.11.1970, UNTS 823, S.231–275; ILM 10 (1971), S.289–293.
Statuten der Welttourismusorganisation v. 27.9.1970, UNTS 985, S.339–380; BGBl 1976 II, S.24–34.
Konvention zum Schutz des kulturellen und natürlichen Welterbes v. 16.11.1972, UNTS 1037, S.151–211; ILM 11 (1972), S.1358–1366; BGBl 1977 II, S.215–231.
Konvention zum Schutze des architektonischen Erbes in Europa v. 3.10.1985, ILM 25 (1986), S.380–386; BGBl 1987 II, S.624–633; ETS 121.
Europäische Konvention zur allgemeinen Anpassung der Universitätsstudienzeiten v. 6.11.1990, BGBl 1994 II, S.3607–3609; ETS 138.
Übereinkommen über die Anerkennung von Studien und Graden im Hochschulbereich in den Staaten der europäischen Region v. 21.12.1979, UNTS 1272, S.3–59; BGBl 1994 II, S.2322–2332.

Verträge

b) Bilateral

Abkommen mit Bulgarien über die Zusammenarbeit im Tourismussektor v. 9.6.1971, UNTS 813, S. 245–259.
Abkommen mit Frankreich über kulturelle, wissenschaftliche und technische Zusammenarbeit v. 29.10.1969, UNTS 727, S. 293–307; JO 1970, S. 2426–2428.
Kulturabkommen mit der Bundesrepublik Deutschland v. 4.2.1971, BGBl 1972 II, S. 689–691.
Abkommen mit Frankreich über die Zusammenarbeit im Tourismussektor v. 28.1.1986, JO 1986, S. 15782/15783.
Abkommen mit Italien über kulturelle Zusammenarbeit v. 29.6.1973 (Nachweis siehe Situazione delle Convenzioni internazionali vigenti per l'Italia al 31 dic. 1988, S. 75).
Abkommen mit Italien über die Zusammenarbeit im Tourismussektor v. 21.4.1982 (Nachweis siehe Situazione delle Convenzioni internazionali vigenti per l'Italia al 31 dic. 1988, S. 76).
Abkommen mit Polen über die Zusammenarbeit auf den Gebieten der Wissenschaft, Bildung und Kultur v. 1.2.1973, UNTS 940, S. 153–159.
Abkommen mit Rumänien über kulturelle und wissenschaftliche Zusammenarbeit v. 6.1.1972, UNTS 847, S. 119–131.
Abkommen mit Spanien über die Zusammenarbeit auf den Gebieten der Kultur, Bildung und Wissenschaft v. 16.7.1980, UNTS 1308, S. 83–92.
Abkommen mit der UdSSR über die Zusammenarbeit im Tourismussektor v. 16.6.1976, UNTS 1078, S. 3–13.
Abkommen mit den USA über Bildung (Errichtung einer Austauschkommission und Finanzierung von Programmen) v. 18.1.1962, UNTS 435, S. 3–13; 13 UST (1962), S. 92–96; TIAS 4943.
Abkommen mit Syrien über die Zusammenarbeit im Tourismussektor v. 25.2.1973, UNTS 985, S. 325–337.
Kulturabkommen mit Jugoslawien v. 5.7.1977, Jugoslovenski Pregled 1977, S. 499.

10. Umwelt, Tierschutz, Atomschutz

Europäische Konvention zum Schutz von Tieren auf internationalen Transporten v. 13.12.1968, UNTS 788, S. 195–225; BGBl 1973 II, S. 722–734; ETS 65.
Internationale Konvention über den internationalen Handel mit gefährdeten Tier- und Pflanzenarten v. 3.3.1973, UNTS 993, S. 243–438; BGBl 1975 II, S. 777–833.
Konvention zur Verhinderung der Meeresverschmutzung durch Versenkung von Abfällen und anderen Stoffen v. 29.12.1972, UNTS 1046, S. 120–218; BGBl 1977 II, S. 180–196.
Konvention zur Kontrolle grenzüberschreitender Verschaffung schädlicher Abfälle und ihrer Verwertung v. 22.3.1989, ILM 28 (1989), S. 652–686; BGBl 1994 II, S. 2704–2745.
Internationale Konvention zur Verhinderung von Verschmutzung durch Schiffe v. 2.11.1973, UNTS 1340, S. 184–356; BGBl 1982 II, S. 4–23; Protokoll v. 17.2.1978, UNTS 1340, S. 61–183; BGBl 1982 II, S. 24–27.
Konvention über die frühzeitige Bekanntgabe eines nuklearen Unfalls v. 26.9.1986, ILM 25 (1986), S. 1370–1376; BGBl 1989 II, S. 435–440.
Konvention über die Hilfe bei einem nuklearen Unfall und radiologischen Notstand v. 26.9.1986, ILM 25 (1986), S. 1377–1386; BGBl 1989 II, S. 441–449.
Europäische Konvention zum Schutz von landwirtschaftlich genutzten Tieren v. 10.3.1976, UNTS 1138, S. 315–326; BGBl 1978 II, S. 114–119; ETS 87.
Europäische Konvention zum Schutz von Haustieren v. 13.11.1987, BGBl 1991 II, S. 403–413; ETS 125.
Europäische Konvention zum Schutz von Wirbeltieren, die zur Versuchs- und anderen wissenschaftlichen Zwecken verwendet werden, v. 18.3.1986, BGBl 1990 II, S. 1487–1543; Cmnd 9884 Misc. No. 4 (1986); ETS 123.
Wiener Konvention zum Schutze der Ozonschicht v. 22.3.1985, ILM 26 (1987), S. 1529–1540; BGBl 1988 II, S. 902–922; Protokoll über Substanzen, die zum Abbau der Ozonschicht führen,

v. 16.9.1987, ILM 16 (1987), S. 1550–1561; BGBl 1988 II, S. 1015–1028; Protokoll v. 29.6.1990, ILM 30 (1991), S. 539–554; BGBl 1991 II, S. 1332–1351.
Protokoll über besonders geschützte Zonen des Mittelmeers v. 3.4.1982, JO 1986, S. 15783–15785; GU 1985 No.89 suppl., S. 5–18.
Konvention über den Schutz des Mittelmeers gegen Verschmutzung v. 16.2.1976, UNTS 1102, S. 28–80; ILM 15 (1976), S. 290–300.
Protokoll über den Schutz des Mittelmeers gegen vom Land ausgehende Verschmutzung v. 17.5.1980, UNTS 1328, S. 105–148; ILM 19 (1980), S. 869–878.
Genfer Konvention gegen weiträumige grenzüberschreitende Luftverschmutzung v. 13.11.1979, UNTS 1302, S. 217- 245; ILM 18 (1979), S. 1442–1455; Protokoll v. 28.9.1984, ILM 27 (1988), S. 701–706; BGBl 1988 II, S. 422–427.
Europäische Konvention über den Erhalt des Wildlebens und der natürlichen Lebensbedingungen v. 19.9.1979, UNTS 1284, S. 209–246; BGBl 1984 II, S. 620–643; ETS 104.

11. Konsularische Angelegenheiten, Visa

a) Multilateral

Wiener Konvention über konsularische Beziehungen v. 24.4.1963, UNTS 596, S. 261–467; BGBl 1969 II, S. 1585–1703.

b) Bilateral

Notenwechsel mit Österreich über die Aufhebung der Sichtvermerkspflicht v. 14.12.1967, UNTS 636, S. 267–274; ÖBGBl 1968 Nr.64, S. 563–566.
Konsularabkommen mit der UdSSR v. 8.2.1978, UNTS 1151, S. 217–255.
Konsularabkommen zwischen USA und Großbritannien v. 6.6.1951, UNTS 165, S. 121–165; Cmnd 524 TS No.37 (1958); 3 UST (1952) 3426–48; TIAS 2494.
Konsularabkommen mit Singapur v. 31.1.1972, List of Conventions and Treaties (Singapore) 1980, S. 30.

12. Internationale Kriminalität

a) Multilateral

Internationales Abkommen zur Bekämpfung der Geldfälscherei v. 20.4.1929 mit Protokoll und Zusatzprotokoll, LNTS 112, S. 371–393; RGBl 1933 II, S. 914–936.
Konvention über die Verhütung und Bestrafung von Völkermord v. 9.12.1948, UNTS 78, S. 277–323; BGBl 1954 II, S. 730–739.
Drogenkonvention v. 30.3.1961, UNTS 520, S. 151–417; BGBl 1973 II, S. 1354–1400; Protokoll v. 25.3.1972, UNTS 976, S. 3–103; BGBl 1975 II, S. 3–19.
Konvention über Delikte und andere bestimmte an Bord von Flugzeugen begangene Handlungen v. 14.9.1963, UNTS 704, S. 219–254; BGBl 1969 II, S. 122–137.
Konvention zur Verhütung von Flugzeugentführungen v. 16.12.1970, UNTS 860, S. 105–157; BGBl 1972 II, S. 1506–1512.
Europäische Konvention zur Bekämpfung des Terrorismus v. 27.1.1977, UNTS 1137, S. 93–111; BGBl 1978 II, S. 321–327; ETS 90.
Konvention gegen den unerlaubten Handel mit Drogen und psychotropischen Substanzen v. 20.12.1988, ILM 28 (1989), S. 497–526; BGBl 1993 II, S. 1137–1174.
Internationale Konvention gegen Geiselnahmen v. 18.12.1979, UNTS 1316, S. 206–280; BGBl 1980 II, S. 1362–1369.

b) Bilateral

Abkommen mit Italien zur Bekämpfung des Terrorismus, des organisierten Verbrechens und des Drogenhandels v. 15.3.1991, GU 1991 Nr.242, S.154–158.

13. Sonstiges

a) Multilateral

Satzung der Weltorganisation für Meteorologie (WMO) v. 11.10.1947, UNTS 77, S.143–189; BGBl 1990 II, S.172–188 (Neufassung).
Abkommen über den Schutz literarischer und künstlerischer Arbeiten v. 9.9.1886, BFSP 77, S.22–34; RGBl 1887 II, S.493–516; letzte Fassung v. 14.7.1967, UNTS 828, S.221–304; BGBl 1970 II, S.348–390; revidierte Fassung UNTS 1161, S.3–73; BGBl 1973 II, S.1071–1110.
Abkommen über den Schutz des gewerblichen Eigentums (Patentschutz) v. 20.3.1883, BFSP 74, S.44–51; RGBl 1903 II, S.148–163; letzte Fassung v. 14.7.1967, UNTS 828, S.305–388; BGBl 1970 II, S.391–417.
Satzung der Weltgesundheitsorganisation (WHO) v. 22.7.1946, UNTS 14, S.185–285; BGBl 1974 II, S.45–63.
Europäisches Abkommen über den Austausch therapeutischer Substanzen menschlichen Ursprungs v. 15.12.1958, UNTS 351, S.159–196; BGBl 1962 II, S.1443–1475; ETS 26; Zusatzprotokoll v. 29.9.1982, BGBl 1989 II, S.994–1023 (mit Neufassung des Abkommens); ETS 109.
Konvention über die Weltorganisation für geistiges Eigentum v. 14.7.1967, UNTS 828, S.3–105; BGBl 1970 II, S.295–347.
Basisabkommen mit der WHO über technische Beratung v. 7.10.1967, UNTS 608, S.327–337.
Basisabkommen mit dem Welternährungsprogramm über Unterstützung v. 24.6.1967, UNTS 779, S.333–343.
Europäische Konvention zur kommunalen Selbstverwaltung v. 15.10.1985, BGBl 1987 II, S.66–73; ETS 122.

b) Bilateral

Abkommen mit der Bundesrepublik Deutschland über technische Zusammenarbeit v. 30.10.1961, BAnz Nr.3/62.
Vereinbarung mit der Bundesrepublik Deutschland über die Anerkennung der Führerscheine und Fahrzeugscheine v. 11.6.1976/28.4.1977, BGBl 1978 II, S.488–495.

III. „TRNZ"

Zwischen der Türkei und der „TRNZ" gibt es zahlreiche Verträge, die zwischen den Parteien als völkerrechtliche Verträge abgeschlossen wurden, jedoch von der Staatengemeinschaft nicht als solche beachtet werden. Sie sind daher auch nicht in den einschlägigen internationalen Sammlungen zu finden, teilweise auch nicht im türkischen Amtsblatt veröffentlicht. Da es sich jedoch rechtlich in jedem Falle um Verträge handelt, werden sie hier in einer Auswahl[5]) aufgeführt.
Protokoll über die wirtschaftliche Zusammenarbeit v. 5.12.1986.
Abkommen über die soziale Sicherheit v. 9.3.1987, RG Nr.19900 v. 15.8.1988, S.2–11.

---

[5]) Die Auswahl beruht zum Teil auf Angaben der türkischen Botschaft in Bonn. Fundstellen wurden vom Verfasser nachgetragen.

Abkommen über den Austausch von Arbeitnehmern v. 9.3.1987, RG Nr.19900 v. 15.8.1988, S. 11–17.
Doppelbesteuerungsabkommen v. 22.12.1987, RG Nr.20031 v. 26.12.1988, S. 2–15.
Abkommen über die Rechtshilfe auf dem Gebiet des Zivil-, Handels- und Strafrechts, der Anerkennung und Vollstreckung, der Auslieferung und des Gefangenentransfers v. 25.12.1987, RG Nr.220079 v. 13.2.1989, S. 2–24.
Protokoll über die Zusammenarbeit in den Bereichen von Bildung, Wissenschaft, Sport und Kultur v. 3.9.1990.
Protokoll über die Zusammenarbeit auf dem Gebiet der Sicherheit und sozialen Beziehungen (öffentliche Sicherheit und Ordnung, Drogenhandel, Terrorbekämpfung, Ausbildung) v. 24.10.1990.
Abkommen über die Einreise mit Personalausweis statt Reisepaß v. 12.6.1991, RG Nr.20945 v. 30.7.1991, S. 3/4.
Protokoll über die Zusammenarbeit im Gesundheitswesen v. 1.7.1994, RG Nr.22051 v. 14.9.1994, S. 2/3.
Protokoll über die Zusammenarbeit im Bereich der Umwelt v. 22.7.1994, RG Nr.22060 v. 23.9.1994, S. 2–4.

IV. Abkürzungen

AS	Sammlung der eidgenössischen Gesetze
BAnz	Bundesanzeiger (Deutschland)
BFSP	British and Foreign State Papers
BGBl	Bundesgesetzblatt (Deutschland)
Cm	Command Papers (Großbritannien)
Cmnd	(s. Cm)
CMPS	Survey of China Mainland Press
DDRGBl	Gesetzblatt der DDR
EC	Economic Communities
ETS	European Treaty Series
GU	Gazzetta Ufficiale (Italien)
Hudson	International Legislation. A collection of the texts of multipartite international instruments (ed. by M.O. Hudson)
ILM	International Legal Materials
JO	Journal Officiel (Frankreich)
LNTS	League of Nations Treaty Series
Lovt	Lovtidende for Kongeriget Danmark
MB	Moniteur Belgique (Belgien)
Misc.	Miscellaneous
ÖBGBL	Österreichisches Bundesgesetzblatt
RG	Resmî Gazete (Türkei)
RGBL	Reichsgesetzblatt (Deutschland)
TA	Traités et Accords de la France
TIAS	Treaties and International Agreements Series (USA)
TB	Tractatenblad von het Koninkrijk der Nederlanden
TS	Treaty Series (Großbritannien)
UNTS	United Nations Treaty Series
UST	United States Treaties and other International Agreements

Biographien führender Persönlichkeiten des politischen Lebens

Jan Asmussen, Hamburg, Niyazi Kızılyürek, Nikosia, und Peter Zervakis, Hamburg[1])

I. Zyperngriechen – II. Zyperntürken – III. Ethno-religiöse Minderheiten

I. Zyperngriechen

Anastasiadis, Nikos
Geb. 27.09.1946 in Pera-Pedi, Limassol. Gründungsmitglied und Präsident der DISY.
1964 Abschluß am Panzyprischen Gymnasium und Aufnahme des Jurastudiums in Athen. 1971 Seerechtsstudium an der *University of London*. Aktives Mitglied der griechischen studentischen Gewerkschaftsbewegung der alten Zentrumspartei unter Georgios Papandreou. Seit 1972 praktizierender Rechtsanwalt in Limassol und führendes Mitglied verschiedener sportlicher und gesellschaftlicher Vereine (PAAOK, Lions). Präsident der Jugendorganisation der konservativen DISY. Seit 1981 Abgeordneter und Führungsmitglied seiner Partei. 1997 wird er zum Vorsitzenden der DISY gewählt.

Angelidou, Klairi (Claire)
Geb. 19.11.1932 in Famagusta. 1993–1997 Erziehungs- und Kulturministerin.
Literatur- und Philologiestudium an der Universität Athen. 1955–1959 Führerin der lokalen Frauengruppen der EOKA. 1956–1991 Lehrerin und Direktorin an verschiedenen zyperngriechischen

---

[1]) Ein besonderer Dank gebührt Andreas Demetriou und Bekir Azgın für ihre Mithilfe bei der Auswahl der Biographien. Folgende Literatur wurde darüber hinaus ergänzend benutzt: Der Fischer Weltalmanach. 1976–1995. Frankfurt/Main 1975 ff. – Franz, E.: Der Zypernkonflikt. Chronologie, Pressedokumente, Bibliographie. Hamburg 1976. – Koudounaris, A.L.: Viografikon Lexikon Kyprion (Biographisches Lexikon der Zyprer). 1800–1920. Nikosia 1991. – Koukounas, D. (Hrsg.): Who's Who 1993/94. Epitomo Viografiko Lexiko (Zusammenfassendes Biographisches Lexikon). Athen 1993. – Kypriaki Dimokratia (Hrsg.): Viografikos Katalogos tou Proedrou kai ton Melon tis Voulis ton Antiprosopon (Biographischer Katalog des Präsidenten und der Mitglieder des Repräsentantenhauses). Nikosia 1992. – Kypriaki Dimokratia (Hrsg.): Sympliroma Viografikou Katalogou ton Melon tis Voulis ton Antiprosopon (Ergänzung des Biographischen Katalogs der Mitglieder des Repräsentantenhauses). Nikosia 1993. – Lymbouridis, A: Politiki Avtognosia (Politische Selbsterkenntnis). Nikosia 1990. – Pavlidis, A.: Megali Kypriaki Engyklopaideia (Große Enzyklopädie Zyperns). Nikosia 1984–1991. – Republic of Cyprus (Hrsg.): Short Biographies of the President and the Members of the House of Representatives of the Republic of Cyprus. Nikosia 1982 und 1986. – Tzermias, P.: Geschichte der Republik Zypern. Mit Berücksichtigung der historischen Entwicklung der Insel während der Jahrtausende. Tübingen 1991. – Wellenreuther, R.: Türkische Republik Nordzypern, in: Zypern, Anhang Nordzypern. Internationales Handbuch. Länder aktuell. Munzinger-Archiv 17/1996.

Mittelschulen. Mitglied des zyprischen PEN, der Nationalen Schriftstellervereinigungen Griechenlands und Zyperns sowie vieler anderer philologischer und philanthropischer Vereinigungen. Gründungsmitglied und Präsidentin der Organisation Berufstätiger Geschäftsfrauen (KOGEE). 1991–1993 Abgeordnete der konservativen DISY. Vorsitzende des parlamentarischen Kulturausschusses. Verfasserin verschiedener Studien und mehrerer Gedichtbände, die auch ins Englische, Französische, Italienische und Serbokroatische übersetzt wurden.

Afxentiou, Grigoris
Geb. 22.02.1928 in Lysi, Mesaoria. Gest. 03.03.1957. Vizekommandeur der EOKA und legendärer „Nationalheld".
1933–1941 Besuch der Dorfschule und des Griechischen Gymnasiums von Famagusta. 16.09.1949 erfolglose Bewerbung um einen Platz in der Militärakademie von Athen. 28.12. freiwilliger Eintritt in die griechische Armee und Übernahme der griechischen Staatsbürgerschaft. 22. März 1950 Graduierung an der Reservisten-Schule von Siros. 14.03.1952 Vereidigung zum griechischen Offizier. 19.03.1953 geheime Rückkehr nach Zypern und Teilnahme am Untergrundkampf der EOKA. Als einer der wenig erfahrenen Offiziere steigt er schnell zum stellvertretenden Kommandeur von Grivas auf. Afxentiou, der unter dem Pseudonym Panos Zidros – nach einem griechischen Freischärler aus dem 18. Jahrhundert – kämpft, wird von den Briten steckbrieflich gesucht. Am 03.03.1957 wird sein Versteck in der Nähe des Klosters Machairas von einem Bauern an die Behörden verraten. Nach zehnstündigem Kampf stirbt Afxentiou an den Folgen einer Explosion.

Chatzidimitriou, Takis
Geb. 09.03.1934 in Nikosia. Sprecher der EDEK.
1952 Wahl zum stellvertretenden Generalsekretär der Panzyprischen Jugendorganisation (PEON), die eine Schlüsselrolle in den antibritischen Unabhängigkeitskämpfen spielt. Nach Abschluß des Panzyprischen Gymnasiums Zahnmedizinstudium in Athen. Schließt sich während der griechischen Militärdiktatur verschiedenen studentischen Widerstandsgruppen an und wird einer der Führer der Athener Studentenbewegung gegen die Obristen-Junta. 1974 Gründungsmitglied und Generalsekretär der sozialistischen EDEK. Seit 1976 ständiger Abgeordneter dieser Partei. Mitglied in zahlreichen parlamentarischen Ausschüssen und im Nationalrat. Präsident der zyprischen Zahnärztekammer. Herausgeber der angesehenen Literaturzeitschrift *Kypriaka Chronika* (Zyprische Chronik).

Christofias, Dimitris
Geb. 29.08.1946 in Dikomo, Kyrenia. Seit 1988 Generalsekretär der AKEL.
Studium der Sozial- und Politikwissenschaften in Moskau. 1964 Eintritt in die kommunistische AKEL. Mitgliedschaft in der Gewerkschaft PEO. 1969 wird Christofias Vorsitzender der kommunistischen Jugendorganisation EDON. Im selben Jahr wird er von der Partei zum Studium nach Moskau geschickt. Nach seiner Promotion in Geschichte an der Akademie der Sozialwissenschaften in Moskau kehrt er 1974 nach Zypern zurück, um als hauptamtlicher EDON-Funktionär zu arbeiten. Knüpft enge Kontakte zur Kommunistischen Internationale. Seit 1991 Abgeordneter. Seit 1988 Mitglied des Zentralkomitees der AKEL. Im selben Jahr, nach dem Tod von Ezekias Papaioannou, wird Christofias Generalsekretär der Partei. Er zählt zu den Dogmatikern.

Christou, Andreas
Geb. 1948 in Limassol. AKEL-Politiker. Seit 1991 Sprecher der AKEL.
Maschinenbaustudium in Moskau. Als überzeugter Sozialist wird er dort zum Vorsitzenden des zyprischen Studentenvereins. 1973 Rückkehr nach Zypern und Mitglied der kommunistischen Jugendorganisation EDON. 1986 Wahl in den Bürgermeisterrat von Limassol. 1989 AKEL-Distriktsekretär und Mitglied des Zentralkomitees sowie des Politbüros der Partei. Seit 1991 Abgeordneter und parlamentarischer Sprecher der AKEL.

Chrysostomos, Erzbischof von Zypern

Geb. 1927 in Stato, Paphos. Seit 1977 Erzbischof von Zypern.

Wächst im Kykko-Kloster auf. 1952–1961 Studium der Philosophie und Theologie in Athen mit Hilfe eines Stipendiums seines Klosters. 1961–1966 Lehrer am Panzyprischen Gymnasium. 1967/68 weiterführende Studien in London. 1968–1973 Assistenz-Bischof von Constantia (Famagusta). 1973 Metropolit von Paphos. Wird nach dem Tod von Makarios III. zum neuen Erzbischof von Zypern gewählt. In seiner Amtszeit entpolitisiert sich die autokephale zyprisch-orthodoxe Staatskirche.

Diglis, Pavlos

Geb. 1931 in Ayios Theodoros, Karpasia. 1990/91 Vorsitzender der ADISOK.

Wirtschaftsstudium in Moskau. 1981 Abgeordneter der AKEL. 1987 Generalsekretär der Gewerkschaft PEO. Setzt sich im Zuge der Reformpolitik Gorbatschows öffentlich für die Demokratisierung der AKEL ein und wird deshalb 1989 aus der Partei ausgeschlossen. Diglis tritt 1990 der neuen linken Reformpartei ADISOK bei und erringt den Vorsitz. 1991 wird er von Michalis Papapetrou abgelöst und zieht sich 1992 aus der Politik zurück.

Dimitriou, Panagiotis

Geb. 06.05.1939 in Strogylos, Famagusta. Gründungsmitglied und Funktionär der konservativen DISY. Seit dem 26.05.1996 Abgeordneter.

Ausbildung am Panzyprischen Gymnasium, am *Teacher's College* und am *Middle Temple*, London (*Barrister-at-Law*). 1960–1964 Lehrer in Zypern. 1965–1968 Journalist. Seit 1969 praktizierender Rechtsanwalt. 1961–1964 Generalsekretär der Lehrergewerkschaft (POED). Gründungsmitglied der Vereinigten Partei (ENIAIO). 1970–1974 Abgeordneter und Anhänger von Nikos Sampson, nach dessen Putsch er den Posten eines Erziehungsministers erhält. Gründungsmitglied, Organisationssekretär und Vizepräsident der Demokratischen Sammlung (DISY).

Dimitriadis, Lellos

Geb. 03.02.1933 in Nikosia. Seit dem 23.12.1971 Bürgermeister von Nikosia (Süd).

1955 Abschluß des Jurastudiums in London (*Gray's Inn*). 1960–1970 führender Abgeordneter der Mehrheitspartei. 1971 gewinnt er die Wahl zum Bürgermeister vom griechischen Teil Nikosias. Unter dem Motto: „Brücken bauen in einer geteilten Stadt" knüpft er nach 1974 Kontakte zu Mustafa Akinci, dem zyperntürkischen Bürgermeister von Lefkoşa (Nikosia-Nord). Mit Hilfe der UNO gelingt es beiden schließlich, gemeinsame Projekte zur infrastrukturellen Entwicklung der Stadt in Gang zu setzen (Altstadtsanierung, Abwasserentsorgung).

Lit.: Dimitriades, L.: Two People, One City, in: Warreport. 54 (September 1997), S.23.

Galanos, Alexis

Geb. 30.08.1940 in Famagusta. 1991–1996 Präsident des Repräsentantenhauses und Vizepräsident der DIKO. 1997/98 Präsidentschaftskandidat.

1958–1962 Absolvent des *American College* in Athen. Studium der Volkswirtschaft und der Soziologie im *King's College* und in Cambridge, sowie Jura im *Inner Temple*, London. Nach seiner Rückkehr Übernahme des elterlichen Unternehmens. Ratgeber der zyprischen Zentralbank und Vizepräsident des Arbeitgeberverbandes. 1976–1990 Gründungsmitglied der DIKO, Wahl zum Abgeordneten und Vorsitzender mehrerer Parlamentsausschüsse, Mitglied des Nationalen Rates, Sprecher und Generalsekretär seiner Partei. Seit 1990 Vizepräsident der DIKO. 1991–1996 Präsident des Repräsentantenhauses. Gegen den Willen Kyprianous kandidiert er in den Präsidentschaftswahlen von 1998 gegen G. Iakovou, der von der DIKO unterstützt wird

Georkatzis (Giorkatzis), Polikarpos

Geb. 1930 in Palaichori. Gest. 1970. 1960–1963 Innenminister. 1964–1968 Innen- und Verteidigungsminister.

Absolvent der Höheren Schule *Samuil* in Nikosia. 1955–1959 als Mitglied der EOKA Teilnahme am (zyperngriechischen) Unabhängigkeitskampf, wofür er mehrfach in britische Haft gelangt.

1960 wird Georkatzis Innenminister. Während der Auseinandersetzungen von 1963/64 übernimmt er zusätzlich das Verteidigungsministerium. Nach heftigen Vorwürfen der griechischen Militärdiktatur, die ihn der Beihilfe an einem Attentatsversuch gegen den griechischen Juntachef Georgios Papadopoulos beschuldigt (13.08.1968), tritt er am 01.11.1968 zurück. Gründet 1969 zusammen mit Glafkos Kliridis die Vereinigte Partei (*Eniaio Komma*/EK). Seine guten Kontakte zu den Sicherheitskräften vertiefen das Mißtrauen von Makarios gegen ihn weiter. Am 15.03.1970, eine Woche nach dem mißglückten Attentat auf den Erzbischof, fällt Georkatzis einem Mordanschlag zum Opfer, deren Urheber bis heute unentdeckt geblieben sind. Nach seiner Ermordung erklärt ein Strafgericht ihn und vier weitere Personen für schuldig am Staatsstreich gegen den Staatspräsidenten beteiligt gewesen zu sein.

Grivas, Georgios Theodoros
Geb. 23.05.1898 in Trikomo bei Famagusta. Gest. 27.01.1974. Anführer der Untergrundorganisationen EOKA und „EOKA-B".
1916–1919 Studium an Militärakademien in Griechenland und Frankreich. 1919–1922 Teilnahme als griechischer Staatsbürger und Berufsoffizier am griechisch-türkischen Krieg. 1940 erfolgreicher Stabschef an der albanischen Front, der 1941 auch an den Kämpfen gegen die deutschen Truppen teilnimmt. Während der Besatzungszeit in Griechenland (1941–1944) gründet Grivas eine rechtsextremistische Untergrundorganisation und bekämpft die von den Kommunisten kontrollierte Widerstandsbewegung. Da er als Oberst a.D. nach dem Krieg in Griechenland erfolglos bleibt, beginnt Grivas 1951, den Widerstand gegen die britische Kolonialmacht auf Zypern zu organisieren. 11.01.1955 Gründung der EOKA, die nach Abzug der Briten den bedingungslosen Anschluß der Insel an Griechenland (*Enosis*) zu verwirklichen sucht. 01.04.1955–09.05.1959 bewaffneter Kampf gegen die Briten. Die Gewalttätigkeiten der zumeist jugendlichen Untergrundkämpfer richten sich auch gegen alle vermeintlichen Verbündeten der Engländer (Kommunisten, Zyperntürken). Grivas nimmt – zur Legitimation seiner Großgriechenland-Idee aber auch um den Zyperngriechen zu gefallen – den Decknamen *Digenis* (legendärer Volksheld in Byzanz) an. 1959 Konflikt mit Erzbischof Makarios III., der als Präsident die neu geschaffene unabhängige Republik Zypern zu sichern sucht. Grivas geht nach Athen, wo er zwar hoch dekoriert wird, aber parteipolitisch erfolglos bleibt. 13.08.1964 wird Grivas zum Kommandanten der im Februar geschaffenen zyperngriechischen Nationalgarde (Nachfolger des griechischen Generals Karayannis) ernannt. Schwere Auseinandersetzungen mit Makarios veranlassen ihn bereits 1965, seine Demission bei der griechischen Regierung einzureichen, die jedoch nicht angenommen wird. Als im November 1967 zwei zyperntürkische Dörfer von seinen Soldaten zerstört werden, kommt es zu einem internationalen Eklat. US-Präsident Lyndon B. Johnson verhindert im letzten Augenblick eine Invasion der Türkei. Dafür stimmt Griechenland dem türkischen Ultimatum vom 17.11. zu, sein überhöhtes Truppenkontingent zu reduzieren und Grivas nach Athen zurückzubeordern. 19./20.11. Grivas demissioniert. 08.12.1968 Evakierung der 6370 griechischen Soldaten. Im September 1971 baut Grivas nach seiner Rückkehr die geheime Terrororganisation „EOKA-B" auf, die sich gegen Erzbischof Makarios und dessen Politik der Unabhängigkeit Zyperns richtet. Am 27.01.1974 stirbt Grivas an den Folgen eines Herzinfarktes in seinem Versteck in Limassol.
Lit.: Grivas, G.: Partisanenkrieg heute. Lehren aus dem Freiheitskampf Zyperns. Frankfurt/Main 1964. Foley, Ch. (Hrsg.): The Memoirs of General Grivas. London (1964).

Iakovou, Georgios
Geb. 1938 in Peristerona, Famagusta. 1983–1993 Außenminister. 1997/98 parteiloser Präsidentschaftskandidat.
1956–1964 Studium der Industriepsychologie, Verwaltung und Wirtschaft sowie der Internationalen Beziehungen in Verbindung mit privatwirtschaftlichen Tätigkeiten in London, Boston und Genf. 1964–1968 leitender wissenschaftlicher Mitarbeiter im Vorstand von *British Rail*. 1968–1972 Mitglied des Beirats von *Price Waterhouse*. 1972–1976 Direktor des zyprischen Produktionszentrums. 1976–1979 Leiter der Ost-Afrika-Abteilung der UN-Flüchtlingshilfe in Genf. 1979–1983 Botschafter der Republik Zypern in Bonn. Januar–September 1983 Generaldirektor im Außenministerium. 1983–1993 Außenminister der Republik Zypern. Seit 1993 Präsident der griechi-

schen Stiftung für die Aufnahme und Eingliederung von Auswanderern griechischer Abstammung in Athen. Viele internationale Ehrungen. Verliert die Präsidentschaftswahlen von 1998 knapp gegen G. Kliridis.

Ierodiakonou, Leontios
Geb. 25.05.1941 in Nikosia. Seit 1991 führender Abgeordneter der DISY. Seit April 1997 Verkehrsminister.
1960 Absolvent des Panzyprischen Gymnasiums und Studium an der Panteion Verwaltungshochschule in Athen. 1967 M.Sc. in Soziologie an der Universität Stockholm und 1970 Promotion zum „Zypern-Problem" an der Universität Upsala. 1971–1978 Direktorentätigkeit in verschiedenen Touristen- und Versicherungsgesellschaften. 1976 Abgeordneter der DIKO. Trennt sich mitten in der Legislaturperiode von seiner Partei und wird parteiunabhängig. Seit 1981 Abgeordneter der DISY und nach 1991 Vorsitzender des Wirtschafts- und Finanzausschusses.

Iliadis, Dimitris
Geb. 01.02.1947 in Lefkoniko, Famagusta. Seit 1995 Vizepräsident der EDEK.
Rechtsstudium in Athen, aktiver Studentenführer und nach Rückkehr und Flucht Anwaltstätigkeit in Nikosia. Mitglied des Zentralkomitees und des Politischen Büros der EDEK. Seit Dezember 1985 Abgeordneter. 1995 Wahl zum dritten stellvertretenden Vorsitzenden seiner sozialistischen Partei.

Kasoulidis (C(K)assoulides), Giannakis
Geb. 10.08.1948 in Nikosia. Seit April 1997 Außenminister der Republik Zypern.
Während des Medizinstudiums an der Universität von Lyon gründet er den zyprischen Studentenverein Frankreichs, dessen erster Vorsitzender er wird. Fachausbildung in London. Nach seiner Rückkehr tritt er der DISY bei und übernimmt verschiedene Parteiämter. 1990–1993 Vorsitzender der Jugendorganisation NEDISY und seit 1991 auch Abgeordneter des Repräsentantenhauses. 1993–1997 Regierungssprecher unter Präsident Kliridis. Nach der Kabinettsumbildung vom 08.04.1997 wird er Außenminister.

Katsouridis, Nikos
Geb. 14.12.1951. Seit 1991 führender Abgeordneter der AKEL.
Studium und Promotion in der Nationalökonomie an der Universität von Sofia. Kommunistischer Studentenführer (POFNE). 1982 Wahl in das Zentralkomitee und das Politbüro der AKEL und Leitung des Presse- und Informationsbüros. Seit 1991 Abgeordneter seiner Partei und Vorsitzender des parlamentarischen Innenausschusses.

Kliridis (Clerides/Klerides), Glafkos John
Geb. 24.04.1919 in Nikosia. Seit 1993 Staatspräsident der Republik Zypern.
Sohn des Anwalts und Politikers Ioannis Kliridis („Sir John"). Nach Beendigung des Panzyprischen Gymnasiums Jurastudium im *King's College* in London. 1939 Eintritt in die britische Luftwaffe. 1942–1945 nach dem Abschuß seines Flugzeugs Kriegsgefangenschaft in Deutschland. Dannach Fortsetzung und Abschluß (1948) seines Studiums in London (L.L.M.). 1951–1960 Rechtsanwalt in Nikosia. Mitglied der EOKA und Verteidiger von EOKA-Partisanen vor britischen Kolonialgerichten. Unter dem Decknamen „*Ypereidis*" – nach dem gleichnamigen Athener Rhetoriker und Politiker (389–322 v. Ch.) – organisiert er im Auftrag von Grivas die zyprische „Zivilgarde". 1959 als Vertreter der Zyperngriechen Teilnahme an den Konferenzen von Zürich und London. Mitarbeit an der Ausarbeitung der Verfassung. Kliridis unterliegt bei den ersten Präsidentschaftswahlen Makarios III. 1960 wird er Justizminister in der Übergangsregierung. 1960–1976 Präsident des Repräsentantenhauses. 1961–1963 Präsident des zyprischen Roten Kreuzes. 1968–1974 Leitung der zyperngriechischen Delegation in den Verhandlungen mit den Zyperntürken. Gewinnt 1970 die Parlamentswahlen mit der von ihm 1969 gegründeten Vereinigten Partei. Trotz seiner Loyalität zu Makarios, wendet sich Kliridis gegen die Verbindung von Kirchen- und Staatsamt. Nach dem griechischen Militärputsch im Juli 1974 übernimmt er bis zur

Rückkehr von Makarios das Amt des Staatspräsidenten. Wegen mangelnder Unterstützung durch den Ethnarchen tritt er 1976 als Parlamentspräsident zurück und gründet die konservative Demokratische Sammlung (DISY), deren Vorsitzender er wird. 1981–1991 Abgeordneter der DISY. Bei den Wahlen zum Staatspräsidenten unterliegt er 1981 Spyros Kyprianou und 1988 Georgios Vasileiou. Am 14.02.1993 siegt Kliridis in Koalition mit der DIKO knapp gegen Vasileiou. Wiederwahl am 15.02.1998.

Lit: Clerides, G.: Cyprus. My Deposition. 4 Bde. Nikosia 1989–1992.

Kliridou (Clerides/Klerides), Kaiti
Geb. 10.05.1949 in London. Seit 1991 Abgeordnete der DISY.
Studium der Soziologie und der Politikwissenschaften in London und den USA. Anschließend vierjährige Forschungstätigkeit. Nach ihrer Rückkehr Referentin im Presse- und Informationsbüro der Republik und zuständig für die ausländische Berichterstattung über das Zypern-Problem und für Flüchtlingsfragen. 1975–1977 Referentin im Internationalen Büro für Familienplanung in London und Rechtsstudium. Seit 1980 Rechtsberaterin in der Privatwirtschaft. 1986 Wahl in den Stadtrat von Nikosia. Mitglied des Obersten Rates und des Politischen Komitees der DISY sowie Vorsitzende des Frauen- und Gesellschaftsausschusses der Partei ihres Vaters G. Kliridis. Seit 1991 Abgeordnete der DISY. Beteiligt sich an den von der UNO initiierten Annäherungen zwischen den beiden großen Volksgruppen.

Kranidiotis, Nikos
Geb. 25.11.1911 in Kyrenia. Gest. 24.08.1997. Botschafter in Athen, Belgrad, Rom, Sofia und Bukarest.
1928–1932 Philosophiestudium in Athen. Anschließend Postgraduierten-Studium (Internationale Beziehungen) an der *Harvard University* und freier Journalist sowie Professor in Maine. 1937 Gymnasiallehrer in Kyrenia. 1941–1944 Lehrer in Famagusta; 1944–1956 Unterricht am Panzyprischen Gymnasium. 1952 Generalsekretär des Ethnarchen Makarios III. 1954/55 Generalsekretär des II. und III. Panzyprischen Nationalkongresses. 1956/57 Teilnahme am EOKA-Kampf und Inhaftierung. 1957 persönlicher Ratgeber des Ethnarchen. 1959–1979 Botschafter in Athen, Belgrad, Rom, Sofia und Bukarest. Seit 1934 Herausgeber der Literaturzeitschrift *Kypriaka Grammata* (Zyprische Bildung). Zahlreiche Veröffentlichungen in griechischer Sprache zur Literatur und zum Zypern-Problem.

Kyprianou, Markos
Geb. 22.01.1960 in Limassol. Seit 1993 Präsident der DIKO.
Absolvent des Kykko-Gymnasiums. Studium der Rechtswissenschaften in Athen, Cambridge (*Trinity College*) und Harvard. Seit 1985 Rechtsanwalt in Nikosia. 1986 Wahl zum Stadtrat. Gründungsmitglied der Jugendorganisation der Demokratischen Partei und Karriere im Parteiapparat (Mitglied des Zentralkomitees und seit 1990 des Politischen Komitees). 1989 Generalsekretär und seit 1993 Präsident der konservativen DIKO. Seit 1991 Abgeordneter.

Kyprianou, Spyros
Geb. 28.10.1932 in Limassol. 1977–1988 Staatspräsident der Republik Zypern. Seit Juni 1996 Präsident des Repräsentantenhauses.
1952–1954 nach Abschluß des Gymnasiums in Limassol VWL-, BWL- und Jura-Studium am *City of London College* und am *Gray's Inn*. Gründer und erster Vorsitzender der Nationalen Union Zyprischer Studenten in England (EFEKA). 1954–1956 Londoner Korrespondent zyprischer Zeitungen und Sekretär von Erzbischof Makarios. 1956 Zusammenarbeit mit dem Panhellenischen Komitee für die Unabhängigkeit Zyperns in Griechenland und New York, wo er Makarios nach dessen Verbannung aus Zypern (1956/57) vertritt. Im März 1957 Rückkehr nach Zypern. 1959 Repräsentant der Zyperngriechen auf der Athener Konferenz über die Anwendung des Bündnisvertrags zwischen Zypern, Griechenland und der Türkei. 1960 erster Justizminister der zyprischen Republik. 07.09.1960–05.05.1972 erster Außenminister. 1967 Präsident des Ministerrates des Europa-Rates. Verfolgt die von Makarios vorgegebene Politik der zyprischen Neutralität und

Blockfreiheit. 05.05.1972 Rücktritt unter dem Druck der Athener Junta. Mit seiner die Politik des Ethnarchen (Kampf gegen die türkische Okkupation, Demilitarisierung eines einheitlichen Inselstaates) unterstützende Demokratische Nationale Partei (DEK) gewinnt er im September 1976 die Mehrheit im Repräsentantenhaus und wird zum Parlamentspräsidenten gewählt. Nach dem Tod von Makarios (03.08.1977) wird Kyprianou verfassungsgemäß zum amtierenden Präsidenten der Republik. 03.09.1977 Bestätigung durch das Repräsentantenhaus. 1978–1983 Wiederwahl. Trotz starker Einbußen seiner konservativen Partei DIKO in den Parlamentswahlen vom Mai 1981, gewinnt Kyprianou ein zweites Mal die Präsidentschaftswahlen vom 13.02.1983. Er gerät wiederholt in Konflikt mit dem Repräsentantenhaus, das ihm eine zu starre Haltung im Zypernkonflikt vorwirft. Da er nach der Verfassung an die Beschlüsse der Legislative nur bedingt gebunden ist, mißlingt 1985 ein Versuch, ihn durch ein Mißtrauensvotum zu stürzen. Die Präsidentschaftswahlen vom 14.02.1988 verliert Kyprianou und landet auf dem dritten Platz. Im Juni 1996 Wiederwahl zum Präsidenten des Repräsentantenhauses.

Lit.: Steinbach, U.: Spyros Kyprianou, in: Orient. 19 (1978) 1, S. 8–10.

Lyssaridi(e)s, Vasos
Geb. 29.04.1920 in Lefkara, Larnaka. Gründer und Vorsitzender der EDEK. 1998 Regierungskoalition mit der DISY.
1947 Abschluß des Medizinstudiums in Athen, Präsident des dortigen zyprischen Studentenvereins. 1949 Niederlassung als frei praktizierender Arzt in Nikosia. 1955–1959 Vorsitzender der Panzyprischen Ärztekammer; er behandelt verletzte Partisanen der EOKA und wird zum Leibarzt von Makarios. 1959 Mitglied der zyprischen Delegation in Zürich und London. Teilnahme an zahlreichen außenpolitischen Missionen. Seit 1960 ununterbrochen Abgeordneter im Repräsentantenhaus, zunächst für die Patriotische Front. 1969/70 Mitbegründer und Vorsitzender der Sozialistischen Partei (EDEK). Aktiver Einsatz gegen die griechische Militärjunta. 30.08.1974 Attentat auf Lyssaridis. 1985–1991 Präsident des Repräsentantenhauses und Vizepräsident der Afro-Asiatischen-Solidaritäts-Organisation (AAPSO) sowie Mitglied des Nationalrates. Mit 10,59% der Stimmen in den Präsidentschaftswahlen von 1998 wird er Koalitionspartner von G. Kliridis und erhält zwei Ministerien.

Lit.: Lyssaridis, V.: Aproskynitoi (Die Stolzen). Thessaloniki 1981.

Lordos, Konstantinos
Geb. 01.03.1940 in Famagusta. 1981–1991 Unternehmer und Abgeordneter der DISY.
Architekturstudium in London. Vorsitzender der zyperngriechischen Studenten in London. Freiberufliche Tätigkeit im Tourismus/Industrie. 1981–1991 Abgeordneter der DISY. Seit 1992 hat sich Lordos aus der aktiven Politik zurückgezogen und widmet sich seinen Unternehmen (*Lordos Organization*). Veröffentlichungen zum Zypern-Problem und zu ökonomischen Fragen.

Makarios III.
Geb. 13.08.1913 in Pano Panagia, Paphos, als Michail Christodoulos Mouskos. Gest. 03.08.1977. 1950–1977 Erzbischof von „Neu-Justiniana und Ganz Zypern". 1960–1977 Staatspräsident der Republik Zypern.
1926 Eintritt in das Kloster Kykko. 1936 Absolvent des Panzyprischen Gymnasiums in Nikosia. 1938 Weihe zum Diakon; als Stipendiat Studium der Theologie in Athen (Examen 1942). 1941–1944 Jurastudium und Mitglied der griechischen Widerstandsbewegung; Diakon in Piräus. 1944 Rückkehr nach Zypern. Am 13.01.1946 Weihe zum Priester und Archimandriten. 1946–1948 als Stipendiat des Weltkirchenrates Postgraduiertenstudien in Soziologie und Theologie an der *University of Boston*. 13.06.1948 Weihe zum Bischof (Metropolit) von Kition (Larnaka). Organisiert im Januar 1950 in den Kirchen-Gemeinden Zyperns eine heimliche Abstimmung für eine Vereinigung der Insel mit Griechenland (*Enosis*); dabei sprechen sich 95,7% der am Plebiszit teilnehmenden Gläubigen für die Union aus. 18.10.1950 Wahl zum Erzbischof und Ethnarchen (Volksführer) der Zyperngriechen. Ruft im Herbst 1955 zum passiven Widerstand gegen die britische Herrschaft auf. Organisiert zusammen mit Grivas die EOKA. 09.03.1956 Zwangsexilierung auf die Seychellen. Ein Generalstreik in Zypern und internationale Proteste bewirken, daß Makarios

am 19.12.1956 nach Athen reisen darf. Ende Februar 1959 Aufhebung des Landesverweises. Makarios wird am 01.03.1959 von den Zyperngriechen stürmisch empfangen. 13.12.1959 Wahl zum ersten Staatspräsidenten der neuen Republik Zypern. Die Konflikte mit den Zyperntürken in Fragen der Verfassungsauslegung spitzen sich zu, weil sich beide Seiten wenig kooperationsfreudig zeigen. Makarios' weitgehender Vorschlag („Zwölf-Punkte-Programm") zur Verfassungsrevision führt schließlich 1963 zur bewaffneten Auseinandersetzung, die 1964 mit der Bildung autonomer zyperntürkischer Enklaven ihren ersten Höhepunkt erreicht. Makarios vertritt, insbesondere nach der Machtergreifung der Militärs in Athen, eine Politik der zyprischen Unabhängigkeit und Neutralität (Blockfreiheit) und festigt somit seine Stellung als Präsident eines unabhängigen Staates. Er gerät damit jedoch in einen offenen Konflikt zur griechischen Junta und den zyperngriechischen Nationalisten um Sampson und Grivas. 1968 und 1973 Wiederwahl mit großer (zyperngriechischer) Mehrheit. Versuche zur Änderung der Abkommen von London und Zürich bleiben angesichts türkischer Invasionsdrohungen und mangelnder internationaler Unterstützung, insbesondere der USA, erfolglos. Der Erzbischof wird am 08.03.1973 vom „Heiligen Synod" für abgesetzt erklärt, nachdem drei der *Enosis* zugeneigten Bischöfe dieses Gremiums bereits ein Jahr zuvor Makarios aufgefordert hatten, sein Präsidentenamt aufgrund der Unvereinbarkeit mit seinem Kirchenamt niederzulegen. Am 05.07.1973 erklärt allerdings der von Makarios bestimmte „Größere Synod" diese Absetzung für rechtswidrig. Zugleich schafft die „EOKA-B" durch Anschläge, Attentatsversuche und Geiselnahmen das Klima für einen Umsturz. Am 30.03.1973 beschuldigt Makarios in einem Zeitungsartikel General Grivas, einen Staatsstreich vorzubereiten und entgeht am 07.10. knapp einem Mordanschlag. Am 02.07.1974, sechs Monate nach dem Tod von Grivas, fordert der zyprische Staatspräsident von Athen die schriftliche Zusage für den Abzug der griechischen Offiziere der zyprischen Nationalgarde. 15.Juli 1974 Putsch der Nationalgarde mit Unterstützung der Obristen in Athen. Mit Hilfe der „EOKA-B" wird eine Gegenregierung unter Führung von Nikos Sampson aufgestellt. Makarios entkommt mit britischer Hilfe nach London und versucht von dort aus, außenpolitische Unterstützung für seine Wiedereinsetzung als Staatspräsident zu gewinnen. Nach der Landung türkischer Truppen bricht der Aufstand auf Zypern nach wenigen Tagen zusammen, und die Putschisten übergeben die Staatsmacht nach nur einer Woche an die zivile Übergangsregierung von G. Kliridis. Schließlich muß auch die Athener Militärregierung wegen des Zypern-Debakels zugunsten von Kostas Karamanlis zurücktreten. Makarios kehrt erst am 08.12.1974 nach Zypern zurück, da wegen der faktischen Teilung der Insel (*Dichotomisi*) seine verfrühte Rückkehr zunächst bei vielen gemäßigten zyperngriechischen Politikern auf Widerstand stößt. Er bemüht sich in Gesprächen mit dem Führer der Zyperntürken, Rauf Denktaş, die Teilung der Insel zu überwinden. Zu diesem Zweck unterschreibt er am 12.02.1977 ein Abkommen (*Makarios-Denktash Guidelines*), wonach Zypern auf der Grundlage einer bi-zonalen Föderation neu organisiert werden solle. Weitere Verhandlungen über die Ausführungsbestimmungen bleiben jedoch erfolglos. Am 03.08.1977 stirbt Makarios an den Folgen eines Herzinfarktes.

Lit: Mayes, S.: Makarios. A Biography. London 1981; Schmidt, K.: Makarios. Kirchenfürst und Volksführer. (Ost-)Berlin 1965; Zelepos, I.: Erzbischof Makarios III. von Zypern und die „Enosis". Kontinuität und Wandel in der Politik Makarios' in der Frage der Vereinigung Zyperns mit Griechenland. (Unveröffentlichte Magister Artium-Hausarbeit). Hamburg 1994.

Markidis, Alekos
Geb. 23.01.1943 in Nikosia. Generalstaatsanwalt (*Attorney-General*).
Jurastudium in Athen und Postgraduiertenstudien in London. Seit 1971 Rechtsanwalt in Nikosia. Gründungsmitglied der konservativen DISY. 1980 Generalsekretär seiner Partei und seit 1985 Abgeordneter sowie Vorsitzender verschiedener Ausschüsse im Repräsentantenhaus. 1993 Wahl zum Vizepräsidenten seiner Partei. Seit April 1995 Generalstaatsanwalt.

Matsis, Ioannis (Giannakis)
Geb. 24.10.1933 in Palaichori, Troodos. 1993–1997 Vorsitzender der DISY.
1954–1959 Mitglied der EOKA-Führung. Aufgrund seiner terroristischen Aktivitäten inhaftieren ihn die Engländer für fast zwei Jahre. 1960 Mitglied der griechischen Kommunalkammer. 1962 Jurastudium in London. 1976 wird Matsis Generalsekretär und später stellvertretender Vorsitzen-

der der konservativen DISY. Seit 1981 Abgeordneter im Repräsentantenhaus. 1993 wird er mit Unterstützung von Kliridis zum Vorsitzenden seiner Partei gewählt. 1997 tritt er zurück.

Michailidis, Alekos Polydorou
Geb. 13.08.1933 in Milikouri, Nikosia. 1977–1981 Parlamentspräsident. 1993–1997 Außenminister.
Wirtschafts- und Rechtsstudien in England und Atlanta. Bis 1972 Geschäftsführer in der Privatwirtschaft, danach freier Touristik-Unternehmer. Gründungsmitglied der konservativen Partei Demokratisches Lager (DIKO). 1976 Wahl zum Abgeordneten im Repräsentantenhaus. 1977–1981 Parlamentspräsident. 1981 Austritt aus der DIKO und Gründung der Neuen Demokratischen Schicht (*Nea Dimokratiki Parataxi* = NEDIPA), deren Vorsitzender er wird. Kandidiert 1981 erfolglos für die Präsidentschaftswahl und tritt 1987 der DISY bei, deren Abgeordneter und stellvertretender Vorsitzender er wird. 1987–1991 stellvertretender Präsident des Repräsentantenhauses. Im Februar 1993 Außenminister. Gerät 1996 in die Schlagzeilen, als er sich eine Ausnahmegenehmigung seiner Regierung für ein Hotelprojekt am Rande des Naturschutzgebietes auf der Akamas-Halbinsel besorgt. Im März 1997 folgt sein Rücktritt aufgrund einer Kabinettsumbildung.

Michailidis, Ntinos
Geb. 26.12.1937 in Limassol. 1985–1988, seit 1993 Innenminister.
Studium der Rechts- und Politikwissenschaften in Griechenland. 1955–1959 Teilnahme am Kampf der EOKA und Verbannung durch die Briten. 1961 Aufnahme in den Diplomatischen Dienst der Republik. 1962–1968 Mitglied der zyprischen Botschaft in Athen. 1969–1972 Leiter des Diplomatischen Büros des Außenministeriums. 1973–1978 Berater der zyprischen Botschaft in Kairo. 1978–1980 diplomatischer Sonderberater des Präsidenten. 1980 Ernennung zum zyprischen Botschafter. 1981 stellvertretender Generaldirektor des Präsidialamtes. 1982–1985 Präsidialminister. 1985–1988 Innenminister. Richter und Rechtsberater in Nikosia. Gründungsmitglied der konservativen DIKO, zu deren Führungskader er gehört. 1992/93 Abgeordneter im Repräsentantenhaus. Seit Februar 1993 Innenminister. Zahlreiche Ehrungen durch die griechische Regierung und die Griechisch-Orthodoxe Kirche.

Mousiouttas, Nikos
Geb. 11.03.1931 in Nikosia. Abgeordneter der DIKO.
1949 Absolvent des Panzyprischen Gymnasiums und Übernahme des väterlichen Betriebes. Nimmt bis zum Juni 1956 am EOKA-Kampf gegen die Briten teil und wird für 30 Monate inhaftiert. Nach 1960 Mitglied der EDMA. 1961–1963 Berufung ins Verteidigungsministerium zum Aufbau der zyprischen Armee. Gründungsmitglied der DIKO. 1976–1980 Mitglied des Polit- und Exekutivbüros der Partei. 1980–1985 Präsident des Provinzialbüros und Mitglied des Zentralkomitees der konservativen Partei DIKO. 1990 Generalsekretär und seit 1985 Abgeordneter.

Omirou, Giannakis
Geb. 18.09.1951 in Kato Paphos. Seit 1981 Abgeordneter der EDEK. Seit 1998 Verteidigungsminister.
Absolvent des Griechischen Gymnasiums in Paphos und Jurastudium in Athen. Seit 1976 Rechtsanwalt in seiner Geburtsstadt. Leistet als Redakteur und Sprecher des Freien Hörfunksenders Pafos offenen Widerstand gegen die Putschisten vom 15.07.1974, die ihn dafür inhaftieren. Seit 1981 Abgeordneter der sozialistischen EDEK und stellvertretender Vorsitzender des parlamentarischen Rechtsausschusses. Übernimmt am 28.02.1998 das Verteidigungsministerium.

Papadopoulos, Tassos
Geb. 07.01.1934 in Nikosia. 1959–1975 Minister in verschiedenen Regierungen. 1976 Präsident des Repräsentantenhauses.
Absolvent des Panzyprischen Gymnasiums und Jurastudium in London (*Gray's Inn*). In verschiedenen Funktionen aktive Teilnahme am EOKA-Kampf gegen die Briten. Verantwortlich für die

politische Erweiterung und Organisation der EOKA. Trotz seiner offenen Ablehnung der Abkommen von London und Zürich wird Papadopoulos 1959 Innenminister. 1960–1964 Minister für Arbeit und soziale Sicherheit. 1964–1967 Landwirtschaftsminister. 1967–1970 Gesundheitsminister. 1970–1975 Vizepräsident des Repräsentantenhauses. 1976 wird er als unabhängiger Kandidat zum Abgeordneten wiedergewählt. 1976–1978 Vertreter der Zyperngriechen in den Gesprächen mit den Zyperntürken. Eintritt in die konservative Partei DIKO und seit 1991 ihr Abgeordneter.

Papaioannou, Ezekias
Geb. 08.10.1908 in Kellaki, Limassol. Gest. 10.04.1988. 1949–1988 Generalsekretär der AKEL.

Absolvent der *American Academy* in Larnaka. Anschließend Minenarbeiter und Englischlehrer. 1935 Eintritt in die Kommunistische Partei Englands und Inhaftierung. 1936 Kampf in den „Internationalen Brigaden" gegen das Franko-Regime in Spanien. 1944–1946 Sekretär des *Committee for Cyprus Affairs* und des Londoner Büros der AKEL. 1946 Rückkehr nach Zypern und Herausgabe der Zeitung *Dimokratis*. 1947–1949 setzt er sich erfolgreich gegen die „Bürgerlichen" durch und wird 1949 Generalsekretär der AKEL. Er bleibt als „orthodoxer" Kommunist in diesem Amt bis zu seinem freiwilligen Rücktritt im März 1988. 1955 erfolgt das Verbot seiner Zeitung, und zusammen mit 135 anderen zyprischen Kommunisten wird Papaioannou von den Briten verhaftet. 1956 Flucht aus der Gefangenschaft. 1960 wird der moskautreue Papaioannou Abgeordneter der AKEL. Obwohl er selten an den Sitzungen des Repräsentantenhauses teilnimmt, bleibt er bis zu seinem Tod dessen Mitglied. Ist auch in der zyprischen Arbeiterbewegung aktiv. Träger des sowjetischen Lenin-Ordens.

Lit.: Papaioannou, E.: Enthymiseis apo ti Zoi mou (Erinnerungen an mein Leben). Nikosia 1988.

Papapetrou, Michalis
Geb. 1947 in Nikosia. 1992–1996 Vorsitzender der ADISOK. Seit 1997 Vizepräsident der EDI.

Jurastudium in Athen und London. 1975–1988 Vorsitzender des jungkommunistischen Verbandes EDON. 1985–1991 Abgeordneter der AKEL. Im Zuge der Perestroika verlangt er zusammen mit anderen Parteigenossen die Demokratisierung der AKEL, die ihn daraufhin ausschließt. 1990 Mitbegründer und 1992–1996 Parteivorsitzender der sozialistischen Reformpartei ADISOK. Nach dem Verlust aller Sitze in den Wahlen vom Mai 1996 tritt Papapetrou zurück. 1997 vereinigt sich die ADISOK mit der Bewegung der Freien Demokraten unter G. Vasileiou zu den Vereinigten Demokraten (EDI). Papapetrou erhält den Posten des Stellvertretenden Vorsitzenden.

Rolandis, Nikos Andrea
Geb. 10.12.1934 in Limassol. 1978–1983 Außenminister der Republik. Seit 1986 Vorsitzender der Liberalen Partei Zyperns. 1991–1996 Abgeordneter. Seit 1998 Industrie-, Handels- und Tourismusminister.

1952–1956 Absolvent des Panzyprischen Gymnasiums und Jurastudium an der *Middle Temple School* in London. 1957–1960 Rechtsanwalt. 1960–1976 Industrieller und Verwalter. Seit 1976 Gründungsmitglied der konservativen DIKO und Abgeordneter im Repräsentantenhaus. 1978–1983 Außenminister der Republik. 1983 Rücktritt wegen Meinungsverschiedenheiten mit dem Präsidenten S. Kyprianou. Im September 1986 gründet er die kleine Liberale Partei Zyperns, deren Vorsitzender er seither ist. 1991–1996 als Abgeordneter steht er in einer Koalition mit der Regierungspartei DISY. Nach den Wahlen vom Mai 1996 verliert er sein Mandat. Zahlreiche Ehrungen in Griechenland, Österreich und dem ehemaligen Jugoslawien. Mehrere Veröffentlichungen in griechischer Sprache. Kandidiert zunächst im Februar 1998 gegen G. Kliridis, um ihn dann in der 2. Runde zu unterstützen. Aufnahme in die Regierung Kliridis.

Sampson, Nikos
Geb. 1935. Zyperngriechischer Nationalist und Verleger. 16.–23.07.1974 Präsident der Putschregierung.

Zivilangestellter in der britischen Armee. Journalismus-Studium in London. 1955, kurz vor der Verhängung des Ausnahmezustandes, Rückkehr nach Zypern. Wird als Aktivist der EOKA im September 1956 unter Mordverdacht festgenommen. Widerruft sein Geständnis mit der Behauptung, er sei gefoltert worden. Am 01.06.1957 wegen Waffenbesitzes zum Tode verurteilt.

10.09.1957 Abwandlung in lebenslängliche Haft und Verlegung nach England. 1959 Begnadigung und Rückkehr nach Zypern. 1960 gründet Sampson mit einem Darlehen des Klosters Kykko die Zeitung *Machi* (Die Schlacht). Er gibt darin zu, den Einsatz gegen die britische Polizei geleitet und einen britischen Hauptmann erschossen zu haben. Während der Auseinandersetzung 1963/64 greift Sampson mit eigenen paramilitärischen Einheiten die Zyperntürken an. Der Einsatz macht ihn als „Türkenfresser" (*Tourkofagos*) bekannt. Verschlechterung der Beziehungen zu Makarios. 1966 antikommunistische Diffamierungskampagne der *Machi* gegen die den Präsidenten unterstützende AKEL („Partei des Verrats"). 1969 gründet Sampson die einflußlose Fortschrittspartei (*Proodevtiki*), der ehemalige EOKA-Mitglieder ebenso wie von der AKEL enttäuschte Kommunisten angehören. 1970 Sampson wird Abgeordneter im Repräsentantenhaus. Er schließt sich Anfang der 1970er Jahre der Terrororganisation „EOKA-B" an. Am 16.07.1974 wird Sampson von den Putschisten der Nationalgarde zum „Präsidenten" ausgerufen; er sieht sich nach dem Einmarsch der türkischen Streitkräfte (20. Juli) am 23.07.1974 zum Rücktritt gezwungen und überträgt G. Kliridis das Präsidentenamt. 1976 wird Sampson verhaftet und wegen „Schädigung der nationalen Interessen Zyperns" zu einer zwanzigjährigen Gefängnishaft verurteilt. 1979 wird er zur Behandlung seines schlechten Gesundheitszustands ins Ausland geschickt. Er kehrt erst 1990 freiwillig zurück. Nach einer kurzen Haftzeit wird Sampson 1992 von Präsident Vasileiou begnadigt. Gründet nach seiner Freilassung erneut die Zeitung *Machi*.

Servas, Ploutis (Savvidis, Ploutarchos)
Geb. 1907 in Limassol. Schriftsteller und ehemaliger kommunistischer Politiker.
Studium der Sozialwissenschaften in Moskau. Gründungsmitglied der ersten kommunistischen Partei Zyperns KKK (1926) und deren Nachfolgepartei AKEL (1941) sowie der Jugendorganisation EDON. 1941–1945 Generalsekretär der AKEL. 1943–1949 Bürgermeister von Limassol. 28.11.1948–09.02.1949 britische Inhaftierung. 1952 wird Servas wegen politischer Richtungsstreitigkeiten mit der griechischen Schwesterpartei (KKE) aus der AKEL ausgeschlossen. Gründungsmitglied der Demokratischen Einheit. Veröffentlicht zahlreiche politische Bücher und Essays. Servas tritt als Schriftsteller aktiv für die Verständigung und die friedliche Koexistenz der beiden großen Bevölkerungsgruppen auf Zypern ein.
Lit.: Servas, P.: Kypriako. „Stratigiki" kai Stratigiki (Die Zypernfrage. „Strategie" und Strategisches). Athen 1989; Servas, P.: Kypriako: Efthynes. (Die Zypernfrage: Verantwortung). 3 Bde. Athen 1980–85.

Sillouris, Dimitris
Geb. 27.07.1953 in Nikosia. 1992–1997 Generalsekretär der DISY.
1971 Absolvent des Panzyprischen Gymnasiums Kykko und Bauingenieur-Studium in London. Führungspositionen in der Jugendorganisation und später in der konservativen DISY. Seit 1991 Abgeordneter im Repräsentantenhaus. 1992 Wahl zum Generalsekretär der DISY. 1997 tritt er zurück.

Tornaritis, Kriton
Geb. 1902 in Limassol. 1960–1984 Generalstaatsanwalt (*Attorney-General*) der Republik Zypern.
Studium der Rechtswissenschaften in Athen, wo er 1923 mit Auszeichnung promoviert. 1946 Postgraduierten-Studien im *Gray's Inn*, London (*Barrister-at-Law*). 1924–1940 Rechtsanwalt in Limassol. 1927–1930 Mitglied des regionalen Bildungsausschusses. 1930–1940 Direktor der griechischen Bildungsanstalten. 1940–1942 Richter. 1942–1944 erster zyperngriechischer Präsident eines Regionalgerichts in Zypern. 1944–1952 Stellvertreter des Obersten Staatsanwalts. 1952–1955 Oberster Staatsanwalt und Mitglied des Exekutivrates. 1955–1959 Mitglied der englischen Kolonialregierung. Mitglied im Gremium zur Änderung der zyprischen Rechtssetzung. 1959/60 Rechtsberater der Verfassungskommission. 1960–1984 Oberster Justizbeamter der Republik. Vertritt Zypern auf vielen internationalen Juristenkonferenzen. Mitautor der Zeitung *Kiryx kai Alitheia* (Prediger und Wahrheit).
Lit.: Tornaritis, K.: Constitutional and Legal Problems in the Republic of Cyprus. Nikosia 1968.

Triantafyllidis, Michalakis

Geb. 12.05.1927 in Nikosia. 1988–1995 Generalstaatsanwalt (*Attorney General*) der Republik Zypern.

1945–1948 Jurastudium in London (*Gray's Inn*). 1948–1959 Rechtsanwalt in Nikosia. 1959/60 Mitglied der zyperngriechischen Delegation zur Verfassungsgebung. 1960–1964 Richter am Verfassungsgerichtshof. 1963–1988 Mitglied der Europäischen Kommission für Menschenrechte. 1964–1971 Richter und von 1971–1988 Präsident am Obersten Gerichtshof (*Supreme Court*). 1988–1995 Generalstaatsanwalt von Zypern. Seit 1995 Vorsitzender des Beirates der Universität von Zypern. Ehrendoktorwürde der Universitäten Thessaloniki und Thrakien.

Vasileiou (Vassiliou), Georgios

Geb. 20.05.1931 in Famagusta. 1988–1993 Staatspräsident der Republik. Unternehmer und Vorsitzender der Bewegung der Freien Demokraten. Seit Mai 1996 Abgeordneter. 1997 Vorsitzender der Vereinigten Demokraten (EDI). 1998 Präsidentschaftskandidat.

Volkswirtschaftsstudium in Genf, Wien und Budapest. 1960–1962 Volkswirt in der englischen *Reed Paper Group*. 1962 Rückkehr nach Zypern und Gründung eines Marktforschungsinstituts für den Nahen und Mittleren Osten (MEMRB), das zum größten seiner Art in dieser Region mit Büros in elf Ländern heranwächst. Politisch unerfahren, kandidiert Vasileiou 1988 als unabhängiger Kandidat für die Präsidentschaftswahlen. Er verspricht, mit Hilfe des noch von Makarios gegründeten Nationalen Rates eine „Wende" in der Politik gegenüber den Zyperntürken einzuleiten. Er setzt sich in der Stichwahl am 21.02. mit Unterstützung der kommunistischen AKEL, zu deren Gründungsmitgliedern seine Eltern gehörten, und der sozialistischen EDEK gegen den Konservativen G. Kliridis durch und wird am 28.02.1988 als Staatspräsident der Republik vereidigt. Vasileiou gelingt die Neuaufnahme des Dialogs mit R. Denktaş und Turgut Özal. Die Verhandlungen mit der türkischen Seite bringen jedoch keine Annäherung zwischen den unterschiedlichen Standpunkten. Im März 1990 betont seine Regierung erneut ihren Willen, die türkische Besetzung Zyperns zu beenden. Von Juli bis November 1992 dauern die unter Leitung des UN-Generalsekretärs aufgenommenen Gesprächsrunden zwischen beiden Volksgruppenführern und enden schließlich wieder einmal ergebnislos. Am 14.02.1993 verliert Vasileiou knapp die Stichwahl zum Staatspräsidenten. Noch im selben Jahr (29.04.) gründet er die Bewegung der Freien Demokraten (*Kinima Eleftheron Dimokraton*), zu deren Vorsitzender er wird. Sein politisches Ziel ist es, die grundsätzliche Erneuerung des politischen Lebens auf Zypern einzuleiten. In den Legislativwahlen vom Mai 1996 erringen er und seine Ehefrau Androulla erstmals zwei Mandate. 1997 wird er Vorsitzender der neuen Partei EDI. Ehrenprofessuren der Universitäten von Athen und Budapest. IM Februar 1998 scheitert er als Präsidentschaftskandidat. Präsident G. Kliridis ernennt ihn zum Leiter der zyprischen Delegation für die Betrittsverhandlungen mit der EU.

Zartidis, Andreas

Geb. 1919 in Nikosia. Gest. 03.08.1997. 1946–1987 Generalsekretär der PEO. Seit 1990 Mitglied der ADISOK.

Aktivist in der zyprischen Arbeiter- und Gewerkschaftsbewegung. 1946–1987 Gründungsmitglied und Generalsekretär der linken Arbeitergewerkschaft PEO. Organisiert die bedeutendsten Arbeiterstreiks in der neueren Geschichte Zyperns (Minenstreik von 1948). 1945–1990 Teilnahme am kommunistischen Weltgewerkschaftsbund. 1961–1990 Mitarbeit in der Internationalen Arbeitsorganisation (ILO) in Genf. Bis 1990 Mitglied des Zentralkomitees und des Politbüros der AKEL. 1960–1990 Abgeordneter. 1987 gibt Zartidis den Posten des Generalsekretärs auf, um einen Generationswechsel zu ermöglichen. Im selben Jahr wird er zum Ehrenpräsidenten der PEO gewählt. Im Zuge der *Perestroika* fordert Zartidis von der Führung der AKEL die Demokratisierung. 1990 Partei- und Gewerkschaftsausschluß. Im selben Jahr gründet Zartidis mit einer Gruppe von ehemaligen Genossen die reformistische linke Partei ADISOK.

II. Zyperntürken

Akinci, Mustafa
Geb. 1947 in Limassol. Seit 1986 Vorsitzender der TKP.
Architekturstudium in Ankara. 1976–1990 Bürgermeister des türkischen Teils der geteilten Stadt Nikosia. Bemüht sich in kommunalen Fragen erfolgreich um enge Kontakte zum griechischen Bürgermeister von Nikosia. Abgeordneter der linksliberalen Kommunalen Befreiungspartei (TKP) und seit 1986 deren Vorsitzender.
Lit.: Akinci, M.: Building the Peace, in: Warreport. 54 (September 1997), S. 22.

Ali, Ihsan
Geb. 1904 in Vretsia, Paphos. Gest. 08.11.1978. 1968–1977 Berater von Präsident Makarios.
Medizinstudium in Istanbul und in der Schweiz (1934 Examen und Doktorat in Genf). Wird als Student stark durch die türkische Nationalbewegung (1923) und den Kemalismus beeinflußt. Tritt 1943 der Organisation der Türkischen Minderheit auf Zypern (KATAK) bei. Praktiziert als Arzt in Paphos und wird dort zum Vorsitzenden des einzigen türkischen Kulturvereins. Wendet sich in den 1950er Jahren gegen die Forderung der zyperntürkischen Führung nach einer Teilung der Insel (*Taksim*). Unterstützt dagegen aktiv die Politik der Unabhängigkeit Zyperns von Großbritannien und die interethnische Zusammenarbeit. 1960 wird Ali zum Mitherausgeber der Zeitschrift *Cumhüriyet* (Republik). Während der Auseinandersetzungen 1963/1964 tritt er für das weitere friedliche Zusammenleben ein und wendet sich gegen jegliche weitere Gewaltanwendung. Die Forderung der zyperntürkischen Führung nach *Taksim* lehnt er weiterhin entschieden ab und zieht nicht in die zyperntürkischen Enklaven. Die zyperntürkische Regierung wirft ihm daraufhin Verrat an der eigenen Volksgruppe vor. 1968–1977 wird Ali zum Berater von Erzbischof Makarios für zyperntürkische Angelegenheiten.

Atakol, Kennan
Geb. 1937 in Gayla, Paphos. 1978–1993 „Außen- und Verteidigungsminister der TRNZ".
Nach dem Besuch der Grund- und Sekundarschule auf Zypern wechselt er auf das Lyzeum von Antalya (Türkei). Anschließend Aufnahme des Bauingenieur-Studiums an der *Technical University of the Middle East* in Istanbul, das er 1961 abschließt. Nach einigen Jahren praktischer Arbeit in Zypern reist er mit einem Fullbright-Stipendium in die USA. Magisterstudium an der Universität von Neu-Mexiko und Doktorat an der *Virginia University*. Nach seiner Rückkehr tritt er der Nationalen Einheitspartei (UBP) bei und wird bei den Wahlen von 1976 erstmals in das zyperntürkische Parlament gewählt. In allen darauf folgenden Wahlen verteidigt er sein Mandat erfolgreich. Im Oktober 1974 wird er Minister für Energie und Rohstoffe. Im Dezember 1978 übernimmt er das Außen- und Verteidigungsministerium, das er bis 1993 als Sprachrohr von R. Denktaş behält. Nach den Wahlen von 1993 ist er in der Opposition als Schattenminister für die Auswärtige Politik zuständig und gehört dem Politischen Komitee seiner Partei an. Obwohl er für den Status quo eintritt, bewegt er sich seit 1995 zunehmend in Richtung auf eine für beide Seiten annehmbare Verhandlungslösung der Zypernfrage hin.

Atun, Hakkı
Geb. 1935 in Famagusta. 1994–1996 „Premierminister der TRNZ". Seit 1996 Parlamentspräsident.
Architekturstudium in Istanbul und Manchester. 1976–1992 Abgeordneter der UBP. 1981/82 Erziehungsminister und 1985–1993 Präsident des zyperntürkischen Parlaments. 1992 Austritt aus der UBP. 1993 Mitbegründer der DP. Nach den Wahlen vom 12.12.1993 bildet Atun am 01.01.1994 mit der CTP eine Koalitionsregierung und wird zum „Premierminister der TRNZ". Mit dem Regierungswechsel vom 16.08.1996 wird er Parlamentspräsident.

Berberoğlu, Ahmet Mithat
Geb. 08.05.1921 in Limassol. 1971–1976 Vorsitzender der CTP.
1950 Jurastudium in Istanbul. Anschließend Anstellung im britischen Konsulat von Izmir. Beginnt seine politische Karriere bereits 1943 in der KATAK. Weiterführende Studien an der *Middle Temple University* in London, wo er 1952 zum *Barrister-at-Law* graduiert. Engagiert sich in den 1950er Jahren gegen die zyperngriechische Forderung nach Anschluß Zyperns an Griechenland (*Enosis*). 1960 Rückkehr nach Zypern und Wahl zum Abgeordneten des Repräsentantenhauses (Distrikt Kyrenia). Wird nach den Auseinandersetzungen von 1963/64 Mitglied der provisorischen Verwaltung (*Genel Komite*) in der zyperntürkischen Enklave. 1967 tritt er zurück, weil er der Führung um F. Küçük und R. Denktaş widerspricht. Gründet am 27.12.1970 die Republikanische Türkische Partei (CTP), deren Vorsitz er übernimmt. Auf Druck der türkischen Regierung, die Denktaş favorisiert, muß er 1973 zusammen mit Küçük seine Kandidatur für die Wahl zum Vize-Präsidenten der Republik zurückziehen. 1975 wird Berberoğlu zum Ehrenvorsitzenden der CTP gewählt. 1976 kandidiert er erneut gegen Denktaş und verliert. Rückzug aus der aktiven Politik.

Bozkurt, İsmail
Geb. 1940 in Agios Theodoros, Larnaka. 1983–1987 Vorsitzender der TKP und des zyperntürkischen Schriftstellerverbandes.
Studium der Politischen Wissenschaften in Ankara. Wird 1976 Abgeordneter. 1983–1987 Vorsitzender der TKP. Während der kurzzeitigen Koalition zwischen TKP und UBP wird er 1985 zum Minister für Tourismus und Kultur. 1987 wird Bozkurt als Vorsitzender der TKP abgewählt und verliert 1990 auch sein Abgeordnetenmandat.

Dedeçay, Servet Sami
Geb. 1929 in Nikosia. 1976, 1981 und 1985 parteilose, unabhängige Präsidentschaftskandidatin, mehrfache Kandidaturen um das Amt des Bürgermeisters von Lefkoşa (Nikosia-Nord).
Absolventin der *American Academy* in Larnaka. Rechtsstudium an der Sorbonne (Kriminologie, Pönologie). 1968 Doktorat und Dozentin an der Atatürk Universität in Erzurum, Türkei. 1972 Rückkehr nach Zypern und Gründung der *Nicosia Private Turkish University*, deren Rektorin sie wird. Dedeçay tritt für soziale Gerechtigkeit und Rechtssicherheit ein. Mehrfach kritisierte sie als überzeugte Sozialdemokratin die Menschenrechtspolitik der zyperntürkischen Regierung.

Denktaş, Rauf Raif
Geb. am 27.01.1924 in Ktima, Paphos. Seit 1983 „Präsident der TRNZ".
Sohn des Richters Mehmet Raif Bey. Absolvent der *English School* in Nikosia und Kolumnist bei der *Halkın Sesi* (Stimme des Volkes). 1944–1947 Jurastudium in London. 1947–1949 Rückkehr nach Zypern und Niederlassung als Rechtsanwalt. 1952 Mitglied des von der britischen Kolonialverwaltung gegründeten Verfassungsrates. Im selben Jahr wird er Mitglied des ebenfalls von den Briten initiierten *Special Committee for Turkish Affairs*. 1956–1958 Staatsanwalt in der englischen Kolonialjustiz. Scheidet 1958 freiwillig aus dem Amt, um sich als gewählter Vorsitzender der *Kıbrıs Türk Kurumlar Federasyonu Başkanı* (Vereinigung zyperntürkischer Organisationen) ganz den Interessen der türkischen Minderheit zu widmen. Wird mit der Gründung der zyperntürkischen Untergrundorganisationen *Volkan* in Verbindung gebracht. Gilt als Mitbegründer der TMT, die für die Teilung der Insel kämpft. 1960–1964 Präsident der türkischen Kommunalkammer. Flüchtet während der Auseinandersetzungen im Dezember 1963 mit seiner Familie in die türkische Botschaft in Nikosia. Im Januar/Februar 1964 nimmt Denktaş als Vertreter der Zyperntürken an der zweiten Londoner Zypernkonferenz teil. Anschließend hält er am 05.03.1964 eine Rede vor der UN-Vollversammlung, auf der er den zyperntürkischen Standpunkt darstellt. Daraufhin droht ihm Präsident Makarios mit der Verhaftung wegen Landesverrats bei seiner Rückkehr. Denktaş geht ins freiwillige Exil nach Ankara. Am 30.10.1967 wird er bei seinem spektakulären Versuch, heimlich nach Zypern einzureisen, verhaftet und am 13.11.1967 nach heftigen Protesten der Türkei wie des zyprischen Vizepräsidenten ausgewiesen. Kann nach der Einigung über die Bildung einer „provisorischen zyperntürkischen Verwaltung" (28.12.1964)

am 13.04.1968 ungehindert nach Zypern zurückkehren, wo er bis 1973 Vizepräsident des Ausführungskomitees zur Durchführung der zyperntürkischen Verwaltung (*Türk Yönetimi Yürütme Kurulu Başkanı Yardımcısı*) wird. 1968–1974 ist er Vertreter der Zyperntürken in den interethnischen Verhandlungen. Tritt für die Bildung eines geschlossenen türkischen Siedlungsgebiets im Wege der Umsiedlung (*Taksim* = Teilung) ein. 1973/74 „Präsident der zyperntürkischen Verwaltung". 1973 wird Denktaş als Nachfolger von Fazıl Küçük zum Vizepräsidenten der Republik proklamiert, ohne dieses Amt jemals auszuüben. Wird am 13.02.1975 „Präsident des zyperntürkischen Bundesstaates". 1981 wird er wiedergewählt. Seit April 1975 leitet Denktaş persönlich die Verhandlungen mit den Zyperngriechen. 1983 wird er „Präsident der Türkischen Republik Nordzypern (TRNZ)", die mit Ausnahme der Türkei international nicht anerkannt ist. Wird seither regelmäßig im Amt bestätigt.

Lit.: Denktash, R.R.: The Cyprus Triangle. London/Boston/Sydney 1982; Denktasch, R.R./Heinze, Ch.: Zum Zypernkonflikt 1987/88. London/Nikosia/Istanbul 1988.

Denktaş, Serdar
Geb. 1959 in Nikosia (Lefkoşa). Seit August 1996 „stellvertretender Premierminister der TRNZ".
Nach dem Studium in Großbritannien (VWL, Druckereiwesen) arbeitet der Sohn von Rauf Denktaş als Verwaltungsdirektor einer zyperntürkischen Bank. Seit 1990 Abgeordneter der UBP. Bis zur Trennung von der Regierungspartei Minister im Innen- und Umweltministerium. Er gehört 1993 zu den Mitbegründern der Demokratischen Partei (DP) und gewinnt für sie bei den vorgezogenen Parlamentswahlen im gleichen Jahr ein Mandat. 1996 wird er zum Vorsitzenden der DP gewählt. Am 16.08.1996 wird er als Koalitionspartner der UBP Tourismus-Minister und „stellvertretender Premierminister" der Regierung Derviş Eroğlu.

Durduran, Alpay
Geb. 1942 in Artemi, Kyrenia. Seit 1989 Vorsitzender der YKP.
Maschinenbaustudium in Istanbul. 1976–1983 Vorsitzender und Abgeordneter der TKP. Nach dem Sieg in den Wahlen von 1981 scheitert sein Versuch, zusammen mit der CTP die Regierung zu übernehmen, am Einspruch der Türkei. 1983 tritt Durduran freiwillig vom Vorsitz der TKP zurück, bleibt aber deren Abgeordneter. 1988 gründet er einen Verein für die Solidarität mit allen Zyprern. 1989 wird er aus der TKP ausgeschlossen und gründet die *Yeni Kıbrıs Partisi*/YKP (Neuzypern Partei), die allerdings nicht im zyperntürkischen Parlament vertreten ist. Tritt für eine Verständigung mit den Zyperngriechen ein und wird deswegen von zypertürkischen Nationalisten verfolgt (1991 Autobombe; 1993 Überfall auf das Parteigebäude). Die Urheber der Anschläge sind bisher unentdeckt geblieben.

Eroğlu, Derviş
Geb. 1938 in Ovgoros, Famagusta. 1985–1990 und seit 1996 „Premierminister der TRNZ".
Medizinstudium in Istanbul. Seit 1976 Abgeordneter der UBP. 1983 Wahl zum Parteivorsitzenden und 1985 zum „Premierminister der TRNZ". 1986 bricht das Koalitionsbündnis mit der TKP auseinander, und die UBP bildet mit der Partei der türkischen Festlandsiedler, der *Yeni Dogus Partisi*/YDP (Neugeburt Partei), eine neue Koalition. Nach den Wahlen von 1990 gelingt es Eroğlu nur durch massive Einmischung seitens der türkischen Regierung, noch einmal Regierungschef zu werden. 1991 zerbricht die politische Übereinstimmung mit R.Denktaş. Seine Anhänger, darunter auch dessen Sohn Serdar, verlassen die UBP und gründen die Demokratische Partei (DP). Nach massivem Druck stimmt Eroğlu schließlich vorgezogenen Neuwahlen zu, die am 12.12.1993 mit einem Sieg der Opposition aus DP und CTP enden. Eroğlu, dessen UBP stärkste Partei bleibt, wird Oppositionsführer. Übernimmt im August 1996 in Koalition mit der DP erneut das Amt des Premierministers.

Ertekün, Mehmet Necati Münir (Sir Münir)
Geb. 07.12.1923 in Nikosia. 1975–1978 Präsident des zyperntürkischen Verfassungsgerichts. 1979–1983 Rechtsberater von Denktaş. 1983–1985 erster „Außen- und Verteidigungsminister der TRNZ".

1935–1939 Ausbildung in der *Bretwood School* in Essex und Jurastudium in Cambridge, England, wo er 1946 mit Auszeichnung graduiert (B. A., M. A.). Anschließend *Barrister-at-Law* in *Gray's Inn*. 1947/48 praktizierender Rechtsanwalt in England und Zypern. 1948–1953 Rechtsberater des englischen Kronrats in Tansania. 1953–1960 Stellvertretender Generalstaatsanwalt (*Solicitor-General*) von Zypern. 1960 türkischer Richter beim Obersten Verfassungsgericht der Republik. 1975–1977 erster „Präsident des Verfassungsgerichts des zyperntürkischen Bundesstaates". 1979–1983 persönlicher Berater von Denktaş und Rechtsbeistand der zyperntürkischen Delegation in den interethnischen Verhandlungen. Anschließend Mitglied der Verfassungsgebenden Versammlung und erster „Außen- und Verteidigungsminister der TRNZ". Sonderberater für Politische Beziehungen im Range eines Botschafters und Mitglied der zyperntürkischen Verhandlungsgruppe in den Gesprächen zwischen den beiden großen Volksgruppen.

Lit.: Ertekün, M. N. M.: Intercommunal Talks and the Cyprus Problem. Oxford 1977; The Cyprus Dispute and the Birth of the Turkish Republic of Northern Cyprus. Oxford 1981 (2. Auflage, 1984); The Status of the Two Peoples in Cyprus. Oxford 1990.

Gazioğlu, Ahmet C.
Geb. 04.02.1931 in Vuda (Kalochorio), Larnaka. Seit 1990 Politischer Berater des „Präsidenten der TRNZ". Direktor des *Cyprus Research and Publishing Centre* (CYREP).
Lehramtsstudium in Ankara und Studium der Internationalen Beziehungen in London. 1954–1962 Schulrektor auf Zypern. 1963/64 Generalsekretär der *Turkish Cypriot Association, London*. 1964–1967 Direktor des Londoner Büros der Zyperntürkischen Gemeinschaft. 1967 weigert sich die Regierung Makarios Gazioğlu zu garantieren, daß er bei seiner Rückkehr keine Anklage wegen Landesverrats zu erwarten hätte. 1969 Besuch auf Zypern. 1971 Gründung eines Buchverlages in Istanbul. 1973 Rückkehr nach Zypern. 1983 gründet Gazioğlu das *Kıbrıs Araştırma ve Yayın Merkezi/Cyprus Research and Publishing Centre* (CYREP). Herausgabe der Zeitschriften *New Cyprus* und *Yeni Kıbrıs*. 1990 wird Gazioğlu zum „Besonderen Berater des Präsidenten der TRNZ für Politische Forschung und Aufklärung" ernannt. Er produziert regelmäßig Radio- und Fernsehprogramme im zyperntürkischen Rundfunk *Bayrak*.

Lit.: Gazioğlu, Ahmet C.: The Turks in Cyprus. A Province of the Ottoman Empire (1571–1878). London 1990.

Gürkan, Ahmet Muzaffer
Geb. 1924 in Larnaka. Ermordet 23.04.1962.
Nach seiner Ausbildung an der privaten *Shakespeare School* Anstellung in der Osmanischen (und später Türkischen) Bank. Übersetzertätigkeit im *American Radio* in Lapta, das Sendungen für die Sowjetunion produziert. Unter den Pseudonymen Muzaffer Aktuğlu, Attila Turanlı, und Odacıoğlu erscheinen mehrere sozioökonomische Artikel aber auch Liebesgedichte in Zeitungen und Magazinen. 1955 Jurastudium in England. Zusammen mit seinem Freund Ayhan Hikmet gründet er am 15.08.1960 die Tageszeitung *Cumhuriyet* (Republik), die bis zum 23.04.1962 kritische Kommentare zur Politik der zyperntürkischen Führung um R. Denktaş und F. Küçük veröffentlicht. In der Nacht zum 24.04.1962 werden beide von Unbekannten erschossen. Die Morde sind bis heute unaufgeklärt geblieben.

Konuk, Nejat
Geb. 1928 in Nikosia. 1976–1978; 1983–1985 „Premierminister der TRNZ".
Jurastudium in Ankara. Tätigkeit als Rechtsanwalt in der Türkei. 1976 erster „Premierminister des zyperntürkischen Bundesstaates". 1979 Trennung von der UBP und Gründung der DHP. 1983–1985 erster „Premierminister der TRNZ". Hat sich danach aus der aktiven Politik zurückgezogen.

Kotak, İsmet
Geb. 1939 in Famagusta. Vorsitzender der DHP.
Studium der Politikwissenschaften in Ankara. Journalist. Dient nach 1974 als Minister in den Regierungen der UBP. Tritt dann aus und arbeitet in verschiedenen Parteien mit. 1990 kandidiert

Kotak für das Wahlbündnis der Sammlungsbewegung des Nationalen Kampfes (DMP). Obwohl die meisten Mitglieder der DMP das zyperntürkische Parlament boykottieren, um gegen die politische Einmischung der Türkei zu protestieren, nimmt Kotak sein Mandat als Abgeordneter wahr. Kotak ist Vorsitzender der *Demokrat Halkci Partisi* (Demokratische Volkspartei = DHP), die nicht mehr im Parlament der „TRNZ" vertreten ist.

Küçük, Fazıl
Geb. 1906 in Nikosia. Gest. 15.01.1984. 1943–1973 Führer der zyperntürkischen Volksgruppe. 1960–1973 Vizepräsident der Republik Zypern.
Medizinstudium in Istanbul, Lausanne und Paris. Kehrt 1938 nach Zypern zurück und ist zunächst als Arzt tätig. Er gründet 1941 die Zeitung *Halkın Sesi* (Stimme des Volkes). 1943 Mitbegründer der KATAK und Wahl zum kommunalen Beirat Nikosias. Verläßt 1944 die KATAK und gründet die *Kıbrıs Türk Milli Birlik Partisi* (Zyperntürkische Nationale Unions Partei), die im Mai 1955 in *Kıbrıs Türktür Partisi* (Zypern ist Türkisch-Partei) umbenannt wird. Tritt seit den 1940er Jahren gegen jede Form der Vereinigung Zyperns mit Griechenland ein. 1958 Rede vor der Generalversammlung der UNO in New York, wo er den zyperntürkischen Standpunkt erklärt. Er tritt gegen die Anschlußforderungen der Zyperngriechen (*Enosis*) ein und setzt auf die ethnische Teilung der Insel. Leitet 1959 die zyperntürkische Delegation in den Konferenzen von Zürich und London und unterschreibt die Verträge im Namen seiner Gemeinschaft. 1959–1973 Vizepräsident der Republik. Bleibt auch nach den Auseinandersetzungen von 1963/64 Führer der zyperntürkischen Gemeinschaft. 1973 wird Küçük mit Zustimmung der Türkei durch R. Denktaş ersetzt. Nach der Teilung der Insel (1974) kritisiert er in der *Halkın Sesi* die Politik seines Nachfolgers. Er beklagt vor allem die verstärkte Zuwanderung von Festlandstürken und Kurden aus Ostanatolien. Begrüßt dagegen 1983 die einseitige Proklamation der „TRNZ" und versöhnt sich schließlich mit Denktaş.

Küçük, Irsen
Geb. 1940 in Nikosia. UBP-Politiker. 1976–1981 „Landwirtschaftsminister des TFSZ".
Landwirtschaftsstudium in Ankara. Tritt 1975 der UBP bei. 1976–1981 „Landwirtschaftsminister des Türkischen Föderativen Staates von Zypern" (TFSZ) und Abgeordneter der UBP. 1984 Austritt aus der UBP. Gründet 1985 die Gesellschaftliche Fortschrittspartei (TAP). Nachdem die TAP 1985 nicht ins Parlament der „TRNZ" einzieht, löst Küçük die Partei wieder auf. 1990 wird er als Abgeordneter der Sammlungsbewegung des Nationalen Kampfes (DMP) gewählt. 1993 kehrt Küçük zurück in die UBP und wird deren Abgeordneter.

Nedjatigil (Nedjati/Necatigil), Zaim M.
Geb. 24.10.1938 in Nikosia. 1975–1990 „Generalstaatsanwalt (*Attorney-General*) der TRNZ". Seit 1994 Mitglied der zyperntürkischen Delegation in den Verhandlungen zwischen den beiden großen Volksgruppen.
Absolvent der *English School* in Nikosia und der *University of Hull*, England. Juni 1961 Graduierung (LL.B) und im Juli 1962 Zulassung zum Rechtsanwalt (*Middle Temple Inn*). Im April 1963 Rückkehr nach Zypern und Aufnahme seiner Rechtsanwaltstätigkeit. 1967 Ernennung zum Bezirksrichter der „zyperntürkischen Administration". September 1968 wird er zum Ratgeber im Büro des zyperntürkischen Generalstaatsanwalts. 1975 Mitglied der Verfassungsgebenden Versammlung und der Expertenkommission zur Ermittlung der Kompetenzen und Funktionsweisen einer zyprischen Föderation (Erste Wiener Konferenz vom 28.04.1975). Anschließend Ernennung zum zyperntürkischen Generalstaatsanwalt. 1991–1994 Abgeordneter der Nationalen Einheits-Partei und Mitglied der zyperntürkischen Delegation in den interethnischen Verhandlungen.
Lit.: Necatigil, Z.: Cyprus: Constitutional Proposals and Developments. Nikosia 1977; The Cyprus Conflict: A Lawyer's View. Nikosia 1981; Our Republic in Perspective. Nikosia 1985; The Cyprus Question and the Turkish Position in International Law. Oxford 1989.

Örek, Osman
Geb. 1925 in Nikosia. 1978 „Premierminister der TFSZ".

Jurastudium in London und Istanbul. 1963 erster Verteidigungsminister der Republik. Wird nach den Auseinandersetzungen von 1963/64 „Minister für Verteidigung (einschließlich Innere Angelegenheiten und Außenbeziehungen) in der zyperntürkischen Verwaltung". Nach der Teilung der Insel (1974) wird Örek als Abgeordneter der UBP Präsident des zyperntürkischen Parlaments. 1978 wird er „Premierminister des zyperntürkischen Bundesstaates", der von der UNO nicht anerkannt wird. Tritt kurz darauf zurück. 1985 zieht er sich ganz aus der aktiven Politik zurück.

Özgür, Özker
Geb. 1940 in Vretscha, Paphos. 1991–1996 Vorsitzender der CTP und 1994–1996 „stellvertretender Premierminister der TRNZ".

Anglistikstudium in Ankara. Seit 1976 Vorsitzender der CTP. 1976 erstmals ins zyperntürkische Parlament gewählt. 1981 scheitert der Versuch der CTP, zusammen mit der TKP von Alpay Durduran und der DHP eine Koalitionsregierung zu bilden, am Widerstand der Türkei. 1989 wird Özgür wegen kritischer Äußerungen gegenüber der Zypern-Politik der türkischen Regierung der Reisepaß entzogen und damit die Einreise in die Türkei an die Erteilung von Sondergenehmigungen gekoppelt. 1990 gründet die CTP zusammen mit der TKP und der DHP die Sammlungsbewegung des Nationalen Kampfes (DMP), die die Wahlen vom 06.05.1990 gegen die regierende UBP verliert. Danach boykottiert Özgür das Parlament der „TRNZ", um gegen eine Beeinflussung der Wahlen durch die Türkei zu protestieren. Nach den Wahlen vom 12.12.1993 bildet die CTP im Januar 1994 mit der DP eine Koalitionsregierung. Özgür nimmt in dieser Regierung das Amt des „stellvertretenden Premierministers" an. Die Reformpolitik Özgürs scheitert sowohl an der Uneinigkeit zwischen Parteibasis und Parteiführung, die zu seinem Rücktritt Anfang 1996 führt, als auch an der unerschütterlichen Machtstellung von R. Denktaş, der mit Rücksichtnahme auf Ankara und seinem eigenen politischen Überleben am Status quo Zyperns festhält.

Talat, Mehmet Ali
Geb. 1952 in Kyrenia. Seit 1996 Vorsitzender der CTP.

Studium des Elektroningenieurwesens an der *Middle East Technical University* in Ankara, wo er zum Vorsitzenden der zyperntürkischen Studentenvereinigung gewählt wird. Seit 1977 aktives Mitglied in der CTP. Wird zum Erziehungs- und Kulturminister in der ersten DP-CTP-Koalitionsregierung. Am 14.01.1996 Wahl zum Vorsitzenden der CTP. Wird zugleich auch „stellvertretender Premierminister". Nach Auflösung der DP-CTP-Koalitionsregierung wird er Oppositionsführer und Kritiker am Kurs von Denktaş.

Talat, Naci (Usar)
Geb. 1945 in Komi Kebir (Büyük Konuk), Famagusta. Gest. 1991. 1973–1991 Generalsekretär der CTP.

Jurastudium in Ankara. Vorsitzender des zyperntürkischen Studentenverbandes in der Türkei. 1973 wird Talat, der zum linken Flügel zählt, Generalsekretär der CTP. 1976 wird er Abgeordneter. Tritt als engagierter Befürworter des interethnischen Friedens auf und gilt als Symbol für die Jugendbewegung in der zyperntürkischen Gesellschaft. 1991 erliegt er einem Krebsleiden. Eine nach ihm benannte Stiftung in der „TRNZ" ist im Bereich von Kultur und Politik tätig.

Zekia, Mehmet Bey
Geb. 1903 in Platanissos, Famagusta. Gest. 1984. 1960–1966 Richter und Vorsitzender am *High Court* der Republik Zypern.

Rechtsstudium in Istanbul und *Barrister-at-Law* an der *Middle Temple School* in London. 1930/31 Mitglied des Gesetzgebenden Rates in Nikosia. 1940–1947 Richter am Bezirksgericht von Limassol. 1947–1952 Gerichtspräsident. 1952–1960 Berufungsrichter und Vorsitzender der Türkischen Gemeinschaft. 1960–1966 Richter und Vorsitzender am *High Court* der Republik Zypern. Anschließend Tätigkeit am Europäischen Gerichtshof für Menschenrechte in Straßburg.

III. Ethno-religiöse Minderheiten

Ashdjian, Antranik

Geb. 1918 in Tarzos, Kilikien (Türkei). 1970–1981 Vertreter der armenischen Gemeinschaft im Repräsentantenhaus der Republik Zypern.

1919 Auswanderung nach Larnaka. Studium der Zahnmedizin an der *American University* und an der Französischen Universität in Beirut. 1962–1967 Fachausbildung in Deutschland, Frankreich und England. Seit 1942 Zahnarzt in Nikosia. 1960–1970 Mitglied des Kommunalrates von Nikosia. 1970–1981 Abgeordneter und Vertreter der armenischen Gemeinschaft. 1975 und 1978 längere Aufenthalte in Deutschland. 1978 Mitglied der zyprischen Delegation in der Generalversammlung der UNO.

Cirilli de Nores, Felix

Geb. 1911 in Larnaka. 1976–1991 Vertreter der Lateiner im Repräsentantenhaus der Republik Zypern.

Ausbildung am Panzyprischen Gymnasium und an der *American Academy* in Larnaka. 1933 Bankier und Gründer des Handelshauses „F.F.Cirilli & Co.". 1947 gründet er die Filmgesellschaft PALLAS Ltd. 1976–1991 Abgeordneter der Lateinischen Glaubensgemeinschaft im Repräsentantenhaus. Seit 1979 Generalkonsul Indiens in der Republik; zahlreiche Ehrungen.

Hadjirousos, Ninos

Geb. 25.12.1945 in Kormakiti, Kyrenia. 1981–1985 Vertreter der Maroniten im Repräsentantenhaus der Republik Zypern.

Absolvent der *English School* in Nikosia. Studium der Rechnungsführung in England und Wales. 1971 Eintritt in die zyprische Repräsentanz der *Arthur Young International* und 1977 Übernahme der Partnerschaft. 1981–1986 Abgeordneter der Maroniten. In den Wahlen vom Mai 1996 verliert er sein Mandat.

Hadjirousos, Antonis

Geb. 20.02.1939 in Kormakiti, Kyrenia. Seit 1996 Vertreter der Maroniten im Repräsentantenhaus der Republik Zypern.

Absolvent der *English School* in Nikosia. Studium der Rechnungsführung in England. Als einer von sieben Kandidaten gewinnt er erstmals in den Wahlen vom 26.05.1996 das Mandat seiner Glaubensgemeinschaft.

Kalaydjian, Petros

Geb. 18.04.1934 in Larnaka. Seit dem 22.10.1995 Vertreter der Armenier im Repräsentantenhaus der Republik Zypern.

Absolvent der *American Academy* in Larnaka und Studium der Betriebswissenschaft an der Universität von Manchester. Seit 1956 Direktor der Familienbetriebe. Vorsitzender zahlreicher armenischer Interessengruppen. Gründungsmitglied der zyprisch-armenischen Gesellschaft. Nach dem Tod seines Bruders Aram wird er am 22.10.1995 von der armenischen Glaubensgemeinschaft zum Nachfolger gewählt. Wiederwahl am 26.05.1996.

Mantovani, Benito

Geb. 27.04.1936 in Larnaka. Seit 1991 Vertreter der Lateiner im Repräsentantenhaus der Republik Zypern.

Studium an der *Indiana University*, USA (B.A. S.C.). 1960/61 arbeitet er in einer italienischen Handelsgesellschaft. 1966 wird er Mitglied des *Institute of Chartered Shipbrokers*. Direktor der *Mantovani Group of Companies*. Gründungsmitglied der *Cyprus American (Academic) Association* und der Handelsgesellschaft Italien-Zypern in Triest. Italienischer Ehrenkonsul in Zypern.

Viele Ehrungen durch die italienische Regierung. Seit 1991 Abgeordneter der Lateinischen Glaubensgemeinschaft.

Mavridis, Ioannis
Geb. 01.12.1922 in Kormakiti, Kyrenia. 1970–1980 bzw. 1986–1990 Vertreter der Maroniten im Repräsentantenhaus der Republik Zypern.

1934–1940 Absolvent der *Samuel Commercial School* und des *Terra Santa College*. Bis 1982 Tätigkeit in der Privatwirtschaft. 1958 Vorsitzender des Maronitischen Bildungsrates. 1960 Wahl ohne Gegenkandidat zum Mitglied der griechischen Kommunalkammer. 1970, 1976 und 1986 wählt ihn die maronitische Glaubensgemeinschaft zu ihrem Abgeordneten.

Pogiadjis, Ioannis
Geb. 13.06.1944 in Nikosia. 1991–1996 Vertreter der Maroniten im Repräsentantenhaus der Republik Zypern.

Absolvent der *English School* in Nikosia. 1963–1969 Studium der Rechnungsführung in England und Wales. Nach der Rückkehr erster Buchprüfer (*Controller*) des zyprischen Rechnungshofs. 1977 gründet er seine private Buchführungsgesellschaft. 1991 Vorsitzender und Generalsekretär der maronitischen Glaubensgemeinschaft. Verliert am 26.05.1996 sein Mandat.

Bibliographie

Jan Asmussen und Peter Zervakis, Hamburg

Gliederung

I. Allgemein
   a) Bibliographien
   b) Allgemeine Darstellungen und Nachschlagewerke
   c) Statistiken
   d) Zeitschriften und Jahrbücher
   e) Atlanten und Karten

II. Voraussetzungen
   a) Geographie
   b) Geschichte

III. Politische Entwicklung
   a) Innenpolitik und Politisches System
   b) Außenpolitik
   c) Sicherheitspolitik
   d) Verfassung und Rechtssystem

IV. Wirtschaft
   a) Wirtschaftssystem
   b) Land- und Forstwirtschaft
   c) Industrie, Handwerk, Bergbau und Energie
   d) Binnenhandel, Verkehr, Infrastruktur und Tourismus
   e) Außenhandel
   f) Raumplanung und Umweltschutz

V. Gesellschaft
   a) Bevölkerungsstruktur
   b) Sozialstruktur
   c) Schulsystem
   d) Hochschule, Wissenschaft und Erwachsenenbildung
   e) Massenmedien und Film

VI. Kultur
   a) Kirchen und Religionsgemeinschaften
   b) Volkskultur
   c) Literatur
   d) Theater
   e) Bildende Kunst
   f) Musik

I. Allgemein

a) Bibliographien

Altan, M.H./McHenry, J.H./Jennings, R.C.: Archival Materials and Research Facilities in the Cyprus Turkish Federated State: Ottoman Empire, British Empire, Cyprus Republic, in: International Journal of Middle East Studies. 8 (1977) 1, S. 29–42.

Andreou, Chr. (Hrsg.): Kyprioi Syngrafeis. Apo tin Archaiotita Mechri Simera. (Zyprische Schriftsteller. Von der Antike bis heute). 8 Bde. Nikosia 1983/84.

Chidiroglou, P.: Symvoloi eis tin Tourkikin Kyprologian (Beiträge zur türkisch-sprachigen Zypern-Forschung), in: Kypriakai Spoudai. 42 (1978), S. 175–186.

Cobham, C.D.: An Attempt at a Bibliography of Cyprus. Nikosia 1889.

Harvey, J.F.: Social Science Research Journal Literature about Cyprus, in: The Cyprus Review. 2 (1990) 2, S. 97–128.

Harvey, J.: The Cyprus Problem: Useful Book, Periodical and Newspaper Sources, in: The Cyprus Review. 1 (1989) 2, S. 113–124.

Jeffery, G. (Hrsg.): An Attempt at a Bibliography of Cyprus. Nikosia 1929.
Kitromilides, P.M./Evriviades, M.L. (Hrsg.): Cyprus. 2. erw. Aufl. Oxford/Santa Barbara 1995 (= World Bibliographical Series, 28).
Koumoulides, J.T.: Cyprus in Recent Bibliography, in: Modern Greek Studies Yearbook. 1 (1985), S. 187–192.
Koundouros, R.: On Greece and Cyprus: Theses Index in Britain 1949–1974. London 1977.
Kyriazis, N.G.: Kypriaki Vivliografia (Zyprische Bibliographie). Larnaka 1935.
Kyrris, K.: Kypriologiki Vivliografia 1980–1987. Schima Analytikis Katataxeos (Merikos Anatheorimenon) (Zyprische Bibliographie 1980–1987. Schema nach analytischer Klassifizierung), in: Epetiris. 13–16 (1984–1987) 2, S. 23–402.
Landau, J.M.: Some Soviet Works on Cyprus, in: Middle Eastern Studies. 11/10 (1975) 3, S. 305–310.
Panagiotou, N.: Kypriaki Vivliografia (Zyprische Bibliographie). Nikosia 1985 ff.
Richter, H.A.: Greece and Cyprus since 1920. A Bibliography of Contemporary History. Heidelberg 1984.
Roussou, M.: Cypriots of the Diaspora: An Annotated Bibliography, in: The Cyprus Review. 3 (1991) 1, S. 87–107.
Turkologischer Anzeiger. Hrsg. Institut für Orientalistik. Wien 1975 ff.

b) Allgemeine Darstellungen und Nachschlagewerke

Ackermann, M.: Türkisch-Zypern. Geschichte und Gegenwart. Heiligenhof/Bad Kissingen 1997 (= Heiligenhofer Studien zu Volksgruppenfragen, 6).
Albrecht, P.-J.: Nord-Zypern. Berlin 1993.
Bunge, F.M. (Hrsg.): Cyprus: A Country Study. 3. Aufl. Washington 1980.
Braun, R.R.: Zypern. Erlangen 1993.
Charalambous, J./Georghallides, G. (Hrsg.): Focus on Cyprus. Proceedings of the Symposia: Cyprus on the Threshold of the European Community. London 1993.
Dodd, C.-H. (Hrsg.): The Political, Social and Economical Development of Northern Cyprus. Huntingdon 1993.
Doğramacı, E./Haney, W./König, G. (Hrsg.): Proceedings of the First International Congress on Cypriot Studies. Gazimağusa (Famagusta) 1997.

Dubin, M.: Cyprus. Rough Guide. London 1993.
Gallas, K.: Zypern. Mit Textbeiträgen von Klaus Hillenbrand. Nürnberg 1996.
Hutchinson, J.T./Cobham, C.D.: Handbook of Cyprus, 1901. Nikosia 1901.
Koudounaris, A.L.: Viografikon Lexikon Kyprion, 1800–1920 (Biographisches Lexikon der Zyprer, 1800–1920). 2. erw. Aufl. Nikosia 1991.
Müller, C./Brey, H. (Hrsg.): APA-Guides Zypern. Berlin 1993.
Panteli, S.: Historical Dictionary of Cyprus. London 1995 (= European Historical Dictionaries, 6).
Papadopoulos, Th. (Hrsg.): Praktika tou Diethnous Kyprologikou Synedriou. (Berichte der internationalen Konferenz über Zyprische Studien). 3 Bde. Nikosia 1985–87.
Papadopoulos, Th./Christodoulou, M. (Hrsg.): Praktika tou Protou Diethnous Kyprologikou Synedriou. (Berichte der ersten internationalen Konferenz über Zyprische Studien). 4 Bde. Nikosia 1972/73.
Pavlidis, A. (Hrsg.): I Megali Kypriaki Enkyklopaideia (Die Große Enzyklopädie Zyperns). 14 Bde. Nikosia 1984–1991.
Schneider, A.: Zypern. 8000 Jahre Geschichte: Archäologische Schätze, Byzantinische Kirchen, Gotische Kathedralen. Köln 1988 ff.
Solsten, E. (Hrsg.): Cyprus. A Country Study. 4. Aufl. Washington 1993 (= Area Handbook Series).
Storrs, R./O'Brien, B.J.: The Handbook of Cyprus. 9. Aufl. London 1930.
Weiß, H.: Zypern. Der nördliche Landesteil. Köln 1994.
Yennaris, C.: Almanac. Cyprus in 400 Pages. Nikosia 1980.

c) Statistiken

K.K.T.C., Devlet Planlama Örgütü (Hrsg.): İstatistik Yıllıgı (Statistisches Jahrbuch). Nikosia 1991.
Republic of Cyprus, Department of Statistics and Research, Ministry of Finance (Hrsg.): Census of Population and Agriculture 1960. Nikosia 1962.
Republic of Cyprus, Department of Statistics and Research, Ministry of Finance, (Hrsg.): Census of Population 1992. Preliminary Results. Nikosia 1993.
Republic of Cyprus, Department of Statistics

and Research, Ministry of Finance (Hrsg.): Agricultural Statistics. Nikosia (jährlich).
Republic of Cyprus, Department of Statistics and Research, Ministry of Finance (Hrsg.): Economic Report. Nikosia (jährlich).
Rustem, K. and Brother (Hrsg.): North Cyprus Almanack. London 1987.
Statistisches Bundesamt (Hrsg.): Länderbericht Zypern. Allgemeine Statistik d. Auslandes. Wiesbaden 1984 ff.
T. R. N. C., Department of Statistics and Research, Ministry of Finance (Hrsg.): Statistical Abstracts. Nikosia (jährlich).
T. R. N. C., Prime Ministry, State Planning Organisation (Hrsg.): Statistical Yearbook. Nikosia (jährlich).
T. R. N. C., Prime Ministry, State Planning Organisation (Hrsg.): Statistical Yearbook. Nikosia 1985 ff.
Turkish Federate State of Cyprus, Prime Ministry, State Planning Organisation, Department of Statistics and Research (Hrsg.): Demographic Report 1982. Nikosia 1983.
Turkish Federate State of Cyprus, Prime Ministry, State Planning Organisation, Department of Statistics and Research (Hrsg.): Statistical Yearbook 1978. Nikosia 1979.

d) Zeitschriften und Jahrbücher

Cahiers d'Etudes Chypriotes. Hrsg. Centre d'Etudes Chypriotes. Paris 1984 ff. (halbjährlich).
Epetiris tou Kentrou Epistimonikon Erevnon (Jahrbuch des Zyprischen Forschungszentrums). Hrsg. Cyprus Research Centre. Nikosia 1967 ff.
Epistimoniki Epetiris tis Kypriakis Etaireias Istorikon Spoudon (Forschungsjahrbuch der Zyprischen Gesellschaft für historische Studien). Nikosia 1992 ff.
Kıbrıs Araştırmaları Dergisi. Journal for Cypriot Studies. Hrsg. Eastern Mediterranean University – Center for Cypriot Studies. Gazimağusa (Famagusta) 1995 ff. (vierteljährlich).
Kültür Sanat Dergisi. (Zeitschift Kultur Kunst). Hrsg. Türk Bankası. Nikosia 1985 ff.
Kypriakai Spoudai (Zyprische Studien). Hrsg. Society of Cypriot Studies. Nikosia 1937 ff. (jährlich).
Laographiki Kypros (Zyprische Volkskultur). Nikosia 1971 (jährlich).
Mediterranean Quarterly. Hrsg. S. Roosevelt, N. Stavrou u. a. Washington, D. C. 1990 ff. (vierteljährlich).
Middle Eastern Studies. Hrsg. E. und S. Kedourie. London 1964 ff. (vierteljährlich).
Orient. Deutsche Zeitschrift für Politik und Wirtschaft des Orients. Hrsg. Deutsches Orient-Institut. Hamburg 1959 ff. (vierteljährlich).
Philologiki Kypros (Philologisches Zypern). Hrsg. Greek Literary Association of Cyprus. Nikosia 1960 ff. (jährlich).
Simeio (Signal). Nikosia 1992 ff. (jährlich).
Südosteuropa-Mitteilungen. Hrsg. Südosteuropa-Gesellschaft. München 1961 ff. (vierteljährlich).
The Cyprus Review. Hrsg. Intercollege und Universität Indianapolis. Nikosia 1989 ff. (halbjährlich).
The Southeast European Yearbook. Hrsg. Hellenic Foundation for Defense and Foreign Policy. Athen 1992 ff.
Thetis. Mannheimer Beiträge zur klassischen Archäologie und Geschichte Griechenlands und Zyperns. Hrsg. R. Stupperich und H. A. Richter. Mannheim 1994 ff. (jährlich).
Yeni Kıbrıs (New Cyprus). Hrsg. Cyprus Research and Publishing Centre. Nikosia 1983 ff.

e) Atlanten und Karten

Ajans-Türk Matabaacılık Sanayii (Hrsg.): Kuzey Kıbrıs Turist Haritası. North Cyprus Tourist Map. Ankara 1987.
Bartholomew (Hrsg.): Cyprus. Scale 1:300 000. Edinburgh 1995.
Christodoulou, M. N./Konstantinides, K. (Hrsg.): A Complete Gazetteer of Cyprus. Bd. 1. Nikosia 1987.
Department of Land and Surveys (Hrsg.): Cyprus Touring Map. Nikosia 1981.
Department of Land and Surveys (Hrsg.): Cyprus. General Use Map. Nikosia 1976.
Hadjipashalis, A./Iacovou M.: Maps and Atlases. Bd. 1. Nikosia 1989.
Kitchener, H. H.: A Trigonometrical Survey of the Island of Cyprus. London 1885.
Kornrumpf, H.-J. und J: An Historical Gazetteer of Cyprus (1850–1987) with Notes on Population. Frankfurt am Main 1990.
Korst, M.: Zypern. Euro-Regionalkarte 1:200000. 2. Aufl. Berlin 1993/94.
Rustem, K. (Hrsg.): Map of Cyprus. North and South. Including Maps of Lefkoşa, Gazimağusa and Girne. Nikosia o. J.
Zimmerer, H.: Die Englische Generalstabskarte von Cypern. München 1888.

II. Voraussetzungen

a) Geographie

Agi, M.: Wetter und Klima im östlichen Mittelmeergebiet unter besonderer Berücksichtigung des Zyperntiefs. Berlin 1968. (= Meteorologische Abhandlungen 75/4)

Bausewein, O./Heinritz, G.: Geschoßwohnungsbau in Nikosia aus sozialgeographischer Sicht, in: Würzburger Geographische Arbeiten. 70 (1988), S. 175–196.

Biddulph, R.: Cyprus. Proceedings of the Royal Geographical Society. London 1889.

Birot, P./de Vaumas, E.: Grands traits morphologiques de l'île de Chypre, in: Ann. Geogr. 72 (1963), S. 385–409.

Boje-Klein, G.: Entstehung, Klassifikation und Bewertung von Böden einer Toposequenz vom Troodos-Massiv nach Nicosia (Zypern). Bonn, Bad-Godesberg 1982.

Danil, G.: Landscapes of Cyprus. London 1990.

Demetriades, K.: Physiographic and Agricultural Regions of Cyprus. (Department of Planning and Housing). Nikosia 1968.

Dreghorn, W.: Guide to the Troodos Mountains. Nikosia 1973.

Dreghorn, W.: Landscapes in Northern Cyprus. Girne (Kyrenia) 1979.

Dreghorn, W.: Rocks and Scenery in the Kyrenia Region. Nikosia 1971.

Goodwin, Jack C.: An Historical Toponymy of Cyprus. 3. Aufl. Nikosia 1978.

Heinritz, G.: Grundbesitzstruktur und Bodenmarkt in Zypern. Eine sozialgeographische Untersuchung junger Entwicklungsprozesse. Erlangen 1975.

Heinritz, G.: Zyperns Siedlungsstruktur im Wandel, in: Acta Geographica Lovanienzia. 34 (1994), S. 597–604.

Katsiambirtas, E. E.: Recorded and Expected Climatological Extremes (Rainfalls, Maximum and Minimum Temperatures, Hourly Winds and Gusts) in Return Periods of 25, 50 and 100 Years in Cyprus, in: Geographical Chronicles. 7/8 (1975), S. 101–111.

Keshishian, K. K.: Nicosia. Capital of Cyprus Then and Now. An Old City Rich in History. With Illustrations and Maps. Nikosia 1990.

Kiesleitner, G.: Beitrag zur Geologie von Zypern, in: Jahrbuch der Geologischen Bundesanstalt. 100 (1957), S. 239–255.

King, R.: North from the Attila Line, in: Geographical Magazine. 52 (1979) 11, S. 122–124.

King, R./Ladbury, S.: Settlement Renaming in Cyprus, in: Geography. 73 (1988), S. 363–367.

Kyriazis, N. G.: Ta Choria tis Kyprou (Die Dörfer Zyperns). Larnaka 1952.

Mathews, J. E.: Cyprus – An Economic Geographic Outline. Nikosia 1964.

Meikle, R. D.: Flora of Cyprus, 2 Bde. London 1977–1985.

Melamid, A.: The Geographical Distribution of Communities in Cyprus, in: The Geographical Review. 46 (1956) 3, S. 355–374.

Oberhummer, E.: Die Insel Cypern. Eine Landeskunde auf historischer Grundlage. München 1903.

Pantazis, Th. M.: An Outline of the Geology and Geomorphology of Cyprus, in: Geographical Chronicles. 1 (1971), S. 5–20.

Republic of Cyprus, Department of Statistics and Research. Ministry of Finance, (Hrsg.): Geographical Codeing System of Towns, Villages and Quarters of Cyprus. Nikosia 1984.

Riedl, H.: Die Physiognomie des Marathasatals – ein Beitrag zur Höhengliederung der Nordseite des Troodosmassivs in Zypern, in: Geographischer Jahresbericht aus Österreich. 29 (1961/62), S. 154–165.

Schmidt, W. F.: Das natur- und kulturbedingte Pflanzenkleid der Insel Zypern, in: Geographische Rundschau. 15 (1963), S. 496–504.

Schmidt, W. F.: Der morphogenetische Werdegang der Insel Zypern, in: Erdkunde. 13 (1959), S. 179–201.

Schmidt, W. F.: Zur Morphologie und Landschaft von Zypern, in: Petermanns Geographische Mitteilungen. 100 (1956), S. 268–277.

Schmidt, W. F.: Zur Struktur und Tektonik der Insel Zypern, in: Geologische Rundschau. 50 (1960), S. 375–395.

Simkins, C. A./Hartmans, E. H./Soteriades, C. G.: Agro-Climatic Zoning – A Tool for Agricultural Development in Cyprus, in: Mediterranea. 3–4 (1964), S. 244–250.

Wales-Smith, B. G.: Diurnal and Seasonal Trough-Induced Surface Pressure Gradients and Winds over Cyprus, in: The Meteorological Magazine. 3 (1984), S. 199–207.

b) Geschichte

Alastos, D.: Cyprus Guerilla. Grivas, Makarios and the British. London 1960.

Alastos, D.: Cyprus in History. London 1955.

Alasya, H. F.: Kıbrıs Tarihi ve Kıbrıs'ta Türk Eserleri (Die zyprische Geschichte und die türkischen historischen Monumente in Zypern). Ankara 1969.

Altan, M. H.: Belgelerle Kıbrıs Türk Vakıflar Tarihi (Die Geschichte des zyperntürkischen Evkaf in Dokumenten). 2 Bde. Girne (Kyrenia) 1986.

Aristidou, A. (Hrsg.): Anekdota Engrafa tis Kypriakis Istorias apo to Archeio tis Ragouzas. (Unveröffentlichte Dokumente zur zyprischen Geschichte aus dem Archiv von Ragusa). Nikosia 1980.

Arnold, P.: Cyprus Challenge: A Colonial Island and its Aspirations: Reminiscences of a Former Editor of the „Cyprus Post". London 1956.

Averoff-Tossizza, E.: Lost Opportunities. The Cyprus Question, 1950–1963. Translated from the Greek by T. Gullen and S. Kyriakides. New York 1986.

Baker, S.: Cyprus as I Saw it in 1879. London 1879.

Barham, R.: Enosis. From Ethnic Communalism to Greek Nationalism in Cyprus, 1878–1955. Diss. Columbia University 1982.

Barker, D.: Grivas: Portrait of a Terrorist. London 1959.

Birken, A.: Die Provinzen des Osmanischen Reiches. Wiesbaden 1976. (= Beihefte zum Tübinger Atlas des Vorderen Orients, Reihe B, 13).

Bizarro, P.: Cyprium Bellum inter Vinetas et Selymum Turcorum Imperatorem Gestum. Basel 1573.

Buzton, D. (Hrsg.): Honours and Awards in the Cyprus Campaign 1955–1959. Royal Navy, Army and Air Force. London 1995.

Byford, J. W.: Grivas and the Story of the EOKA. London 1959.

Cavendish, A. (Hrsg.): Cyprus 1878. The Journal of Sir Garnet Wolseley. Nikosia 1991.

Chacalli, G.: Cyprus under British Rule. Nikosia 1902.

Chasiotis, I. K. (Hrsg.): Ispanika Engrafa tis Kypriakis Istorias (Spanische Dokumente zur zyprischen Geschichte). Nikosia 1972.

Chatzidimitriou, K.: Istoria tis Kyprou (Geschichte Zyperns). Nikosia 1987.

Cheon, de: L'isle de Chypre et la Republique Française au Congrés de Berlin. Paris 1878.

Chidiroglou, P. (Hrsg.): Othomanika Engrafa tis en Kypro, Monis Kykkou (Osmanische Dokumente aus Zypern, Kloster Kykkou). Nikosia 1973.

Choisi, J.: Wurzeln und Strukturen des Zypernkonfliktes 1878 bis 1990. Ideologischer Nationalismus und Machtbehauptung im Kalkül konkurrierender Eliten. Stuttgart 1993. (= Studien zur modernen Geschichte, 43).

Cobham, C. D. (Hrsg.): Excerpta Cypria. Materials for a History of Cyprus. With an Appendix on the Bibliography of Cyprus. Cambridge 1908.

Cobham, C. D. (Hrsg.): Excerpta Cypria (Supplementary Papers). Nikosia 1896/1902.

Collen, E. H. A.: A Report on Cyprus, 1845–1877. Intelligence Branch, Q. M. G. Department. London 1878.

Crawshaw, N.: The Cyprus Revolt. An Account of the Struggle for Union with Greece. London 1978.

Cremeville, V. F. de: Die Insel Cypern. Wien 1879.

Crouzet, F.: Le Conflit de Chypre 1946–1959. 2 Bde. Brüssel 1973/74.

Cyprus Affairs Committee (Hrsg.): Cyprus Presents its Case to the World. London 1950.

Davidson, J. T.: Cyprus. Its Place in Bible History. London 1878.

Dischler, L.: Die Zypernfrage. Frankfurt/Main 1960.

Dixon, W. H.: British Cyprus. London 1879.

Edbury, P.: The Kingdom of Cyprus and the Crusades, 1191–1374. Cambridge 1991.

Emilianides, A.: Histoire de Chypre. Paris 1962.

Engel, W. H.: Kypros. Eine Monographie. Berlin 1841.

Eschavannes, E. D: Notice Historique sur la Maison de Lusignan. Paris 1853.

Fandis, A.: The Cyprus Problem 1950–1960: The Burial of (a „Sweet" Dream) Enosis. Nikosia 1995.

Fisher, F. A.: Cyprus: Our new Colony. London 1878.

Foley, C. (Hrsg.): The Memoirs of General Grivas. London 1964.

Foley, C./Scobie, W.: The Struggle for Cyprus. Stanford 1975.

Folieta, U.: De Causis Magnitudinis Imperii Turcici ac Narratio Belli Cyprii inter Venetos et Turcos Superioribus Annis Gesti. Leipzig 1594.

Foot (Lord Caradon), H: A Start in Freedom. London 1960.

Foot, S.: Emergency Exit. London 1960.
Gavrielidis, A. Ch.: Ta Ethnarchika Dikaiomata kai to Enotikon Dimopsifisma (Die Vorrechte des Ethnarchen und das Plebiszit zur Enosis). Nikosia 1950 (1972).
Gazioğlu, A. C.: The Turks in Cyprus. A Province of the Ottoman Empire (1571–1878). London 1990.
Georghallides, G. S.: A Political and Administrative History of Cyprus 1918–1926. With a Survey of the Foundations of British Rule. Nikosia 1979 (= Texts and Studies of the History of Cyprus, 6).
Georghallides, G. S.: Cyprus and the Governorship of Sir Ronald Storrs: The Causes of the 1931 Crisis. Nikosia 1985.
Georghiadis, C.: I Katagogi ton Kyprion (Die Abstammung der Zyprer). Nikosia 1936.
Georgiadis, K.: Istoria tis Kyprou (Geschichte Zyperns). 2. verb. Auflage, Nikosia 1978.
Gjerstad, E.: Studies on Prehistoric Cyprus. Uppsala 1926.
Grivas, G.: Partisanenkrieg heute. Lehren aus dem Freiheitskampf Zyperns. Frankfurt/Main 1964.
Grivas-Dighenis, G.: Apomnimonevmata Agonos EOKA 1955–1959 (Erinnerungen an den EOKA-Kampf 1955–1959). Athen 1961.
Grivaud, G. (Hrsg.): Excerpta Cypria Nova. Bd. 1. Voyageurs Occidentaux a Chypre au XVéme Siécle. Nikosia 1990.
Härlin, P.: Zypern. Prüfstein der Demokratie. Stuttgart 1956.
Harris, C. B.: Cyprus: its Past, Present and Future. London 1878.
Herquet, K.: Charlotta von Lusignan und Caterina Cornaro – Königinnen von Cypern. Regensburg 1870.
Herquet, K.: Cyprische Königsgestalten des Hauses Lusignan. Halle 1881.
Hill, G. : A History of Cyprus: Bd. 1: To the Conquest by Richard Lion Heart; Bd. 2: The Frankish Period 1192–1432; Bd. 3: 1432–1571; Bd. 4: The Ottoman Province, The British Colony, 1571–1948. Cambridge 1940–1952.
Home, G.: Cyprus: Then and Now. London 1960.
Hubatsch, W.: Der Deutsche Orden und die Reichslehnschaft über Cypern. Göttingen 1955. (= Nachrichten der Akademie der Wissenschaften in Göttingen, 8).
Hunt, D. (Hrsg.): Footprints in Cyprus. An Illustrated History. 2. rev. Aufl. London 1990.
Hunt, D. und I. (Hrsg.): Caterina Cornaro. Queen of Cyprus. London 1989.

Ioannidis, G. K. (Hrsg.): Kypriaka 1878–1955. Nikosia 1986.
Jeffery, G.: Cyprus under an English King in the Twelfth Century. The Adventures of Richard I. and the Crowning of his Queen in the Island. London 1926 (Neuauflage 1973).
Jenness, D.: The Economics of Cyprus. A Survey to 1914. Montreal 1962.
Jennings, R. C.: Christians and Muslims in Ottoman Cyprus and the Mediterranean World, 1571–1640. New York 1993.
Karageorghis, V.: Cyprus. From the Stone Age to the Romans. London 1982.
Kelling, G. H.: Countdown to Rebellion. British Policy in Cyprus, 1939–1955. New York 1990.
Kepiades, G. I.: Apomnimonevmata ton kata to 1821 en ti Niso Kypro Tragikon Skinon (Gedenken an die tragischen Szenen von 1821 auf der Insel Zypern). Alexandria 1888.
Koumoulides, J. T. A.: Cyprus and the War of Greek Independence 1821–1829. rev. und erw. Aufl. London 1974.
Kranidiotis, N.: Diskola Chronia – Kypros 1950–1960 (Schwierige Jahre – Zypern 1950–1960). Athen 1981.
Kranidiotis, N.: I Kypros eis ton Agona tis Elevtherias. I Bretanniki Katochi kai oi Apelevtherotikoi Agones ton Kyprion (Zypern im Kampf um seine Freiheit. Die britische Besatzung und die Freiheitskämpfe der Zyprer). Athen 1958.
Kranidiotis, N.: Oi Diapragmatevseis Makariou-Harding (1955–1956) (Die Verhandlungen zwischen Makarios und Harding, 1955–1956). Athen 1987.
Kranidiotis, N.: The Cyprus Problem. The Proposed Solutions and the Concepts of the Independent and Sovereign State. Athen 1958.
Kyprianos, A.: Istoriki Chronologiki tis Nisou Kyprou (Chronologische Geschichte der Insel Zypern). Venedig 1788 (Neuauflage Nikosia 1971).
Kyprianou, S. A.: The Cyprus Question. London 1956.
Kyrris, C. P. (Hrsg.): The Kanakaria Documents 1666–1850: Sale and Donation Deeds. Nikosia 1987.
Kyrris, C. P.: Peaceful Co-existence in Cyprus under British Rule (1878–1959) and after Independence: An Outline. Nikosia 1977.
Kyrris, C. P.: History of Cyprus. Nikosia 1985.
Kyrris, C. P.: Cyprus between East and West. Nikosia 1964.

Kyrris, K. P.: I Erida ton Dragomon Markoulli kai Georgi (1669–1674) kai oi Scheseis Ellinon kai Tourkon tis Kyprou Tote (Der Streit der Dragomänner Markoullis und Georg [1669–1674] und die damaligen Beziehungen zwischen Türken und Griechen Zyperns). Nikosia 1964.

Kyrris, C. P.: The History of Cyprus. With an Introduction to the Geography of Cyprus. Nikosia 1985.

Lake, C. C.: Ceded Cyprus. London 1878.

Lang, R. H.: Cyprus: Its History, its Present Resources, and Future Prospects. London 1878.

Laub, M.: Last Barrier to Freedom: Internment of Jewish Holocaust Survivors on Cyprus, 1946–1949. Berkeley 1985.

Lazarides, S.: Cyprus 1878–1900. A Historical Recollection of a Bygone Age Through Engravings. Athen 1984.

Le Geyt, P. S.: Makarios in Exile. Nikosia 1961.

Lee, D. E.: Great Britain and the Cyprus Convention Policy of 1878. Harvard 1934.

Löher, F. v.: Cypern in der Geschichte. Berlin 1878.

Loizides, S.: Cyprus Demands Self-Determination. Athen 1956.

Loizides, S.: The Cyprus Question and the Law of the United Nations. Nikosia 1951.

Loizides, S.: The Cyprus Question. Nikosia 1950.

Luke, H. C.: Cyprus Under the Turks, 1571–1878. A Record Based on the Archives of the English Consulate in Cyprus Under the Levant Company and After. London 1921 (Neuauflage 1969).

Luke, H.: Cyprus. A Portrait and an Appreciation. London 1957 (Neuauflage Nikosia 1973).

Lyssiotis, M.: An Analysis of the Cyprus Legislative Council, in: The Cyprus Review. 2 (1990) 2, S. 55–70.

Machairas, L.: Chronikon Kyprou (Zyprische Chronik). Paris 1882 (Neuauflage New York 1980).

Maier, F. G.: Cypern. Insel am Kreuzweg der Geschichte. 2. erw. Aufl. Stuttgart 1982 (1964).

Maier, F. G./Karageorgis, V.: Paphos. History and Archeology. Nikosia 1984.

Martin, W. F.: Cyprus as a Naval Station and a Place of Arms. London 1879.

Mayes, S.: Cyprus and Makarios. London 1960.

McHenry, J. A.: The Uneasy Partnership on Cyprus 1919–1939. The Political and Diplomatic Interaction between Great Britain, Turkey and the Turkish Cypriot Community. New York/London 1987.

Merkelbach, J.: Die Protokolle des Kardialamtes Nikosia aus den Jahren 1105/06 (1693–1695). Übersetzung und Kommentierung. Frankfurt/Main 1991.

Michalopoulos, D.: Presveis tis Kyprou (1950). To Odoiporiko tis Enosis (Die Delegationen Zyperns [1950]. Die Reise der Enosis). Athen 1990.

Mogabgab, Th. H. R.: Excerpts on Cyprus, or further Materials for a History of Cyprus. Nikosia 1945.

Myrianthopoulos, K. I.: Chatzigeorgakis Korneseos, o Dierminevs tis Kyprou, 1779–1809 (Chatzigeorgakis Korneseos, der Dolmetscher Zyperns, 1779–1809). Nikosia 1934.

Neumayr, J. W.: Bellum Cypricum, oder Beschreibung des Krieges welchen 1570-2 der gross Türk Selim wider die Venetianer wegen des Königreichs Cypern geführet. Leipzig 1621.

Newman, Ph.: A Short History of Cyprus. London 1953.

Nicolaou, M.: Prosopography of Ptolemaic Cyprus. Göteborg 1976.

Olivier Testaferrata, G. P./Galizia, E. L.: Report on Lands in Cyprus for a Maltese Settlement. London 1880.

Orr, C. W. J.: Cyprus under British Rule. London 1918 (Neuauflage 1972).

Papadopoulos, Th. (Hrsg.): Istoria tis Kyprou. Bd. 4: Mesaionikon Vasileion. Enetokratia (Geschichte Zyperns. Das mittelalterliche Königreich. Die Herrschaft Venedigs). Lefkosia 1995 (= Idryma Archiepiskopou Makariou III.).

Paisios, L.: Encheiridion Topografias kai Istorias tis Nisou Kyprou (Handbuch zur Topografie und Geschichte der Insel Zypern). Varosha 1887.

Panteli, S.: A New History of Cyprus. From the Earliest Times to the Present Day. Introduction by C. M. Woodhouse. London 1984 ff.

Papadimitris, P. (Hrsg.): Istoriki Egkyklopaideia tis Kyprou 1878–1978 (Historische Enzyklopädie Zyperns 1878–1978). 16 Bde. Nikosia 1979/80.

Papadopoullou, Th. (Hrsg): Proxenika Engrafa tou ITH Aionos (Konsularische Berichte des 19. Jahrhunderts). Nikosia 1980.

Papadopoulos, Th.: Social and Historical Data on Population (1570–1881). Nikosia 1965.

Peltenburg, E. (Hrsg.): Early Society in Cyprus. Edinburgh 1989.

Pissas, M.: Constitutional Offers and Facts about Cyprus. London 1958.
Pouradier Duteil, P. und A.: Chypre au Temps de la Révolution Française d'áprès les Dépeches du Consul de France à Larnaca. Nikosia 1989.
Pouradier Duteil-Loizidou, A. (Hrsg.): Consulat de France à Larnaca (1660–1696). Documents Inédits pour Servir à l'Histoire de Chypre. Bd. 1. Nikosia 1991.
Purcell, H. D.: Cyprus. London 1969.
Reddaway, J.: Burdened with Cyprus. The British Connection. London 1986.
Reinhard, J. P.: Vollständige Geschichte des Königreichs Cypern. Erlangen 1766 (1799).
Richard, J. (Hrsg.): Chypre sous les Lusignan. Documents Chypriotes des Archives du Vatican XIe et XVe Siècle. Paris 1962.
Richard, J./Papadopoulos, Th.: Le Livre des Remenbrances de la Secréte du Royaume de Chypre (1468–1469). Nikosia 1983.
Ritter zu Helle von Samo, A.: Das Vilayet der Inseln des Weissen Meeres, das privilegierte Beylik Samos und das selbständige Mutessariflik Cypern (Kybris), nach geographischen, militärischen und national-ökonomischen Notizen aus den Tagebüchern des früheren K.K. Militär-Attachés der österreichisch-ungarischen Botschaft in Constantinopel. Wien 1876.
Rizopoulou-Igoumenidou, E: To Archontiko tou Dragomanou tis Kyprou Chatzigeorgaki Kornesiou (Das Herrenhaus des zyprischen Dragoman Chatzigeorgakis Kornesios). Nikosia 1991.
Royal Institute of International Affairs (Hrsg.): Cyprus. Background to Enosis. Oxford 1958.
Royal Institute of International Affairs (Hrsg.): Cyprus. The Dispute and the Settlement. Oxford 1959.
Salvator von, L.: Levkosia, die Hauptstadt von Cypern. Prag 1873 (London 1881).
Sandford, C.W.: England's Rule in Cyprus. A Sermon. Oxford 1878.
Sassenay, M. de: Chypre. Histoire et Géographie. Paris 1878.
Saville, A. R.: Cyprus. Intelligence Branch, Q. M. G. Dept. London 1878.
Schneider, K.: Cypern unter den Engländern. Reise-Skizzen. Köln 1879.
Smith, A.: Through Cyprus. London 1887.
Spyridakis, C.: A Brief History of Cyprus. Nikosia 1974.
Stephens, R.: Cyprus. A Place of Arms. Power Politics and Ethnic Conflict on the Eastern Mediterranean. London 1966.
Stevenson, E. S.: Our Home in Cyprus. London 1880.
Stewart, B.: My Experience of the Island of Cyprus. London 1906.
Storrs, R.: A Chronology of Cyprus. Nikosia 1930.
Storrs, R.: Orientations. London 1937.
Stylianou, A./Judith, A.: Byzantine Cyprus. Nikosia 1948.
Surridge, B. J.: A Survey of Rural Life in Cyprus. Based on Reports of Investigators who Visited Villages throughout the Colony during 1927 and 1928. And Amplified by Statistical and other Information from the Records of Government. Nikosia 1930.
Tenekidis, J./Kranidiotis G. (Hrsg.): Kypros. Istoria, Provlimata kai Agones tou Laou tis (Zypern. Geschichte, Probleme und Kämpfe seines Volkes). Athen 1981.
Theocharidis, Th.: Dyo Skinai tis Kypriakis Istorias (Zwei Akte der zyprischen Geschichte). Larnaka 1884.
Theocharidis, I. (Hrsg.): Katalogos Othomanikon Engrafon tis Kyprou apo ta Archeia tis Ethnikis Bibliothikis tis Sofias (1571–1878). (Katalog der osmanischen Dokumente Zyperns aus den Archiven der Nationalbibliothek Sofia, 1571–1878). Nikosia 1984.
Thomson, J.: Through Cyprus with the Camera in the Autumn of 1878. London 1879 (Neuauflage 1985).
Tremayne, P.: Below the Tide. London 1958.
Trietsch, D.: Cypern: eine Darstellung seiner Landesverhältnisse, besonders in politischer und wirtschaftlicher Beziehung. Frankfurt 1911.
Tsolaki, A. L.: Politiki Istoria tis Neoteras Kyprou (Politische Geschichte des neueren Zypern). Famagusta 1972.
Turkish Embassy, London (Hrsg.): Turkey and Cyprus. A Survey of the Cyprus Question with Official Statements of the Turkish Viewpoint. London 1956.
Tzermias, P.: Geschichte der Republik Zypern. Mit Berücksichtigung der historischen Entwicklung der Insel während der Jahrtausende. 2. Aufl. Tübingen 1995 (1991).
Vondizianou, K. A.: Istoria tis Nisou Kyprou (Geschichte der Insel Zypern). Athen 1877.
Wallace, P.W./Orphanides, A.G. (Hrsg.): Greek and Latin Texts to the Third Century A. D. Nikosia 1990.
Xydis, S. G.: Cyprus: Conflict and Conciliation 1954–1958. Ohio 1967.

III. Politische Entwicklung

a) Innenpolitik und Politisches System

Adams, T.W.: AKEL: The Communist Party of Cyprus. Stanford 1971.

Ajans-Turk Press (Hrsg.): Cyprus: Turkish Reply to Archbishop Makarios' Proposals. Ankara 1964.

Aliriza, B.: The Cyprus Problem Revisited. Carnegie Foundation. New York 1993.

Asmussen, J.: Der Zypernkonflikt. Ursachen und Echo im Spiegel der Weltöffentlichkeit 1960–1986. Unveröffentlichte Magisterarbeit. Kiel 1990.

Attalides, M. (Hrsg.): Cyprus Reviewed. Nikosia 1977.

Axt, H.J.: Zypern und die Europäische Union. Beitritt einer geteilten Insel. Bonn 1994.

Axt, H.-J./Brey, H. (Hrsg.): Cyprus and the European Union. New Chances for Solving an Old Conflict? München 1997 (= Südosteuropa-Aktuell, 23).

Aziz, I.: Kıbrıs Türk Toplumunun Gecmısı Tarihsel Gelismeler. To Parelthon kai i Poria tis Tourkokypriakis Koinotitas. The Historical Course of the Turkish Cypriot Community. Nikosia 1981.

Ball, G.W.: The Past Has Another Pattern. New York/London 1982.

Birand, M.A.: 30 Hot Days. London/Nikosia/Istanbul 1985.

Barnabas, P. (Hrsg.): PEO 50 Chronia/PEO 50 Yil/PEO 50 Years. o.O. (Nikosia) 1991.

Battle, L./Williams, D.: Cyprus. A Decade of Crisis. Washington 1974.

Berner, U.: Das vergessene Volk. Der Weg der Zyperntürken von der Kolonialzeit zur Unabhängigkeit. Pfaffenweiler 1992.

Bilge, S.: Le Conflit de Chypre et les Chypriotes Turcs. Ankara 1961.

Birand, M.A.: 30 Hot Days. London/Nikosia/Istanbul 1985.

Bitsios, D.: Cyprus. The Vulnerable Republic. Thessaloniki 1975.

Casdaglis, E.(Hrsg.): Cyprus '74. Aphrodite's Other Face. Athen 1976.

Christoforou, Ch.: I Machi tis Levkosias. Kritiki-Epistimoniki Analyi tis Eklogis Dimorchou sti Levkosia to 1991 (Der Kampf um Nikosia. Kritisch-wissenschaftliche Analyse der Kommunalwahlen in Nikosia 1991). Nikosia 1991.

Clerides, G.: Cyprus: My Deposition. 4 Bde. Nikosia 1989–1992.

Clerides, L.: The Demands of the Turkish Cypriot Community since 1955. Nikosia 1974.

Denktash, R.R.: The Cyprus Triangle. Überarbeitete Ausg. Nikosia 1988.

Denktash, R.: The Cyprus Problem. Nikosia 1974.

Dodd, C.H.: The Cyprus Issue. A Current Perspective. 2. Aufl. Huntingdon 1995.

Economides, Ch.: Demythologised History of the Cyprus Problem in the Past 50 Years. Nikosia 1993.

Ertekün, M.N.: The Cyprus Dispute and the Birth of the Turkish Republic of Northern Cyprus. Nikosia 1979.

Ertekün, N.M.: A Tale of Two Peoples Inhabiting one Island, in: Turkish Review. 4 (1990) 21, S. 45–68.

Evdokas, M.D.: The Symbiosis of the Two Communities and the Emotional Factors Used to Promote Partition. Nikosia 1978.

Feyzioglu, T./Ertekün, N.M.: The Crux of the Cyprus Question. Nikosia 1988.

Foley, C.: Legacy of Strife. Cyprus from Rebellion to Civil War. Harmondsworth 1964.

Franz, E.: Der Zypernkonflikt. Chronologie-Pressedokumente-Bibliographie. Hamburg 1976.

Georghiadis, A.: Die Zypernfrage. Bonn 1963.

Gürbey, G.: Zypern. Genese eines Konflikts. Eine Analyse der Konfliktursachen. Pfaffenweiler 1988.

Hal, K. (Hrsg.): Cyprus 1946–1968. New York 1970.

Halkin, S.: The Cypriot Turkish Case and Greek Atrocities in Cyprus. Nikosia 1964.

Heinze, C.: Cyprus Conflict 1964–1985. London/Nikosia/Istanbul 1986.

Hillenbrand, K.: Ethnische Konflikte im Urbanen Raum. Das Beispiel Nikosia. Berlin 1994. (= Ethnizität und Gesellschaft: Occasional Papers, 27)

Hitchens, Ch.: Hostage to History. Cyprus from the Ottomans to Kissinger. 2. Aufl. New York/London 1997 (1984).

House of Representatives: Rules of Procedure of the House of Representatives of the Republic of Cyprus. Nikosia 1989.

Ioannides, C.P. (Hrsg.): Cyprus. Domestic Dynamics, External Constraints. New York 1992.

Ioannides, Ch. P: In Turkey's Image. The Transformation of Occupied Cyprus into

a Turkish Province. New Rochelle, N.Y. 1991.
İsmail, S.: 100 Sorunda Kıbrıs Sorunu (Das Zypernproblem in 100 Fragen). Nikosia 1992.
İsmail, S.: 20 July Peace Operation. Reasons, Development and Consequences. Istanbul 1989.
Karouzis, G.: Proposals for a Solution to the Cyprus Problem. Nikosia 1976.
Katsikides, S.: The Development and the Structure of the Trade-Union Movement and the Industrial Relations in the Republic of Cyprus. University of Linz 1985.
Katzikides, S.A.: Arbeiterbewegung und Arbeitsbeziehungen auf Zypern 1910–1982. Frankfurt/Main 1988.
Kienitz, F.-K.: Die neue Republik Cypern. Tatsachen und Probleme. Hamburg 1960.
Konstantinides, A.: To Kypriako: Mythologia kai Pragmatikotita (Das Zypern-Problem: Märchen und Wirklichkeit). Athen 1976.
Koumoulides, J.T.A. (Hrsg.): Cyprus in Transition 1960–1985. London 1986.
Kranidiotis, N.: Dio Krisimes Faseis tou Kypriakou (Zwei kritische Phasen in der Zypernfrage). Athen 1986.
Kypriako Kentro Meleton (KYKEM) (Hrsg.): Omospondia Kai Kypriako (Föderation und Zypernfrage). Nikosia 1987.
Kyriakides, S.: Cyprus Constitutionalism and Crisis Government. Philadelphia 1968.
Kızılyürek, N.: I Kypros Peran to Ethnos. Ulus Ötesi Kıbrıs (Zypern jenseits der Nation). Nikosia 1993.
Liebe, K. (Hrsg.): Zypern – Der „vergessene" europäische Konflikt. Unkel 1994.
Loizos, P.: The Hard Grown Bitter. A Chronicle of Cypriot War Refugees. Cambridge 1981.
Markides, K.C.: The Rise and Fall of the Cyprus Republic. New Haven, London 1977.
Mavrouleas, N.: Entstehungsbedingungen, Bestimmungsfaktoren und Entwicklung des Zypernkonflikts nach dem Zweiten Weltkrieg. Osnabrück 1978.
Mayes, S.: Makarios. A Biography. London/New York 1981.
Nagy, T.G.: Das Land Makarios. München 1968.
Necatigil, Z.M.: Our Republic in Perspective. Nikosia 1985.
Nejatigil, Z.M.: The Cyprus Conflict. A Lawyer's View. Nikosia 1981.
Noël-Baker, F.: My Cyprus File. From my Personal Records, 1956–1984. London 1985.
O.V. (Pankypria Ergatiki Omospondia): Istoria PSE-PEO 1941–1991 (Geschichte PSE-PEO 1941–1991). Nikosia 1991.
Oberling, P.: The Road to Bellapais. New York 1982.
Paeonidis, P.: Andreas Ziartides. Nikosia 1995.
Papadopoulos, T.: Cyprus. Development and Realities. Nikosia 1969.
Papageorgiou, S.: Makarios: Poreia dia Pyros kai Siderou (Makarios: Der Weg durch Feuer und Eisen). Athen 1976.
Papaioannou, E.: Enthymiseis apo ti Zoi mou. (Erinnerungen aus meinem Leben). Nikosia 1988.
Papaioannou, I.A.: Politics in Cyprus Between 1960 and 1981. Nikosia 1984.
Patrick, R.: Political Geography and the Cyprus Conflict 1963–1971. University of Waterloo 1976.
Pazarkaya, Y.: Zypern. Berlin 1974.
Polyviou, P.: Cyprus. Conflict and Negotiations 1960–1980. New York/London 1980.
Polyviou, P.: Cyprus. The Tragedy and the Challenge. London 1975.
Press- and Information Office (Hrsg.): The Turkish Cypriot Political Parties. Nikosia 1989.
Publication Department of the Greek Communal Chamber (Hrsg.): Cyprus. A Handbook on the Islands Past and Present. Nikosia 1964.
Poumbouris, M: Meres Dokimasias (Tage der Prüfung). Nikosia 1993.
Purcell, H.D.: Cyprus. London 1968.
Salih, H.J.: Cyprus: An Analysis of Cypriot Political Discord. New York 1968.
Salih, H.J.: Cyprus: The Impact of Diverse Nationalism on a State. Alabama 1978.
Seligman, A.: The Turkish People of Cyprus. London 1956.
Servas, P.: Ena Allo Mnimosyno. (Ein anderes Gedenken). Nikosia 1989.
Servas, P.: Kypriako. „Stratigiki" kai Stratigiki (Die Zypernfrage. „Strategie" und Strategie). Athen 1989.
Servas, P.: Kypriako: Efthynes. (Die Zypernfrage: Verantwortungen) 3 Bde. Athen 1980–85.
Slocum, J.H.: The Development of Labour Relations in Cyprus. Nikosia 1972.
Sonyel, S.R.: Cyprus: The Destruction of a Republic. British Documents, 1960–65. Huntingdon 1997.
Stavrinides, Z.: Cyprus Conflict. National Identity and Statehood. Wakefield 1976.
Stephans, R.: Cyprus. A Place of Arms. Power

Politics and Ethnic Conflict in the Eastern Mediterranean. London 1966.
Tatli, S.: Der Zypernkonflikt. Pfaffenweiler 1986.
Ténékides, G.: Chypre. Histoire Récente et Perspectives d'Avenir. Paris 1964.
Tenekides, G.: Zypern. Jüngste Geschichte und politische Perspektiven. München 1966.
Theophylactou, D. A.: Security, Identity, and Nation Building. Cyprus and the EU in Comparative Perspective. Avebury 1995.
Torfallis, K.: A Short Political Geography of Cyprus. London 1967.
Tsolakis, A.: Politiki Istoria tis Neoteras Kyprou (Neuere politische Geschichte Zyperns). Nikosia 1972.
Turkish Communal Chamber (Hrsg.): Conspiracy to Destroy the Republic of Cyprus. Nikosia 1969.
Turkish Communal Chamber (Hrsg.): History Speaks. Nikosia 1964.
Turkish Communal Chamber (Hrsg.): The Turkish Case 70:30 and the Greek Tactics. Nikosia 1963.
Turkish National Party (Hrsg.): Who is At Fault? Nikosia 1964.
Vanezis, P. N.: Cyprus. The Unfinished Agonie. London 1977.
Vanezis, P. N.: Makarios: Faith and Power. London 1971.
Vanezis, P. N.: Makarios: Pragmatism v. Idealism. London 1974.
Vanezis, P. N.: Makarios: Life and Leadership. London 1979.
Volkan, V. D.: Cyprus – War and Adaptation. A Psychoanalytic History of two Ethnic Groups in Conflict. Charlottesville 1979.
Wenturis, N.: Der Integrationsprozeß im politischen System der Republik Zypern. Tübingen 1970.
Wolfe, J. H./Heinritz, G./Hilf, R. u. a.: Zypern: Macht oder Land teilen? München 1987.
Worsley, P./Kitromilides, P. (Hrsg.): Small States in the Modern World: The Conditions of Survival. Nikosia 1979.
Xydis, S. G.: Cyprus: Reluctant Republic. Den Haag 1973.

b) Außenpolitik

Adams, T. W./Cottrell, A. J.: Cyprus Between East and West. Baltimore 1968.
American Hellenic Institute (Hrsg.): Crisis on Cyprus. A Report Prepared for the Subcommittee to Investigate Problems Connected with Refugees and Escapees for the Committee on the Judiciary of the United States Senate. Washington 1975.
Attalides, M.: Cyprus. Nationalism and International Politics. Edinburgh 1979.
Bahcheli, T.: Greek-Turkish Relations Since 1955. Boulder/London 1990.
Birand, M. A.: 30 Hot Days. Oxford 1985.
Bölükbaşi, S.: The Super-Powers and the Third World: Turkish-American Relations and Cyprus. Lanham 1988.
Coufoudakis, V.: Essays on the Cyprus Conflict. New York 1976.
Couloumbis, Th. A./Hicks, S. (Hrsg.): U. S. Foreign Policy toward Greece and Cyprus: The Clash of Principle and Pragmatism. Washington 1975.
Couloumbis, Th.: Greek Political Reaction to American and NATO Influences. New Haven 1966.
Cyprus Public Information Office (Hrsg.): Facilities Granted to Turkish Cypriots: An Analysis of Government Policy. Nikosia 1970.
Cyprus Public Information Office (Hrsg.): Plans for Partition and the Constitution of Cyprus. Nikosia 1964.
Cyprus-Turkish Cultural Association (Hrsg.): Cyprus: Why? Why? Ankara 1964.
Dabag, M./Şen, F./Yiallourides, C.: Der griechisch-türkisch-zypriotische Konflikt als internationaler Modellkonflikt. Bestandsaufnahme und Lösungsstrategien anhand empirischer Untersuchungen gesellschaftlicher Subsysteme. Athen/Bochum/Bonn 1986.
Drevet, J.-F.: Chypre Île Extrême. Chronique d'une Europe Oubliée. Paris 1991.
Dülffer, J./Mühleisen, H.-O./Torunsky, V.: Inseln als Brennpunkte internationaler Politik. Konfliktbewältigung im Wandel des internationalen Systems 1890–1984. Kreta, Korfu, Zypern. Köln 1986.
Ecevit, B.: The Cyprus Question. Nikosia 1984.
Economides, Ch.: The Problem Confronting Cyprus. Nikosia 1964.
Ehrlich, T.: International Crises and the Role of Law. Cyprus 1958–1967. London 1974.
Gobbi, H. J.: Rethinking Cyprus. Tel Aviv 1993.
Grandi, B.: Profili Internazionali della Questione di Cipro. Milano 1983.
Hart, P. T.: Two NATO Allies at the Threshold of War: Cyprus. A Firsthand Account of

Crisis Management, 1965–1968. Durham 1990.
HMSO (Hrsg.): House of Commons; Foreign Affairs Committee: Third Report. Session 1986–87: Cyprus. London 1987.
Ierodiakonou, L.: The Cyprus Question. Stockholm 1971.
Institut de Politique Etrangère (Hrsg.): Chypre. Mythes et Réalités, 23 Questions, 23 Réponses. Ankara 1983.
Joseph, S.J.: Cyprus: Ethnic Conflict and International Politics: From Independence to the Threshold of the European Union. 2. Aufl. New York 1997 (1985).
Kadritzke, N./Wagner, W.: Im Fadenkreuz der NATO. Ermittlungen am Beispiel Cypern. Berlin 1976.
Kienitz, F.K.: Die neue Republik: Tatsachen und Probleme. Hamburg 1960.
Korkut, F.C.: A Comparative Case Analysis of U.S. Crisis Diplomacy: Cyprus, 1963–64 and 1974. University of Alberta 1987.
Kypriako Kentro Meleton (KYKEM) (Hrsg.): Elliniki Exoteriki Politiki kai to Kypriako 1974–1987 (Die griechische Außenpolitik und die Zypernfrage 1974–1987). Nikosia 1988.
Kypriako Kentro Meleton (KYKEM) (Hrsg.): I Diethnis Ptychi tou Kypriakou (Die internationale Option der Zypernfrage). Limassol 1989.
Kyrris, C.P.: I Kypros Metaxi Anatolis Kai Diseos Simeron (Zypern zwischen Ost und West heute). Nikosia 1964.
Kyrris, K.P.: Kypros, Tourkia kai Ellinismos. Thesmoi, Domes, Scheseis, Provlimata. M' Epilogo gia tis Anatolikes Spoudes ston Elliniko Choro (Zypern, Türkei und der Hellenismus. Institutionen, Strukturen, Beziehungen, Probleme. Mit einem Epilog bezüglich der Nahost-Studien im griechischen Raum). Nikosia 1980.
Le Monde (Hrsg.): Chypre – Carrefour entre l'Occident et l'Orient. Paris 1968.
Ligeros, S.: Kypros. Sta Oria tou Afanismou (Zypern. An den Grenzen der Vernichtung). Athen 1993.
Maeeizade, D./Arin, E.: The Truth about the Cyprus Problem. Istanbul 1964.
Miller, L.B.: Cyprus. The Law and Politics of Civil Strive. Cambridge/Mass. 1968.
Nowacki, H.: Der Zypernkrieg 1974. Eine Analyse seiner Ursachen. Hamburg 1982.
Orek, O.: Injustices in the Application of the U.N. Development Programme in Cyprus. Nikosia 1973.
Paul, J.P.: A Study in Ethnic Group Political Behavior: The Greek-Americans and Cyprus. Diss. University of Denver 1979.
Provisional Cyprus Turkish Administration (Hrsg.): United Nations Aid to Cyprus. Nikosia 1970.
Psychari, S.: 70 Krisimes Meres (70 wichtige Tage). Athen 1976.
Psyrouki, N.: To Kypriako Zitima (Die Zypernfrage). Athen 1975.
Richter, H.A.: Friede in der Ägäis? Zypern-Ägäis-Minderheiten. Köln 1989.
Royal Institute of International Affairs (Hrsg.): Background Note on Cyprus. London 1959.
Salem, N. (Hrsg.): Cyprus: A Regional Conflict and its Resolution. New York 1992.
Sarris, N.: I Alli Plevra. Diplomatiki Chronografia tou Diamelismou tis Kyprou me Vasi Tourkikes Piges (Die andere Seite. Diplomatische Chronographie der Teilung Zyperns auf Grundlage türkischer Quellen). 2 Bde. 2. Aufl. Athen 1983.
Sauerwein, F.: Spannungsfeld Ägäis. Informationen, Hintergründe, Ursachen des griechisch-türkischen Konfliktes um Cypern und die Ägäis. Frankfurt/Main 1980.
Schmidt, K.: Makarios, Kirchenfürst und Volksführer. (Ost-) Berlin 1965.
Schwaeger, C.P.: Selbstbestimmung für Zypern. Würzburg 1964.
Servas, P.: I Kypriaki Tragodia (Die zyprische Tragödie). Athen 1975.
Skjelsbaek, K. (Hrsg.): The Cyprus Conflict and the Role of the United Nations. Oslo 1988. (= Norwegian Institute of International Affairs Report, 122).
Stern, L.: The Wrong Horse: The Politics of Intervention and the Failure of American Diplomacy. New York 1977.
Svolopoulos, K.: Konstantinos Karamanlis Archeio. Gegonota kai Keimena (Konstantin-Karamanlis-Archiv. Ereignisse und Dokumente). 12 Bde. Athen 1992–1997.
Terlexis, P.: Diplomatia kai Politiki tou Kypriakou (Diplomatie und Politik der Zypernfrage). Athen 1971.
The Aegean Foundation/American Hellenic Institute/Ohio State University, College of Law and Modern Greek Studies Program (Hrsg.): United States Foreign Policy Regarding Greece, Turkey and Cyprus. Ohio 1988.
The American Society of International Law (Hrsg.): Cyprus, 1958–1967. International Crises and the Role of Law. New York 1974.
Tornaritis, C.: Turkey Invades Cyprus: The Attila Outrage. Nikosia 1974.

United States Senate. Comittee on the Judiciary: Crisis on Cyprus: 1975. One Year after the Invasion. A Staff Report. Washington 1975.
Varvaroussis, P.: Deutschland und die Zypernfrage. München 1995 (Taduv-Studien, 71).
Varvaroussis, P.: Konstellationsanalyse der Außenpolitik Griechenlands und der Türkei. 1974-75 seit der Invasion der Türkei in Zypern. München 1979.
Vlachos, A.: Deka Chronia Kypriako (Zehn Jahre Zypernfrage). Athen 1980.
Windsor, Ph.: NATO and the Cyprus Crisis. London 1964.

c) Sicherheitspolitik

Aristotelous, A.: Amyna kai i Koini Gnomi stin Kypro. O Rolos tis Elladas kai i Stratigiki tis Apotropis (Verteidigung und die öffentliche Meinung auf Zypern. Die Rolle Griechenlands und seine Strategie der Prävention). ELIAMEP – KYKEM. Nikosia 1992.
Aristotelous, A.: Ellada, Tourkia, Kypros – Stratiotika Stoicheia kai Arithmoi (Griechenland, Türkei, Zypern – Militärische Daten und Zahlen 1990/91). Nikosia 1991.
Chila, I.: Chypre et Palestine. Comparaison de Deux Differends, in: Defense Nationale. 47 (1991) 10, S. 89–102.
Diehl, P.F.: Peacekeeping Operations and the Quest for Peace, in: Political Science Quarterly. 103 (1988) 3, S. 485–507.
Ehrenberg, E.: Die UNFICYP: Praxisbeispiel für Leistungen und Probleme der Friedenssicherung vor Ort, in: Vereinte Nationen. 39 (Februar 1991) 1, S. 1–6.
ELIAMEP (Hrsg.): I Amyna tis Kyprou – Meros A (Verteidigung Zyperns – Teil 1). Athen/Nikosia 1989.
Harbottle, M.: The Impartial Soldier. Oxford 1970.
James, A.: The UN Force in Cyprus, in: International Affairs. 65 (1989), S. 481–500.
Keashly, L.: Towards a Contingency Approach to Third Party Intervention in Regional Conflicts: A Cyprus Illustration, in: International Journal. XLV (1990), S. 424–453.
Kitromilides, P./Couloumbis, Th.: Ethnic Conflict in a Strategic Area: The Case of Cyprus, in: Epitheorisi Koinonikon Erevnon. 24 (1975), S. 270–291.
Kramer, H.: The Cyprus Problem and European Security, in: Survival. 39 (1997)3, S. 16–32.
Kramer, H.: Brennpunkt Zypern. Stiftung Wissenschaft und Politik. Ebenhausen 1997.
MacInnis, J.A.: Cyprus – Canada's Perpetual Vigil, in: Canadian Defence Quarterly. 19 (1989) 1, S. 21–26.
McDonald, R.: The Problem of Cyprus. London 1988/89. (= IISS. Adelphi Paper, 234).
McDonnell, R.: Cyprus: A Peacekeeping Paradigm, in: The World Today. 49 (1993) 10.
Mirbaghesi, F.: Cyprus and International Peacemaking, 1964-86. New York 1997.
Schmieder, B.: Die Entwicklung der Friedenssicherungskonzeption der Vereinten Nationen am Beispiel Zypern. München 1994.
Stegenga, J.A.: The United Nations Forces in Cyprus. Ohio 1968.
United Nations Peace-Keeping Force in Cyprus, in: United Nations Peace-Keeping. Hrsg. United Nations Department of Public Information. Update December 1994. New York DPI/1306/Rev. 4 (1995), S. 8–12.
United Nations Force in Cyprus (Hrsg.): Reports of the Secretary-General on the United Nations Operation in Cyprus (S/5671) 1964-1976. Nikosia 1977.

d) Verfassung und Rechtssystem

Agreement on the Basic Structure of the Republic of Cyprus. Initialed at London, 19th February, 1959 (Zurich, 11th February, 1959). State Papers 1959-60. Bd. 164, S. 219 ff.
Altug, Y.: A British Judgment Upholding Turkish Cypriot Rights, in: Annuaire de la Faculté de Droit d'Istanbul. 25 (1978) 41, S. 275 ff.
Altug, Y.: The Cyprus Question, in: Jahrbuch für internationales Recht 21 (1978) 7, S. 311 ff.
Amelunxen, C.: Rechtsleben in Zypern – Juristischer Reisebericht, in: Deutsche Richterzeitung. (1982), S. 215 ff.
Anderson, J.N.D.: The Family Law of Turkish Cypriots, in: Die Welt des Islam. 5 (1958), S. 161 ff.
Besler, A.F.: Die völkerrechtliche Lage Zyperns unter besonderer Berücksichtigung des Selbstbestimmungsrechts. München 1973.
Blittersdorff, W.F. v.: Pluralismus der Bevölkerungsgruppen in der Verfassungsstruktur Südafrikas und Zyperns. Hamburg 1972.

Blümel, W.: Die Verfassungsgerichtsbarkeit in der Republik Zypern, in: Verfassungsgerichtsbarkeit in der Gegenwart. Internationales Kolloquium des Max-Planck-Instituts für ausländisches öffentliches Recht und Völkerrecht. Köln/Berlin 1962, S. 643 ff.

Cabiaia, E.: Costituzione Internationalmente Ottriata e Indipendenza (Cipro). Bologna 1992.

Chrysostomides, K.: The Legal Aspects of Foreign Investments in Cyprus. Nikosia 1978.

Coufoudakis, V.: Cyprus and the European Convention on Human Rights. The Law and Politics of Cyprus vs. Turkey, in: Human Rights Quarterly. (1982) 4, S. 450–473.

Cyprus Law Reports. Nikosia 1960 ff.

Eftychiou, A. C.: The Law of Marriage in Cyprus (Summary), in: Cyprus Law Review. 4 (1986), S. 2397 ff.

Eftychiou, A. C.: The Law of Trade Unionism (Summary). in: Cyprus Law Review. 6 (1988), S. 3462 ff.

Eftychiou, A. C.: The Legal Status of Illegitimate Children (Summary), in: Cyprus Law Review. 5 (1987), S. 2860 ff.

Ehrlich, T.: International Crises and the Role of Law: Cyprus, 1958–1967. London 1974.

European Commission of Human Rights. Applications Nr. 6780/74 und 6950/75. Cyprus against Turkey. Straßburg 1976.

Heinze, Ch.: Zum Stand des Zypern-Konflikts unter besonderer Berücksichtigung des Grundsatzes der Selbstbestimmung der Völker, in: Zeitschrift für Politik. 38 (Dezember 1991) 4, S. 406–427.

HMSO (Hrsg.): Cyprus. Presented to Parliament by the Secretary of State for the Colonies, the Secretary of State for Foreign Affairs, and the Minister of Defence by Command of Her Majesty (Enthält die Verfassung der Republik Zypern). London 1960.

Jacovides, A. J.: Treaties Conflicting with Preemptory Norms of International Law and the Zurich-London Agreement. Nikosia 1969.

Jayme, E./Symeonides, S.: Zypern, in: Internationales Ehe- und Kindschaftsrecht. Hrsg. Bergmann-Ferid. 63. Lieferung 1979 und 71. Lieferung 1981.

Kallis, P. (Hrsg.): Cyprus Law Reports and Monthly Publications of Judgements of the Supreme Court of Cyprus 1956–1976. Nikosia 1977.

Kourides, P.: Politische und rechtliche Aspekte des Zypernproblems. Leipzig 1987.

Kuzey Kıbrıs Türk Cumhuriyeti Anayasası, 5.5.1985 (Verfassung der TRNZ, 5.5.1985), in: Resmî Gazete (Amtsblatt). 43 (1985).

Kyle, K.: Cyprus. London 1984. (= Minority Rights Group Report, 30).

Kyriakides, S.: Cyprus (Verfassung der Republik Zypern, Garantievertrag und Allianzvertrag), in: Constitutions of the Countries of the World. Hrsg. A. P. Blaustein und G. H. Flanz. New York 1972.

Kythreotis, L.: Compulsory Acquisition – Section 10 of Law 15/62. Is it constitutional?, Part II, in: Cyprus Law Review. 6 (1988), S. 3464 ff.

Kythreotis, L.: Compulsory Acquisition – Section 9 of Law 15/62, Part I, in: Cyprus Law Review. 5 (1987), S. 2809 ff.

Laffert, G. v.: Die völkerrechtliche Lage des geteilten Zypern und Fragen seiner staatlichen Reorganisation. Frankfurt/Main 1995.

Linde, G.: Die Sowjetunion und der Zypernkonflikt. Köln 1975.

Loizou, A. N.; Pikis, G. M.: Criminal Procedure in Cyprus. Nikosia 1975.

Loucaides, L. G.: Outline of the Legal Status of Young Persons in Cyprus – Basic Rights and Obligations, in: Cyprus Law Review. 5 (1987), S. 2801 ff.

Loucaides, L. G.: Guarantees against Racial Discrimination under the Legal System of Cyprus, in: Cyprus Law Review. 5 (1987), S. 2659 ff.

Marangopoulos Foundation for Human Rights (Hrsg.): Human Rights in Occupied Cyprus and in Albania. Athen 1990.

Myrizakis, J.: Die zyprische Verfassung von 1960. Wien 1971.

Necatigil, Z. M.: Kuzey Kıbrıs Türk Cumhuriyetinde Yönetim Hukuku ve Anayasa Yargısı (Verwaltungsrecht und Verfassungsrechtsprechung in der TRNZ). Nikosia 1986.

Necatigil, Z. M.: The Cyprus Question and the Turkish Position in International Law. Oxford 1989.

Nedjati, Z. M.: Cyprus Administrative Law. Nikosia 1970.

Nedjati, Z. M.: Human Rights and Fundamental Freedoms. Nikosia 1972.

Nikitopoulos, I.: Aspekte der Selbstbestimmungsproblematik in den Vereinten Nationen. Fallstudien zu Zypern und Puerto Rico. Heidelberg 1970.

Örek, O. N.: A Legal Exposé on the Main Points of the Land Consolidation Bill. Nikosia 1967.

Özgür, Ö. A.: Supplement Cyprus (Verfassung

des Türkischen Bundesstaates Zypern), in: Constitutions of the Countries of the World. Hrsg. A. P. Blaustein und G. H. Flanz. New York 1978.

Özgür, Ö. A.: Understanding Human Rights. Nikosia 1991.

Palmer, S.: The Turkish Republic of Northern Cyprus: Should the United States Recognize it as an Independent State?, in: Boston University International Law Journal. 4 (1986) 2, S.423 ff.

Pandelides, A. E.: Der Attorney-General in England, der Attorney-General in Zypern und die Staatsanwaltschaft in Deutschland. Ihre Stellung im Rahmen der Verfassung. München 1975.

Papadopoulos, A. N.: La Pratique Chypriote en Matière de Succession d'Etats aux Traités. Nikosia 1976.

Pikis, G. M.: Sentencing in Cyprus. Nikosia 1978.

Poliviou, P.: Cyprus in a Search of a Constitution. Nikosia 1976.

Polyviou, P. G.: The Problem of Cyprus. Constitutional and Political Aspects. Nikosia 1974.

Reports of the Supreme Constitutional Court. Nikosia 1960–1964.

Rossides, E. T.: Cyprus and the Rule of Law, in: Syracuse Journal of International Law and Commerce. 17 (1991), S. 21–90.

Rumpf, C.: Nochmals: Zypern und Türkei vor den Straßburger Menschenrechtsorganen, in: EuGRZ. (1992), S. 457 ff.

Rumpf, C.: Türkei, EMRK und Zypernfrage: Der Fall Chrysostomos u. a. Anmerkung zur Zulässigkeitsentscheidung der Europäischen Kommission für Menschenrechte, in: EuGRZ. (1991), S. 199 ff.

Schwenger, C. P.: Selbstbestimmung für Zypern. Die Prinzipien von Selbstbestimmung und Schutz der Nation in ihrem Einfluß auf die Entstehung der Republik Zypern. Würzburg 1964.

Serghides, G. A.: Internal and External Conflict of Laws in Regard to Family Relations in Cyprus. Nikosia 1988.

Serghides, G. A.: Studies in Cyprus Law. An Introduction to the Series and to Study. Nikosia 1985.

Swan, G. S.: Constitutional Majority Rule and the Cyprus Constitution: The 1963 Cyprus Crisis in Critical Perspective, in: Boston College Third World Law Journal. 5 (1984) 1, S. 1 ff.

Tornaritis, C. G.: Constitutional Review of Laws in the Republic of Cyprus. Nikosia 1983.

Tornaritis, C. G.: Cyprus and Its Constitutional and Other Legal Problems. 2. erw. Aufl. Nikosia 1980.

Tornaritis, C. G.: Expropriation and Nationalization of Property and the Law of the Republic of Cyprus. Nikosia 1970.

Tornaritis, C. G.: The Ecclesiastical Courts especially in Cyprus. Nikosia 1976.

Tornaritis, C. G.: The European Convention of Human Rights in the Legal Order of the Republic of Cyprus. Legal Aspects of the Problem of Refugees in Cyprus. Violations of Human Rights during Military Action. The Incidence and Effect of the Turkish Invasion on the Existence of the Republic of Cyprus and its Government (Reprints from the Cyprus Law Tribune 9th Year, Part II). Nikosia 1976.

Tornaritis, C. G.: The Human Rights as Recognised and Protected by Law with Special Reference to the Law of Cyprus. Nikosia 1967.

Tornaritis, C. G.: The Turkish Invasion of Cyprus and Legal Problems Arising Therefrom. Nikosia 1975.

Tornaritis, C.: Land Consolidation Bill. Nikosia 1967.

Tornaritis, C.: Legal Aspects of the Problem of Refugees in Cyprus. Nikosia 1975.

Tornaritis, K. G.: To Politeiakon Dikaion tis Kypriakis Dimokratias (Das Staats- und Verfassungsrecht der zyprischen Republik). Nikosia 1982.

Twiss, T.: Cyprus: Its Medieval Jurisprudence and Modern Legislation, in: Law Magazine and Review. 236 (1880), S. 225–265.

White, G. M.: The Turkish Federated State of Cyprus: A Lawyer's View, in: The World Today. 37 (1981) 4, S. 135–141.

Yiallourides, C. K.: Minderheitenschutz und Volksgruppenrecht im 20. Jahrhundert unter besonderer Berücksichtigung der Verhältnisse auf Zypern. Bochum 1981.

Zavalis, M.: Die völkerrechtlichen und politischen Grundlagen der Zypernkrise und mögliche Ansätze ihrer Lösung. München 1977.

Zotiades, G. B.: Intervention by Treaty Right. Thessaloniki 1965.

IV. Wirtschaft

a) Wirtschaftssystem

Afxentiou, P.C.: Displacement Effect: An Econometric Test for Cyprus, 1960–1982, in: Social and Economic Studies. 37 (1988) 3, S. 237–252.

Afxentiou, P.C.: Tax Revenue Performance of Cyprus, 1960–1982, in: Canadian Journal of Development Studies. 7 (1986) 1, S. 47–63.

Axt, H.-J.: Zypern und die Europäische Union: Beitrittsperspektiven nach der Stellungnahme der EG-Kommission, in: Südosteuropa Mitteilungen. 34 (1994) 2, S. 163–169.

Bank of Cyprus (Hrsg.): Bulletin. Nikosia 1972 ff. (vierteljährlich).

Brey, H.: Das „kleine Wirtschaftswunder" im Südteil der Republik Zypern nach 1974: Elemente eines ungewöhnlichen Entwicklungsweges, in: Südosteuropa Mitteilungen. 30 (1990) 2, S. 116–124.

Bundesstelle für Außenhandelsinformation (Hrsg.): Zypern. Wirtschaftsentwicklung. Köln 1985 ff.

Bundesstelle für Außenhandelsinformation (Hrsg.): Zypern. Wirtschaftsdaten. Köln 1989 ff.

Central Bank of Cyprus (Hrsg.): Annual Report. Nikosia 1965 ff.

Central Bank of Cyprus (Hrsg.): Bulletin. Nikosia 1966 ff. (vierteljährlich).

Central Bank of the TRNC (Hrsg.): Annual Report. Nikosia 1984 ff.

Central Bank of the TRNC (Hrsg.): Bulletin. Nikosia 1984 ff.

Central Planning Commission (Hrsg.): Five Year Development Plan 1994–1998. Nikosia 1993.

Charalambous, A.: Kritische Evaluierung der Zielsetzungen sowie der methodischen Instrumente in der Entwicklungsplanung Zyperns. Heidelberg 1987.

Charalambous, A.: The Economy in the Occupied Areas and the Problems of an Eventual Reunification of Cyprus, in: The Cyprus Review. 5 (1993) 2, S. 97–102.

Christodoulou, D.: Inside the Cyprus Miracle. The Labours of an Embattled Mini-Economy. Minnesota 1992.

Department of Co-operative Development: Annual Report. Nikosia 1960 ff.

Deutsche Bank (Hrsg.): Deutsche Bank Research. Aktueller Länderbericht Zypern. Frankfurt 1992 ff.

Hadjimatheou, G.: Some Economic Aspects of the Cyprus Problem, in: Journal of the Hellenic Diaspora. 14 (1987) 3–4, S. 65–76.

Hahn, B.: Die Insel Zypern. Der wirtschafts- und politisch-geographische Entwicklungsprozeß eines geteilten Kleinstaates. Hannover 1982.

Hahn, B./Wellenreuther, R.: Die wirtschaftliche Entwicklung der Türkischen Republik Nordzypern. Analyse ökonomischer Strukturen eines international nicht anerkannten Staates an der Peripherie Europas, in: Orient. 4 (1996), S. 673–689.

Hahn, B./Wellenreuther, R.: Die Türkische Republik Nordzypern. Selbständiger Staat, Teil der Republik Zypern oder Anhängsel der Türkei?, in: Geographische Rundschau. 10 (1996), S. 595–600.

Hald, M.W.: A Study of the Cyprus Economy. Nikosia 1968.

House, W.J.: Labour Market Segmentation: Evidence from Cyprus, in: World Development. 12 (1984) 4, S. 403–418.

Hudson, J.R./Dymiotou-Jensen, M.: Modelling a Developing Country. A Case Study of Cyprus. Avebury 1989.

Ioannou, I.C.: The Case for the Deregulation of Interest Rates in Cyprus, in: The Cyprus Review. 5 (1993) 1, S. 56–69.

Ioannou, N.: Die Akkumulation des Kapitals auf Zypern. Eine historisch-ökonomische Studie über den Prozeß der sogenannten ‚ursprünglichen' Kapitalakkumulation während der Kolonialzeit und der kapitalistischen Kapitalakkumulation in der Periode zwischen 1950 und 1987. Frankfurt/Main 1990.

Jackimova, I.G.: Economic Challenges of the '80s – Development Options for the Cypriot Economy, in: The Cyprus Review. 2 (1990) 1, S. 21–43.

Kammas, M.: Smallness, Economic Development and Cyprus, in: The Cyprus Review. 4 (1992) 1, S. 65–76.

Kommission der Europäischen Gemeinschaften: Stellungnahme der Kommission zu dem Beitrittsantrag der Republik Zypern. Brüssel 1993.

Matsis, S./Charalambous, A.: Development Planning in Cyprus: An Evaluation of its Contribution to Economic Development, in: The Cyprus Review. 1 (1989) 2, S. 9–45.

Mavros, E.: A Critical Review of Economic

Development in Cyprus: 1960–1974, in: The Cyprus Review. 1 (1989) 1, S. 11–66.
Mavros, E.: A Critical Review of Economic Developments in Cyprus, 1960–1974, in: The Cyprus Review. 1 (1989) 1, S. 11–66.
Meyer, A./Vassiliou, S.: The Economy of Cyprus. Cambridge 1968.
Orthgieß, A.: Die wirtschaftliche Entwicklung in beiden Teilen Zyperns – Ein Vergleich. Diplomarbeit. München 1993.
Phacos Advertising & Publishing Agency: Business Men in Cyprus. Nikosia 1977.
Phylaktis, K.: The Banking System of Cyprus. Past, Present and Future. Basingstoke 1995.
Press- and Information Office (Hrsg.): Cyprus. The Way to full EC Membership. Nikosia 1991.
Republic of Cyprus, Department of Statistics and Research (Hrsg.): Monthly Economic Indicators. Nikosia (monatlich).
Republic of Cyprus, Department of Statistics and Research, Ministry of Finance (Hrsg.): Economic Report. Nikosia (jährlich).
Rustem, K.: Cyprus Economy. Nikosia 1966.
Schmutzler, G. F.: Zypern – wirtschaftlich betrachtet. Entwicklungen seit 1960 und zukünftige Perspektiven, in: Mitteilungen der Südosteuropagesellschaft 14 (1974) 3/4, S. 37–42.
Stang, F.: Zypern – wirtschaftliche Entwicklungen und Strukturveränderungen seit der Teilung der Insel, in: Aachener Geographische Arbeiten. 14 (1981) 2, S. 345–358.
Stylianou, O.: Cyprus's Road to Recovery after 1975, in: International Productivity Journal. (1991), S. 37–45.
T. R. N. C., Prime Ministry, State Planning Office: Economic and Social Developments in the Turkish Republic of Northern Cyprus. Nikosia 1986.
The Economist Intelligence Unit (Hrsg.): Cyprus, Malta. Country Profile. London 1993 ff. (jährlich).
The Economist Intelligence Unit (Hrsg.): Cyprus, Malta. Country Report. London 1993 ff. (vierteljährlich).
The Economist Intelligence Unit (Hrsg.): Lebanon, Cyprus. Analysis of Economic and Political Trends every Quarter. London 1990–1992.
The Economist Intelligence Unit (Hrsg.): Lebanon, Cyprus. Annual Survey of Political and Economic Background. London 1990–1992.
Theophanous, A.: Oi Oikonomikes Ptyches kai Epiptoseis mias Omospondiakis Lysis tou Kypriakou Problimatos (Die wirtschaftlichen Aspekte und Konsequenzen einer föderalen Lösung des Zypern-Problems). Nikosia 1994.
TRNC, Prime Ministry State Planning Organisation (Hrsg.): Economic Developments in the Turkish Republic of Northern Cyprus. Nikosia (jährlich).
TRNC, Prime Ministry, State Planning Organisation (Hrsg.): Economic and Social Developments in the Turkish Republic of Northern Cyprus. Nikosia 1993.
TRNC, Prime Ministry, State Planning Organisation (Hrsg.): Guide for Foreign Investors in the Turkish Republic of Northern Cyprus. Nikosia 1994.
TRNC, Prime Ministry, State Planning Organisation: Second Five Year Development Plan (1988–1992). Nikosia 1988.
Wilson, R.: Cyprus and the International Economy. New York 1992.
World Bank (Hrsg.): Cyprus. A Long Term Development Perspective. Washington 1987.

b) Land- und Forstwirtschaft

Azinas, A. A.: Genossenschaftlicher Fortschritt in Zypern in: Internationale Genossenschaftliche Rundschau. 3 (1974), S. 106-110.
Chapman, E. F.: Cyprus Trees and Shrubs. Nikosia 1967.
Christodolou, D.: The Evolution of the Rural Land Use Pattern in Cyprus. Bude 1959.
Clerides, R. N.: Die Genossenschaftliche Zentralbank in Zypern, in: Internationale Genossenschaftliche Rundschau. 11 (1961), S. 297–303.
Cyprus Forest Department (Hrsg.): Annual Reports of the Forest Administration of Cyprus for the Years 1920–93. (o. O.) 1921–1994.
Eshref, M.: Die türkischen Genossenschaften in Zypern, in: Internationale Genossenschaftliche Rundschau 3 (1974), S. 112–115.
Goor, A. Y./Barney, C. W.: Forest Tree Planting in Arid Zones. New York 1968.
Karouzis, G.: Land Ownership in Cyprus – Past and Present. With Special Reference to Greek and Turkish Ownerships. Nikosia 1977.
Karouzis, G.: Land Tenure in Cyprus. A Powerful Typological Criterion. Szeged/Pecs 1971.

Karouzis, G.: Report on Aspects of Land Tenure in Cyprus. Nikosia 1980.
Kartalas, P.: Genossenschaftlicher Absatz von Johannisbrot auf Zypern, in: Mitteilungen der Deutschen Genossenschaftskasse. 6 (1962), S. 12 f.
Mouskos, J. C.: Socio-Economic Aspects of Goat Grazing and Legislation in Cyprus. Nikosia 1961.
Press- and Information Office (Hrsg.): The European Community and the Agriculture of Cyprus. Nikosia 1991.
Seraphim, G.: Progress Report 1960–1965 by the Forest Department of Cyprus. British Commonwealth Conference. (o. O.) 1968.
Seraphim, G.: Report on the Effect of Goat Grazing on the Forests of Cyprus. Forest Dept., Ministry of Agriculture and Natural Resources. Nikosia 1961.
Thirgood J.-V./Nigogosian, A.: A Cyprus Forest Bibliography. 1879–1956. Nikosia 1956.
Thirgood, J.-V.: Cyprus. A Chronicle of it's Forests, Land and People. Vancouver 1987.
Thirgood, J.-V.: Man and the Mediterranean Forest. A History of Resource Depletion. London 1981.
Upton, M./Bishop, C./Pearce, R.: Part-time Farming: The Cyprus Case, in: Geo Journal. 6 (1982) 4.

c) Industrie, Handwerk, Bergbau und Energie

Batelle Memorial Institute: Study of Industrial Development of Cyprus. Genf 1963 und 1964.
Brey, H.: Industrialisierung auf Zypern. Internationale, nationale und regional/lokale Aspekte der Industrieentwicklung. Regensburg 1989. (= Münchener Geographische Hefte, 61).
Brey, H.: Institutionen und institutioneller Wandel auf Zypern: Wirtschaftsrelevante Institutionen, in: Institutionen und institutioneller Wandel in Südosteuropa. Hrsg. J. Chr. Papalekas. München 1994, S. 109–121.
Bundesstelle für Außenhandelsinformation (Hrsg.): Zypern. Energiewirtschaft. Köln 1991 ff.
Demetriades, E. I.: The Process of Industrialisation in Cyprus. Nikosia 1984.
Kaminarides, J.: The Cyprus Economy. A Case in the Industrialization Progress. Nikosia 1973.
Lavender, D.: The Story of the Cyprus Mines Corporation. San Marino 1962 (= The Huntington Library).
Manderstam & Partners Ltd.: Industrial Opportunity Survey. Cyprus. Final Report, Stage I. London 1976.
Panayiotopoulos, P.: The Cypriot Clothing Industry, in: The Cyprus Review. 4 (1992) 1, S. 77–136.
Press- and Information Office (Hrsg.): Cyprus Industry and the European Community. Nikosia 1991.
UNDP/UNIDO Mission: Cyprus Industrial Strategy. Main Report. Prepared for the United Nations Development Programme on Behalf of the Government of Cyprus. Sussex 1988.
United Nations, Industrial Development Organization (UNIDO): Industrial Development in Cyprus. Nikosia 1971.

d) Binnenhandel, Verkehr, Infrastruktur und Tourismus

Andronicou, A.: Tourism in Cyprus, in: Tourism. Passport to Development? Hrsg. E. de Kadt. London 1979.
C. J. Vakis Consultancies: Social Impacts of Tourism in Cyprus. Nikosia 1988.
Cyprus Tourism Organisation (Hrsg.): Annual Report. Nikosia (jährlich).
Cyprus Tourism Organisation (Hrsg.): Tourism Statistics. Nikosia (jährlich).
Direkoğlu, F.: Tourism in the Turkish Republic of Northern Cyprus, in: The Political and Economic Problems of the Turkish Community of Cyprus in the International Field. Hrsg. SISAV. Istanbul 1986.
Heinritz, G.: Wirtschafts- und sozialgeographische Wandlungen des Fremdenverkehrs in Zypern, in: Erdkunde. 26 (1972) 4, S. 266–278.
Kammas, M.: The Positive and Negative Effects of Tourism Development in Cyprus, in: The Cyprus Review. 5 (1993) 1, S. 70–89.
Kammas, M./Tourism Development in Cyprus, in: The Cyprus Review. 3 (1991) 2, S. 7–26.
Kammas, M./Salehi-Esfahani, H.: Tourism and Export-led Growth. The Case of Cyprus, 1976–1988, in: Journal of Developing Areas. 26 (1992), S. 489–506.
Kasischke-Wurm, D.: Reiseziel für Individualisten und Naturverbundene, in: Fremdenverkehrswirtschaft. 27 (1993).
KKTC: Resmi Gazete, Turizm Endüstri Tesvik Yasasi, 1987 (TRNZ, Offizielle Gazette, Gesetz zur Förderung der Tourismusindustrie, 1987).
Lockhart, D./Ashton, S.: Tourism to Northern

Cyprus, in: Geography. 75 (1990) 2, S. 166–167.
Republic of Cyprus, Department of Statistics and Research (Hrsg.): Census of Restaurants and Hotels. Nikosia 1991 ff. (jährlich).
Sackmann, B.: Regionale Partizipation am touristischen Entscheidungsprozess. Eine Untersuchung über die Möglichkeiten integraler Tourismusentwicklung in der Republik Zypern. St. Gallen 1995.
Toufexis-Panayiotou, M.: Travel and Tourism in Cyprus: A Study of the Travel Decision Process, in: The Cyprus Review. 1 (1989) 1, S. 11–134.
TRNC, Tourism Planning Office (Hrsg.): Tourism Statistics, Nikosia (jährlich).
Witt, S. F.: Tourism in Cyprus. Balancing the Benefits and Costs, in: Tourism Management. 12 (1991), S. 37–46.
World Tourism Organization (Hrsg.): United Nations Development Programme and World Tourism Organization. Comprehensive Tourism Development Plan for Cyprus. Madrid 1988.

e) Außenhandel

Demetriades, P./Al-Jebory, A./Kamperis, G.: Manufacturing Exports, Economic Growth and the Current Account in a Small Island Economy. Simulation Results from an Econometric Model for Cyprus, in: World Developement. 21 (1993) 2, S. 259–268.
Kittis, C.: The European Economic Community and Cyprus – EEC Relations, in: Cyprus Trade & Industry. 6 (1981) 1, S. 2–4.
Meyer, A.: Cyprus. The „Copra-Boat" Economy, in: The Middle East Journal. 13 (1959) 3, S. 249–261.
Nicolaides, P.: Cyprus and the European Community: Looking Beyond 1992, in: The Cyprus Review. 2 (1990) 1, S. 44–60.
Papaiacovou, G.: Auswirkungen der Süderweiterung der EG auf die Exportwirtschaft Zyperns am Beispiel der wichtigsten Sektoren der Agrar- und Industriewirtschaft und die Anpassung der zypriotischen Wirtschaftsplanung. Bochum 1985.
Perdikis, N.: The Changing Pattern of Cyprus. Trade in the Post Commonwealth Preference Era 1972–1980, in: The Cyprus Review. 2 (1990) 1, S. 9–20.
Press- and Information Office (Hrsg.): The Development of EC – Cyprus Relations. Nikosia 1992.
Press- and Information Office (Hrsg.): The External Trade of Cyprus and the European Community. Nikosia 1991.
Theophanous, A.: The Political Economy of a Federal Cyprus. Nikosia 1996.
TRNC, Ministry of Economy, Trade and Industry (Hrsg.): Guide to Foreign Investors and Businessmen. Nikosia (jährlich).
Ungefehr, F.: Offshore-Zentren (IX): Zypern, in: Die Bank. 6 (1989), S. 340–342.

f) Raumplanung und Umweltschutz

Heinritz, G.: Nicosia. Die geteilte Hauptstadt Zyperns, in: Geographische Rundschau. 37 (1985) 9, S. 463–470.
United Nations Development Programme (Hrsg.): Nicosia Master Plan. Final Report. Nikosia 1984.
United Nations Development Programme (Hrsg.): Nicosia Master Plan. The Second Phase. Central Area of Nicosia. Nikosia 1985.
Wellenreuther, R.: Nikosia-Nord (Zypern). Stadtentwicklung und Sozialraumanalyse einer geteilten Stadt zwischen Orient und Okzident. München 1996 (Wirtschaft und Gesellschaft in Südosteuropa, 12).
Wellenreuther, R.: Siedlungsentwicklung und Siedlungsstrukturen im ländlichen Raum der Türkischen Republik Nordzypern. Mannheim 1993 (= Materialien zur Geographie, 21).

V. Gesellschaft

a) Bevölkerungsstruktur

Aker, A.: Demographic Change in Cyprus. Nikosia 1992.
Anthias, F.: Ethnicity, Class, Gender and Migration. Greek-Cypriots in Britain. Aldershot 1992.
Arbel, B.: Cypriot Population under Venetian Rule (1473–1571). A Demographic Study, in: Meletai kai Ypomnimata. 1 (1984), S. 183–215.
Berichte des Europarates (Hrsg,): Provisional Report on the Demographic Structure of

the Cypriot Communities, Rapporteur: Mr. Cucó, Spain, Socialist. Straßburg 1992.
Brey, H.: Das Flüchtlingsproblem in der Folge der Zypernkrise 1974. Bedingungen und Auswirkungen für die Ausbildung räumlicher Disparitäten auf Zypern. München 1983.
Brey, H.: The Dynamics of Ethnic Separation in Cyprus, in: RFE/RL Research Report. 3 (1994) 28, S. 14–17.
Brey, H./Heinritz, G.: Bevölkerungsbewegungen in Zypern im Nebel der Statistik, in: Geographische Zeitschrift. 3 (1993), S. 157–175.
Brey, H./Heinritz, G.: Bevölkerungsverteilung und Siedlungsstruktur in Zypern nach 1974. Wiesbaden 1988. (=Beihefte zum Tübinger Atlas des Vorderen Orients. Reihe B (Geisteswissenschaften, 76).
Demetriades, E.I./House, W.J.: The Relative Impact of Demographic Change on Future Social Expenditure Increases. An Example from Cyprus, in: International Labour Review. 129 (1990) 2, S. 185 ff.
Drury, M.: Western Cyprus. Two Decades of Population Upheaval 1956–76. Durham 1977.
Hahn, B./Wellenreuther, R.: Demographische Strukturen in der Türkischen Republik Nordzypern. Eine Gleichung mit vielen Unbekannten, in: Orient. 33 (1992) 4, S. 613–633.
King, R.: Cypriot Refugees in Cyprus, in: Geograhical Magazine. 52 (1980), S. 266–273.
Spyridakis, K.: I Ethnologiki Synthesis tou Plithysmou tis Kyprou ana tous Aionas en Syndyasmo pros ta Antistoicha Istorika Gegonota kai en Synkrisei pros tin Simerinin Synthesin avtou (Die ethnologische Zusammensetzung der zyprischen Bevölkerung über die Jahrhunderte hinweg in Verbindung mit den dazugehörigen historischen Ereignissen und im Vergleich zur heutigen Zusammensetzung), in: Kypriakai Spoudai. 12–13 (1974–75), S. 1–11.
St. John-Jones, L.W.: The Population of Cyprus. Demographic Trends and Socio-Economic Influences. London 1983.
Zetter, R.: Refugees and Forced Migrants as Development Resources. The Greek Cypriot Refugees from 1974, in: The Cyprus Review. 4 (1992) 1, S. 7–39.

Christodoulides, A.D.: Family and Youth in Cyprus, in: The Cyprus Review. 2 (1990) 1, S. 61–96.
Georgiou, S.: The Development of Career Identity in Cyprus: A Family Systems Approach, in: The Cyprus Review. 3 (1991) 2, S. 27–56.
Markides, C.K.: Social Change and the Rise and Decline of Social Movements: The Case of Cyprus, in: American Ethnologist. 6 (1974) 2/1 (2), S. 309–330.
Markides, C.K./Nikita, E.S./Rangou, E.N.: Lysi. Social Change in a Cypriot Village. Nikosia 1978.
Mavratsas, V.C.: The Greek and Greek-Cypriot Economic Ethos: A Sociocultural Analysis, in: The Cyprus Review. 4 (1992) 2.
Peristiany, J.G.: Honour and Shame in a Cypriot Highland Village, in: Honour and Shame: The Values of Mediterranean Society. Hrsg. J.G. Peristiany. London 1966, S. 171–190.
Peristiany, J.G.: Introduction to a Cyprus Highland Village, in: Contributions to Mediterranean Sociology: Mediterranean Rural Communities and Social Change. Hrsg. J.G. Peristiany. Paris 1968, S. 75–91.
Republic of Cyprus, Ministry of Labour and Social Insurance, Dep. of Social Welfare Services (Hrsg.): Towards Social Reconstruction. Review by the Dep. of Social Welfare Services for the Three Years 1974–1976. Nikosia 1977.
Rousou, M.: Greek Cypriot Women in Contemporary Cyprus. With Special Reference to the 1974 War and its Consequences. Diss. University of London 1981.
Stavrou, S.: Social Change and the Position of Women in Cyprus, in: The Cyprus Review. 4 (1992) 2, S. 67–92.
Triseliotis, J.: Social Welfare in Cyprus. London 1977.
Zetter, R.: Housing Policy and Social Change in Cyprus 1960–1980: The Reactions to Political Instability. Oxford 1981.
Zetter, R.: Rehousing the Greek-Cypriot Refugees from 1974. Dependency, Assimilation, Politicisation, in: Cyprus in Transition 1960–1985. Hrsg. J.T.A. Koumoulides. London 1986, S. 106–125.

b) Sozialstruktur

Attalides, M.: Social Change and Urbanization in Cyprus. A Study of Nicosia. Nikosia 1981.
Cahit, N.: Kadın (Die Frau). Nikosia 1990.

c) Schulsystem

Brey, H./Höpken, W. (Hrsg.): Cyprus in Textbooks – Textbooks in Cyprus. München 1998 (i.E.).

Crellin, C. T.: Turkish Education in Cyprus Since 1974: An Outline of Some of the Changes in Curriculum Organization and Professional Standing of the Teachers, in: International Review of Education. 27 (1981) 3, S. 315–330.

Demetriades, E.: Kypros: Ekpaideftiko Systima (Zypern: Das Schulsystem), in: Paidagogiki-Psychologiki Enkyklopaideia-Lexikon (Pädagogisch-Psychologische Enzyklopädie-Lexikon). Bd. 5, Athen 1990, S. 2816–2826.

Demetriades, E. I.: Cyprus: System of Education, in: The International Encyclopedia of Education, Research and Studies. Hrsg. T. Husén und T. N. Postlethwaite. Bd. 2. Oxford 1985, S. 1275–1281.

Education Advisory Committee, Parliamentary Group for World Government (Hrsg.): Cyprus School History Textbooks. London 1966.

Koyzis, A. A.: Education and Employment Trends in the Republic of Cyprus, in: International Education. 19 (1989) 1, S. 12–24.

Kyrris, K. P.: Istoria tis Mesis Ekpaidefseos Ammochostou 1191–1955 (Geschichte der mittleren Schulbildung in Famagusta). Nikosia 1967.

Kyrris, K. P.: The Education of the Muslim Turks and the Christian Greeks in Cyprus, 1850–1905, in: Schooling, Educational Policy and Ethnic Identity. Hrsg. J. Tomiak. Dartmouth 1991, S. 369–388.

Maratheftis, M.: To Kypriako Ekpaideftiko Systima (Das Schulwesen Zyperns). Nikosia 1992.

Newham, F. D.: The System of Education in Cyprus. London 1905.

Papanastasiou, C.: Cyprus: System of Education, in: The International Encyclopedia of Education. Hrsg. T. Husén; T. N. Postlethwaite. 2. Aufl. Bd. 3. Oxford 1994, S. 1367–1375.

Persianis, P. K.: Church and State in Cyprus Education. The Contribution of the Greek Orthodox Church of Cyprus to Cyprus Education during the British Administration (1878–1960). Nikosia 1978.

Persianis, P./Polyviou, P.: Istoria tis Ekpaidefsis stin Kypro. Keimena kai Piges (Geschichte des zyprischen Schulwesens. Texte und Quellen). Nikosia 1992.

Philipou, L.: Ta Ellinika Grammata en Kypro kata tin Periodo tis Tourkokratias (Die griechische Bildung auf Zypern während der Türkenherrschaft). Nikosia 1930.

Republic of Cyprus, Ministry of Education and Culture: Development of Education 1992–1994. National Report of Cyprus. Nikosia 1994.

Schatzmann, M. A.: Education on the Island of Cyprus. A Special Report. Washington 1993.

Spyridakis, C. u. a.: A Report of the Cyprus Greek Secondary School Teacher's Organisation on the Educational Policy of the Government of Cyprus. Nikosia 1965.

Spyridakis, C.: Educational Policy of the English Government in Cyprus 1878–1954. Nikosia 1954.

TRNC, Ministry of National Education and Culture: A Brief Report on Education and Culture in the Turkish Republic of Northern Cyprus. Unveröffentlichtes Manuskript. Nikosia 1989.

TRNC, Ministry of National Education and Culture: Compulsory Education. Unveröffentlichtes Manuskript. Nikosia 1994.

TRNC, Ministry of National Education and Culture: The National Education System of the Turkish Republic of Northern Cyprus. Unveröffentlichtes Manuskript. Nikosia 1988.

Weir, W.: Education in Cyprus. Nikosia 1952.

Ypourgeio tis Paideias tis Kypriakis Dimokratias (Bildungsministerium der Republik Zypern): Statistiki tis Ekpaidefsis (Bildungsstatistik) 1992/93. Nikosia 1993.

Ypourgeio tis Paideias tis Kypriakis Dimokratias (Bildungsministerium der Republik Zypern): I Paideia mas Simera (Unser Bildungswesen heute). Nikosia 1992.

d) Hochschule, Wissenschaft und Erwachsenenbildung

Demetriades, E. I./Psacharopoulos, G.: Education and Pay Structure in Cyprus, in: International Labour Review. 118 (1979) 1, S. 103–111.

Koyzis, A. A.: The New University of Cyprus: Questions and Future Implications, in: International Review of Education. 39 (1993), S. 435–438.

Persianis, P.: Cyprus, in: The Encyclopedia of Higher Education. Bd. 1. National Systems of Higher Education. Hrsg. B. R. Clark and G. R. Neave. Oxford 1992, S. 168–171.

Symeonides, K.: Cyprus, in: Perspectives on Adult Education and Training in Europe. Hrsg. P. Jarvis. Leicester 1992, S. 204–218.

Symeonides, K.: Training Adult Educators in

Cyprus, in: Training Adult Educators in Western Europe. Hrsg. P. Jarvis und A. Chadwick. London 1991, S. 221–227.
University of Cyprus: Information for Applicants 1993/94 ff. Nikosia 1993 ff.

e) Massenmedien und Film

Cinema, in: I Megali Kypriaki Engiklopaideia (The Great Cyprus Encyclopedia). Hrsg. A. Pavlides. Bd. 12. Nikosia 1984.
Cyprus Broadcasting Corporation (Selbstdarstellungsbroschüre in englischer Sprache). (o. O., o. J.).
Grafeio Typou kai Pliroforion: Epeterida Kypriakon Meson Enimerosis (Presse- und Informationsbüro: Jahrbuch der zyprischen Informationsmedien). Nikosia 1992.
Neophytos, E.: Das Rundfunksystem Zyperns, in: Internationales Handbuch für Hörfunk und Fernsehen 1994/95. Hrsg. Hans-Bredow-Institut für Rundfunk und Fernsehen. Baden-Baden/Hamburg 1994, S. 240 ff.
R. I. K. (Hrsg.): Cinema in Cyprus – A Brief Review. Nikosia (o. J.).
R. I. K., in: I Megali Kypriaki Engiklopaideia (The Great Cyprus Encyclopedia). Hrsg. A. Pavlides. Bd. 7. Nikosia 1984.
Radiofoniko Idryma Kyprou (Selbstdarstellungsbroschüre in griechischer Sprache). (o. O., o. J.).
Radiofoniko Idryma Kyprou: Etisia Ekthesi 1993 (Rundfunkanstalt von Zypern: Jahresbericht 1993). Nikosia (o. J.).
Shiafkalis, N.: I Istoria tou Kinimatografou stin Kypro (The History of Cinema in Cyprus). Nikosia 1986.
Sophocleous, A.: Oi Protes Kypriakes Efimerides kai ta Anthropina Dikaiomata ton Ellinon tis Kyprou (Die ersten zyprischen Zeitungen und die Menschenrechte der Griechen auf Zypern). Nikosia 1995.
Sophocleous, A.: Symvoli stin Istoria tou Kypriakou Typou (Beitrag zur Geschichte der zyprischen Presse). Bd. 1, 1878–1890. Nikosia 1995.
Sophocleous, A.: Mass Media in Cyprus. Hrsg. Press and Information Office. Nikosia 1991.
The Cinema Advisory Committee: Regulations, Criteria for Financing Film Productions, Application Forms. Nikosia 1994.

Williamson, H.: The Ottoman Press Law as applied to the Cyprus Herald. Limassol 1885.

Zyperngriechische Presse:

Alithia (Wahrheit). Nikosia 1982 ff. (täglich).
Apogevmatini (Abendblatt). Nikosia 1972 ff. (täglich).
Charavgi (Morgendämmerung). Nikosia 1956 ff. (täglich).
Cyprus Financial Mirror. Nikosia 1994 ff. (wöchentlich).
Cyprus Mail. Nikosia 1945 ff. (täglich).
Cyprus Weekly. Nikosia 1979 ff. (wöchentlich).
Eleftherotypia (Freie Presse). Nikosia 1980 ff. (täglich).
Ergatiki Phoni (Stimme der Arbeiter). Nikosia 1947 ff. (wöchentlich).
Ergatiko Vima (Tribüne der Arbeiter). Nikosia 1956 ff. (wöchentlich).
I Machi (Die Schlacht). Nikosia 1992 ff. (täglich).
I Simerini (Tageszeitung). Nikosia 1975 ff. (täglich).
O Agon (Der Kampf). Nikosia 1964 ff. (täglich).
O Phileleftheros (Der Liberale). Nikosia 1955. (täglich).
To Vima (Die Tribüne). Nikosia 1994 ff. (täglich).

Zyperntürkische Presse:

Birlik (Einheit). Nikosia 1980 ff. (täglich).
Cyprus Today. Nikosia 1992 ff. (wöchentlich).
Ekonomi (Wirtschaft). Nikosia 1979 ff. (wöchentlich).
Halkin Sesi (Volksstimme). Nikosia 1941 ff. (täglich).
Kıbrıs (Zypern). Nikosia 1989 ff. (täglich).
Ortam (Zentrum). Nikosia 1982 ff. (täglich).
Vatan (Vaterland). Nikosia 1991 ff. (täglich).
Yeni Çağ (Neue Zeit). Nikosia 1990 ff. (wöchentlich).
Yeni Demokrat (Neuer Demokrat). Nikosia 1993 ff. (wöchentlich).
Yeni Düzen (Neue Ordnung). Nikosia 1978 ff. (täglich).

VI. Kultur

a) Kirchen und Religionsgemeinschaften

Alasya, H. F.: The Privileges granted to the Orthodox Archbishopric of Cyprus by the Ottoman Empire. Ankara 1969.
Angelopoulos, A. A.: Ekklisiastiki Istoria. I Ekklisia tis Kyprou sto Parelthon kai sto Paron (Kirchengeschichte. Die Kirche Zyperns in Vergangenheit und Gegenwart). Thessaloniki 1991.
Arbel, B.: The Jews in Cyprus: New Evidence from the Venetian Period, in: Jewish Social Studies. 41 (1979) 1, S. 23–40.
Athanasios, A. v. S.: Istoria tis Ieras Monis Stavrovouni (Geschichte des Klosters Stavrovouni). Stavrovouni 1987.
Beckingham, C. F.: Between Islam and Christendom. Travellers, Facts and Legends in the Middle Ages and the Renaissance. London 1983.
Brown, E.: The Maronites of Cyprus, in: Eastern Churches Quarterly. 2 (1937). S. 10–12.
Charalambou, Ch.: The Holy Royal Monastery of Kykko Founded with a Cross. Kykkos-Kloster 1969.
Chatzipsaltis, K.: Mitropoleis kai episkopes tis Ekklisias tis Kyprou (Metropolien und Bistümer der Kirche Zyperns). Nikosia 1950.
Christodoulides, Ch. G.: Saint Neophytos Monastery. History and Art. 2. Aufl. Nikosia 1989.
Cirilli, J. M.: Le Maronites de Chypre. Lille 1898.
Coureas, N.: The Latin Church in Cyprus, 1195–1312. Aldershot 1997.
Delhaye, H.: Saints de Chypre, in: Analecta Bollandiana. 26 (1907), S. 161–301.
Efthimiou, M. B.: Greeks and Latins on Cyprus in the Thirteenth Century. Brookline, Mass. 1987.
Englezakis, B.: Studies and Documents relating to the History of the Church of Cyprus from the Fourth to the Twentieth Centuries. Aldershot 1995.
Fernau, F. W.: Zwischen Konstantinopel und Moskau. Orthodoxe Kirchenpolitik im Nahen Osten 1967–1975. Opladen 1976.
Georgiou, G. J.: Sexual Attitudes of Greek Orthodox Priests in Cyprus, in: The Cyprus Review. 4 (1992) 2, S. 44–66.
Georgiou, Ph.: Eidiseis Istorikai peri tis Ekklisias Kyprou (Historische Notizen zur Kirche Zyperns). Nikosia 1975.

Gill, J.: The Tribulations of the Greek Church in Cyprus, 1196–1280, in: Byzantinische Forschungen. 5 (1977), S 73–93.
Groot, A. H. de: Kubrus, in: The Encyclopaedia of Islam. New Edition. Bd. 5. Leiden 1986, S. 301–309.
Hackett, J.: A History of the Orthodox Church in Cyprus. New York (1901) 1972.
Heyer, F.: Die Heiligen auf der Insel Zypern. Heidelberg 1992.
Heyer, F.: Heikle Herrschaft über Zypern. Die Enosispolitik greift Zyperns Ethnarchentum an, in: Lutherische Monatshefte. 4 (1973), S. 187–189.
Home, D.: Monasteries in Cyprus, in: Eastern Churches Review. 4 (1972), S. 47 ff.
Iacovou, Ch.: The Evolution of the Maronites of Cyprus as a Religious Entity, in: The Cyprus Review. 6 (1994) 2, S. 43–51.
Ioannidi, K.: I Orthodoxia Simera. Ogdonta Synomilies Synchrones Orthodoxis Provlimatikis (Die Orthodoxie heute. 80 zeitgenössische Gespräche über orthodoxe Fragestellungen) Bd. 1. Nikosia 1992.
Kliridis, N.: Monastiria stin Kypro (Klöster auf Zypern). Nikosia 1958.
Kriss, R. u. H.: Beiträge zum religiösen Volksleben auf der Insel Cypern mit besonderer Berücksichtigung des Wallfahrtswesens, in: Rheinisches Jahrbuch für Volkskunde. 12 (1961), S. 135–210.
Krueger, D.: Symeon the Holy Fool: Leontinus's Life and the late Antique City. Berkeley 1996.
Kyriazis, N. G.: Ta Monastiria en Kypro (Die Klöster auf Zypern). Larnaka 1950.
Kyrris, K. P.: Oi Atsiganoi en Kypro (Die Zigeuner auf Zypern), in: Morphosis. 25 (1969), S. 292–295.
Les Libanais en Chypre, in: Le Commerce du Levant. 58 (1987) 5112, S. 20–41.
Luke, H. C.: Cypriote Shrines. London 1920.
Markides, K. C.: Riding the Lion. In Search of Mystical Christianity. New York 1995.
Maxoudian, N.: A Brief History of the Armenians of Cyprus, in: Armenian Review. 27 (1975) 4, S. 398–416.
Michailidis, S. G.: Istoria tis kata Kition Ekklisias (Geschichte des Kirchenbistums Kition). Larnaka 1992.
Mitsidis, A.: I Ekklisia tis Kyprou (Die Kirche Zyperns). Nikosia 1972.
Mitsidis, A.: To Aftokefalon tis Ekklisias Ky-

prou (Die Autokephalie der Kirche Zyperns). Nikosia 1977.
Öksüzoğlu, O.: Persecution of Islam in Cyprus. Nikosia (o.J.).
Papadopoulos, Th. H.: Studies and Documents Relating to the History of the Greek Church and People under Turkish Domination. 2. Auflage. Hampshire (1952) 1990.
Papageorgiou, S.: Makarios: Poreia dia Pyros kai Sidirou (Makarios: Der Weg durch Feuer und Eisen). Athen 1976.
Paraskevopoulou, M.: Researches into the Traditions of the Popular Religious Feasts of Cyprus. Nikosia 1982.
Perdikis, S. K.: I Moni Kykkou. O Archimandritis Kyprianos kai o Typografos Michail Glykis (Das Kloster Kykkou. Der Archimandrit Kyprianos und der Drucker Michael Glykis). Nikosia 1989.
Philippou, L.: I Ekklisia Kyprou epi Tourkokratias (Die Kirche Zyperns während der Türkenherrschaft). Nikosia 1975.
Rabinowicz, O. K.: A Jewish Cyprus Project. New York 1962.
Rifat, M. (Mufti of Cyprus): Cyprus: Religious Aspects of the Conflict. Nikosia 1973.
Rondot, P.: Les Minorites dans le Proche-Orient, in: Afrique et l'Asie Modernes. 151 (1986–87), S. 14–27; 152 (1987), S. 16–29; 153 (1988), S. 85–101.
Savramis, D.: Ein Erzbischof als Staatspräsident: Der Ethnarches als Typos religiöser Autorität, in: Das Parlament. 25 (1975) 38, S. 13 ff.
Sergy, P.: Les Petites Minorités à Chypre (Maronites, Arméniens et ‚Latins'), in: Revue Française d'Etudes Politiques Méditerranéennes. 18/19 (1976), S. 75–82.
Shaftesley, J. M.: Nineteenth-Century Jewish Colonies in Cyprus, in: Jewish Historical Society of England. Transactions 22 (1968/9), S. 88–107.
Shahir, M.: Al-Muslimun fi Qubruns (Die Muslime auf Zypern). Jidda 1974.
Tornaritis, K. G.: The Legal Position of the Church Especially the Greek-Orthodox Church in the Republic of Cyprus, in: Cyprus To-day. 28 (1990)1, S. 2–12.
Tsiknopoullos, I. P.: O Agios Iraklidios kai i Iera Aftou Moni (Der Hl. Iraklidios und sein Kloster). 3. Aufl. Nikosia 1993.
Tsiknopoullos, I.: Histoire de l'Eglise de Paphos. Nikosia 1971.
Walsh, F. R./Tsiapera-Walsh, M.: Church and State in Cyprus, in: Texas Quarterly. 3 (1960) 3, S. 268–273.

b) Volkskultur

Argyrou, V.: Tradition and Modernity in Mediterranean Society: The Wedding as Cultural Symbol. New York 1996.
Azgın, B.: Politika ve Folklor (Politik und Folklore), in: Kultur-Sanat Dergisi. 16 (1995), S. 8–15.
Basgoz, I.: Folklore Studies and Nationalism in Turkey, in: Folklore, Nationalism and Politics. Hrsg. F. Oinas. Ohio 1978, S. 123–137.
Beaudouin, M.: Étude du Dialecte Cypriote. Paris 1884.
Borg, A.: Cypriot Arabic: A Historical and Comparative Investigation into the Phonology and Morphology of the Arabic Vernacular Spoken by the Maronites of Kormakiti Village in the Kyrenia District of North-Western Cyprus. Stuttgart 1985.
Galip, S.: La Communauté Turque de Chypre: De la Préservation d'une Identité Culturelle à la Conquête d'une Identité Politique, in: Equipe de Recherche sur la Turquie. Bd. 1: Chypre. Paris 1985, S. 18–25.
Giagkoullis, K.: I Techni tou Karagkiozi sti Kypro kai ta Apomnimonevmata tou Christodoulou Pafiou (Die Karagiozis-Kunst in Zypern und die Memoiren von Christodoulos Pafios). Nikosia 1982.
HAS-DER: Halkbilimi Sempozyumlari (Folklore Symposien). Istanbul 1986.
Hatziioannou, K.: Etymologikon Lexikon tis Omiloumenis Kypriakis Dialektou (Etymologisches Lexikon des gesprochenen zyprischen Dialekts). Nikosia 1996.
Hatziioannou, K.: Peri ton en ti Mesaioniki kai Neotera Kypriaki Xenon Glossikon Stoicheion (Fremde linguistische Elemente im Mittelalterlichen und Modernen Zyprisch). Nikosia 1991.
Ioannou, Y. E.: Language, Politics, and Identity: An Analysis of the Cypriot Dilemma, in: The Cyprus Review. 3 (1991) 1, S. 15–41.
İslamoğlu, M.: Kıbrıs Türk Kültür ve Sanati (Zyperntürkische Kultur und Kunst). Nikosia 1994.
Karoulla-Vrikkis, D.: The Language of the Greek Cypriots Today, in: The Cyprus Review. 3 (1991) 1, S. 42–58.
Loïzos, P.: The Greek Gift: Politics in a Cypriot Village. Oxford 1975.
Papadakis, I.: Perceptions of History and Collective Identity: A Comparison of Contemporary Greek Cypriot and Turkish Cypriot Nationalism. Unveröffentlichte Dissertation. University of Cambridge 1993.

Papapavlou, A. N.: English Loanwords in the Greek Cypriot Dialect: Linguistic and Sociocultural Interpretations, in: The Cyprus Review. 1 (1989) 1, S. 93–110.
Sakellarios, A.: Ta Kypriaka. (Zypriotische Angelegenheiten) 2 Bde. Athen 1855–1868 (überarbeitete 2. Aufl. 1890/91).

c) Literatur

Adal, E.: Tourkokypriaki Logotechnia: Synoptiki Istoriki Anadromi (Zyperntürkische Literatur. Ein kurzer historischer Rückblick), in: Nea Epochi. 194 (1989), S. 60–61.
Altay, H. S.: Kıbrıs Türk Şiiri Antolojisi (Eine Zyperntürkische Anthologie der Poesie). Nikosia 1969.
Andreou, Ch. (Hrsg.): Kyprioi Syngrafeis apo tin Archaiotita mechri Simera (Zyprische Autoren von der Antike bis heute). 6 Bde. Nikosia 1982–84.
Christofidis, C.: Pos Prepei na Legetai i Logotechnia tis Kyprou? (Wie soll die Literatur in Zypern genannt werden?), in: Kainourgio. 9 (1990), S. 32–39.
Cyprus PEN (Hrsg.): 22 Contemporary Cypriot Prose-Writers. Nikosia 1981.
Cyprus PEN (Hrsg.): Contemporary Cypriot Poetry. An Anthology. Nikosia 1981.
Cyprus PEN (Hrsg.): Five Short Essays on Cypriot Literature. Nikosia 1981.
Durrell, L.: Bitter Lemons of Cyprus. London 1957.
Giagkoullis, K. G.: I Kypriaki Dialektos sti Logotechnia: apo ton 11o Aiona os Simera (Das zyprische Idiom in der Literatur: vom elften Jahrhundert bis heute). Nikosia 1986.
Giagkoullis, K. G.: Kyprioi Poiites tou Mesopolemou, 1920–1945 (Zyprische Poeten der Zwischenkriegszeit, 1920–1945). Nikosia 1987.
Gürkan, H. M.: Bir Zamanlar Kıbrıs'ta [Tarih Yazilari]). 1860–1945 (Einmal in Zypern [Historische Texte]. 1860–1945). Nikosia 1986.
Ioannidis, G. K.: I Kypriaki Pezografia tis Eikosipentaetias, 1960–1985 (Zyprische Prosa zwischen 1960–1985). Nikosia 1987.
Ioannidis, K.: Istoria tis Neoteris Kypriakis Logotechnias (Geschichte der neueren zyprischen Literatur). Nikosia 1986.
Jacovides, A. O.: La Poésie Chypriote de la Fin du 19ème Siècle à nos Jours, in: Centre d'Etudes Chypriotes. 2 (1984), S. 43–53.
Jacovides-Andrieu, A. O.: La Littérature Chypriote de l'Après Guerre (1944–1975): Thématique et Formes d'Écriture, in: Colloques, Langues. La Littérature Grecque de l'Après- Guerre. Paris 1992, S. 191–204.
Kechagioglou, G.: Contemporary Cypriot Literature and the „frame" of Modern Greek Literature: A Provincial, Local, Marginal, Peripheral, Independent, Autonomous, Self-Sufficient or Self-Determined Literarure?, in: Journal of Mediterranean Studies. 2 (1992) 2, S. 240–255.
Kechagioglou, G.: National and Poetic Ethics: The Case of Cypriot Literature (1955–1988), in: Journal of Modern Hellenism. 7 (1990), S. 1–35.
Kitromilides, P. M.: Collective Consciousness and Poetry: Three Moments in the Literary Tradition of Modern Cyprus, in: Neo-Hellenika. 4 (1981), S. 159–170.
Montis, K. and Christofidis, A. (Hrsg.): Anthology of Cypriot Poetry. 2. Aufl. Nikosia 1974.
Nesim, A.: Kıbrıs Türk Edebiyatinda Sosyal Konular (Die sozialen Themen der zyperntürkischen Literatur). Nikosia 1986.
Newton, B.: Cypriot Greek – its Phonology and Inflexions. Den Haag 1972.
Olympiou, K.: Dekaepta Kyprioi Pezographoi (Siebzehn Zyprische Prosa-Autoren). Nikosia 1983.
Paionidis, P.: Tomes se Themata Logou (Unternehmungen in Sachen Worte). Nikosia 1981.
Panagiotou, N.: I Eisvoli mesa apo tin Kypriaki Logotechnia. Mia Proti Prosengisi (Der Eingriff in Texten der zyprischen Literatur. Eine erste Annäherung), in: Pnevmatiki Kypros. 237–238 (1980), S. 166–174.
Panagiotounis, P.: Istoria Kypriakis Logotechnias (Geschichte der zyprischen Literatur). Athen 1981.
Pernaris, A.: Istoria tis Kypriakis Grammateias (Geschichte der zyprischen Literatur). Nikosia 1977.
Pieris, M.: Apo to Mertikon tis Kyprou (1979–1990). (Von der Teilung Zyperns). Athen 1991.
Prousis, K. M.: Themata kai Prosopa tis Kypriakis Logotechnias (Themen und Personen der zyprischen Literatur). Nikosia 1990.
Rosenthal-Kamarinea, I.: Die Stellung der zeitgenössischen zyprischen Literatur innerhalb der neugriechischen Literatur, in: Praktika tou Protou Diethnous Kypriologikou Synedriou (Proceedings of the First International Congress of Cypriot Studies). Bd. 3, Teil 2. Nikosia 1973, S. 155–164.

Werner, J. (Hrsg.): Modernes Griechenland – Modernes Zypern. Vorträge einer wissenschaftlichen Konferenz des Fachbereichs „Antike Literatur/Neogräzistik" der Karl-Marx-Universität Leipzig. Amsterdam 1989.
Zafeiros, L.: I Neoteri Kypriaki Logotechnia. Grammatologiko Schediasma (Die neuere zyprische Literatur. Literaturgeschichtliche Strukturskizzen). Nikosia 1991.

d) Theater

Azgın, B.: Yüzyıl Başlarında Tiyatromuz. Beşinci Yıl – Lefkoşa Belediye Tiyatrosu (Unser Theater zu Beginn des Jahrhunderts. Fünf Jahre – Städtisches Theater Nikosia). Nikosia 1989.
Christakis, G./Shiafkalis, N.: Cyprus, in: The World Encyclopedia of Contemporary Theatre: Bd. 1, Europe. Hrsg. D. Rubin. London/New York 1994, S. 185–195.
Chrysantes, K.: Theatrikes Apodeltioseis kai dyo Monoprakta (Ein Theateralbum und zwei Einakter). Nikosia 1978.
Cyprus Centre of International Theatre Institute (Hrsg.): The Second International Symposium on Ancient Greek Drama. Tradition and Innovation (September 1992). Nikosia 1993.
Cyprus Centre of International Theatre Institute (Hrsg.): Theatre in Cyprus. Nikosia 1978 ff. (jährlich).
Ersoy, Y.: The Turkish Cypriot Theatrical Movement. Nikosia 1975.
Ertuğ, M.: Geleneksel Kıbrıs Türk Tiyatrosu (Traditionelles zyperntürkisches Theater). Yorum Matbaası 1993.
Kafkarides, V.: 30 Chronia Theatro (30 Jahre Theater). Nikosia 1980.
Mousteris, M.: Istoria tou Kypriakou Theatrou (Geschichte des zyprischen Theaters). Nikosia 1983.
Mousteris, M.: Chronologiki Istoria tou Kypriakou Theatrou (Chronologische Geschichte des zyprischen Theaters). Nikosia 1988.
Pieridou, M. I.: Anamniseis kai Ikones apo to Kypriako Theatro (Erinnerungen und Bilder vom zyprischen Theater). Nikosia 1993.
T. O. K. (Hrsg.): Ta Deka Chronia tou T. O. K. (Zehn Jahre T. O. K.). Nikosia 1982.

e) Bildende Kunst

Andreadis, E.: Efta Kyprii Kallitechnes (Sieben zyprische Künstler). Athen 1992.
Bank of Cyprus (Hrsg.): Ioannis Kissonergis 1889–1963. Nikosia 1992.
Christou, C.: Sintomi Istoria tis Sinchronis Kipriakis Technis (Kurze Geschichte der modernen zyprischen Kunst). Nikosia 1993.
Çizenel, E.: Olga Rauf. Kıbrıslı Bir Alman (Olga Rauf. Eine zyprische Deutsche), in: Kültür-Sanat Dergisi. 6 (1987), S. 2/3.
Diamantis, A.: A Retrospective Exhibition of Painting and Drawings 1922–1978. London 1979.
Enlart, C.: Gothic Art and the Renaissance in Cyprus. London (1899) 1987.
Hughes, G.: Progress in Art, in: Focus on Cyprus. Proceedings of the Symposia: Cyprus on the Threshold of the European Community. Hrsg. J. Charalambous und G. Georghallides. University of North London 1993, S. 175–197.
Ikonomou, K./Savvas-Duroe, C.: Christoforos Savvas. I Zoi kai to Ergo tou (Sein Leben und Werk). Nikosia 1988.
Ionas, I.: De la Maison Traditionelle à la Maison Contemporaine à Chypre, in: Epetiris tou Kentrou Epistimonikon Erevnon. 19 (1992), S. 737–757.
Karageorghis, V.: Cyprus between the Orient and the Occident. Acts of the International Archeological Symposium. Nikosia 1986, S. 352.
Karageorghis, V.: Zypern. Genf 1969 (= Archeologia Mundi).
Megaw, A. H. S./Hawkins, E. J. W.: The Church of the Panagia Kanakaria at Lythrankomi in Cyprus. Its Mosaics and Frescoes. Washington 1977.
Olgun, M. E. (Hrsg.): Kıbrıs Türk Resim Sanatından Bir Kesit (Ein Überblick der zypertürkischen Malerei). Istanbul 1988.
Sotiriou, G.: Byzantinische Monumente Zyperns. Athen 1933.
Spiteris, T.: Art de Cypre. Amsterdam 1970.
Stylianou, A./Stylianou, J.: The Painted Churches of Cyprus. Treasures of Byzantine Art. London (Nikosia 1964) 1985.
Übersee-Museum Bremen (Hrsg.): Aphrodites Schwestern. 9000 Jahre Kultur Zyperns. Frankfurt 1987.
Xidis, A.: Synchroni Kypriaki Techni (Moderne zyprische Kunst). Athen 1984.

f) Musik

Averof, G.: Kypriakoi Laikoi Choroi (Zyprische Volkstänze). Nikosia 1978.

Çinkayalar, E.: Kıbrıs Türk Halkonyunları (Zyperntürkische Volkstänze). Nikosia 1990.

Dietrich, W.: Musica Popolare di Cipro – Folk Music of Cyprus. Canti e Danze Traditionali delle Comunitá Greca, Turca e Maronita – Traditional Songs and Dances of the Greek, Turkish and Maronite Communities. A Cura di/Collected and Edited by Wolf Dietrich. Schallplatte mit Beiheft (Text: W. Dietrich und Aliki Andris-Michalaros). Albatros VPA 8218. Mailand 1975.

Ioannides, C.D.: The Basic Characteristics of Folk Music of Cyprus, in: Cyprus Today. 7 (1969) 1.

Ioannides, C.D.: The Influence of Antique and Byzantine Music on the Folk Music of Cyprus, in: Musikethnologische Sammelbände. Hrsg. W. Suppan. Bd. 8. Graz 1986, S. 91–98.

Michaelides, N.: Das Reimpaar im zyprischen Volkslied, in: Musikethnologische Sammelbände. Hrsg. W. Suppan. Bd. 8. Graz 1986, S. 99–102.

Panagiotou, N.: I Mousiki stin Kypro ton Kairo tis Anglokratias. (Die Musik in Zypern in der Zeit der Englischen Herrschaft). Nikosia 1985.

İslamoğlu, M./Yılmaz T.: Kıbrıs Türküleri ve Oyun Havaları (Zyperntürkische Volkslieder und Tänze). Nikosia 1979.

Zarmas, P.: Studien zur Volksmusik Zyperns. Baden-Baden 1975. (= Collection d'Études Musicologiques – Sammlung Musikwissenschaftlicher Abhandlungen, 60).

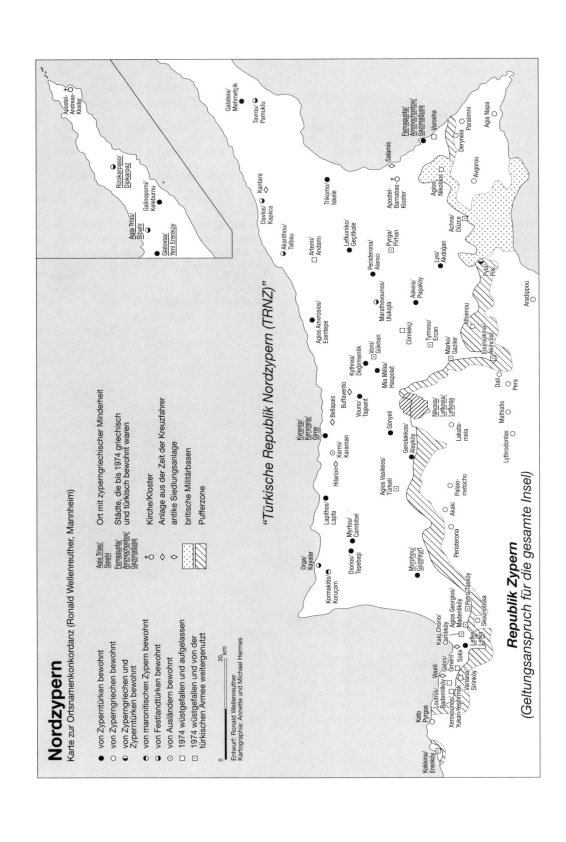

Transliterationstabelle

Die Wiedergabe des Neugriechischen mit lateinischen Buchstaben nach den Bestimmungen der Griechischen Gesellschaft zur Normsetzung (*Ellinikos Organismos Typopoiisis* = ELOT)

Griechischer Buchstabe (bzw. Buchstabenverbindung)	Transliteration	Griechischer Buchstabe (bzw. Buchstabenverbindung)	Transliteration
Α, α	a	Λ, λ	l
(ΑΙ, αι)	(ai)	Μ, μ	m
(ΑΪ, αϊ)	(aï)	ΜΠ, μπ	b^3/mp^4
ΑΥ, αυ	av^1/af^2	Ν, ν	n
Β, β	v	(ΝΤ, ντ)	(nt)
Γ, γ	g	Ξ, ξ	x
ΓΓ, γγ	ng	Ο, ο	o
(ΓΚ, γκ)	(gk)	(ΟΙ, οι)	(oi)
ΓΞ, γξ	nx	(ΟΪ, οϊ)	(oï)
ΓΧ, γχ	nch	ΟΥ, ου	ou
Δ, δ	d	Π, π	p
Ε, ε	e	Ρ, ρ	r
(ΕΙ, ει)	(ei)	Σ, σ, ς	s
(ΕΪ, εϊ)	(eï)	Τ, τ	t
ΕΥ, ευ	ev^1/ef^2	Υ, υ	y
Ζ, ζ	z	(ΥΙ, υι)	(yi)
Η, η	i	Φ, φ	f
ΗΥ, ηυ	iv^1/if^2	Χ, χ	ch
Θ, θ	th	Ψ, ψ	ps
Ι, ι	i	Ω, ω	o
Κ, κ	k		

[1]) Vor den Konsonanten β, γ, δ, ζ, λ, μ, ν, ϱ und allen Vokalen.
[2]) Vor den Konsonanten ϑ, κ, ξ, π, σ, τ, φ, χ, ψ und am Wortende.
[3]) Am Wortanfang bzw. Wortende.
[4]) In der Wortmitte.

Quelle: To Vima tis Kyriakis. 24.05.1987, S. 26.

Abkürzungsverzeichnis*)

ADISOK	Ananeotiko Dimokratiko Sosialistiko Kinima – Demokratisch-Sozialistische Erneuerungsbewegung – Democratic Socialist Renewal Movement
AKEL	Anorthotiko Komma Ergazomenou Laou – Aufbaupartei des Werktätigen Volkes – Progressive Party of the Working People
BIP	Bruttoinlandsprodukt – GDP
BfA(i)	Bundesstelle für Außenhandelsinformation – German Agency for Information on Foreign Trade
BSP	Bruttosozialprodukt – GNP
BRTK	Bayrak Radyo ve Telivizyon Kurumu – Institution of Bayrak Radio and Television – Zyperntürkischer Staatsfunk
CBM	Confidence Building Measures – Vertrauensbildende Maßnahmen
CBC	Cyprus Broadcasting Corporation – RIK
CTO	Cyprus Tourism Organisation – Tourismusverband Zypern
CTP	Cumhuriyeti Türk Partisi – Republikanische Türkische Partei – Republican Turkish Party
CyP	Cyprus Pound – Zypern-Pfund
CYTA	Cyprus Telecommunication Authority – Telekom Zypern
DEK	Dimokratiko Ethniko Komma – Demokratische Nationale Partei – Democratic Nationalist Party
DHP	Demokratik Halk Partisi – Demokratische Volkspartei – Democratic People's Party
DIKO	Dimokratiko Komma (Dimokratiki Parataxis) – Demokratische(s) Partei (Lager) – Democratic Party (Front)
DISY	Dimokratikos Synagermos – Demokratische Sammlung – Democratic Rally
DMP	Demokrat Mücadele Partisi – Partei für den Kampf um Demokratie – Party for the Struggle for Democracy
DP	Demokrat Parti – Demokratische Partei – Democratic Party
EC	European Community – EG
ECU	European Currency Unit – Europäische Währungseinheit
EDEK	Eniaia Dimokratiki Enosis Kentrou (seit 1974: Sosialistiko Komma) – Vereinigte Demokratische Zentrumsunion/Sozialistische Partei – United Democratic Union of the Center/Socialist Party
EDI	Enomenoi Dimokrates – Vereinigte Dimokraten – United Democrats
EG	Europäische Gemeinschaft – EU
EK	Eniaio Komma – Vereinigte Partei – United Party
ELDYK	Ellinikes Dynameis Kyprou – Griechische Streitkräfte auf Zypern – Greek Forces in Cyprus
EMRK	Europäische Menschenrechtskonvention – European Convention for Human Rights
ESEA	Eniaios Syndesmos Enotikou Agonos – Vereinigtes Komitee für den Enosis-Kampf – Unified Committee for the Enosist Struggle

---

*) Zu den Abkürzungen der zyperngriechischen und zyperntürkischen Gewerkschaften und Verbände vgl. den Beitrag von H.-J. Axt: „Gewerkschaften und Verbände" im Dokumentarischen Anhang (S. 867–874) dieses Bandes.

EOKA	Ethniki (Epanastatiki) Organosis Kyprion Agoniston (Kypriakou Agonos) – Nationale (Revolutionäre) Organisation Zyprischer Kämpfer (für den Kampf auf Zypern) – National (Revolutionary) Organisation of Cypriot Fighters (for the Struggle in Cyprus)
EU	Europäische Union – European Union
EuGH	Europäischer Gerichtshof – European Court of Justice
FAO	United Nations Food and Agriculture Organization – Ernährungs- und Landwirtschaftsorganisation der UN
GDP	Gross Domestic Product – BIP
GNP	Gross National Product – BSP
IATA	International Air Transport Association – Internationale Flugtransportgesellschaft
ILO	International Labor Organization – Internationale Arbeitsorganisation
ITI	International Theatre Institute – Internationales Institut für Theater
KATAK	Kıbrıs (Adası) Türk Azınlığı Kurumu – Organisation der türkischen Minderheit auf (der Insel) Zypern – Association of the Turkish Minority (of the Island) of Cyprus
KKE	Kommounistiko Komma Ellados – Kommunistische Partei Griechenlands – Communist Party of Greece
KKK	Kommounistiko Komma Kyprou – Kommunistische Partei Zyperns – Communist Party of Cyprus
KKTC	„Kuzey Kıbrıs Türk Cumhuriyeti" – TRNZ – TRNC
KTFD	„Kıbrıs Türk Federe Devleti" – „Türkischer Bundesstaat auf Zypern" (TFŞZ) – „Turkish Federated State of Cyprus" (TFSC)
KTHY	Kıbrıs Türk Hava Yolları – Türkische Fluggesellschaft Zyperns – Turkish Airline of Cyprus
KTMB(H)P	Kıbrıs Türk Milli Birlik (Halk) Partisi – Türkische Nationale Einheits(Volks-)Partei Zyperns – Turkish National Union (People's) Party of Cyprus
LTD	Limited Company – Gesellschaft mit beschränkter Haftung
NATO	North Atlantic Treaty Organization – (Nord-)Atlantikpakt- Organisation
NFIR	Nicosia Flight Information Region – Nikosia Fluginformationsregion
NMP	Nicosia Master Plan
ODA	Official Development Assistance – Offizielle Entwicklungshilfe
OECD	Organization for Economic Cooperation and Development – Organisation für wirtschaftliche Zusammenarbeit und Entwicklung
OPEC	Organization for Petroleum Exporting Countries – Organisation erdölexportierender Länder
PAME	Pankyprion Ananeotiko Metopo – Panzyprische Erneuerungsfront – Pancyprian Revival Front
PASOK	Panellinio Sosialistiko Kinima – Panhellenische Sozialistische Bewegung – Panhellenic Socialist Movement
PEN Club	International Association of Poets, Playwrights, Editors, Essayists, and Novelists – Internationale Vereinigung von Dichtern, Dramatikern, Redakteuren, Essayisten und Romanschriftstellern
PEON	Pankyprios Ethniki Organosis Neoleas – Panzyprische Nationale Jugendorganisation – Pancyprian Enosist Youth Organization
PIO	Press and Information Office – Presse- und Informationsbüro (der Republik Zypern)
PIO	Public Information Office (der TRNZ) – Öffentliches Informationsbüro
RIK	Radiofoniko Idryma Kyprou – CBC
RZ	Republik Zypern – Republic of Cyprus
SDP	Sosya Demokrati Partisi – Social Democratic Party – Sozialdemokratische Partei
TAK	Türk Ajansi Kıbrıs – Türkische Nachrichtenagentur Zyperns – Turkish News Agency of Cyprus

TBP	Türk Birligi Partisi – Türkische Einheitspartei – Turkish Unity Party
TKP	Toplumcu Kurtuluş Partisi – Befreiungspartei der türkischen Volksgruppe – Communal Liberation Party
TL	Türkische Lira – Turkish Lira
TMT	Türk Mukavemet Teşkilâti – Türkische Widerstandsorganisation – Turkish Resistance Organization
TFSC	„Turkish Federated State of Cyprus" – TFSZ
TFSZ	„Türkischer Bundesstaat auf Zypern" – TFSC
TRNC	„Turkish Republic of Northern Cyprus " – TRNZ
TRNZ	„Türkische Republik Nordzypern" – TRNC
UBP	Ulusal Birlik Partisi – Nationale Einheitspartei – National Unity Party
UdSSR	Union der Sozialistischen Sowjetrepubliken – USSR
UN	United Nations – Vereinte Nationen
UNCITRAL	United Nations Commission of International Trade Law
UNCIVPOL	United Nations Civil Police – Zivilpolizei der UN
UNDP	United Nations Development Program – Entwicklungsprogramm der UN
UNESCO	United Nations Educational, Scientific, and Cultural Organization – Organisation der UN für Erziehung, Wissenschaft und Kultur
UNFICYP	United Nations (Peace-Keeping) Force in Cyprus – Friedenstruppe der UN auf Zypern
UNFPA	United Nations Fund for Population Assistance –
UNHCR	United Nations High Commissioner for Refugees
UNICEF	United Nations International Children's Emergency Fund – Kinderhilfswerk der UN
UNIDO	United Nations Industrial Development Organization – Sonderorganisation der UN für industrielle Entwicklung
USD	United States Dollar
USSR	Union of Socialist Soviet Republics – UdSSR
WHO	World Health Organization – Weltgesundheitsorganisation
YDP	Yeni Doğuş Partisi – Wiedergeburtspartei – New Dawn (Birth) Party
YKP	Yeni Kıbrıs Partisi – Neue Zypern-Partei – New Cyprus Party

Verzeichnis der Tabellen, Schaubilder, Abbildungen und Karten

Mittlere monatliche Niederschläge (in mm), 1961–1990 (Tabelle) 33
Mittlere Temperaturmaxima und -minima (in °C), 1961–1990 (Tabelle) 33
Bevölkerungsentwicklung nach Zensusregionen (Tabelle)................................. 34
Bevölkerungsentwicklung in den Stadtregionen differenziert nach Kernstädten
 und suburbanen Zonen (Tabelle).. 35
Bevölkerung der seit 1960 wüstgefallenen Orte im Jahr 1960 (Tabelle)..................... 36
Wüstungen nach ethnischer Zusammensetzung der ehemals ansässigen Bevölkerung (Tabelle) . 37
Die antiken Stadtkönigtümer Zyperns (Karte) 41
Der Stammbaum der Lusignan, Könige von Zypern (Schaubild) 49
Die Erzbischöfe der Orthodoxen Kirche Zyperns, 1571–1998 (Tabelle) 62
Die Insel Zypern, 1878 (Karte)... 68
The „Ghali Map" (Karte) 122
Die Streitkräfte der Republik Zypern (Tabelle) 133/134
Das griechische Truppenkontingent (Tabelle) 134
Die Streitkräfte der „Türkischen Republik Nordzypern" (Tabelle) 135
Die britischen Streitkräfte (Tabelle)... 136
Die United Nations Force in Cyprus (UNFICYP) (Tabelle)................................ 137
Die Zusammensetzung der UNFICYP (Stand: November 1994) (Tabelle)................... 138
Freiwillige Beitragszahlungen (bereits geleistet bzw. zugesichert) ausgewählter UN-Mitglieder
 für die UNFICYP vom 27. März 1964 bis zum 15. Juni 1993 (Stand: Juni 1993) (Tabelle)..... 139
Die Verteidigungsausgaben der Republik Zypern (Tabelle) 140
Streiks in der Republik Zypern (Tabelle).. 233
Erwerbstätige nach Wirtschaftsbereichen (in 1 000) (Tabelle)............................. 258
Entwicklung des Bruttoinlandsproduktes (GDP), inflationsbereinigt (Tabelle) 258
Temperaturen in Grad Celsius ausgewählter Meßstationen des östlichen
 Mittelmeerraumes (Tabelle) 260
Niederschläge in Millimeter ausgewählter Meßstationen des östlichen
 Mittelmeerraumes (Tabelle).. 261
Durchschnittliche Jahresniederschläge in Millimeter ausgewählter Meßstationen
 Nordzyperns, 1985–1989 (Tabelle).. 264
Entwicklung und Struktur des Bewässerungsanbaus in Zypern (Tabelle) 277
Produktionsergebnisse im Bewässerungsanbau, 1969 (Tabelle)............................ 278
Anteilige Wertschöpfung der zyprischen Landwirtschaft (einschließlich Forstwirtschaft
 und Fischerei) am Bruttosozialprodukt (BSP), 1978–1992 (Tabelle) 282
Beschäftigungsanteil in der zyprischen Landwirtschaft, 1977–1992 (Tabelle) 282
Die zyprischen Agrarexporte (Lebensmittel, Getränke, Tabak, Schlachtvieh), 1975–1992
 (Tabelle) 283
Die wichtigsten Agrarexportprodukte aus dem zyperngriechischen Inselteil
 (in Tausend CyP) (Tabelle).. 283
Struktur des Primären Sektors und anteilige Wertschöpfung am zyprischen
 Bruttoinlandprodukt (BIP), 1992 (Tabelle) 285
Zunahme der agraren und der gesamten Wertschöpfung, 1985–1992 (Tabelle)............. 287
Landnutzung in der Republik Zypern, 1992 (Tabelle) 289
Landnutzung in der „TRNZ", 1992 (Tabelle)... 290
Die Agrarproduktion in der Republik Zypern (in Tonnen) (Tabelle) 291

Die Agrarproduktion in der „TRNZ", 1992 (Tabelle) 292
Staatliche Aufkaufpreise für Weizen in der „TRNZ" (in Okka = 1,27 kg) (Tabelle) 298
Staatliche Abgabepreise für Weizensaatgut in der „TRNZ" (in Okka = 1,27 kg) (Tabelle) 299
Entwicklung und gesamtwirtschaftliche Bedeutung des verarbeitenden Gewerbes
  in Zypern, 1960–1973 (Tabelle) 339
Branchenstruktur des verarbeitenden Gewerbes in Zypern, 1954–1972:
  Zahl der Betriebe (Tabelle) 340
Branchenstruktur des verarbeitenden Gewerbes in Zypern, 1954–1972:
  Bruttoproduktionswert (Tabelle).. 341
Entwicklung und gesamtwirtschaftliche Bedeutung des verarbeitenden Gewerbes
  in der Republik Zypern, 1975–1992 (Tabelle) 344
Branchenstruktur des verarbeitenden Gewerbes in der Republik Zypern, 1976–1992:
  Zahl der Betriebe (Tabelle) 354
Branchenstruktur des verarbeitenden Gewerbes in Zypern, 1976–1992:
  Bruttoproduktionswert (Tabelle).. 354
Republik Zypern: Wichtigste Produkte des verarbeitenden Gewerbes, 1992 (Tabelle) 355
Republik Zypern: Wichtigste Exportgüter des verarbeitenden Gewerbes, 1992 (Tabelle) 357
Branchenstruktur des verarbeitenden Gewerbes in der „Türkischen Republik Nordzypern",
  1990 (Tabelle)... 361
Entwicklung und gesamtwirtschaftliche Bedeutung des Bergbaus in Zypern,
  1929–1973 (Tabelle).. 365
Entwicklung und gesamtwirtschaftliche Bedeutung des Bergbaus in der Republik Zypern,
  1976–1991 (Tabelle).. 367
Schematisierte Darstellung der Hierarchie des zyprischen Verkehrswegenetzes
  vor der Teilung Zyperns (Abbildung).. 372
Schematisierte Darstellung der Hierarchie des zyprischen Verkehrswegenetzes
  nach der Teilung Zyperns (Abbildung)... 372
Entwicklung der Fahrzeugbestände in Zypern (Tabelle) 374
Entwicklung der Verkehrsunfälle in Zypern (Tabelle) 375
Tonnageumsätze zyprischer Häfen vor 1974 (gerundete Angaben in Tausend Tonnen)
  (Tabelle) 376
Die Entwicklung zyperngriechischer Häfen nach 1974 gerundete Angaben
  in Tausend Tonnen) (Tabelle) 377
Tonnageumsätze zyperntürkischer Häfen nach 1974 (gerundete Angaben
  in Tausend Tonnen) (Tabelle) 378
Passagier- und Frachtaufkommen nach 1974 in der Republik Zypern
  (Angaben in Tausend) (Tabelle) 379
Passagier- und Frachtaufkommen nach 1974 in der „TRNZ" (Angaben in Tausend) (Tabelle) .. 380
Versorgungseinrichtungen in der Republik Zypern (Tabelle) 386
Elektrizitätserzeugung und -verbrauch in Zypern (Tabelle)................................. 391
Stromverbrauch in der Republik Zypern nach Kategorien (Angaben in Tausend KWh)
  (Tabelle) 392
Telefon- und Telexanschlüsse in Zypern (Tabelle)... 400
Das Gesundheitswesen Zyperns (Tabelle) 404
Bettenkapazität und Betriebe (Tabelle) 411
Entwicklung der Ankünfte, 1976–1993 (Tabelle).. 413
Touristenankünfte nach Herkunftsländern, 1976–1993 (Tabelle) 415
Übernachtungen nach Beherbergungsform (Tabelle) 417
Regionale Verteilung der Übernachtungen (Tabelle).. 417
Tourismuseinnahmen, 1973–1993 (Tabelle) 419
Beitrag des Tourismus zum Bruttoinlandsprodukt (BIP) und zur Beschäftigung (Tabelle)...... 420
Bettenkapazität und Betriebseinheiten 1993 in der „TRNZ" (Tabelle) 430
Ankünfte und Einnahmen der „TRNZ" (Tabelle) 431
Beschäftigung im Tourismus in der „TRNZ" (Tabelle)....................................... 434
Auszüge aus der Zahlungsbilanz der Republik Zypern (Angaben in Millionen Zypern-Pfund)
  (Tabelle) 465

Verzeichnis der Tabellen, Schaubilder, Abbildungen und Karten 943

Exporte der Republik Zypern nach ausgewählten Waren (Angaben in Millionen Zypern-Pfund) (Tabelle) 465
Exporte der Republik Zypern nach ausgewählten Handelspartnern (Angaben in Millionen Zypern-Pfund) (Tabelle) 466
Importe der Republik Zypern nach ausgewählten Ländern (Angaben in Millionen Zypern-Pfund) (Tabelle) 466
Auszüge aus der Zahlungsbilanz der „TRNZ" (Angaben in Millionen Dollar) (Tabelle) 466
Exporte der „TRNZ" nach ausgewählten Waren (Angaben in Millionen Dollar) (Tabelle) 467
Ausgewählte Handelspartner der „TRNZ" (Angaben in Millionen Dollar) (Tabelle) 467
Unterschiedliche Entwicklung im Süd- und Nordteil Nikosias (Tabelle) 469
Nicosta Master Plan (Abbildung) 470
Nicosta Master Plan: Altstadt (Abbildung) 473
Entwicklung von Einzelhandel und Dienstleistungen im Central Business District (CBD) (Tabelle) 475
Zypern – Bevölkerungsentwicklung, 1881–1973 (Tabelle) 490
Zypern – Fruchtbarkeit und Geburtenrate, 1901–1973 (Tabelle) 492
Zypern – Emigranten nach Zielländern und Volksgruppe, 1946/55–1973 (Tabelle) 494
Zypern – Ethnisch-religiöse Bevölkerungsstruktur, 1881–1960 (Tabelle) 497
Republik Zypern – Bevölkerung und Bevölkerungswachstum, 1976–1993 (Tabelle) 502
Republik Zypern – Emigranten nach Zielländern, 1974–1988 (Tabelle) 504
Altersstruktur in der Republik Zypern, 1993 (Abbildung) 506
Republik Zypern – Bevölkerung nach Staatsangehörigkeit und ethnisch-religiöser Struktur, 1992 (Tabelle) 507
„TRNZ": Bevölkerung und Bevölkerungswachstum, 1974–1990 (Tabelle) 508
Demographische Struktur gegen Ende der osmanischen Herrschaft (Tabelle) 517
Entwicklung der demographischen Zusammensetzung, 1881–1960 (in Prozent) (Tabelle) 517
Entwicklung des Bruttosozialprodukts in der Republik Zypern nach nominellen und konstanten Preisen (Tabelle) 521
Verteilung des Bruttosozialprodukts nach ausgewählten Wirtschaftssektoren (Tabelle) 522
Ausgewählte Indikatoren der Wohlstandentwicklung und der Lebensbedingungen um 1971 (Tabelle) 522
Die Vermögensverhältnisse der Volksgruppen 1962 (Tabelle) 524
Pro-Kopf-Beitrag nach Volksgruppen zum Volkseinkommen 1962 in US-Dollar (Tabelle) 524
Prozentuale Anteile der Volksgruppen an der zyprischen Wirtschaft (Tabelle) 525
Wichtige sozialwirtschaftliche Indikatoren (Tabelle) 527
Sektorelle Aufteilung der Beschäftigung in der zyperngriechischen Gesellschaft (Tabelle) ... 527
Beschäftigtenzahlen in unterschiedlichen Wirtschaftszweigen in der Republik Zypern, 1992/1993 (Tabelle) 528
Die Entwicklung der Arbeitslosigkeit in der Republik Zypern getrennt nach Geschlechtern, 1974–1993 (Tabelle) 528
Frauenbeschäftigung in der Republik Zypern, 1976–1992 (Tabelle) 531
Entwicklung der durchschnittlichen Monatslöhne (in CyP) in der Republik Zypern, 1984–1993 (Lohn- und Gehaltsempfänger) (Tabelle) 531
Durchschnittliche Monatsgehälter in der Republik Zypern nach Berufen und Geschlechtern, 1993 (Tabelle) 532
Studenten aus der Republik Zypern im Ausland, 1985–1993 (Tabelle) 533
Die Anzahl der Eheschließungen und Scheidungen in der Republik Zypern, 1974–1990 (Tabelle) 534
Bildungsstand auf Zypern, 1911–1943 (Tabelle) 535
Bevölkerungsverteilung in der Republik Zypern nach Lebensalter und Geschlecht (Tabelle) ... 537
Bevölkerungsverteilung in der Republik Zypern nach Altersgruppen (in %) (Tabelle) 537
Größe der zyprischen Haushalte (in %) (Tabelle) 538
Ausgabenverteilung der Sozialversicherung in der Republik Zypern, 1988–1993 (CyP Tausend) (Tabelle) 539
Einzahler in die Sozialversicherung nach unterschiedlichen Beschäftigungsverhältnissen in der Republik Zypern, 1989–1993 (Tabelle) 540

Eine vergleichende Darstellung der sozioökonomischen Kennziffern der zyperngriechischen
  Gesellschaft (Tabelle) 541/542
Zyperntürkischer Außenhandel in Millionen USD (Tabelle) 544
Sektorelle Aufteilung des BIP der „TRNZ" in Prozent (Tabelle)....................... 544
Zyperntürkische Beschäftigte nach Sektoren (Tabelle) 545
Einkommen je nordzyprischer Einwohner in USD pro Jahr (Tabelle)................... 545
Personal im öffentlichen Dienst der „TRNZ" nach Stellung und Geschlecht, 1984–1988
  (Tabelle) 550
Anzahl der Geburten pro Altersgruppe (Tabelle)................................... 551
Die Grundschulen in Nordzypern, 1987–1993 (Tabelle) 553
Die Mittelschulen in Nordzypern (Tabelle) 554
Bevölkerungsentwicklung der Zyperntürken, 1881–1987 (Tabelle) 554
Bevölkerungsverteilung in Nordzypern nach Altersgruppen (Tabelle) 555
Demographische Indikatoren in der „TRNZ" (Tabelle)............................. 556
Auswirkungen der Besetzung Nordzyperns auf das Schulwesen der Republik Zypern
  (Tabelle) 561
Vorschulerziehung, 1992/93 (Tabelle) 562
Grund- bzw. Elementarschule, 1992/93 (Tabelle).................................. 563
Das Sonderschulwesen, 1992/93 (Tabelle).. 564
Das Sekundarschulwesen, 1992/93 (Tabelle) 566
Die Struktur des Schulsystems in der Republik Zypern (Schaubild).................. 568
Die Finanzierung des öffentlichen Schulwesens in der Republik Zypern (in CyP) (Tabelle) 571
Stundenplan für die Grundschule (Tabelle) 574
Stundenplan für das Gymnasium (Tabelle) 575
Stundenplan für die Kernfächer im Lyzeum (Tabelle) 576
Schematischer Stundenplan im Lyzeum nach Schultyp/Fächerkombination geordnet
  (Tabelle) 577
Verteilung der Studenten nach Studienfächern (Tabelle)............................ 598
Studenten aus der Republik Zypern im Ausland (Tabelle) 601
Der Aufbau der Universität von Zypern (Schaubild) 602
The Structure of the Administrative System of the "Ministry of National Education and
  Cultur" (1995) (Schaubild).. 612
Stages of Formal Education in the "TRNC", 1994/95 (Schaubild) 615
Preschool Education in the Academic Year 1994/95 (Tabelle)....................... 616
Elementary School Education in the Academic Year 1994/95 (Tabelle)............... 617
Middle School Education in the Academic Year 1994/95 (Tabelle)................... 618
„Lise" Education in the Academic Year 1994/95 (Tabelle) 620
Informal Education in the Academic Year 1994/95 (Tabelle)........................ 622
Undergraduate Education for the Citizens of the "TRNC" in 1994/95 (Tabelle) 624
Number of Admissions to TTTC, 1986–1994 (Tabelle)............................ 625
Higher Education in the"TRNC" in 1994/95 (Tabelle) 626
Griechisch-orthodoxe Männerklöster in Zypern (Tabelle)........................... 670
Griechisch-orthodoxe Frauenklöster in Zypern (Tabelle) 671
Professional Theatres in the Republic of Cyprus in 1994 (Tabelle).................... 754
Amateur Theatres in the Republic of Cyprus in 1994 (Tabelle)....................... 754
Karte zur Ortsnamenkonkordanz.. 936
Transliteration (Tabelle) 937

Kartenbeilagen am Schluß des Bandes

Autorenverzeichnis

Jan Asmussen, M. A.
Universität Hamburg, Historisches Seminar, Von-Melle-Park 6/IX, D-20146 Hamburg

Prof. Dr. Heinz-Jürgen Axt
Gerhard-Mercator-Universität-Gesamthochschule Duisburg,
FB 1: Gesellschaftswissenschaften, Politische Wissenschaft, D-47048 Duisburg

Prof. Dr. Bekir Azgın
Eastern Mediterranean University, Faculty of Communication and Media Studies,
Gazimağusa (Famagusta); Postanschrift: „Turkish Republic of Northern Cyprus" via Mersin 10,
Türkei

Prof. Dr. Tozun Bahcheli
University of Western Ontario, King's College, 266 Epworth Avenue, London,
Ontario N6A 2M3, Kanada

Prof. Dr. Rudolf Brandl
Universität Göttingen, Musikwissenschaftliches Seminar, D-37073 Göttingen

Dr. Hansjörg Brey
Südosteuropa-Gesellschaft, Widenmayerstraße 49, D-80538 München

Dr. Ahmet Cavit
Cocuk Dokturu, Müftü Ziyai Sok, P. O. Box 623, Lefkoşa (Nikosia); Postanschrift:
„Turkish Republic of Northern Cyprus" via Mersin 10, Türkei

Dr. Jeanette Choisi
Athener Zeitung, Olympos Media AEE, Leoforos Kifisias 278 (Agriniou),
15232 Halandri, Athen, Griechenland

Prof. Dr. Chrysanthos Christou
University of Athens, Department of History and Modern Art, Solomos Str.57,
10671 Athens T.T. 143, Griechenland

Martin Colberg, M. A.
Universität Hamburg, Historisches Seminar, Von-Melle-Park 6/IX, D-20146 Hamburg

Dr. Andreas Demetriou
House of Representatives, Department of Publications, Republic of Cyprus,
P. O. Box 58, 1600 Nikosia, Zypern

Christakis Georgiou
Cyprus Centre of the International Theatre Institute, Regaena Street 38,
Nikosia, Zypern

Prof. Dr. Werner Gumpel
Universität München, Institut für Wirtschaft und Gesellschaft Ost- und Südosteuropas,
Akademiestraße 1/III, D-80799 München

Prof. Dr. Barbara Hahn
Universität Lüneburg, Wirtschafts- und Sozialgeographie, Scharnhorststraße 1,
D-21335 Lüneburg

Prof. Dr. Günter Heinritz
Technische Universität München, Geographisches Institut, Arcisstraße 21,
Postfach 202420, D-80333 München

Prof. Dr. Friedrich Heyer
Universität Heidelberg, Wissenschaftlich-Theologisches Seminar, Kisselstraße 1,
D-69117 Heidelberg

Mathias Z. Karádi, Dipl.Pol.
Institut für Friedensforschung und Sicherheitspolitik an der Universität Hamburg,
Falkenstein 1, D-22578 Hamburg

Prof. Dr. Georgios Kechagioglou
Aristotle University of Thessaloniki, School of Philology,
Department of Medieval and Modern Greek Studies, 54006 Thessaloniki, Griechenland

Dr. Niyazi Kızılyürek
University of Cyprus, Turkish Department, Nikosia, Zypern

Prof. Dr. Dr. Dieter S. Lutz
Institut für Friedensforschung und Sicherheitspolitik an der Universität Hamburg,
Falkenstein 1, D-22578 Hamburg

Dr. Ronald Meinardus
Deutsche Welle, Radio & Television International, D-50588 Köln, z. Zt. Friedrich-Naumann-Stiftung, Sudong P.O.B. 77, Seoul 133-600, Korea

Dr. Maria Papapetrou Miller
Cyprus Academy of Sciences, Nikosia, Zypern

Andreas Müller, Ass. Theol.
Kirchliche Hochschule Bethel, Remterweg 45, D-33617 Bielefeld

Dr. Alexander Orthgieß
Universität München, Institut für Wirtschaft und Gesellschaft Ost- und Südosteuropas,
Akademiestraße 1/III, D-80799 München

Dr. Ioannis Papadakis
University of Cyprus, Political Science Department, Nikosia, Zypern

Autorenverzeichnis

Carolina Petry, M. A.
Eastern Mediterranean University, Faculty of Arts and Sciences,
(Gazimağusa) Famagusta; Postanschrift: „Turkish Republic of Northern Cyprus" via Mersin 10, Türkei

Dr. Christian Rumpf
Max-Planck-Institut für ausländisches öffentliches Recht und Völkerrecht,
Im Neuenheimer Feld 535, D-69120 Heidelberg

Dr. Bruno Sackmann
Dr. Harnier Straße 1, D-31812 Bad Pyrmont

Nikos Shiafkalis
Cyprus Centre of the International Theatre Institute, Regaena Street 38,
Nikosia, Zypern

Prof. Dr. Winfried Steffani
Universität Hamburg, Institut für Politische Wissenschaft, Allende-Platz 1,
D-20146 Hamburg

Prof. Dr. Jack V. Thirgood
Fir Tree House, Riverside, Rothbury, Northumberland NE65 7NS, UK

Dr. Ronald Wellenreuther
Universität Mannheim, Geographisches Institut, Postfach 103462, Schloß,
D-68131 Mannheim

Prof. Dr. Panos Xochellis
Aristotle University of Thessaloniki, Faculty of Philosophy, Department of Education,
54006 Thessaloniki, Griechenland

Dr. Hüseyin S. Yaratan
13, Seyit Huseyin Str., K. Kaymaklı,
Lefkoşa (Nikosia); Postanschrift: „Turkish Republic of Northern Cyprus" via Mersin 10, Türkei

Jannis Zelepos, M. A.
Universität Hamburg, Historisches Seminar, Von-Melle-Park 6/IX, D-20145 Hamburg

Dr. Peter Zervakis
Universität Hamburg, Historisches Seminar, Von-Melle-Park 6/IX, D-20146 Hamburg

Register*

Abdul-Hamid II. 641/642
Abendland s. a. Europa 38, 428, 699, 780/781, 784, 810, 812, 815, 818
Abkommen s. Verträge
Abou, Serge 840/841
Abtreibung 505
Abwanderung s. Ein- bzw. Auswanderung
Achaier 25, 39, 41
Achelia s. Paphos
Acheson, Dean 830
Adalı, Kutlu 652/653, 740
Adel 40, 44, 47/48, 50–56, 58, 200, 271, 273, 496
Afrika s. a. Naher und Mittlerer Osten 19, 44, 148, 259, 263, 321, 327, 441, 448/449, 494, 504, 541, 594, 640, 678, 734, 736, 742, 880, 884
Afxentiou, Grigoris 683, 824, 890
Ägäis s. Mittelmeer
Agia Napa/Paralimni 277, 410, 412/413, 417, 421, 672, 681, 691, 752, 842, 936
Agia Trias Sipahi 561, 936
Agios Nikolaos 842, 936
Ägypten 19, 40, 43/44, 48, 50, 54/55, 67, 78, 85, 88, 135, 317, 346, 402, 416, 445, 449, 452, 541, 666, 690, 725, 729, 735, 742, 786, 820, 823/824
Agrarwirtschaft s. Landwirtschaft
Akademien s. Hochschulen
Aker, Ahmet 256, 294/295, 438, 455, 457, 461, 464
Akıncı, Kemal 653
–, Mustafa 226, 859, 891, 901
Akritas-Plan 103
Aleksij II., Patriarch von Moskau 662
Albanien 9, 57, 804
Alevga (Alevkaya) 26, 36
Alexander der Große 43, 237, 733
Alexandrien 43, 67, 260, 662, 665, 670, 683/684, 723, 725, 764, 771, 834
Algerien 540/541
Ali, Ihsan 645, 650, 901
Allianz 42, 50, 66, 70, 77, 80, 84/85, 92, 94, 129, 142, 147/148, 160, 171, 221, 317, 321, 826, 828/829
Altersstruktur s. Bevölkerung
Altertum 22/23, 39–43, 46, 199, 268, 310, 332, 364/365, 559, 578, 705/706, 708–711, 744, 750, 752, 755, 774, 779, 783, 785, 815, 820
Alt- bzw. Neukalendarier 671–674
Altınay, Mehmet 656, 852
Amathous 40
Ammochostos s. Famagusta
Amnestie 178, 194
Analphabetismus 491, 519, 535, 553, 581, 585, 806
Anastasiadis, Nikos 889
Anatolien s. Kleinasien
Andreas, Apostel 19, 664/665, 667
Angelidou, Klairi (Claire) 604, 849, 889
Angestellte s. Arbeit, Berufe
Ankara 10, 77, 82, 85/86, 93, 95, 99/100, 102/103, 105, 107/108, 113/114, 119–121, 130, 132, 149–152, 288, 301, 306, 382, 384, 389, 393, 401, 407, 478, 483, 546, 552, 610, 632, 740, 748, 808, 818, 827, 833, 839, 901/906
Anleihen s. Kredite
Annexion 43, 67, 70, 75, 73–75, 77/78, 80, 223, 300, 334, 644, 724, 740, 821
Antike s. Altertum
Antiochien 45, 661/662, 684
Anwälte s. Gerichte
Aphrodite 39, 40, 43, 738, 742, 792
Arabien s. a. Naher- und Mittlerer Osten 46/47, 54/55, 161, 346, 357/358, 364, 368/369, 387, 409, 415, 423, 438, 441/442, 448/449, 457, 460/461, 507, 548, 598, 635, 672, 677, 679, 685/686, 689, 704, 711/712, 723, 729, 777, 782, 820
Aradippou 34, 936
Arbeit, Arbeitskraft, Arbeiter 30, 32, 107, 162, 177, 189, 198, 226, 228–234, 239–241, 243–246, 250, 258, 267, 269, 273, 280/281, 307, 343/344, 346, 348, 350/351, 358, 362, 364–366, 368/369, 415, 421/422, 424, 426, 428/429, 433–435, 438, 443, 462, 469, 471,

---

*) Die Herausgeber danken besonders Frau Anna Mastrogianni, M.A., für ihre Mithilfe bei der Erstellung des Registers.

476, 492/493, 503, 510, 512, 514/515, 520, 531–533, 537–540, 542, 547, 550, 552, 555, 557/558, 569/570, 573/574, 582, 592, 674, 742, 868, 879, 888
Arbeiterbewegung s. Gewerkschaften
Arbeitslosigkeit 124, 233, 235, 240–242, 245, 251, 297, 481, 503, 521, 527/528, 532, 538, 540, 551, 555, 557/558, 582/583
Archäologie 39, 41, 409, 423, 600, 661/662, 705, 752, 884
Architektur 43, 45, 54, 58, 411, 154, 472, 550
Armee s. Militär, Verteidigung
Armenier s. Minderheiten
Armut 40, 59, 65, 315, 102, 336, 342, 368, 491, 493, 538, 548
Ärzte s. Gesundheitswesen
Ashdjian, Antranik 907
Asien 45, 67, 126, 148, 151, 247, 269, 326, 446, 460, 507, 640, 646, 652, 683, 689, 713/714, 756, 802, 817, 824, 878, 881, 895
Atakol, Kenan 850–852, 901
Atatürk, Mustafa Kemal 77, 82, 176, 199, 548/549, 552/553, 611, 645/646, 648, 687/688, 713, 798, 806, 816, 821, 901
Athen 10, 41–43, 64, 77, 79, 84, 87/88, 98–100, 108, 110, 112/113, 120/121, 123, 131, 142, 150/151, 218, 416, 632, 664, 666, 670, 683/684, 705, 723, 725, 728, 735, 742, 756/757, 759/760, 762/763, 766–769, 771/772, 777, 785/786, 822, 825/826, 830–835, 839/840, 889–892, 894–900
Athos, Berg (*Agion Oros*) 664, 668
Atteslis, Stylianos 667
Attika s. Griechenland
Attila-Linie s.a. Waffenstillstand 114, 132, 359, 526, 835
Attorney-General s.a. Gerichte 164, 181/182, 896, 900, 905
Atun, Hakkı 227/228, 383, 840, 845, 851–853, 901
Aufrüstung s.a. Militär 141/142, 366
Aufstände 42, 44, 47/48, 50, 52, 54–56, 61–63, 69, 73, 76–78, 80, 82, 87/88, 93, 103, 110, 127, 129, 200, 330, 490, 493, 518/519, 552, 631, 646, 651, 682/683, 687/688, 690, 707, 727–730, 737, 740, 742, 792, 817, 821/822, 833/834, 896
Ausbildung s. Bildung
Außenhandel 25, 39, 65, 243–246, 249, 252, 257, 274/275, 277/278, 283/284, 286–288, 290–292, 294, 301, 305, 311, 313, 334, 337, 343, 345–352, 355, 357/358, 362, 364, 366/367, 369, 380/381, 418, 429, 433, 437–467, 491, 521, 523, 525–527, 543/546, 840, 884
Ausland, Ausländer 162, 165, 177, 192, 234, 245, 247, 249, 251–254, 305/306, 335–337,

348, 351/352, 363, 365, 379, 382, 392, 411, 414, 421, 423, 425, 429, 432, 435, 439, 441, 444–446, 450–452, 455/456, 461, 501, 503, 506/507, 510, 525, 534, 536, 579, 599/600, 633, 639, 675, 689, 692, 697, 709, 770, 784/785, 792/793, 795/796, 801, 882/883
Auslandsvertretungen 16, 52/53, 58, 61, 64, 67, 77/78, 82, 86, 143, 274, 348, 391, 499, 518, 646, 690, 707, 794, 823, 828, 835, 838, 882, 886/887, 892, 894, 897, 907
Australien 137–139, 155, 259, 313, 505, 538, 657, 673, 742/743, 878
Auswanderung s. Ein- /Auswanderung
Autokephalie s.a. Ethnarchie, Kirche, zyprisch-orthodoxe 45/46, 60, 74, 155, 157, 559, 661/662, 670, 673, 723, 820, 891
Autonomie 44–46, 59–61, 71, 74, 79, 81, 85, 88/89, 111–113, 116, 120, 164, 230/231, 662, 688, 691, 738, 820, 823–825, 835, 887
Autos s. Fahrzeuge
Averoff-Tositsas, Evangelos 102, 825, 827
Baf s. Paphos

Baker, Samuel 315
Balkan s. Südosteuropa
Banken 65, 76, 210, 218, 232, 236, 337/338, 247, 252/253, 256–258, 363, 381, 387, 396, 423, 429, 461, 464, 521, 523, 544–546, 878
Barato, Umberto 674/675
Barnabas, Apostel 44/45, 660–662, 820
Bauern s. Landwirtschaft
Bauwesen 29/30, 162, 177, 243, 250/251, 256, 258, 272, 334, 340, 365, 367, 398, 409–412, 417, 421–423, 426, 433, 468/469, 472, 476, 482, 486, 503, 520–522, 528, 544/545, 564, 596, 870, 873
Beamte s. Verwaltung
Behörden s. Verwaltung
Beirut 640, 677, 691, 793/794, 832, 907
Belapais (Beylerbey) 47, 242 936
Belgien 803, 880, 888
Berberoglu, Ahmet Mid(t)hat 654, 902
Bergbau 40, 44, 229/230, 282, 318, 334, 361, 364, 366–369, 442, 491, 522, 525, 528, 545, 793, 796
Berlin 586, 785
Bey, Mithat 648/649
Berufe 45, 64, 74/75, 106/107, 115, 156, 181, 197, 214, 217, 219, 229, 234, 285, 338, 340/341, 353–355, 427, 517, 527, 532, 544/545, 550, 565, 567, 569, 577, 580, 594, 608, 621/622, 627/628, 696, 742, 807/808, 815, 878
Besatzung 42, 46, 220, 280, 392, 637, 679, 681, 708, 718, 722, 732, 735, 745, 837, 892
Besetzung s.a. Invasion, Intervention 15/16, 38, 53/54, 67, 69, 80, 135, 138, 140, 143, 152,

313, 331, 399, 402, 414, 526, 561, 645, 672, 678, 685, 820, 835, 841/842, 895
Betriebe 228/229, 232, 235, 240, 244, 250/251, 270/271, 278, 285, 288, 293, 295–297, 300, 304, 341/342, 350/351, 354, 362, 368, 377, 386, 388/389, 410–412, 414, 416, 421, 423, 426, 428, 430–434, 437, 443, 455, 472, 474, 525, 528/529, 545, 565, 637, 870, 872/873
Bevölkerung 9/10, 16, 27–31, 34–41, 45–48, 50, 52, 55, 57–59, 61, 64/65, 70, 72, 75, 81, 83, 88/89, 100, 106, 114, 128, 136, 144, 146, 150, 153/154, 160, 165, 173, 196, 198, 203/204, 207, 224, 232, 235, 240/241, 243, 245/246, 249/250, 252, 254, 256, 273, 279–281, 293, 297, 301–305, 310/311, 315, 321, 323, 326, 331, 336, 342/343, 350, 363, 366, 371, 373/374, 384/385, 387, 391, 393, 395/396, 399/400, 402, 404, 406, 424, 427, 432, 434, 464, 468/469, 471/472, 475, 478, 483, 487–493, 495–516, 519, 524, 526/527, 534, 536–544, 547, 554–556, 564, 572, 578, 583, 585, 589/592, 599, 609/610, 614, 628/629, 631/632, 643, 666, 676/677, 679, 682/683, 685–688, 693/694, 700, 705/706, 712/713, 724, 741, 744, 746, 748, 774, 793, 801, 815, 818, 821–824 , 936
Bewässerung s. Wasser
Bezirke s. Distrikte
Bildung, Bildungswesen 11, 56, 58, 64/65, 71, 73–75, 78/79, 156, 158, 162, 164, 177, 183, 194, 203, 209, 215, 236, 318, 336, 338, 351, 359, 368, 413, 425, 428/429, 484, 491, 512, 519, 522, 529–533, 535/536, 539, 541/542, 547–554, 559–575, 577–590, 605–628, 645, 648/649, 660/661, 663, 669, 672/673, 677/678, 680, 682, 687, 690/691, 695, 706/707, 709, 714, 722–724, 731, 739, 741, 746, 756/757, 759, 784–786, 807–810, 818, 869/870, 882, 884/885, 888/889, 908
Binnenhandel s.a Handel, Importe 290, 293/294, 296, 301, 304, 334/335, 343, 352, 355/356, 363, 368/369, 382, 405/406, 437, 444, 454, 463
BIP, BSP s.a. Produktivität 245/246, 248, 250–252, 254, 256, 258, 282, 285–287, 335, 339, 341, 344, 350, 354, 362, 366, 368, 386/387, 392, 401, 405, 420/421, 440/441, 445, 447, 451, 457, 459, 521/522, 526/527, 542, 544, 571, 584
Bismarck, Otto von 586
Blauhelme s. UNFICYP
Blockfreie Staaten 126, 143, 214, 218/219, 827, 835, 895/896
Boden s. Umwelt
Bodenschätze 23, 29, 38, 40, 241, 252, 254/255, 257, 306, 309, 321–323, 331–334, 343,
346/347, 352, 355, 359, 362/363, 365, 367/368, 385/386, 388/389, 394, 396/397, 437–440, 442/443, 445, 447, 454–457, 462, 465, 467, 471, 476, 478/480, 528, 718
Bosnien 57, 148–151
Botschaften s. Auslandsvertretungen
Boutros-Ghali, Boutros 121/122, 145/146, 839/840
Boykott 54, 88, 241, 249, 402, 429, 797
Bozkurt, Ismail 119, 845, 852,859, 902
Brände 26, 78, 312, 316, 318, 322/323, 325–332, 478–484, 663
BRD s. Deutschland
Bronzezeit 24/25, 39
Brüssel 463, 785/786, 809, 831, 840, 842
Budget s. Haushalt
Buffavento 26, 47, 936
Bulgarien 9, 512, 601, 880, 883, 885, 893/894
Bürger 52, 75, 82, 121, 158, 162, 167, 184, 196, 208, 247, 250, 396, 497, 506/507, 513/514, 518, 529, 543, 572, 581, 613, 628, 638–640, 687
Bürgerkriege s.a. Aufstände, Kriege 129, 150, 468, 650, 652, 657, 676, 729, 795, 813, 817, 828, 892, 896, 899, 901, 905
Bürgermeister s.a Distrikte 11, 44, 59, 71, 75, 83, 87/88, 93, 97, 104–106, 183, 196–198, 204, 206, 209/210, 212, 216/217, 230, 239, 275, 279, 326, 328–330, 346, 409, 415, 445, 520/521, 538, 542, 549, 553, 635, 891, 899–902
Burhan Bey, Ahmet 806/807
Bulla Cypria 53
Byzanz s.a. Kirche, zyprisch-orthodoxe, Orthodoxie 17, 45–48, 51–54, 56–58, 199/200, 311, 519, 559, 661/662, 664/665, 669, 674/675, 693, 704, 710–712, 722, 726, 744, 755, 760/761, 763/764, 766, 768, 774/775, 778, 780, 784, 799, 811/812, 820, 892

Catagay, M. 225, 850/851
Celik, Vedat 514
Central Business District s. Nikosia
Chabis, Tsangaris 768
Charalambous, Andreas 768
Charalampidis, Kyriakos 732/733
Chatziadamos, Antis 736, 738, 771/772
Chatzidimitriou, Takis 890
Chatzigeorgakis, Kornesios 61, 663
China s. Asien
Chirokitia 24, 39, 54, 679
Chourmouzios, Georgios 785
–, Stylianos 784
Chrisochos, Andreas 764/765, 793
Christentum s. Kirchen, Religionen
Christofias, Dimitrios 214, 890

Christofidis, Andreas 734, 736, 757
Chrysanthis, Kypros 725, 728, 753
Chrysanthos, Erzbischof 62, 821
Chrysochou-Bucht 22, 34, 266, 387, 517
Chrysostomos, Erzbischof 62, 660, 669, 685, 837, 891
Christou, Andreas 890
Churchill, Winston S. 76, 644, 797
CIA 116
Cirilli de Nores, Felix 907
Çizenel, Emin 773, 807, 809
Clerides, Glafcos s. Kliridis, Glafkos
Clinton, Bill 149
Cornaro, Caterina 54
Common Law s. Gewohnheitsrecht
Commonwealth 70, 155, 157, 313, 322, 441, 462, 485, 494, 742, 798/799, 827, 840
Community s. Volksgruppen
CBM s.a. UN 122, 145/146, 149, 307, 397, 839/840
Constitutio Cypria 53
Cuco-Bericht s.a. Europarat 555
Curium 21, 24/25, 744, 752
CYTA s. Telekommunikation
Cyprus Forestry College 324, 326/327
Cyprus Tourism Organisation s. Tourismus
Cyprus-Turkish-Enterprises s. Betriebe

Dali 26, 936
Dandini, Girolamo 499
Dedecay, Servet Sami 858/859, 902
Değirmenlik s. Kythrea
Demarkationslinie s.a. *Green Line*, Pufferzone, Waffenstillstand 30, 129, 136, 144, 290, 342, 472, 411, 429, 474, 501, 507, 512, 526
Demirag, Fikret 740
Demokratie 80, 148, 176, 201, 214, 218, 222, 225/226, 238, 519, 572, 611, 632/633, 891
Demonstrationen 64, 74, 82, 86, 93, 822/823, 827, 841
Denktaş, Raif 654, 813/814
Denktaş, Rauf R. 17, 100–103, 106, 109, 111–113, 115, 117–122, 124, 132/133, 141–146, 150, 152/153, 199, 203, 223–225, 227, 280, 289, 294, 303, 307, 384, 397, 407, 438, 478, 482/483, 508, 513/514, 523, 652–654, 656/657, 689, 741, 828, 831–834, 836–842, 844/845, 849/850, 858/859, 871, 873, 896, 900, 902–906
Denktaş, Serdar 478, 853, 903
Deputiertenkammer s. Repräsentantenhaus
Derwischorden s. Islam, Muslime
Deryneia 841, 936
Deutschland 12, 18/19, 51, 66/67, 124, 139, 151, 153/154, 156, 185, 192, 228, 232, 246, 256, 274, 364, 370, 382/383, 391, 410, 415, 429, 432, 449, 452, 466, 584, 590, 601, 624, 640, 678, 768, 797/798, 803/804, 806, 840, 878, 880, 883, 885, 887/888, 893, 907
Devisen s. Währungen
Dhekelia (Dekeleia) 126, 136, 159, 376–378, 390, 397, 826
Dialekte s. Sprachen
Diamantis, Adamantios 756, 758–763, 766, 770
Diaspora 43/44, 722–725, 729, 739, 742
Dienstleistungen 30, 183, 235, 241, 244, 247, 250, 254, 258, 279, 304, 308, 339, 350, 376–436, 441, 445, 449/450, 453, 455, 459, 461/462, 465/466, 469, 471/472, 474–476, 485, 520/521, 526–528, 542/543, 556, 567, 580, 604, 868–870
Diglis, Pavlos 891
Diktatur 108–113, 115/116, 130–132, 148, 214, 218, 560
Dimiotis, Nikos 771
Dimitriadis, Lellos 891
Dimitriou, Panagiotis 891
Diplomatie 66, 70, 82, 86, 89, 118/119, 121, 124/125, 144, 205, 381/382, 876
Dipkarpaz s. Rizokarpaso
Dirvana, Emin 102
Diskriminierung 100, 161, 165, 531, 550/551, 572, 588, 611, 634, 795, 800, 877, 884
Disraeli, Benjamin 66, 69, 586/587
Dissidenten s. Opposition
Distrikte 15, 27, 28–31, 45, 59/60, 64, 71/72, 79–82, 88, 101, 104, 108, 111, 167, 169, 183/184, 188, 194, 208/209, 212/213, 219, 223, 267, 272, 275/276, 279, 315, 319, 352, 403, 412, 424, 427, 468, 495/496, 499, 507/508, 512, 517, 519, 522, 528, 559/560, 562, 570, 572, 582, 586, 638, 663, 675, 677, 681, 683, 685, 818/819, 827, 887
Dörfer s.a. Siedlungen 21, 24, 27, 31/32, 39, 57–59, 65, 71, 73, 88, 98, 106, 122, 140, 183, 203, 208/209, 241, 268, 272/273, 275, 279, 281, 285, 301, 303/304, 309, 314, 316–318, 320, 322, 328/329, 331, 336, 389/390, 398, 403, 409/410, 424/425, 430, 471/472, 483, 486, 491, 496, 499, 517, 521, 556, 617, 622, 664, 666, 674–677, 679, 686, 708, 715, 732, 752, 777, 781, 783, 793, 811, 815, 831, 892, 936
Dragoman 61, 63, 663
Dritte Welt s. Entwicklungsländer
Durduran, Alpay 226/227, 859, 903, 906
Durell, Lawrence 728

Ecevit, Bülent 837
Eden, Anthony 822/823

Ehen s.a. Familien, Recht 29, 58, 71, 161/162, 189, 191, 503–505, 515, 530/531, 534, 539, 547–552, 556/557, 627, 676, 688, 692, 695–699, 712, 717, 781–783, 883

Eigentum 29, 45, 56, 58, 63/64, 75, 110, 114, 117/118, 124/125, 142, 162, 167, 177, 182, 185, 187, 189, 194, 197, 240, 242, 251–253, 258, 267, 270–274, 279/280, 285, 293, 303, 322, 336, 352, 409, 411, 422, 430, 455, 471, 485, 514, 524/525, 529/530, 543, 547/548, 630, 648, 673–675, 680, 682, 686/687, 884, 887

Einfuhr s. Importe

Einkommen 45, 55, 64/65, 107, 233–235, 239, 243, 245, 252–255, 279, 285/286, 288, 300, 331, 345, 347, 350, 358, 403, 408, 414, 419/420, 423–426, 432–434, 437, 439, 442, 444, 449/450, 453, 458/459, 461, 521, 524/525, 531/532, 539, 545/546, 550, 555, 557/558, 634, 637, 674, 677, 815, 867/868, 870, 872

Einmarsch s. Intervention, Invasion, Kriege

Ein- /Auswanderung 25, 28/29, 31/32, 39, 41, 45, 54, 57/58, 79, 124, 223, 225–227, 245, 251, 295, 302, 315, 332, 336, 363, 415, 422, 424, 441, 458/459, 489/490, 492–496, 498, 500–504, 508–511, 513–515, 536, 538, 547, 554/555, 648, 672, 678, 686, 694/695, 718, 742, 747, 811, 816, 893

Einwohner s. Bevölkerung

Eisenbahn s. Verkehr

Eisenzeit 25, 40

ELDYK s.a. Militär, Verteidigungspolitik 134

Elektrizität s.a. Kraftwerke 233, 256, 304, 333/334, 338, 361, 368, 385/386, 390–398, 406/407, 420/421, 464, 522, 528, 544/545, 637

Elite 43, 45, 51, 63/64, 70, 74/75, 198/199, 202, 223, 273, 275, 279, 306, 317, 384, 406, 517–519, 522/523, 535, 642/643, 653/654, 682, 688, 695, 710, 745, 797, 802, 809, 812, 815/816, 818, 821

Elytis, Odysseas 725, 731/732, 738

Embargo 107, 109, 116, 123, 240, 254/255, 288/289, 296, 362, 380–385, 406, 434/435, 437, 453, 455/456, 462, 836/837

Emigration s. Ein- /Auswanderung

Energie s. Elektrizität, Kraftwerke

England s. Großbritannien

Enklaven 28, 88, 106–109, 112, 129–131, 275, 279/280, 342, 348, 360, 376, 402, 429, 454/455, 468, 471, 490, 493, 512, 520, 542, 549, 553, 589, 686, 694, 740, 748, 795, 828, 830, 832, 896, 901

Enkomi 25, 398

Enosis 11, 64, 70, 73–75, 77–86, 88, 91–101, 103/104, 108–116, 124, 127, 131, 135, 142, 158/159, 162, 197, 200–202, 214, 238, 273, 275, 518, 520, 538, 587, 631, 642–644, 650, 682–684, 708, 713, 727–729, 738, 821–825, 827, 829, 831–834, 836, 868, 892, 895/896, 902, 905

Enteignung s. Vertreibung

Entwicklungsländer 242, 244–246, 252, 256/257, 335/336, 368, 408, 503, 505, 732, 734

EOKA/EOKA-B 86, 88, 95–98, 100/101, 110–112, 116, 127, 130/131, 170, 197, 199, 202, 275, 279, 326, 402, 480, 493, 520, 526, 553, 649, 653, 667, 676, 683, 798/799, 823–826, 830, 833/834, 890, 892–899

Ercan s. Tymvou

Ercut, Ahmet Sadi 651

Erdbeben 21, 45, 479, 489

Erenköy s. Kokkina

Erimi 25, 39

Eroberung s.a. Besetzung, Invasion, Kriege 39, 42/43, 46–48, 55, 59, 249, 489, 495, 516/517, 641, 674/675, 679/680, 686, 690, 814, 820/821

Eroğlu, Derviş 120, 223/224, 227, 839–841, 850, 852/853, 859, 903

Ertekün, Mehmet Necati Münir 849, 851, 853/854, 903/904

Erzbischof s. Ethnarchie

Erziehung s. Bildung

Eteozyprer 25, 39, 41, 895, 901

Ethnarchie s.a. Kirche, zyprisch-orthodoxe 10, 12, 46, 60–63, 65, 70, 72, 74/75, 78/79, 81, 83/84, 87, 89, 93–95, 97/98, 100–105, 108–114, 116/117, 120/121, 155, 202, 206, 213, 215, 217, 517–519, 520, 660–664, 666, 668–670, 675, 680–685, 688, 737, 821–826, 833, 837, 891, 893–895, 901

Ethnische Gruppen s. Volksgruppen

Euagoras I. 43

Europa 9, 10, 12, 19, 38, 47/48, 50, 57/58, 61, 64, 116, 123/124, 137–139, 148, 151–154, 156, 159, 190, 195, 214, 216, 218, 221–223, 225, 227, 231, 233, 238, 241, 248, 257, 259, 260/261, 265, 278, 284, 289, 305–307, 356/357, 359, 362, 364, 369, 381, 385, 391, 400/401, 407, 409, 415, 425, 437, 441/442, 445, 448/449, 451/452, 454, 456, 458, 460, 462–464, 466/467, 483, 486, 493, 499, 503, 505, 507, 511, 518, 533, 537, 541, 555, 589/590, 592, 601, 608, 621, 624, 627/628, 640, 648/649, 655/656, 669, 672, 697, 699–702, 705, 709, 723, 726, 730, 732, 741–743, 751/752, 756, 772, 777, 781, 783, 785, 790, 794/795, 798, 803–805, 809, 840–842, 880, 882, 885, 888, 893/894

EG, EU, EWG 123/124, 133, 151–154, 159,

Register

190, 192, 195, 214, 216, 218, 220–223, 225, 227, 231, 241, 246, 248/249, 256/257, 259, 284, 289, 305–307, 352, 356–358, 369, 381, 391, 401, 407, 437–439, 441, 448/449, 451/452, 454, 456, 458, 462/464, 466, 486, 526, 546, 572, 655/656, 709, 802, 804, 834, 838/839, 841/842, 867/868, 870, 874
- Gerichtshof, Europäischer 289, 307, 364, 381, 437, 464, 546, 840, 877
- Kommission, Europäische 12, 356, 359, 438, 463/464, 877
- Parlament, Europäisches 483, 842
- Rat, Europäischer 839–841
Europarat 152, 246, 555, 798, 827, 876, 882, 894
Evdokas, Takis 109, 855
Evren, Kenan 118
Evkaf 56, 71, 82, 94, 164, 314, 643/644, 647, 649, 680, 687
Exekutive s. Präsident, Premierminister
Exekutivrat 72, 868–870, 899
Exporte s. Außenhandel

Fahne 11, 73, 78/79, 161, 306, 535
Famagusta/Gazimağusa/Ammochostos 22, 25, 27, 29, 34/35, 51, 53, 55, 59, 67, 116, 143, 183, 208, 212, 242, 251, 253, 254, 256, 260, 264, 276, 297, 347, 363, 371, 373, 376–378, 388, 403, 409/410, 414, 417, 428, 430/431, 433, 442, 454, 456, 472, 478, 499, 517, 522, 526, 556, 563, 566, 673, 675, 679, 681, 725, 732/733, 744, 746, 758, 784, 793–795, 810, 816, 819, 860, 889–893, 900/901, 903/904, 906, 936
Fahrzeuge 29, 134/135, 250, 315, 341, 371, 373–375, 389, 421, 446, 451, 476, 484, 521, 878, 883/884, 887
Familien s. a. Ehe, Recht 29/30, 57, 65, 162, 164, 177, 188/189, 272, 278, 285, 297/298, 302, 351, 363, 415, 425, 472, 492, 505, 511, 529–531, 533/534, 537, 547–551, 562, 565, 571, 573, 579, 584, 611, 614, 616/617, 622–624, 627/628, 677/678, 688, 690/691, 693–702, 712, 793/794, 815, 819, 883, 907
Feiertage 73, 161, 535, 776
Feissel, Gustave 797, 839/840
Fernmeldewesen s. Post
Fernsehen s. Massenmedien
Feudalismus s. Adel
Fikri, Mehmet 646/647
Film s. Kinos
Finikaridis, Makis 764, 766
Fletcher, Reginald s. Winster, Lord
Flüchtlinge 28–31, 43, 54, 98, 106, 114–116, 122/123, 132, 218, 246, 251, 256, 280, 347, 351, 359, 368, 403, 410, 442, 471, 493, 501, 503, 513, 526, 666, 686, 690, 732, 748, 798, 804, 817, 823, 835/836, 877, 894
Flugverkehr 116, 123, 129, 134, 136, 144, 242/243, 249, 251, 253–256, 338, 343, 347/348, 363, 373, 375, 378–380, 383, 410, 416, 421, 423, 429, 431, 433, 435, 442/443, 455, 480, 483, 494, 526, 546, 640, 666, 685, 772, 839, 879/880, 884, 886, 893
Flüsse 21, 23–27, 268, 314, 476
Folklore 597, 666, 669, 680, 693–720, 726, 729, 735, 741, 780, 800, 819
Foot, Hugh 88, 90, 825, 844/845
Forschung s. Wissenschaft
Forsthoff, Ernst 101, 168, 854
Forstwirtschaft s. Wälder
Foukaras, Christos 768
Frangoudis, Epameinondas 723, 734, 763
Franken 48–55, 200, 237, 495, 499, 516, 559, 677, 679, 735, 799, 820
Frankreich 48, 50–52, 58, 84, 134, 148, 156, 161, 185/186, 205/206, 208, 230, 247, 256, 274, 311, 415, 499, 541, 590, 601, 624, 640, 676, 689, 725/726, 767, 803/804, 809, 821, 824, 841, 883, 885, 888, 892/893, 895, 906
Franziskaner s. Klöster
Frauen 50, 60, 215, 217, 219–223, 225/226, 231, 233, 244, 341, 345, 351, 368, 528–535, 537, 550, 555, 620, 622, 627, 648/649, 664, 668, 670/671, 679, 686, 689, 692, 695/696, 724, 781, 810, 815–817, 877, 889/890, 894
Fremdenverkehr s. Tourismus
Fremdherrschaft 19, 40–42, 44, 46, 52/53, 55/56, 58, 70, 78, 196, 199, 201, 425, 709, 820
Frieden 44, 46/47, 58, 67, 85, 134, 153, 160, 170, 178, 194, 384, 655, 735, 740, 742, 796, 819/820, 828, 830, 832, 840
Friedenstruppen s. UNFICYP
Fünfjahresplan s. Wirtschaftsplanung

Galateia/Mehmetçik 297, 304, 936
Galanos, Alexis 845, 857, 891
Galazi, Pitsa 734
Galip, Muzafériddin Bey 642
Garantiemächte 89, 99, 122, 131, 148, 167, 172, 249, 828, 876
Gastronomie 297, 350, 411, 421–423, 426, 430, 432, 434, 442, 528, 544, 594, 716/717, 745, 777/778, 781–783, 793, 807, 815
Gazimağusa s. Famagusta
Gazioğlu, Ahmet C. 741, 904
Gebirge
- Pentadaktylos/Beşparmak 11, 26, 262, 264, 281, 310, 318, 331/332, 366, 376, 481, 485, 679, 732, 742, 756, 763
- Troodos 20–25, 31, 262, 264, 266/267, 270, 272, 278, 281, 310, 312, 329, 332, 352, 367,

373, 387, 409, 417/418, 424, 526, 594, 660, 664, 668, 670, 677, 681, 896
Geburtenrate s. Bevölkerung
Geçitkale s. Lefkoniko
Gemajel, B(o)utros 677
Gemeinden s. Distrikte
Gemeinschaften, ethnische s. Volksgruppen
Gemikonagi s. Karavostasi
Genf 131/132, 144, 172, 835, 838, 842, 881, 892, 900/901
Genfer Konferenz 114, 131/132, 144, 172, 500, 835
Genossenschaften s. a. Landwirtschaft 79/80, 97, 164, 177, 210, 226, 273–275, 292, 298, 337, 352/353, 368, 429, 491, 521/522,
Genua 48, 51–54
Georgien 46, 678
Georgiou, Georgios P. 756, 758, 760–762
Georkatzis, Polykarpos 832, 846, 891/892
Gerichte 52/53, 59/60, 65/66, 71, 104, 155–157, 161–166, 168/169, 174–176, 180/181, 184–189, 192–194, 197/198, 208/209, 272, 318, 548, 586, 676, 682, 685, 688/689, 798, 806, 829, 875/876, 892/893, 900, 902, 905/906
– Oberster Gerichtshof 71, 101, 156, 165/166, 168/169, 179, 181–188, 194, 205, 854
– Staatsgerichtshof 163, 179, 906
– Verfassungsgerichtshof 586, 829, 853, 903
Gesetze 48, 67, 72, 79, 81, 98, 116, 128, 156/157, 160/161, 163–167, 169/170, 176, 179–185, 187–189, 191, 193, 206, 210, 212, 229, 231, 246/247, 253, 317, 320, 322, 381, 388, 393, 435, 459, 463, 479, 482, 547, 560, 567, 587, 590, 596, 601, 610/611, 623, 633–639, 641, 646/647, 658/659, 683, 690, 827
Gesundheitswesen 56, 65, 76, 177, 183, 197/198, 218, 234, 370, 402–405, 427, 491, 522, 539, 541, 550, 565, 573, 582, 594, 598, 562, 564, 582, 699, 868–870, 878, 882, 887/888
Gewalt s. Terror
Gewerbe s. Dienstleistungen
Gewerkschaften s. a. Interessengruppen 79–82, 190, 198, 215, 217, 219, 223, 225/226, 228–236, 239, 294, 336, 358, 383, 403, 538, 650, 654, 657, 718/719, 746, 749, 867–873, 889–891, 898, 900
Gewohnheitsrecht 155, 157
Gialousa/Yeni Erenköy 299, 304, 561, 936
Girne s. Kyrenia
Gizikis, Phaidon 130, 835
Gladstone, William E. 69
Gobbi, Hugo 143
Gökceoglu, Mustafa 741
Gökmen, Muzaffer s. Mapolar, Hikmet
Golf-Krieg 148, 248, 358, 414, 418, 438, 450–453, 459

Gorbatschow, Michail S. 214, 891
Gouverneur s. a. Kolonialherrschaft, britische 41, 43/44, 46–48, 54, 59–65, 69–72, 78, 80–82, 87/88, 90, 271, 496, 517/518, 587, 630, 646, 648, 682/683, 687, 821/822, 824/825, 843/844
Green Line s. a. Demarkationslinie, Pufferzone, Waffenstillstand 14, 129, 343, 367, 381, 411, 474, 677, 732, 740, 795, 797, 828
Grenzen s. *Green Line*
Griechenland 9, 10/11, 14, 17–19, 39–41, 43, 57, 61, 63/64, 70, 73–75, 77/78, 80/81, 83/84, 86–89, 91–95, 98–100, 103–105, 108/109, 112, 114, 116, 120, 123, 127–132, 134–136, 139, 141, 143, 147–152, 154, 156, 159/160, 170, 172, 192, 197, 199/200, 211–213, 221, 229, 237/238, 246, 254, 381/382, 401, 414–416, 428, 449, 452, 455, 466, 494, 504/505, 507, 519/520, 526, 533, 538, 541, 559, 565, 578, 583–585, 592, 599, 601, 634, 637, 639, 644/645, 658, 661, 665/666, 673, 682, 684, 687, 693, 705–711, 720, 723, 725, 727–731, 735/736, 742–745, 747/748, 751, 760, 764/765, 775, 777/778, 784, 787/788, 790, 793, 795, 799/800, 802–804, 811, 821–827, 829–833, 835–841, 876, 878, 880, 883, 892, 894/895, 897, 900, 905
Grivas, Georgios 87/88, 95–97, 100, 103, 108–110, 127, 129, 130, 199, 737, 823–826, 830–834, 890, 892/893, 896
Großbritannien 11, 18, 22/23, 27, 64–67, 69/70, 84/85, 89, 91–93, 96, 99, 104–106, 113, 116, 118, 126–128, 131, 135–139, 142/143, 148/149, 155–157, 159/160, 170, 189–195, 197, 201, 225, 228, 247, 257, 271, 273–275, 284, 310, 312/313, 315, 317/318, 322, 326, 329, 332, 334, 346, 363–365, 381, 402, 409/410, 414/415, 432, 438, 440/441, 445, 449, 452, 456/457, 460, 462, 466/467, 478/479, 483, 488, 490–494, 496, 499, 504, 519, 523, 533, 538, 552, 559/560, 565, 567, 586, 588, 590–592, 594, 596, 599, 601, 621, 624, 631, 641, 644–646, 650/651, 673, 676, 680–683, 687, 690, 702, 708, 720, 730, 741/742, 745, 756/757, 761, 765–768, 785, 792, 795, 797/798, 803, 807, 810, 815/816, 821–829, 835, 840, 876, 879/880, 883/884, 886, 888, 891/892, 894, 897–899, 901, 904, 907/908
Großmächte 19, 38, 40, 42/43, 64, 66, 126, 169, 154, 499, 705
Grundbesitz s. Eigentum, privates
Grundrechte s. Recht, Menschenrechte, Verfassung
Günes, Turan 132
Gürgen, Dogan 481

Register

Gürkan, Ahmet M. 651–653, 740, 904
Güzelyurt s. Morphou

Hadjirousos, Antonis 907
–, Ninos 907
Häfen 44, 50, 53, 242/243, 253–256, 494, 664, 881
Hakeri, Baner Hakkı 653, 740
Hala Sultan Tekke (Umm Haram) 46, 685, 798
Halbinseln
–, Akamas 19, 24, 484/485, 897
–, Akrotiri 126, 136, 159, 376–378, 410, 826
–, Karpasia/Karpaş 19, 26, 34, 36, 262/263, 266, 281, 297, 299, 304, 310, 389, 407, 428, 476, 484–486, 499, 508, 512, 517, 561, 665, 667, 672, 677, 716, 891
Halevga s. Alevga
Handel, Händler 24/25, 38–40, 44, 47, 51–54, 56, 58, 61, 64, 67, 74, 82, 86, 107, 110, 116, 121, 189/190, 197, 232, 247/248, 252–254, 257/258, 268/269, 273–275, 280, 286, 292, 295, 297, 299, 305, 311, 318, 321, 338, 343, 346–348, 350, 357/358, 373, 375–378, 381/382, 396, 406, 409, 413, 416/417, 420, 422, 425, 433, 437–467, 456, 469, 471/472, 474/475, 499, 514, 518, 520, 522/523, 526, 528, 536, 543–546, 567, 574, 619–622, 627, 656, 729, 745, 750/751, 794/795, 800, 803, 870, 873, 876–878, 885/886, 888, 907
Handwerk, Handwerker 25, 45, 71, 229, 250, 311, 335, 339–342, 350/351, 362, 388, 424, 495, 525/526, 528, 532, 565, 606, 621, 623, 628, 793
al-Haqqani, al-Kubrusi, Scheich Nâzım Adl 667, 688/689
Harding, John 87, 94, 683, 824/825, 844
Haspolat s. Mia Mill(e)ia
Haushalt 29, 72, 76, 141, 164–166, 178, 210, 217, 243, 248/249, 255/256, 271, 286, 304, 307, 319, 362, 374, 388/389, 392, 403, 405, 423, 457, 477/478, 489, 527, 530, 538, 546, 548, 551, 571, 634/635, 805
Hazai, György 604
Hellenisierung s. a. Nationalismus, Enosis, Taksim 25, 53/54, 57, 199/200, 237, 599, 603, 605, 682, 705, 707–712, 720, 722/723, 725, 728, 738
Hieronymos, Erzbischof 666, 684
Hikmet, Ayhan 652/653, 740, 904
–, Nâzım 726, 739
Hilarion 25/26, 47, 242, 263, 667, 936
Hilmi, Müfti H. 723
Hochschulen s. Universitäten
Hochverrat 163, 179, 193
Hohe Pforte s. a. Istanbul, Osmanisches Reich 27, 60–62, 65/66, 75, 271, 496, 499, 518, 642/643, 662, 676, 821
Holbrooke, Richard 149
Hotels s. Tourismus
Hutchins, David 315

Iakovou, Georgios 842, 848/849, 857, 892/893
Ibrahim, Mustafa 168
Identität s. Nationalismus
Ierodiakonou, Leontios 849, 893
Iliadis, Dimitris 893
Imia (Kardak) 841
Immigration s. Ein- /Auswanderung
Importe s. a. Binnenhandel 244, 246, 248, 252, 257, 274, 286, 291, 293/294, 298, 300/301, 305, 316, 368, 420/421, 432/433, 437–440, 442–453, 456–460, 462, 465–467, 476/477, 523, 525, 527, 543–545, 801, 884
Indien 67, 73, 95, 155, 213, 325, 402, 409, 907
Industrie s. a. Binnenhandel 30, 141, 228/229, 231, 233, 235, 237–239, 240/241, 243/246, 249–254, 274, 279–231, 284, 313, 321, 324/325, 333–364, 368/369, 383, 385, 388, 392/393, 396, 398, 419/420, 422, 429, 433, 437, 439/440, 443/444, 446, 448/449, 451, 454, 456/457, 459/460, 463, 467, 469, 472, 476, 485, 505, 522–524, 526/527, 540, 542–546, 577, 593, 618–621, 734, 792, 795, 870, 873, 895
Inflation 124, 234/235, 245, 249, 252, 258, 287, 294, 298/299, 300, 362, 373, 393, 397, 419, 456, 527, 542, 545
Infrastruktur s. a. Verkehr 44/45, 58, 65, 67, 76, 203, 243, 247, 249–251, 254, 256, 273, 278, 304, 315, 317, 321, 327, 331, 336, 338, 343, 347, 359, 368, 370–407, 409, 411, 414, 421, 423, 427–429, 434, 439, 442, 457, 476, 486, 491, 521/522, 526, 745, 793, 803, 891
Inönü, Ismet Paşa 105, 130, 829/830
Integration 39, 124, 202, 240, 257, 303, 305, 369, 407, 475, 501, 506, 519, 688, 700, 835/836, 839
Interessengruppen 181, 213, 217, 219–223, 225/226, 228, 231, 234, 237, 239, 292–294, 299, 356, 381, 395, 538, 551, 598, 748–750, 753, 815–817, 841, 870/871, 873/874, 889, 891, 907
Intervention 11, 15/16, 63, 86, 99, 104–109, 111, 114, 122, 128–131, 135, 138, 156, 159/160, 168–173, 175, 197, 241, 249, 280, 293, 295, 526, 605, 652, 818, 830, 835
Invasion s. a. Kriege 11–13, 15/16, 32, 46/47, 109, 112, 114, 130, 132, 142/143, 147, 149, 170, 199, 202, 215, 225, 280, 289, 331, 336, 343, 347, 359, 366, 373, 376, 378, 392, 410, 414, 426, 477, 480, 500, 503, 507, 513, 515,

526, 560/561, 589, 600, 629, 661, 672, 680, 684, 686, 727, 731, 736, 748, 756, 797/798, 800/801, 829, 835, 841, 892, 896, 899
Investitionen 67, 76, 243–247, 252–254, 257, 270, 279, 296, 302, 374, 377, 381–383, 389/390, 400, 402, 411, 414, 421–423, 429, 433–435, 440, 444, 455, 457, 459, 464, 486, 521, 526
Ioannidis, Dimitrios 105, 112–114, 684, 834
–, Panos 734–736, 753
Irak s. Naher und Mittlerer Osten
Iran s. Naher und Mittlerer Osten
Irland 137/138, 149, 804, 883
Irredentismus s. a. Nationalismus 304, 335, 337, 339, 344, 347/348, 350–353, 355, 363, 546, 705, 723
Islam s. a. Muslime, Osmanisches Reich, Religionen 10, 45/46, 54, 57–59, 63, 75, 82, 94, 151, 164, 180, 200, 225, 238, 495/496, 498/499, 512, 547/548, 552, 643, 666/667, 669, 676, 678, 680, 682, 684–689, 693–702, 710, 712, 798, 806, 812
Isolationismus s. Teilung, Trennung
Israel 416, 541, 665, 670, 672, 690/691, 795
Istanbul 45, 48, 54, 56/57, 59–61, 64–67, 75/76, 86, 260, 271, 586, 662, 670, 676, 680, 700, 722/723, 775, 780, 782, 784/785, 809, 821–823, 901, 903–906
Italien 19, 47, 51–53, 63, 77, 139, 256, 260, 449, 452, 466, 499, 541, 590, 601, 604, 624, 672, 674, 679, 685, 722, 725, 745, 769, 785, 803/804, 808, 810, 832, 880, 884/885, 887/888, 907/908
Izmir 260, 493, 723, 777, 785, 823, 902

Japan 139, 248, 449, 452, 458, 460, 466
Jerusalem 47/48, 50/51, 409, 662/663, 681, 684, 690
Johnson, Lyndon B. 105, 130, 829
Joint Ventures s. Unternehmen
Juden s. Minderheiten
Judikative s. Gerichte
Jugend, Jugendliche s. Bevölkerung, Familien
Jugoslawien 126, 134, 151, 453, 827, 880, 885, 894
Justiz s. Gerichte, Recht

Kairo 54, 260, 586, 678, 725, 782, 794
Kakopetria 272
Kalaydjian, Petros 907
Kalter Krieg 84, 151, 153, 729
Kanada 18, 137–139, 494, 504, 601, 627, 742, 798
Kanakaria 685
Kantara (Sinandağ) 26, 47, 622, 936

Kanthos, Tilemachos 756, 759–762, 770
Kapital 239, 241, 243–246, 248, 250, 252/253, 255, 273/274, 285, 299, 348, 352, 363, 369, 422/423, 434/435, 441, 444/445, 450, 453, 455/456, 458, 461, 463, 465/466, 523, 598, 638
Karajannis, Andreas 768
Karamanlis, Konstantinos 89, 102, 131, 148, 824/825, 827, 835, 837
Karavostas(s)i/Gemikonagi 366, 376, 378, 442
Karyotakis, Kostas 726/727, 734
Kasoulidis, Giannakis 849, 893
KATAK 822, 901, 905
Katholiken s. Kirche, katholische
Katseli, Rina 735/736, 753, 766
Katsouridis, Nikos 893
Katsouris, Giannis 734, 736
Kavafis, Konstantinos P. 724, 726/727, 732, 734
Kaytazzade, Mehmet N. 723, 816
Kemal, Mustafa s. Atatürk
Keryneia s. Kyrenia
KIBTEK s. a. Elektrizität 395–397
Kinder s. Bevölkerung, Familien
Kindergärten 505, 561/562, 571, 579/580, 582, 593, 613–616, 673, 868
Kinos 639, 792–805, 818
Kirchen s. a. Ethnarchie, Religion 53, 188, 311, 492, 660–692, 701, 712, 784
Kirche, anglikanische 586, 680/681, 692
–, evangelische 678, 691/692
–, katholische 50–53, 55/56, 58/59, 200, 217, 499, 660, 672–675, 679, 691/692
–, zyprisch-orthodoxe 10, 45–48, 51–53, 56, 60–64, 70–72, 74/75, 78–83, 85, 87, 92/93, 110, 120, 127, 155, 157, 164, 188, 191, 197, 200, 202, 229, 238, 320, 489, 497, 499, 513, 517–519, 530, 534/535, 559/560, 587, 591, 608, 638/639, 661/662, 665, 670, 673/674, 680–682, 687/688, 700, 706, 723, 736, 775, 820, 891, 897
Kissinger, Henry 132
Kissonergis, Ioannis 757–759
Kitchener, Horatio H. 371
Kition s. Larnaka
Kkasialos, Michail 759
Kleinasien s. a. Türkei 25, 32, 39/40, 47, 56–58, 201, 237, 301–303, 332, 479, 498–500, 509–515, 546, 686, 713/714, 716/717, 722, 741, 775, 783/784, 840, 663, 666, 679, 708, 775, 777, 785, 809, 820, 907
Klientelismus 44, 75, 197–199, 202, 238, 273, 293/294, 353, 695, 718, 784
Klima 21, 246, 259–264, 266/267, 269/270, 284, 290, 296, 303, 308, 323, 325/326, 394, 409/410, 418, 440, 476, 480, 793

Kliridis (Clerides/Kleride[i]s), Glafkos 17, 104, 109, 111–114, 121, 123, 131, 140–142, 145/146, 152, 213, 216- 219, 221/222, 508, 828, 832/833, 835/836, 838–842, 844–849, 856/857, 892–894, 896/897, 899/900
Kliridis (Clerides), Ioannis (John) 100, 215, 826, 855, 893
Kliridou, Kaiti 894
Klöster 19, 45, 47/48, 50, 56, 59/60, 314, 320, 513, 661–665, 667–674, 677/678, 682/683, 691, 785, 895
Koalitionen 213, 216, 218/219, 221/222, 224, 226, 228, 239, 294, 382/383, 718, 840, 894, 898, 901
Koph(f)inou 31, 108, 831/832
Kokkina/Erenköy 106
Kolonialherrschaft, britische 22/23, 27, 31/32, 59, 65–98, 126/127, 135/136, 148, 156/157, 160, 197, 201, 228–230, 256/257, 273, 275, 310/312, 315–327, 330, 334–337, 364/365, 371, 399, 402, 409, 416, 438/439, 441, 456, 462, 477, 479, 488–493, 495, 497, 499, 519–521, 523, 535, 538, 548, 552/553, 559/560, 586–588, 591, 629–632, 635, 641–652, 676, 678–683, 687, 690, 700, 707, 723/724, 726, 730, 735, 739, 756, 795, 815/816, 821–826, 892, 902
Kolonialismus 10, 38–41, 47, 66, 70, 73/74, 76, 79, 88, 173/174, 213, 227, 512, 514, 519, 690, 708, 720, 727, 820, 823/824, 884
Kommunen s. Distrikte
Kommunikation s. Infrastruktur, Telekommunikation, Verkehr
Kommunismus 80–82, 84/85, 92, 130, 147, 212, 214, 219, 222, 226/227, 230, 238/239, 366, 631, 651, 655/656, 719, 733, 739, 819, 821, 867, 870, 872, 890, 892/893, 898/899
Komnenen s. a. Byzanz 47/48, 665, 820
Konservatismus 80–82, 212, 217, 219–221, 223, 225/226, 228, 239, 719, 734/735, 871, 890, 900
Konstantinopel s. Byzanz, Istanbul
Konstantinou, Dimitris 771
Konsulate s. Auslandsvertretungen
Konsumgüter 177, 190, 245, 254, 299, 305/306, 314, 328, 342, 345/346, 351, 353, 355/356, 359, 374, 391, 406, 420, 425, 440, 445, 448, 451, 458, 521, 523, 543
Konuk, Nejat 850/851, 904
Konzile s. a. Kirchen 45/46, 661, 663, 673/674, 681, 684, 689, 691, 820, 833/834
Kooperativen s. Genossenschaften
Korfu 123, 151, 840
Kormakitis/Koruçam 37, 499, 512, 561, 676/677, 907/908, 936
Kotak, Ismet 228, 653, 657, 850/ 851, 904

Kotsonis, Giorgos 764/765, 770
Kougialis, Theoklis 733
Kourousis, Nikos 764/765, 770, 772
Kraftwerke s. a. Elektrizität 377, 385/386, 392–398
Kralis, Manos 725, 728
Kranidiotis, Nikos 725, 728, 894
Kredite 243, 247, 253–257, 273–276, 279, 287, 347, 381, 387, 390, 398, 423, 456, 477, 486, 491, 521, 648, 699
Kreta 39, 47, 57, 65, 69, 77, 80, 86, 687, 722, 775, 778, 780, 785, 842
Kreuzzüge s. a. Mittelalter 11, 42/43, 46, 47/48, 50/51, 53, 55, 76/77, 281, 351, 408, 438, 452, 461, 518, 526, 536, 538, 542, 554, 660, 665, 672, 674, 678/679
Kriege s. a. Weltkrieg, Erster/Zweiter 29/30, 66, 115, 125/126, 130, 133, 135, 140, 153, 178, 180, 240/241, 250, 254/255, 480, 644/645, 648, 654, 667, 678, 681, 691, 735, 783, 798, 816, 821, 824, 830, 836, 842, 881/882, 884, 892
al-Kubrusi s. al-Hyqqani, Scheich Nâzım Adl
Küçük, Fazıl 82, 86, 89, 100–104, 128/129, 168, 649–654, 816, 822, 826–828, 830, 832/833, 844, 846, 849, 903–905
–, Irsen 851, 905
Kunst 13, 39/40, 43, 409, 575, 586, 589, 597, 669, 685, 755–774, 792, 800, 806–810, 887
Kupfer s. a. Bodenschätze 23/24, 39/40, 44, 334, 364/365, 369, 438, 447
Kuwait 139, 246, 387, 438, 450
Kykko-Kloster 23, 47, 320, 660/661, 664, 667–670, 891, 894/895, 899
Kyprianos, Bischof v. Kyrenia 824
–, Erzbischof 62/63, 489, 496, 580, 663/664, 580, 663/664, 676, 680, 682
Kyprianou, Markos 894
–, Spyros 117, 119–121, 143/144, 213, 215/216, 218, 220/221, 352, 685, 832/833, 836–838, 844–848, 856, 894/895, 898
Kyrenia/Keryneia/Girne 15, 26, 35, 59, 114, 131, 183, 208, 212, 242, 254–256, 260, 264, 282, 297, 332, 373, 376–378, 393/394, 398, 403, 409, 414, 428, 430/431, 433, 442, 454, 475, 478, 481–485, 517, 522, 556, 613, 626, 644, 660, 669, 671, 675, 681/682, 684, 697, 735, 744, 748, 758, 793, 795, 805, 810, 819, 824, 835, 860, 890, 894, 902/903, 906–908, 936
Kyriakou, Giorgos 772
Kyrillos III., Erzbischof 62, 75, 78/79, 682
Kyrou, Alexis 78
Kythrea/Değirmenlik 26, 34, 266, 517, 936

Landesverteidigung s. Militär
Landwirtschaft 26/27, 32, 45, 47, 51, 54–57,

75/76, 82, 140, 177, 198, 217, 232, 235–238, 241–244, 246, 250, 252, 254, 258–308, 310, 315/316, 320, 324/325, 328, 339, 347, 360, 380/381, 387, 389, 392, 396, 406, 409, 417, 419, 422, 424, 428/429, 433, 439/440, 442, 447, 450, 457, 467, 476–478, 480, 482, 491, 495, 509, 514, 516, 518, 520–524, 526–528, 531, 538, 542–546, 556, 586, 592, 620/621, 627, 648, 650/651, 669, 706, 766, 782, 807, 840, 871, 874, 877/878, 885, 890
Lanitis, Kikos 768
Lapithos/Lapta 26, 36, 282, 613, 622, 744, 936
Larnaka 24/25, 27, 30/31, 33, 34/35, 40, 56, 58, 64/65, 69, 75, 81, 93, 183, 212, 243, 266, 337/338, 347/348, 371, 373, 376–378, 390, 401, 410, 412/413, 417, 421, 443, 476, 499, 517/518, 522, 563, 566, 597, 630, 638, 641, 646, 660, 662, 664, 669/670, 672/673, 675, 677/678, 680–685, 689, 731, 746, 752, 754, 784/785, 793, 802, 804, 817, 822, 860, 895, 898, 902, 904, 907
Lateiner s. Minderheiten, Kirche, katholische
Lausanne s. a. Verträge 786, 816, 905
Lavra (Laona) s. a. Umwelt 424, 486
Ledra Palace 234, 719, 797
Lefka/Lefke 34, 36, 256, 272, 394, 517, 626, 688, 793, 936
Lefkara 22, 34, 895
Lefkoniko/Geçitkale 251, 379, 893, 936
Lefkoşa/Lefkosia s. Nikosia
Legislative s. Parlament, Repräsentantenhaus
Legislative Council 72, 74, 76, 79, 92, 98, 108, 117, 163, 318, 651, 822
Lehrer s. Bildung
Lemesos s. Limassol
Leontias, Sapfo 724
Levante s. a. Mittelmeer, Naher und Mittlerer Osten 265, 311, 499, 775, 777
Levy, Ely 296, 382
Libanon 43, 47/48, 247, 327, 346, 401, 415/416, 445/446, 448/449, 452, 466, 507, 541
Liberalisierung, Liberalismus, Liberale s. a. Parteien 70, 80/81, 222, 235, 241, 294, 300, 358, 446, 458, 463, 552, 632/633, 638, 696, 737
Libyen 327, 346, 358, 438, 446, 448, 466, 541, 594, 689
Limassol/Lemesos 24/25, 27/28, 30/31, 33–35, 51, 53, 77, 86, 183, 187, 192, 212, 243, 266/267, 275, 343, 347, 352, 373, 376/377, 390, 410, 412/413, 417, 421, 443, 476, 517, 522, 563, 566, 597, 630, 642, 660, 669, 672–675, 677/678, 681, 689, 691, 706, 725, 734, 738, 744, 746, 748/749, 752–754, 784/785, 793–795, 802, 804, 817, 821, 834, 860, 889/890, 894, 897–899, 901/902, 906
Linovamvakoi 58, 496, 712
Lipertis, Dimitris 723, 725
Literatur s. Sprache
Lloyd-George, David 77, 588, 892
Löhne und Gehälter s. Einkommen
Loizias, Polyxeni 724
London 66–68, 72, 76–79, 82, 84–86, 88/89, 95, 99, 106, 127/128, 131, 135/136, 156, 158, 214, 275, 325, 495, 522, 552, 560, 586, 589, 621, 657, 676, 683, 689/690, 742, 756, 761, 763–765, 785, 797, 807/808, 823, 826, 828, 835, 889, 891–896, 898–900, 902, 904, 906
Lordos, Konstantinos 895
Löwenherz, Richard 48, 50, 665, 674, 678, 820
Luftfahrt s. Flugverkehr
Lusignan 26, 49–54, 57, 310, 334, 488, 674, 678/679, 709, 722, 735, 799, 821, 858
Luxemburg 19, 247, 381, 831, 840, 880
Lyssaridi(e)s, Vassos 218/219, 845, 856/857, 895

Maastricht 152, 248/249
Machä(ai)ras, Kloster 47, 663/664, 668–670, 683, 890
Machä(ai)ras, Leontios 664, 722
Macmillan, Harold 88, 95, 823, 825
Makarios III. s. a. Ethnarchie, Präsident 10, 12, 28, 60, 62, 70, 81, 84–89, 93–95, 98–105, 107–117, 120/121, 127–132, 136, 142, 144, 168–170, 199, 202, 206, 210, 213–215, 217–219, 490, 560, 599, 653, 662, 664–666, 669, 673, 675, 683–685, 733, 735, 737, 798, 822–837, 844–847, 855/856, 870, 891–896, 899, 901/902, 904
Makariou, Andreas 768/769
Makridis, Angelos 772
Malaria 22, 65, 76, 311, 314, 489, 491
Malerei 54, 669, 755–774, 806–810
Malta 67, 135, 151/152, 321, 541, 710, 835, 840, 880
Mantovani, Benito 907/908
Manyera, Niyazi 846, 850
Mapolar, Hikmet Afif 650/651, 653, 739, 817
Marangou, Niki 731, 737
Maraş s. Varosha
Markidis, Alekos 896
Märkte s. Handel
Markos, Apostel-Jünger 661, 665
Maron, Abt 675
Maroniten s. a. Minderheiten
Marsellos, Theodoros 728
Massenmedien 78/79, 85, 87, 162, 167, 180, 198/199, 203, 233, 242, 289, 363, 374, 394–

Register

397, 428, 479, 484, 501, 521, 542, 546, 551, 554, 569, 578, 629–659, 661/662, 709, 720, 723, 728, 731, 736, 739, 747, 750, 764/765, 786, 792–805, 812–815, 828, 830, 836, 894, 897, 904
Matsis, Iannakis 217, 896
Mavridis, Ioannis 908
Mavrovouni 365
Mazedonien 43, 47, 77, 148, 237
Mehmetçik s. Galateia
Meleagrou, Ivi 735
Melikian 579, 786
Menderes, Adnan 86, 824–826
Mersin 86
Mesaoria-Ebene 21, 23, 26/27, 34, 262, 264–266, 276, 282, 310, 329, 371, 398, 477, 499, 715, 890
Mia Mill(e)ia/Haspolat 338, 343, 398, 936
Michaelides, Solon 785
Michailidis, Alekos Polydorou 845, 848, 897
–, Konstantinos 848/849, 897
–, Vasilis 723, 725
Michanikos, Pantelis 730/731, 733/734
Migration s. Ein- /Auswanderung
Militär s. a. Verteidigung 10/11, 16, 42/43, 47, 50/51, 54–59, 61, 63, 65, 67, 69, 72, 75–78, 80, 82, 84–88, 95/96, 98–100, 103, 105–108, 110/111, 113–116, 118, 123, 126–139, 138, 140–143, 145, 147/148, 150, 154, 157, 159/160, 162/163, 165/166, 170, 181, 186, 194, 218, 220, 225/226, 237, 246, 256/257, 281, 289, 317, 321, 332, 343, 385, 392/393, 395/396, 399, 409, 415, 428, 446, 454, 458, 476, 482–485, 495, 500/501, 507/508, 510, 512–514, 516, 518, 520, 526, 542, 546, 549, 553, 556/557, 561, 623, 628, 637, 652/653, 678, 684–688, 705, 708, 741, 794, 797, 822, 824, 826–835, 835–837, 840–842, 875/876, 890, 892/893, 895–899
Militärbasen, britische 11, 28, 42, 45, 47/48, 54, 67, 85, 88/89, 95, 97/98, 214, 225, 235, 334, 378, 390, 410, 415, 441, 491, 493, 681, 826, 830, 876, 936
Militärputsch 28, 99, 105, 112–115, 128, 130–132, 169/170, 172, 217/218, 526, 538, 560, 684, 708, 735, 798/799, 826, 831, 834/835, 891, 893, 896/897
Millet-System 60, 155, 496
Minderheiten s. a. Religion 10, 13, 27, 55, 58, 64, 67, 72/73, 86/87, 89, 92, 98, 103, 106, 129, 153, 158, 170, 172–174, 198, 201, 209, 225, 302, 407, 495, 497, 499, 506, 512, 515, 555, 635, 700, 703, 723/724, 731, 782/783, 902, 907
–, Armenier 10, 46–48, 51, 55, 58, 60, 81, 158, 161, 209, 217, 229, 493, 495, 497, 499, 506/

507, 523, 525, 536, 579, 587, 589/590, 635, 673, 676–680, 703, 722/723, 782, 785/786, 813, 816, 907
–, Juden 43/44, 58, 493, 499, 690, 782, 786, 806
–, Lateiner 10, 47–55, 59, 81, 200, 209, 217, 161, 499, 507, 517, 660, 672–679, 681, 703, 710, 722, 780, 907/908
–, Maroniten 10, 46–48, 55, 58, 60, 72, 81, 158, 161, 188, 209, 217, 495, 497, 499, 506–508, 512, 517, 536, 589/590, 672, 675–678, 703, 723, 907/908
–, Zigeuner 55, 497, 499, 782/783
Ministerien 206, 250, 253, 389, 426, 571, 598, 600, 612, 643, 903–906
– Arbeitsministerium 208, 226, 228, 231, 403, 593–595
– Außenhandelsministerium 218
– Außenministerium 69, 89, 98, 118, 132, 206–208, 215, 220/221, 228, 592, 659, 832/833, 892/893, 897
– Bauministerium 208, 228
– Energieministerium 226
– Erziehungsministerium 204, 208, 210, 226, 228, 232, 536, 562, 568–572, 578/579, 581/582, 583/584, 592, 595/596, 605/606, 609/610, 612, 614–620, 622–624, 626–628, 685, 797, 800, 805, 807, 889, 891
– Finanzministerium 207/208, 228, 231, 299, 396, 592
– Gesundheitsministerium 208, 226, 403, 594
– Handelsministerium 208, 232, 348
– Industrieministerium 208, 232, 348
– Innenministerium 179, 208/209, 218, 228, 478, 486, 800, 829, 891/892
– Justizministerium 208, 232, 834, 894
– Kolonialministerium, britisches 69, 73, 76
– Kulturministerium 208, 226, 751, 800, 805, 889
– Landwirtschaftsministerium 208, 226, 288, 296/297, 389, 479, 595
– Postministerium 208
– Sozialministerium 208, 226, 228, 231, 562
– Tourismusministerium 485, 523, 808
– Umweltministerium 486
– Verkehrsministerium 638
– Verteidigungsministerium 207/208, 228, 483, 829, 891/892
– Wirtschaftsministerium 228, 396
Ministerpräsident s. Premierminister
Ministerrat 98, 101, 163/164, 167, 169, 178–181, 203–208, 210/211, 218, 253, 587, 590, 600, 617, 635, 646, 659, 804/805, 827, 840, 845–853
Mittelalter s. a. Byzanz, Osmanisches Reich 672, 780, 782

Mittelmeer 16, 19, 24, 40, 43, 46, 48, 53/54, 77, 85, 126, 130, 135, 148–150, 238, 259–263, 265/266, 269/270, 273, 303, 309–311, 314, 317, 321, 330–332, 346, 352, 387, 408, 480, 486, 490, 722, 586, 595, 610, 723, 725, 731/732, 741/742, 755, 770, 777, 782, 806, 810, 830, 881, 886
Mobilität 28, 70, 133, 198
Modernisierung 64, 76, 94, 141, 198, 201/202, 239, 245, 348, 357, 399, 406, 439, 443, 476, 490, 498, 515, 521–523, 534, 542/543, 548, 610, 706, 739
Monarchie 40, 42/43, 48–55, 70, 72, 89, 674, 679, 705, 724, 797, 799, 840
Mönchtum s. Klöster
Moni 376/377, 390, 397
Monopole 54, 293, 295, 299, 399, 632, 634, 636, 658, 748, 794/795
Montis, Kostas 725–728, 732, 738/739, 752
Morphou/Güzelyurt 22, 27, 29, 34, 67, 122, 276, 288, 301, 326, 363, 373, 388, 394, 403, 442, 454, 477, 517, 526, 580, 660, 669, 687, 744, 819, 936
Moskau 110, 684, 746, 756, 768/769, 799, 806, 890/891, 898/899
Mousiouttas, Andreas 848/849
– Nikos 897
Mufti s. a. Muslime 59, 66, 85, 94, 519, 552, 680, 687–689
Muhtar s. a. Bürgermeister, Dörfer, Volksgruppen 65, 208/209, 303
Munir Bey 688
Museen 597, 663, 683, 685/686, 757, 761, 763, 772
Musik 13, 575, 579, 590, 636, 639, 710–712, 716–718, 775–791, 811–814, 817
Muslime s. a. Islam 46/47, 55/56, 59/60, 62/63, 65, 67, 70–72, 77, 315, 516/517, 522, 552, 588, 644, 647, 665, 672, 674/675, 680, 689, 691, 699/700, 710, 712/713, 722, 728, 782, 807, 815/816, 837
Mustafa, Paşa 686
Mykener s. a. Altertum, Archäologie 25, 39/40, 559, 744, 820

Nadır, Asil 295, 302, 307, 363, 545/546, 656
Naher und Mittlerer Osten s. a. Levante, Orient 10, 17, 19, 38, 48, 50/51, 85, 88, 126, 135, 148/149, 151, 214, 247/248, 253, 265, 311, 321, 324/325, 327, 346, 357/358, 362, 383, 409, 415, 423, 438, 441, 445/446, 449, 452/453, 461, 466, 499, 503, 507, 541, 588, 598, 621, 624, 640, 681, 689, 691, 713/714, 722, 731, 734, 742, 775, 782, 794/795, 802/803, 900
Nahrungsmittel s. Landwirtschaft

Nakşibendi-Sufiten 667, 688/689
Nasrettin, Hoca 710
Nasser, Gamal Abd el 742
Nation s. Nationalismus
Nationaleinkommen s. BIP, Produktivität
Nationalismus s. a. Volksgruppen 11, 13, 32, 47, 53, 56, 63/64, 70, 73–75, 77/78, 81–83, 87, 91/92, 97, 104, 110, 112/113, 121, 126, 150, 153, 158, 161, 169, 176, 196/197, 199–203, 206, 214, 216/217, 220, 223, 227, 229, 237–239, 253, 273, 382, 496/497, 518/520, 529, 535/536, 548/549, 552/553, 559, 565, 572, 587, 591, 600, 604, 610/611, 631, 638/639, 642, 647, 649, 651–657, 673, 683, 688, 693, 695, 700, 702/703, 705, 707, 709/710, 713–715, 719, 723, 726–728, 733/734, 737, 740/741, 798, 815–817, 830, 841, 868, 896, 901, 903
NATO 11, 84/85, 97, 126/127, 129–132, 135/136, 138, 142, 147–149, 151, 154, 214, 216, 225, 822, 825, 829, 831, 833, 835
Natur s. a. Umwelt 39, 180, 314, 478/479, 482–486, 489, 493, 565, 573
Nâzım Scheich Adl S. al-Haqqani al-Kubrusi
Necati, Mehmet 806/807
Necatigil, Zaim M. 905
Nenham, Canon F. D. 586, 588
Neutralität 46, 70, 84, 158
New York 79, 84, 86, 119, 121, 756, 765, 809, 825, 835/836, 838/839, 842, 894, 905
Nicosia Master Plan 469–475
Nikosia/Lefkoşa/Lefkosia 11, 16/17, 21, 26/27, 29/30, 33–35, 47, 51, 53/54, 56, 58/59, 64, 67, 69, 74, 76–78, 86, 105/106, 114, 119, 123, 129, 131, 133, 136/137, 143–145, 149/150, 156, 183, 188, 193, 208, 212, 231, 234, 242/243, 256, 260, 262, 264, 272, 311, 338, 343, 347/348, 352, 361, 371, 373, 376, 378, 381, 387–391, 394, 398/399, 401, 403/404, 411/412, 417, 421, 431, 433, 442, 464, 468–476, 478/479, 481, 483, 486, 499, 522, 526, 556, 563, 566, 579/580, 586/587, 592–594, 596/597, 607, 613, 620, 630, 640, 646, 648, 659/660, 662, 664, 666, 668/669, 672–675, 677–681, 686, 688/689, 724/725, 728, 736, 738, 740/741, 745/746, 748–750, 752, 757/758, 762, 772/773, 784–786, 793/794, 797–799, 802, 804, 810, 812, 815, 817–819, 824, 826, 828–833, 836, 838/839, 841/842, 860, 890/891, 893–908, 936
Nikolaidis, Nikos 753, 759
Nikolaidou-Vasiliou, Loukia 762
Nikolaou, Polyvios 732, 738
–, Theodosis 730/731, 736
Notstand 87, 162, 180, 243–245, 328

Oberste Gerichte s. Gerichte
OECD 246
Öffentlichkeit s. Massenmedien
Okkupation s. Besetzung
Okzident s. Abendland
Ökologie s. Umwelt
Omirou, Giannakis 897
Onesilos 42, 735, 753
OPEC 446
Opposition s. a. Parlament, Parteien Repräsentantenhaus 197, 202, 213, 224/225, 227, 238, 294, 382/383, 555, 649–651, 653/654, 688, 718, 842, 906
Orden s. Klöster
Örek, Osman 845/846, 849/850, 906
Orient s. a. Naher und Mittlerer Osten 25, 38–43, 47, 54, 66, 246, 265/266, 271, 273, 285, 428, 672, 675/676, 691, 705, 710, 775, 780, 783, 790/791, 811
Orthodoxie s. a. Byzanz, Kirche, zyprisch-orthodoxe, Klöster 44/45, 47, 50, 58–60, 64, 66, 489, 495–497, 516–518, 523, 536, 552, 559, 644, 660, 665, 668/669, 671, 676, 685/686, 699, 722, 728, 782, 868
Osmanisches Reich s. a. Islam, Religion 53–55, 69, 71, 75–77, 86, 94, 135, 155/156, 176, 196, 200/201, 237, 265–267, 270–272, 311, 331, 488–490, 495/496, 499, 513, 516–519, 522/523, 548, 559/560, 586, 596, 630, 641–644, 662, 666, 672, 674/675, 678–682, 686/687, 699, 704/705, 709–713, 715/716, 722/723, 739, 745, 756, 777, 781/782, 810, 814, 821
Ostblock s. a. Europa 84, 296, 453, 741, 794
Österreich 138/139, 415, 601, 783/784, 879, 884, 886, 888
Osteuropa s. Europa, Ostblock
Özal, Turgut 294, 300, 382, 543, 689, 838/839, 900
Özgür, Özker 224–226, 405, 853, 858/859, 872, 906
Öztürk, Hasan 806/807

Pagiasi-Katsouri, Dina 733
Paläologen s. a. Byzanz 54, 664, 753
Palästina 44, 82, 115, 311, 317, 322, 352, 666, 686, 691, 729, 734
Palmer, Herbert R. 79, 646, 844
Papadopoulos, Georgios 112/113, 130, 831, 833/834, 892
–, Tassos 845/846, 897/898
Papagos, Alexandros 85, 822–824
Papaioannou, Ezekias 214, 890, 898
Papamichail, Efi 768/769
Papandreou, Andreas 119, 837–840, 889
–, Georgios 829/830
Papapetrou, Andreas 222

–, Michalis 891, 898
Paph(f)os (Baf) 21, 24/25, 27, 30/31, 33–35, 40, 43, 53, 59, 183, 185, 212, 266/267, 279, 310/311, 320, 327, 329, 331, 376–378, 387, 410, 412/413, 417, 421, 423/424, 434, 485, 517, 522, 563, 566, 638, 660/661, 664. 667, 669, 671/672, 675, 678, 681, 684, 689. 692, 725, 744, 746, 752, 765, 793, 802, 804, 822, 842, 860, 891, 895, 897, 901/902, 906
Paralimni s. Agia Napa
Paris 729, 742, 762/763, 767, 769, 785, 793, 808/809, 825, 831, 835, 837, 902, 905
Parlament, Parlamentarismus s. a. Repräsentantenhaus 70, 78, 84, 88, 204–209, 211–213, 217, 224/225, 227/228, 303, 546/547, 633, 644, 654, 656, 658, 713, 814, 829, 831, 837, 840, 860–865, 867, 891, 905
Parteien 71, 79–81, 83, 86, 109/110, 120/121, 125, 141, 179, 181, 185, 192, 198/199, 203, 205, 211–218, 220/221, 223–228, 230/231, 238/239, 382/383, 490, 519/520, 543, 555, 633, 649, 651/652, 713, 718/719, 816, 830, 842, 867–874, 887, 889, 891, 894, 903, 906
– Griechenland
  – KKE 214, 899
  – Nea Dimokratia 217
  – PASOK 120, 219
– Großbritannien
  – Konservative 66
  – Labour 81
  – Liberale 69
– Türkei
  – Mutterlandspartei 120
– Zypern
  – ADISOK 222/223, 862, 891, 898, 900
  – AKEL 80–85, 87, 92, 96/97, 110, 119/120, 199, 213–216, 218–220, 222, 225, 229/230, 239, 651, 719, 734, 822, 826, 833, 836/837, 841, 848, 860–862, 867, 870, 890/891, 893, 898–900
  – CTP 120, 222, 225/226, 228, 655, 657, 718, 858/859, 863–865, 871–873, 901–903, 906
  – DEK 860/861, 895
  – DHP 228, 657, 858, 863/864, 905/906
  – DIKO 120/121, 213, 216, 219–221, 836, 841, 848, 861/862, 868, 871, 891, 893, 895, 897/898
  – DISY 121, 213, 216–218, 221, 838/839, 841, 848/849, 861/862, 868, 889–891, 893–897, 898/899
  – DMP 225/226, 864, 905/906
  – DP 224, 226–228, 656, 718, 865, 873, 901, 903, 906
  – EDEK 110, 120, 218–221, 848, 860–862, 869, 890, 893, 895, 897, 900

- EDI 862, 898, 900
- EK 860/861, 892/893
- HP 655, 863
- Liberale Partei 221
- Patriotische Front 860, 895
- SDP 65, 863/864
- TAP 863, 905
- TBP 863
- TKP 120, 225–227, 655–657, 858/859, 863–865, 871, 900–903, 906
- UBP 120, 213, 223–225, 227/228, 654–657, 858/859, 863–865, 872–874, 901–906
- YDP 225, 864, 903
- YKP 222, 227, 656, 859, 864/865, 903

Paschalidis, Paschalis 219, 221, 846, 857
Pasiardis, Michalis 733, 738
Pastellas, Antreas 730/731
Patriarchat s. a. Orthodoxie 45, 60, 75, 661/662, 665/666, 668, 670, 672/673, 675–677, 680, 683/684, 691, 722, 834
Patronage s. Klientelismus
Paulus, Apostel 44, 661/662, 820
Perdios, Chrisostomos 771
PEON s. Interessengruppen
Pérez de Cuéllar, Javier 118/119, 143–145, 836–838
Persien, Perser 40, 42/43, 327, 346, 358, 678, 681, 820
Pest 54, 489
Petra/Taşköy 272, 936
Pflanzenproduktion s. a. Landwirtschaft 25/26, 31, 65, 122, 255, 261, 266–270, 274–278, 280, 283/284, 287, 289–292, 298, 300, 304–306, 310–313, 319, 322–325, 327, 331, 334, 341, 343, 362, 380, 389, 406, 418, 420, 437/438, 440, 442–445, 447/448, 454–457, 459/460, 462/463, 465, 467, 476, 478–480, 484, 522, 524–526, 544/545, 742, 885
Phokas, Nikephoros II. 47, 820
Phönizier s. a. Altertum 22, 40–43, 820
Pieridis, Giorgos Filippou 725, 729, 734, 736
–, Thodosis 725, 729
PIO s. Massenmedien
Pitsilia 387
Planwirtschaft s. Ostblock
Plaza Lasso, Galo 142, 830/831
Pluralismus s. Parlament, Parteien, Massenmedien, Rechtsstaat
Pogrom s. Vertreibung
Polidorou, Christakis 768/769
Polis s. a. Altertum 412
Polizei s. a. Militär 65, 71/72, 79, 82, 86, 88, 110, 128, 130, 133/134, 137/138, 165, 179/180, 186, 208, 520, 546, 550, 828, 831, 834, 841, 898
Poly-Peck-International 363/364, 369, 456, 459/460, 545/546, 656

Portugal 505, 526, 541, 833
Post s. a. Telekommunikation 157, 250, 401/402, 828, 879
Pogiadjis, Ioannis 908
Präsident 12, 89, 101, 118, 131, 133, 141, 145, 152, 163, 165–168, 178–180, 176, 194, 202–213, 215–219, 222–224, 226/227, 289, 303, 348, 482, 587, 602, 605, 650, 653, 685, 737, 798, 826/827, 832–839, 842, 844/845, 855–859, 874, 892–896, 900
Premierminister 66, 77, 86, 88/89, 178/179, 204, 206–208, 226, 228, 294, 300, 382, 586, 588, 689, 822, 824/825, 837–839, 841, 901, 903/904, 906
Presse s. Massenmedien
Prodromos 21, 33, 325, 594
Produktion 240/241, 243, 245, 252, 269, 271, 274, 277, 284/285, 290–293, 297, 299, 301, 303, 305, 314, 333, 341, 347/348, 351/352, 356, 377, 381, 391, 405/406, 421, 439, 442/443, 446, 448/449, 455/456, 462, 524, 543, 546, 728, 796, 805, 870
Produktivität s. a. BIP 245, 254, 277, 295, 301, 308, 335, 346, 348, 350/351, 356, 358, 363, 314, 329, 374, 543, 595
Propaganda s. a. Massenmedien 70, 79–81, 87, 153, 197, 202, 275, 279, 288, 296, 319, 381, 395, 407, 543, 632, 658, 797/798, 800, 804/805, 894, 904
Protestantismus s. Kirche
Prozesse s. Gerichte
Ptolemäer 43/44, 311, 488, 744
Pufferzone s. a. Demarkationslinie, *Green Line*, Waffenstillstand 14, 16, 136, 139, 145, 242, 343, 378, 442, 469, 472, 474, 841
Putsch s. Militärputsch

Radcliffe, Cyril John 88, 94–96, 824
Reagan, Ronald 118
Rebellion s. Aufstände
Recht 59/60, 63/64, 67, 71, 75, 128, 136, 154/155, 157, 165, 175, 182/183, 186, 188, 190, 194/195, 197, 225, 246, 271/272, 308, 356, 360, 514, 634, 644, 648/649, 652, 661/662, 669, 675–681, 686–688, 801, 805, 870, 882/883
- Arbeitsrecht 190
- Eherecht s. a. Ehe 71, 191
- Erbrecht 188, 680
- Familienrecht 71, 188, 191, 534, 547/548, 676, 877
- Gesellschaftsrecht 190
- Handelsrecht 883, 888
- Menschenrechte 76, 148, 161/162, 209, 529, 548, 551, 573, 676, 695, 798, 822, 876/877
- Öffentliches Recht 15, 83, 89, 186, 566

- Privatrecht 187, 193
- Schiffahrtsrecht 190, 881
- Strafrecht 52, 71, 77, 79, 85, 156, 179, 193/194, 363, 644/645, 647, 688, 876/877, 883, 886, 888, 892
- Verwaltungsrecht 156, 182–187
- Verfassungsrecht 833
- Völkerrecht 15, 89, 156, 158, 167–175, 177/178, 195, 241, 249, 379, 381, 437, 513, 543, 875, 887
- Zivilrecht 52, 60, 71, 156, 188, 530, 547, 883, 888

Rechtsquellen s. Gesetze, Gewohnheitsrecht, Verfassung
Rechtsprechung s. Gerichte
Rechtsstaat 12, 180, 273, 529
Reeder s. Unternehmen
Reformen 60, 64–66, 72, 76, 81, 164, 188, 191, 218, 249, 273/274, 287, 311, 359, 438, 491, 548/549, 560, 582–584, 645, 688, 806, 816, 841, 906
Regierung s. Ministerrat, Präsident
Regionen 59, 65, 267/268, 278, 282, 285, 288, 297, 302, 304, 709
Religionen, Religionsgemeinschaften s. a. Ethnarchie, Kirchen 12/13, 58, 60/61, 63–65, 70, 72/73, 75, 80, 88, 90, 100, 162, 164, 180, 191, 496/497, 499, 506, 518, 560, 575, 577, 588, 649/650, 660–692, 722/723, 798, 907/908
Remzi, Mehmet (Okan) 645, 649/650
Repräsentantenhaus 101, 105, 108, 119, 163/164, 167, 169, 204/205, 207, 209–211, 217, 221, 601, 603, 677, 685, 826, 832/833, 836–839, 841, 891, 893–899, 907/908
Ressourcen s. Bodenschätze
Revolution s. Aufstände
Rıfat, Mehmet 647
Rizki, Ziya 226
Rizokarpaso/Dipkarpaz 304, 512, 561, 687, 936
Römisches Reich 22, 39, 43–45, 268, 364, 820
Rohstoffe s. Bodenschätze
Rolandis, Nikos A. 221, 847–849, 857, 898
Rom 142, 679, 894
Rotes Kreuz 508, 893
Rumänien 9, 601, 663, 723, 729, 885, 894
Rundfunk s. Massenmedien
Rußland 56, 66, 76, 134, 247, 449, 452/453, 493, 586

Salamis 21, 27, 40, 42–45, 242, 660/661, 664, 744, 752, 936
Sampson, Nikos 110, 114, 131, 169/170, 835, 844, 891, 896, 898/899
Sarrafian, Aleksan 641

Saudi Arabien 250, 346, 449, 453, 466, 624, 687
Savvas, Christoforos 764, 770
Savvidis, Andreas 771
s. Servas, Platis Ploutarchos
Scharia s. a. Islam, Recht 59, 63, 71, 94, 686–688
Scheich Nâzım Adl, s. al-Haqqani, al-Kubrusi
Scheidungen s. Ehe
Schiffahrt 24, 116, 247
Schrift s. Sprachen
Schweiz 134, 139, 149, 247, 415, 601, 837/838, 880/881, 901
Schulwesen s. Bildung
Seferis, Giorgos 721, 725/726, 729/730, 732/733
Selbstbestimmung s. a. Souveränität, Unabhängigkeit 11, 60, 70, 77, 83, 88, 94, 96, 103, 119, 174, 490, 381/382, 731, 822–825, 837
Selbstverwaltung s. Autonomie
Separation s. Trennung
Sergiou, Loisos 768/769
Servas, Ploutis 899
Seychellen 87, 95, 895
Sezession 143, 157, 171–174, 182
Sfikas, Georgios 768
Sibthorpe, John 310
Sicherheitskräfte s. Militär
Sicherheitsrat der Republik Zypern 121, 179
Siedler s. Siedlungen
Siedlungen s. a. Dörfer 16, 21, 24, 27–32, 39/40, 44, 48, 50, 57, 77–79, 115, 129, 142/143, 154, 162, 173, 218, 225/226, 238, 240, 243, 251, 253, 265, 268, 270, 279–281, 301–303, 359/360, 403, 410, 412, 424, 428, 471, 483, 488/489, 493, 495/496, 499–501, 503–516, 546/547, 554–556, 559, 666, 668/669, 677/678, 681, 686/687, 690, 694, 741, 814, 820, 840, 902, 936
Sillouris, Dimitris 899
Simitis, Kostas 842
Sipahi s. Agia Trias
Sitten und Gebräuche s. Folklore
Skotinos, Giorgos 764/765
Smyrna s. Izmir
Soloi 665, 752, 936
Solomos, Dionysios 723, 731, 733
Sophronios, Erzbischof 72, 75, 680, 682
Sotira 24, 39
Souveränität s. a. Selbstbestimmung, Unabhängigkeit 13, 15, 43, 61, 67, 69, 89, 91, 117, 120, 125/126, 135, 138, 152, 157, 159, 169/170, 173, 176, 214, 321, 821, 831, 836, 840
Sowjetunion s. UdSSR
Sozialismus 130, 214, 218, 229, 251, 366, 869
Sozialsystem 218, 231, 234/235, 242/243, 257, 265, 403/404, 484, 513, 520–558, 611, 819, 887

Sozialwissenschaften 565, 595/596, 598
Spanien 52, 269, 541, 672, 725, 782, 803, 841, 885, 898
Spanos, Giannis 736
Sperrgebiet s. Pufferzone
Sprache 13, 16/17, 39–41, 45, 57, 72/73, 79, 90, 100, 150, 156, 161, 259, 497, 548, 560, 567, 577/578, 587, 589/590, 597, 599, 603/604, 607, 630, 633, 635/636, 618/619, 621, 623/624, 626/627, 646/647, 657/658, 677, 679, 681/682, 689/690, 693, 705/706, 709–717, 720–745, 777/778, 782/783, 798, 804, 819/820, 894
Spyridakis, Konstantinos 536, 845/846
Staat s. Rechtsstaat, Volksgruppen
Staatsanwaltschaft s. *Attorney-General*
Staatsbürgerschaft 52, 77, 161, 174, 176–178, 301, 381, 407, 415, 506/507, 555, 676, 689, 875/876, 890
Staatsreligion s. Religionen
Staatsschulden 246, 286, 298
Staatsstreich s. Militärputsch
Stadtkönigtum 39–43, 662, 744, 820
Stas, Paraschos 764/765, 770
Staudammprojekte 268, 276, 387, 389, 477
Stavridis, Foivos 733/734, 736
Stavrovouni, Kloster 663, 668/669, 671
Steuern 44, 46/47, 50, 52, 54–59, 61, 64/65, 72, 76, 78/79, 98, 101, 141, 164, 184, 210, 234, 242, 246–248, 251–253, 255/256, 270/271, 273, 287, 303, 305, 347, 363, 395, 412, 423, 432, 446, 450, 458, 463, 471, 488, 491, 495, 505, 518, 525, 544, 680, 682, 801, 827, 869, 882–884, 888
Storrs, Ronald 78/79, 844
Streiks 81/82, 85/86, 229–233, 236, 239, 366, 719, 895
Streitkräfte s. Militär
Subsistenzwirtschaft 479
Subventionen 243, 286, 293, 295, 306, 308, 348, 356, 383/384, 388/389, 406, 458, 466, 476, 546, 552, 570/571, 659, 747–749, 800, 802, 804
Südosteuropa s.a. Ostblock 9/10, 12, 17, 57, 64–66, 77, 83, 126, 238, 413, 461, 713/714, 723, 783, 817, 842
Sükrü, Ahmet Esmer 644
Suzeränität 75, 77, 66, 86
Synode s. Konzil
Syrien 19, 39/40, 43, 46–48, 50/51, 55, 63, 134, 401, 416, 448, 453, 541, 610, 675, 685, 688, 690/691, 782, 880, 885

Taksim s.a. Teilung, 11, 70, 86, 98, 650, 655/656, 740, 777, 795, 822, 824
Talat, Mehmet Ali 842, 853, 906
–, Naci (Usar) 906

Tänze 711, 713/714, 716/717, 719, 750/751, 775–777, 780–784, 787, 788–791, 800, 811/812
TAK s. Massenmedien
Taşköy s. Petra
Technologie 335, 341, 348, 352/353, 358/359, 368, 387, 456, 476, 478, 481, 567, 578, 581, 621, 628, 882, 885
Teilung s.a. Taksim, Trennung 11, 13, 28, 30, 89/125, 127, 132, 142, 145/146, 150, 152–154, 157–159, 161, 170/171, 182, 185, 195–197, 213, 224, 232–234, 239, 241–243, 250/251, 275/276, 278, 281/281, 284, 289, 292/293, 299, 301, 303, 307/308, 331–333, 343/344, 346/347, 352/353, 355, 361, 364/365, 367–369, 371, 373, 376–378, 390/391, 395, 398/399, 402, 404, 406, 408, 411, 425, 428–430, 438, 442, 444, 471, 475, 477, 483/484, 500–502, 506/507, 515, 526, 542, 546, 553, 555, 561, 600, 603/604, 708, 740, 748, 756, 758, 761, 768, 828/829, 836, 839, 896
Teknecik II s.a. Elektrizität, Kraftwerke 395
Telekommunikation s.a. Post 115, 162, 233, 247, 327, 338, 352, 370, 399–401, 406, 455, 521, 544/545, 580, 640, 677, 879/880
Terror 10, 61/62, 65, 70, 77, 81/82, 86–88, 95, 97/98, 103, 110, 114/115, 125, 130/131, 197, 202, 230, 275, 279, 326, 328/329, 499, 520, 526, 650–654, 676, 683, 685/686, 798, 821, 824/825, 829, 831/832, 834, 841/842, 886–888, 890, 892, 896, 899
Tevfik Efendi, Ahmet 643
Theater 13, 636, 707/708, 711, 744–754, 777/778, 814–819
Theodorakis, Mikis 738
Thessaloniki 86, 771, 777, 785, 798, 823, 900
Theotokopoulos, Dominikos 761
Tierzucht s.a. Landwirtschaft 22, 26, 258, 265, 269, 282/283, 290/291, 293, 302/303, 311, 316–321, 323/324, 326, 328, 332, 448, 457, 476, 479, 486, 525/526, 885
Tillyria s.a. Regionen 478, 486
TMT s.a. VOLKAN 88, 95, 97/98, 103, 197, 199, 652, 824/825, 867, 902
Todesstrafe 178, 193/194
Tornaritis, Kriton 899
Tourismus 21, 30, 32, 116, 123, 141, 183, 232, 242, 244, 249–254, 256, 259, 276, 278/279, 281, 293, 296, 302, 304/305, 314, 332, 337, 347, 350, 352, 355, 360, 363, 368, 378, 380/381, 394, 408–439, 441/442, 445, 449/450, 453, 455/456, 458/459, 461, 465/466, 476, 478, 481, 484–486, 521/522, 525–528, 543–546, 594, 669, 681, 710, 737, 803/804, 884/885, 893, 895, 897
Tradition 14, 17, 25, 29, 39/40, 46, 60/61, 155/

156, 200, 212, 230, 268, 353, 369, 408, 497, 522, 529/530, 548, 551, 558, 565, 572, 590, 592, 661/662, 665, 669, 673, 682, 689/690, 693–704, 708, 717, 722, 726, 728/729, 732, 737, 739, 743, 745, 750, 766, 774–776, 779–781, 783, 799, 807/808, 811, 819
Transport s. Verkehr
Trennung s. a. Teilung 27/28, 52, 40/41, 43/44, 47, 55, 58, 63, 73, 88, 101, 106, 124, 132, 202/203, 237, 239–241, 249, 255, 257, 275, 300, 304, 342, 362, 369, 384, 400, 428/429, 436, 456, 520, 523, 526, 549, 635, 686, 693, 702, 738, 740, 795, 812
Triantafyllidis, Michalis A. 854, /900
Truppen s. Militär
Tschechoslowakei 131, 831, 833
Tsouyopoulos, Nelly 604
Türkei 9–11, 14, 16/17, 19, 25, 32, 57, 67, 70/71, 75, 77, 86, 88/89, 91, 93–96, 98/99, 103–109, 111, 114–116, 118–120, 122–124, 127–129, 132/133, 135, 139–143, 145, 147–152, 154, 156/157, 159/160, 169/170, 172/173, 175, 186, 191, 195, 197, 199, 207, 218, 220/221, 223, 225–228, 237–239, 249–252, 255–257, 280/281, 286–288, 294/295, 298/299, 301/304, 306, 308, 329, 331, 347, 362, 364, 369, 373, 380–383, 389, 392, 399/400, 407, 410, 414, 428–430, 432/433, 435, 454–462, 466/467, 476, 479/480, 482–484, 494, 500/501, 508/509, 511, 513–515, 519/520, 526, 541, 543, 545–549, 552/553, 555, 560/561, 610/611, 620, 623–628, 637, 644–648, 654–657, 659, 666, 687, 693, 697–702, 709–711, 719/720, 739–743, 745, 747/748, 782, 784, 795, 801, 806, 809, 812, 814–816, 818, 821–823, 825–833, 835–839, 841, 842, 876, 887/888, 892, 894, 901–904, 906/907
Tymv(b)ou/Ercan 37, 251, 253, 255, 378, 383, 429, 431, 455, 936

UdSSR 67, 113, 130, 148, 151, 214, 225, 461, 655, 657, 830, 833, 835, 842, 878, 880, 885/886
Umm Haram s. Hala Sultan Tekke
Umwelt 276, 288, 293, 295, 309, 314, 316, 323, 385, 388/389, 395, 406–408, 412, 418, 424, 426, 428, 436, 468, 475/476, 478, 480, 482–487, 573, 582, 733, 882, 885/886, 888
UN(O) 11, 83, 89, 93, 105, 111, 113, 117/118, 122/123, 128–130, 132/133, 136–147, 149, 168–170, 173, 242, 246, 256, 324, 328, 338, 378, 414, 453, 469, 481, 500, 508, 511, 514, 531, 595, 661, 746, 797, 826, 833, 835, 838/839, 841/842, 875–878, 882, 892, 894, 905–907
– Generalsekretär 84, 117/118, 822, 829–831, 833, 836–839

– Sicherheitsrat 16, 117/118, 172, 511, 543, 829, 831/832, 835/836, 838–840
– Vollversammlung 85/86, 822–825, 831, 836/837
UN-Sonderorganisationen
– ILO 593, 595, 607, 870, 879, 900
– UNDP 338, 348, 469, 595, 607
– UNESCO 748, 753, 884
– UNFICYP s. a. Militär 16, 106, 136–141, 145/146, 168, 343, 402, 414, 511/512, 719, 829/830, 832, 840/841, 882
– UNICEF 785, 879
Unabhängigkeit s. a. Souveränität, Selbstbestimmung 10/11, 27, 29, 40, 42/43, 45, 47, 51, 54, 62/63, 66, 70/71, 83, 89/90, 93, 97–100, 102/103, 105, 109, 113, 116/117, 121, 126, 128/129, 132, 143, 150, 152, 156/157, 181/182, 188, 196, 198, 200/201, 208, 214, 230, 237, 242, 257, 271, 327/328, 330, 333, 335, 339, 366, 368, 371, 399, 402, 408/409, 438, 440/441, 493/494, 497/498, 520, 535, 538, 543, 553, 560, 591/592, 599, 605/606, 631–633, 645, 649, 651, 657, 667, 681, 694, 708, 727, 729, 731/732, 737, 746/747, 756, 764, 767, 794, 797, 799, 816, 821, 823, 825–827, 829, 838, 890–892, 894
Ungarn 9, 604, 783, 785, 804, 880, 900
Universitäten 11, 64, 85 241, 244, 250, 254, 256, 338, 459, 461, 478, 510, 514, 549, 553, 561, 565–568, 574, 578–581, 583–585, 586, 588–609, 624–628, 648 661, 697, 706, 715, 740, 757, 762, 775, 796, 884
Unternehmen s.a. Betriebe 218, 222/223, 228/229, 233–237, 240, 247, 249/250, 252/253, 255/256, 286/287, 294/295, 298–300, 305–307, 335, 342, 347, 350, 363, 373, 382/383, 387, 395, 399, 403, 406, 409/410, 429, 443, 446, 450, 460, 464, 525, 545, 630, 634, 636, 639, 751, 793–796, 799, 801/802, 870, 873, 891, 895
Urbanisierung 29, 343, 424/425
Urlaub s. Tourismus
USA 84/85, 108, 113, 116, 118, 121, 126, 129–132, 134, 139, 148/149, 151, 187, 193, 205/206, 209, 214, 216, 225, 259, 269, 407, 415, 452, 466, 493/494, 504, 533, 538, 567, 590, 596, 599, 601, 621, 624, 627, 639, 672, 681, 685, 742/743, 752, 766, 785, 794, 796, 802, 824, 827, 829/830, 832, 835–837, 841, 880, 882, 884–886, 892, 894, 896/897, 901, 907
U Thant, Sithu 142, 829/830

Varosha (Maraş) 29, 122/123, 143/144, 242, 276, 409, 428, 430, 454, 794, 819, 839, 936
Vasileiou (Vassiliou), Georgios 119, 121/122,

140, 144/145, 213, 216, 219, 221–223, 349, 838/839, 844, 848, 857, 894, 898–900
–, Kostas 733, 738, 856/857
Vegetation s. a. Landwirtschaft, Umwelt 22, 261, 312, 480
Venedig, Venezianer 47/48, 50–56, 200, 237, 311, 495, 499, 516, 559, 709, 722, 745, 764, 768, 775, 821
Venizelos, Eleftherios 77
–, Sophoklis 828
Verbände s. Interessengruppen
Vereinigte Staaten s. USA
Vereinigtes Königreich s. Großbritannien
Vereinte Nationen s. UN
Vereinigung s. Enosis
Verfassung 10/11, 13, 70–72, 74, 76, 78–82, 88/89, 100, 102–104, 108, 114, 128/129, 131, 144, 155–172, 174–187, 190/191, 193–195, 203–207, 209–211, 238, 253, 289, 529, 543, 551, 553, 643, 652, 676/677, 684, 747, 823/824, 826–829, 893, 895
Verhandlungen s. a. Volksgruppengespräche 11, 15, 85–89, 108/109, 114, 117, 120/121, 123, 125, 142–146, 151, 307, 684, 823–825, 830/831, 836/837, 839, 841/842, 870, 893
Verkehr 29, 67, 87, 115, 117/118, 150, 247, 249, 251/252, 254, 258, 274/275, 278, 301, 304, 315, 346, 370–380, 383, 396, 405, 411, 413, 415/416, 427, 429, 443, 445, 448, 455, 458, 463, 472, 491, 526, 528, 544/545, 879/880, 885
Versorgungseinrichtungen s. Infrastruktur
Verteidigung s. a. Militär 47, 50, 57, 67, 75/76, 80, 84–88, 98, 105/106, 127, 133, 135, 138, 140–142, 147/148, 154, 159, 163, 179/180, 208, 321, 332, 385, 392/393, 395/396, 399, 826, 840, 842, 869, 898, 881/882, 895
Verträge 66/67, 128, 135, 144, 152, 157, 159/160, 166/167, 169–172, 178, 189, 232, 254, 644/645, 821, 826, 828–830, 875–888
–, Berlin 66, 76, 586
–, Lausanne 67, 77, 86, 159, 493, 498, 816
–, Maastricht 248/249, 841
–, Nikosia 156
–, Versailles 159
–, Zürich und London 89, 98–103, 105/106, 114, 122, 127/128, 136, 143, 156–160, 170/171, 173, 204, 214, 275, 560, 589, 825–827, 893, 895/896, 898, 902, 905
Vertreibung 11, 16, 28–30, 45, 63, 70, 77, 88, 132, 279–281, 302, 308, 345, 359, 499, 503, 556, 666, 675, 690, 720, 794, 798, 823, 835
Verwaltung 41, 43–45, 47/48, 50, 53–56, 58–62, 64–66, 69, 71, 75, 79, 87, 100–102, 104/105, 107, 117, 122, 128, 130, 158, 160, 163–166, 172, 175, 179, 180- 188, 208, 232, 235/

236, 244, 247, 250/251, 257, 271, 274, 281, 288/289, 295, 297, 300–303, 305, 308, 312/313, 315/316, 319/320, 325, 329, 334, 339, 342, 347, 360, 362, 371, 379, 381, 386–389, 394–396, 399, 427, 435, 443, 455/456, 479, 481–483, 488, 490, 493/494, 500, 507, 509, 511/512, 517/518, 523, 530, 535, 543, 545/546, 550, 553–555, 557, 560, 567–569, 584, 591/592, 598, 612, 616, 618/619, 624–626, 635, 643/644, 646/647, 650/651, 653, 658, 660/661, 663, 669, 672, 680, 682/683, 686, 688–690, 707/708, 722, 731, 747/748, 758, 800, 818, 827/828, 830, 832/833, 835–837, 839, 872, 890, 902/903, 906, 936
Veto 101, 104, 128/129, 151, 163, 167, 178, 181, 206, 208, 827
Viehzucht s. Tierzucht
VOLKAN s. a. TMT 88
Volksabstimmungen 70, 83/84, 93, 182, 822, 865/866
Volksgruppen 10–16, 41, 53, 60, 70, 79/80, 88–90, 91–125, 127, 129, 132, 136/137, 142, 144/145, 149, 152/153, 156–158, 160–176, 183, 185, 188. 191, 195–197, 202–204, 206/207, 209/210, 221, 234/235, 237–239, 241, 250/251, 272, 275, 280/281, 307, 342, 319, 332, 373, 384, 390–392, 407, 428/429, 468/469, 494, 497–499, 508, 512, 514, 517–520, 522–526, 529, 538, 552, 560, 567, 572, 578, 586/587, 589, 591, 604, 611, 629, 635/636, 642, 645, 647–649, 651/652, 654/655, 657, 659, 680, 683, 685, 687, 693, 702/703, 707/708, 710, 713, 715–720, 722, 724/725, 731/732, 741/742, 745, 747, 756, 775/776, 782, 792, 796, 800, 806–819, 826–828, 833–835, 839/840, 867–870, 872/873, 894, 896, 899, 901, 905 , 936
Volksgruppengespräche s. a. Verhandlungen 307, 397, 827/828, 831–833, 836–838, 840, 842, 896, 898, 900, 902–904
Volkszählungen 57, 72, 81, 421, 490, 516/517, 554
Völkerrecht s. Recht
Votsis, Stelios 764/765, 770
Vrachimis, Nikos 725, 728

Waffen 91, 103, 123, 129, 131, 133–136, 138, 140/141, 144, 149, 247, 397, 682, 730, 830/831, 833, 836/837, 882
Waffenstillstand s. a. Demarkationslinie, *Green Line*, Pufferzone 16, 109, 136, 138–140, 146, 329, 501, 824/825, 828, 830, 835, 841/842
Währungen 115, 247–252, 254/255, 287, 294, 347, 362, 373, 382/383, 408/409, 419, 428,

Register 967

433/434, 438/439, 441/442, 445, 447, 450, 455–458, 461, 877
Wahlen 65, 72, 75, 79–84, 100, 109, 119–121, 144, 149, 160, 166, 177/178, 198, 204/205, 208–213, 215–228, 303, 510, 514, 519, 546, 654, 675, 677, 681, 683, 688, 822, 826, 832–834, 836–842, 855–865, 868/869, 874, 893–895, 898, 901, 903, 906
Wälder 23/24, 26, 256, 258, 261, 282, 285/286, 309–332, 352, 373, 410, 478–486, 528, 544, 594
Waldheim, Kurt 142, 146, 833, 836/837
Warschauer Pakt 190
Washington 149
Wasser s. a. Landwirtschaft 21–23, 25, 244, 246, 254, 256, 259–262, 265–270, 272, 274, 276–280, 282, 284/285, 288, 293, 296, 299, 304, 306, 308, 309, 314/315, 318, 320, 323/324, 328–330, 333/334, 336, 361, 385–390, 423, 438, 464, 476–478, 480, 491, 522, 528, 542, 544/545, 798, 882
Wehrpflicht 133, 135
Weltbank 246, 293, 351, 356, 381, 387, 398, 477, 878
Weltkrieg,
– Erster 92, 135, 273, 317, 588, 645, 724/725, 759, 764, 816, 821
– Zweiter 70/71, 74/75, 79/80, 85, 91–93, 96, 135, 265/266, 268/269, 321, 334, 366, 490, 492/493, 497/498, 516, 519/520, 530, 548/549, 552, 587, 591, 645, 649, 688, 726, 728/729, 739, 751, 767, 794, 797, 799, 813, 822
Westeuropa s. Europa
Widerstand 44, 52/53, 55, 69, 82, 85, 169, 683, 718, 720, 724, 728, 831, 890, 892, 895, 897
Wien 751, 766, 786, 810, 831, 836, 838, 876, 885/886, 900, 905
Winster, Lord 81/82, 92, 844
Wirtschaftsplanung 242–245, 252, 254, 296/297, 336–338, 346, 348, 355, 358, 423, 430/431, 437, 439, 442/443, 455, 521, 584, 592
Wirtschaftswachstum 27–32, 43/44, 50, 55, 77, 141, 151, 201, 233, 239, 245, 248–252, 254, 293, 328, 334, 336, 339, 344, 350, 353, 361/362, 364, 368, 376, 390, 406, 408, 410, 414, 420, 422/423, 426/427, 435/436, 441, 490, 497/498, 502/503, 508, 510, 513, 515, 515, 521, 526, 536, 542, 544, 678, 801
Wissenschaft 284, 296, 542, 565, 567, 569, 578, 580/581, 583, 591–609, 668/669, 674, 693/694, 703–716, 720, 884/885, 888, 894
Wolseley, Garnet 69, 682, 843
Wüstungen 31, 36/37, 268, 489, 936

Yasin, Özker 654, 740
Yialousa/Yeni Erenköy s. Gialousa
Yılmaz, Mesut 842

Zaga, Artun 302
Zartidis, Andreas 900
Zeitschriften, Zeitungen s. Massenmedien
Zekia, Mehmet Bey 854, 906
Zenon 43, 46, 661
Zensur s. Massenmedien
Zensus s. Volkszählungen
Zentralismus 570, 584, 617
Zentralbank 165, 247/248, 250, 274, 347, 368, 445, 546, 891
Zigeuner s. Minderheiten
Zölle 252, 348, 351, 353, 355/356, 368/369, 382, 443, 446, 449, 454, 463/464, 476, 484, 545, 838, 868, 878
Zollunion 152, 248, 257
Zypern-Konflikt 10/11, 16, 69/70, 81, 84–90, 108, 113/114, 116, 118, 120–122, 127, 132, 136–138, 142–149, 151–154, 158, 197, 199, 201–203, 207, 213/214, 216, 218–223, 225–228, 238, 246, 255, 288, 303, 305, 307, 339, 352, 383/384, 390, 393, 407, 439, 454, 503/504, 520, 536, 604, 645, 655/656, 681–684, 693, 707/708, 712, 714/715, 719, 735, 737, 741, 796, 800, 805, 819, 822–825, 829–831, 833, 835, 837/838, 841/842, 867–871, 873, 894/895, 901
Zürich s. a. Verträge 825

Südosteuropa-Studien bei V&R

Reinhard Lauer /
Peter Schreiner (Hg.)
Die Kultur Griechenlands in Mittelalter und Neuzeit
Bericht über das Kolloquium der Südosteuropa-Kommission 28.-31. Oktober 1992. 1996. 459 Seiten mit 63 Abbildungen und 6 Seiten Tabellen, kartoniert. Abhandlungen der Akademie der Wissenschaften in Göttingen, Phil.-Hist. Klasse III/212).
ISBN 3-525-82600-1

Klaus-Detlev Grothusen (Hg.)
Ethnogenese und Staatsbildung in Südosteuropa
Beiträge des Südosteuropa-Arbeitskreises der Deutschen Forschungsgemeinschaft zum III. Internationalen Südosteuropa-Kongreß der Association Internationale d' Etudes du Sud-Est Européen, Bukarest, 4.-10.9.1974. 320 Seiten mit 8 Seiten Kunstdrucktafeln, Leinen.
ISBN 3-525-27313-4

Reinhard Lauer /
Hans Georg Majer (Hg.)
Höfische Kultur in Südosteuropa
Bericht der Kolloquien der Südosteuropa-Kommission 1989-1991. 1994. 430 Seiten mit 60 Abbildungen, Leinen. Abhandlungen der Akademie der Wissenschaften in Göttingen. Philologisch-Historische Klasse III/ 203.
ISBN 3-525-82590-0

Dankwart A. Rüstow
Die Türkei – Brücke zwischen Orient und Okzident
Aus dem Amerikanischen von Barbara Paulsen. Redaktionelle Bearbeitung von Johannes Fest. 1990. 186 Seiten mit 1 Karte, 1 Schaubild und 3 Tabellen, kartoniert. Kleine Vandenhoeck-Reihe 1549. ISBN 3-525-33563-6

Reinhard Lauer /
Peter Schreiner (Hg.)
Kulturelle Traditionen in Bulgarien
Bericht über das Kolloquium der Südosteuropa-Kommission 16.-18. Juni 1987. 1989. 346 Seiten mit 6 Abbildungen und 8 Seiten Kunstdruck, kartoniert. Abhandlungen der Akademie der Wissenschaften in Göttingen, Philologisch-Historische Klasse III/177.
ISBN 3-525-82461-0

Gerhard Seifert (Hg.)
Vereinigtes Europa und nationale Vielfalt – Ein Gegensatz?
Referate gehalten auf dem Symposium der Joachim Jungius-Gesellschaft der Wissenschaften Hamburg am 29.-30. Oktober 1993. 1994. 171 Seiten, kartoniert.
ISBN 3-525-86268-7

V&R
Vandenhoeck & Ruprecht